Frank T. Zumbach:
Edgar Allan Poe
Eine Biographie

Mit 34 Abbildungen

Deutscher
Taschenbuch
Verlag

Ungekürzte Ausgabe
1. Auflage Juli 1989
Deutscher Taschenbuch Verlag GmbH & Co. KG, München
© 1986 Winkler Verlag, München
ISBN 3-583-06800-3
Umschlaggestaltung: Celestino Piatti
Umschlagabbildung: Les Editions de Bonvent, Genf
(Félix Vallotton: Edgar Allan Poe, Holzschnitt, 1894)
Gesamtherstellung: C. H. Beck'sche Buchdruckerei, Nördlingen
Printed in Germany · ISBN 3-423-11100-3
1 2 3 4 5 6 · 94 93 92 91 90 89

Das Buch

Edgar Allan Poe (1809–1849) war nicht nur der geniale Schöpfer von Detektivgeschichten, von phantastischen Grotesken und Arabesken, von meisterhaften Gedichten, die als bedeutende Beispiele der Moderne gelten, er war ebenso ein bissiger Kritiker, der sich durch seine Polemiken viele Feinde im amerikanischen Kulturestablishment des alten Südens machte. Nach dem Bruch mit seinem reichen Pflegevater John Allan und seiner Hinwendung zur Schriftstellerei rieb sich Poe auf zwischen Auftrags- und Herausgeberarbeiten für Zeitschriften, ständiger Geldnot, Trunksucht und den Angriffen seiner Neider und ihrer Intrigen. Um diese Lebenswelt und um sein literarisches Lebenswerk, seine Gedichte, Novellen und phantastischen Erzählungen, die den Leser in ein Verwirrspiel zwischen Realität und listiger Mystifikation führen, ranken sich bis heute Verrufenes und Legenden, Spekulationen und psychologische Deutungsversuche. In seiner Biographie bringt Frank T. Zumbach Klarheit in die komplizierten Wechselbeziehungen zwischen Leben und Werk dieses »schwierigen Phantasiekopfes«. Der Biograph gibt seine Nüchternheit als Chronist nicht preis und läßt mit der nötigen Detailschärfe Zeugnisse, Briefe und nicht zuletzt Poes Dichtung für sich selbst sprechen, so daß ein erzählender Text entsteht, der, wie Poes Werk selbst, den Leser in Atem hält.

Der Autor

Frank T. Zumbach, geboren 1953 in Marburg, studierte in Göttingen Kunstgeschichte, Philosophie und Anglistik und absolvierte in München die Hochschule für Fernsehen und Film. Zumbach lebt als freier Schriftsteller und Übersetzer in München.

I. Kapitel

Die Vorgeschichte

Ich bin der Abkömmling eines Geschlechtes, dessen Temperament, sei es ob seiner leichten Erregbarkeit, sei es ob seiner Bildkraft, allzeit Aufsehen erregt hat; und schon in frühester Kindheit soll ich zu erkennen gegeben haben, daß ich die Familienmerkmale voll & ganz erbte.«[1] »Mein Taufname ist Egaeus; den meiner Familie will ich nicht nennen. Aber altehrwürdiger sind keine Burgen im Lande, als die dämmernden, grauen Hallen meiner Väter. Man hat unsere Linie als ein Geschlecht von Visionären bezeichnet; . . .«[2] »Ich entstamme einem Geschlecht, das berufen ist ob der Stärke seiner Fantasie und der Glut seiner Leidenschaft.«[3]

So oder ähnlich pflegen sich die Erzähler in Edgar Allan Poes ›Arabesken‹ gewöhnlich vorzustellen; ihre Herkunft ist in mystisches Dunkel gehüllt, hohe keltische Adelsgeschlechter werden angedeutet, ein selbstverständlicher, ererbter Reichtum, der aller Alltagssorgen enthebt und es Generationen ermöglichte, fern dem Treiben der Welt ihre Träume zu kultivieren. Ihre letzten Abkömmlinge sind so übersensibilisiert, daß sie »zu keinem Dienst auf Erden taugen« – der Welt abhandengekommen, auf der Schwelle des Wahnsinns, vernehmen sie »alle Dinge im Himmel und auf Erden«[4], erahnen die Geheimnisse des Kosmos, die Schrecken der Hölle und die Schönheit des Paradieses, aus dem sie verstoßen wurden und in das sie zurückzukehren hoffen. Es sind ›Helden der Sensibilität‹, verwandt zwar mit jenen düsteren Charakteren, wie sie die Schauerautoren des späten achtzehnten und frühen neunzehnten Jahrhunderts, J. H. D. Zschokke oder Ann Radcliffe zum Beispiel, aber auch die englischen Romantiker wie Byron (›Lara‹)

> »Seltsam vermischt in ihm war vieles, was
> Man sucht und flieht, was Liebe weckt und Haß . .
> Er stand ein Fremdling in der Menschenwelt,
> Ein sünd'ger Geist, gestürzt vom Sternenzelt . . .«[5]

oder Coleridge (›Kubla Khan‹)

> »Dreimal um ihn den Kreis man schließ';
> In heil'ger Scheu das Aug bedeckt,
> Denn er hat Honigtau geschmeckt
> Und trank die Milch vom Paradies«[6] beschrieben

– aber dennoch von einer sehr eigenständigen, unverwechselbaren, eben >Poe-esken Prägung<. Auffällig an ihnen ist, daß ihre Herkunft, ihr Vaterland, ihre Familie stets ungenannt oder verschleiert bleiben. Sie sind oft von Adel, denn es ist vor allem die Muße zum Träumen, die für Poe diesen in Amerika allenfalls durch ein paar verarmte Emigranten vertretenen Stand so anziehend macht. »Das Bewußtsein hoher Geburt ist eine moralische Kraft, deren Wert die Demokraten, und wären sie vollgestopft mit Mathematik, nimmermehr zu ermessen vermögen«[7], schreibt er in seinen >Marginalien<, einer Sammlung von Aphorismen und Lesefrüchten, und setzt einen Ausspruch des von ihm gern zitierten Freiherren Jakob Friedrich von Bielfeld hinzu: »>Pour savoir ce qu'est Dieu il faut être Dieu même< (>Um zu wissen, was Gott *ist,* muß man Gott *sein.*<)«. Andererseits unterstützt das >Bewußtsein hoher Geburt< das Gefühl der Entfremdung in einer Welt, deren Treiben »ekel, schal und flach und unersprießlich ist«. Der romantische Held (respektive der romantische Dichter) empfindet sich als gefallener, aus dem Paradies vertriebener Engel, durch eine unwägbare Schuld dazu verdammt, unter ärmlichsten Verhältnissen inmitten von Materialisten, Fortschrittsgläubigen, Technokraten, Dummköpfen und Krämerseelen zu leben; er sehnt sich zurück in einen Zustand, aus dem er sich verstoßen glaubt, denn er spürt den Anachronismus seines Durstes und seiner Empfänglichkeit für Schönheit in einer Gesellschaft, die am Profit orientiert, dem Alltäglichen verhaftet ist und Kultur lediglich >konsumiert<.

Der Miltonsche Satan, durch Byron und Maturins genialischen Schauerroman >Melmoth< zur literarischen Klischeefigur entwickelt, beeinflußte das Lebensgefühl der Künstler in der ersten Hälfte des neunzehnten Jahrhunderts. >Uralter Adel< und die imaginären Ahnengalerien bilden eine pittoreske Metapher für diese Identifikation: Satan als dämonischer Übermensch oder einsamer, melancholischer Exilant in einer kunstfeindlichen und phantasielosen Umgebung. Byron selbst, der ja tatsächlich aus einem alten und ruhmreichen Geschlecht stammte, ging mit seiner vornehmen Herkunft oftmals so prahlerisch hausieren, daß er damit >das Erstaunen und den Spott seiner Bekannten erregte<.

Poe jedoch konnte mitnichten Kreuzzugsheroen, grausame Feudalherren oder spleenige Grafen und Barone in seinem Stammbaum vorweisen wie sein Jugendvorbild Lord Byron. Er kam aus zerrissenen, für die damalige Zeit einigermaßen dubiosen Verhältnissen und hatte zeit seines Lebens unter gesellschaftlichen Vorurteilen zu leiden. Als Pflegesohn des reichen Geschäftsmanns John Allan sah man auf ihn als »das Kind umherziehender Schauspieler« herab, sein späterer Bruch mit ihm bezeichnete einen gravierenden sozialen Abstieg, und auch seine Hoffnungen auf ein reiches Erbe erfüllten sich nie. Er gab sich als >Gentleman des alten Südens<, als der er erzogen wurde, ohne dessen gesellschaftlichen Status zu genießen, und identifizierte sich in seinen Geschichten und Kurzgeschichten mit ›Fürsten des Geistes‹, die ›außerhalb von Raum und Zeit leben‹. »Nemo me impune lacessit« (»Niemand kränkt mich ungestraft«), so lautet das alte Familienmotto des Erzählers aus ›Das Faß Amontillado‹, ein ehrfurchtsgebietender Wahlspruch, der sich allerdings nur in der Erzählung selbst bewahrheitet. Denn Poe war in seinen letzten Lebensjahren Demütigungen ausgesetzt, gegen die er sich nicht wehren konnte. ›Keats erlag einer Rezension‹ – so beginnt seine Satire ›Der Duc de l'Omelette‹ –, es hieß nämlich, daß der englische Dichter John Keats nach dem brutalen Verriß eines Kritikers an gebrochenem Herzen gestorben sein sollte. Poe jedenfalls wurde tatsächlich das Opfer einer perfiden, von der Presse angeschürten und noch nach seinem Tode anhaltenden Verleumdungskampagne seiner literarischen Gegner. Die Vertreibung aus dem Paradies fand ihre Entsprechung in der Realität: der Gentleman aus Virginia, gefeierte Dichter, gefürchtete Kritiker und Salonlöwe kam zuletzt in den Ruf des moralisch verkommenen Subjekts, ›jenseits der Verachtung‹.

Edgar Allan Poe interessierte sich brennend für seine Genealogie (vielleicht auf der Suche nach einem berühmten und mysteriösen Vorfahren) und korrespondierte u. a. mit seinem Cousin William Poe über dieses Thema. Eine Zeitlang bildete er sich ein, der Enkel von General Benedict Arnold zu sein – der Taufname seiner Mutter war Arnold; aber jener hatte während des Unabhängigkeitskrieges mit den Engländern konspiriert und galt in Amerika als der Prototyp des Verräters; als Vorfahr also eher das Gegenteil einer Empfehlung, besonders was Poes militärische Laufbahn betraf. Mrs. Sarah Helen Whitman, die kurzfristig mit Poe verlobt war, schreibt in einem Brief an seinen ersten Biographen Ingram, sie wisse ›instinktiv‹, daß Poe von den Le Poers, einer alten normannischen Adelsfamilie, abstamme. Er selbst habe ihr gegenüber erwähnt, daß ein Verwandter, von dem einmal sein Großvater sprach, Chevalier L'Poer genannt wurde. Dies alles sind freilich unhaltbare Romantizismen. Poe konnte seine wirkliche Familiengeschichte nie weiter als bis zu seinen Großeltern zurückverfolgen.

Tiefer gehende Recherchen blieben seinen Biographen vorbehalten, die sich jedoch auch des öfteren in romantischen Spekulationen verirrten. Schon John Ingram, der noch mit vielen von Poes Zeitgenossen korrespondierte, war wohl überrascht über die Fülle an abenteuerlichen Gerüchten, die über dessen Stammbaum kursierten. Mrs. Whitmans Aussagen über die Le Poers wurde bereits 1875 durch John P. Poe widersprochen, der sich intensiv mit der Genealogie der Familie auseinandersetzte.[8]

Maria Clemm, Poes Schwiegermutter und die Schwester seines Vaters, schreibt in einem Brief an Mrs. Whitman: »Ich habe meinen Vater« (also Poes Großvater) »oft sagen hören, daß sein Vater italienischer Abstammung gewesen sei und ihr Name ursprünglich Po ausgesprochen wurde, wie der Fluß Po in diesem Land.«[9]

Die irischen Angehörigen der Poes behaupteten, ihr Stammsitz sei in der oberpfälzischen Rheingegend zu finden[10] oder die Linie ginge auf ein polnisches Adelsgeschlecht zurück[11]. Dieser irische Teil der Familie lebte im 18. Jahrhundert in dem Landstrich Cavan. Ein John Poe hatte im Jahre 1741 die Pfarrerstochter Jane McBride geheiratet; der Ehe entstammten zwei Söhne, George und Poes Großvater David. Den Umständen nach war die Familie mit ihrem Landbesitz relativ wohlhabend, hatte aber deshalb wohl um so mehr unter den Schikanen der englischen Landlords zu leiden. Die restriktive Handelspolitik der Briten (›Penal Laws‹) machte eine gesicherte Existenz unmöglich; Enteignungen waren an der Tagesordnung. John Poe plante bereits seit einiger Zeit, dem Beispiel seines älteren Bruders Alexander zu folgen, der 1739 nach Amerika emigriert war und mit dem er sicherlich korrespondierte. Es dauerte jedoch noch über sieben Jahre, bis genug Kapital für die Überfahrt und eine Existenzgrundlage in der Neuen Welt zusammengebracht war. Um 1750 kamen die Poes in Pennsylvania an und lebten einige Zeit bei John Poes Bruder in Lancaster County, bevor sie sich schließlich in Baltimore niederließen. Wovon sie ihren Lebensunterhalt bestritten, ist ungewiß. Sechs Jahre später starb John Poe. Sein Sohn David, der Großvater des Dichters, heiratete die »irische Schönheit« Elizabeth Cairnes und verkaufte und reparierte ab 1775 Spinnräder in Baltimore, wie aus einer Anzeige im ›Maryland Journal and Baltimore Advertiser‹ vom 3. Juni 1776 hervorgeht. Der Unabhängigkeitskrieg (1775–1783), der Krieg von dreizehn Kolonien in Nordamerika gegen die britische Herrschaft, rief sowohl seine neuen vaterländischen Gefühle wie seine ererbten Ressentiments gegen die Engländer wach. Er gehörte dem ›Whig Club‹ an, der dadurch Aufsehen erregte, daß er den Herausgeber eben jenes ›Maryland Journals‹ wegen eines polemischen Artikels über George Washington mit Gewalt aus der Stadt jagte.

Man könnte David Poe als respektablen, gutbürgerlichen Patrioten ohne Phantasie oder Neigung zu den schönen Künsten charakterisieren, der mitunter etwas hitzköpfig oder starrsinnig reagieren konnte, wenn es um seine politische Überzeugung oder um familiäre Belange ging. Sein persönliches Engagement im Unabhängigkeitskrieg war geradezu heldenhaft. Er wurde zunächst Offizier, später, 1779, zweiter stellvertretender Generalquartiermeister (›Assistant Deputy-Quartermaster General‹) für Baltimore im Rang eines Majors, d. h. er war bevollmächtigt, die Einkäufe für Verpflegung und Ausstattung der revolutionären Armee zu tätigen. In dieser Eigenschaft legte er einen Großteil seines Vermögens aus, Summen, die ihm nie zurückerstattet wurden. In einem Brief an General Smallwood vom 20. März 1782 schreibt er: »Im Augenblick ist fast keinerlei Futter für die Pferde verfügbar, aber bevor ich zulasse, daß das öffentliche Eigentum irgendwelchen Schaden leidet, werde ich, wie es seit jeher meine Neigung gewesen, hart kämpfen und alles in meiner Macht stehende tun, diesem Mißstand vorzubeugen. Ich will daher abermals mein eigenes Vermögen dafür einsetzen, Pferdefutter zu beschaffen, um die Tiere vorm Krepieren zu bewahren.«[12]

Sein Patriotismus und seine Opferbereitschaft sprachen sich in der Öffentlichkeit schnell herum; man nannte ihn allgemein ›General‹ Poe. Seine Frau Elizabeth stand ihm an aufrechter Gesinnung in nichts nach; sie selbst schnitt fünfhundert Paar Hosen für die Truppen General Lafayettes zu, einen Posten, den wiederum ihr Mann finanzierte. Noch im Jahre 1814 nahm David Poe aktiv an der Schlacht von North Point teil (er war damals einundsiebzig Jahre alt) und trug dazu bei, eine erneute britische Invasion aus Baltimore zu vertreiben. Lafayette soll selbst sein Grab geküßt und dabei ausgerufen haben: ›Ici repose un coeur noble!‹

Der alte David Poe empfand sich ganz als Amerikaner. Er war mit Baltimore verwachsen, er wurde als guter Bürger und Patriot respektiert, er hatte seinen Teil dazu beigetragen, aus Amerika ein freies Land zu machen. Sein zweiter Sohn wurde auf den Namen ›George Washington Poe‹ getauft. Die amerikanische Regierung entschädigte später seine Witwe zwar nur mit einer kleinen Leibrente für die Auslagen, die während der Kriegsjahre fast sein ganzes Vermögen aufgezehrt hatten, aber er betrachtete dennoch sein Leben als erfüllt im Dienste einer großen Aufgabe und sonnte sich in den Erinnerungen an seine bewegte militärische Laufbahn.

Das Amerika um 1800 stand ganz unter dem Einfluß von ›Fortschritt und Reform‹. Politisch hatte es sich von England gelöst, kulturell war es noch immer eine britische Kolonie; vom Erscheinungsbild her gab es kaum einen Unterschied zwischen einer amerikanischen und einer englischen Stadt. In Baltimore baute man in dem gleichen Architekturstil wie in London, trug Kleidung von britischen Schneidern und las Swift, Richardson, Defoe, Johnson oder Macphersons »Ossian« und Goethes ›Werther‹ – wenn man überhaupt etwas anderes als Erbauungsblättchen, Zeitungen oder Wochenschriften las. Denn über den Nutzen der ›schönen Künste‹ – mit Ausnahme vielleicht der Porträt- und Landschaftsmalerei – waren die Meinungen geteilt. Einige strenge Herren vertraten die Ansicht, Kunst gedeihe überhaupt nur in Zeiten der Dekadenz und eine aufstrebende Nation könne wohl auf sie verzichten. Das erste Baltimorer Theater wurde am 16. August 1786 eröffnet und hatte zuvor gegen ähnliche Widerstände zu kämpfen gehabt (insbesondere von Seiten der klerikalen Whigs, der ›Liberalen‹), wie sie in New York Thema der öffentlichen Auseinandersetzung gewesen waren, als man sich 1785 in einer Resolution des Stadtrates gegen Theater als »sprudelnde Quelle von Liederlichkeit, Ausschweifungen und Unmoral« ausgesprochen hatte.

So ähnlich war wohl auch die Auffassung David Poes. Er sah das Theater vielleicht nicht gerade als ›den Erzfeind der Religion und des Staates‹ an, aber es erschien ihm anrüchig, zumindest überflüssig in einer Zeit, die »nützlicher Hände« bedurfte. Entsprechend schwer muß es ihn getroffen haben, daß ausgerechnet sein ältester Sohn David, der Vater Edgar Allan Poes, sich zu solch einer sinnlosen, halbwelthaften Institution und brotlosen Kunst hingezogen fühlte.

David Poe jr. wurde am 18. Juli 1784 geboren und sollte eigentlich die Laufbahn eines Juristen einschlagen. Ein gutsituierter Baltimorer Rechtsanwalt, Mr. William Gwynn, war bereits dafür gewonnen, den »jungen Mann aus anständiger Familie« unter seine Fittiche zu nehmen. Aber dieser junge Mann fühlte sich, was immer den Ausschlag dazu gegeben haben mag, mehr zur Bühne als zu den Gerichtssälen hingezogen, und er hatte den rebellischen Geist seines Vaters geerbt. Im Alter von sechzehn Jahren gründete er mit ein paar gleichgesinnten Freunden den sogenannten ›Thespis Club‹. »Sie versammelten sich wöchentlich in einem großen Raum eines Hauses, das ›General‹ Poe gehörte, rezitierten Passagen aus klassischen Dramen oder führten, zu ihrem eigenen Vergnügen oder zur Unterhaltung ihrer Freunde, Stücke aus dem zeitgenössischen Repertoire auf... David Poe entwickelte eine solche Leidenschaft für die Bühne, daß er eines Tages heimlich sein Elternhaus in Baltimore verließ und sich nach Charleston begab, wo alsbald sein erster öffentlicher Auftritt bekanntgegeben wurde. Einer seiner Onkel jedoch, William Poe, ... las die Ankündigung in den Zeitungen, reiste nach Charleston, holte David von der Bühne und steckte ihn in die Anwaltskanzlei des ehrenwerten John Forsyth in Augusta, Georgia.« (William Poes Schwager).[13]

Die Familie scheint sich also in heller Aufregung über Davids Eskapaden befunden zu haben, aber wenn sie annahm, die Affäre durch gewaltsame Intervention beilegen zu können, hatte sie sich verrechnet. Der junge Mann floh kurze Zeit später abermals vor dem trockenen Studium der Paragraphen ins verheißungsvolle Rampenlicht – und diesmal unwiderruflich. Das war, ohne die geringste Schauspielausbildung und in einer Periode, da die meisten amerikanischen Schauspieler noch englische Emigranten waren (Erfolge auf englischen Bühnen ermöglichten im allgemeinen erst den Durchbruch auf amerikanischen), wahrlich ein Sprung ins kalte Wasser. Um 1800 gab es insgesamt nur etwa einhundertundfünfzig Schauspieler in Amerika, und über neunzig Prozent davon waren Briten. 1803 stand David Poe zum erstenmal, neunzehnjährig, als ›Offizier‹ in einer Pantomime nach Motiven von Kotzebues ›La Peyrouse‹ auf der Bühne; über seine erste Sprechrolle (›Laertes‹, ein dänischer Adliger und Gefolgsmann der Königin Christine in Brookes ›Gustavus Vasa‹) heißt es sehr freundlich und aufbauend in einer zeitgenössischen Rezension: »Was nun den jungen Gentleman betrifft, der hier zum ersten

Male im Rampenlicht erschien, so wäre es ungerecht, sich über seinen Auftritt an diesem Abend bereits ein Urteil zu bilden. Wie zu solchen Anlässen üblich, überwältigte ihn das Lampenfieber zuweilen so stark, daß es ihn schier der Sprache beraubte. ... Obgleich er sich bis zuletzt nicht von seiner Unsicherheit befreien konnte, zeigte er doch Ansätze zu einem Talent, das uns wohlgeeignet für die Bühne erscheint. Seine Stimme klingt klar, melodisch und variabel; was sie an Ausdrucksstärke besitzt, wird sich erst dann erschließen, wenn er sich von der Furchtsamkeit des Eleven befreit hat. Auch seine Aussprache schien sehr deutlich und artikuliert zu sein; zudem sprechen sein Antlitz und seine Gestalt sehr zu seinen Gunsten... Im großen und ganzen sind wir davon überzeugt, daß, sollte der junge Gentleman nach Bühnenruhm streben, er die besten Voraussetzungen dazu hat...«[14]

Die Stücke, in denen David Poe auftrat, waren größtenteils Melo- oder Schauerdramen im Stil von Zschokkes ›Abaellino, der große Bandit‹. Kritische Qualitätsmaßstäbe im heutigen Sinne gab es kaum, aber dafür auch weniger Kulturphilistertum; das Theater war eine Stätte des Vergnügens und der Erbauung, für das gehobene Bürgertum ebenso anrüchig wie anziehend, etwa dem Kino in seiner Frühzeit vergleichbar. Man stellte große Emotionen mit ebenso großen Gesten dar, mit rollendem ›r‹ und dramatischem Zittern der Stimme. Die Damen im Publikum wurden noch manchmal ohnmächtig, wenn die ›verfolgte Unschuld‹ von einem Bösewicht bedrängt wurde. Den Herren schwoll die Brust, wenn sie die heroischen Taten des Nationalhelden George Washington oder einer anderen historischen Größe miterlebten. Sünde und Verbrechen zahlten sich nicht aus, zumindest nicht auf der Bühne. Und dann gab es magische Effekte, Magnesiumlicht, Kulissendonner, Projektionen einer Laterna magica, mit der man ›Geistererscheinungen‹ auf die Bühne zauberte. Das Theater war damals, wie John P. Kennedy es in seinen Kindheitserinnerungen beschrieb, eine ›mystische Lampe Aladdins‹, die alle Skepsis auslöschte und die gefüllt war ›mit wundersamen Historien‹. »Hier erdrosselte Blaubart seine Ehefrauen und hängte sie an ihren Haaren an Haken im ›Blauen Zimmer‹ auf; der heldische Valentin besiegte seinen Bruder Orson durch die kluge List, ihm sein Abbild in einem zauberischen Spiegelschild zu zeigen, von dem wir glaubten, daß es aus poliertem Silber sein müsse; die im Walde ausgesetzten Kinder schliefen unter einer Decke von Rotkehlchen ein, die sich an Drähten herniederließen – was uns noch großartiger schien, als wenn sie wirklich geflogen wären; und der Geist des Gaffer Thumb stieg aus den Tiefen auf, so weiß, wie ihn ein ganzer Sack Mehl nur machen konnte – zehnmal lebensechter als jedes Gespenst, das wir je gesehen hatten. Ach, wo sind sie geblieben, ›Orcobrands Höhle‹, der ›Dämon des Waldes‹, das ›Burggespenst‹, die uns wonniglich die Haare zu Berge stehen ließen in jenen Tagen?«[15]

Die Schauspieler führten ein ungesichertes Dasein. Sie glänzten nur im Rampenlicht, privat gaben sich achtbare Bürger kaum mit ihnen ab. Reiche Freigeister luden sie zuweilen als exotische Vögel zu ihren Soireen ein. Hübsche Schauspielerinnen ließen sich oft von reichen Bürgerssöhnen aushalten. Aber alle gehörten sie zu den Zauberkünstlern, zur Halbwelt, zur Boheme, die sich gegen ausbeuterische Theaterdirektoren oder Intrigen ihrer Kollegen durchsetzen mußten, verhungernd oder dem Alkohol verfallen.

David Poe, so heißt es, wirkte am überzeugendsten in Shakespearerollen, wie ›Donalbain‹ in ›Macbeth‹, ›Don Pedro‹ in ›Viel Lärm um Nichts‹ oder ›Biancas Ehemann‹ in einer ›entschärften‹ Fassung von ›Der Widerspenstigen Zähmung‹ (›Catharine and Petruchio‹). Daß er darüber hinaus nicht gerade mit übermäßigem Talent gesegnet war, wird aus vielen Kritiken deutlich: »Außerdem ist er äußerst labil, und dies in der Tat so sehr, daß ihm der kleinste sprachliche Schnitzer sein geringes Selbstvertrauen raubt und ihn wieder in die Ängste eines Debütanten stürzt. Vielleicht sollte er vor seinen Auftritten ein paar verständige Freunde zu Rate ziehen, die ihn abhören und verbessern können.«[16]

Ganz allgemein stand es nicht zum besten mit der Karriere des jungen Schauspielers. Seine Familie konnte sich nie mit seinem Metier abfinden und versagte ihm jegliche Unterstützung. Sein sozialer Abstieg und sein künstlerischer Mißerfolg ließen ihn, wie es scheint, öfters zur Flasche greifen. Die Rolle des ›Harry Thunder‹ in dem Erfolgsstück ›Wilde Flüche‹ war ihm auf den Leib geschrieben; es geht darin um einen stürmischen, romantischen jungen Mann, der allen familiären Banden entsagt, um sich einer Truppe umherziehender Schauspieler anzuschließen – ein gutes Beispiel dafür, wie sich bei ihm Theaterzauber und Alltagsrealität durchdrangen, denn er war auch privat für dramatische Auftritte und große Gesten bekannt. Vielleicht mußte er sein Leben zu einem Schauspiel machen, um nicht daran zu zerbrechen; eine Begabung, die sich auf seinen Sohn vererbte.

Aber verlassen wir den ›jugendlichen Liebhaber‹ der ›Charleston Players‹ für eine Weile, um uns Edgar Allan Poes Mutter zuzuwenden, Mrs. Elizabeth Arnold (1787(?)–1811). Sie stammte aus einer englischen Schauspielerfamilie und war geradezu auf der Bühne aufgewachsen. Ihre Mutter, eine geborene Smith, trat seit Anfang der neunziger Jahre vor allem als Sängerin im Covent Garden Theatre in London auf, zunächst in kleinen Nebenrollen, zu denen auch Gesangseinlagen gehörten. Man konnte sie als ›Luftgeist‹ in der Pantomime ›Blaubart‹ oder als eine der ›Schäferinnen, Furien und Geister dahingeschiedener Heldinnen‹ in ›Orpheus und Eurydice‹ bewundern, ab 1795 dann in tragenden Partien, wie ›Theodosia‹ in Bickerstaffes populärer Opera buffa ›The Maid of the Mill‹ oder ›Laura, die habgierige Kurtisane‹ in Cowleys ›Bold Stroke for a Husband‹. Über Elizabeths Vater ist kaum etwas Gesicher-

tes bekannt; er soll neben seinem Schauspielerberuf auch einige melodramati-
sche Theaterstücke im Geschmack der Zeit verfaßt haben, wie ›The Woodman's Hut‹ oder ›The Devil's Bridge‹, die im Drury Lane Theater aufgeführt
wurden. Er starb wahrscheinlich im Winter 1790, da sein Name um diese Zeit
von den Spielplänen verschwindet.[17]

Daß sie von Chargen- immerhin zu Nebenrollen aufgestiegen war, mag
Mrs. Arnold bewogen haben, zusammen mit ihrer Tochter ihr Glück in
Amerika zu versuchen, einem Land, das bei aller neugewonnenen politischen
Freiheit doch auch noch in den kommenden Jahrzehnten gänzlich von europäischer Kultur geprägt sein sollte. Amerika hatte sich von territorialen An-
sprüchen und Bevormundungen insbesondere der Briten durch seine Unabhängigkeitserklärung losgesagt, aber seine Einwohner waren Europäer; ein
zweites, freieres Europa war im Entstehen, und wenn sich dort selbst Geschäftsleute, die in der Alten Welt gescheitert waren, eine goldene Nase verdienen konnten, warum nicht auch eine mittelmäßige englische Schauspielerin? Die Chancen standen nie besser. Am 5. Januar 1796 fand sich in der Bostoner Zeitung ›Massachusetts Mercury‹ folgende Notiz: »Auf der ›Outram‹
(Kapt. Davis), die letzten Sonntag, den 3. Januar, aus London kommend, in
unserem Hafen anlegte, befand sich auch Mrs. Arnold mit ihrer kleinen
Tochter aus dem Theatre Royal, Covent Garden, sowie Miß Green. Die Damen wurden von Mr. Powell für das Bostoner Theater verpflichtet; beide
sind schlank und von vornehmer Wesensart. Ihre Gesichtszüge muten uns
überaus ausdrucksvoll an, und sie bewegen sich mit schier unübertroffener
Grazie. Mrs. Arnold ist etwa vierundzwanzig Jahre alt – Miß Green um die
zwanzig. Sie werden ganz zweifellos eine ungemeine Bereicherung für unser
Schauspielhaus sein, so daß wir zuversichtlich der Hoffnung Ausdruck verleihen, daß sie ein festes Engagement erhalten. – Unter Kapitän Davis' übrigen Passagieren, Mr. Tubbs . . .«[18]

Dieser Mr. Charles Tubbs war Schauspieler und Klavierbegleiter, und er
wurde wohl um 1796 Mrs. Arnolds zweiter Ehemann; die kleine Elizabeth
war damals etwa neun Jahre alt.

Was nun Mrs. Arnolds/Tubbs Wunschvorstellungen über ihre Karriere in
Amerika betraf, so schienen sich bald darauf sogar ihre kühnsten Träume zu
verwirklichen. Das Publikum und die Kritiker überschlugen sich förmlich
vor Begeisterung. »Niemals erbebte das Theater unter solch frenetischen
Beifallsstürmen, wie anläßlich ihres ersten Auftritts am letzten Freitagabend.
Da gab es kein Herz, das sich ihrer Kunst verschloß, keinen Mund, der nicht
lobend über sie sprach, kein Händepaar, das sich dem allgemeinen Applaus
versagte. Noch endeten die Anzeichen der Zustimmung und Bewunderung
mit diesem Abend; ihr wunderbares Talent ist seitdem das erbauliche Thema
einer jeden Konversation gewesen.«[19]

Nach Ablauf der Spielzeit war die nächste größere Station von Mr. Tubbs, Mrs. Arnold und ihrer Tochter die Stadt Portland, wo sie zunächst einige Konzerte gaben, Potpourris aus zeitgenössischen Opern, beliebten Liedern, wie vielleicht Burns' ›Flow gently, sweet Afton‹ oder Finglands ›Annie Laurie‹. Sie traten im ›Versammlungsraum‹ auf, den sie zu diesem Zweck gemietet hatten; Mr. Tubbs begleitete Mrs. Arnold auf dem Klavier, und auch die kleine Elizabeth stand zum erstenmal mit einigen Liedchen auf der Bühne, die ihrem kindlichen Alter angemessen waren. Im Anschluß daran gründete Mr. Tubbs selbst ein kleines Theater in Portland, mehr eine Art Familienunternehmen, zu dem vielleicht zwei oder drei ansässige Laienschauspieler hinzustießen. Hier spielte auch die neunjährige Elizabeth Arnold ihre erste tragende Rolle, ›Biddy Bellair‹ in Garricks Farce ›Miss in Her Teens‹, eine Partie, in der sie mit drei Liebhabern zugleich flirten muß. »... Aber Miss Arnold als Miss Biddy war geradezu eine Offenbarung. Obgleich sie erst neun Jahre alt ist, würde ihr Talent manch einer erwachsenen Schauspielerin zur Ehre gereichen. Es ist zu hoffen, daß die Herren der Stadt die Vorstellung ein zweitesmal besuchen; das schwache Geschlecht jedoch sollte ihr lieber fernbleiben, bis geklärt ist, ob seine Ohren abermals von gewissen Zoten und unanständigen Ausdrücken beleidigt werden sollen.«[20]

Im Dezember desselben Jahres heißt es über ihre Darstellung der ›Little Prickle‹ in ›Das verwöhnte Kind‹ bereits enthusiastischer: »Mrs. Tubbs Tochter ist eine erstaunliche Begabung. Man füge nur ihre Jugend, Schönheit und Unschuld hinzu, und man wird in ihr ein Ideal verkörpert finden, das man vielleicht nie wieder auf irgendeiner Bühne finden wird...«[21] Der Tonfall dieser beiden Rezensionen läßt sehr plastisch auf die puritanische und sentimentale Mentalität der Einwohner Portlands schließen.

Bereits nach einigen Wochen mußte Mr. Tubbs einsehen, daß er auf das falsche Pferd gesetzt hatte. Die Einnahmen aus seinem kleinen Theater konnten kaum die Unkosten decken; zudem war der Winter ungewöhnlich hart in diesem Jahr. Am 17. Januar 1796 gab er das Unternehmen auf, um sich mit seiner Frau und ihrer Tochter zunächst der Schauspieltruppe eines Joseph Harper anzuschließen, die in Newport und Providence gastierte. Im Sommer wechselten sie zu ›Solee's Company of Boston and Charleston‹ über; Solee, ein renommierter Theaterdirektor, plante, in Philadelphia ein Konkurrenzunternehmen zu dem dortigen Schauspielhaus (Wignell's New Theatre) zu gründen, ein Vorhaben, der sich durch das Ausbrechen einer der damals gefürchteten Gelbfieberepidemien zerschlug. Am 18. August schiffte sich die Truppe nach Charleston ein. William Dunlap schreibt in seiner ›Geschichte des amerikanischen Theaters‹ (1837): »Das Ensemble, das Mr. Solee 1796 nach Charleston brachte, erfüllte die höchsten Ansprüche und übertraf wohl alles, was bisher im ›Long Room Theatre‹ aufgetreten war.«

Charleston gehörte zu den elegantesten Städten des alten Südens. Das Theater hatte hier bereits seit 1736 Tradition; von puritanischen Vorurteilen gegen Schauspieler oder einem hypochondrischen Moralismus wie in vielen Städten des Nordens konnte nicht die Rede sein. Neben New York, Philadelphia und Boston war es das kulturelle Hauptzentrum Amerikas. »Nirgendwo sonst sah man zum Beispiel so viele prächtige Kutschen, so rund, von so leuchtendem Gelb und so mit Gold besprenkelt, oder Lakaien mit solch prunkvollen Livreen, Haushalte mit so vielen Bediensteten oder so viel Pfauenfedern als Fächer der Damen. Es gab einen ›Duellantenklub‹, dessen Mitglieder in einem Range wetteiferten, der von der Zahl ihrer jeweiligen Ehrenhändel bestimmt war. Zur Wintersaison und den Frühjahrspferderennen zog es die reichen Pflanzer von Drayton Hall, Magnolia, Archdale, Fairlawn und Clifton hierher; und dann ergab sich die kleine, malerische Stadt mit ihren Balkönchen, Oleanderbäumen und Jasminsträuchern, seinen Feigen, Granatäpfeln, Narzissen und Hyazinthen aus Holland einem Vergnügungsrausch aus Musik, Theater und Wettfieber. Charleston besaß das älteste Theater des Landes (es eröffnete 1736 mit Otways ›Die Waise‹) sowie eine französische Bühne, denn die halbe Einwohnerschaft der Stadt bestand aus Franzosen, floß über von Hugenottenfamilien und Asylanten aus Santo Domingo. Die St. Cecilia Gesellschaft bot Konzerte von Mozart und Haydn an, und die besten Sänger, Musiker und Schauspieler wurden über mehrere Spielzeiten hinweg verpflichtet...«

Charleston, das einige Jahre später auch David Poe anziehen sollte, muß der durch ihre Erfahrungen im spießigen Portland und ihre anstrengende Tournee frustrierten Familie Tubbs geradezu als Paradies erschienen sein – allerdings ein kostspieliges Paradies. Hier traf sich die mondäne Welt vornehmlich des alten Südens, in großer Coiffure, gepudert und geschminkt, oft mit Perücken aus Haaren, die von den guillotinierten Opfern der französischen Revolution stammten (in den neunziger Jahren wurde weltweit ein schwungvoller Handel mit diesem makabren Material betrieben, und ein Einwohner von Charleston erinnert sich in seinen Memoiren, daß dies einen regelrechten Perückenboom auslöste, der noch bis in die ersten Jahre des neunzehnten Jahrhunderts anhielt). Im übrigen identifizierte man sich freilich, auch dem großen französischen Bevölkerungsanteil der Stadt entsprechend, voll und ganz mit der Revolution in Frankreich; »die dreifarbige Kokarde wurde allgemein getragen. Bei öffentlichen Anlässen wehten die amerikanischen und französischen Farben zusammen... es war üblich, das Wort ›Bürger‹ (›citoyen‹) vor seinen Namen zu setzen... auch gab es Jakobinerclubs und öffentliche Spielsäle... jedermann (Männer wie Frauen) war zu jenen Tagen gepudert, und niemand ging ohne ›grande coiffure‹ in Gesellschaft...«[22]

Neben den neuesten musikalischen Kompositionen aus Europa hörte man in Charleston oft auch die Marseillaise oder das ›Ça ira‹. Überaus beliebt und populär waren die Liedchen ›The Bonny Bold Soldier‹, das zum Standardrepertoire von Mrs. Tubbs gehörte, oder ›The Market Lass‹, mit dem die kleine Elizabeth die Herzen ihres vornehmen Publikums zum Schmelzen brachte. Ihre erste bedeutende Theaterrolle war die des kleinen, redegewandten Herzogs von York, einem der beiden Prinzen, die auf Befehl Richards im Tower ermordet werden, in Shakespeares ›Richard III‹. Auch in Charleston wurden ›Betty‹ Arnold und ihre Mutter von der Kritik stürmisch gefeiert. Dennoch lebte die Familie nach wie vor in den ärmlichsten Verhältnissen. Vor allem Mr. Tubbs war äußerst unzufrieden mit der schlechten Bezahlung und den unbedeutenden Nebenrollen, die Solee ihm zuwies. Es kam immer öfter zu Spannungen innerhalb der Truppe, die sich im Frühjahr 1798 in einem militanten Streik mehrerer Schauspieler gegen die Führung des Theaters entluden. Der aufgebrachte Mr. Solee beschrieb Tubbs als »das allerunwichtigste Mitglied der Truppe und außerdem ein Ungeziefer«.

Der Bruch war unvermeidlich. Die abtrünnigen Schauspieler schlossen sich zu einem Konkurrenzunternehmen zusammen, den ›Charleston Comedians‹. Das Ensemble zerstreute sich jedoch nach Ablauf der Spielzeit abermals. Mr. und Mrs. Tubbs und »Betty« schlossen sich Wignells New Theatre Company in Philadelphia an.

Philadelphia, die ehemalige Hauptstadt Amerikas, zählte damals etwa 70 000 Einwohner (zum Vergleich: New York 60 000, Charleston 18 000, Baltimore 13 000) und empfand sich noch immer als das eigentliche Zentrum. Es war eine sehr elegante Metropole, freilich nicht mit dem Charme und der Leichtlebigkeit Charlestons vergleichbar; die französischen Emigranten bildeten ein nützliches Gegengewicht zu ihrer grundsoliden Quäker-Mentalität. Matthew Careys Verlagstätigkeit insbesondere rechtfertigte ihren Anspruch, der literarische Mittelpunkt des Landes zu sein (obwohl eine amerikanische Nationalliteratur noch gar nicht existierte); es gab hier das erste amerikanische Museum und die ›American Philosophical Society‹, neben vielen anderen gebildeten Zirkeln; hier hatte Benjamin Franklin gelebt und gewirkt. Man sah goldene Schnupftabakdosen, prächtige Equipagen und wohl auch die turmhohen Haarfrisuren der Damen nach der neuesten Mode, aber das Leben war beschaulicher, gediegener als im alten Süden, und die bessere Gesellschaft stellte ihren Reichtum weniger protzig und verschwenderisch zur Schau. Der Wohlstand brachte hier eher den Typus des vornehmen Privatgelehrten hervor, der sich seinen botanischen Studien widmete, als des reichen Dandys, der sein Vermögen an den Spieltischen oder bei Pferdewetten durchbrachte. Brooks vergleicht das Philadelphia um 1800 mit Bath, Bristol, Boulogne oder Nantes der gleichen Zeit. Das ›New Theatre‹ hatte Platz für über zweitausend Personen, sein massiges Eingangsportal wurde von griechischen Säulen flankiert. Die neue Spielzeit dauerte jedoch nur kurz, da kaum drei Wochen später eine erneute Gelbfieberepidemie in Philadelphia ausbrach, die an die 4000 Opfer forderte, darunter höchstwahrscheinlich auch Mrs. Arnold/Tubbs, deren Name seit dem 4. Mai 1798 auf keinem Spielplan mehr erscheint. ›Wignell's New Theatre Company‹ sah sich gezwungen, vorübergehend in Baltimore zu gastieren; dort verlieren sich auch die Spuren von Mr. Tubbs. Möglicherweise hatte auch er sich mit Gelbfieber, dem ›Yellow Jack‹, infiziert. In den folgenden drei Jahren befand sich Elizabeth unter der Obhut von Mrs. Snowden und deren späterem Mann Mr. Usher, der im Frühjahr 1800 zu Wignells Company stieß.

Die zweite Hälfte des Dezembers 1799 war ganz von der Trauer um Amerikas Nationalhelden, George Washington, erfüllt, und ›Betty‹ Arnold sang in einem zu diesem Anlaß geschriebenen Oratorium mit, einem bombastischen Marche funèbre, ›Amerikas Genius über dem Grabe ihres innig geliebten Helden weinend‹, unter Begleitung mehrerer Militärkapellen etc. Dergleichen vaterländische Rührstücke gehörten neben Dramen und Komödien von Shakespeare, Sheridan und Garrick und dem gängigen Boulevardtheater ebenso zum Durchschnittsrepertoire amerikanischer Bühnen wie Pantomimen, Tanzeinlagen (›Vorführungen neuester Modetänze‹), ›Die Enthauptung Louis XVI‹ (eine lebensechte Puppe), sprechende Papageien oder ›ein Elefant, der zu »Yankee Doodle« tanzen konnte‹. Elizabeth Arnold, obwohl erst dreizehn Jahre alt, war inzwischen der erklärte Liebling des Publikums. Sie entsprach mit ihrer schlanken Gestalt, ihren dunklen Locken und ihren großen, unschuldigen, ausdrucksvollen Augen dem Schönheitsideal des beginnenden neunzehnten Jahrhunderts, bewegte sich mit ›sylphidenhafter Grazie‹ und wußte ihre Vorzüge mit einem gewissen frühreifen und aufreizenden Charme auszuspielen. »Niemals betrat sie die Bühne, ohne daß ein allgemeines Raunen das Theater erfüllte: Was für ein bezauberndes Wesen! Welch liebreizende Figur! Seht doch, diese lebendige und ausdrucksvolle Miene! Und wie gut sie spielt! Diese Stimme! Gab es jemals etwas Lieblicheres?«[23]

Mit vierzehn Jahren spielte sie zum erstenmal die Rolle der Ophelia, mit fünfzehn, im Sommer 1802, wurde sie die Frau eines Schauspielerkollegen, Charles Hopkins. Hopkins war bereits im Frühjahr 1802 einige Male in ›Green's Virginia Company‹ aufgetreten, und im August bekam das jungvermählte Paar wohl auch ein lukrativeres Angebot von diesem Ensemble, das aus Dilettanten bestanden zu haben scheint und wohl einiger zugkräftiger Namen bedurfte.

Inzwischen hatte sich David Poe bei den ›Charleston Players‹ (deren Leitung von Mr. Solee auf Mr. Placide übergegangen war) zu einem passablen, wenn auch keineswegs bedeutenden Schauspieler entwickelt. Er spielte ›Sebastian‹ in einer Bühnenfassung von Goethes ›Werther‹ (›Charlotte and Werther‹), der auch in Amerika eine kleinere Selbstmordwelle auslöste, den Banditen ›Grimm‹ in Schillers ›Räubern‹ und trat in über vierundzwanzig Stücken auf, wie schon erwähnt vor allem in Shakespeare-Rollen brillierend. 1804 schloß er sich den ›Virginia Players‹ an, wo er zum erstenmal zusammen mit seiner zukünftigen Frau auf der Bühne stand. Schon bald scheint sich eine freundschaftliche Beziehung zwischen David Poe und dem Ehepaar Hopkins entwickelt zu haben. Als kaum einen Monat später nach einigen nicht näher bekannten theaterinternen Auseinandersetzungen die Leitung der ›Virginia Players‹ an Mr. Hopkins überging, bevorzugte er in der Rollenbesetzung ebenso seine Frau wie David Poe, die das Richmonder Publikum auch zuweilen mit einer Tanzeinlage vor oder nach einer Aufführung erheiterten, wie einem ›Allemande‹ oder einem schottischen ›strathspey‹.

Am 26. Oktober des folgenden Jahres starb Mr. Hopkins plötzlich und unerwartet während einer Tournee in Washington. Etwa sechs Monate später, Ende März oder Anfang April 1806, verheiratete sich seine junge, damals neunzehnjährige Witwe mit David Poe, der sich von einem Freund etwas Geld leihen mußte, um das magere Aufgebot zu bestreiten.[24]

Als ›General‹ Poe, der vielleicht gehofft hatte, sein Sohn werde nach einiger Zeit wieder ›zur Vernunft kommen‹, von dieser Heirat mit einer englischen Schauspielerin erfuhr (die in seinen Augen nur ein ›loses Frauenzimmer‹ sein konnte), war er außer sich vor Zorn, enterbte David und verbot ihm sein Haus.

Das Paar trat noch bis zum Ende der Spielzeit (18. Mai 1806) in Richmond auf, danach, in den Sommermonaten, in Philadelphia und New York. Die New Yorker Kritiker waren die gefürchtetsten und bissigsten im ganzen Land und verhalfen David Poe schon bald zu dem schmerzlichen Bewußtsein, daß man das Talent seiner Frau weit höher einschätzte als das seine; dieses spürbare Mißverhältnis sollte ihre Ehe von Anfang an belasten. Im September nahm ›Powell's Company‹, die im Federal Street Theatre in Boston etabliert war, Mr. und Mrs. Poe unter Vertrag. Mr. Powells Truppe war zwar bei weitem nicht so qualifiziert wie die von Mr. Wignell in Philadelphia, aber sie war auch nicht so schlecht wie Greens Haufen von Dilettanten, ein gesundes Mittelmaß, dem Niveau der Stadt und ihrer Bürger entsprechend.

Nach zeitgenössischen Schilderungen mutet das ›christliche Sparta‹, wie John Quincy Adams, Amerikas sechster Präsident, Boston damals nannte, wie das genaue Gegenteil von Charleston an, ja es erinnert in seiner Beschaulichkeit fast an das Städtchen ›Vondervotteimitiss‹, jenem hinterwäldlerischen Spießernest in Poes Groteske ›Der Teufel im Glockenturm‹. Aber es war gerade Boston, einer der puritanischsten, bürgerlichsten und phantasielosesten Orte Amerikas, wo Elizabeth Poe ihre glücklichsten Jahre verlebte (das Ehepaar spielte vom 13. Oktober 1806 bis zum 12. Mai 1809 am Federal Street Theatre) und ihre beiden Söhne zur Welt kamen. Zu ihren wenigen Hinterlassenschaften sollte später ein Aquarell mit der Inschrift ›Bostoner Hafen am Morgen, 1808‹ gehören, das sie gemalt und auf dessen Rückseite sie kurz vor ihrem Tod geschrieben hatte: »Meinem kleinen Sohn Edgar, der Boston, seinen Geburtsort, immer lieben soll, denn seine Mutter fand dort ihre besten und innigsten Freunde.« Edgar Allan Poe allerdings konnte Boston nicht ausstehen: »Wir mögen Boston. Wir sind dort geboren – und vielleicht ist es angebracht, nicht zu erwähnen, daß wir uns dessen herzlich schämen. Die Bostoner sind auf ihre Art ganz in Ordnung. Ihre Hotels sind schlecht. Ihre Kürbispasteten sind köstlich. Ihre Dichtung ist nicht so gut... Die Bostoner sind wohlerzogen – wie es *sehr* langweilige Leute meist sind.«[25]

Daß die Bostoner auch den gefeierten Porträtmaler Gilbert Stuart, der sich zu der Zeit, als David und Elizabeth Poe am Federal Street Theatre gastierten, vor reichen Auftraggebern kaum retten konnte (einen davon, der während einer Sitzung eingeschlafen war, soll er mit Eselsohren abkonterfeit haben), buchstäblich im Rinnstein verhungern ließen, nachdem er aus der Mode gekommen war, paßt ganz in das Klischeebild Bostoner Spießertums.

Die Rezensionen über Mr. und Mrs. Poe klangen keineswegs enthusiastisch. Bostons monatlich erscheinende Kulturgazette, nach deren Urteil man sich in künstlerischen Fragen weitgehend richtete, war der ›Polyanthos‹, herausgegeben von J. T. Buckingham, der auch die Theaterkritiken schrieb. Über den ersten Auftritt der Poes in ›Speed the Plough‹, einer melodramatischen Komödie, heißt es dort lediglich, »daß die Rollen von Henry und Miss Blandford (den Hauptfiguren des Stückes) auf der Bostoner Bühne schon bessere Interpretationen erfahren hätten«.

Der folgende Auszug aus Buckinghams 1852 erschienenen Memoiren wirft dagegen ein interessantes Licht auf David Poes empfindliches Ehrgefühl: »Mr. Poe – der Vater des verstorbenen Edgar A. Poe – nahm Anstoß an einer Bemerkung über einen Theaterauftritt seiner Frau und sprach in meinem Hause vor, um mich für meine Impertinenz zu züchtigen, ging aber wieder fort, ohne seine Absicht ausgeführt zu haben. Sowohl er wie seine Frau waren Schauspieler von beachtlichem Talent, charakterlich ließen sie jedoch zu wünschen übrig.«[26] – eine Aussage, die auch im Zusammenhang mit der späteren öffentlichen, ›moralischen‹ Ächtung Edgar Allan Poes in den fünfziger Jahren des neunzehnten Jahrhunderts zu verstehen ist.

Aus anderen Zeitungskritiken der Jahre 1806/07 lassen sich Rückschlüsse auf die eigentliche schauspielerische Begabung von Elizabeth Poe ziehen, die, vielleicht abgesehen von ihrer Darstellung der Julia oder Ophelia in Shakespeares Dramen, ihr komödiantisches Talent vor allem in den zeitgenössischen, heute größtenteils vergessenen ›komischen Farcen‹, Liedern und Tänzen und Stücken der leichten Muse entfaltete.

Am 30. Januar 1807 kam ihr erster Sohn, William Henry Leonard, zur Welt. Das Ehepaar war zu dieser Zeit keineswegs in der Lage, ein Kind aufzuziehen; beide standen pausenlos auf der Bühne, ihre Unterbringung war dürftig, und für ein Kindermädchen reichten ihre Finanzmittel nicht aus; zudem mußten sie bei Gastspielen öfters in anderen Städten auftreten. David Poe blieb nichts anderes übrig, als seinen Stolz zu überwinden und sich an die Familie seines Vaters in Baltimore zu wenden. Während der Sommerpause des Theaters (zwischen Juni und September) fuhr er mit seiner Frau und dem Baby nach Baltimore, wo Elizabeths Charme das Herz des alten ›General‹ Poe erweicht zu haben scheint; Maria Poe/Clemm schreibt später in einem Brief: »Meine Eltern waren so verbittert über Davids Laufbahn, daß sie ihm nicht vergeben konnten; daher lernten wir seine Frau auch erst nach der Geburt ihres ersten Kindes kennen, und da es das erste Enkelkind meines Vaters war, wurde ihnen verziehen und sie wieder in sein Herz und sein Haus aufgenommen.«[27]

Der kleine William blieb bei seinen Großeltern in Baltimore, deren Vermögen durch ›General‹ Poes großzügige Auslagen während des Krieges so geschrumpft war, daß sie selbst in dürftigen Verhältnissen lebten; David und Elisabeth Poe schickten manchmal mehrere kleinere Geldsummen für den Unterhalt des Kindes an sie. Außer diesen Zahlungen, die im folgenden Jahr ganz aufhörten, gab es später keinerlei Kontakte zur Familie von David Poes Vater mehr; mit der ›Heimkehr des verlorenen Sohnes‹, wie sie Mrs. Poe/ Clemm und viele von Poes Biographen schildern, war es also nicht weit her. Bei den meisten seiner Verwandten stand David Poe nach wie vor in sehr schlechtem Ruf.

Mit Ausnahme kurzer Gastspiele, u. a. einem Liederabend in Richmond, trat das Ehepaar in den folgenden zwei Jahren in Boston auf. David spielte den Schurken Franz Moor, Elizabeth ›Amelia‹ in Schillers ›Die Räuber‹; er war ›Milford‹ in ›Die Straße zum Ruin‹, sie der Luftgeist Ariel in Shakespeares ›Sturm‹. Die Kritik sprach von David Poe als einem ›sich langsam entwickelnden Schauspieler‹, seine Frau dagegen war ›der Liebling des Publikums und eine Augenweide‹. Diese schon erwähnte Diskrepanz in der öffentlichen Gunst wurde noch spürbarer, als Powell in kurzer zeitlicher Abfolge zwei damals gefeierte Bühnenstars engagierte, Thomas Apthorpe Cooper, den großen englischen Shakespeare-Mimen, dessen Stil richtungweisend für das amerikanische Theater werden sollte und Edmund Forrest, den berühmten amerikanischen Schauspieler der ›heroischen Schule‹, nachhaltig beeinflußte, und John Howard Payne, der, damals siebzehnjährig, von der Presse als ›Young Roscius‹ hochgejubelt, die Damen seufzen und erbleichen ließ und

Elizabeth Arnold/Poe. Miniatur

sogar das Publikum aus den umliegenden Städten nach Boston zog. Über Payne, den späteren Autor von ›Home Sweet Home‹, hieß es zwar in einigen vorsichtigen Kritiken, daß er seine Sterbeszenen zu lange hinauszöge; sein ewiges Röcheln, Hinstürzen und Wiederaufrichten war oft eine Geduldsprobe für seine Mitspieler. Vielleicht traf er gerade damit den Zeitgeschmack. Für David Poe bedeuteten seine beiden neuen, übermächtigen Schauspielkollegen den Anfang vom Ende seiner Karriere; ›sie spielten ihn an die Wand‹.

Elizabeth jedoch nahm ebenso dankbar wie wirkungsvoll teil am Ruhm und am Glanz ihrer neuen Partner. Sie spielte die ›Ophelia‹ und ›Julia‹ zu Coopers und Paynes ›Hamlet‹ und ›Romeo‹ neben vielen anderen Rollen ›überaus natürlich und mit großem Einfühlungsvermögen‹. Vor allem sie und Payne waren ein Traumpaar als Liebende in den Shakespearedramen, als ›Tancred and Sigismunda‹, ›Zaphna und Palmyra‹ in Voltaires ›Mahomet‹ etc. Es bedarf keines großen psychologischen Einfühlungsvermögens, um sich auszumalen, daß das Eheglück der Poes damals etwas getrübt gewesen sein muß: der mittelmäßige Schauspieler, aus dessen romantischen Zukunftsplänen nichts wurde, der nur Nebenrollen bekam (allenfalls einmal den ›Laertes‹ zu Paynes ›Hamlet‹) und den die Kritik stets gönnerhaft, wenn nicht boshaft besprach, und seine weit talentiertere Frau, die sich auf dem Höhepunkt ihrer Karriere befand, vom Publikum verhätschelt, Partnerin eines ›jungen Genies‹, das sie zu schauspielerischen Leistungen inspirierte, die sogar die Bostoner zu Tränen rührten.

Am 19. Januar 1809 wurde das zweite Kind geboren, in irgendeiner kleinen Pension in der Haskins- oder Hollis Street im südlichen Teil von Boston. Elizabeth Poe soll noch am Tage ihrer Niederkunft als ›Bauernmädchen‹ in der Pantomime ›The Brazen Mask‹ aufgetreten sein; ›drei Stunden, nachdem sie das Theater verlassen hatte, kam ihr zweiter Sohn, Edgar, zur Welt‹.[28]

Die finanziellen Verhältnisse der Poes hatten sich nach der Geburt ihres ersten Kindes eher verschlechtert. Während Payne Höchstgagen gezahlt bekam (so z. B. einmal $ 1400 für sechs Auftritte in Boston), mußten sich feste Ensemblemitglieder, auch wenn sie beim Publikum so beliebt waren wie Mrs. Poe, mit dem üblichen Hungerlohn begnügen, der kaum zum Überleben reichte. Das zweite Kind stellte das Ehepaar abermals vor erhebliche wirtschaftliche Probleme, und David Poe sah sich bald wieder genötigt, seine Verwandtschaft um Unterstützung zu bitten. Diesmal wandte er sich an seinen Cousin, George Poe jr. in Stockerton, einer kleinen Stadt nordöstlich von Easton, Pennsylvania. In einem Brief dieses Herren vom 6. März heißt es: »... Der erwähnte Gentleman (David Poe) legte ein weniger gutes Betragen an den Tag. Er kam eines Abends zu unserem Haus, und da er einen unserer beiden Sklaven gesehen hatte, ließ er mich an die Haustür rufen. Dort verkündete er mir, der schrecklichste Augenblick seines Lebens sei gekommen und beschwor mich, ihn am nächsten Tag um elf Uhr vor dem Gemeindehaus zu treffen. Er fügte hinzu, er sei nicht gekommen, um zu betteln, und nachdem ich ihm ohne großes Nachdenken mein Erscheinen zugesagt hatte, stolzierte er dramatisch davon. Um mein Versprechen zu halten, begab ich mich auch am folgenden Morgen dorthin, fand ihn aber nicht vor; noch hörte ich von ihm bis gestern, als ein kleiner, schmutziger Junge an unsere Tür kam und sagte, ein Mann in dem Gasthaus in der Nähe habe ihn beauftragt, dieses

Schreiben zu überbringen und die Antwort darauf gleich wieder mitzunehmen. Ich brauche Dir nur den Inhalt seiner Nachricht zu wiederholen, und Du wirst Dir selbst ein Bild über ihren unverschämten Tonfall machen können – sie lautet wie folgt:

›Mein Herr, Sie haben mir Ihr Ehrenwort gegeben, sich mit mir am 23. vor dem Gemeindehaus zu treffen – ich gebe Ihnen das meine, daß wenn Sie mir 30, 20, 15 oder auch nur 10 Dollar leihen, Sie das Geld sofort nach meiner Ankunft in Baltimore zurückerhalten. Sie können versichert sein, daß ich genauso zu meinen Zusagen stehe, wie Sie die Ihre eingehalten haben, und daß mich einzig eine verzweifelte Notlage dazu zwingt, mich in dieser Form an Sie zu wenden – Ihre Antwort durch den Überbringer wird klarstellen, ob ich noch immer ›Ihr Wohlwollen genieße‹ oder ob ich von einem reichen Verwandten (als den ich Sie ansehe) nur deshalb verachtet werde, weil ich in ›jugendlichem Ungestüm‹ einen Beruf ergriff, der mir heute noch genauso ehrenhaft erscheint wie damals; den ich jedoch liebend gerne schon morgen aufgeben würde, wenn es *Ihrer* Familie Genugtuung bereitet – vorausgesetzt, ich könnte irgendeinen anderen Broterwerb finden, um die meine zu versorgen. Sie werden mir zweifellos freundlicherweise antworten, und ich verbleibe,

D. Poe Jr.‹

Meine Antwort auf diese unglaubliche Frechheit kannst Du Dir sicher denken – sie lief darauf hinaus, er möge mich in Zukunft mit weiteren Bittgesuchen verschonen, da er von mir nach einem solchen Brief keinerlei Unterstützung zu erwarten habe – und daß ich ein für allemal weder von noch über ihn irgend etwas zu hören wünsche – also adieu, Davy –«[29]

Dieser Brief, der auch die einzig erhaltene schriftliche Äußerung David Poes enthält, wirft ein bezeichnendes Licht auf die Haltung seiner Familie und die finanzielle Situation des Ehepaares Poe im Geburtsjahr ihres Sohnes Edgar.

Im Sommer wechselten sie das Engagement und traten, zweifellos auf die Einladung von T. A. Cooper hin, ›Price and Cooper's Company‹ bei, die im Park Theatre in New York spielte. Zuvor hatte Payne noch eine Benefizvorstellung für Elizabeth Poe in Boston gegeben; ihre Lage muß also verzweifelt schlecht gewesen sein. Das New Yorker New Park Theatre genoß in Amerika ein beträchtliches Ansehen, und dies war hauptsächlich das Verdienst von William Dunlap, dem seinerzeit berühmten Theaterautor und Impresario.

Die Spielzeit begann am 6. September mit dem ›gotischen‹ Schauerdrama ›The Castle Spectre‹ von M. G. ›Monk‹ Lewis[30], in dem sich Elizabeth in der Hauptrolle der ›Angela‹ ebenso mit ›dräuenden Geistererscheinungen‹ wie mit ›ränkevollen Schurken‹ auseinanderzusetzen hatte und fünf Akte lang in Gefahr für Leib und Seele schwebte. Das Park Theatre, prachtvoll mit Kri-

23

stall-Lüstern, Marmor, Spiegeln und reichverzierten Logen in Blau und Gold ausgestattet, ließ die Bühnen, auf denen sie bisher aufgetreten war, ärmlich und provinziell erscheinen; ein Engagement an diesem Haus, das an die 3000 Personen faßte, war eine Auszeichnung, und sie tat ihr Bestes, sich der Ehre würdig zu erweisen. Ihr Gönner T. A. Cooper, zweiter Direktor des Theaters und gefeierter Schauspieler in einer Person, bevorzugte sie ganz offensichtlich bei der Rollenbesetzung; sie war Ophelia zu seinem ›Hamlet‹, Desdemona zu seinem ›Othello‹, Rosamonda zu seinem ›Abaellino‹. Für David Poe hingegen bedeutete New York das Ende seiner Laufbahn. Wenn er auch vornehmlich in Nebenrollen auftrat, nahm die Kritik (vor allem ›Rambler's Magazine and New York Theatrical Register‹) doch Notiz von ihm, jedoch nur, um ihn der Lächerlichkeit preiszugeben. Man hatte sich offenbar in den Kopf gesetzt, ihn mit allen Mitteln von der Bühne zu jagen. Einen talentlosen oder unbeliebten Künstler Spießruten laufen zu lassen, gehörte zu den ›amüsanten Gesellschaftsspielen‹ der New Yorker Kulturcliquen, und auch das Theaterpublikum machte sich hin und wieder einen Spaß daraus, einen Schauspieler zur Verzweiflung zu treiben. Der arme Fullerton wurde bei jedem seiner Auftritte ausgezischt, bis er endlich Selbstmord beging, indem er sich in den Delaware River stürzte; das war im selben Jahr, als David Poe in öffentliche Ungnade fiel. Kaum zwei Wochen nach Beginn der Spielzeit donnerte die erste Breitseite aus den Spalten von ›The Rambler's Magazine‹:

»Mr. Poe wurde uns als Ersatz für Mr. Robertson vorgesetzt; und nimmermehr haben wir einen jämmerlicheren ›Alonzo‹ erlebt. Für eine tragende Rolle ist dieser Mann gänzlich ungeeignet; sein Talent reicht gerade so zum Komparsen; und wenn er sich, wie anläßlich dieses Abends, aus diesem seinem angestammten Bereich herausbewegt, sollte er zumindest Verstand genug besitzen, die Partie vom Blatt zu lesen, anstatt zu versuchen, sie schauspielerisch darzustellen; – seine Person, seine Stimme, dieser ausdruckslose Gesichtsausdruck – und das alles auf einmal – zu viel des Guten! Poh – et praeterea nihil.«[31]

Während einer Aufführung von Zschokkes ›Abaellino, der große Bandit‹, einer damals in Europa und Amerika überaus beliebten Räuberromanze à la ›Rinaldo Rinaldini‹, hatte David Poe als ›Falieri‹ das Pech, den italienischen Namen ›Dandoldi‹ falsch auszusprechen. Man nannte ihn seitdem nur noch ›Dan Dilly‹, griff überhaupt jeden Schnitzer auf und machte ihn zum Clown und zur Witzfigur. Einmal scheint er den Kritiker von ›Rambler's Magazine‹ in ohnmächtiger Wut bedroht zu haben, wie zuvor Buckingham, den Herausgeber des ›Polyanthos‹ in Boston, aber das machte die Sache nur schlimmer: »Dan Dilly spielte den ›Amos‹ (einen Negersklaven), und trotz der Beschichtung von Lampenruß, die sein Keksgesicht bedeckte, war es kein Problem, hinter jenem Schleier unseren wackeren und berühmten Daniel wiederzuerkennen. Am Rande erwähnt: man munkelt, daß dieser ›Gentleman‹ einige unserer früheren Bemerkungen über ihn sehr übel genommen habe; wir zweifeln jedoch an derlei Gerüchten, denn wir haben ja gewißlich nichts als die Wahrheit gesagt, und die Wahrheit sollte doch keinen aufrechten Mann beleidigen. Wäre er's dennoch, es täte uns herzlich leid, gehört er doch nach seinem liebenswerten, persönlichen Charakter und seiner hohen Schauspielkunst zu den letzten, die wir verdientermaßen beleidigen möchten. Das sind wir unserem guten Freund Dan schuldig, da wir inzwischen so viel über seinen ›Geist‹ gehört haben« (Wortspiel: ›spirit‹ ist zugleich Geist, Witz, Schwung, Mut, aber auch Alkohol); »denn für hochgeistige Menschen empfinden wir einen ebenso hohen Respekt – jedoch keinerlei Furcht...«[32]

Es besteht kaum ein Zweifel daran, daß David Poe im Alkohol Vergessen suchte und sich wohl auch zuweilen vor seinen Auftritten etwas zu viel Mut antrank. Ein anonymes Spottgedicht in ›The Rambler‹ schließt mit den Zeilen: »Son père était pot / Sa mère était broc, / Sa grand mère était pinte.«[33]

Im Dezember 1809 erschien in der Bostoner Zeitschrift ›Something‹ unter dem Pseudonym ›Nemo Nobody, Esq.‹ ein offener Brief an die New Yorker Herausgeber und Redakteure, der den armen ›Davy‹ in Schutz nahm; aber selbst wenn sich die New Yorker Kritiker seine Ermahnung wie durch ein Wunder zu Herzen genommen hätten; es war bereits zu spät. Zum letztenmal stand David Poe zwei Monate zuvor, am 18. Oktober 1809, auf der Bühne, in der Rolle des ›Captain Cypress‹ (in R. Leighs ›Grieving's a Folly‹), einem schurkischen Offizier, der erfolglos die Heldin des Stückes zu verführen trachtet. Als die Aufführung zwei Tage später wiederholt werden sollte, mußte man sie kurzfristig wegen ›indisposition‹ (d.h. mit ziemlicher Sicherheit übermäßigem Alkoholgenuß) David Poes ausfallen lassen und dafür ›The Castle Spectre‹ geben; damit hatte wohl auch die Geduld des gutmütigen Mr. Cooper ein Ende. ›Dan Dilly‹ verschwand von der Bildfläche, und über sein weiteres Schicksal ist nichts bekannt. Es mangelt freilich nicht an Spekulationen: er habe seine Frau wegen einer schottischen Dame verlassen, mit der er ins Ausland ging; er sei einige Zeit später das Opfer einer Gelbfieberepidemie geworden oder habe sich noch Jahre als erfolgloser Schauspieler durchgeschlagen. Mit größter Wahrscheinlichkeit verhielt es sich jedoch so, daß er wie seine Frau an Tuberkulose erkrankt war, sich langsam zu Tode trank und, zutiefst verletzt von einer Welt, die sein Talent nicht anerkannte, in einem New Yorker Hotelzimmer dahindämmerte. Vielleicht wandte sich Elisabeth Poe verzweifelt an James Fennell in Boston, der dann den erwähnten ›offenen Brief‹ veröffentlichte, um ihrem Mann eine Rückkehr auf die Bühne zu ermöglichen; aber kein Spielplan verzeichnete jemals wieder seinen Namen. Nach einer von Mary E. Phillips zitierten obskuren Zeitungsnotiz starb er am 19. Oktober 1810 in Norfolk.[34]

David Poes Leben weist einige merkwürdige Parallelen zu dem Charakter und dem Schicksal seines Sohnes auf. Auch David Poe, der aus einer respektablen Bürgersfamilie kam, entfremdete sich durch seinen Freiheitsdurst, seinen rebellischen Geist und seine künstlerischen Ambitionen von seinem engstirnigen Vater, der ihn enterbte, und führte ein von Mißerfolg geprägtes Hungerleben. Seine Vorliebe für dramatische Auftritte, sein Stolz, seine Verletzbarkeit, überhaupt sein zwiespältiges und problematisches Wesen und nicht zuletzt seine Neigung zum Alkohol machten ihn zu einem gesellschaftlichen Außenseiter. Als Opfer einer unmenschlichen Pressekampagne in New York starb er unter ungeklärten Umständen, wahrscheinlich in der Gosse.

Auch Edgar Allan Poe fühlte sich unwiderstehlich vom Theater angezogen. Wie sein Vater gründete er in jungen Jahren einen ›Thespis Club‹, ein Laientheater in Richmond, das auf großen Widerstand seines Pflegevaters John Allan stieß, an den er später in einem Abschiedsbrief schrieb: »Die Welt soll meine Bühne sein.« Er verfaßte selbst ein unvollendetes Drama, ›Politian‹, rezensierte Theaterstücke und bewegte sich oft im Theatermilieu, in dem er viele Freunde hatte.

Aber kehren wir zu Elizabeth Poe zurück. Ihr Mann hatte sie verlassen, was immer letztlich den Ausschlag dazu gegeben haben mag, und trotz ihrer Bühnenerfolge war ihre Situation – die einer mittellosen, alleinstehenden Schauspielerin (die noch dazu für ein Kind zu sorgen hatte) – im Amerika zu Anfang des neunzehnten Jahrhunderts äußerst prekär. Den kleinen Edgar mußte sie wohl während der Vorstellungen meist unbeaufsichtigt in ihrer Pension zurücklassen. Sie selbst hatte zwar Freunde und Gönner, deren Schutz sie sich anvertrauen konnte: da war Cooper oder auch Payne, der im März 1810 in New York gastierte und dessen ›Julia‹ und ›Ophelia‹ sie abermals wurde.

Ihre Beliebtheit in den spritzigen und fröhlichen Theaterstücken der Zeit stand jedoch in tragischem Kontrast zu ihrer unheilbaren Schwindsucht, die um diese Zeit gerade offen zu Tage trat und deren Anzeichen sie zu verbergen hatte. Hinzu kam, daß sie zum drittenmal schwanger war; schon damals wurden Zweifel hinsichtlich des Vaters dieses Kindes, Poes Schwester Rosalie, laut, und John Allan äußerte sich später in einem Brief an William Henry Leonard Poe etwas philisterhaft zu dem Thema. Die meisten von Poes Biographen stimmen darin überein, daß dieser Vorwurf grausam und ungerecht sei. Vielleicht befürchtete Elizabeth Poe dergleichen Gerüchte in New York und schloß sich aus diesem Grunde Placides Truppe in Richmond an (mit der David Poe 1803 in Charleston zum erstenmal aufgetreten war), um ihr Kind in einer anderen Stadt zur Welt zu bringen. Einer etwas unsicheren Quelle zufolge wurde Rosalie am 20. Dezember 1810 geboren.[35] Elizabeths Kräfte ließen sie langsam im Stich, und ihre Krankheit machte sich schubweise immer deutlicher und unbarmherziger bemerkbar. Von Januar bis Mai 1811 trat sie mit Placides Ensemble in Charleston auf; in Norfolk, wo ihr zu Ehren eine Benefizvorstellung gegeben wurde, erschien am 26. Juli 1811 in der Zeitung ›The Herald‹ ein Leserbrief, der ihre verzweifelte Situation eindrucksvoll beschreibt: »Jahr für Jahr entrang sie dem Theaterpublikum Norfolks spontane Beifallsstürme, und sie verdiente sie auch; ... denn niemals zuvor gab sich eine Schauspielerin größere Mühe, zu gefallen und zu erfreuen. Nun aber ›hat sich die Szene verwandelt‹ – und Mißgeschick lastet schwer auf ihr. Alleingelassen, muß sie nun sich selbst und ihre Kinder versorgen – ohne Freunde und schutzlos ist sie nicht länger der Mittelpunkt der Bewunderung und Aufmerksamkeit. Wie schändlich, daß sich jetzt, da sie Not leidet, die Welt von ihr abwendet, die sie in glücklicheren Zeiten bejubelte. Wie immer ist sie ja bestrebt, ihr Bestes zu tun – und wenn auch der Kummer die Rosen von ihren Wangen gestohlen hat, gebietet sie doch noch über dieselbe Anmut der Bewegung, der Gestalt und des Ausdrucks. An diesem Abend wagt sie nun, eine Benefizvorstellung zu geben, in der berechtigten Hoffnung, daß die Einwohner von Norfolk ihre früheren Verdienste zu würdigen wissen. Und können jene sich an sie erinnern, ohne ihr dankbar abermals Applaus zu spenden? Da sei Gott vor!«[36]

Elizabeth Poe war zu dieser Zeit gerade vierundzwanzig Jahre alt, aber sie wußte wohl, daß sie nicht mehr lange zu leben hatte. Nach ihrem Benefizabend in Norfolk kehrte sie mit Placides Truppe zu ihrer letzten Spielzeit nach Richmond zurück. Mr. Placide, ein warmherziger Mann, gab ihr noch einige Nebenrollen, darunter eine der drei Feen in ›Cinderella‹. Aber ihre Krankheit, die sich dem Endstadium näherte, machte es ihr unmöglich, länger auf der Bühne zu erscheinen. Mit ihrem qualvollen Tod beginnt die eigentliche Lebensgeschichte Edgar Allan Poes.

2. Kapitel

Der Kleine Lord

Das Theater ist dadurch geadelt, daß es der Entwicklung des Genius Möglichkeiten gewährt, die nirgendwo sonst in ähnlichem Maße zu finden sind. Es ist geadelt durch den Geist des Genius und damit erhaben über den Spott der Toren und das Gewäsch der Heuchler. Um einen Schauspieler von Talent wäre es schlecht bestellt, wenn er nicht verächtlich auf die Mediokrität eines Königs hinabblickte. Der Schreiber dieser Zeilen ist selbst Sohn einer Schauspielerin – hat sich dessen stets gerühmt –, und kein Graf kann stolzer auf seinen Titel sein als er auf die Abstammung von einer Frau, die, obschon guter Herkunft, nicht zögerte, die kurze Spanne ihres Genius und ihrer Schönheit dem Drama zu weihen.«
Edgar Allan Poe (›Broadway Journal‹, 19. Juli 1845)

Die Pension, in der Mrs. Poe mit ihren Kindern untergebracht war und wo sie zwei Monate nach ihrem letzten Auftritt (als ›Gräfin Wintersen‹ in dem Melodrama ›The Stranger‹), am 8. Dezember 1811 starb, konnte trotz eifriger Recherchen bisher nicht eindeutig identifiziert werden. Susan Archer Weiss schreibt in ihrer Studie ›The Home Life of Poe‹ (New York 1907), daß sie bei einer Mrs. Fipps (oder Phillips) gewohnt habe, einer Modistin in der Main Street. Da ihre Information von einem Mitglied der Familie Mackenzie stammt, die nach Mrs. Poes Tod Rosalie adoptierte, ist diese Theorie trotz einiger Widersprüchlichkeiten die wahrscheinlichste. Das Viertel in Richmond, in dem sich das Lädchen der Mrs. Fipps befand, wurde ›The Bird in Hand‹ genannt; schräg gegenüber stand ein Gasthaus und Hotel, in dem vornehmlich Schauspieler verkehrten, die ›Indian Queen Tavern‹.

Am 9. Oktober hatte man zu Mrs. Poes Gunsten eine letzte Benefizvorstellung gegeben; am 29. November, als sie bereits seit einigen Wochen bettlägerig war und ihre Krankheit sich dem Endstadium näherte, folgte ein Aufruf im ›Richmond Enquirer‹: »An alle gutherzigen Menschen; Frau Poe, die, von ihren Kindern umgeben, auf ihrem Schmerzenslager liegt, bittet Sie heute um Hilfe, und dies vielleicht zum letzten Male. Die Generosität des Richmonder Publikums bedarf keines weiteren Hinweises, Einzelheiten sind auf den Anschlagtafeln zu ersehen.«[1]

Gegen Tuberkulose gab es damals keinerlei Heilmittel, allenfalls Linderungen. Aber Mrs. Poe konnte sich ohnehin keinen ärztlichen Beistand leisten. Zu ihrem krampfhaften, tödlichen Husten, der sie aufzehrte, kam die Sorge, wie sie ihre Kinder ernähren sollte. Eine leere Schmuckschatulle, eine Miniatur mit ihrem Porträt, das bereits erwähnte Aquarell des ›Bostoner Hafens‹, ein Bündel Briefe, vielleicht noch ein Reisekoffer und ein paar Kleidungsstücke waren alles, was sie besaß. Ihr Zimmer war wahrscheinlich nicht einmal beheizt. Edgar Poes früheste Erinnerungen dürften von dieser tragischen und düsteren Atmosphäre geprägt worden sein, die seine jüngere Schwester Rosalie noch nicht bewußt wahrnehmen konnte. Einer Quelle zufolge soll ›ein walisisches Kindermädchen‹ auf sie aufgepaßt haben; »die Kinder waren nur dürftig bekleidet, halb verhungert und sehr abgemagert. Das jüngste befand sich in einem benommenen Zustand, da es mit in Gin getauchtem Brot ernährt wurde. Die alte Frau bestätigte auch, ihnen ständig diese Nahrung zu verabreichen, ›um sie ruhig zu halten und stark und widerstandsfähig zu machen‹.«[2]

Diese sonderbare Methode der Kinderernährung war allerdings in der ersten Hälfte des neunzehnten Jahrhunderts, besonders im Süden Amerikas, keine Seltenheit. Aber wie immer es sich damit verhielt, Elizabeth Poe hätte ohne Hilfe von außen weder existieren noch für Edgar und Rosalie sorgen können. Es ist anzunehmen, daß sie zunächst von ihren Schauspielerkollegen, vor allem wohl von Mr. Placide selbst mit dem Notwendigsten unterstützt wurde. Schon bald hatte sich ihre verzweifelte Lage in Richmond herumgesprochen und lockte Mitleidige und Wohltäter, aber auch Neugierige zu ihrer Unterkunft.

Wie sich denken läßt, waren es meist Damen der gehobenen Gesellschaft, die bei Mrs. Poe vorsprachen. Welch Kontrast zu einem eiskalten Zimmer mit spärlichem Mobilar, einem Tisch, auf dem vielleicht zwei Flaschen mit Kerzenenden standen, einem Spiegel und einer Strohmatratze, auf der die Sterbende lag! Zu ihren häufigeren Besuchern gehörten Mrs. Mackenzie, Mrs. Richard und Mrs. Allan, die Frauen angesehener schottischer Kaufleute, die im Richmond der damaligen Zeit einen geschlossenen gesellschaftlichen Zirkel bildeten. Mary Newton Stanard schildert ihre letzten Stunden etwas romantisierend: »Stunden und Tage zogen sich dahin, während die Kranke immer mehr an Lebenskraft verlor. Sie sprach nur selten, sondern lag ganz ruhig und wortlos da, wenn sie nicht gerade von ihrem peinigenden Husten geschüttelt wurde. An einem Sonntagmorgen in der ersten Dezemberhälfte lag sie gerade so bewegungslos, doch mit weitgeöffneten Augen, in ihrem Bett und lauschte dem Klang der Kirchenglocken, die die Stille zerrissen. Als die Stimme der letzten Glocke verebbte, begann sie sich zu regen und bat mit schwacher Stimme, daß man ihr ein Päckchen aus ihrem Koffer herüberbringe. Als dies geschehen war, fragte sie nach ihren Kindern, und als Schwester Betty sie zu ihrem Lager führte, drückte sie ihrem verwunderten Sohn ein Miniaturporträt von sich in die Hände, auf dessen Rückseite geschrieben stand: ›Meinem geliebten kleinen Sohn Edgar, von seiner Mutter‹, sowie ein schmales Bündel Briefe, das von einem blauen Band umschnürt war. Dann preßte sie die Fingerchen des kleinen Mädchens um eine emaillierte Schmuckschatulle von kunstvoller Arbeit, die jedoch leer war, da ihr Inhalt für Lebensmittel hatte versetzt werden müssen. Daraufhin gab sie zu verstehen, daß man die Kinder zu ihr hochreiche, damit sie sie küssen könne; zuletzt streckte sie geschwächt ihre bleiche Hand nach ihren Köpfchen aus, sprach ein paar Segensworte, um mit einem leisen Stöhnen die Augen in letztem, langem Schlaf zu schließen.«[3]

Die frühe Erfahrung des Todes seiner Mutter muß Poes geistige Entwicklung sehr stark geprägt haben. Die Verbindung von Liebe und Tod als Grundmotiv seines Werkes läßt sich jedoch keineswegs allein auf dieses traumatische Erlebnis zurückführen. Zu oft wird von Poes Schriften allzu leichtfertig auf seinen Charakter geschlossen, ohne zugleich das kulturelle Klima zu analysieren, aus dem heraus sie entstanden, oder literarische Vorläufer oder Vorbilder zu registrieren. Wie dicht und unauflösbar diese Verflechtung von Persönlichem und, kraß ausgedrückt, ›Epigonenhaftem‹ sich darstellen kann, wird an einem interessanten Beispiel deutlich. In einer seiner frühesten Erzählungen, ›Metzengerstein‹ (1832), findet sich eine später gestrichene Passage über den Tod der Mutter des Helden:

»Die schöne Lady Mary! – wie konnte sie sterben? An der Schwindsucht sterben! Dennoch – ich betete, diesen Weg zu gehen. Würden doch alle, die ich liebe, von jenem zarten Leiden dahingerafft! Wie herrlich! in der Blüte der Jugend zu scheiden – in der höchsten Leidenschaft des Herzens – die Phantasie ganz Feuer – mitten unter den Erinnerungen glücklicherer Tage, während auch das Jahr sich seinem Ende zuneigt, und für immer und ewig begraben zu liegen im schimmernden Herbstlaub. – ... Und so starb die Lady Mary. Der junge Baron Frederick stand, allein und ohne einen einzigen lebenden Verwandten, am Sarg seiner toten Mutter. Er legte seine Hand auf ihre sanfte Stirn. Kein Zittern durchlief seinen schwachen Körper, kein Seufzer entrang sich seiner Brust – noch verzog sich sein königlicher Mund. Seit seiner Kindheit von herzlosem, wildem und eigensinnigem Wesen, hatte er nun, nach einer Laufbahn, die nur gefühllosen, ausschweifenden und unbekümmerten Zerstreuungen gewidmet war, jenes Alter erreicht, von dem ich spreche; und seit langem schon lag eine Schranke zwischen ihm und der Unschuld des Denkens oder der Zärtlichkeit des Erinnerns.«[4]

Jenes ›zarte Leiden‹! Nicht nur Poe, der zeit seines Lebens auf tragische Weise mit dieser Krankheit konfrontiert werden sollte, sondern zahlreiche andere Künstler des neunzehnten Jahrhunderts waren von der morbiden Faszination schwindsüchtiger Frauen besessen – man denke nur an die bleichen und ausgezehrten Schönheiten der Präraffaeliten (wie Elizabeth Siddall) und Symbolisten, an Dumas' ›Kameliendame‹, Puccinis ›La Bohème‹ etc. Die Verbindung von Liebe und Tod ist untrennbar mit dem romantischen Lebensgefühl verbunden, das Poe in gewisser Weise bewußt verkörperte und in seinen Gestalten beschrieb. Frederick, dieser kalte, gefühllose, verruchte und anziehende Held und Prototyp der schwarzen Romantik à la Byron ist ebenso eine Spiegelung des Zeitgeistes.

Elizabeth Poe starb an einer Lungenentzündung, die das Endstadium einer fortgeschrittenen Tuberkulose bildete. Nach ihrem Tod wurden die ›armen Kinderchen‹ noch einmal an ihr Sterbelager geführt, damit sie einen letzten Blick auf ihre ›schlafende Mutter‹ werfen konnten, aber es muß dem damals fast dreijährigen Edgar durch die Erfahrung ihres langen Leidens bewußt geworden sein, daß sich hinter diesem Euphemismus des Schlafes etwas anderes, Unbegreifliches, Entsetzliches verbarg. Denn der Gedanke an den Tod zog Poe stets ebenso an, wie er ihn mit tiefstem Grauen erfüllte.

Sicherlich wird sich auch das Bild seinem Gedächtnis eingeprägt haben, wie man der Toten, dem damaligen Brauch entsprechend, einige Haarlocken abschnitt, die, zusammen mit den oben aufgeführten, ärmlichen Hinterlassenschaften, das einzige Erbe waren, das ihm jemals zufallen sollte.

Am Tag darauf erfolgte ein verwirrender Szenenwechsel. In Mrs. Poes Pension sprachen einige vornehme Damen vor, die er wohl schon von ihren früheren Besuchen her kannte; Mrs. Mackenzie, Mrs. Allan sowie wahrscheinlich Mrs. Allans Schwester, Ann Moore Valentine. Sie sprachen mit der Vermieterin, drückten ihr wohl etwas Geld in die Hand und lächelten Edgar ebenso ermunternd wie mitleidig an. Wenig später fand er sich, allein und von seiner kleinen Schwester getrennt, die Mrs. Mackenzie in ihre Obhut genommen hatte, an der Seite von Mrs. Allan und Mrs. Valentine in einer Kutsche sitzen, einer sogenannten ›hired hack‹. Auf dem Kutschbock saß James Hill, einer der Negersklaven der Allans, mit Zylinder und dunkelblauer Livre. Schon hier umgab Edgar eine Atmosphäre unbekannter Vornehmheit. Mrs. Allan, eine junge, hübsche Frau von siebenundzwanzig Jahren, stammte aus einer angesehenen Richmonder Familie; das von Thomas Sully gemalte Porträt von ihr entspricht in etwa der Charakterisierung von Poes Biographen: eine gütige, zarte, wohlerzogene Dame von etwas labiler gesundheitlicher Konstitution, ein wenig naiv vielleicht, zu vertrauensvoll: eine fromme, liebenswürdige Person, ihrem Gatten blind ergeben. Aus einem ihrer wenigen erhaltenen Briefe, dessen Stil wenig anspruchsvoll ist und dessen Interpunktion, dem Fluß ihrer assoziativen Schreibweise entsprechend, zu wünschen übrig läßt, kann man durchaus mit A. H. Quinn auf ein »nervöses, leicht zu verstörendes und zu beunruhigendes Gemüt«[5] schließen. Da ihre

Ehe kinderlos war, dürfte ihr das Schicksal des jungen Poe, der schon damals übereinstimmend als ›aufgewecktes und schönes Kind‹ beschrieben wird, wie eine Fügung des Himmels erschienen sein. Ihre etwas korpulente Schwester, Mrs. Valentine, die mit im Hause Allan lebte, hegte ebenfalls mütterliche Gefühle gegenüber dem armen Waisenkind; Edgar nannte sie von diesem Zeitpunkt an stets ›Tante Nancy‹. Wenn Mrs. Poe von der Absicht dieser beiden warmherzigen Damen, sich ihres kleinen Sohnes nach ihrem Tode anzunehmen, wußte, muß sie, zumindest von einer großen Sorge erlöst, gestorben sein.

Aber es gab einen Gegenpol zu dieser neuen, mütterlichen, verwöhnenden Wärme, Mr. John Allan. Um sich ein genaues Bild über die schicksalhafte Beziehung zwischen Poe und diesem zwiespältigen, bei aller Strenge und Engstirnigkeit faszinierenden Mann zu machen, ist es notwendig, sich intensiver mit seinem Werdegang und seinem Charakter auseinanderzusetzen. Er wurde 1780 in der Gemeinde Dundonald, Ayrshire, in Schottland geboren. Seine Mutter führte ein Teegeschäft in Greenock. Gegen Ende des 18. Jahrhunderts waren die verwandten Familien Allan und Galt kleine Kaufleute und Schmuggler in den Häfen von Greenock und Irvine; Johns Onkel William Galt hatte sich bereits in den siebziger Jahren nach Amerika abgesetzt und in Richmond innerhalb kurzer Zeit vor allem durch Tabakhandel ein Vermögen verdient. Zwischen 1810 und 1825 leitete er eines der bedeutendsten Tabak-Im- und -Exportunternehmen Virginias und besaß so viel Grundbesitz, so viele Häuser, Piers, Schiffe und Lagerhallen wie kaum ein anderer Geschäftsmann im alten Süden. Seine arme, sehr zahlreiche schottische Verwandtschaft lebte fast ausschließlich von seiner Großzügigkeit. Er war das eigentliche Familienoberhaupt, ein mehrfacher Millionär, und wer von ihm bevorzugt wurde, konnte sein Glück machen. John Allan gehörte zu diesen bevorzugten Glücklichen. Wie sein späterer Pflegesohn Edgar hatte er früh seine Eltern verloren. Die Galts in Schottland nahmen sich seiner an, schickten ihn in Irvine zur Schule (eine jener düsteren, strengreligiösen Erziehungsanstalten, wie sie Dickens in seinem Roman ›Nicholas Nickleby‹ beschreibt und wie sie auch noch Poe erleben sollte) und empfahlen ihn schließlich der Aufmerksamkeit des ›großmächtigen‹ William Galt, der den hoffnungsvollen jungen Mann im Jahre 1795 nach Richmond kommen ließ. John Allan, damals gerade fünfzehn Jahre alt, sollte sich zunächst als Angestellter in der Buchhaltung von Galts Firma seine ersten Sporen verdienen. Hier lernte er einen anderen jungen Schotten kennen, Charles (›Josiah‹) Ellis, der ebenso in Galts Buchhaltung tätig war. Beide hatten sich schon bald soviel geschäftlichen Überblick angeeignet, daß sie es fünf Jahre später wagten, sich als Partner selbständig zu machen, und mit einem Grundkapital von 200 Pfund Sterling eine eigene Firma gründeten, Ellis & Allan. William Galt unterstützte sie finanziell dabei. Die Geschäftsräume befanden sich an der ›nordöstlichen

Ecke‹ der Main und der Thirteenth Street; die Haupteinnahmequelle war natürlich der Tabakhandel, dem ja die Stadt allgemein ihre wirtschaftliche Stellung und ihren Reichtum verdankte, seit John Rolfe im Jahre 1612 die ersten Tabakpflanzen aus Westindien in Richmond angebaut hatte. Der schwere, süßliche Duft getrockneten Tabaks prägt auch teilweise heute noch die Atmosphäre der Hauptstadt Virginias. Obwohl sie um 1800 nur etwa 5300 Einwohner zählte (von denen die Hälfte aus schwarzen Sklaven und Hausangestellten bestand), war sie durch ihre günstige Hafenlage am James River, ihre sehr englisch anmutende Kultiviertheit, die Geschäftsleute, Juristen und Politiker aus ganz Amerika anzog, das ›London‹ des alten Südens (wie auch ihr Name von einem malerischen Dörfchen in der Nähe Londons herrührte). John Allan wurde selbst Zeuge ihres Aufschwungs und ihrer Blüte. Als er 1795 nach Richmond kam, gab es dort noch kaum eine gepflasterte Straße – die Stadt, die sich an sanfte Hügel anschmiegte, bestand aus meist zweistöckigen, von eckigen Säulen flankierten Holzhäusern mit gepflegten Gärten darum herum. Immerhin wurde die Aussicht durch das drei Jahre zuvor nach Plänen von Thomas Jefferson erbaute, weithin sichtbare Capitol geadelt, dessen griechische Einfachheit die Idee der Demokratie versinnbildlichen und den späteren Architekturstil Richmonds prägen sollte.

Die Firma Ellis & Allan bot neben Tabak (die noch immer schwelenden, seit dem Unabhängigkeitskrieg immer wieder aufflackernden Feindseligkeiten mit England und die napoleonischen Kriege, die auch den Weltmarkt in Atem hielten, ließen eine gewisse kaufmännische Flexibilität geraten erscheinen) eine unglaubliche Vielfalt der unterschiedlichsten Waren an, von denen Hervey Allen folgende Aufstellung gibt: »...die Geschäftspartner handelten mit Weizen, Heu, Mais, Mehl, Getreide, feinen Tee- und Kaffeesorten, Stoffen, Bekleidungsstücken aller Art, geblümtem Seidentuch für Herrenwesten, Saatgut, Weinen und Spirituosen (besonders Rotwein aus Philadelphia, ›Philadelphia claret‹); sie statteten Sklaven aus, versorgten Plantagen mit landwirtschaftlichen Geräten, Nägeln und Stahlwaren; charterten Schiffe und Küstenschoner; importierten Grabsteine – und waren sich auch keineswegs zu schade, Pferdehandel zu treiben, Schweine aus den Siedlungsgebieten von Kentucky zu verkaufen oder alte Sklaven bis zu ihrem Tode an die Kohlenminen zu vermieten. Sie gaben außerdem Kredite und beteiligten sich am städtischen Immobilienmarkt; darüber hinaus besaßen beide (bzw. die Familien ihrer Ehefrauen) Plantagen auf dem Land – die von John Allan bei ›Lower Byrd's‹, die der Familie Ellis bei ›Red Hill‹ und ›Pedlar's Mills‹ –, diese brachten ebenfalls Erträge ein. Insgesamt war es eine gedeihende, schottische, manchmal vielleicht etwas trockene Geschäftsatmosphäre, in welcher sich Charles Ellis und sein Partner bewegten.«[6]

John Allan gehörte zu jener neuen Generation geschäftstüchtiger Schotten,

Engländer und Iren, die den Charakter Amerikas nach dem Unabhängigkeitskrieg prägten; wie Poes Großvater David, wenn auch nicht gerade mit dessen übersteigertem Patriotismus, identifizierte er sich rasch mit seiner neuen Heimat und dem ›Southern way of life‹. Er beschränkte sich nicht auf die gesellschaftlichen Kreise von Kaufleuten und Händlern, sondern suchte und fand auch Kontakt zu den reichen Pflanzern und Plantagenbesitzern Richmonds und der Umgegend und nahm gerne teil an ihren Gesellschaften, Festen, Ausflügen und Lustbarkeiten, wie im Sommer am ›Tag des Austernröstens‹. Allan war der geborene Aufsteiger; er sah gut aus, kleidete sich mit Sorgfalt und Geschmack, beherrschte die Modetänze und wußte sich auf vornehmem Parkett zu bewegen. Man sah ihn als gerngesehenen Gast in den Salons des Richmonder Geldadels, der Pages, Harrisons, Wickhams, Cockes und Mayos.

Seine Korrespondenz hat etwas Geschwätziges, Selbstgefälliges, aber zugleich Unbekümmertes, und manchmal flammt sogar Witz und Esprit darin auf. In erster Linie war er jedoch Geschäftsmann, von schottischer Knauserigkeit und eiserner Härte, wenn es darum ging, einen Vorteil wahrzunehmen. Er konnte ein gutes Reitpferd ebenso wie einen brauchbaren Arbeitssklaven taxieren – ein Unterschied, der im damaligen Virginia mehr ein kaufmännisches als ein moralisches Problem darstellte; er trennte seinen Beruf säuberlich von seinem Privatleben, besaß jedoch Kalkül in beiden Bereichen. ›Philosophie‹, sagt er einmal in einem Brief, ›kann im Zusammenspiel mit einer herzhaften Prise Schnupftabak Wunder wirken‹ – ein Ausspruch, der seine bürgerlich-epikureische Beziehung zum Geistigen und zur Kultur im allgemeinen treffend charakterisiert. John Allan war nicht der Mann, an gebrochenem Herzen zu sterben oder romantischen Tagträumen nachzuhängen. Er hatte kein Verständnis für Müßiggänger und Tagediebe. Sein gehobener Lebensstil war das Resultat harter Arbeit, und es erfüllte ihn mit Stolz, seinen Erfolg zu genießen und in Gesellschaft darzustellen. Gegen einen ›guten Tropfen‹ gab es nichts einzuwenden; einen Pfefferminzlikör gegen die Mittagshitze, einen Whiskey im Rauchzimmer (mit Zucker und Eis), einen Pfirsich-Brandy zu geschäftlichen Besprechungen, einen schweren ›Philadelphia claret‹, von dem er stets ein paar gute Jahrgänge im Keller lagerte, zum Dinner, vielleicht einen Apfelschnaps ›beim genußvollen Einatmen der Abendluft‹, einen ›Rum-Toddy‹ (Punsch) im Familienkreise, ein Gläschen Madeira im Salon – aber es ging natürlich nichts über das schottische Starkbier aus Kilmarnock, für das er eine besondere Vorliebe hatte.[7] Diese Getränkeliste wird hier durchaus nicht willkürlich aufgeführt; bezeichnet sie doch die Trinkgewohnheiten im alten Süden Amerikas. Zwischen 1800 und 1830 wurde in Amerika – Statistiken belegen das – fast dreimal so viel Alkohol konsumiert wie in unserer Zeit. Die übliche Begrüßung lautete ›Come Sir,

*John Allan. Gemälde eines
unbekannten Malers*

*Frances K. Allan. Gemälde,
Thomas Sully zugeschrieben*

take a dram first‹ (›Nehmen Sie erst mal einen Schluck‹), und es wäre unhöflich gewesen, dieses freundliche Angebot auszuschlagen. Daß Allan gern und viel trank und wohl auch einiges vertragen konnte, steht außer Zweifel – ein Umstand, der für Poes Biographie sicher nicht unbedeutend war.

Als John Allan heiratete, war er dreiundzwanzig Jahre alt und hatte sich, anfangs noch von seinem Onkel William Galt protegiert, in der Geschäftswelt Richmonds einen Namen gemacht; wie sein Partner Ellis gehörte er zum ›gehobenen Mittelstand‹. Er war ein Mann mit Zukunft, die Firma florierte, und auf der Straße zog man den Hut vor ihm. Seine Wahl fiel 1803 auf die ›überaus bewunderte‹ Fanny (Frances Keeling) Valentine, die Tochter eines angesehenen und wohlhabenden Pflanzers aus Princess Anne County. Sie und ihre ein Jahr ältere Schwester Ann hatten ebenfalls früh ihre Eltern verloren und waren im Hause eines Richmonder Buchdruckers, John Dixon, aufgewachsen. Den Umständen nach kann es sich bei John Allans Heirat also kaum um lediglich einen von seinem Ehrgeiz diktierten Schachzug gehandelt haben, wie verschiedentlich angedeutet worden ist. Miss Valentine brachte weder eine hohe Mitgift in die Ehe ein[8], noch spielte sie eine bedeutende Rolle in der ›besseren Gesellschaft‹. Sie war hübsch und stammte aus einer guten Familie, aber es gab weit vorteilhaftere Partien in Richmond. Zudem nahm Allan auch ihre Schwester in sein Haus auf; sie lebten zu dritt über den Geschäftsräumen von Ellis & Allan. Daß seine Eheschließung seine amtliche Bestätigung als Bürger Virginias im darauffolgenden Jahr beschleunigte, ist schwerlich als bestimmendes Motiv zu werten. Was das Paar gefühlsmäßig verband, läßt sich allerdings heute schwer beurteilen. Ihre Ehe blieb kinderlos; auch ist bekannt, daß Allan intime Beziehungen zu anderen Frauen unterhielt und der Vater von mindestens zwei unehelichen Kindern war. Private Probleme dieser Art wurden jedoch im 19. Jahrhundert, und ganz besonders in Virginia, strikt verinnerlicht. Mr. und Mrs. Allan waren respektierte Eheleute; in der Öffentlichkeit sah man sie zusammen mit Miss Valentine jeden Sonntag in der Kirche, die Woche vielleicht einmal auf einer Abendgesellschaft von Freunden oder Bekannten, gelegentlich in einer Loge im Richmond Theatre. Die Sommermonate wurden meist auf dem Lande verbracht, auf ihrer eigenen Plantage, auf den Landgütern der Ellises, Galts oder der gastfreundlichen virginischen ›gentry‹, wie Bowler Cocke und William Mayo. Die Sklaverei als wirtschaftlicher Hauptfaktor, dem sich ihr Reichtum verdankte, war für die meisten dieser Pflanzer ein »notwendiges Übel«. Das Thema wurde freilich schon damals im alten Süden diskutiert; daß es ein halbes Jahrhundert später zur Spaltung der Nation führen würde, ahnte niemand voraus.

Die Sklavenwirtschaft florierte allerdings bereits seit dem frühen 16. Jahrhundert, genau gesagt seit 1501, als ein königliches Edikt Ferdinand von Aragoniens den Transport von Negern nach den spanischen Kolonien in Amerika gestattete. Gegen 1620 wurden zum erstenmal englische Kolonien auf dem nordamerikanischen Kontinent mit schwarzen Arbeitskräften versorgt, hing doch von der Behebung des Arbeitermangels die Zukunft von Land und Besitzung ab. Sklavenhandel war jahrhundertelang ein ungemein einträgliches Geschäft, das sich Franzosen, Portugiesen, Holländer, Dänen und, allen voran, die Briten teilten. Auch Europa hatte Bedarf an dieser ›Ware‹: in der zweiten Hälfte des 18. Jahrhunderts gab es allein in London an die zwanzigtausend Negersklaven. Virginias Wirtschaft war seit sechs Generationen von der Sklavenhaltung abhängig; die Pflanzer zu Poes Zeit hatten das System ›ererbt‹ und verdrängten jedes Unrechtsbewußtsein über diese Tatsache. Der Prozeß war nun einmal schwerlich wieder rückgängig zu machen, so lautete die allgemeine Ansicht, und obwohl es, auch im ›alten Süden‹ Amerikas, Gegner der Sklaverei und sogar utopische Pläne gab, die Schwarzen wieder nach Afrika ›zurückzukolonialisieren‹, bestand doch kein ernsthaftes Interesse an solch umstürzlerischen Ideen. Jeffersons liberale Ansichten gaben allenfalls Stoff für gebildete Tischgespräche, aber man nahm sie nicht sonderlich ernst; im übrigen besaß er selbst Sklaven, und vor diesem Hintergrund konnte es sich bei seinem Postulat, ›alle Menschen seien gleich geschaffen worden‹, ohnehin nur um ein Lippenbekenntnis handeln.

Natürlich bildeten die reichen Landbesitzer mit ihren Reis-, Baumwoll- und Tabakplantagen nur einen verschwindend geringen Prozentsatz der Gesamtbevölkerung Virginias, die außer den Kaufleuten und Handwerkern in den Städten vorwiegend aus hart arbeitenden Farmern bestand, die ihren bescheidenen Grundbesitz ohne oder mit nur wenigen Sklaven bewirtschafteten. Aber diese ›gentry‹ des alten Südens hatte die wichtigsten Ämter inne, schuf Gesetze, bestimmte die Politik (drei der vier ersten Präsidenten Amerikas stammten aus Virginia: George Washington, Thomas Jefferson und James Madison) und prägte die Kultur des Landes. Beziehungen zu ihren Kreisen waren unumgänglich, wenn man es in der Geschäftswelt zu etwas bringen wollte, und Allan, selbst Besitzer einer kleinen Plantage, ein aufstrebender Kaufmann und Emporkömmling, der, wie jedermann wußte, einmal das immense Vermögen seines Onkels William Galt erben würde, assimilierte sich mit Leichtigkeit. Seine Frau nahm gerne und dankbar teil an den Vergnügungen, Ausflügen und Tanzveranstaltungen, die ihr die sozialen Kontakte ihres Mannes ermöglichten; andererseits war sie jedoch eine introvertierte, sentimentale Seele, eine gläubige Anhängerin der Episkopalkirche, die sich danach sehnte, ihrem Leben durch gute Taten einen Sinn zu geben. Die Armut und Krankheit Mrs. Poes boten ihr Gelegenheit, sich als Samariterin zu bewähren. Nach dem Tod von Mrs. Poe kamen sie und Mrs. Valentine deshalb rasch überein, Edgar, der noch nicht ganze drei Jahre alt war, in ihr Haus aufzunehmen. Mrs. Allan hoffte wohl, daß ihr Mann diesen Akt der Nächstenliebe gutheißen, ihr ihre Eigenmächtigkeit verzeihen und das arme, liebreizende Waisenkind mit offenen Armen empfangen würde. Der Tod von Mrs. Poe war zwar nicht unerwartet, aber doch überraschend schnell gekommen, und die Situation erforderte eine ebenso rasche Entscheidung. Sie konnte unmöglich zulassen, daß man Edgar in eines dieser schmutzigen Armenhäuser steckte. Über Poes Großvater David oder seine Tante Eliza wußte sie zu diesem Zeitpunkt noch nichts; später verheimlichte sie die brieflichen Anfragen der Familie. Schließlich wurde sie auch dadurch in ihrem Entschluß bekräftigt, daß sich ihre Bekannte Mrs. Mackenzie in ihrem Beisein, ohne zu zögern, Edgars Schwester Rosalie annahm.

John Allan jedoch nahm, wie vorauszusehen gewesen war, einen ungleich differenzierteren Standpunkt gegenüber einem ›zusätzlichen Esser‹ in seinem Haushalt ein. Gegen tätige Nächstenliebe hatte er nichts einzuwenden, sofern sie sich in Grenzen hielt, und auch für die impulsive Eigenmächtigkeit seiner Frau brachte er Verständnis auf. Sollte sie ihr Spielzeug ein oder zwei Wochen behalten – dann würde man schon weitersehen. Ein längerer Aufenthalt dieses zugegebenermaßen ›hübschen Bengels‹ war jedoch völlig ausgeschlossen. Dafür gab es stichhaltige Gründe. Zum einen befand er sich gerade in einer geschäftlichen Flaute, die ihm Anlaß zur höchsten Besorgnis geben mußte.

Der Tabakexport nach England, seine Haupteinnahmequelle, war durch die angespannte politische Lage völlig zum Erliegen gekommen. England hatte eine Seeblockade gegen das napoleonische Frankreich errichtet; sämtliche Handelswege nach Europa waren abgeschnitten. Darunter hatte vor allem auch die amerikanische Wirtschaft zu leiden, die insbesondere mit dem Export von Weizen und Tabaken auf dem europäischen Markt Höchsterträge erzielte. Thomas Jeffersons daraufhin als Druckmittel gedachtes Embargo-Gesetz, das zunächst jegliche Ausfuhr untersagte, erwies sich als Bärendienst für die ohnehin angeschlagene Geschäftslage Amerikas; man sprach von einem ›Damnbargo‹. Auch der ›Non-Intercourse-Act‹, der den Handelsboykott auf England und Frankreich beschränkte, änderte wenig an der Situation, da beide Nationen sämtliche Schiffe aus Amerika kurzerhand ›beschlagnahmten‹. Als in der Folgezeit die Briten sogar amerikanische Marineschiffe unter fadenscheinigen Begründungen aufbrachten, erklärte Jeffersons Nachfolger, James Madison, unter dem Druck des Kongresses England im Jahre 1812 den Krieg. Allan hatte also unter erheblichen finanziellen Einbußen zu leiden und spielte bereits mit dem Gedanken, einen seiner damals vier schwarzen Hausangestellten zu verkaufen. Innerhalb weniger Monate war der gesamte amerikanische Außenhandelsmarkt in eine schwere Krise geraten. Allan, der noch im Frühjahr 1811 die englischen Truppen mit Ausrüstungen versorgt und persönlich mehrere Kaufschiffe der Firmen Galt und Ellis & Allan nach Lissabon überführt hatte, sah sich bei seiner Rückkehr im Sommer einer völlig veränderten Situation ausgesetzt, die u. a. seine Absicht, eine Filiale in London zu etablieren, gegenstandslos machte. Er war gezwungen, seine Guthaben in England einzufrieren und sich zusammen mit seinem Partner völlig auf den einheimischen Markt umzustellen, das heißt auch wieder verstärkt auf den Sklavenhandel, um die Firma vor dem Bankrott zu bewahren.

Aber es war nicht nur die kritische Geschäftslage, die ihn zögern ließ, den jungen Poe in seine Familie aufzunehmen. Wie erwähnt, hatte er selbst bereits zwei uneheliche Kinder, für deren Unterhalt er insgeheim aufkam.[9] Und es bestand immerhin die Möglichkeit, daß ihm Frances Allan eines Tages selbst noch einen legitimen Erben schenken würde. Nicht zuletzt hegte er ein eingefleischtes Vorurteil gegen Poes Herkunft. Ausgerechnet das ›Kind umherziehender Schauspieler‹! In seiner nächsten Verwandtschaft gab es schließlich genug bedürftige Waisen – seine eigenen vier Schwestern in Irvine und Kilmarnock zum Beispiel und wiederum einige ihrer Kinder, die er alle zuweilen mit Geldzuwendungen unterstützte.

Auf Bitten seiner Frau hin entschloß er sich jedoch zunächst, die Begräbniskosten für Mrs. Poe zu übernehmen. Am 10. Dezember wurde sie nach einer kurzen Messe in einem unbezeichneten Grab an der Ostmauer des St.

Auktion von Negersklaven in den Südstaaten. Holzschnitt, 1861

John Friedhofes beigesetzt. Möglicherweise inspirierte ihre letzte, anonyme Ruhestätte Poe später zu den Zeilen

> »... Über Lilien, die so weich/
> Wehend, weinend schaun herab/
> Auf ein namenloses Grab!«[10]

Die endgültige Aufnahme Edgars in John Allans Haus vollzog sich dann jedoch relativ schnell. Einige Tage später kamen Mrs. Mackenzie und Mrs. Allan überein, die beiden Waisenkinder durch Reverend Dr. John Buchanan, der mit beiden Familien befreundet war, taufen zu lassen. Edgars Schwester bekam den Namen Rosalie Mackenzie Poe, Edgar Poe wurde zu Edgar Allan Poe. Mrs. Allan und ihre Schwester waren entschlossen, dieses eine Mal ihren Willen durchzusetzen. Es ist nicht unwahrscheinlich, daß sie die ein paar Wochen darauf aus Baltimore eintreffenden Briefe von ›General‹ David Poe und Edgars Tante Eliza vor John Allan verheimlichten. Auch Allan hatte den Schützling seiner Frau und ihrer Schwester inzwischen liebgewonnen,

Der Brand des Richmond Theatre, 1811. Kolorierter Stich

schwankte aber noch immer in seinem Entschluß, ihrem Drängen nachzugeben und Edgar wie seinen eigenen Sohn zu erziehen. Den letzten, unverhofften Ausschlag gab dann wohl ein schreckliches und folgenschweres Ereignis,
das in die Annalen Richmonds eingehen sollte: die Brandkatastrophe des
Richmond Theatre in der Nacht des 26. Dezember 1811. Während einer Aufführung des Schauerdramas ›The Bleeding Nun‹ durch Mr. Placides Truppe
vor ausverkauftem Haus fingen die Theatervorhänge durch einen Kron-
leuchter auf der Bühne Feuer, worauf sofort eine Panik entstand und nur wenige entrinnen konnten. William Dunlap berichtet in seiner »Geschichte des
amerikanischen Theaters«, daß die meisten Besucher zu den Ausgängen
flüchteten, anstatt im Orchesterraum Schutz zu suchen, von wo der Haupt-
ausgang zur Straße leicht zu erreichen gewesen wäre.

Die Katastrophe forderte insgesamt dreiundsiebzig Opfer, darunter auch
der Gouverneur von Virginia. John Allan und seine Familie, selbst gelegentliche Besucher des Theaters, hatten glücklicherweise die Weihnachtsfeiertage
anläßlich der Hochzeit von Charles Ellis bei Verwandten und Bekannten auf
dem Lande verbracht. Bei ihrer Rückkehr fanden sie die Stadt in Trauer vor;
die Regierung hatte schwarze Armbinden verteilen lassen und ein Gesetz be-

schlossen, das jegliche Vergnügungen in einem Zeitraum von vier Monaten untersagte. Der 26. Dezember wurde zu einem nationalen Feiertag erklärt und ein Denkmal in Marmor in Auftrag gegeben.

Es spricht vielleicht für eine gewisse Voreingenommenheit gegenüber John Allans Charakter, seine Entscheidung, den kleinen Poe gänzlich in seine Familie aufzunehmen, allzusehr auf dieses Ereignis zu beziehen. Womöglich hatte er sich schon früher dazu entschlossen. Natürlich war er ebenso betroffen über den schrecklichen Tod einiger seiner Geschäftsfreunde und Bekannten wie erleichtert darüber, daß ihm und seiner Familie ein ähnliches Schicksal erspart geblieben war. In Richmond herrschte noch wochenlang eine Stimmung von Trauer und Nächstenliebe; es gab Spendenaufrufe und Wohltätigkeitsveranstaltungen, und in diesem Klima wäre es sehr unpopulär gewesen, eine mittellose Schauspielerwaise ›auf die Straße zu setzen‹. Man erinnerte sich noch recht gut an die schöne Mrs. Poe und ihre letzten Auftritte im Richmond Theatre, das jetzt in Schutt und Asche lag. Was immer letztlich den Ausschlag dazu gegeben haben mag, daß Allan seine Vorbehalte zurückdrängte, ab diesem Zeitpunkt gehörte Edgar fest zur Familie. Allgemein wurde angenommen, daß Allan ihn wie einen eigenen Sohn betrachtete und seine legale Adoption nur eine Frage der Zeit sei; man sprach bereits von dem ›jungen Master Allan‹.

Wie erwähnt, bewohnte die Familie das Stockwerk über den Geschäftsräumen der Firma an der Ecke der Main und Thirteenth Street. Ihre Verhältnisse waren wohlsituiert, im Vergleich zu Edgars bisherigen Lebensumständen immerhin ein bedeutsamer Unterschied. Da Allan durch das Erbe seines Onkels William Galt im Jahre 1825 zu einem der reichsten Männer Virginias wurde, hat sich in vielen Biographien Poes der Mythos durchgesetzt, daß er stets Geld im Überfluß besessen, damals schon ein eigenes Haus bewohnt[11] und sein Pflegesohn seine Kindheit in märchenhaftem Luxus verbracht habe. Dies war jedoch, schon durch die oben beschriebene, allgemeine kritische Geschäftslage keineswegs der Fall. Es gab drei oder vier schwarze Hausangestellte (im ›alten Süden‹ auch in ärmeren Haushalten ein nicht ungewöhnlicher Standard), und Edgar bekam ein eigenes Kindermädchen, eine ›Negermammy‹. Die Ausgaben, die Allan für ihn tätigte, finden sich säuberlich in den Geschäftspapieren von Ellis & Allan verzeichnet, darunter ein Kinderbettchen bei der Firma Hobday und Seaton sowie diverse Schneiderrechnungen. Die Barmherzigkeit und Fürsorge des Kaufmanns wurde in der Richmonder Gesellschaft lobend registriert, und Edgars Tante Eliza, die Schwester seines Vaters, schreibt voller Dankbarkeit, wenngleich etwas verstört und eingeschüchtert dadurch, daß ihre bisherigen Anfragen keiner Antwort gewürdigt wurden, an Frances Allan: »..Ich kann nicht glauben, meine liebe Mrs. Allen, daß ein Herz, das von so ursprünglicher Menschlichkeit erfüllt ist, wie zweifellos das Ihre, die besorgten Erkundigungen der Großeltern des Waisenkindes ihres unglücklichen Sohnes... so lange unbeantwortet lassen konnte... falls Sie sie empfangen haben... Vielleicht wünschen Sie auch gar keine Korrespondenz mit Ihnen völlig Unbekannten aufzunehmen. ... ich nehme vielmehr an, daß Sie die Briefe niemals erreichten... erlauben Sie mir, liebe Dame, Ihnen meine Dankbarkeit für die liebevolle Fürsorge auszudrükken, die Sie dem kleinen Edgar angedeihen ließen – er ist wirklich ein Glückskind, unter der Obhut zweier so gütiger Menschen zu stehen, wie Mr. und Mrs. Allan; oh, wie wenige werden so vom Schicksal begünstigt – der Allmächtige Vater möge verhüten, daß er sich jemals undankbar der Großherzigkeit gegenüber erweise, die ihm aus purer Nächstenliebe zuteil wurde«[12].

Aus diesem etwas weitschweifigen Brief lassen sich verschiedene Rückschlüsse ziehen; zum einen, daß Mrs. Allan die Anfragen von Poes Familie (und wohl auch diese) ignorierte, höchstwahrscheinlich um sicherzugehen, daß sie Edgar behalten konnte, denn ihr Mann hätte ihn wohl daraufhin nach Baltimore abgeschoben; zum anderen, daß Mrs. Eliza Poe zu den Allans als ›vornehmen Gönnern‹ aufblickte und wie die Familie ihres Vaters davon ausging, daß er legal adoptiert worden sei. Im übrigen entsprach der Grundtenor des Schreibens genau dem, was John Allan zeitlebens von Poe erwartete: Dankbarkeit. Er war überzeugt davon, dies Kind umherstreunender Schauspieler durch seine Großmut vor einem elenden Geschick bewahrt zu haben; es war ein sichtbares Objekt seiner Nächstenliebe, und er versäumte später keine Gelegenheit, Edgar dies auch spüren zu lassen. Vieles an Poes Charakter, sein Stolz, seine Einsamkeit und seine Sucht nach Zuwendung, erklärt sich aus diesem einige Jahre später ausbrechenden Konflikt.

Solch düstere Wolken waren jedoch vorläufig in weiter Ferne. Mrs. Allan, überglücklich über den guten Ausgang ihres mehrwöchigen Ringens gegen die Skrupel ihres Mannes, übertrug nun auf Edgar all ihre Liebe und Zärtlichkeit. Dem armen Kind, das so viel Schreckliches durchgemacht hatte, sollte es an nichts mangeln. Es wurde verwöhnt und verhätschelt, in Samtanzüge gekleidet und den Damen ihrer Bekanntschaft auf Teegesellschaften präsentiert.

Nach Familienanekdoten zu schließen, genoß er es schon früh, im Mittelpunkt zu stehen oder die allgemeine Aufmerksamkeit auf sich zu lenken. So erinnern sich Freunde der Familie, daß auch John Allan seine Freude an seiner Lebhaftigkeit und seinen kindlichen Talenten gehabt und es einmal zugelassen habe, daß der kleine Edgar während einer Abendgesellschaft in seinem Hause auf den nach dem Dessert freigeräumten langen Eßtisch gehoben worden sei, um dort zur Erheiterung der Gäste zu tanzen – zur Belohnung durfte er dann mit Wasser vermischten Wein auf das Wohl der Anwesenden trinken.[13] Hervorgehoben wird ferner eine ausgeprägte Musikalität und ein gutes

Gedächtnis, die es ihm ermöglichten, Passagen englischer und schottischer Gedichte, die er irgendwo aufgeschnappt hatte, aus dem Kopf zu rezitieren, noch bevor er lesen und schreiben konnte. Besonders Walter Scott wurde ja im alten Süden, gerade in den ›schottischen Zirkeln‹, mit wahrer Leidenschaft verschlungen, und zu einer anderen Gelegenheit soll der junge Poe im Alter von fünf Jahren den erstaunten Geschäftsfreunden Allans die Ballade ›The Lay of the Last Minstrel‹ fehlerfrei und mit großer Emphase vorgetragen haben.

Dergleichen Reminiszenzen mögen durch Poes spätere Dichterkarriere verklärt sein, lassen aber den Eindruck einer gewissen Frühreife entstehen, die ihn eher die Nähe der Erwachsenen, vor allem der Damen aus Mrs. Allans Bekanntschaft, als die seiner gleichaltrigen Spielkameraden suchen ließ.

Bei Mrs. Allan fand er Wärme und Geborgenheit; die Geschwister ergriffen auch, mit Unterstützung seines schwarzen Kindermädchens, für ihn Partei, wenn er von Allan gezüchtigt werden sollte. In Poes ›Marginalien‹ findet sich eine sarkastische Bemerkung über solche Erziehungsmethoden: »Man kann auch den zartesten Kindern getrost den Hintern versohlen – es ist wie mit den zähen Beefsteaks: je mehr man sie klopft, desto zarter werden sie.«[14]

Außerhalb des Familienzirkels suchte er den Mangel an sozialem Prestige zum Teil durch eine Zurschaustellung seiner Talente wettzumachen, mit denen er, wie durch seine Deklamationen, die Aufmerksamkeit der Erwachsenen und die Bewunderung seiner Altersgenossen erregte. Die Rolle des Außenseiters, der ›begabter‹ war als seine Mitschüler und sie in schulischen und sportlichen Leistungen übertraf, gab ihm ein Gefühl der Überlegenheit und war gleichzeitig ein verzweifeltes Ringen um Liebe und Zuwendung. Er blieb sein ganzes Leben lang ein ›verhinderter Schauspieler‹, ein begabter Vortragskünstler, und er neigte immer zur ›großen Pose‹. Bezeichnenderweise trägt eines seiner frühesten Gedichte den Titel ›Allein‹:

> »Von klein an ging ich eigne Bahn;
> Ich sah nicht so, wie andre sahn;
> Was mich ergriff zu Lust und Pein,
> Das mußte ungewöhnlich sein;
> Ich schöpfte Leid aus anderm Quell;
> Und klang mein Herz in Freude hell,
> War's Klang, den nie ein andres gibt;
> Ich liebte, was nur *ich* geliebt.«[15]

Über Poes frühe Schulzeit in Richmond sind nur ein paar spärliche Fakten überliefert. In seinem Romanfragment ›Die denkwürdigen Erlebnisse des Arthur Gordon Pym‹ wird als Lehrer des Romanhelden ein ›alter Herr Rikketts‹ erwähnt, ›ein einarmiger und exzentrischer Mann‹. Tatsächlich lebte seinerzeit ein einarmiger Schulmeister dieses Namens in der Stadt; es dürfte sich jedoch nur um eine flüchtige, biographisch beiläufig interessante Kindheitserinnerung handeln. Eine Zeitlang wurde Poe von einer gewissen Mrs. Clotilda Fisher unterrichtet, von der eine Rechnung an Allan über $ 4.00 Schulgeld für drei Monate, datiert am 20. Januar 1814, unter den Geschäftspapieren der Firma Ellis & Allan erhalten geblieben ist. Von dieser Zeit an bis zu der Reise nach England im Sommer 1815 besuchte Edgar die Schule eines Mr. William Ewing, der zwei Jahre später einen Brief an Allan in London schreiben sollte: »Ich bin überzeugt davon, daß Edgar wie gewöhnlich keinen Anlaß zur Klage gibt und sich in seiner neuen Schule ebenso wohl fühlt wie hier bei uns in Richmond. Er ist wirklich ein netter Junge, und es würde mich freuen, zu hören, welche Schule er jetzt besucht, was er so treibt und auch was für Bücher er gerade liest...« Allan antwortet, nachdem er sich für das freundliche Interesse bedankt hat, leider ohne auf Ewings Anfrage nach Edgars Lektüre einzugehen: »Edgar ist ein guter Junge, und ich habe keine Ursache, an seinen Leistungen etwas auszusetzen.«[16]

Aus Ewings Schreiben kann man schließen, daß der damals sechsjährige Poe ein aufmerksamer und einigermaßen braver Schüler gewesen sein muß, der sich für Bücher interessierte – ein ungewöhnliches Hobby für einen Jungen seines Alters. Sehr abwechslungsreich wird Allans Bibliothek kaum gewesen sein – Lexika, Enzyklopädien, kaufmännische Fachliteratur, bunte Heerscharen pedantisch angeordneter Bände mit Goldrücken, die seinem Arbeitszimmer ein gediegenes Flair vermittelten. Dazwischen fanden sich sicherlich einige von Scotts Werken, Gedichte und Ritterromanzen; Burns außerdem, der im Bücherschrank keines Schotten fehlen durfte. Pope, Addison, Swift waren vertreten, denn Allan würzte seine Korrespondenz mit Zitaten aus ihren Schriften, vielleicht sogar eine frühe Ausgabe von Defoes ›Robinson Crusoe‹: »Wie liebevoll versetzen wir uns nicht in Gedanken in jene zaubrischen Tage unsrer Knabenzeit zurück, da wir zuerst lernten, überm Robinson Crusoe ernsthafte Augen zu machen – da wir zuerst spürten, wie der wilde Abenteuergeist in uns Feuer fing; da wir, beim unsichren Flammenschein, Zeile für Zeile, die wundersame Bedeutung jener Seiten mühsam herausbuchstabierten; und, atemlos und zitternd vor Eifer darüberhin gebückt, so gänzlich in Anspruch genommen – ›gefesselt‹ waren. Ach ja!, die Tage der einsamen Inseln sind nicht mehr!«[17]

Dann die gesammelten Werke Shakespeares natürlich, der in Allans Augen ›ein verständiger Richter‹ war; mit großer Wahrscheinlichkeit aber auch, auf dem Nachttischchen von Mrs. Allan oder ihrer Schwester, einer jener damals vor allem von der Damenwelt verschlungenen Schauerromane, einer ›gothic romance‹, mit schaurig-schönen Kupfern von Burgverliesen und Geistererscheinungen.

Das Haus, in dem Mr. William Ewing lebte und unterrichtete, stand zu der Zeit, als Edgar zu seinen vier oder fünf Schülern gehörte, an einer unter dem Namen ›M'Kechnies‹ bekannten Straßenecke, unweit von Ellis & Allan. Hier brachte der alte Junggeselle in einem seiner Privatzimmer ohne Schiefertafel oder Schulbänke den Kindern das Einmaleins, Geographie, mit Hilfe von Murrays ›Grammar‹ Rechtschreibung und vielleicht schon einige Elementarbegriffe des Lateinischen bei, denn klassische Bildung wurde in Richmond großgeschrieben. So mancher Rechtsanwalt führte seinen Cicero oder Horaz in der Tasche mit sich herum. Sehr viel Wert legte man in den Grundschulen auf Buchstabieren und mündliches Lesen von Gedichten und Prosatexten, meist Autoren wie Goldsmith, Addison, Pope oder Milton, aber auch von berühmten Reden amerikanischer Politiker, und nach allem, was wir über Poes früh entwickeltes Vortragstalent wissen, ist es nicht verwunderlich, daß er hoch in der Gunst seines Lehrers stand. Auch Edwin Collier, Allans unehelicher Sohn, besuchte ab dem 15. März 1815 eine Zeitlang zusammen mit Poe Ewings Schule, und wenn auch Edgar die Zusammenhänge wohl noch kaum begreifen konnte, so dürfte ihn doch die Verbindung dieses Jungen zu seinem Pflegevater etwas befremdet haben.

Aus den Hunderten von erhalten gebliebenen Briefen aus der Zeit zwischen 1811 und 1815 ergibt sich ein Bild eines ansonsten eher geruhsamen domestischen Milieus. »Edgar hat den Keuchhusten«, schreibt Allan am 14. Mai 1813 an seinen Partner Ellis, und jener erwidert, wohl Bezug nehmend auf irgendeinen obskuren schottischen Aberglauben: »Das freut mich zu hören... was Dir sonderbar erscheinen mag, aber es wird ihm Glück bringen.«[18]

Nach dem Brand des Richmond-Theaters waren die Stadtväter übereingekommen, an seinem ehemaligen Platz in der Broad Street eine Kirche zu errichten, die ›Memorial Church‹, und Allan hatte einen größeren Betrag zu dem Stiftungsfonds beigesteuert. Jeden Sonntag sah man die Familie auf ihrer reservierten Bank Nr. 80 den frommen Ermahnungen von Bischof Moore lauschen. In bezug auf Fragen der Religion nahm Allan allerdings im Gegensatz zu seiner strenggläubigen Frau und ihrer Schwester einen ›enzyklopädisch aufgeklärten‹ Standpunkt ein, eine Geisteshaltung, die Poe beeinflußt haben mag, wenn er auch nach der Aussage von Mary Brockenbrough, damals einem kleinen Mädchen, das mit seinen Eltern vor den Allans saß, den Predigten mit ›gebannter Aufmerksamkeit‹ folgte. Sicher hielt ihn Mrs. Allan immer wieder zur Lektüre der Bibel an, mit der seine späteren Schriften eine große Vertrautheit beweisen.

Auch mit Musik machte er früh Bekanntschaft – Allan hatte ein Jahr nach Poes Aufnahme in sein Haus, am 14. Oktober 1812, eine Flöte für ihn gekauft. So lernte er früh, Noten zu lesen, und stöberte mit Vorliebe in den Büchern und Noten volkstümlicher Lieder herum, die die Firma in einer Seitennische

Richmond, 1833. Aquatintablatt von W. J. Bennett (nach einem Gemälde von George Cooke)

zum Verkauf bot. Seine ersten Lektionen in Metrik lernte er vielleicht aus diesen Volksliedersammlungen, Burns oder Allan Ramsays ›The Gentle Shepherd‹.[19]

Um sich die Atmosphäre von Richmond um 1815 zu veranschaulichen, vertieft man sich am besten in zeitgenössische Schilderungen und Reiseberichte.[20] William Wirt, der zu Anfang des 19. Jahrhunderts Anwalt in Richmond war, gibt in seinen ›Letters of the British Spy‹ (1803) ein hübsches Landschaftsgemälde in Prosa: »Richmond hat eine überaus malerische und bezaubernd schöne Lage. Nirgendwo sonst habe ich ein solches Zusammenspiel dem Auge schmeichelnder und es auf sich lenkender Dinge vorgefunden. Die Stadt selbst, verstreut über Hügel unterschiedlicher Ausdehnung; der Fluß, der von Westen nach Osten verläuft, von einer Vielfalt kleiner Inseln, Baumgruppen und zahllosen Klippen und Felsen unterbrochen, um welche er sich wälzt, gischtet und donnert, um an einer Stelle in den bekannten Wasserfällen hinabzurauschen; derselbe Fluß, der am tiefer gelegenen Ende der Stadt nach Süden abbiegt und sich viele Meilen weit in dieser Richtung dahinwindet; seine spiegelnde Oberfläche, die hin und wieder

46

den Blick trifft, meist aber von Bäumen verdeckt wird, zwischen denen die weißen Segel sich nähernder und entfernender Schiffe die Aufmerksamkeit des Betrachters erregen: dann wieder, auf der gegenüberliegenden Seite, die kleine Ortschaft Manchester, auf einem Hügel erbaut, der, sanft zum Fluß hin abfallend, den Ausblick auf die ganze Stadt eröffnet, durchsetzt von stattlichen, blühenden Pappeln und soweit das Auge reicht von grünen Feldern und Wäldern umgeben – all dies, von einem einzigen Umblick erhascht, schließt sich ohne jeden Vorbehalt zu der lieblich abwechslungsreichsten und lebendigsten Landschaft zusammen, die ich je gesehen habe.«[21]

Richmond war kein Vergnügungszentrum wie Charleston oder New Orleans, aber es herrschte doch jenes typische Flair des alten Südens und jene sprichwörtliche virginische Gastfreundschaft, die Besucher aus den nördlicheren Teilen Amerikas oder aus dem Ausland immer wieder entzückten. »Könnte man von den Virginiern nur ihre Sklaven und ihre Genußsucht subtrahieren, ich würde sie für die besten Menschen der Welt halten«, schreibt der Neuengländer W. E. Channing in einem Brief[22] und bewundert, daß der Profit nicht das Zentrum ihres Denkens und ihrer Handlungen bilde wie bei den Städtern im Norden. Er dachte dabei freilich vor allem an die alteingesessenen und vornehmen Pflanzer, die in Richmond Häuser und Grundbesitz besaßen, das Stadtleben für einige Zeit im Jahr als Abwechslung genossen und sich diese Laisser-faire-Haltung leisten konnten. Aber jener Typus wirkte prägend auf die Mentalität der Stadt und wurde auch von den Geschäftsleuten ›kopiert‹.

Das Selbstverständnis der virginischen ›gentry‹ wird durch ein Zitat des angesehenen Journalisten David R. Hundley aus seinem Artikel ›Social Relations in Our Southern States‹ charakterisiert: »Der Südstaatengentleman stammt aus guter Familie. Um der Gerechtigkeit die Ehre zu geben, hat er in der Tat gewöhnlich adelige Vorfahren; denn Familienstolz ist im Süden weitaus verbreiteter als im Norden. In Virginia waren die Ahnen des Südstaatengentlemans meist englische Ritter, von welchen wiederum französische Hugenotten und schottische Jakobiten abstammten... nicht allein von tadelloser Geburt, ist der Südstaatengentleman auch von seiner äußeren Erscheinung her untadelig zu nennen. Im Durchschnitt ist er an die sechs Fuß groß, selten ungeschickt in seinen Bewegungen oder gar von ungeschlachter Erscheinung; seine ganze *physique* vermittelt den Eindruck einer Mischung aus Stärke und Elastizität... solch physische Vollendung verdanken die Gentlemen des Südens teilweise zweifellos jenen gepanzerten Vorfahren, die Godfrey und dem tapferen Löwenherz zur Rettung des Heiligen Grabes folgten...«[23]

Wir erinnern uns: »Das Bewußtsein hoher Geburt ist eine moralische

Kraft, deren Wert die Demokraten, und wären sie vollgestopft mit Mathematik, nimmermehr zu ermessen vermögen.« Der romantische Ahnenkult der virginischen ›gentry‹, in deren Gesellschaft Poe aufwuchs, trieb mitunter die seltsamsten Blüten; man veranstaltete regelrechte Ritterturniere, deren Abschluß das sogenannte ›Ringstechen‹ bildete (ein schmaler Ring mußte graziös mit der Lanze von seinem Haken gelöst werden), trug zu solchen Anlässen Rüstungen und Phantasiekostüme und legte sich allerlei wohlklingende Namen aus den zeitgenössischen Ritterromanen bei, wie ›Ritter von Avenel‹, ›Graf Aldenburg‹, ›Rob Roy‹, ›Roderick Dhu‹ und ›Ali Pascha‹. Hier wurden Knabenträume verwirklicht, und es ist kein Wunder, daß dieser Lebensstil einen Jungen von sechs Jahren begeisterte. Schon die Fahrt von Richmond zu einer der benachbarten Plantagen hatte etwas Abenteuerliches, man reiste in schlechtgefederten, rütteligen Zweispännern durch Sumpfgelände, weite, ausgedörrte Ebenen und Wälder aus Zypressen und Magnolien, überwuchert von vielfarbigen Moosen. War man endlich angelangt, so wurde alles aufgeboten, die Anwesenheit der Besucher aus der Stadt zu einem dauernden Fest zu machen. In der Tat waren manche Pflanzer so süchtig nach Besuchern, die sie mit ihrer Gastfreundschaft beglücken konnten, daß sie einen ihrer livrierten Negersklaven beauftragten, auf den Landstraßen nach Reisenden Ausschau zu halten. Auf ›Flowerbanks‹, der großen Plantage von William Galt, ›Red Hill‹ und ›Pedlar's Mills‹ der Ellises und anderen Gütern von Verwandten und Bekannten nahmen die Allans dann manchmal wochenlang am ›Southern way of life‹ teil.

Edgar, meist sich selbst überlassen, lernte von den Pflanzerssöhnen reiten, die Jagd auf Rebhühner, Fasane und Kleinwild und schwimmen, den ›Lieblingssport aller Jungen des Südens‹.

Sicherlich trieb er sich oft in den Sklavenquartieren herum. Wie alle Jungen Virginias aus gutem Haus hatte er in Richmond eine eigene ›Negermammy‹, aber anders als die schwarzen Hausangestellten in den Städten, mit denen sie kaum sozialen Austausch hatten, bildeten die Arbeitssklaven auf den Plantagen eine eigene Gesellschaft, nach Stellung hierarchisch gegliedert. Edgar gehörte zwar zur weißen, herrschenden, unterdrückenden Klasse, genoß aber in seinem kindlichen Alter das Privileg, in vertrauterem Umgang mit den Sklaven zu stehen als die Erwachsenen. Er durfte durch die Sklavenquartiere streunen, ihre Hütten besuchen, ihren Geschichten und ihren fremdartigen Liedern und Rhythmen lauschen. Seine leicht entzündbare Phantasie wurde zweifellos durch diese Eindrücke geprägt. Der Voudoo-Kult mit seinen magischen Riten und seiner bizarren Mythologie war unter den Schwarzen überaus weit verbreitet; seine dunklen Geheimnisse entzogen sich dem Verständnis der weißen Herrenrasse. Die Schwarzen empfanden im allgemeinen eine abergläubische Furcht vor Toten und Beerdigungsstätten, und diese

Furcht floß in allerlei Gespenstergeschichten und haarsträubende Berichte über ›lebende Leichen‹, sogenannte ›Zombies‹ ein, die im Mondschein umgehen und von Voudoomagiern durch Zauberkraft zur Feldarbeit gezwungen werden. Während des offen ausgebrochenen Krieges mit England und der Invasion der Briten hielt sich Mrs. Allan und Miss Valentine zusammen mit Edgar im Sommer 1814 einige Zeit in Staunton auf dem Landsitz ihres Bekannten Edward Valentine auf, der Edgar sehr mochte und ihn öfters zu Ausritten in die Umgebung mitnahm. Bei einer dieser Gelegenheiten soll Poe in einem ländlichen Postamt, wo sie haltmachten, den dort anwesenden Farmern (die selbst meist Analphabeten waren) sehr imponiert haben, indem er ihnen aus einer der ausliegenden Zeitungen vorlas. Auf dem Heimweg kamen Mr. Valentine und Edgar, der hinter ihm auf dem Pferd saß, an einem Blockhaus vorbei, in dessen Nähe sich mehrere Gräber befanden. Dieser Anblick verängstigte Poe so sehr, daß ihn Valentine vor sich auf die Kruppe seines Pferdes nehmen mußte. Edgar schrie immer wieder: ›Sie werden hinter uns herlaufen und mich hinabzerren‹. Auf Mr. Valentines Gut nach dem Vorfall befragt, gab er an, daß ihn seine ›Mammy‹ nachts öfters zu den Sklavenquartieren begleitet habe, wo schreckliche Erzählungen über Friedhöfe und Geistererscheinungen die Runde machten. Vielleicht verdankt sich Poes Neigung zum Bizarren und Makabren sowie seine komplexe, aus Grauen und sehnsüchtiger Hoffnung gemischte Einstellung zum Tode teilweise solchen Einflüssen.[24]

3. KAPITEL

Schottland und England

Der Krieg gegen England war nach zahlreichen Scharmützeln durch den Friedensschluß von Gent im Dezember 1814 beendet worden; vor allem die schlechte Nachrichtenübermittlung jener Tage war schuld daran, daß es im Januar 1815 noch zu der blutigen Schlacht von New Orleans kam, in der Andrew Jackson, nach Washington Amerikas neuer Nationalheld und späterer Präsident, den Engländern schwerste Verluste beibrachte. Zuvor hatten die Briten die Regierungshauptstadt verwüstet und waren bis Baltimore vorgestoßen, wo sie aber von einer eilig rekrutierten Streitmacht unter dem Befehl von Samuel Smith, einem Senator der Vereinigten Staaten und Generalmajor in der Miliz von Maryland, zurückgeworfen wurden. An den Kämpfen um Baltimore beteiligte sich auch Poes Großvater David. Im September 1814 war der Ausgang des Krieges noch ungewiß, und in Virginia befürchtete man, daß die Briten sogar bis Richmond gelangen könnten. Von Staunton aus, wo sie sich mit ihrer Schwester und Edgar zur Sicherheit auf dem Landsitz von Edward Valentine aufhielt, schreibt Frances Allan beunruhigt an ihren Ehemann:

Sonntag, d. 11. September

»Mein lieber Mann,

Dein Schreiben vom 6. habe ich empfangen, und ich war erleichtert zu hören, daß sich meine Freunde wohl befinden, auch daß unsere Stadt sicher vor dem Feinde ist, ich vertraue auf Gott, daß es so bleiben wird – was Neuigkeiten beträfe, verwiest Du mich auf die Zeitungen. Bisher habe ich keine erhalten, ich möchte unbedingt etwas Zuverlässiges über das Verhalten des Feindes in Alexandria erfahren – es gibt so viele unterschiedliche Berichte, und wir wissen beim besten Willen nicht, was wir davon halten sollen. ... ich will mir Deine Ratschläge zu Herzen nehmen, was meine Ängste betrifft, Du siehst ja, wie zitterig meine Handschrift ist. Alles Liebe an meine Freunde und vor allem an Dich

mit herzlichen Grüßen die Deine,

Frances K. Allan

PS. Eben bin ich zurückgekehrt und hörte, daß die Briten in York gelandet seien. Ich werde mich sehr elend fühlen, bis ich Genaueres weiß ...«[1]

Edgar genoß das Landleben in vollen Zügen und begriff wenig von der nervösen Unrast, die seine Pflegemutter und ihre Schwester erfüllte, oder den Tagesgesprächen über die ›Lage der Nation‹. Etwas verstörend muß auf ihn allenfalls die äußerst labile gesundheitliche Konstitution Mrs. Allans gewirkt haben, die sie öfters im Jahr zu Kur- und Bäderaufenthalten nötigte und ihn beunruhigend an die lange Krankheit seiner Mutter erinnert haben dürfte. In den erhaltenen Korrespondenzen der Firma Ellis & Allan ist häufig von ›Unpäßlichkeiten‹ und ›Rekonvaleszenzen‹ die Rede, erste Anzeichen einer sich bis zu ihrem Tod im Jahre 1829 weit über ein Jahrzehnt hinziehenden Tuberkuloseerkrankung.

Der Friedensschluß von Gent lief eigentlich auf ein ›Unentschieden‹ zwischen den kriegführenden Parteien hinaus, auf Kosten Spaniens, das nach 1815 ohne die Unterstützung der Engländer auch Ostflorida verlor, vor allem aber der Indianer, der Tscherokesen, Creeks, Tschoktas, Tschikesas und Seminolen, die nach dem Tode ihres heldenhaften Führers Tecumseh, zwischen den Fronten aufgerieben, riesige Gebietsverluste erlitten und in ungesicherte Reservate zurückgedrängt wurden. Der zweite englisch-amerikanische Krieg war eine Art gegenseitigen Kräftemessens, und das Ergebnis zeigte, daß die Gegner sich ebenbürtig waren und ein dauerhafter Frieden und ein gegenseitiges Handelsabkommen auf lange Sicht die vernünftigste Lösung darstellte. Die amerikanische Bevölkerung nahm freilich eine weniger sachliche Haltung ein; für sie hatte ›Old Hickory‹ Jackson den Briten in der Schlacht von New Orleans ein Feuerwerk bereitet, das sie so schnell nicht vergessen würden, und Amerika gebührte der Lorbeer für einen überwältigenden Sieg. Überall hörte man den ›Yankee Doodle‹ und Francis Scott Keys ›The Star-Spangled Banner‹. Es gab wieder Helden in Amerika, kleinere wie David Poe, der noch als alter Mann bei der Schlacht von North Point auf den Barrikaden gestanden hatte, und größere, die in die Fußstapfen von George Washington getreten waren wie ›Andy‹ Jackson und Winfield Scott, beides Männer aus dem ›alten Süden‹. Scott, der später als General noch an unzähligen Schlachten im Krieg mit Mexiko und im Bürgerkrieg der Vereinigten Staaten teilnahm, war einer der illustresten Bekannten Allans und öfters in seinem Haus zu Gast, wo er auf allgemeines Drängen über seine militärischen Erfolge berichtete; Poe karikierte ihn 1839 in seiner Satire ›The Man That Was Used Up‹.

Allan selbst hatte zu Beginn der Kampfhandlungen General Cocke seine Dienste angeboten, im gleichen Schreiben jedoch hinzugefügt, ›er sei kein Soldat‹. Cocke verstand den Wink und sah davon ab, den Geschäftsmann in eine Uniform zu stecken; Allans Partner Ellis hingegen wurde einige Monate lang freiwillig Rekrut im neunzehnten Richmonder Regiment, ein Amt, das ihm dennoch Zeit ließ, sich seinen Geschäftsobliegenheiten zu widmen.

Gegenwärtig gab es für häusliche Gesellschaften bei den Allans im Stil früherer Jahre wenig Muße. Seit sich die Verhältnisse im Februar 1815 langsam normalisierten, berieten die Kaufleute, wie das eingefrorene Außenhandelsgeschäft wieder in den Griff zu bekommen sei. Bei den Europäern standen virginische Tabake und Baumwolle, auf die sie so lange hatten verzichten müssen, ebenso hoch im Kurs wie bei den Amerikanern europäische Fabrikerzeugnisse. Trotz Exportausfalls und der Kriegsjahre war Ellis & Allan noch immer ein aufstrebendes Unternehmen (November–Dezember 1814: Aktiva $ 223 133, Passiva $ 182 494 – wobei der Dollar damals etwa die vierfache Kaufkraft hatte). Die Partner waren flexibel genug, sich der nach vier Jahren schlagartig veränderten ökonomischen Lage sogleich anzupassen, und sie kamen überein, Allans 1811 gefaßten Plan aufzugreifen und eine Niederlassung in London zu errichten. Dies – vor allem aber die Wiederaufnahme der Geschäftsbeziehungen zu britischen Handelshäusern und die Verfügung über die in England investierten Guthaben – erforderte die persönliche Anwesenheit eines der beiden Firmeninhaber, und Allan entschloß sich, zunächst für einen unbestimmten Zeitraum, mit seiner Familie nach Schottland und England zu reisen. Die Aussicht auf ein Wiedersehen mit seiner zahlreichen schottischen Verwandtschaft spielte dabei eine untergeordnete Rolle, wenn er auch gewiß Sehnsucht nach der heimatlichen Landschaft empfand. Zudem war Allan nicht frei von Eitelkeit, und es bereitete ihm sicher Genugtuung, nach zwanzig Jahren als reicher und angesehener Kaufmann in Begleitung einer schönen Ehefrau und eines wohlerzogenen Pflegesohns als sichtbaren Beweis seiner Wohltätigkeit und Nächstenliebe in seine Heimat zurückzukehren. Diese angenehmen Aspekte waren freilich von geringer Bedeutung, ruhte doch jetzt auf seinen Schultern die alleinige Verantwortung für die Zukunft der Firma, die in England Allan & Ellis heißen würde.

Als Edgar mit Mrs. Allan und ihrer Schwester Ende Januar 1815 von Staunton nach Richmond zurückkehrte, herrschte dort eine recht hektische Atmosphäre. Wie in allen anderen Städten Amerikas wurde der ›Sieg‹ gefeiert; in den Straßen fanden Umzüge statt, die Häuser waren bunt mit Flaggen behängt (fünfzehn Sterne und Streifen), Militärkapellen spielten, es gab Wohltätigkeitsveranstaltungen für die Verwundeten und Hinterbliebenen, und nachts brannte man Feuerwerke ab. Allan traf Vorkehrungen für die Abreise, hatte bereits einen Käufer für seine Wohnung über den Geschäftsräumen gefunden und versteigerte das Mobiliar durch das Auktionshaus Moncure, Robinson & Pleasants. Daß ein längerer Aufenthalt geplant war, ein einschneidender Wechsel, geht schon aus der Tatsache hervor, daß Allan mit seinen persönlichen Effekten reinen Tisch machte, für einen reibungslosen Ablauf auf seiner und der Plantage seiner Frau sorgte und zu den Erträgen der Versteigerungen der Geschäftskasse der Firma die Summe von 335 Pfund entnahm. Die Familie wurde neu eingekleidet (darunter ›zwei Anzüge und Schnürschuhe‹ für Edgar), ›das Klavier gestimmt‹, ›ein Gewehr und ein Sklave verkauft‹ etc. Unter den Geschäftskorrespondenzen der Firma Ellis & Allan findet sich folgende Notiz vom 15. Juni 1815: »Mr. Allan wird uns in ein oder zwei Tagen verlassen, um sich nach Norfolk zu begeben, von wo aus er beabsichtigt, sich an Bord der ›Lothaire‹ (Kapitän Stone), die nächste Woche auslaufen soll, nach Liverpool einzuschiffen.«[2]

Letzte Besorgungen wurden gemacht, darunter ›ein großer Übermantel für Allans Sohn‹ – denn Edgar genoß mittlerweile, wenn auch nicht auf dem Papier, innerhalb der Familie und in der Öffentlichkeit den Status eines ›Sohnes‹. Von Norfolk aus, wohin man per Dampfschiff gelangt war, beauftragte Allan noch seinen Partner, einen seiner Haussklaven, ›Scipio‹ für $ 600 zu verkaufen, die anderen für $ 50 im Jahr zu vermieten, und fügte im gleichen Schreiben (22. Juni) hinzu: »Die ›Lothaire‹ & das Dampfschiff liefen heute morgen um zehn Uhr zusammen aus; das Segelschiff bewegte sich stattlich und im Gezeitenwechsel fort ... Wir haben die Hafenausfahrt durchquert ... Frances & Nancy sind leicht seekrank, Edgar und ich wohlauf ... 17 Uhr 30. Wir passieren eben den Leuchtturm und kommen auf freie See. F. und Nancy fühlen sich sehr übel, Ed. und ich in guter Verfassung.«[3]

Nur wenige Tage zuvor, am 17. Juni 1815, war Napoleon zu seiner letzten Schlacht bei Waterloo angetreten; Europa hielt den Atem an. Allan dürfte gespannt auf Nachrichten gewesen sein, für Edgar gab es nichts Weltbewegenderes als seine erste große Schiffsreise. Ihre Überfahrt, die mehr als einen Monat in Anspruch nahm, ließ an Komfort sehr zu wünschen übrig. Die Familie logierte in einer einzigen, engen Kabine, und Allan war genötigt, sein Lager auf dem Fußboden aufzuschlagen. Warmes Essen gab es nur selten an Bord, und obwohl sie genügend Vorräte mitgenommen hatten, um sich selbst zu versorgen, wurde ihnen nicht gestattet zu kochen, da die Holzvorräte knapp seien. Kapitän Stone, den Allan als ›guten Seemann, aber knauserigen Geizhals‹ beschreibt, strengte sich nicht sonderlich an, seinen verwöhnten Passagieren den Aufenthalt auf der ›Lothaire‹ zu erleichtern, und seine Sturheit verärgerte Allan so sehr, daß er in England einen Beschwerdebrief an den Schiffseigentümer richtete. Zudem konnten die Damen ganz allgemein den ›Freuden einer Seereise‹ wenig abgewinnen. »The ladies were *verry* sick« (Die Damen litten sehr unter der Seekrankheit), heißt es im ersten Brief Allans nach ihrer Ankunft; »Edgar ebenso ein wenig, hat sich aber inzwischen wieder erholt«. Die ›Lothaire‹ war ein Vollschiff, ein rahgetakelter Dreimaster, etwa dreißig Meter lang und mit nicht mehr als zwanzig Mann Besatzung, der vor allem Frachtgut beförderte und wegen der unsicheren politischen Lage vielleicht noch ein oder zwei Geschütze trug. Die Kabine der Allans lag unter Deck, direkt über den Laderäumen, und wurde allenfalls schummerig durch ein Oberlicht erhellt, wenn nicht, was wahrscheinlicher ist, durch eine an einem Haken hängende Öllampe. Die Route über den Nordatlantik war kalt und stürmisch und fast einen Monat lang kein Land in Sicht. Die Mannschaft hatte alle Hände voll zu tun, und irgendwelche Geselligkeiten gab es so gut wie gar nicht. Zudem beschränkte sich der Kontakt zu Kapitän Stone auf Streitgespräche mit Allan um Feuerholz, so daß wohl die üblichen Zusammenkünfte in der Kapitänskajüte zu Punsch oder Grog, wie sie höhergestellte Passagiere meist genossen, oder gemeinsame Abendessen mit dem Schiffsführer und dem ersten und zweiten Steuermann kaum in Frage kamen. Nach dem Frühstück gingen Edgar und sein Pflegevater gewöhnlich einige Seiten von ›Murray's Spelling Book‹, ›Olive Branch‹ oder einer englischen Grammatik durch, die Allan zu diesem Zweck vor ihrer Abreise gekauft hatte; der Rest des Tages wurde mit Erkundigungstouren durch und über das Schiff verbracht. Allan, dessen Vater selbst Kapitän verschiedener Handelsschiffe gewesen war und der mit seinem Partner Ellis häufig Schiffe für die Firma charterte, war ein guter Lehrmeister in allen seemännischen Fragen, und schon bald hatte sich Edgar ein umfassendes Allgemeinwissen über Aufbau und Takelung eines Segelschiffes, die verschiedenen Aufgabenbereiche des Kapitäns, des Steuer- und Bootsmanns und der übrigen Mannschaft sowie vielleicht sogar einige Elementarbegriffe der Navigation angeeignet. Viele Details in Poes Seegeschichten, vor allem in seinem Romanfragment ›Arthur Gordon Pym‹, gehen auf diese frühen Eindrücke während seiner einzigen längeren Schiffsfahrt zurück.

Die ›Lothaire‹ legte am frühen Abend des 28. Juli nach 34 Tagen auf See in Liverpool an, aber es verging eine weitere unbequeme Nacht in der engen Schiffskabine, bevor die Allans am Morgen des folgenden Tages an Land gehen konnten. Auch Edgar war inzwischen etwas angegriffen von der langen Überfahrt, aber die neue und ungewohnte Umgebung – die einfachen, meist schmucklosen Backsteinhäuser, die engen Straßen, das kühle Klima und die vielen fremden Menschen, vor denen Allan, anders als in Richmond, den Hut aufbehielt – nahm seine Aufmerksamkeit in Anspruch. Nachdem die üblichen Formalitäten, die Zollabfertigung, die Gepäckausgabe und die Unterbringung der Familie in ›Lillyman's Hotel‹ abgewickelt waren, machte sich Allan über Zeitungen und Erkundigungen mit der welt- und handelspolitischen Lage vertraut. Er erfuhr, daß Napoleon endgültig geschlagen worden sei und sich zu diesem Zeitpunkt bereits als Gefangener der Briten an Bord der ›Bellerophon‹ in Plymouth befand; trotz der glücklichen Beendigung des langen Krieges war jedoch die englische Finanzlage äußerst geschwächt. Man konnte sich ausrechnen, daß die hohe Staatsverschuldung (im Jahr 1816 belief sich der jährliche Zinssatz auf mehr als dreißig Millionen Pfund) in kurzer Zeit zu einem verheerenden Anstieg der Steuern führen würde – eine denkbar ungünstige Ausgangsbasis für die Errichtung eines neuen Firmenzweiges. Aber Allan war nach eigenen Worten nicht einer von jenen, die in einer mißlichen Lage trübsinnigen Gedanken nachhängen. Er hatte schon bei der Blockade der amerikanischen Handelsschiffahrt durch die Engländer eine ungewöhnliche Flexibilität bewiesen; es galt eben wieder einmal, einen kühlen Kopf zu bewahren und jeden möglichen Vorteil wahrzunehmen. Er korrespondierte mit Ellis und nahm in den folgenden Tagen Verhandlungen mit der Handelsfirma Ewart Myers & Company in Liverpool auf.

Die hektische Betriebsamkeit im ›Cotton Exchange House‹ sowie an den Tabakumschlagplätzen trug dazu bei, Allans Besorgnis etwas zu mindern. Nachdem die Seewege nach Beendigung des Krieges wieder offen standen, war die Nachfrage nach amerikanischen Importwaren natürlich ungewöhnlich stark, und er wurde mit Angeboten regelrecht belagert. Sein englischer Geschäftspartner Myers führte ihn durch das größte Tabaklagerhaus der Welt, wo es von Zolloffizieren nur so wimmelte. Der Amerikaner zeigte sich beeindruckt und hatte lange Zahlenreihen im Kopf. Nach einer Woche waren seine Angelegenheiten so weit geregelt, daß er mit seiner Familie die geplanten Verwandtenbesuche in Schottland ins Auge fassen konnte; natürlich mußte er auch alte Geschäftsverbindungen in Glasgow und Edinburgh wieder auffrischen. Schon die Kutschenreise führte sie – anders als im alten Süden Amerikas – über bequeme und ausgebaute Straßen durch das klare englische Grün von Landschaften und Wäldern, und alte, malerische Städtchen wie Preston, Lancaster und Carlisle rollten wie ein abwechslungsreicher Bilderbogen vor Edgars Augen ab. Als sie die schottische Grenze hinter sich gelassen hatten und endlich durch ›Burns' Country‹ fuhren, das Poe bereits aus vielen Schilderungen kannte, ging eine spürbare Veränderung mit Allan vor. Seine Miene hellte sich auf, sein Blick wurde leuchtender, und die Begeisterung, mit der er über die Landschaften sprach, die an ihnen vorüberzogen, übertrug sich auch auf die Reisenden. Sogar in den Geschäftsbriefen, die er wenige Zeit später von Greenock und Kilmarnock aus absandte, finden sich ungewöhnlich viele Redewendungen, ja ganze Passagen in reinstem schottischem Dialekt. Auf ihrem Weg lagen das zauberhafte Flüßchen Doon, ›the bonny Doon‹, mit der berühmten ›Auld Brig‹, der Brücke, die Tam o'Shanter in Burns' Ballade überquerte, die Ruine der alten Kirche von Alloway, über die man sich allerlei Spukgeschichten erzählte, und ›Burns' Cottage‹, das einfache, strohgedeckte Geburtshaus des Dichters, schon damals eine Art schottischen Nationalheiligtums. Um diese Sehenswürdigkeiten herum erstreckte sich meilenweit die sommerliche Landschaft von Ayrshire, »mit jeder Laune von Grün in Bäumen, Wiesen und Hügeln« (John Keats). Solche Kindheitseindrücke kehren in vielen von Poes späteren Gedichten wieder:

»In spring of youth it was my lot
To haunt of the wide world a spot
The which I could not love the less –
So lovely was the loneliness
Of a wild lake, with black rock bound,
And the tall pines that towered around.«

(»Im Lenz der Jugend lief ich viel
zu eines Erdenfleckens Ziel,
dem meine ganze Lieb' ich weiht' –
so lieblich war die Einsamkeit
des wilden Sees, den schwarzer Stein
und hohe Fichten schlossen ein.«)[4]

Im Sommer desselben Jahres unternahm übrigens auch Washington Irving, damals bereits ein angesehener amerikanischer Schriftsteller, in Begleitung des alten Walter Scott Streifzüge durch das schottische Hochland. Die Allans besuchten zuerst die Hafenstadt Irvine, in der Poes Pflegevater aufgewachsen und zur Schule gegangen war und seine drei Schwestern Eliza, Mary and Jane sowie einige Verwandte und Bekannte lebten. Der Stellenwert dieses verwinkelten und geschichtsträchtigen Ortes, einst Schauplatz eines berühmten Hexenprozesses, umgeben von unheimlichen Burgen und Ruinen, wie Eglinton Castle, unweit des für seine Schönheit berühmten Meeresarmes Firth of Clyde gelegen, wird von Poes Biographen meist übertrieben. Daß Edgar später für kurze Zeit die dortige ›Old Grammar School‹ besuchte, erscheint zwar nach verschiedenen Reminiszenzen und Anekdoten von Zeitgenossen sehr wahrscheinlich, läßt sich jedoch durch keinerlei Dokumente belegen. Irvine war auch die Geburtsstadt von John Galt, einem bekannten schottischen Novellisten und Cousin Allans, dem die Familie in London noch häufig begegnen sollte.

Die Familie hielt sich einige Tage bei Allans ältester Schwester Mary auf und wohnte in dem zweistöckigen ›Bridgegate Haus‹, seinem Geburtsort. Die kopfsteingepflasterte Hauptstraße, die ›High Street‹, führte daran vorbei; an ihrem Ende stand die ›Big Kirk‹, die Kirche des Ortes, schräg gegenüber befand sich ›Templeton's Buchgeschäft‹, wo Burns oft in den alten schottischen Liedern und Balladen herumgestöbert hatte, die dort noch immer zum Verkauf auslagen. Ihre nächste Station war die sieben Meilen entfernt gelegene Stadt Kilmarnock, wo Allans Schwester Nancy mit ihrem Mann Allan Fowlds, einem Samenhändler, und ihren Kindern lebte. Die Ankunft der vornehmen Gäste aus Amerika, von deren Geldzuwendungen sie teilweise abhängig waren, verursachte sicher einen großen Wirbel in dem bescheidenen Haushalt der Familie. Gegenüber dem Haus der Fowlds in der Nelson Street wohnten die Gregorys, die sich ›lebhaft an den jungen Poe erinnerten‹, und etwas weiter entfernt der Regierungsbeamte William Anderson, dessen Sohn James, damals dreizehnjährig, ein Spielgefährte Edgars war und ihn später als ›schlagfertig, frühreif und in seiner Eigenart bei seinen Freunden recht beliebt‹ beschrieb.[5] Wie die Allans bei ihren Verwandten und Bekannten, so scheint auch Poe in seinen feinen Anzügen, mit seinen geschliffenen Umgangsformen und seinem Hang zur Selbstdarstellung bei den Kindern eine Lokalattraktion gewesen zu sein, ein bunter Paradiesvogel, auf den sich die allgemeine Neugierde konzentrierte. Wie in Richmond, so spielte er auch hier eher die Rolle des bewunderten und überlegenen Außenseiters, ohne sich wirklich in die Gemeinschaft seiner Spielkameraden zu integrieren – was nicht ausschließt, daß er mit einigen wenigen in vertrauterem Kontakt stand, dem älteren James Anderson vielleicht oder der kleinen Frances Fowlds. Von Kilmarnock aus, der mit ihren damals etwa 15 000 Einwohnern größten und durch ihre Leder- und Wollmanufaktur wirtschaftlich bedeutendsten Stadt des Landstrichs Ayr, unternahmen die Allans oft Ausflüge in die nähere Umgebung und besichtigten so malerische Ruinen wie Seagate und Stonecastle.

Für ein paar Tage besuchten sie die Familie Galt auf ihrem hübschen Anwesen im Cree Valley, einer der landschaftlich reizvollsten Gegenden Schottlands; »ich wäre glücklich, hier für immer zu leben«, schreibt einmal Allans Schwester Mary in einem Brief.[6] Der alte William Galt in Richmond, der auch John Allan protegiert hatte, nahm regen Anteil an seiner schottischen Verwandtschaft, und aus zahlreichen Korrespondenzen geht hervor, daß das Ehepaar Galt, William und ›Cousin Jane‹, eine Tante, Elizabeth, vor allem aber die drei oder vier ›Galt boys‹, Waisenjungen, die bei ihnen aufwuchsen, große Hoffnung in die Ankunft des ›reichen Onkels aus Amerika‹ setzten. Es handelte sich also für Allan mehr um eine familiäre Verpflichtung als um einen Anstandsbesuch; es war ihm in Richmond ans Herz gelegt worden, sich besonders um seine beiden Neffen James und William Galt jr. zu kümmern, die von einer großen Karriere in Virginia träumten.

Tatsächlich ließ sich William Galt jr. einige Jahre später als Protegé William Galts in Virginia nieder und wurde dort ein angesehener Geschäftsmann. Es ist sehr aufschlußreich, sich in die Korrespondenz Allans mit diesem Jungen während seines Englandaufenthaltes zu vertiefen, denn sie wirft nicht nur ein bezeichnendes Licht auf seine Denkweise und seine Ansichten, sondern entspricht wohl auch den erzieherischen Ratschlägen, die er seinem eigenen Pflegesohn Edgar erteilte. »Du wirst nun, mein guter Junge, bald schon Deinen eigenen Weg in die Welt gehen müssen, wo Dein persönlicher Einsatz und Dein guter Verstand auf die Probe gestellt werden; versäume nie, zuerst Deinem Schöpfer gegenüber Deine Pflicht zu tun, als nächstes Deinem Arbeitgeber, und halte Dich auf jeden Fall von schlechter Gesellschaft fern. Wenn man sich mit Taugenichtsen einläßt, macht man sich zum Sklaven übler Gewohnheiten, vor welchen du Dich hüten mußt wie vor Schlangenbrut... wie ich Dir schon einmal sagte, solltest Du keinerlei politische Ansichten vertreten, denn Du gehst ja nach Amerika als einer ihrer Pflegesöhne, und da ist es nur billig, wenn Du Dich neutral verhältst... Begegne jedem und jedermanns Meinung (wie unterschiedlich Du selbst darüber denken magst) mit Achtung und Respekt, und man wird Dich mit der gleichen Rücksicht behandeln...«[7]

Edgar war freilich damals für solche Ratschläge noch zu jung, aber wenn Allan sie ihm später weitschweifig wiederholte, beherzigte er sie doch in keiner Weise.

Nach einigen Tagen hatte Allan seinen Familienpflichten Genüge getan und mußte sich vom ländlichen Idyll wieder seinen Geschäftspflichten zuwenden. Die Familie fuhr – diesmal in Begleitung des jungen James Galt, der sie auf ihrer weiteren Reise durch Schottland begleiten durfte – nach Greenock, einer Zwischenstation, von wo aus Allan seinem Partner Ellis brieflich eine erste ausführlichere Bestandsaufnahme ihres bisherigen Aufenthaltes, der politischen Lage und seiner geschäftlichen Erwartungen gibt:

Greenock, d. 21. Sept. 1815

»Mein lieber Charles,

Ich kam vor ungefähr einer halben Stunde hier an... da in Kürze einige amerikanische Schiffe von hier auslaufen werden, nütze ich die Gelegenheit, ein paar Zeilen an Dich zu richten, obwohl nur wenig Neuigkeiten von geschäftlichem Interesse zu vermelden sind...« (Es folgen diverse Auflistungen über Tabakpreise.) »...Da die Bestände in London knapp und die Verhältnisse auf dem Kontinent noch ungeordnet sind, schmeichele ich mir mit der Aussicht auf eine günstige Geschäftslage...

Frances meint, sie würde dieses Land und seine Seen lieber mögen, wenn es etwas wärmer wäre und nicht so viel regnen würde; sie bittet mich auszurichten, daß sie Margaret (Mrs. Ellis) gleich schreiben wird, sobald sie sich etwas eingewöhnt hat, zur Zeit aber so von ihren Eindrücken überwältigt ist, daß sie einfach kein Wort zu Papier bringen kann.

...Edgar ruft ›Pa, sag irgend etwas für mich, sag, daß ich keine Angst hatte, übers Meer zu kommen.‹... Wir alle senden unsere liebsten Grüße an meinen Onkel Galt und alte Freunde.

Ich bin – etc.

John Allan.

PS Gruß und Kuß von Edgar an Rosa & Mrs. Mackenzie.«[8]

Die Rückreise nach London über Glasgow, Edinburgh, Newcastle und Sheffield war eine Strapaze, zudem gab es anscheinend Unstimmigkeiten darüber, ob man Edgar, wie ursprünglich vorgesehen, zusammen mit James Galt in Irvine zurücklassen sollte oder ob sie die Allans noch einige Wochen nach London begleiten durften.

Sie stiegen zunächst in Blakes Hotel ab, wo Mrs. Allan einige Tage das Bett hüten mußte, um ihre Grippe auszukurieren; »der Rest der Familie«, schreibt Allan am 10. Oktober an Ellis, »ist wohlauf, aber wir alle sind ›verdammt mißgelaunt‹.« Daran war wohl neben der Erschöpfung durch die lange und unbequeme Fahrt in der Kutsche vor allem das naßkalte Londoner Herbstklima schuld, das die Stadt in Nebel hüllte. Die Verstimmung hielt jedoch nur kurze Zeit an, denn schon bald hatte Allan eine hübsche möblierte Wohnung gefunden und gemietet, von wo aus er knapp drei Wochen später seinem Partner eine gemütliche domestische Szene schildert:

»Ich sitze gerade an einem behaglichen Kaminfeuer in einem netten kleinen Wohnzimmer in der Southhampton Row Nr. 47, Russel (sic) Square, wo ich fürs erste eine Wohnung gemietet habe; Frances und Nancy nähen, Edgar liest in einem Märchenbuch. Ich selbst bin in müßiger Stimmung, meine Korrespondenzen zu erledigen. Bisher habe ich weder Bekanntschaften geschlossen, die bei mir vorsprechen, noch solche, die ich selbst aufsuche. Die möblierten Räume kosten sechs Guineas die Woche, und der Mietvertrag läuft zunächst auf sechs Monate, bis ich eine geeignetere und billigere Unterkunft finden kann. Natürlich habe ich im Augenblick noch kein Kontor und kann die anstehenden Briefe nicht kopieren lassen – die Preise sind enorm gestiegen, was Frances beunruhigt; sie hat sich zu einer perfekten Haushälterin entwickelt und bekundet einen gesunde Appetit. Allmählich glaube ich, daß sie sich in London bald wie zu Hause fühlen wird.«[9]

Die englische Hauptstadt mit ihren eindrucksvollen Bauwerken, ihren Schornsteinketten, ihren Menschen- und Droschkenmassen und ihrer verwirrenden Mischung aus modischer Extravaganz und tiefster Armut muß den kleinen Edgar zunächst schier überwältigt haben. Vor kurzem erst hatten sich unter dem Diktat des Modezaren George Bryan Brummell, der sich gerade auf dem Gipfel seines Ruhmes befand, die langen Beinkleider mit Steg durchgesetzt; in der Bondstreet gab es einen Modeprofessor, der gegen angemessene Bezahlung in der Kunst des Krawattenbindens unterrichtete; seit etwa 1815 kam für die jungen Stutzer die Bezeichnung ›Dandy‹ auf. Wohlhabende Kreise richteten sich in einem überladenen Empirestil mit Goldsäulen, Schwanenbetten, bronzenen Greifen und Sphingen und schwarzen Marmortischen ein. Aus Paris wurde die Quadrille, aus Deutschland der Walzer eingeführt. Seit der Beendigung der napoleonischen Kriege bei Waterloo traf man in Gesellschaft überall auf Offiziere aus den Armeen Preußens und Rußlands, die hier ihr Vermögen durchbrachten. Für Allan war es in London freilich weitaus schwieriger, Zutritt zu den ›höheren Kreisen‹ zu erlangen, als in

Richmond. Die Exklusivität der gesellschaftlichen Cliquen war ohne Empfehlung nahezu unaufhebbar. Aber durch seinen Cousin, den Schriftsteller John Galt, der im Hause des berühmten amerikanischen Porträtmalers Benjamin West verkehrte, einem großen Anziehungspunkt der in London weilenden reichen Amerikaner, schloß er schon bald wichtige Bekanntschaften, u. a. mit dem Maler Leslie, der auch ein guter Freund Washington Irvings war. Namen wie Byron, Constable oder der umstrittene junge Turner erfüllten diese illustren Zirkel. Die Familie besuchte Westminster Abbey und den Tower (dessen düstere Atmosphäre, das berühmte Richtbeil und das Zimmer, in dem die beiden Prinzen ermordet wurden, Edgar sehr beeindruckt haben sollen), die zoologischen Gärten mit ihrem ›Papageienweg‹ und seltsamen Tieren, oder St. James und Regents Park, wo man wogende Meere von Zylindern und fächerwedelnde Damen zu Pferde bestaunen konnte. Sicherlich versäumte man auch nicht, sich ein Konzert der 1813 gegründeten Londoner Philharmoniker anzuhören (eine kulturelle Pflichtübung) oder in Covent Garden oder Drurylane ein Theaterstück oder eine Oper zu besuchen. Die Zeit verging wie im Fluge. Mr. Allan mußte allerdings bald einsehen, daß sich seine geschäftlichen Erwartungen nicht so rasch erfüllen würden, wie er vielleicht gehofft hatte. »Ich sagte Dir«, schreibt er am 20. November an Ellis, »daß ich mich drei Jahre in England aufhalten würde, vor allem deshalb, um Mrs. A.s Bedenken zu zerstreuen. Du kannst jedoch getrost mit fünf Jahren rechnen, wenn nichts dazwischenkommt. Die finanziellen Aufwendungen, sich hier während eines kürzeren Zeitraumes geschäftlich zu etablieren, wären einfach zu hoch.«[10]

Für Edgar rückte der Tag immer näher, an dem er mit James Galt zurück in das langweilige und verhaßte Irvine fahren mußte. Er war jetzt über zwei Monate in London, und es wurde höchste Zeit, daß er endlich seine viel zu lange schon unterbrochene Schulausbildung fortsetzte. Da half kein Bitten und kein Sträuben, auch nicht der Einsatz der Damen für ihren kleinen Liebling, die vorschlugen, ihn doch lieber in London, in ihrer Nähe, auf eine Privatschule zu geben; Allan blieb diesmal hart. Er hatte sich die ›Old Grammar School‹ in Irvine, wo er einst selbst zur Schule gegangen war, in den Kopf gesetzt, weil er wußte, daß man dort auf Zucht und Ordnung hielt, und weil er vielleicht befürchtete, daß sein Pflegesohn durch seine Frau und seine Schwester, die ihn verhätschelten und ihm alles durchgehen ließen, verweichlichen werde. James Galt erinnerte sich später, daß Poe während der Kutschenfahrt nach Schottland (es war Ende November) »die ganze Zeit über herumnörgelte«. Auch in Irvine, im tiefsten Winter noch trostloser und düsterer als er es in Erinnerung hatte, ließ er keine Gelegenheit aus, seine Unzufriedenheit zu zeigen und machte seiner armen Tante Mary im Bridgegatehaus das Leben schwer. »›Tante Mary‹, wie er Miss Allan nannte, schickte ihn zur Schule, dort war er so trotzig, daß ihn weder gutes Zureden noch Androhungen von Strafen dazu bringen konnten, sich irgendwelchen Studien zu widmen.«[11]

Die ›Old Grammar School‹, von James IV. zu Anfang des 17. Jahrhunderts gegründet, war freilich alles andere als ein Kinderparadies. Sie stand in der Nähe der Kirche Irvines, der ›Auld Kirk‹, und Poe erinnerte sich später in seiner Novelle ›William Wilson‹, in der viele seiner frühen Schulerlebnisse wieder auftauchen: »... der gewölbte tiefe Ton der Kirchenglocke, wie er, jedwede Stunde, verdrossen unversehens aufgrollend, Stille & Dämmerdunst durchbrach, in die das Maßwerk des gotischen Spitzturmes eingebettet & verschlafen dalag.«[12]

Es herrschte eine Disziplin von mittelalterlicher Strenge, die körperliche Züchtigung mit einschloß; auf Religionsunterricht und häufige Besuche von Predigten wurde viel Wert gelegt, »und eine der Übungen im Schreiben bestand darin, Inschriften von den alten Grabsteinen des nahegelegenen Kirchhofes zu kopieren«.[13] Rektor der Schule und einer ihrer Lehrer war der von den Schuljungen gefürchtete Dr. J. Lockhart Brown, dessen Leidenschaft für Schnupftabak sich in dem Porträt des Reverend Dr. Bransby in Poes oben angeführter Erzählung verewigt findet. Die Leidenschaft der schottischen Schuljugend für mitunter auch bösartige Spitznamen bekam Edgar nach einer anderen Anekdote[14] selbst schmerzlich zu spüren. Nachttöpfe wurden meist mit dem gebräuchlichen Wort ›chantie‹ bezeichnet, es gab aber auch den französischen Begriff ›pôt‹ – mit stummem ›t‹. Poes Klassenkameraden machten sich ein Vergnügen daraus, ihn jeden Morgen mit ›Chantie Poe‹ zu begrüßen, und er soll sehr unter dieser Anrede gelitten haben.

»Ich empfand nämlich«, heißt es in ›William Wilson‹, »von jeher einen Widerwillen gegen meinen ungeschlachten Familiennamen und auch gegen den sehr gewöhnlichen, geradezu plebejischen Vornamen. Die beiden Worte waren Gift für mein Ohr, ...«[15] und vielleicht spielt Poe damit auf dieses Kindheitserlebnis an. Alles in allem waren seine Lebensumstände, trotz gelegentlicher Besuche bei den Fowlds in Kilmarnock, kaum dazu angetan, ihn sich in Irvine heimisch fühlen zu lassen. Er wurde immer ungezogener und rebellischer und drohte sogar damit auszureißen, um auf eigene Faust nach Amerika oder nach London zurückzukehren. Allans Schwester wußte sich zuletzt nicht anders zu helfen, als Edgars Cousin James Galt damit zu beauftragen, mit ihm zusammen in einem Zimmer zu schlafen und ein Auge auf ihn zu haben. »Der junge Galt«, schreibt J. H. Whitty, »war beeindruckt von der altmodischen und geschliffenen Redeweise des kleinen Burschen, seinem Selbstvertrauen und seiner ungewöhnlichen Furchtlosigkeit damals, ...«[16]

Nach einem Monat ständiger Ärgernisse mit dem lebhaften und vorlauten Pflegesohn ihres Bruders hatte Miss Allans Geduld ein Ende. »Sie packte«, so Galt, »seine Sachen zusammen und schickte ihn zurück nach London.«[17]

John Allan dürfte nicht eben sehr erfreut über die Rückkunft seines Schützlings gewesen sein, aber wie die Dinge lagen, blieb ihm nichts übrig, als gute Miene zum bösen Spiel zu machen. Immerhin mußte ihm dieser erste einer Reihe folgenschwererer Eklats mit Edgar bereits zu denken geben.

In den neuen Geschäftsräumen seiner Firma in der Basinghall Street Nr. 18 beschäftigte Allan einen jungen Angestellten, George Dubourg, dessen zwei Schwestern ein Internat in dem Londoner Stadtteil Chelsea unterhielten (Sloane Street Nr. 46). Der Name Dubourg taucht in Poes Detektivgeschichte ›Der Mord in der Rue Morgue‹ wieder auf. Auf dessen Empfehlung hin meldete Allan seinen Pflegesohn auf dieser, verglichen mit der ›Old Grammar School‹ in Irvine, recht kostspieligen Schule an: ›Master Allan‹, wie Edgar in England genannt wurde, bekam ein ›separates Bett‹, also einen eigenen Raum, für eine Guinea (heute etwa DM 60,--) pro Halbjahr zusätzlich, genoß das Privileg eines persönlichen Kammerdieners, der sein Zimmer und seine Kleidung in Ordnung hielt, und wurde in Rechtschreibung, Geographie, Mathematik, Religion und englischer Geschichte unterrichtet. Allem Anschein nach verbrachte er nur die Wochenenden und die Feiertage im Kreis der Familie. John Allan muß Edgar zu dieser Zeit wie seinen leiblichen Sohn betrachtet haben, denn er scheute trotz der äußerst kritischen Geschäftslage und der Affäre in Irvine keine Kosten, ihm eine verhältnismäßig teure Ausbildung zu ermöglichen: die Schulgebühren beliefen sich halbjährlich im Durchschnitt auf über zwanzig Pfund, eine damals stattliche Summe.

1816 war überhaupt in jeder Beziehung ein sorgenreiches Jahr. Die Tory Regierung hatte die Steuern wegen der hohen Kriegsverschuldung drastisch erhöht, so daß für die ärmeren Schichten bereits ein Laib Brot nahezu unerschwinglich wurde. Die Lage ähnelte der Situation in Frankreich kurz vor der Revolution. Die Menschen standen tagelang an, um für Hungerlohn zu arbeiten, Unruhen und Streiks brachen aus. Charles Ellis schreibt zutiefst beunruhigt an Allan: »Möge Gott Schlimmeres verhüten, als es im Augenblick mit uns steht... Die Tabakpreise sinken und sinken... eine Handelslage, die Dir, wie ich befürchte, zu schaffen machen wird, sobald Dich die Ladungen erreichen. Ich gebe abermals zu bedenken, daß Du Deine Preisvorstellungen senken mußt, um Käufer zu gewinnen... ganz gleich, wie groß die Verluste sein werden, im Vergleich zur Konkurrenz sind sie noch immer eine Lappalie.«[18]

Allan antwortete: »Wenn ich das Jahr überstehe, kann ich nur hoffen, kein zweites dieser Art zu erleben.«[19]

Auch innerhalb der Familie gab es Probleme. Mrs. Allan war stets kränklich und dementsprechend wehleidig; »Frances klagt wieder einmal, wie üblich«, lautet eine entnervte Anmerkung in einem von Allans Briefen. Ihre Schwester Nancy fühlte sich in London nie heimisch und schrieb an ihre Verwandten und Bekannten in Richmond, ›wie schrecklich unzufrieden sie alle über ihren Englandaufenthalt seien«. Es waren anstrengende und trübsinnige Monate, in denen den Allans nur wenig Zeit für gesellschaftlichen Verkehr blieb. Die Stimmung dürfte sich einzig an den Tagen etwas aufgehellt haben, wenn Edgar zu Besuch war und über seine Erlebnisse auf dem Internat der Schwestern Dubourg berichtete. In Allans Korrespondenz wird er häufig erwähnt: ›Frances, Nancy & Edgar lassen schön grüßen‹; »Nancy wiegt 146, Frances 104, ich selbst 157 Pfund gutes, hartes Fleisch – Edgar ist dünn wie ein Rasiermesser.« (31. August); »Frances' Gesundheitszustand hat sich sehr gebessert, auch steht sie England nicht mehr so ablehnend gegenüber wie früher. Nancy ist ziemlich fett – Edgar wächst und ist natürlich mager wie immer und Ihr untertänigster Diener so robust wie ein Stück Kienholz – wir trinken gutes Bier zum Essen, und genießen ab und zu ein Glas Portwein.« (2. Oktober); »F. N. & E. sind alle wohlauf und wünschen Dir alles Liebe. Nancy sagt, sie würde sich freuen, von Dir zu hören. Und sie wird Dir bald mit einem ihrer Kritzelbriefe auf die Nerven gehen.« (22. November)[20]

Nur einige Minuten zu Fuß von ihrer Wohnung in der Southhampton Row entfernt stand das Montague House – das heutige Britische Museum –, an das sich Poe später als an einen »großen, altmodischen Gebäudekomplex, früher ein privates Herrenhaus«, erinnerte sowie an seinen »vorzüglichen Leseraum und seine riesige Bibliothek«. Die Familie muß sich also in Edgars Begleitung öfters dort aufgehalten haben. Zweifellos besuchten sie die damals aufsehenerregende Ausstellung der ›Elgin Marbles‹, in der die von der britischen Regierung für einen Spottpreis erworbenen Parthenonfriese der Akropolis zu bewundern waren.

»Der letzte Fleck des Erdballs, den ich fand, ein Tempel war's, der Parthenon genannt. Mehr Schönheit zierte seinen Säulenfries, als selbst dein glühnder Busen mir verhieß, ...«[21], dichtete Poe später in ›Al Aaraaf‹.

Trotz der geschilderten angespannten wirtschaftlichen Lage war es Poes Pflegevater bis zum Ende des Jahres gelungen, die Firma sehr zu ihrem Vorteil zu vertreten. »Unser Geschäftsvermögen«, schreibt er am 14. Januar 1817 an Ellis, »dürfte sich mittlerweile auf 140 000 Dollar belaufen«. Diese überraschend günstige, freilich durch ein Jahr harter Arbeit und vielerlei Entbehrung erkaufte Entwicklung hatte eine allgemeine Verbesserung ihres Lebensstils zur Folge. Zunächst wurde eine geräumigere und komfortablere Wohnung gemietet, in derselben Straße, Southhampton Row Nr. 83. Die noch immer kränkelnde Mrs. Allan trat zusammen mit ihrer Schwester einen längeren Kuraufenthalt in Cheltenham Spa, dem berühmten Badekurort in Gloucestershire, an; wie Hotelrechnungen beweisen, befand sich auch Edgar für einige Zeit in ihrer Gesellschaft. Obwohl an seinen Leistungen nichts auszusetzen war, hatte sich an seiner Abneigung gegen die Schule nichts geändert. Seinem Freund F. W. Thomas gegenüber äußerte er später einmal, daß seine Schulzeit in London traurig, einsam und unglücklich gewesen sei, und 1840 schrieb er: »Von der traurigen Erfahrung meiner eigenen Schulzeit habe ich bis zum heutigen Tag kaum eine Bestätigung für die Ansicht mancher Leute gefunden, daß Schuljungen unbedingt die Glücklichsten unter allen Sterblichen seien.«[22]

Für ihn brachte Allans vorübergehend positive Handelsbilanz eine einschneidende Veränderung mit sich: spätestens ab Herbst 1817 wechselte er von dem Internat der Schwestern Dubourg auf die noch gediegenere und teurere Manor House School in Stoke Newington über, damals einem fast ländlichen und in vieler Hinsicht reizvollen Vorort Londons.

Es war eine geschichtsträchtige Gegend, in die sich der junge Poe verschlagen fand, drei bis vier Meilen nordöstlich von London, mit verschlungenen Pfaden, uralten Bäumen und nebelverhangenen Alleen; in der Nähe der Schule stand das Haus, in dem Daniel Defoe seinen ›Robinson Crusoe‹ geschrieben hatte, und bei Schulausflügen konnte man das düstere Schloß von Robert Dudley besichtigen, dem Liebhaber Elizabeths I. Auch die zeitgenössischen romantischen Dichter, Byron, Shelley und Keats, fühlten sich zu der Atmosphäre von Stoke Newington hingezogen, die zum Träumen einlud, und lebten in der näheren Umgebung. »Meine frühesten Erinnerungen an ein Schulleben«, schreibt Poe in seiner Erzählung ›William Wilson‹, »sind mit einem großen, weitläufigen Elisabethanischen Gebäude, in einer immer neblig wirkenden ländlichen Ortschaft Englands verknüpft, wo eine gewaltige Anzahl gigantischer knorriger Bäume herumstanden, und wo sämtliche Häuser im höchsten Grade altertümlich dreinschauten. Wahrlich, es war ein traumhaftes & beruhigendes Fleckchen Erde, dieses ehrwürdige alte Städtchen. Jetzt, im Augenblick noch, spüre ich etwas wie die erfrischende Kühle seiner tiefschattenden Alleen; atme ich den Wohlgeruch seiner tausend zieren Gesträuche . . .« Die ›Manor House Academy‹, an der Poe als ›Edgar Allan‹ eingeschrieben wurde, stand damals an der östlichen Ecke der Edwards Lane und der Church Street; ihr Name stammte von dem ihr schräg gegenüberliegenden alten Herrensitz, zu dem sie noch im 18. Jahrhundert gehört hatte. Es handelte sich um ein rechteckiges, zweistöckiges, von Efeu überwuchertes Haus in einem Stilgemisch aus verschiedenen Architekturen. Was solche Details betrifft, sind die ›Schulerinnerungen‹ William Wilsons, wenn auch zweifellos viel Autobiographisches in sie hineinfließt, also nicht unbedingt mit den tatsächlichen Erfahrungen seines Autors gleichzusetzen; dennoch ist das erste Drittel der Novelle aufschlußreich für Poes frühe Eindrücke und Schulerfahrungen:

»Mit männlicher Energie muß ich in der Kindheit alles das empfunden haben, was sich nun in der Erinnerung in so lebendigen, tiefen und dauerhaften Linien eingeprägt findet wie die Exerguen auf den karthagischen Münzen.

Und doch wie wenig – wenig nach den Begriffen der Welt – gab es da der Erinnerung anzuvertrauen! Das Wecken morgens, das Zubetttreiben am Abend, die Kommandos, die Vorträge, die immer wiederkehrenden Ferien, die Besichtigungen an Feiertagen, der Spielplatz mit seinem Gezänk, seiner Kurzweil und seinen Verschwörungen – alles das, von der Hexenmeisterin Seele längst verdrängt, war einmal die treibende Kraft der wildesten Gärungen, eine Welt von reichen Begebnissen, ein Tummelplatz der mannigfaltigsten Empfindungen und leidenschaftlicher, die Phantasie anstachelnder Reize. Oh le bon temps, que ce siècle de fer! Mein feuriger, begeisterungsfähiger und herrischer Charakter wies mir bald eine hervorragende Stellung unter meinen Schulkameraden zu, und es kam langsam, jedoch ganz natürlicherweise dahin, daß ich über alle, die nicht viel älter als ich selbst waren, eine Art Führerschaft gewann –«.[23]

Der Rektor der Manor House School, Reverend John Bransby, der in ›William Wilson‹ namentlich erwähnt wird, beschreibt seinen ehemaligen Schüler als »intelligent, launisch und eigensinnig«, und seine Erinnerungen an ›Edgar Allan‹ ähneln in mancher Hinsicht Poes Selbstporträt: »Edgar Allan war ein kluger Bursche mit einer raschen Auffassungsgabe, und er wäre ein Musterschüler gewesen, wenn ihn seine Eltern nicht allzusehr verwöhnt hätten. Aber sie verwöhnten ihn eben und gestatteten es auch, daß er stets über ein ungewöhnlich hohes Taschengeld verfügte, mit dem er eine Menge Unruhe stiftete und das ihm Gelegenheit zu allen möglichen Streichen gab.«[24]

Wie in allen vornehmen englischen Internaten wurde dort größter Wert auf ein akzentfreies, bis zur Geziertheit sauberes Oxford-Englisch gelegt. Diese sprachliche Disziplin spielte zweifellos eine bedeutende Rolle in Poes Entwicklung. Aus einer der wenigen erhaltenen Rechnungen über Schulgebühren vom 24. Dezember 1818 geht hervor, daß nur Latein zu den bisherigen Unterrichtsfächern hinzugekommen war, obwohl auch Französisch, Musik und Zeichnen angeboten wurden; der junge Master Allan nahm jedoch Tanzstunden für £ 2. 2s. extra pro Halbjahr (die neuen Modetänze, der Walzer und die Quadrille, waren auf dieser strengen Zuchtanstalt wohl ebenso verpönt wie moderne Literatur) und genoß ähnliche Vergünstigungen wie auf dem Internat der Schwestern Dubourg, ein separates Bett zum Beispiel und die Dienste eines Friseurs. Ein zusätzlicher Betrag mußte für einen Platz in der St. Marys Kirche und die Pflichtteilnahme an den dortigen Gottesdiensten entrichtet werden, die abwechselnd von Reverend Bransby und Reverend George Gaskin abgehalten wurden.

»Wie tief war mein Erstaunen und meine Verblüffung, wenn ich ihn von unseren Kirchenstühlen aus in den hintersten Reihen der Galerie erblickte, wie er mit feierlichen, langsamen Schritten die Kanzel bestieg! Dieser ehr-

würdige Mann in so ernsthaft gütiger Haltung, in den glänzenden, priester-
lich wallenden Gewändern, mit der aufs sorgfältigste gepuderten, furchtbar
steifen, ungeheuren Perücke – konnte das er sein, der vor kurzem noch mit
unsauberem Gesicht und in mit Schnupftabak beschmutzten Kleidern, die
Rute in der Hand, die drakonischen Gesetze der Anstalt ausgeübt hatte?
Welch fürchterlicher Widerspruch, der jeder Lösung spottete!«[25]

. Bransby stand im Ruf eines klassischen Gelehrten von hohem Range; in
seiner Freizeit schrieb er politische Pamphlete gegen Kirche und Regierung,
beschäftigte sich mit Botanik und Gärtnerei und war außerdem ein begeisterter Jäger. Immerhin muß seine Lehrmethode recht erfolgreich gewesen sein,
denn schon ein knappes Jahr nach ›Master Allans‹ Aufnahme auf sein Internat
äußert sich sein Pflegevater lobend über seine Fortschritte: »Edgar ist ein
prächtiger Junge und kann bereits sehr genau aus dem Lateinischen übersetzen.«[26] Auch in John Allans späterer Korrespondenz finden sich wiederholt
Anmerkungen, die seine Zufriedenheit über Poes schulische Leistungen be-
kunden: »Edgar entwickelt sich bestens, genießt einen guten Ruf und ist
ebenso aufnahmefähig wie wißbegierig«[27] oder »Edgar besucht eine Land-
schule; er ist ein tadelloser Junge und ein guter Schüler«.[28]

Edgar stellte sich ungeschickt beim Cricket- und Fußballspiel an, und er lag
auch, was seine bisherige Ausbildung betraf, weit hinter dem Standard der
Schule zurück.[29] Aber er interessierte sich für Bücher und hatte literarische
Kenntnisse, die sogar ältere Jahrgänge nicht aufweisen konnten. Innerhalb
kurzer Zeit hatte er sich nicht allein in seinen schulischen Leistungen dem allgemeinen Niveau angeglichen, er wurde auch von seinen Altersgenossen akzeptiert – dies scheinen Reverend Bransbys Erinnerung an ›alle möglichen
Streiche‹ und die Rechnungen über häufig erneuerte Schuhe zu belegen.

Über die anderen Lehrer der Manor House School – es können nicht mehr
als zwei oder drei gewesen sein – ist leider nichts bekannt. Der Hauptschul-
raum schien etwa der Beschreibung in ›William Wilson‹ zu entsprechen: »Das
Schulzimmer war der größte Raum im Hause oder, wie ich damals glaubte,
auf der ganzen Welt. Es war sehr lang, schmal, niedrig und finster, hatte spitze
gotische Fenster und einen eichengetäfelten Plafond. In einer entfernten,
Schreck einflößenden Ecke befand sich ein umgittertes Viereck von acht oder
zehn Fuß Größe; es war während des Unterrichts das Allerheiligste unseres
Schulleiters, Hochwürden Doktor Bransby. Eine mächtige Tür führte hinein, und ich glaube, jeder von uns hätte eher ein hochnotpeinliches Halsge-
richt über sich ergehen lassen, als gewagt, sie in Abwesenheit des Dominus zu
öffnen. In den anderen Winkeln waren zwei ähnliche Verschläge, die wir mit
geringerer Ehrfurcht, aber immerhin noch ängstlich genug betrachteten. In
dem einen befand sich das Katheder des Lehrers der klassischen Sprachen, in
dem zweiten das des Mathematiklehrers.«

Diese beiden ›Verschläge‹ sind noch in anderer Hinsicht interessant. In einem von ihnen hatte nämlich ein anderer Schulmeister gesessen, dessen düstere Geschichte Poe gut bekannt gewesen sein muß: Eugene Aram, der 1759 wegen Mordes hingerichtet worden war. Dieser intelligente und sensible Charakter erinnert in gewisser Hinsicht an manche Helden aus Poes Erzählungen. Aram (auch verewigt in einem Gedicht des englischen Romantikers Thomas Hood) wurde auf Grund eines Skelettfundes angeklagt, und er versuchte vor Gericht seine Unschuld mit einem Scharfsinn zu beweisen, der Poes Meisterdetektiv C. Auguste Dupin zur Ehre gereicht hätte.

All seine Beredsamkeit half ihm jedoch nicht, seinen Kopf aus der Schlinge zu ziehen; vor seinem Selbstmordversuch in seiner Zelle schrieb er die Verse:

> »Komm, süßer Schlaf! Mag ew'ger Schlummer fallen;
> Die Augen mir versiegeln wie einst allen.
> Die Seele geht zur Reise, ruhig und beherzt;
> Von keiner Schuld beladen, keinem Herz, das schmerzt...«[30]

Die Erinnerung an Eugene Aram war zu Poes Schulzeit noch immer sehr lebendig, da jener lange Zeit in dem Gebäude der Manor House School gelehrt hatte; und man darf annehmen, daß seine Geschichte Edgar damals sehr beeindruckt, vielleicht sogar beeinflußt hat.

Inzwischen hatte sich die Geschäftslage von Allans Londoner Firmenzweig drastisch verschlechtert. Diese Entwicklung kam um so überraschender, als sich in den Jahren 1817–18 ein allgemeiner wirtschaftlicher Aufschwung in England anzudeuten schien. Aber 1819 verursachten Massenarbeitslosigkeit und Arbeiteraufstände, unter anderen das berüchtigte ›Peterloo Massaker‹ in Manchester, erneut eine schwere Finanzkrise, die zusätzlich durch die Fehlentscheidung der Regierung, den Kurswert der Währung dem damaligen Goldpreis anzugleichen, erschwert wurde, wodurch sich die Kaufkraft des Geldes verringerte. Viele Kaufleute mußten Konkurs anmelden, darunter auch der Geschäftsmann William Holder, der Allan erhebliche Summen schuldete und ihm im Januar 1820 schrieb: »Ich kann Ihnen, mein lieber Herr, unmöglich die Gefühle ausdrücken, die ich in diesem Augenblick für Ihr freundliches, menschliches und mitfühlendes Verhalten gegen mich und meine beiden mittellosen Töchter empfinde... wie die Dinge einmal liegen, kann ich nichts tun, als mich aufrichtig bei Ihnen zu bedanken... Es wäre die stolzeste Stunde meines Lebens, Sie angemessen zu entschädigen...«[31]

Dabei hatte Allan selbst alle Hände voll zu tun, seine Gläubiger hinzuhalten. Bereits am 29. November 1819 sandte er einen Hilferuf an ›Messrs. Ellis and Allan‹ in Richmond: »Ich bitte Sie, sich zu vergegenwärtigen, daß ich insgesamt nur noch über 100 Pfund verfüge und auf Ihre Unterstützung angewiesen bin.«[32] Er erwog, nach Amerika zurückzukehren – »Frances graut vor dem Meer, und einzig die dringende Notwendigkeit und die Aussicht auf ein Wiedersehen mit ihren alten und lieben Freunden könnte sie erneut zu einer Seereise bewegen«[33] –, aber Geschäftsverpflichtungen und Geldmangel hinderten ihn noch daran. Daß einer seiner wichtigsten Handelspartner, William Holder, Anfang 1820 Bankrott erklärte, war unter diesen Umständen ein schwerer Rückschlag; wirklich kritisch wurde die Situation jedoch im März, als ihn seine Gesundheit im Stich ließ und er von Wassersucht, d. h. von einem Ödem im Bein, befallen wurde, einem äußerst schmerzhaften Leiden, das ihm seitdem zu schaffen machte und ihn zunächst für einen Monat ans Bett fesselte. In der Zwischenzeit nutzte einer seiner Angestellten, ein Mann namens Tayle, seine Lage aus, indem er eine größere Summe Geldes aus der Geschäftskasse unterschlug. Allans ehrgeiziges Projekt, für das er fünf Jahre Arbeit investiert hatte, endete in einem Fiasko. Den letzten Ausschlag für das Scheitern all seiner Pläne gab ein peinliches Mißverständnis zwischen den Firmen Ellis & Allan in Richmond und Allan & Ellis in London, die beide zugleich einen größeren Geldbetrag von einem der Schuldner William Galts einzutreiben versuchten[34]. Mit großem Geschick gelang es Allan gerade noch, einem drohenden Konkursverfahren entgegenzuwirken und sich außergerichtlich mit seinen Gläubigern zu einigen. Schon ein paar Wochen zuvor, am 27. März 1820, schätzte er von seinem Krankenbett aus die Lage in einem Brief an Ellis richtig ein: »Die Wahrheit ist, Charles, daß wir durch Stolz und Ehrgeiz einen schweren Fehler begangen haben. Ich hoffe jedoch, daß wir noch immer Gelegenheit finden werden, unsere Geschäfte wie vernünftige und abwägende Männer fortzuführen. Das Haus und die Möbel werde ich für 12 bis 18 Monate vermieten; danach können wir absehen, ob es möglich ist, sich in London zu halten. Wenn nicht, wird es kein Problem sein, das Mobiliar und die anderen Effekten zu veräußern ... Hätte ich noch einmal die Wahl, ich würde Farmer oder Pflanzer werden. Dies ist ein vertraulicher Brief. Wir müssen uns gegenseitig helfen und ermutigen. F. geht es gesundheitlich besser. Sie muß sich an den Gedanken gewöhnen, was für ein angenehmes Gefühl es ist, nach Hause zurückzukehren – selbst zur heißen Jahreszeit.«[35]

Allan hatte also die Hoffnung noch nicht gänzlich aufgegeben, die Situation zu einem späteren Zeitpunkt wieder in den Griff zu bekommen. Er vermietete das Haus in der Southhampton Row 39 – eine Adresse, die später in Poes komischer Farce ›Warum der kleine Franzose die Hand in der Schlinge trägt‹ wieder auftauchen sollte –, regelte seine Angelegenheiten und nahm Edgar von der Schule. Unter den gegebenen Umständen muß er bei der Begleichung der noch ausstehenden Schulgebühren (nach heutiger Kaufkraft beliefen sie sich jährlich auf über 4000 DM) mit den Zähnen geknirscht haben.

Am 14. Juni schiffte sich die Familie an Bord der ›Martha‹ nach Amerika ein. In ihrer Gesellschaft befand sich auch der junge James Galt, der im Gegensatz zu der etwas niedergedrückten Stimmung von Mr. und Mrs. Allan und Miss Valentine der bevorstehenden abenteuerlichen Seereise und der damit verbundenen aufregenden Aussicht auf einen neuen Lebensabschnitt ebenso entgegenfieberte wie sein Cousin Edgar Allan Poe.

4. Kapitel

Die wahnsinnige Muse

Und abermals über einen Monat auf See – sechsunddreißig Tage Salz- und Teergeruch, Matrosenflüche, Schiffsplanken unter den Füßen, sternklare Sommernächte, die ewige Eintönigkeit von Meer und Himmel, die poetische Routine an Bord eines Dreimasters, die Ladies unter Deck, die jeden Augenblick zu sterben meinten – ›wenn wir die Augen aufschlugen und den grünen Fußboden der Kajüte langsam in die Höhe steigen und dann ebenso langsam wieder sinken sahen, ergriff uns ein Schwindel, ein schmerzender Krampf in der Brust, der sich mit keiner anderen Empfindung vergleichen läßt‹, empfand eine Zeitgenossin. Während der elfjährige Poe seinen älteren Cousin über das Oberdeck führte, saß Allan wohl mißgestimmt und einsilbig in der Kabine, grübelte über die Einbußen der Firma nach und stellte Berechnungen an – man würde sich in Richmond erheblich einschränken müssen, um die Scharte auszuwetzen. Immerhin besaß er noch immer das Vertrauen seiner englischen Geschäftspartner und hatte in Ellis' Auftrag noch einige Handelsverträge abgeschlossen und Bestellungen aufgenommen. Glücklicherweise war ein neues, dem Parlament vorgelegtes Zoll- und Ausfuhrgesetz, das diese Transaktionen gefährdet hätte, nicht verabschiedet worden, und in Amerika gab es legale Methoden, die Einfuhrzölle zu umgehen. Nicht nur Großbritannien, auch Amerika befand sich in einer wirtschaftlichen Krise. 1819 kam es dort am Ende einer kurzen Nachkriegskonjunktur zu einer Art ›schwarzem Freitag‹: »Fast alle Manufakturfirmen im Lande . . . sind bankrott, ihre Besitzer ruiniert und ihr Eigentum unter ungeheuren Verlusten verkauft. Man kann tatsächlich sagen, daß fast sämtliche Firmen ihren Besitzer gewechselt haben und durch eine Reihe von Liquidationen und Kapitalreduktionen wiederaufgenommen sind, was jedoch nicht den stufenweisen Ruin aufhalten konnte«, schreibt ein zeitgenössischer Beobachter.[1] Die Chancen für das Außenhandelsgeschäft standen jedoch, Patriotismus hin oder her, durch die größtenteils lahmgelegte einheimische Produktion ungemein günstig.

Für Edgar verlief die Überfahrt wieder wie ein großes, überwältigendes Abenteuer. Kapitän Sketchly war, anders als Kapitän Stone, freundlich und umgänglich und ging gerne auf die Fragen seiner jungen Passagiere ein. Manchmal konnte man Wale beobachten, die Wasserfontänen gegen den Himmel spien, und erlauschte im übrigen allerlei Seemannsgarn, über den

›Fliegenden Holländer‹ vielleicht, Piraten, Meutereien, Seeungeheuer oder die alten Kannibalengeschichte von ›drei Männern in einem Boot‹. Dann gab es tatsächliche Seestürme – »der Ozean war überaus rauh und stürmisch«, schreibt Allan nach ihrer Ankunft in New York an einen Londoner Bekannten.[2] Solche Erlebnisse kehren später, dramatisch überhöht, in Erzählungen wie ›Manuskriptfund in einer Flasche‹ (›MS. Found in a Bottle‹), ›Die längliche Kiste‹ (›The Oblong Box‹) oder dem Romanfragment ›Arthur Gordon Pym‹ wieder, in denen sich auch Poes früh erworbene Sachkenntnisse über schiffstechnische und seemännische Fragen mit abenteuerlichen und unheimlichen Phantasieberichten durchdringen. So stößt man zum Beispiel im 6. Kapitel des ›Pym‹ direkt im Anschluß an die Schilderung einer blutrünstigen Meuterei an Bord der ›Grampus‹ auf einen seitenlangen, fachkundigen und detaillierten Bericht über die Probleme der korrekten Lagerung und Vertäuung verschiedener Schiffsladungen. Solche Exkurse, die exakte Angabe von Breitengraden etc., verleihen selbst den unglaublichsten Geschehnissen einen beunruhigenden Hauch von Authentizität.

Am 21. Juli 1820 legte die ›Martha‹ im Hafen von New York an, der damals noch, selbst für nüchternere Zeitgenossen, einen romantischen und malerischen Anblick bot. Schiffe aus aller Herren Ländern kreuzten dort oder lagen vor Anker; riesige Dreimaster, buntbeflaggt und mit vergoldeten Galionsfiguren; Hunderte von Segeln, die in der Sonne in die Augen stachen, und Wälder aus Masten, Rahen und Takelage. Dazwischen sah man auch einige der erst seit einigen Jahren regelmäßig verkehrenden Raddampfer mit ihren großen Schaufelrädern, hohen Schornsteinen und bunten Beschriftungen, ›schwimmende Salons‹, deren Ausstattung oft übertrieben protzig war, deren Sicherheit als Beförderungsmittel aber, der häufigen Kesselexplosionen wegen, noch sehr zu wünschen übrig ließ. An den Piers und auf den Decks der Schiffe gingen Scharen von Seeleuten der verschiedensten Nationen ihren Beschäftigungen nach, viele Holländer, die einen großen Bevölkerungsanteil New Yorks bildeten und die man durch ihren Akzent oder ihre Tonpfeifen herauskannte, aber auch dunkelhäutige Matrosen mit Ringen in den Ohren; und man vernahm die ›chanties‹, die sie bei der Arbeit sangen, die durcheinanderklingenden Zurufe und Befehle der Bootsmänner und Kapitäne, das Glasen der Schiffsglocken und das Rasseln der Ankerwinden. Während jedoch Edgar und sein Cousin die Faszination dieser Ansichten und der Atmosphäre genossen, befand sich Mrs. Allan in einer sehr schlechten Verfassung. New York lag unter einer Dunstglocke, und das schwüle und drückende Klima setzte ihr so zu, daß sie, die wie ihre Schwester während der Überfahrt ständig unter der Seekrankheit gelitten hatte, kurz nachdem sie an Land gegangen waren, in ihrem Hotelzimmer einen Zusammenbruch erlitt. Allan sah sich gezwungen, sie vorübergehend von einem Arzt, einem Dr. Horrock,

Blick von Brooklyn auf New York City. 1837. Gemälde von William J. Bennett

betreuen zu lassen, wodurch sich ihre Weiterreise um einige Tage verzögerte. Nach etwa einer Woche fuhr die Familie dann auf einem der neuen Dampfschiffe über Norfolk nach Richmond, wo sie am 2. August ankam. Da ihre Wohnung über den Geschäftsräumen von Ellis & Allan noch immer vermietet war, mußten sie für längere Zeit (beinahe ein Jahr, wie sich herausstellen sollte) die Gastfreundschaft von Allans Geschäftspartner in Anspruch nehmen, der sie bereits etwas lustlos erwartete, da es ihn drängte, sich seinen Angehörigen in ihrer Sommerfrische anzuschließen. »...sobald sie eingetroffen sind und sich ein wenig eingewöhnt haben«, heißt es in einem von Ellis' Briefen an seine Frau, »werde ich sie ihrem Schicksal überlassen und in die Berge fliehen...«[3]

Das Ellis-Haus an der Südwestecke der ›Franklin and Second Street‹, etwas außerhalb des Geschäftsviertels von Richmond, war ein zweistöckiges, holzverkleidetes Gebäude mit einem Giebeldach und einer breiten Vorderfront. An einer Seite ging es auf einen hübschen Garten hinaus, der von Linden umstanden war und in dem verschiedene Rosensorten blühten. Poe liebte diesen Ort, der wenige Jahre später zum Treffpunkt für Stelldicheins mit seiner ersten Jugendliebe wurde. Das kleine Zimmer, das er damals bewohnte, blickte auf die sorgsam gepflegten Anlagen und Rabatten hinaus und war in Sommernächten von dem süßen Hauch der Blumenmeere erfüllt. In dem Raum seiner Pflegemutter, ›The Mother's Chamber‹, wie ihn die Ellises nannten, stand ein breites, von schweren, fransenbesetzten Schabracken umgebenes Himmelbett. Für die Bequemlichkeit der Familie war also bestens gesorgt, und die Sommerpause sowie die vielen auf ihn einstürzenden gesellschaftlichen Verpflichtungen ließen Allan fürs erste kaum Zeit, sich seinen Geschäften zu widmen. James Galt befand sich inzwischen sehr wahrscheinlich zusammen mit seinem Bruder William Galt jr. auf der Plantage seines reichen Onkels.

Fünf Tage nach der Ankunft der Allans, am 7. August 1820, schreibt Ellis an seine Frau: »Dein letzter Brief... hat mir sehr viel Freude gemacht, und ebenso Mr. und Mrs. Allan, die sich nun bei uns befinden und die Glückwünsche ihrer Freunde empfangen. Wäre Mrs. Allan stets so ausgeglichen und zuvorkommend wie seit ihrer Rückkehr, könnte sie ihren Lebensweg sehr viel sorgenloser beschreiten... Ich sehe, daß Mr. Allan vorläufig noch nichts in Angriff nehmen kann; es wird wohl einige Zeit dauern, bis er sich mit unseren Geschäftsangelegenheiten vertraut gemacht hat; im übrigen ist er vollauf damit beschäftigt, seine alten Freunde aufzusuchen und zu empfangen. Mr. und Mrs. Allan werden sich länger bei uns aufhalten, sie sind alle wohlauf, aber klagen über das warme Wetter...«[4]

Mr. Ellis scheint diesen Brief nicht gerade in seiner allerbesten Laune aufgesetzt zu haben. Zum einen geht aus ihm zwischen den Zeilen hervor, daß der

Umgang mit Mrs. Allan bisweilen nicht gerade einfach war. Ihre stets kränkelnde Disposition ist aus den bisherigen Briefzitaten bekannt, auch eine gewisse Wehleidigkeit, die sich in ständigen Klagen und Beschwerden äußerte. Zum anderen gab ihm natürlich die angespannte und unsichere Geschäftslage zu denken und ein wenig wohl auch die Tatsache, daß Allan sich seinen Verpflichtungen in Gesellschaft und Freundeskreis so unbekümmert widmete, als sei gar nichts vorgefallen. Wozu, mochte er sich fragen, wurde sein Geschäftspartner ›beglückwünscht‹ und von seinen Bekannten wie ein erfolgreicher Weltreisender behandelt? Die Lage gab für Frohsinn keinen Anlaß. Baumwolle war immerhin in wenigen Monaten im Preis von dreiunddreißig auf vierzehn Cents das Pfund gefallen und Tabak der Ballen von zwanzig bis vierzig Dollar auf vier bis acht. Auch die Banken waren lange nicht mehr so kreditfreudig wie früher. Und Allan hatte die Firma durch seinen (gewiß nicht durch Leichtsinn verschuldeten) Mißerfolg in England an den Rand des Ruins gebracht. Nun, ein paar Wochen konnte man ›Jock‹ – so lautete der Spitznamen Allans, um ihn von seinen englischen und irischen Namensvettern zu unterscheiden – wohl noch Erholung gönnen, aber dann fing der Ernst des Lebens an. In einem seiner letzten Briefe an seine Frau, bevor er die Allans vorübergehend sich selbst überließ, teilte er etwas besser gestimmt mit: »Unsere Freunde Mr. und Mrs. Allan, Nancy und Edgar haben sich gut eingelebt, und du wärest erstaunt zu sehen, welch strotzender Gesundheit sich Mrs. A. erfreut und wieviel Farbe sie bekommen hat. Sie fühlen sich behaglich und zufrieden bei uns zu Hause und gehören fast schon zur Familie... Sie sind ein wenig von den englischen Sitten geprägt, aber das wird sich bald geben. Sie sprechen davon, einen Teil des Monats auf dem Lande zu verbringen und nach Staunton zu fahren.«[5]

In Richmond besuchte Edgar oft mit seinen Pflegeeltern die Kaufmannsfamilie Mackenzie und seine kleine Schwester Rosalie, die geistig etwas zurückgeblieben war und sich später nie über die Mentalität einer Zwölfjährigen hinausentwickeln sollte. Sie scheint ihren Bruder sehr verehrt und kaum eine Gelegenheit ausgelassen zu haben, ihn auf den Ausflügen mit seinen Freunden zu begleiten – sicherlich nicht immer zu seinem Vergnügen. Zu Poes engerem Freundeskreis gehörte der etwa gleichaltrige Jack Mackenzie, der sich nach vielen Jahren daran erinnerte, wie sich Edgars normaler Tagesablauf damals zwischen Kartenspielen, Überfällen auf Obstgärten und Steckrübenfelder, Schwimmen im Shockoe Creek und allen möglichen Verkleidungen und Maskeraden gestaltete.[6] Von ihm stammt auch eine Schilderung John Allans um diese Zeit: »Mr. Allan war auf seine Weise schon in Ordnung, aber Edgar liebte ihn nicht besonders. Er war ein harter und strenger Mann, und mit seiner langen, gebogenen Nase und seinen stechenden, durchdringenden Augen unter den buschigen Augenbrauen erinnerte er mich immer an einen Raubvogel. Ich weiß, daß er oftmals, wenn er zornig auf Edgar war, damit drohte, ihn davonzujagen, und daß er ihn nie vergessen ließ, wie sehr sein Schicksal von seiner Wohltätigkeit abhing.«[7]

Dies war sicherlich eine Seite von Allans Charakter, aber man würde ihm nicht ganz gerecht werden, ließe man nicht auch den von Mary Philipps in ihrer Biographie zitierten Mr. E. M. Alfriend zu Wort kommen, der freilich vielleicht ein etwas übertrieben sympathisches Bild von Allan zeichnet: »Mr. Allan nahm regen Anteil an Edgars literarischen Bestrebungen und Ambitionen. Alteingesessene Bürger Richmonds stimmen darin überein, daß er Poe sehr ins Herz geschlossen hatte und ihn wie seinen eigenen Sohn behandelte. Ein Freund Allans berichtete . . ., daß die Beziehung zwischen dem jungen Poe und Mr. Allan, in deren Gesellschaft er sich oft befand, von einer bewundernswerten Zuneigung bestimmt gewesen sei. Mr. Allan machte Edgar zu seinem ständigen Begleiter, unternahm Spaziergänge und las mit ihm, nahm ihn überallhin mit und sagte einmal zu einem Bekannten: ›Edgar ist eigensinnig und impulsiv, aber das liegt eben im Wesen eines ungewöhnlich begabten Menschen. Er wird eines Tages die Welt aufhorchen machen‹.«[8]

Gerade die Widersprüchlichkeit dieser beiden Aussagen entspricht der Kompliziertheit in der Beziehung Poes zu seinem Pflegevater. Allan liebte ihn, vielleicht sogar mit einer gewissen Scheu, die die Andersartigkeit, das Talent, das sich langsam, aber deutlich entwickelnde ›Künstlertum‹ seines Schützlings in ihm erzeugten. Aber es war zugleich eine besitzergreifende und fordernde Liebe, die empfindlich auf jede Dissonanz reagierte und sich im Augenblick in Abweisung und Strenge verwandeln konnte. Poe wiederum, der seinen eigenen Vater nie gekannt hatte, empfand sich lange Zeit als legitimer Sohn Allans, und wenn jener im Ärger seine Machtposition ausspielte und das Kind an seine Abhängigkeit erinnerte, fand ein Entfremdungsprozeß statt, der sich vorläufig noch in Aufsässigkeit, störrischem Verhalten und Bubenstreichen äußerte. Diese Entfremdung wurde zusätzlich genährt durch die Tatsache, daß man Edgar in Richmond wieder mit seinem wirklichen Familiennamen anzureden pflegte, nicht wie in England als ›Master Allan‹.

Für übermütige Streiche, Mutproben und allen möglichen Unsinn war vor allem einer von Poes damaligen Freunden zu haben: Ebenezer Burling, der mit seiner verwitweten Mutter in einem Landhäuschen in der Bank Street wohnte und den Poe während einer der ermüdenden Predigten Bischof Moores in der ›Memorial Church‹ kennengelernt hatte. Er personifizierte für Allan das, was er unter ›schädlichem Einfluß‹ verstand, und es widersprach entschieden seinen Vorstellungen, daß sein Pflegesohn häufig bei ihm übernachtete. Zu solchen Gelegenheiten sollen Burling und Poe gemeinsam bei

Kerzenlicht Piraten- und Abenteuerbücher verschlungen haben, mit Vorliebe Defoes ›Robinson Crusoe‹.[9] Die Figur des Augustus Barnard in Poes ›The Narrative of Arthur Gorden Pym‹ scheint seinem Jugendfreund nachempfunden, und die im ersten Kapitel beschriebene nächtliche Bootsfahrt, die Pym und Barnard in angeheitertem Zustand unternehmen, beruht wahrscheinlich auf einer tatsächlichen Begebenheit.

Zum Kreis von Poes Spielkameraden gehörte natürlich auch der älteste Sohn von Allans Geschäftspartner, Thomas H. Ellis, der seine Reminiszenzen an diese Zeit in den frühen achtziger Jahren des vorigen Jahrhunderts als längeren Artikel in der Zeitung ›The Richmond Standard‹ veröffentlichte. Ihm verdanken wir eine sehr lebendige Schilderung des jungen Poe: »Kein Junge besaß jemals einen größeren Einfluß auf mich als er. Er war ohnehin immer der Anführer unserer Banden, aber meine Bewunderung für ihn kannte nahezu keine Grenzen, und so kam es, daß er mich zu manch einer Übeltat verführte, für die ich bestraft wurde. Soweit ich mich erinnere, wurde er selbst von Mr. Allan nur ein einziges Mal gezüchtigt, und zwar dafür, daß er mich an einem Samstag in die Felder und Wälder jenseits des Belvedere mitnahm und dort den ganzen Tag bis lange nach Einbruch der Dunkelheit mit mir verbrachte, ohne daß zu Hause jemand etwas über unseren Verbleib wußte; und dafür, daß er bei dieser Gelegenheit jede Menge Federvieh abschoß, das dem Eigentümer von Belvedere gehörte (ich glaube, das war damals Richter Bushrod Washington). Er brachte mir Schießen, Schwimmen, Schlittschuhlaufen, Hockeyspielen und vieles andere bei; und ich sollte erwähnen, daß er mich einmal vor dem Ertrinken rettete – denn nachdem er mich an einem Wasserfall kopfüber in die Strömung geworfen hatte, damit ich mich aus eigener Kraft an Land zurückkämpfte, sah er plötzlich ein, daß es notwendig war, mir zu Hilfe zu eilen, oder es wäre zu spät gewesen ... Da Mr. und Mrs. Allan keine eigenen Kinder besaßen, konzentrierte sich all ihre Liebe und Zuneigung auf ihn; er wurde auf die besten Schulen geschickt, genoß eine vielseitige Ausbildung ... und lernte, sich in der besten und vornehmsten Gesellschaft zu bewegen. Es gab in der ganzen Stadt keinen intelligenteren, anmutigeren und anziehenderen Jungen als Edgar Allan Poe. Eins seiner besonderen Talente war die Deklamation.«[10]

Aus einem öffentlichen Wettbewerb, so T. H. Ellis, bei dem vor einem großen und distinguierten Publikum Channing Moore, Nat Howard und andere Altersgenossen Poes Gedichte vortrugen, ging Edgar als Sieger hervor.

Er war nicht mehr das verhätschelte und introvertierte Kind, sondern inzwischen zu einem lebhaften, immer zu Streichen aufgelegten Jungen herangewachsen, der Mr. Allan häufig Ärger bereitete. Auch Charles Ellis, Allans Partner, war über Poes Streifzüge mit seinem Sohn wenig begeistert: »Poe stiftete die Burschen fortwährend zu irgendwelchen Dummheiten an.«[11]

Auch von schlimmeren, bedenklichen Übeltaten ist die Rede: ›Poe schwankte zwischen zwei Wesenszügen hin und her, Zartheit und Grausamkeit. Einmal schnitt er, um die erste Mrs. Allan zu verletzen, die Kehle ihres Lieblingshündchens durch.‹[12] Wenn man diesem Bericht Glauben schenken darf, so wirft er sicher ein sehr unschönes Licht auf Poes Charakter, und es ist nicht ausgeschlossen, daß es sich um eine der vielen Verleumdungen handelt, die nach seinem Tode im Umlauf waren; andererseits fühlt man sich augenblicklich an die Novelle ›Der schwarze Kater‹ (›The Black Cat‹) erinnert:

»Von Kindheit auf schon war ich bekannt für mein lenksames und menschenliebendes Wesen. Meine Herzensweichheit gar trat so auffällig hervor, daß ich darob von meinen Kameraden oft gehänselt wurde. Ich liebte vor allem die Tiere, und der Nachsicht meiner Eltern verdankte ich's, daß in unserm Hause zahlreiche vierbeinige Gefährten um mich waren. Mit ihnen verbrachte ich den größten Teil meiner Zeit, und kein größeres Glück kannt' ich, als sie füttern und streicheln zu dürfen. Diese Charaktereigenart wuchs mit mir, . . .«

und, nachdem der Erzähler geschildert hat, wie er sich einmal als erwachsener Mann in angetrunkenem Zustand und in einer Aufwallung unerklärlicher Wut und Grausamkeit dazu hinreißen ließ, seinem Hauskater ein Auge auszustechen, heißt es: »Ich werde rot, ich brenne, schaudere, während ich diese verdammenswerte Scheußlichkeit niederschreibe.«[13]

Wie immer es sich mit jener häßlichen Anekdote verhalten mag, es ist nicht verwunderlich, daß Mr. Allan sich vornahm, seinem jungen, ungestümen Schützling ein wenig die Flügel zu stutzen. Ein Wechsel kündigte sich zu Beginn des Jahres 1821 schon dadurch an, daß er ein Landhäuschen in der Fifth Street (an der Kreuzung der ›Marshall and Clay Street‹) mietete, um endlich seinen Geschäftspartner zu entlasten. Ihr neues Domizil war ein »langes, einfaches Holzhaus; fünf Räume im ersten Stock und darüber anderthalb Etagen mit Dachfenstern; die Vorderfront ging nach Westen, und die Gartenfläche betrug an die zwei Morgen«.[14] Es lag am Shockoe Hill, einem der vornehmsten Wohnviertel Richmonds, nicht weit von Jeffersons weithin sichtbarem Capitol entfernt. Gegen so stattliche Residenzen wie das ›John Wickham House‹ oder den ›Brockenbrough Herrensitz‹, auf deren Säulenvorhallen im Sommer träge das Sonnenlicht spielte, nahm sich Allans Landhaus sehr bescheiden aus, aber es lag doch zumindest in angenehmer Nachbarschaft, und man konnte wieder Gesellschaften geben, ohne vor Mr. Ellis ein schlechtes Gewissen zu haben.

Drei Jahre zuvor, im September 1818, hatte Professor Joseph H. Clarke eine Knabenschule eröffnet, die ›English and Classical School‹ an der Ecke der Broad and Fifth Street, von Edgars neuem Zuhause nur ein paar Minuten entfernt. Sie war allgemein als die ›Schule auf dem Hügel‹ bekannt und wurde vornehmlich von Söhnen der wohlhabenden Familien Richmonds besucht, z. B. von Robert Mayo, mit dessen Eltern die Allans gut bekannt waren, John, dem Sohn von Richter Brockenbrough, Channing Moore, dem Sohn des gleichnamigen Bischofs der Episkopalkirche, und Robert M. Sully, später ein berühmter Bildhauer, dessen Onkel Thomas Sully einst das Ehepaar Allan porträtiert hatte. Wegen seiner Nähe und seines guten Rufes empfahl sich Professor Clarkes Institut für Poes Pflegeeltern von selbst. Einer von Poes damaligen Mitschülern, Colonel T. L. Preston, erinnerte sich später so deutlich an diese Zeit, daß es lohnt, seine Reminiszenzen auszugsweise wiederzugeben: »Obwohl ich einige Jahre jünger war als Poe, saßen wir ein Jahr oder länger zusammen auf derselben Schulbank in einer Schule für alte Sprachen in Richmond, Virginia... Edgar Poe war zu dieser Zeit vielleicht fünfzehn oder sechzehn Jahre alt; er gehörte zu den ältesten Jungen der Schule, ich zu den jüngsten. Seine außergewöhnliche Begabung und seine Fähigkeiten faszinierten mich, und ich weiß nicht, ob es an mir oder an ihm lag, daß er sich für mich interessierte. In den einfachen Schulsportübungen jener Tage, als es noch keine Gymnasien gab, war er *facile princeps*. Er war ein schneller Läufer, vortrefflich im Hoch- und Weitsprung, und, was damals selten war, ein einigermaßen geübter Boxer... Besonders im Schwimmen konnte es kaum jemand mit ihm aufnehmen. Überhaupt ähnelte er in seinen athletischen Neigungen überraschend dem jungen Byron. Es gab niemanden unter seinen Schulkameraden, der sich wie er mitten in die Stromschnellen des James Rivver gewagt hätte.

Im Lateinunterricht war Poe einer der Besten – vielleicht sogar, mit einigem Vorbehalt, der Beste. Denn es gab unter uns einige, die verdientermaßen mit ihm um diese Ehre rangen, vor allem einen – Nat Howard – der später als einer der größten Gelehrten Virginias bekannt wurde und sich auch als angesehener Anwalt auszeichnete. Konnte Howard auch keineswegs mit Poes Brillanz mithalten, so ersetzte er dies mit Fleiß. Schon damals beschritt Poe in seiner Entwicklung zum Dichter andere Wege als seine Klassenkameraden, und er verbrachte einen nicht unbeträchtlichen Teil seiner Zeit damit, zu schreiben und Verse zu machen. Es ist also nur gerecht, wenn ich Nat Howard in seinen Lateinkenntnissen auf eine Stufe mit Poe stelle. Eine der sprachlichen Übungen der Schule, die Poe besonders mochte, hieß ›Verse angeln‹. Diese Gepflogenheit ist, zumindest in unserem Land, inzwischen so völlig veraltet und vergessen, daß der Begriff einer Erklärung bedarf.

Am Ende eines jeden Semesters mußten sich alle Lateinschüler, ohne Rücksicht auf ihr Alter oder ihre sprachlichen Fortschritte, in einer Reihe aufstellen, um ›Verse zu angeln‹... Den Anfang der Reihe machte der beste

Schüler der Anstalt, der aus der Erinnerung ein paar Verse lateinischer Lyrik zum besten gab, die man ›angeln‹ mußte; das heißt, er forderte die ganze Schlange heraus, sich einen Vers zu überlegen, der mit demselben Buchstaben begann. Wer immer dazu imstande war, nahm den Platz des ersten ein, und brachte somit selbst einen Vers vor, der in der gleichen Weise ›geangelt‹ werden mußte. Das nannten wir ›einfach Angeln‹; ›doppelt Angeln‹ war weit schwieriger, da der entsprechende Vers mit dem bewußten Buchstaben anzufangen sowie aufzuhören hatte...

Die Praxis wirkt heute vielleicht etwas lächerlich, aber sie füllte den Geist mit vielen guten Zitaten an, die man in jeder Lebenslage anführen konnte. Nach der Unterrichtsmethode von Master Clarke – er hatte sie von Trinity übernommen – war das ›Verseangeln‹ damals sehr verbreitet und Edgar Poe ein Spezialist auf diesem Gebiet.

Er liebte besonders die Oden des Horaz und wiederholte sie so oft in meiner Anwesenheit, daß sich mir allein durch den Klang die Worte vieler dieser Oden einprägten, noch bevor ich ihren Sinn verstand. Der melodiöse Rhythmus ihrer sapphischen und iambischen Strophen entzückte sein Ohr, das an kompliziertere Harmonien noch nicht gewöhnt war. Ich erinnere mich vor allem an zwei Oden, die mir, wie er sie sprach und betonte, seitdem nie mehr aus dem Kopf gingen:

> ›Iam satis terris nivis atque dirae
> Grandinis misit Pater, et rubente‹ –

und

> ›Non ebur neque aureum
> Mea renidet in domo lacunar‹, etc.

...Ich entsinne mich ferner, daß Poe auch im Französischen die besten Noten erzielte. Bei all seiner Überlegenheit auf den verschiedensten Gebieten war er jedoch nicht der führende Kopf, der ›Musterschüler‹ des Instituts, ja er war nicht einmal allgemein beliebt. Ich glaube, diese Stellung kam eher Howard zu. Wenn ich mir den Eindruck ins Gedächtnis zurückrufe, den Poe auf mich machte, so war er eigensinnig, launenhaft und stets dazu geneigt, den Ton anzugeben; und obwohl von großzügiger Wesensart, wechselten seine Stimmungen oft, so daß er unfreundlich, ja sogar verletzend wirken konnte. So wurde ihm meist gerade das verweigert, von dem er glaubte, daß es ihm zustand... Damals besaß Richmond jedenfalls ein sehr englisches, sehr aristokratisches Flair. Eine Schule ist als Institution demokratisch; aber Jungen übernehmen stets unbewußt einen Hauch der Ansichten ihrer Väter, im Guten wie im Schlechten. Von Edgar Poe war bekannt, daß seine Eltern Schauspieler gewesen waren und daß er von der Großmut seiner Pflegeeltern abhing. Aus diesen Gründen weigerten sich seine Mitschüler, ihn als Anführer anzuerkennen; und zurückblickend glaube ich, daß gerade diese Ablehnung ihm eine Wildheit verlieh, die er sonst nie entwickelt hätte...

Einen Großteil seiner Zeit in und außerhalb der Schule verbrachte Poe damit, Verse zu schreiben. Wenn wir zusammensaßen, zeigte er sie mir, fragte mich sogar nach meiner Meinung und manchmal nach meinem Rat...«[15]

Poe besuchte Professor Clarkes Schule vom 11. Juni 1821 bis zum 1. April 1823, das heißt, bis William Burke die Leitung des Instituts übernahm, also von seinem zwölften bis zu seinem vierzehnten Lebensjahr. ›Master Clarke‹ war, bevor er nach Richmond übersiedelte, Professor für Sprachen in Georgetown und Charlotte Hall gewesen. Zwischen ihm und Poe scheint ein fast freundschaftliches Verhältnis bestanden zu haben, denn seine persönlichen Reminiszenzen an seinen ehemaligen Schüler sind überaus schmeichelhaft: »Was nun Edgars Wesensart und Charakter in seiner Jugendzeit betrifft, so war er zwar wie die meisten Jungen recht ungebändig und immer zu Streichen aufgelegt, unterschied sich jedoch in seinem Verhalten in vielerlei Hinsicht von seinen Mitschülern. Bemerkenswert war seine Selbstachtung, die nichts Hochmütiges oder Arrogantes an sich hatte; seinen Spielkameraden gegenüber betrug er sich stets äußerst gerecht und korrekt, so daß er auch bei den älteren Schülern recht beliebt war. Seine natürliche und vorherrschende Leidenschaft schien mir darin zu bestehen, daß er alles, was er in Angriff nahm, mit Begeisterung und Leidenschaft tat; bei Meinungsverschiedenheiten konnte er sehr verbissen sein und nicht eher nachgeben, bis man ihn restlos vom Gegenteil überzeugt hatte...«[16]

In diesen Jahren las Edgar Ovid, Caesar, Virgil, Cicero und Horaz in Lateinisch, Xenophon und Homer in Griechisch, aber er fühlte sich bei den Klassikern eher zur Lyrik als zur Prosa hingezogen.[17] Bei den Abschiedsfeierlichkeiten für Clarke – er hatte einen lukrativeren Posten als Hauslehrer für den jungen James Ryder Randall in Baltimore angenommen, dem späteren Verfasser des berühmten Liedes ›Maryland, My Maryland‹ – verlasen seine beiden besten Lateinschüler, Nat Howard und Edgar Poe, zwei in Latein abgefaßte Lobreden auf ihren Lehrer vor einem großen Auditorium von Mitschülern und ihren Eltern. Poes Laudatio war in Versform gehalten – auch mit einer der Gründe, warum sich Clarke, als alter Mann fünfzig Jahre später von einem Baltimorer Reporter über den Dichter befragt, so deutlich an ihn erinnerte.

Seine ersten eigenen Gedichte begann Poe tatsächlich bereits im Alter von dreizehn oder vierzehn Jahren zu schreiben. Für Musik und Musikalität der Sprache war er immer schon sehr empfänglich gewesen – das einzige Erbe, das ihm vielleicht zusammen mit einem gewissen schauspielerischen Talent von seinen wirklichen Eltern zugefallen war. Bei seinen Mitschülern machte er sich beliebt, indem er Spottverse auf bestimmte Lehrer verfaßte, bei den jungen Töchtern der Familien aus Allans Bekanntschaft, weil ihm stets eine hübsche und schmeichelhafte Zeile für ihre Poesiealben einfiel. Viele auch seiner späteren Gedichte sind Huldigungen an Damen, mit denen Poe freundschaftlich oder in Liebe verbunden war. Allan nahm Poes frühe lyrische Ergüsse immerhin so ernst, daß er eines Tages mit einer Auswahl daraus bei seinem Lehrer Joseph Clarke vorsprach, um den gelehrten und ›kunstsinnigen‹ Herren um seine Meinung zu befragen. Clarke verhielt sich anscheinend zurückhaltend. Wenn er die Werke Byrons kannte, so mag ihn dessen offenkundiger Einfluß gestört haben, denn Byron galt, übrigens auch für Allan, noch immer als ›amoralisch‹. Im übrigen war ihm zeitgenössische Dichtung ohnehin verdächtig, und er kannte Poes Neigung zur Absonderung und Selbstherrlichkeit, die man nicht unbedingt noch bestätigend unterstützen mußte.

Auf welche Weise Poe mit dem verpönten Byron bekannt wurde, läßt sich nicht zurückverfolgen. Vielleicht war es wiederum Ebenezer Burling, der ihn zur Lektüre dieses verrufenen Dichters verführte. Miss Jane Mackenzie, eine Schwester von Rosalies Adoptivmutter, die um diese Affinität wußte, erinnerte sich, daß »Poes Jugendgedichte wertlose Imitationen Byrons« gewesen seien, »vermischt mit einigem Unsinn von ihm selbst«[18].

Man sollte Byrons Einfluß auf den jungen Poe jedoch nicht überschätzen. In den meisten seiner frühen Gedichte überwiegt die Eigenständigkeit; »seine Naturbegabung lenkt von seinem Talent zur Nachahmung ab«, wie Edward Shanks zu dieser Frage richtig bemerkt.

Der wohl früheste bekannte Vers Poes wurde von Hervey Allen auf einem der Rechnungsbelege der Firma Ellis & Allan aus dem Jahre 1824 entdeckt:

»Last night with many cares and toils oppress'd
Weary... I laid me on a couch to rest –«[19]
(Etwa: ›Vergang'ne Nacht, bedrückt von Quälerei'n und Kummer,
sucht' ich auf meinem Lager müde süßen Schlummer –‹)

Die Stimmung erinnert merkwürdig an den Anfang von Poes berühmtestem, etwa zwanzig Jahre später entstandenen Gedicht ›The Raven‹:

»Once upon a midnight dreary, while I pondered, weak and weary,
Over many a quaint and curious volume of forgotten lore –«

(»Einst zur Nachtzeit, trüb und schaurig, als ich schmerzensmüd und traurig
Saß und brütend sann ob mancher seltsam halbvergeßnen Lehr', –«)[20]

Eines hatte Poe zweifellos mit Byron gemeinsam, nämlich die Neigung, sich in sportlichen Leistungen hervorzutun. Ob er damit ›das durch seine Herkunft bedingte Defizit an sozialem Prestige‹ kompensieren wollte, wie vor ihm Byron seinen Klumpfuß, sei dahingestellt; in erster Linie waren wohl beide in ihrer Jugend temperamentvolle Jungen, die Spaß daran fanden, sich auszutoben.

Neben seinen Fähigkeiten in Leichtathletik und im Boxen werden von Zeitgenossen insbesondere seine Schwimmkünste hervorgehoben, durch die er sogar eine gewisse Lokalberühmtheit in Richmond erlangte. Während seiner Schulzeit bei Mr. William Burke, von dem noch zu sprechen sein wird, schwamm er einmal an einem heißen Sommertag im James River sechs Meilen gegen die Strömung, für einen knapp Vierzehnjährigen eine beachtliche Leistung, deren er sich auch selbst später gerne brüstete.

Einer von Poes damaligen Schulfreunden, Robert Mayo jr., erinnert sich genau an dieses triumphale Ereignis: »Ich schwamm zusammen mit Poe los, als er die Strecke von Richmond bis Warwick Bar sechs Meilen den James River stromaufwärts zurücklegte, eine Leistung, die damals einiges Aufsehen erregte. Es war ein drückend heißer Tag. Meine Kräfte erlahmten bei Tree Hill, drei Meilen von der Stadt entfernt; Poe jedoch hielt der sengenden Sonne stand, gab nicht auf und erreichte sein Ziel, stieg aber mit einem bösen Sonnenbrand auf Gesicht, Schultern und Rücken aus dem Wasser.«[21]

Auf jeden Fall verdankte Poe den vielseitigen sportlichen Betätigungen in seiner Jugend eine robuste physische Konstitution, die es ihm erleichterte, die Entbehrungen zu überstehen, die in seinen späteren Lebensjahren auf ihn zukommen sollten.

William Burke, der neue Schulleiter, war wie sein Vorgänger Clarke irischer Abstammung und hatte 1821 eine eigene Schule in Richmond etabliert; es ist nicht mit Sicherheit festzustellen, ob er zwei Jahre später Clarkes Institut oder lediglich den Großteil von dessen ehemaligen Schülern übernahm. Damals noch am Anfang seiner Karriere stehend, machte er sich in den dreißiger Jahren einen Namen als eine der führenden Lehrkräfte Richmonds, indem er unter anderem eine lateinische Grammatik veröffentlichte, eine Verbesserung des Standardwerkes von Thomas Ruddiman, das zu Poes Schulzeit noch allgemein in Gebrauch war. Wie Clarke galt er als Latinist ersten Ranges – als einer jener ehrfurchtgebietenden Männer, denen stets ein zerlesenes und zerfleddertes Exemplar von Ciceros ›De officiis‹ oder Horaz' ›Oden‹ aus der Rocktasche ragte. Er unterrichtete außerdem in Griechisch, Französisch, Italienisch, Mathematik, Arithmetik, Rechtschreibung und Geographie. Poe scheint ihn nicht sonderlich gemocht zu haben. Mr. Burke gab sich unnahbar und furchteinflößend; er gehörte zu jenem Typus von Schulmeistern, denen man bang auswich, wenn sie mit finsterer Miene in den düsteren Schulkorridoren an einem vorbeistolzierten. »Mr. Burke«, schreibt Creed Thomas, »war von der moralischen Wirkung der Prügelstrafe überzeugt... und körperliche Züchtigungen waren so häufig, daß sie bei seinen Zöglingen, die sie miterlebten, keine große Aufregung mehr verursachten«[22]. Das Schulgeld belief sich auf etwa $ 30 pro Halbjahr, ein im Vergleich zu Poes Ausbildung in England verhältnismäßig geringer Betrag, den John Allan dennoch in Raten abstottern mußte, denn mit dem Auskommen der Familie stand es zu dieser Zeit keineswegs zum besten. Er gebot also nicht über das Taschengeld, über das die meisten seiner Mitschüler verfügten. Es war auch bekannt, daß er grundsätzlich nie einen seiner Klassenkameraden nach der Schule zu sich nach Hause einlud; vielleicht, um nicht zugeben zu müssen, daß das gutbürgerliche Ambiente bei seinen Pflegeeltern doch etwas hinter dem hochherrschaftlichen Standard vieler der vornehmeren Söhne Richmonds zurückstand.

Trotz seiner finanziellen Schwierigkeiten tat jedoch John Allan sein Bestes, Edgar diesem Standard so weit als möglich anzugleichen. Er scheute keine Kosten für seine Ausbildung; er sorgte dafür, daß er immer sorgfältig und modisch gekleidet war, wie diverse Schneiderrechnungen, z. B. über einen »blauen Rock aus englischem Tuch«, »Steghosen« und »feine Knabenschuhe«[23], belegen; und er und Mrs. Allan gaben regelmäßig ›Parties‹ für ihn und seine Freunde sowie die Kinder der besseren Familien aus ihrer Bekanntschaft, damit sich Edgar frühzeitig an geschliffene gesellschaftliche Umgangsformen gewöhnte.

Interessant an diesen steifen Soireen waren für ihn nur die jungen Ladies, die sich von ihm in ihren Poesiealben und in Bleistiftzeichnungen verewigen ließen. So lassen die erhaltenen Porträtstudien aus jener Zeit ein überdurchschnittliches graphisches Talent erkennen.

Alles schien ihm mühelos zuzufallen, und auch in Burkes Schule nahm er eine Sonderstellung ein: »Poe lag von Erziehung und Wissensstand her weit über unserem Standard, aber es gab keine andere Klasse für ihn, da unsere die höchste war ... also hatte er eigentlich nichts zu tun ... als seine führende Stellung aufrecht zu erhalten ... er fühlte sich recht wohl dabei, denn er liebte es, aus dem Stegreif vorzutragen, und er schrieb damals schon Gedichte, überraschend gute Verse für einen Jungen seines Alters ... mit denen er auch manchmal seine Lehrer und Klassenkameraden verspottete. Wir alle kannten und bewunderten seine ... mannigfachen Talente ... Poe war damals von schlanker Erscheinung, aber wohlproportioniert, sportlich, muskulös und anmutig in seinen Bewegungen ... seine Manieren waren zuvorkommend und ritterlich.«[24]

Diese Sonderstellung sowie sein Umgang mit den oft etwas verzogenen Söhnen der reichen Pflanzer prägten sicherlich sein Verhalten, das John Allan irritieren mußte. Zudem hatte Edgar das Bewußtsein, von der ›Großmut und Nächstenliebe‹ des Kaufmanns abzuhängen, völlig verdrängt und reagierte störrisch und aufsässig, wenn er gelegentlich daran erinnert wurde. Er ging davon aus, daß Allan ihn als rechtmäßigen Sohn und Erben akzeptiert habe, betrachtete die Allans wie seine leiblichen Eltern und glaubte, daß alles, was sie für ihn taten, ihm eben zustünde – ein unter den gegebenen Umständen logischer Trugschluß. Nichts lag ihm ferner, als Dankbarkeit zu heucheln, und es spricht für Allans Naivität, daß er sie erwartete. Denn es waren ja gerade seine Frau und Miss Valentine, die Poe in diesem Gefühl bestärkten, ihn verwöhnten und in Schutz nahmen, wenn er einmal über die Stränge schlug. Je mehr Edgar zum Mann heranreifte, desto mehr wurden Allans Vorhaltungen, Ermahnungen und Anspielungen zu einer unangenehmen und enervierenden Pflichtübung, die die Familie, zuerst kaum merklich, in zwei Parteien spaltete. Er soll öfters vorgekommen sein, daß Edgar die Gesellschaft seiner engeren Schulfreunde der jener tristen und manierlichen Soireen vorzog, die man seinetwegen zu Hause veranstaltete und so lange ausblieb, bis die jungen Gäste wieder verabschiedet waren – eine Peinlichkeit, die er vielleicht sogar mitunter willentlich herbeiführte. Der Konflikt zwischen zwei so schwierigen Charakteren wie dem Allans und Poes schien vorgezeichnet.

Einen weiteren Mißton in das Verhältnis zu seinem Pflegevater brachte der Umstand, daß Poe seine Liebe zum Theater entdeckt hatte. Er war vielleicht bereits in London gelegentlich zu Aufführungen mitgenommen worden; seit ihrer Rückkehr nach Richmond besuchte er jedoch gewiß zusammen mit den Allans regelmäßig das neue ›Richmond Theatre‹, wo zu Beginn der zwanziger Jahre Lucius Junius Booth gastierte, der Vater von John Wilkes Booth, der vierzig Jahren später als Attentäter Präsident Lincolns in die Geschichte einging. L. J. Booth war einer der damals gefeierten Sterne am amerikanischen Theaterhimmel, man nannte ihn das ›wilde Genie‹, und er entsprach vollkommen der Vorstellung des romantischen Helden jener Epoche. Das Repertoire an Theaterstücken hatte sich seit Jahrzehnten kaum verändert; noch immer verbarg sich ›Abaellino, der große Bandit‹ hinter realistisch bemalten Kulissen vor seinen Häschern, noch immer litt man mit der verfolgten Unschuld, pfiff die Bösewichter aus und lachte an den richtigen Stellen in heute längst vergessenen Komödien und Farcen, in denen schon Elizabeth Poe bezaubert hatte. Dramen von amerikanischen Autoren bildeten eher die Ausnahme, und selbst jene beschränkten sich darauf, englische und deutsche Vorbilder zu imitieren, ebenso wie die amerikanische Literatur im ersten Drittel des neunzehnten Jahrhunderts, einige wenige Schriftsteller wie Washington Irving oder J. F. Cooper ausgenommen. Diesen Mißstand sollte Poe später in seinen Essays und Literaturkritiken anprangern und in seinen Satiren aufs Korn nehmen.

John Allan war vielleicht sogar ein wenig stolz darauf, daß Poe so früh schon den großen Shakespeare zu schätzen wußte, dem die meisten anderen Knaben seines Alters ebensowenig abgewinnen konnten wie den antiken

Klassikern. Aber er lächelte nicht mehr, als er erfahren mußte, daß sein Pflegesohn heimlich eine eigene Schauspieltruppe gegründet hatte, die ›Thespian
Society‹, die sich aus seinen Schulfreunden Creed Thomas, R. C. Ambler,
Robert Sully, William Ritchie und ein paar anderen jugendlichen Theaterlieb-
habern zusammensetzte und auf einem unbebauten Grundstück in der Nähe
ihres Hauses in einem Zelt, das vierzig oder fünfzig Sitzplätze faßte, selbstein-
studierte Dramen zum besten gab – öffentlich, für einen Cent Eintritt! Allan
war äußerst aufgebracht, und Poe wurde auf demütigende Weise dafür gemaß-
regelt, daß er sich durch seine ›Thespis-Club‹-Eskapaden in aller Öffentlichkeit zum Clown und seine Pflegeeltern, denen er bisher alles zu verdanken
habe, zum Gespött der ganzen Stadt machte – (Man erinnere sich an die im
ersten Kapitel erwähnte, ganz ähnliche ›Thespis-Club‹-Affäre des sechzehn-
jährigen David Poe.) Allans geschäftliche Situation hatte um diese Zeit einen
erneuten Tiefpunkt erreicht; die Firma war eigentlich bereits faktisch ruiniert,
der Konkurs wurde nur durch gelegentliche Finanzspritzen William Galts
hinausgezögert. Schon 1822 wäre Allan beinahe gepfändet worden, aber
durch Galts Protektion und den guten Ruf der beiden Firmenpartner hatten
sich seine Gläubiger abermals durch Schuldscheine hinhalten lassen. Die
Stimmung in der Familie muß dementsprechend düster gewesen sein. Allan
konnte sehr ausfallend werden, wenn er in Zorn geriet, und er ließ Poe sicher
nicht im Zweifel darüber, daß seiner Ansicht nach die Schauspielerei eine
höchst anrüchige Sache und daher schon seine Herkunft mit einem Makel be-
haftet sei. Jedenfalls untersagte er ihm nachdrücklich, sich weiter mit diesem
Unfug zu beschäftigen, geschweige denn, andere dazu zu verführen, und Poe
soll unter dem Verbot sehr gelitten haben. Schließlich war der ›Thespis Club‹
ja für ihn nicht irgendeine verrückte Laune gewesen, wie Allan vielleicht annahm, sondern eine glühende Leidenschaft; er habe, so urteilt ein Zeitgenosse, der ihn damals auf der Bühne erlebte[25], »zweifellos schauspielerisches
Talent bewiesen«, und nach all dem, was wir über seine früh entwickelte de-
klamatorische Begabung, sein Temperament, sein gutes Gedächtnis und sein
Einfühlungsvermögen in dramatische Charaktere wissen, mögen seine Auftritte überaus eindrucksvoll gewesen sein (über das Repertoire der jugendlichen Theatergruppe ist leider nichts bekannt). Aber es blieb ihm nichts
anderes übrig, als Allans Machtwort widerwillig zu respektieren.

Das Selbstporträt des Helden aus Poes Sartire ›Der Geschäftsmann‹ (›The
Business Man‹) zielt zweifellos auf Allan und karikiert ihn mit ätzender
Schärfe:

»Ich bin Geschäftsmann. Ein methodischer Mensch. Methode ist schließlich *die* Sache… Wenn es irgend nur etwas auf Erden gibt, das ich hasse, so ist
es ein Genie. Diese Genies sind allesamt abgefeimte Esel – und für diese Regel

gibt es keinerlei Ausnahme. In Sonderheit kann man aus einem Genie keinen Geschäftsmann machen – so wenig als Geld aus einem Juden oder Muskatnüsse aus Piniolen. Diese Kreaturen lassen sich dauernd plötzlich auf irgend eine phantastische Beschäftigung ein oder eine lächerliche Spekulation, welche vollkommen im Widerspruch zur ›Zwecklichkeit aller Dinge‹ steht, und betreiben keinerlei Geschäft, das man überhaupt als ein solches betrachten dürfte. Mithin lassen sich diese Charaktere unmittelbar an der Natur ihrer Tätigkeiten erkennen ... Nun bin ja ich in keiner Beziehung ein Genie, sondern ein regelrechter Geschäftsmann. Mein Tage- wie mein Hauptbuch werden dies im Nu erweisen. Sie sind gar wohlgeführt, das muß ich selber sagen; und was die meinem Wesen eigene Akkuratesse und Pünktlichkeit betrifft, so bin ich schlechthin nicht zu schlagen. – ... «[26]

In der Tat führte Allan ein Tagebuch, in das er mit penibler Sorgfalt vor allem die geschäftlichen Ereignisse eintrug, und in der Firma achtete er streng und pedantisch auf akkurate Buchführung. Die Krise von Ellis & Allan war gewiß nicht seinem Versagen anzulasten, sondern der allgemein problematischen Lage, in der sich die amerikanische Wirtschaft in jenen Jahren befand. Finanziell hing er beinahe gänzlich von seinem Onkel William Galt ab, der ihn zwar immer noch großzügig unterstützte, aber ein bereits vom Tode gezeichneter, tyrannischer alter Mann gewesen zu sein scheint, der öfters seinem Unmut in Vorwürfen gegen ihn Luft machte. Galts Geschäftsgebaren war vielleicht nicht immer ganz so korrekt wie das seines Neffen – ein Kunde, der sich von ihm übervorteilt glaubte, nannte ihn einmal ›Old Skinflint‹ (etwa: ›alter Knauserer‹) –, aber er hätte auch sonst wohl kaum eines der größten Vermögen Virginias angehäuft, in dessen Genuß Allan neben James und William Galt jr. wenige Zeit später kommen sollte. Allan wußte zwar, daß er als Galts nächster amerikanischer Verwandter einst sein Haupterbe werden würde – gegenwärtig konnte er allenfalls insgeheim auf dessen Ableben hoffen. »Im Herbst 1821«, bemerkt ein Korrespondent von Powhatan Ellis, dem Bruder von Allans Partner, zynisch, »kam die Firma Ellis & Allan zunächst für einen unbestimmten Zeitraum darin überein, keine ausländischen Waren mehr einzuführen, sondern stattdessen Schulden anzuhäufen«[27], und Ellis selbst schreibt am 17. Januar 1822 an seinen Bruder, die Zeiten seien so schlecht, daß man sich eben so über Wasser halten könne[28]. Zu Beginn des Jahres 1824 kam es dann schließlich zu der lange hinausgeschobenen Katastrophe: die Firma wurde ›in gegenseitigem Einvernehmen‹ aufgelöst, ein Euphemismus, der den Bankrott umschreiben und kaschieren sollte. Der schöne Schein mußte immerhin gewahrt bleiben, und so stellte William Galt seinem Neffen eines seiner Häuser an der Nordwestecke der Fourteenth Street und Tabacco Alley mietfrei zur Verfügung, ein hübsches, dreistöckiges Backsteingebäude im Georgianischen Stil, das in einigen Poe-Biographien als Wohnsitz Allans bereits zur Zeit der Aufnahme Poes in seinen Haushalt angegeben wird, tatsächlich aber erst Anfang der zwanziger Jahre erbaut wurde. Jedes Stockwerk hatte drei bis vier Räume, die meisten davon mit offenem Kamin; es gab einen großen Speisesaal mit einer Falttür, eine Bibliothek, einen geräumigen Speicher, Dienstbotenzimmer und einen weitläufigen Garten – für Allans wirkliche Verhältnisse ein etwas prätentiöses Domizil. Der Form halber wurden wohl auch – freilich seltener als zuvor – Gesellschaften gegeben, die die Familie jedesmal zu erheblichen Einschränkungen ihrer Haushaltskasse nötigte. Ihr Lebensstil war um diese Zeit – lediglich durch Galts Großzügigkeit abgesichert – mehr oder weniger Hochstapelei.

Man muß sich die angespannte Situation im Hause Allan vergegenwärtigen, um auch die Problematik in der Beziehung Poes zu seinem Pflegevater zu verstehen. Im Familienkreis scheint öfters eine Atmosphäre geherrscht zu haben, wie sie Hervey Allen im gleichen Zusammenhang treffend mit ›Scotch gloom‹ umschreibt, ein Dunstkreis aus Trübsinn und Gereiztheit. Statt des wohlwollenden und doch kritischen Mentors, dessen Poe in seinem schwierigen Alter bedurft hätte, bot ihm Allan eher das Bild eines nörgelnden und unduldsamen Haustyrannen, der zwar Autorität besaß, aber auch charakterliche Mängel, die der sensible junge Mann erkannte und gegen die er sich auflehnte. Wann immer dies möglich war, trotzte er Allans Verboten und Einschränkungen, die sich in letzter Zeit häuften, übernachtete oft gegen dessen Willen bei seinem Freund Ebenezer Burling, vergrub sich in seinen Büchern und begann, einen Schutzwall aus Träumen um sich zu errichten –

> »Doch wär der Traum der ewigen Dauer gar,
> Wie Träumen mir in Knabenjahren war,
> So wär es Torheit, wollte ich noch hoffen,
> Es stände einst ein höherer Himmel offen.«[29]

Poe war seiner Kindheit so weit entwachsen, daß er seinen Pflegevater und auch die ihn stets nur verwöhnenden und bemutternden Schwestern Valentine aus einer gewissen, ihn selbst verstörenden Distanz betrachten konnte. Manchmal soll er es sogar gewagt haben, bei internen Familienauseinandersetzungen offen Partei für Mrs. Allan zu ergreifen; in seinem Alter stand er wohl kaum so sehr über den Dingen, um die häufigen Spannungen im Haushalt auf die erschwerten wirtschaftlichen Verhältnisse zu beziehen. Sicher ist, daß sich zu dieser Zeit die Fronten deutlich verhärteten und daß sich Poe, der sich in einer entscheidenden Phase seines Lebens allein gelassen fühlte, mehr und mehr in sich selbst zurückzog.

Die Rolle des ›Mentors‹, in der Allan versagte, scheint Poe selbst gern angenommen zu haben, wie viele Beispiele belegen. Ob es sein Selbstgefühl steigerte oder einfach seinem Gerechtigkeitssinn entsprach, auf der Schule und später auf der Universität nahm er sich oft der Schwächeren und der Außenseiter an, die sich gegen ihre Altersgenossen nicht durchzusetzen vermochten. Es schmeichelte wohl auch seiner Eitelkeit, bewundernde Zuhörer um sich zu haben, die sich für seine Gedanken, Pläne und poetischen Ambitionen interessierten. Da war zum Beispiel Robert Sully, der Neffe des erwähnten Porträtmalers Thomas Sully. Roberts Vater Matthew gehörte 1803 zu ›Green's Virginia Company‹, jener kläglich verrissenen Schauspieltruppe, bei der auch Elizabeth Poe mit ihrem ersten Mann zur gleichen Zeit unter Vertrag stand; so dürfte schon der Umstand ihrer gemeinsamen Herkunft aus der Boheme die beiden jungen Männer einander nähergebracht haben, und vielleicht kannte ›Rob‹ sogar Einzelheiten über dieses für Poe so brennend interessante Thema.

»Ich lag in meinen schulischen Leistungen immer etwas zurück«, schreibt Sully in seinen Erinnerungen, »und wenn Edgar merkte, daß ich mit einer Aufgabe nicht zurechtkam, half er mir bei der Lösung. Er ließ es nie zu, daß die größeren Jungen mich wegen meiner Schwerfälligkeit hänselten und bezeigte sich mir gegenüber stets freundlich und zuvorkommend. Ich bewunderte und beneidete ihn, er war so klug, so lebhaft und so großzügig...«[30] Ähnlich verhielt es sich mit seinem jüngeren Mitschüler Robert Craig Stanard, einem schmächtigen, blassen Jungen von zarter Konstitution, der Poe wie einen Helden verehrt zu haben scheint. Es bestand wohl eine gewisse Hörigkeit des kleinen, stets im Hintergrund stehenden ›Bobbie‹ Stanard gegenüber dem vielseitig begabten, von seinen Mitschülern geachteten und etwas geheimnisvollen jungen Mann, vor dem auch Rektor William Burke und die anderen Lehrer Respekt zu empfinden schienen – unter anderen hebt Dr. Hugh Wythe Davis, der Neffe von Poes Schulkamerad Creed Thomas, in seinen Reminiszenzen besonders hervor, daß Edgar, entgegen der üblichen Praxis seiner Schule, kein einziges Mal gezüchtigt wurde.

An einem Tag des Jahres 1823 gelang es Robert, Poe zu einem Besuch bei seinen Eltern in ihrem Haus in der Ninth Street/Capitol Square (einer vornehmen Wohngegend Richmonds) zu überreden. Roberts Mutter, Mrs. Jane Stith Stanard, muß Poe sehr beeindruckt haben. Sie war eine bezaubernd schöne Frau von dreißig Jahren, und das Porträt von James Worrell gibt einen Eindruck von der Mischung aus Fragilität und Liebreiz und dem klassischen Ebenmaß ihrer Züge, die ihren eigentümlichen Charme ausgemacht haben muß. Nach allem, was wir über Mrs. Stanard wissen, war sie eine sensible, introvertierte Natur, in ihrem Wesen mit Poe verwandt; sie besaß Geschmack, war sehr belesen und ging häufig ins Theater. Anscheinend hatte sie auch als junges Mädchen einmal Poes Mutter auf der Bühne erlebt.[31] Poe selbst bezeichnet sie in einem Jahrzehnte später geschriebenen Brief als die

»erste, ausschließlich ideale Liebe meiner Seele« und muß sie auch anderen gegenüber häufig erwähnt haben: »Ich stelle Sie wahrhaftig in meiner Achtung an die Seite jener Freundin meiner Knabenjahre, die Mutter meines Schulkameraden, von der ich Ihnen erzählt habe«[32], schreibt er ein Jahr vor seinem Tod an Mrs. M. L. Shew, ein Beweis dafür, welch tiefen Eindruck Mrs. Stanard in ihm hinterlassen haben muß, und auch Poes Tante und spätere Schwiegermutter Maria Clemm erinnert sich deutlich an diese eigenartige Romanze, wie sie ihr von Poe und ebenso von Robert Stanard selbst überliefert wurde: »Es ist wahr, daß mein guter Eddie Mrs. Stanard mit all der zärtlichen Hingabe eines Sohnes liebte. Wenn er zu Hause unglücklich war (und dies geschah nur allzu oft), ging er zu ihr, die Verständnis für ihn hatte und ihn stets tröstete und beschwichtigte ... Sie sind im Irrtum, wenn Sie glauben, er habe sie nur ein einziges Mal besucht. Er verkehrte einige Jahre regelmäßig in ihrem Hause ...[33]

Die Bekanntschaft zwischen Poe und Mrs. Stanard kann sich zwar nicht länger als höchstens ein Dreivierteljahr hingezogen haben (was zeitliche Angaben betrifft, ist Mrs. Clemm meist unzuverlässig); in diesem Zeitraum entwickelte sich jedoch in der Tat eine so innige Beziehung zwischen ihnen, daß sie prägend auf Poes Verhältnis zu Frauen überhaupt wirkte. Dafür gibt es verschiedene Gründe. Mrs. Stanard war eine ungewöhnlich schöne, anziehende, feinfühlige und kultivierte Dame und sah in gewisser Weise Poes Mutter ähnlich, soweit man dies von zwei Porträts unterschiedlicher Qualität behaupten kann. Sie konnte zuhören, und es war kein geheucheltes oder halbherziges Interesse, das sie Poes jugendlichen Versen entgegenbrachte. Sie hatte sich immer schon für Lyrik interessiert, spürte seine Begabung und machte ihn wohl mit den Werken auch zeitgenössischer Dichter, die in Amerika noch kein großes Ansehen genossen wie Keats oder Coleridge bekannt. Wenn sie über seine eigenen frühen Gedichte sprachen und sie Einwände gegen einen falsch oder übertrieben gewählten poetischen Vergleich oder eine blutleere Imitation erhob, so doch gewiß nicht in schulmeisterlichem Ton, sondern im Sinne eines Änderungsvorschlags, den zu akzeptieren wenig Überwindung kostete; sie bestärkte ihn daher mehr, als ihn zu beeinflussen. Es gibt keinen Zweifel daran, daß eines von Poes schönsten Gedichten, das er sehr früh, vielleicht schon kurz nach ihrem Tode geschrieben haben muß, Mrs. Stanard gewidmet war; Poe selbst bestätigt dies in einem Brief an Sarah Helen Withman, und in einer Ausgabe seiner Gedichte von 1845, die er Miss Whitman schenkte, findet sich neben dem Titel des besagten Gedichtes, ›To Helen‹, der Name ›Stanard‹ in Poes Handschrift:

> »Helen, thy beauty is to me
> Like those Nicean barks of yore,

That gently, o'er a perfumed sea,
    The weary, wayworn wanderer bore
To his own native shore.

On desperate seas long wont to roam,
    Thy hyacinth hair, thy classic face,
Thy Naiad airs have brought me home
    To the glory that was Greece
And the grandeur that was Rome.

Lo! in yon brilliant window-niche,
    How statue-like I see thee stand,
The agate lamp within thy hand!
Ah, Psyche, from the regions which
    Are Holy Land!«

AN HELENE

»Helene, dich vergleiche ich
    Nikäischem Boot, das sanft im Flug
Wegmüden Wandrer mütterlich
    Voreinst durch duftigen Wogenzug
    Zum Heimatstrande trug.

Mich trug aus wildem Wogenbrand
    Dein hyazinthen Nymphenhaar,
Dein klassisch Antlitz heim zum Strand –
    Zur Macht, die Rom einst war,
Zur Pracht von Griechenland.

Im Glanz der Fensternische Thron,
    Statuengleich, mein Blick dich fand,
Achatne Lampe in der Hand!
Ah! Psyche du, aus Region,
    Die heilig Land!«[34]

Gehen wir also davon aus, daß es Mrs. Stanard war, die für diese Hymne an
die ›vergeistigte Schönheit‹ Modell stand, so wird ihr Bildnis auch in anderen,
späteren Schriften Poes transparent. Die Beschreibung der Titelheldin seiner
Novelle ›Ligeia‹ zum Beispiel weist eine auffällige Ähnlichkeit zu James Wor-
rells Porträt Mrs. Stanards auf, und wie in dem Gedicht ›To Helen‹ ist darin
von »hyazinthenem Haar« die Rede (womit nicht etwa purpurn gefärbtes,
sondern in straffen Locken frisiertes Haar gemeint ist, das an eine Hyazin-
thenblüte erinnert – ein poetischer Vergleich, den bereits Homer gebraucht).

Etwa im Herbst 1823, also kaum in halbes Jahr nach ihrer ersten Begegnung, ging eine seltsame und erschreckende Wandlung mit Mrs. Stanard vor. Ihr Geist verwirrte sich, und Poe wurde zu seiner Bestürzung Zeuge der Anfangsstadien einer Erkrankung, die, wie es heißt, auf einen Gehirntumor zurückzuführen und in der Familie anscheinend erblich war. »Er sah sie nur ein einziges Mal während ihrer Krankheit«, berichtet Mrs. Clemm, »was ihn sehr bekümmerte; er war damals noch ein kleiner Junge.«[35] Diese Beschreibung dürfte kaum dem wirklichen, schockierenden Eindruck gerecht werden, den Mrs. Stanards Veränderung bei ihrem wahrscheinlich letzten Zusammentreffen auf den hypersensiblen Vierzehnjährigen machte. Der sichtbare Verfall der idealisierten Frau erfüllte ihn mit einer Mischung aus Entsetzen und Traurigkeit, und die Tatsache, daß er seit diesem Tag nicht mehr zu ihr vorgelassen wurde, muß ihn zutiefst verunsichert haben. Er konnte nichts tun, als sich bei seinem nicht minder verstörten Freund Robert nach ihrem Befinden zu erkundigen, der nur zu berichten wußte, daß sich ihr Zustand täglich verschlechtere; dies alles war rätselhaft und beunruhigend und führte wohl dazu, daß sich Poe noch tiefer in sich zurückzog, als es ohnehin seiner Veranlagung entsprach. »Jane Stith Stanard ... schied am 28. April des Jahres 1824, in ihrem einunddreißigsten Lebensjahre, von dieser Welt«[36], lautet die Inschrift auf ihrem Grabstein auf dem Richmonder Shockoe-Friedhof. Sie starb in völliger geistiger Umnachtung, eine Tatsache, die außer ihrer Familie nur wenigen bekannt war. Jack Mackenzie, der Sohn der Adoptiveltern von Poes Schwester Rosalie, schildert, wie sein Spielkamerad Edgar die Nachricht von Mrs. Stanards Tod aufnahm: »Weder in seinen Jugendjahren noch später bemerkte ich jemals ein Anzeichen von Morbidität oder Melancholie an ihm, außer damals, als Mrs. Stanard (›Helen‹) starb und er eine Zeitlang sehr bekümmert und niedergeschlagen erschien.«

Poe begann, von Alpträumen geplagt zu werden, und er vertraute Jack einmal an, »daß das Gräßlichste, was er (Poe) sich als Junge vorstellen konnte, war, daß er nachts allein in einem pechschwarzen Raum lag und fühlte, wie sich eine eiskalte Hand auf sein Gesicht legte; oder im Halbdunkel zu erwachen und ein dämonisches Gesicht zu erkennen, das ihn anstarrte; und daß diese Einbildungen ihn so verfolgt hatten, daß er oftmals seinen Kopf unter die Bettdecke steckte, bis er fast erstickt war.«[37]

Mrs. Whitman, der Poe oft von Mrs. Stanard erzählte, schreibt in ›Edgar Poe and His Critics‹: »Sie (Mrs. Stanard) starb, nachdem sie von seltsamer und tiefer Schwermut heimgesucht worden war, und noch Monate nach ihrem Hinscheiden pflegte er nächtens den Friedhof aufzusuchen, wo das Objekt seiner knabenhaften, leidenschaftlichen Verehrung begraben lag.«[38]

Es ist wohl anzunehmen, daß sich Poe zu Mrs. Stanards Grab hingezogen fühlte, um dort melancholischen Gedanken und Erinnerungen nachzuhängen; daß dies jedoch ›nächtens‹ geschah, klingt weniger wahrscheinlich und gehört eher zu den romantischen Legenden, die Poe über sich auszustreuen liebte und an die er vielleicht selbst manchmal glaubte. Er fürchtete sich vor der Dunkelheit und behielt stets eine abergläubische Scheu vor allem, was mit dem Tod zusammenhing, vor Kirchhöfen, Beinhäusern und Grüften; zudem wurden damals, zur Zeit der ›resurrection men‹, die die Ärzte- und Studentenschaft zu Höchstpreisen mit gestohlenen Leichen belieferten, öffentliche Begräbnisstätten nachts strengstens bewacht. Wie dem auch sei, Mrs. Stanard, in deren Idealbild, jener Vorstellung von Schönheit und Wissen, sich Liebe und Tod begegneten, wurde in Poes Unterbewußtsein jetzt erst recht zur Obsession.

> »I could not love except where Death
> Was mingling his with Beauty's breath«,

heißt es in einem seiner Jugendgedichte, eine recht morbide poetische Feststellung für einen jungen Mann seines Alters. Die Umstände begünstigten eine gewisse Tendenz, sich mit dem unbegreiflichen Phänomen des Todes auseinanderzusetzen, zumal auch der Gesundheitszustand der immer kränkelnden Mrs. Allan zu dieser Zeit immer häufiger Anlaß zur Besorgnis gab. Poes Neigung zur Absonderung von seinen Altersgenossen und zu Tagträumen sowie seine in ihrem Zenit unterbrochene Beziehung zu Mrs. Stanard spielten zusammen, sich düsteren Phantasien hinzugeben, die in der romantischen Dichtung der Ära ihre Entsprechung fanden. 1824 bildete Byrons Tod in Missolunghi auch in Richmond das Tagesgespräch; der früher verfemte Dichter wurde zum Held neugegründeter literarischer Zirkel, und Werke wie der ›Don Juan‹, die noch kurz zuvor einen Sturm der Entrüstung entfesselt hatten, waren mit einmal als Literatur sanktioniert. Und was konnte für einen jungen Mann mit lebhafter Einbildungskraft begeisternder sein als die Vorstellung des großen englischen Dichters, der in einem ›Phantasiekostüm nach eigenen Entwürfen‹ die Freiheit Griechenlands verteidigte und eins wurde mit den Helden, die er besang, dem ›Korsaren‹, dem ›Giaur‹, ›Ritter Harold‹ oder ›Manfred‹?

Seine Bewunderung für Byron scheint jedoch zu Kontroversen mit John Allan geführt zu haben, dem er einige Jahre später schreiben sollte: »Abschließend möchte ich feststellen, daß ich schon seit langem Byron als Vorbild aufgegeben habe – was ich mir, denke ich, als Verdienst anrechnen kann.«[39]

Die Abkühlung der Gefühle Allans seinem Pflegesohn gegenüber wird nur allzu deutlich durch einen Brief an Edgars damals siebzehnjährigen Bruder William Henry Leonard dokumentiert:

»Mein lieber Henry,

Ich habe gerade Ihren Brief vom 25. vorigen Monats an Edgar gelesen und bin sehr verärgert, daß er Ihnen noch nicht geantwortet hat. Er hat ja sonst wenig zu tun, für mich tut er gar nichts, und in der ganzen Familie führt er sich nichtsnutzig, verdrossen und mißgelaunt auf. Womit wir das verschuldet haben, weiß ich nicht; daß ich mir sein Verhalten so lange gefallen ließ, verstehe ich selber kaum. Der Junge hat nicht einen Funken Zuneigung für uns, keine Spur Dankbarkeit für all meine Sorge und Liebe. Ich habe ihm eine weit bessere Erziehung angedeihen lassen, als ich sie selbst genossen habe. Sollte Rosalie je auf seine Zuneigung angewiesen sein, dann sei Gott ihr gnädig. Ich fürchte, seine Gefährten hier haben ihn zu einem Denken und Handeln verleitet, das ganz dem Verhalten widerspricht, das er in England an den Tag legte. Mit Freude erkenne ich den Unterschied zwischen Ihren Grundsätzen und den seinigen, ich wünsche daher in Ihrer Achtung einen gerechten Platz einzunehmen. Hätte ich meine Pflicht Gott gegenüber so gewissenhaft erfüllt wie gegen Edgar, dann hätte der Tod – wann immer er eintreffen mag – keine Schrecken für mich – aber ich muß dies mit dem demütigen Wunsch beschließen, daß Gott ihn ebenso segnen möge wie Sie, daß Ihren Anstrengungen Erfolg beschieden und Ihrer armen Schwester Rosalie Leid erspart bleiben möge. Schließlich – sie ist nur Ihre Halbschwester, und Gott verhüte es, mein lieber Henry, daß wir den Lebenden die Verfehlungen der Toten anlasten . . .«[40]

5. KAPITEL

Der Student

Von Zeit zu Zeit wurde Richmond zu verschiedenen Anlässen von einer Woge des Patriotismus überschwemmt, der sich in feierlichen Umzügen mit Paradeuniformen, Salutschüssen und Festreden Luft machte. Der Tod eines virginischen Staatsmannes oder ein Nationalfeiertag, deren es viele gab, bot jedesmal Gelegenheit, mit allem Pomp in vaterländischen Gefühlen zu schwelgen. Die Bürger der noch jungen Nation waren davon überzeugt, in einem besseren, freieren Land zu leben als der Rest der Welt und im alten Süden herrschte die weitverbreitete Ansicht, daß die Republik den Geist des antiken Demokratiegedankens wiederbelebt habe, aus dem allein sich nun endlich ein ›vollkommenes Menschtum‹ entwickeln könne. Die klassizistischen Bauwerke, der Wert, den man auf klassische Bildung legte, die starke Anteilnahme am Freiheitskampf Griechenlands (in einem der wenigen, damals entstandenen amerikanischen Dramen, das eine Zeitlang auch Richmonds Spielpläne beherrschte, war Byrons Heldentod auf der Bühne zu bewundern) – all das gehörte zu der Vorstellung, in ein neues, goldenes Zeitalter eingetreten zu sein; es schien sich zumindest anzukündigen. Abolitionistische Bestrebungen hatten zwar seit dem Ende des 18. Jahrhunderts beunruhigend zugenommen, aber man konnte sich darauf berufen, daß die Sklavenwirtschaft bereits in der Antike Grundvoraussetzung für die griechischen und römischen Demokratien gewesen sei. Poe, der seine Jugend im Zentrum dieses patriotischen Fegefeuers verlebte, dem jedoch schon damals Massenveranstaltungen eher Beklemmungen als Begeisterung verursachten, schrieb 1844 an den Dichter James Russell Lowell:

»Ich glaube nicht an die menschliche Vervollkommnungsfähigkeit. Ich meine nicht, daß menschliche Anstrengung irgend einen bestimmbaren Effekt für die Menschheit haben wird. Der Mensch ist heute nur aktiver geworden – aber nicht glücklicher – nicht weiser, als er's vor 6000 Jahren war. Das Ergebnis wird niemals anders sein – und nähme man an, es wäre doch so, so müßte man auch annehmen, daß der frühere Mensch vergeblich gelebt habe – daß die frühere Zeit nur ein Rudiment der Zukunft sei – daß die Myriaden, die untergegangen sind, nicht auf gleicher Stufe wie wir gestanden hätten – wie denn das Gleiche auch für uns hinsichtlich unserer Nachkommenschaft gelten müßte. Ich kann mich nicht dazu verstehen, den Menschen als Individuum über dem Menschen als Masse aus dem Blick zu verlieren.–«[1]

Wir werden noch öfters auf Poes politische Ansichten zurückkommen; diese Briefsentenz mag jedoch vorläufig ausreichen, seine Grundhaltung gegenüber Fortschrittsgläubigkeit und patriotischem Idealismus zu verdeutlichen. Als Fünfzehnjähriger war er freilich, wie die meisten Jungen seines Alters, weit empfänglicher für die farbenprächtigen, von Marschmusik umtosten Festakte und Nationalfeiertage Richmonds, die anläßlich des Besuches Lafayettes im Oktober 1824 ihren Gipfelpunkt erreichen sollten.

Marie-Joseph Marquis de Lafayette (1757–1834) hatte sich als General im Unabhängigkeitskrieg gegen die Engländer selbstlos und erfolgreich für die Sache Amerikas eingesetzt, wo er seitdem ein Ansehen genoß wie vielleicht vor oder nach ihm nie wieder ein anderer Franzose; dies ging so weit, daß man seinetwegen Französisch lernte, da man es als unschicklich empfand, nicht zumindest die Sprache des Revolutionshelden zu sprechen, und daß jeder, der unter Lafayette gefochten hatte, die Glorie eines ›Retters des Vaterlandes‹ besaß. Wie man sich erinnern wird, gehörte auch Poes Großvater zu jenen Heroen, ja er nahm sogar in Lafayettes Achtung einen ganz besonderen Platz ein. Als der Marquis im selben Jahr nach Baltimore kam und anläßlich eines festlichen Empfanges im Holliday Street Theatre den Veteranen der Revolution vorgestellt wurde, bemerkte er: »Ich vermisse unter den Anwesenden meinen patriotischen Freund und Kommissar, Mr. David Poe.«

Man unterrichtete ihn darüber, daß ›General‹ Poe verstorben sei, aber seine Witwe noch in Baltimore lebe, worauf er sie am nächsten Tag in einer Kutsche mit Eskorte persönlich aufsuchte und mit den Worten begrüßt haben soll: »Ihr Mann war mein Freund, und die Unterstützung, die mir von Ihnen beiden zuteil wurde, war mir und meinen Truppen eine große Hilfe.« Vor seiner Abreise besuchte er noch David Poes Grab, küßte die Erde, und dann folgte jener bedeutsame Ausspruch: »Ici repose un cœur noble!«[2] Es ist anzunehmen, daß diese Episode in den patriotisch gesinnten Kreisen Amerikas wie ein Lauffeuer die Runde machte und auch bis Richmond vordrang, wo man hektisch mit den Vorbereitungen für Lafayettes triumphalen Empfang beschäftigt war: »Wir sehen dieser Tage einem frohen Ereignis höchster Bedeutung entgegen. Die Hauptstraße wird mit vier Triumphbögen, zwei Obelisken, dem Richmonder Pavillonzelt und den Zelten Washingtons geschmückt sein, die am letzten Abend von den *Revolutionsoffizieren* aufgeschlagen wurden und vor denen nach einer glücklichen Übereinkunft die ›Junior Volunteers‹ Wache halten sollen.«[3]

Die ›Richmond Junior Volunteers‹, auch ›Morgan Legion‹ genannt, waren eine Ehrenkompanie junger Männer aus angesehenen Familien, die anläßlich Lafayettes Besuch zusammengestellt worden war und als Uniform die befransten Jagdröcke der Pioniere aus der Revolutionszeit trug. Das rührende Wiedersehen Lafayettes mit David Poes Witwe mag nicht unerheblich dazu beigetragen haben, daß Edgar Poe der zweithöchste militärische Rang innerhalb dieser Truppe angetragen wurde, der eines Oberstleutnants; und man kann sich seine Aufregung und seinen Stolz vorstellen, als er sich unvermittelt und ohne sein Zutun in einer Position fand, um die sich viele beworben hatten und um die man ihn glühend beneidete. Die ›Junior Volunteers‹ repräsentierten natürlich die patriotisch gesinnten jungen Kräfte Virginias, noch immer den Idealen der Generation von 1780 verpflichtet, die ›auf dem Feld der Ehre ihr Leben für die Freiheit geopfert hatte‹; neben der Funktion einer Ehrenwache für Lafayette waren sie jedoch mitverantwortlich für die Sicherheit der Stadt, da die eigentliche Miliz, das 19. Regiment, anläßlich der Festlichkeiten den General von Richmond nach York geleiten sollte. Dabei handelte es sich keineswegs um eine bloße Formalität, denn die Bürger Richmonds lebten in der beständigen Furcht vor einem Sklavenaufstand – einige vergebliche Ansätze dazu hatte es schon gegeben –, und die Stadtwache, auf deren Schutz und Einsatzbereitschaft man sonst vertraute, war ja für mehrere Stunden nicht verfügbar. Mit Schaudern erinnerte man sich der Greueltaten der Schwarzen in Santo Domingo, die nach ihrer Befreiung ein Blutbad unter den Weißen angerichtet hatten. Die in Richmond zurückbleibenden Freiwilligen, darunter die ›Junior Volunteers‹, wurden daher mit Erlaubnis des Gouverneurs von Virginia mit Gewehren und scharfer Munition ausgestattet.

Am Dienstag, dem 26. Oktober 1824, ging Lafayette, der mit einem Dampfschiff angekommen war, begleitet von amerikanischen Staatsmännern wie John C. Calhoun und einer Reihe angesehenster Persönlichkeiten, in Richmond an Land. Der Siebenundsechzigjährige trug einen Dreispitz und Kniehosen; von Statur und Habitus erinnerte er an Napoleon.

Edgar Poe und der etwa gleichaltrige John Lyle, der Hauptmann der ›Junior Volunteers‹, sorgten inzwischen dafür, daß sich seine Ehrenwache während der festlichen Begrüßungszeremonien und der am darauffolgenden Tag stattfindenden Parade instruktionsgemäß auf ihrem Posten befand. »Aber am meisten stolz auf ihn war ich damals, als er in der Uniform der ›Junior Morgan Riflemen‹ vor dem Staatszelt auf dem Capitol Square auf- und abmarschierte, unter dem der alte General im Oktober 1824 einen großen Empfang gab«, schreibt T. H. Ellis.[4] Nun, Poe hatte ›alles richtig gemacht‹ und vielleicht sogar bei der Wachabnahme durch Lafayette einige anerkennende Worte über die Verdienste seines Großvaters aus dem Munde des gefeierten Revolutionshelden vernommen, die er als persönliches Kompliment auffassen konnte. Drei Tage und Nächte hatte sich Richmond selbst überboten, dem Marquis zu demonstrieren, wie hoch man seine Verdienste um das Vaterland schätzte; für Poe ›a taste in high life‹, denn er sah bei dieser Gelegenheit einige der prominentesten Männer Amerikas, darunter William Wirt, den Justizminister der Vereinigten Staaten, der mit seinen ›Letters of the British Spy‹, einer Reihe humoriger und reizvoller Skizzen über das Leben in Virginia, bewiesen hatte, daß der ›alte Süden‹ sogar eine eigenständige Literatur hervorbringen konnte. Sie war nicht besonders anspruchsvoll, sondern schilderte die alltäglichen kleinen und großen Ereignisse, in denen sich das gehobene Bürgertum schmunzelnd oder gerührt wiedererkannte; eine Lektüre, die wie ihr Autor ›respektabel‹ war, denn Wirt schrieb schließlich nur in seinen Mußestunden, und seine Schriften dienten der Erbauung. In Richmond hatten sich ein paar ›literarische Zirkel‹ oder besser gesagt langweilige Teekränzchen um ihn gebildet, und Poe bewunderte ihn sicher auch als den ersten anerkannten Schriftsteller, den er je zu Gesicht bekam – ein paar Jahre später sollte er den großen Mann ehrerbietig um eine Beurteilung seiner eigenen Gedichte bitten, mit denen Wirt allerdings nicht viel anzufangen wußte.

Den ›Richmond Junior Volunteers‹, respektive ihren beiden Befehlshabern ›Captain‹ John Lyle und ›Oberstleutnant‹ Edgar Poe, scheint das militärische Zeremoniell zu Ehren Lafayettes und die imposante Rolle, die sie darin spielten, einen Anreiz gebildet zu haben, sich in ihren hübschen Uniformen auch weiterhin bewundern zu lassen und mit geladenen Gewehren zu exerzieren. Sie lösten sich jedenfalls nicht auf, sondern fuhren noch einige Zeit fort, ihren männlichen Status zu genießen; in einer von Lyle und Poe aufgesetzten Petition vom 17. November 1824 an den Gouverneur von Virginia, dem ersten von Poe unterzeichneten Brief, der erhalten ist, heißt es: »Auf Ersuchen der Richmond Junior Volunteers bitten wir Sie stellvertretend hiermit respektvoll um die Genehmigung, uns im Besitz der Waffen zu belassen, welche uns vom Arsenal zur Verfügung gestellt wurden. Jeder einzelne hat sich dazu verpflichtet, sorgsam auf sie achtzuhaben, und die Unterzeichnenden stehen persönlich dafür ein, ihre Handhabung genauestens zu überwachen.

Wir sind, etc.
John Lyle
Edgar A. Poe«[5]

Es war etwa zur gleichen Zeit, daß sich John Allan in dem erwähnten Brief an Poes Bruder bitter über das Verhalten seines Pflegesohnes beklagte. Es ist anzunehmen, daß Poes Erfahrungen bei den ›Junior Volunteers‹ sein Selbstbewußtsein sehr gestärkt hatten, und so machten in seinem Freundeskreis wohl auch respektlose Äußerungen über seinen Pflegevater die Runde, wie sie später zu peinlichen Situationen führen sollten und die vielleicht schon damals Allan zu Ohren kamen. Poes Zynismus war bereits bekannt und gefürchtet. Seine Spottverse erfreuten sich außer bei denjenigen, denen sie galten, großer Beliebtheit und zirkulierten in zahlreichen Abschriften unter seinen Schulkameraden. »Ich erinnere mich, daß er einmal eine Satire in Versform auf einen ›Debattierklub‹ verfaßte, zu dem er selbst gehörte ... obwohl ich keinen einzigen dieser Verse im Gedächtnis behalten habe, weiß ich doch noch, wie sehr ich ihn damals um die Fähigkeit beneidet habe, sie zu schreiben«, berichtet R. C. Ambler[6], einer seiner Schulfreunde.

Im März 1825 starb John Allans Onkel William Galt und hinterließ ihm ein so beträchtliches Vermögen, daß der bankrotte Kaufmann plötzlich zu einem der reichsten und angesehensten Männer Virginias wurde. Poe übertreibt ausnahmsweise einmal nicht, wenn er das Gesamtkapital auf 750 000 Dollar veranschlagt, eine Summe, die Allan ein für allemal jeglicher finanzieller Sorgen enthob. Dazu gehörten Liegenschaften und Häuser in Richmond sowie drei Plantagen in Goochland und Fluvanna am Byrd-Fluß, zusammengefaßt unter dem Namen ›Byrd‹, »mit allen Sklaven, Viehbeständen und beweglichen Gütern«.[7] Mrs. Allan erhielt, um auch freundlicherweise in seinem Willen mitaufgeführt zu werden, Galts Privatkutsche und Pferde. Das Leben der Familie änderte sich sozusagen von einem Tag auf den anderen. Allan sah sich sogleich nach einem standesgemäßen Domizil um, und seine Entscheidung fiel auf das prächtige Herrenhaus ›Moldavia‹; es war nach seinen Erbauern, dem Pflanzersehepaar Molly und David Meade Randolph, in einer lautmalerischen Zusammensetzung ihrer Namen benannt worden. Zuletzt hatte es dem etwas exzentrischen reichen Señor Joseph Gallego gehört, einem Richmonder Geschäftsmann spanischer Abstammung, der nach seinem Tod enorme Schulden hinterließ – ein Großteil seines Vermögens war in den liebevoll angelegten, parkartigen Garten, der das Anwesen umgab, geflossen. Allan ersteigerte ›Moldavia‹ zu der verhältnismäßig geringen Summe von knapp 15 000 Dollar. Er befand sich nun im Besitz eines der stattlichsten Herrensitze der ganzen Umgegend, im besten Viertel Richmonds, an der Ecke der Main and Fifth Street, idyllisch inmitten satter Rasenflächen und weitläufiger Anlagen mit Weinstöcken, Feigenbäumen und Himbeersträuchern gelegen. Da die Lage in den vornehmen Kreisen Richmonds gerade erst ›fashionable‹ zu werden begann, war die Umgebung noch kaum bebaut, so daß das Haus ringsum von anderen Gärten eingefaßt wurde, einer parkartigen Landschaft also, die das ohnehin riesige Grundstück optisch endlos zu vergrößern schien. In einer von Poes späten Erzählungen, ›The Domain of Arnheim‹ (›Der Park von Arnheim‹), einer novellistischen Studie über Landschaftsgärtnerei, in der sich, wie Poe selbst in einem Brief schrieb, »sehr viel über seine Seele ausdrückte«[8], finden sich einige bemerkenswerte Entsprechungen zu seiner Situation Anfang des Jahres 1825. Der Held der Novelle, Ellison (in dem Poe, wie so oft, ein Idealporträt von sich selbst entwirft), wird wie Allan durch eine reiche Erbschaft dazu befähigt, einzig ›seiner Muße zu leben‹, und er nutzt diese Gelegenheit, gottgleich Natur und Kunst in Einklang zu bringen, indem er, seinem verfeinerten Geschmack entsprechend, eine geeignete Landschaft erwirbt und vervollkommnet, sie etwa im Stil

Claude Lorrains in die dem Auge gefälligsten Formen zwingt. Was, so mochte sich der hungernde Dichter Jahre später wohl gefragt haben, hätte ich mit diesem Reichtum angefangen? Allan *übernahm* lediglich die von dem spleenigen Mr. Gallego angelegten Gärten und sein geliebtes ›Moldavia‹, und der Geschmack, in dem er es einrichtete, entsprach eben seinem verbesserten sozialen Status und seiner von Grund auf bürgerlichen Gesinnung.

»Allein die Yankees sind geschmacklos«, schreibt später Poe in seinem Essay ›Die Philosophie der Einrichtung‹.

»Wie es dazu kommt, ist nicht schwer einzusehen. Wir haben keine Aristokratie des Bluts, und da wir uns deshalb als etwas Zwangsläufiges und Unvermeidliches eine Aristokratie des Dollars zurechtgemacht haben, muß hier die *Schaustellung von Wohlstand* für den heraldischen Aufwand in monarchischen Ländern eintreten. Ein leicht verständlicher und ebenso leicht vorhersehbarer Übergang hat unsere Geschmackvorstellungen dazu gebracht, in nichts als Show aufzugehen... Es ist ein Übel, das unseren republikanischen Institutionen entspringt, daß hierzulande ein Mann mit großer Börse gewöhnlich nur eine kleine Seele hat, die er darin aufbewahrt. Die Verderbnis des Geschmacks ist ein Teil oder ein Gegenstück der Jagd nach dem Dollar. Wir werden reich, und unsere Gedanken rostig.«[9]

Wenn Allans ›neureicher‹ Einrichtungsstil seiner Villa ›Moldavia‹ dieses Urteil Poes mit geprägt hat, so erscheint es doch aufschlußreich, etwas näher auf das Ambiente des Hauses einzugehen, wie es aus Beschreibungen von Zeitgenossen bekannt ist. Die Eingangstür öffnete sich in eine riesige Empfangshalle, die von ihren Dimensionen und ihrer ›klassischen Schlichtheit‹ her an das Atrium einer altrömischen Villa erinnerte; eine Falttür aus feinstem Mahagoni trennte sie von dem größten Raum des Erdgeschosses, einem achteckigen, durch hohe Fenster lichtdurchfluteten Speisesaal. Zur Rechten und Linken schlossen sich kleinere Räume an, alle kostspielig im Empirestil eingerichtet: ein Teezimmer und eine Bibliothek, die mittlerweile sehr viel umfangreicher geworden war, in der Allan Geschäftsleute empfing, ein Schreibzimmer, wo man morgens seine Korrespondenzen erledigte; schließlich, im hinteren Trakt des Hauses, die Unterkünfte für das schwarze Hauspersonal und die Küche. Eine breite, geschwungene Treppe, ebenfalls aus Mahagoni, führte in den ersten Stock, zunächst in einen prunkvollen Salon mit spiegelverkleideten Wänden und einem hohen Kamin mit handgemeißelter Verkleidung. Poe erinnerte sich wohl gerade an diesen Raum, als er in seiner ›Philosophie der Einrichtung‹ schrieb:

»... Die riesigen nichtssagenden Lüster mit Prismengläsern, Gaslicht und ohne Schirme, die in unseren modischsten Wohnzimmern herumhängen, las-

»Die Abendgesellschaft« (›*The Dinner Party*‹). *Gemälde von Henry Sargent*

sen sich als Inbegriff all dessen anführen, das geschmacklich verfehlt oder in seiner Albernheit lächerlich ist. Die Sucht nach *Glitzerndem* – denn dessen Vorstellung hat sich, wie wir eben beobachteten, mit der von Pracht an sich vermengt – führte uns auch zur übertriebenen Verwendung von Spiegeln. Wir kleiden unsere Wohnung mit großen britischen Spiegeln aus und bilden uns dann ein, etwas Schönes vollbracht zu haben ... In der Tat ist ein Zimmer mit vier oder fünf willkürlich angebrachten Spiegeln nach allen Regeln künstlerischer Wirkung ein gänzlich formloser Raum. Kommt zu diesem Übel noch zusätzlich Glitzern über Glitzern hinzu, so haben wir einen perfekten Mischmasch von mißstimmigen und unerfreulichen Effekten beisammen.«[10]

Direkt neben dem Salon befand sich Allans bevorzugter Aufenthaltsort, von dem aus er über die Treppe die Empfangshalle überblicken konnte. Dieser Raum besaß zwei hohe Fenster und ging auf den südlichen Balkon hinaus; hier befand sich auch das eheliche Himmelbett, wie die Fenster üppig mit goldbefransten Schabracken drapiert. Wieder heißt es bei Poe: »Vorhänge sind kaum jemals richtig drapiert oder im Hinblick auf die übrige Einrichtung gut ausgewählt. Bei steifen Möbeln sind Vorhänge fehl am Platz; und ein Übermaß an Draperien aller Art ist unter allen Umständen unvereinbar mit gutem Geschmack: die richtige Menge beruht ebenso wie die richtige Anordnung auf der Art der Gesamtwirkung.«[11]

(Diese eingestreuten Zitate sind freilich keineswegs als direkte Kommentare zu dem Einrichtungsstil ›Moldavias‹ aufzufassen; sie treffen jedoch sicher auf einige Räume des Hauses zu, die vor allem der Repräsentation von Allans Wohlstand dienten.)

Am imposantesten dürfte der riesige, über dem Speisesaal gelegene und ebenso achteckige Ballraum gewesen sein. Hierher engagierte Allan für seine Abendgesellschaften Orchester, die der ›gentry‹ Richmonds zu den damaligen Modetänzen aufspielten. Den musikalischen Auftakt einer solchen Veranstaltung bildete gewöhnlich ein Marsch, wie ›Star Spangled Banner‹, zu dem alle Paare in einer feierlichen Polonaise ihren Einzug in den Saal hielten; es folgten eine Anzahl von Quadrilles, Cotillions und ›reel dances‹, wobei letztere, verfeinerte Abwandlungen traditioneller schottischer und irischer Volkstänze, damals in Virginia noch sehr populär waren. Ebenso beliebt war der Walzer, der sich ja erst seit einigen Jahren durchgesetzt hatte, und der schnelle ›galop‹ sowie eine langsamere Vorform der Polka, die erst zehn Jahre später in Amerika ein wahres ›Ballhausfieber‹ auslösen sollte. Zum Abschluß wurde dann meist noch ein elegisches, vaterländische Gefühle evozierendes Salonstück im Stil von Bishops ›Sweet Home‹ gespielt, das die Gäste in ebenso besinnlicher wie angeregter Stimmung entließ.

Es ist dem jungen Poe nicht zu verdenken, daß er sich alsbald mit diesem mondänen Lebensstil identifizierte.

Neben dem Ballsaal, dem spiegelprotzenden Salon und dem ehelichen Schlafzimmer gab es im Obergeschoß drei weitere Schlafräume: den von Miss Valentine, einen für Gäste und zuletzt, an der nordöstlichen Seite des Hauses, Poes Zimmer. Es befand sich am Ende des Korridors, dort, wo das nach unten führende Treppengeländer begann; in einer keilförmigen Nische in der Nähe der Zimmertür stand ein kleines Tischchen, auf dem nachts eine Lampe aus Achatglas den dunklen Flur erhellte. Eine solche ›agate lamp‹ taucht verschiedentlich in Poes Werk auf, so zum Beispiel in seinem Jugendgedicht ›To Helen‹. In seinem Zimmer gab es außer seinem Bett auch eine bequeme Couch, auf der er gerne lag und las. Poes Biographen und Literaturwissenschaftler haben über die Art seiner Lektüre endlose Listen angefertigt: zunächst Schulbücher, französische und englische Grammatiken, Ausgaben von Homer, Virgil, Caesar, Cicero und Horaz, geschichtliche Werke wie Macaulays ›History of England‹, allesamt eselsohrige und zerfledderte Bändchen, mit Randzeichnungen von Poes Hand verziert; dann ›penny dreadfuls‹, die damals so beliebten ›gotischen Schauerromane‹ blutrünstigen und haarsträubenden Inhalts, wie man sie unter der Schulbank las; natürlich der verehrte Lord Byron und die meisten englischen Romantiker, auch Milton, den Poe schon früh zitiert, sowie Cervantes' ›Don Quichote‹, Lesages ›Gil Blas‹, Swifts ›Gullivers Reisen‹ und Defoes ›Robinson Crusoe‹. Auch Kirke White und E. C. Pinkney scheinen vertreten gewesen zu sein, zwei heute vergessene, damals vielgelesene amerikanische Poeten, auf die Poe wiederholt in seinen Essays Bezug nimmt. In der inzwischen wiederbelebten Firma Ellis & Allan wie in ›Moldavia‹ lagen zudem die unterschiedlichsten Londoner Zeitungen und Zeitschriften aus, wie sie die meisten Richmonder Bürger abonniert hatten, das berühmte ›Blackwood's Magazine‹ zum Beispiel, dessen Stil Poe später mit Vorliebe in seinen Grotesken karikierte – Blackwoods war auf die in Europa und Amerika so überaus beliebten Schauergeschichten und ›mystery novels‹ spezialisiert –, das ›London Ladie's Magazine‹ oder die ›Critical Review of Annals of Literature‹ (1791–1803) in neununddreißig gebundenen Ausgaben, die Poes Interesse für Literaturkritik frühzeitig angeregt haben dürfte. Für seine eigenen Korrespondenzen, Liebesbriefe und Jugendgedichte stand ihm ein kleiner Schreibtisch zur Verfügung sowie ein Schreibutensil aus Messing für Tinte und Löschsand mit der Inschrift »John Allan '13«, ein Geschenk seines Pflegevaters, eine der wenigen Hinterlassenschaften übrigens, die ihn später an die glanzvolle Zeit in ›Moldavia‹ erinnern sollten. Von Zeitgenossen wird ferner hervorgehoben, daß er über eine sehr reichhaltige Garderobe gebot – Freunde, die zu Besuch waren, durften sich zuweilen Kleidungsstücke daraus ausleihen –, so daß das ›Bildnis eines jungen Künstlers‹ die Züge eines Dandys trägt, »der die Jeunesse dorée von Virginia zu verkörpern scheint«[12]. Der Sechzehnjährige entsprach in der Tat diesem Typus vollkommen: ein reicher junger Müßiggänger mit poetischem Talent, umgeben von Dienern, Pferden, Hunden und in kostspielige Anzüge gekleidet, gebildet, sportlich, angenehm von Erscheinung, tadellos in seinen Umgangsformen, im Kreis seiner Bekannten als *wit,* als Erfinder von *bon mots* unentbehrlich und dabei ob seiner zynischen Verse gefürchtet.

In einer Nische an einem Balkonfenster im ersten Stock seiner Villa hatte Allan ein Teleskop installiert, ›a good glass‹, mit dem man nachts die Sterne und den Mond studieren konnte. Diese naturwissenschaftliche Spielerei seines Pflegevaters besaß für Poe eine starke Anziehungskraft. Dort saß er mitunter stundenlang in die Betrachtung der Gestirne versunken, die so lockende poetische Namen wie ›Arcturus‹ oder ›Alpha Lyrae‹ trugen, wie man sie in astronomischen Abhandlungen las; beim Blick durch das Fernrohr konnte man die triste Gewöhnlichkeit abstreifen, die einen überall und besonders im Familienkreis umgab, die ewigen Vorwürfe und Ermahnungen Allans vergessen, der nach wie vor darauf aus war, Poe zu einem ›mündigen Bürger mit gesundem Menschenverstand‹ zu erziehen, der demütig und dankbar sein sollte für soviel unverdientes Glück.

> »Away – away – 'mid seas of rays that roll
> Empyrean splendor o'er th' unchained soul –
> The soul that scarce (the billows are so dense)
> Can struggle to its destin'd eminence –«

> (›Hinfort – hinfort – durch Strahlenseenweben,
> die die befreite Seele rings mit Himmelslicht umgeben,
> und kaum vermag sie's, durch der Sphären dichte Schwingen
> zu ihrer ganzen Größe sich emporzuringen –‹)[13]

So lauten einige Zeilen aus Poes Gedicht ›Al Aaraaf‹, einer langen, mystischen Hymne an die überirdische Schönheit, zu der Entwürfe schon damals existierten. Das Porträt des bewunderten und beliebten, lebenslustigen Dandys, wie es viele seiner Zeitgenossen zeichnen, gibt nur die Fassade wieder, mit der er sich nach außen darstellte; oft schien er damit ein wachsendes Gefühl der Entfremdung und Vereinsamung zu überspielen, denn seit dem Tode Mrs. Stanards gab es niemanden mehr, dem er sich wirklich hätte anvertrauen können. Die Spannungen zwischen ihm und seinem Pflegevater waren durch die veränderten Lebensumstände keineswegs abgeklungen, sondern schwelten weiter, was beide belastet haben muß; ein kaum mehr zu revidierendes Rollenspiel zwischen dem ›nörgelnden Haustyrannen‹ und dem ›ungezogenen Nichtsnutz‹, die sich liebten und haßten, sich annäherten und wieder entzweiten. Beiden gemeinsam war ihre Empfindlichkeit und ihr gekränkter Stolz. Allans altes Leiden, das ihn zum erstenmal in England überfallen hatte, die Wassersucht, plagte ihn jetzt häufiger, und er mußte sich beim Gehen oft auf einen Stock stützen. Poe scheint sich in seinem Freundeskreis manchmal über den ›alten Schwellfuß‹ lustig gemacht zu haben, dessen gebeugte, schlurfende Gangart er imitierte. Auch Mrs. Allans Gesundheitszustand wurde immer besorgniserregender; blaß und fragil wie die Porzellantäßchen, aus denen sie ihren Tee zu sich nahm, lag sie meist im abgedunkelten Schlafzimmer im ersten Stock und verbrachte die Sommermonate in vornehmen Badekurorten wie Saratoga Springs. Nur an Miss Valentine schien die Zeit spurlos vorüberzugehen. Sie war wohl eine Art ruhender Pol im Haus, fiel niemandem zur Last, beschäftigte sich mit ihren Nähereien und Haushaltspflichten und spielte an langweiligen Regentagen mit Edgar Dame oder Schach. Bis auf die häufigen Querelen mit seinem Pflegevater war die Zeit in Moldavia wohl dennoch die glücklichste Zeit in Poes Leben. Er unternahm mit seinen Freunden Ausritte in die herrliche Umgebung Richmonds, wurde von eigenen Haussklaven bedient, verfügte über reichlich Taschengeld, ging jeder seiner Launen nach und entsprach von Muße, Selbstbewußtsein und Benehmen her dem Bild des verwöhnten, jungen ›Southern gentleman‹.

Inzwischen hatte sich Allan entschlossen, seinen Zögling auf ein College zu schicken – eine eigentlich längst überfällige Maßnahme, denn in der besseren Gesellschaft gehörte dies zum guten Ton.

Was ihm vorschwebte, war eine juristische Laufbahn für seinen Pflegesohn; vielleicht würde auf diese Weise doch noch etwas Rechtes aus ihm werden. Außerdem konnte er sich dadurch eine dauernde Störung des Hausfriedens vom Hals schaffen, tat einer Verpflichtung Genüge, die ihm sein soziales Prestige auferlegte und sparte zugleich die Kosten für die ›grand tour‹, jene Reise zu den europäischen Kulturstätten, die Söhne reicher Eltern gewöhnlich unternehmen durften (und die Poe später mit allerlei Münchhausiaden kompensieren sollte). Seine Wahl fiel auf die von Thomas Jefferson gegründete Universität von Virginia in Charlottesville, die am 7. März 1825 nach langen Verzögerungen endlich eröffnet worden war.

Als John Allan Poe im März 1825, also kurz nach William Galts Testamentsvollstreckung und der Eröffnung von Jeffersons ›Alma mater‹, von Mr. Burkes Schule nahm, um ihn von Hauslehrern auf seine akademische Laufbahn vorbereiten zu lassen, schien sich Poes Karriere noch erwartungsgemäß zu gestalten. Jedermann sah in ihm den einstigen Erben eines der reichsten Männer Virginias und eine glänzende Partie für die höheren Töchter Richmonds. Er selbst nahm den sich ankündigenden Wechsel trotz der Streitereien mit seinem Pflegevater und der Aussicht auf eine längere Trennung von der gewohnten häuslichen Umgebung als notwendige Etappe auf einem vorgetretenen Pfad.

Es war etwa um diese Zeit, als sich die Familie Allan in ›Moldavia‹ einzuleben begann, daß sich der sechzehnjährige, hoffnungsvolle junge Mann in die ein Jahr jüngere Sarah Elmira Royster verliebte. Dem Bleistiftporträt nach zu urteilen, das Poe damals in Ingres-Manier von ihr anfertigte, muß sie ein liebreizendes, etwas bläßliches Mädchen mit haselnußbraunem, halblangem und in der Mitte gescheiteltem Haar gewesen sein – eine Frisur im Stil der Epoche, die, auf der Zeichnung nicht sichtbar, von einer Lockenschnecke gekrönt wurde, wie sie sie auch noch Jahrzehnte später tragen sollte. Auf einer Daguerreotypie, die sie als reife Dame zeigt, besitzt sie zwar nicht mehr den sinnlichen Kindermund von Poes Skizze, dafür aber dieselben träumerischen, etwas traurigen Augen – »Ich glaube bestimmt, daß sie viel größer waren, als es menschliche Augen gemeinhin sind. Ja, sie waren sogar viel schöner und größer noch als die schönsten Augen jener Gazellen, die es nur im Tale Nourjahad gibt.«[14] Wie bei allen wirklichen Lieben Poes scheint ihr Bildnis immer wieder in die Beschreibung der Heldinnen seiner Novellen einzufließen: »Die entzückende, feingeschwungene Oberlippe, die weiche, wollüstige Versonnenheit der Unterlippe, die spielenden Grübchen...«; »...die zarte Linie der Nase... war von demselben weichen Schnitt, hatte dieselbe kaum wahrnehmbare Andeutung einer Biegung, dieselben harmonisch gezeichneten Nasenflügel, die auf einen kühnen Geist hindeuten«; »...Ihre strahlenden... Augen wurden von langen, seidigen Wimpern beschattet, und die etwas unregelmäßig gezeichneten Brauen waren von demselben tiefen Schwarz« usw.[15] ›Myra‹, so nannte er sie, war die Tochter einer mit den Allans schon seit vielen Jahren befreundeten Familie; wie aus den Urkunden der Firmen Ellis & Allan hervorgeht, lieh Mr. Royster Mr. Allan bereits im Jahre 1810 einen größeren Geldbetrag.[16] »Ihr Vater«, weiß James H. Whitty über Poes Jugendliebe zu berichten, »war ein alter, presbyterianischer Freund von William Galt und Mr. Allan«[17] – wobei die Betonung seines Glaubensbekenntnisses darauf hindeutet, daß Mr. Royster ein Mann der Kirche war. Poe und ›Myra‹ kannten sich demnach schon eine geraume Zeit, doch über ihre Romanze ist uns wenig bekannt.

Bald war es nur zu offensichtlich, wie es um die Gefühle der beiden stand, und Mr. Royster, der zunächst wenig Einwände gegen die ›glänzende Partie‹ hatte, als die sich Poe darstellte, sah jetzt wohl den Zeitpunkt gekommen, einmal bei seinem alten Freund Allan vorzusprechen, um vorsichtig Erkundungen über die wirtschaftliche Seite der Romanze seiner Tochter einzuziehen. Mr. Allan legte jedoch ein eher kühles Verhältnis zu seinem Pflegesohn an den Tag, dessen Benehmen ihn nicht gerade dazu animierte, ihn einst als seinen Alleinerben einzusetzen. Mr. Royster befand sich zu dieser Zeit vorübergehend in erheblichen finanziellen Schwierigkeiten, und dergleichen, wenn auch vage Andeutungen über die Zukunftsaussichten seines Schwiegersohnes in spe mußten ihm zu denken geben. In einem ›ernsthaften Gespräch‹ teilte er seine Befürchtungen wohl auch seiner Tochter mit, die entsprechend verunsichert reagierte. Das Gleiche, was Poe in seinem Essay über die Liebesaffäre Byrons mit Miss Chaworth schrieb, hätte auch für ihn gelten können. »Für sie war er, in Kürze ausgedrückt, ein nicht unattraktiver, ehrenhafter, aber doch etwas exzentrischer junger Mann, dessen Vermögensansprüche zudem äußerst ungesichert schienen.«[18]

Welchen Eindruck Poe damals wirklich auf Miss Royster machte, beschrieb sie im Jahre 1875 in einem Gespräch mit Edward V. Valentine: »Er

»Myra« (Sarah Elmyra Royster). Zeichnung von Edgar Allan Poe, ca. 1826

war ein schöner Junge – nicht sehr gesprächig. Wenn er mit mir plauderte, war er angenehm und wohlerzogen, aber von seinem Wesen und seinem Auftreten her schien er mir stets etwas bedrückt und traurig zu sein – seine wirklichen Eltern erwähnte er nie, aber er liebte die erste Mrs. Allan abgöttisch und sie ihn. Er hatte nur wenige Freunde, aber er war stets mit Ebenezer Burling zusammen ... Die beiden besuchten unser Haus sehr oft. Wir wohnten damals Poe gegenüber, auf der Fifth Avenue. So kam es auch, daß ich seine Bekanntschaft machte. Unsere Beziehungen wurden unterbrochen, als er auf die Universität kam; er schrieb mir regelmäßig während seiner Studienzeit, aber mein Vater fing die Briefe ab, weil er meinte, wir seien noch zu jung – aus keinem anderen Grund. Edgar hat mir kein einziges Gedicht gewidmet ... er hatte strenge Grundsätze und haßte alles Grobe und Gewöhnliche ... Zu seiner Schwester bezeigte er sich so freundlich und entgegenkommend wie nur möglich. Er war so feurig und eifrig bei allem, was ihn interessierte, so ausgesprochen enthusiastisch und impulsiv. Ich war vielleicht fünfzehn oder sechzehn, als er sich mir zuwandte und ich mich mit ihm verlobte, und ich wußte nicht, daß er mir die ganze Zeit über geschrieben hatte, bis ich, siebzehnjährig, mit Mr. Shelton verheiratet wurde.«[19]

Mrs. Royster-Sheltons Auskünfte sind von äußerster Zurückhaltung diktiert; bereits 1852 schrieb sie an Poes ersten, wißbegierigen Biographen Ingram: »Ich wurde in einem sehr frühen Abschnitt meines Lebens mit der in Rede stehenden Person bekannt ... ich habe allen Grund zu glauben, daß ihm Unrecht getan wurde, möchte Sie aber darum bitten, zu entschuldigen, wenn ich Ihnen keinerlei Mitteilungen machen möchte, die mich in irgendeiner Form vor die Öffentlichkeit bringen könnten.«[20]

Offensichtlich befürchtete sie, in die gerade in den fünfziger Jahren lebhaft diskutierte Kontroverse über einen ›amoralischen‹, skandalträchtigen Dichter hineingezogen zu werden – eine Scheu, die sie auch später zu einem etwas befangenen Zeugen ihrer Zeit mit Poe werden ließ.

Im Sommer 1825 kam Poes Bruder William für ein paar Tage auf Besuch nach Richmond. Wahrscheinlich sah ihn Poe damals zum erstenmal – einen schlaksigen, hageren jungen Mann mit dunklem Haar, etwas größer als Edgar, aber dennoch von auffallender Ähnlichkeit. William war Fähnrich zur See in der United States Navy, bei der er sich kurz nach dem Tode seines Großvaters ›General‹ David Poe im Jahre 1816 verdingt hatte; die Familie in Baltimore – die verwitwete Mrs. Poe und ihre Tochter Maria – lebte von einer bescheidenen Rente in recht ärmlichen Verhältnissen. Der Luxus, von dem William seinen jüngeren Bruder umgeben sah, muß ihn sehr beeindruckt haben, aber umgekehrt wurde er auch von Edgar bewundert, wie er in seiner hübschen, blauen Marineuniform im Speisezimmer ausgiebig Mr. Allans Madeira kostete und von seinen abenteuerlichen Reisen nach Italien,

Griechenland, Westindien, Südamerika, dem Nahen Osten, vielleicht sogar Rußland berichtete[21] – im Plauderton, so als sei dies alles nichts Besonderes, aber dennoch mit einer auf Wirksamkeit berechneten Rhetorik; eine Begabung, die sich anscheinend ebenso auf ihn vererbt hatte wie auf Poe. Im übrigen schrieb auch William Gedichte, in denen er seine Erlebnisse im Ausland – die Edgar später als die seinen ausgeben sollte – und seine romantische Lektüre verarbeitete. Die Brüder müssen sich auf Anhieb verstanden haben, und Edgar präsentierte den Weitgereisten stolz in seinem Freundeskreis. Unter anderem sprachen sie zusammen mit Ebenezer Burling häufig bei Elmira Royster vor, die sich viele Jahre später an Williams Uniform erinnern sollte. Edgar hatte ihm sicherlich seine Liebe bereits in den glühendsten Farben geschildert und korrespondierte auch später mit ihm über das Scheitern dieser Liaison und die ›Asche seines Herzens‹, wodurch sich William zu der romantischen Novelle ›The Pirate‹ inspirieren ließ, die er 1827 in der Zeitung ›Baltimore North‹[22] veröffentlichte. Die Romanze von Edgar und Elmira wurde tatsächlich zu einem Motiv amerikanischer Trivialliteratur: Lambert A. Wilmer, ein Schreiberling, den Poe nicht ausstehen konnte, verfaßte sogar ein ›Merlin‹ betiteltes Versepos darüber.

Der Aufenthalt seines Bruders war jedoch nur von kurzer Dauer, und bald darauf schiffte sich William Henry Leonard Poe auf der U. S. S. ›Macedonian‹ nach Südamerika ein, ›neuen Abenteuern entgegen‹, während Edgar im provinziellen Richmond und der angespannten Atmosphäre im Hause Allan keinen anderen Halt hatte als seine Liebe zu einem von seinem Idealismus etwas überforderten jungen Mädchen. James Hill, einer der farbigen Hausangestellten Allans, ein alter Mann, der insbesondere als Briefbote und Kutscher diente, berichtet[23], wie traurig und sorgenvoll Mrs. Allan und Poe am Tag seiner Abreise zur Universität voneinander Abschied nahmen und daß Edgar schon damals den Wunsch äußerte, sich von Allan loszusagen, zur See zu fahren und seinen eigenen Lebensunterhalt zu verdienen. Hill war es auch, der Elmira den letzten Brief und ein Abschiedsgeschenk Poes überbrachte, eine Perlmuttschatulle mit einer silbernen Intarsie in der Mitte, auf der ihrer beider Initialen eingraviert waren. Kurze Zeit nach Poes Abreise begann ein gewisser Mr. Alexander Barrett Shelton, ein vermögender junger Mann mit gesichertem Auskommen, Elmira den Hof zu machen; und diesmal war Mr. Royster nicht der Ansicht, daß seine Tochter »noch zu jung sei«. Er unterschlug Poes sehnsüchtige Briefe aus Charlottesville und ebnete so der besseren Partie den Weg.

Wenn Poe auch die Reise zum ›Oxford der Neuen Welt‹ mit gemischten Gefühlen antrat, so hatte er doch keine Ahnung, an welch kritischem Wendepunkt seines Lebens er sich befand. Vorläufig war er immerhin noch ein junger ›Southern gentleman‹, der einen neuen, modischen Anzug und 110 Dollar in der Tasche trug. Er hatte bisher eine vortreffliche Erziehung genossen, durch die er vielen seiner Kommilitonen um etliches voraus sein sollte; seine Umgangsformen waren durch den ständigen Verkehr mit den angesehensten Bürgern Richmonds im Hause Allan geschliffen und seine Einstellung entsprechend snobistisch. Und er sollte eine Eliteschule besuchen, die, so Jeffersons Postulat, »das Urteilsvermögen unserer Jugend entwickeln, ihren Horizont erweitern, ihre Moral kultivieren und in ihr die natürlichen Maximen von Tugend und Gerechtigkeit festigen sollte – um sie allgemein zu einem besonnenen und korrekten Handeln zu erziehen, auf daß sie anderen ein Beispiel an Tugendhaftigkeit geben und in sich selbst ausgewogen und glücklich sein möge.«[24]

Thomas Jefferson, der sich zugleich als Architekt der Universität auszeichnete, war eines der lebenden Denkmäler Amerikas, Verfasser der Unabhängigkeitserklärung, dritter Präsident der Vereinigten Staaten, der ›Apostel des Amerikanismus‹, wie ihn einer seiner Biographen nannte. Er hatte zuvor schon so berühmte und angesehene amerikanische Colleges geleitet wie ›Harvard‹ und ›William and Mary‹; mit der ›Virginia University‹, einer regelrechten kleinen klassizistischen Stadt, schien sich kurz vor seinem Tode ein langgehegter Traum verwirklicht zu haben: eine akademische Bildungsanstalt, von ihrer Verwaltung und ihren Prinzipien her einmalig auf der Welt, die die Jugend im klassischen Sinn von ›Freiheit, Gleichheit, Brüderlichkeit‹ erziehen und eine neue Generation heranzüchten sollte. Jeffersons Name und der amerikanische Demokratiegedanke wurden für diese Zeit synonym; der Begriff ›Jeffersonian Democracy‹ umreißt noch heute das erste Drittel des neunzehnten Jahrhunderts in den Vereinigten Staaten. ». . . es gibt eine natürliche Aristokratie unter den Menschen«, schreibt Jefferson in einem Brief an John Adams[25], »sie setzt sich aus Tugenden und Talenten zusammen. Früher war es reine Körperkraft, die den Rangunterschied zwischen den ›aristoi‹ bestimmte; aber seit die Erfindung des Schießpulvers den Unterschied zwischen Schwachen und Starken aufgehoben hat, da man ›auf Distanz‹ töten kann, sind Körperkraft, ebenso wie Schönheit, Humor, Höflichkeit und andere Eigenschaften nur noch behelfsmäßige Unterscheidungsmerkmale. Es gibt auch eine künstliche Aristokratie, welche sich auf Abstammung und Reichtum gründet, ohne Tugenden und Talente, denn mit diesen würde sie ja zur ersten Gruppe zählen. Die natürliche Aristokratie sehe ich als das reichste Geschenk der Natur an, Grundvoraussetzung für die Regierung, die geistige Bildung, die Hoffnung auf eine Weiterentwicklung der Gesellschaft.«

Dergleichen Ansichten waren jedoch im ›alten Süden‹ nicht sonderlich populär. Es gab wohl nirgendwo auf der Welt einen so weitverbreiteten, pseudo-aristokratischen Standesdünkel wie unter den wohlhabenden Bürgern und Pflanzern Virginias, und es waren ja gerade deren verzogene und snobistische Söhne, die Jeffersons Universität besuchen sollten. Der alte Staatsmann genoß durch die Rolle, die er während der Revolution gespielt hatte, und auch durch seine erfindungsreichen Verbesserungen der Agrikultur einen hohen Ruf; aber seine demokratische Philosophie tat man meist lächelnd als humanitäres Gefasel ab. Im übrigen hatten sich unter dem neuen Präsidenten John Quincy Adams 1825 die beiden großen amerikanischen Parteien gebildet, Demokraten und Republikaner, wobei man in den Südstaaten seit jeher republikanischer Gesinnung war. Die ›Virginia University‹ galt als Eliteschule, also gerade als das Gegenteil dessen, was Jefferson bezweckt hatte, der ja sogar dafür plädierte, daß sich Frauen immatrikulieren durften, sowie das Prinzip einer ›demokratischen Selbstverwaltung‹ propagierte – und dies angesichts einer Studentenschaft, die von ihrer ganzen Prägung her nichts von Demokratie hielt. So auch Poe, der von Erziehung und seinem ganzen Umfeld her dem Typus des blasierten Südstaatlers entsprach, waren ihm doch Fraternisierungen und Vereinheitlichungen ein Greuel. In seinen Schriften wimmelt es von Anzüglichkeiten über den ›Mob‹ (rabble), die ›canaille‹ und ähnlichem mehr.

Viele seiner späteren sarkastischen Bemerkungen zur amerikanischen Regierungsform hätten selbst in den konservativen Südstaaten Entrüstung hervorgerufen, wären sie nicht in skurrile, unterhaltsame Geschichten wie ›Mellonta Tauta‹ oder ›Some Words With a Mummy‹ eingestreut gewesen.

»Er sagt, sie hätten mit der krampfigsten Idee begonnen, die überhaupt denkbar ist, – nämlich der, daß alle Menschen frei geboren und gleich seien – und das allen Gradationsgesetzen zum Trotz, welche den Dingen sowohl im moralischen als im physikalischen Universum so sichtbarlich aufgeprägt sind. Jedermann ›wählte‹, wie sie's nannten, – das heißt, er murkste in den öffentlichen Angelegenheiten herum –, bis man schließlich die Entdeckung machte, daß Jedermanns Sache keines Sache ist und daß die ›Republik‹ (so nannte man das fratzenhafte Ding) überhaupt ohne jedes wirkliche Regiment war.«[26]

Welcher Demokrat unserer Tage wäre nicht empört über so viel ketzerische Menschenverachtung? Freilich sind Poes Ansichten über die Demokratie aus der Verbitterung einer weit späteren Lebensperiode heraus zu verstehen, aus der Situation eines verhungernden Poeten, für den der Staat keinen Finger rührte. Daniel Hoffman charakterisiert Poe als einen »fanatischen Pamphletisten ohne Partei«[27], was seine ätzenden gesellschaftspolitischen Kommentare angeht; Poes elitäre Grundhaltung hat ihre Wurzeln jedenfalls bereits in der Gesellschaftsstruktur des Richmond seiner frühen Jugend und der Skepsis, die man im ›alten Süden‹ Jeffersons Utopien eines ›höheren Menschentums‹ auf der Grundlage allgemeiner Gleichberechtigung entgegenbrachte.

Daß es auf dem Wege der Etablierung einer neuen Elite im Sinne der Ideale der Französischen Revolution Hindernisse zu überwinden gab, war Jefferson wohl bewußt, und so hatte er auch gewisse Verordnungen eingeführt, die das Betragen der Studentenschaft reglementierten. Übertretungen dieser Gesetze wurden je nach Vergehen als ›kleiner‹ oder ›größer‹ eingestuft. Ein ›kleineres‹ Vergehen war beispielsweise Abwesenheit von den Unterrichtsstunden, Unaufmerksamkeit oder unziemliches Betragen im Klassenzimmer, im Universitätsbereich eine Pistole zu tragen oder abzufeuern, alkoholhaltige Getränke zu besitzen oder zu konsumieren, Tabak zu kauen oder zu rauchen oder ohne ausdrückliche Genehmigung der Fakultät ›ein Fest zu veranstalten‹. ›Liderlichkeit‹ und ›Ausschweifungen‹ sowie Glücksspiele wurden zunächst mit einem Verweis und einer schriftlichen Beschwerde an die Eltern oder Erzieher bestraft; im Wiederholungsfalle drohte die Exmatrikulation. Auf ›aufrührerisches‹ oder ›sehr ungebührliches‹ Betragen stand entweder ein zeitweiliges Verbot, sich im Umkreis der Universität aufzuhalten, in schwereren Fällen der Ausschluß. Ein Student, der ein Duell mit tödlichen Waffen ausfocht, ganz gleich, ob er der Herausforderer oder der Beleidigte war, wurde in jedem Falle der Universität verwiesen.[28] Aus diesem Katalog ist unschwer ersichtlich, wie es um die Mentalität der Aspiranten eines ›höheren Menschtums‹, die virginische ›Jeunesse dorée‹ bestellt war. Das bedenkliche Gefälle von Theorie und Praxis muß den alten Jefferson schier zur Verzweiflung getrieben haben. Zunächst einmal konnte seine klassische Bildungsanstalt, um deren Entstehung er so lange gekämpft hatte und auf die ganz Amerika blickte, erst im März 1825 anstatt wie vorgesehen am 1. Februar ihre Tore öffnen, weil ein Großteil der aus England berufenen Professoren zu spät eintraf. Die erste Generation der 123 neuen Studenten führte sich wie eine Horde Barbaren auf. Das Prinzip ›demokratischer Selbstverwaltung‹ erwies sich als völlig undurchführbar. Zechgelage, Glücksspiel, Raufereien und Duelle waren an der Tagesordnung, und gelegentlich kam es zu offenem Aufruhr und Tätlichkeiten gegen die Dozenten. Bereits im Oktober desselben Jahres setzte die Fakultät eine Resolution des Inhalts auf, daß sämtliche Professoren ihre Ämter niederzulegen drohten, wenn nicht zur Wahrung der Disziplin eine ›wirksame Ordnungspolizei‹ etabliert werden würde. Im zweiten Jahr, als sich Poe am 14. Februar immatrikulierte, schien man das Chaos etwas in den Griff bekommen zu haben, aber das Niveau der mittlerweile 177 Studenten war das gleiche geblieben: Söhne der angesehensten Familien Virginias mit reichlich Taschengeld, viele, die das geruhsame Plantagenleben satt hatten und sich einmal gründlich austoben wollten, egoistische Dandys, wie sie etwa Charles Dickens später in der Figur der Steerforth in seinem Roman ›David Copperfield‹ beschreiben sollte, die in teuren Überröcken, geblümten Westen, Wildleder- und Nankinghosen, Schaftstiefeln und allerlei modischem Bric-à-brac, langen, goldenen Uhrketten oder extravaganten Krawatten einherstolzierten, Hitzköpfe, die geladene Pistolen spazierenführten, und daneben die Angepaßten, Lernwilligen, über die man sich lustig machen konnte. Einen ›Leistungsdruck‹ im heutigen Sinne gab es ebensowenig wie Graduierungen; man bekam lediglich bestätigt, daß man an bestimmten Vorlesungen teilgenommen hatte, und nur solche, die sich durch besondere Leistungen in einem Fach hervortaten, wurden namentlich erwähnt.

Schon früh mußte Poe einsehen, daß er sich zwar von seiner inneren Einstellung und seinem äußeren Habitus her mit Leichtigkeit in die ›besseren Kreise‹ seiner Kommilitonen einfügen konnte, es ihm jedoch auf längere Sicht an dem nötigen Kleingeld mangelte. Die 110 Dollar, die er bei sich führte und mit denen er ein ganzes Jahr haushalten sollte, reichten nicht einmal aus, annähernd die Universitätskosten zu bestreiten. Vom Bildungsplan her gab es acht Sektionen, einzelne ›schools‹, die jeweils von einem Dozenten geleitet wurden. Man konnte, wenn man qualifiziert genug war, natürlich sämtliche belegen, aber im Normalfall waren es mindestens drei. Die Studienkosten beliefen sich pro Semester auf fünfzig Dollar für eine Klasse, sechzig für zwei und fünfundsiebzig für drei Professoren. Unterkunft und Verpflegung wurden extra berechnet. Entweder logierte man in einem der drei ›hotels‹ mit ›Vollpension‹ – das kostete im Jahr gut hundert Dollar – oder man bezog einen der 108 Schlafräume, für fünfzehn Dollar, wenn man allein, die Hälfte, wenn man zu zweit dort wohnte. Für Verköstigung hatte man dann selbst zu sorgen. Hinzu kam eine Pauschalgebühr ›für die Benützung der öffentlichen Gebäude‹ sowie eine Kaution, die in der Bibliothek zu hinterlegen war – abermals insgesamt 25 Dollar. Für ein normales Auskommen auf der Universität von Charlottesville benötigte man mindestens 300 Dollar – und diese Summe entsprach mitnichten dem Standard der ›gentry‹, die sie besuchte. Aus der Tatsache, daß sich Poe gleich zu Beginn seiner Studienzeit in finanziellen Schwierigkeiten befand, lesen einige seiner Biographen ein perfides ›Komplott‹ Allans gegen seinen Pflegesohn heraus.[29]

Man mag von John Allans Charakter denken, was man will, ihn für einen kleinlichen, neureichen und nachtragenden Bourgeois halten, aber eine Figur aus einem Schauerdrama, ein ›rachsüchtiger, satanischer Drahtzieher von Poes Verderben‹ war er gewiß nicht. Wahrscheinlich handelte es sich bei seiner Attitüde gegenüber dem Studenten Poe um eine Mischung aus schottischer Knauserigkeit und der ›erzieherischen Maßnahme‹, Poes Extravaganzen, wie er sie in Richmond an den Tag gelegt hatte, nicht mehr länger zu unterstützen. Poe hatte sicher genug Menschenkenntnis, die Lage vier Jahre später in einem Brief an Allan richtig einzuschätzen:

»Ich will's nur kühn sagen, daß es einzig und allein Ihr eigener verfehlter Geiz war, welcher all die Schwierigkeiten verursachte, in die ich während meines

Aufenthalts in Charlottesville geriet. Die Kosten am Institut betrugen bei niedrigstem Anschlag $ 350 pro Jahr. Sie schickten mich mit $ 110 dorthin. Von diesen waren $ 50 unmittelbar für Pension zu erlegen – $ 60 als Kolleg-Gelder für zwei Professoren – und selbst da konnten Sie die Gelegenheit nicht vorüberlassen, mich darum zu beschimpfen, daß ich nicht bei dreien hörte. Dann waren weitere $ 15 für Zimmermiete zu bezahlen – denken Sie bitte daran, daß all dies *im voraus* zu entrichten war – von $ 110! – Des weiteren $ 12 für ein Bett – und nochmals $ 12 für Zimmermöblierung. Ich hatte natürlich den Verdruß, mich in Schulden stürzen und ein offizielles Darlehen aufnehmen zu müssen – gegen die bekannten Regeln des Instituts, und ward so gleich zu Anfang im Lichte eines Bettlers betrachtet. Es wird Ihnen erinnerlich sein, daß ich innerhalb einer Woche nach meiner Ankunft an Sie um etwas mehr Geld schrieb und um Bücher – Sie antworteten in Ausdrücken der äußersten Beschimpfung – wäre ich der niederträchtigste Schurke auf Erden gewesen, Sie hätten mich nicht ärger schmähen können, als Sie's taten, und das bloß, weil ich's nicht im Stande war, $ 150 mit $ 110 zu bezahlen. Ich hatte Ihnen in meinem Briefe (Ihrem ausdrücklichen Befehl gemäß) eine Aufstellung der aufgelaufenen Kosten beigeschlossen, welche sich auf $ 149 beliefen – der zu zahlende Ausgleich betrug mithin $ 39 – Sie legten mir $ 40 bei und ließen mir somit einen Dollar für die Tasche. Kurze Zeit danach empfing ich ein Paket Bücher, bestehend aus dem *Gil Blas* und den *Cambridge Mathematics* in 2 Bdn.: Bücher, für welche ich auch nicht die mindeste Verwendung hatte, da mir die Mittel fehlten, die mathematischen Vorlesungen zu besuchen. Doch Bücher mußte ich haben, wenn ich am Institut zu bleiben beabsichtigte – und sie wurden demzufolge *auf Kredit* gekauft. In dieser Weise häuften sich die Schulden, und ich mußte bei Juden in Charlottesville zu Wucherzins Geld aufnehmen – denn ich war genötigt, eine Bedienung anzustellen, Feuerung zu bezahlen, meine Wäsche wegzugeben und tausend andere Notwendigkeiten mehr. Da geschah es denn, daß ich unordentlich wurde, denn wie hätte sich's anders noch richten lassen?«[30]

Über Allans übertriebenen Geiz finden sich schon frühere Belege; er steht also in keinem unmittelbaren Zusammenhang mit seiner Unzufriedenheit über Poes Lebenswandel. Zwischen 1821 und 1825 führte er sogar peinlich genau Buch über die Ausgaben Poes und seiner Schwester Rosalie für Briefpapier und Postgebühren – Beträge, die zwischen 18 Cents und $ 1.50 rangierten.[31] Mit Taschengeld war er nie – auch nicht nach seiner reichen Erbschaft – besonders großzügig; eher scheinen Mrs. Allan und ihre Schwester Edgar öfters etwas zugesteckt zu haben. So verhielt es sich wohl auch vor seiner Abreise nach Charlottesville, so daß er neben Allans $ 110 noch eine kleine Rücklage hatte, die er natürlich in seinem Brief verschwieg.

Das neue Semester hatte bereits am 1. Februar begonnen, so daß Poe vierzehn Tage verspätet eintraf. Er schrieb sich bei zwei Professoren für alte und neue Sprachen ein: dem Engländer George Long, einem noch sehr jungen Mann, der jedoch bereits als *die* Koryphäe für klassische Sprachen galt (seine Übersetzungen von Marc Aurel und Epiktet wurden damals in Fachkreisen gerühmt), und dem Deutschen Georg Blaettermann, der Jefferson von den berühmten amerikanischen Gelehrten Preston und Ticknor empfohlen worden war und der in Spanisch, Italienisch, Deutsch, Altenglisch sowie Geschichte und Geographie unterrichtete. Die altsprachlichen Vorlesungen fanden montags, mittwochs und freitags morgens zwischen sieben Uhr dreißig und neun Uhr dreißig statt, die neusprachlichen dienstags, donnerstags und samstags zur gleichen Zeit. Da in den Unterlagen der Fakultät nur solche Studenten geführt wurden, deren Leistungen überdurchschnittlich waren (Poes Name findet sich in den Prüfungslisten der Latein- und der Französischklasse) ist nicht mit Sicherheit überprüfbar, welche Vorlesungen er sonst noch besuchte; aber aus Aussagen von Zeitgenossen geht hervor, daß er bei Professor Long außerdem Griechisch, bei Professor Blaettermann Spanisch und Italienisch belegt hatte und gelegentlich Gasthörer in anderen Seminaren war.

Seine ersten Tage auf der Universität verbrachte er wie jeder Neuling damit, Formulare auszufüllen, eine Unterkunft zu suchen, sich bei Kommilitonen durchzufragen und sich allgemein mit den Regeln und Örtlichkeiten vertraut zu machen. Die ›Virginia University‹ gehört sicher zu den imposantesten Beispielen klassizistischer Architektur in Amerika, und die langen Reihen säulenflankierter, in der Sonne blendend weißer Gebäude, deren Bau teilweise gerade erst abgeschlossen war, erfüllten die Luft noch immer mit dem Geruch frischer Farbe. Das ganze Ambiente muß auf ihn gewirkt haben wie ›the glory that was Greece / And the grandeur that was Rome‹.

Das Universitätsgelände wurde von der ›rotunda‹, einem mächtigen, runden und von einer Kuppel gekrönten Gebäude beherrscht, das dem römischen Pantheon nachempfunden war – ähnlich Jeffersons ›Kapitol‹ in Richmond – und zu dieser Zeit, noch von Baugerüsten umgeben, kurz vor der feierlichen Eröffnung stand. Bald darauf war es ein beliebter, noch im Jahre 1965 wiederholter Studentenulk, eine Kuh oder einen Ochsen auf das Kuppeldach dieses Bauwerks zu stellen – aus der Ferne betrachtet sicherlich ein höchst befremdliches Bild. Wie der Streich technisch bewerkstelligt wurde, bleibt allerdings ein Rätsel. In einer später gestrichenen Passage aus Poes Humoreske ›A Mystification‹ erwähnt der Erzähler neben anderen unglaublichen Erlebnissen, daß er einmal »einen Ochsenkarren mit Ochsengespann auf der Spitze der ›rotunda‹ erblickt habe«[32]. Auf dieses Zentrum liefen rechts und links jeweils fünf voneinander abgetrennte ›pavillons‹ zu, die in verschie-

denen klassischen Stilrichtungen erbaut waren – meist nach Architekturskizzen des von Jefferson bewunderten Palladio. In jedem dieser tempelartigen Gebäude befand sich ein großer Hörsaal und darüber zwei Wohnräume für den entsprechenden Dozenten. Dazwischen erstreckten sich die langen, einstöckigen Unterkünfte der Studenten – ›East Range‹ und ›West Range‹. Poes Domizil lag auf der Westseite – ›Nr. 13‹. Dieser Abschnitt hieß damals im Studentenjargon ›Rowdy Row‹ – und in der Tat scheint es dort recht heiß hergegangen zu sein. »Seit Sie zuletzt hier gewesen sind«, berichtet Poe in einem seiner Briefe an Allan, »hat es hier einige Faustkämpfe gegeben – einer zwischen Turner Dixon und einem gewissen Blow aus Norfolk erregte jedoch mehr Aufsehen, als ich je zuvor erlebte – eine einfache Schlägerei ist ja ein so normales Vorkommnis, daß keiner mehr Notiz davon nimmt – Blow gewann in dem Handgemenge ziemlich die Oberhand – aber Dixon behauptete danach die übelsten Dinge über ihn – worauf alle, die aus Norfolk

Die Universität von Virginia, 1831

stammten, sich bis an die Zähne bewaffneten – und man redete die ganze Woche über nichts anderes, als über Dixons Anschuldigungen und Blows Erklärungen dazu – jede Säule der Universität war mit Flugzetteln bedeckt – Dixon fiel auf brutale Weise über Arthur Smith her, einen von Blows Freunden aus Norfolk, einen ›sehr netten Burschen‹ – er schlug ihm mit einem großen Stein gegen die Schläfe – worauf Smith eine Pistole zog, (wie sie hier jeder mit sich herumträgt) die die Kontroverse beendet haben würde, hätte nicht das Schloß geklemmt – aber so war es eben – das Ding hatte eine Ladehemmung – die Angelegenheit wurde danach etwas friedfertiger bereinigt – da der Proctor die Polizei beauftragt hat, beide Seiten ruhig zu stellen – also herrscht wieder Frieden –«[33]

Der launige Tonfall dieses Briefes klingt nicht gerade nach der Empörung eines wohlerzogenen jungen Mannes, der Zeuge wüstester Gewalttätigkeiten wird, sondern eher nach jemandem, der sich fasziniert in die vorderste Reihe der Umstehenden drängt, um die Streithähne mitanzufeuern. Ferner geht daraus hervor, daß Allan seinen Pflegesohn gelegentlich auf der Universität aufsuchte, um sich ein Bild über dessen Werdegang zu machen – was immerhin für ein gewisses Interesse spricht und die Ansicht mancher Biographen widerlegt, er habe Poe aus unlauteren Motiven ›abgeschoben‹. Im übrigen sorgte er dafür, daß es Poe zumindest nicht an guter Kleidung mangelte: »Heute morgen wurden mir die Kleidungsstücke zugestellt, die Sie mir schickten – ein Uniformrock, sechs Yards gestreiften Stoffs für Hosen und vier Paar Socken – Der Rock ist wunderschön und paßt mir wie angegossen – «[34] etc.

Allans Besuche hatten zudem einen weiteren, von ihm durchaus nicht eingeplanten Effekt – sie bestätigten Poes Kreditwürdigkeit. Es war allgemein bekannt, daß Edgars Pflegevater zu den bestsituierten Männern des Landes zählte, und man ging davon aus, daß er ohne Zögern jedwede Schulden seines Zöglings begleichen würde. »Lassen Sie nur, Mr. Poe – ich setze es auf die Rechnung« – so bekam der junge, unerfahrene Student nur allzu oft zu hören – eine gefährliche Verlockung. Edward V. Valentine, ein Korrespondent von Poes erstem Biographen Ingram und als ehemaliger Bekannter der Allans ein glaubwürdiger Zeuge, berichtet, Mrs. Allan habe einst ihm gegenüber zugegeben, daß sie und John Allan enorme Summen für Poes Schulden in Charlottesville aufbringen mußten, und ihm als Beweis dafür diverse Rechnungen vorgelegt – Rechnungen über beträchtliche Mengen Champagner sowie insgesamt siebzehn Anzugjacken aus feinstem Stoff, die Poe nacheinander verspielt haben soll.

Es besteht kein Zweifel daran, daß sich Poe während seiner Studienzeit ›höchst ungebührlich‹ aufführte – wie viele seiner eigenen Briefe belegen können, in denen er dies offen zugab. »Ich hatte nie die Absicht, auch nur den Versuch einer Entschuldigung für mein schändliches Verhalten... an jenem Ort zu wagen«[35], heißt es kläglich in einem seiner späteren Briefe an Allan. Oder an anderer Stelle: »Wenn ich zurückblicke auf die Vergangenheit und alles überdenke – das Viele, das Sie für mich zu tun versuchten – Ihre Langmut und Ihre Generosität, ungeachtet der höchst abscheulichen Undankbarkeit auf meiner Seite, so kann ich nicht umhin, mich für den größten Narren zu halten, den es nur geben kann: – ich bin so weit, dem Tage zu fluchen, da ich geboren ward.«[35]

So dramatisch überhöht Poes Zerknirschung klingen mag, so berechtigt scheint sie doch allen Quellen zufolge zu sein. Angesichts dieser und vieler anderer unbestreitbarer Dokumente erscheinen die Bemühungen einer Anzahl seiner Biographen, ihn als ›Musterschüler‹ darzustellen, der von einem boshaften Pflegevater aufs Abstellgleis geschoben wurde, allenfalls rührend. Daß er von der Universität kein einziges Mal relegiert wurde, läßt eher auf seine Geschicklichkeit in brenzligen Situationen schließen, und daß er in vielen der von ihm belegten Fächer Bestleistungen erbrachte, spricht für sein sprachliches Talent, jedoch keineswegs für ›gute Führung‹. Um seine Situation auf der Universität besser zu verstehen, muß man sich anhand von zeitgenössischen Beschreibungen in die Lage eines ›wohlsituierten Studenten‹ jener Tage versetzen, wie sie William M. Burwell, einer seiner Kommilitonen, umreißt: »Die Jugend des ›alten Südens‹ strömte zu den ersten Semestern dieser hochgelobten Schule herbei, die meisten mit dem guten Vorsatz, sich die Vorteile zunutze zu machen, die sie versprach. Trotzdem hatten viele unter ihnen kaum etwas anderes im Sinn, als sich die Routine einer liberalen Erziehung möglichst vergnüglich zu gestalten. Einige aus dieser Kategorie trafen mit schier unbegrenzten Geldmitteln, andere in eleganten Equipagen ein. Ein junger Bursche von der Ostküste fuhr in einem Zweispänner mit reinrassigen Pferden, einem Sklaven, einer Vogelflinte und ein oder zwei Jagdhunden vor. Überhaupt waren eine Menge Dandys darunter, mit extravaganten Gewohnheiten und voll Verachtung für die Mühsal des Studierens. Diese verbrachten ihre Zeit nicht nur damit, auf dem Grund des Colleges allerhand Unfug anzustellen, sondern trieben sich auch in dem kleinen Gerichtsbezirksstädtchen Charlottesville herum, wo sie sich angaffen ließen und von den Kaufleuten und Pferdeverleihern hoffiert wurden.

Einige Geschäftsleute und Hotelbesitzer verdienten eine Menge an der Verschwendungssucht ihrer jugendlichen Kunden, obwohl deren sorglose Verschuldung später zu einer Gesetzesregelung führte, nach welcher solche Schulden, sofern sie einen gewissen Rahmen überschritten, für ungültig erklärt wurden. Einmal stieß eine Gruppe von bedenklich angezechten Studenten auf der Straße zwischen der Ortschaft und der Universität unvermittelt auf den Professor für ›Moralphilosophie und politische Ökonomie‹. Die meisten flohen in alle Richtungen auseinander, nur einer von ihnen, (er wurde später zu einem angesehenen Rechtsanwalt) verschmähte es, sich in die Büsche zu schlagen. ›Ich bin‹, sagte er, ›K. K. M. aus Tuskaloosa, Alabama – zu unerschrocken, auszureißen und zu stolz, Ihnen aus dem Weg zu gehen‹. ›Mr. M.‹, entgegnete der Professor, ›hätte noch hinzufügen können: zu betrunken, um geradeaus zu sehen‹.«[36]

Poes tägliche Routine auf der Universität läßt sich ziemlich genau rekonstruieren. Außer an Sonntagen wurde er jeden Morgen gegen halb sechs Uhr, wie die anderen Studenten, durch Mr. William Wertenbaker, das allgemeine Faktotum der Fakultät, der zugleich als Sekretär und Bibliothekar arbeitete, geweckt. Es folgte ein kurzes Frühstück in irgendeiner nahegelegenen Pension; dann verblieb noch etwas Zeit, sich auf die anstehenden Lektionen vorzubereiten, womit man sich am vorangegangenen Tag hätte auseinandersetzen sollen. Um sieben Uhr dreißig begann die erste Vorlesung bei Professor

Long, einem schmächtigen, blonden jungen Mann von knapp sechsundzwanzig Jahren. Bis er von Jefferson abberufen wurde, hatte er eine Lehrstelle am Trinity College in Cambridge innegehabt. Longs Unterrichtsmethode scheint schwierig und anspruchsvoll gewesen zu sein, aber er wußte seine Vorlesungen durch seine umfassende Bildung so interessant und anschaulich zu gestalten, daß sich Poes Latein- und Griechischkenntnisse innerhalb eines knappen Jahres weit über das Niveau hinausentwickelten, das er bisher in Richmond erworben hatte. »... besonders brillierte er in Französisch und Latein; er konnte beide Sprachen mühelos sprechen und schreiben... es war üblich, daß er den Hörsaal (Pavilon V oder Pavilion VI, wo die Professoren Long und Blaettermann lebten) betrat und nicht im Mindesten vorbereitet war, wenn er aufgerufen wurde, eine Textstelle zu rezitieren. Aber sein Gehirn arbeitete so schnell und er hatte ein so exzellentes Gedächtnis, daß er sich nur wenige Augenblicke in die Lektion vertiefen mußte, und er war bereit, den besten Vortrag der Klasse zu liefern. Das Beste, was ihm in dieser Situation passieren konnte, war die Gelegenheit, einen beliebigen Text aus dem Übungsbuch herauszugreifen oder ganz einfach zu improvisieren. Diese wunderbare Begabung ermöglichte es ihm, in den Vorlesungen einen besonders hohen Status zu halten, der ihm die Bewunderung, öfters aber den Neid seiner Kommilitonen eintrug.«[37]

Daß Poe in diesem Jahr einer der besten Schüler Longs gewesen sein muß, findet sich in den Prüfungsunterlagen der Fakultät bestätigt, wo er als einer der acht Studenten aufgeführt wird, die eine Auszeichnung erhielten – wobei der Lehrplan damals die Werke von Horaz, Ciceros ›Epistel‹, Virgils ›Georgica‹, die Annalen des Tacitus sowie Abschnitte aus den Schriften des Plautus, Terenz und Juvenal vorgesehen hatte.[38]

Ebenso findet sich Poes Name unter den acht Besten in den erhaltenen Prüfungslisten von Professor Blaettermanns Französischkurs. In der Bibliothek der Universität lieh Poe häufig französische Bücher aus, darunter Voltaires Werke und Charles Rollins ›Histoire Ancienne‹ und ›Histoire Romaine‹. In einem seiner späteren Briefe zitiert er den spanischen Dichter Fray Luis de Léon und komprimiert zwei Stanzen aus einem seiner Gedichte in eine, ein Beweis dafür, daß er sich zumindest in den Grundregeln spanischer Grammatik auskannte. Übertragungen ins Italienische scheinen ihm ebenfalls keine Schwierigkeiten bereitet zu haben.

Poes Deutschkenntnisse dagegen waren, obwohl ihn Blaettermann sicher mit den Elementarregeln der Sprache vertraut machte, nur äußerst rudimentär. Immerhin sollte er später auf einem handgeschriebenen Titelblattentwurf seiner ›Grotesken und Arabesken‹ (Phantasy-Pieces) einer Auswahl seiner Novellen ein verstümmeltes »Göthe«-Zitat voranstellen:

»Seltsamen Tochter Iovis,
Seinem schosskinde,
Der *Phantasie*«.[39]

Übersetzungen deutscher Literatur – meist zeitgenössische Schauerromanzen à la Zschokke – erschienen seit 1821 unter dem Titel ›Horae Germanicae‹ in ›Blackwood's Magazine‹, einer Zeitschrift, in die er sich bekanntlich während seiner Jugendjahre in Richmond gerne vertiefte. Besonders angetan hatten es ihm die sogenannten ›Kunstromane‹ im Stil von E. T. A. Hoffmanns ›Die Elixiere des Teufels‹, Tiecks ›Der blonde Eckbert‹ und vor allem de la Motte Fouqués ›Undine‹, »Bücher, die sich weniger mit der Verteidigung oder Erläuterung der ›schönen Künste‹ aufhalten, als die Kunst selbst in ihren individuellen Erscheinungsformen zu verkörpern – Bücher, die in der Gestalt der ›Romanze‹ und durch ein Wechselspiel bizarrer, teilweise allegorischer, teilweise metaphysischer Erzählebenen lediglich dem Zwecke dienen, den Leser zur Bewunderung und Erkenntnis von Schönheit anzuregen. Nur in Deutschland konnte ein so verrücktes – oder vielleicht so tiefgründiges Konzept entstehen und gedeihen.«[40]

Man kann davon ausgehen, daß Poe durch seine Sprachbegabung und seine Belesenheit bei den Professoren eine gewisse Sonderstellung einnahm, wodurch er sich sicherlich manche Freiheiten herausnehmen durfte, die man bei seinen Kommilitonen schwerlich hätte durchgehen lassen. Es gab freilich einige Musterschüler in seinen Seminaren wie Gessner Harrison, Henry Tutwiler und Philip Cooke, die stets glänzend präpariert zu den Vorlesungen erschienen, nur auf ihr Studium bedacht waren und sich aus allen studentischen Exzessen heraushielten – aber keiner von ihnen konnte den ›Tasso‹ ins Englische übersetzen und mit solch mitreißender Emphase deklamieren wie Poe. Er mag wohl sogar den greisen Jefferson selbst einmal beeindruckt haben, wenn er – wie es im Turnus üblich war – mit einer Gruppe anderer Studenten in ›Monticello‹, dem drei Meilen entfernt gelegenen Herrensitz dieses lebenden Denkmals, zu Abend speisen durfte – und sei es nur mit irgendeiner geistreichen Bemerkung, die die etwas förmliche Atmosphäre auffrischte.

Ansonsten war sein tägliches Pensum nicht gerade erdrückend. Zwei Stunden Vorlesungen am Morgen, an denen er mit »tolerierbarer Regelmäßigkeit«[41] teilnahm, gelegentlich vielleicht ein paar sogenannte ›militärische Übungen‹, die ein Mr. Mathews, ein West Point Absolvent, beaufsichtigte (Jefferson war der Ansicht, daß die zukünftigen ›Führer der Republik‹ auch zum Dienst an der Waffe erzogen werden müßten), sowie die obligaten Prüfungen, auf die man sich vorbereiten mußte. Dazu gehörte noch, daß er sich oft stundenlang in den Räumen der Bibliothek aufhielt – mehr aus persönlichem Interesse als zu Studienzwecken.

Poes Wissen und sein damals schon etwas exzentrischer Charakter machten ihn bei der Mehrzahl der Studenten nicht sonderlich beliebt. Er wurde entweder bewundert oder beneidet, und viele taten ihn einfach als ›verrückten Spinner‹ ab. »Eine besonders eigentümliche Prägung«, schreibt Douglas Sherley, »verunsichert den Durchschnittsmenschen. Der unglückliche Besitzer hervorstechender Charaktereigenschaften befindet sich in einer bedauernswerten Position. Andauernd entstehen irgendwelche Mißverständnisse, die oft nicht erklärt werden können, selbst wenn man sie zu erklären sucht. Es ist daher kaum überraschend, daß Edgar Poe nur wenige enge Freunde besaß. Er war in der Tat schon damals . . . ein Mann, der nicht in das übliche Schema paßte. Seine Eigenheiten ließen ihn immer wieder in Schwierigkeiten geraten. So machte er sich Menschen zu Feinden, die eigentlich seine Freunde hätten sein sollen. Dies wurde ihm oft gar nicht einmal bewußt. Denn seine Feinde auf der Universität gehörten zu der gefährlichsten und zugleich verächtlichsten Sorte – *geheime Gegner*, Burschen, die bereit waren, im Schutze der Dunkelheit von hinten anzugreifen. Eine Bande neidischer Feiglinge säumt stets die Wege solcher Männer wie Poe. Exzentrische Größe hat einen hohen Preis zu zahlen . . .«[42]

Poe selbst war sich dieser Situation wohl bewußt, wenn er später schrieb:

»Ab und an hab' ich mich über dem Versuch ergötzt, mir vorzustellen, was wol das Loos eines Menschen sein möchte, der begabt – oder vielmehr geschlagen – wäre mit einem sämmtlichen Art-Genossen bei Weitem überlegenen Geist. Natürlich wär' solch ein Mensch sich seiner Ueberlegenheit durchaus bewußt und könnte auch gar nicht anders (da er ja in allen andern Dingen ein gewöhnlicher Mensch bliebe), als dies Bewußtsein an den Tag zu legen. Dergestalt aber würd' er sich an allen Ecken und Enden Nichts denn Feinde machen, und da überdies seine Ansichten und Speculationen von denjenigen der *gesammten* Menschheit ganz erheblich differiren müßten, liegt's auf der Hand, daß man ihn für einen Tollhäusler ansehen würde. Welch entsetzlich qualvolles Loos! Nicht einmal die Hölle könnt' eine ärgere Tortur aussinnen, als Derjenige sie empfinden muß, welcher sich um seiner abnormen Stärke willen einer abnormen Schwäche bezichtigt sieht.

Ebenso kann Nichts klarer sein, als daß ein *extrem* großherziges Gemüt – eines, das *wahrhaft* empfindet, was alle Andern lediglich zu fühlen vorgeben – sich unvermeidlich und in jedweder Richtung mißverstanden finden, ja seine Beweggründe mißdeutet sehen muß. Ganz wie man ein Uebermaß an Geist für Einfältigkeit hielte, sähe man auch jede allzu große Ritterlichkeit unfehlbar für letztrangige Gemeinheit an – und so weiter, die gesammte Tugend-Leiter hinauf und hinunter. Der Gegenstand ist in der Tat ein recht schmerzlicher. Daß es Dessen unerachtet dennoch Menschen gegeben, welche sich dergestalt so hoch über die Flachheit ihrer Art-Genossen emporgeschwungen *haben,* steht wol außer Frage. Nur sollten wir, sobald wir rückschauend die Historie nach den Spuren ihres Erden-Wandels durchforschen, getroost alle Lebens-Beschreibungen der ›Guten und Großen‹ beiseite schieben und mit aller Sorgfalt den vagen Berichten über jene Elenden nachgehn, welche in den Gefängnissen, in Bedlam und am Galgen ihr Leben ausgehaucht.«[43]

Dieses Zitat hat es sicherlich verdient, in voller Länge aufgeführt zu werden, umreißt es doch – unter der Vorspiegelung einer ›allgemeinen Betrachtung‹ – Poes wohl schon während seiner Universitätszeit ausgeprägtes Lebensgefühl. Trotz allen Selbstmitleids und aller Hybris beschreibt es höchst anschaulich die Selbsteinschätzung des romantischen Künstlers. Ein tiefes Gefühl der Einsamkeit, des Nichtverstandenseins, auch des Ringens um Zuwendung wird hinter der Maske eines gewissen theatralischen Auftretens, der Rolle des Alleinunterhalters im Kreis von ›Gleichgesinnten‹ oder melancholisch-zynischer Unnahbarkeit in Gesellschaft kaschiert. Bemerkenswert ist die Zwanghaftigkeit, sich um jeden Preis von der Norm abzusetzen, ein tragisches Moment der Schauspielerei. Fast alle Reminiszenzen seiner Studienkollegen auf der Universität sind geeignet, diese Haltung zu illustrieren: »Ich war«, schreibt Thomas Bolling, »mit ihm in seiner Jugendzeit *bekannt* – aber das war auch schon alles. Mein Eindruck war, und ist es noch, daß nie jemand wirklich behaupten konnte, daß er ihn wirklich *gekannt* habe. Er trug immer eine melancholische Miene zur Schau, und sogar sein Lächeln – denn ich kann mich nicht daran erinnern, ihn jemals lachen gesehen zu haben – hatte etwas Gezwungenes, Künstliches an sich. Wenn er manchmal an sportlichen Übungen teilnahm, in denen er, glaube ich, zumindest was Weit- oder Hochsprung anbetraf, allen anderen überlegen war, schien Poe mit seinem immer traurigen Gesicht dies mehr als Verpflichtung aufzufassen denn als vergnüglichen Sport wie die Allgemeinheit«.[44]

Poes Abgesondert- und Reserviertheit wird immer wieder betont. Wie Bedloe, der Held seiner Novelle ›A Tale of the Ragged Mountains‹, unternahm er, »allein oder nur in Begleitung eines Hundes, ... einen langen Streifzug durch die Kette von wilden und öd verlassnen Hügeln, welche west- und südlich von Charlottesville liegen und dort mit dem Namen der Rauhen Berge ausgezeichnet werden«[45]. Oft schloß er sich auch in seinem Zimmer ein, wo er für niemanden ansprechbar war, schrieb sehnsüchtige Liebesbriefe an Elmira, von denen kein einziger beantwortet wurde, oder Gedichte, darunter das längere Versepos ›Tamerlane‹, dessen erste Zeilen lauten:

> »Tröstlicher Sang für Mußestunden –
> Das, Vater, ist mein Thema nicht.
> Ich weiß, ich werde nie entbunden

Von mehr als irdischen Hochmuts Sünde
Durch Erdenmacht – für Sehnsucht finde
Ich nicht die Zeit, für Träumen nicht.
Man nennt sie Hoffen – jene Glut!
Nichts ist sie als Begehrens Wut!
Könnte ich hoffen – Gott!, ja, dann
Hieß ich nicht Narr dich, alter Mann.«[46]

Tamerlane – das war der Name eines der Schiffe aus dem Besitz des reichen William Galt; ähnlich – Tamburlaine – hieß aber auch, in einem Theaterstück des Shakespeare-Zeitgenossen Christopher Marlowe, ein skythischer Schafhirte, der zum größten Feldherren aller Zeiten und Beherrscher der Welt aufsteigt. Ebenso zieht in Poes Gedicht der tatarische Bauernsohn Tamerlan, von Ehrsucht getrieben, aus, die Welt zu erobern, bis er nach Jahren in der Fremde mit Ruhm bedeckt nach Hause zurückkehrt, um festzustellen, daß seine Liebste, der er all seinen Reichtum zu Füßen legen will, inzwischen gestorben ist. Man kann viel Autobiographisches aus diesem ehrgeizigen Epos herauslesen – die Vaterfigur, die wie Allan kein Verständnis für den stürmischen Ehrgeiz des Sohnes aufzubringen vermag, Poes Verlangen, sich von den häuslichen Zwängen zu befreien und Erinnerungen an seine Romanze mit Miss Royster.

Vor allem deutlich wird jedoch in Poes ›Tamerlane‹ der Einfluß des von ihm noch immer vergötterten Byron, dessen Werke in Jeffersons Bibliothek nicht enthalten waren – um diesem Notstand abzuhelfen, so wird berichtet, erstanden Poe und Thomas Bolling zusammen bei einem Buchhändler in Charlottesville eine Ausgabe seiner ›Gesammelten Gedichte‹. Die darin enthaltenen Stahlstiche sollen Poe dazu angeregt haben, die Wände seiner Unterkunft mit Kreidezeichnungen nach ihren düster-romantischen Motiven auszuschmücken – Ritter Harold an Bord seines Schiffes, ›Manfred‹ am Rande eines Eisgletschers etc., zusammen mit einem lebensgroßen Bildnis des Dichters. »Poe«, schreibt Miles George, der damals zu seiner Klasse gehörte, »liebte es, berühmte Dichter zu zitieren, und las auch oft aus seinen eigenen poetischen Schriften vor, mit denen er seine Freunde aufs angenehmste unterhielt; dann wieder wandelte sich plötzlich seine Stimmung, und er stellte die Vielseitigkeit seiner Talente unter Beweis, indem er mit einem Kohlestift wunderliche und groteske Gebilde seiner Phantasie auf die Wände seines Schlafraumes zeichnete, und dies mit so viel künstlerischem Geschick, daß wir im Zweifel waren, ob später einmal ein Maler oder ein Dichter aus ihm werden würde«.[47]

Man wurde auch sonst nicht recht klug aus Poe. Einerseits präsentierte er sich am Morgen als adretter, wohlerzogener Gentleman, der die meist verschlafenen Studenten ebenso wie die auf ein solches Auditorium eingestellten, mitunter recht zynischen Dozenten Long und Blaettermann durch seine Präsenz, sein Wissen und zumindest seine Improvisationsgabe aufhorchen machte, andererseits trank und spielte er wie ein Besessener und war als erster dabei, wenn es galt, einen Studentenulk zu planen und auszuführen. Seine Spottverse und Karikaturen machten auf der Universität die Runde. Zusammen mit einem seiner engsten Collegefreunde, Thomas Goode Tucker, der sich später lebhaft an diese Zeit erinnerte, war er der Schrecken der Farmer von Albemarle, deren Bestände an Federvieh er lichtete und die häufig ihre Weizenfelder zertrampelt vorfanden, wenn Poe und Tucker Jagd auf Füchse und anderes Kleinwild gemacht hatten. Solche Streiche waren – ganz abgesehen vom Kartenspielen und von Zechgelagen – um so gefährlicher, als gerade im Jahre 1826 die Fakultät penibel über das Verhalten und die Disziplin der Studenten wachte. Die chaotischen Zustände im ersten Jahr nach der Eröffnung der Universität nötigten Jefferson und die Professorenschaft dazu, ihren anfänglichen Kurs zu korrigieren und weit härter durchzugreifen, als dies bisher der Fall gewesen war. Selbst ein Virginier, hätte Jefferson wissen müssen, daß sein System demokratischer Selbstverwaltung der Studentenschaft auf einem Denkfehler beruhte, denn der Ehrenkodex im ›alten Süden‹ verbot es auch den ›anständigen‹ Besuchern seiner Bildungsanstalt, Verstöße gegen ihre Regeln zur Anzeige zu bringen.

Daß Poes Stimmungen und Launen sehr wechselhaft waren und rasch umschlugen, wurde verschiedentlich registriert. »Er war überaus nervös, leicht erregbar und von einer steten Rastlosigkeit; manchmal eigensinnig, melancholisch und verschlossen, dann wieder ausgelassen, übersprühend und der angenehmste und lustigste Gefährte. Um diese übermäßige, nervliche Anspannung, unter der er litt, zu mäßigen und zu beruhigen, begab er sich nur zu oft unter den Einfluß von Alkohol (›that Invisible Spirit of Wine‹)[48]. Nun gehörte der übereifrige Zuspruch zu geistigen Getränken, wie schon erwähnt, in Amerika und besonders in Virginia damals geradezu zum guten Ton. Jeder, der nicht im gesellschaftlichen Abseits stehen wollte, mußte in dieser Hinsicht mithalten können, und besonders unter jungen Leuten und in studentischen Kreisen wurde vor allem derjenige anerkannt, der seine Trinkfestigkeit unter Beweis stellte. Dabei hielt man sich nicht mit leichten Getränken wie Wein oder Bier auf, sondern benützte stärkere Kaliber: neben Whiskey meist ›mint-slings‹, also mit frischer Minze versetzte Schnäpse, ›apple-toddy‹, eine Art Calvados, ›egg-nogs‹, Eierflips mit Whiskey oder Rum, insbesondere aber den legendären ›peach and honey‹, wie man damals den gebräuchlichen und wohlschmeckenden Südstaatenpunsch von verheerender Wirkung nannte und der, so T. G. Tucker, auch Poes Lieblingsgetränk auf der Universität war. Es bedurfte damals eines sehr stabilen Charakters oder einer grundsätzlichen Abneigung gegen Alkohol, um sich den gängigen Trinkgewohnheiten in Virginia zu entziehen; Poe tat gerade das Gegenteil: er versuchte, sich wie in seinen schulischen und sportlichen Leistungen auch in dieser Hinsicht besonders hervorzutun. »Es gab Zeiten, da sich Poe gänzlich der fröhlichen Gesellschaft wilder und unbekümmerter junger Burschen auslieferte; im Grunde seines Herzens jedoch lag ihm nichts an der Zügellosigkeit, die so oft seine Handlungen bestimmte. Es war eher ein Versuch – ein erfolgloser Versuch –, so zu sein wie die anderen.«[49] Verhängnisvoll daran, daß er bei den wüsten Zechgelagen seiner Kommilitonen eifrig mitzuhalten suchte, war die Tatsache, daß sein nervöses und übersensitives Temperament eigentlich kaum Alkohol vertrug. Er trank zunächst, um sich anzuregen, aber schon nach wenigen Gläsern endete der Abend meist in völliger Betäubung. »Schon damals«, schreibt ›Tom‹ Tucker, »war die Art seiner Leidenschaft für harte Drinks höchst eigentümlich und ungewöhnlich. Es war nicht der Geschmack des Getränkes, der ihn interessierte; stets ergriff er das verführerische Glas, gewöhnlich ohne Zucker oder Wasser hinzuzufügen – also ›perfectly straight‹ –, und stürzte es in einem Zug hinunter, ohne das leiseste Anzeichen von Genuß und ohne es abzusetzen, bevor der letzte Tropfen über seine Lippen gekommen war. Er konnte nie mehr als ein Glas zu sich nehmen, aber das reichte schon aus, seine ganze nervöse Natur in die höchste Erregung zu versetzen; dann brach ein unversiegbarer, wilder und faszinierender Redefluß aus ihm heraus, der mit sirenenhafter Macht alle Zuhörer unwiderstehlich in seinen Bann schlug.«[50]

Poe war zweifellos ein faszinierender Erzähler, und die nächtlichen Gesellschaften, die sich in seinem Domizil – West Range Nr. 13 – zusammenfanden, müssen für viele der Teilnehmer unvergeßliche Erlebnisse gewesen sein. Der vollbesetzte Raum, von Kerzenlicht erhellt, das Byron-Porträt, das mit glühenden Augen von der Decke auf die buntgemischte Gesellschaft herabblickte; der Geruch von heißem Pfirsich- oder Apfelpunsch, ein flackerndes Kaminfeuer und der siebzehnjährige romantische Dichter selbst, in einem maßgeschneiderten Anzug, blütenweißem Stehkragen und raffiniert geschlungener Krawatte im Mittelpunkt stehend, ein geleertes Glas vor sich, der mit glänzendem Blick und fiebrig geröteten Wangen der atemlos lauschenden Runde ein Gedicht oder eine Schauergeschichte vortrug.

Daß Poe während seiner Universitätszeit gelegentlich Freunde zu sich einlud, um ihnen aus seinen Werken zu rezitieren, steht außer Zweifel. Seine leider nicht erhaltene Prosa aus diesen Jahren (er vernichtete, mit Ausnahme einiger Gedichte, sämtliche seiner frühen Novellen) dürfte von Stil und Inhalt her den Schauerromanzen der ›gothic school‹ entsprochen haben. Auf Kritik konnte er sehr hitzköpfig reagieren. Thomas Goode Tucker schreibt: »Einmal las Poe einigen seiner Freunde eine Geschichte von größere Länge vor;

jene befanden sich jedoch in ausgelassener Stimmung, fingen an, darüber zu witzeln, und äußerten die scherzhafte Kritik, daß der Name seines Helden, ›Gaffy‹, zu oft darin vorkomme. Sein Stolz konnte einen so offenen Tadel nicht ertragen, und in einem Anfall von Zorn warf er, bevor seine Freunde ihn daran hindern konnten, alle Manuskriptseiten ins Feuer. Auf diese Weise ging eine Erzählung verloren, die stellenweise höchst originell und, im Gegensatz zum Großteil seiner Geschichten, auch sehr amüsant war, völlig frei von seinem üblichen düsteren Kolorit und den tragischen Ausgängen, die in Nebel undurchdringlicher Schwermut gehüllt lagen. Noch lange danach wurde er von allen, die in der besagten Runde dabeigewesen waren, ›Gaffy‹ Poe genannt – ein Spitzname, den er nicht ausstehen konnte.«[51]

Jedenfalls floß zu solchen Gelegenheiten der ›peach and honey‹ in Strömen, und wenn Poe ihn tatsächlich unversetzt trank, muß die Wirkung nach drei oder vier Gläsern fatal gewesen sein. Als Nachspiel am nächsten Morgen kamen dann immer tiefste Selbstzerknirschung und bittere Selbstvorwürfe, denn gerade der übersensible Poe, der so auf Selbstdarstellung und ein besonderes Image bedacht war, litt gräßlich unter den Exzessen, zu denen ihn sein Ringen um Anerkennung verleitet hatte. Es kam wohl nicht oft vor, daß er sich bis zur Besinnungslosigkeit betrank, und William Wertenbaker weist besonders darauf hin, daß er zu keiner Gelegenheit »den Einfluß berauschender Getränke« an ihm wahrgenommen habe; aber es war doch während seiner Universitätszeit, als er zum erstenmal mit dem ›Dämon Alkohol‹ Bekanntschaft machte, der ihn seitdem verfolgen sollte.

Ein weiteres, für Poe – jedenfalls für seine damalige Situation – noch folgenschwereres Laster war seine Spielleidenschaft. Daß er davon angesteckt wurde, braucht nicht zu verwundern: ganz Amerika, vor allem die ›virginische gentry‹, war vom Glücksspiel besessen. Die geradezu sprichwörtliche, fieberhafte Bereitschaft der reichen Pflanzer des ›alten Südens‹ zu hohen Einsätzen rief immerhin gegen Ende des ersten Jahrzehnts des 19. Jahrhunderts einen neuen Berufszweig ins Leben, den des erwerbsmäßigen Spielers, der insbesondere auf den Flußdampfern ein höchst einträgliches Geschäft führte; und von allen Untugenden, die an seiner ›klassischen Bildungsanstalt‹ grassierten, war diese Jefferson am meisten ein Dorn im Auge. Wie gegen den Mißbrauch des Alkohols, so rekrutierten sich zu jener Zeit allenthalben Verbände und Organisationen, die gegen das Glücksspiel zu Felde zogen, das sich in einer unübersehbaren Vielfalt anbot: das kürzlich erst aufgekommene Roulette, Kartenspiele wie Faro, das berüchtigte ›Drei Karten Monte‹, Ecarté, Whist, ›rouge-et-noir‹, ›brag‹, ›euchre‹, ›all fours‹, Keno etc. etc. Auf der ›Virginia University‹ war man, wie Poe, versessen auf ›seven up‹ und ›200‹, zwei dem erst später in Mode kommenden Poker verwandte Spielarten. »Ich gedenke nicht«, heißt es in Poes Novelle ›William Wilson‹,

»einen genauen Abriß meines verworfenen Lebens hier zu geben, eines Lebens, das den Gesetzen Trotz bot, während es der Wachsamkeit der akademischen Behörden spottete... Jahre der Ausschweifung, die lasterhafte Gewohnheiten in mir einwurzeln ließen und höchstens meine körperliche Gewandtheit in ziemlich ungewöhnlichem Maße förderten, waren ohne Gewinn dahingegangen, als ich nach einer Woche geistloser Zerstreuungen eine kleine Schar der liederlichsten Studenten zu einem heimlichen Zechgelage in meine Räume einlud. Wir kamen erst spät in der Nacht zusammen, da unsere Ausschweifungen redlich bis zum nächsten Morgen dauerten... Toll erhitzt vom Kartenspiel und den genossenen Giften, war ich soeben dabei, einen ungewöhnlich blasphemischen Trinkspruch auszubringen, als...

...Indessen war ich, so unglaublich es klingt, von gesellschaftlicher Anständigkeit so gänzlich abgekommen, daß ich mit der übelsten Sorte professioneller Spieler Umgang suchte, und nachdem ich mir ihre verächtliche Wissenschaft angeeignet hatte, begann ich, auf diese Weise gewohnheitsmäßig meine ohnedies schon enormen Einkünfte auf Kosten der beschränkten Köpfe unter meinen Kommilitonen zu vermehren... wer unter meinen liederlichsten Kumpanen hätte nicht lieber das klarste Zeugnis seiner Sinne bestritten, als den frischfröhlichen, den hochgemuten William Wilson solcherart zu verdächtigen, ihn, den edelsten und freigebigsten Bürgerlichen in Oxford, dessen tolle Streiche, sagten meine Schmarotzer, nur Jugendtorheit und ungezügelte Einbildungskraft, dessen Verwirrungen unnachahmliche Laune und dessen dunkelste Laster nur Zeichen einer sorglosen, überquellenden Lebenslust waren?«[52]

Bei aller Vorsicht, Poes Werke zur Deutung seiner Persönlichkeit heranzuziehen, fällt es doch schwer, in dieser dramatisch überspitzten Charakterisierung seines Helden nicht ein stark autobiographisches Moment zu sehen. Es hat sich unter seinen Biographen eingebürgert, ihn als ›Opfer der Verhältnisse‹ zu sehen und seine immens hohe Verschuldung am Ende seiner Studienkarriere (etwa 2 500 Dollar, eine Summe, die man nach heutigem Geldwert mit vier multiplizieren müßte) der Knauserigkeit seines Pflegevaters anzulasten, die ihn erst zum Glücksspiel getrieben haben soll. In der Tat hielt Allan, der sein Haus immerhin mit echten Canova-Büsten ausstattete, die Zügel seines extravaganten Zöglings äußerst straff. Die insgesamt 260 Dollar, die er Poe für das Semester gewährte, waren, gemessen am Standard eines normalen Studenten aus gutem Hause, ein schäbiges Almosen. Andererseits dachte Poe nicht daran, sich auch nur im mindesten einzuschränken, und er bekam soviel Kredit, wie er wollte. Er ließ sich in Charlottesville die feinsten Anzüge schneidern (u. a. einen ›blauen Rock mit Goldknöpfen‹), die er am nächsten Abend wieder verspielte, er hielt nächtelang seine Kumpane aus, in seiner eigenen Unterkunft oder im Hinterzimmer von ›Mosby's‹, einem Spirituosenhändler in der Nähe von Charlottesville, der Allan eine Rechnung über Champagner von umgerechnet DM 500,– zusenden sollte, und es ist eine reine Hypothese, daß er beim Kartenspiel immer nur verlor, selbst wenn seine Spielschulden unter dem Strich in die Tausende gingen. Daß er sich bei dieser Lebensweise fast ständig in Geldverlegenheit befand, ist sicher nicht allein auf Allans Geiz zurückzuführen. Poe selbst badet sich in einem Brief an seinen Pflegevater in Selbstmitleid: »Mit anderen Studenten konnte ich keinen Umgang halten, außer mit solchen, welche in ähnlicher Lage waren wie ich – wenn schon aus anderer Ursache – sie aufgrund von Trunksucht und Verschwendung – ich, weil es mein Verbrechen war, niemanden auf Erden zu haben, der sich um mich bekümmerte oder mich liebte. Ich rufe Gott zum Zeugen an, daß ich niemals an ausschweifendem Leben Gefallen gefunden habe – wer mich kennt, der weiß, daß meinen Bestrebungen und Gewohnheiten alles derartige sehr fern liegt. Doch ich wurde von meinen Gefährten hineingezogen. Selbst ihre Freundschaftsbekundungen – so hohl sie auch waren – bedeuteten mir ein Labsal. Gegen Ende des Semesters sandten Sie mir $ 100 – doch es war zu spät, um noch irgendwie dazu zu dienen, mich meinen Schwierigkeiten zu entreißen. – Ich hielt mich einige Zeit damit – in dem Gedanken, ich würde, wenn sich weiteres erhalten ließe, meinen Ruf noch wiederherstellen können. Ich wandte mich an James Galt – doch er lehnte es ab, aus den allerbesten Motiven, wie ich glaube, mir etwas zu leihen – da faßte mich Verzweiflung, und ich spielte – bis ich mich schließlich so weit verfangen hatte, daß nichts mehr zu retten war. Wenn mir für all dies die Schuld zu geben ist – versetzen Sie sich doch in meine Lage und sagen Sie mir, ob es Ihnen nicht gleichso ergangen wäre.«[53]

Wahrscheinlich meinte Poe, was er sagte – auf Allan jedoch machte diese Tirade sicherlich keinen großen Eindruck, denn er mußte sich nur die Rechnungen vergegenwärtigen, die während dieser Zeit regelmäßig auf seinen Tisch geflattert kamen, und sich seine persönlichen Erfahrungen in Erinnerung rufen, um ernsthaft daran zu zweifeln, daß Poe »niemals an ausschweifendem Leben Gefallen gefunden habe«.

Im Sommer 1826 war Jefferson, dem nur noch wenige Wochen zu leben übrig blieben, ernsthaft bestürzt über die Gerüchte, die über die Spielleidenschaft seiner Studenten im Umlauf waren, und er faßte den Entschluß, diesen Umtrieben endgültig ein Ende zu bereiten.

Poes Name taucht indes in keinem Strafregister der Fakultät auf; er selbst berichtet in einem Brief an Allan über den Vorfall: »Zweifellos haben Sie schon von den Unruhen hier am College gehört. Kurz nach Ihrer Abreise versammelte sich die Anklagejury (Grand Jury) und versetzte die Studenten in Angst und Schrecken – so sehr, daß keiner mehr die Vorlesungen besuchte

– und die, deren Namen auf der Liste des Sheriffs standen, – flüchteten in die Wälder und Berge und nahmen Bettzeug und Proviant mit – es standen etwa fünfzig auf der Liste – und Sie können sich vorstellen, daß das College sich dadurch ganz ordentlich gelichtet hatte – dies war am ersten Tag des allgemeinen Aufruhrs – am zweiten wurde von der Fakultät eine ›Proklamation‹ erlassen, die ›jedem Studenten unter Androhung hoher Strafen‹ untersagte, ›seinen Schlafraum zwischen acht und zehn Uhr am vormittag zu verlassen (dem Zeitraum also, in dem die Polizei Nachforschungen anstellte) oder sich in irgendeiner Form der gesetzlichen Autorität der Polizeiorgane zu widersetzen‹. – Es ab jedoch kaum jemanden, der dieser Anordnung Folge leistete – denn die Furcht vor der Fakultät war mitnichten so groß wie die vor den Gerichtsbehörden – und die meisten der ›Angeklagten‹ flüchteten ein zweites Mal in die Wälder. Vor dem Untersuchungsausschuß der Fakultät am nächsten Morgen wurden einige streng verwarnt – einige zeitweilig suspendiert und einer der Universität verwiesen – James Albert Clarke aus Manchester (ich ging mit ihm zusammen auf Burkes Schule) wurde für zwei Monate ausgeschlossen, Armstead Carter, der hier aus der Gegend stammt, für den Rest des Semesters – und Thomas Barclay für immer –«[54].

Poes Ausführungen sind alle nachprüfbar korrekt – bis auf die Tatsache, daß nur 25 auf der ›schwarzen Liste‹ des Sheriffs aufgeführt wurden. Ein halbes Jahr später, am 20. Dezember 1826, also während seiner letzten Tage auf der Universität, wurde er von einem Untersuchungsausschuß der Fakultät als Zeuge vorgeladen. Es war dies das einzige Mal, daß man ihn mit den Exzessen der Studentenschaft in irgendeinen Zusammenhang brachte. Dem Proctor der Universität war zu Ohren gekommen, daß einige der zum College gehörenden Hotel- oder Pensionsbesitzer, darunter ein gewisser Major Spotswood und Edwin Conway, zusammen mit den Studenten getrunken und Karten gespielt bzw. »diesen Lastern Vorschub geleistet hätten«. Poe stellte sich auf alle Fragen unwissend und wurde in makelloser Unschuld wieder entlassen; drei andere Kommilitonen gaben an, sie hätten wohl von solchen Vorfällen gehört, seien aber persönlich nie dabeigewesen. Spotswood und Conway bekannten sich jedoch, mit Einschränkungen, im Sinne der gegen sie erhobenen Vorwürfe schuldig und wurden entsprechend ermahnt. Abgesehen davon, daß er sich noch einmal glimpflich aus der Affäre gezogen hatte, dürfte es um Poes Gemütszustand zu dieser Zeit nicht gerade rosig bestellt gewesen sein. Noch im September hatte er, ein »braver Schüler«, an Allan geschrieben, daß auf den ersten Dezember ein großes Examen angesetzt sei, dem das ganze College mit großer Aufregung entgegensehen würde. Man habe sich, im zweiten Jahr seit der Eröffnung der Universität, noch nicht dazu entschließen können, irgendwelche Graduierungen oder Doktortitel zu vergeben – im Hinblick auf die jüngeren Semester, zu denen er, Poe, selbst gehörte und die nicht mit gleichem Anspruch wie die schon im Vorjahr immatrikulierten Studenten geprüft werden sollten. »Trotzdem glaube ich, daß ich das Examen zusammen mit den anderen bestehen werde – ich habe sehr viel gearbeitet, um vorbereitet zu sein, und ich nehme an, mit den übrigen Schritt halten zu können, das heißt – wenn mich nicht der Mut verläßt – vielleicht sind Sie um diese Zeit geschäftlich hier in der Gegend, dann können Sie sich selbst ein Bild darüber verschaffen«[55].

Allan hatte sich jedoch schon seit geraumer Zeit ein Bild von der Universitätslaufbahn seines Zöglings gemacht. Und er kam tatsächlich Anfang Dezember in »der Gegend« vorbei – nämlich um Poe mitzuteilen, daß es nun unwiderruflich aus sei mit seiner Studentenkarriere.

6. Kapitel

Auf der Straße

Poes Situation war inzwischen schon so auswegslos verfahren, daß er der Ankunft seines Pflegevaters mit der größten Bestürzung entgegensehen mußte. Obwohl überhöhte Schulden jeder Art von der Fakultät für nichtig erklärt worden waren – vor allem um die Kaufleute, Wirte und Hotelbesitzer im Umkreis der Universität davor zu warnen, den Studenten allzu großzügig Kredite einzuräumen –, wurden Unterschriften unter Schuldscheine dennoch von jedem Zivilgericht Virginias als rechtsgültig anerkannt: und es wimmelte nur so von Poe-Signaturen unter Schneider-, Getränke- und diversen anderen Rechnungen. Zudem hatte er bei Geldverleihern in Charlottesville Kredite zu überhöhten Zinsen aufgenommen. Allein, was diese Verpflichtungen anbetraf, stand er bereits mit einem Bein im Zuchthaus. Auf ›Ehrenschulden‹, also von Freunden geborgte oder beim ›seven-up‹ oder ›200‹ verspielte Geldsummen (die den Großteil seiner Verschuldung ausmachten), lastete zwar nicht der Druck der Rechtsverbindlichkeit, dafür aber um so mehr ein besonders in Virginia großgeschriebenes ›moralisches Prinzip‹. Es ging also letztlich nicht nur um eine Rechtfertigung vor Allan, sondern um die drohende Gefahr, völlig ins gesellschaftliche Abseits zu gleiten – eine Aussicht, die Poe noch immer mit der Hoffnung zu kompensieren schien, sein Pflegevater werde sich nach einigen Querelen bereit erklären, einen größeren Anteil der Forderungen zu begleichen. Der Millionär Allan dachte jedoch nicht im Traum daran, für eine Summe von insgesamt $ 2500, nach heutiger Kaufkraft etwa DM 30000,–, aufzukommen, wenn sie auch für seine Verhältnisse letztlich nicht mehr als eine Bagatelle bedeuten konnte. Aber für den pedantischen Schotten waren Spielschulden ein besonderer Greuel. Ausgestattet mit einer Reihe von Schuldscheinen und Mahnbriefen, die in den vergangenen Wochen auf seinen Schreibtisch geflattert waren, ließ er seinen schwarzen Kutscher James Hill anspannen und unternahm eine unbequeme Zweitagesreise über die von Schlaglöchern übersäten Bergstraßen von Albemarle zur Universität, um sich ein genaueres Bild von der Lage zu verschaffen. An einem Wintertag stand er plötzlich und unerwartet vor der Türe von Poes Raum, West Range Nr. 13, und das Gespräch, das die beiden führten, war sicher nicht sehr erfreulich. »Sie antworteten in Ausdrücken der äußersten Beschimpfung – wäre ich der niederträchtigste Schurke auf Erden gewesen, Sie hätten mich nicht ärger schmähen können, als Sie's taten«[1] – so

Schneiderrechnung, ausgestellt von Samuel Leitch jr. (einem Schneider in Charlottesville), an John Allan, 1826. Die darauf angegebene Jahreszahl wurde später hinzugefügt und ist unrichtig

beschreibt Poe Allans Reaktion, als er ihn zu Beginn seiner Universitätszeit um etwas mehr Geld bat; diesmal dürfte sein Pflegevater, wenn möglich, noch schwerere Geschütze aufgefahren haben. Jedenfalls lief es darauf hinaus, daß Poe es nicht wert sei, ein weiteres Semester auf dem College zu verbringen, und daß man von jetzt an ›andere Seiten aufziehen werde‹. Zumindest fand sich Allan zähneknirschend bereit, einen winzigen Teil von Poes Schulden zu bezahlen, lehnte es jedoch ab, auch nur für einen Pfennig seiner Spielschulden aufzukommen. Der Eklat zwischen ihnen erregte bei Poes Kommilitonen sicherlich einiges Aufsehen. Vielen seiner Kartenkumpane wurde klar, daß er seinen finanziellen Verpflichtungen ihnen gegenüber nicht würde nachkommen können; »Poes Ansehen«, schreibt William Burwell, »war dahin«[2]. Allan hielt sich nicht länger als ein paar Stunden auf und reiste danach gleich wieder nach Richmond zurück; Poe blieben bis zur Beendigung des Semesters noch zwei oder drei den Umständen entsprechend trübe Wochen.

Es muß ein oder zwei Tage vor Neujahr gewesen sein, als Poe zusammen mit einigen seiner Kommilitonen, darunter Philip St. George Ambler und Creed Thomas, die Postkutsche nach Richmond nahm. Die Atmosphäre in ›Moldavia‹ war zweifellos noch drückender geworden als im Jahr zuvor, und wenn Mrs. Allan und Miss Valentine auch ein gewisses Gefühl von Geborgenheit vermittelten und wie immer bestrebt waren, Spannungen auszuglei-

chen, so zog doch die Eiseskälte des indignierten Kaufmanns recht ungemüt-
lich durchs ganze Haus. Aber selbst in dieser Situation dachte Poe nicht daran,
den reumütigen Sünder zu spielen. Er kam, sicher bleich und übernächtigt, in
einem kostspieligen, farbenprächtigen Anzug in Richmond an, dessen Rechnung, neben vielen anderen, schon vor ihm eingetroffen war. Es fiel ihm offenbar schwer, sich wieder an einen Alltag ›unter Aufsicht‹ zu gewöhnen.
Sein leichtsinniger Lebensstil und die nervliche Belastung der letzten Monate
hatten ihm reichlich zugesetzt: »Unter den Menschen, welche von jener be-
sondren Sensibilität sind, darin das Geniale recht eigentlich wurzelt, giebt's
wol nur Wenige, die in der Jugend nicht ein Gutteil ihrer geistigen Energie
daran gewendet haben, *allzu rasch zu leben*«, schreibt er 1845 in ›A Chapter of
Suggestions‹[3]; und seinem Nachlaßverwalter Griswold, der seinen Ruf nach
seinem Tod nachhaltig diskreditieren sollte, teilte er, als dieser ihn um einige
Fakten zu seiner persönlichen Biographie bat, vertrauensselig mit, daß er auf
der Universität ein sehr ausschweifendes Leben geführt habe. Daß nicht alle
Mahnbriefe Poes Extravaganz dokumentierten, zeigt ein Schreiben von Major George W. Spotswood (dem nämlichen, der Ende Dezember 1826 von
der Fakultät wegen Kartenspielens mit einigen der Studenten verwarnt worden war) an Allan:

1. Mai 1827

»Werter Herr,
ich nehme an, daß Sie, als Sie Mr. Poe auf die Universität schickten, damit
zugleich die Verpflichtung übernahmen, für all seine notwendigen Ausgaben
aufzukommen; und eine davon besteht eben darin, daß von jedem jungen
Mann erwartet wird, einen Angestellten zu beschäftigen, der sein Zimmer in
Ordnung hält. Mr. Poe nahm die Dienste meiner eigenen erstklassigen Haus-
kraft in Anspruch, der ich ein hohes Gehalt bezahle, und ich erwarte demge-
mäß respektvoll, daß er die mir entstandenen Unkosten vergütet – Ich habe
Sie bereits zweimal deswegen angeschrieben, bisher aber noch keine Antwort
erhalten – Ich bitte Sie abermals, mir den fälligen Betrag zu überweisen, da ich
mich in finanziellen Schwierigkeiten befinde – wie man mir sagte, sind Sie
ebenso wohlhabend wie ehrenhaft
Hochachtungsvoll,
Geo. W. Spotswood.«[4]

Wenn Poe einmal dem häuslichen Druck entfloh und seine Zeit in Gesellschaft von Freunden und Bekannten verbrachte, lief ihm meist irgendein
Gläubiger von der Universität über den Weg. Seine Kommilitonen aus Richmond verbrachten bis Februar 1827 ihre Semesterferien bei ihren Familien,
und bei den meisten, auch solchen, denen er kein Geld schuldete, stand er inzwischen in einem sehr zweifelhaften Ruf. Noch vor wenigen Wochen hatte

er großspurig behauptet, sein Pflegevater werde selbstverständlich für alle geborgten und verspielten Summen aufkommen; da Allan jedoch stur jede Zahlung verweigerte, fühlten sich viele von Poe hereingelegt und betrogen.

Der Klatsch über ›Mr. Allans leichtlebigen Pflegesohn‹ sprach sich in den ›besseren Kreisen‹ Richmonds schnell herum. Poes Vereinzelung, im Jahr zuvor noch mehr eine arrogante, byroneske Attitüde, bestätigte sich in der Realität rasch auf eine äußerst demütigende Art und Weise. Der Preis für seine Extravaganzen war doch weit höher, als er befürchtet hatte. Nach außen hin gab er sich freilich gelassen, machte Witze über seine Spielschulden und spielte die Rolle des unangepaßten Studenten, der mit Bravour das Geld des ›alten Jock‹ durchbrachte. Aber er spürte doch genau, daß sich zum erstenmal wirkliche Abgründe vor ihm auftaten. Der einzige Halt, der sich ihm in dieser Situation vielleicht geboten hätte, wäre seine Liebste, Sarah Elmira Royster, gewesen.

AN –

»An deinem Brauttag sah ich dich –
Und sah dich rot erglühn,
Obgleich die Welt dem Himmel glich,
Drin Lust und Liebe blühn.

In deinem Aug ein Blitz von Glück
(Warum es auch geschah)
War alles, was mein weher Blick
Auf Erden Liebes sah.

Dies Glühn – es mocht als Mädchenscham
Erscheinen (mag es sein!),
Obgleich es heiß wie Feuer kam
In dessen Brust hinein,

Der so als Braut erblickte dich,
Da dich bezwang dies Glühn,
Obgleich die Welt dem Himmel glich,
Drin Lust und Liebe blühn.«[5]

Die Übersetzung wirkt etwas schwülstig und gibt natürlich nur den Inhalt, nicht die assoziative Bildkraft und Musikalität der Sprache des Originals wieder. Das Gedicht bezieht sich unzweifelhaft auf Poes verlorene Jugendliebe. Daß er selbst auf ihrer Hochzeitsgesellschaft erschien, scheint leicht zu widerlegen, da sie bereits am 6. Dezember 1826 stattfand, also vor Beendigung des Semesters.[6] Die Neuigkeit ihrer Heirat, wie immer er sie erfuhr, war in der

Tat niederschmetternd. Es handelte sich schließlich nicht um einen Teenager-flirt, sondern um eine leidenschaftliche, tiefe Bindung, zumindest aus Poes Sicht; und die beiden hatten sich vor seiner Abreise nach Charlottesville einander fest versprochen, wie vor allem sein kostspieliges Verlobungsgeschenk beweist. In Virginia war es allgemein üblich, daß Ehen sehr jung geschlossen wurden, und Poe kehrte wohl mit der festen Absicht nach Richmond zurück, seine ›Myra‹ so bald als möglich vor den Traualtar zu führen. Der Schock stürzte ihn in eine tiefe Krise, die durch Allans unnachgiebige Haltung verschärft wurde.

Die Firma Ellis & Allan florierte inzwischen wieder, und da Poe sich die ihm gebotenen Möglichkeiten verscherzt hatte, mußte er eben jetzt eine kaufmännische Lehre anfangen; das war immer noch ein großzügiges Angebot. Auf diese Weise konnte er auch langsam seine Schulden abarbeiten. »...eine Zeitlang brachte er (Allan) ihn im Kontor der Firma Ellis & Allan unter (wo er und sein Partner gerade damit beschäftigt waren, ihre Geschäfte wieder in Gang zu bringen) und versuchte auf diese Weise, ihm einige Kenntnisse in Buchführung, Rechnungswesen und kommerzieller Korrespondenz zu vermitteln«[7], schreibt Thomas H. Ellis, der Sohn von Allans Partner. Wahrscheinlich bezieht sich der schon zitierte Absatz aus Poes Novelle ›The Business Man‹ auf diesen kläglich gescheiterten Versuch Allans, seinen Pflegesohn zu einem angesehenen Handelsmann und Kommissionär zu erziehen. Poe empfand diese ›Chance‹ als Zumutung. Wie der Held seiner Erzählung begann er, sich »als Folge dieses geistesschwachen Einfalls ... nach zwei oder drei Tagen schon« gegen die triste Büroroutine, in welche man ihn exilieren wollte, aufzulehnen. »›Vater‹, so sprach ich, ›vergeben Sie mir! – doch ich habe eine Seele, die steht mir nach Höherem denn nach Seifenschaum. Es ist mein heiliger Vorsatz, den Laden dranzugeben. Gern würde ich Herausgeber – gern würde ich Dichter – ich würde gern Stanzen über das ›Bob'sche Öl‹ erdichten. Vergeben Sie mir und leihen Sie mir Ihren Beistand auf dem Weg zur Größe!‹«[8], heißt es ebenso zynisch wie autobiographisch in Poes Satire ›Das literarische Leben des Herrn Thingum Bob, Hochwohlgeboren‹, und an anderer Stelle: »Die meisten Knaben laufen mit zehn oder zwölf Jahren von Hause fort, aber ich wartete damit, bis ich sechzehn war. Ich weiß nicht, ob ich selbst dann schon gegangen wäre, hätte ich nicht zufällig meine alte Mutter darüber reden hören, man wolle mich meinen Weg im Lebensmittelhandel machen lassen. Im Lebensmittelhandel! – man denke!«[9]

Poes Ehrgeiz wollte sich nicht damit abfinden, daß seine großen Zukunftspläne von Allan einfach abgeschnitten wurden. Er gelobte, sich zu bessern, er bat, er flehte, auf die Universität zurückkehren zu dürfen – aber umsonst. Sein Pflegevater hatte keinerlei Verständnis mehr für seine poetischen Aspirationen – »das Brot des Müßiggangs zu essen«, wie er es nannte –, und Poe verweigerte sich der Aussicht, bis an sein Lebensende im Kontor eines Warenlagers dahinzuvegetieren. »Seit ich denken kann«, sollte er wenig später an Allan schreiben, »habe ich mit all meinen Gedanken danach getrachtet, es zu Ansehen im öffentlichen Leben zu bringen – ein Streben, zu dem *Sie selbst* mich erzogen haben – aber niemand kann dies ohne eine gute Erziehung erreichen, und eine solche wird mir nicht auf einer Grundschule vermittelt. Eine Universitätsausbildung war daher mein innigster Wunsch, und Sie ließen mich glauben, daß er einmal erfüllt werden würde – aber in einer plötzlichen Laune ließen Sie meine Hoffnung zunichte werden, fürwahr wegen einer Meinungsverschiedenheit, bei der ich gezwungen war, meine Ansicht offen zu äußern«[10].

Über diese bedeutsame ›Meinungsverschiedenheit‹ kann man leider nur spekulieren – bezog sie sich auf ihre konträren Standpunkte, was Poes dichterischen ›Müßiggang‹ betraf, auf seine Abneigung gegen eine kaufmännische Lehre oder gar auf Allans uneheliche Beziehungen? Wie dem auch sei, es war sicher keine ›plötzliche Laune‹, die Allans Haltung bestimmte, sondern Poes Verhalten während seines ersten Semesters, von dem in diesem Brief mit keinem Wort die Rede ist. Eine Anmerkung, die Allan nach ihrer Trennung auf den Umschlag eines von Poes Briefen aus West Point schrieb, in dem er ihm seine Knauserigkeit vorhielt, kennzeichnet deutlich die Einstellung des indignierten schottischen Kaufmanns: »Dies kam am 10. an, und nachdem ich es durchgelesen habe, halte ich es für unnötig, etwas darauf zu erwidern. Ich schreibe diese Notiz am 13. und kann noch immer keinen guten Grund erkennen, der meine Meinung ändern könnte. Ich glaube nicht, daß der Junge eine einzige gute Eigenschaft hat. Er mag tun und lassen, wie ihm beliebt – ich hätte ihm, allein schon auf Grund der Schilderung seiner Lebensumstände, sicherlich geholfen, obwohl ich kein Wort davon glauben kann, was er schreibt. Aber sein Brief ist die unverschämteste, einseitigste Darstellung, die mir je untergekommen ist.«[11]

Aus dem hier zitierten Quellenmaterial entsteht wohl ein etwas ambivalenteres Bild des jungen Poe, als es üblicherweise gezeichnet wird. Er war weniger ein Opfer seiner Zeit oder seiner Lebensumstände, als ein Opfer seiner besonders ausgeprägten Individualität, seiner Exzentrik, seiner Anmaßung, seiner hypersensiblen Veranlagung – alles Eigenschaften, die zugleich sein künstlerisches Potential ausmachten. Aber was fängt man mit einem solchen Menschen an? Es ist dem grundbürgerlichen John Allan nicht zu verdenken, daß seine Geduld, die harten Proben ausgesetzt war, irgendwann eine Grenze hatte, und es ist ebenso verständlich, daß Poe unter dem Druck der Verhältnisse zu einem Fehlverhalten neigte, wie es sein Leben noch oft prägen sollte und dessen Leidtragender er stets war. Vorläufig brachte er seinen Pflegevater in Rage, indem er sich dessen Diktat, nunmehr eine Geschäftslaufbahn einzuschlagen, strikt widersetzte und es vorzog, ein »abgefeimtes Genie« zu werden. Somit stand er in direktem Widerspruch zu Allans Begriffen von der ›Zwecklichkeit aller Dinge‹ und dem ›gesunden Menschenverstand‹, Maximen, über die er sich schon damals und später in seinen Satiren lustig machte. In ›The Business Man‹ charakterisiert er treffend die verständnislose Haltung Allans:

»Methode ist schließlich *die* Sache... Wahre Methode bezieht allein das Gewöhnliche und deutlich Einleuchtende ein und kann auf das *outré* nicht angewendet werden. Welche entschiedne Vorstellung ließe sich denn schon mit Ausdrücken verbinden wie ›ein methodischer Fatzke‹ oder ›ein systematischer Irrwisch‹?«[12]

Dennoch: die Situation war für Poe alles andere als spaßig. Er glaubte an seine Berufung als Dichter, und er wußte genau, daß er zum Geschäftsmann nicht berufen war. Er fühlte den Anachronismus seiner Haltung in einer Umwelt, die sich einzig an Nützlichkeitsprinzipien orientierte, und er verteidigte tapfer einen verlorenen Posten. Vielleicht hoffte er noch, daß Allan doch nachgeben werde und er sein unterbrochenes Studium würde fortsetzen können. Aber die nagende Ungewißheit seiner Verhältnisse, das Drängen der Gläubiger und die Treulosigkeit seiner ›großen Liebe‹ bedrückten ihn tief. »Sie werden sich erinnern, wie sehr ich nach meiner Rückkehr von der Universität zu leiden hatte«[13], schreibt er zwei Jahre später an Allan. Es ist nicht verwunderlich, daß er in diesen trüben Wintermonaten 1826/27 mehr und mehr gesellschaftlichen Umgang scheute und sich in sein Zimmer, in sich selbst zurückzog. Die meiste Zeit verbrachte er offenbar damit, seine früheren Verse zu überarbeiten oder neue zu verfassen – sehr zum Ärger seines Pflegevaters. Die tiefe Melancholie, die aus seinen damals entstandenen Gedichten spricht, erinnert nun nicht mehr an den modischen Weltschmerz seines Vorbildes Byron, sondern ist Ausdruck seiner eigenen Gemütsverfassung. Immer wieder taucht in ihnen das Motiv des *Verlustes* auf, eines verlorenen Glücks.

> »I reach'd my home – my home no more –
> For all had flown who made it so.«
> (›Ich kam nach Haus – mein Heim nicht mehr –
> denn alle waren fort, die's einst dazu gemacht.‹)[14],

klagt der Welteroberer Tamerlan; die lichtvollen, himmlischen Augen der Geliebten schauen einsam auf eine erstorbene Seele herab, »wie Sternlicht auf ein Leichentuch«[15]; »ich *war* einst glücklich, wenn auch nur im Traum«[16]; »in dunkler Mitternacht Gesicht, da träum' ich entschwundene Freude«.[17]

»Die glücklichste Stunde, die herrlichste Pracht,
die meinen Augen nur je Gewinn,
der hellste Glanz von Stolz und Macht
ist, fühl' ich, dahin –«[18]

Es ist sicher bedenklich, diese jugendlichen, glühenden Zeilen aus ihrem Zusammenhang zu reißen nur zu dem Zweck, das Lebensgefühl ihres Autors zu
dokumentieren. Man begibt sich, wie Poe selbst es in seinen ›Marginalien‹
beschreibt, in Gefahr, ein »Stück Phantasie zu zerfasern«, den »ventum textilem« aufzulösen. Im übrigen wäre Poe selbst mit der Interpretation, sein
Werk trüge autobiographische Züge, am allerwenigsten einverstanden gewesen. Wie noch deutlicher aufzuzeigen sein wird, insistierte er auf dem
Image des »poetischen Uhrmachers«, des Analytikers, der eine bestimmte
Wirkung ins Auge faßt, die er dann Schritt für Schritt, nach logischen Gesetzen, im Leser erzeugt. Seine ›Philosophie der Kompositon‹ räumte ein für
allemal auf mit der romantischen Vorstellung des Dachstubenpoeten, der
sich von der Muse küssen läßt, um sodann in schwärmerischem Schaffens-
rausch Geniales zu Papier zu bringen; aber sie birgt zugleich den wiederum
romantischen Allmachtsgedanken, virtuos auf der Seelenharfe von Menschen – seiner Leser – spielen zu können. Vielleicht war es einer seiner besten
Tricks, seine Zauberkunststücke – anscheinend – zu verraten, um sich damit
zugleich nur mehr zu mystifizieren.

»Indem ich nun Schönheit als meine Domäne betrachtete, bezog sich die
nächste Frage, die ich mir vorlegte, auf die *Stimmung,* in der sie sich am stärksten offenbart – und alle Erfahrung hat gelehrt, daß dies die Stimmung der
Trauer vermag. In ihrer höchsten Entfaltung rührt jede Art von Schönheit die
empfindsame Seele zu Tränen. Melancholie ist daher die wesentlichste poetische Stimmung.«[19]

Dies mag noch, mit allen verbundenen Implikationen, einleuchtend erscheinen, dürfte allerdings kaum auf den siebzehnjährigen Poe anzuwenden
sein, der schwerlich daran gedacht haben kann, für seine dichterischen Ergüsse den Überbau einer allgemeingültigen ›Poetischen Theorie‹ zu konstru-
ieren. Seine Verse spiegelten seine persönlichen Empfindungen wider, die
von seiner Situation her melancholisch sein *mußten,* und sein wohl bedeutendstes Gedicht aus dieser Zeit, ›Imitation‹ (›A Dream within a Dream‹), beschreibt sein Gefühlsleben besser als jede dokumentarische Quelle:

»Auf die Stirn nimm diesen Kuß!
Und da ich nun scheiden muß,
So bekenne ich zum Schluß
Dies noch: Unrecht habt ihr kaum,

Die ihr meint, ich lebte Traum;
Doch, wenn Hoffnung jäh entflohn
In Tag, in Nacht, in Vision
Oder anderm Sinn und Wort –
Ist sie darum weniger *fort?*
Schaun und Scheinen ist nur Schaum,
Nichts als Traum in einem Traum!

Mitten in dem Wogenbrand
Steh ich an gequältem Strand,
Und ich halte in der Hand
Körner von dem goldnen Sand –
Wenig, dennoch ach, sie rinnen
Durch die Finger mir von hinnen –
Weinen muß ich, weinend sinnen!
Ach, kann ich nicht fester fassen,
Um sie nicht hinwegzulassen?
Ach, kann ich nicht *eins* in Hut
Halten vor der Woge Wut?
Ist *alles* Schaun und Schein nur Schaum –
Nichts als Traum in einem Traum?«[20]

Die ständigen Querelen im Hause Allans sowie die wachsende Zudringlichkeit seiner Gläubiger nötigten Poe Anfang des Jahres 1827 zu einem etwa zweiwöchigen Aufenthalt auf dem Lande, wo er sich auf ihrer Plantage ›The Lower Byrd‹ in Goochland County für kurze Zeit erholen konnte. Dies war endgültig der letzte Akt seiner Rolle als ›Southern Gentleman of wealth and taste‹. Noch einmal spielte er dort vollendet den großen Herren und ließ sich, des kühlen Wetters wegen, meist auf seinem Zimmer nach Herzenslust bedienen, wo er in seinen Gedichten überirdische Schönheit oder verlorenes Glück heraufbeschwor. Poe war jedoch scharfsinnig genug, seine Lage richtig einzuschätzen. Er wälzte abenteuerliche Pläne, ins Ausland zu gehen, »die Welt zu seiner Bühne zu machen«, wie Byron für Griechenland zu kämpfen oder sich irgendeinem heldenhaften Freiheitskampf anzuschließen. Letztlich blieb es jedoch in Anbetracht seiner völligen finanziellen Abhängigkeit von seinem Pflegevater bei einer anderen Chimäre: er wollte Besserung geloben, einen neuen Anfang versuchen und Rechtswissenschaften studieren. Als er Ende Januar 1827 nach Richmond zurückkehrte, soll er sich, so berichtet James Galt, sogar eine Zeitlang ernsthaft in juristische Fachliteratur vertieft haben, freilich weniger aus ernsthaftem Interesse, als um Allan zu demonstrieren, daß er nun endlich zur Vernunft gekommen war. Aber der glaubte nicht im mindesten an einen Umschwung. Er dachte nicht daran, Poe eine

Frühes Porträt von Edgar Allan Poe, ca. 1826.
Unbekannter Künstler

Chance zu geben; nach seiner Ansicht hätte das bedeutet, weitere Skandale zu riskieren, und die konnte und wollte er sich als einer der angesehensten Bürger der Stadt nicht leisten; erst vor kurzem war er zu einem der stellvertretenden Direktoren der Bank von Virginia und ihrer Zweigstellen ernannt worden und verkehrte in den besten Kreisen. Allan lehnte es also rundheraus ab, Poe sein Studium fortsetzen zu lassen. Ebensowenig war er dazu bereit, ihm eine Anstellung zu verschaffen, und sei es in seinem eigenen Firmenkontor. Er hatte keine Lust, sich noch einmal vor seinen Angestellten lächerlich zu machen, denen Poe vermutlich Gedichte rezitieren würde, anstatt anständig Buch zu führen, etwa im Sinne von Poes Parodie:

»Peter Proffit, Wandelreklame
An die Herren Raff & Reibach, Schneidermeister, allhier.

10. Juli	Promenade, wie üblich; Kunden heimgeschafft	$ –.25
11. Juli	dto.	–.25
12. Juli	1 Lüge zweiter Klasse; verdorbnes schwarzes Tuch für dunkelgrün verkauft	–.25
13. Juli	1 Lüge erster Klasse; Extra-Ausführung und nach Maß; moulinierten Halbatlas als schwarzes Feintuch empfohlen	–.75
20. Juli	Papierhemdkragen oder Vorhemd gekauft, funkelnagelneu: um grauen Flausrock ansehnlicher herauszuputzen	–.02
15. Aug.	Doppelt wattierten Gehrock getragen (bei 106° R. im Schatten)	–.25
16. Aug.	Drei Stunden auf einem Beine gestanden, um neumodische Steghose vorzuführen; 12½ pro Bein und Stunde	–.37½
17. Aug.	Promenade, wie üblich; großen Kunden beigeschafft (fetter Mann)	–.50
18. Aug.	dto. (mittlere Größe)	–.25
19. Aug.	dto. (klein und schlechter Zahler)	–.06

$ 2.95½«[21]

Kurzum: Allan hatte sich lange genug mit diesem undankbaren Nichtsnutz herumgeärgert, der ja anscheinend so sehr von sich selbst überzeugt war; sollte er nur selbst sein Schicksal in die Hand nehmen, von ihm, Allan, durfte er keinerlei Unterstützung mehr erwarten. Die Grenze seiner Großzügigkeit und seiner Geduld war überschritten.

Dachstube, Tinte, Feder und Papier waren tatsächlich alles, was er seinem Zögling noch zubilligte; und Poe sehnte sich immer mehr danach, aus diesem bedrückenden und unfreien Milieu auszubrechen und seine ehrgeizigen Ambitionen auf eigene Faust zu verwirklichen.

Philadelphia schien ihm der geeignete Ort für den Anfang einer literarischen Karriere. Die bedeutendsten amerikanischen Verleger, der alte Matthew Carey und Isaac Lea (Carey, Lea & Carey) hatten dort ihr Imperium, förderten junge Schriftsteller und besaßen nicht nur in ganz Amerika, vor allem in den Südstaaten, Subskribenten, sondern auch in Europa. In keiner anderen Stadt lebten so viele Künstler und Autoren, der Porträtmaler Charles Willson Peale, der Dichter Blair, der damals vielgelesene Novellist Charles Brockden Brown (dessen Schauerromane Poe schon als Knabe verschlungen hatte), um nur einige wenige zu nennen. Daß die schönen Künste in Philadelphia blühten, war unter anderem auf die vielen französischen Emigranten zurückzuführen, die sich während der Revolution dort ansiedelten und das Kulturleben mitbestimmten; zu den prominenten Besuchern der Stadt gehörten Talleyrand, de La Rochefoucauld-Liancourt und Louis Philippe. Auch in England stand Philadelphia im Ruf einer Kulturmetropole, und die berühmten Dichter Southey und Coleridge hatten einst mit dem Gedanken gespielt, sich in diesem literarischen Zentrum der Neuen Welt niederzulassen. Im Laden eines Mr. Dickens versammelte sich regelmäßig unter dem Vorsitz C. B. Browns der illustre ›Belles Lettres Club‹; ein Geheimtip für alle, die sich durch ihre Feder einen Namen zu schaffen suchten, denn eine Empfehlung Browns bei Carey bedeutete bereits den ersten Schritt zum Erfolg. Kurz, es gab mehr Zeitungen, Zeitschriften, Buchgeschäfte, Druckereien und literaturbeflissene Sponsoren in Philadelphia als irgendwo sonst in Amerika, und Poe glaubte an seine Chance. Sicher würde es einige Zeit dauern, bis er sich als Dichter etabliert hatte, und so bedurfte es zunächst einer Anstellung, durch die er sich seinen Lebensunterhalt verdienen konnte. Ohne seine Pflegeeltern über seine Pläne zu unterrichten, bewarb er sich schriftlich bei der Firma ›Mills Nursery Company‹, Geschäftspartnern von Ellis & Allan – ein schwerwiegender Fehler, wie sich bald darauf herausstellte, denn seine Bewerbung wurde nicht nur ignoriert, sondern postwendend an Allan zurückgeschickt. Die Episode führte zu der folgenschwersten Auseinandersetzung zwischen Poe und seinem Pflegevater, dem endgültigen, sich schon lange anbahnenden Bruch, der Poes Situation und sein ganzes Leben von Grund auf verändern sollte. Nicht nur, daß er auf Allans Protektion keinen Wert mehr legte, sondern daß er ihn vielmehr bei dieser Bewerbung überging, machte den Schotten besonders wütend. Poes Bewerbung bei ›Mills Nursery Company‹ war ein triftiger Grund für beide, sich einmal gehörig die Meinung zu sagen; und die Argumente, die man sich an den Kopf warf, betrafen natürlich Allans Knauserigkeit und Poes Spielschulden und Extravaganzen. In der Hitze des Gefechts wurden Dinge geäußert, die für beide Parteien unverzeihlich waren. Das Ganze endete in dem zu erwartenden Ultimatum Allans, aber Poe fühlte sich zu sehr in seinem Stolz verletzt, als daß er danach den beschwichtigenden Vernunftgründen der bestürzten Mrs. Allan zugänglich gewesen wäre. Sein Entschluß stand fest: er würde alles hinter sich lassen, der Tyrannei seines Pflegevaters trotzen, die ewigen Maßregelungen und Demütigungen nicht mehr hinnehmen. Er würde Ruhm und Ansehen erringen, und sei es nur darum, Allan zu beschämen; er würde ›siegen oder untergehen‹. Allan hatte ihm die Wahl gestellt, sein Haus zu verlassen oder sich ihm bedingungslos unterzuordnen; unter dem Druck der Ereignisse war Poe außerstande, das Für und Wider seiner Entscheidung vernunftmäßig abzuwägen. Allan schätzte seine Lage sachlicher ein; er wußte nur zu gut, daß Poe ohne seinen Schutz ein Nichts, ein Niemand sein würde, seinen Gläubigern hilflos ausgeliefert. Um so überraschter war er dann am anderen Morgen, als Poe keine Anstalten machte, sich seinen Bedingungen zu unterwerfen. Beim Frühstück gab es abermals eine wütende Auseinandersetzung, die noch weit ausfallender wurde als die vorangegangene, bis sich Poe bleich und zitternd erhob und das Haus verließ – für immer. Er nahm buchstäblich nur das mit, was er auf dem Leibe trug. Am selben Tag, dem 19. März, schrieb er an Allan:

Richmond, Montag

»Mein Herr,
nach dem, wie Sie mich gestern behandelt haben, und unserem Wortwechsel heute morgen wird Sie der Inhalt dieses Briefes kaum überraschen. Mein Entschluß steht nun endgültig fest – Ihr Haus zu verlassen und zu versuchen, irgend einen Ort in dieser weiten Welt zu finden, wo man wenigstens anders mit mir umgeht, als *Sie* es taten – Dies ist keine übereilte Entscheidung; ich habe lange darüber nachgedacht, und es gibt nichts, was mich davon abbringen könnte – Sie mögen vielleicht denken, ich sei bloß aus einer Gefühlsaufwallung heraus davongestürzt und würde schon wünschen, zurückzukehren; aber Sie irren sich – ich will Ihnen die Gründe angeben, die mich dazu bewogen haben, dann können Sie sich selbst ein Urteil bilden –« (hier folgt die bereits zitierte Passage, in der Poe über seinen Ehrgeiz spricht, eine Rolle im öffentlichen Leben zu spielen, und daß Allan diese Hoffnung, obwohl er sie selbst in ihm geweckt hatte, nur auf Grund einer Meinungsverschiedenheit zerstört habe) »– außerdem hörte ich Sie einmal sagen (wobei Sie nicht wußten, daß ich Ihnen dabei zuhörte, was beweist, daß Sie es ernst damit meinten), Sie verspürten keinerlei Zuneigung zu mir –

Nicht genug damit, Sie haben mich aufgefordert, Ihr Haus zu verlassen, und mich zuvor ununterbrochen wegen meines Müßiggangs getadelt, obwohl Sie der Einzige gewesen wären, diesem Mißstand abzuhelfen, indem Sie mir irgend eine Arbeit verschafft hätten – Es schien Ihnen sogar Freude zu bereiten, mich gerade vor jenen herabzusetzen, von denen Sie annahmen, daß sie mir in meinen Bestrebungen hätten förderlich sein können – Sie ließen es zu, daß ich nicht nur den Anspielungen und Launen Ihrer eigenen weißen Familie, sondern auch des schwarzen Hauspersonals ausgesetzt war – ich konnte diese Kränkungen nicht länger ertragen, und so bin ich gegangen. Ich bitte Sie, mir meinen Koffer zu übersenden, der meine Kleidung und Bücher enthält – und wenn Sie überhaupt noch irgend etwas für mich empfinden – es ist dies der letzte Appell an Ihre Großzügigkeit – damit nicht das eintrifft, was Sie mir heute morgen prophezeiten –, lassen Sie mir nur so viel Geld zukommen, daß ich die Reisekosten zu einer der Städte im Norden bestreiten und dort für einen Monat leben kann. Länger wird es nicht dauern, bis ich in der Lage bin, nicht nur meinen Lebensunterhalt zu verdienen, sondern darauf zu sparen, eines Tages mein Studium fortzusetzen – Schicken Sie meinen Koffer etc. zur Court-house Tavern, und lassen Sie mir, ich flehe Sie an, umgehend etwas Geld bringen – ich bin in der größten Verlegenheit – wenn Sie meine Bitte ausschlagen – ich zittere vor den Konsequenzen

Ihr

Edgar A Poe

Es liegt an Ihnen, ob wir uns in Zukunft noch einmal sehen oder Sie von mir hören.«[22]

Schon die äußere Form des Briefes läßt darauf schließen, in welch aufgewühlter Gemütsverfassung sich Poe befand. Allan zumindest ließ an diesem Tag nichts von sich hören. Er hatte das Schreiben erhalten, aber er ließ sich Zeit mit der Antwort. Poe muß stundenlang an einem der Fenster der ›Court-house Tavern‹ vor einem unbezahlten Getränk gesessen und auf die Straße hinausgesehen haben, in der sehnsüchtigen Erwartung, einen von Allans schwarzen Dienern auftauchen zu sehen. Die Wirtsleute, die ihn kannten, musterten ihn sicher mit neugierigen Blicken, da sie spürten, daß etwas nicht in Ordnung war. Irgendwann begab er sich zum Hafen hinüber, um sich nach dem Preis für eine Schiffspassage nach Boston zu erkundigen. In Richmond hatte sich seine Verschuldung so weit herumgesprochen, daß er nirgendwo mehr Kredit bekam. Es ist anzunehmen, daß er die Nacht, ziellos umherirrend, auf der Straße verbrachte. Vielleicht wandte er sich an Ebenezer Burling, der mit ihm durch die Kneipen zog und ihm ein paar Drinks spendierte. Jedenfalls begann ihn bereits der Hunger zu plagen, wie aus seinem nächsten, dringlicheren Brief an Allan hervorgeht·

Richmond Dienstag (20. März 1827)

»Mein Herr,

Würden Sie die Güte haben, mir meinen Koffer mit meiner Kleidung zuzuschicken – ich habe Ihnen gestern geschrieben und Ihnen die Gründe für meinen Abschied dargelegt – da ich bisher weder meinen Koffer noch eine Antwort auf meinen Brief erhalten habe, nehme ich an, daß er Sie nicht erreichte – ich bin in der verzweifeltsten Lage und habe seit gestern morgen nichts gegessen. Ich habe kein Dach über dem Kopf, wo ich nachts schlafen kann, sondern treibe mich in den Straßen herum – ich bin zu Tode erschöpft – ich flehe Sie an, wenn Sie nicht wünschen, daß sich Ihre mich betreffende Vorhersage erfüllt, mir sogleich meinen Koffer mit meinen Kleidungsstücken zukommen zu lassen und mir wenigstens so viel Geld zu *leihen,* daß ich die Passage nach Boston ($ 12) bestreiten und mich dort so lange halten kann, bis ich eine Anstellung gefunden habe – ich werde am Sonnabend abreisen – meine Briefanschrift ist die Court House Tavern, wohin Sie gütigst meinen Koffer verfügen möchten –

Grüßen Sie alle zu Hause herzlich von mir

Ich bin, etc.

Edgar A Poe

Ich habe nicht einen Cent, mir etwas zu essen zu kaufen«[23]

Allan notierte auf der Rückseite des Schreibens, Poes Signatur ein ›s‹ hinzufügend: »reizender Brief«. In seiner Rückantwort auf Poes Erklärungen vom vorangegangenen Tag hieß es, er sei nicht im mindesten überrascht über alles, was Poe tue oder sage. Er möge sich daran erinnern, was in der Vergangenheit für ihn getan worden sei, welche Chancen er gehabt und was für eine erstklassige Erziehung er genossen habe. Freilich sei er von ihm, Allan, stets dazu angehalten worden, ehrgeizig zu sein; die Lektüre des ›Don Quichote‹, ›Gil Blas‹ und ›Joe Miller‹ wäre hingegen wenig geeignet, eine Karriere zu fördern. »...der Vorwurf des Müßiggangs diente dem Zweck, Dich zu Ausdauer und Fleiß beim Studium der Klassiker anzuhalten, Deiner Vervollkommnung in Mathematik, Französisch etc.«[24], schreibt er weiter (sich freilich einseitig auf die Schulzeit seines Pflegesohnes beziehend und ohne auf dessen in seinem ersten Brief geäußertes Argument einzugehen); aber in der Hauptsache ginge es doch wohl darum, daß sich Poe bislang sämtlichen von ihm, Allan, für seine Zukunft gefaßten Plänen hartnäckig widersetzt habe. Er selbst könne, »sofern sein Herz nicht aus Marmor sei«, am besten beurteilen, wie sehr seine Entwicklung Anlaß zur Besorgnis, ja zur Beunruhigung gegeben habe. War er häufig getadelt worden, so hatte er dies seinen unbestrittenen Verfehlungen zuzuschreiben und dem ehrlichen Versuch, ihn doch noch auf den rechten Weg zu führen. Auf seine übrigen Vorwürfe brauche Allan nicht im einzelnen einzugehen, »da die Welt« – bzw. ihr Richmonder Bekanntenkreis – »sie beantworten könne«. Nun, da Poe einmal seine Unabhängigkeit erklärt und sich von dem Mann losgesagt habe, von dessen Großzügigkeit er sein Leben lang profitiert hatte, müsse er in der Tat vor den Konsequenzen zittern – und mit dieser wenig versöhnlichen Bemerkung beschließt Allan sein Schreiben, um für nahezu zwei Jahre keinerlei Kontakt mehr mit seinem ›verlorenen Sohn‹ aufzunehmen.

Die Prophezeiung, die er, wie Poe erwähnt, am Morgen ihrer Trennung geäußert hatte, bezog sich zweifellos auf ›das schmähliche Ende‹, das sein Zögling einst in der Gosse oder in einer Gefängniszelle finden würde. Tatsächlich war Poe auf Grund seiner hohen Verschuldung und der nunmehr mangelnden Protektion Allans der Gefahr einer Verhaftung ausgesetzt, weshalb er auch kurz darauf den Decknamen Henri le Rennét annahm – renait, der Wiedergeborene, oder renié, der Verstoßene, was immer er sich dabei gedacht haben mag.

Er wartete noch einige Zeit ab, vielleicht Tage; zu stolz, kleinlaut nach Hause zurückzukehren, und ohne einen Pfennig in der Tasche war er nun tatsächlich der ›weary, way-worn wanderer‹, der sich anschickte, an sein ›Heimatgestade‹, in seine Geburtsstadt Boston, zurückzukehren. Allan ließ ihm weder seinen Koffer mit seiner Kleidung noch den erhofften Geldbetrag zukommen. Seine eiskalte Haltung erscheint heute unverständlich, aber man muß bedenken, daß zwischen beiden eine Art Haßliebe bestand und daß der Kaufmann, der es gewohnt war, in seiner Familie den Ton anzugeben, die Eigenmächtigkeit seines Pflegesohns nur schwer verzeihen konnte. Er rechnete wohl auch damit, daß Poe, bar jeder Unterstützung, seinen aussichtslosen Kampf bald aufgeben und sich seinem Diktat wieder unterwerfen würde. Wo Poe zu dieser Zeit die Nächte verbrachte, ist ungewiß. Dabney Dandridge, ein Sklave Allans, berichtet, daß er ihn – zweifellos auf Mrs. Allans Veranlassung – in ›Richard's Tavern‹ mit dem Nötigsten versorgte – Wäsche und kleinen Geldbeträgen sowie mit den so wichtigen Gedichtmanuskripten, die ›Mars Eddie‹ bei seinem überstürzten Aufbruch in seinem Zimmer zurückgelassen hatte. Seine für Sonnabend, den 24. März, geplante Abreise nach Boston dürfte sich, da Allan auf seine flehentlichen Bitten um Geld nicht eingegangen war, verzögert haben. Die Periode zwischen Poes letztem Brief an Allan vom 20. März und der Wiederanknüpfung ihres Kontaktes (1. Dezember 1828) ist begreiflicherweise äußerst arm an belegten biographischen Fakten; James Harrison bezeichnet diesen Zeitraum als »die legendären Jahre«. Allem Anschein nach überredete Poe seinen Freund Ebenezer Burling, ihn zu begleiten, der spießigen Enge Richmonds den Rücken zu kehren und in der ›Fremde‹ ein neues Leben zu beginnen. Burling war zunächst hellauf begeistert und soll am Tag ihrer Abfahrt völlig betrunken gewesen sein. Ihre Reisekasse reichte jedoch nur bis Norfolk, wo sie von dem kleinen Küstenschoner, der sie mitgenommen hatte, an Land gesetzt wurden. Einige Tage Entbehrungen und einige Nächte ohne Obdach auf der Straße reichten aus, Burling zu ernüchtern. Er setzte sich ab und kehrte nach Richmond zurück, wo er wenige Jahre später einer Choleraepidemie zum Opfer fiel.

Auch die ohnehin stets kränkelnde und nervlich nicht belastbare Mrs. Allan hatte der Schock der Trennung in eine schwere Krise gestürzt. Sie konnte den Verlust ihres Pflegesohnes, der ihr Hauptlebensinhalt gewesen war, nie mehr verwinden. Allan schickte sie, besorgt über ihren Zustand, zur Erholung in die Nähe aufs Land und schrieb in Anbetracht der aufreibenden letzten Tage und Wochen am 27. März bemerkenswert ungerührt an eine seiner Schwestern in Schottland: »...obwohl sich Mrs. Allan zur Zeit an einem der luftigsten und reizvollsten Orte in der Umgegend Richmonds aufhält, scheint er ihr keinerlei Besserung zu bringen – dabei ist es wirklich ein liebliches Fleckchen Erde... Miss Valentine ist dick und gesund wie immer, Edgar hat sich, denke ich, auf See begeben, um auf eigene Faust sein Glück zu versuchen.«[25]

Allan war etwas besser über Poes Absichten informiert, als seine vage Andeutung vermuten läßt; zumindest wußte er aus dessen letztem Brief, daß er beabsichtigte, sich nach Boston zu begeben, und er kannte auch seinen Decknamen. Auf eine Schuldenmahnung seines Kommilitonen Edward G. Crump, die Poe nie erreichen sollte, schrieb er selbst hinter die Anschrift seines Pflegesohnes auf dem Umschlag den Vermerk »alias – Henri Le Rennét«.[26] In einem anderen Brief vom 6. Mai 1829 wird er jedoch expliziter: »Er (Poe) trennte sich von mir auf Grund dessen, daß er auf der Universität von Charlottesville Glücksspiel betrieben hatte und weil ich mich weigerte, eine Regel zu sanktionieren, welche dort unter den Ladenbesitzern und anderen aufgestellt worden war, indem sie jede Art von Verschwendung als ›Ehrenschulden‹ erklärten. Es freut mich jedoch sehr, Ihnen mitteilen zu können, daß er am Ende des Jahres seine Prüfungen mit beachtlichem Erfolg bestand.«[27]

Es war Mitte April 1827, als Poe in Boston an Land ging. Einer unsicheren Quelle zufolge soll er, um die Fahrt zu bestreiten, auf einem Kohlenschiff gearbeitet haben, das in diese Richtung fuhr. Damals besaß diese Stadt, mit der er später eine wahrhaft donquichoteske Fehde austragen sollte, für ihn noch den Reiz des Unbekannten, obwohl er recht bald schon feststellte, daß ihre Atmosphäre nicht nur klimatisch weitaus kühler war als im ›alten Süden‹. Aber immerhin gehörte zu seinen wenigen Besitztümern neben seinen Gedichten noch das zusammengefaltete Aquarell seiner Mutter, das eine Ansicht des Bostoner Hafens zeigte und auf dessen Rückseite sie geschrieben hatte, er möge »seinen Geburtsort immer in Ehren halten«. Die Straßen, durch die er ziellos schlenderte, müssen ihn an seine Zeit in England und Schottland erinnert haben. Die Architektur war von Bostons berühmtem Baumeister Charles Bulfinch geprägt, ein »Ableger des Georgianischen Kolonialstils... aber delikater und ohne die englische Massivität... auf bescheidene Weise elegant, ein wenig geziert, aber würdig und schlicht«.[28] Exzentrik war, von wenigen Ausnahmen abgesehen, in Boston ein Fremdwort; eine solche Ausnahme bildete zum Beispiel das Haus des steinreichen Weltreisenden Cushing, das von einer Mauer aus chinesischem Porzellan umgeben wurde;

»Pfauen stolzierten im Garten, und die chinesische Dienerschaft trug ihre einheimischen Gewänder«. Aber das waren Farbtupfer in einem ansonsten eher biederen Ambiente. Charakteren vom Schlage Allans begegnete man hier allenthalben: in der besseren Gesellschaft gaben Juristen, Bankiers und Staatsmänner den Ton an, pragmatische Yankees, deren ›gesundem Menschenverstand‹ schon die ausgelassenen Bälle und Tanzveranstaltungen, wie man sie in Richmond gab, verdächtig erschienen wären. Als Poe, etwas abgerissen und noch immer voller Ideale, auf der Bildfläche erschien, beherrschte Daniel Webster als politische Hauptfigur das öffentliche Leben, ein vitaler, redegewandter und von innigstem Nationalgefühl erfüllter Mann, der für die Konstitution der von so vielen Spaltungen bedrohten Union und für die industriellen Interessen kämpfte, die dem wachsenden Wohlstand Neuenglands zugrunde lagen – die Verkörperung des Nationalcharakters. Allerdings war es auch seinem Einfluß zu verdanken, daß in den gebildeten Kreisen der Ruf nach einer nationalen Literatur laut wurde, die sich von anglizistischer Epigonenhaftigkeit befreien und dem Dunstkreis der Scottschen Romane und des vielgelesenen ›Blackwood's Magazine‹ lossagen sollte.

Ansätze hierzu verrieten sich bereits in den Werken eines Cooper, Hawthorne, Irving oder Bryant, obwohl die breite Öffentlichkeit höchstens am Rande von ihnen Notiz nahm. Dies war, in Kurzform, das für einen jungen, mittellosen Autor wenig hoffnungsvolle kulturelle Klima, in das Poe sich begeben hatte. Thomas Ellis, der Sohn von Allans Geschäftspartner, behauptet, er habe zunächst versucht, als Schauspieler auf einer Bostoner Bühne Fuß zu fassen, und Poes Biograph A. H. Quinn, der dieser Anregung bei seinen Recherchen nachging, stieß auf einen Zeitungsausschnitt des ›Boston Courier‹ vom 24. April 1827, der ankündigte, die Rolle des ›Bertrand‹ in ›The Foundling of the Forest‹ werde von einem »jungen Gentleman aus Boston« gespielt; »sein erster Auftritt auf einer Theaterbühne«.[29] Wie immer sich Poe damals über Wasser hielt, sicher ist nur, daß er irgendwann im April oder Mai den neunzehnjährigen Calvin F. S. Thomas kennenlernte, der aus Norfolk stammte, ein wenig Vermögen besaß und vor kurzem eine kleine Druckerei in der Washington Street Nr. 70 erworben hatte. Für Poe schien diese Begegnung ein unverhoffter Glücksfall zu sein, bot sich ihm durch Thomas doch endlich eine Chance, seine Gedichte zu veröffentlichen und einem breiteren Leserpublikum zugänglich zu machen – ein erster Schritt auf dem Wege zu Anerkennung und poetischem Ruhm. Nun, damit hatte es freilich noch eine gute Weile – zwanzig Jahre, wenn man es genau nimmt –, und Poe, im Fieber der Begeisterung über die ›einmalige Gelegenheit‹, schätzte seine Aussichten wenig realistisch ein. Calvin Thomas war ein blutiger Anfänger in seinem Gewerbe und konnte vielleicht eben eine Druckerpresse bedienen; vor allem mangelte es beiden an Geld. Einer unsicheren Quelle zufolge scheint Poe um diese Zeit eine Anstellung bei einer Bostoner Zeitung gefunden zu haben; jedenfalls setzte er alles auf eine Karte und steckte jeden Cent, den er auftreiben konnte oder als eiserne Reserve übrigbehalten hatte, in diese ehrgeizige Unternehmung. Er verbrachte seine ganze freie Zeit damit, eine Auswahl aus seinen Gedichten zu treffen, sie ein letztesmal zu überarbeiten, ein Vorwort dazu zu verfassen und sich die nötigen Kenntnisse in Drucktechnik anzueignen. Was endlich dabei herauskam, war ein vierzigseitiges Heftchen, gebunden in einen gelblichen, ›teefarbenen‹ Umschlag, in einer Stückzahl von höchstens vierzig bis fünfzig Exemplaren mit dem Titel ›Tamerlane and Other Poems, By a Bostonian‹.

Anonyme Veröffentlichungen, besonders wenn es sich um das Debüt eines unbekannten Dichters handelte, waren damals in England und Amerika, ganz besonders in den Südstaaten, die Regel[30]; Poe rechnete außerdem damit, daß man in Boston dem Erstlingswerk eines Einheimischen mehr Beachtung schenken würde. Sicher befürchtete er auch immer noch, daß seine Gläubiger aus Richmond und Charlottesville ihn aufspüren könnten. Das Motto,

> »Young heads are giddy, and young hearts are warm,
> And make mistakes for manhood to reform«,

das er dem Bändchen voranstellte, war ein Zitat aus William Cowpers ›Tirocinium‹ (1785), das auch Tennyson im selben Jahr für seinen ersten Gedichtband ›Poems by Two Brothers‹ als Einleitungsvers ausgesucht hatte; Poes Einleitung macht deutlich, daß er es nicht auf seinen bisherigen Lebenswandel bezog, sondern benutzte, um seine Kritiker zu entwaffnen: »Die Gedichte, aus denen dieser kleine Band sich zusammensetzt, wurden größten Teils im Jahre 1821 auf 22 geschrieben, zu einer Zeit also, da ihr Autor sein vierzehntes Lebensjahr noch nicht vollendet hatte, und waren natürlich nicht für eine Publication bestimmt. Der Umstand, daß sie nunmehr dennoch veröffentlicht werden, geht einzig ihren Autor an. Ueber die kleineren Stücke giebt's wol kaum Etwas zu sagen: mag sein, daß sie ein Wenig zu sehr nach Selbst-Bespiegelung schmecken, doch sind sie von Jemandem geschrieben, der damals noch allzu jung war, als daß er seine Welt-Kenntniß aus anderen Quellen hätte schöpfen können denn aus dem eigenen Herzen.«[31]

Die Kritiker, an die sich Poe mit dieser etwas dreisten und selbstgefälligen Anrede wandte – er schickte zwei Belegexemplare an die ›United States Review and Literary Gazette‹ und die ›North American Review‹ –, nahmen jedoch nur insofern Notiz von ihm, als sie das Bändchen unter ›Neuerscheinungen‹ namentlich aufführten. Poe mußte seine Belegexemplare bezahlen, und von dem Rest der Auflage wurde kein einziges Exemplar verkauft. Die Gedichte erschienen im Juni 1827 und verschwanden ebenso schnell wieder von der Bildfläche. Von den heute vielleicht noch zwei oder drei existierenden Originalen dieser Erstausgabe errang eines bereits im Jahre 1900 bei einer Auktion den stolzen Preis von $ 2550[32], um dann innerhalb weniger Jahre im Wert um nahezu das Zehnfache zu steigen. Gegenwärtig gehört das bescheidene Heftchen zu den unbezahlbaren Schätzen, die Antiquare noch immer auf irgendeinem obskuren amerikanischen Speicher aufzufinden hoffen. Calvin Thomas, der als Druckunternehmer und Herausgeber später zu einigem Wohlstand gelangen sollte, vergaß Poe und ihre mißglückte Unternehmung schnell wieder und war sich bis zu seinem Tod (1876) keineswegs bewußt, daß er damals den größten Dichter Amerikas lanciert hatte.

Um die materielle Existenz Poes war es um diese Zeit zweifellos erbärmlich bestellt. Der ›Southern Gentleman‹ war zum Niemand, zur billigen Arbeitskraft degradiert. Ein gewisser Peter Pindar Pease, der während Poes Semester auf der ›Virginia University‹ in einem Antiquitätengeschäft in Charlottesville gearbeitet hatte, begegnete ihm einmal im Hafenviertel, worauf Poe ihn beiseite nahm und ihn bat, seinen Namen nicht laut auszusprechen; er habe sein Elternhaus verlassen, um allein sein Glück zu machen; bis es jedoch soweit sei, wünsche er inkognito zu bleiben. Pease hatte den Eindruck, als habe sein Gegenüber nächtelang nicht geschlafen und sei am Rande der Erschöpfung. Bei ihrer anschließenden Unterhaltung berichtete Poe über seine Mißerfolge, eine Anstellung bei einer größeren Zeitung zu finden; einmal habe er Wirtschaftsreportagen für eine unbedeutende Wochenschrift verfaßt, die jedoch bald darauf in Konkurs ging. Danach sei er als Aushilfskraft in einer Gemischtwarenhandlung beschäftigt gewesen, aber für ein so niedriges Gehalt, daß er die Miete für sein Zimmer in einer kleinen Pension nicht bezahlen konnte – usw. Peases Bericht klingt plausibel, wenngleich sich seine Aussagen kaum belegen lassen.[33] Poe selbst äußerte später, daß seine Erfahrungen in Boston ihn so zur Verzweiflung trieben, »daß ihm eine Zeitlang nichts übrigblieb, als sich die Kehle durchzuschneiden«.[34]

Jedenfalls waren bereits im Mai 1827 seine Rücklagen gänzlich erschöpft, so daß er sich, als letzte Möglichkeit, gezwungen sah, der Armee der Vereinigten Staaten beizutreten. Am 26. Mai verpflichtete er sich unter dem Decknamen Edgar A. Perry als gemeiner Soldat. Daß dieses Kapitel seines Lebens überhaupt jemals aufgeklärt wurde, ist den unermüdlichen Nachforschungen seines frühen Biographen George E. Woodberry zu verdanken, ohne dessen im Jahre 1884 ›mit Unterstützung des Präsidenten der U. S. A.‹ angestrengte Recherchen Poes Version über eine angebliche Weltreise und die dort erlebten Abenteuer bis heute anstandslos hingenommen worden wäre. Diese Erfindung zählt wohl zu den gelungensten Mystifikationen Poes, hinter denen er sich mit Vorliebe versteckte und mit denen er seine Zeitgenossen wie seine späteren Biographen an der Nase herumführte; es lohnt sich daher, etwas näher auf die Details einzugehen, die er bewußt verbreitete.

»Er war nie in Griechenland oder Rußland«, schreibt Maria Clemm, Poes spätere Schwiegermutter, »ich weiß, daß Griswold dies zu Eddies Lebzeiten behauptete. Warum er das tat, ist mir ein Rätsel. Wenn Eddie davon hörte, pflegte er herzlich darüber zu lachen, fand es aber nicht der Mühe wert, die Angelegenheit zu berichtigen.«[35] Griswolds Irrtum ist leicht zu erklären, war es doch Poe selbst, der ihm die Geschichte auftischte, und zwar etwa wie folgt: »er verließ überstürzt das Land, um sich in einer quichotischen Expedition den Griechen anzuschließen, die damals um ihre Freiheit kämpften. Er kam jedoch nicht an seinem Bestimmungsort an, sondern gelangte nach St. Petersburg, wo er in Schwierigkeiten geriet, aus denen ihn der verstorbene Henry Middleton, der amerikanische Konsul der Hauptstadt, befreite.«[36]

Der enthusiastische Charles Baudelaire schmückt die Fiktion in einem längeren Artikel in der ›Revue de Paris‹ (1852) weiter aus: »er war ... unüberlegt genug ... nach Griechenland auf- und davonzugehen. Dies war zur Zeit Botzaris' und der hellenischen Revolution. In Petersburg angekommen, waren seine Börse und seine Begeisterung bereits ein wenig erschöpft; es kam zu einem argen Streit mit den russischen Behörden, dessen Motiv unbekannt ist. Die Sache kam so weit, daß man behauptet, Edgar Poe sei nahe daran gewesen, die Erfahrungen mit den Grausamkeiten Sibiriens den frühreifen Kenntnissen von Menschen und Dingen hinzuzufügen. Zum Schluß war er heilfroh, die Intervention und die Hilfe des amerikanischen Konsuls Henry Middleton zu erhalten, um in seine Heimat zurückkehren zu können.«[37]

Poes sonst so gewissenhafter Biograph John Ingram destillierte aus Berichten einer Unzahl von Poe hereingelegter Informanten sogar ein wahres Melodram: der junge Dichter sei zunächst in einer Hafenstadt in Frankreich angelangt, wo er sogleich ein Duell um eine junge Dame ausfocht und dabei verwundet wurde; eine ›schottische Lady‹ mit blauen Augen habe ihn wochenlang an seinem Krankenbett, auf dem er in schwerem Fieber darniederlag, selbstlos gepflegt, worauf er ihr, endlich genesen, ein Gedicht, betitelt ›Holy Eyes‹, widmete. Während seines Frankreichaufenthaltes verfaßte Poe dann noch eine längere Novelle, ›Das Leben eines Künstlers zuhause und in der Fremde‹, die später fälschlicherweise Eugen Sue zugeschrieben wurde, sowie ein weiteres Gedicht, ›Humanity‹, das unter dem Namen von George Sand erschien. Ingram ist selbst nicht ganz geheuer bei dieser Geschichte; er fügt einschränkend hinzu, daß Poe Wirklichkeit und Phantasie vermischt oder »allzu neugierigen Fragestellern ein imaginäres Selbstporträt à la Byron geliefert haben könnte«. Die von Ingram nicht genannte Hauptquelle für die Fabel von Poes Frankreichreise stammt übrigens von Marie Louise Shew Houghton, einer Dame, die Poe im Jahre 1848 pflegte und betreute, als sein Gesundheitszustand gerade sehr angegriffen war, und der er anscheinend Dinge berichtete, an die er im Delirium selbst glaubte.[38] Wie schon erwähnt, hatte Poes Bruder William tatsächlich weite Auslandsreisen unternommen, und es ist möglich, daß er es war, der in St. Petersburg in Schwierigkeiten geriet. »Poe«, so heißt es in einem Brief von James W. Davidson, »unterließ es aus Taktgefühl, das Gerücht« (d. h. seines Rußlandaufenthaltes) »aus der Welt zu schaffen, da es sich um eine ›Rum-Affaire‹ seines Bruders handelte. Diese Rücksichtnahme entsprach seinem Charakter... Poe scherte sich keinen Deut um die Griechen, und, wenn möglich, noch weniger um die Prinzipien der Freiheit.«[39]

Sein Jahr beim Militär, über das noch heute wenig Einzelheiten bekannt sind, war offenbar für Poes Zeitgenossen ein weißer Fleck auf der Landkarte seiner Biographie, und er selbst nützte die Gelegenheit, ihn mit allerlei farbigen Abenteuergeschichten zu füllen. Nach Thomas Ellis soll er sogar Briefe an Mrs. Allan geschrieben haben, auf denen er St. Petersburg als seine Adresse angab. Einer der Hauptgründe für seinen Wunsch, für einige Zeit von der Bildfläche zu verschwinden, waren natürlich seine Gläubiger in Richmond und Charlottesville, die die Suche nach ihm noch längst nicht aufgegeben hatten. Als er sich freiwillig bei der Armee verpflichtete, benutzte er, wie gesagt, das Pseudonym ›Edgar A. Perry‹, gab sich als zweiundzwanzigjährig aus und behauptete, er sei Büroangestellter in Boston gewesen. In der Anmeldeliste wird er als »ein Meter neunundsechzig groß, mit grauen Augen, braunem Haar und heller Hautfarbe« beschrieben; man unterstellte ihn dem ersten Artillerieregiment, Batterie ›H‹, das vorläufig noch in Fort Independence stationiert war, der Schutzfeste des Bostoner Hafens. Er erhielt Quartier – das heißt einen Schlafplatz in einem der Mannschaftsräume –, eine Rekrutenuniform, regelmäßige Verpflegung und einen Sold von $ 5 im Monat – was er davon erübrigen konnte, floß in die Druckkosten seines ersten Gedichtbandes.

Die militärische Disziplin war damals nicht sonderlich straff. Zwischen 1812 und 1862 lebte man in einer fünfzigjährigen Periode des Friedens, und Fort Independence galt als die ruhigste Garnison an der gesamten U. S. Küste. Das letzte aufregende Ereignis, das in die Annalen einging, war ein Duell des einundzwanzigjährigen Leutnants Robert F. Massie gewesen, der am Weihnachtstag 1817 eine Meile außerhalb der Mauern der Bastion tödlich verwundet wurde. Der Drill der Rekrutenausbildung, der nur die frühen Morgenstunden in Anspruch nahm, bedeutete für den sportlich trainierten Poe nichts weiter als eine lästige Routine. Wenn er Ausgang hatte, verbrachte er sicher die meiste Zeit in der kleinen Druckerei in der Washington Street, wo er die Herstellung seines ›Tamerlane‹ überwachte, ein letztesmal seine Gedichte verbesserte und Briefe an Bostoner Zeitungen aufsetzte. Im Juni muß es dann ein erhebender Augenblick für ihn gewesen sein, als er die erste, noch von

Druckerschwärze feuchte Kopie aus der Presse zog. Der einzige amerikanische Dichter von Rang, der bisher an die Öffentlichkeit getreten war, war William Cullen Bryant gewesen, der mit Poe freilich nichts gemeinsam hatte; in den frühen zwanziger Jahren fand eines seiner berühmtesten Gedichte, ›Thanatopsis‹, wegen seiner schwärmerischen Naturbetrachtung breiten Anklang:

> »In dem, der in der Liebe der Natur
> Mit ihrer wahren Form verkehrt, spricht sie
> Vielfache Sprache; für die frohen Stunden
> Hat sie ein heitres Wort, ein Lächeln, Worte
> Der Schönheit; in sein trübes Sinnen schleicht
> Sich mild und heilend ein ihr Mitgefühl
> Und stiehlt die Bitterkeit ihm fort, eh’ er’s bemerkt.«[40]

Bryant besaß jene Vorzüge, die ihm die Herzen kulturbeflissener Amerikaner gewogen machten; er wurde zum »poetischen Repräsentanten des nationalen Gedankens«.[41] Poes jugendliche Dichtungen entzogen sich dagegen ebenso dem Verständnis des nationalbewußten, praktischen Verstandes wie dem der Sentimentalisten; sein Schönheitsbegriff mußte dem durchschnittlichen Leser abstrakt erscheinen, weil er an keine Moral gebunden war, und daher unbedeutend, wenn nicht gar verwerflich. So wird er in der dreibändigen, 1829 erschienenen Anthologie ›Beispiele amerikanischer Poesie‹, herausgegeben von Samuel Kettell, zwar am Rande aufgeführt, jedoch, im Gegensatz zu einer Anzahl völlig unbedeutender Schreiberlinge, kein einziges Mal zitiert. Allerdings durfte er bei einer Auflage von knapp fünfzig Exemplaren schwerlich auf ein ›nationales Echo‹ hoffen; außerdem war es ihm aus Kostengründen unmöglich, für ihre Verteilung in Buchgeschäften zu sorgen oder selbst werbewirksam darauf aufmerksam zu machen. Der einzige Nutzen, den er aus der Unternehmung zog, waren drei oder vier Belegexemplare, die er zusammen mit den handschriftlichen Originalen in seinem Besitz behielt. Später behauptete er, die Edition sei »aus privaten Rücksichten unterdrückt« worden.

Am 31. Oktober 1827 wurde sein Regiment nach Fort Moultrie auf Sullivans Island an der Mündung des Charlestoner Hafens in Süd-Carolina verlegt. Der Klimawechsel in wärmere Gefilde vor dem hereinbrechenden, tristen Bostoner Winter war den durch die tägliche Routine gelangweilten Soldaten der Garnison sicher willkommen. Die Truppe schiffte sich am 8. November auf der Brigg ›Waltham‹ (Capt. Webb) ein und kam nach einer Überfahrt von elf Tagen über den Hafen von Charleston in Fort Moultrie an, wie aus Pressenotizen des ›Charleston Courier‹ und der ›City Gazette and Commercial Daily Advertiser‹ vom Montag, dem 19. November 1827, hervorgeht. Colonel William Moultrie, nach dem die Bastion benannt worden war, hatte von dort aus im Unabhängigkeitskrieg die vorstoßenden Truppen der Engländer in ›heldenhaftem Kampf‹ zurückgeworfen.

Von alldem war jedoch nur der Glorienschein der Erinnerung zurückgeblieben, und wenn schon Fort Independence als die ruhigste Garnison längs der Küste galt, so war Fort Moultrie sicher die verschlafenste. Nach Norden und Osten erstreckten sich endlos die flachen Küstenstreifen von Sullivans Island, wie sie Poe in seiner Erzählung ›Der Goldkäfer‹ beschreibt:

»Diese Insel ist sehr merkwürdig. Sie besteht beinahe nur aus Meeressand und ist etwa drei Meilen lang; dabei überschreitet ihre Breite an keiner Stelle eine Viertelmeile. Ein kaum sichtbarer Wasserlauf, der durch ein Gewirr von Schilf und Schlamm mühsam dahinsickert und ein Lieblingsaufenthalt des Sumpfhuhns ist, trennt die Insel vom Festland. Der Pflanzenwuchs ist, wie sich leicht denken läßt, kärglich oder doch krüppelhaft. Man sieht nicht einen Baum von einiger Größe. Am Westende der Insel, wo das Fort Moultrie liegt und ein paar elende Holzbauten stehen – sie werden während des Sommers von Leuten bewohnt, die vor dem Staub und dem Fieber von Charleston flüchten –, kann man wohl die stachlige Zwergpalme finden; aber sonst ist die ganze Insel, mit Ausnahme dieses westlichen Punktes und einem Strich harten, weißen Gerölls an der Küste, von dem dichten Gestrüpp der wohlriechenden Myrte bedeckt, die von den englischen Gärtnern so sehr geschätzt wird. Dieser Strauch erreicht hier oft eine Höhe von fünfzehn bis zwanzig Fuß und bildet ein nahezu undurchdringliches Dickicht, das die Luft mit seinen Düften erfüllt.«[42]

Ein schmaler Meeresarm trennte Sullivans Island von der ›Isle of Palms‹, einem noch abgelegeneren, von der Vegetation her ähnlichen Landstrich, zu dem Poe oft hinübergeschwommen sein soll, um einsame Streifzüge durch die ihm völlig ungewohnte subtropische Umgebung zu unternehmen. An Freizeit dürfte es ihm kaum gemangelt haben. Die tägliche militärische Routine nahm meist nur die frühen Morgenstunden in Anspruch: geweckt wurde um fünf Uhr dreißig, dann überprüfte ein Offizier, ob die Truppe vollzählig und ordnungsgemäß angetreten war; nach dem anschließenden Frühstück folgten zwei bis drei Stunden Infanteriedrill, einige Male in der Woche Unterricht in Ballistik und taktischer Kriegsführung sowie Übungen an den großen Kanonen. Dazwischen gab es wenig mehr Abwechslung als Würfel- und Kartenspiele in den im Sommer drückend heißen Baracken und an den Wochenenden Ausgang, der von den meisten dazu genutzt wurde, den geringen Sold in Charleston zu verjubeln. Man maß die Zeit am Kanonendonner bei Sonnenauf- und -untergang und den Trompetensignalen, die die Essenszeiten ankündigten oder zum Zapfenstreich bliesen. Für ›Private Perry‹ war sein Aufenthalt in Fort Moultrie vom 19. November 1827 bis zum 1. Dezember 1828 mehr oder weniger ein Erholungsurlaub. Durch seine schlechten Erfahrungen auf der Universität gewarnt, scheint er sich, was die üblichen Zerstreuungen und Saufgelage seiner Kameraden anbetraf, weitgehend zurückgehalten zu haben; von seinen Vorgesetzten wird verschiedentlich seine ›Abstinenz‹ lobend erwähnt. Überhaupt nahm er durch seine überlegene Bildung und Kenntnisse in Buchführung, wie er sie bei Ellis & Allan erworben hatte, beim Offizierssstab eine bevorzugte Stellung ein. Anstatt wie die anderen den obligatorischen Rekrutendienst abzuleisten, wurde er häufig zu Schreibstubenarbeiten abkommandiert, und Colonel James House, der Kommandant des ersten Artillerieregiments, setzte sich später persönlich für seine Interessen ein. In Charleston verkehrte er im Hause von Colonel William Drayton, mit dem er lange Jahre freundschaftlich verbunden blieb und dem er noch in Philadelphia ein Widmungsexemplar seiner ›Tales of the Grotesque and Arabesque‹ zusenden sollte. Am 1. Mai 1828 stieg er vom einfachen Rekruten zum ›artificer‹ auf, der Stellung eines ›Mechanikers‹ also, der vor allem das reibungslose Funktionieren der Geschütze überwachen mußte; eine Zwischenstufe zu einer Beförderung.

Seine Mußestunden verbrachte er meistens mit langen Wanderungen auf Sullivans Island oder der ›Palmeninsel‹, deren abwechslungsreiche Flora und Fauna er mit Interesse studierte. Er konnte sich stundenlang selbstvergessen an einem der langen Sandstrände in irgendein Buch vertiefen, das er sich in einer der Charlestoner Bibliotheken ausgeliehen hatte. Die sonderbaren, buntschillernden Käferarten, die Poe bei diesen Streifzügen beobachtete, inspirierten ihn offenbar zu der Beschreibung der unheimlichen Insekten in seinen Erzählungen ›The Gold Bug‹, ›The Sphinx‹ und ›The Thousand-and-Second Tale of Scheherazade‹. Im achtzehnten Jahrhundert waren diese Inseln ein bevorzugter Schlupfwinkel von Piraten gewesen, Stede Bonnet und ›Blackbeard‹ zum Beispiel, die hier ihre Schätze vergraben haben sollten, obwohl der in Poes Novelle ›Der Goldkäfer‹ erwähnte Kapitän Kidd sich in Wirklichkeit niemals in die Gegend verirrte. Aber Kidd wurde in Greenock, dem Familiensitz der Galts geboren, und es ist möglich, daß Poe schon früher ›aus erster Hand‹ von dessen Abenteuern erfuhr. Ohne jeden Zweifel verfügte Poe in diesem Jahr über genügend Zeit, sich intensiv mit seinen Dichtungen zu beschäftigen und sein längstes Versepos, das seltsame ›Al Aaraaf‹, das schon in Richmond begonnen worden war, wurde während seiner Militärzeit in Fort Moultrie vollendet. Es handelt sich dabei insofern um ein programmatisches Gedicht, als Poe in ihm den Versuch unternimmt, in allegorischer Form seine Kunstauffassung darzulegen – eine ›Hymne an die vergeistigte Schönheit‹. Der in ›Al Aaraaf‹ entwickelte Mythos kann hier nur angedeutet werden. Poe selbst äußert in einer ›Vorbemerkung‹: »Al Aaraaf, bei den Arabern ein Mittel zwischen Himmel und Hölle, liegt in dem von Tycho Brahe entdeckten berühmten Stern, der eines Nachts ins Auge der Menschen sprang und genauso plötzlich wieder verschwand. – Michel Angelo wird auf diesen Stern versetzt dargestellt, wo er der ›Dame seiner unirdischen Liebe‹ von den Regionen spricht, die er verlassen hat.«[43]

Dieser Stern, außerhalb von Raum und Zeit, entspricht Poes Idealvorstellung eines Paradieses überirdischer Schönheit, das man auf Erden nur durch den Genuß von Kunst ›erahnen‹ kann; diejenigen, die sich ihn als Aufenthaltsort auserkoren haben, dürfen nur für einen bestimmten Zeitraum darauf verweilen, um dann ins Nichts des Todes zu sinken – denn ewige Glückseligkeit trägt, folgen wir Poes Gedankengang, wiederum den Keim der Fäulnis in sich.[44] ›Al Aaraaf‹ ist die höchste Steigerung des Ideals – das Wunschbild eines Glückes, nach dem man auf Erden nur streben darf; dieses Streben an sich aber ist es, das Poe in sich selbst ›wiederfindet‹ und das er durch die Beschreibung einer Art von ›Verheißung‹ zu vermitteln sucht. Zufrieden mit jenem Glückszustand ziehen es die beiden Liebenden Ianthe und Angelo vor, in »ewigen Schlaf« zu verfallen, anstatt dem Gebot der Herrin ihres Paradieses, Nesace, zu folgen, zu erwachen und »anderen Welten Licht zu bringen« – denn sie sind gebannt von der Zauberformel, die der englische Romantiker John Keats an den Schluß seiner berühmten ›Ode auf eine griechische Urne‹ stellte:

> »Schönes ist wahr und Wahres schön – Ihr wißt
> Irdisch nur dies, mehr wissen braucht ihr nicht.«[45]

Fort Moultrie war gewiß nicht der rechte Ort, eine solche Heilsbotschaft zu verkünden. Poes Kameraden animierten ihn allenfalls, Spottverse auf ihre Vorgesetzten zu verfassen, und jene wiederum schätzten ihn als intelligenten und anregenden Gesprächspartner, der ihnen die Zeit zu vertreiben half. Die provinzielle Routine wurde für Poe von Tag zu Tag unerträglicher, und die Aussicht, vier weitere Jahre (er hatte sich, durch seine ausweglose Situation in Boston verzweifelt, für insgesamt fünf Jahre verpflichtet) in dieser Abgeschiedenheit zubringen zu müssen, begann ihn nun ernsthaft zu beunruhigen. So sehr er auch die Gunst des Offizierskorps genoß, gab es dort für einen einfachen freiwilligen Rekruten keinerlei nennenswerte Aufstiegschancen; ohne Protektion oder eine Ausbildung auf einer Militärakademie würde er ewig nur ein Niemand, ein namenloser ›artificer‹ der U. S. Army in einem unbedeutenden Außenposten in Süd-Carolina bleiben. Um vorzeitig aus dem Dienst entlassen zu werden, bedurfte es einer ausdrücklichen Sondergenehmigung. Nun besaß Poe, wie bereits erwähnt, in Fort Moultrie und Charleston einflußreiche Freunde und Gönner, die Anteil an seinem Schicksal nahmen. Colonel Drayton zum Beispiel war ein aufsteigender Politiker der demokratischen Partei mit ausgezeichneten Verbindungen, Dr. Edmund Ravenel, dessen Bekanntschaft Poe auf Sullivans Island machte, ein angesehener Botaniker und Naturforscher. In Charleston stand Poe ferner in Kontakt mit Mr. John O. Lay, einem entfernten Verwandten von Mrs. Allan. Lieutenant James Howard, einer der Offiziere in Fort Moultrie und ein Freund Lays, interessierte sich besonders für die Pläne des mit seiner Lage unzufriedenen Rekruten Perry, der ihm anscheinend in einem vertraulichen Gespräch sein Herz ausgeschüttet hatte. Er versprach ihm, seine vorzeitige Entlassung in die Wege zu leiten, und zwar unter der Bedingung einer Versöhnung mit seinem Pflegevater; darüber hinaus erklärte er sich bereit, persönlich zwischen ihnen zu vermitteln. Howard schrieb daraufhin im November 1828 einen Brief an Allan, in dem er ihm die Situation beschrieb, Poes gute Führung lobte und ihn über dessen Absichten, das Regiment wegen seiner begrenzten Aufstiegsmöglichkeiten zu verlassen, in Kenntnis setzte. Dem Schreiben wurde anscheinend eine Empfehlung und ein Gruß Mr. Lays beigefügt.[46] Es war dies die erste Nachricht, die Allan seit nun über anderthalb Jahren über Poe erhielt, und es verärgerte ihn vielleicht ein wenig, daß jener es nicht der Mühe wert erachtete, sich in der Angelegenheit selbst an ihn zu wenden. Sein altes Leiden, die Wassersucht, machte ihm gerade wieder schmerzhaft zu schaffen, was ihn nicht sonderlich versöhnlich stimmte; auch neigte er eher zu der Ansicht, daß geregelte Verhältnisse seinem zum Müßiggang neigenden Zögling zuträglicher seien als freie Selbstbestimmung. Solange Poe nicht selbst von sich hören ließ, solange er scheinbar in seinem Eigensinn verharrte und kein Wort der Reue für seine vergangenen Verfehlungen fand, sollte er bleiben, wo er war, und sich weiter die Hörner abstoßen. In seiner förmlichen Antwort an Howard hieß es, er hielte es für besser, wenn sein Pflegesohn bis zur Beendigung des Zeitraums, für den er sich verpflichtet habe, seinen Militärdienst ableiste.[47]

7. Kapitel

Al Aaraaf

Werter Herr,
der Brief von Lieut. Howard, den Ihnen Mr. John O. Lay übermittelte, hat Sie sicher bereits darüber informiert, warum ich mich heute aus Fort Moultrie an Sie wende. Sie fügten Ihrem Schreiben an Mr. Lay einen entsprechenden Bescheid an Lieut. Howard bei, den mir letzterer zur Einsichtnahme vorlegte, und was mich am meisten daran besorgte, war zu erfahren, daß Sie sich nicht wohl befinden – ich verstehe daher auch die Stimmung, die Sie dazu bemüßigte, zu schreiben, ›es wäre besser für ihn, bis zur Beendigung seiner Dienstzeit, zu der er sich freiwillig verpflichtete, dort zu bleiben, wo er ist‹ –, nein, ich trage Ihnen nichts nach. Sie dachten vielleicht, daß das Leben in der Armee ›ganz nach meinem Herzen sei‹ und daß es mir (wenngleich im Widerspruch zu den Militärstatuten) möglich sein würde, auch ohne eine Ausbildung in West Point – für die ich ja noch etwas zu jung bin – ein Offizierspatent zu erwerben. Dennoch konnte ich mich des Eindrucks nicht erwehren, daß Sie noch immer von meiner Wert- und Ehrlosigkeit überzeugt sind und sich nichts weniger wünschen als meine Heimkehr, welche Sie erneut Anteil an meiner Schande nehmen lassen könnte. Wie dem auch sei, ich bin zu keiner Zeit meines Lebens zufriedener mit mir gewesen, und nie war mein Herz von berechtigterem Stolz erfüllt, als gerade jetzt... Ich bin nun so lange in der amerikanischen Armee gewesen, wie ich es, meiner Situation entsprechend, für notwendig erachtete, und es ist inzwischen an der Zeit, meinen Abschied zu nehmen... Die Blütezeit meines Lebens wäre vergeudet – und es wird mir nichts übrig bleiben, als entschlossenere Maßnahmen zu treffen, wenn Sie mir Ihre Hilfe versagen... Es wird Ihnen auffallen, daß ich offen zu Ihnen spreche – wie sollte ein solcher Ehrgeiz bestehen oder Talent sich entfalten ohne die Gewißheit des Erfolges? Ich habe mich in die Welt gestürzt wie der normannische Eroberer gegen die Küste Englands und durch meinen Siegesschwur die Flotte vernichtet, die allein meinen Rückzug hätte sichern können – ich muß erobern oder sterben, mich durchsetzen oder entehrt werden. Sie brauchten nichts weiter zu tun, als einen Brief an Lieut. J. Howard aufzusetzen, in dem Sie ihm die Versöhnung mit mir (die Sie nie ausgeschlagen haben) schriftlich bestätigen – er kennt Sie bereits durch Mr. Lay, der Sie als überaus großzügig und ehrenhaft geschildert hat... Ich benötige keine finanzielle Hilfe – es sei denn aus Ihrer freien und unbeeinflußten Entscheidung heraus –, denn ich komme mit allen Schwierigkeiten zurecht. All meine Liebe

an Mama – erst aus der Entfernung lernen wir den Wert wahrer Zuneigung begreifen – die sie, wie ich hoffe, noch immer trotz meiner launischen und eigensinnigen Wesensart für mich empfindet.

Es grüßt Sie herzlich und hochachtungsvoll,

Ihr

Edgar A. Poe

P. S. Es ist mittlerweile Order ergangen, uns nach Old Point Comfort einzuschiffen, wo ich vor Ihrer Antwort eintreffen werde – schreiben Sie daher an Lieut. J. Howard, Festung Monroe –, dies ist auch meine neue Adresse.«[1]

Es läßt sich schwer beurteilen, warum Allan diese erste Nachricht seines Pflegesohnes seit März 1827 nicht beantwortete. Vielleicht fand die etwas sonderbare Mischung aus vergeblicher Reue, Besserungsgelöbnissen und stolzer Anmaßung doch nicht seine Zustimmung; Poes neue Rolle als ›normannischer Eroberer‹ dürfte ihn schwerlich überzeugt haben, und seine Drohung, ›entschlossenere Maßnahmen‹ zu treffen, sowie die großmütige Geste zu Beginn des Briefes, ›Poe trüge ihm nichts nach‹, empfand der rechthaberische Schotte sicherlich als Insolenz. Jedenfalls rührte er keinen Finger, ihn aus seinem Dilemma zu befreien; vorläufig blieb es bei seiner kühlen und distanzierten Mitteilung an Lieutenant Howard. Wie bereits aus Poes Brief an Allan hervorgeht, war das erste Artillerieregiment Anfang Dezember 1828 von Fort Moultrie in die nach dem früheren amerikanischen Präsidenten benannte Festung Monroe in Virginia, an der Mündung des St. James River (also etwa 135 Kilometer von Richmond entfernt), verlegt worden. Fortress Monroe gehörte zu den größten und stärksten Befestigungen der U. S. Armee, ein düsteres, sechseckiges Bauwerk mit zehn Meter dicken Mauern, nur durch eine schmale Landzunge mit dem Festland verbunden. Die Festung muß auf Poe gewirkt haben wie ein Gefängnis. Lieutenant Howard, dem die Niedergeschlagenheit seines Günstlings auffiel, der sich jeden Morgen vergeblich nach Post aus Richmond erkundigte, tat sein Möglichstes, ihm die Situation zu erleichtern, so gut es eben ging. Auf seine Empfehlung an Colonel James House hin wurde ›Private E. A. Perry‹ schon am 20. Dezember zu Schreibstubenarbeiten in das Büro des Adjutanten abkommandiert, was ihn wieder der meisten militärischen Verpflichtungen enthob, denen er sonst unterworfen gewesen wäre. Zwei Tage später wandte sich Poe erneut an Allan und wiederholte mit der Anmerkung, »er sei sehr verletzt, bisher keine Antwort auf sein Schreiben erhalten zu haben«, und die Befürchtung ausdrückend, es hätte ihn vielleicht nicht erreicht, den Inhalt seines Briefes aus Fort Moultrie. Er nimmt speziell Bezug auf Colonel House, den Lieut. Howard ihm vorgestellt hatte:

»Er war sehr zuvorkommend, sagte mir, daß er mit meinem Großvater, Gen. Poe, sowie Ihnen selbst und Ihrer Familie bekannt gewesen sei und sagte mir erneut meine sofortige Entlassung zu, insofern Sie Ihre Einwilligung dazu erklären würden. Ich empfand es als sehr traurig, daß Fremde einen solchen Anteil an meinem Wohlergehen nahmen, während Sie, der Sie mich einst Ihren Sohn nannten, es nicht einmal aus Höflichkeit für notwendig befanden, meinen Brief zu beantworten. Sollte es Ihr Wunsch sein, zu vergessen, daß ich Ihr Sohn gewesen bin, so bin ich zu stolz, Sie daran zu erinnern – ich bitte Sie nur, sich zu vergegenwärtigen, daß Sie selbst es waren, der eigentlich dafür die Verantwortung trug, daß ich Ihr Haus verließ – indem Sie mich lehrten, ehrgeizig zu sein. Wenn die Richtung, die mein Ehrgeiz nahm, auch nicht Ihrer Vorstellung entsprechen mag, so ist er sich doch seines Zieles nicht weniger sicher. Richmond und die Vereinigten Staaten waren eine zu enge Sphäre für mich – die Welt soll meine Bühne sein – Wie ich schon in dem Brief bemerkte, den Sie nicht erhielten (wenn dem so wäre, hätten Sie mir geantwortet), sehen Sie mich als enthert an – aber das akzeptiere ich nicht. Mein Herz kennt keine Ehrlosigkeit – der schlechteste Einfluß könnte mich nicht verderben. Nie zuvor empfand ich ein innigeres Gefühl der Zufriedenheit über mich selbst und (ausgenommen vielleicht, daß ich Ihre Gefühle verletzte) mein Betragen – mein Vater, verstoßen Sie mich nicht – ich werde Ihrem Namen Ehre machen.«[2]

Beide Briefe Poes an seinen Pflegevater bezeugen einen auffallenden Mangel an Diplomatie. David Sinclair hat in diesem Zusammenhang sehr richtig auf eine Textstelle in Poes Erzählung ›The Imp of the Perverse‹ (›Der Alb der Perversheit‹) hingewiesen: »Es lebt, zum Beispiel, wohl kein Mensch, welchen nicht schon zu irgend einer Zeit das inbrünstige Verlangen geplagt hat, einen Zuhörer durch umschweifendes Reden zu peinigen. Der Sprecher merkt durchaus, daß er mißfällt; auch hat er jeglichen Willen, zu gefallen; er ist gewöhnlich kurz, präzis und klar; die markanteste und glänzendste Sprache drängt und ringt danach, auf seiner Zunge laut zu werden; nur schwer gelingt's ihm, ihrem Strome Einhalt zu gebieten; er scheut, er fürchtet den Unwillen dessen, den er anspricht; und doch durchzuckt ihn jählich der Gedanke, er könnte doch einmal, vermittels gewisser Verwickelungen und Parenthesen, grad eben diesen Unwillen erwecken. Ein solcher einziger Gedanke ist genug. Der erste Antrieb wächst und wird zum Wunsche, der Wunsch wird zum Verlangen, das Verlangen zum unstillbaren Drang, und diesem Drange gibt der Sprecher (zu seinem eignen tiefen Leide und Verdruß – und allen Folgen zum Hohne) denn schließlich nach.«[3]

Poe konnte es scheinbar nicht unterlassen, in seine Briefe an Allan, dessen Hilfe er doch notwendig bedurfte, gewisse arrogante und überhebliche Äußerungen einzustreuen, von denen er genau wissen mußte, daß sie den herrschsüchtigen Schotten verärgern würden. In der Tat stand Poe hoch in der Achtung seiner Vorgesetzten, die mit seinem Diensteifer so zufrieden waren, daß sie ihn am 1.Januar 1829 zum ›Sergeant-Major‹ beförderten, dem höchsten Rang, den er unter den gegebenen Umständen erreichen konnte und der zumindest seinen Sold auf $ 10 verdoppelte. Es ist dem knapp Zwanzigjährigen kaum zu verdenken, daß er stolz darauf war, so rasch zu avancieren, und daß er von seiner Erziehung und Ausbildung her eine Karriere anstrebte, die ihm nach den Militärstatuten vorläufig versagt blieb. Kein vernünftiger Mensch hätte gegen diese Haltung etwas einwenden können. Es bedurfte nur einer Einverständniserklärung Allans für seine Entlassung, nichts weiter als eine Lappalie. Aber Poe brachte nicht die Bescheidenheit auf, seinen Pflegevater einfach nur darum zu bitten; seine Briefe sind eine sonderbare Mischung aus Fakten, Vorhaltungen, Selbstbeweihräucherungen und Anbiederungen – und Allan verschmähte es weiterhin, darauf zu antworten. Im übrigen spürte er deutlich, daß es eine literarische Karriere war, die Poe im Sinne hatte, und er glaubte ihn in geregelten Verhältnissen weit besser aufgehoben. Alles in allem sah er keinen triftigen Grund, sich für seinen Pflegesohn einzusetzen, und hätte es wohl auch dabei bewenden lassen, wären nicht zwei Umstände eingetreten, die ihn in seinem Entschluß wanken machten.

Zum einen erkrankte Poe im Januar 1829, anscheinend an einem leichten Fieber, das vielleicht, bedingt durch die quälende Ungewißheit seiner Situation, psychische Ursachen hatte. Er wurde von dem diensthabenden Militärarzt, Dr. Robert Archer betreut, der aus Richmond stammte und sich während dieser Zeit für das Schicksal des jungen Mannes zu interessieren begann. Hervey Allen nimmt an, daß Mrs. Allan durch ihn zum erstenmal über den Verbleib Poes unterrichtet wurde. Colonel House und Lieutenant Howard hatten Poe inzwischen davon überzeugen können, doch eine Militärkarriere ins Auge zu fassen und sich als Kadett in West Point zu bewerben. Am 4. Februar schreibt er erneut an Allan, diesmal in einem weitaus sachlicheren und gemäßigteren Tonfall, unterrichtet ihn über seine Pläne und bittet ihn, sich bei seinem Bekannten Mr. Wirt (dem schon erwähnten Justizminister der Vereinigten Staaten) oder bei General Scott für ihn zu verwenden, deren Empfehlung ihm die Aufnahme in West Point wesentlich erleichtern könne. Er schildert die immensen Vorteile, die sein bisheriger Werdegang bei der Armee für eine Ausbildung zum Kadetten für ihn haben würde, und versucht, weit weniger selbstsicher als gewöhnlich, seine Verfehlungen auf der Universität mit jugendlicher Unerfahrenheit zu rechtfertigen. Dennoch enthält der Brief natürlich wieder einige taktisch unkluge Passagen; unter anderem geht er Allan um Geld an: »In der sicheren Erwartung eines positiven Bescheids von zu Hause habe ich mich auf Ausgaben eingelassen, für welche mein derzeitiges Einkommen nicht ausreicht ... momentan befinde ich mich in einer recht unangenehmen Lage, und ich kann mich an eine Zeit entsinnen, in der ich an Ihren Beistand appellieren durfte.«[4]

Dieses Zugeständnis, erneut über sein Verhältnisse gelebt zu haben, und das Ungeschick, mit dem Allan hier ›angeschnorrt‹ wurde, dürften für den geizigen Schotten gleichsam Wasser auf seine Mühlen gewesen sein, zumal Poe sich auch selbst widersprach, hatte er doch zuvor geäußert: »Wenn Sie mir wirklich helfen wollen, ist dies der geeignete Zeitpunkt – wenn nicht (wie die bisherigen Umstände mich glauben machen), werde ich mich bescheiden müssen, bis günstige Gelegenheit oder andere Freunde mir diese Hilfe gewähren werden.«[5]

Ferner deutet Poe am Schluß seines Schreibens die Möglichkeit an, ins Ausland zu emigrieren, falls Allan ihm weiterhin seine Unterstützung verweigere.

Der lang erwartete Brief Allans traf endlich Ende Februar in Fortress Monroe ein, aber sein Inhalt gab wenig Anlaß zum Aufatmen. Er enthielt lediglich eine knappe und förmliche Mitteilung, sich nach Richmond zu verfügen, wo Mrs. Allan im Sterben liege. Die Nachricht war ein Schock für Poe. »Wäre sie nicht gestorben, ohne mich ein letztesmal zu sehen«, schreibt er später an seinen Pflegevater, »würde es nichts geben, was ich wirklich zu bedauern hätte – *Ihre* Liebe schätzte ich nie besonders hoch ein, aber ich weiß, sie liebte mich, als wäre ich ihr eigenes Kind gewesen.«[6] James Galt berichtet, sie hätte auf ihrem Sterbebett wiederholt den Wunsch geäußert, ›ihren Jungen‹ noch einmal in die Arme zu schließen, und, wenn dies nicht mehr möglich wäre, nicht eher begraben zu werden, bevor Poe sie ein letztesmal gesehen habe.[7] In der Zeitung ›Richmond Whig‹ vom 2. März 1829 findet sich folgende Notiz: »In den Morgenstunden des letzten Sonnabends verstarb Mrs. Frances K. Allan, die Gattin von Mr. John Allan, nach langem und schmerzvollem Leiden im Alter von 47 Jahren (sic). Freunde und Bekannte der Familie sind höflichst eingeladen, heute, um 12 Uhr, der Beerdigung beizuwohnen, die von ihrem Hause aus stattfinden wird.«[8]

Poe kam erst am Abend des Tages nach ihrem Begräbnis in Richmond an; schon während der vierundzwanzigstündigen Reise von Norfolk muß er befürchtet haben, zu spät einzutreffen. Natürlich begünstigten die tragischen Umstände seiner Heimkehr ein Scheinidyll, eine vorübergehende Aussöhnung zwischen den beiden problematischen Charakteren. Eine Passage aus Henry B. Hirsts ›Poe Life Sketch‹, einem 1843 erschienen ›literarischen Lebenslauf‹, zu dem Poe sämtliche Daten und Fakten lieferte und den er auch selbst redigierte (das Ergebnis ist dementsprechend schmeichelhaft und phantasievoll), trägt deutlich Poes Handschrift: »Mr. Allan behandelte seinen jungen protégé mit soviel Freundlichkeit, wie es seine rauhe und wenig fein-

fühlige Natur (›his gross nature‹) nur eben zuließ.«⁹ Jedenfalls war Allan gewiß nicht zu Auseinandersetzungen aufgelegt; er bat Mr. Ellis brieflich, Poe
mit Trauerkleidung auszustatten, irrte sich, bei seiner sprichwörtlichen Gewissenhaftigkeit sehr ungewöhnlich, bei der Aufstellung der gewünschten
Kleidungsstücke (zu denen auch ein schwarzer Zylinder gehörte) im Datum
und scheint auch mit ihm, wahrscheinlich nicht sonderlich konzentriert, über
dessen nähere Zukunftspläne gesprochen zu haben. Zumindest einigten sie
sich insofern, als Allan Poe die lang verweigerte Unterstützung seiner Bewerbung in West Point zusagte. Man hatte Poe nur eine Woche Urlaub be-
willigt, und er besuchte am nächsten Tag Mrs. Allans Grab auf dem Shockoe-
Friedhof, wo er, nach dem Bericht der Dienstboten, die ihn dorthin begleiteten, weinend zusammengebrochen sein soll.¹⁰ Das Grab lag ganz in der Nähe
von dem Mrs. Stanards; erst Wochen später erhielt es das von einer Zierurne
gekrönte Marmorpodest im Geschmack der Zeit, das noch heute zu sehen ist.
» ›Was löst nach *allgemeinem* Empfinden *tiefste* Melancholie aus?‹ Die Antwort
lautete: der Tod. ›Und wo‹, fuhr ich zu fragen fort, ›wo ist jene tiefste Melancholie dichterisch am tiefsten zu fassen?‹ Nach dem, was ich oben ziemlich
ausführlich auseinandersetzte, liegt die Antwort klar auf der Hand: ›Wo sie
sich am engsten mit *Schönheit* vereinigt. Demnach ist der Tod einer schönen
Frau der Gipfelpunkt aller Poesie…‹«¹¹ Spätestens dieses Erlebnis begünstigte wohl eine poetische Theorie, die dem Empfinden der romantischen
Künstler der Epoche entsprach; keiner unter ihnen sollte sie jedoch so *durchle-
ben* wie Poe.

Sicher war der Rest der Woche mit Besuchen bei alten Freuden und Bekannten sowie den Mackenzies und seiner Schwester Rosalie ausgefüllt. Bei
all den schmerzhaften Erinnerungen, die auf ihn einstürzten, sowie den unliebsamen Zwischenfällen, denen er sich mit früheren Gläubigern ausgesetzt
sah, schien ihn doch die sich andeutende Aussicht auf eine endgültige Versöhnung mit seinem Pflegevater mit neuer Kraft zu erfüllen.

In seinen nächsten Briefen an Allan wird, zumindest in den kommenden
zwei Jahren, aus »werter Herr« wieder ein »lieber Pa« und aus Poe ein wohl-
anständiger, fleißiger junger Mann, jedenfalls in seinen Selbstdarstellungen
und aus der Sicht seiner Vorgesetzten, um deren Empfehlungsschreiben er
sich eifrig bemühte. »…sein Betragen war tadellos«, schreibt Lieutenant
James Howard. »Er versah zugleich das Amt eines Kompanieschreibers und
eines Angestellten in der Besoldungsabteilung und erfüllte seine Pflichten
pünktlich und genau. An seinem allgemeinen Verhalten gibt es nichts zu
beanstanden; er war kein einziges Mal betrunken.«¹² Der Hauptmann und
Adjutant der ersten Artillerie, H. W. Griswold, schließt sich Howards Ausführungen an, hebt den Dienstrang Poes als Sergeant Major hervor und bezeichnet ihn als »höchst vertrauenswürdig«.¹³ Colonel W. J. Worth rundet

das Bild des ›braven Soldaten Poe‹, dessen alias ›Perry‹ inzwischen obsolet geworden ist, im gleichen Tenor ab: »Ich kannte den obengenannten Serg't-Majr. Poe persönlich und hatte drei Monate Gelegenheit, auf seine Führung und sein Betragen zu achten, das während dieser Zeit höchst lobenswert und vertrauenerweckend war. Seine Erziehung und seine Bildung sind erstklassig und er scheint frei von schlechten Angewohnheiten zu sein, welchletzteren Umstand ja auch schon bereits Lt. Howard und Adjt. Griswold besonders betonen. Wie ich höre, bewirbt er sich mit Hilfe seiner Freunde um eine Zulassung als Kadett, und ich kann ihn bedenkenlos als aussichtsreichen Anwärter auf diesen Posten empfehlen, der seinen Pflichten eifrig und getreulich nachkommen wird.«[14] Besonders interessant ist ein längeres Empfehlungsschreiben von Colonel James House an General E. P. Gaines, den Kommandanten des U. S. Army-Hauptquartieres (Sektion Ost) in New York. Es enthält die erste bekannte Kurzbiographie Poes, so wie Poe sie ihm, wie zu erwarten nicht ganz wahrheitsgetreu, geschildert hatte:

Fortress Monroe, 30. März '29
»General, – ich ersuche Sie hiermit um die Genehmigung, Edgar A. Perry, zur Zeit Sergeant-Major des ersten Artillerieregiments, aus dem Armeedienst zu entlassen, nachdem er einen Ersatzmann gestellt hat.

Der besagte Perry gehört zu einer Familie von Waisen, deren unglückliche Eltern beim Brand des Richmonder Theaters im Jahre 1809 ums Leben kamen ... ein Mr. Allan, ein wohlhabender und angesehener Gentleman dieser Stadt, nahm sich seiner an und adoptierte ihn, wie mir berichtet wurde, als seinen Sohn und Erben; in der Absicht, ihm eine gute Erziehung zu ermöglichen, ließ er ihn auf der Universität von Virginia studieren, von wo er jedoch, obwohl seine Leistungen dort vortrefflich waren, in einem Augenblick jugendlicher Unbesonnenheit entfloh. Sein Gönner hörte einige Jahre nichts mehr von ihm; in der Zwischenzeit sah sich sein Zögling auf Grund seiner angespannten Verhältnisse gezwungen, sich zum Militärdienst zu verpflichten[15], und wurde 1827 Soldat in meinem Regiment in Fort Independence. Seit dem Eintreffen seiner Kompanie an diesem Ort nahm er wieder Verbindung zu seinem Adoptivvater auf, auf dessen Fürsprache hin er die Erlaubnis erteilt bekam, ihn zu besuchen; das Resultat war, daß sich Mr. Allan gänzlich mit ihm aussöhnte und ihn erneut in seine Familie aufnahm. Ich erhielt einen Brief von ihm, in dem er mich um die Entlassung seines Sohnes bat, nachdem dieser einen Ersatzmann gestellt habe; und sobald die Genehmigung dazu vorliegt, ist ein erfahrener Soldat und anerkannter Sergeant bereit, Perrys Platz einzunehmen. Der Wechsel dürfte kaum irgendwelche Schwierigkeiten bereiten.
Hochachtungs- und respektvoll, Ihr ergebener Diener,
Jas. House, Col. 1st Art'y.«[16]

General Gaines erteilte am 4. April prompt seine Genehmigung, und die Transaktion schien planmäßig und unbürokratisch vonstatten zu gehen. Dennoch ergaben sich aus einer Lappalie heraus und durch eine unglückliche Verkettung von Zufällen Schwierigkeiten, die, was keineswegs vorauszusehen gewesen war, abermals zu einer Katastrophe führten. Ausgerechnet Poes wichtigste Fürsprecher, Colonel House und Lieutenant Howard, waren zum Termin seiner endgültigen Entlassung für einige Tage aus Fortress Monroe abberufen worden. Normalerweise betrug die Kaution für einen Ersatzmann $ 12, eine Summe, die Poe auch Allan mit gutem Gewissen genannt hatte. Ohne die Absegnung seiner Vorgesetzten jedoch erhöhte sich der Betrag auf $ 75. Eine gravierende Differenz, deretwegen sich Poe erneut verschuldete und Allan später davon ausging, er habe das Geld unterschlagen. Es war dies eines jener typischen Mißverständnisse, in die sich Poe zeit seines Lebens mit unheilvoller Regelmäßigkeit verwickeln sollte.

Vorläufig waren noch keine Gewitterwolken in Sicht, und er kehrte nach seiner Entlassung am 15. April zunächst für ein paar Wochen nach Richmond zurück, wo er sich um weitere Empfehlungsschreiben bemühte und Allans gute Beziehungen auszunützen suchte – diesmal mit dessen Einverständnis. Zu den einflußreichen Männern, die sich in Briefen an das Kriegsministerium in Washington für ihn verwandten, gehörten Richter John J. Barber, Major James Gibbon und Colonel James Preston. Letzterer schrieb an den Kriegsminister, Major John Eaton: »Sir: ... ich kenne Mr. Poe persönlich und weiß, daß er unter sehr armen und unglücklichen Verhältnissen geboren wurde. Aus seinen eigenen literarischen Werken (›Tamerlane‹) und anderen zweifelsfreien Beweisen ist mir ferner bewußt, daß er ein junger Mann von Geist und Charakter ist, der vielerlei Talente besitzt. Ich bin der festen Überzeugung, daß er dazu bestimmt ist, sich auszuzeichnen – schon seine Leistungen auf der Universität berechtigen zu dieser Annahme. Ich glaube, er verdient es, staatlich gefördert zu werden, und bin mir sicher, daß die militärische Disziplin überaus förderlich auf seinen Charakter, sein Ehrgefühl und seinen bereits hochentwickelten Geist einwirken wird. Lassen Sie ihn den Beweis erbringen, des in ihn gesetzten Vertrauens würdig zu sein. Ich würde diese Empfehlung nicht schreiben, hätte ich nicht das Gefühl, daß er die Regierung einst durch seine Dienste und Talente für jegliche Unterstützung reichlich entschädigt.«[17]

Allans Verhältnis zu seinem Protégé hatte sich nur so weit konsolidiert, daß er ihn in seiner Absicht, West Point zu besuchen, durch seine Verbindungen und Protektion und in Maßen auch finanziell unterstützte. Von einer »gänzlichen Aussöhnung« und einer »erneuten Aufnahme in sein Herz und seine Familie«, wie sie Colonel House in seinem Brief an General Gaines erwähnte, konnte jedoch durchaus nicht die Rede sein. Seine ›väterliche Zuneigung‹ war spätestens durch Poes Eskapaden auf der Universität, nach dem vorhandenen Quellenmaterial wahrscheinlich schon früher versiegt. Dies macht Allans kühle Empfehlung an den Kriegsminister, deren Tonfall sich deutlich von der Mr. Prestons unterscheidet, geradezu erschreckend klar: »Werter Herr, – der junge Mann, der Ihnen dies Schreiben unterbreitet, ist der nämliche, auf welchen sich Lt. Howard, Capt. Griswold, Colo. Worth, unser Abgeordneter und Sprecher im Weißen Haus, der ehrenwerte Andrew Stevenson sowie mein Freund Major Jno. Campbell beziehen...

Er trennte sich von mir auf Grund dessen, daß er auf der Universität von Charlottesville Glücksspiel betrieben hatte und weil ich mich weigerte, eine Regel zu sanktionieren, welche dort unter den Ladenbesitzern und anderen aufgestellt worden war, indem sie jede Art von Verschwendung als ›Ehrenschulden‹ erklärten. Es freut mich jedoch sehr, Ihnen mitteilen zu können, daß er am Ende des Jahres seine Prüfungen mit beachtlichem Erfolg bestand.

Um kurz auf seine Abstammung einzugehen: er ist der Enkel des Generalquartiermeisters Poe aus Maryland, dessen Witwe, wie ich annehme, noch immer eine Rente für die Verdienste oder die Invalidität ihres Gatten empfängt. Sir, ich sage Ihnen ganz offen, daß er mit mir in keiner Weise verwandt ist und daß es viele gibt, für deren Interessen ich mich aktiv einsetze; mit keiner anderen Empfindung als der, daß ich mich um jedermann kümmere, der meiner Hilfe bedarf. Für mich selbst verlange ich nichts, bitte Sie aber um die Freundlichkeit, diesem jungen Mann dabei behilflich zu sein, seine Zukunftspläne zu verwirklichen. Und es würde mir eine große Freude sein, mich für Ihr Wohlwollen erkenntlich zu zeigen. Verzeihen Sie meine Offenheit, aber ich wende mich an einen Soldaten.

Ihr ergebener Diener,

John Allan«[18]

Es ist unwahrscheinlich, daß Poe diesen Brief selbst zu Gesicht bekam, aber seine Gespräche mit Allan und dessen Distanziertheit gaben ihm auch so zu verstehen, daß er in seinem früheren Zuhause nur mehr geduldet wurde und daß er außer Empfehlungsschreiben und hin und wieder einer Geldzuwendung wenig mehr zu erwarten hatte. Jedenfalls war ›Moldavia‹ nicht länger sein Heim, sondern das Haus seines Gönners, bei dem er sich anmelden mußte, wenn er ihn aufzusuchen beabsichtigte. »Der Mangel an elterlicher Zuneigung«, sollte er später an einen Freund schreiben, »war eine der Prüfungen, unter denen ich am meisten zu leiden hatte.«[19] Es bestand wenig Anlaß, sich Illusionen hinzugeben; trotzdem schätzte er sein Verhältnis zu seinem Pflegevater damals noch genauso falsch ein wie seine Aussichten auf eine Offizierskarriere. Anfang Mai 1829 reiste er für ein oder zwei Tage nach Washington, wo im selben Jahr mit der Wahl der Andrew Jackson zum Präsidenten eine neue politische Ära eingeleitet wurde. Seine Vorgänger im Amt stammten ausnahmslos aus den gebildeten Schichten Virginias und Neuenglands; der Kriegsheld ›Old Hickory‹ Jackson kam aus Süd-Carolina und führte einen oligarchischen Regierungsstil ins Weiße Haus ein, der mit Jeffersons Idealen nicht sehr viel gemeinsam hatte. Seine Regierungsform, die sich als ›Demokratie‹ verstand, wurde gleichbedeutend mit Industrialisierung, Schaffung neuer Lebensräume (aus denen man die zuvor dort ansässigen Indianerstämme zwangsumsiedelte oder abschlachtete) und hemmungsloser Profitgier. Ein Südstaatler eröffnete das sogenannte Yankeezeitalter, und sicherlich verdankt sich Poes Abneigung gegen die Demokratie vor allem dem politischen Klima unter Jackson. Fast prophetisch schreibt Poe in seiner in Dialogform gehaltenen Erzählung ›Das Gespräch zwischen Monos und Una‹ (1841):

»Ach! denn wir waren auf den übelsten von all unsern üblen Tagen gekommen. Die große ›Bewegung‹ – das war der zünftige Ausdruck – ging weiter: ein krankhafter Tumult, krankhaft an Geist und Leibe… Der Mensch aber, da er die Majestät der Natur nun einmal anerkennen mußte, verfiel in kindisches Jauchzen ob der erlangten und immer noch zunehmenden Herrschaft über ihre Elemente. Und derweil er dahinstolzierte, ein Gott in seiner eignen Einbildung, kam eine kindische Blödigkeit über ihn. Wie aus dem Ursprung seiner Zerrüttung vermutet werden mag, befiel ihn nun der Wahn der Systematik und der Abstraktion. Er hüllte sich in Allgemeinheiten ein. Unter andern verqueren Ideen gewann auch die der Allgemeinen Gleichheit Boden; und im Angesichte der Analogie und Gottes – zum Trotze der laut warnenden Stimme der *Gradationsgesetze,* welche so sichtbar alle Dinge im Himmel und auf Erden durchdringen – wurden wilde Versuche mit einer allbeherrschenden Demokratie angestellt. Doch dieses Übel entsprang notwendiger Weise dem Grundübel – der Erkenntnis. Nicht konnte der Mensch beides: wissen und unterliegen. Derweil erhoben sich ungeheure qualmende Städte, schier ohne Zahl. Grünendes Laub verdorrte im heißen Atem der Schlote. Das schöne Gesicht der Natur ward entstellt, wie von den Verheerungen einer ekelhaften Krankheit… unser schlummernder Sinn für das Gewaltsame und das Weithergeholte hätte uns eigentlich hier Einhalt gebieten müssen. Doch nun erscheint es, daß wir mit der Pervertierung unseres *Geschmacks* oder vielmehr mit der blinden Vernachlässigung seiner Ausbildung in den Schulen nur unsern eignen Untergang herbeigeführt hatten. Denn wahrlich, in diesem entscheidenden Krisenaugenblick war es allein der Geschmack – jene Fähigkeit, welche eine Mittel- und Mittlerposition zwischen dem reinen Intellekt und dem moralischen Empfinden innehat und niemals ungestraft mißachtet wird – in diesem Augenblick war es einzig und allein der Geschmack, der uns sanft hätte zurückführen können zu Schönheit, Natur und Leben.«[20]

Poe war ein sensibler Seismograph der schon lange zuvor begonnenen, seit Jacksons Regierungsantritt rapide fortschreitenden Industriellen Revolution, ein romantischer Antimaterialist, der seinen unzeitgemäßen, träumerischen Standpunkt noch im selben Jahr in seinem Sonett ›An die Wissenschaft‹ formulierte:

> »O Wissenschaft! Du Tochter alter Zeit!
> Du, deren Auge ändert alle Dinge:
> Ein Geier, der das Herz benagt und weit
> Ausbreitet des Realen träge Schwinge!
>
> Wie sollte dich der Dichter lieben? Wie
> Dich weise nennen, die du so voll Tücke
> Den kühnen Himmelsflug ihm hemmst und nie
> Den Sternenpfad ihm gönnst zu seinem Glücke?
>
> Triebst du Diana nicht von ihrem Wagen
> Und die Dryade aus dem Walde fort
> Zu glücklicherm Gestirn, geschütztem Ort?
>
> Und hast die Nymphe aus der Flut getragen
> Und nahmst dem Elfenvolk und mir den Traum
> Im Sommergras beim Tamarindenbaum?«[21]

Als Ausdruck von Andrew Jacksons pragmatischer Reformpolitik trat eine gewisse Verwilderung der politischen Sitten ein. Das von dem neuen Präsidenten kurz nach seiner Inauguration durchgesetzte ›Spoils System‹ (Beutesystem) begünstigte seine Parteigänger bei der Verteilung der Ämter in geradezu schamloser Weise. Beinahe sämtliche Beamtenstellen wurden von den siegreichen Demokraten neu besetzt, und Hunderte verloren ihre Posten. Besonders im Militärbereich nahm man einschneidende Veränderungen vor. Auch der Kriegsminister John H. Eaton, an den Poe sich mit seinen Empfehlungen wandte und den später einige Skandale zu Fall brachten, gehörte zu Jacksons neugebildetem Kabinett und den Politikern, die von dieser Regelung profitierten. Poe erhielt einen Termin, saß die übliche Wartezeit im Vorzimmer ab, wurde aufgerufen, versuchte einen vertrauenswürdigen und disziplinierten Eindruck zu erwecken, legte seine Empfehlungsschreiben vor, die Eaton kurz überflog und zu den Akten legte, und fand sich schnell wieder hinauskomplimentiert. Es sollten Monate vergehen, bis er einen positiven Bescheid erhielt.

Seine nächste Station war Baltimore, wo er zum erstenmal persönliche

Kontakte zu seiner Verwandtschaft knüpfen wollte. Einerseits hatte ihm Allan höflich, aber bestimmt angedeutet, daß er in seinem Hause nicht mehr so willkommen sei wie früher, andererseits hoffte er, durch das hohe Ansehen seines verstorbenen Großvaters weitere Empfehlungen zu erhalten, die er an das Kriegsministerium nachreichen konnte. Sein Hauptwunsch, den er Allan wohlweislich verschwiegen hatte, war jedoch, in Baltimore einen zweiten Gedichtband zu veröffentlichen – und diesmal durfte es kein Mißerfolg werden wie ›Tamerlane‹ in Boston. Natürlich war seine angestrebte Offizierslaufbahn nichts weiter als ein Kompromiß. Eine Ausbildung in West Point schien äußerst nützlich für das Image eines virginischen Gentlemans aus gutem Haus und sicherte ihm vielleicht eine Anstellung im öffentlichen Dienst, durch die er ein gesichertes Auskommen beziehen konnte, ein finanzielles Polster für seine wahren Pläne, denn er strebte nach wie vor eine literarische Karriere an. Für Allan waren derlei Ambitionen ein rotes Tuch. Durch und durch Geschäftsmann, betrachtete er seine Geldzuwendungen an Poe – zuletzt hatte er ihm $ 50 nach Washington mitgegeben – als eine Art von Investition, um ihm den Start in ein nach seiner Ansicht achtbares Berufsleben zu ermöglichen, und er dachte nicht daran, sein wertvolles Kapital in so sinnlose Unternehmungen zu stecken wie die Publikation von Gedichten.

Bereits in den ersten Tagen nach seiner Ankunft in Baltimore sprach Poe bei William Wirt vor, dem gefeierten Autor und Ex-Justizminister der Vereinigten Staaten, der sich nach dem Regierungswechsel erst kürzlich dorthin zurückgezogen hatte. Poe konnte sich darauf beziehen, daß er anläßlich Lafayettes Besuch in Richmond Wirt als Enkel ›General‹ Poes und Oberstleutnant der ›Richmond Volunteers‹ vorgestellt worden war. Nun, dieser ältere Herr gehörte zu den abgeklärten Geistern der Jefferson-Ära, die sich in ihren Anschauungen eher Dichtern und Philosophen der altrömischen Republik verwandt fühlten und die in ihren eigenen Schriften ein Bild ländlicher Beschaulichkeit und des alltäglichen Lebens zeichneten. Nach einer längeren Unterhaltung kam Poe auf das Thema seiner eigenen poetischen Neigungen und den Wunsch zu sprechen, seine Gedichte zu veröffentlichen, und bat ihn respektvoll um eine Beurteilung seiner Werke, zu welchem Zweck er ihm einen Stoß Manuskriptseiten aushändigte, darunter sein schwerverständliches Versepos ›Al Aaraaf‹. Wie zu erwarten, konnte Wirt nicht allzuviel damit anfangen. Am 11. Mai schrieb er Poe folgenden wohlwollenden Brief: »ich weiß das Kompliment zu schätzen, daß Sie mich um ein Urteil bitten, und bedauere es nur, daß Sie in mir keinen besseren Ratgeber finden. Aber die Wahrheit ist, daß ich mich in keiner Weise als kompetenter Richter erachte, da ich selbst niemals Gedichte geschrieben, noch seit vielen Jahren viel an moderner Lyrik gelesen habe. Sicherlich komme ich Ihnen ... durch meine Unkenntnis zeitgenössischer Dichtung und des heutigen Geschmacks reichlich altmodisch vor. Sie werden mir daher darin zustimmen, daß ich nicht der richtige Mann bin, die Qualitäten ihrer Verse zu beurteilen. Ich bin davon überzeugt, daß es (Al Aaraaf) modernen Lesern gefallen wird – die Anmerkungen enthalten eine Menge interessanter und nützlicher Information –, aber, um (wie ich mich verpflichtet fühle) aufrichtig zu sein, ich zweifle daran, ob das Gedicht den Zuspruch altmodischer Leser wie meiner Wenigkeit finden dürfte . . . als Freund schlage ich Ihnen deshalb vor, daß Sie sich um eine Unterredung mit Mr. Walsh, Mr. Hopkinson oder einem anderen Rezensenten in Philadelphia bemühen, der mehr von moderner . . .«[22]

Allein der Name Philadelphia, das literarische Zentrum Amerikas, war für Poe ein Reizwort. Nachdem er Wirts Brief erhalten hatte, warf er zunächst alle guten Vorsätze über den Haufen und brach kurze Zeit später, ausgerüstet mit seinen überarbeiteten Manuskripten, in dieses Literatenmekka auf. Ein oder zwei Tage zuvor, am 20. Mai, hatte er an Allan geschrieben und sich bei ihm für die Überweisung von abermals $ 100 bedankt – die Finanzspritze kam ihm recht gelegen für sein Vorhaben, das er freilich mit keinem Wort erwähnte. »Es ist mir gelungen, Großmutter und meine Verwandten aufzuspüren – aber hier wie in Washington ist die Tatsache, daß mein Großvater während des Revolutionskrieges Generalquartiermeister der gesamten U. S. Armee gewesen ist, so gut bekannt, daß es mich der Mühe enthebt, dies urkundlich bestätigen zu lassen, wie Sie mir vorgeschlagen haben.«

Zwischen den Zeilen ist zu lesen, daß Poe auch kein großes Interesse daran hatte, sich weiter die Hacken für Empfehlungsbriefe abzulaufen. Ihm schwebten andere Dinge vor, und Allan dürfte bereits bei der folgenden Passage Verdacht geschöpft haben: »Da ich nicht annehmen konnte, daß sich Mr. Wirt von unserer ersten Begegnung her an mich erinnerte, stellte ich mich ihm persönlich vor, und für einen ersten Vorstellungsversuch hatte ich einen glänzenden Erfolg – er war überaus zuvorkommend und lud mich ein, während meines Aufenthaltes in Baltimore öfters bei ihm vorzusprechen – dies habe ich inzwischen mehrmals getan.«[23]

Wirt war ein ehrbarer Mann, aber Allan muß geahnt haben, daß ihn Poe vor allem wegen seines literarischen Ansehens aufsuchte. Was Poes Verwandtschaft betraf, so hatte er – wie sich aus der Flüchtigkeit ihrer Erwähnung schließen läßt – allenfalls ihre Adressen herausgefunden. Denn etwa am 22. Mai befand er sich bereits mit gutgefüllter Brieftasche in einer Reisekutsche nach Philadelphia, beflügelt von der Hoffnung, einen kunstsinnigen Verleger auf sein Talent aufmerksam zu machen – am besten den bedeutendsten, Carey, Lea und Carey. Am Tag nach seiner Ankunft fragte er sich zur Chestnut Street vor, wo er weit länger als erwartet in einem der Vorzimmer von Carey, Lea & Carey antichambrieren mußte. Immerhin machte Poe die Bekanntschaft des Kritikers und Redakteurs der ›American Quarterly Review‹, Robert Walsh, auf den ihn William Wirt in seinem Brief hingewiesen und für den er ihn wahrscheinlich mit einer entsprechenden Empfehlung versehen hatte. Walsh war ein interessanter, belesener und für den damaligen Literaturbetrieb nicht unwichtiger Mann, Autor eines vielgelesenen Buches über die französische Regierung, denn er hatte, als Protegé des amerikanischen Gesandten in England, William Pinkney, Frankreich und ganz Europa bereist. Natürlich kannte er auch dessen Sohn Edward Coote Pinkney, den einzigen amerikanischen Dichter, den Poe verehrte; und seit seinem Artikel ›Appeal from the Judgements of Great Britain‹, in dem er die Flut englischer ›Reiseberichte‹ aufs Korn nahm, die seinerzeit den Markt überschwemmten, galt er als einer der bedeutendsten Kritiker Amerikas. Poe, sicher zutiefst beeindruckt, führte ein Gespräch mit dem illustren Herren, worauf Walsh ihm einen Termin bei Mr. Lea versprach. Unglücklicherweise hatte er am nächsten Tag geschäftlich in New York zu tun und fand vorläufig keine Gelegenheit, sein Versprechen einzulösen. Das beharrliche Warten des jungen Dichters erregte lediglich den Unwillen der Verlagsangestellten bei Carey, Lea & Carey, so daß er sich zuletzt dazu entschloß, einen einigermaßen bombastischen Brief an Lea aufzusetzen, dem er die ersten drei Teile seines Gedichtes ›Al Aaraaf‹ beifügte. Wenn Lea dieses Schreiben überhaupt las, so muß ihn dessen Inhalt erstaunt haben:

»Werter Herr,
ich ging davon aus, daß Mr. R. Walsh mich Ihnen freundlicherweise persönlich vorstellen würde, wurde jedoch durch seine Abreise am Morgen nach meiner Ankunft daran verhindert – bis zu seiner Rückkehr aus N. Y. betrachten Sie dies bitte gütigst als eine *literarische* Vorstellung. Ich übersende Ihnen hiermit, zu Ihrer einfühlsamen Prüfung, ein Gedicht...
Es heißt ›Al Aaraaf‹ – von dem Al Aaraaf der Araber, einer Zwischenstufe zwischen Himmel und Hölle, wo die Menschen keine Strafe erleiden und doch nicht das ruhige & abgeklärte Glück erlangen, wie man es gemeinhin mit der Vorstellung himmlischer Seligkeit verbindet.«

Nach weiteren Kommentaren zu dem Mythos Al Aaraaf fährt er fort:

»Das Gedicht beginnt, ich gebe es offen zu, mit einem Sonett im Stil von Byrons Gefangenem von Chillon – doch dies nur am Rande. Ich habe mir vorgestellt, daß einige berühmte Personen aus jener Zeit, da der Stern am Himmel erschien, nach Al Aaraaf versetzt worden seien, Michel Angelo zum Beispiel und andere – von diesen tritt bisher jedoch nur Michel Angelo in Erscheinung. Ich übersende Ihnen den 1., 2. und 3. Teil, denn ich habe Gründe, den 4. vorläufig noch nicht zu veröffentlichen – sein Stil wird zu einem gewissen Grad vom Erfolg oder Mißerfolg der anderen drei abhängen –

Da diese drei Teile nicht ausreichen werden, ein Buch zu füllen, möchte ich Al Aaraaf ein paar kürzere Gedichte hinzufügen – da das Werk von seinem Charakter her jedoch auf das Hauptgedicht abgestimmt sein sollte, erscheint es mir noch nicht notwendig, hier ausführlicher darauf einzugehen.

Ist dieses Gedicht erst veröffentlicht, mag es gefallen oder nicht, bin ich ›unwiderruflich ein Poet‹. Ich überlasse es Ihrer Entscheidung, und wenn es auch eine Ehre für mich bedeuten würde, von Ihnen gedruckt zu werden, so können Sie doch versichert sein, daß ich mich im Falle einer Ablehnung kein zweites Mal an Sie wenden werde. Ich sollte vielleicht einen Umstand erwähnen, welcher, obwohl er einen Mißerfolg nicht entschuldigen, den Stolz über einen Erfolg noch vergrößern könnte – das Gedicht stammt von einem Unbekannten und wurde wahrhaftig unter den ungünstigsten Bedingungen geschrieben.

                Mit vorzüglicher Hochachtung,
                Ihr ergebener Diener
                        Edgar A. Poe

Zur Zeit wohne ich in Heiskells Hotel. Ich kann nicht umhin anzufügen, daß sich Mr. Wirt bereits sehr lobend über mich geäußert hat.«[24]

Das Postskriptum läßt darauf schließen, daß sich Poe noch einige Tage in Philadelphia aufhielt, um die erhoffte Antwort Mr. Leas abzuwarten; schließlich traf er mit dem berühmten Verleger zusammen, der ihn mit höflichen Floskeln vertröstete und vorschlug, es doch einmal beim ›Atlantic Souvenir‹ zu versuchen. »Der Verleger wird sagen: ›Teuerster Sir, Sie sind ein Mann von Genie. Ja ich will, mit Verlaub, sogar zugeben, daß Sie ein Mann von noch größerem Genie sind als – als – nun, wer immer Ihnen auch in den Sinn kommen mag. Indeß, wenn ich auch nur einen Dollar für Ihr Buch ausgebe, so geb' ich damit stillschweigend zu, daß Sie nicht *nur* ein Mann von größerem Genie sind als – nun, sagen wir, Dickens, sondern daß Sie, der Sie noch niemals eine Zeile publicirt haben, auch populärer sind als er. Denn, wohlgemerkt, ich kann Dickens' Werke *ohne* einen Dollar bekommen. Ich weiß, ich weiß, das ist nicht viel besser als Piraterie, aber der Brauch sanctioniert's, und so fühl' ich mich nicht *sonderlich* verpflichtet, schamrot zu werden, sobald ich dergleichen tue. Jedenfalls ist's mir lieber, mich ein wenig zu schämen und mir dadurch meinen Dollar zu sparen. Derhalben muß ich's ausschlagen, irgend etwas mit Ihrem Buch anzufangen – *zumindest für den Augenblick*. Wenn ich Sie aber weiterempfehlen dürfte – an Mr. A. oder an das Verlagshaus H.? Dort ist man vielleicht in der Lage, Ihnen dienlich zu sein.«[25]

Die Haltung Mr. Leas und anderer Verleger Amerikas vor dem Bürgerkrieg ist in diesem 1845 geschriebenen Artikel Poes, ›Einkünfte amerikanischer Autoren‹, treffend karikiert. Es existierte damals kein internationales

Urheberrecht, so daß sich die Tätigkeit der Verlage bis auf wenige Ausnahmen darauf beschränkte, europäische, natürlich insbesondere englische Bücher, die sich gut verkauft hatten, einfach nachzudrucken. Einheimische Schriftsteller zu fördern gehörte demnach mehr oder weniger zu den ›humanen Hobbys‹ der Verleger, und selbst die wenigen erfolgreichen Literaten wurden so schlecht bezahlt, daß sie es sich nicht leisten konnten, nur von ihrer Feder zu leben. »Die generelle Unmöglichkeit, von den Verlegern bei Publication eines Buches irgendwelche urheberrechtliche Abgeltung zu erlangen, hat nahezu alle amerikanischen *littérateurs* dazu getrieben, sich als Zeitschriftenmitarbeiter ihr täglich Brod zu verdienen.«[26] Aber Poe war damals noch zu jung und unerfahren, um seine Aussichten realistisch einzuschätzen, und sein Kurzinterview mit Mr. Lea hatte ihn eher beflügelt als entmutigt. Nach seiner Rückkehr nach Baltimore setzte er am 29. Mai sogleich einen Brief an Allan auf, mit dem er den Geschäftsmann erneut verärgerte. »Lieber Pa«, so begann er, »ich wende mich heute mit einer Bitte an Sie, wie ich Sie Ihnen noch nie gestellt habe«. Darauf kam er abermals auf die ›Güte und Aufmerksamkeit‹ Mr. Wirts zu sprechen, die dieser ihm gegenüber bezeigt hätte, legte als Beweis dessen Schreiben mit der ›Beurteilung‹ seines Gedichtes bei, berichtete über sein Gespräch mit Mr. Walsh, der ihm versprochen habe, seine Gedichte bei Erscheinen in der ›American Quarterly Review‹ zu rezensieren – was bereits eine Garantie dafür sei, daß sie auch gelesen würden –, und versuchte seinen Pflegevater wortreich davon zu überzeugen, wie wichtig es für einen jungen Poeten sei, frühzeitig an die Öffentlichkeit, ›vor das Auge der Welt‹ zu treten. »Sicherlich kann keinerlei Nachteil daraus entstehen, da ich meine anderen Pläne nicht einen Moment lang darüber vernachlässigen werde.« Und Poe hatte nach dieser Einführung tatsächlich den Nerv, den Schotten darum zu bitten, sich mit Carey, Lea & Carey in Philadelphia in Verbindung zu setzen und für eine Garantiesumme von $ 100 zu bürgen, damit das Buch erscheinen könne – »wenn Sie mir in dieser Angelegenheit behilflich sind, werde ich Ihnen ewig dankbar für Ihre Güte sein«.[27] Allan kochte vor Wut und vermerkte auf Poes Brief: ... »schrieb Montag, den 8. Juni 1829, zurück / tadelte in aller Schärfe sein Betragen – & verweigerte jegliche Unterstützung«.[28] Das Resultat war erwartungsgemäß eine neue Eiszeit zwischen Pflegevater und -sohn. Allan verbrachte einige Wochen Sommerfrische auf seiner Plantage und ließ so lange nichts von sich hören.

Poe, der einsah, daß er einen schweren Fehler begangen hatte, wandte sich wiederholt brieflich an ihn, erhielt aber keine Antwort. Inzwischen waren seine Finanzen weitgehend erschöpft. Er hielt zwar Kontakt zu der Familie seiner Großmutter, aber diese lebte in zu ärmlichen Verhältnissen, als daß sie ihn in irgendeiner Weise hätte unterstützen können. Sie bestand aus Mrs. ›General‹ Poe, die inzwischen gelähmt, etwas senil und auf die Hilfe anderer angewiesen war – die kleine Kriegerwitwenrente, die sie empfing, reichte kaum hin, den Haushalt zu versorgen –, ihrer ebenfalls verwitweten Tochter Mrs. Maria Poe/Clemm und deren beiden Kindern, dem elfjährigen Henry und Virginia Maria, Poes späterer Frau, damals ein kleines Mädchen von sieben Jahren. Henry arbeitete bereits für einen Hungerlohn als Maurergehilfe. Hinzu kamen ein oder zwei Sklaven – ein selbst in den bescheidensten Verhältnissen durchaus üblicher Standard –, die ebenfalls versorgt werden mußten. Wenige Zeit später schloß sich ein weiterer Hungerleider an – Poes Bruder William Henry Leonard, im Alter von zweiundzwanzig bereits vom Tode gezeichnet, der unter einer offenen Tuberkulose litt und die Verzweiflung über sein gescheitertes Leben im Alkohol ertränkte. Dies war das triste Ambiente, das Poe in Mechanics Row, Milk (Wilkes?) Street vorfand, und ihm schauderte bei dem Gedanken, dieses Leben teilen zu müssen – ein Ausweg, der ihm zuletzt doch nicht erspart blieb.

Vorläufig logierte er in Beltzhoovers Hotel, einer schäbigen Baltimorer Pension, und hatte mittlerweile Schwierigkeiten, die ausstehende Zimmermiete zu bezahlen. Er war damit beschäftigt, in seiner säuberlichen Handschrift seine Gedichtmanuskripte zu überarbeiten und zu kopieren und wartete ungeduldig auf Nachrichten aus Washington und Richmond. In irgendeiner Kneipe traf er auf einen seiner Cousins, Edward Mosher Poe, der sich in einer ähnlich desolaten Situation befand wie er selbst. Nach einigen Drinks kamen die beiden überein, sich Poes Hotelzimmer und die Kosten dafür zu teilen – wieder einmal ein Beweis für Poes Mangel an Menschenkenntnis. Was sich kurz darauf abspielte, schildert er in einem Brief an Allan vom 25. Juni: »Ich fürchte, Sie werden denken, daß ich Ihre Gutmütigkeit ausnützen will, wenn ich mich heute erneut um Geld an Sie wende – aber gewisse Umstände zwingen mich dazu, und es ist nur eine kleine Summe, die ich von Ihnen erbitte.

Um Ihnen die Sachlage zu erklären – einer meiner Cousins (Edward Mosher) hat mir im Beltzhoover's Hotel, während ich im selben Raum mit ihm schlief, mein ganzes Geld gestohlen, das ich bei mir führte (ungefähr $ 46) – ich bekam $ 10 davon zurück, indem ich in der folgenden Nacht seine Taschen durchsuchte – er gab bei dieser Gelegenheit den Diebstahl zu – es ist mir jedoch nicht gelungen, den Rest von ihm zu erhalten – er sagt, er habe sonst nichts mehr und bittet mich, ihn nicht anzuzeigen – seiner Frau zuliebe werde ich davon absehen. Ich besitze einen Brief, in welchem er sich zu dem Vorfall äußert, den ich Ihnen, sobald ich wieder in Richmond bin, vorlegen kann.«[29]

Erst einen knappen Monat später, nachdem ihn Poe abermals in demütigstem Tonfall angeschrieben hatte, »– wenn Sie bald etwas von sich hören ließen, würden Sie mich von einer großen Sorge befreien – ich glaube, ich habe für mein Alter genug durchmachen müssen –«[30], überwies Allan ihm einen kleinen Betrag, mit der sarkastischen Bemerkung, »daß es ein Genie doch wohl nicht nötig habe, um Geld zu bitten«. Poe erwiderte am 26. Juli darauf: »Zu oft finden sich Genies aus purer Not dazu gezwungen und würden keine solchen Bittbriefe schreiben müssen, wenn sie nur hin und wieder rechtzeitig eine kleine Unterstützung erhielten.«[31] Bis auf diese Replik ist Poes Brief jedoch nur eine einzige Rechtfertigung für seine bisherigen Ausgaben. Allan hatte vor allem Zweifel daran geäußert, ob Poe mit der Kaution für seinen Ersatzmann aus seiner Militärzeit, Sergeant Graves, korrekt verfahren sei, und schien auch seiner Diebstahlsgeschichte wenig Glauben zu schenken. Poe versucht diese Verdächtigungen umständlich zu entkräften und setzt am Schluß kleinlaut hinzu: »– Ich wäre umgehend nach Hause zurückgekehrt, hätten Sie nicht in Ihrem Brief geschrieben ›Ich bin nicht sonderlich erpicht darauf, Dich zu sehen‹ – ich weiß nicht, was ich davon halten soll. Soll ich daraus schließen, daß Sie mir verbieten, zurückzukommen? – Wenn ich nur wüßte, wie ich mich allein bis zu meiner Einberufung als Kadett durchschlagen könnte, würde ich Sie nicht weiter behelligen – es ist mir klar, daß ich Sie einst beleidigt habe – schwer beleidigt habe –, aber ich dachte, *Sie hätten mir das verziehen,* zumindest drückten Sie sich so aus – Ich weiß, daß ich nichts getan habe, Ihr Mißfallen zu erregen – Was das Gedicht betrifft, so besteht mein einziges Vergehen darin, Sie um Erlaubnis gebeten zu haben, es zu veröffentlichen... – aber ohne Ihre Zustimmung werde ich nichts weiter unternehmen – ich erwarte mit großer Sorge Ihre Antwort. Bitte seien Sie sich dessen bewußt, wie wichtig es für mich ist, möglichst bald von Ihnen zu hören – da ich nicht weiß, wie ich mich verhalten soll.«[32]

Drei Tage zuvor war Poe, da er sich die Reise nicht leisten konnte, zu Fuß nach Washington gelaufen – immerhin ein Tagesmarsch –, um sich erneut bei Mr. Eaton nach dem Stand der Dinge zu erkundigen; dort erhielt er den freundlichen Bescheid, er könne spätestens Anfang des nächsten Jahres mit seiner Aufnahme in West Point rechnen. Sollte inzwischen einer der Kadettenanwärter ausfallen – wie dies häufig während der Sommermonate zu geschehen pflege –, würde man ihn umgehend benachrichtigen. »Als ich nach meinen Empfehlungsbriefen fragte, die mir vielleicht an anderer Stelle von Nutzen sein könnten, teilte er mir mit, daß man in diesem Falle meine Bewerbung als zurückgezogen ansehen würde und riet mir nachdrücklich davon ab, da es noch immer Aussichten auf einen günstigen Bescheid im September gebe... er sagte, daß ich mit Sicherheit von ihm hören werde und er bedaure, daß ich mich umsonst nach Washington bemüht habe... dies sind seine genauen Worte.«[33]

Der Tonfall von Poes Briefen an Allan ist nur zu gut verständlich. Die Hungerperiode in Boston schien sich nun in Baltimore zu wiederholen. Ohne Allans Hilfe konnte er unmöglich ein weiteres halbes Jahr durchstehen. Das ehrgeizige ›Philadelphia-Projekt‹ hatte sich in Rauch aufgelöst. Am 28. Juli schrieb er an Carey, Lea & Carey mit der Bitte, ihm sein Manuskript zurückzusenden, da er, wie er behauptete, »eine bessere Verwendungsmöglichkeit dafür gefunden habe, als er je zu hoffen wagte«.[34] Er würde sich jedoch freuen, zu einem späteren Zeitpunkt wieder – usw. Der lässige und selbstbewußte Briefstil steht in auffallendem Kontrast zu Poes wirklicher Situation. Allan hatte ihm in einem seiner letzten Briefe deutlich zu verstehen gegeben, daß er in Richmond unerwünscht war, und die ewigen Bittgesuche, die er sich an seinen Pflegevater zu stellen gezwungen sah, stellten seinen Stolz auf eine harte Probe. Enttäuscht und beunruhigt über dessen langes Schweigen, redet er ihn in seinem nächsten Brief vom 4. August wieder als ›werter Herr‹ an: »Ich kann nicht begreifen, warum Sie mich keiner Antwort würdigen – wenn Sie irgend etwas an mir beleidigt hat – ich wiederhole, daß ich nichts getan habe, Ihr Mißfallen zu erregen. Sollten Sie meine Worte bezweifeln und glauben, daß ich nur etwas unversucht ließ, mein Patent zu erhalten – schreiben Sie selbst an Mr. Eaton, und er wird Ihnen bestätigen, daß ich mehr nicht tun konnte ... Wenn Sie mir für mein früheres Benehmen nicht vergeben haben – das steht auf einem anderen Blatt –, aber Sie sagten mir, Sie hätten mir verziehen – ich bin mir jedoch dessen bewußt, daß ich zu Hause viele Feinde habe, die sich anscheinend etwas darauf zugute halten, mich in Ihrem Ansehen herabzusetzen.

Ihrem letzten Brief war zu entnehmen, daß Sie nicht wünschen, daß ich nach Hause komme – ich würde gerne zurückkehren –, aber wenn Sie anders darüber denken – ich wünschte, ich wüßte, welchen Weg ich einschlagen soll –

Sollten Sie sich dazu entschlossen haben, nichts mehr für mich zu tun, so könnten Sie mir dies wenigstens mitteilen – Ich bin fast sicher, im September angenommen zu werden, vielleicht sogar schon im Juni. Ich würde Ihnen gewiß nicht länger zur Last fallen, sähe ich nur eine Möglichkeit, bis dahin ein Auskommen zu finden –

Es wäre, denke ich, nur recht und billig, wenn Sie meinen Brief beantworteten – vielleicht kommt einmal die Zeit, in der Sie einsehen werden, daß ich nicht die Hälfte all des Mißgeschicks verdient habe, das auf mir lastet, und daß Sie mir zu Unrecht mißtrauten.

Ihr

Edgar A. Poe«[35]

Tatsächlich ließ sich Allan diesmal erweichen – vielleicht aus der Furcht heraus, sein Pflegesohn könne eines Tages unangemeldet vor seiner Tür stehen – und überwies ihm weitere $ 50. Poe sah sich »aus einer verzweifelteren Notlage befreit, als Sie sich überhaupt vorstellen können – ... ohne einen Pfennig

Geld an einem fremden Ort & nach den Widrigkeiten, denen ich gerade erst entkommen war, schon so rasch wieder in einer absolut hoffnungslosen Situation« – eine Situation, die, wie es scheint, ihn inzwischen dazu genötigt hatte, bei seiner Familie zu leben. Die Poe/Clemms wohnten damals im Obergeschoß eines heruntergekommenen Mietshauses in der Mechanics Row: »Meine Großmutter ist äußerst arm und krank (paralytisch); meine Tante Maria befindet sich – sofern dieser Vergleich zulässig ist – in einer noch schlimmeren Lage & Henry (Poes Bruder) ist völlig dem Alkohol verfallen und unfähig, sich selbst zu helfen, geschweige denn etwas für mich zu tun«[36] – hinzu kamen Mrs. Clemms Kinder, der elfjährige, abgehärmte Tagelöhner Henry und Poes Cousine Virginia (›Sissy‹), die keine große Hilfe im Haushalt gewesen sein kann. Der an Luxus gewöhnte Poe bewegte sich in einem mehr als bescheidenen Milieu. Wenn Allan ihm Geldbeträge überwies, mietete er sich wohl jeweils für ein paar Wochen in Pensionen ein, um die Familie zu entlasten – unter anderem rechnet er Allan in seinem Brief vom 10. August die wöchentlichen Ausgaben für Unterkunft, Waschen und Flicken seiner Kleidung etc. vor, die er auf viereinhalb bis fünf Dollar veranschlagt. Es geht ihm weniger, so schreibt er wenigstens an Allan, um Geld als darum, sich weiterhin dessen Wertschätzung zu versichern. Er hat das Hungerdasein so satt, daß er sich sogar demütigt: »ich kann mich einschränken – sagen wir 10 oder auch nur 8 Dollar im Monat – nur so viel, wie Sie glauben, daß ich davon existieren kann«.[37]

Dieser ganze Briefwechsel hat etwas Quälendes, Würdeloses an sich und Poe muß den engstirnigen Schotten, der nicht abließ, ihn mit Vorwürfen und Verdächtigungen zu überhäufen, und ihn nötigte, sich für jeden ausgegebenen Cent zu verantworten, oft verflucht haben. Die Abhängigkeit, die ewigen Entschuldigungen, das Buhlen um die Gunst dieses Geizkragens – man fragt sich, ob der so gedemütigte junge Mann nicht irgendwann einmal Mordgelüste verspürte wie der Held seiner Kurzgeschichte ›Das verräterische Herz‹: »Nie war ich freundlicher zu dem alten Manne denn während der einen ganzen Woche, eh' ich ihn mordete.« Das Motiv für das Verbrechen ist das Auge seines Opfers – »das Auge eines Geiers« –, »sooft dessen Blick auf mich fiel, überlief es mich kalt; und so kam ich denn nach und nach – ganz langsam und allmählich – zu dem Entschlusse, dem alten Mann das Leben zu nehmen und somit des Auges auf immer ledig zu werden«.[38] Daniel Hoffman hat in diesem Zusammenhang auf einen interessanten Punkt hingewiesen: das Auge des alten Mannes in Poes Erzählung wird mit dem eines Geiers verglichen, und der Geier oder ›Condor‹ steht vor allem in Poes Gedichten als Metapher für ›Zeit‹:

»Doch nun, da ewige Condor-Heere
von Jahren den Himmel selber in
aufdonnerndem Tumult durchziehn,
bleibt keine Zeit mir, und ich wehre
den Blicken, wolln sie müßig fliehn.«[39]

Das Geierauge, führt man Hoffmans Gedankengang weiter, und dessen stetiger Blick macht dem Dichter seine Sterblichkeit, seine Gebundenheit an die ehernen Gesetze der Realität bewußt – und genau dieses Bewußtsein ist es, das er in ›Al Aaraaf‹ hinter sich gelassen zu haben glaubt. Allan zwingt Poe, sich mit dem Irdischen gemein zu machen, indem er ihn zum Buchhalter seiner Alltäglichkeit degradiert – und Poe wird ihm diese Demütigung nie verzeihen, wie bescheiden und kompromißbereit er sich in seinen Briefen auch immer geben mag.

Die Wirklichkeit war bedrückend genug, als daß sie nicht einer romantischen Kompensation bedurft hätte. Wenn Poe aus Geldmangel bei seiner Familie übernachtete, teilte er eine kleine Dachstube mit seinem todkranken Bruder, der nur noch von seinem Bett aufstand, um sich in irgendwelchen Spelunken zu betrinken, in denen man ihn suchen mußte, wenn er einmal nicht nach Hause kam. Der Verfall und das langsame Sterben dieses jungen Mannes, des einstigen Weltreisenden und Abenteurers, den Poe einst für seine Unabhängigkeit bewundert hatte, war zweifellos eine prägende Erfahrung. »Wer säuft am meisten? Auf sein Wohl«, ein Cleveland-Zitat, lautete das Motto, das Poe seinem nächsten Gedichtband voranstellte, eine Herausforderung an jenen ›Engel des Sonderbaren‹, den Dämon Alkohol, vor dem er sich noch gefeit glaubte. In der winzigen Dachstube beschwor sein Bruder im Rausch seine geheimnisvoll schimmernde Vergangenheit herauf, erzählte vom Leben auf See, romantischen Duellen, gefährlichen Liebschaften und fernen Ländern in tausend und einer Nacht, und einiges davon sollte in Poes Erzählungen – den ›Seltsamen Erlebnissen des Arthur Gordon Pym‹ zum Beispiel – wieder auftauchen.

Es war eine Zeit der Entbehrungen und des Wartens – des Wartens auf die ersehnte Einberufung nach West Point oder eine in langen Briefen erbettelte neue Geldzuwendung Allans –, und Poe füllte sie damit aus, an seinen Gedichten zu feilen und die verschiedensten Zeitungsleute und Verleger anzuschreiben, darunter auch den Baltimorer Verlag Hatch & Dunning, der sich bald darauf bereit fand, ›Al Aaraaf‹ zu drucken. Aus Gesprächen mit Koryphäen wie Mr. Walsh in Philadelphia hatte er gelernt, daß Bescheidenheit in Amerika zu den größten Untugenden zählte. Man mußte selbst die Werbetrommel für sich rühren, je lauter, desto besser, und es gab sogar einen speziellen Ausdruck dafür: ›puffing‹.

Es war ein glücklicher Zufall, daß Poe mit Mr. Henry Herring bekannt wurde, dem Ehemann seiner inzwischen verstorbenen Tante Eliza Poe/Herring, der Schwester seines Vaters. Wie man sich erinnern wird, hatte sich diese Dame zur Zeit von Poes Aufnahme in Allans Familie wiederholt an Mrs. Allan gewandt, ohne eine Antwort auf ihre Briefe zu erhalten. Mr. Herring lebte mit seinen fünf Kindern und vielleicht zwei oder drei Dienstboten in der Exeter Street (in der Nähe der Mechanics Row) und empfing seinen zwanzigjährigen Neffen mit der größten Gastfreundschaft und Sympathie. Er war ein Holzhändler, verdiente in diesem Gewerbe genug, um sich einen angenehmen Lebensstil leisten und sich seiner Liebhaberei, der Literatur, widmen zu können, und besaß eine stattliche Bibliothek, die Poe sicher entzückte. Nun gehörte Mr. Herring, ebenso wie ein weiterer Baltimorer Verwandter Poes, George Poe (der Cousin seines Vaters David), zu den Mitgliedern des damals bedeutendsten literarischen Clubs der Stadt, dem ›Delphian Club‹, einem Treffpunkt von Intellektuellen und Bohemiens, einigen berühmten Schriftstellern und einflußreichen Zeitungsleuten. Begründer dieses Vereins und brillanter Mittelpunkt der Lesungen und Soireen, die dort regelmäßig stattfanden, war der Rechtsanwalt, Herausgeber und Autor William Gwynn (1776–1854), ein geistreicher, vor Temperament sprühender Ire, der eine der meistgelesenen Baltimorer Zeitungen leitete, die ›Federal Gazette and Baltimore Daily Advertiser‹, bei der auch George Poes Sohn Neilson angestellt war. In Literatenkreisen nannte man diesen – etwas überstilisierten und prätentiös aristokratischen – Club ›das Tusculum‹, im Volksmund war er als ›Gwynns Schrulle‹ (›Gwynn's Folly‹) bekannt.[40] Man residierte in einem tempelartigen, von Ulmen umstandenen Gebäude in der Bank Lane, einem kleinen Palast; zwei majestätische Säulen flankierten ein Eingangstor aus Glas, das sich in eine Art Atrium öffnete, und zur Rechten und zur Linken befanden sich ein Schreibzimmer, ein Raum der ›Muße und Einkehr‹ und ein größerer Salon für den Publikumsverkehr. Es war Poes große Stunde, als ihn Mr. Herring und George Poe zum erstenmal dort einführten. Mr. Gwynn empfing ihn sehr freundlich, erinnerte sich daran, daß David Poe, bevor er seine Schauspielerlaufbahn einschlug, einmal in seiner Anwaltskanzlei gearbeitet hatte, und erklärte sich gern bereit, das Manuskript des Gedichtes ›Al Aaraaf‹ zu lesen, über das er wenig später schreiben sollte, »es verrate eine Tendenz zu allem anderen als dem alltäglichen Leben«[41] – eine sehr lapidare und nicht besonders scharfsinnige Beobachtung. Zumindest fand der junge Poet in Mr. Gwynn einen wohlwollenden Gönner, dessen Einfluß man nicht unterschätzen durfte; zudem gingen im ›Delphian Club‹ illustre Persönlichkeiten ein und aus, William Wirt, der Schauspieler Payne sowie eine Anzahl Literaten, die es bereits zu Ruhm und Ansehen gebracht hatten. Da war zum Beispiel Jared Sparks, der ›amerikanische Plutarch‹, Herausgeber der fünfundzwanzigbändigen ›Library of American Biography‹, einem ›Pantheon großer Helden des Vaterlandes‹, zu dem er selbst seine ›Lebensgeschichte Washingtons‹ beisteuerte; George H. Calvert, der in Weimar von Goethe empfangen worden war, durch seine belgische Mutter in direkter Linie von Rubens abstammte und als ausgesprochener Vielschreiber galt – sein umfangreiches Werk umfaßt ebenso Essays und Literaturkritiken wie Gedichte und Theaterstücke; Francis Scott Key, ein weiterer hochangesehener Biograph; Samuel Woodworth, dessen Lied ›The Old Oaken Bucket‹ seinerzeit ebenso beliebt war wie Paynes ›Home, Sweet Home‹; der Maler und Autor Rembrandt Peale, der in Philadelphia ein Naturkundemuseum leitete, eher eine Art Raritätenkabinett, ein ›amerikanisches Weltwunder‹, das später von dem Zirkusmann Barnum aufgekauft werden sollte, und der Politiker und Schriftsteller John Pendleton Kennedy, an den, so berühmt er einst war, man sich heute allenfalls in Zusammenhang mit Poe erinnert, da er 1833 zu dem Gremium gehörte, das Poes früher Erzählung ›Manuskriptfund in einer Flasche‹ den ersten Preis zuerkannte. Diese etwas trockenen und gelehrten Herren waren wohl sicherlich geistreiche und interessante Gesprächspartner, aber doch nicht gerade die kongeniale Gesellschaft, die Poe besonders entsprochen hätte. Mochten sie auch über seine jugendlichen Schwärmereien schmunzeln und annehmen, er werde den ›Ernst des Lebens‹ noch frühzeitig genug erkennen, so genoß er doch den Vorzug einer Sonderstellung, einer Art Narrenfreiheit – vielleicht war er letzten Endes doch ein Genie? In Europa schienen diese romantischen Sphärenklänge ja zur Zeit hochmodern zu sein. Als Freigeist mußte man sich diesen neuen Tönen gegenüber aufgeschlossen geben. Es herrschte ein neuer Wind in der amerikanischen Kultur; es war endlich an der Zeit, sich aus dem geistigen Kolonialismus vor allem Großbritanniens zu befreien, der Ruf nach einer Nationalliteratur war unüberhörbar, die Verleger begannen flexibler zu werden und förderten junge Talente, unter denen es immerhin einige gab, die keine literarischen Geschichtsbücher schrieben, keinen patriotischen Bombast, keine politischen Thesen in endlosen Essays und Traktätchen formulierten.

Ralph Waldo Emerson, noch nicht auf der Höhe seines Ruhmes angelangt, besang Waldeinsamkeiten und die Mystik der Natur; Richard Dana, ein mäßiger Poet, aber doch ein romantischer Revolutionär, versuchte, wie später Poe, seine Landsleute davon zu überzeugen, daß Dichtung nichts mit dem Nützlichkeitsprinzip gemein habe, auf welchem die gesamte amerikanische Kultur der neuen Zeit aufgebaut sei, und William Cullen Bryant war auf dem besten Wege, Amerikas Nationalbarde zu werden.

Poes häufiges Erscheinen im ›Delphian Club‹ brachte ihm außer wohlwollendem Schulterklopfen nicht viel ein. Es schmeichelte seinem Stolz, sich unter so erlauchten Persönlichkeiten des öffentlichen Lebens bewegen zu dürfen, die sich zu einem Gespräch mit ihm herabließen – aber er galt dort nicht als ›Entdeckung‹, sondern als ein talentierter Bohemien wie viele andere auch. Wenn Mr. Sparks oder Mr. Kennedy vor einer andächtig lauschenden Runde Passagen aus ihren Werken zum besten gaben, so war dies für den jungen Poe zweifellos sterbenslangweilig, und er machte die heilsame Erfahrung, daß auch die erlauchte Bruderschaft der Feder zu den erstaunlichsten Gemeinplätzen fähig war. Von Erziehung und Charakter her sehr gewandt in seinem Auftreten, legte er alsbald die hemmende Scheu ab, die er bisher noch im Umgang mit ›wichtigen Leuten‹ empfunden hatte, und bewegte sich wie unter seinesgleichen. Sein Selbstbewußtsein kehrte zurück, und dank seines Charmes und seiner Eloquenz gelang es ihm auch, die heimliche Bewunderung einiger Männer aus dieser grundsoliden Literatenclique zu erregen. Ein erster, wesentlicher Schritt zum Ruhm war getan.

Zu den literarischen Berühmtheiten, die Poe angeschrieben und um eine Beurteilung seiner (den Briefen beigelegten) Gedichte gebeten hatte, gehörte unter anderen der Journalist, Poet, Herausgeber und Dramatiker Nathaniel Parker Willis (1806–1867). Dieser machte eine steile Karriere als Herausgeber des ›Legendary‹ und des ›The Token‹, literarischen Jahrbüchern, wie sie damals sehr beliebt waren, und gründete im Alter von dreiundzwanzig Jahren in Boston das ›American Monthly Magazine‹, das sich immerhin zweieinhalb Jahre mit Erfolg gegen eine übermächtige Zeitungskonkurrenz halten konnte. Sein Ruhm begann ihm zu Kopf zu steigen. Als sich Poe zum erstenmal an ihn wandte, hatte er bereits die Attitüde eines Dandys, Kulturpapstes und Salonlöwen angenommen, dessen Urteil in Geschmacksfragen absolut unfehlbar war. Die Art seiner Selbstdarstellung war so übertrieben prätentiös, ja bombastisch, daß sie sogar in einem Zeitalter der Dandys einer gewissen Originalität nicht entbehrte. Poe karikierte ihn später in seiner Satire ›Der Duc de L'Omelette‹: »Wer, bitte, sind Sie überhaupt, daß ich, der Duc de L'Omelette, Fürst von Foie-Gras, soeben erst mündig geworden, Autor der ›Mazurkiade‹ und Mitglied der Akademie, mich auf Ihr bloßes Ersuchen hin der entzückendsten Pantalons entkleiden sollte, welche je nur von Bourdon gefertigt – der köstlichsten *robe-de-chambre,* die Rombêrt komponierte –, gar nicht zu reden davon, daß ich meinem Haar die Lockenwickler ja entnehmen müßte, gar nicht zu sprechen von der Mühesal, die mir das Abziehn meiner Handschuhe bereiten würde?«[41], so wendet sich der Duc de L'Omelette an den Teufel, der ihn gerade holen will.

Poe schickte Willis Ende Oktober 1829 sein Gedicht ›Fairyland‹.

N. P. Willis. Kolorierte Kreidezeichnung von Samuel Lawrence

> »Talgründe – schattenkalt –
> und düster starrender Wald,
> dess' Form dem Blick verhüllen
> die Tränen, die niederquillen:«[42]

Willis brüstete sich damit, daß er gewöhnlich alle Manuskripte verbrenne, die ihm unverlangt zugeschickt wurden. Im Editorial (›Editor's Table‹) seiner Bostoner Zeitung ›American Monthly Magazine‹ vom November 1829 zitierte er die ersten vier Zeilen von Poes Gedicht mit der Bemerkung, mehr davon habe er nicht gelesen, bevor er sie den Flammen überantwortete. Diese böswillige Kritik war natürlich nichts weiter als eine Imagepflege auf Kosten eines unbekannten Poeten; aber wie sich später herausstellen sollte, gehörte gerade Willis zu denjenigen, die Poes Begabung erkannten und förderten und die ihn nach seinem Tod gegen seine Verleumder verteidigten. Ende des Jahres verließ Willis das gesellschaftlich und kulturell eher triste Boston, um nach New York überzusiedeln, wo er für den ›New York Mirror‹ Artikel schrieb.

Inzwischen unternahm der kaum drei Jahre jüngere Poe in Baltimore immer noch verzweifelte Anstrengungen, berühmt zu werden. Mehr Erfolg hatte er bei dem Schriftsteller John Neal (1793–1876), einem früheren Mitglied des ›Delphian Clubs‹ und Freund seines Onkels George Poe.

Neals einzig wertvolleres Buch, das er hinterließ, seine ›Wandering Recollections‹ (Wandererinnerungen), enthält lebendige Schilderungen des zeitgenössischen amerikanischen und englischen Lebens.

Neal schrieb damals unter dem merkwürdigen Pseudonym ›Jehu O'Cataract‹ und war der Herausgeber einer Zeitung in Portland, Maine, dem ›Yankee‹. Es war wohl nicht allein die Empfehlung George Poes, die ihn dazu ermunterte, – anders als der Snob Willis – mehr als vier Zeilen des ihm zugesandten Gedichtes ›Fairyland‹ (das noch den Titel ›To Heaven‹ trug) zu lesen, denn im September 1829 erschien darüber im ›Yankee‹ eine lobende, wenn auch spöttische Notiz: »Wenn E. A. P. aus Baltimore, dessen Verse ›Heaven‹, obgleich er selbst sie allen anderen im weiten Feld der amerikanischen Literatur überlegen glaubt, Unsinn sind – bis auf ein paar unbedeutende Kleinigkeiten immerhin exquisiter Unsinn –, so berechtigt doch vieles darin zu der Hoffnung, daß er ein schönes, vielleicht sogar bedeutendes Gedicht schreiben könnte – wenn er sich nur etwas Mühe gibt. Dieses hätte er unterzeichnen sollen: ›Bah! Es gibt keinen Platz für andere.‹«[44]

Das waren, so Poe, die ersten wirklich ermutigenden Worte, die er je gedruckt sah, und er schrieb sogleich einen enthusiastischen Brief an Neal: »Ich bin jung – noch keine zwanzig – *bin* Dichter, wenn denn die tiefe Verehrung aller Schönheit mich dazu macht, und möchte es auch im gemeinen Wortsinn sein. Ich gäbe die Welt dafür, könnte ich nur die Hälfte der Gedanken, die in meiner Phantasie dahintreiben, Gestalt werden lassen... Ich wende mich an Sie als einen Mann, der die gleiche Schönheit liebt, die ich anbete - die Schönheit des natürlich blauen Himmels und der sonnenbeschienenen Erde – es gibt kein stärkeres Band als das zwischen Bruder und Bruder – es ist nicht so sehr, daß sie einander lieben, sondern daß sie die gleichen Eltern lieben – ihre Zuneigungen strömen in die gleiche Richtung – durch den gleichen Kanal – und müssen sich unweigerlich mischen... Al Aaraaf enthält einiges an gelungener Poesie, aber auch viele Extravaganzen, die hinauszuwerfen ich noch nicht die Zeit gefunden.«[45]

Neal hatte sich etwa einen Monat zuvor in Boston niedergelassen, wo er seine Zeitung mit einem größeren Redaktionsstab und unter günstigeren Absatzchancen weiterführte: sie hieß jetzt ›Yankee and Boston Literary Gazette‹ und entwickelte sich innerhalb kürzester Zeit zu einer der wichtigsten literaturkritischen ›Instanzen‹ des amerikanischen Nordens. Neals Rezensionen galten als richtungweisend für den Lesergeschmack, und es war daher Poes Karriere sehr förderlich, in ihm einen Fürsprecher für seine Gedichte zu finden. Anfang Dezember erschien im ›Yankee‹ der folgende Artikel: »Die folgenden Passagen stammen aus dem im Manuskript vorgelegten Werk eines jungen Autors und sollen in Kürze in Baltimore veröffentlicht werden. Wir kennen den Verfasser nicht, aber wenn der Rest von ›Al Aaraaf‹ und ›Tamerlane‹ so gut ist wie, ungeachtet mancher Fehler, der Kern der hier wiedergegebenen Auszüge, von den bemerkenswerteren Teilen einmal ganz zu schweigen, dann verdient er es, hoch, sehr hoch im Ansehen der edlen Bruderschaft zu steigen. Ob das freilich geschieht, hängt nicht so sehr vom Wert der bloßen Poesie ab als vom Werte dessen, was darüber hinausgeht, etwas noch Erhabeneres und Edleres – wir meinen die stärkeren Eigenschaften des Geistes, die hochherzige Entschlossenheit, die einen Jüngling befähigen, das Gegenwärtige zu ertragen, wie immer es beschaffen sei, in der Hoffnung oder besser im Glauben, im beständigen, nicht schwankenden Glauben, daß die Zukunft ihn belohnen wird.«[46]

Neal hatte – wahrscheinlich durch seinen Freund George Poe – erfahren, daß Poe in tiefster Armut lebte; daher seine Ermahnung zu »hochherziger Entschlossenheit, die einen Jüngling befähigen, das Gegenwärtige zu ertragen, wie immer es beschaffen sei«. Nachdem im September noch immer keine Nachricht vom Kriegsministerium in Washington eingetroffen war, ging Allan davon aus, daß sein Pflegesohn, ganz wie erwartet, die Angelegenheit über seinen literarischen Ambitionen habe schleifen lassen und überwies ihm keine weiteren Geldbeträge mehr. Umsonst versuchte sich Poe in einem Brief vom 30. Oktober gegen die Vorwürfe und Verdächtigungen des Schotten zu rechtfertigen: »Sie sind in einem Irrtum befangen, den ich Sie unter Verweis auf all meine früheren Briefe zu korrigieren bitte – ich schrieb Ihnen, daß Mr. Eaton mir gegenüber geäußert habe, daß meine Aufnahme im September erfolgen könne, *gesetzt den Fall*, eine genügend große Anzahl von Aspiranten würde die Prüfungen im Juni nicht bestehen, und daß er es bedauerte, meine Bewerbung nicht schon früher erhalten zu haben, daß ich jedoch durch meine guten Empfehlungen *mit Sicherheit* im nächsten Semester angenommen werden würde – also kommenden Juli – Es besteht nicht der geringste Zweifel daran, daß ich zu diesem Zeitpunkt in West Point sein werde, so gewiß wie ich atme –

Wenn Sie glauben, daß ich die Unwahrheit sage, verdammen Sie mich – oder wenn nicht, werfen Sie mir ruhig vor, ich würde Ihre Gutmütigkeit ausnützen – ich stehe mittlerweile darüber –«[47]

Poe bot Allan sogar an, sich erneut nach Washington zu begeben, um sich – unüblicherweise – von Mr. Eaton eine Bescheinigung über seine im Juni bevorstehende Einberufung nach West Point ausstellen zu lassen – »ich werde ihm sagen, warum ich sie jetzt schon brauche, und ich denke, er wird sie mir geben... wenn ich nur wüßte, wie ich Ihre Zuneigung zurückgewinnen könnte, ich würde weiß Gott alles dafür tun«[48], aber Allan schien keinen Vernunftgründen zugänglich. In einem Punkt jedoch war sein Mißtrauen begründet. Als er Poe vor einigen Monaten $ 100 überwies, hatte jener einen Teil dieses Betrages für seine Reise nach Philadelphia und seinen dortigen Aufenthalt verbraucht. Unklugerweise behauptete Poe, um sich für seine Ausgaben zu rechtfertigen, in seinem Brief an Allan vom 26. Juli, er habe den Schuldschein seines Ersatzmannes für Fortress Monroe, Sergeant Graves, über $ 50 eingelöst. Die selbstgelegte Falle schnappte zu, als sich Graves nach vielen erfolglosen Versuchen, die Summe von Poe einzutreiben, schließlich Ende des Jahres auch an Allan wandte.

Zwei Jahre Entbehrungen hätten Poe eigentlich daran gewöhnen müssen, sorgsamer mit den knappen Geldbeträgen zu haushalten, die sein Pflegevater ihm zubilligte, aber man muß bedenken, daß er in Richmond in einem sehr luxuriösen Stil gelebt hatte. Immerhin gelang es ihm, drei Monate lang, von August bis November 1829, mit Allans letzter Überweisung ($ 50 – nach heutiger Kaufkraft etwa DM 700,–) auszukommen – mit dem Einbruch des Winters waren jedoch seine Mittel erschöpft. Mrs. Clemm hatte selbst Schwierigkeiten, ihre Familie durchzubringen, und sah sich – bei allem guten Willen – nicht in der Lage, ihrem Neffen auf Dauer umsonst Kost und Logis zu bieten. 1827 arbeitete sie noch als Aushilfskraft in einer Schule in der Stiles Street, aber inzwischen erforderte die Versorgung der gelähmten Mrs. Poe, ihrer beiden Kinder und des neuhinzugekommenen tuberkulosekranken William, Poes Bruder, ihre Anwesenheit im Haushalt. Die Familie lebte von Mrs. Poes kleiner Rente, der Löhnung Henry Clemms sowie, solange er Geld hatte, von kleinen Zuschüssen Poes für Essen und Unterkunft. Darüber hinaus besserte Mrs. Clemm gegen geringe Bezahlung die Kleidung von Privatkunden aus und nahm jede Art von Flick- und Näharbeiten entgegen. Natürlich hielt sie auch Poes Garderobe in Ordnung, d. h. wahrscheinlich einen abgetragenen, bereits an mehreren Stellen ausgebesserten Rock, mit dem er in den Baltimorer Literaturkreisen – zum Beispiel im ›Delphian Club‹ – mitleidige Blicke auf sich zog. Der frühere Dandy Poe, dessen Schneiderrechnungen einmal ein kleines Vermögen verschlangen, litt wohl am meisten unter diesen sichtbaren Anzeichen seiner Armut. Sein Hunger war seine Privatangelegenheit, aber es widerstrebte ihm zutiefst, »im Lichte eines Bettlers betrachtet zu werden«. Wiederholt bat er seinen Pflegevater, ihn über die Firma mit etwas neuer Wäsche und Garderobe auszustatten – er erwähnte es immer am Rande, so als schäme er sich dieser Bitte: »Ich ließ einen kleinen Koffer in Richmond zurück, der Bücher und einige Briefe enthält – würden Sie ihn mir bitte nach Baltimore schicken... und – ich hoffe, Sie halten mich nicht für unbescheiden – ein paar Kleidungsstücke hinzufügen, denn ich besitze kaum mehr welche –«[49], »Ich würde Sie nicht so oft belästigen, aber die Not zwingt mich dazu – Ich habe fast nichts mehr anzuziehen... und die Dame, bei der ich in Pension lebe, bedrängt mich wegen der Miete... ich habe, wie Sie wissen, seit Mitte August kein Geld mehr von Ihnen erhalten – «[50] etc. Seine Finanzsorgen waren für Poe um so drückender, als in diesen Monaten zum erstenmal – vor allem durch Neals lobende Notiz im ›Yankee‹ – die Baltimorer Literaturszene stärker auf ihn aufmerksam zu werden begann. Der Verlag Hatch & Dunning hatte sich endlich bereit gefunden, seinen Gedichtband ›Al Aaraaf, Tamerlane and Minor Poems‹ zu drucken – wahrscheinlich bürgten einige von Poes Gönnern wie William Gwynn für eventuelle Verluste –, und es wäre nun an der Zeit gewesen, sich häufiger in Gesellschaften zu zeigen, um unter anderem Subskribenten zu gewinnen. Eine tragikomische Situation, sich zunächst an einer keifenden Pensionsbesitzerin vorbeistehlen zu müssen, die zum x-ten Male ihre Miete einfordert, um sich mit knurrendem Magen und einem schäbigen, rasch noch etwas aufgebürsteten Rock zu einer Soiree im ›Delphian Club‹ zu begeben und dort über Fragen der Kunst zu diskutieren – ein Vergleich zwischen Poes Briefen an Neal und Allan verdeutlicht am besten diesen bitteren Kontrast. Am 12. November war anscheinend ein Tiefpunkt erreicht; Poe schrieb, ohne die üblichen Ausschmückungen und Weitschweifigkeiten, einen Zehn-Zeilen-Brief an seinen Pflegevater, schilderte ihm seine verzweifelte Lage, verwies ihn auf sein letztes Schreiben, in dem er sich gegenüber jeglichem Vorwurf der Nachlässigkeit bezüglich West Point ›gereinigt‹ habe, und bat ihn inständig, ihm sogleich zu antworten. Inzwischen schien sich Allan damit abgefunden zu haben, daß ihm sein Protégé noch einige Zeit länger auf der Tasche liegen würde. Freunde in Richmond hatten ihn wohl auf Neals Kurzrezension aufmerksam gemacht, was erklärt, daß er sich in seinem nächsten Brief, dem er endlich wieder einen Scheck beilegte, sogar nach Poes Gedichten erkundigte.

Balt°, 18. Nov. 1829

»Mr. John Allan, etc.

Lieber Pa –

Ich erhielt heute Ihren Brief zusammen mit einem Scheck über $ 80, für den ich Ihnen wirklich dankbar bin – Die Summe wird sicherlich für all die Ausgaben ausreichen, die Sie erwähnen; ich befürchte jedoch, daß, wenn ich etwas Leinen für ein Hemd erstehe, dessen ich notwendig bedarf, ich kein Taschengeld mehr übrigbehalte – & falls sie mir eine oder eine halbe Rolle Leinen bei Mr. Galt besorgen und sie mir per Schiff zuschicken könnten, würde Tante Maria die Schneiderarbeiten umsonst übernehmen –

Hatch & Dunning werden meine Gedichte hier in Baltimore drucken, zu äußerst vorteilhaften Bedingungen, denn sie übernehmen die Druckkosten und überlassen mir 250 Exemplare des Buches: eines davon werde ich Ihnen durch Mr. Dunning übersenden, der sich in Kürze nach Richmond begeben will –

Es freut mich, zu hören, daß Ihr Kuraufenthalt Ihre Gesundheit und Lebensgeister wieder aufgefrischt hat –

Alles Liebe an Miss V. –

Ich verbleibe, lieber Pa,
mit herzlichen Grüßen Ihr

Edgar A. Poe«[51]

Zwischen den Zeilen wird deutlich, daß Allans Brief eine genaue Auflistung darüber enthielt, wie Poe seine Ausgaben einzuteilen habe, und in Poes Anfrage nach einer Rolle Leinen scheint ein leiser Spott über die Höhe des ihm zubemessenen Taschengeldes anzuklingen. Um Allans (zu erwartenden) Verdacht zu entkräften, die Herausgabe des Gedichtbandes sei für ihn mit irgendwelchen Kosten verbunden, bat Poe Mr. Dunning, persönlich mit seinem Pflegevater in Kontakt zu treten, ihm ein Belegexemplar zu überreichen und ihm die günstigen Vertragsbedingungen zu bestätigen (die, wie erwähnt, wahrscheinlich durch Mr. Gwynns Protektion zustande gekommen waren). Poes so harmlos erscheinender Brief ist von einem – im Gegensatz zu seinem früheren Mangel an Diplomatie – bemerkenswerten Kalkül diktiert. Mit Allans Scheck waren die schwierigsten Probleme fürs erste beseitigt, und die nächsten Wochen verliefen einigermaßen sorglos. Poe begann sich einer Gruppe junger Schriftsteller und Künstler anzuschließen, die regelmäßig in der »Seven Stars Tavern‹ zuammentraf. Zu diesen jugendlichen Bohemiens gehörte unter anderem Lambert A. Wilmer, kurz darauf Herausgeber des ›Baltimore Saturday Visiter‹, einer beliebten literarischen Wochenschrift, in der 1833 Poes preisgekrönte Erzählung ›Manuskriptfund in einer Flasche‹ erscheinen sollte. Derselbe Mr. Wilmer war es auch, der Poes Liebesaffäre mit Elmira Royster in seinem Theaterstück ›Merlin‹ dramatisierte.

Aus einer zeitgenössischen Gerichtsakte der Stadt Baltimore geht hervor, daß Poe am 10. Dezember 1829 von Mrs. Clemm bevollmächtigt wurde, einen ihrer Sklaven, einen Mann namens Edwin, an einen Mr. Henry Ridgway zu verkaufen[52]. Dabei handelte es sich wohl lediglich um eine bereits abgesprochene Transaktion, die nur durch Unterschrift bestätigt werden mußte. Da Mrs. Clemm anscheinend nicht länger für den Unterhalt des Sklaven aufkommen konnte, übertrug sie die ›Rechte‹ an ihm für die Dauer von neun Jahren an Mr. Ridgway, der für seine Dienste $ 40 bezahlte. Vielleicht war sie der Ansicht, daß Poe, der ja bei einem angesehenen Geschäftsmann in Virginia aufgewachsen war (wie erwähnt, ›vermittelte‹ Allan auch Sklaven), einige Erfahrung auf diesem Gebiet habe. Wenn es ihm auch an kaufmännischem Talent mangelte, so teilte und verteidigte Poe doch, gerade was diesen Punkt traf, völlig die Anschauungen des ›alten Südens‹. In einer ausführlichen Rezension zweier Bücher, ›Sklaverei in den Vereinigten Staaten‹ von J. K. Paulding und ›Eine Rechtfertigung des Südens vor dem Verrat und dem Fanatismus der Abolitionisten des Nordens‹ von einem anonymen Autor, bezieht er denselben reaktionären Standpunkt und gebraucht dieselben Argumente wie ein Großteil seiner virginischen Landsleute[53]. Er zeichnet ein idyllisches Bild von der Beziehung zwischen und der gegenseitigen Abhängigkeit von Herr und Sklave – »Wir haben ein sterbendes Kind im Schoß seiner schwarzen Amme gesehen und sind mit derselben Amme am Bett ihres eigenen sterbenden Kindes gestanden. Machte die mächtige Natur hier einen Unterschied, entlockte sie dem Herzen der Mutter mehr und bitterere Tränen als jene, die sie über ihrem Pflegekind vergoß?«[54] Um was geht es diesen fanatischen Abolitionisten eigentlich, daß sie an einer durch Jahrhunderte sanktionierten Ordnung rütteln? »... sie wollen, unter der Maske christlicher Wohltätigkeit und brüderlicher Nächstenliebe, unser Verderben.«[55]

Solche Fragen interessierten Poe freilich nur am Rande. Er war von seinem Leben in Richmond und der dortigen Gesellschaftsstruktur geprägt, von der er nichts als die aristokratische Attitüde in sein Hungerdasein hinübergerettet hatte, und er schlüpfte eher wie ein Schauspieler in diese Rolle, um sich von einer für ihn abstoßenden Alltäglichkeit abzusetzen. Dabei sehnte er sich nach einem ›glücklicheren Stern‹, einem paradiesischen Zustand in reiner Schönheit, losgelöst von allem Irdischen. Sein ehrgeiziges, von Milton, Shelley und Moore inspiriertes Gedicht ›Al Aaraaf‹ ist der eigentliche Ausdruck seiner träumerischen Philosophie. Die »verlorenen Bildwerke unserer Welt«, die er sich auf diesen Stern versetzt vorstellt, erinnern an Schillers Ausspruch im neunten Brief ›Über die ästhetische Erziehung des Menschen‹: »Die Menschheit hat ihre Würde verloren, aber die Kunst hat sie gerettet und aufbewahrt in bedeutenden Steinen; die Wahrheit lebt in der Täuschung fort, und aus dem Nachbilde wird das Urbild wiederhergestellt werden.«

Anfang Dezember 1829 – der genaue Erscheinungstermin ist nicht bekannt – kam endlich Poes zweiter Gedichtband bei Hatch & Dunning heraus – ein dünnes Oktavbändchen von einundsiebzig Seiten mit blauem Einband, das den Namen des Verfassers zum erstenmal einer breiteren Öffentlichkeit vorstellte. Es ist in drei Abschnitte eingeteilt, mit jeweils einer gesonderten Titel-seite: ›Al Aaraaf‹, ›Tamerlane‹ und ›Miscellaneous Poems‹ (Vermischte Ge-dichte). Dem Anfangsgedicht ›Al Aaraaf‹ sind, wiederum jedes auf einer Seite, vier verschiedene Mottos vorangestellt. Das erste lautet:

> »Entiendes, Fabio, lo que voi deciendo?
> Toma, si, lo entiendo: – Mientes, Fabio.«
> (etwa: ›Verstehst du, Fabio, was ich sage?‹
> ›Aber natürlich verstehe ich dich.‹ – ›Du lügst, Fabio.‹)

Die Quelle ist unbekannt. Das zweite stammt aus Miltons ›Comus‹:

> »What has night to do with sleep?«
> (›Was hat Nacht mit Schlaf gemein?‹)

Es folgt das bereits erwähnte, allerdings ebenfalls nicht identifizierbare Zi-tat John Clevelands:

> »Who drinks the deepest? Here's to him.«

Das vierte Motto schrieb Poe wahrscheinlich selbst, inspiriert von irgend-einem enzyklopädischen oder astronomischen Werk:

> »Tycho Brahe entdeckte einst einen Stern, der einen Augenblick nur in einem Leuchten erstrahlte, das selbst den Glanz Jupiters übertraf – dann aber allmäh-lich erlosch und dem bloßen Auge unsichtbar ward.«

›Al Aaraaf‹ ist, wie Poe später zugestehen mußte, eine Jugendsünde, ein viel zu anspruchsvolles, unausgegorenes und schwer verständliches Gedicht, in dem sein poetisches Talent aus einer Mischung von Motiven aus Miltons ›Paradise Lost‹, Moores ›The Loves of the Angels‹ und Shelleys ›Queen Mab‹ in der Tat »nur in Augenblicken erstrahlt«: ein episches Umherschweifen in idealischen Gefilden, ein ästhetisches Manifest, eine ›kosmologische Le-gende‹[56], deren bedeutungsschwangere Botschaft sich dennoch mitunter in reiner Lyrik auflöst:

»Ligeia! Ligeia!	»Ligeia! ich seh'
My beautiful one!	deine Schönheit wie nie,
Whose harshest idea	deren grellste Idee
Will to melody run,	noch wird Melodie –
Oh! is it thy will	oh! ist es dein Wille,
On the breezes to toss?	zu treiben im Reich
Or, capriciously still,	des Winds? oder stille,
Like the lone Albatross,	dem Albatroß gleich,
Incumbent on night	zu ruhn auf der Nacht

(As she on the air)   (wie auf Lüften sie)
To keep watch with delight   in entzückter Wacht
On the harmony there?«   über all der Harmonie?«

Das die spätere Generation der Symbolisten begeisternde Stilmittel der Synästhesie, also der Verknüpfung zweier verschiedener Sinneseindrücke, findet sich bereits in ›Al Aaraaf‹ angewandt: der Gesang der Göttin steigt ›in Düften‹ zum Himmel auf, das Zwielicht ›murrt‹, man vernimmt ›Schattenlaute‹ und ›die Musik der Sphären‹.

Da das Gedicht – trotz einiger Längen, Schwächen und »Extravaganzen« – bereits eine Art ›poetisches Programm‹ darstellt, dessen Grundzüge auch in den meisten späteren Dichtungen Poes wiederkehren, sind an dieser Stelle einige Randbemerkungen erforderlich. Es geht dabei nicht um eine endgültige Interpretation, sondern lediglich um die Untersuchung bestimmter Motive, die für das Verständnis von Poes Lyrik notwendig sind. In seinem Essay ›Das poetische Prinzip‹ schreibt Poe:

»Ein Gefühl für das Schöne sitzt mithin offenbar als unauslöschlicher Instinkt tief im Inneren des Menschen. Es bewirkt sein Entzücken an den mannigfachen Formen, Klängen, Gerüchen und Empfindungen, die ihn umgeben. Und wie sich die Lilie im See wiederholt oder die Knospe einer Amaryllis im Spiegel, so bildet die bloße mündliche oder schriftliche Wiederholung dieser Formen, Klänge, Farben, Gerüche und Empfindungen eine doppelte Quelle des Entzückens. Doch diese reine Wiederholung ist noch nicht Dichtung. Wer, wenn auch mit noch so glühender Begeisterung oder noch so lebhafter Wahrheit der Schilderung, einfach von den Bildern, Klängen, Gerüchen, Farben und Empfindungen singt, die *ihm,* gemeinsam mit der ganzen Menschheit begegnen: der versäumt doch, behaupte ich, seinen erhabenen Anspruch zu rechtfertigen. In der Ferne liegt noch immer ein Etwas, das er nicht erlangen konnte. Und es bleibt weiterhin ein unlöschbarer Durst, den zu stillen er uns nicht die kristallenen Quellen gewiesen hat. Dieser Durst ist Teil des Unsterblichen im Menschen. Er ist zugleich Symptom und Symbol der immerwährenden menschlichen Existenz. Er ist die Sehnsucht der Motte nach dem Stern. Er ist nicht die bloße Bestätigung der Schönheit vor uns – sondern ein ungestümes Bemühen, in die Schönheit droben einzugehen. Begeistert und ekstatisch die Herrlichkeiten jenseits des Grabes vorherwissend, streben wir danach, durch vielgestaltige Verbindungen zwischen den Dingen und Gedanken der Zeitlichkeit ein Stück jener Seligkeit zu erwerben, deren eigentliche Elemente vielleicht allein der Ewigkeit angehören … Das Streben, die höchste Seligkeit zu fassen – dieses Streben der dafür geschaffenen Geister –, hat der Welt all das geschenkt, was sie (die Welt) seit jeher sogleich als poetisch zu verstehen und *zu empfinden* vermochte.«[57]

Die Aufgabe des Dichters ist es demnach, ›der empfindsamen Seele‹ eine Ahnung jenes Ideals von Schönheit zu vermitteln, wie sie sich auf Erden nur unvollkommen offenbart, ihr einen ›Blick ins Paradies‹ zu ermöglichen. Poe geht damit weiter als die deutschen Romantiker, die ihr Streben nach dem ›höchsten Ideal‹ noch mit dem vagen und verschwommenen Begriff ›Sehnsucht‹ umschrieben. Er bemüht sich, das unerreichbare Ziel zu definieren. In dem Versuch, ›die höchste Seligkeit zu fassen‹ – und Poe zählt sich zu den ›dafür geschaffenen Geistern‹ – und der Menschheit durch Poesie einen, wenn auch flüchtigen Einblick in diese Seligkeit zu verschaffen, wird der Dichter gottähnlich – ja letztlich gottgleich. Schon der englische Dichter, Maler und Mystiker William Blake (1757–1827), der die romantische Epoche in England mit einleitete, führt die Imagination auf das Wirken Gottes in der menschlichen Seele zurück. In der Imagination, die schöpferisch, im Gegensatz zur bloßen Phantasie, die bloß kombinatorisch ist, findet die spirituelle Natur des Menschen ihre eigentliche Verwirklichung, und das Credo der englischen Romantiker lautete, daß jeder kreative Akt, der aus der Imagination heraus entstehe, göttlich sei. »Imagination, Phantasie, Phantasterei und Humor haben zwei Dinge gemeinsam: das Combinatorische und den Drang, Neues hervorzubringen. Der eigentliche Künstler unter den Vieren ist aber die Imagination. Aus der Vielzahl der möglichen, neuen Combinationen bestehender Formen wählt sie nur diejenigen, welche harmonisch sind. Das Ergebnis solcher Auswahl ist – wie denn anders! – die Schönheit *an sich,* wobei wir den Begriff der Schönheit in seinem umfassendsten, noch das Sublime einschließenden Sinne gebrauchen.«[58] Coleridge, dessen Kunsttheorie Poe nachhaltig beeinflussen sollte, schreibt in seiner ›Biographia Literaria‹: »Ich behaupte, daß die ursprüngliche Imagination die lebendige Kraft und die Hauptantriebsfeder des menschlichen Bewußtseins ist, eine Fortsetzung des ewigen Schöpfungsaktes, die die Grenzen des menschlichen Geistes in der unbegrenzten Formel ›ICH BIN‹ auflöst.«[59] Das Ungenügen an der Realität, die ›Entdeckung‹ der Imagination als wesentlichstes Agens künstlerischen Ausdrucks (für die Dichter des 18. Jahrhunderts – Johnson, Dryden, Pope usw. – ist sie noch von untergeordneter Bedeutung), die Idee der Seele als Spiegel Gottes, die Sehnsucht nach überirdischer Schönheit – all das sind Charakteristika des romantischen Geistes. Poe geht in seiner Theorie der Dichtung jedoch noch weiter als seine Vorgänger Wordsworth, Shelley, Keats oder Coleridge. »Seine *ars poetica* bildet auf ihre Weise das Schlußwort zur romantischen Auffassung«[60] und damit ihre letzte Konsequenz.»Einerseits hat sie Ähnlichkeiten mit gewissen Vorstellungen der englischen Romantiker. So wie Wordsworth glaubte, daß Poesie zum Teil von Erinnerungen an eine himmlische Existenz vor der Geburt inspiriert, oder Shelley, daß sie von ›höheren Mächten‹ diktiert werde, so geht Poe davon aus, daß sie« (in

Höchstform) »notwendig verbunden sei mit etwas, was er ›erhabenen Liebreiz‹ nennt. Aber obwohl seine Theorie auf Anschauungen beruht, die denen von Shelley und Wordsworth gleichen, gelangt er zu anderen Resultaten. Für sie hat es der Dichter noch immer mit der wirklichen Welt zu tun, mag er sie auch in das Licht eines ewigen Morgens kleiden oder in ihr ein sichtbares Abbild der Ewigkeit erblicken; für Poe hat das Materielle jedoch kaum Bedeutung, da die einzige Wirklichkeit im Erhabenen liegt, und es die Aufgabe des Dichters ist, Blicke davon zu erhaschen. Poes Theorie der Dichtkunst entfernt sie weiter von der Erde als die Wordsworths oder Shelleys, und sie beweist, mit welcher Konsequenz er seine Ansichten entwickelte und vertrat.«[61]

Als ›Al Aaraaf‹ im Dezember 1829 erschien, war diese Theorie noch nicht formuliert, aber die in der Sammlung enthaltenen Gedichte machen deutlich, daß ihre wesentlichen Grundzüge bereits Gestalt angenommen hatten. Die Poesie spricht, ebenso wie die Musik, nach Poes Überzeugung allein die Seele an, die nach Schönheit dürstet – im Gegensatz zum Verstand, der nach Wahrheit sucht, und dem Gewissen, das Ethik und Moral verpflichtet ist. Mit dieser Auffassung, der er vor allem seine spätere Entdeckung durch Baudelaire, Mallarmé und die Symbolisten verdankte, stand Poe zu seiner Zeit in Amerika allein. Die amerikanischen Dichter wollten belehren, die Menschheit verbessern, vaterländische Gefühle wecken, moralisieren, auf den Unterschied zwischen Natur und Zivilisation hinweisen – und einige Schwärmer besangen Sonnenuntergänge über weiten Landschaften oder Liebesglück und Liebesleid. Die europäischen, vor allem die englischen Romantiker galten als ›modern‹ – man kannte natürlich, aufgeschlossen wie man war, Shelley, Keats, Coleridge und einige andere und zitierte sie auch –, aber ihre ›Botschaft‹ stieß eher auf eine Art wohlwollendes Unverständnis. Die Jackson-Ära war für Poes ›l'art pour l'art‹-Mission der denkbar schlechteste Boden. Beschwörungen einer ›Schönheit jenseits des Grabes‹ mochten die Damenwelt verzücken – der Vernunftsmensch wußte mit dem greifbar Naheliegenden mehr anzufangen, und er erwartete auch von der Kunst eine Bestätigung dieser Gesinnung. William Wirt empfand sich als ›zu altmodisch‹, um ein Urteil über Poes Genie abzugeben, aber es ist dem Tonfall seines Briefes anzumerken, daß er sich recht wohl und sicher in dieser ›Beschränktheit‹ fühlte, und sein Standpunkt ist wohl symptomatisch für die Mentalität des ›belesenen Amerikaners‹ der zwanziger und dreißiger Jahre des vorigen Jahrhunderts. Alles Neue mußte, wie gehabt, durch die Zeit sanktioniert werden; vorläufig begnügte man sich mit den überkommenen Maßstäben, die ihre Wurzeln noch im 18. Jahrhundert und seinen Auffassungen auch über Kunst hatten. Die Windmühlen waren solide gebaut, und man konnte getrost den ersten Ansturm eines neuen Don Quichote erwarten.

Das zweite, längere Gedicht des Bandes ›Tamerlane‹ war diesmal Poes Gönner, John Neal, »respektvollst zugeeignet«. Den übrigen elf ›vermischten Gedichten‹ stellte er abermals auf einer gesonderten Seite zwei Zitate voran, eines von Robert Southey:

> ›My nothingness – my wants –
> My sins – and my contrition –‹
> SOUTHEY E. PERSIS.[62]

Das zweite stammt von Milton, ist jedoch abgeändert; aus ›And some flowers, and some bays‹ wird

> ›And some flowers – *but no* bays.
> (Manche Blumen – doch kein Lorbeer.)[63]

Neben ›Tamerlane‹ übernahm er vier Gedichte aus der früheren Bostoner Ausgabe: ›To – –‹ (›I saw thee on thy bridal day‹) , ›The Lake‹, ›A Dream‹ (vorher ›A wilder'd being from my birth‹) und das inzwischen überarbeitete und sehr verbesserte ›Spirits of the Dead‹ (vorher ›Visit of the Dead‹). In den sieben neu hinzugekommenen Gedichten sind wiederum drei von herausragender Bedeutung: das bereits zitierte ›Sonett an die Wissenschaft‹ (›Science! meet daughter of old Time!‹), ›Fairyland‹ und ›Romance‹ (›Preface‹). In letzterem wird die ›Romanze‹, das Symbol für die verlorene Unschuld und die träumerischen Ideale der Kindheit, als buntschillernder Papagei beschrieben, der den jungen Dichter ›sein Alphabet lehrte‹; Metapher für die gnadenlos verrinnende Zeit aber ist der Geier, die ›ewigen Condor-Heere‹.

Das Herz des Dichters ist das letzte Reservat, das die träge Schwinge des Alltäglichen nicht zu streifen vermag. Er ist dazu berufen, seine Träume und Ideale in sich zu bewahren, das verlorene Paradies zu retten, das sich in der Realität immer mehr aufzulösen droht.

›O God! can I not grasp	»O Gott! wie rette ich schier
them with a tighter clasp?	nur *eins* vor der Welle Gier?
O God! can I not save	Ist, was wir scheinen und schaun im Raum,
One from the pitiless wave?‹	nur ein Traum in einem Traum?«[64]

Für die Welt kommt es einem Verbrechen gleich, seine Zeit im Müßiggang zu verschlendern – ›eating the bread of idleness‹ war insbesondere Allans Standardvorwurf –, denn sie ist unverständig genug, dieses für den Dichter so essentielle Vakuum für Zeitverschwendung zu halten. Sie gleicht eben dem Geist, den sie begreift, und ahnt nichts von den Ekstasen, die ihr, in Poesie destilliert, später einmal das Paradies beschreiben werden. Wobei die Frage auftaucht, ob sie überhaupt für das Paradies – oder flüchtige Ausblicke darauf – ›Verwendung hat‹. Poe schien davon überzeugt zu sein.

Die einzige durchaus positive Rezension seiner zweiten Veröffentlichung erschien anonym in einer bisher ebenfalls nicht identifizierten Baltimorer Zeitung[65]; sie stammte vielleicht von William Gwynn oder John Neal: »Es ist zunächst unser Anliegen, dem Verfasser von ›Al Aaraaf, Tamerlane und kürzere Gedichte‹ unsere Bewunderung und Anerkennung auszusprechen; das Buch wurde kürzlich in dieser Stadt veröffentlicht. Wir sind uns darin sicher, daß die genannte Publikation unserem Lande Ehre machen wird. Ein reicher, tiefer und machtvoller Strom von Gedanken fließt durch diese Verse, gekleidet in eine Sprache geradezu unnachahmlicher Schönheit und Harmonie. Seine Phantasie ist lebhaft und erhaben, und seine Imagination von großer, schöpferischer Kraft. Keine Effekthascherei, kein Schwulst, keine Überfrachtung der Idee mit Wortgeklingel, keine abgedroschenen Phrasen, kein Unsinn.«

Es folgen Auszüge aus ›Al Aaraaf‹ und ›Fairyland‹, und der unbekannte Kritiker beschließt seine lobenden Ausführungen in der Hoffnung, »daß der Autor auch finanziell soviel Anerkennung finden möge, wie er sie so reichlich verdient, ein Anspruch, dem nach unserer festen Überzeugung die Öffentlichkeit, hat sie sich erst von seiner Berechtigung überzeugt, großherzig und freigiebig Genüge leisten wird«.[66] In dieser letzten Passage gibt sich der Verfasser dieses Artikels offenkundig als Bekannter und warmherziger Gönner Poes zu erkennen.

Sarah J. Hale äußerte sich in der von ihr herausgegebenen Zeitschrift ›Ladies Magazine‹ unter der Rubrik ›Literarische Notizen‹ wesentlich zurückhaltender: »Es ist sehr schwierig, ein gerechtes Urteil über diese Gedichte zu fällen. Ein Teil davon ist äußerst knabenhaft, blutleer und läßt die einfachsten Grundregeln der Poesie außer acht; dann wiederum stoßen wir auf längere Passagen, die uns an keinen Geringeren als Shelley erinnern. Ihr Autor, der noch sehr jung zu sein scheint, hat offenbar das Zeug zu einem großen Dichter, aber es fehlt ihm an Urteilskraft, Erfahrung und Fingerspitzengefühl.«[67]

Die dritte und letzte Besprechung von ›Al Aaraaf‹ stammte von John H. Hewitt, einem Redakteur der Wochenzeitung ›Baltimore Minerva and Emerald‹. Hewitt war, bevor er nach Baltimore kam, Musiklehrer im Süden gewesen, wo er durch sein Lied ›The Minstrel's Return from the War‹ populär wurde; ähnlich wie Mrs. Hale gehörte er zu den damals epidemischen ›Gelegenheitsdichtern‹ und glaubte daher an sein unfehlbares Urteil in allen poetischen Fragen. Er verglich die rhythmische Bewegung von ›Al Aaraaf‹ damit, »über einen Haufen Ziegelsteine zu schreiten«, war jedoch bereit, über die »wenigen und unbedeutenden Mängel« von ›Tamerlane‹ »hinwegzusehen«.[68] Leider sind von dem Artikel nur Auszüge erhalten. Poe soll Hewitt auf diesen Verriß hin – so behauptet letzterer jedenfalls später in seinen geschwätzigen ›Reminiszenzen‹ – auf offener Straße eine Szene gemacht haben.

Was Poe besonders verärgern mußte, war die Tatsache, daß ein früherer Gedichtband seines Bruders, der einfache Knittelverse enthielt, von der ›Minerva and Emerald‹ sehr lobend rezensiert worden war. Vier Jahre später kam Hewitt Poe abermals in die Quere, und zwar bei einem von der Zeitung ›Baltimore Saturday Visiter‹ ausgeschriebenen Preisausschreiben, das die beste Kurzgeschichte und das beste Gedicht, die eingereicht wurden, prämierte. Poe ging zwar mit seiner Erzählung ›A Ms. Found in a Bottle‹ als Sieger aus diesem Wettbewerb hervor, aber ausgerechnet Hewitt erhielt den zweiten Preis für eines seiner Gedichte – und dies, wie die Preisrichter zugaben, aus der Verlegenheit heraus, daß man Poe nicht beide Prämien zugleich verleihen wollte.

Was Poes zweiten Gedichtband betraf, so war wohl John Neals etwa zur gleichen Zeit erschienener, schmeichelhafter Artikel in der ›Yankee and Boston Literary Gazette‹ die beste Trumpfkarte, die er vorläufig besaß – obwohl es sich dabei um keine Rezension, sondern eher um Vorschußlorbeeren handelte, um die Aufmerksamkeit auf einen jungen und unbekannten Dichter zu lenken. In einem Brief Poes an Neal vom 29. Dezember 1829 heißt es: »Ich danke Ihnen, mein Herr, für das freundliche Interesse, das Sie meinem irdischen wie meinem poetischen Wohlergehen entgegenbrachten – eine Lobrede über eine Prosaveröffentlichung hätte weit weniger Aufmerksamkeit gefunden …

Ich erwarte ungeduldig Ihre Besprechung des Buches – vom *Klang* her halte ich in Al Aaraaf diese für die besten Zeilen:

> ›There Nature speaks and even ideal things
> Flap shadowy sounds from visionary wings.‹

In jeder Hinsicht am gelungensten jedoch erscheint mir das kurze Gedicht mit dem Titel ›Preface‹ (Romance).
Ich bin sicher, daß diese Verse niemals übertroffen worden sind.

> Of late, eternal Condor years
> So shake the very air on high
> With tumult as they thunder by
> I hardly have had time for cares
> Thro' gazing on th' unquiet sky

›Man sollte nur Gutes von sich denken‹ – so heißt es in irgendeinem Lied –, wie dem auch sei, Sie werden gerecht über mich urteilen –«[69]

Dem selbstgefälligen Tonfall dieses Briefes ist anzumerken, daß der junge Poet durch die Veröffentlichung seiner Gedichte und deren – wenn auch unterschiedliche – Beachtung durch die Presse euphorisch gestimmt war. Es gibt keine Belege darüber, daß Neal, dessen Zeitung damals gerade mit der ›New England Galaxy‹ fusionierte, seiner Aufforderung Folge leistete und eine erneute Rezension verfaßte; Poes Familie in Baltimore teilte zumindest seinen Enthusiasmus, wie aus einem Brief Neilson Poes an seine Cousine Josephine Clemm (die er später heiraten sollte) vom 26. Januar 1830 hervorgeht: »Edgar Poe hat einen Band Gedichte veröffentlicht, von denen eines John Neal, dem großen Autokraten der Literaturkritik, gewidmet ist – Neal nannte ihn daraufhin in einem Artikel einen Poeten ersten Ranges etc. – Unser Name wird noch einmal unsterblich werden.«[70]

8. Kapitel

West Point

Anfang Januar 1830 kehrte Poe, jetzt endlich ›unwiderruflich ein Poet‹, ausgestattet mit einem schweren Koffer voller Belegexemplare seines neuen Gedichtbandes und Zeitungsausschnitten der darüber erschienenen Rezensionen, nach Richmond zurück. Es ist nicht bekannt, ob er sich bei seinem Pflegevater ankündigte, aber angesichts der Tatsache, daß sogar ein John Neal sein ›Genie‹ gepriesen hatte (was sich auch in Allans Bekanntenkreis herumgesprochen haben mußte), ging er wohl davon aus, daß dieser ihm nun schwerlich noch die Tür weisen konnte. Jedenfalls stand er eines Tages vor seinem einstigen Zuhause und wurde herzlich von Miss Valentine und der Dienstbotenschaft in Empfang genommen – sicherlich etwas reservierter von Allan, der sich, anscheinend von diesem unverhofften Wiedersehen überrumpelt, gezwungen sah, seinen Protegé bis zu dessen Einberufung nach West Point bei sich aufzunehmen. Er hatte einerseits Poes Begabung – und die Fürsprache des gerade in Virginia hochgeschätzten Neal war immerhin etwas! – unterschätzt, andererseits sein Kalkül, diesen Erfolg auszunützen. Es blieb ihm also nichts übrig, als gute Miene zum bösen Spiel zu machen – ein paar Monate noch, dann würde Poe für fünf Jahre in der Versenkung West Point verschwinden. Warum jener jetzt, da die Öffentlichkeit zum erstenmal auf seine Gedichte aufmerksam wurde, noch immer eine Militärkarriere anstrebte, ist nicht schwer zu erklären. Der virginische Gentleman hatte entweder Rechtsanwalt, Militär oder Geschäftsmann zu sein – erst dann durfte er sich so etwas wie ›poetische Begabung‹ leisten. Da Poes Universitätslaufbahn gescheitert war und somit Rechtswissenschaft für ihn nicht mehr in Frage kam – die meisten sogenannten Dichter des ›alten Südens‹ waren hauptberuflich Rechtsanwälte, Cooke und E. C. Pinkney zum Beispiel oder Richard Henry Wilde, Autor des berühmten ›My life is like the Summer Rose‹ – und seine kurze Lehrzeit im Kontor der Firma Ellis & Allan sich ebenso als Fiasko erwiesen hatte, blieb ihm also nur noch die dritte Möglichkeit übrig, Offizier zu werden. Sein Großvater war immerhin ein Held des Unabhängigkeitskrieges gewesen; auch konnte er mit seinem bisherigen Werdegang in der U. S. Armee zufrieden sein. Allerdings fing man in den ›besseren Kreisen‹ eine militärische Ausbildung gleich als Offiziersanwärter an, nicht als einfacher Rekrut, weshalb Poe auch bei seinen Freunden und Bekannten seine Zeit als ›Private Perry‹ verheimlichte und stattdessen abenteuerliche Legenden über die ›grand tour‹, die er gemacht habe, verbreitete.

Ein West Point Absolvent besaß jedoch genügend Prestige, sich um jedes Amt im Staatsdienst zu bewerben, vorausgesetzt, er gab sich konform mit den politischen Ansichten von Jacksons Regierungspartei. Poe schwebte auf längere Sicht ein solcher Posten vor, der ihm genügend Zeit und Muße ließ, sich seinen literarischen Betätigungen zu widmen – obwohl Opportunismus gegenüber dem demokratischen System für einen Vollblutvirginier geradezu einer Selbstverleugnung gleichkam. Gleichviel, ein West Point Abschluß signalisierte ganz allgemein einen soliden und vertrauenswürdigen Charakter: Disziplin, Durchsetzungsvermögen, eine gute Herkunft, Treue zu den Idealen des Vaterlandes und einer aufstrebenden Nation – alles Eigenschaften, mit deren Attest man es leicht zu etwas bringen konnte. Es stand kaum zu befürchten, daß man die dort erworbenen Kenntnisse über die Taktik der Kriegsführung etc. jemals praktisch in die Tat würde umsetzen müssen. In Amerika herrschte seit 18 Jahren Friede; mochte es in Europa noch so sehr kriseln – insbesondere in Frankreich, wo sich bereits die Julirevolution ankündigte –, man hielt sich aus allen Konflikten heraus und konzentrierte sich auf die Innenpolitik, die fortschreitende Industrialisierung vor allem, die mit der Eröffnung der ersten Eisenbahnlinie der Vereinigten Staaten im Jahre 1830, der ›Baltimore and Ohio Railway‹, einen neuen Triumph feierte. Die Gemüter erhitzten sich zwar schon damals in Nord-Süd-Kontroversen, die eine Generation später den Bürgerkrieg auslösen sollten – Ambrose Bierce (1842–1916) erlebte ihn mit und beschrieb seine Erfahrungen mit einer an Poe erinnernden, ätzenden Schärfe –, aber die lange Friedensperiode sollte trotzdem noch 30 Jahre lang andauern.

Als letzte und vielleicht entscheidende Erwägung kam hinzu, daß Allan Poe kaum weiter unterstützt hätte, wäre dieser nicht dazu bereit gewesen, den landläufigen Wertmaßstäben zu entsprechen. John Hewitt, Poes Kritiker und späterer Rivale, war zum Beispiel in West Point ausgebildet worden, und James Ellis, der Sohn von Allans Geschäftspartner, strebte dieselbe Karriere an. Ob Poe die Aussicht auf eine neuerliche, fünfjährige Militärdienstzeit behagte oder nicht, er hatte sich den Spielregeln zu fügen. Vorläufig nützte er die Frist, um seine früheren Lebensgewohnheiten wieder aufzunehmen, feine Anzüge zu tragen, sich von Allans Hauspersonal bedienen zu lassen und das Image eines weitgereisten Gentlemans zu pflegen. Er bewohnte wieder sein altes Zimmer, Allan ließ ihn durch die Firma mit neuer Kleidung ausstatten, wie aus diversen Rechnungsbelegen hervorgeht, unter anderem mit modischen Accessoires wie Handschuhen und Zylinder, und für Außenstehende sah es ganz so aus, als hätten sie sich endgültig wieder miteinander ausgesöhnt.

Gleich am Tage nach seiner Ankunft begab sich Poe mit einer größeren Anzahl von Belegexemplaren seines Gedichtbandes zu einem der größten und bekanntesten Buchgeschäfte der Stadt, ›Sanxey's bookstore‹ in der Main

Street 120, wo er sie zur Auslage in Kommission gab. Wenig später traf er auf seinen Studienfreund Thomas Bolling, der gerade seine Semesterferien in Richmond verbrachte. Er berichtete ihm von seinen jüngsten schriftstellerischen Erfolgen und den vielen Abenteuern, die er in der Fremde erlebt habe. Bolling war tief beeindruckt. Der Spinner ›Gaffy‹ hatte also am griechischen Befreiungskampf teilgenommen, hatte um die Gunst schöner Frauen gerungen, ja sogar Duelle für sie ausgefochten! In Rußland rettete ihn im letzten Augenblick die Intervention des amerikanischen Konsuls vor dem Transport nach Sibirien; in Frankreich pflegte ihn eine schottische Lady mit blauen Augen gesund, nachdem er in einem Ehrenhandel verwundet worden war! Poes frühere Kommilitonen würden staunen, wenn sie das hörten. Die Poe-Legende begann sich herumzusprechen. Am nächsten Tag begleitete Bolling Poe zu Sanxeys, und da lagen tatsächlich ein paar Ausgaben von ›Al Aaraaf‹ im Schaufenster. Der Autor überreichte ihm feierlich ein Exemplar und gab im Geschäft großspurig die Anweisung, »daß Mr. Bolling jederzeit so viele davon mitnehmen dürfe, wie er benötige«.[1] Poe verstand es, auf sich aufmerksam zu machen. Am 19. Januar 1830 – also seinem Geburtstag – fand sich in der Zeitung ›Richmond Whig‹ folgende Pressenotiz: »Soeben eingetroffen – ›Al Aaraaf‹, ›Tamerlane and Minor Poems‹, von Edgar Allan Poe.« (Es folgt ein Ausschnitt der zitierten Rezension aus dem ›Yankee‹) »Jetzt zu haben im Buch- und Schreibwarengeschäft von R. D. Sanxey.«[2]

Poe hatte den Auszug aus Neals Rezension ein wenig gekürzt – so zum Beispiel das »ungeachtet mancher Fehler«. Wie Bolling, so erhielten wohl auch die meisten früheren Bekannten und Freunde in Richmond ein Belegexemplar mit Widmung, unter anderen General Winfield Scott, in dessen Bibliothek sich das Bändchen später fand und der sich anscheinend mit einem weiteren Empfehlungsschreiben an das Kriegsministerium in Washington erkenntlich zeigte.[3]

Über Poes sonstige Beschäftigungen während seines etwa fünfmonatigen Aufenthaltes bei seinem Pflegevater ist nur wenig bekannt. Sicherlich sprach er einige Male bei den Mackenzies vor, wobei es sich jedoch mehr um Anstandsbesuche gehandelt haben dürfte, denn der Eindruck seiner mittlerweile zwanzigjährigen, geistig zurückgebliebenen Schwester, die ewig ein Pflegefall bleiben sollte, ließ wohl eher zwiespältige Gefühle in ihm zurück. Immerhin genoß sie eine familiäre Geborgenheit, die er selbst in Moldavia vermißte. Auch das Wiedersehen mit seinem Freund Ebenezer Burling, der inzwischen rettungslos dem Alkohol verfallen war und ihn wahrscheinlich lebhaft an seinen Bruder erinnerte, der in Baltimore dahinsiechte, kann kaum sehr aufmunternd gewesen sein.

John Allan war der Gleiche geblieben, bis auf die Tatsache, daß sich seine Gesundheit mehr und mehr verschlechterte. Sein letzter Kuraufenthalt in Saratoga Springs hatte ihm nur wenig Linderung verschafft. Er schien wie immer reizbar und mürrisch, und der Argwohn und die Vorbehalte gegen seinen verschwenderischen und undankbaren Pflegesohn schwelten noch unter der Oberfläche, um hin und wieder aus ihm hervorzubrechen. ›Old Swellfoot‹ war gewiß kein sehr angenehmer Gastgeber – denn Poe, dessen mußte er sich bewußt sein, wurde nur als Gast in seinem Hause geduldet, ein um so ungelegenerer Gast, als sich Allan wieder nach einer neuen und standesgemäßen Lebensgefährtin umsah. Bereits ein halbes Jahr nach dem Ableben seiner Gattin, also im Herbst 1829, hatte er ein Verhältnis mit einer gewissen Mrs. Elizabeth Wills aus Richmond begonnen, die kurz darauf schwanger von ihm wurde und »um den ersten Juli 1830 herum« Zwillinge gebar. In seinem Testament heißt es: ›Ferner ist es mein Wunsch, daß meine Testamentsvollstrecker einen Teil meiner Hinterlassenschaft auf eine gute englische Erziehung der beiden Jungen von Mrs. Elizabeth Wills verwenden, von denen sie behauptet, es seien meine Söhne – ich kenne ihre Namen nicht . . . das verbleibende Fünftel . . . soll in gleichen Teilen an sie oder ihre Nachkommen ausbezahlt werden, sollten sie jedoch sterben, bevor sie einundzwanzig sind, geht ihr Anteil, im nämlichen Verhältnis, an die Kinder meiner Schwestern Fowlds, mit Ausnahme von dreitausend Dollar, die ich als Rente auf Lebenszeit an Mrs. Wills und ihre Tochter aussetze.

John Allan
31. Dez. 1832

Diese Notiz in meiner Handschrift ist ein ebenso rechtsgültiger Nachtrag, dessen Urheberschaft jeder meiner Freunde bestätigen kann . . . Die Zwillinge wurden um den 1. Juli 1830 herum geboren. Ich heiratete am 5. Oktober 1830[4] in New York, mein Vergehen fand daher statt, bevor ich meine jetzige Frau je zu Gesicht bekam, und ich machte vor ihr auch keinen Hehl daraus . . . 15. März 1833. Wie ich erfahre, starb vor einigen Wochen einer von Mrs. Wills Zwillingssöhnen; meine Verfügung betrifft demnach nur noch einen.‹[5]

Poe war nicht Allans Sohn und Alleinerbe, noch würde er es jemals sein – und der einzige, der dies genau wußte, war Allan selbst, wenn er auch, darum befragt, keinen Zweifel daran ließ, daß seine väterliche Zuneigung sich sehr in Grenzen hielt. Die nächste Dame, der sich Allans Aufmerksamkeit zuwandte, war Mrs. Allans Schwester – Miss Anne Moore Valentine, »as fat and hearty as ever«.[6] Sie lebten seit nun immerhin siebenundzwanzig Jahren unter einem Dach, und obwohl man Miss Valentine weder in ihrer Jugend noch jetzt als ›Southern belle‹ bezeichnen konnte, war sie doch eine tüchtige Hausfrau, die sich mit seinen Lebensgewohnheiten auskannte, als sei sie selbst mit ihm verheiratet gewesen. Arthur Hobson Quinn bezeichnete sie als ›Jedermanns

Tante‹, und die Aussicht, einen geruhsamen Lebensabend an ihrer Seite zu verbringen und vielleicht sogar noch einen legalen Erben mit ihr zu zeugen, schien dem kränklichen, durch sein Leiden oft ans Haus gebundenen Junggesellen die bequemste Lösung zu sein. Daß er ihr zumindest einen Antrag machte, geht aus verschiedenen Quellen relativ sicher hervor[7]; über Poes Reaktion darauf kann man jedoch, im Gegensatz zu einigen Biographen, lediglich Vermutungen anstellen. Es ist anzunehmen, daß er das offenkundige Werben Allans um seine ›Aunty‹ als Schock empfand, als Affront gegen das Angedenken seiner verstorbenen Pflegemutter. Inwiefern er jedoch Einfluß auf sie nahm, Allans Offerte abzulehnen, und ob er überhaupt um dessen frühere, außereheliche Beziehungen wußte, ist nichts als Spekulation. Nichtsdestoweniger mußten ihn die ungewohnten Aufmerksamkeiten seines Pflegevaters gegenüber Miss Valentine befremden, und es ist nicht unwahrscheinlich, daß er sich in dieser Angelegenheit zu Äußerungen hinreißen ließ, die ihm Allan verübelte. Den schlimmsten Fehler beging er jedoch, als er an Sergeant ›Bully Graves‹, der seine Anschrift in Richmond herausgefunden hatte und ihn dort wieder einmal mit Geldforderungen belästigte, folgende Antwort schickte:

Richmond, 3. Mai 1830.
»Mein lieber Bully,
ich habe gerade Deinen Brief erhalten, den ersten, der mich je erreicht hat. – Ich nehme an, der Grund dafür, daß ich Deinen anderen nicht bekam, war, daß Du ihn nach Washington adressiertest, aber dort bin ich schon seit einiger Zeit nicht mehr gewesen – was Downey betrifft, so hat Mr. A mich ganz offensichtlich mißverstanden; sei versichert, daß ich Downey niemals irgendeinen Geldbetrag für Dich mitgegeben habe. – Mr. A ist nicht besonders oft nüchtern, was manches erklärt. – Ich erwähnte ihm gegenüber, daß ich Downey in Balto. getroffen hätte, was auch der Fall war, und daß ich Dir durch ihn die Summe übermitteln *wollte,* aber Downey hatte damals nicht die Absicht, nach Old Point Comfort (d. i. Fortress Monroe, Anm. d. Verf.) zu fahren.

Ich habe schon ein dutzendmal versucht, das Geld für Dich von Mr. A zu bekommen – aber er schüttelt mich immer ab. – Es tut mir schrecklich leid, daß es bisher noch nicht in meiner Macht stand, meine Schulden bei Dir und Sergeant Griffith auszugleichen – aber obwohl ich jetzt in einem sehr schlechten Licht dastehe, denke ich doch, daß Du mich gut genug kennst, mir zu glauben, daß ich Dich nicht um Dein Geld betrügen will. – Bei der *allerersten Gelegenheit* werdet ihr beide es mit Zins und Zinseszins und meinem aufrichtigen Dank für Eure Geduld zurückerhalten. . . .

Grüße auch an Mrs. Graves, St. Hooper, Charley – Duke und die anderen.«[8]

Bei ›Downey‹ und den anderen erwähnten Personen handelt es sich natürlich um Bekannte und Armeekameraden Poes aus seiner Zeit in Fortress Monroe. Poe schrieb diesen Brief, der ihn um sein Erbe bringen sollte, nach einer erbitterten Auseinandersetzung mit seinem Pflegevater: »Was Sergt. Graves anbelangt – ich *habe* ihm jenen Brief geschrieben. Zur Wahrheit seines Inhalts kann ich nur sagen, daß ich das Urteil darüber Gott überlasse und Ihrem eigenen Gewissen. Ich schrieb ihn eine halbe Stunde nachdem Sie jegliches Gefühl meines Herzens gegen sich erbittert hatten: durch Ihre Schmähung meiner *Familie* und meiner selbst, – unter Ihrem eigenen Dache – und zu einer Zeit, da Sie genau wußten, daß mir fast das Herz brach.«[9]

Um diese Affäre besser zu verstehen, muß man einige Monate vorgreifen. Poe konnte nicht ahnen, daß Sergeant Graves, der Ende des Jahres endgültig die Geduld verlor, länger auf sein Geld zu warten, seinen Brief zusammen mit einem letzten, ultimativen Mahnschreiben an Allan zurücksenden würde – sicherlich eine größere Taktlosigkeit als die darin enthaltenen abfälligen Äußerungen. Insbesondere die Bemerkung, Allan sei nicht besonders oft nüchtern, mußte den stets um seinen Ruf besorgten Geschäftsmann außer sich bringen. Als einer der wohlhabendsten und angesehensten Bürger der Stadt (wie erwähnt, wurde er bereits 1827 zu einem der stellvertretenden Direktoren der Bank von Virginia ernannt) stand er im Blickpunkt der Öffentlichkeit, und sein Name erschien häufig in den Zeitungen. Graves Schreiben an ihn, das anklingen ließ, daß er weitere Schritte unternehmen werde, wenn er nicht unverzüglich die ihm zustehende Geldsumme erhielt, roch geradezu nach einem Skandal. Wie immer es um Allans Trinkgewohnheiten bestellt war: Poe war indiskret genug gewesen, ausgerechnet einem Gläubiger eine Information zu liefern, die jener nun – ohne direkt damit zu drohen – als Druckmittel benützen konnte. Schon um der Möglichkeit vorzubeugen, daß Graves irgendwelche Gerüchte über ihn in die Welt setzen könnte, bezahlte Allan prompt die Forderung. Aber das war ein – vielleicht in diesem Zusammenhang übertriebener – Teilaspekt. Allein die Tatsache, daß Poe in einem Brief ehrenrührige Aussagen über seinen Pflegevater machte, dem er doch im Grunde alles zu verdanken hatte, mag Allans heftige Reaktion zu erklären. Da gab es zum Beispiel noch dieses boshafte Wortspiel in ›but he always shuffles me off‹, ›er schüttelt mich immer wieder ab‹, in dem Allan eine Anspielung auf seine Krankheit gewittert haben dürfte, denn ›to shuffle‹ bedeutet zugleich ›schwerfällig gehen‹. Jedenfalls war nun der Beweis erbracht, daß Poe gelogen hatte, was die Zahlung der Kaution für seinen Ersatzmann betraf – die Bestätigung eines langgehegten, in Allans früheren Briefen immer wiederkehrenden Verdachtes. Er hatte es jetzt schwarz auf weiß. Poes Verurteilung erwuchs aus einer vertraulichen, aus verletztem Stolz geschriebenen Indiskretion.

Er hätte es sich nicht träumen lassen, daß diese Lappalie – die Beschwichtigung eines aufdringlichen Gläubigers - das Faß zum Überlaufen bringen würde. Louisa Gabriella Patterson, die im Oktober 1830 Allans zweite Frau wurde, faßt in einem Jahrzehnte später veröffentlichten Brief die Situation zusammen, wie sie sich aus ihrem und Allans Blickwinkel darstellte: »Was Edgar Poe betrifft, weiß ich aus eigener Erfahrung nichts über ihn; ich sah ihn nur zweimal; aber all jene, die mit ihm zusammengelebt haben, sprachen stets nur von einer Mischung aus Undankbarkeit, Lug und Betrug. Vor meiner Heirat hatte Mr. Poe seit zwei Jahren nicht unter Mr. Allans Dach gelebt, und niemand wußte etwas über seinen Verbleib; es kamen nur selten Briefe, Briefe, die mit ›St. Petersburg, Rußland‹ datiert waren, obwohl er sich in Boston als Freiwilliger zum Militär verpflichtet hatte. Als er der Armee überdrüssig war, schrieb er an seinen Wohltäter und teilte ihm seinen Wunsch mit, einen Ersatzmann zu stellen – wozu jedoch ein gewisser Geldbetrag notwendig sei. Mr. Allan überwies die Summe, Poe verpraßte sie; und als der Ersatzmann schließlich die Geduld verlor, zu warten und sich mit Briefen und Entschuldigungen abspeisen zu lassen, fügte er einem Schreiben an Mr. Allan einen Brief Poes bei, dessen Inhalt so gewissenlos und abscheulich war, daß, hätte die Unterschrift nicht eindeutig seine Urheberschaft bewiesen, man es einfach nicht für möglich hielt. Mr. Allan kam der Forderung des Mannes nach und verstieß Poe aus seinem Herzen, welcher fortan nie wieder hier lebte.«[10]

In Mrs. Pattersons Bericht (wie sie selbst zugibt, kannte sie ja Poe mehr oder weniger nur vom Hörensagen) spiegelt sich deutlich Allans unversöhnliche Haltung nach diesem letzten Affront. Es scheint ganz so, als habe jener nur auf einen letzten Beweis von Poes Charakterlosigkeit gewartet; wie aus Poes Rechtfertigung hervorgeht, hatte es schon zuvor abermals bedenkliche Spannungen zwischen den beiden gegeben.

Nach den bisherigen Quellen ist es nicht schwer zu erraten, woran sich erneut ihre Kontroversen entzündeten. Der Wohlstand seines Pflegevaters ermunterte Poe, nur allzu rasch wieder seine früheren Lebensgewohnheiten aufzunehmen. Anstatt sich auf seine Prüfungen in West Point vorzubereiten (er konnte allerdings, schon durch seine zweijährige Rekrutenzeit, davon ausgehen, daß er sie mit Leichtigkeit bestehen würde), begann er wiederum, ›das Brot des Müßiggangs zu essen‹, wie Allan es nannte, und seine Zeit mit Gedichteschreiben zu vergeuden. Auf alle Fälle kann man sicher davon ausgehen, daß einige seiner neuen, im folgenden Jahr veröffentlichten Gedichte während dieser kritischen Periode entstanden – zur Diskussion stehen ›Israfel‹, ›The Doomed City‹ (›The City in the Sea‹), ›Irene‹ (›The Sleeper‹), ›A Paean‹ (›Leonore‹), ›The Valley Nis‹ (›The Valley of Unrest‹) und das überarbeitete, jedoch weit früher entstandene ›To Helen‹, das von Mrs. Stanard und den Erinnerungen an sie inspiriert wurde. Vor allem ›A Paean‹ – jener bittere Vergleich zwischen wirklicher, erfühlter und gespielter, konventioneller Trauer um eine verstorbene Frau – scheint biographisch in diese Zeit zu passen.

Dort findet sich zum erstenmal ein in Poes späterem Werk entscheidendes Grundmotiv, das er in seiner ›Philosophie der Komposition‹ sogar zu einer Art ›poetischem Dogma‹ erhob: »der Tod einer schönen Frau (ist) der Gipfelpunkt aller Poesie, und am berufensten, dieses erhabene Thema zu erörtern, sind fraglos die Lippen des vereinsamten Liebenden«.[11] Es verbindet sich mit den schon in seinen früheren Dichtungen vorherrschenden Motiven verlorenen Glücks und der Aussicht auf eine Flucht in ›paradiesische Gefilde‹ aus einem ›irdischen Jammertal‹:

> »Fort! – fort! zu Freunden von Feinden ist
> der gekränkte Geist geschieden –
> von der Hölle zu einem erhabenen Stand
> hoch droben im Himmelsfrieden –
> von Zagen und Klagen zu goldenen Tagen
> im ewigen Himmelsfrieden: –
> nein, laßt den Schall der Glocken all,
> daß nichts verdüstert werde
> die heitere Seel' vom Klang so scheel
> aus der Höllentiefe der Erde!
> Und ich – heut weicht der Schmerz mir leicht: –
> kein Grablied will ich klagen –
> es soll ihre Bahn ein beschwingter Päan
> begleiten aus alten Tagen!«[12]

John Allan entsprach ganz gewiß nicht dem romantischen Bild des ›vereinsamten Liebenden‹; er hatte eine standesgemäße Ehe geführt, und der Tod seiner Gattin ging ihm zweifellos zu Herzen, aber er hielt es doch wohl eher mit einem Zitat Shakespeares, den er ja als ›verständigen Richter‹ betrachtete: »Doch beharren / In eigenwilligen Klagen ist das Tun / Gottlosen Starrsinns, ist unmännlich Leid, / Zeigt einen Willen der zum Himmel trotzt, / Ein unverschanztes Herz und wild Gemüt, / Zeigt blöden, ungelehrigen Verstand.«[13] Der Realist Allan war viel zu sehr mit der Ordnung seiner Finanzen und seinen geschäftlichen und gesellschaftlichen Verpflichtungen beschäftigt, um Poes Vorstellungen idealischer Trauer im Sinne seines Helden Guy de Vere in ›Lenore‹ zu genügen. Es muß den sensiblen jungen Mann schmerzlich berührt haben, wie rasch das Angedenken an seine Pflegemutter erloschen und dem gewohnten Alltagstrott gewichen war, und dieses ›Hamlet-Syndrom‹ wirkte sich zweifellos belastend auf sein ohnehin angespanntes

Verhältnis zu seinem Pflegevater aus. Als er Mitte Mai 1830[14], einen Monat vor den Aufnahmeprüfungen in West Point, Richmond verließ, um die restliche Zeit in Baltimore zu verbringen, war anscheinend ein neuer Tiefpunkt ihrer Beziehung erreicht. Allan hatte persönlich mit dem Kriegsminister korrespondiert, seine Beziehungen spielen lassen und sogar den Bruder seines Firmenpartners, Powhatan Ellis, einen Senator der Vereinigten Staaten, um eine weitere Empfehlung ersucht, um nur ja sicher zu gehen, Poe endlich loszuwerden. Da dieser auf der Militärakademie regelmäßigen Sold empfangen würde – $ 16 im Monat, ein Betrag, der zusammen mit Kost und Logis auf insgesamt $ 28 veranschlagt wurde[15] –, sah sein sparsamer Gönner keinen Grund, ihn mit mehr als dem Allernotwendigsten auszustatten, bevor er ihn höflich hinauswarf. Belegt sind ›vier warme Überdecken‹ aus den Beständen der Firma sowie etwas später eine Überweisung von $ 20. Er achtete sorgsam darauf, daß Poe nichts auf die Reise mitnahm, was nicht ihm gehörte – seine feine Garderobe mußte er beispielsweise bis auf ein paar wenige Kleidungsstücke zurücklassen –, und war kleinlich genug, ihn in einem Brief dafür zurechtzuweisen, daß er einige Bücher und den Federhalter aus Messing – ein früheres Geschenk – aus seinem eigenen Zimmer eingepackt hatte. »Als ich von Ihnen schied«, schreibt Poe im Januar 1831, »am Dampfboot, wußte ich, daß ich Sie niemals wiedersehen sollte.«[16]

Der Wechsel von dem großbürgerlichen Ambiente in dem weitläufigen, mit kostbaren Antiquitäten ausgefüllten Herrenhaus zu der kleinen Dachkammer bei den Clemms, die er nun wieder bewohnte, war sicher deprimierend, wurde aber durch die herzliche Wärme wettgemacht, mit der man ihn aufnahm. Als zukünftiger West Point Kadett, von Erziehung und Umgangsformen her aristokratisch wirkend, ein Poet außerdem, den man in den Zeitungen erwähnte, genoß er hier einen ganz anderen Status als bei seinem Pflegevater. Mrs. Clemm verstand zwar nicht viel von seinem Genie, aber sie war doch fest davon überzeugt, daß ihr Neffe zu Höherem berufen sei und dem Familiennamen Ehre machen würde. Sie wäre nie auf die Idee gekommen, ihn wegen seines Gedichteschreibens mit Moralpredigten zu traktieren, im Gegenteil räumte sie ihm stets eine Sonderstellung ein. Es wird Zeit, hier etwas näher auf ihr Leben und ihren Charakter einzugehen.

Maria Poe Clemm wurde am 17. März 1790 als eines von sieben Kindern des Ehepaars David und Elizabeth (Cairnes) Poe geboren, Poes Großeltern. Sie war also knapp sechs Jahre jünger als Poes Vater David. Als sie im Alter von siebenundzwanzig Jahren im Juli 1817 den Witwer William Clemm heiratete, kam es zu ähnlichen Familienstreitigkeiten wie bei ihrem Bruder, denn ›General‹ Poe war gegen diese Ehe. Mr. Clemm hatte bereits fünf Kinder von seiner ersten Frau zu versorgen und lebte in recht bescheidenen Verhältnissen, war also keineswegs das, was man eine gute Partie nennt. Das erste Kind

Maria Clemm. Daguerreotypie, 1850

Maria Clemms, Henry, kam ein Jahr später zur Welt; wie erwähnt, arbeitete er schon als Knabe in einer Ziegelei. Er ging im Alter von fünfzehn oder sechzehn Jahren zur See wie Poes Bruder, und von seinem weiteren Schicksal ist nur bekannt, daß er um 1836 unverheiratet starb. 1820 wurde ihre Tochter Virginia Marie geboren, die jedoch nur zwei Jahre lebte. 1822 folgte ihr drittes und letztes Kind, Poes spätere Frau Virginia Eliza. – Einem Porträt Mr. Clemms nach zu urteilen, war er ein sensibler, sanftmütiger, fast etwas feminin wirkender Mann von fragiler Konstitution. Als er am 8. Februar 1826 im Alter von siebenundvierzig Jahren starb, hinterließ er seiner Witwe Schulden und sieben Kinder; ihre Ersparnisse fielen an seine Söhne und Töchter aus erster Ehe, die nun gezwungen waren, selbständig für ihren Lebensunterhalt zu sorgen. Mrs. Clemm blieb allein mit ihren beiden Kindern zurück und mußte sich zusätzlich um die alte Mrs. Poe und William Henry, Poes Bruder, kümmern. Aus diesen Umständen heraus erklärt sich eine gewisse Ambivalenz ihres Charakters. Einerseits opferte sie sich bis zuletzt für ihre Angehörigen auf, andererseits bedurfte es dazu eines klaren, oft rücksichtslosen, jeden Vorteil wahrnehmenden Verstandes, einer Härte, mit der sie Außenstehende oft befremdete oder enervierte. Wenn es die Not erforderte, war sie sich nicht zu schade, Freunde und Verwandte anzubetteln und sogar auszunutzen. Mochten ihre Motive noch so selbstlos und lauter sein, ihre Umwelt empfand sie manchmal als regelrechte Plage. Ihre übertriebene Fürsorge für Poe war sicher rührend, aber die Art und Weise, mit der sie später seine Interessen wahrnahm, brachte ihn mitunter selbst in ein schlechtes Licht. »Ich denke«, schreibt William Hand Browne, »Mrs. Clemm war eine jener wohlmeinenden, kindlich naiven Frauen mit all ihren Schwächen, die man noch lieben muß, wenn man die Geduld mit ihnen verliert«[17]. Poes spätere große Liebe, Annie Richmond, zeigte sich weniger angetan von ihr und schrieb einmal in einem Brief, sie sei »wie eine Katze gewesen, oft hinterhältig und grausam«.[18] Selbst die sanftmütige und zurückhaltende Mrs. Shew/ Houghton meinte, sie hätte bisweilen Charakterzüge entwickelt, die schwer zu ertragen waren.[19] Aber diese Schwächen schienen nur die Außenwelt zu berühren; in dem kleinen Kosmos ihrer Familie war sie der Inbegriff bewahrender, mütterlicher, aufopfernder Liebe, und sie erwies sich als der wichtigste stabilisierende Faktor in Poes Leben. Die Daguerreotypie von ihr scheint etwas von ihrem widersprüchlichen Wesen widerzuspiegeln: eine Mischung aus Güte und Berechnung.

Was ihre damals, im Sommer 1830, achtjährige Tochter Virginia betraf, so war sie eben noch Poes kleine, wie es heißt »etwas mollige«[20] Cousine ›Sissy‹, die den ansonsten etwas tristen Haushalt durch ihre Lebhaftigkeit aufheiterte und ›Cousin Eddie‹ mit neugierigen Fragen beim Schreiben störte. Poe nützte die kurze Zeit, die ihm noch blieb, um seine Beziehungen zu Wirt, Gwynn und anderen kulturellen Größen Baltimores wieder aufzufrischen, und sprach unter anderem bei Nathan C. Brooks vor, einem noch relativ unbekannten jungen ›littérateur‹, der gerade damit beschäftigt war, Beiträge für ein von ihm herausgegebenes Jahrbuch zusammenzustellen, eines jener ›annuals‹, wie sie sich besonders bei den Damen großer Beliebtheit erfreuten. Er versprach, nachdem er ein paar seiner Gedichte rezitiert hatte, ein oder zwei davon zu dieser Ausgabe beizusteuern. Es kam zwar nicht dazu, aber der

Kontakt war zumindest hergestellt und erwies sich später als sehr nützlich, denn Brooks sollte Karriere machen.

Die Aufnahmeprüfungen in West Point fanden in der letzten Juniwoche statt. Poe reiste über Philadelphia und New York. Seine Einbildung, mütterlicherseits von General Benedict Arnold abzustammen, dem berühmten Verräter, paßte nicht schlecht zu einem dämonischen Selbstgefühl à la Byron, denn während der Amerikanischen Revolution hatte Arnold versucht, West Point – damals noch ein wichtiger strategischer Vorposten – an die Briten auszuliefern. Zwischen ihm, dem neuernannten Kommandanten des Forts, und dem Oberbefehlshaber der englischen Streitkräfte, Sir Henry Clinton, bestand im Juli 1780 ein geheimes Abkommen, das beinhaltete, daß W. P. für die Summe von 20 000 Pfund Sterling kampflos übergeben werden sollte. Das Komplott wurde mehr oder weniger durch einen Zufall aufgedeckt; eine amerikanische Militärstreife verhaftete einen Unterhändler, Major John André, der sich mit Briefen zwischen den Fronten bewegte, die Arnolds Hochverrat bewiesen. André wurde zum Tode verurteilt; Arnold entkam knapp dem Galgen, indem er sich hinter die feindlichen Linien schlug und bei den Briten um Asyl bat. Clinton ernannte ihn zum ›brigadier general‹, und der von seinen eigenen Landsleuten verkannte Kriegsheld, der als Sieger bei der Entscheidungsschlacht von Saratoga (1777) den Ausgang des Unabhängigkeitskrieges mitbestimmt hatte, sank zum Kommandeur marodierender englischer Truppen herab. Sie fielen in Virginia und Conneticut ein, brannten die Stadt New London nieder und verübten in Fort Griswold ein Massaker. Arnold war noch Jahrzehnte nach seinem Tod der meistgehaßte Mann Amerikas. Er floh nach Beendigung der Revolution nach England, wo er im Jahre 1801 verarmt und verbittert starb. Sein Schicksal besaß etwas von jener düsteren Grandeur, die auf Poe stets anziehend wirkte, und das Gerücht über diesen vermeintlichen Ahnen sprach sich dann auch schnell unter den Kadetten in West Point herum; Poe, darüber befragt, hüllte sich in geheimnisvolles Schweigen.

Sein ›Einstand‹ in der U. S. Military Academy hatte dagegen eine komische Note. Das Mindestalter für einen West Point Kadetten lag bei vierzehn Jahren, die Altersgrenze bei einundzwanzig. Poe war einundzwanzig-einhalb, und da er deshalb bürokratische Verwicklungen befürchtete, die seine Aufnahme gefährden konnten, gab er in der Eintragungsliste ›neunzehn Jahre und fünf Monate‹ an. Äußerlich wirkte er wesentlich älter, und unter seinen neuen Kameraden – meist blutjungen Burschen – machte zu seinem Verdruß alsbald der Scherz die Runde, ›er habe die Kadettenstelle für seinen Sohn erwirkt, da dieser jedoch zwischenzeitlich verstorben sei, selbst seinen Platz eingenommen‹. Poe reagierte bekanntlich schon während seiner Universitätszeit sehr empfindlich auf solche Witzeleien. An Charlottesville mußte ihn

»West Point«. Gemälde von J. Hill

außerdem der Umstand erinnern, daß er wieder einmal so gut wie mittellos war, wohingegen die Mehrzahl der Kadetten von zu Hause überreichlich mit Taschengeld ausgestattet wurde. Der monatliche Sold deckte zwar die Kosten für den Lebensunterhalt; für Kleidung, Haushalts- und Hygieneartikel, Unterrichtsmaterial wie Textbücher etc. mußte man jedoch selbst aufkommen. Bei seiner Ankunft fand Poe einen Scheck Allans über $ 20 vor – das war alles, was ihm sein Pflegevater für seine gesamte Ausbildungszeit bewilligen sollte. Es blieb ihm also über kurz oder lang nichts anderes übrig, als sich erneut in Schulden zu stürzen.

Die Aufnahmeprüfungen stellten für ihn kein Problem dar. Sie bestanden hauptsächlich aus einem Test in Rechtschreibung sowie den vier Grundregeln der Arithmetik. Immerhin, so berichtet Poe nicht ohne Stolz in seinem ersten Brief aus West Point an seinen Pflegevater, seien eine Menge Bewerber »aus guter Familie« durchgefallen, »darunter Peyton Giles, der Sohn des Gouverneurs ... Ich stelle fest, daß ich den anderen gegenüber einen großen Vorsprung habe, und werde mich bemühen, ihn zu verbessern. Von 130 Kadetten, die jedes Jahr aufgenommen werden, schaffen nur etwa 30 oder 35 den Abschluß – der Rest wird wegen schlechter Führung oder mangelhafter Leistungen vorzeitig entlassen. Die Bestimmungen sind extrem streng.«[21] Das waren sie in der Tat, und obwohl Poes Angabe über die Anzahl der jährlich Graduierten etwas untertrieben ist, kann man davon ausgehen, daß sich weniger als die Hälfte der Kadetten profilierte – ›a survival of the fittest‹. In West Point wurden Mustersoldaten herangezüchtet, eine – zumindest nach der Auffassung des Militärs – jedem Zivilisten an Disziplin und Moral überlegene Eliteschicht, Männer wie Robert E. Lee, der spätere Oberbefehlshaber der Konföderierten ›Army of Virginia‹, der die Akademie ein Jahr zuvor absolviert hatte. Das hieß, daß die Disziplin noch weit strenger gehandhabt wurde als teilweise in der Armee selbst, und Poe mußte bald erkennen, daß sein bisheriger Militärdienst dagegen recht angenehm und beschaulich verlaufen war. Während der gesamten mehr als vierjährigen Ausbildungszeit gab es nicht mehr als zehn Wochen Urlaub; der Rest bestand aus Drill und einem minutiös geregelten Tagesablauf von Sonnenauf- bis Sonnenuntergang, der keinen Raum für Muße ließ: Frühstück um sieben Uhr, Unterrichtsstunden von acht bis dreizehn und abermals von vierzehn bis sechzehn Uhr; danach militärische Übungen, Ausbildung an der Waffe, Appelle etc. bis zur Abenddämmerung und nach dem Abendessen erneut Unterricht bis 21 Uhr 30. Der Lehrplan sah Französisch, technisches Zeichnen, Chemie und Mineralogie, Geographie, Geschichte, Rechtswissenschaften, höhere Mathematik, Ethik, Physik und natürlich eine umfassende Schulung in allen strategischen und technischen Bereichen der Kriegskunst vor.[22] Im Prinzip stand man ständig unter Aufsicht; in den Statuten waren 300 Vergehen aufgelistet, für die man bestraft werden konnte. Dazu gehörten natürlich vor allem der Genuß von Alkohol, Rauchen und Kartenspielen; Spiele wie Schach und Backgammon waren ebenfalls verboten (Vorschrift Nr. 176). Vorschrift Nr. 173 lautete: »Den Kadetten ist es untersagt, ohne Genehmigung ihres Vorgesetzten Romane, Gedichte oder andere Bücher auf ihren Stuben zu haben, die nicht im Zusammenhang mit ihrer Ausbildung stehen.«[23] Jede Übertretung, bei der man sich erwischen ließ, wurde registriert und bildete später sozusagen einen schwarzen Fleck auf dem Führungszeugnis, weshalb man – mehr noch als auf der Universität von Virginia – auf allerlei raffinierte Schliche und Winkelzüge verfallen mußte, um unbehelligt seinem Vergnügen nachgehen zu können.

Am 1. Juli 1830 wurde Poe nach bestandener Aufnahmeprüfung vereidigt: »Ich schwöre, daß ich die Verfassung der Vereinigten Staaten bewahren und sie gegen jeden nur möglichen Feind verteidigen werde«. Daraufhin bekam er seine Kadettenuniform ausgehändigt, eine dunkelblaue, einreihige, kurze Uniformjacke mit hohem Kragen und Goldknöpfen, ein Chapeau mit Kokarde, einem vergoldeten Adler und Federbusch, Hosen, Halbschuhe und Stiefel und einen Säbel, dessen Gehänge unter der Jacke getragen wurde und mit einer quer über die Brust laufenden Zierschärpe verbunden war. Auf die

Goldknöpfe war der amerikanische Adler eingepreßt, seit 1788 Symbol der Unabhängigkeit und Freiheit.

Poe blieb keine Zeit, seine sicherlich imposante Erscheinung vor dem Spiegel zu bewundern, denn er wurde sogleich in das Sommerzeltlager abkommandiert, wo ein Drill auf ihn wartete, wie er ihn nie zuvor kennengelernt hatte. Man nahm wenig Rücksicht auf seinen früheren Militärdienst; die Anfangsausbildung nannte man in West Point ›hazing‹ (schikanieren, schlauchen), und die ›tacks‹ (taktische Offiziere) sowie die Aufseher aus den höheren Klassen bemühten sich redlich und lautstark, aus verweichlichten Zivilisten und Muttersöhnchen Männer zu machen. Poe kam zugute, daß er an solche Übungen gewöhnt war. Als ›Veteran‹ und Enkel ›General‹ David Poes – Abkömmlinge von Offizieren der Revolution wurden schon bei der Aufnahme bevorzugt – genoß er eine gewisse Sonderstellung, obwohl ihn dies kaum davor bewahrt haben kann, bei den täglichen Manövern – ›hinlegen! aufstehen! hinlegen! aufstehen!‹ – ebensoviel Staub zu schlucken wie die anderen. Immerhin durfte er mit Henderson, dem Neffen des Kriegsministers, in einem Zelt zusammen kampieren, und die ranghöchsten Offiziere, darunter ein Captain Hitchcock, behandelten ihn nach eigener Aussage auf seine stattliche Sammlung von Empfehlungsschreiben hin »sehr zuvorkommend«.[24] Dennoch schwand das, was von seinem anfänglichen Enthusiasmus für eine Offizierslaufbahn übriggeblieben war, unter dem Druck ständigen Exerzierens rasch dahin.

Inzwischen verbrachte Mr. Allan eine höchst angenehme Sommerfrische auf seiner Plantage ›Lower Byrd‹ in Goochland, wo ihn weder Geschäfts- noch Bittbriefe seines lästigen Protegés erreichen konnten. Während einer festlichen Abendgesellschaft auf dem nahegelegenen Landsitz ›Belvedere‹ seines Freundes und Nachbarn in Richmond, William Mayo, lernte er dessen Nichte Louisa Gabriella Patterson kennen und lieben, die dort gerade ihre Tante besuchte. Miss Patterson war dreißig Jahre alt, »eine Lady von großer Stattlichkeit und Würde, Entschlußkraft und Charakterfestigkeit, und während sie von ihren äußerlichen Umgangsformen her stets beherrscht und reserviert wirkte, so hatte sie doch eines der wärmsten Herzen der Welt, war ein treuer und beständiger Freund und von einer geradezu verschwenderischen Wohltätigkeit und Nächstenliebe erfüllt, der sie jedoch stets bescheiden und uneigennützig nachgab«[25] – so zumindest beschrieb sie über ein halbes Jahrhundert später einer ihrer Verwandten, den Poes Biograph James Harrison um Auskünfte über ihre Person und ihren Charakter gebeten hatte. Im Gegensatz zu diesen nicht sonderlich aufschlußreichen Euphemismen eines Familienmitglieds wird Mrs. Patterson/Allan von den meisten Poe-Apologeten als die ›böse Stiefmutter‹ abgetan, als resolute, prosaische Frau, die Allans Vorbehalte gegen seinen Pflegesohn übernahm und den armen Poeten letztlich ganz ins Abseits drängte. Ihre eigene, bereits zitierte Stellungnahme über Poe scheint dieses Bild zu bestätigen, und die von ihr erhaltene Photographie, die sie in reiferem Alter zeigt, wirkt zugegebenermaßen nicht sehr sympathisch. Poe selbst sah in ihr wohl nichts weiter als einen Eindringling in die Familie, der seinen eigenen Status gefährdete, aber wie zu belegen sein wird, war ihre Haltung ihm gegenüber doch etwas vielschichtiger, als es zunächst den Anschein hat.

Zurück zum Sommer 1830. Trotz des großen Altersunterschiedes wurde die Romanze zwischen Allan und Miss Patterson von ihren Angehörigen, also auch den Mayos, nach Kräften unterstützt, denn immerhin war der Millionär eine der glänzendsten Partien Virginias. Als Allan bald darauf ihre Verlobung bekanntgab, bot dies Anlaß zu einer Reihe von Festlichkeiten, wie man sie damals auf den vornehmen Plantagen mit Vorliebe und großem Pomp zelebrierte. Die Hochzeit sollte im Oktober stattfinden. Poe ahnte noch nichts von dieser Wendung, als er im September seine theoretische Offiziersausbildung begann. Während des Winterhalbjahres wurden die Kadetten – je drei in einem Raum – aus dem Zeltlager in Baracken verlegt, und seine neue Adresse, die bei seinen Kameraden schon bald in ebenso faszinierend schlechtem Ruf stand wie zu seiner Universitätszeit ›Rowdy Row Nr. 13‹, lautete ›28 South Barracks‹. Das Interieur war natürlich weitaus spartanischer: drei Betten, drei Stühle, ein Tisch, drei Garderobenschränke, die jeden Abend peinlich genau inspiziert wurden, und ein gußeiserner Kohleofen. Bilder oder irgendwelcher Zimmerschmuck wurden nicht geduldet. Thomas W. Gibson, einer seiner Stubengenossen, erinnerte sich in einem längeren Artikel in ›Harper's New Monthly Magazine‹ vom November 1867 lebhaft und ausführlich an seine Bekanntschaft mit ›Cadet Poe‹: »In den letzten Monaten des Jahres unseres Herrn 1830 hatte Raum Nr. 28 in den Südbaracken allgemein einen ziemlich schlechten Ruf. Strebsame Kadetten, die auf ein einwandfreies Führungszeugnis Wert legten, ließen sich selten dort blicken – wenigstens nicht tagsüber ... Edgar A. Poe war einer der Zimmerbewohner, ›Old P-‹ und der Autor dieser Skizze vervollständigten den Haushalt. Das erste Gespräch, das ich mit Poe führte, nachdem wir zusammen untergebracht worden waren, charakterisierte den Mann recht treffend. Auf unserem Tisch lag eine Ausgabe von Campbells ›Gedichten‹, und er stieß sie verächtlich beiseite, mit der knappen Bemerkung ›Campbell ist ein Plagiator‹; dann hob er, ohne eine Antwort abzuwarten, das Buch auf und blätterte rasch darin herum, bis er die Stelle gefunden hatte, nach der er suchte.

›Hier zum Beispiel‹, sagte er, ›haben wir eine Zeile, die aus seinen Schriften wohl am häufigsten zitiert wird: ›Like angel visits few and far between‹ (›Wie der Besuch von Engeln, seltenes Ereignis‹), und er hat es Wort für Wort aus Blairs ›Grave‹ gestohlen. Und nicht mit dem Diebstahl allein zufrieden, hat er, um ihn zu vertuschen, auch noch das Original verhunzt. Blair schrieb: ›Like angel visits *short* and far between‹ (›Wie der Besuch von Engeln, flüchtig nur und rar‹) – Campbells ›Few and far between‹ ist nichts als Tautologie.‹

Poe war zu dieser Zeit erst zwanzig (sic), erschien jedoch wesentlich älter. Er sah verbraucht, müde und unglücklich aus, man vergaß diesen Ausdruck nicht so schnell, wenn man ihn näher kannte. Wenn einer einen Witz auf seine Kosten machte, konnte er das sehr übel nehmen und die Scherzanekdote, die einige aus der Klasse aufgebracht hatten, daß er sich an Stelle seines inzwischen verstorbenen Sohnes als Kadett ausbilden ließ, reizte ihn bis aufs Blut. Dann gab es noch das in der Truppe verbreitete Gerücht, er sei ein Enkel von Benedict Arnold. Als ihn einmal einer seiner Freunde daraufhin ansprach, schien er sich durch diesen Irrtum eher geschmeichelt zu fühlen und in keiner Weise geneigt, ihn zu entkräften.

Während seiner kurzen Karriere in W. P. wurde er schon frühzeitig als ›Genie‹ bewundert, und Gedichte und Satiren auf Kameraden und Vorgesetzte machten täglich von Nr. 28 aus die Runde in den Klassen.

Einer der ersten Ulks dieser Art, die er sich leistete, war ein Spottgedicht, in dem er sämtliche Offiziere der Akademie, von Colonel Thayer bis zu den untersten Dienstgraden, der Reihe nach reichlich unschmeichelhaft porträtierte. Ich kann mich nur an eine Stanze erinnern, sie lautete:

> ›John Locke und Joe Locke, ihren Namen gelang's
> sich ins Buch der Geschichte zu setzen,
> der erste war groß an Ruhm und Ehr
> der zweite war groß im Verpetzen.‹

Was die Lehrgänge auf der Akademie betraf, so schenkte ihnen Poe nicht die mindeste Beachtung. Ich zweifle stark daran, ob er jemals eine einzige Seite von Lacroix studierte, es sei denn, er überflog sie flüchtig im Klassenraum, während andere aus seiner Abteilung danach abgefragt wurden. Von Anfang an war es offensichtlich, daß er nicht die Absicht hatte, die Kurse zu Ende zu führen, und die Professoren sowie die Kadetten der höheren Klassen gingen davon aus, daß sein Aufenthalt nicht länger als bis Januar dauern würde, noch bevor seine Truppe eine Woche kaserniert war.«[26]

Poes Kamerad Jones erinnerte sich daran, daß er »das Interesse an seinen Studien – denen er sich früher mit Begeisterung gewidmet hatte – immer mehr zu verlieren schien und entmutigt und melancholisch wirkte. Manchmal zog er sich ganz in sich selbst zurück und war tagelang kaum ansprechbar.«[27] Poe selbst beschreibt Anfang 1831 in einem Brief an Allan einen der Gründe für seine Niedergeschlagenheit: »Sie schickten mich nach W. Point wie einen Bettler. Die nämlichen Schwierigkeiten bedrücken mich nun wie zuvor in Charlottesville – ich muß quittieren ... Ich habe nicht Energie mehr noch Gesundheit, um, sollte es überhaupt möglich sein, mit den Strapazen dieser Stätte und den Unannehmlichkeiten fertig zu werden, welchen ich durch meinen absoluten Mangel an allem Notwendigen unterworfen bin«[28].

Zweifellos war Poe, dem der Umgang mit Geld – sofern er überhaupt welches besaß – zeit seines Lebens Schwierigkeiten bereitete, nicht in der Lage, mit $ 16 Sold im Monat auszukommen. Es gab sicher Kadetten aus ärmeren Familien, denen dies gelang, aber sie gehörten nicht zu der ›virginischen Clique‹. Poes Privatkontakte, wurde berichtet, beschränkten sich jedoch so gut wie ausnahmslos auf seine Landsleute, meist Söhne reicher Plantagenbesitzer, die allgemein für ihren Snobismus, ihre Exzentrik und ihre Verschwendungssucht bekannt waren. Daß der ewig in Geldverlegenheit steckende Poe bei diesen prätentiösen Dandys einen schweren Stand hatte, ist kaum verwunderlich. Jedermann wußte, daß er früher Rekrut gewesen war – so etwas ließ sich auf einer Militärakademie kaum verheimlichen –, und die zukünftigen Offiziere und Söhne von Offizieren sahen auf jemanden, der sich soweit verirrt hatte, als gemeiner Soldat zu dienen, mit Verachtung herab. Das einzige, womit er diesen Snobs imponieren konnte, waren seine Münchhausiaden über abenteuerliche Auslandsreisen – Magruder zum Beispiel soll er über seine Erlebnisse an Bord eines Walfängers erzählt haben.[29] Wie auf der Universität betrieb er eine eigene Art von Imagepflege als ›toller Bursche, der einen Stiefel vertragen konnte und alle Vorschriften in den Wind schlug‹. »Die unglückliche Gewohnheit, die Poe später zum Verhängnis wurde, hatte schon damals Besitz von ihm ergriffen, und in Nummer 28 gab es immer eine Flasche von Benny Havens bestem Brandy. Ich kann mich nicht erinnern, daß er während seiner Zeit auf der Akademie jemals wirklich betrunken war, aber er frönte schon damals der gefährlichen Unsitte konstanten Trinkens.«[30]

Man kann Poes Alkoholproblem – und zum wirklichen Problem wurde es in den kommenden Jahren – nicht auf einen pauschalen Nenner bringen, sondern nur auf einige wichtige Aspekte hinweisen, die diese Neigung begünstigten. Wie schon verschiedentlich erwähnt, war in Amerika – und insbesondere in Virginia und den anderen Südstaaten – der Alkoholkonsum bis hin zum -mißbrauch gesellschaftlich sanktioniert. Natürlich galt es als unfein, betrunken aus der Rolle zu fallen – der Herr von Welt wußte meist, wann er genug hatte, und zog sich diskret zurück. Alkoholiker neigen in der Regel dazu, ihre Sucht zu verharmlosen, und dies läßt sich wohl auch auf eine ganze Gesellschaftsschicht übertragen, die um ein Uhr mittags ihre erste Runde Whiskeys, Pfirsichbrandys und Mintjuleps hinuntergoß; um so unbarmherziger war denn auch das Verdammungsurteil über solche, die diese schöne Sitte auf unschöne Weise dadurch desavouierten, daß sie anscheinend nichts vertragen konnten.

Trinkfestigkeit gilt unter jungen Männern oft als ein Beweis für Männlichkeit; gemeinsame Zechgelage festigen das Zusammengehörigkeitsgefühl, und für Poe, der bewußt oder unbewußt in seiner Jugend im Umgang mit Freunden und Bekannten – eben der virginischen ›upper class‹ – stets soziale Mängel zu kompensieren hatte, sei es seine Herkunft, sein unsicherer Status als legal nicht anerkannter Adoptivsohn Allans, sein ständiger Geldmangel, seine Zeit als ›gemeiner Soldat‹ oder ganz einfach sein ›Anderssein‹, war das Trinken eines der Mittel ›dazuzugehören‹.

In West Point mußte man schon ein ›schneidiger Bursche‹ sein, um die nächtliche Blockade der aufsichthabenden Offiziere zu durchbrechen, bis zu ›Old Benny's‹ vorzudringen und den verbotenen Brandy zu besorgen. Bei dem strengen Auswahlverfahren, das nur etwa die Hälfte der Kadetten zu den Abschlußprüfungen zuließ, brachte kaum einer seiner Kameraden den Mut auf, seine Karriere mit dergleichen Eskapaden aufs Spiel zu setzen. Poe wagte es oder animierte seine Stubengenossen dazu, und das brachte ihm ein gewisses Ansehen ein. Trinken und Drinks organisieren also – so paradox es klingen mag – als eine Möglichkeit, einen zweifelhaften Ruf aufzubessern.

Entscheidend war jedoch wohl die Betäubung durch den Alkohol – eine manchmal geradezu systematisch betriebene Betäubung, die den Alltag auslöschen und das Leben im Rausch erträglich machen sollte. Die erdrückende Routine der Militärakademie, die endlosen Unterrichtsstunden, der tägliche Drill, die Stumpfheit und Gewöhnlichkeit der anderen Kadetten – und das alles noch vier weitere Jahre lang! Vor seiner Bewerbung, am 4. Februar 1829, hatte er voller Enthusiasmus an Allan geschrieben: »Sie können sich keine Vorstellung davon machen, welche immensen Vorteile ich durch meinen jetzigen Stand in der Armee erst als Kadett genießen würde… meine Ausbildung wäre eine reine Formsache, weiter nichts, und ich bin sicher, sie würde mich nicht mehr als sechs Monate kosten.«[31] Aber das waren, wie er nun einsehen mußte, Illusionen gewesen. In West Point wurden keine Ausnahmen geduldet. Es stand nicht einmal fest, ob er bei seinem bisherigen Strafregister überhaupt jemals würde avancieren können.[32] Seine Offiziersausbildung war letztlich doch nur ein Zugeständnis an seinen Pflegevater, von dessen Geldbeutel er abhing und dessen Gunst er wiederzuerringen hoffte. West Point war die bisher schwerste Prüfung. Die Militärakademie lag wie ein Gefängnis aus einförmigen Baracken inmitten einer bezaubernden Landschaft, den ›Catskills‹, die zu durchstreifen der straff geregelte Stundenplan jedoch verhinderte. Keine einsamen Spaziergänge also wie in den ›Ragged Mountains‹ oder auf ›Sullivan's Island‹, kein Alleinsein, keine Muße, Gedichte zu schreiben. Eine Hölle für einen Träumer. »Rindfleisch gekocht, gebacken oder gebraten zum Mittagessen; kalt, in Scheiben oder geräuchert abends oder zum Frühstück; Rindfleischsuppe zweimal die Woche und dazu Brotpudding mit

Sirup als Nachtisch.«[33] Trompetensignale, die aus dem Schlaf, zum Appell, zu den Essenszeiten oder zur Nachtruhe riefen; der weite Exerzierplatz unter der ›Stars and Stripes‹-Flagge, deren Aufziehen man im frühen Morgengrauen in strammer Haltung tagtäglich würdigte; Schikane der ›tacks‹, wenn die Uniform nicht vorschriftsmäßig zugeknöpft war. Jede Minute des Tages war eingeteilt, und die Rücksicht auf ihr Führungszeugnis oder einfach pure Erschöpfung hinderte die meisten daran, den nächtlichen ›Freiraum‹ auszunützen. Es dauerte nicht lange, und Poe fühlte sich ›lebendig begraben‹. Seine musischen Fähigkeiten durfte er einzig als ›Drum-Major‹ (Tambourmajor) entfalten. Trotzdem gelang es ihm, noch immer einige spärliche Kontakte zur ›literarischen Welt‹ aufrechtzuerhalten, wie sein im Oktober 1830 in der Zeitschrift ›Philadelphia Casket‹ veröffentlichtes Gedicht ›To Science‹ beweist.

Der Entschluß, seine Offizierslaufbahn aufzugeben und West Point zu verlassen, dürfte erst gegen Ende des Jahres gefaßt worden sein, denn noch am 6. November heißt es in einem Brief an seinen Pflegevater, er stehe mit Colonel Sylvanus Thayer, dem Oberbefehlshaber der Akademie, in bestem Einvernehmen, sei überaus zufrieden mit seinem Aufenthalt und seinen Leistungen im Unterricht und habe große Hoffnungen, sich auszuzeichnen. Tatsächlich war er in einer Klasse von 87 Kadetten Drittbester in Französisch und stand in Mathematik, im Widerspruch zu der Aussage seines Mitschülers D. E. Hale, an siebzehnter Stelle.[34] Auf seine Schulden geht er nur schüchtern am Rande ein, bittet Allan um die Übersendung eines Zirkelkastens und einer Ausgabe der ›Cambridge Mathematics‹ und bedauert es, daß jener nicht die Zeit gefunden hatte, ihn anläßlich seiner Reise nach New York (wo seine Hochzeit mit Miss Patterson im Hause ihrer Eltern stattfand) persönlich aufzusuchen – »ich hatte wirklich sehr gehofft, daß die Schönheit des Flusses« (d. h. des Hudson, auf den West Point von einer Anhöhe aus herabblickte) »Sie und Mr. und Mrs. Galt verlocken würde, einmal bei uns vorbeizuschauen«.[33]

Über Allans Wiederverheiratung war er inzwischen – durch Bekannte aus Richmond – informiert worden, denn er richtet im selben Brief an ›Mrs. A.‹ respektvollst Grüße aus. Anscheinend hatte sich sein Pflegevater nicht einmal die Mühe gemacht, ihn selbst über seine Eheschließung im Oktober zu unterrichten. Da Poe auf dieses Schreiben keine Antwort erhielt, muß er sich Sorgen um den Stand der Dinge ›zuhause‹ gemacht haben. Er war sich bewußt, daß der Einzug der zweiten Mrs. Allan seine eigene Position von Grund auf änderte: Miss Patterson, so hatte er vernommen, war erst dreißig Jahre alt, also jung genug, noch einen legalen Erben in die Welt zu setzen. Man kann Poe sicher konzedieren, daß er in dieser Beziehung nicht so pragmatisch dachte wie sein Pflegevater, aber zumindest kamen ihm Bedenken über *seine* Stellung in dem neuen Haushalt. Allans Schweigen verstärkte seine Unschlüssigkeit. Dann gab es, wie erwähnt, finanzielle Schwierigkeiten, die die regnerischen Winterwochen noch trostloser machten. Nach Gibsons Bericht, so komisch er klingt, hatte Poe seine letzte Wolldecke für Brandy versetzt, und die Nächte waren kalt.

Seine Lage spitzte sich jedoch dramatisch zu, als er am 1. oder 2. Januar 1831 einen wütenden Brief Allans erhielt (den ersten seit über einem halben Jahr), in dem von Sergeant Graves die Rede war, von gewissen ehrenrührigen Äußerungen Poes, und daß er (Allan) ihre Beziehung als beendet ansehe und sich jede weitere Kontaktaufnahme verbitte. Poe, sicher zunächst durch den Schock gelähmt, faßte sich schnell wieder, und da er sich bewußt war, nun nichts mehr verlieren zu können, nahm er in seinem Antwortschreiben kein Blatt vor den Mund:

West Point, 3. Jan. 1830 (1831)

»Sir,

ich nehme an (obschon Sie keinerlei weitere Verbindung meinerseits mit Ihnen wünschen), daß Ihre Beschränkung sich nicht auf meine Beantwortung Ihres letzten Briefes erstreckt.

War ich es eigentlich, der, ein Kind noch damals, Güte und Schutz von Ihnen erflehte, oder geschah es nicht vielmehr aus Ihrem eigenen freien Willen, daß Sie sich meiner zu meinem Frommen anzunehmen erboten? Es ist verschiedenen ehrenwerten Personen, in Baltimore und anderswo, gar wohl bekannt, daß mein Großvater (mein natürlicher Beschützer zu der Zeit, da Sie sich ins Mittel legten) wohlhabend war und daß ich sein Lieblingsenkel war. Doch die Versprechungen von Adoption und freier Erziehung, welche Sie ihm in einem Briefe vortrugen, der sich jetzt im Besitz meiner Familie befindet, veranlaßten ihn, alle Sorge um mich in Ihre Hände zu übergeben. Läßt sich unter solchen Umständen sagen, ich hätte kein *Recht,* auch nur das Mindeste von diesen Ihren Händen zu erwarten? Sie werden vermutlich geltend machen, mir eine freie Erziehung gegeben zu haben. Ich will das Urteil darüber denen überlassen, die wissen, wie weit sich solch freie Ausbildung in acht Monaten auf der Universität von Va. erwerben läßt. Hier werden Sie sagen, es sei mein eigener Fehler gewesen, daß ich nicht zurückkehrte. Aber Sie wollten mich ja nicht zurückkehren lassen, und zwar weil Ihnen Wechsel zur Einlösung präsentiert wurden, deren Einlösung durch Sie ich niemals wünschte oder verlangte. Hätten Sie mich zurückkehren lassen, meine Besserung wäre sicher gewesen – wie meine Führung in den letzten drei Monaten in jeder Weise glaubhaft macht – und Sie hätten niemals wieder etwas von meinen Extravaganzen gehört. Jedoch gedenke ich mich durchaus nicht alles dessen schuldig zu sprechen, was gegen mich vorgebracht worden und was ich bis hierher erduldet, einfach weil ich zu stolz war, darauf zu erwidern...

Aber diese Umstände (d. h. Poes Geldmangel und seine Spielschulden auf der Universität von Virginia, Anm. d. Verf.) waren meinen Freunden sämtlich unbekannt, als ich nach Hause zurückkehrte – sie wußten, daß ich mir einige Extravaganzen geleistet hatte – aber das war alles... Als sich darauf keinerlei Aussicht zeigte, hielt ich's denn einfach nicht länger aus. Jeden Tag von Vollstreckung etc. bedroht, verließ ich das Haus – und nach nahezu 2 Jahren Führung, an welcher kein Fehl gefunden werden konnte – in der Armee, als gemeiner Soldat – *verdiente* ich mir, aus eigener Kraft, unter den erniedrigendsten Entbehrungen ein Offiziersanwärterpatent, daß *Sie* mir jederzeit durch bloßes Ansuchen hätten verschaffen können. Es war damals, daß mir der Gedanke kam, ich könnte es wagen, Sie bezüglich meiner Ausstattung um Ihren Beistand anzugehen: Ich kam heim, wie Sie sich erinnern werden, in der Nacht nach dem Begräbnis – wenn *sie* nicht gestorben wäre, während ich fort war, hätte es nichts für mich zu bedauern gegeben: *Ihre* Liebe habe ich niemals hoch veranschlagt – doch sie, glaube ich, liebte mich wie ihr eigen Kind. Sie versprachen mir, alles zu vergeben – doch Sie vergaßen Ihr Versprechen bald. Sie schickten mich nach W. Point wie einen Bettler. Die nämlichen Schwierigkeiten bedrücken mich nun wie zuvor in Charlottesville – ich muß quittieren.

Was Ihr so nachdrückliches Verlangen betrifft, Sie nicht mehr mit ferneren Zuschriften zu belästigen, so mögen Sie, Sir, sich bei der Versicherung beruhigen, daß ich demselben aufs gewissenhafteste nachkommen werde. Als ich von Ihnen schied – am Dampfboot, wußte ich, daß ich Sie niemals wiedersehen sollte. Ich habe nichts mehr zu sagen – außer nur, daß mein zukünftiges Leben (das Gott sei Dank nicht lange mehr dauern wird) nun in Dürftigkeit und Krankheit verbracht werden muß. Ich habe nicht Energie mehr noch Gesundheit, um, sollte es überhaupt möglich sein, mit den Strapazen dieser Stätte und den Unannehmlichkeiten fertig zu werden, welchen ich durch meinen absoluten Mangel an allem Notwendigen unterworfen bin, und es ist, wie ich schon zuvor erwähnte, meine Absicht, zu quittieren. Zu diesem Ende wird es erforderlich sein, daß Sie mir (als mein nomineller Vormund) Ihre schriftliche Einwilligung geben. Es ist zwecklos, mir diese letzte Bitte abzuschlagen – denn ich kann die Anstalt ohne jede Erlaubnis verlassen – Ihre Weigerung würde mich einzig um den kleinen Betrag bringen, der mir als Reisekostenvergütung zustünde. Von Stund an, da ich dies schreibe, werde ich meine Studien und Pflichten an der Akademie vernachlässigen. – Wenn ich Ihre Antwort nicht innerhalb von 10 Tagen erhalte, muß ich West Point ohne sie verlassen – denn andernfalls würde ich mich disziplinarischer Entlassung aussetzen.

E. A. Poe«[36]

Der Brief enthält eine Anzahl Unrichtigkeiten, die jedoch zu unbedeutend sind, um im einzelnen darauf einzugehen – Poes Universitätszeit dauerte zum Beispiel zehn, nicht acht Monate etc. Dagegen entsprechen die Feststellungen im letzten Absatz genau den Tatsachen, ein Anzeichen dafür, daß Poe, bevor er an Allan schrieb, mit Colonel Thayer ein Gespräch über die Modalitäten einer vorzeitigen Entlassung führte.[37] Nach ›Vorschrift Nr. 148‹ bedurfte es dazu ausdrücklich der schriftlichen Einverständniserklärung des gesetzlichen Vormunds, aber Allan dachte natürlich nicht im Traum daran, sie zu geben oder überhaupt auf Poes Schreiben zu antworten. Dafür schrieb er eine längere Notiz auf den Briefumschlag: »Dies kam am 10. an, und nachdem ich es durchgelesen habe, halte ich es für unnötig, etwas darauf zu erwidern. Ich schreibe diese Notiz am 13. und kann noch immer keinen guten Grund erkennen, der meine Meinung ändern könnte. Ich glaube nicht, daß der Junge eine einzige gute Eigenschaft hat. Er mag tun oder lassen, wie ihm beliebt – ich hätte ihm, allein schon auf Grund der Schilderung seiner Lebensumstände, sicherlich geholfen, obwohl ich kein Wort davon glauben kann, was er schreibt. Sein Brief ist die unverschämteste, einseitigste Darstellung, die mir je untergekommen ist.«[38]

Genaue Daten belegen, daß Poe auch gar keine Antwort erwartete. Sein Brief wurde am 3. Januar geschrieben, am 5. aufgegeben (Poststempel)[39], und Allan erhielt ihn, wie er selbst anmerkt, am 10. Aber bereits am 8. Januar begann Poe planmäßig seine Dienstpflichten zu vernachlässigen. Einer etwas obskuren Quelle zufolge soll er die Hauptuhr in West Point einmal (vielleicht nicht unbedingt aus dem erwähnten Anlaß) um zwei Stunden vorgestellt haben, womit er den peinlich genau geregelten Tagesablauf etwas durcheinanderbrachte.[40] Die Anekdote ist deshalb so interessant, weil Uhren in vielen seiner späteren Erzählungen gleichsam als Obsession immer wieder auftauchen – ›Die Sense der Zeit‹, ›Die Maske des roten Todes‹, um nur zwei Beispiele zu nennen; ›Vondervotteimittiss‹ (etwa: FragmichwievielUhr) heißt das Spießerstädtchen in seiner Groteske ›Der Teufel im Glockenstuhl‹, dessen Bewohner keinen Frieden mehr finden können, seitdem ein ›kleiner, seltsamer Bursche‹ – vielleicht der Teufel selbst – die Rathausuhr ›dreizehn‹ schlagen ließ. Von einer solchen Manipulation ist allerdings in der ›Anklageschrift gegen den Kadetten Poe‹ vom 28. Januar, als eine Sonderkommission über seinen Fall beriet, ebensowenig die Rede wie von ›Benny Haven's Brandy‹.

»1. Anklagepunkt. – Grobe Pflichtvernachlässigung.
Im einzelnen: daß er, besagter Kadett Poe, zwischen dem 7. und 27. Januar 1831, sich den folgenden Appellen und Exerzierübungen entzog: Nichterscheinen bei der abendlichen Truppenparade (in sechs Fällen); beim Frühappell (in sieben Fällen); beim Klassenappell (in sechs Fällen); bei der Wachablösung am 16. Januar und bei der kirchlichen Messe am 23. Januar 1831; ...

2. Anklagepunkt. Befehlsverweigerung.

Im einzelnen: daß er, besagter Kadett Poe, dem Befehl des Offiziers vom Dienst, am 23. Januar die sonntägliche Messe zu besuchen, nicht Folge leistete...

Im einzelnen ferner: daß er, besagter Kadett Poe, entgegen dem Befehl des Offiziers vom Dienst am 25. Januar 1831 dem Unterricht fernblieb; ... Zu den genannten Anklagepunkten sowie deren einzelnen Erläuterungen plädierte der Angeklagte wie folgt: zu der ersten Spezifizierung der 1. Anklage ›Nicht schuldig‹, zu der zweiten Spezifizierung der 1. Anklage ›Schuldig‹ und ›Schuldig‹ zu der zweiten Anklage in allen Punkten.

Das Gericht befindet nach reiflicher Erwägung den Angeklagten schuldig aller gegen ihn erhobenen Vorwürfe... und es ergeht somit das Urteil, daß der Kadett E. A. Poe aus dem Dienst der Vereinigten Staaten zu entlassen ist. Dieser Bescheid... wurde inzwischen dem Kriegsminister zur Einsicht vorgelegt, der seine Zustimmung erteilte.

Kadett Edgar A. Poe ist ab 6. März 1831 seiner Pflichten... entbunden und gilt entsprechend ab diesem Zeitpunkt nicht mehr als Mitglied der Militärakademie.«[41]

Daß Poe angesichts erdrückender Beweise für den 1. Teil der 1. Anklage auf ›nicht schuldig‹ plädierte, war eine offene Provokation, die ausschloß, daß die von ihm angestrebte Entlassung nicht etwa durch ›mildernde Umstände‹ gefährdet würde. Er wollte endgültig einen Schlußstrich setzen. Alles deutet darauf hin, daß er sich körperlich und seelisch in der bisher schwersten Krise seines Lebens befand; zu den übrigen Belastungen kam eine besonders schwere Erkältung, der wenig später eine Mittelohrentzündung folgen sollte.

John H. Eaton, der Kriegsminister in Washington, war sicherlich überrascht, als ihm das Urteil der Kommission zur Gegenzeichnung übersandt wurde, denn er erinnerte sich wohl noch an den aufdringlichen Bewerber, den er vor gar nicht so langer Zeit so oft hatte abfertigen müssen. Poe wartete nur auf seine Unterschrift unter seine Entlassungspapiere, um am 17. oder 18. Februar vorzeitig seinen Abschied zu nehmen. In den Wochen davor sammelte er, mit Genehmigung Colonel Thayers, bei seinen Regimentskameraden Subskriptionen für einen neuen Band seiner Gedichte, über den er mit dem New Yorker Verleger Elam Bliss bereits brieflich in Verhandlungen stand: »Die Kadetten, vor allem die aus den Südstaaten, verpflichteten sich fast ausnahmslos jeweils zur Abnahme eines Exemplars für fünfundsiebzig Cents, die uns der Leiter der Akademie von unserem Sold abzuzweigen erlaubte.«[42] Poe besaß in seiner verzweifelten Lage immerhin noch Geschäftssinn genug, sie in der Annahme zu belassen, daß es sich dabei um die üblichen, witzigen Spottverse handelte, Satiren auf die Verhältnisse in West Point, die sie von ihm gewohnt waren.

9. Kapitel

Die dunklen Jahre

Am 19. Februar 1831 stand Poe, in einen schwarzen Militärmantel gehüllt, den er den Rest seines Lebens tragen sollte, an Deck der ›Henry Eckford‹, einem Dampfschiff, das die Route von Albany nach New York abfuhr und dabei gewöhnlich an der Landungsbrücke unterhalb West Points Zwischenstation machte. An diesem Tag herrschte klirrender Frost, und Poe fühlte sich sterbenselend. Er neigte zwar in den Briefen, die er trotz seines feierlichen Versprechens, ihn »nicht mehr mit ferneren Zuschriften zu belästigen«, in den kommenden Monaten an Allan schrieb, zu Übertreibungen und ließ kein Mittel aus, dessen Mitleid zu erwecken, so daß es schwerfällt, sich ein Urteil über seinen wirklichen Gesundheitszustand in diesen Tagen zu bilden; auf jeden Fall aber befand er sich am Rande eines nervlichen Zusammenbruchs, wie der Stil und die unsichere Schreibweise seines zwei Tage später verfaßten Briefes an seinen Pflegevater beweisen.

Einige seiner Biographen, z. B. Hervey Allen, behaupten, er habe West Point so gut wie ›ohne einen Pfennig in der Tasche‹ verlassen. Aber viele der Kadetten hatten ihre Subskription für den zu erscheinenden Gedichtband im voraus bezahlt. Der zusammengekommene Betrag kann nicht sehr hoch gewesen sein und war außerdem nur ein Darlehen, das er dem Verleger Bliss für die Druckkosten aushändigen mußte; zumindest jedoch kam er nicht schon bei den Kosten für die Überfahrt – etwa fünfundsiebzig Cents – in Verlegenheit. Poe dürfte sich in seinem Zustand zunächst kaum Gedanken darüber gemacht haben. Eine existentielle Illusion war für ihn endgültig zerstört – die Illusion der Geborgenheit eines Zuhauses und väterlicher Zuneigung, der Abbruch einer Beziehung, die gedauert hatte, so lange er denken konnte. Nach Allans Verdammungsurteil sah er sich als entwurzelt an, einem ungewissen Schicksal ausgeliefert, dem er sich nicht gewachsen fühlte. In den letzten, entbehrungsvollen Jahren hatte er sich immer noch an die Hoffnung geklammert, daß ›Pa‹ ihm doch noch verzeihen und ihn wieder als Sohn akzeptieren würde wie früher. Die bisher zitierten Briefe an seinen Pflegevater sind ein eindringlicher Beweis dafür. Seine Ausbildung in West Point war weniger ein Ringen um soziales Prestige gewesen als ein Ringen um Zuneigung. Und ausgerechnet Sergeant ›Bully‹ Graves hatte diesen Elfenbeinturm zerstört.

In New York angekommen, setzte er in irgendeiner billigen Pension – anscheinend im Fieber – folgenden mitleiderregenden Brief an Allan auf:

»Werter Herr, trotz all meinen guten Vorsätzen, es nicht zu tun, fühle ich mich genötigt, Sie ein weiteres Mal um Unterstützung zu bitten – Immerhin wird es das letzte Mal sein, daß ich irgend einem menschlichen Wesen zur Last falle – ich fühl's genau, daß ich auf einem Krankenlager liege, von dem ich mich nie wieder erheben werde. Ich wende mich diesmal nicht an Ihre väterliche Zuneigung, die ich ja verloren habe, sondern an Ihr Gefühl für Gerechtigkeit – Ich bat Sie um Ihre Genehmigung, meinen Abschied zu nehmen – weil es mir einfach *unmöglich* war, länger auszuharren… Ich habe keine Kraft und keine Energie mehr, die Hälfte von dem auszudrücken, was ich empfinde – eines Tages werden Sie einsehen, was Sie mir angetan haben. Ich verließ West Point vor zwei Tagen und reiste ohne Mantel und nur mit dem Dürftigsten ausgestattet nach New York. Ich habe mir eine sehr böse Erkältung zugezogen und bin ans Bett gefesselt – ohne Geld – ohne Freunde – ich schrieb an meinen Bruder – aber er ist nicht in der Lage, mir zu helfen – Ich werde nie wieder von meinem Bett aufstehen können – neben einer scheußlichen Lungenentzündung läuft ständig Blut und Eiter aus meinem Ohr, und meine Kopfschmerzen sind unerträglich – Ich weiß kaum mehr, was ich schreibe – Werde nichts mehr schreiben – Bitte, schicken Sie mir etwas Geld – auf dem schnellsten Wege – und vergessen Sie, was ich über Sie sagte –

E. A. Poe

Erwähnen Sie meiner Schwester gegenüber nichts davon. Ich werde jeden Tag auf dem Postamt nachfragen lassen.«[1]

Allan scheint mit sich gerungen zu haben, diesen Brief zu beantworten, aber seine Verbitterung über die Graves-Affäre und Poes letztes Schreiben aus West Point gaben letztlich den Ausschlag, es nicht zu tun. Immerhin las er ihn am 12. April 1833 abermals durch – ein Anzeichen dafür, daß er sich hin und wieder in ihre frühere Korrespondenz vertiefte – und schrieb, wie um sein Gewissen zu beruhigen, über das Postskriptum folgende Anmerkung: »… es ist nun an die zwei Jahre her, daß ich obenstehendes, hübsches Andenken an das schwärzeste Herz und die tiefste Undankbarkeit erhielt, jeden Tag seines Lebens ebenso ehr- wie prinzipienlos – es diente nur dazu, seine Würdelosigkeit zu bestätigen – Lassen wir es dabei bewenden, daß ich nichts bedauere, sondern nur Mitleid für seine Verfehlungen empfinde – er wird es mit seiner Art von ›Talenten‹ nimmermehr zu etwas bringen.«[2]

Poe erhob sich, entgegen seiner Prognose, recht bald wieder von seinem Sterbelager. Auf welche Weise er sich in den kommenden Wochen durchschlug, ist ungewiß. J. F. Cooper nannte das New York jener Zeit eine ›Flegelmetropole‹ (›hobbledehoy metropolis‹), ›eine Art Trödelmarkt‹, womit er einige fortschrittsgläubige Anhänger von Jacksons Reformideologie vor den Kopf stieß, vielen alteingesessenen Bürgern der Stadt jedoch aus tiefster Seele sprach. Denn mit der früheren Ruhe und Beschaulichkeit New Yorks mit seiner Mischung aus britischer und niederländischer Mentalität, seinen strengen Klassenunterschieden und seinem ›country look‹ war es spätestens im Jahre 1825 vorbei, als Gouverneur Clinton den Erie-Kanal eröffnete, der den Hudson mit dem Eriesee verband; von nun an zog es ganze Heerscharen von Spekulanten, Neureichen und Immigranten in die seitdem wichtigste Handelsmetropole des Landes. Der ›allmächtige Dollar‹ stieg wie eine zweite Sonne über New York, der ›queen of business‹, auf, und es waren nicht länger mehr die alte ›gentry‹, die quasi-aristokratischen Familien, die den Ton angaben, sondern die cleveren Geschäftemacher, die am wenigsten Skrupel besaßen. Wer seine Ellbogen nicht zu gebrauchen verstand, ging unter. Dies galt auch schon früh auf dem Gebiet der Publizistik und der Literatur. Englische Reisende, die die Stadt nun immer häufiger besuchten, waren schockiert über die sogenannten ›Rowdy Journals‹, deren Kritiker sich durch die Boshaftigkeit ihrer Verrisse zu überbieten trachteten und auch vor Ausfälligkeiten und Beleidigungen nicht zurückschreckten, eine Methode, die in New York bekanntlich Tradition hatte, wie David Poes Beispiel zeigt. Washington Irving klagte 1832 über die »allesdurchdringende Banalität«, die sich in der Stadt breitmachte.

Amerika wurde gerade von einer Einwanderungswelle bisher nie gekannten Ausmaßes überschwemmt, und ausländische Geschäftsleute, die den Trend erkannten, konzentrierten sich natürlich auf die ›queen of business‹, deren Wirtschaftswachstum unübersehbar war. Selbst Goethe schrieb um 1830 in den ›Zahmen Xenien‹: »Amerika, du hast es besser« – und hatte auch gleich einen Ratschlag für die zukünftigen Poeten der Neuen Welt parat: ». . . und wenn nun eure Kinder dichten / bewahre sie ein gut' Geschick / vor Ritter-, Räuber- und Gespenstergeschichten.« Ritter-, Räuber- und Gespenstergeschichten aber gerade waren es, nach denen das damalige amerikanische Lesepublikum verlangte, ein Bedürfnis, das die ›penny dreadfuls‹ (Groschenromane) und britische Zeitschriften wie ›Blackwood's‹ und die ›Quarterly‹ sattsam befriedigten. Der Erfolg des Genres inspirierte viele einheimische Autoren zu Ausflügen in die literarische Zwielichtzone. Bis auf die Schauerromane galt jedoch in den frühen dreißiger Jahren alles Englische als geschmacklos und überholt. Frankreich war en vogue – man trug französische Mode, gebrauchte wie N. P. Willis in übertriebenem Maße französische Redewendungen, bevorzugte französische Küche und besuchte französische Cafés, wo man an Marmortischen unter Pariser Städtebildern Domino oder Schach spielte. »Alles Englische«, schreibt eine Zeitgenossin, »ist entschieden *mauvais ton;* englische Stoffe, englische Mode, englischer Akzent, englische Sitten, auf all das sieht man verächtlich herab; und das allergrausamste Kompliment, das man einer Dame von unvorteilhaftem Äußeren machen kann, ist, daß sie aussehe wie eine Britin.«

Kultur oder das, was man darunter verstand, spielte in New York trotz allen wirtschaftlichen Fortschritts noch immer eine wesentliche Rolle. Schon zu Anfang des Jahrhunderts hatte ihr der große Impresario William Dunlap den Ruf *der* Theater- und Opernmetropole Amerikas verschafft. Der greise Lorenzo da Ponte, Mozarts Librettist, lebte und wirkte noch dort, führte ein Buchgeschäft, gab Italienisch- und Gesangsunterricht, führte in seinem eigenen Hause italienische Komödien auf und ging mit kulturbeflissenen jungen Ladies die Klassiker Tasso, Ariost, Dante und Petrarca durch. Auch einige wirklich bedeutende Poeten und Schriftsteller hatten sich in New York niedergelassen, darunter William Cullen Bryant, James Fenimore Cooper und (zeitweise) Washington Irving; sowie viele, deren Ruhm zumindest noch ein paar Jahrzehnte überdauern sollte, wie James Kirke Paulding, der Dichter Fitz-Greene Halleck, George P. Morris, den Poe später ›unseren besten Liederschreiber‹ nannte (seine Gesänge wie ›By the Lake where Droops the Willow‹ gehörten zum ständigen Repertoire damals so gefeierter Operndiven wie Jenny Lind oder der ›göttlichen Malibran‹[3]), Horace Greeley und ähnlich zweitrangige ›littérateurs‹, mit denen sich Poe in seiner Eigenschaft als Kritiker verschiedener Zeitungen und Zeitschriften noch auseinandersetzen mußte. Im Augenblick dachte er jedoch eher daran, Amerika zu verlassen und in der Fremde sein Glück zu versuchen. Er war gerade zweiundzwanzig Jahre alt geworden, und nach den Erfahrungen der letzten Monate, seiner Krankheit, der gescheiterten Offizierslaufbahn und Allans Schweigen auf seinen letzten Brief, das das über ihn verhängte Verdammungsurteil bestätigte, empfand er die ganze Welt und die Straßenszenen, die er in New York erlebte, als ›ekel, schal und flach und unersprießlich‹. Nicht einmal die Aussicht auf das Erscheinen seines dritten Gedichtbandes konnte seine Schwermut lindern. Nun bildete damals der im November 1830 ausgebrochene Aufstand des polnischen Volkes gegen die Tyrannei des russischen Zaren Nikolaus I. gerade das politische Tagesgespräch. Die Nachricht, daß am 25. Januar – in der Hoffnung auf eine militärische Intervention Frankreichs – die polnische Unabhängigkeit proklamiert worden war, machte Schlagzeilen. Poe malte sich aus, wie es wäre, gleich Byrons Einsatz für Griechenland für die Freiheit Polens zu kämpfen, und sah sich wohl schon im Geiste auf irgendeinem Schlachtfeld, umgeben von getreuen Husaren, den Heldentod sterben. Es war zunächst nur eine romantische Idee, aber sie festigte sich zum Entschluß. Am 10. März setzte der hungrige Poet ein heroisches Schreiben an Colonel Thayer, den Leiter der Kadettenanstalt in West Point, auf: »Sir, da ich nichts mehr besitze, was mich an mein Vaterland binden könnte – weder Zukunftsaussichten noch Freunde –, beabsichtige ich mich bei der ersten Gelegenheit nach Paris einzuschiffen, um dort durch die Vermittlung des Marquis de La Fayette (wenn möglich) um Aufnahme in die polnische Armee zu ersuchen. Falls Frankreich in den polnischen Konflikt eingreifen sollte, wäre dies sicherlich kein Problem – in jedem Fall wird es das Vernünftigste sein, was ich zur Zeit tun kann.

Der Gegenstand dieses Briefes nun ist es, Sie mit allem Respekt um Ihre Unterstützung bei der Verfolgung meiner Ziele zu bitten, soweit es in Ihrer Macht steht.

Alles, was ich von Ihnen erwarten darf, ist ein Zertifikat, aus dem hervorgeht, daß ich am Unterricht in meiner Klasse an Ihrer Anstalt teilgenommen habe; was darüber hinausginge – ein Brief an einen Freund in Paris – oder an den Marquis selbst – wäre ein Akt der Großzügigkeit, den ich Ihnen nie vergessen würde.

Hochachtungsvoll,
Ihr ergebener Diener

Edgar A. Poe«[4]

Das Ganze erwies sich natürlich als Seifenblase. Der polnische Aufstand wurde wenige Monate später von den Russen blutig unterdrückt, und viele der Rebellen emigrierten nach England oder Frankreich, wo sie sich in wenig effektiven politischen Zirkeln formierten, wie die Konservativen (›Weißen‹) um Adam Czartoryski im Pariser Hotel Lambert. Es ist zweifelhaft, ob Poe überhaupt eine Antwort auf seinen Brief an Thayer erhielt. Seine einzige Kontaktperson in New York war vorläufig Elam Bliss, einer der jungen Verleger ›der ersten Stunde‹. Als Zentrum des Verlagswesens geriet Philadelphia mehr und mehr ins Hintertreffen, seit Anfang der dreißiger Jahre die Gebrüder Harper, Daniel Appleton und George Palmer Putnam in New York ihre Verlage gegründet hatten – Namen, die z. T. noch heute Weltrang besitzen. Der nicht unvermögende Mr. Bliss führte ein Verlagshaus am Broadway Nr. 111 – er selbst lebte nicht weit entfernt in der Dey Street Nr. 28 –, und zu einer dieser beiden Adressen dürfte sich Poe nach seiner Genesung als erstes begeben haben. Er lernte den Drucker Henry Mason kennen sowie den Maler Henry Inman, der sehr wahrscheinlich wenig später ein Porträt von ihm anfertigte. Poe befand sich wie immer in Geldverlegenheit, so daß er es sicher nicht versäumte, das Gespräch auf einen Vorschuß zu bringen. Auf irgendeine Weise gelang es ihm jedenfalls, etwas Geld zu beschaffen, denn er hielt sich länger als einen Monat in New York auf.

›Poems by Edgar A. Poe (second edition)‹ kam Anfang April heraus, in einer Auflage von etwa fünfhundert Exemplaren. Es handelte sich um ein recht unscheinbares Bändchen in kleinem Format, 124 Seiten stark und in blaßgrünen Karton eingebunden; die Druckkosten müssen äußerst niedrig gewesen sein und standen in keinem Verhältnis zu der Höhe der Subskriptionen, einer der Gründe für die Verärgerung des U. S. Kadettenkorps, dem »diese Ausgabe respektvoll zugeeignet« war. »Zweite Auflage« nannte es Poe, weil sein erster Gedichtband von 1827 »aus Gründen privater Natur nicht zur Veröffentlichung freigegeben wurde«, d. h. nicht in den Handel gelangte und daher auch keine kritische Erwähnung fand. Das Motto auf der Titelseite – »Tout le monde a Raison« (Jedermann hat recht) – stammt nicht von Rochefoucauld, dem es Poe irrtümlicherweise zuschrieb, sondern allem Anschein nach von Pierre Claude Nivelle de La Chaussée (1692–1754), einem Begründer der ›comédie larmoyante‹ und Vorläufer der ›tragédie bourgeoise‹, in dessen Theaterstück ›La Gouvernante‹ (1747) sich die Zeile findet: »Quand tout le monde a tort, tout le monde a raison« (etwa: Wenn die ganze Welt sich irrt, ist sie im Recht).[6]

Wahrscheinlich hatte Poe bei diesem Motto seine Rezensenten in spe im Sinn: ›Jedermann hat recht – also schreibt ruhig, was ihr wollt.‹ Leider erschien nur eine einzige Kritik, und zwar am 7. Mai im ›New York Mirror‹. Sie stammte von George P. Morris, dem schon erwähnten ›Liederschreiber‹, und es hieß darin: »Die Dichtungen dieses Bändchens sind von überzeugender Bildkraft, welche sich jedoch im Widerspruch zu der allgemeinen Verschwommenheit der Ideen befindet. Die ganze Sprache verrät poetische Inspiration, gleicht aber den vom Wind zerstreuten Orakeln der Sibylle.«

Morris zitiert die letzten Verse von Poes ›The Doomed City‹ –

> »Doch, oh – es regt sich leis wie Wind!
> Ein Wellen durch das Wasser rinnt –
> Als ob die Türme im sachten Sinken
> Die Flut verschöben zur Rechten und Linken –
> Als ob schon die Spitzen inmitten des blassen
> Himmels Lücken zurückgelassen.
> Ein roteres Glimmen steigt heran –
> Die Stunden halten den Atem an –
> Und wenn die Stadt hinab, hinab
> Von hinnen sinkt mit unirdischem Stöhnen,
> Wird ihr von eintausend Thronen herab
> Der Gruß der Hölle tönen.«[7]

– und findet sie »weniger unverständlich als das meiste in dem Buch, obwohl der Sinngehalt in keiner Weise völlig klar ist«. Es folgt ein längeres Zitat aus ›Fairyland‹, das ihm gleichermaßen »obskur« vorkommt, und schließlich eine weitere Passage aus ›The Doomed City‹ (drei Zeilen, die Poe später strich), die er schulmeisterlich mit Coleridges ›Ancient Mariner‹ vergleicht.[8]

Mr. Morris hätte seine ganze Rezension in einem Satz zusammenfassen können: ›Ich kann mir auf diese Verse keinen Reim machen.‹ Damit befand sich der Verfasser von ›Woodman‹ in bester Gesellschaft; William Wirt hatte ebenso verständnislos reagiert, und Generationen von Literaturwissenschaftlern – auch unseres Jahrhunderts – sollte es ähnlich ergehen. Poes Bekannter Lambert A. Wilmer arbeitete in Philadelphia als Redakteur für die Zeitungen ›Casket‹ und ›Saturday Evening Post‹, und in beiden wurden kommentarlos Gedichte aus der Neuveröffentlichung zitiert. Das war das gesamte Echo auf die Ausgabe, auf die Poe so viele Hoffnungen gesetzt hatte. Seine Kameraden in West Point reagierten überrascht und verärgert, als die von ihnen im voraus bezahlten Bände eintrafen: Sie erwarteten die bekannten Spottverse.

»Dieses Werk«, schrieb einer der Kadetten in sein Exemplar, »ist ein verfluchter Schwindel. Was 124 Seiten füllt, hätte Platz auf 30.«[9]

Wenn George P. Morris schon kein kompetentes Urteil über Poes Lyrik abgeben konnte, so mitnichten das U. S. Kadettenkorps. Allerdings wies die Ausgabe von 1831 in der Tat viele Schwächen auf, und Poe verbesserte die darin enthaltenen Gedichte in späteren Jahren sehr zu ihrem Vorteil; ›A Paean‹ in der Urform besaß beispielsweise längst nicht die Grandeur und Melodik der revidierten und erweiterten Fassung ›Leonore‹. Auch gab es poetische Geschmacksverirrungen, die Poe selbst in seinen Überarbeitungen nicht ausräumen sollte; man erschauert (und dies nicht aus Ergriffenheit) bei Versen wie »Where the good and the bad and the worst and the best / Have gone to their eternal rest« (›The City in the Sea‹) oder »A dirge for her that doubly died in that she died so young« (›Leonore‹).

Es waren solche nicht revidierten Schwächen, die Aldous Huxley zu seinem Essay ›Vulgarity in Literature‹ anregten, in dem er Poes Dichtungen in Bausch und Bogen verdammte. Selbst ›Poe-Verehrer‹ müssen konzidieren, daß seine Gedichte von sehr unterschiedlicher Qualität sind, ja, daß sie in sich selbst oft genug gebrochen scheinen: höchste Kraft der Vision, Meisterschaft in der Beherrschung der poetischen Mittel, die Fähigkeit, Bilder und Analogien im Leser zu evozieren und dann wieder, eingebettet in diesen Klangzauber, Trivialitäten und gesuchte Reime. Schon zu seinen Lebzeiten spöttelte der Dichter James Russell Lowell: »Here comes Poe with his Raven, like Barnaby Rudge, / Three fifths of him genius, two fifths sheer fudge.«[10] »Denn Poe hat seine Sprache nicht immer so gut unter Kontrolle wie die Bilder, die er zu beschreiben sucht... es scheint oft so, daß Poe (wie Melville, wie Hardy) in einer Anzahl von Konventionen befangen liegt, die dem Ausdruck der radikalen Klarheit seiner Vision nicht adäquat sind.«[11]

Wie häufig bei Poes Lyrik erschließt sich die Vielschichtigkeit eines Gedichtes wie ›The Doomed City‹ (›The City in the Sea‹), mit dem Mr. Morris so wenig anzufangen wußte, erst nach mehrmaligem Lesen. Beschrieben wird eine Stadt unter dem Meeresspiegel, *unter der Oberfläche,* eine versunkene Stadt:

> »Sieh! einen Thron sich errichtet hat
> der Tod in einer gar seltsamen Stadt;
> im düsteren Westen man einsam sie find't,
> wo die Guten und Bösen, Mann, Weib und Kind,
> zur ewigen Ruhe gegangen sind.
> Nicht ähnelt der Tempel und Türme Pracht
> (die nimmer wankt, ob schon Zeit sie zerfressen)
> nur irgend den Bauten, so Menschen vollbracht.
> Rundum, von den jagenden Winden vergessen,
> ergeben unter dem Himmel, ruht
> der schwermutsvollen Wasser Flut.«[12]

Ein Ort, wie man ihn in Träumen sieht, im Unterbewußten, oder an der Schwelle zwischen Schlaf und Wachen – ›out of space, out of time‹. In ›jener Stätte langer Nacht‹ scheint die Zeit stillzustehen; kein Tageslicht dringt herab, nur ein fluoreszierendes Glimmern, ein Licht ›aus der bleichen See‹ ›strömt an den Türmen schweigend hinan‹. Ein ähnliches, ständig wechselndes Traumlicht schafft sich der opiumsüchtige Erzähler aus Poes Novelle ›Ligeia‹ mittels eines von einer Kette gehaltenen goldenen Weihrauchkessels, der von der Decke seines Gemaches herabhängt, »ein sarazenisches Kunstwerk in Filigranarbeit, dessen Durchbrüche so raffiniert angeordnet waren, daß sich der zuckende, flimmernde Feuerschein ohne Unterlaß mit der Behendigkeit einer Viper durch das Goldgeflecht wand und schlängelte«; und so bewegen sich auch die Bilder und Figuren auf den Gobelins, mit denen seine Kammer verhangen ist, »durch einen starken künstlichen Luftzug, den ich hinter einer Wandverkleidung hatte anbringen lassen«, belebt, in »grauenhafter, unruhevoller Lebendigkeit«.[13] Wie die bizarren Räume, in denen sich Poes Helden vergraben, ist auch ›Die Stadt im Meer‹ ein Universum des Träumers, in dem jedoch alles Lebendige erloschen, ›zur ewigen Ruhe gegangen‹ ist und auf das ›gigantisch niederblickt der Tod‹. Ungenannt, doch stets präsent bleibt das einzig lebende Wesen an dieser unwirklichen Stätte – der Dichter und Beobachter Poe. Wie das unterseeische Gewittern des von ihm beschriebenen Lichtstrahls schweift sein Blick verzückt

> »zu Kuppeln – zu Spitzen – zu Kathedralen –
> zu Tempeln – zu babylonischen Hallen –
> zu schattiger langvergeßner Lauben
> gemeißeltem Efeu und steinernen Trauben –
> zu manch und manch einem herrlichen Schrein,

dess' Friese verflechten zu inn'gem Verein
Violen mit Veilchen und wildem Wein.«[14]

Das Irdische ist zu Metaphern erstarrt, in Stein gemeißelt: Musik (die Violine), die Schönheit der Natur (das Veilchen) und die Lebenslust, der Rausch (der Wein). Die Stadt selbst ist ein Bild für einen Zustand: die Versunkenheit des Träumers. In dieser Hinsicht gleicht sie dem ›verwunschenen Palast‹, dem ›Haunted Palace‹, den Poe in einem später entstandenen Gedicht beschreiben und in einem Brief interpretieren sollte: »... mit ›The Haunted Palace‹ meine ich einen von Phantomen heimgesuchten Geist – einen verstörten Verstand«.[15] Poe läßt die Verse von Roderick Usher rezitieren, dem Helden seiner Novelle ›The Fall of the House of Usher‹: »Speziell die Worte einer seiner Rhapsodien habe ich ganz deutlich im Gedächtnis bewahrt. Sie hat mich vielleicht hauptsächlich deshalb so tief erschüttert, weil mir in der Art, wie Usher die Worte in ihrem mystischen Sinn gebrauchte, vielleicht zum erstenmal so recht zum Bewußtsein kam, daß er sich völlig klar darüber war, wie sehr sein hoher Verstand auf seinem Thron wankte«.[16] Wie der ›verwunschene Palast‹ einen kranken Geist symbolisiert, so ist auch das Haus Usher »kein wirkliches Haus, sondern eine tiefgründige und komplizierte Metapher des ›Ich‹«.[17] Die Parallele zu der ›Stadt im Meer‹ wird um so deutlicher, als auch sie am Ende in einer apokalyptischen Vision zerfällt und untergeht. Die Entsprechungen lassen sich bis ins Detail verfolgen:

> »Doch sieh! da regt es sich in der Luft!
> Eine Welle – sie rinnt durch die finstere Schluft!
> Als würfen die Türme auf einmal beiseit'
> in sachtem Sinken die stille Gezeit –
> als hätten die Spitzen ganz sanft geblaut
> einen Riß in die düstere Himmelshaut.
> Die Wellen durchströmt jetzt ein roteres Glühen –
> matt atmend die Stunden vorüberziehen –
> und wenn nun, unter unirdischem Stöhnen
> die Stadt versinkt in gurgelnden Kreisen,
> dann erhebt sich die Hölle in mächtigem Dröhnen,
> ihr Reverenz zu erweisen.«[18]

Dagegen der Schluß der Novelle:

»Der Glanz rührte von dem untergehenden, blutroten Vollmond her, dessen Strahlen mit wildem Leuchten durch den sonst kaum merklichen Riß drangen, der, wie ich bereits erwähnte, in einer Zickzacklinie das ganze Haus vom Dach bis zu der Grundmauer durchlief. Während ich in höchstem Staunen hinblickte, erweiterte sich der Spalt zusehends – mit lautem Heulen tobte ein

Wirbelwind heran – die volle Scheibe des Mondes wurde plötzlich sichtbar, ein Schwindel überfiel mich, als ich die riesigen Mauern bersten sah – ein wildes, endloses Tosen wie von tausend Wildbächen und Wasserfällen folgte – und der tiefe, dunkle Teich zu meinen Füßen schlug still und trübe über den Trümmern des Hauses Usher zusammen.«[19]

Die Lust am Untergang – am eigenen Untergang. »Poe«, schreibt D. H. Lawrence zu Beginn seines berühmten Essays über den Dichter in ›Studies in Classic American Literature‹, »beschäftigt sich ausschließlich mit der Auflösung seiner eigenen Psyche ... Ein bitteres Geschick, dazu verdammt zu sein, seine Seele in einer andauernden Konvulsion der Auflösung zu sieden und den Prozeß aufzuzeichnen. Und dann dazu verdammt, dafür geschmäht zu werden, nachdem er eine der schwersten Aufgaben der menschlichen Erfahrung erfüllt hatte, die von einem Menschen erwartet werden kann. Eine notwendige Aufgabe außerdem, denn die menschliche Seele muß *bewußt* ihre eigene Auflösung erleiden, wenn es so ist, daß sie weiterbestehen soll. Aber Poe ist eher ein Wissenschaftler als ein Künstler. Er löst sein eigenes Ich auf, wie ein Chemiker ein Salz in einem Schmelztiegel reduziert. Und es handelt sich tatsächlich um eine fast chemische Analyse der Seele und des Bewußtseins. Während es in der wirklichen Kunst immer den zwiefachen Rhythmus des Erschaffens und des Zerstörens gibt.«[20]

Eine im Kern richtige, wenn auch in den Folgerungen zu radikale Darstellung. Denn Poe selbst sollte 1845 in seiner kosmologischen Abhandlung ›Heureka‹ schreiben:

»Lassen wir unsere Phantasie von dem allwaltenden Gesetz der Gesetze, dem Gesetz der Periodizität leiten, sind wir dann nicht mehr als berechtigt, den Glauben zu haben, sagen wir lieber: die Hoffnung zu hegen, daß die Vorgänge, denen wir hier nachzusinnen wagten, sich immer aufs neue wiederholen, bis in alle Ewigkeit, daß ein neues Weltall ins Dasein tritt und dann in nichts zerfällt – bei jedem Schlag des Gottesherzens?
Aber dieses Gottesherz – was ist es? *Es ist unser eigenes.*«[21]

Allerdings entschlüsselt sich in Poes am Anfang seiner Studie aufgestellten Theorem die Faszination, die ihn immer wieder dem Rand des Malstroms, dem unausweichlichen ›Ende aller Dinge‹ zutreibt: »*In der ursprünglichen Einheit des ersten Dinges liegt die Ursache aller Dinge mit der Anlage zu ihrer unvermeidlichen Vernichtung.*«[22]

Poes dritte Veröffentlichung enthielt insgesamt elf Gedichte, bei fünf davon – ›Al Aaraaf‹, ›Tamerlane‹, ›Fairyland‹, ›Proem‹ (›Sonnet – To Science‹) und ›Introduction‹ (›Romance‹) – handelte es sich um Überarbeitungen früherer Werke, die sechs übrigen waren wohl, zumindest in Skizzenform, während seines letzten Aufenthaltes in Richmond im Hause seines Pflegevaters entstanden. ›To Helen‹, ›A Pean‹ (›Leonore‹) und ›The Doomed City‹ (›The City in the Sea‹) wurden bereits mehr oder weniger ausführlich erwähnt. In ›The Valley Nis‹[23] (der Name könnte eine Umdrehung des Wortes ›Sin‹ [Sünde] oder der gälischen Etymologie entnommen sein, in der er etwa ›die Zone der Elfen‹ [›the realm of faery‹] bedeutet), dem vom klanglichen Zauber her vielleicht bedeutendsten Gedicht der Sammlung, beschreibt Poe ein verlassenes Tal, dessen Einwohner einst in den Krieg gezogen und nicht wiedergekehrt sind. Es ist kaum übersetzbar:

»Once it smiled a silent dell	*Einstmals* war ein stilles Tal,
Where the people dit not dwell;	Unbewohnt; mit Schild und Stahl
They had gone unto the wars,	Zog das Volk in Kriege fort;
Trusting to the mild-eyed stars,	Hielten milde Sterne dort
Nightly, from their azure towers,	Vom arzurnen Turm zur Nacht
To keep watch above the flowers,	Über all die Blumen Wacht,
In the midst of which all day	Über denen jeden Tag
The red sun-light lazily lay.«	Rot und faul die Sonne lag.«

Allein der ständige Wechsel des Lichts wie auf den Mauern der ›Stadt im Meer‹, die Rastlosigkeit, die immerwährende Bewegung dieser Landschaft weist sie als Refugium des Träumers aus:

»*Now* each visitor shall confess	»*Jetzt* wird jeder Wandrer sehen
The sad valley's restlessness.	Unrast dieses Tal durchwehen,
Nothing there is motionless –	Nichts ist da, das nicht sich regt,
Nothing save the airs that brood	Luft nur brütet unbewegt
Over the magic solitude.«	Ob der Zauber-Einsamkeit.«

Ein irdisches ›Al Aaraaf‹, ein Zwischenbereich, in dem der Dichter sich zur ewigen Ruhe gebettet hat, denn

»... the lilies there that wave	Über Lilien, die so weich
and weep above a nameless grave!«	Wehend, weinend schaun herab
	Auf ein namenloses Grab!«[24]

Wer sollte, allen Interpretationsversuchen gutwilliger Biographen wie Mrs. Phillips und dem fabulierenden Douglas Sherley zum Trotz, darin begraben liegen als der verkannte Poet selbst? Der Untergang ist bereits vollzogen, der Tod, das Ende aller Dinge, ausgestanden – und über allem breitet sich eine träumerische Schwermut aus. Die Seele schweift indessen in Himmelssphären, gleich dem Engel ›Israfel‹, »dess' Herzfasern eine Laute sind und der da hat die süßeste Stimme von allen Kreaturen Gottes«.[25] Dieses Motto (es stammt nicht aus dem Koran, dem Poe es zuordnet, sondern ist eine eigenwillige Mischung aus George Sales Einführung (›Preliminary Discourse‹) zu einer Koran-Übersetzung aus dem Jahre 1764 und einem Vers des französischen Dichters Pierre Jean Béranger (1780–1857): »Son coeur est un luth suspendu; / Sitôt qu'on touche il résonne«[26], stellte Poe seinem Gedicht ›Israfel‹ voran – die ›schwebende Laute‹ erinnert an die in der romantischen Ära und vor allem in Amerika so beliebten ›Äolsharfen‹, auf deren Saiten der Wind, die Natur selbst spielte. Aber Poe ist nicht ›Israfel‹ – jenes Ideal, das er als Dichter nur besingen kann – er wird ihn einst, »wenn aller Drang des Ird'schen abgeschüttelt« (Hamlet), sogar noch übertreffen an Harmonie, an Sphärenmusik:

›If I could dwell	»O wär ich schnell,
Where Israfel	Wo Israfel
Hath dwelt, and he where I,	Gewohnt, und er wär ich –
He might not sing so wildly well	Er säng wohl nicht so flammend hell
A mortal melody,	Ein sterblich Lied; doch ich,
While a bolder note than this might swell	
	Ich säng aus solcher Leier Quell
From my lyre within the sky.‹	Ein Lied, dem keines glich!«[27]

Über das Gedicht ›Irene‹ (später: ›The Sleeper‹) schrieb Poe im Dezember 1846 an seinen Freund George W. Eveleth: »Es freut mich sehr, zu hören, daß Ihnen ›The Sleeper‹ gefallen hat. In dem, was Poesie recht eigentlich ausmacht, ist es besser als ›Der Rabe‹ – aber es gibt sicher nicht einen unter einer Million, der sich von dieser Ansicht überzeugen ließe. ›Der Rabe‹ übertrifft es natürlich als Kunstwerk bei weitem – von der essentiellen Grundlage aller Kunst her ist ihm jedoch ›Die Schlafende‹ überlegen. Ich schrieb das letztere Gedicht, als ich fast noch ein Junge war.«[28]

Es ist nicht schwer verständlich, warum Poe gerade diesem in der Tat sehr jugendlichen und vor allem von Literaturwissenschaftlern unseres Jahrhunderts gern verrissenen Gedicht eine so bevorzugte Stellung einräumte. Von den formalen Mängeln einmal abgesehen – gewissen forcierten Reimen und bestenfalls konventionellen poetischen Vergleichen –, besitzt es doch eine morbide Raffinesse, und es geht darin um Poes Lieblingsthema, »fraglos den dichterischsten Gegenstand auf Erden«: den Tod einer schönen Frau[29]. Wie in einer Art Kompendium tauchen zahlreiche Motive früherer Dichtungen wieder auf; die Beschreibung der Sommernacht am Anfang erinnert an ›Das Tal der Unrast‹ (›The rosemary nods upon the grave; / The lily lolls upon the wave‹, »Auf einem Grab nickt Rosmarin, / Träg lehnt die Lilie drüber hin.«) – ›All Beauty sleeps!‹ wie in ›Al Aaraaf‹ und ›the ruin moulders into rest‹ wie in ›The City in the Sea‹. Der ›vereinsamte Liebende‹, er scheint zuerst ein unbe-

fugter Eindringling in einem fremden, verwunschenen Garten und sieht –
mit dem Leser – fast voyeuristisch durch ein geöffnetes Schlafzimmerfenster:
»Oh, lady bright! can it be right – / This window open to the night?« (»O
Schönste! – ach! ich steh betroffen: / Das Fenster weit dem Nachtwind offen?«)[30], vertieft sich in den Anblick der ›schlafenden‹ Irene, jener Träumerin,
in deren Kammer rings um den Baldachin, unter dem sie gebettet liegt,
»Schatten gleich Gespenstern weben / und Wand und Boden irr beleben«.[31]
In der Fassung von 1831 findet sich eine später gestrichene Zeile, in der der
Mond in Irenes Ohr »summt« (›hums‹), eine ähnliche Synästhesie wie in der
ersten Version von ›Fairyland‹, wo der Mond »has sent a ray down with a
tune«[32].

Erst nach und nach erschließt sich – man ahnte es bereits –, daß die Schlafende eine Tote ist. Wie der Dichter/Erzähler/Liebende sich für Momente einer Illusion hingab (und dies vielleicht ebenso selbstquälerisch wie der einsame Liebende in ›The Raven‹), so erwacht mit ihm der Leser aus dieser Idylle
und wird um so tiefer berührt von dem unergründlichen Mysterium des Todes (wozu es freilich nicht einer Zeile wie ›Soft may the worms about her
creep‹ oder, wie es 1831 hieß, ›No icy worms about her creep‹ bedurft
hätte).[33] Der Schluß dagegen vermittelt eine sehr eindringliche und sonderbare Stimmung:

> »Mög fern im Forst, in Düster und Duft,
> Für sie sich auftun eine Gruft – ...
> Deren Tor ihr einst beim kindlichen Spiel
> Für manchen Stein gedient als Ziel –
> Ein Grab, aus dessen tönendem Tor
> Sie nimmermehr zwingt ein Echo hervor,
> Das dröhnend dem Kind in die Ohren rollte,
> Als sei es der Tod, der da drinnen grollte.«[34]

Man möchte annehmen, daß solche immer wiederkehrenden Topoi wie
›Familiengrüfte‹ oder ›alte, verlassene Häuser‹, wie Poe sie beschreibt, den damals gängigen *gothic novels* entnommen seien, aber es verhält sich wohl eher
so, daß Poe dergleichen Szenerien aus eigener Anschauung kannte; so gab es
im alten Süden Amerikas viele verlassene Villen, die, seit sie im Unabhängigkeitskrieg von marodierenden britischen Truppen geplündert worden waren, leerstanden und unter vielfarbigen Moosen zu träumen schienen wie das
Haus Usher. Und die reichen Pflanzerfamilien, in deren Gesellschaft er sich
früher häufig bewegt hatte, besaßen einen ausgeprägten Hang zum ›pomp funèbre‹ und meist auch eigene Gruftstätten in einem abgelegeneren Teil ihrer
Besitzungen, von Zierurnen gekrönt und von Ulmen und Zypressen umstanden. Auch die Friedhöfe wie Shockoe Cemetary waren bekanntlich sei-

nerzeit sehr opulent und geschmäcklerisch ausgestattet. Es wirkten also der damalige Totenkult und Poes frühe Erfahrungen mit dem Tod zusammen, seine oft ans Krankhafte grenzende Obsession zu nähren.

Poes Kunst, schreibt Daniel Hoffman, »verschleiert, während sie enthüllt, enthüllt, während sie verschleiert«.[35] Was zunächst nur wie eine hohlklingende Phrase klingt, wird von Poe selbst in seiner ›Methode der Komposition‹ erläutert: »Zweierlei ist unabänderlich nötig: erstens ein gewisses Maß an Vielseitigkeit, oder eigentlich Schmiegsamkeit; und zweitens *ein gewisses Maß an Mehrdeutigkeit* – eine, wenn auch noch so unbestimmte *Unterströmung an Bedeutung*.[36] Poe exemplifiziert diese These an seinem Gedicht ›The Raven‹, aber sie trifft auch auf einen Großteil seines übrigen Œuvres zu. Es wäre jedoch verfehlt, in all seinen Gedichten verborgene Gleichnisse, hinter der Oberfläche verborgene Sinngehalte zu wittern. ›Genius‹ oder ›fudge‹, Genialität oder Gemeinplatz – es bedarf manchmal der Logik eines Meisterdetektivs wie Poes C. Auguste Dupin, dem Vorläufer Sherlock Holmes', um den Mythen und Parabeln auf den Grund zu kommen, die der Verfasser hinter seinen düster-romantischen Gedichten und Erzählungen versteckt, oder sie als Schwulst zu entlarven. Aber gerade diese verlockende Unsicherheit hat Generationen von Literaten und Literaturwissenschaftlern auf seine Spur gebracht. Der notorische Rätselauflöser Poe, der Entzifferer von Geheimschriften, gab mit Vorliebe selbst Rätsel auf – und seine Biographen zehren noch heute davon. Selbst Essays wie ›The Philosophy of Composition‹, in denen er der Öffentlichkeit einen Einblick in die ›Mechanik‹ der poetischen Inspiration zu verschaffen vorgibt (und mit denen er zweifellos neue und wesentliche Impulse setzt), dienen ihm als Mittel zur Mystifikation.

Poes erster Versuch auf dem Gebiet einer ›Theorie der Dichtkunst‹ ist sein ›Brief an B—‹ (womit sicherlich sein Verleger Elam Bliss gemeint sein dürfte), ein etwas weitschweifiges und selbstgefälliges Vorwort, das er seinem Gedichtband von 1831 voranstellte. Er selbst bezeichnet es am Ende als »langes Geschwätz«. In der höchst amüsant-arroganten Einleitung spricht er der breiten Masse jegliche Kompetenz ab, Poesie zu beurteilen.[37]

Es braucht daher nicht zu verwundern, warum Poe nie ein ›volkstümlicher Schriftsteller‹ wurde. Eine solch geballte Impertinenz lud gerade dazu ein, seine nachfolgenden Gedichte besonders kritisch zu betrachten. In ähnlichem Tenor geht es weiter; Poe wettert gegen die »vereinigte und etablierte Meinung der Welt«, die amerikanischen Autoren »den Weg sperrt«, indem sie nur solche Werke goutiert, die berühmte Namen tragen und aus dem Ausland stammen (seine erste Lanze für eine amerikanische Nationalliteratur), äußert sich schulmeisterlich über den großen John Milton – »ich selber würd' ja sagen, Milton hätte – gegebnen Falles – beiden Stücken (›Paradise Lost‹ und ›Paradise Reganed‹, Anm. d. Verf.) seinen *Comus* zu Recht vorgezogen«[38] –, macht sich über die »metaphysischen‹ Dichter lustig, die ›belehren wollen‹, »aus der Poesie ein trockenes Studium, nicht aber ein Werk unsres leidenschaftlichen Herzens machen möchten[39], und verhöhnt den angesehenen englischen Poeten William Wordsworth, den man in der englischsprachigen Welt so verehrte wie in Deutschland Goethe: »...Allein, Mr. W. sollte nicht verzweifeln. Er selber hat ja einen Leiter-Wagen unsterblich gemacht, ganz wie der bienenfleißige Sophokles einem wunden Zeh Ewigkeit verliehen und ein Tragödien-Spiel durch einen Truthühner-Chor veredelt hat.«[40] Welch ein Affront! Den literarisch gebildeten Kreisen sträubten sich sicher die Haare bei solcher Lektüre. Denn wer gegen Wordsworth polemisierte, der übte auch Kritik an den großen amerikanischen Nationalpoeten, die dieselben Ansichten vertraten wie das greise Oberhaupt der Lake School, William Cullen Bryant zum Beispiel. Der Romantiker Coleridge dagegen, mit dem man kaum etwas anzufangen wußte, wurde in den höchsten Tönen gepriesen: »Sein Alles überragender Verstand! Seine gigantische Kraft!... Beim Lesen seiner Dichtungen kömmt mich das Zittern an gleich Einen, der da auf vulcanischem Grunde steht und über dem Dunkel, das aus dem Krater heraufgähnt, sich der blendenden Feuer bewust ist, welche darunter brodeln.«[41] Nach solchen, die Mehrzahl seiner Leser verärgernden Tiraden findet sich Poe endlich bereit, seinen Begriff von Poesie zu definieren: »Eine Dichtung, deß’ bin ich gewiß, steht schon dadurch im Gegensatz zu einem Werk der Wissenschaft, daß ihr *unmittelbares* Ziel die Freude, nicht aber die Wahrheit ist... Ein Roman, welcher blos eine *unbestimmbare* Freude statt einer ganz *bestimmten* vermitteln will, ist nur insofern eine Dichtung, als er dies Ziel erreicht hat. Der Roman führt uns ja wahrnehmbare Bilder durch Hervorrufung ganz bestimmter Empfindungen vor Augen, die Dicht-Kunst hingegen tut dies, indem sie *un*bestimmte Sensationen in uns auslöst. *Wesentlich* in solchem Zusammenhang ist die Musik, da ja das Verstehen eines holden Klanges zu unsren unbestimmtesten Conceptionen zählt. Musik im Verein mit einem schönen Gedanken ist Poesie. Musik ohne einen solchen ist einfach Musik. Der Gedanke ohne die Musik ist, schon um seiner Bestimmtheit willen, Prosa.«[42]

Dies sind die ersten Ansätze zu einer später ausgereiften ästhetischen Theorie.

Der ungemein hohe Stellenwert, den Poe der Musik zumißt, erklärt die Bedeutung der Metrik in seiner Dichtung, die keineswegs als bloße Konvention zu erklären ist. »Sämtliche Gedichte Poes«, schreibt Daniel Hoffman und geht damit vielleicht ein wenig zu weit, »sind gebunden an die Konzeption der ›Dichtung-als-Lied‹ und der ›Dichtung-als-Erzählung‹. Jedes seiner Gedichte ist ein metrischer Bericht einer Handlung«. »Die Funktion der Metrik jedoch«, so führt Hoffman weiter aus, »der rhythmischen Regelmäßigkeit ist es vor allem, im Leser jene trance-artige Hilflosigkeit hervorzurufen, die

Richard Wilbur den ›hypnagogischen Zustand‹ nannte«. (Also den Zustand zwischen Schlaf und Wachen.) »Es ist genau dieselbe Verwendung des Metrums, wie sie ein halbes Jahrhundert später Yeats in seinem Essay ›Der Symbolismus der Dichtung‹ (1900) beschrieb. Das zu diesem Zweck bevorzugte Versmaß ist das achtsilbige Reimpaar, vielleicht, weil es Coleridge, auf dessen ›biographia literaria‹ Poes Kunsttheorie aufbaute, in derselben Absicht in ›The Pains of Sleep‹ benutzte.«[43] Mit der Eindringlichkeit eines Metronoms soll der Geist des Lesers zugleich eingelullt und, wie in einer Hypnose, hellsichtig gemacht werden gegenüber den unirdischen Visionen, die Poe zu beschreiben sucht. Poe, der Hypnotiseur also, der uns in andere Welten entführt? Jedenfalls hätte er sich selbst zweifellos gern in dieser Rolle gesehen.

Er hatte in New York nur das Erscheinen seines Buches abgewartet, war *nicht* über Nacht berühmt geworden und zog sich daher – ein verkannter Poet, dem ›die Hölle selbst Reverenz erwies‹, der ›den Engel Israfel an Schönheit des Gesangs übertraf‹, der Wordsworth von seinem Thron stieß und Kritiker verspottete, die gar keine Notiz von ihm nahmen – aus Geldmangel nach Baltimore zurück, via Dampfschiff über Philadelphia, um wieder im bescheidenen Haushalt seiner Tante Mrs. Maria Clemm, Mechanics Row, Wilks Street zu wohnen, wieder einmal mit nicht viel mehr Gepäck als einem Koffer voller Belegexemplare seiner neuesten Veröffentlichung. Das Haus lag am südöstlichen Rand der Stadt, etwa eine Meile vom Zentrum entfernt, in der nicht besonders vornehmen Hafengegend,[44] und die fünfköpfige Familie lebte dort in drei oder vier Zimmern zur Untermiete. Bis auf die Tatsache, daß es mit Poes Bruder sichtlich zu Ende ging, hatte sich an ihren Verhältnissen kaum etwas geändert. Poe teilte von nun an eine kleine Dachstube mit einem Sterbenden, und es ist anzunehmen, daß die akribische Beschreibung der Agonie des Titelhelden seiner Erzählung ›Die Tatsachen im Falle Valdemar‹ auf diese Erfahrung zurückgeht.

In Baltimore, mit 80 000 Einwohnern die damals drittgrößte Stadt Amerikas, herrschte indessen die gleiche hektische Betriebsamkeit wie in New York, derselbe für die dreißiger Jahre des vorigen Jahrhunderts in den Vereinigten Staaten charakteristische Geist der Expansion und Spekulation. Seit der Eröffnung der ›Baltimore and Ohio Railroad‹ am 24. Mai 1830 und zweier Dampfschifflinien im Jahre 1827 war auch hier von der alten Beschaulichkeit, dem ›ruhigen Gang des Lebens‹ wenig übriggeblieben. Zuweilen sah man noch den greisen Charles Carroll of Carrollton, den letzten überlebenden Unterzeichner der Unabhängigkeitserklärung, wie ein lebendes Fossil aus einer verlorenen Zeit in seinem Zweispänner vorüberfahren. Der Typus, der hingegen das neue Gesicht der Stadt prägte, war der geschäftstüchtige Yankee, der Jacksonist, der Neureiche, der Eisenbahn- und Grundstücksspekulant, der Börsenmakler. Immerhin gab es genügend Anzeichen für eine gewisse geistige Regsamkeit, für ein waches, kulturelles Interesse – zwischen 1815 und 1833 erblickten in Baltimore zweiundsiebzig Zeitschriften das Licht der Welt (wenn auch meist kurzfristige ›periodicals‹), zwei neue Theater wurden gegründet, das ›New Theatre‹ und das ›Baltimore Museum‹ sowie die Stadtbibliothek, die zu den bedeutendsten des Landes gehörte. Und dann natürlich der bereits erwähnte ›Delphian Club‹, das ›Tusculum‹, jener von William Gwynn geführte, snobistische Literatentreff in der Bank Lane, wo solch hehre Geister wie John Pendleton Kennedy und William Wirt verkehrten, letzterer mittlerweile sogar Präsidentschaftskandidat!

Das Nächstliegende für Poe, der keinen Pfennig mehr besaß und nach einer Stellung suchte, war natürlich, seine alten Kontakte wieder aufzuwärmen. Dummerweise hatte es anscheinend während seines letzten Aufenthaltes in Baltimore eine Auseinandersetzung mit Gwynn gegeben – die Ursache ist nicht bekannt –, was den demütigen Tonfall seines Briefes an den Herausgeber der ›Baltimore Gazette and Daily Advertiser‹ erklärt:

Mr W. Gwynn.   6. Mai 1831
»Werter Herr, ich schäme mich fast, Sie nach meinem törichten Verhalten, als wir uns das letztemal begegneten, überhaupt noch um einen Gefallen zu bitten – aber ich vertraue auf Ihre Gutmütigkeit.

Da Mr. Allan sich wieder verheiratet hat und ich Richmond nicht länger als meinen Wohnort betrachte, ist es mein größter Wunsch, in Baltimore zu bleiben und mich hier niederzulassen. Auch Mr. Allan ist damit einverstanden. Ich wende mich daher mit der Bitte an Sie, Ihren Einfluß darauf zu verwenden, mir irgendeine Anstellung oder Beschäftigung zu verschaffen. Die Bezahlung spielt keine so große Rolle, aber ich möchte nicht untätig sein.

Ich hörte, daß Neilson (Poe) seine Arbeit bei Ihnen aufgegeben hat; vielleicht gibt es daher in Ihrer Redaktion irgendeinen Posten, den ich ausfüllen könnte.

In diesem Falle würde ich alles tun, um mich Ihres Vertrauens würdig zu erweisen.

Mit vorzüglicher Hochachtung,
Ihr ergebener Diener
Edgar A. Poe

Ich hätte Ihnen persönlich meine Aufwartung gemacht, habe mir jedoch eine Verletzung am Knie zugezogen, so daß ich an mein Zimmer gefesselt bin.«[45]

Aus dieser Bewerbung wurde nichts, vielleicht, weil Gwynn Poe doch sein törichtes Verhalten nachtrug, denn er besaß Einfluß genug. Als nächstes faßte Poe den Entschluß, Lehrer zu werden, wozu es damals keiner Universitätsausbildung bedurfte – eine Tätigkeit, die genügend Muße zum Schreiben ließ und die er auch noch in späteren Jahren anstrebte.[46] Nathan C. Brooks, der schon erwähnte Herausgeber von Jahrbüchern für literaturbeflissene Damen, mit dem Poe wenige Tage vor Antritt seiner Kadettenausbildung in West Point zum erstenmal in Kontakt getreten war, hatte erst kürzlich eine Knabenschule in Reisterstown (einem kleinen Ort in der Nähe von Baltimore) eröffnet, aber die offene Stelle eines ›Lehramtsassistenten‹, um die sich Poe bewarb, war bereits sehr zum Bedauern von Dr. Brooks vergeben.

Mehr Erfolg als bei seiner Stellungssuche hatte der Zweiundzwanzigjährige bei den verschiedensten jungen Ladies aus seiner Nachbarschaft und seinem Bekanntenkreis. Viele erinnerten sich lange nach seinem Tod, als der Dichter endlich doch noch zu Ruhm und Ehren gelangt war, an ihre Begegnungen und Beziehungen mit dem romantischen und unglücklichen jungen Mann. Sogar Poes spätere Verlobte Sarah Helen Whitman, die ihn recht gut kannte, spricht in einem Brief an Ingram von seinen »Myriaden kleiner Liebschaften«[47].

Im Hause seines Onkels Henry Herring, wo er schon früher häufig zu Gast gewesen war, verliebte sich Poe in seine sechzehnjährige Cousine Elizabeth. »Er besuchte sie fast immer am Vormittag oder am Abend, wenn er damit rechnen konnte, sie allein anzutreffen, denn ihr Vater mißbilligte es, daß er ihr den Hof machte – erstens, weil er ihr Cousin war, und dann, weil er ihn für einen armen Teufel hielt, der außerdem zuviel trank. Zu diesen Gelegenheiten schrieb Poe Verse in ihr Poesiealbum, nannte sie seine ›schöne Cousine‹, las ihr vor und war überhaupt ganz bezaubernd. 1834 wurde sie im Alter von achtzehn Jahren verheiratet, zog mit ihrem Mann nach Virginia, und so stellte er seine angenehmen Besuche ein, und ihr Kontakt war für eine Weile abgerissen«, schrieb Miss A. F. Poe im September 1884 in einem Brief an Poes Biographen G. E. Woodberry.[48] Eines dieser Poesiealbumsgedichte an Miss Herring ist übrigens erhalten geblieben – ein unbedeutendes Werk zwar, aber doch ein gutes Beispiel für Poes – sicher unzählige – Schmeichelverse an hübsche junge Mädchen:

An Elizabeth

»Dein Herz sucht Liebe? – So möge es nie
    Vom jetzigen Pfade weichen,
Sei, was du bist, und wolle nie
    Dem, was du nicht bist, gleichen –
So wird die Welt deinem sanften Sein,
    Deiner Anmut ein unendlich
Und freudevolles Preislied weihn,
    Und Liebe wird selbstverständlich.«[49]

Wie bei Miss Royster schien sich der Vater von Poes Angebeteter sehr beeilt zu haben, seine Tochter schleunigst mit einer besseren Partie zu verheiraten.

Und dann gab es noch Miss Marie Devereaux, eine Dame irischer Abstammung, der wir den ausführlichsten Bericht über den jungen Charmeur Poe verdanken. Ihre Reminiszenzen, die im März 1889 unter dem Titel ›Poe's Mary‹ in ›Harper's New Monthly Magazine‹ erschienen, sind etwas geschwätzig und stimmen auch an einigen Stellen nicht mit den bisher recherchierten biographischen Fakten überein; es besteht jedoch kein Grund, insgesamt an ihrer Aussage zu zweifeln, denn sie lebte bewiesenermaßen tatsächlich damals in direkter Nachbarschaft zum Haus von Mrs. Clemm in der Wilks/Essex Street und schon ihre Beschreibung Poes, in den sich, wie sie sagt, »jedes junge Mädchen verliebt hätte«[50], bestätigt und vervollständigt nur die Schilderungen anderer Zeitgenossen: »Mr. Poe war etwa fünf Fuß acht Inches groß und hatte dunkles, fast schwarzes Haar, das er lang und nach Studentenart hinter die Ohren gekämmt trug. Es war so weich wie Seide. Er hatte große, graue, lebhafte und durchdringende Augen. Ich glaube, er war damals ganz glatt rasiert. Seine Nase war lang und gerade, und seine Züge sehr ebenmäßig. Besonders gefiel mir der Ausdruck um seinen Mund. Er war immer sehr blass... und hatte einen traurigen, melancholischen Blick. Als ich mit ihm bekannt wurde, wirkte er hager und etwas schmächtig auf mich, aber er war wohlproportioniert, hatte eine aufrechte, militärische Haltung und einen schnellen Schritt. Aber es waren vor allem seine Persönlichkeit und seine überaus eleganten Umgangsformen, die für ihn einnahmen. Wenn er einen ansah, schien es, als könne er Gedanken lesen. Seine Stimme klang angenehm und musikalisch, aber nicht tief.«[51]

Miss Devereaux scheint eine kleine Schönheit gewesen zu sein; sie trug ihr kastanienbraunes Haar nach der damaligen Mode in ›frizzed puffs‹, eingedrehten Lockenrollen – das ›hyazinth hair‹ in Poes Gedicht ›To Helen‹. Auch sein um dieselbe Zeit veröffentlichtes Gedicht mit dem Titel ›To Mary‹ bezieht sich auf sie.[52]

Am 4. Juni 1831, also ungefähr zur selben Zeit, als ihre ›Affaire‹ begann, erschien im ›Philadelphia Saturday Courier‹ die Ankündigung eines Preisausschreibens, bei dem hundert Dollar für die beste Kurzgeschichte ausgeschrieben waren. In den folgenden Nummern wurden die Regeln aufgestellt – z. B. was die Länge der einzureichenden Erzählungen betraf; Einsendeschluß war der 1. Dezember 1831. Dies gab Poe, der sich das ganze Jahr über in Geldsorgen befand, den Anstoß, sich zum erstenmal ernsthaft auf Prosa zu verlegen. Er hatte ja bereits während seiner Universitätszeit Geschichten verfaßt; man erinnere sich nur an T. G. Tuckers Bericht über ein Prosastück mit dem Titel ›Gaffy‹, das Poe eines abends seinen Kommilitonen vorlas und anschließend ins Feuer warf, als sie ihn deshalb aufzogen.

Im Verlauf des Jahres 1831 entstanden mindestens zwei der frühen Novellen Poes, ›Metzengerstein‹ und ›The Duke de L'Omelette‹, vielleicht auch die Poe von T. O. Mabbott sowie von Killis Campbell (in seinem Essay ›The Mind of Poe‹ (1933)) zugeschriebene kurze Erzählung ›A Dream‹, die schon am 13. August 1831 in der von Lambert A. Wilmer herausgegebenen ›Saturday Evening Post‹ in Philadelphia abgedruckt wurde. Sie war mit P. unterschrieben, und es geht darin um eine im Traum erlebte, apokalyptische Vision des Autors, der sich in einen der Pharisäer versetzt fühlt, die Christus ans Kreuz schlugen.[53] Wenn es sich wirklich um Poes erste veröffentlichte, in seinem Werkverzeichnis nicht aufgeführte Kurzgeschichte handelt, wie Stil und Sujet anzudeuten scheinen, so könnte ihre düstere Weltuntergangsstimmung von der absoluten Sonnenfinsternis inspiriert worden sein, die am 12. Februar 1831 über Amerika herrschte.

Poes Bruder William Henry Leonard starb am 1. August, wie aus einer Anzeige des ›Baltimore American and Commercial Advertiser‹ vom nächsten Tag hervorgeht: »W. H. Poe ist am letzten Abend im Alter von 24 Jahren verstorben. Seine Freunde und Bekannten werden hiermit eingeladen, an diesem Morgen um 9 Uhr seinem Begräbnis beizuwohnen, das von der Behausung von Mrs. Clemm in der Wilkes Street aus stattfindet.«[54] W. H. Poe hat keine Spuren in der Literaturgeschichte hinterlassen. Seine sentimentalen Gedichte wie ›Ich starrte auf der Lady Wange‹ (›I have gazed on woman's cheek‹)[55] sowie eine Novelle, ›The Pirate‹, erschienen zwischen 1827 und 1829 in Zeitungen wie dem ›Baltimore North American‹ und der ›Baltimore Minerva and Emerald‹, sind heute völlig vergessen. Den Großteil seiner Verse schrieb er in Poesiealben hübscher Baltimorer Mädchen. Daß er selbst in seiner Heimatstadt völlig unbekannt war, ist schon aus der Tatsache zu ersehen, daß in einer weiteren Todesanzeige in der ›Baltimore Gazette‹ sein Name falsch gedruckt wurde (›W. H. Pope‹). Sein einziger Nachruhm besteht darin, daß seine Abenteuer zur See und in fernen Ländern teilweise in Erzählungen seines Bruders einflossen und vielleicht sein Sterben in ›Die Tatsachen im Falle Valdemar‹. Seine Biographie ist ebenso fragmentarisch wie sein literarischer Nachlaß[56], und Poe erwähnt ihn in seiner späteren Korrespondenz nur noch einmal sehr flüchtig.

Als der Sommer vorüberging, seine Finanzmisere anhielt und seine Aussichten sich nicht gebessert hatten, erinnerte sich Poe mit Wehmut jener ›Vom Winde verwehten‹ Zeit in Virginia und der Zukunftsaussichten, die er sich so leichtfertig verscherzt hatte. Sein erster Brief an Allan nach fast acht Monaten trägt alle Anzeichen der Zerknirschung:

»Sehr geehrter Herr,

es ist lange her, daß ich Ihnen geschrieben habe, ohne um Geld oder Beistand zu bitten. Es tut mir leid, daß ich gar so selten von Ihnen oder wenigstens doch *über* Sie höre – denn alle Verbindung scheint zu Ende gegangen; und wenn ich an die langen einundzwanzig Jahre denke, die ich Sie Vater genannt und Sie mich Sohn, so könnte ich weinen wie ein Kind bei dem Gedanken, daß alles in dieser Weise nun sollte geendet haben. Sie kennen mich zu wohl, als daß sie mich für eigennützig halten könnten – wäre ich's: warum habe ich dann Ihre tausend Anerbieten von Liebe und Freundlichkeit zurückgewiesen? Es ist wahr, daß ich mich stets, wenn ich mich in äußerster Not befand, an Sie gewandt habe – denn ich hatte keinen anderen Freund; doch einzig zu einer Zeit wie der gegenwärtigen, da ich in dem Bewußtsein an Sie schreiben kann, keine Bitte um Beistand tun zu wollen, wage ich es, mein Herz zu öffnen oder ein Wort der alten Zuneigung zu sprechen. Wenn ich zurückblicke auf die Vergangenheit und alles überdenke – das Viele, das Sie für mich zu tun versuchten – Ihre Langmut und Ihre Generosität, ungeachtet der höchst abscheulichen Undankbarkeit auf meiner Seite, so kann ich nicht umhin, mich für den größten Narren zu halten, den es nur geben kann: – ich bin so weit, dem Tage zu fluchen, da ich geboren ward.

Doch ich bin mir voll und ehrlich bewußt, daß all diese bessern Gefühle *zu spät gekommen* sind: – ich bin nicht Schurke genug, verdammter, Sie zu bitten, mir auch nur den zwanzigsten Teil jenes herzlichen Wohlwollens wieder zuzuwenden, welches ich so verdientermaßen verloren habe, und ich gebe mich in die Hände des Schicksals, mag es aussehen, wie es will. Ich schreibe bloß, weil ich mit mir allein bin und über die alten Zeiten nachgedacht habe und über meine einzigen Freunde, bis mir das Herz davon voll ward: – zu solch einer Zeit ist die Unterhaltung mit einer neuen Bekanntschaft wie Eis, und da ziehe ich es vor, an Sie zu schreiben, obschon ich weiß, daß Ihnen nichts mehr an mir liegt und daß Sie vielleicht meinen Brief nicht einmal lesen werden.

Ich habe nicht mehr zu sagen – und *diesmal* auch nichts zu bitten – ob ich schon aufs schändlichste arm bin, habe ich es doch zu Wege gebracht, mich der Schwierigkeit zu entwinden, von welcher ich in meinem letzten Briefe sprach, und wenigstens bin ich nun *schuldenfrei*.

Gott segne Sie –
E. A. P.

Wollen Sie mir nicht ein Wort schreiben?«[57]

Mag man auch Poe die lautersten Gefühle konzidieren, als er dies schrieb, so kann man sich doch nicht des Eindrucks einer überaus raffiniert kalkulierten Rhetorik erwehren, eine bestimmte *Wirkung* beim Empfänger des Briefes hervorzurufen. Der Vergleich zu seiner später in einem Essay formulierten Theorie der Kurzgeschichte ist natürlich polemisch:

»Nehmen wir an, ein erfahrener litterarischer Künstler hat eine Erzählung entworfen. Ist er weise, so hat er seine Gedanken nicht von vornherein auf die einzelnen Begebnisse zugeschnitten, sondern wird, nachdem er durch reifliche Überlegung erkannt hat, auf welchen besonderen *Effect* er's anlegen muß, jene Geschehnisse erfinden, die der Erzielung des ihm vorschwebenden Effectes am besten dienlich sein mögen. Zielt jedoch nicht schon der allererste Satz seiner Geschichte auf die Hervorrufung solcher Wirkung, so ist damit solch erster Schritt ein vergeblicher gewesen. Im Zuge der gesammten Composition sollte ja kein Wort niedergeschrieben werden, dessen directe oder auch indirecte Tendenz nicht auf das vorbestimmte Ziel gerichtet wäre.«[58]

Poe, beunruhigt über den mittlerweile scheinbar völlig abgerissenen Kontakt zu seinem Pflegevater und von ständigen Geldnöten geplagt, kannte den Charakter seines Lesers Allan genau, und so zielt schon der ›allererste Satz‹ seines Briefes auf die ›Hervorbringung eines besonderen Effectes‹ – indem er nämlich betont, daß es sich diesmal um keine der üblichen Bittschriften handele. Es folgt ein langes Schwelgen in Erinnerungen – insinuierten Erinnerungen, wie ›wenn ich an die langen einundzwanzig Jahre denke, die ich Sie Vater genannt und Sie mich Sohn‹ und ›wenn ich zurückblicke auf die Vergangenheit‹, vermischt mit bitteren Reuebekenntnissen – bis hin zur langsamen Drehung der Gefühlsdaumenschraube in Sätzen wie ›ich schreibe bloß, weil ich mit mir allein bin und über die alten Zeiten nachgedacht habe und über meine einzigen Freunde, bis mir das Herz davon voll ward: – zu solch einer Zeit ist die Unterhaltung mit einer neuen Bekanntschaft wie Eis, und da ziehe ich es vor, an Sie zu schreiben, obschon‹ – – etc. Man muß schon ein Herz aus Stein besitzen, um solchen Zeilen gegenüber immun zu sein, und zweifellos war dies alles auch wirklich empfunden. Dennoch drängt sich der Eindruck des Artifiziellen auf.

Vieles an Poes Brief wirkt fast zu durchsichtig – er bittet ja *diesmal* um nichts, obwohl er ›aufs schändlichste arm‹ ist, aber ›wenigstens schulden frei‹ –, wußte er doch, daß Schulden dem knauserigen Schotten der ärgste Greuel waren. Und dann dieses demütige ›Gott segne Sie‹. Allan war im Grunde seiner Seele ein gläubiger und – unter der rauhen Schale – sentimentaler Mensch, und Poe erhielt bald darauf die erhoffte Geldzuwendung. Doch nur wenige Tage später, so scheint es, fand ein früherer Gläubiger seine Adresse heraus, präsentierte ihm einen von ihm (und wohl auch von seinem Bruder Henry) unterzeichneten Schuldschein über etwa $ 100 – damals ein ansehnlicher Betrag – und drohte mit gerichtlicher Verfolgung, falls die Summe nicht umgehend beigeschafft werde. In Baltimore waren zu dieser

Zeit über die Hälfte der Gefängnisinsassen wegen unbezahlter Rechnungen inhaftiert[59], und die Behörden griffen strikt durch, so daß sich Poe in der Tat in arger Bedrängnis befand. Er wurde allerdings weder verhaftet, wie er in seinem folgenden Brief an Allan behauptet[60], noch handelte es sich bei seiner Schuld um eine Arzneirechnung über Medikamente für seinen Bruder, eine rührende Beschönigung, die Hervey Allen aufbrachte (denn Poe hätte dieses Alibi Allan gegenüber sicher gebraucht, wenn es ihm nur eingefallen wäre). Es hat eher den Anschein, daß Edgar und Henry zwei Jahre zuvor[61] im Baltimorer Nachtleben etwas über die Stränge geschlagen hatten.

Am 18. November wandte sich Poe abermals an seinen Pflegevater, in weitaus dringlicherem Tonfall als das letztemal:

»Mein lieber Pa,
ich bin im elendigsten Zustande und habe keinen andern Freund auf Erden, an den ich mich wenden könnte, außer Ihnen: – wenn Sie es ablehnen, mir zu helfen, so weiß ich nicht mehr, was ich tun soll. Ich wurde vor elf Tagen verhaftet, einer Schuld wegen, von der ich niemals mehr erwartete, daß ich sie würde begleichen müssen, und die, vor zwei Jahren gemacht, zu Henrys (›Hy's‹) Lasten ebenso geht als zu meinen eigenen.

Ich hätte eher alles nur Erdenkliche auf Erden getan, als mich abermals an Sie zu wenden, nachdem Sie mir jüngst solche Freundlichkeit bezeigten – doch wahrhaftig, ich habe keine andere Zuflucht, mein gesundheitliches Befinden ist schlecht, und ich bin's außer Stande, noch einmal solche Beschwernisse auf mich zu nehmen wie früher – sonst hätte ich Sie nie und nimmer gebeten, mir auch nur einen Cent noch zu geben. Wenn Sie mir dies eine Mal noch $ 80 schicken wollten, bis nächsten Mittwoch, so wollte ich Ihre Freundlichkeit und Generosität niemals vergessen – schlagen Sie's mir ab, so weiß Gott allein, was ich tun werde, und alle meine Hoffnungen und Aussichten sind auf immer vernichtet –
In herzlicher Liebe der Ihre
E. A. Poe

Ich habe jegliche Anstrengung unternommen, doch vergeblich.«[62]

Aber Allan schickte diesmal keine Antwort und keinen Scheck. Poe klammerte sich vergeblich an die Hoffnung, bei dem vom ›Philadelphia Saturday Courier‹ ausgeschriebenen Wettbewerb für die beste Kurzgeschichte den ersten Preis zu gewinnen – $ 100, genau die Summe, die er so notwendig brauchte. Er hatte fünf Erzählungen eingereicht – allesamt in seiner minutiösen, an Druckbuchstaben erinnernden Schönschrift abgefaßt, was ihn allein wochenlang beschäftigt haben mußte. Ihr zum größten Teil satirischer Charakter und schwarzer Humor traf jedoch nicht den Geschmack des Gremiums, das den Lorbeer Miss Delia S. Bacon für ›Märtyrer der Liebe‹ (›Love's Martyr‹) zuerkannte. Miss Bacon war eine ›visionäre Seele‹, die sich von der Mission erfüllt glaubte, ›die esoterische Bedeutung des Shakespeareschen Werkes zu enthüllen. Anscheinend‹, so berichtet Van Wyck Brooks, ›erlangte sie schließlich die Erlaubnis – oder bildete es sich wenigstens ein –, das Grab Shakespeares zu öffnen, in dem ihrer Vermutung nach die endgültigen Beweise verschlossen sein mußten. So betrat sie denn um Mitternacht mit einer Laterne die Kirche von Stratford und begab sich zu dem Grabe, verlor aber mit einem Male Mut und Zuversicht, verlor dann auch die letzten Reste ihrer Vernunft und versank schließlich in die endgültige Nacht des Wahnsinns.‹ Sonderbar, daß gerade diese Hysterikerin, die von Poe selbst erfunden sein könnte, ihn bei einem Preisausschreiben aus dem Feld schlug.

Wie sehr ihm sein Gläubiger zusetzte, zeigt schon die Tatsache, daß sich Mrs. Clemm am 5. Dezember persönlich bei Allan für seine Interessen verwandte. Sie sei, so schreibt sie, selbst zutiefst bestürzt über die Lage, in die Edgar geraten sei. »Ich habe unter größter Mühe $ 20 für ihn auf die Seite legen können, die ich ihm gerne und von ganzem Herzen geben will – aber sie reichen nicht aus, ihm für diesmal aus der Verlegenheit zu helfen – Ich bitte Sie herzlich darum, ihm in seiner Not beizustehen und bin sicher, daß es ihm für sein ganzes Leben eine Lehre sein wird, sich niemals wieder in Schulden zu stürzen – Ich versichere Ihnen, daß er außer in diesem Falle niemandem auf der Welt auch nur einen Cent schuldet und auch keine Dummheiten mehr machen würde, wenn Sie ihm dieses letzte Mal noch eine Unterstützung zukommen lassen möchten . . ..«[63]

Allan reagierte noch immer nicht. An Poes überaus prekärer Situation bestand kein Zweifel; er mußte in der Tat jede Minute befürchten, verhaftet zu werden.

»Lieber Papa!
. . . Ich weiß, daß mein Betragen unverzeihlich war, und ich weiß auch, daß es für mich keine Hoffnung mehr gibt, jemals wieder ihre Gunst zu erlangen, doch um Christi willen, lassen Sie mich nicht untergehen um einer Summe Geldes willen, die Sie so leicht verschmerzen könnten und die mich von einem Ungemach erlösen würde, wie es auf Erden schwerlich eines gibt – schon deswegen, weil ich – ich schwöre es, bei allem, was mir heilig ist – niemals und unter keinen Umständen je wieder an Sie um Hilfe wenden werde.
. . . Ich weiß, daß Sie niemals einen Bettler von Ihrer Tür gewiesen haben, und als solcher wende ich mich an Sie – ich *bitte* Sie inständig um ein kleines Almosen, und im Namen all dessen, was Ihnen einmal lieb und teuer war, vertraue ich fest darauf, daß Sie mir beistehen werden. Wenn Sie es wünschen, daß ich mich vor Ihnen demütige, bitte sehr! – Krankheit und Unglück

haben mir nicht eine Spur von Stolz mehr belassen. Ich bin am Ende. – Verachten Sie mich, aber lassen Sie mich nicht ohne einen Pfennig auf der Straße verrecken. Im Grunde meines Herzens fühl' ich's, wie gänzlich anders ich mich verhalten würde, wären Sie in meiner Situation und ich in der Ihrigen.

In Liebe Ihr

E. A. P.«[64]

Unter der Signatur vermerkte Allan: »Schrieb am 7. Dez. 1831 an John Walsh, er solle die Kaution für seine Freilassung bezahlen und ihm überdies $ 20 aushändigen, damit er nicht gleich wieder in Schwierigkeiten gerät – und die Gesamtsumme zu meinen Lasten zu verbuchen –, versäumte es, bis zum 12. Jan. 1832, den Brief abzuschicken und brachte ihn dann selbst zur Post.«[65]

Diese Notiz ist etwas merkwürdig. Anscheinend hatte bereits Mrs. Clemms Fürsprache vom 5. Dezember Allan dazu bewegt, Poe noch einmal aus der Klemme zu helfen. Aber warum beauftragte er, der doch sonst sehr auf seinen Ruf bedacht war und jeden Skandal, jedes Gerede tunlichst vermeiden wollte, ausgerechnet diesen Mr. Walsh, einen Geschäftspartner der Firma Ellis & Allan mit der Abwickelung einer so delikaten Transaktion, anstatt direkt einen Scheck an Mrs. Clemms Adresse zu überweisen? Immerhin schien er anzunehmen, daß sich Poe inzwischen im Schuldgefängnis befand. Und wie konnte es geschehen, daß der Brief länger als einen Monat liegenblieb, trotz der Dringlichkeit der ihm geschilderten Umstände und obwohl sich Poe noch zwei weitere Male, am 15. und am 29. Dezember, in höchster Verzweiflung an ihn wandte? Ein möglicher Grund für diese Zeitverzögerung mag darin zu suchen sein, daß er ein todkranker Mann war; am 23. Juli 1832 schrieb Thomas Ellis an seinen Bruder James: »Onkel Allans Gesundheitszustand ist schon seit einiger Zeit bedenklich: ich habe selten einen Menschen gesehen, der so (hier fehlt ein Stück des Manuskripts) ... sein Gesicht ist völlig grau, und sein Gang schleppend; er wird sich nächsten Mittwoch zur Kur begeben.«[66]

Wie und wann der langersehnte Betrag durch Mr. Walsh übermittelt wurde, ist nicht bekannt. Poes Korrespondenz mit seinem Pflegevater riß seit dem 29. Dezember 1831 für fast eineinhalb Jahre ab. 1832 ist das sogenannte ›dunkle Jahr‹ seiner Biographie, da abgesehen von Miss Devereaux' Reminiszenzen über ihre ›Liebesaffaire‹ nur sehr spärliches und zweifelhaftes Quellenmaterial vorliegt, das diesen Zeitraum befriedigend abdecken könnte. Er wohnte nach wie vor im Haus seiner Tante in der Wilks Street, wo er nach dem Tod seines Bruders das auf die Straße ausgehende Dachzimmer für sich allein hatte: »Mrs. Clemm war sehr arm, hielt jedoch alles so reinlich und sauber wie Wachs«. Seine neunjährige Cousine Virginia, vorläufig noch Botengängerin für Liebesbotschaften an junge Dame wie ›Mary‹ und Elizabeth, wird als »Schulmädchen« von »sanftem Wesen und zarter Konstitution« beschrieben, »mit veilchenblauen Augen und dunkelbraunem Haar: ihre Schönheit lag allein im Ausdruck ihres Gesichtes«; »Er (Poe) trug stets einen bis obenhin zugeknöpften schwarzen Gehrock mit einem Kadetten- oder, wie man zu sagen pflegt, ›Militärkragen‹, einen kurzen Hemdstehkragen und eine schwarze Krawatte, die er in einem lockeren Knoten band. Er richtete sich nie nach der Mode, sondern hatte seinen eigenen Stil und pflegte sich betont locker zu kleiden, als ob ihm nichts an Äußerlichkeiten läge. Man sah ihm an, daß er ganz anders war als die meisten jungen Männer damals.«[67] Diese Aussage ist etwas irreführend. Poe legte im Gegenteil immer großen Wert auf seine Kleidung – trotz seiner Armut trug er sich »modisch gepflegt, mit einer Spur von Eleganz«[68] –, und gerade die saloppe Lässigkeit, die locker geschlungene Krawatte (er bevorzugte abwechselnd die Bindeart des ›Incroyable‹ oder ›à la Byron‹) und die halbaufgeknöpfte Weste, wie sie auch in späteren Jahren auf vielen seiner Daguerreotypien zu bewundern ist, kennzeichnen ihn als bohemesken Dandy der romantischen Epoche. In Paris oder selbst in einer Stadt der Südstaaten wie Charleston oder New Orleans wäre er in diesem Aufzug kaum aufgefallen – in Baltimore stach er dagegen schon etwas ab. Der Poet und Virginier stand ihm sozusagen auf den Leib geschrieben, wobei gerade dem Typus des Südstaatlers, arrogant und von seinen politischen Ansichten her reaktionär, Anfang der dreißiger Jahre in Baltimore wie im übrigen Norden Amerikas nur wenig Sympathie entgegengebracht wurde. 1832 drohte bereits, lange vor dem Bürgerkrieg, durch den Staat North Carolina und den politischen Hitzkopf John C. Calhoun die Sezession; vordergründig ging es um die von Andrew Jackson eingeführten neuen Zolltarife, die den industrialisierten Norden wirtschaftlich begünstigten und die North Carolina nicht anerkannte. Das von Calhoun durchgedrückte ›Staatsveto‹ bildete einen ungeheuerlichen Affront gegen die Regierung in Washington; es roch nach Bürgerkrieg, und es wurden sogar Truppen mobilisiert, aber der Konflikt konnte eben noch durch einen Kompromiß beigelegt werden. Er schwelte jedoch weiter, denn in Wirklichkeit ging es um das Sklavenproblem, das die Fronten immer weiter auseinanderrücken ließ. Der Süden, der durch die Industrielle Revolution seine Wirtschaftsinteressen bedroht sah, war davon abgekommen, die Institution der Sklaverei nur zu entschuldigen; er verteidigte sie mit äußerster Verbissenheit (mit Calhoun als Hauptwortführer), während im Norden, in Boston vor allem, die abolitionistische Bewegung aufblühte. Die Vereinigten Staaten waren hinsichtlich dieser Frage schon dreißig Jahre vor dem ersten Schuß auf Fort Sumter in zwei Lager gespalten.

Poes Ansichten zu dem Thema sind bekannt, aber er interessierte sich nicht sonderlich dafür. Wer damals dringend auf der Suche nach ihm war, konnte wohl hoffen, ihn in E. J. Coales Buchgeschäft in der Calvert Street oder in der Staatsbibliothek an der Ecke der ›Holliday and Fayette Street‹ anzutreffen, wo er sich in die Schriften von Philosophen und Metaphysikern wie Glanville und Swedenborg vertiefte, die Übersetzung von August Wilhelm von Schlegels ›Vorlesungen über dramatische Kunst‹ studierte (und vielleicht auch die von E. T. A. Hoffmanns Werken) oder zeitgenössische Romane verschlang, wie die von Edward Bulwer-Lytton und Charles Brockden Brown.[69] Sein eigenes Œuvre zeugt von einer so ungewöhnlichen Belesenheit, daß sich die Frage erhebt, mit welchem Bereich der Literaturgeschichte er eigentlich nicht vertraut war.

Wenn immer es seine Mittel erlaubten, besuchte er das Theater. So hat zum Beispiel A. H. Quinn nachgewiesen, daß er im Mai 1831 Stones Tragödien ›Metamora‹ und ›Miantonimoh‹ gesehen haben muß, da er sie in seiner Groteske ›A Decided Loss‹ beschreibt und keines der beiden Stücke jemals im Druck erschien.[70]

Eine seiner bevorzugten Stammkneipen scheint ›Widow Meagle's Oyster Parlor‹ in der Pratt Street nahe am Hafen gewesen zu sein, in der fast ausschließlich Seeleute verkehrten. Mrs. Meagle, die irische Besitzerin des Lokals, soll den jungen ›Barden‹ – so nannte man ihn dort – sehr ins Herz geschlossen haben; er konnte demnach bei ihr ›anschreiben‹ lassen, ein großer Vorteil für einen ständig in Geldverlegenheit steckenden Poeten. Wenn man ihm einen Drink spendierte, ließ er sich schon einmal dazu hinreißen, eines seiner Gedichte zu rezitieren,[71] und die irischen, fabulierfreudigen Matrosen, deren Erzählungen er selbst gerne lauschte, waren vielleicht manchmal ein dankbareres Publikum als später seine Zuhörer in den steifen literarischen Salons.

Die Cholera-Epidemie, die 1832 in Amerika, besonders in den Städten Baltimore, Philadelphia und Richmond, wütete und der auch sein Freund Ebenezer Burling zum Opfer fiel, hinterließ sicher einen tiefen Eindruck bei ihm, und einige der Detailschilderungen in seinen Erzählungen ›König Pest‹ und ›Die Maske des roten Todes‹ könnten von diesem Ereignis inspiriert worden sein. Vielleicht liegt hierin sogar einer der Ursprünge seines berühmten Gedichtes ›The Raven‹, denn wie aus einem Artikel im ›Philadelphia Evening Bulletin‹ vom 19. Januar 1909 hervorgeht, erwähnte er einmal gegenüber John R. Thompson, dem späteren Herausgeber des ›Southern Literary Messenger‹ in Richmond, der Anblick der Toten und Sterbenden habe ihn während eines Aufenthaltes in Philadelphia so beunruhigt, daß er in der darauffolgenden Nacht einen schlimmen Alptraum hatte: ein großer, schwarzer Vogel sei in sein Zimmer geflogen, habe sich über seiner Tür niedergelassen und mit menschlicher Stimme gesagt: ›Ich bin der Geist der Cholera, und du hast mich ins Leben gerufen!‹[72]

Ein Alptraum scheint auch seine letzte Begegnung mit Allan gewesen zu sein. Poe hatte wohl brieflich oder mündlich durch Bekannte erfahren, wie schlecht es um seinen Pflegevater stand, und ob es nun pure Anteilnahme war, die ihn dazu bewegte, oder die Hoffnung, es könne sich zuletzt doch noch eine Versöhnung herbeiführen lassen, reiste er – nach Hervey Allen irgendwann im Juni 1832 – per Dampfschiff nach Richmond. Dort kam es dann zu einer äußerst peinlichen Szene, die später durch allerlei Gerüchte zu einem wahren Melodram aufgebauscht wurde. Ob Poe sich tatsächlich betrunken gewaltsam in Moldavia Zutritt verschaffen wollte und die zweite Mrs. Allan bedrohte, bis er von der Dienerschaft hinausgeworfen wurde, mag dahingestellt sein.

Das Ganze hatte aber noch ein Nachspiel. Mrs. Marie Louise Shew Houghton schrieb am 28. März 1875 an Ingram, Mrs. Virginia Poe (Poes spätere Ehefrau) habe ihr kurz vor ihrem Tode zwei Briefe der zweiten Mrs. Allan an Poe zu lesen gegeben. In dem ersten bat sie (Mrs. Allan) ihn, sich mit ihr in Verbindung zu setzen, und »gab zu, daß sie allein – aus Eifersucht, Poe sei ein wirklicher Blutsverwandter ihres Mannes – verantwortlich dafür gewesen sei, daß Allan ihn verstoßen habe. Er möge sie nach Ablauf des Trauerjahres besuchen, dann würde man schon weitersehen« etc. Er erwiderte diesen Brief in sehr verächtlichem Tonfall, worauf sie zurückschrieb: »Sie haben sich mir gegenüber immer wie ein Gentleman benommen, immer – bis jetzt. Können Sie nicht einer Schuld vergeben, die ich Ihnen in so demütiger Weise eingestanden habe?«[73]

Diese beiden Briefe waren zusammengeheftet und von Mrs. Poe aufbewahrt worden, als Zeugnis dafür, daß sich ihr Gatte dieser Frau gegenüber niemals etwas zuschulden kommen ließ. Mrs. Shew vertraute Ingram ihr Wissen unter dem Siegel der Verschwiegenheit an – es sei, so meinte sie, »nicht zur Veröffentlichung geeignet«, und außerdem handele es sich um ein »delikates Thema, da einige aus der Familie Allan noch am Leben sind«.[74] Gänzlich zufriedenstellend ist ihre Aussage sicher nicht. Mrs. Annie Richmond, der Poe in seinen letzten Lebensjahren glühende Liebesbriefe schrieb und die – außer Mrs. Whitman und Mrs. Clemm – später wohl in innigerer Beziehung zu ihm stand als irgend jemand sonst, äußerte sich sehr zurückhaltend zu dieser Frage: »Seine Mutter (Mrs. Clemm) sprach stets mit höchster Entrüstung darüber, wie schlecht ihn die Familie Allan behandelt habe – aber ich fühlte es damals bereits, daß sie den wahren Sachverhalt entweder nicht kannte oder ihn bewußt verschleierte. Ich kann einfach nicht glauben, daß sich die Allans ihm gegenüber so niederträchtig verhielten, wie sie behauptete – und nichts könnte mich wirklich davon überzeugen, es sei denn eine Erklärung von Mrs. Allan selbst. Ich würde sie liebend gerne dazu befragen.«[75]

Dazu kam es leider nie. Ingram bemühte sich sehr, einen Kontakt zu Mrs.

Allan herzustellen, aber die alte Dame antwortete auf keinen seiner Briefe, und sogar sein sonst rühriger und zuvorkommender Korrespondent E. V. Valentine, dessen Eltern häufig zu Gast in ›Moldavia‹ gewesen waren, lehnte es ab, ihr persönlich eine seiner Anfragen zu übermitteln, obwohl er ihr noch gelegentlich Besuche abstattete. Sie reagiere, so schrieb er an Ingram, »allergisch auf das Thema Poe«[76]. Valentine fand sich zwar bereit, Ingrams Schreiben durch einen anderen ›Freund des Hauses‹ bestellen zu lassen, aber sie beharrte in ihrem Schweigen.

Alles deutet darauf hin, *daß* im Sommer 1832 eine Konfrontation zwischen Mrs. Allan und Poe stattgefunden hat, wie harmlos die Begleitumstände auch gewesen sein mögen, und daß Allan ihm diesen letzten Affront nie verzieh. Auf sein Testament hatte dies allerdings, entgegen der Behauptung Griswolds, keinen Einfluß: schon in der ersten Fassung vom 17. April wird Poe mit keiner Silbe erwähnt. Bedeutsam an der Affäre war nur, daß sie, durch gehässigen Klatsch verzerrt, schon zu Poes Lebzeiten einen Schatten auf seine Reputation warf und nach seinem Tode in der oben dargestellten, überspitzten Version verbreitet wurde, um das Klischeebild des ›moralisch verkommenen Trunkenboldes‹ durch eine weitere ›Schandtat‹ zu festigen. Ein dunkles Kapitel, das mit Mrs. Allans Tod und den ›Hunderten von Briefen‹, die sich Mrs. Clemm rühmte, verbrannt zu haben, wohl endgültig abgeschlossen ist.

10. Kapitel

Das Preisausschreiben

Metzengerstein‹ – so lautete der merkwürdige, teutonisch klingende Titel einer Erzählung, die am 14. Januar 1832 anonym im ›Philadelphia Saturday Courier‹ erschien. Wer damals die allgemeine Vorliebe für Schauerromane teilte, ahnte bereits, was sich hinter diesem Namen verbarg, noch bevor er die erste Zeile gelesen hatte: eine düstere Burg oder ein altes, von einem Familienfluch heimgesuchtes Adelsgeschlecht – womöglich beides. Und so war es in der Tat.

Übersetzungen deutscher ›Ritter-, Räuber- und Gespenstergeschichten‹ erzielten in England und Amerika nicht nur Rekordauflagen, sie beeinflußten auch den Stil und die Sujets der vielgelesenen ›gothics‹ und ›penny dreadfuls‹ enorm – jenem düster-romantischen Genre, nach dem ein breites Lesepublikum bereits seit Jahrzehnten lechzte. Man sprach von ›Germanism‹, und was man damit assoziierte, erläutert am besten Walter Scott in der Einleitung seines Romans »Waverley« (1814): »Hätte ich ferner zum Titel gewählt: ›Waverley, ein Roman aus dem Deutschen‹, wer wäre da wohl so dumm, daß er dabei nicht sofort an einen ruchlosen Abt, an einen tyrannischen Herzog, an eine geheime und mystische Verbindung von Rosenkreuzern und Illuminaten, und an alles, was dazu gehört: an Mönchskutten, Höhlen, Dolche, elektrische Trugmaschinen, Falltüren und Blendlaternen denken müßte?«[1]

Auf den Geschmack gebracht hatten die Briten zunächst Schillers ›Die Räuber‹ und ›Der Geisterseher‹ (›The Ghost Seer, or Apparitionist‹) und Bürgers Ballade ›Lenore‹ (in der von M. G. Lewis, dem Autor des Romanes ›Der Mönch‹, 1801 herausgegebenen Anthologie ›Tales of Wonder‹). Darauf entbrannte in England und wenig später auch in Amerika das ›German fever‹. Auf den Spielplänen der Theater prangten die Titel von Kotzebues ›Schrekkensdramen‹ wie ›Menschenhaß und Reue‹ (›The Stranger‹) und ›Das Kind der Liebe‹ (›Lover's Vows‹), die so häufige Aufführungen erlebten, daß sie schon bald zum Gegenstand der Satire wurden.

Zschokkes ›Abaellino, der große Bandit‹ (›The Bravo of Venice‹) und Vulpius' ›Rinaldo Rinaldini‹ gehörten bereits seit den neunziger Jahren des 18. Jahrhunderts zum Standardrepertoire jedes englischen Theaters.

Das Deutschlandfieber ging selbst an den Größten nicht vorüber; man denke nur an Byrons ›dramatisches Gedicht‹ ›Manfred‹ oder sein Goethe zugeeignetes Trauerspiel ›Werner‹. Shelley wurde von seinen Landsleuten wegen ›germanisierender Tendenzen‹ kritisiert (seine Frau, Mary Wollstone-craft Shelley, schrieb den Roman ›Frankenstein‹); Coleridges Geist, so hieß es, sei »eher deutsch als englisch«; Thomas de Quincey verfaßte eine Schauer-geschichte mit dem Titel ›Klosterheim‹ und übersetzte J. A. Apels ›Frei-schütz‹ (›The Fatal Marksman‹) usw. – eine Liste, die sich endlos fortsetzen ließe.

Während die deutschen Schauerautoren oft ein italienisches Kolorit bevorzugten, verlegten die britischen Schriftsteller des Genres die Schau-plätze ihrer düsteren Romanzen gerne an Orte wie den Schwarzwald, den Harz oder das Rheinufer (auch der Erzähler in Poes Novelle ›Ligeia‹ begegnet seiner Angebeteten zum erstenmal in einer »alten, verfallenen Stadt am Rhein«, und ›Morella‹, die Heldin der gleichnamigen Erzählung, hat eine »Klostererziehung in Preßburg« genossen). Das in Edinburgh erscheinende ›Blackwood's Magazine‹, das in Amerika Tausende von Abonnenten hatte und dessen Stil Poe oft bewußt karikieren sollte, suchte »den Schrecken als legitime ästhetische Kategorie zu etablieren«[2], wobei es zwischen ›German terror‹ und ›English terror‹ unterschied. Und vor allem via ›Blackwood's‹ be-gann der ›deutsche Schrecken‹ alsbald schon von der Alten in die Neue Welt überzugreifen und unzählige Autoren zu inspirieren. Goethes wohlgemeinter Ratschlag, sich vor dieser Büchse der Pandora zu hüten, stieß auf taube Oh-ren. Schon Charles Brockden Brown gab dem Helden seines berühmtesten Schauerromanes den Namen ›Wieland‹. 1820 ließ sich Washington Irving von Bürgers ›Lenore‹ zu seiner Erzählung ›The Spectre Bridgeroom‹ (in ›The Sketch Book‹) anregen, die allerdings versöhnlicher endet als die schaurige Ballade, und in seinen ›Strange Stories by a Nervous Gentleman‹ in *Tales of a Traveller* (1824) jongliert er geradezu mit Versatzstücken der deutschen Schauerromantik – sehr wirkungsvoll und unheimlich übrigens in ›The Story of the German Student‹. Hawthorne greift in der Novelle ›Dr. Heideggers Experiment‹ auf das gängige Klischee des ›verrückten deutschen Professors‹ zurück. Longfellow war vernarrt in deutsche Balladen, vor allem die von Uh-land, die er ins Englische übertrug. Die wildesten Blüten aber trieb die ›Ger-man rage‹ in den ›penny dreadfuls‹: da wimmelte es bald von Namen wie ›Siegfried of Blackpool‹, ›Count Conrad of Swabeck‹, ›Clara of Katzenellen-bogen‹ etc.

›Metzengerstein‹ war eine der fünf Erzählungen, die Poe – ohne Erfolg – im Vorjahr zu dem Preisausschreiben des ›Philadelphia Saturday Courier‹ einge-reicht hatte. Wie die vier anderen schien sie zunächst als Parodie auf zeitge-nössische literarische Strömungen angelegt zu sein; in diesem Fall also auf den übertriebenen sogenannten ›Germanism‹. Als der ›Southern Literary Mes-senger‹ in Richmond sie 1836 erneut abdruckte, fügte Poe den Untertitel ›In Imitation of the German‹ hinzu, strich ihn jedoch später wieder, weil manche Kritiker behaupteten, er orientiere sich zu sehr an deutschen Vorbildern. »Diese Anschuldigung«, schrieb er im Vorwort seiner ›Tales of the Grotesque and Arabesque‹ (1840), »zeugt von schlechtem Geschmack, und die Grundlagen, auf denen sie beruht, sind offenbar sehr ungenau untersucht worden. Nehmen wir vorerst einmal an, diese Phantasiestücke seien deutsch oder was immer man will. Darauf müssen wir sagen, daß es die heutige Zeit ist, die zu solcher Vorliebe für das Deutsche hinneigt. Morgen werde ich vielleicht nichts weniger als deutsch sein, so wie ich gestern alles andere als dies war ... Die Wahrheit aber ist, daß mit einer einzigen Ausnahme die Gelehrten nicht in einer einzigen dieser Geschichten die Kennzeichen jener Art von Pseudo-Horror entdecken können, den wir als deutsch qualifizieren, weil man sich daran gewöhnt hat, einige zweitrangige Schriftsteller der deutschen Literatur mit dieser Schrulle zu identifizieren. Wenn in vielen meiner Schöpfungen die Angst das Hauptthema ist, so behaupte ich, daß dieser Schrecken nicht aus Deutschland kommt, sondern aus der Seele –, daß ich also diesen Schrecken einzig aus seinen legitimen Quellen hervorgeholt und ihn dann bis zu seinen legitimen Ergebnissen geführt habe.«[3]

Wenn ›Metzengerstein‹ als Satire gemeint war, so wurde die Intension mißverstanden, lieferte doch gerade diese Novelle Poes Kritikern Argumente, ihn als Epigonen der deutschen Schauerromantik abzustempeln, ein Vorwurf, der ihm, wie man sieht, großen Verdruß bereitete. Ein Hinweis darauf, daß er ›Metzengerstein‹ zumindest als Parodie *geplant* hatte, findet sich in der Einleitung zu einem Erzählungsband, den er 1833 verschiedenen Verlegern anbot, der jedoch in der von ihm vorgeschlagenen Form (unter dem Titel ›Eleven Tales of the Arabesque‹ bzw. ›The Folio Club‹) nie veröffentlicht wurde. Vielleicht von William Gwynns ›Delphian Club‹ in Baltimore zu dieser Idee angeregt, konzipierte Poe für seine bis dahin entstandenen ›Grotesken und Arabesken‹ eine Rahmenhandlung, etwa im Stil von Chaucers ›Canterbury Tales‹ oder Hauffs ›Das Wirtshaus im Spessart‹. Ein fiktiver Literatenclub, der ›Folio Club‹, versammelt sich regelmäßig einmal im Monat im Hause eines seiner Mitglieder. Der Reihe nach wird jeder dazu aufgerufen, eine zu diesem Anlaß von ihm verfaßte Kurzgeschichte vorzutragen; beim nächsten Zusammentreffen hat dann der Autor der besten den Vorsitz über die Tafel, während der der schlechtesten das Abendessen und den Wein für alle zahlen muß. In der Beschreibung der Abstimmung über die Vorzüge der jeweiligen Erzählungen, die sich den ›Rezitationen‹ anschließt, beabsichtigte Poe eine »Burleske auf die Literaturkritik«. ›Metzengerstein‹ schrieb er einem ›Mr. Horribile Dictu‹ zu, einem skurrilen Herren »mit weißen Wimpern, der in Göttingen graduiert hatte«.[4]

Aber Poe besaß noch zu wenig Abstand zu Form und Inhalt des ›Schauerromans‹, um diesen – was wohl anfangs in seiner Absicht lag – zu persiflieren;

die Satire darauf gelang ihm erst in der Groteske ›Loss of Breath‹. Stattdessen ist ›Metzengerstein‹ eine geschickt konstruierte ›gothic novel‹, stilistisch den meisten Erzeugnissen dieser literarischen Schule weit überlegen. Schon früh erwies sich Poe als überaus souverän im Umgang mit erzählerischer Ökonomie und Dramaturgie. Das Übernatürliche wird stets nur angedeutet und die Spannung, die sich nur langsam und unmerklich erhöht, bis zum Ende durchgehalten.

In ›Frederick, Baron Metzengerstein‹ hat man bereits den Prototyp des Poeschen Helden vor sich: er ist von altem Adel (wie Egaeus in ›Berenice‹, Prinz Mentoni in ›Das Stelldichein‹, Prospero in ›Die Maske des roten Todes‹, Montresor in ›Das Faß Amontillado‹) und gelangt durch eine *Erbschaft* in den Genuß unerhörten Reichtums:

»In Folge einiger besondern Umstände, die seines Vaters Testament ergab, trat bei des Ersteren Verscheiden der junge Baron unmittelbar seine unermeßlichen Besitzungen an. Selten wohl je ward solch Vermögen von einem Edelmann Ungarns besessen. Seine Burgen waren schier ohne Zahl. Der Hauptbesitz, nach Glanz wie auch nach Größe, war ›Schloß Metzengerstein‹. Sein sämtliches Gebiet ward niemals klar bestimmt; doch seinen herrschaftlichen Park allein umgab ein Umkreis von wohl fünfzig Meilen.«[5]

Anders als Poe befinden sich seine Helden kaum jemals in Geldverlegenheit; im Gegenteil sind sie meist der tristen Alltäglichkeit durch den Besitz eines ansehnlichen Vermögens enthoben, das es ihnen gestattet, sich ganz der Muße hinzugeben, jeden Luxus zu genießen und jeden ihrer Träume zu verwirklichen. »Ererbter Reichtum verschaffte mir eine ungewöhnliche Bildung«[6] – »Es fehlte mir nicht an dem, was die Welt mit dem Wort ›Glücksgüter‹ bezeichnet. Durch Ligeia war ich viel, viel reicher geworden, als uns Sterblichen gemeinhin an Reichtum zugemessen wird«[7] – »Bedloe war sehr wohlhabend«[8] – usw., und auch Prinz Prospero, Roderick Usher oder der Erzähler von ›Morella‹ leiden keinerlei Mangel an irdischen Gütern. Man mag entgegenhalten, daß es sich hierbei um Kunstfiguren handelt, deren märchenhafte Finanzlage nur dazu dient, ihr artifizielles und prunkvolles Ambiente zu legitimieren – wie bei Prinz Mentoni etwa, der seinem Besucher gegenüber herablassend äußert: »Dies ist besser als Mode – nicht wahr? Doch müßte es nur einmal gesehen werden, und es würde sofort zum Tagesschlager werden – das heißt, bei denen, die es sich um den Preis ihres gesamten väterlichen Erbteils anschaffen könnten.«[9]

Der Preis wird immerhin genannt. Manchmal ist Poes Insistieren auf den beneidenswerten Vermögensverhältnissen der Figuren seiner Erzählungen – im Hinblick auf seine eigene, immer recht bescheidene Situation – nachgerade rührend. Der Einsiedler Legrand gräbt einen Piratenschatz aus, den er auf $ 450 000 veranschlagt; der Meisterdetektiv Dupin verdient an der Aufklärung eines Falles 50 000 Francs, und der Wissenschaftler Von Kempelen entdeckt – während des Goldrausches von 1849! – ein Verfahren, aus Blei Gold herzustellen, »Gold fürwahr, absolut rein, jungfräulich, ohne jede Spur einer Beimengung«[10]. Ganz explizit wird Poe bei der Schilderung der von seinem Helden Ellison in ›Der Park von Arnheim‹ angetretenen Erbschaft, welche der nämliche dazu verwendet, in Gottes Schöpfungsplan einzugreifen, indem er eine ganze Landschaft nach seinem Geschmack umgestaltet:

»Dennoch hinderte jener § den jungen Ellison nicht daran, an seinem 21. Geburtstage als Alleinerbe seines Vorfahren Seabright den Besitz eines Vermögens von *Vierhundertfünfzig Millionen Dollar* anzutreten... Man nahm seine Zuflucht zu Zahlen; und die Zahlen erhöhten die Verwirrung der Gemüter nur. Man sah nun, daß, auch nur eine 3 %ige Verzinsung angesetzt, das von der Erbschaft abgeworfene jährliche Einkommen nicht weniger als dreizehn Millionen fünfhunderttausend Dollar betragen würde; was Eine Million Einhundertfünfundzwanzigtausend pro Monat bedeutete; oder Sechsunddreißig Tausend Neunhundertsechsundachtzig pro Tag; oder Eintausendfünfhunderteinundvierzig pro Stunde; oder endlich Sechsundzwanzig Dollar für jede einzelne Minute, die vorüberfloh.«[11]

$ 26 pro Minute – minutiös ausgerechnet ein Ertrag, der ausreicht, ein wenig Gott zu spielen. Selbst auf dem Zenit seines beruflichen Erfolges als festangestellter Redakteur verdiente Poe nie mehr als – auf heutige Verhältnisse übertragen – etwa DM 1000.– im Monat, obwohl er die Umsätze der Zeitschriften, bei denen er beschäftigt war, oft wesentlich erhöhte; und ein Brief an William Burton vom 1. Juni 1840 zeigt, daß er sogar noch um dieses Gehalt feilschen mußte.[12] Der ›Philadelphia Courier‹, der im Lauf des Jahres 1832 sämtliche seiner fünf zu dem Preisausschreiben eingereichten Erzählungen in unregelmäßiger Abfolge abdruckte, erwähnte ihren Verfasser mit keinem Wort und zahlte ihm zweifellos auch nicht einen Dollar Honorar dafür. Poe durfte sich glücklich schätzen, wenn ihm einer der Preisrichter, Mr. Meredith oder Mr. McMichael wohlwollend auf die Schulter klopfte, ihm Talent konzidierte und ihn vielleicht einmal zum Essen einlud. Frederick, Baron Metzengerstein, hält es indessen nicht der Mühe wert, seine Reichtümer auszurechnen, sondern genießt rücksichtslos die Macht, die sie und sein Adelstitel ihm verschaffen:

»Da den Besitz nun, einen so unvergleichlichen Reichtum, ein Erbe antrat – noch so jung[13], und von bereits so wohlbekanntem Wesen – lief alsbald manches Spekulieren um ob seines mutmaßlichen Wandels. Und in der Tat – noch waren nicht drei Tage hin, da stellte sein Verhalten bereits Herodes in den Schatten und übertraf noch weit, was die begeistertsten Bewunderer erwartet. Schändliche Ausschweifungen – abscheuliche Treulosigkeiten – schier unerhörte Greueltaten gaben den zitternden Vasallen eilends zu begreifen, daß keine kriechend-knechtische Ergebung hier bei ihnen – noch gar ein zimperlich' Gewissen dort bei ihm – hinfort nur irgend würden Sicherheit vor eines kleinen Caligula reulosen Fängen gewähren.«[14]

Auf's Rad, in den Stock, in die Folterkammern mit all jenen Kleingeistern, die Poes byroneskem Wunschbild seiner Selbst nicht die gebührende Reverenz erweisen! Denn Frederick trägt deutlich autobiographische Züge seines Autors. Seine Eltern zum Beispiel – und es ist selten, daß Poe die Eltern eines seiner Helden erwähnt – sterben kurz hintereinander, und in einer später gestrichenen Passage der Novelle steht der junge Baron am Totenbett seiner Mutter: »The beautiful Lady Mary! – how could she die? – and of consumption! But it is a path I have prayed to follow. I would wish all I love to perish of that gentle disease«[15]. Ein frommer Wunsch, der für Poe mit dem Tod seiner Mutter, Mrs. Allans und seines Bruders schon teilweise in Erfüllung gegangen war. Baron Metzengerstein ist ein Bösewicht, aber anders als die Klischeeschurken der ›gothic novels‹ auch ein komplizierter und sensibler Charakter. Er sitzt, ›offenbar in tiefes Sinnen versunken‹, in einem ähnlichen Gemach wie die ihm seelenverwandten Träumer aus anderen Erzählungen Poes; »die reich gewirkten, wennschon verschossen bläßlichen Behänge«, auf denen seine Ahnen dargestellt sind, schwingen »düster an den Wänden«, so daß die Bilder darauf zu leben scheinen – »und hier nun wieder schwebten schwanengleich die üppigen, wollüstlichen Gestalten der Edelfrauen lang vergangner Tage dahin im Irrgegängel unwirklicher Tänze zum Klang imaginärer Melodie«[16]. Es wurde bereits darauf hingewiesen, daß dieser Eindruck stetig fließender Bewegung in den Räumen der Helden aus ›Metzengerstein‹, ›Ligeia‹ und ›Die Verabredung‹, hervorgerufen durch Draperien, die »zur Schwingung leiser, schwermütiger Musik« zitterten, »deren Ursprung sich nicht erkennen ließ«[17] oder hinter denen »immerfort ein starker künstlich erzeugter Windstrom ... entlang strich – was dem Ganzen eine scheußliche & wunderliche Regsamkeit verlieh«[18], dem hypnagogischen, also dem Zustand zwischen Schlafen und Wachen entspricht. Poe:

»Doch giebt's da auch noch Phantasieen von exquisiter, zartester Feinheit, die man *nicht* als Gedanken bezeichnen kann und angesichts derer mir's – *bisher* – absolut unmöglich gewesen, das passende Sprach-Kleid zu finden. Ich gebrauche das Wort *Phantasieen* auf gut Glück und eigentlich nur, weil ich *irgend* eines Wortes bedarf. Der Begriff jedoch, den man gemeinhin mit diesem Ausdruck verbindet, trifft nicht einmal entfernt auf jene Schatten von Schatten zu, über die ich da rede. Sie scheinen mir nicht so sehr intellectueller denn seelischer Art zu sein, denn sie kommen aus der Seele (ach, selten genug!), und zwar nur in den Zeiträumen tiefster innerlicher Ruhe – nur wenn mein seelisches und leibliches Wohlbefinden in perfectem Einklange sind, und auch dann nur in jenen Bruch-Teilen von Secunden, darin die Gemarkungen unsres Wachseins sich denjenigen der Traum-Welt vermählen. So werd' ich solcher ›Phantasieen‹ nur gewahr, wenn ich die Schwelle des Schlummers schon überschreite und mir solchen Hinüberwechselns eben noch bewußt bin: und hab' mich mit der Erkenntniß beschieden, daß solcher Zustand blos einen kaum wahrnehmbaren Zeit-*Punkt* währt – und dennoch überquillt von jenen ›Schatten von Schatten‹. Um aber einen Gedanken *zu Ende* zu denken, bedarf es der *Dauer*. Dergleichen ›Phantasieen‹ schließen ein ekstatisches Fühlen von solcher Erquickung in sich, wie sie noch das höchste Entzücken der Wachheit und auch des Traumes bei Weitem übersteigt, ja so weit getrennt ist von Beiden wie der Himmel der Nord-Männer von ihrer Hölle. Und ich blicke auf jene Visionen schon bei ihrem Aufsteigen mit einer Ehrfurcht, die mein ekstatisches Fühlen ein wenig mindert oder beruhigt – und blicke auf jene Bilder in dem Bewußtsein (das mir bereits ein Teil der Ekstase zu sein scheint), daß diese Ekstase Nichts mehr gemein hat mit aller Menschen-Natur – daß sie ein Hauch ist, ein Schimmer der Seelischen Ueber-Welt. Und ich komme zu solchem Schlusse – falls diese Bezeichnung angebracht ist in so intuitiver Secunde – durch die Erfahrung, daß mein gefühltes Entzücken in dem ureigensten Elemente *vollendeter Neuheit* sich ereignet. Ich sage ›vollendet‹, weil solchen Phantasieen – ich will sie nun lieber als Impressionen der Seele bezeichnen – wahrhaftig Nichts anhaftet, das auch nur von Ohngefähr an unsre gewohnten Eindrücke grenzte. Es ist, als wären unsre fünf Sinne urplötzlich ersetzt durch fünf Myriaden andrer, die Nichts mehr gemein haben mit unsrem sterblichen Selbst.«[19]

Das Ambiente, mit dem sich Poes Helden umgeben, ist meist eine Metapher für ihr Seelenleben, ihre innere Verfassung, und die Schwelle zwischen Wachen und Schlaf ist jene Grenzstation, bei der angelangt, sie dem »Irdischen abhandenkommen« und Einblicke in die Mysterien jenseits des Grabes erhaschen. »Mit Mühe nur geschah es«, heißt es in ›Metzengerstein‹, »daß er seine verträumten und unzusammenhängenden Empfindungen mit der Gewißheit, wach zu sein, vereinte.«[20]

Die ›Neigungen und Manieren‹ des Barons bezeigen selbst mit der ›nachbarlichen Aristokratie‹ kaum ›irgend nur Verwandtes‹. Er hat keine Freunde und zieht sich immer mehr in sich selbst zurück. Wie bei dem Helden aus Byrons ›Lara‹ sind allerlei Gerüchte über ihn im Umlauf; man spricht viel über ihn, aber kommt seinem rätselhaften Charakter nie auf den Grund:

»Die Nachsichtigen allerdings schrieben die Veränderung im Wesen des jungen Edelmannes dem natürlichen Kummer eines Sohnes zu, der seine Eltern allzu früh verloren; – doch sie vergaßen dabei sein abscheuliches und rücksichtsloses Betragen während der kurzen Periode, die jenem Verlust unmittelbar gefolgt. Es gab auch manche immerhin, die flüsterten von allzu anmaßlichem Selbstgefühl und Adelshochmut. Und wieder andre (unter denen der Hausarzt Erwähnung finden mag) zögerten nicht, von krankhaft schwarzer Schwermut zu sprechen und ererbter Ungesundheit; derweilen unkend dunkle Andeutungen noch zweifelhafterer Natur im Volke umgingen.«[21]

Man verdächtigt ihn also des Wahnsinns – wie ja auch ein Genie gemeinhin als »Tollhäusler« angesehen wird.[22] Jedenfalls ein Wahnsinn, der Methode hat – die Assoziation zu Shakespeares ›Hamlet‹ kommt nicht von ungefähr. So ist es kein Zufall, daß in ›Metzengerstein‹ (wie auch in ›William Wilson‹ und ›Die Maske des roten Todes‹) ein bestimmtes Zitat aus diesem Drama auftaucht, ›Herodes in den Schatten stellen‹, ›to outherod Herod‹. N. B. Fagin hat darauf hingewiesen[23], daß in Poes Gesamtwerk immerhin achtunddreißigmal aus ›Hamlet‹ zitiert wird. In seiner Rezension von Hazlitts ›The Characters of Shakespeare‹, die 1845 im New Yorker ›Broadway Journal‹ erschien, beschäftigt sich Poe besonders eingehend mit dieser (von den Romantikern eigentlich wiederentdeckten) Figur – und es ist außerdem erwiesen, daß zu den wenigen Hinterlassenschaften seiner Mutter ein abgegriffenes Bändchen einer Hamlet-Ausgabe von 1704 gehörte[24].

Seine Affinität zu Hamlet scheint sich auch in Lovecrafts genereller Charakterisierung des Poeschen Helden widerzuspiegeln: »Sein typischer Protagonist ist im allgemeinen ein dunkler, gutaussehender, stolzer, melancholischer, durchgeistigter, hochsensibler, launischer, introvertierter, einsamer und manchmal auf der Grenze zwischen Wahnsinn und Vernunft schwankender Gentleman aus altem Geschlecht und an einen luxuriösen und verschwenderischen Lebensstil gewöhnt; tief eingelesen in entlegene und seltsame Bücher, und von einem dunklen Drang beseelt, in verbotene Geheimnisse des Universums einzudringen.«[25]

Ein solches Geheimnis liegt in ›Metzengerstein‹ in dem »tief verwurzelten, obschon geheim-verborgnen Glauben an die Lehren der Metempsychose«[26] – d. h. der Seelenwanderung, von der bereits im Motto zu der Erzählung, einem Luther-Zitat, unheilschwanger die Rede ist: »*Pestis eram vivus – moriens tua mors ero*« (›Im Leben war ich dir eine Pest – im Tode werde ich dein Tod sein‹)[27]. Die Metempsychose bildet ebenso das Zentralmotiv in einer Reihe anderer Erzählungen Poes, z. B. in ›Ligeia‹ und ›Morella‹. In ›Metzengerstein‹ dient sie der Erfüllung eines seit Jahrhunderten auf zwei Adelsfamilien lastenden Fluches, einer »alten Prophezeiung«: »Ein hehrer Name kommt gar furchtbar schwer zu Fall, wenn, wie der Reiter seinem Roß, die Sterblichkeit Metzengersteins obsiegen wird der Unsterblichkeit Berlifitzings«[28]. Baron Metzengerstein hat heimtückisch die Stallungen seines Feindes, des Grafen von B., in Brand stecken lassen, wohl auch in der Hoffnung, daß jener bei seinen tollkühnen Anstrengungen, den ihm liebsten Teil seines Jagdgestüts zu retten, selbst in den Flammen elend umkommen würde. Außer dem mysteriösen Familienfluch gibt es keine Ursache für den Haß, der ihn zu diesem Verbrechen treibt. Der Widerschein des Feuers jedoch, der rot durch das Fenster seines Gemachs bricht, in dem er vor sich hinzuträumen pflegt – die Farbe rot symbolisiert für Poe gewöhnlich den sich ankündigenden Untergang, die Apokalypse –, weckt in ihm eine Vorahnung seines eigenen, unaufhaltsamen Endes und der Bewahrheitung der Prophezeiung. »Es ist klar, daß wir einer unerhörten Erkenntnis entgegentreiben, einem niemals mitteilbaren Geheimnis, dessen Offenbarung Vernichtung ist«[29], so lautet einer der Schlüsselsätze zum Verständnis von Poes Werk in ›Das Manuskript in der Flasche‹. Das Mittel zu dieser Offenbarung ist ein unheimliches, riesiges, feuerfarbenes Pferd, das zum Entsetzen des Barons auf einem der Ahnenbilder seiner Gobelins lebendig zu werden scheint und das ihm kurz darauf von seinen Stallmeistern leibhaftig vorgeführt wird. Obwohl es nach ihrer Aussage aus den brennenden Stallungen von Burg Berlifitzing entflohen sein soll, erhebt dort niemand Anspruch auf seinen Besitz. Der Baron, wie besessen von dem wunderlichen Tier, reitet zuletzt auf ihm in den Tod – mitten hinein in seinen brennenden Palast, in das »Wirbelchaos sturmverworrnen Feuers«[30]. Und wieder scheint es, mehr noch als der Drang, das Schicksal herauszufordern, die Lust am Untergang zu sein, die ihn dazu treibt, sich dem gespenstischen Pferd auszuliefern. »Metzengerstein«, schreibt A. H. Quinn, »könnte als Allegorie gelesen werden, und die Moral, die aus dem unglücklichen, an sein wildes Roß geketteten Reiter abzuleiten wäre, ist die, daß die menschliche Seele, hat sie sich nur einmal dem Bösen ergeben, zugleich auch die Kontrolle darüber verliert.«[31] Aber Poe, der sich ja teilweise mit seiner Figur identifizierte, war alles andere als ein Moralist. Schon in dieser frühen Novelle zelebriert er mit theatralischem Grandeur die Selbstauflösung seines Helden, den Sturz in den Malstrom. Der Wirbel, der Strudel ist in Poes Werken ein immer wiederkehrendes Synonym für das Auslöschen des Bewußtseins und des Lebens, die Katastrophe, die endgültige Katharsis. Metzengerstein taucht in das »Wirbelchaos sturmverworrnen Feuers«, die Empfindungen des Erzählers aus ›Grube und Pendel‹ scheint ein »rasend reißender Sturzsog zu verschlingen«; Arthur Gordon Pym »rauscht«, bevor sein Manuskript abbricht, »in die Umarmungen des Kataraktes«; »wir wirbeln schwindelnd in ungeheuren konzentrischen Kreisen den Rand eines gigantischen Amphitheaters entlang, dessen riesige Wände sich in Nacht und Ferne verlieren... Enger und enger werden die Kreise – wir tauchen rasend in des Strudels Umarmung«, heißt es am Ende von ›Das Manuskript in der Flasche‹; »mit lautem Heulen tobte ein Wirbelsturm heran«, bevor das Haus Usher in sich zusammenstürzt; und Hugh Tarpaulin in ›König Pest‹ verschwindet inmitten eines »Strudels von Schaum« in einem Bierfaß.

Man könnte sagen, daß Poe in vielen seiner Erzählungen eine eigene Mythologie entwickelt, deren immer wiederkehrende Metaphern und Allegorien sich erst im Vergleich erschließen. Richard Wilbur hat in seiner interessanten Studie ›The House of Poe‹ als erster darauf hingewiesen, wie sorgfältig Poe seine Charaktere, die Szenerie, in der sie sich bewegen, und die Grundstimmung der Handlung aufeinander abgestimmt hat – selbst Elemente der Architektur und Einrichtung sind oft Spiegelungen von Seelenzuständen. Poe spricht dabei in seinen späteren Essays selbst von der Notwendigkeit der ›unity of effect‹ (›Einheitlichkeit des Effektes‹) und dem ›undercurrent of meaning‹ (›Unterströmung an Bedeutung‹). Dennoch ist die endgültige Dechiffrierung seines eigentümlichen Symbolismus bis heute nicht abgeschlossen, und vielleicht liegt hierin einer der Gründe für die anhaltende Faszination seines Werkes. Poe lebte wie gesagt in einer Zeit, in der die ›gothic novel‹ zu einer der literarischen Hauptströmungen gehörte. Nun ist die ›gothic novel‹, nach Leslie A. Fiedler, »das Gegenstück zum realistisch-psychologischen Roman, da in ihr die psychischen Vorgänge in die Außenwelt projiziert werden. Die Schlösser und Keller, die in dunkler Nacht vor ihren dämonischen Verfolgern fliehenden Frauenfiguren, die auf unheimliche Weise belebte Natur, sie alle symbolisieren innere Vorgänge, bringen Unterdrücktes, Verdrängtes ans Tageslicht.« Mit den Recken und Räubern der deutschen Schauerromane, die sich meist zu hölzern heroisch oder zu prätentiös diabolisch geben, hat jedoch ›Metzengerstein‹, bis auf den Namen, nur wenig gemein. Sein Charakter ist ungleich vielschichtiger.

Die nächste, am 3. März 1832 vom ›Philadelphia Saturday Courier‹ veröffentlichte Erzählung war die Burleske ›The Duke de L'Omelette‹. Poe nimmt darin auf amüsante Weise den ›Literaturpapst‹ und Dandy N. P. Willis aufs Korn, der, so Hans Wollschläger, »als Geck gezeichnet wird, mit dessen eskamoteurhafter Unverschämtheit selbst der Teufel nicht fertig wird«.[33] »Wäre ich nicht de L'Omelette, hätte ich nichts dagegen einzuwenden, der Teufel zu sein«, versichert der Fürst der ›littérateurs‹ dem Höllenfürsten, nachdem er ihn bei einer Partie Ecarté betrogen hat. – Das Interieur der Hölle gleicht übrigens den opulenten Gemächern der verträumten Helden Poes aufs Haar – so sind die »Ecken des Raumes... zu Nischen gerundet«, was den Eindruck ihrer Weitläufigkeit steigert;[34] und aus einer »dicht wirbelnden Masse aus feuerfarbenen Wolken« hängt an einer langen Kette eine gewaltige Ampel herab, eine ähnliche Lampe wie die, an der der Zwerg ›Hopp – Frosch‹ in die Freiheit klettert, und wie sie sich auch – wenngleich als bescheideneres Pendant – in dem Idealzimmer befindet, das Poe in seiner ›Philosophie der Einrichtung‹ beschreibt: »... wenn wir von der Argandlampe mit ihrem glatten, karmesingetönten Milchglasschirm absehen; sie hängt an einer einzigen dünnen goldenen Kette von der hochgewölbten Decke herab und verbreitet über alles einen ruhigen, doch zauberischen Glanz.«[35]

Am 9. Juli folgte ›A Tale of Jerusalem‹, die wohl unbedeutendste Kurzgeschichte Poes, die einen damals vielgelesenen Roman des Engländers Horace Smith parodierte, ›Zillah, A Tale of the Holy City‹. Da der Roman vergessen ist, ist auch die Satire darauf obsolet. »Mr. Edgar A. Poe hat uns freundlicherweise einige Erzählungen aus seiner Feder in Manuskriptform zur Verfügung gestellt. Es wäre allein schon ein Kompliment, würden wir es bei der Feststellung bewenden lassen, wir hätten sie *gelesen,* beschränkt sich die Leserschaft solcher Manuskripte doch meist auf die Person ihres Verfassers. Aber wir fügen noch hinzu, daß wir diese Erzählungen Wort für Wort und mit dem größten Vergnügen gelesen haben und daß sie nach unserer Auffassung die meisten Werke unserer zeitgenössischen amerikanischen Literaten an Originalität, Vorstellungskraft und makellosem Stil haushoch übertreffen. Mit Mr. Poes Erlaubnis werden wir demnächst die eine oder andere davon unseren Lesern vorstellen.«[36]

Diese Notiz erschien am 4. August 1832 im ›Saturday Visiter‹, einem auflagestarken und vielgelesenen Wochenblatt in Baltimore, und hinter dem ›wir‹ verbarg sich zweifellos Lambert A. Wilmer, der seit Januar für den Kulturteil verantwortliche Redakteur. Es ist sicher kein sehr schmeichelhaftes Kompliment für einen Schriftsteller, wenn seine Werke ›zumindest des Lesens für wert befunden werden‹, aber Mr. Wilmer sprach – wie vor ihm N. P. Willis – aus einer leidigen Erfahrung heraus: all der Schwulst, das Epigonentum, die Plagiate, die ewigen Herz-Schmerz-Reime, all die literarischen Mißgeburten, die unzählige Möchtegern-Autoren und -Autorinnen ihm und anderen Redakteuren und Verlegern unverlangt einsandten, wanderten in der Tat – und zu Recht – meist ungelesen in den Papierkorb. Wenige – sehr wenige – hatten bisher berechtigt Anspruch auf literarischen Lorbeer erhoben: Irving, Cooper, Dana, Bryant, Fitz Greene Halleck, Prescott, Pinkney, Brown –; Hawthornes erste Kurzgeschichte, ›The Hollow of the Three Hills‹ (thematisch übrigens weitläufig verwandt mit Poes ›Metzengerstein‹), war vor anderthalb Jahren, am 12. November 1830, in der ›Salem Gazette‹ abgedruckt worden[37], und Emerson, Longfellow und Lowell sollten erst ab der Mitte der dreißiger Jahre und später zu poetischem Ruhm gelangen. Bisher standen in Amerika nur drei Künste in wirklicher Blüte, die mit dem staatsmännischen Leben eng verknüpft waren: Rhetorik, Geschichtsschreibung und Porträtmalerei. Poe gehörte zu der Generation der jungen Autoren, die den Beginn einer neuen literarischen Epoche in

Amerika einleiteten, und er schuf zugleich wenig später eine neue Form der Literaturkritik, die von strengen Grundsätzen geprägt war und mit deren Hilfe er gegen die bisherigen literarischen Gepflogenheiten zu Felde zog.

Wilmer, der Verfasser der schmeichelhaften Notiz im ›Saturday Visiter‹, hatte ihn 1829 in der ›Seven Stars Tavern‹ in Baltimore kennengelernt, damals einem Treffpunkt der Boheme, und Poes Liebesaffäre mit Miss Royster inspirierte ihn, wie erwähnt, zu einem ›Merlin‹ betitelten, heute längst vergessenen Theaterstück. Aus seiner anfangs flüchtigen Bekanntschaft mit Poe entwikkelte sich eine langjährige Freundschaft, die allerdings später – wahrscheinlich durch ein Mißverständnis – abrupt endete. In einem kurz nach Poes Tod veröffentlichten Artikel Wilmers heißt es: »Der jüngst verstorbene Edgar A. Poe ist von der amerikanischen Presse im allgemeinen als ›rücksichtsloser Wüstling und Trunkenbold‹ dargestellt worden. Ich erkenne ihn in dieser Beschreibung nicht wieder, obwohl ich mit dem Mann eng befreundet war und lange Zeit Gelegenheit hatte, seinen Charakter zu studieren . . . Was den Vorwurf betrifft, er sei ein ›Wüstling‹ gewesen – von allen Männern, die ich je kannte, war er der leidenschaftsloseste; seine Werke legen Zeugnis darüber ab . . . Seine Frauengestalten sind allesamt entweder Statuen oder Engel. In unseren Gesprächen gab er sich stets so keusch wie eine Vestalin, und sein Benehmen . . . war entsprechend makellos . . . Er lebte damals sehr zurückgezogen im Hause seiner Tante, Mrs. Clemm. Er schien mir einer der am härtesten arbeitenden Männer auf der ganzen Welt zu sein. Ich sprach zu jeder Tages- und Nachtzeit bei ihm vor und fand ihn stets mit Schreiben beschäftigt. Er hatte bereits Gedichte veröffentlicht und einige kürzere Romanzen verfaßt, die später in ›Tales of the Grotesque and Arabesque‹ erschienen. Zu seinen Lebensgewohnheiten gehörte strikte Enthaltsamkeit, und bis auf ein oder zwei Vorfälle hätte ich ihn für ein Mitglied der ›Kaltwasserarmee‹ halten können . . .«[38]

Mr. Wilmer war entweder nicht nachtragend oder er hatte eine Passage aus Poes ›Marginalien‹ nicht gelesen, die jener im Dezember 1844 in der Zeitschrift ›The Democratic Review‹ veröffentlichte: »Ein verderbtes und gottloses Herz – eine lediglich lüsterne Phantasie – ein saturnisches Hirn, darin alle Invention blos den phosphorescirenden Schimmer der Verfäulniß hat. Ohne jeden Wert so Leib wie Seele. Ein Schmutz- und Schand-Fleck der Nation, welche Dergleichen ausgebrütet hat und nun auch noch erträgt. Ein stinkender Schmarotzer im Auswurf allen Denkens. Kein Mensch – ein Vieh. Ein Schwein. Bedenkenloser denn jede Aas-Krähe und kaum weniger gemein und dreckig denn ein Herr Wilmer.«[39]

Das klingt nicht gerade so, wie man sich die Ausdrucksweise einer ›Vestalin‹ vorstellt. Auf die Kontroverse zwischen Poe und Wilmer, der diese wenig feinfühlige Tirade folgte, wird noch zurückzukommen sein. Später, in Phila-

delphia, äußerte sich Wilmer in einigen Briefen eher abfällig über Poes Trinkgewohnheiten, so daß seine Aussage über dessen ›Enthaltsamkeit und makel-
losen Lebensstil‹ während seiner Zeit in Baltimore Anfang der dreißiger Jahre
sicher zutreffend ist.

Am 10. November erschien im ›Philadelphia Saturday Courier‹ seine Groteske ›A Decided Loss‹ (›Loss of Breath‹), der er später den Untertitel ›Eine
Erzählung, die weder im ›Blackwood‹ steht noch ihm entnommen ist‹, hinzufügte und die er in seinem ›Folio Club‹ von einem ›Mr. Blackwood Blackwood, der gewisse Artikel für ausländische Magazine verfaßt hatte‹, vortragen lassen wollte. Und als ob diese Hinweise noch nicht ausreichen würden,
erklärte Poe in einem Brief an John P. Kennedy noch einmal ganz deutlich,
was er mit dieser Geschichte beabsichtigte: ». . . eine Satire auf die Extravaganzen von ›Blackwood's Magazine‹.«[40] Die Frauengestalt, die darin vorkommt, gleicht weder einem Engel noch einer Statue:

»›Du Elende! – du böse Sieben! – du Zankteufel!‹ so sprach ich zu meinem
Eheweibe am Morgen nach unserer Heirat – ›du Hexe! – du Furie! – du
dumme kleine Schnappgans, du! – du Senkgrube der Bosheit! – du feuerge-
sichtige Quintessenz alles Abschäumlichen! – du – du –‹ und indem ich mich
hier auf die Zehenspitzen erhob, sie bei der Kehle packte und meinen Mund
dicht an ihr Ohr brachte, bereitete ich mich vor, ein neues und noch ent-
schiedneres Epitheton von Schimpf und Schande vom Stapel zu lassen, welches – wenn nur recht ejakuliert – nicht verfehlen sollte, sie zwingend von
ihrer Belanglosigkeit zu überzeugen, – doch da entdeckte ich, zu meinem äußersten Schrecken und Erstaunen, *daß ich meinen Atem verloren hatte.*«[41]

Der Groll des Herrn Luftmangel – so heißt der Held der Erzählung – auf
seine Gemahlin ist nicht ganz unberechtigt; obwohl er verschweigt, was sich
eigentlich in der Hochzeitsnacht abgespielt hat, findet er doch auf der Suche
nach seinem verlorengegangenen Atem bald darauf in verschiedenen Schubladen und Schränken seines Hauses »einen Satz falscher Zähne, zwei Paar
Hüften, ein Auge und ein Bündel von *billets-doux,* die Herr Windgenug seinem Eheweibe geschrieben«. Eine solche Anhäufung scheinbar leicht durch-
schaubarer Symbole reizt natürlich zu psychoanalytischen Interpretationen;
der Held verliert seinen Atem am Morgen nach Vollzug der Eheschließung –
Atem also als Synonym für sexuelle Potenz – und stößt wenig später auf glühende Liebesbriefe von einem Herrn ›Windgenug‹ an seine Angetraute. Im
Verlauf seines sich anschließenden, abenteuerlichen Martyriums bricht er
sich beide Arme und zieht sich einen »interessanten und zugleich außerordentlichen Schädelbruch« zu; ein Chirurg, der seinen vermeintlichen Leichnam untersucht, schneidet ihm beide Ohren ab und bringt »diverse Stücke
seiner Eingeweide zu privater Sektion auf die Seite«, und zwei Katzen, »er-

füllt von tadelnswert gefräßigen Gelüsten«, lassen sich auf seinem Gesicht nieder und widmen sich einem Streit »um den abgeschmackten Preis seiner Nase« – »als ob«, so schreibt Daniel Hoffman, »der Verlust seines Atems noch nicht genügend symbolisieren würde, was ihm eigentlich fehlt«.[42] Durch eine unglückselige Verwechslung wird Herr Luftmangel auch noch anstatt des ›Posträubers W.‹ aufgehängt, infolge seiner Atemlosigkeit jedoch ein hoffnungsloses Unterfangen.

Man bettet Herrn Luftmangel in einer städtischen Gruft zur letzten Ruhe (die Agonien des Lebendigbegrabenseins wird Poe in einer späteren Erzählung, ›The Premature Burial‹, alles andere als komisch schildern), wo er alsbald, von Langeweile geplagt, den Deckel seines Sarges sprengt, monologisierend in dem Mausoleum einherschreitet und sich damit die Zeit vertreibt, die Deckel der anderen, ›in Reih und Glied‹ gestapelten Särge aufzubrechen und »Spekulationen über ihren verstorbenen Inhalt anzustellen«. Eine der Leichen, die er zu diesem Behuf an der Nase aus ihrem Gehäuse zieht, entpuppt sich als der ebenfalls lebendig eingesargte Herr Windgenug, der ihm auf seine Vorhaltungen hin (»Unhold – und doppel-windiger Idiot!«) seine Atmung wieder aushändigt, »für die ich ihm«, so der Erzähler, »(nachdem ich sie sorgfältig untersucht) hernach eine Quittung überreichte«.[43] Für solche Art von Humor gab es auch damals kein breites Publikum, und Poe selbst amüsierte sich zweifellos schon beim Schreiben seiner Groteske über das Stirnrunzeln und die Fassungslosigkeit, die sie bei manchen Lesern des ›Saturday Courier‹ hervorrufen möchte. Daß es sich jedoch um eine Satire handelte, die auf die Schauergeschichten in ›Blackwood's Magazine‹ zielte, wurde – im Gegensatz zu vielen Literaturwissenschaftlern unseres Jahrhunderts – von den meisten verstanden. In einem Brief von John P. Kennedy an Thomas W. White vom 3. März 1836 heißt es zum Beispiel, »das Publikum habe im allgemeinen Schwierigkeiten, Poes satirische Absicht zu erkennen; das gelte freilich nicht für die Satire auf Willis (›The Duke de l'Omelette‹, Anm. d. Verf.) und die Burleske auf Blackwood« (›A Decided Loss‹).[44]

Wenn Daniel Hoffman in Herrn Luftmangels Atemlosigkeit nach der Hochzeitsnacht ein Symbol für dessen Impotenz wittert, so verkennt er vielleicht, daß Poe absichtlich mit dieser Zweideutigkeit spielte. »Auf all dies kann ich zu meinem Bedauern nichts erwidern«, sagt der Erzähler am Ende von ›A Decided Loss‹.

»Ein Fingerzeig ist die einzige Antwort, die zu geben mir allenfalls erlaubt ist. Es gab da *Umstände* – doch erwäge ich's recht, so halte ich es doch für weit sicherer, so wenig als möglich über eine Affäre zu sagen, die derart delikat – ich wiederhole: *delikat* – war und zudem die Interessen einer dritten Partei mit einbeschloß, deren schwefeligen Groll mir zuzuziehen ich im Augenblick nicht das mindeste Verlangen habe.«[45]

Poe gab sich oft, selbst für seine Zeitgenossen, überpuritanisch, aber das gehörte zu seinem selbstaufgebauten Image des keuschen, weltfernen Poeten. Man darf die ›viktorianische Prüderie‹ jener Epoche nicht so weit überschätzen, daß sie jegliche sexuelle Andeutung oder Zweideutigkeit ausgeschlossen hätte.

Poes Liebesleben ist Gegenstand der abenteuerlichsten und manchmal gehässiger Spekulation gewesen. Durch eine intensivere Auseinandersetzung mit seiner Biographie und vor allem den Aussagen seiner weiblichen Zeitgenossen hätten sich viele Irrtümer vermeiden lassen. Es gibt in seiner gesamten Lebensgeschichte nicht einen konkreten Hinweis auf eine Anomalie in dieser Beziehung, es sei denn seine Verheiratung mit seiner dreizehnjährigen Cousine Virginia – aber daß Mädchen so jung in die Ehe gingen, war damals keineswegs ungewöhnlich. Die Klischeevorstellung von Poe als impotentem Neurotiker mit nekrophilen Neigungen wurde von Psychoanalytikern aus seinem Werk abgeleitet, entbehrt aber in Wahrheit jeglicher Grundlage. Nicht zuletzt stand Poe noch zu Lebzeiten im Ruf eines ›reckless libertine‹, eines Wüstlings, und dieses Prädikat, so ungerecht und verleumderisch es immer sein mag, wird kaum einem Mann verliehen, der in Damengesellschaft errötet. Trotzdem scheint das Klischeebild Poes als nekrophiler Psychopath unausrottbar. »Eine Impertinenz, nicht wahr? Ich meine, es zeugt nicht gerade von gutem Geschmack, Hypothesen über die sexuellen Beziehungen eines Mannes aufzustellen, der seit über hundert Jahren tot ist. Kein Thema für uns«, schreibt Daniel Hoffman, nur um in einem späteren Kapitel zu behaupten: »Aber Poe war impotent... wir haben die Diagnose seiner Psychoanalytikerin, Prinzessin Dr. Marie Bonaparte etc.«[46] Philip Lindsay erwähnt in seiner Biographie ›The Haunted Man‹ ebenfalls Mrs. Bonapartes Theorien über Poes ›Nekrophilie‹ und kommentiert dazu, sie könnten »richtig oder falsch sein«. Allerdings nimmt er sie später einfach als gegeben an und benützt sie als Grundlage seiner eigenen Interpretationen.[47] Wohl selten ist eine auf sehr schwachen Füßen stehende, rein hypothetische Annahme so überzeugt vertreten worden. Ob ›Herrn Luftmangels‹ Atemlosigkeit nun ein Synonym für seine Impotenz war oder nicht, sei dahingestellt; ihn jedoch, den Poe als ›derbe und korpulente Erscheinung‹ beschrieb, ›dessen Gestalt ein wenig zu klein geraten war‹, mit seinem Verfasser zu identifizieren, einem damals dreiundzwanzigjährigen, unverheirateten jungen Mann, der anscheinend mit Vorliebe jungen Mädchen nachstellte, paßt zwar in das gängige Schema, ist aber trotzdem ein Fehlgriff.

Die letzte von Poes fünf im ›Courier‹ abgedruckten Erzählungen war ›The Bargain Lost‹ (1. Dezember 1832), deren Held Pedro Garcia, ein venezianischer ›Restaurantbesitzer und Metaphysiker‹, in der später überarbeiteten Fassung ›Bon-Bon‹ zu Pierre Bonbon werden sollte, einem philosophierenden Gastwirt in Rouen. Wie in ›The Duke de L'Omelette‹ geht es auch diesmal um eine Konversation mit dem Teufel. Derselbe trägt, wie der fiktive Erzähler dieser Geschichte im ›Folio Club‹, ›De Rerum Naturâ, Esqr.‹, »eine sehr eigenartige Brille mit grünen Augengläsern«.[48] Als er sie während des Gespräches abnimmt, bemerkt Garcia/Bonbon zu seinem Erstaunen, daß sich dahinter nichts als eine ›tote Fläche Fleisch‹ befindet.

»Es lag nicht in der Natur des Philosophen, von einigem Forschen in den Quellen eines so sonderlichen Phänomenes abzustehen, und die Antwort Seiner Majestät war zugleich prompt, voll Würde und zufriedenstellend. ›Augen! mein lieber Bonbon, Augen! sagten Sie? – oh! ah! – ich verstehe! Die lächerlichen Abbildungen, eh? welche so im Schwange sind, haben Ihnen eine falsche Vorstellung von meiner persönlichen Erscheinung gebildet... Für Sie... da willige ich ein, sind diese optischen Sächelchen unentbehrlich. Bemühen Sie sich nur, Bonbon, sie recht wohl zu benützen; – *ich* sehe mit der Seele.«[49]

Seelen sind es natürlich auch, die den Teufel am meisten interessieren und von denen er mit der Genüßlichkeit eines Feinschmeckers berichtet – so habe die Seele von Francois Marie Arouet (Voltaires wirklicher Name) ein glänzendes Frikassee abgegeben. Auch Garcia/Bonbon ist ein Gourmet, nur sind es bei ihm Bücher, die er wie Leckerbissen behandelt; da steht ›eine Schüssel voll Polemiken friedfertig auf der Anrichte‹; ›Plato ruht unbeschwert in der Schmorpfanne‹ und ›Bücher deutscher Sittenlehre zeigen sich sehr vertraut mit dem Bratroste‹. Zuletzt bewahrt ihn sein übermäßiger Alkoholkonsum vor dem Verlust seiner eigenen Seele, die er, reichlich angeheitert, dem Teufel freiwillig zum Verkauf anbietet, was jener jedoch dankend ablehnt.

Dem, daß Trunkenheit eines Gebildeten unwürdig sei, wird am Anfang der Burleske energisch widersprochen: ›Gibt es doch zum Beispiel nur wenige Männer von außergewöhnlicher Profundität, bei welchen sich der Mangel einer Neigung zur Flasche feststellen läßt. Ob nun diese Neigung eine erregende Ursache oder eher ein triftiger Beweis solcher Profundität sei, ist eine heikle Frage‹. Poe rechnete in ›The Bargain Lost‹ vor allem mit der damals gängigen, oft prätentiösen klassischen Gelehrsamkeit ab, jenen beflissenen Bildungsbürgern also, die ihren Cicero oder Aristoteles in der Rocktasche mit sich herumtrugen und unaufgefordert zu jeder Gelegenheit irgendwelche passenden oder unpassenden Zitate im Urtext zum besten gaben. Dieser Typus muß seinerzeit eine wahre Landplage gewesen sein. Jegliche Heroenverehrung war Poe ein Greuel. Aristoteles zum Beispiel verfügt über eine ›glückliche Geschicklichkeit im Schießen grober Böcke‹; Horaz, der ›liebe Quinty‹, wird am Spieß gebraten; Plato hätte ›dem Cerberus noch den Magen herumgedreht‹, ›Virgil schmeckt recht penetrant nach Theokrit‹ usw. Die Respektlosigkeit, mit der Poe die ›Alten‹ im wahrsten Sinne des Wortes ›in die Pfanne haut‹, dürfte viele seiner Leser doch sehr verärgert haben – aber die Groteske erschien ja, wie alle anderen Erzählungen im ›Courier‹, anonym, so daß er zumindest, wenn er schon kein Honorar empfing, vor erzürnten Leserbriefen verschont blieb.

So lustig das alles klingt, so gab Poes Situation im Jahre 1832 und im Frühjahr 1833 doch sicherlich keinen Anlaß zur Heiterkeit. Es ist nicht bekannt, wie er in diesem Zeitraum seinen Lebensunterhalt bestritt, aber man kann davon ausgehen, daß er nicht weit davon entfernt war, das Los des von ihm geschätzten Dichters Pinkney zu teilen, der 1828, im Alter von fünfundzwanzig Jahren, in Baltimore buchstäblich verhungerte.

Am 12. April 1833 wandte sich Poe, nach einer fast anderthalbjährigen Pause und zum letzten Mal, an Allan:

»Es ist nun mehr denn zwei Jahre her, daß Sie mir Ihren Beistand liehen, und mehr denn drei, seit Sie mit mir sprachen. Ich hege nur wenig Hoffnung, daß Sie diesem Briefe noch irgend Beachtung schenken werden, doch kann ich mich nicht enthalten, noch einmal einen Versuch zu unternehmen, Ihre Teilnahme für mich zu gewinnen. Wenn Sie einzig erwägen wollten, in welch eine Lage ich versetzt bin, so werden Sie gewißlich Mitleid mit mir haben: – ohne Freunde, ohne alle Mittel, folglich außer Stande, eine Beschäftigung zu erlangen, gehe ich zu Grunde – gehe gänzlich und unbedingt zu Grunde, da ich jeder Hilfe ermangle. Und doch bin ich nicht müßig – noch irgend einem Laster verfallen, noch habe ich mich irgend gegen die Gesellschaft vergangen, wodurch ich ein so hartes Schicksal würde verdient haben. Um Gottes Willen, erbarmen Sie sich und retten Sie mich vor dem Untergang!

E. A. Poe«[50]

Müßig war Poe die letzten Monate wirklich nicht gewesen; er hatte, vergraben in irgendein Zimmer im Haus von Mrs. Clemm in der Amity Street Nr. 3, wohin die Familie im Herbst vergangenen Jahres umgezogen war, fünf oder sechs weitere Erzählungen verfaßt, anstatt sich um eine Stellung zu bemühen; und er schrieb die Endfassungen dieser Geschichten in einer säuberlichen, an Druckbuchstaben erinnernden Schrift noch einmal ab, um sicher zu gehen, daß sie die Verleger und Publizisten, denen er sie einreichen wollte, auch lesen würden – manchmal drei- oder viermal. Allein das muß viel Zeit in Anspruch genommen haben, vergeudete Zeit, nach Allans Begriffen; aber für ihn hatte Poe, nach seinem letzten Auftritt in Richmond, ohnehin aufgehört zu existieren. Keine Antwort also auf diesen letzten, flehentlichen Appell.

Im ›Baltimore Saturday Visiter‹ erschien am 20. April ein Gedicht, ›Serenade, by E. A. Poe‹, aber es war dem Herausgeber, Mr. Cloud, sicher nicht viel mehr als $ 5 wert, wenn er es überhaupt bezahlte. Poe widmete es einer –

vielleicht imaginären – ›Adeline‹. Wenn er es an manchen Abenden nicht mehr auf seinem Zimmer aushielt oder es im Winter zu kalt wurde, um weiterzuarbeiten – die Finanzlage von Mrs. Clemm ließ es nicht zu, mehr als einen Raum zu beheizen –, mischte er sich wohl gelegentlich unter die Bohemiens in der ›Seven Streets Tavern‹, wo er und sein Freund Wilmer immer noch verkehrten. In dieser Schenke in der Water Street ging auch eine illustre Persönlichkeit ein und aus, ein gewisser John Lofland, der sich der ›Milford Barde‹ nannte. Er hatte 1828 zwei Bücher veröffentlicht, den Gedichtband ›The Harp of Delaware‹ und ›Die Bekenntnisse eines Opium-Essers‹, letzteres, zumindest vom Titel her, frei nach Thomas de Quincey. Mit dem Opium, einer Droge, die damals als ›Laudanumtropfen‹ in jeder Apotheke erhältlich war, machte Poe wahrscheinlich zu dieser Zeit zum erstenmal Bekanntschaft. Lofland verdiente sich seinen Lebensunterhalt als Auftragsschreiber, d. h. er verfaßte auf Bestellung Lieder, ›poetische Briefe‹, Liebesbriefe, Grabinschriften und dgl., und es ist möglich, daß sich Poe ebenfalls durch dergleichen Dienstleistungen einen kleinen Nebenverdienst erwarb, wenn er nicht anonym für Zeitungen und Zeitschriften schrieb, Lokalberichte und journalistischen, längst vergessenen Kleinkram. Jedenfalls soll er einmal, in einer etwas angeheiterten Runde, behauptet haben, er könne zu einer gegebenen Zeit mehr Verse dichten als jeder andere Anwesende. Lofland nahm die Wette an und gewann – wenn nicht auf Grund von Qualität, so doch von Quantität; ein literarisches Duell, das sich bis zum frühen Morgen unter reichlichem Zuspruch alkoholischer Getränke hinzog. Zu den Teilnehmern an diesen feuchtfröhlichen Tafelrunden gehörte auch der Schriftsteller T. S. Arthur, der später die Leitung des ›Visiter‹ übernahm und die Atmosphäre in der ›Seven Streets Tavern‹ in seinem Bestseller ›Ten Nights in a Barroom‹ beschrieb.

Am 4. Mai 1833 sandte Poe seine Groteske ›Epimanes‹, eine im Vergleich mit seinen früheren Erzählungen eher harmlose Satire, gespickt mit Referenzen seiner Belesenheit, an die Herausgeber des ›New England Magazine‹, Joseph T. Buckingham und seinen Sohn Edwin. In dem Begleitschreiben erläuterte er sein Konzept des ›Folio Club‹ und wies darauf hin, daß er bereits zehn Geschichten in ähnlichem Stil wie die eingereichte geschrieben habe, die er zusammen unter dem Titel ›Eleven Tales of the Arabesque‹ zu veröffentlichen beabsichtige. Sein Hauptziel dabei sei »Originalität« gewesen. Die Herren Buckingham, die pro Manuskriptseite $ 1 zahlten – für damalige Verhältnisse ein ordentliches Honorar –, fanden jedoch keinen Geschmack an Poes Reportage aus dem klassischen Altertum, die später den umständlicheren Titel ›Four Beasts in One – The Homo-Cameleopard‹ tragen sollte[51].

Während Poes finanzielle Situation in Baltimore immer problematischer wurde, gab Allans Gesundheitszustand seinen Angehörigen in Richmond ernsthaften Grund zur Besorgnis. »Mr. Allan geht es sehr schlecht«, heißt es in einem Brief von Elizabeth Ellis an ihren Vater. Am 27. Juli schrieb Allan, im Begriff, einen Kurzaufenthalt in ›White Sulphur Springs‹ anzutreten, an seinen Firmenpartner: »Fühle mich sehr angegriffen und schwach ... Ich breche mit der ganzen Familie am Montag auf, um zwei oder drei Tage auf ›Byrd‹ zu verbringen – anschließend geht's dann weiter nach Sulphur Springs. Mrs. A., meine Wenigkeit, Mrs. V., zwei Kinder, zwei Kindermädchen, zwei Kutscher und fünf Pferde bilden eine recht kostspielige Kavalkade ...«[52]

Etwa einen Monat zuvor, am 15. Juni 1833, war im ›Baltimore Saturday Visiter‹ eine Ankündigung erschienen, die für Poe einen neuen Hoffnungsstreif am Horizont bedeuten mußte:

PREISAUSSCHREIBEN.

»Die Herausgeber des *Baltimore Saturday Visiter,* von dem Wunsche beseelt, die Literatur zu fördern und gleichzeitig ihren Lesern das Beste zu offerieren, dessen sie sich zu bedienen im Stande sind, bieten hiermit einen Preis von 50 Dollar für die beste Erzählung und 25 Dollar für das beste Gedicht (welches an Umfang hundert Zeilen nicht überschreiten darf). Einsendeschluß ist der kommende erste Oktober.

Folgende Herren wurden dazu bestimmt, die Verdienste der eingereichten Werke zu beurteilen:

John P. Kennedy, Esq.

John H. B. Latrobe, Esq.

Dr. James H. Miller

Diejenigen Autoren in diesem Lande, die an dem Wettbewerb teilnehmen möchten, werden aufgefordert, ihre Werke an die Adresse von *Cloud and Pouder* in Baltimore vor dem ersten Oktober (Poststempel) einzusenden, verschlossen in einen Umschlag, der den Namen des jeweiligen Verfassers trägt. Wer anonym zu bleiben wünscht, kann seinen Namen in einem getrennten Kuvert beifügen, welcher nur im Falle eines Sieges bei dem Preisausschreiben geöffnet werden wird ... Es versteht sich, daß sämtliche eingereichten Manuskripte in den Besitz der Herausgeber übergehen. Silbermedaillen im Wert der ausgesetzten Prämien können auf Anfrage anstatt des Geldbetrages verliehen werden.«[53]

Poes Beiträge waren sein Gedicht ›The Coliseum‹ sowie sechs Erzählungen, zusammengefaßt unter dem Titel ›Tales of the Folio Club‹: ›Epimanes‹, ›The Manuscript Found in a Bottle‹, ›Lionizing‹, ›The Visionary‹, (›The Assignation‹), ›Siope‹ und ›A Descent into the Maelström‹[54].

Einer der Preisrichter, John H. B. Latrobe, erinnerte sich sehr genau an die

Zusammenkunft des Gremiums des ›Baltimore Saturday Visiter‹ im Oktober 1833:

»Einige (Arbeiten) wurden beim Vorlesen schon nach wenigen Sätzen verworfen, andere legten wir beiseite, um auf sie zurückzukommen. Viele waren es nicht, und auch sie fanden später keine Gnade. Unsere Jury war sich schon fast darüber einig, daß sie keiner der vorgelegten Arbeiten einen Preis zusprechen würde, als mir ein kleiner Band im Quartformat auffiel, der unserer Aufmerksamkeit bisher entgangen war, möglicherweise weil er äußerlich so wenig den gebündelten Manuskripten glich, mit denen ich mich herumplagen mußte. Ich öffnete die Sendung und fand ein Kuvert mit einem Motto, das dem Buch entnommen war. Unsere Beurteilung der Prosawerke war also noch nicht ganz abgeschlossen. Statt der üblichen kursiven Schreibschrift war dieses Manuskript in Blockbuchstaben verfaßt – eine Nachahmung der Druckschrift.

Ich weiß noch, daß Mr. Kennedy und der Doktor ihre Gläser füllten und sich eine Zigarre ansteckten, während ich die erste Seite überflog. Als ich sagte, es bestünde nun endlich doch noch Aussicht, den Preis zu verleihen, lachten sie zweifelnd und lehnten sich bequem in ihren Sesseln zurück. Ich begann vorzulesen, und es dauerte nicht lange, bis meine Kollegen ebenso interessiert waren wie ich selbst. Ich las die erste Erzählung, dann die zweite und auch noch die nächste. Ich hörte nicht auf, bis das Buch zu Ende war, und ich wurde nur von Zwischenrufen wie ›Großartig! Hervorragend!‹ unterbrochen. Aus allem, was ich meinen Kollegen vorgetragen hatte, sprach Genie: nirgends ein unsicherer Umgang mit der Grammatik, keine Schwächen im Satzbau, keine falsche Interpunktion, keine platten Binsenweisheiten, keine starken, jedoch wortreich plattgewalzten Gedankengänge. Logik und Phantasie vereinigten sich zu einer seltenen Stimmigkeit... Alles zeugte von einem scharfen Blick für komplizierte Sachverhalte, und scheinbar Zufälliges wurde in einer Weise zu einem Ganzen geordnet, die die Juroren dafür einnahm, ... eine Fülle exakter, wissenschaftlicher Kenntnisse, die sie bezauberte ... eine reine, klassische Diktion, die uns alle drei entzückte.

Nach der Lesung standen wir vor einer schwierigen Wahl. Teile der Erzählungen wurden erneut vorgelesen, und schließlich wählte das Preisgericht *A Ms. Found in a Bottle* aus. Eine der Geschichten hieß *A Descent into the Maelström*. Sie gefiel uns eine Zeitlang am besten ...«

Der Preis für Lyrik wurde einem Mr. Hewitt, der einer der Chefredakteure des ›Visiter‹ war(!), zugesprochen, »denn unsere Jury hatte ja schon den Preis (für Prosa) an Mr. Poe vergeben, aber ich erinnere mich, daß wir uns einig waren, daß das exzellente Gedicht von Mr. Hewitt unter den gegebenen Umständen eine Auszeichnung verdiente. Deshalb gaben wir ihm mit reinem

Gewissen den kleineren der beiden Preise. Ich glaube, daß zu jenem Zeitpunkt keiner der Preisrichter Mr. Poe schon einmal persönlich begegnet war...«[55]

Das Preisgericht hatte also, zumindest nach Latrobes Aussage, sehr wohl auch die anderen Einsendungen geprüft, und es war keineswegs bloß Poes schöne Handschrift gewesen, die ihn bei dem Wettbewerb siegen ließ, wie Poes Nachlaßverwalter Griswold behauptete[56].

Die Erzählung ›Ms Found in a Bottle‹ (›Das Manuskript in der Flasche‹) ist ein gutes Beispiel für Poes subtile Verwendung des *Allegorischen* in einer Handlung, wobei er selbst der Bezeichnung *Mystischen* den Vorzug gegeben hätte: »Dabei wollen wir den Begriff *mystisch* ganz im Sinne August Wilhelm Schlegels und der meisten deutschen Kritiker verstanden wissen. Dieselben bezeichnen damit jene Categorie von Werken, deren oberer Bewußtseins- und Meinungs-Strom transparent ist und einen unteren, *suggestiven,* durchscheinen läßt«[57]. Der Erzähler bemüht sich zu Beginn, seine Leser von seiner cartesianischen, rationalistischen Geisteshaltung zu überzeugen – »meine nachdenkliche Sinnesart setzte mich in den Stand, die Schätze des Wissens, die ich mir durch mein Studium von Jugend auf erworben hatte, in methodische Ordnung zu bringen... Man hat mir häufig die Trockenheit meines Geistes vorgeworfen, Mangel an Einbildungskraft ist mir als Verbrechen angekreidet worden, und der Skeptizismus meiner Ansichten hat mich allezeit berüchtigt gemacht... Im großen ganzen konnte kaum jemand weniger Gefahr laufen als ich, sich durch die *ignes fatui* des Irrglaubens dem strengen Bereich der Wahrheit entführen zu lassen. Ich habe es für nötig gehalten, soviel vorauszuschicken, damit die unglaubliche Geschichte, die ich zu erzählen habe, nicht so sehr als das Faseln einer rohen Einbildungskraft erscheint, sondern vielmehr als die positive Erfahrung eines Menschen, dem phantastische Träumereien immer nur ein wesenloses Geschwätz und Nichtigkeiten bedeutet haben.«[58]

Es hat fast ein wenig den Anschein, als ob dieses übertriebene Insistieren des Erzählers auf seiner ›Vernünftigkeit‹ einen leichten Schatten auf dieselbe würfe, zumal er, wie man ein paar Sätze später erfährt, von einer ›nervösen Unrast‹ getrieben wird, von der er ›wie von einem Dämon‹ besessen ist. In ›Eleonora‹ heißt es: »Viele Menschen haben mich verrückt geheißen, aber noch ist die Frage nicht gelöst, ob Wahnsinn nicht der höchste Grad von Intelligenz ist...«[59]

Jedoch ist eine differenziertere psychologische Verfahrensweise eigentlich erst für die Figuren der späteren Prosa Poes kennzeichnend. Wenn sich der Erzähler aus ›Das Manuskript in der Flasche‹ als unbestechlicher Chronist einführt, der die zu erwartenden ›unglaublichen‹ Ereignisse mit wissenschaftlicher Akribie beschreiben wird, so ist dies eine Prämisse in der Tradition von

Swifts ›Gullivers's Travels‹ oder Defoes ›Robinson Crusoe‹. Sein Bericht ähnelt den damals so beliebten ›Reiseskizzen‹, und die Pseudoauthentizität, die er durch seine Fülle an Details und geschickt eingestreutem, überprüfbarem Fachwissen erreicht, überträgt sich auch auf die Schilderung des Irrealen. Das Schiff, auf dem Poes ›phantasieloser‹ Held reist, und seine Fracht, zu der immerhin auch ›einige wenige Kisten Opium‹ gehören, werden sehr exakt beschrieben, wobei Poe zum erstenmal die Kenntnisse nützlich waren, die er sich bei Ellis & Allan erworben hatte: »Die Ladung war ungeschickt verstaut, so daß das Schiff ein wenig krängte«. Schon bald nimmt der Erzähler Anzeichen eines drohenden Unheils wahr, die der Poes ›Mythologie des Untergangs‹ kundige Leser als Metaphern der sich ankündigenden Katastrophe zu deuten weiß: »Kurz darauf zog das trübrote Licht des Mondes und die eigentümliche Beschaffenheit der See meine Aufmerksamkeit auf sich ... Nun wurde die Luft unerträglich heiß und bildete spiralförmige Schlieren, wie sie ähnlich von glühendem Eisen ausgehen.« Der Kapitän, dem er seine Befürchtungen mitteilt, reagiert darauf mit Indifferenz, und um Mitternacht wird das Schiff von einer riesigen Sturmwelle überflutet, der die gesamte Besatzung zum Opfer fällt – bis auf den Erzähler und einen alten, schwedischen Seemann. Sie treiben fünf Tage und Nächte, dem Sturm und den Elementen ausgeliefert, steuerlos dahin.

Schließlich begegnen sie, zuerst wie in einer Vision, einer Art ›Fliegendem Holländer‹, einem »riesigen Schiff von etwa viertausend Tonnen«, das auf dem Kamm einer haushohen Welle ›schwebt‹ und ›diesem übernatürlichen Ozean und diesem fessellosen Sturme zum Trotz alle Segel gesetzt‹ hat. »Für einen Augenblick – einen Augenblick unsagbaren Entsetzens – hielt es auf dem schwindelnden Gipfel, als ob es sich an seiner eigenen Erhabenheit berauschte, dann zitterte es, wankte und – stürzte in die Tiefe.«

Die Kollision schleudert den Erzähler mit »unwiderstehlicher Gewalt in das Tauwerk des fremden Schiffes«. Bis zu diesem Zeitpunkt waren seine Erlebnisse noch rational erklärbar, aber nun ist er in einen Bereich eingedrungen, der ›außerhalb von Zeit und Raum‹ liegt, in den Bereich des Mystischen. Er hat zugleich seine Körperlichkeit abgestreift, denn die gespenstisch greisenhafte Besatzung, deren Wesen ein »wunderliches Gemisch aus der Grämlichkeit zweiter Kindheit und der feierlichen Würde eines Gottes« ist, nimmt keinerlei Notiz von seiner Anwesenheit, auch wenn er sich mitten unter sie mischt.

»Ein Gefühl, für das ich keinen Namen habe, hat von meiner Seele Besitz ergriffen – eine Empfindung, die keine Analyse zuläßt, auf die das Wissen meines vergangenen Lebens nicht anwendbar ist und für deren Erkenntnis, wie ich fürchte, selbst die Zukunft mir keinen Schlüssel bieten wird. Für einen

Geist wie es den meinigen bedeutet eine solche Überlegung ein Unglück. Ich werde niemals – ich weiß es –, niemals über die Natur meiner Wahrnehmungen Gewißheit haben. Und dennoch ist es nicht verwunderlich, daß sie so unbestimmbar sind, da sie ja ganz unbekannten Quellen entspringen. Ein neuer Sinn, eine neue Wesenheit ist meiner Seele beigegeben.«

Poe stellte einer seiner berühmtesten Erzählungen, ›Ligeia‹, die er selbst für ›eine seiner besten‹ hielt, ein Zitat des englischen Mystikers Joseph Glanvill (1636–1680) voran: »Und der Wille liegt darin, der nicht stirbt. Wer kennt die Geheimnisse des Willens und seine Kraft? Denn Gott ist nur ein großer Wille, der alle Dinge mit der ihm eigenen Kraft durchdringt. Die Menschen aber überliefern sich dem Himmel und dem Tode nur aus übergroßer Willensschwäche.«[60] Vor diesem letzten aller Geheimnisse, dem Tod, muß sich sogar der überlegene Verstand des Erzählers beugen, und so liegen auch die Insignien seines Weltbildes, »wunderliche, längst veraltete mathematische Instrumente«, nutzlos »über das ganze Deck verstreut«. »Trotzdem überwiegt das Streben, die Rätsel dieser furchtbaren Regionen zu durchdringen, noch meine Verzweiflung und läßt mich den schauerlichen Anblick des Todes ertragen. Es ist klar, daß wir einer unerhörten Erkenntnis entgegentreiben, einem niemals mitteilbaren Geheimnis, dessen Offenbarung Vernichtung ist.«

Das Geheimnis offenbart sich zuletzt – im Sturz in den Malstrom, in »des Strudels Umarmung« – und nur ›das Manuskript in der Flasche‹ gelangt zurück in den Bereich des Irdischen, um eine Ahnung davon zu vermitteln, was nicht in Worte zu fassen ist.

Am Stichtag, dem 12. Oktober 1833, las Poe zu seiner Genugtuung folgende Notiz der Herausgeber: »... Unter den Prosastücken gab es viele von unterschiedlichem bis herausragendem Wert, aber die einzigartige Kraft und Schönheit der vom Verfasser der *Tales of the Folio Club* eingereichten Beiträge ließen uns in jener Gattung keinen Augenblick lang zögern, und so haben wir denn den Preis an eine Erzählung mit dem Titel ›*The Ms. Found in a Bottle*‹ vergeben. Wir kommen nicht umhin zu sagen, daß der Autor es seinem eigenen Ruf, aber auch dem Vergnügen der Leserschaft schuldig ist, den ganzen Band zu veröffentlichen. Diese Erzählungen zeichnen sich in hohem Maße durch eine wilde, kraftvolle und poetische Imagination aus, aber auch durch stilistischen Reichtum, fruchtbare Phantasie und weitgestreutes, erstaunliches Wissen.

gez.: John P. Kennedy
J. H. B. Latrobe
James H. Miller«[61]

Am 20. Oktober, dem Tag, nachdem seine Erzählung im ›Visiter‹ veröffentlicht worden war, machte Poe den Teilnehmern der Jury seine Dankesaufwartung. Mr. Latrobe gibt eine lebhafte Schilderung ihres Zusammentreffens: »Er war eher untersetzt als mittelgroß, aber man konnte ihn nicht als einen kleinen Menschen bezeichnen. Er machte eine bemerkenswert gute Figur und hielt sich aufrecht und straff wie jemand, der von klein auf dazu angehalten worden war. Er war in Schwarz gekleidet, und sein Gehrock war bis zum Hals zugeknöpft, also bis zu dem schwarzen Stehkragen, den damals fast alle Welt trug. Nirgends ein Schimmer von Weiß. Rock, Hut, Stiefel und Handschuhe hatten offenbar schon bessere Tage gesehen, aber soweit es durch Bürsten und Ausbessern möglich war, hatte man anscheinend alles getan, um sie präsentabel zu gestalten. Bei den meisten Menschen hätte diese Kleidung schäbig und heruntergekommen gewirkt, aber von diesem Mann ging etwas aus, das jede Kritik an seiner äußeren Erscheinung verstummen ließ. Die von mir geschilderten Einzelheiten sind mir erst im Rückblick richtig bewußt geworden. Immerhin hatte ich den Eindruck, daß der Preis Mr. Poe nicht ungelegen kam. Er war von Kopf bis Fuß ein Gentleman von ruhigem, gelassenem Auftreten, und wenngleich er gekommen war, um Dank für etwas abzustatten, das er des Dankes wert hielt, hatte nichts von dem, was er sagte oder tat, etwas Unterwürfiges. Ich sehe mich außerstande, sein Gesicht im einzelnen zu beschreiben. Seine Stirn war hoch und im Bereich der Schläfen auffällig stark entwickelt. Dieses Merkmal seines Kopfes fiel einem sofort auf, und ich habe es nie vergessen. Sein Gesichtsausdruck war ernst, fast traurig. Aber bei einer angeregten Unterhaltung belebte sich dieses Gesicht und war von wechselhaftem Mienenspiel. Von seiner Stimme weiß ich noch, daß sie einen angenehmen Klang hatte und schön, fast rhythmisch moduliert war. Er sprach in wohlgesetzten Worten und ohne zu zögern...«[62]

Der prominenteste der drei Preisrichter war John Pendleton Kennedy (1795–1870), ein Rechtsanwalt, Schriftsteller und, mit Hilfe eines beträchtlichen Vermögens, Förderer der schönen Künste. Er gründete in Baltimore eine Bibliothek und eine Gemäldegalerie, die für jedermann unentgeltlich zugänglich waren, etablierte freie ›lectures‹, Vorlesungen über weltanschauliche, kulturelle und politische Themen für die breite Öffentlichkeit, war neben William Gwynn das eigentliche Haupt des ›Delphian Club‹ und schrieb vor allem volkstümliche Bücher, die seinerzeit überall in Amerika gelesen wurden, wie ›Swallow Barn‹, eine unzusammenhängende Reihe von Skizzen, in denen er mit viel Charme, romantischer Verklärung und leiser Wehmut das Leben auf einer virginischen Plantage um 1800 schilderte.

Er und Poe scheinen sich auf Anhieb sympathisch gewesen zu sein, denn beide entsprachen, jeder auf seine Art, dem Prototyp des ›Southern gentleman‹. Die Freundschaft, die sich zwischen ihnen entwickelte, war – außer der

$ 50-Prämie – der einzig wirkliche Nutzen, den Poe aus seinem Sieg bei dem Preisausschreiben zog, obwohl es zunächst so aussah, als sei dies der Anfang einer großen literarischen Karriere. Für einige Tage war er sogar das Stadtgespräch in Baltimore. Am 26. Oktober erschien im ›Visitor‹ eine Notiz, die darüber informierte, daß das »lang erwartete Buch von Mr. Poe« demnächst im Buchhandel erhältlich sei, und dazu aufforderte, mit $ 1 pro Exemplar zu subskribieren. Aber schon eine Woche darauf, am 2. November, kam ein Rückzieher: »Mr. Poe hat uns wissen lassen, daß er seine ›Tales of the Folio Club‹ nicht veröffentlichen wird. Wie wir hörten, beabsichtigt er, sie in Philadelphia herauszubringen.«[63] Zu diesem Schritt hatte ihm wohl Kennedy geraten, und Poe, im Siegestaumel und mit 50 Dollar in der Tasche, ließ sich nur allzu leicht dazu überreden. Aber sein Geld war schneller aufgebraucht, als er sich träumen ließ; zweifellos fanden sich in den nächsten Tagen einige seiner früheren Gläubiger, durch die Siegerehrung im ›Visiter‹ aufmerksam geworden, bei ihm ein, es gab notwendige Anschaffungen zu tätigen, wie Kleidung etc., der Haushalt der fünfköpfigen Familie Clemm war mitzuversorgen, und in der ›Seven Streets Tavern‹, wo er von seinen Freunden so lange ausgehalten worden war, durfte er sich nun nicht kleinlich zeigen. Hätte er seinen kurz aufflammenden Ruhm in Baltimore ausgenützt, es würde sich bestimmt ein – wenn auch unbedeutender – Verleger für seinen Erzählungsband gefunden haben. Aber es mußte eben Carey und Lea sein, der größte und bedeutendste überhaupt, und mit einer Empfehlung des großen Mr. Kennedy konnte ja bei diesem zweiten Anlauf einfach nichts mehr schief gehen. Wie erwähnt, hatte er sich schon einmal an diesen Verlag mit ›Al Aaraaf, Tamerlane and Minor Poems‹ gewandt und eine Absage erhalten. Diesmal antwortete H. C. Carey am 26. November 1834: »Schreiben ist nun mal ein klägliches Geschäft, wenn ein Mann es zu keinem Namen im öffentlichen Leben gebracht hat – und einen Namen erwirbt man sich nur höchst selten mit Kurzgeschichten. Lassen Sie wieder von sich hören.«[64] Eine andere, weit größere Enttäuschung stand aber noch aus.

Allan feilte bereits seit über einem Jahr an seinem Testament, ohne seinen Pflegesohn Poe auch nur mit einer Silbe zu erwähnen. In seinem Verwandten- und Bekanntenkreis galt es als ausgemacht, daß es mit ›Uncle Allan‹ bzw. ›Old Jock‹ bald zu Ende gehen müsse. »Nancy Valentine kam heute im Geschäft vorbei und teilte Thomas (Ellis) mit, daß Mr. Allans Zustand sich verschlechtert habe«, hieß es am 19. März 1934 in einem Brief von Mrs. Ellis an ihren Gatten.[65] Genau um diese Zeit befand sich Poe, der sich ebenso, soweit möglich, über Allans Gesundheitszustand auf dem laufenden gehalten hatte, abermals zu einem letzten Auftritt in ›Moldavia‹ in Richmond ein. Sein Selbstbewußtsein war gestiegen. Im Januar war – durch Kennedys Vermittlung – seine Erzählung ›The Visionary‹ (›The Assignation‹) in der bereits viel gelesenen Zeitschrift ›Godeys Lady's Book‹ in Philadelphia erschienen. Ihr Held, Prinz Mentoni, der Züge Byrons trägt und zugleich eine Spiegelung von Poes träumerischem Selbstgefühl ist, wird darin wie folgt beschrieben:

»Unseliger, geheimnisvoller Mann, den die Glut der eigenen Phantasie verzehrte und die lodernden Flammen der Jugend versengten! Wieder sehe ich dich vor mir! Wieder erstehst du vor meinem geistigen Auge – nein, o nein! nicht so, wie du jetzt bist, da du durch das Tal der Schatten irrst; nein, so, wie du noch sein solltest: mitten in einem Leben tiefsinniger Träumereien, das du achtlos verschwendest... Sicherlich gibt es noch andere Welten als diese unsere Welt, andere Gedanken als die Gedanken der breiten Menge, andere Theorien als die Theorien der Sophisten. Wer also könnte dich zur Rechenschaft ziehen, wer könnte dich tadeln ob der Stunden, da du traumhaft entrückt warst – wer sollte es wagen, diese deine Träume ein vergeudetes Leben zu heißen, da sie doch nur die Hochflut deiner rastlosen, nimmermüden Phantasie waren?«[66]

Wer sollte es wagen als John Allan? Und was beabsichtigte Poe mit diesem Besuch? T. H. Ellis schildert die Umstände ihrer letzten Begegnung, wie sie ihm berichtet wurden: »Wenige Tage, bevor Mr. Allan am 27. März 1834 starb, plagte ihn sein Leiden, die Wassersucht, so sehr, daß er nicht in der Lage war, sich hinzulegen, sondern Tag und Nacht in einem Lehnstuhl sitzen mußte; tagsüber ging er einige Male, dem Rat seines Arztes gehorchend, mit Hilfe seiner Frau und eines Hausdieners und auf einen Stock gestützt, im Zimmer auf und ab. Während dieses Stadiums der Krankheit ihres Gatten geschah es, daß Mrs. Allan, die sich gerade in der Empfangshalle des Hauses befand, die Türglocke läuten hörte und selbst öffnete. Vor ihr stand ein Mann von bemerkenswerter Erscheinung, der sie, ohne seinen Namen zu nennen, fragte, ob er Mr. Allan sprechen könne. Sie erwiderte, Mr. Allan sei leider in einem Zustand, daß seine Ärzte es ihm verboten hätten, irgend jemanden außer dem Pflegepersonal zu empfangen. – Dieser Mann war Edgar A. Poe, der sich natürlich im Hause bestens auskannte. Er drängte sich an ihr vorbei und lief, ohne auf ihre Einwände zu achten, eilig die Treppe hinauf, die zu Mr. Allans Zimmer führte, gefolgt von Mrs. Allan. Als er den Raum betrat, erhob Mr. Allan seinen Stock, drohte, ihn damit zu schlagen, sobald er es wage, in seine Reichweite zu kommen, und befahl ihm, augenblicklich das Haus zu verlassen. Poe zog sich daraufhin zurück, und es war dies das letzte Mal, daß sie sich sahen.«[67]

Eine knappe Woche später informierte Thomas Ellis' Bruder Charles seinen Vater in einem Brief darüber, daß Mr. Allan plötzlich verstorben sei: »...es geschah heute, um 11 Uhr morgens, ganz unerwartet – er saß ganz ruhig in seinem Lehnstuhl, und wäre Mrs. Allan nicht durch das Geschrei eines ihrer Kinder in sein Zimmer gerufen worden, würde es wohl noch einige Zeit gedauert haben, bis man seinen Tod bemerkt hätte. Sein Kopf war zurückgesunken; sie wurde sogleich auf seinen veränderten Zustand aufmerksam und rief laut um Hilfe. Die beiden Mr. Galt haben das Begräbnis auf kommenden Sonnabend festgesetzt.«[68]

11. Kapitel

Der ›Southern Literary Messenger‹

Allans Beerdigung muß etwas von einem Staatsbegräbnis gehabt haben. Es fehlte nicht an Kränzen, Beileidskundgebungen, Gedenkansprachen und Nachrufen. Zweifellos hatten sich selten so viele Trauergäste auf dem Shockoe-Friedhof eingefunden; die angesehensten Geschäftsleute und Honoratioren der Stadt waren anwesend, wie Gerichtspräsident Marshall, Colonel Ambler, General Winfield Scott (letzterer in seiner Paradeuniform) – und gäbe es eine Liste über all die Personen aus dem weiten Freundes- und Bekanntenkreis der Familie Allan, die an der Beisetzung teilnahmen, so wäre sie gewiß lang und eindrucksvoll. Natürlich gehörten die Mackenzies mit ihrer Adoptivtochter, Poes Schwester Rosalie, dazu sowie die nächsten Angehörigen der jungen Witwe, die Pattersons aus New York, deren Interesse sich vor allem auf die bevorstehende Testamentseröffnung konzentrierte. Immerhin handelte es sich um eine der stattlichsten Hinterlassenschaften in ganz Virginia. »Du wirst Dir denken können, wie niedergeschlagen Tante Nancy (Valentine) ist; alle in der Familie sind tief bekümmert, und ich kann Dir sagen, Mrs. Allan sieht so weiß aus wie ein Bettlaken«[1], heißt es in einem Brief von Jane Ellis, einer Tochter von Allans Firmenpartner, an ihren Bruder James.

Als sich am 1. April 1834 um zwölf Uhr mittags der Sarg des Millionärs in die Erde senkte, fehlten unter den Trauergästen eigentlich nur Mr. Charles Ellis, der sich gerade geschäftlich in Philadelphia aufhielt und zu spät über den Tod seines Kompagnons unterrichtet wurde, sein eben genannter Sohn James, ein Kadett in West Point, und Edgar Allan Poe, dessen Erscheinen allerdings unerwünscht gewesen wäre.

Der ›Enquirer‹ nannte Allan »einen der würdigsten Bürger Richmonds« – »...seit langem schon in unserer Stadt ansässig, war keiner besser bekannt und genoß ein höheres Ansehen als er, der sich stets durch seine Menschlichkeit und Gastfreundschaft ebenso wie als treuer Freund und fürsorglicher Familienvater auszeichnete... «etc.[2] – Euphemismen, wie sie beinahe in jedem Nachruf auf eine Person des öffentlichen Lebens vorkommen. James Ellis äußerte sich in einem Brief an seinen Bruder Charles zwiespältiger und objektiver über den Verstorbenen: »Das war ja nun in der Tat ein plötzlicher Abruf für jemanden, der, anders als die Zeitungen berichten, kein ganz so integeres Leben führte. Aber Friede seiner Asche, denn er verhielt sich immer freundlich und entgegenkommend zu uns allen, und was seine Sünden betrifft, so hat er sich damit nur selbst geschadet. Für seine Frau muß es ein schwerer Schlag sein.«[3]

Worauf er damit anspielte, ist nicht schwer zu erraten. John Allan hinterließ insgesamt mindestens sechs eigene Kinder, aber nur drei davon – seine jüngste Tochter war noch gar nicht geboren – entstammten der Ehe mit seiner zweiten Frau. Da gab es zunächst jenen etwas obskuren Edwin Collier, zu dem er jedoch schon während seines Englandaufenthaltes (1815–20) jeglichen Kontakt abbrach, nachdem sich dessen Lehrer William Ewing undiplomatischerweise wegen der Bezahlung einer Schulgeldrechnung an die Firma gewandt hatte. Spätestens seit diesem peinlichen Zwischenfall wußte auch sein Partner Ellis über Allans Seitensprung Bescheid. Die damalige Doppelmoral sah über jeden ›Fehltritt‹ diskret hinweg, solange er nicht publik wurde und sich zum Skandal ausweitete. Jedenfalls wird Collier in seinem Testament nicht erwähnt, dafür aber ›die Zwillinge‹, zwei uneheliche Söhne, sowie eine Tochter von einer Mrs. Wills. Bei dieser Dame handelte es sich kaum um eine ›flüchtige Affäre‹, denn Allan hinterließ ihr insgesamt $ 3000, in Raten zahlbar als monatliche Pension über einen Zeitraum von mehreren Jahren. Einer ihrer Söhne war vor kurzem verstorben, dem anderen vermachte er zusätzlich, »sobald er volljährig geworden sei und damit er eine rechtschaffene Existenz gründen könne«, $ 4000[4]. Doch Mrs. Allan/Patterson erkannte die Klausel nicht an; sie lehnte es überhaupt ab, als Testamentsvollstreckerin zu fungieren, als welche sie Allan eingesetzt hatte, sondern beauftragte mehrere Anwälte damit, ging vor Gericht, den ›Henrico County Court‹, und strengte einen langjährigen Erbschaftsprozeß an. Dadurch gelangten natürlich die heimlichen Amouren ihres Mannes, der zeitlebens auf seinen guten Ruf bedacht war, an die Öffentlichkeit. Dieses Vorgehen wirft kein sehr günstiges Licht auf sie, denn im Vergleich mit ihrem Anteil (an sie und ihre Kinder gingen, noch offene Schulden und die anderen Parteien abgerechnet, gut 90 % des Gesamtvermögens) bedeuteten die Mrs. Wills und ihren Kindern zugedachten $ 7000 (nach heutigen Verhältnissen ca. DM 80 000) keine große Einbuße. Allan hatte seine »geliebte Gattin«, wie er sie in seinem Vermächtnis nannte, großzügig versorgt. Poe soll zuvor öfters behauptet haben, sie hätte seinen Pflegevater nur des Geldes wegen geheiratet, und sein Verdacht schien sich nun zu bestätigen. Das Testament, das Allan von einem Notar und einem leitenden Angestellten der Firma beglaubigen ließ, weist jedoch in der Tat einige Unklarheiten, ja Ungereimtheiten auf. So sprach er darin zum Beispiel von seinen »Kindern«, ohne zwischen ehelichen und unehelichen zu differenzieren – hier hätte es dringend einer Klärung bedurft. Aber abgesehen von diesem und ähnlich strittigen Punkten konnten alle Beteiligten zufrieden sein, mit Ausnahme von Miss Valentine vielleicht, die sich mit einer Jahresrente von $ 300 sowie freier Kost und Logis auf Lebenszeit begnügen mußte – angesichts der Tatsache, daß sie länger als dreißig Jahre unter einem Dach zusammen gelebt hatten, eine tiefe Kränkung. Vierhundert Pfund Sterling gingen an Allans Schwestern Nancy Fowlds, Jane Johnston, Elizabeth Miller und Mary Allan in Schottland. Nur von Poe war nicht die Rede, der, wohl noch immer im Ungewissen über den Testamentsinhalt, ein paar Wochen nach der Beerdigung abermals nach Richmond reiste. Doch der Zutritt zu Allans Haus und seiner Privatbibliothek wurde ihm verwehrt.[5]

> »I reach'd my home – my home no more –
> For all had flown who made it so.«

> »Ich eilte her zu meinem Heim – mein Heim nicht mehr –,
> Denn was es je dazu gemacht, war fort«[6].

Ab hier verwischen sich Poes Spuren wieder für einige Monate. Er lebte zweifellos weiterhin bei Mrs. Clemm in der Amity Street, wo er den Schock über seine kläglich gescheiterten Hoffnungen zu verwinden suchte – was ihm nie so ganz gelang. Noch ein Jahr danach wirkte er, wie Zeitgenossen berichten, depressiv und melancholisch. Wenn er bis dahin abstinent geblieben war, so fing er jetzt wieder verschiedentlich an, sich hemmungslos zu betrinken. Am Anfang seiner zu dieser Zeit entstandenen Novelle ›Berenice‹ heißt es: »Elend ist mannigfach. Die irdische Erbärmlichkeit vielgestaltig. . . . Entweder macht die Erinnerung vergangener Wonnen das Heute zur Plage; oder die Martern die *sind,* haben ihren Ursprung in den Entzückungen, *die hätten sein können.*«[7]

Spätestens im November war seine Situation so desolat geworden, daß er seinen Stolz bekämpfte und einen überaus bescheidenen Brief an John Pendleton Kennedy aufsetzte: »Werter Herr, Ich möchte Sie um einen Gefallen bitten und tue dies lieber schriftlich, da ich, um ehrlich zu sein, nicht die Courage aufbringe, Sie deshalb persönlich aufzusuchen. Ich bin mir nur zu gut dessen bewußt, daß ich keinerlei Anspruch auf Ihre Unterstützung habe und daß die Umstände, durch die Sie auf mich aufmerksam wurden, mich mitnichten zu dieser Anfrage berechtigen.

Seit dem Tage, an dem Sie mich zum erstenmal sahen, hat sich meine Lebenssituation einschneidend geändert. Zu jener Zeit ging ich noch davon aus, einst Erbe eines ansehnlichen Vermögens zu werden, und empfing inzwischen eine für meinen Unterhalt ausreichende Apanage. Diese wurde mir von einem Gentleman aus Virginia (Mr. John Allan) gewährt, der mich im Alter von zwei Jahren adoptierte (meine Eltern waren beide verstorben) und der mir, bis vor kurzem, stets in väterlicher Liebe zugetan war. Aber seine zweite Eheschließung und, wie ich zugeben muß, ein Gutteil meiner eigenen Torheiten führte schließlich zu einem Streit zwischen uns. Er ist nun tot und hat mir nichts hinterlassen. Ich bin gänzlich auf mich selbst angewiesen, habe keine Anstellung und nur sehr wenige Freunde. Schlimmer als all dies ist, daß ich mittlerweile keinen Pfennig mehr besitze. Keine weniger dringlichen Umstände hätten mich dazu verleitet, Ihre Freundschaft aufs Spiel zu setzen, indem ich Sie mit meinen Nöten belästige. Ich habe mir nur gedacht, daß ich – gesetzt den Fall, man würde Carey & Lea meine Lage in einer Weise darstellen, für die Sie sicher die rechten Worte finden könnten – vielleicht auf einen kleinen Vorschuß auf mein Manuskript hoffen dürfte, welches Ihnen vorliegt. Ich wäre dadurch aus meiner augenblicklichen Notlage erlöst und könnte zuversichtlicher besseren Tagen entgegensehen. Auf alle Fälle danke ich Ihnen aufrichtig für das, was Sie bisher für mich getan haben.

Hochachtungsvoll,
Ihr ergebener Diener

Edgar Allan Poe«[8]

Wie stets auf Wirkung bedacht und um sich das Image des ›Enterbten‹ zu geben, verfälschte Poe die Wahrheit etwas bei seiner Selbstdarstellung.

Mr. Kennedy schrieb sogleich an seinen Bekannten H. C. Carey und empfahl ihm den »hochbegabten, jungen Schriftsteller« aufs Wärmste. Aus der Antwort Mr. Careys vom 21. November – »Ich werde zusehen, daß ich Ihren Freund Poe heute oder morgen empfangen kann« – geht hervor, daß sich Poe (wahrscheinlich zu Fuß) wieder einmal persönlich nach Philadelphia begeben hatte, um seine Interessen wahrzunehmen. Dort scheint er abermals, wie im Jahre 1829, stundenlang vor dem Direktorenzimmer gesessen zu haben, um, endlich vorgelassen, höflich hinauskomplimentiert zu werden. Zwischen Philadelphia und Baltimore liegen gut achtzig Meilen, und es herrschte ein strenger Winter. Man kann sich vorstellen, mit welcher Enttäuschung Poe, in seinen Militärmantel gehüllt, nach seiner Absage unverrichteterdinge und ohne einen Pfennig in der Tasche, den langen Fußmarsch zurück durch das Schneegestöber antrat. Wenigstens erwartete ihn die relative Geborgenheit eines Zuhauses bei Mrs. Clemm.

Am 19. Dezember wandte er sich abermals in einem sehr kurzen Schreiben an Kennedy mit der Anfrage, ob jener seinen letzten Brief erhalten habe, und mit der Bitte, ihm ›doch ein paar Worte zukommen zu lassen‹. Er wußte also noch nicht, daß sich Kennedy bereits für ihn eingesetzt hatte. Diesmal erhielt er nur wenige Tage später die erhoffte Antwort: Kennedy berief sich auf Carey, der ihm geschrieben hatte, daß ›solche Erzählungsbändchen‹ in der Regel unprofitabel seien, er sich jedoch bemühen werde, einzelne Geschichten an diverse Zeitschriften zu verkaufen. Eine davon habe er (Carey) bereits im ›Souvenir‹ untergebracht – für $ 15, die Poe sich bei Kennedy abholen könne. Bei dieser Darstellung gab es jedoch einen kleinen Schönheitsfehler: der ›At-

281

lantic Souvenir‹, eine der Zeitschriften, auf die sich Kennedy in seinem Brief bezog, existierte schon seit 1832 nicht mehr. Er hatte in diesem Jahr mit dem ›Token‹ fusioniert und befand sich seitdem nicht länger unter der Leitung von Miss Leslie, sondern von E. L. Carey, dem Bruder von Kennedys Korrespondenten. Dieses Blättchen kümmerte damals mehr schlecht als recht dahin, bis es 1836 unter dem Namen ›The Gift‹ einen neuen Aufschwung erlebte. In ›The Token‹ erschien jedenfalls nie eine Erzählung Poes. Wenn also Mr. Kennedy das ›Honorar‹ nicht aus seiner eigenen Tasche bezahlte, handelte es sich dabei um eine Gefälligkeit H. C. Careys, der im übrigen sicher von weiteren Empfehlungsschreiben verschont bleiben wollte.

»Er wird es mit seiner Art von ›Talenten‹ nimmermehr zu etwas bringen«, hatte einst Allan seinem Pflegesohn prophezeit, und dieser Eindruck drängte sich in den schweren Wintermonaten 1834/35 auch Poe selbst auf. Alles, was er anfing, schien zum Scheitern verurteilt zu sein. Im Oktober war sein Freund Lambert A. Wilmer, ein ähnlicher ewiger Hungerleider wie er, aus Baltimore fortgezogen, um in einer anderen Stadt sein Glück zu versuchen. Zuvor hatten sie noch große Pläne gewälzt, eine eigene Literaturzeitschrift zu gründen (ein Projekt, mit dem sich Poe sein ganzes Leben lang beschäftigte, ohne es jemals zu realisieren), und Wilmer nahm ein von Poe ausgearbeitetes, detailliertes Exposé mit auf die Reise, mit dem Versprechen, sich um Geldgeber zu bemühen. Inzwischen saß John H. Hewitt an seinem Platz als Feuilletonredakteur des ›Saturday Visiter‹ und pflegte über seinen Vorgänger zu witzeln, er habe Poesie »ungefähr so beurteilt wie ein Eichmeister den Whiskey[9]«. Wilmer und das ›Triumvirat‹ des ›Visiter‹, die Herren Cloud, Pouder und Hewitt, waren nicht im Guten auseinandergegangen, und Poe, der vielleicht hoffte, als Gewinner des großen Preisausschreibens eine Anstellung bei dieser Zeitung zu finden, stand als Freund Wilmers auf der falschen Seite. Hewitt konnte Poe ohnehin nicht ausstehen, seit jener nach dem erwähnten Preisausschreiben einmal in seinem Büro erschienen war und ihn allen Ernstes aufgefordert hatte, er solle ihm gerechterweise seinen Preis für das ›beste Gedicht‹ abtreten – das Geld hingegen dürfe er behalten! Der ›Baltimore Saturday Visiter‹ kam als Forum für Poe also nicht mehr länger in Frage. Aber auch sonst fand sich nirgends eine Anstellung, die seinen Fähigkeiten entsprochen hätte. Am 15. März 1835 war er so weit, Mr. Kennedy in einem Brief einen Zeitungsausschnitt mit Stellenanzeigen beizulegen, auf dem er die Vakanz eines Internatslehrerpostens angekreuzt hatte: »In meiner augenblicklichen Lage wäre dies sicher die geeignetste Beschäftigung für mich, und wenn Sie sich dafür verwenden könnten, sie mir zu verschaffen, würde ich Ihnen dafür ewig dankbar sein. Gibt es eine Hoffnung?«[10] Kennedy spürte wohl, daß es verzweifelt schlecht um seinen jungen Freund stand, und lud ihn daher noch am selben Tage zu sich zum Essen ein. Poes Antwort darauf war

John Pendleton Kennedy, 1854

erschütternd: »Ihre freundliche Einladung zum Dinner heute hat mich ins Herz getroffen. Leider kann ich nicht kommen und zwar wegen des äußerst traurigen Zustands meiner Kleidung. Sie können sich denken, wie schmerzlich es für mich ist, Ihnen diese Aufklärung zu geben – aber es ist notwendig. Wenn Sie Ihre Freundschaft so weit treiben können, mir 20 Dollar zu leihen, werde ich Sie morgen besuchen. Andernfalls ist es mir unmöglich, und ich muß mich mit meinem Schicksal abfinden.«[11]

»Es ist viele Jahre her«, schreibt Kennedy in seinen Lebenserinnerungen, »ich denke, es war schon im Jahre 1833 oder '34, daß ich ihn in Baltimore nicht weit vom Hungertod entfernt fand. Ich gab ihm Kleidung, erlaubte ihm, jederzeit bei mir zu Mittag oder zu Abend zu speisen, und stellte ihm ein Pferd zur Verfügung, mit dem er ausreiten konnte, wann immer er es wünschte; so richtete ich ihn in der Tat aus einem Zustand tiefster Verzweiflung wieder auf. Sodann verschaffte ich ihm eine Beschäftigung bei Mr. White als Redakteur des ›Southern Literary Messenger‹ in Richmond. Solange er dort angestellt war, profitierte diese Zeitschrift erheblich von seinen Talenten und erlebte durch ihn ihre eigentliche Glanzzeit. Aber er war unpünktlich, exzentrisch und immer unzufrieden und gab bald seinen Posten auf, um als Journalist in Philadelphia und New York zu arbeiten.«[12]

Der sechsundzwanzigjährige Poe befand sich, noch ohne es zu wissen, an einem entscheidenden Wendepunkt seiner Karriere. Als Protegé des angesehenen Mr. Kennedy, der über weitreichende Beziehungen verfügte, tauchte er wie Phönix aus der Asche wieder aus der Anonymität der Entbehrung, dem Nichts empor, das ihn sonst wohl wie seinen Bruder verschluckt hätte. Poe war nicht der Mensch, der aus Armut eine Tugend machte; er bedurfte gewisser Äußerlichkeiten, gebildeter, gleichgestimmter Gesellschaft, vornehmer Damen, luxuriöser Salons, guter Kleidung, all der hübschen Kleinigkeiten, an die er sich durch sein früheres Leben gewöhnt hatte; er schuf sich in seiner Phantasie Paläste, aber ohne zumindest die Aussicht auf ein wenig Stil und Eleganz in der Realität verkümmerte er wie eine Pflanze ohne Sonnenlicht. Mit gefülltem Magen, in einem neuen Rock, neuen Stiefeln und auf dem Rücken eines Pferdes erschien ihm die Welt plötzlich wieder in einem ganz anderen, verheißungsvolleren Licht.

Im Sommer 1834 hatte ein Mr. Thomas Wylkes White (1788–1843) in Richmond eine neue Zeitschrift gegründet, den ›Southern Literary Messenger‹. White, in dem Städtchen Yorkstown in Virginia geboren, stammte aus sehr bescheidenen Verhältnissen und genoß nie eine geregelte Schulbildung. Er fing als Druckereigehilfe an, arbeitete sich jedoch innerhalb von ein paar Jahren hoch und leitete bereits Anfang der zwanziger Jahre ein eigenes Druckunternehmen in Richmond, das ihm zu Wohlstand verhalf und ein kleines Vermögen einbrachte. Sein Privatleben war weniger glücklich; 1832 starb sein neunzehnjähriger Sohn an der Cholera, die gerade in der Stadt grassierte, und etwa ein Jahr später brach auch bei seiner Frau eine schwere Krankheit aus, wahrscheinlich Tuberkulose, die sie bis zu ihrem Tode (1837) zur Invalidin machte. Im August 1935, also zur selben Zeit, als Poe seine Stellung beim ›Messenger‹ antrat, erklärten die Ärzte ihren Fall für hoffnungslos. Anscheinend war auch eine seiner beiden Töchter, Eliza (›Lizzie‹) White, in die sich Poe verlieben sollte, ein problematisches Mädchen; Elizabeth Oakes Smith schildert sie als »eigensinnig, launisch und morphiumsüchtig«.[13]

Mr. White hatte sich seine Bildung als Autodidakt erworben. Obwohl er selbst weder literarisches Talent noch ein besonders scharfes Urteilsvermögen in kulturellen Fragen besaß, verspürte er doch eine starke Neigung zu den ›schönen Künsten‹ und verkehrte mit Vorliebe in Literatenkreisen. Zu seinen Freunden zählten die Schriftsteller Beverley Tucker und Lucian Minor, und in besonders engem Kontakt stand er mit James Ewell Heath (1792–1862), dem Autor des damals recht erfolgreichen – von White 1828 erstmals gedruckten – Romans ›Edge Hill; or, the Family of the Fitzroyals‹, einer etwas schwülstigen Familiensaga vor dem Hintergrund des Plantagenlebens in Virginia. Heath konnte es sich leisten zu schreiben (und später unentgeltlich, sozusagen ›ehrenamtlich‹ den Inhalt des ›Messenger‹ zu bestimmen), denn er hatte mehrere Regierungsämter inne, zum Beispiel das eines ›Wirtschaftsprüfers des Staates Virginia‹ und eines ›Protokollisten der historischen und philosophischen Gesellschaft von Virginia‹. Von Heath stammte auch die Idee, ein neues, unabhängiges Literaturmagazin ins Leben zu rufen, das erste überhaupt im gesamten ›Süden‹ – eine Zeitschrift außer Konkurrenz also. White war sofort Feuer und Flamme. Auch vom Kommerziellen her schien der Markt reif für eine solche Unternehmung. Bisher hatte es nur zwei Publikationen, sogenannte ›Monthlies‹, ›Monatsblätter‹ mit ›Literaturteil‹, in Richmond gegeben: das ›National Magazine‹ (1799–1800), das nach einem Jahr wieder eingegangen war und sich vornehmlich mit politischen Fragen beschäftigt hatte, und das ›Virginia Evangelical and Literary Magazine‹ (1818–1828), das ›mehr evangelisch als literarisch war‹[14]. Anfang der dreißiger Jahre herrschte ein starkes öffentliches Interesse an der neuentstehenden amerikanischen Nationalliteratur, und ›literary magazines‹ schossen überall in den Vereinigten Staaten aus dem Boden, besonders im Norden und Osten, um nach kurzer Zeit ebenso schnell wieder einzugehen. Es war schon ein sehr waghalsiges Unternehmen, in das White einen Großteil seines Vermögens zu investieren im Begriff stand. Ausgerechnet im ›Süden‹ eine neue Zeitschrift herauszubringen, hieß damals, sich willentlich zu ruinieren; Charleston zum Beispiel galt nach einer Unzahl ähnlicher, gescheiterter Projekte als ›Zeitschriftenfriedhof‹. Aber White und Heath gingen sehr geschickt vor. Während White sich um die Finanzierung kümmerte und seine Druckerei zur Verfügung stellte, besorgte Heath den redaktionellen Teil und schrieb die großen Namen der damaligen Literaturszene an, die ›große und uneigennützige Aktion‹ mit ein paar Zeilen und ihrer Unterschrift zu unterstützen. Am 1. August 1834 erschien endlich, nach zweiwöchiger Verzögerung, die erste Ausgabe: ein Magazin von zweiunddreißig Oktavseiten, jede Seite durch eine Linie in zwei Spalten unterteilt; Überschrift ›The Southern Literary Messenger‹, darunter ›Gewidmet jeder Art von Literatur und der schönen Künste‹, »ausgesandt«, wie es im Editorial hieß, »als eine Art Pionier, das Land der literarischen Verheißung auszuspähen, bevor sich der Herausgeber zu weiteren Schritten entschließt«. Unter dem Titel fand sich folgendes Motto von Jolyot de Crébillon: »Au gré de nos désirs bien plus qu' au gré des vents« (›Wie *wir*, nicht wie die Winde es wünschen‹). Auf der Frontseite meldeten sich namhafte Schriftsteller wie Washington Irving, James Fenimore Cooper, James Kirke Paulding und John Pendleton Kennedy zu Wort.

J. K. Paulding gab in einem längeren Schreiben seinem Mißvergnügen gegenüber den ewigen »anzüglichen Liebesliedchen, langweiligen Grenzerlegenden, affektierten Seelenqualen und nörgerlischen Misanthropen« Ausdruck sowie der Hoffnung auf zukünftig bessere Lesekost im ›Messenger‹: »Ich möchte endlich einmal etwas Gesundes, Natürliches, Volkstümliches lesen. Das beste, was ein junger amerikanischer Autor tun kann, ist zu vergessen, daß jemals jemand vor ihm geschrieben hat, vor allem aber, daß es auf dieser Welt solche Raupen wie Kritiker gibt.«[15]

Trotz so prominenter Fürsprecher, zu denen sich in der Folgezeit William Wirt, Mrs. L. H. Sigourney (die damals bekannteste ›literary lady‹) und Henry Wilde, der Autor des berühmten Liedes ›My Life is like the Summer Rose‹, gesellen sollten, schien es anfangs sehr zweifelhaft, ob die Zeitschrift – sie kostete im Abonnement $ 5 im Jahr – mehr als zehn Ausgaben überstehen würde. Schon im November erschien sie nur noch monatlich, anstatt, wie anfangs geplant, alle 14 Tage.

Ihre Beiträge, meist ›Reiseskizzen‹, sentimentale Gedichte, Essays und Kurzgeschichten, waren nicht sonderlich originell und unterschieden sich, außer daß ihre Autoren zum größten Teil aus dem ›Süden‹ stammten, nur wenig vom Inhalt anderer ›literary monthlies‹. Eine Blütenlese (März–Juli 1835) mag dies veranschaulichen: ›Reminiszenzen eines Reisenden im Westen‹ von Richter Beverley Tucker; ›Schiffbrüchig‹ von einem Gentleman aus Alexandria; ›Gedanken über die Zuneigung‹ (›Thoughts on Affection‹) von John H. Bernard aus Carolina; ›Über die schönen Künste‹ von dem Maler George Cooke; ›Straßenszenen in Paris‹ aus der Feder von Professor Saunders; ›An Miss C. –‹ anonym; ›Albumverse an Mrs. Tyler‹ von Mrs. Semple aus Williamsburg; ›An jemanden, der mich versteht‹ – unbekannt; ›An die Bibel‹ – ›von einem Gentleman, der St. Leger Carters Schwester ehelichte‹; ›Briefe eines Schotten‹ von Geo. Watterston aus Washington City etc.

Bevor Poe auf der Bildfläche erschien, war der ›Messenger‹ also nichts weiter als ein recht provinzielles ›Erbauungsblättchen‹, wie es damals Hunderte gab. Dies änderte sich, als Heath im März 1835 Poes schockierende Erzählung ›Berenice‹ abdruckte. Zwischen dem Erscheinen dieser Novelle und Kennedys Protektion besteht übrigens kein nachweisbarer Zusammenhang, obwohl es in den meisten Biographien so dargestellt wird; Poe hatte sie bereits Anfang des Jahres eingesandt, *noch bevor* er White von Kennedy empfohlen wurde.[16] Heath stellte ihr im Editorial der Märzausgabe folgende Bemerkung voran: »›Berenice – eine Erzählung‹ von Mr. Edgar A. Poe, sollte vor allem bei den Freunden und Lesern des ›Messenger‹ in Richmond auf besonderes Interesse stoßen, da Mr. Poe in dieser Stadt geboren wurde und aufgewachsen ist. Während wir zugeben dürfen, daß ihr Sujet etwas zuviel von ›deutschem Schrecken‹ an sich hat, kann es, was die Verve und Eleganz ihres Stils betrifft, schwerlich eine Meinungsverschiedenheit geben. Mr. Poe stößt damit zu selten erreichten Höhen vor, und die ganze Komposition zeugt von einem hochkultivierten Geschmack.«[17]

In der Charakterisierung des übersensiblen Helden dieser Erzählung, Egaeus – Egaeus ist der Name von Hermias Vater aus Shakespeares ›Sommernachtstraum‹, der unfähig ist, die Liebe zu begreifen – , finden sich zweifellos autobiographische Züge des Autors.

»Ist es verwunderlich«, ruft er aus, »daß ich meine Knabenjahre über Büchern hinbrachte und meine Jugend mit Träumereien vertrödelte? Seltsam und verwunderlich ist nur das eine, daß mit der dahineilenden Zeit, als ich ... in der Blüte meiner Mannesjahre stand, plötzlich der Quell meines Lebens zu versiegen schien und mit den alltäglichsten meiner Gedanken eine höchst merkwürdige, absonderliche Veränderung vor sich ging. Die Tatsächlichkeiten des Alltags muteten mich plötzlich wie Visionen an, während die phantastischen Vorstellungen des Traumlandes nicht etwa nur mein täglich Brot wurden, sondern zum einzigen Zweck und Sinn meines Lebens, zu meinem Leben selbst.

Stundenlang und unermüdlich konnte ich über eine ganz belanglose Randbemerkung oder Darstellung im Text eines Buches nachsinnen; die schönsten Stunden eines Sommertags daran verschwenden, mich in den Anblick eines wunderlichen Schattens zu versenken, der quer über die Wand oder den Boden lief; mich eine ganze Nacht lang der Betrachtung einer ruhig brennenden Lampe oder eines verglimmenden Feuers hingeben; ganze Tage lang von dem Duft einer bestimmten Blume träumen; ganz monoton irgendein Wort so lange wiederholen, bis der Klang infolge der ewigen Wiederkehr jeden Sinn für mich verloren hatte; das Bewußtsein der Beweglichkeit und tatsächlichen Existenz durch andauernde, absolute Reglosigkeit gänzlich in mir ersticken – das waren einige der häufigsten und harmlosesten Erscheinungen, denen mein krankhaft gestörter Geist unterworfen war und die, wenn auch nicht vergleichbar mit ähnlichen Fällen, so doch nicht plausibel zu definieren und zu erklären sind.«[18]

Es waren vor allem solche Passagen, die Baudelaire und, durch seine Übersetzung, die französischen Symbolisten entzückten. »Bewegt und bezaubert«, schrieb er 1864 in einem Brief, »entdeckte ich nicht nur Sujets, von denen ich geträumt hatte, sondern auch Sätze und Gedanken, die die meinigen hätten sein können – hätte sie nicht Poe zwanzig Jahre vorher geschrieben.«[19]

Dennoch wäre es ein Irrtum zu glauben, Poe beschriebe sich in seiner Figur Egaeus selbst. Die oben zitierte Selbstcharakterisierung des Helden seiner Novelle gibt zwar zum Teil subjektive Erfahrungen des Autors wieder – und es ist bemerkenswert, wie sehr die manische Fixierung auf belanglose Dinge, das stundenlange Beobachten eines Schattens oder einer Flamme zum Beispiel, den Empfindungen während eines Opiumrausches entspricht –, hat aber in allen Einzelheiten eine eindeutig dramaturgische Funktion. Das, was auf den ersten Blick wie ein unschuldiges Dahinträumen, schlimmstenfalls als harmlose Marotte erscheint, wird von Egaeus als ›Geistesgestörtheit‹, als ›Leiden‹, als ›Krankheit‹ bezeichnet, und Baudelaire faßt seine Ausführungen komprimiert in folgender Diagnose zusammen: »Die Krankheit ... besteht in einer zu starken Vergrößerung des Vermögens des beschaulichen Nachdenkens, einer krankhaften Reizung der Fähigkeiten zur Aufmerksamkeit ... und er (der Erzähler) gibt sich größte Mühe, daß wir darauf achten, daß es sich nicht um traumhafte Übertreibungen handelt, wie sie wohl bei allen Menschen vorkommen; denn der Träumer nimmt irgendeinen interessanten Gegenstand zum Ausgangspunkt, er gelangt von einer Deduktion zur andern, und nach einem ganzen langen, verträumten Tag ist der ursprüngliche Anlaß in weite Ferne gerückt, das *incitamentum* ist verschwunden. In Egaeus' Falle ist es gerade umgekehrt. Das Objekt ist durchweg immer ein nichtiges; doch wird es infolge der Strahlenbrechung beim Durchgang durch das Medium angestrengter Betrachtung zu etwas Bedeutendem. Wenig Deduktionen, überhaupt keine angenehme Besinnlichkeit; und zum Schluß hat der ursprüngliche Anlaß, weit davon entfernt, aus dem Gesichtskreis gerückt zu sein, übernatürliches Interesse gewonnen, er hat außergewöhnliche Dimensionen angenommen, und das ist eben das Unterscheidungsmerkmal dieser Krankheit.«

Diese Symptome steigern sich jedoch alsbald zur Wahnvorstellung. Egaeus ist im Begriff, seine Cousine zu heiraten, aber: »Ich hatte sie während der strahlenden Tage ihrer unvergleichlichen Schönheit bestimmt nicht geliebt. Die seltsame Anomalie meines Gemüts ließ meine Gefühle niemals dem Herzen entspringen, und meine Leidenschaften wurden stets nur vom Verstand regiert ... nie aber hatte ich in ihr die lebendige, atmende Berenice gesehen, sondern stets nur die Berenice eines Traumes; niemals ein irdisches Geschöpf von Fleisch und Blut, sondern stets nur die Abstraktion eines solchen Wesens; nicht ein Ding, dem man Bewunderung zollt, sondern einen Gegenstand, geschaffen zur Analyse; nicht ein Wesen, das man lieben kann, sondern einen Stoff zu sinnlosen, planlosen Grübeleien.«[20]

Poes literaturpsychologische Interpreten haben solche Passagen geradezu als ›Selbstbekenntnisse‹ verstanden, nach der simplen Gleichsetzung: sind seine Helden geistig zerrüttet, nekrophil und liebesunfähig, so muß es zu einem gewissen Grad auch ihr Autor sein. Nun wurde bereits auf die kunstvolle Methode hingewiesen, mit der Poe seine Figuren einführt; der Leser identifiziert sich zunächst annähernd mit Egaeus, aber langsam, stufenweise, fast unmerklich werden Zweifel in ihm wach, eine sorgfältig geplante Verunsicherung tritt ein. »In den Büchern Edgar Poes ist der Stil knapp, *verkettet;* dem bösen Willen oder der Faulheit des Lesers bieten sich keine Maschen, durch die er diesem von der Logik geknüpften Netz entschlüpfen könnte. Alle Gedanken fliegen wie gehorsame Pfeile auf das gleiche Ziel zu.«[21]

Aber von der Dramaturgie abgesehen, analysieren sich Poes Helden selbst, sie sind in der Lage, ihren Wahnsinn minutiös zu beschreiben. Poe ist ein Grenzüberschreiter; er schildert Menschen und Schicksale in Extremsituationen, aber im Prozeß des Schreibens bleibt er stets sachlich, unterkühlt, beobachtend. Er lebt in seinen Figuren wie ein Schauspieler, aber er bewahrt – und das ist das Geheimnis seiner Wirkung – zugleich extremen Abstand. Ein Lächeln ist es, das Egaeus in den Wahnsinn treibt: die Zähne seiner Geliebten prägen sich ihm unauslöschlich ein gleich einer Daguerreotypie; er wird besessen von dieser Vorstellung: »von allen, allen Dingen dieser Welt hatte ich nur noch Interesse für diese Zähne. Ihnen galt mein ganzes Sinnen und Trachten; sie zu besitzen war mein heißester Wunsch, mein einziger Traum«; sie repräsentieren für ihn das abstrakte Sinnbild des Zieles seiner Suche, seiner Passion des Entdeckens – das Substrat des Geistigen, die ›Ideen‹: »Man sagt von Mademoiselle Sallé sehr trefflich: ›Que tous ses pas étaient des sentiments‹, und bei Berenice war ich überzeugt, que toutes ses dents étaient des idées. – Des idées! Das, das war der wahnsinnige Gedanke, an dem ich zugrunde gehen würde! Des idées! Das war also der Grund, weshalb mich so rasend nach ihnen verlangte! Und plötzlich war mir sonnenklar, daß ihr Besitz, und nur ihr Besitz mir meine Seelenruhe, meinen Verstand wiedergeben konnte.«[22]

Ein verhängnisvoller Irrtum, denn er verliert den Rest seines Verstandes, indem er in ihren Besitz gelangt – und dies auf eine alptraumhafte Art und Weise. Berenice scheint ihrem Leiden zuletzt erlegen zu sein. In einem Zustand geistiger Umnachtung verschafft sich Egaeus eines Nachts gewaltsam Zutritt zur Gruft seiner Geliebten, in welcher sie – wie sich später herausstellt, scheintot – aufgebahrt liegt, und bricht ihr die Zähne aus den Kiefern. Der gräßliche Vorgang wird ihm erst in dem Augenblick bewußt, als nach einiger Zeit ein Diener in sein Bibliothekszimmer stürzt, in das er sich – in völliger Amnesie des Geschehenen – zurückgezogen hat, und ihm »etwas von Leichenschändung« zuraunt, »von einem entstellten, in Laken gehüllten Körper . . ., der noch atmete, noch pulsierte, noch lebte! Er zeigte auf meine Kleider; sie waren beschmutzt und mit Blut besudelt. Ich war unfähig, ein Wort zu sagen; er aber hob sanft meine Hand empor: sie trug die Male menschlicher

Nägel. Er machte mich auf einen Gegenstand aufmerksam, der an der Wand hing. Mehrere Minuten lang starrte ich ihn an: es war ein Spaten. Entsetzt schrie ich auf, taumelte gegen den Tisch und riß die Kassette an mich. Ich hatte nicht die Kraft, sie zu öffnen – sie entglitt meinen zitternden Händen, schlug schwer auf den Boden auf und zerbrach. Laut klirrend rollten einige zahnärztliche Instrumente auf den Teppich – und mit ihnen zweiunddreißig kleine, weiße, elfenbeinschimmernde Dinger.«[23]

Das also war Poes Debüt beim ›Southern Literary Messenger‹, eine Geschichte, wie sie an Grausigkeit und zugleich an erzählerischer Meisterschaft wohl zuvor nie von einer englischen oder amerikanischen ›gothic novel‹ übertroffen wurde. Die Idee kam Poe wahrscheinlich durch einen Artikel im ›Baltimore Saturday Visiter‹ vom 23. Februar 1833. Grabräuber, sogenannte ›Resurrection Men‹, betrieben damals in England und Amerika ein sehr einträgliches Geschäft, indem sie Ärzten zur Sektion, zum Anatomiestudium und zur Ausbildung von Studenten Leichen lieferten – denn nach den Gesetzen jener Zeit durften nur die Körper hingerichteter Schwerverbrecher diesem Zweck dienen. Manchmal halfen die Herren solch zweifelhaften Gewerbes selbst ein wenig nach, wie Burke und Hare in Edinburgh, die eine große Anzahl von Menschen ermordeten und an Dr. Knox verkauften, aber in der Regel plünderten sie Friedhöfe aus. In Baltimore gab es Anfang 1833 einen aufsehenerregenden Skandal, als man innerhalb weniger Tage ein gutes Dutzend Gräber geschändet fand. Den Toten waren die Zähne herausgebrochen worden, nach denen anscheinend bei den Zahnärzten der Stadt eine rege Nachfrage herrschte.

Bei allen Vorbehalten, die gegenüber psychoanalytischen Ausdeutungen von Poes Erzählungen geboten scheinen, drängt sich doch bei der Art von Poes Verwendung des Motivs – der morbiden Manie seines Helden – die Assoziation der *Vagina dentata* auf, dem Ursymbol der Kastrationsangst, die ja von der Psychoanalyse aus dem »Schockeffekt der Unterwerfung des Knaben unter die Autorität des Vaters« hergeleitet und in diesem Sinne als ›das Kernsymbol der patriarchalischen Gesellschaft‹ verstanden wird.[24] Es soll hier auch gar nicht bestritten werden, daß Poe vielleicht unbewußt mit solchen Traumata zu kämpfen hatte. Aber es handelt sich bei ›Berenice‹ um die höchst *bewußte* Heraufbeschwörung äußersten Entsetzens – bis zur Grenze des Erträglichen –, und es wird dabei nichts verdrängt. Unterstützt wird dies durch seinen Hinweis, daß die Erzählung ihren Ursprung in einer Wette hatte, »bei der es darum ging, daß ich über ein so extremes Thema unmöglich etwas Ernsthaftes und Eindrucksvolles schreiben könne«[25].

Nachdem ›Berenice‹ im ›Messenger‹ abgedruckt worden war, wandte sich Poe, ermutigt durch diesen Erfolg, persönlich in einem (nicht erhaltenen) Schreiben an Mr. White, trug ihm seine Dienste an und bezog sich ausdrücklich auf seinen freundlichen Gönner, den berühmten John Pendleton Kennedy. White, interessiert an dem jungen Mann, auf den sein Chefredakteur Heath nach der Lektüre von ›Berenice‹ ebenfalls große Stücke zu halten schien, schrieb daraufhin eine Rückfrage an Kennedy, der ihm antwortete:

Baltimore, 13.Apr.1835

»Mein lieber White, Poe tat recht daran, sich auf mich zu berufen. Er versteht es, mit der Feder umzugehen, schreibt einen klaren Stil und ist sehr gebildet. Es mangelt ihm noch an Erfahrung und der richtigen Führung, aber er könnte Ihnen zweifellos von Nutzen sein. Der arme Kerl – er ist arm wie eine Kirchenmaus. Ich riet ihm, für jede Nummer Ihres Magazins einen Beitrag zu liefern und sich bei Ihnen um eine feste Anstellung zu bewerben. Er hat ... (Carey) in Philadelphia einen Band sehr bizarrer Erzählungen eingereicht, der sie seit einem Jahr zu veröffentlichen verspricht. Der junge Mann ist sehr phantasievoll und hat einen leichten Hang zum Makabren. Er arbeitet gerade an einer Tragödie, aber ich habe auf ihn eingewirkt, sich zunächst einmal vor allem Gegenständen zu widmen, mit welchen er Aussicht hat, auch ein wenig Geld zu verdienen. Ich bin zuversichtlich, daß Sie gut mit ihm auskommen werden.«[26]

Von nun an erschien bis zum Juni 1835 jeden Monat eine Erzählung Poes im ›Messenger‹; seine eigentlich feste Zusammenarbeit mit White begann jedoch erst im August des Jahres. Am 30. April schrieb er einen längeren, sehr selbstbewußten Brief an seinen späteren Arbeitgeber, in dem es unter anderem heißt:

»Die Geschichte aller bislang erschienen Zeitschriften zeigt deutlich, daß die bekanntesten darunter ihr Ansehen und ihre Verbreitung Artikeln verdankten, die in ihrer Art ›Berenice‹ glichen – obwohl sie, das will ich Ihnen gerne konzidieren, von Stil und Ausführung her meine Erzählung weit übertrafen. Ich sage, die ihr in ihrer Art glichen. Sie fragen mich, was unter dieser ›Art‹ zu verstehen sei. Es ist das Spaßige, das zum Grotesken erhöht, das Furchterregende, das ins Grauenhafte gesteigert wird: das Witzige, übertrieben ins Burleske, und das Außergewöhnliche, kunstfertig ins Seltsame und Mystische transzendiert. Sie werden vielleicht einwenden, dies alles sei ein Zeichen schlechten Geschmacks. Ich zweifele daran. Niemand ist sich besser der Tatsache bewußt als ich, daß im Augenblick gerade ›Einfachheit‹ und ›Natürlichkeit‹ gefragt und in Mode sind – aber nehmen Sie mein Wort darauf, vom Gefühl her schert sich niemand auch nur einen Deut um solche Simplizität. Und glauben Sie mir, trotz allem, was die Leute so daherreden – nichts auf der Welt ist einfacher, als äußert ›natürlich‹ zu sein.«[27]

Es ging Poe nicht so sehr darum, viel Geld zu verdienen. Er suchte eher nach einer Möglichkeit, vom Schreiben leben zu können, überhaupt gedruckt zu werden. Für jeden noch so bescheidenen Betrag, den White ihm für seine Erzählungen (und manchmal auch Rezensionen) überwies, bedankte er sich so überschwenglich, als beschäme es ihn geradezu, ein Honorar zu empfangen. »Was immer ich tun kann, Ihnen bei der Verbreitung Ihres Magazins behilflich zu sein, tue ich gerne – doch muß ich darauf bestehen, mir für dergleichen Gefälligkeiten keine Extravergütung zukommen zu lassen. Sie sind mir ein Vergnügen und bereiten mir keinerlei Umstände.«[28] Soviel Idealismus von jemandem, den Kennedy als ›arm wie eine Kirchenmaus‹ beschrieben hatte, mußte White imponieren, und das war es wohl auch, worauf Poe abzielte. Er erwies sich, schon bevor er nach Richmond übersiedelte, in der Tat als sehr nützlich, indem er zum Beispiel in Baltimorer Tagesblättern, dem ›Baltimore American‹ und dem ›Republican‹, in Whites Auftrag für Abonnenten warb; er hielt sich über Neuerscheinungen und deren Kritiken auf dem Laufenden und gab White in seinen Briefen wichtige Hinweise; vor allem aber war er mit Kennedy gut befreundet, dessen neuen Roman ›Horse-Shoe Robinson‹ (der ein ›Bestseller‹ zu werden versprach) er schon in Manuskriptform gelesen hatte und den er ›exklusiv‹ noch vor seinem Erscheinen im ›Messenger‹ rezensierte (Mai 1835).[29] Und was die drei Erzählungen betraf, die Poe für den ›Messenger‹ schrieb und die im April, Mai und Juni erschienen, so hatten sie nur eines gemeinsam: sie stellten die sonstigen Beiträge der Zeitschrift an Qualität weit in den Schatten. Über ›Morella‹, die Geschichte einer seltsamen Reinkarnation (und keineswegs bloß eine ›Vorstudie‹ zu ›Ligeia‹, wie sie A. H. Quinn nennt), schrieb Heath im Editorial der Aprilausgabe, sie »beweise eine machtvolle Phantasie und eine Beherrschung der Sprache, wie sie kaum je übertroffen wurde«. Er wisse sich an nichts zu erinnern, was ›Morella‹ an Stil und »schrecklicher Schönheit« gleichzusetzen sei; man müsse allenfalls bedauern, daß Poe wohl »zu tief aus irgend einer verwunschenen Quelle getrunken habe, die den Wolken und dem Sonnenschein des Lebens eine Tönung der Finsternis des Grabes« gebe.[30]

›Lionizing‹ (›Einige Ereignisse aus dem Leben einer Berühmtheit, oder wie man zum Löwen des Tages wird‹) war eine Satire auf die ›literarischen Salons‹ jener Tage, in denen sich jeder mit irgendeiner Art prätentiöser Gelehrsamkeit auf die Nerven fiel und manch ein Windbeutel nur auf Grund seiner hübschen Nase zu Ruhm und Ansehen gelangte. Poe mochte sich mit einiger Bitterkeit an seine Auseinandersetzung mit Allan und seinen überstürzten Aufbruch aus dessen Haus vor acht Jahren erinnern, als er schrieb: »›Dein Erziehungsgang mag nunmehr als vollendet betrachtet werden – es ist hohe Zeit, daß du dir selber die Hörner abstößest – und dabei kannst du nichts Bessers tun, als grad nur immer deiner Nase zu folgen – so – so – und so . . .‹ (Hier wies er mir durch wohlapplizierte Fußtritte den Weg zur Treppe hinunter und zur Tür hinaus) – ›so entferne dich denn aus meinem Hause, und damit Gott befohlen!‹ «[31]

Inzwischen war James E. Heath von seinem (unbezahlten) Posten als Chefredakteur des ›Messenger‹ zurückgetreten. Seine Verdienste um das Magazin wurden von White in einem sehr schmeichelhaften Artikel ausführlich gewürdigt. Auf seinem Platz saß nun Edward Vernon Sparhawk (1788–1838), ein Vollblutjournalist, in seiner Jugend Verfasser des Gedichtbandes ›Hours of Childhood, and Other Poems‹ (1820). Zuletzt hatte er als eine Art Sensationsreporter für den ›New York American‹ gearbeitet und Reportagen über aufsehenerregende Kriminalfälle geschrieben. Poe soll ihn bereits Ende der zwanziger Jahre in Boston kennengelernt haben; auf jeden Fall gratulierte er White in einem Brief vom 12. Juni zu seinem neuen Mitarbeiter: »Er ist sehr talentiert und genießt einen guten Ruf.« Sparhawk äußerte sich in seinem ersten Editorial der Maiausgabe des ›Messenger‹ enthusiastisch über Poes ›Lionizing‹: »...eine unnachahmliche, überaus witzige Satire; das muß schon ein rechter Trübsalbläser sein, der nicht über diese Erzählung lachen muß.«[32] Noch amüsanter war die im Juni veröffentlichte Groteske ›Hans Phaall‹, in der Poe wirklich alles auf den Arm nahm, sich selbst, seinen Publizisten, seine Leser. Es ging dabei um eine Reise zum Mond; ein gewisser Hans Phaall, ehemals wohnhaft in der ›Sauerkrautstraße‹ in der braven Spießerstadt Rotterdam, kehrt eines Tages, nachdem er lange als vermißt gegolten hatte, in einem Ballon in seinen Heimatort zurück. Die Außenhülle dieses Ballons, der die Form einer ›umgestülpten Narrenkappe‹ hat, besteht ganz aus ›schmutzigen Zeitungen‹. Über den Köpfen der erstaunten Bürger schwebend, welche ›watscheln‹, ›ächzen‹ und an ihren Pfeifen ›paffen‹, wirft er eine an den Bürgermeister, ›Seine Exzellenz von Wijcheknie und Rummelbum‹ gerichtete Botschaft aus der Gondel (einem riesigen, mausgrauen Biberhut), um sodann wieder emporzusteigen und – diesmal für immer – zu entschwinden. Dieser Brief enthält einen ausführlichen und mit allerlei wissenschaftlicher und pseudowissenschaftlicher Gelehrsamkeit ausgeschmückten Bericht seiner Mondreise. Eine Passage aus der Einleitung, in der Phaall beschreibt, was ihn zu seinem Aufbruch veranlaßte, ist biographisch interessant:

»...Stunde um Stunde brachte ich damit hin, darüber nachzusinnen, mit welcher möglichst angemessenen Methode ich meinem Leben ein Ende setzen könnte. Drängende Gläubiger ließen mir indessen zu solcher innern Einkehr nur wenig Muße. Mein Haus ward buchstäblich von früh bis in die Nacht belagert. Vorzüglich waren es drei Burschen, die mir über alle Erträglichkeit lästig fielen, indem sie ausdauernd an meiner Türe lauerten und mir mit dem Gesetze drohten. Diesen dreien schwor ich bitterste Rache, sollte ich je so glücklich sein, sie in meine Fänge zu bekommen; und ich glaube, nichts in der Welt denn nur die schöne Aussicht auf dieses Vergnügen verhinderte mich daran, daß ich mir mit einer Donnerbüchse das Lebenslicht ausblies. Ich hielt es jedoch für das beste, den dreien meinen Grimm zu verhehlen und sie so lange mit Versprechungen und schönen Worten zu traktieren, bis sich eines Tages durch günstige Schicksalswendung die Gelegenheit zur Rache ergäbe.«[33]

Diese Gelegenheit war nun gekommen. Poes einstige Gläubiger aus seiner Universitätszeit, die ihm ›über alle Erträglichkeit‹ zugesetzt hatten und von denen noch eine ganze Menge in Richmond lebte, fanden sich im renommierten ›Messenger‹ beschrieben und mußten gute Miene zum bösen Spiel machen. Poe segelte in einem Ballon aus schmutzigen Zeitungen über ihre Häupter hinweg; eine späte, aber befriedigende Abrechnung. White kritisierte übrigens die burleske Einleitung der Geschichte, deren boshafte Anspielungen er durchschaute, in einem Brief an Poe, der in seinem Antwortschreiben bescheiden konzidierte: »Dieser Teil der Erzählung enthält tatsächlich Mängel – so viele, daß ich schon oft vorhatte, ihn ganz umzuarbeiten.« Aber das war sicher nicht ernst gemeint. Obwohl Poe die meisten seiner Arbeiten tatsächlich ständig durch Streichungen oder Hinzufügungen zu verbessern suchte, blieb der Anfang der ›unvergleichlichen Abenteuer eines gewissen Hans Phaall‹ bei deren Nachdruck im ›New York Transcript‹ (September 1835) sowie in den ›Tales of the Grotesque und Arabesque‹ (1840) vollständig erhalten.

Im Juni stellte ihm White eine feste Anstellung beim ›Messenger‹ in Aussicht, ein Angebot, auf das Poe schon lange gewartet hatte und das er hocherfreut akzeptierte.

In einem Brief vom 14. oder 16. Juli gab ihm White endgültig eine Zusage. Er sicherte ihm eine Anstellung beim ›Messenger‹ zu – allerdings nur für die Dauer eines Probemonats von August bis September. Anscheinend kursierten noch immer Gerüchte und Klatschgeschichten über ›Mr. Allans mißratenen Pflegesohn‹ in der Stadt, über mehrere tausend Dollar Spielschulden, skandalöse Auftritte, Alkoholexzesse und was sonst noch alles Entrüstung hervorrufen mochte. White, dessen Literaturmagazin mit knapp 700 Abonnenten gerade eben aus den roten Zahlen aufstieg, konnte sich keine Risiken leisten, und wie sich bald herausstellte, waren seine Vorbehalte gegen den bestenfalls als ›schwierig‹ verrufenen jungen Mann durchaus berechtigt. Der immerhin positive Bescheid bedeutete für Poe die Rettung. Dem Tonfall seines Briefes an White vom 22. Juni war anzumerken gewesen, wie sehr ihm daran lag, endlich Fuß zu fassen und einer geregelten Beschäftigung nachzugehen – vor allem, um der erdrückenden Armut im Hause Mrs. Clemms zu entfliehen. Er litt damals unter schweren Depressionen, und sein angegriffener Gesundheitszustand nötigte ihn dazu, einen Arzt, einen Dr. Buckler, zu konsultieren. In einem Brief Poes an White vom 30. Mai hieß es in bezug auf seine Vorbesprechung von Kennedys ›Horse-Shoe Robinson‹: »Ich habe Mr. Kennedy seit einigen Tagen nicht gesehen, da ich mich zu schlecht fühlte, um auszugehen... was die Kritik seines Buches betrifft, so ist es mir wirklich sehr peinlich, was ich darüber geschrieben habe. Ich hatte mir fest vorgenommen, mich besonders eingehend damit auseinanderzusetzen... und es war einzig mein gesundheitlicher Zustand, der mich daran hinderte. Zu der Zeit, als ich die flüchtige Skizze schrieb, die ich Ihnen einsandte, ging es mir so schlecht, daß ich beim Schreiben kaum noch das Papier vor Augen sehen konnte, und ich war zu Tode erschöpft, als ich das Manuskript beendete.«[34]

Es ist nicht festzustellen, ob Poes Zusammenbruch zu dieser Zeit körperliche Ursachen hatte oder psychosomatisch bedingt war. Mrs. Shew, eine gelernte Krankenschwester, die über einiges medizinisches Fachwissen verfügte und ihn Jahre später ärztlich betreute, sprach von einem angeborenen Herzfehler sowie von einer Schädigung einer Gehirnhälfte – letztere vielleicht eine Erklärung dafür, warum Stimulanzien wie Alkohol oftmals so verheerend auf ihn wirkten. Sogar leichte Sedative seien nur mit größter Vorsicht bei ihm anzuwenden gewesen.[35] Auf jeden Fall vertrug Poes extrem labile Konstitution schon 1835, in der Blüte seiner Jugend, weder Aufregungen noch schwere physische Belastungen. Daß er sich während seiner Schul- und Studentenzeit mit allerlei athletischen Glanzleistungen – vor allem im Schwimmen – hervorgetan hatte, gab ihm ein gewisses konstitutionelles Polster, mit dem er jedoch ebensowenig hauszuhalten wußte wie mit seinen Finanzen. Er stammte aus einer keineswegs robusten Familie; sein Vater starb, wie man sich erinnern wird, mit sechsundzwanzig oder siebenundzwanzig, seine Mutter und sein Bruder mit vierundzwanzig Jahren, alle höchstwahrscheinlich an Tuberkulose. Nur seine debile Schwester Rosalie (deren Herkunft allerdings strittig ist) erreichte mit vierundsechzig Jahren ein vergleichsweise hohes Alter. Poe war sechsundzwanzig Jahre alt und seine Gesundheit bereits untergraben. Er trank oft mehr, als er vertragen konnte, und um seine innere Unrast zu betäuben, sich und seine Umgebung zu vergessen, griff er – selten zwar und ohne dadurch jemals abhängig zu werden – zu Opiaten, die in Apotheken frei erhältlich waren: Morphium und sogenannte ›Laudanumtropfen‹. Deutliche Anzeichen dafür finden sich nicht nur in vielen seiner Erzählungen; so heißt es zum Beispiel in ›Ein Kapitel Betrachtungen‹ (1845) durchaus autobiographisch:
»Das ernstliche Verlangen nach artificiellen Erregungs-Zuständen, welches zum Unglück allzu vielen bedeutenden Menschen seinen Stempel aufgedrückt, mag... als ein seelisches Bedürfniß, ja als eine Notwendigkeit ange-

sehn werden – als eine Anstrengung, längst Verlornes wiederzugewinnen, und als ein Kampf der Seele um jene Position, die sie, andere Umstände vorausgesetzt, zu Recht hätte einnehmen können.«[36]

Die Beschreibung der Eindrücke seiner Helden aus ›Berenice‹, ›Ligeia‹ und noch einigen anderen Erzählungen gleichen denen Bedloes aufs Haar. »Ich hatte mich völlig dem Zauber des Opiums hingegeben, und all meine Arbeiten und Anordnungen standen unter dem Einfluß meiner Träume.«[37] Das Erwachen aus solchen Träumen, auch nach dem überreichlichen Genuß von Alkohol, war jedesmal qualvoll und desillusionierend.

Kein Zweifel, daß Poe dieses verbotene Spiel auf Kosten seiner untergrabenen Gesundheit im Hause Mrs. Clemms manchmal bis zum Exzeß spielte. Bekanntlich folgt der Ernüchterung ein seelisches Tief, das von Mal zu Mal schmerzhaftere Ausmaße gewinnt, so daß man, um sich von ihm zu befreien, erneut zur Droge und zu stärkeren Dosen greift. Poe stand damals in Baltimore im Begriff, in einen Teufelskreis zu geraten, wenigstens war er das, was man bei einem jungen Menschen als ›gefährdet‹ bezeichnet.

Im Juni 1884 schrieb ein Dr. John Carter aus Baltimore, bei dessen Bruder Poe 1849 in ärztlicher Behandlung gewesen war, an Poes Biographen George Woodberry: »In einer Frage von solcher Wichtigkeit nützt es Ihnen vielleicht etwas, wenn ich sage, daß ich zu der Ansicht neige, daß Poe in Baltimore damit begann, Drogen zu nehmen, und daß er sich in Zeiten der Abstinenz vom Alkohol zumindest in gemäßigter Form dem Opiumgenusse hingab.«[38]

Dr. Carters Ansicht stützt sich freilich nur auf die Aussagen seines Bruders, der Poe zum erstenmal sah, als dieser bereits vom Tode gezeichnet und körperlich und nervlich völlig zerrüttet war. Aber es gibt noch andere Berichte von Ärzten, die Poe persönlich kannten oder ihn zum Patienten gehabt hatten (z. B. Dr. J. E. Snodgrass, Dr. T. H. Chivers, Dr. Mott, Dr. Moran); sie alle wurden später zu diesem Thema befragt oder kamen von sich aus darauf zu sprechen. Keinem von ihnen waren jemals die für einen Mediziner leicht erkennbaren Anzeichen einer Abhängigkeit von Drogen wie Morphium oder Opium aufgefallen. Man kann daher Poe, trotz einiger gängiger, in seiner Biographie befestigter Klischeevorstellungen, schwerlich als Rauschgiftsüchtigen bezeichnen. Er kannte die Wirkung des Opiums und benützte es auch öfters, aber wohl mehr in seiner Eigenschaft als Sedativ. Schon seine übersensible Konstitution hinderte ihn daran, zu häufig davon Gebrauch zu machen. Nach jedem Rausch folgten Tage, manchmal Wochen der Zerknirschung und Depression. Immerhin dürfte Mrs. Clemm diese Entwicklung damals, im Frühjahr und Sommer 1835, mit einiger Besorgnis registriert haben. Als White Poe nach Richmond berief, wurde es in der Tat höchste Zeit für einen einschneidenden Wechsel.

Am 7. Juli 1835 starb Poes Großmutter, Mrs. David Poe, im Alter von achtundsiebzig Jahren. Sie war seit längerer Zeit schon ein Pflegefall gewesen. Ihr Tod bedeutete sicherlich, wie Hervey Allen schreibt, eine ›Erleichterung‹ für die Familie. Allen scheint nur zu vergessen, daß ihre Kriegswitwenrente von 240 Dollar im Jahr die einzige wirkliche Sicherheit und den eigentlichen Grundstock des Auskommens von Poe, Mrs. Clemm und ihrer Tochter Virginia gebildet hatte. Henry Clemm, inzwischen siebzehn Jahre alt, fuhr zur See und war ihrem Gesichtskreis, bis auf ein paar Briefe vielleicht, endgültig entschwunden. Über sein weiteres Schicksal ist nichts bekannt. Das Zubrot, das sich Mrs. Clemm hin und wieder mit Näh- und Flickarbeiten verdiente, und die unregelmäßigen Honorarzahlungen für Poes Beiträge für den ›Messenger‹ reichten nicht aus, den Haushalt zu versorgen. Mrs. Clemm hoffte zwar immer auf eine kleine Erbschaft aus dem Vermögen ihres Schwiegervaters William Clemm, dessen Witwe, Catherine Clemm, erst vor kurzem verstorben war; die Sache begann also ›akut‹ zu werden, und Poes Tante spekulierte bereits darauf, mit dem Geld eine eigene Pension zu gründen. Aber da sie es sich nicht leisten konnte, ihre Ansprüche durch einen Anwalt vertreten zu lassen, überging man sie natürlich bei der Testamentseröffnung. Poe sollte sich einige Wochen später vergeblich für ihre Interessen einsetzen. Hätten sich seine Aussichten auf eine feste Anstellung bei White abermals zerschlagen, wäre das Winterhalbjahr 1835 kaum ohne fremde Hilfe zu überstehen gewesen.

Der klassizistische Baustil Richmonds, die säulenflankierten Villen und tempelartigen öffentlichen Gebäude, idealische, steingewordene Träume Thomas Jeffersons, ließen die Stadt, zumal in den Sommermonaten, blendend weiß erscheinen, und vor solchem Hintergrund hob sich der stets ganz in Schwarz gekleidete, melancholische junge Poe wie ein lebender Schatten ab. Allein die Art, wie Poe seine – ebenfalls tiefschwarze – Krawatte band, seinen Zylinder, den damals von ›Gentlemen‹ allgemein getragenen ›beaver hat‹ aufsetzte (er trug ihn, Bürgeraugen suspekt, lässig schräg nach hinten geschoben), überhaupt diese Mischung aus ›Dandy à la mode Parisienne‹ und Prinz Hamlet! all das wirkte auffällig genug: Dergestalt schritt Poe in den ersten Augusttagen des Jahres 1835 zum erstenmal seit nun über zehn Monaten wieder durch die vertrauten Straßen Richmonds – wie üblich in hastiger Gangart und einen Arm auf dem Rücken angewinkelt.[39] Die Büroräume des ›Southern Literary Messenger‹ befanden sich im ersten Stock des Nebengebäudes der Firma Ellis & Allan, über ›Archers Schuhgeschäft‹, im Eckhaus der ›Main and Fifteenth Street‹. Dieses Haus war ein rötlicher, dreistöckiger Ziegelsteinbau mit einem schräg abfallenden Schieferdach; man erreichte die Redaktion über eine Außentreppe in der Fifteenth Street und atmete beim Hinaufsteigen die wohlbekannten süßlichen Tabakdüfte ein, die aus dem

Kontor des Ladens drangen, wo Poe einst erstaunten Kunden Gedichte rezitiert, in Jahrgängen englischer Zeitschriften und alten Notenbüchern herumgestöbert und sich für einige vergeudete Wochen mit den Mysterien der Buchführung geplagt hatte. Es muß ihn merkwürdig berührt haben, in so direkter Nähe zu seiner Vergangenheit eine Zukunft aufzubauen.

Mr. T. W. White, den er nun persönlich kennenlernte, war ein siebenundvierzigjähriger Mann mit einem runden, fleischigen, glattrasierten Gesicht, dunklem, lockigem Haar und vollen Lippen, dem man den Gourmet ansah. Sein Blick auf seinem Porträt hat etwas Taxierendes, und das freundliche, aber reservierte Lächeln charakterisiert ihn sehr treffend. White war eine umgängliche Autorität. Die Interessen seiner Zeitschrift gingen ihm über alles; nur in diesem Punkt, so scheint es, konnte er unangenehm und rücksichtslos werden, was niemanden verwundern dürfte, denn es handelte sich schließlich um seine Existenzgrundlage, in die er fast sein gesamtes Vermögen gesteckt hatte. Im Privatleben war er ein Musterbild an Gastfreundlichkeit und tätiger Nächstenliebe; hier, beim ›Messenger‹, ließ er keinen Zweifel darüber aufkommen, daß er die Fäden in der Hand hielt. Er legte größten Wert auf Pünktlichkeit und Gewissenhaftigkeit, überwachte seine Mitarbeiter pedantisch und duldete keine Eigenmächtigkeiten. Mit seinem letzten Chefredakteur, Edward V. Sparhawk, hatte er sich anscheinend vor knapp einer Woche, Ende Juli 1835, wegen Meinungsverschiedenheiten in Kompetenzfragen überworfen. Sparhawk wechselte kurzerhand zum ›Petersburg Intelligencer‹ über, und der so wichtige Posten war unbesetzt. Poe sah in dieser Neuigkeit einen unerhörten Glücksfall, konnte er doch hoffen, nach einiger Zeit guter Führung vom ›redaktionellen Assistenten‹ bald auf seinen Platz vorzurücken. An Poe dachte White allerdings zuletzt, obwohl er sich Sorgen um einen Nachfolger machte und bereits seinen Freund Lucian Minor angeschrieben hatte, dem er die Stellung und ein Jahresgehalt von $ 800 anbot: »Natürlich bin ich mir dessen bewußt, daß das nicht gerade ein *enormes* Gehalt ist, – aber die Dienste, welche ich von Ihnen als Gegenleistung erwarten würde, kann man ebensowenig als enorm bezeichnen. Sie bräuchten nicht mehr als sechs Stunden in der Woche persönlich anwesend zu sein, und ich bin sicher, daß weitere 24 Stunden völlig ausreichen würden, meinen ›Messenger‹ mit Stoff zu versorgen.«[40]

Minor, der Generalstaatsanwalt von Louisa County, Va., dessen ›Letters from New England‹ ihm früh auch zu literarischem Ruhm verhalfen, lehnte die Offerte höflich ab, schrieb jedoch ab und zu Artikel und Beiträge für Whites Zeitschrift und stand ihm, wie ihr Briefwechsel zeigt, weiterhin in beratender Funktion zur Seite. Es war also für Poes Eintreffen der günstigste Zeitpunkt. Was die technischen Details anbetraf, das Setzen und Drucken, war er längst kein Anfänger mehr – schon bei seinem ersten Gedichtband,

1827, hatte er sich in der kleinen Druckerei von Calvin Thomas intensiv mit der Materie auseinandergesetzt –, und so konnte er White, der ein ›Greenhorn‹ vor sich zu haben glaubte, wirkungsvoll durch sein Fachwissen verblüffen. Er wurde den beiden einzigen festen Mitarbeitern des ›Messenger‹ vorgestellt, William McFarland und John Ferguson, die den Umbruch besorgten und denen gegenüber er bereits den Status eines leitenden Angestellten genoß. Zunächst sollte er $ 10 pro Woche erhalten. Dafür mußte er White praktisch in sämtlichen redaktionellen Angelegenheiten entlasten, Korrektur lesen, den Umbruch überwachen, mit den Metteuren den Satz besprechen, Geschäftskorrespondenzen erledigen, die Gehälter an McFarland und Ferguson auszahlen sowie die jeweiligen Autorenhonorare anweisen, kurz, dafür sorgen, daß alles reibungslos verlief. White hatte einen billigen Stellvertreter gefunden, und wenn er seinen jungen Assistenten mit einem Hungerlohn abspeiste, sah er es wohl unter dem Aspekt, daß Poe dabei nützliche Erfahrungen sammeln konnte. Der schien außerdem keine hohen Anforderungen zu stellen, sondern froh darüber zu sein, überhaupt eine Chance zu bekommen. White selbst reiste viel herum, um neue Abonnenten bzw. Abonnentenwerber für sein Projekt zu begeistern, denn bisher gab es nur etwa 700 ständige Abnehmer seiner Zeitschrift. Aber auch abgesehen von diesen Verpflichtungen bedurfte er dringend einer Entlastung. Er befand sich durch familiäre Sorgen – erst vor wenigen Tagen war die Krankheit seiner Frau von den Ärzten für hoffnungslos erklärt worden – und seinen eigenen angegriffenen Gesundheitszustand in einer sehr angespannten Situation.

Poe sollte all den Belastungen, die White ihm aufbürdete, auf Dauer nicht gewachsen sein. Seine vielfältigen Verpflichtungen nahmen seine ganze Zeit in Anspruch. Es wurde von ihm erwartet, daß er jeden Morgen (außer während des monatlichen Umbruchs, der meist um den 20. herum stattfand) noch vor den anderen Mitarbeitern im Büro erschien, um so auch deren Pünktlichkeit zu überwachen. Auf seinem Schreibtisch – einem eher zierlichen Möbel mit gedrechselten Beinen, einer Schreibplatte und einem Aufbau von offenen und geschlossenen Fächern für Briefe, Drucksachen, Rechnungen etc. – stapelten sich bereits unerledigte Post, eingesandte Manuskripte und Neuerscheinungen von Büchern, durch die er sich hindurchlesen mußte. Hinzu kam die Arbeit an eigenen Artikeln und Rezensionen, die allerdings extra bezahlt wurden. Keine Zeit zum Träumen. Schon das Bündeln und Verschicken der neuen Ausgabe kostete oft Stunden. Es roch nach Druckerschwärze – Poe hatte auf Whites Wunsch hin eine große Flasche davon aus Baltimore mitgebracht, eine besonders feine Qualität, wie sie in Richmond nicht erhältlich war – und nach Waltran, dem damals billigsten und gebräuchlichsten Lampenöl, und diese Duftmischung sollte ihm bald so vertraut werden wie früher das süße Aroma virginischen Tabaks. Von unten drang der

Lärm aus dem Warenkontor der Firma Ellis & Allan herauf; in aller Frühe hörte man das Rattern von Fuhrwerken auf dem Pflaster, das Fluchen der Kutscher, die Gespräche der Lehrlinge und Angestellten, wenn neue Wagenladungen mit Stoffen, Tabak, Spirituosen und anderen Gebrauchsgütern eintrafen. Diese Geräusche, wie Richmond überhaupt, erinnerten Poe sicher manchmal schmerzlich an seine ›verlorene Jugend‹. Inzwischen wartete McFarland ungeduldig, kautabakspuckend, auf die korrigierten Druckfahnen, um endlich einen ersten Bürstenabzug der umbrochenen Seite erstellen und Feierabend machen zu können. Wenn White ins Büro kam, sah er seinem jungen Assistenten kritisch über die Schulter und hatte an diesem und jenem etwas auszusetzen. Streß und Routine waren Gift für Poe.

Die ersten Tage in der Stadt seiner Kindheit verliefen noch relativ ungetrübt. Er mietete sich bei einer Mrs. Poore ein, die eine kleine Pension an der Ecke Bank Street und Capitol Square unterhielt, nicht weit entfernt von der Redaktion des ›Messenger‹ und in direkter Nähe zu seiner früheren Stammkneipe, ›Mrs. E. C. Richardson's Inn‹. Zweifellos versuchte er, alte Bekanntschaften wieder aufzufrischen; zwischen Mrs. Poores Pension und Richter Stanards Villa in der Capitol Square, wo noch immer sein Jugendfreund ›Bob‹ Stanard lebte, lagen zum Beispiel nur zwei Häuserblöcke. Mit Sicherheit sprach er auch bei den Mackenzies in Duncan Lodge vor, um seine Schwester zu besuchen, und auf der Straße begegnete er häufig früheren Kommilitonen und alten Bekannten.

An der sprichwörtlichen virginischen Gastfreundschaft Richmonds wie auch den erwähnten Trinkgewohnheiten hatte sich nichts geändert. Poe hatte nicht die Kraft, diesem Reiz zu widerstehen, und ein ausschlaggebendes Moment, daß er wieder zu trinken begann, war der Umstand, daß er sich, trotz der relativen Konsolidierung seiner Lebensverhältnisse, wieder einmal in einer Phase tiefster Depression befand. Einerseits fühlte er sich durch den ungeheuren Arbeitsdruck in der Redaktion des ›Messenger‹ überfordert, andererseits stürzte in Richmond eine Flut von Erinnerungen auf ihn ein, die er all die Jahre verdrängt hatte; man behandelte ihn zwar freundlich und zuvorkommend, und er wurde oft eingeladen, aber er war eben nicht mehr Edgar Allan Poe, der verwöhnte und etwas exzentrische Pflegesohn eines mehrfachen Millionärs, *die* gute Partie der Stadt, sondern Edgar Poe, ein kleiner, wenn auch hochbegabter Aushilfsredakteur einer Zeitschrift, die eben gerade aus den roten Zahlen herauskam – ein gravierender sozialer Abstieg, den auch sein beibehaltener aristokratischer Habitus nicht zu kaschieren vermochte. Er ähnelte dem Hans Phaall seiner kürzlich erschienenen Burleske, einem skurrilen Burschen, der nach seiner Reise zum Mond in einem Ballon aus schmutzigen Zeitungen in seine Heimatstadt zurückkehrte. Er wohnte in einer billigen Absteige, und wenn er an den hochherrschaftlichen Villen vorbeiging, vielleicht auch – in einem Anflug von Selbstquälerei und Sentimentalität – an Allans ›Moldavia‹, Häusern, in denen er früher einmal selbstverständlich ein-und ausgegangen war, gab es ihm sicher jedesmal einen Stich durchs Herz. Die zweite Mrs. Allan, an peinliche Auftritte von ihm gewöhnt, dürfte über sein Wiederauftauchen ziemlich beunruhigt gewesen sein.

Drei schöne Frauen lagen in Richmond begraben, die er innigst geliebt hatte: seine Mutter, noch immer in einem ›nameless grave‹ in der Nähe einer der Umfriedungsmauern des St.-John-Kirchhofes, Mrs. Stanard und Mrs. Allen (letztere an der Seite ihres Mannes) auf dem Shockoe-Hill-Cemetery am Nordende der Stadt. Und dann ›Myra‹, seine Jugendliebe, durch ein Intrigenspiel ihrer bigotten Eltern ebenso begraben in einer standesgemäßen Ehe. Letztere scheint er auf einer Abendgesellschaft wiedergesehen zu haben[41], wie er ihr auch unter dem Pseudonym ›Silvio‹ im Messenger ein Liebesgedicht widmete.[42]

Von Poes allgemeiner Situation in Richmond abgesehen, gab es jedoch noch ein Problem, das ihn – mehr als alle anderen Schwierigkeiten und melancholischen Erinnerungen – in eine tiefe innere Krise stürzte. Sein ganzes Leben lang war er abhängig gewesen von der Geborgenheit eines Zuhauses, von der Wärme und Fürsorge von Menschen, die ihn liebten. Der frühe Tod seiner Eltern, das Trauma seines Bruchs mit Allan, seiner Verstoßung und Enterbung, hatten eine Sehnsucht nach Bindung im bewahrenden Gefüge einer Familie erzeugt. Diesen entscheidenden Status nahmen nun seine Tante, Mrs. Clemm, und seine Cousine Virginia in Baltimore für ihn ein. Er überwies ihnen regelmäßig einen Teil seines Gehalts, das er von White empfing, und rechnete fest darauf, daß auch sie sich in Richmond niederlassen würden, sobald er erst Chefredakteur des ›Messenger‹ war, und das konnte nach seiner Überzeugung nur eine Frage der Zeit sein. Für Virginia empfand er – das hatte ihm wohl erst die Trennung klargemacht – eine Zuneigung, die weit über die natürliche, zärtliche Liebe eines Cousins für eine kindliche, liebreizende Cousine hinausging.

»So lebten wir denn in Glück und innigem Frieden fernab der übrigen Welt und kümmerten uns nur um uns selbst, ich, meine Kusine und ihre Mutter . . . Eleonorens Lieblichkeit glich der eines Seraphs. Und doch war sie nur ein junges Mädchen, so einfach, unschuldig und natürlich wie das kurze Leben, das sie inmitten der Blumen gelebt hatte. Jede Verstellung war ihr fremd, und mit kindlicher Offenheit zeigte sie mir die Glut der Liebe, die in ihrem Herzen brannte, in ihrem süßen kleinen Herzen, dessen leiseste Regung, dessen verborgenste Gefühle sie mir rückhaltlos enthüllte . . .«[43]

Knapp zwei Wochen, nachdem Poe seine Stellung beim ›Messenger‹ angetreten hatte (er begann bereits, White zu irritieren, indem er morgens sichtbar

verkatert oder angetrunken im Büro erschien), erreichte ihn ein Brief von seiner Tante aus Baltimore, in dem sie ihm mitteilte, ihr Neffe Neilson Poe habe ihr angeboten, Virginia zu sich ins Haus zu nehmen und für ihren Unterhalt und ihre Erziehung zu sorgen. Für die nach dem Tod ihrer Mutter, Mrs. David Poe, nahezu mittellose Frau mußte dieses selbstlose Angebot eine große Erleichterung bedeuten. Wie aus einem Schreiben Poes an seinen Vetter William Poe vom 20. August hervorgeht, war ihre Situation damals verzweifelt genug:

»Gestatten Sie mir noch zum Schlusse, Ihnen zu versichern, daß, wenn es in Ihrer Macht steht, Mrs. Clemm auf irgendeine Art zu unterstützen, Sie damit

Hafenviertel in Charleston, 1831. Gemälde von S. Barnard

einer Dame Ihren Beistand leihen, die sich jedes freundliche Entgegenkommen und jede Rücksichtnahme redlich verdient hat. Wollte nur Gott, daß ich ihr in diesem Moment helfen könnte. Während ich dies schreibe kämpft sie, krank, ohne Freunde und ohne Geld darum, sich und ihre beiden Kinder nur irgendwie durchzubringen. Glauben Sie mir, ich bete zu Gott, daß mein Brief Sie dazu bewegen möge, sich mit Ihren Brüdern und Freunden zusammenzutun und sie aus ihrer dringlichen Notlage zu befreien, denn ich bin augenblicklich außerstande, ihr etwas zu schicken – ich fürchte, wenn nicht bald etwas geschieht, wird es zu spät sein. Mit dieser herzlichen Bitte verbleibe ich,
in wahrer und liebevoller Zuneigung Ihr

Edgar A. Poe«[44]

William Poe scheint dem Appell seines Cousins gefolgt zu sein, aber was immer er Mrs. Clemm zukommen ließ, reichte gerade aus, sie vor dem drohenden Armenhaus oder dem Schuldgefängnis zu bewahren. Poe selbst schickte ihr jeden Pfennig, den er erübrigen konnte. In ihrer Bedrängnis muß Mrs. Clemm Neilson Poes Vorschlag, Virginia bei sich aufzunehmen, als den ›rettenden Strohhalm‹ angesehen haben. Neilson Poe (1809–1884) war, obwohl etwa gleichaltrig mit seinem Vetter in Richmond, ein bereits verheirateter und einigermaßen wohlhabender Bürger in gesicherten Verhältnissen. Als Protegé des mehrfach erwähnten illustren Iren William Gwynn, dem Baltimorer Staranwalt und Begründer des Literatenclubs ›Tusculum‹ (›Delphian Club‹), hatte er seine Karriere als Anwaltsgehilfe in dessen vielfrequentierter Kanzlei begonnen. Nebenbei wurde er stellvertretender Chefredakteur von Gwynns lokalem Sprachrohr, der ›Federal Gazette‹, und gründete 1835 eine eigene Zeitung, den ›Baltimore Chronicle‹ – mehr als Freizeitbeschäftigung allerdings, denn er führte seit 1831 selbst eine florierende Anwaltspraxis. Er war neben dem verstorbenen Bruder Poes der einzige, wenngleich nebenberufliche Journalist in der Verwandtschaft. Er und seine Frau Josephine Emily Clemm, eine Halbschwester Virginias, lebten in einem eleganten Wohnviertel der Stadt, in der Liberty Street Nr. 66. In der Tat brach für Poe eine Welt zusammen, als er die Neuigkeiten aus Baltimore vernahm. Er hatte seine Eltern verloren, sein Zuhause in Richmond, und nun sollte auch noch seine letzte Zuflucht, die beiden Menschen, die er am meisten liebte, auseinandergerissen werden – ein unerträglicher Gedanke! Sein Antwortschreiben an Mrs. Clemm vom 29. August ist ein eindrückliches Zeugnis seiner Gemütsverfassung zu dieser Zeit:

Richmond, 29. Aug. 1835

»Mein liebstes Tantchen,
ich bin blind vor Tränen, indem ich diesen Brief schreibe – ich möchte keine Stunde mehr länger leben. Dein Brief traf mich in Kummer und tiefster Angst – und Du weißt wohl, wie wenig ich's im Stande bin, unter solchem Druck die Fassung zu bewahren. Mein schlimmster Feind würde Mitleid haben mit mir, könnte er jetzt in meinem Herzen lesen. Mein letzter, mein letzter, mein einziger Halt im Leben ist grausam von mir gerissen – ich habe kein Verlangen zu leben mehr und *will's auch nicht.* Doch laß mich meine Pflichten tun. Ich liebe, *Du weißt es,* ich liebe Virginia voll leidenschaftlicher Hingebung. Ich kann in Worten die glühende Verehrung nicht ausdrücken, die ich für meine teure kleine Cousine empfinde – meinen einzigen Liebling. Doch was kann ich sagen; oh denke für mich, denn ich bin unfähig zu denken! All meine Gedanken sind wie gelähmt von der Vorstellung daß Ihr beide, Du und sie, es vorziehen werdet, mit N. Poe zu gehen; ich will's wohl ehrlich

glauben, daß Eure *Bequemlichkeit* fürs erste gesichert sein wird – ob Euer Friede aber auch, Euer Glück, kann ich nicht sagen. Ihr beide habt ein zartes, empfindendes Herz – es wird Euch alle Zeit sagen, daß meine Seelenpein mehr ist, denn ich ertragen kann – daß Ihr mich zum Grabe getrieben habt – denn eine Liebe wie die meine kann niemals verwunden werden. Es ist nutzlos, sich der Wahrheit zu verschließen, daß wenn Virginia mit N. Poe geht, daß ich sie dann nimmer wiedersehen werde, das ist absolut sicher. Habe doch Mitleid mit mir, mein liebes Tantchen, Mitleid! Ich besitze niemanden hier, zu dem ich fliehen könnte – ich bin unter Fremden, und mein Elend ist größer, als ich's ertragen kann . . .

Ich hatte ein allerliebstes kleines Haus in zurückgezogener Lage auf dem Kirchhügel beschafft – kürzlich erst vorgerichtet – und mit einem großen Garten und jeglicher Annehmlichkeit – zu nur $ 5 pro Monat. Ich habe seither Tag und Nacht von dem Entzücken geträumt, das es mir bereiten würde, meine einzigen Freunde – alles, was ich liebe auf Erden, bei mir dort zu haben, und von dem Stolz, mit dem es mich erfüllen würde, es Euch beiden dort behaglich zu machen und sie mein Weib zu nennen. – Doch der Traum ist vorüber. Oh Gott, erbarme dich meiner! Wofür soll ich noch *leben?* Unter Fremden und *ohne eine einzige Seele, die mich liebt?*

Ich habe mich heute morgen mit einem Andern über die Lage besprochen. Branch T. Saunders. Doch White hat sich verbindlich gemacht, mein Salär auf $ 60 im Monat zu setzen, und wir könnten vergleichsweise bequem und glücklich leben – selbst die $ 4 in der Woche, welche ich gegenwärtig für Kost zahle, würden uns alle ernähren – doch ich werde $ 15 pro Woche haben. Was bedürften wir mehr? Ich hatte daran gedacht, jede Woche ein wenig Geld an Euch zu senden, bis Ihr entweder von Hall oder Wm. Poe hören würdet, und dann könnten wir für den Anfang eine kleine Ausstattung bekommen – denn White wird nicht im Stande sein, irgend etwas vorzuschießen. Danach würde alles gut laufen – oder ich würde eine verzweifelte Anstrengung unternehmen und versuchen, genug für diesen Zweck zu borgen. Es besteht nur wenig Gefahr, daß mir das Haus entgeht . . .

Der Ton Deines Briefes verwundet mich in tiefster Seele. – Oh Tantchen, Tantchen, Du liebtest mich einst – wie kannst Du jetzt so grausam sein? Du sprichst davon, daß Virginia eine vielseitige Ausbildung erhalten und Eingang in die Gesellschaft finden werde – Du sprichst davon in so *weltlichem* Ton. Bist Du sicher, daß sie dadurch glücklicher würde? Glaubst Du, es könnte sie irgend wer inbrünstiger lieben denn ich? Sie wird hier weit viel bessere Gelegenheit haben, in die Gesellschaft zu kommen, als bei N. P. Jedermann hier empfängt mich mit offenen Armen.

Adieu, mein teures Tantchen. Ich *kann Dir nicht raten*. Frage Virginia. Überlasse es ihr. Sie soll mir, mit eigener Hand, einen Brief zukommen lassen, in dem sie *Abschied* von mir nimmt – auf immer – dann möge ich sterben – mein Herz wird brechen – doch ich will nicht mehr sagen.

E.A.P.

Küsse sie für mich – millionenmal.

Für Virginia,
meine Liebe, meine geliebte süßeste Sissy, mein Schatz, mein kleines Weibchen, überleg es Dir gut, bevor Du Deinem Vetter das Herz brichst. Eddy.
Ich öffne diesen Brief noch einmal, um die $ 5 beizulegen – ich habe just einen weiteren Brief von Dir erhalten, in welchem Du den Empfang des meinen bestätigst. Das Herz blutet mir für Dich. Liebstes Tantchen, denk an mein Glück, während Du über Dein eigenes nachdenkst. Ich spare alles, was ich kann. Das einzige Geld, was ich noch ausgegeben habe, sind 50 Cts. für Wäsche – ich habe nun noch 2,25 übrig. In Kürze will ich Dir mehr schicken, schreibe sofort. Ich werde ganz Angst und Furcht sein, bis ich von Dir höre. Versuch's doch und überzeuge meine teure Virginia davon, wie hingebungsvoll ich sie liebe. Ich wünschte, Ihr könntet mir den ›Republican‹ besorgen, der eine Notiz über den ›Messenger‹ brachte, und ihn mir umgehend per Post zusenden. Gott segne und beschütze Euch beide.«[45]

Was sein Arbeitsverhältnis bei Mr. White betraf, schätzte Poe seine Situation wieder einmal nicht sehr realistisch ein. White war großzügig, und er hatte zunächst wohl auch Poes Gehalt um $ 20 erhöht, um ihn an sich zu binden. Aber schon nach zwei oder drei Wochen begann er sich ernsthafte Sorgen um die Arbeitsmoral seines jungen Assistenten zu machen, der von Tag zu Tag unpünktlicher wurde und manchmal nichts tat, als, von irgendeiner Zechtour gezeichnet, an seinem Schreibtisch zu sitzen und stumpf vor sich hinzugrübeln. In der Augustausgabe des ›Messenger‹ waren vier Beiträge Poes erschienen: die bereits erwähnte Groteske ›Bon-Bon – A Thale‹; ›To Sarah‹, seine poetische Liebesbotschaft an Mrs. Shelton; ›The Coliseum. A Prize Poem‹, das Gedicht, das seinerzeit in Balitmore *keinen* Preis erhalten hatte und in dem er über den Trümmern der glorreichen Vergangenheit eines imaginären Roms sinnierte, sowie eine Rezension über das Buch eines anonymen Autors, ›Die Bekenntnisse eines Dichters‹ (›Confession of a Poet‹). Poe ging nicht gerade schonungsvoll mit diesem Werk ins Gericht – in der Tat handelte es sich bei seiner Kritik um den übelsten Verriß, der je im ›Messenger‹ abgedruckt worden war. White dürfte etwas unbehaglich bei dem Gedanken gewesen sein, daß sein bürgerliches Blatt zum Forum für solch ätzende Polemik wurde; er teilte wohl die Ansicht seines Korrespondenten Beverley Tucker, der wenig später in einem Brief an Poe äußern sollte: »Wer zerstampft schon einen Schmetterling auf dem Rad?«, wobei er sich vordergründig auf John

Wilson bezog, den damals in der Londoner Literaturszene gefürchteten Vitriolspritzer des ›Blackwood's Magazine‹, ein Vorbild Poes, den jener in einem früheren Schreiben einmal lobend erwähnt hatte. Immerhin schien in dieser Bemerkung doch so etwas wie eine wohlgemeinte Warnung zu liegen, Poe solle seine Feder doch nicht allzu unbedenklich in Säure tränken wie eben jener Mr. Wilson. Aber Poe dachte nicht daran, Zurückhaltung zu üben, vor allem dann nicht, wenn es um die Bloßstellung irgendeines maßlos überschätzten Dichter- und Schreiberlings ging. Er sah sich eher als eine Art ›reinigendes Gewitter‹ an, und er hatte gerade erst mit seinem Feldzug gegen die Verderbtheit des Geschmacks begonnen.

»Im Allgemeinen sollten wir's mit unsren Reden nicht zu genau nehmen, sobald's darum geht, einen Dummkopf als solchen bloszustellen. Nur immer frei von der Leber weg – sonst hat uns der Kerl am Ende gar nicht verstanden! Verdient er den Strick? Nun, dann schleunigst mit ihm an den Galgen, und jedes Mittel dazu sei uns recht! Doch keine Verbeugung, die nicht auch als solche gemeint wär', und keinesfalls jene possirliche Zartheit unsres Hans Narr, wenn er sagt – ›Wollet Euch, Herr, zu erheben geruhen, auf daß man ein End' mit Euch mache!‹

Dies ist der einzig wahre Grundsatz unter Männern. Wo's aber ums Zarte Geschlecht geht, giebt's für den Kritiker nur Eins: zu reden, wo er ein Lob verantworten kann, doch zu schweigen, wo ihm dies *nicht* möglich ist. Nimmermehr wird eine Frau dazu gebracht werden können, das über ihr *Buch* Gesagte nicht auch auf ihre *Person* zu beziehen, und ›ein Mann von Welt‹, sagt mit Recht jener alte, englische Moralist James Puckle in seinem Buch ›Grey Cap for a Green Head‹ (›Grau Kappen für grüne Köpfe‹), ›ein Mann von Welt‹ *wird sich nimmermehr dazu verstehen,* abfällig von den Frauen zu sprechen.«[46]

Eine Grundsatzerklärung, auf die Poes kritische Methode Anwendung finden sollte – zur Verunsicherung Mr. Whites und zur erheblichen Umsatzsteigerung des ›Southern Literary Massenger‹.

12. KAPITEL

›Bulldogge‹ Poe

M rs. Clemm«, so hieß es in einem Brief von Elizabeth Oakes Smith, einer der unzähligen, später mit Poe bekannten ›literary ladies‹, an John Ingram, »setzte alle Mittel ein, eine Ehe zwischen Poe und Virginia herbeizuführen, um zu verhindern, daß er Lizzie White heiratete, die eigensinnig, kapriziös und morphiumsüchtig war.«[1] In dieser geschwätzigen Behauptung mag ein Fünkchen Wahrheit liegen, obwohl Mr. White, zumindest zu jenem Zeitpunkt des Winterhalbjahres 1835, seine Tochter niemals einem Habenichts wie Poe zur Frau gegeben hätte. Daß ihr sein junger Assistent den Hof machte, ist jedoch sehr wahrscheinlich. Eliza White besaß alle Eigenschaften, Poes romantisches Herz höher schlagen zu lassen; sie war schön, gebildet, kokett und, wenn es stimmt, daß sie Morphinistin war, manchmal auf eine für Poe überaus anziehende Weise verträumt und abwesend. Sie spielte Klavier und konnte auf ›elegante‹ Art Shakespeare zitieren. Ihre Mutter, Margaret Ann White, war todkrank und ans Bett gefesselt, Mr. White häufig auf Geschäftsreise, um neue Abonnenten für seine Zeitschrift zu werben, die günstigsten Bedingungen also für eine heimliche Romanze. Jedenfalls kamen Klatschgeschichten darüber auf.

Whites Haltung gegenüber seinem anmaßenden Mitarbeiter, der sich in Geschäftskorrespondenzen, so zum Beispiel in einem Schreiben an John Neal vom 4. September, bereits als Chefredakteur des ›Messenger‹ ausgab, wurde von Mißtrauen und Verärgerung bestimmt. Am 8. September schrieb er an Lucian Minor: »Poe ist jetzt fest bei mir angestellt – nicht als leitender Redakteur. Er führt leider einen etwas ausschweifenden und liederlichen Lebenswandel, weshalb ich ihm nicht eben viel Vertrauen schenken kann. Ansonsten ist er ja ein netter und liebenswerter Bursche. Er wird mir beim Korrekturlesen eine Hilfe sein – so hoffe ich wenigstens.«[2]

Das war nun wiederum etwas pharisäerhaft von White, denn Poes Tätigkeit beschränkte sich keineswegs nur auf das Korrigieren von Druckfahnen. Er übernahm fast sämtliche Aufgaben seines Vorgängers Sparhawk und schrieb außerdem noch Beiträge und Rezensionen. De facto war er ›editor‹ des ›Messenger‹, ohne diesen Status zu genießen.

White schien auch zunächst davon ausgegangen zu sein, daß Poe Sparhawks direkter Nachfolger werden würde. Poes Briefe, Artikel, Kritiken und die ›Selbstlosigkeit‹, mit der er in Baltimorer Zeitungen die Werbetrommel für den ›Messenger‹ rührte, hatten ihn davon überzeugt, daß er der geeignete Mann für den Posten war. Die gute Meinung seines Freundes und Mitbegründers des Magazins, James E. Heath, der, in solchen Fragen kompetenter als er, den Stil von Erzählungen wie ›Berenice‹ und ›Morella‹ in den Himmel lobte, obwohl er ihren Sujets wenig abzugewinnen wußte, bestärkte ihn noch in dieser Überzeugung. Letztlich ausschlaggebend war jedoch J. P. Kennedys Empfehlungsschreiben.

Beide, Heath und White, hingen grundbürgerlichen Moralvorstellungen an, und wären Poes Beiträge auch nur einen Deut weniger ›moralisch‹ gewesen, sie hätten sich mit Schaudern von ihm abgewandt. So wurde zum Beispiel das neben Maturins ›Melmoth‹ wohl bedeutendste literarische Glanzstück der gotischen Schauerliteratur, der orientalisch-exotische Roman ›Vathek‹ (1786) des spleenigen Engländers William Beckford, von Heath wegen seiner ›Unmoral‹ verdammt. Poe dagegen gab sich in seinen Schriften, wenn seine Helden auch ihre aufsässigen Gläubiger in die Luft sprengten, Opium rauchten, Leichen schändeten, die griechischen und römischen Klassiker verspotteten oder auf sonst eine Weise gegen den ›guten Geschmack‹ verstießen, doch immer geradezu puritanisch: »... meine Seele«, so berichtet der Erzähler aus ›Morellea‹ über seine Beziehung zu seiner Angebeteten, war »von der ersten Begegnung an, sogleich in Feuern aufgeflammt, wie ich sie bislang nie gekannt hatte; aber nicht von Eros rührten solche Feuer her, ... nie sprach ich von Leidenschaft, noch dacht' ich an Liebe.«[3] (Sonderbarerweise gelingt es ihm dennoch, ein Kind mit ihr zu zeugen.) Auch die Leidenschaften von Egaeus (in ›Berenice‹) ›wurden stets nur vom Verstand regiert‹. Gewiß waren in der Groteske ›Loss of Breath. A Tale à la Blackwood‹, unter welchem Titel sie in der Septemberausgabe des ›Messenger‹ erschien, einige Anzüglichkeiten enthalten, aber die Zeitgenossen lasen darüber hinweg; schließlich handelte es sich um eine Satire auf ›Blackwood's Extravaganzen‹. White selbst konnte weder mit Poes Erzählungen noch mit seinen Dichtungen sehr viel anfangen. »Heath und Thomas Willis White ... zogen beide ›religiös-moralische Melancholie‹ ›Byronscher Verzweiflung‹ und ›Shelleyschem Satanismus‹ bei weitem vor«[4], also Lyrik im Stil von Mrs. Sigourneys ›Auf das taubstumme, blinde Mädchen des Asyls von Hartford, Conneticut‹ oder ›Der Tod der Mutterlosen‹ solch träumerisch-düsteren Extasen wie Poes ›The Coliseum‹ oder ›The Valley Nis‹. Whites Horizont ging über sentimentale Poesie und bodenständige Prosa à la Tucker und Kennedy nicht hinaus. Im Grunde seines biederen Herzens waren ihm ›Arabesken‹ wie ›Berenice‹ und Burlesken wie ›Hans Phaall‹ zutiefst suspekt – ›too much German terror!‹ –, und er befürchtete ein wenig, solche Beiträge könnten den sonst so gediegenen ›Messenger‹ bei seinen Abonnenten in Mißkredit bringen. Und dann dieser letzte Verriß der ›Confessions of a Poet‹! Er hatte lange gezögert, eine so boshafte Rezension überhaupt in Druck zu geben. Heath war immer gegen allzu strenge Kritiken gewesen; 1834 verglich er einmal in einem ›Editorial‹ gehässige Kritiker mit ›schnappenden und bellenden Straßenkötern, wie sie die Städte unsicher machen und auf dem Lande zu einer regelrechten Plage geworden sind‹[5]. Überhaupt erfreuten sich Kritiker damals in Amerika, insbesondere wenn sie Gift versprühten, keiner großen Beliebtheit; der berühmte Schriftsteller James Kirke Paulding nannte sie allesamt ›Raupen‹, und gerade im Süden kam es gar nicht selten vor, daß sie von einem der Opfer ihrer Attacken verprügelt oder zum Duell gefordert wurden. Man kann zwar nur einen Bruchteil von Poes Rezensionen als ›vernichtend‹ bezeichnen, aber wenn er einmal daranging, einen in seinen Augen lächerlichen Autor auseinanderzunehmen, tat er dies gründlich und erbarmungslos. In einer Zeit, in der die amerikanische Literaturkritik (mangels Literatur) noch immer in ihren Anfängen steckte, war es White nicht zu verdenken, daß er Poes schneidenden Witz mit jenem ›Rowdy-Journalismus‹ verwechselte, wie er vor allem im Norden heimisch schien. Es gab nur zu viele Verleumder, die aus purer Bosheit Karrieren beendeten oder gar sensible Künstler in den Selbstmord trieben. »Keats erlag einer Rezension«, heißt es zu Beginn von Poes ›The Duke de L'Omelette‹ (der englische Dichter soll nach einem brutalen Verriß John Wilson Crokers im ›Quarterly Review‹ [1818] an gebrochenem Herzen gestorben sein), und in seinen ›Marginalien‹ schrieb er einmal: »Wörter – besonders gedruckte – sind Mordwaffen«[6]. Poe war sich seiner Verantwortung bewußt, und er nahm seine Aufgabe sehr ernst. Vor ihm gab es – in der Periode zwischen 1810 und 1835 – nur etwa zehn bedeutende Kritiker in den Vereinigten Staaten; zu ihnen gehörten George Bancroft, W. C. Bryant, E. T. Channing, R. H. Dana, W. H. Prescott und Robert Walsh – letzteren lernte er, wie man sich vielleicht erinnern wird, 1829 in Philadelphia kennen, als er zum erstenmal erfolglos bei Carey, Lea & Carey vorsprach. Diese Herren, alles Literaten von Rang, waren hauptberuflich fast ausnahmslos Juristen oder doch zumindest von ihrer Ausbildung her zum Richter oder Anwalt bestimmt, was ihre kritische Methode entscheidend prägte: sie sahen sich ebenso als Hüter der Moral wie des Geschmacks, und sie interessierten sich nicht so sehr für die Ideale der Kunst als für ihren ›sozialen Stellenwert‹. Poe dagegen klammerte bewußt Kriterien wie ›Moral‹ und ›gesellschaftliche Relevanz‹ aus seinen Betrachtungen aus oder maß ihnen nur – mehr aus Konvention – eine bescheidene Randbedeutung bei. Er konzentrierte sich auf die ›inneren Gesetzmäßigkeiten‹ von Kunst, auf Form und Inhalt – in ähnlichem Sinne wie seine Vorbilder Coleridge und August Wilhelm von Schlegel, dessen ›Vorlesungen‹ er aus Übersetzungen kannte. Die Kunsttheorie, die er allmählich aus seinen Rezensionen ableiten sollte, beeinflußte – so anfechtbar sie heute in manchen Punkten erscheinen mag – die Entwicklung von Poesie und Prosa im neunzehnten und zwanzigsten Jahrhundert ungemein. Damals, im Jahre 1835, stellte Poe mit seiner l'art-pour-l'art-Anschauung in Amerika ein Novum dar, und alles Exotische erfüllte den um Abonnenten kämpfenden Mr. White mit Unbehagen. Poe, so ängstigte er sich, würde am Ende noch seinen Ruin herbeiführen. Schon am 22. Juni, also noch bevor sie sich persönlich kennenlernten, hatte ihn ein Mr. James Garnett aus Essex, Virginia – aus welchen Motiven heraus, ist nicht bekannt – in einem Brief davor gewarnt, Poe bei sich einzustellen: »Poe wird Ihrer Zeitschrift eher schaden als nützen ... es ist zu hoch für den Durchschnittsleser.«[7]

Die Septemberausgabe des ›Messenger‹ enthielt zwei neue Erzählungen Poes: ›King Pest the First. A Tale Containing an Allegory‹ und ›Shadow. A Fable‹. Beiden ist gemeinsam, daß sich Menschen im Angesicht einer unausweichlichen Katastrophe betrinken.

»Das Jahr war ein Jahr des Schreckens gewesen, und von Empfindungen, nachhaltiger denn Schrecken, für die aber noch kein Name ist auf unserer Erde ... nah & fern, über Land & Meer, hatte die Pest ihre schwarzen Schwingen weithin gebreitet ... Dennoch lachten wir & waren frohgemut auf unsere Art – die Hysterie war; und sangen die Lieder Anakreons – die blanker Wahnsinn sind; und tranken tiefen Zugs – ob uns der purpurne Wein schon an Blut gemahnte.«[8]

Etwas vergnüglicher geht es in der Groteske ›König Pest‹ zu, obwohl sich auch hier die lustigen Zecher in einer pestverseuchten Stadt befinden; zu manchen illustrativen Details mochten Poe seine Erfahrungen während der Cholera-Epidemie Anfang der dreißiger Jahre inspiriert haben.

Was Mr. White zu denken gab, war, daß Poe ›vor Ort‹ manchmal übereifrig für solche Wirtshausszenen recherchiert hatte. Im übrigen bedurfte es solcher Indizien kaum. Waren es bereits Poes Beiträge für den ›Messenger‹, die ihn verunsicherten, so mußte ihn dessen Verhalten vollends irritieren. Öfters, wenn er ihn beim Zuspätkommen ertappte, rochen seine Entschuldigungen nach Alkohol. Manchmal saß Poe stundenlang geschäftig über ein Manuskript gebeugt, bis sich herausstellte, daß er die ganze Zeit über keine Zeile zu Papier gebracht hatte. Dann wieder holte er Versäumtes an einem Tag auf. Es war einfach nicht recht klug aus ihm zu werden.

Im September erschien ebenfalls eines seiner frühen Gedichte unter dem Titel ›Lines Written in an Album‹, das Poe einmal einem Jugendschwarm, Elizabeth, der Tochter seines Onkels Henry Herring, gewidmet hatte. Die Anfangszeilen lauteten diesmal anders; statt

> »Would'st thou be loved? then let thy heart
> From its present pathway part not –«

hieß es

»Eliza, let thy generous heart...«[9],

wodurch sich Eliza White angesprochen gefühlt haben dürfte, und ein Grund mehr für ihren argwöhnischen Vater, wachsam zu sein. Dies alles reicht wohl zur Erklärung dafür aus, warum White zögerte, Poe die Zügel in die Hand zu geben und ihn zum verantwortlichen Redakteur des ›Messenger‹ avancieren zu lassen.

Poe spürte diese Vorbehalte, und er wußte auch, daß es einzig an ihm lag, Whites Bedenken wieder zu zerstreuen. Er brauchte sich nur ein wenig zusammenzunehmen, auf ein Glas zuviel zu verzichten, sich nicht so gehenzulassen. Er hatte ja alle Trümpfe in der Hand, sein Schicksal selbst zu bestimmen; er besaß Freunde und Gönner, White war auf ihn angewiesen, er verdiente zum ersten Mal genug Geld, um davon leben zu können, er konnte schreiben und wurde dafür bezahlt – kurz, es war vielleicht nicht gerade ein Traum, der in Erfüllung gegangen war, aber doch eine reelle Chance, ihn zu verwirklichen. Allein die Ungewißheit darüber, wie sich Mrs. Clemm Virginias wegen entscheiden würde, kann ihn unmöglich dazu veranlaßt haben, all das aufs Spiel zu setzen.

In der Erzählung ›The Imp of the Perverse‹ schreibt er: »Wir handeln nur darum so, weil unser Gefühl uns sagt, wir sollten's *nicht*«, und vielleicht liegt in diesem Trieb eine Erklärung dafür, daß Poe immer wieder seinen Interessen zuwider handelte.

»Wir haben eine Aufgabe vor uns, die rasch erledigt sein muß. Wir wissen, jeder Verzug würde verderblich sein. Der wichtigste, der alles entscheidende Augenblick unseres Lebens ist da und ruft, posaunengleich, nach unmittelbarer Tatkraft, nach unmittelbarer Tat. Wir glühen, wir verzehren uns vor Eifer und Begierde, das Werk zu beginnen, dessen glorreicher Ausgang unsre Seele im vorhinein entflammt. Es soll, es muß noch heute unternommen werden, und doch – doch schieben wir es auf morgen; und warum? Es gibt keine Antwort, außer eben der: daß unser Fühlen an *Perversheit* leidet – das Wort hier ohne jedes Begreifen des Prinzips gebraucht. Der neue Tag ist da und mit ihm neue, mehrere Ungeduld, unsere Pflicht zu tun; doch je mehr diese Ungeduld wächst, desto größer wird zugleich auch eine namenlose, eine wahrhaft fürchterliche, da unergründliche, Süchtigkeit nach neuerlichem Aufschub. Und diese Sucht erstarkt, je weiter die Zeit verrinnt. Schon kommt die letzte Stunde, die zum Handeln bleibt. Wir zittern – so heftig tobt in uns der Konflikt, – des klar Bestimmten mit dem Unbestimmten – des Wesentlichen mit dem Schattenhaften. Doch, wenn der Widerstreit so weit gediehen ist, so ist's der Schatten, welcher Oberhand gewinnt, – wir kämpfen umsonst. Der Stundenschlag ertönt – und ist das Grabgeläute unsres Wohlergehns. Zur nämlichen Zeit aber ist's auch der Hahnenschrei für den Geist, der uns so lang beherrscht hat. Er flieht – er ist verschwunden – wir sind frei. Die alte Tatkraft kehrt wieder. Jetzt wollen wir ans Werk. Doch ach, – *zu spät!*«[10]

1845, wenige Jahre vor seinem Tod, konnte Poe diesen Geist beschreiben, aber schon ein Jahrzehnt früher, in einem Brief an John Pendleton Kennedy vom 11. September 1835, einem verzweifelten Hilferuf, finden sich Anzeichen dafür, daß er bereits von seiner Seele Besitz ergriffen hatte:

»... übertrifft meine jetzige Lage gleich meine kühnsten Erwartungen, so scheint es mir doch, als könnte ich an nichts mehr Freude finden und als seien all meine Hoffnungen zum Scheitern verurteilt. Verzeihen Sie mir, werter, bester Herr! – wenn Ihnen dieser Brief widersprüchlich und verworren vorkommt. Meine Empfindungen in diesem Augenblick sind wahrlich bemitleidenswert. Ich leide momentan an einer Depression, wie sie mich nie zuvor befiel. Ich habe vergeblich versucht, gegen den Einfluß dieser Melancholie anzukämpfen – *Sie allein werden mir glauben,* wenn ich sage, daß ich trotz der großen Verbesserung meiner Lebensumstände noch immer zutiefst unglücklich bin. Ich sage, daß Sie mir glauben werden aus dem einfachen Grund, daß jemand, der es auf *Wirkung* anlegt, *anders* schreiben würde. Mein Herz liegt offen vor Ihnen – ist es wert, darin zu lesen, lesen Sie. Ich bin am Boden zerstört und weiß nicht warum. Trösten Sie mich, richten Sie mich auf – nur Sie sind dazu imstande. Aber, ich beschwöre Sie, bald – oder es wird zu spät sein. Schreiben Sie mir gleich zurück. Überzeugen Sie mich davon, daß alles einen Sinn hat – daß es sich lohnt, zu leben –, und Sie werden sich mir gegenüber als wahrer Freund erweisen. Sagen Sie mir, was ich tun soll. Ich drücke mich nicht deutlich genug aus – ich bitte Sie, fassen Sie dies nicht als einen Scherz auf –, oh, haben Sie Mitleid mit mir! Ich weiß, meine Worte ergeben keinen Sinn – aber ich werde mich wieder fangen. Sie sehen ja, ich befinde mich in einer Geistesverfassung, die mich zugrunde richten wird, wenn das noch lange so weitergeht. Also schreiben Sie mir, schreiben Sie mir schnell. Zwingen Sie mich dazu, zu tun, was richtig ist. Ihr Rat bedeutet mir mehr als die Worte anderer – denn Sie waren mein Freund, als ich sonst niemanden auf der Welt hatte. Lassen Sie mich nicht im Stich – wenn Sie hiernach Wert auf Ihren Seelenfrieden legen.

E. A. Poe«[11]

Das Merkwürdige an dem Brief ist, daß Poe nach diesen Gefühlsausbrüchen im Postskriptum einen ganz anderen, sachlichen Tonfall anschlägt, Kennedy im Namen Mr. Whites um Beiträge für den ›Messenger‹ bittet, erwähnt, daß White demnächst seine ›Tales of the Folio Club‹ als Buch drucken wolle und daß in ›The Sun‹ ein Artikel, ›Discoveries in the Moon‹, erschienen sei, offensichtlich angeregt von der Novelle ›Hans Phaall‹. Obwohl Poe den

Nachtrag wohl erst einen oder zwei Tage später hinzufügte, minderte er doch den Effekt seines so eindringlich gehaltenen Schreibens beträchtlich. Diese Spaltung fällt übrigens auch in seinem Brief an Mrs. Clemm vom 29. August auf, in dem er sie, anfangs ›von Tränen blind‹, zum Schluß bittet, ihm eine Ausgabe des ›Republican‹ zuzuschicken, die eine Notiz über den ›Messenger‹ enthielt. Eine sonderbare Fähigkeit zur Abstraktion – von einem verzweifelten Aufschrei wieder zur Tagesordnung überzugehen.

Am 19. September schrieb Kennedy aus Baltimore voller Anteilnahme und aufmunternd zurück, doch der Brief traf einen oder zwei Tage zu spät in Richmond ein; White hatte Poe inzwischen gekündigt. Der Tropfen, der das Faß zum Überlaufen brachte, war mit Sicherheit eine von Poes ›sprees‹ gewesen, eine seiner Zechtouren oder vielmehr der Zustand, in dem er am nächsten Morgen in der Redaktion erschien. White blieb diesmal hart, und Poes Stolz ließ es nicht zu, sich vor ihm und den anderen Mitarbeitern durch eine Diskussion zu demütigen. Es hätte ohnehin nichts genützt. Er machte also auf dem Absatz kehrt, begab sich in seine Pension, packte seine Koffer, zahlte seine Miete und fuhr nach Baltimore. Man kann sich vorstellen, in welcher Verfassung er die Reise auf dem Dampfschiff antrat. Alles schien sich in einer Art Déjà-vu-Erlebnis zu wiederholen: verstoßen, nur ein paar Dollar in der Tasche, ohne Ziel, ohne Hoffnung, ›einer unerhörten Erkenntnis‹ entgegentreibend, ›deren Offenbarung Vernichtung ist‹. »Poe hat sich schon wieder aus dem Staube gemacht«, schrieb White am 21. September an seinen Freund Lucian Minor. »Ich war unzufrieden mit seinem Lebenswandel. Er ist außerdem ein Opfer der Melancholie. Es würde mich nicht im geringsten wundern, eines Tages zu erfahren, daß er Selbstmord begangen hat. Ich bin nun allein.«[12] White unterschrieb seine Briefe an Minor in der Regel mit ›Ihr wahrer Freund‹ (›Yours truly‹ oder ›Your true Friend‹), diesmal jedoch mit ›Ihr wirklicher Freund‹ (›Your real friend‹) – vielleicht in der Hoffnung, er würde sich, nach Lage der Dinge, doch dazu bewegen lassen, für Poe einzuspringen, und so etwas wie ein rettender Engel, ein zweiter Heath für ihn werden. Es ging jetzt um die Zukunft seiner Zeitschrift, und White fühlte sich den redaktionellen Aufgaben allein nicht gewachsen. Er steckte in einer Zwickmühle. War seine Trennung von Poe wirklich unumgänglich gewesen, oder hatte er sich nicht vielmehr mit der Entlassung seines unzuverlässigen, manchmal unausstehlichen, aber doch unbestreitbar fähigen und produktiven Assistenten zu sehr ins eigene Fleisch geschnitten? Poe hinterließ ein Vakuum, soviel stand fest, und weit und breit gab es niemanden, der ihn hätte ersetzen können. Daran, daß der ›Messenger‹ im Oktober und November sein Erscheinen einstellen mußte, waren zwar mehrere, vor allem wirtschaftliche Erwägungen beteiligt, aber ihr Bruch spielte dabei trotzdem eine entscheidende Rolle. White hatte, wie erwähnt, Poe zunächst nur für einen ›Probemonat‹ eingestellt; daß dieser jedoch seine Chance nicht wahrnehmen würde, konnte niemand voraussehen. Zweifellos waren beide über den Ausgang ihrer Beziehung gleichermaßen erschüttert.

Poe kam, den Umständen entsprechend, völlig gebrochen in Baltimore an. Mrs. Clemm, bestürzt über die schlimmen Neuigkeiten und den Zustand ihres Neffen, tat wohl ihr Möglichstes, ihn zu beruhigen, aber er war untröstlich und scheint häufig davon gesprochen zu haben, daß sein Leben nun keinen Sinn mehr für ihn hätte. In dieser Krisensituation traf sie eine schicksalhafte Entscheidung: sie willigte, allen Widerständen der Verwandtschaft zum Trotz, in eine Heirat Poes mit ihrer dreizehnjährigen Tochter Virginia ein. Angesichts der Tatsache, daß Neilson Poe Virginia (solange, bis sie ins heiratsfähige Alter käme) eine sorgenlose Zukunft, die Aufnahme in sein Haus und eine gute Erziehung angeboten hatte, Poe dagegen wieder einmal gescheitert und ohne Aussichten auf der Straße saß, war dies ein geradezu unerhörter Vertrauensbeweis. Allerdings erinnerte sie sich sicher daran, wie sie selbst und ihr Mann William Clemm einst mit ähnlichen Schwierigkeiten kämpfen mußten und daß auch ihr Bruder David, Poes Vater, gegen den Willen seiner Eltern mit einer Schauspielerin durchgebrannt war. Die Poes und Herrings in Baltimore hätten jedenfalls, über ihre Absicht in Kenntnis gesetzt, kein Mittel unversucht gelassen, die Ehe zu verhindern. Auch auf Grund von Virginias zartem Alter bewegte sich die Angelegenheit am Rande der Legalität. Man mußte also heimlich vorgehen, und das hat zu Unstimmigkeiten bei Poes Biographen geführt. Sicher ist nur, daß am 22. September 1835 eine behördliche Heiratslizenz eingeholt wurde[13] und daß sich Edgar und Virginia damals förmlich verlobten. Von vielen ernstzunehmenden Biographen, darunter Hervey Allen, James A. Harrison und George E. Woodberry wird behauptet, es habe bereits zu dieser Zeit eine kirchliche Trauung stattgefunden, vollzogen von einem Reverend John Johns, dem späteren Bischof der protestantischen Episkopalkirche von Virginia. A. H. Quinn wies jedoch nach, daß ihre Theorie nur auf sehr schwachen Füßen steht, auf einer Aussage Mrs. Clemms nämlich, die sie nach Poes Tod gemacht haben soll, die aber nie verifiziert wurde, sowie auf den Erinnerungen eines Zeitgenossen, des Baltimorer Rechtsanwaltes Henry Didier, die jedoch allgemein von Fehlern und Widersprüchlichkeiten strotzen. Didier schrieb: »Bevor er (Poe) Baltimore verließ, überredete er Mrs. Clemm, in seine Heirat mit Virginia einzuwilligen, und am 2. September 1835 wurden sie in der Old Christ Church von dem Reverend John Johns D. D. . . . getraut. Am nächsten Tag schon begab er sich nach Richmond und sah seine geliebte kleine Frau ein ganzes Jahr nicht, bis sie und ihre Mutter zu ihm in diese Stadt zogen.«[14] Interessant an Didiers Äußerungen ist allenfalls, Poe habe Mrs. Clemm dazu ›überredet‹, ihm Virginia zur Frau zu geben – ansonsten kann weder das von ihm genannte Datum stimmen, noch trifft zu, daß Poe und Virginia ein Jahr getrennt lebten. Auch Nachforschungen in den Registern der St. Pauls Church, wo die Heiratseintragungen der Old Christ Church aufbewahrt wurden, und Anfragen bei der Familie von Reverend J. Johns führten zu keinem Ergebnis. Trotz aller Quellenforschung bleibt die Sache weiterhin in romantisches Dunkel gehüllt – entweder eine der Poe-Legenden oder tatsächlich eine ›heimliche Trauung‹ bei Kerzenschein im engsten Kreise, von mißgünstiger Verwandtschaft bedroht – eine Szene wie aus einem gotischen Schauerroman. Immerhin glaubte sogar der renommierte T. O. Mabbott an diese Version.[15]

Virginia war gewiß schon damals, als sie vom Kind zur Frau erwachte, ein Mädchen von bezauberndem Liebreiz; nach den Beschreibungen von Freunden und Bekannten schien sie dafür bestimmt zu sein, Poes Idealbild weiblicher Schönheit und Vollkommenheit zu entsprechen. Captain Mayne Reid, ein nicht ganz unbedeutender Schriftsteller, den Poe in Philadelphia kennenlernte, schilderte sie als »eine Lady von engelsgleicher Schönheit, nicht allein von Gestalt, sondern auch von ihrem Wesen her ... eine dunkelhaarige, dunkeläugige Tochter des Südens ...« mit einem »exquisit lieblichen Gesicht« und einem »sanften und grazilen Auftreten«[16]. Mrs. Gove Nichols nannte sie in ihren Reminiszenen ›ätherisch‹, und selbst weniger enthusiastische Beobachter, die sie als ›unnatürlich blaß‹, ›zu kindlich‹ oder sogar als ›zu geisterhaft‹ bezeichneten, zählen doch nur Eigenschaften auf, die auf Poe anziehend wirken mußten[17]. Nicht nur die leidenschaftliche Verzweiflung, die aus Poes Brief an Mrs. Clemm vom 29. August spricht, deutet also darauf hin, daß es eine – wenn auch vielen Menschen unverständliche – Liebe war, die zu der Verbindung dieses blutjungen Mädchens mit dem sechsundzwanzigjährigen, verträumten Dichter führte, nicht etwa die Machenschaften der um ihre und die Zukunft ihres Kindes besorgten Witwe Clemm.

Poe, erlöst von langer, qualvoller Ungewißheit, – zumindest war er sich jetzt sicher, nicht mehr allein auf der Welt, sondern unter der Obhut einer Familie zu stehen, deren Wohlergehen sein Leben mit neuem Sinn und neuer Tatkraft erfüllte – wandte sich kurz darauf in einem (leider nicht erhaltenen) Brief an White, in dem er Besserung gelobte und inständig darum bat, ihm noch eine Chance zu geben und ihn wieder einzustellen. White schrieb, in schulmeisterlichem Ton, aber doch sichtlich erleichtert zurück:

Richmond, 29. Sept. 1835

»Mein lieber Edgar, – ich wollte, es stünde in meiner Macht, mich Ihnen in einer Sprache mitzuteilen, deren ich mich gerade zu dieser Gelegenheit mächtig wünsche. Aber ich bin nicht dazu imstande – und muß mich daher damit begnügen, in meiner offenen Art ganz unverblümt zu Ihnen zu sprechen.

Daß Sie es mit all Ihren Versprechungen aufrichtig meinen, will ich Ihnen ja gern glauben. Aber Edgar, ich befürchte doch, daß Sie Ihre guten Vorsätze vergessen, sobald Sie wieder durch Richmonds Straßen gehen – und daß Sie das Zeugs schlucken werden, selbst wenn es Ihnen den Verstand raubt. Verlassen Sie sich nur auf Ihre eigene Stärke, so sind Sie verloren. Vertrauen Sie auf Ihren Schöpfer im Himmel, und Sie sind gerettet.

Wie tief ich es bedauerte, von Ihnen zu scheiden, weiß niemand auf Erden als ich allein. Ich war Ihnen immer gewogen – und ich bin es noch –, und von Herzen würde ich ausrufen ›Kehren Sie zurück‹ – wäre da nicht die Angst vor einer neuerlichen Trennung in kürzester Zeit.

Wenn Sie nur dazu bereit wären, bei mir und meiner Familie oder in irgendeiner anderen privaten Unterkunft zu logieren, an einem Ort also, wo man abstinent lebt, so gäbe es, glaube ich, eine Hoffnung für Sie. Aber wenn Sie in einem Wirtshaus wohnen oder sonst an einem geselligen Platz, wo Alkohol ausgeschenkt wird, sind Sie gefährdet. Ich spreche aus Erfahrung.

Sie haben wunderbare Talente, Edgar – und sie sollten von der Öffentlichkeit ebenso respektiert werden wie Ihre Person. Lernen Sie, sich selbst zu vertrauen, und Sie werden sehr bald merken, daß auch die anderen Sie anerkennen. Entsagen Sie ein für allemal der Flasche und Ihren Zechbrüdern!

Sagen Sie mir, ob Sie dies können und tun werden – und lassen Sie mich wissen, daß Sie fest dazu entschlossen sind, niemals, um keinen Preis, der Versuchung nachzugeben.

Daß wir uns recht verstehen: sollten Sie nach Richmond zurückkehren und wieder als Assistent in meiner Redaktion für mich arbeiten, würde ich unser Verhältnis in dem Moment für gelöst betrachten, da Sie sich abermals betrinken.

Ich kann niemandem Vertrauen schenken, der schon vor dem Frühstück Alkohol trinkt! Kein Mann, der solche Gewohnheiten hat, ist in der Lage, ordentlich seiner Arbeit nachzugehen ...

Ich verbleibe, als Ihr wahrer Freund

T. W. White«[18]

Poe sprach persönlich in Richmond vor, um sämtliche von ihm geforderten Eide zu leisten, und Mr. White zögerte nicht lange, ihn wieder bei sich einzustellen. Dieser Zeitpunkt markiert den eigentlichen Beginn von Poes steiler Karriere als Redakteur verschiedener Zeitungen und Zeitschriften. Er trat nun in eine Phase einer wenn auch nicht geradlinigen, so doch relativen Konsolidierung seiner privaten Lebensumstände ein; der Kampf mit einem widrigen Schicksal, den er bisher geführt hatte, wurde zu einem auf dem Papier ausgetragenen, reformistischen Kampf gegen literarische Cliquen, die selbstherrlich mit Hilfe der Presse das kulturelle Klima nach ihren jeweiligen

Interessen bestimmten. Poe setzte sich für neue kritische Maßstäbe ein, für ein internationales Urheberrecht und damit bessere Arbeitsbedingungen für amerikanische Autoren und für die Geschmacksbildung eines breiten Lesepublikums. White ahnte nicht, daß seine auflagenschwache Literaturpostille zum Forum für eine Kampagne werden sollte, die den korrupten, am Markt orientierten Kulturbetrieb Amerikas in den Grundfesten erschütterte.

Zunächst regelte Poe den Umzug von Mrs. Clemm und Virginia nach Richmond – nicht, wie er in seinem Brief vom 29. August versprochen hatte, in ein »allerliebstes kleines Haus in zurückgezogener Lage auf dem Kirchhügel«, sondern in die Pension einer Mrs. James Yarrington, ein zweistöckiges Backsteingebäude mit großen, grünen Fensterläden an der Ecke der Bank and Eleventh Street, nicht weit von der Redaktion des ›Messenger‹ entfernt, mit Ausblick auf Jeffersons Kapitol und die parkartigen Anlagen, die sich rings umher erstreckten, aber auch in gefährlicher Nähe von Mrs. Richardsons Kneipe ein paar Häuser weiter. Die Miete für das erste Stockwerk bei Mrs. Yarrington mit drei oder vier Zimmern, die sie bewohnen sollten, betrug $ 6 pro Woche – eine für damalige Verhältnisse und Poes niedriges Einkommen sehr kostspielige Unterkunft. Anfang Oktober schrieb Mrs. Clemm an William Poe in Baltimore: »Wir sind vergangenen Samstagabend hier eingetroffen. Edgar kam extra nach Baltimore, um uns abzuholen. Ich hoffe sehr, daß wir an diesem Ort glücklicher sein werden. Es geht mir zur Zeit gesundheitlich so schlecht, daß ich noch keine Gelegenheit gefunden habe, mich etwas umzusehen, aber ich denke, Richmond wird mir gefallen... Hier gibt es für mich und meine Tochter Jemanden, den wir lieben und umsorgen können – drüben gab es Niemanden... Edgar ist unsere einzige Stütze. Er ist mir wahrhaftig wie ein Sohn und war es schon immer... er bittet mich, Ihnen seinen Dank für die neuen Abonnenten auszurichten...«[19]

Wie aus dem letzten Satz ersichtlich, war Poe bereits damit beschäftigt, die Interessen von Whites Magazin wahrzunehmen und sich ›des in ihn gesetzten Vertrauens würdig zu erweisen‹. Schon am 8. Oktober, kaum wieder in Richmond etabliert, bat er in einem Brief den Schriftsteller und Dramatiker Robert Montgomery Bird[20] um Beiträge für den ›Messenger‹.

Poe, zuvor eher unzuverlässig und unberechenbar, überraschte jetzt durch seine Disziplin, seinen Arbeitseifer und konstruktive Verbesserungsvorschläge. Er konnte White davon überzeugen, daß eine Änderung des Layouts, des ganzen äußeren Erscheinungsbildes seiner Zeitschrift dringend notwendig sei, um dem ›Messenger‹ endgültig zum Durchbruch zu verhelfen. Die für den November geplante Ausgabe sollte den Zeitungsmarkt erobern, das Provinzblatt mit seinen kaum 700 Abonnenten zum nationalen Sprachrohr in Fragen der Literatur und der schönen Künste machen. Ein neuer Schriftsatz wurde angeschafft, der an Eleganz sogar so einflußreiche und weitverbreitete

›Monthlies‹ und ›Weeklies‹ wie den ›New York Mirror‹ und den ›Knicker-bocker‹ übertraf, Literaturjournale, gegen die Poe inzwischen seine Geschütze in Stellung brachte. Die Investition zahlte sich aus. Eine der ersten Pressestimmen über die verspätet erschienene Dezemberausgabe bezog sich mehr auf die Form als auf den Inhalt: »...kein Magazin hierzulande oder anderswo übertrifft den ›Messenger‹ an Schönheit der *Typographie*. – Exzellenter Druck, ästhetischer Schrifttyp, bestes Papier.«[21] Poe widmete sich seinen redaktionellen Pflichten mit einer Besessenheit, die White vielleicht etwas beunruhigte. Einerseits befürchtete er wohl, es könne sich nur um einen vorübergehenden Aufschwung handeln, andererseits hatte er Bedenken, sein übereifriger Assistent würden den Bogen überspannen und seine Kompetenzen überschreiten. In einem Brief Whites an Lucian Minor vom 24. Oktober hieß es noch: »Sollten Sie Mr. Poes Namen erwähnen, dann nur im Sinne eines freien Mitarbeiters meiner Zeitschrift – nicht etwa eines leitenden Redakteurs.«[22] Sein Freund Nathaniel Beverley Tucker, neben Minor sein wichtigster Korrespondent und Berater, war hingegen begeistert von Poes Fähigkeiten, und dies um so mehr, nachdem Poe sich sehr lobend über eines seiner Gedichte geäußert hatte. Tucker, Professor für Rechtswissenschaften am ›William-and-Mary-College‹ in Williamsburg, stammte aus einer der ältesten und angesehensten Familien Virginias und gehörte zu den ›Southern gentlemen‹ alter Schule, die das Sklavensystem aus dem ›Mosaischen Gesetz‹ herleiteten, den nationalistischen früheren Vize-Präsidenten der USA, John C. Calhoun, unterstützten und Jacksons demokratische Regierung zum Teufel wünschten (Tuckers 1836 erschienener Roman ›Der Partisanenführer‹ war ein Angriff auf den ›Jacksonism‹ und eine Glorifizierung Calhouns). Man kann ihn als einen geistigen Vorläufer der Sezession bezeichnen, und Poe teilte viele seiner Ansichten, besonders seine Abneigung gegen die Demokratie. Am 29. November schrieb Tucker an White: »...Sein (Poes) Schicksal erinnert mich an das Coleridges. Coleridges Tugenden und Erfolg vor Augen bedarf es für ihn keines anderen Leitbildes... Ohne auch nur einen Bruchteil seines Genies zu besitzen, bin ich doch alt genug, sein Vater zu sein (ich erinnere mich, wenn mich seine Herkunft nicht trügt, an seine bezaubernde Mutter, als sie noch ein Mädchen war), und ich glaube, daß das Schicksal mich reicher mit Glücksgütern bedacht hat als ihn. Ich weiß, daß er bitter arm ist. Wenn ich also Ihnen helfe, helfe ich zugleich auch ihm, die Hindernisse aus dem Weg zu räumen, die bisher seine Karriere verstellten, und schlage so zwei Fliegen mit einer Klappe... Über seine Erzählung sage ich lieber nichts. Sie wurde schon mehr gelobt, als gut für ihn war... Durch *Extravaganzen* ist noch niemand zu dem Ruhm aufgestiegen, den er Aussicht hat, sich zu erwerben. Er ist zu Höherem bestimmt...«[23]

Ein solches Lob mußte sogar White überzeugen. Er las Poe einige Passagen aus Tuckers Brief vor, und Poe setzte sogleich ein längeres Antwortschreiben auf, in dem er sich für ›das freundliche Interesse an seiner Person‹ bedankte und ausführlich auf Tuckers Äußerungen einging, darunter auch auf die ›Erzählung‹, die jener angesprochen hatte:

»Ihre Meinung über ›Das Manuskript in der Flasche‹ ist gerecht. Die Erzählung wurde vor einigen Jahren geschrieben, und sie gehörte zu den ersten, die ich je verfaßte. Außer Ihnen und P. P. Cooke aus Winchester habe ich noch niemanden getroffen, auf dessen Urteil in bezug auf diese Geschichten ich Wert gelegt hätte. Im allgemeinen preisen die Leute in höchsten Tönen das, wofür ich mich schämen müßte, und übergehen stillschweigend anderes, das mir wertvoll erscheint. Die letzte Erzählung, die ich schrieb, ›Morella‹, war meine beste. Das nächstemal, wenn ich wieder zum Schreiben komme, werde ich ›Morella‹ noch übertreffen. Zur Zeit nehmen mich meine redaktionellen Pflichten so in Anspruch, daß ich nichts Lesenswertes zu Papier bringen kann ...

Ich habe viele Verse geschrieben und wohl mehr gelesen, als Sie sich vorstellen können. Um mich kurz zu fassen: ich bin besonders stolz auf die Empfindsamkeit meines Gehörs, dessen Exaktheit, wenigstens zu meiner Zufriedenheit, ich anhand einiger verblüffender chromatischer Versuche nachgewiesen habe. Ihre Einwände gegen die *Melodie* meiner Verse überraschten mich daher sehr. Wie ich schon, beim ersten Lesen, Mr. White gegenüber bemerkte, sind Ihre eigenen Verse völlig makellos, wenn man sie unter dem Gesichtspunkt ›reiner Harmonie‹ betrachtet – ich meine dies ganz sachlich – ›ohne jegliche Dissonanzen‹. Früher pflegte ich in demselben Stil zu schreiben, und es wäre ein Leichtes für mich, Sie von der Genauigkeit meines Gehörs zu überzeugen, indem ich jetzt ebenso schriebe – aber unmerklich wuchs in mir die Liebe zu gerade diesen Dissonanzen in gleichem Maße, da meine Liebe zur Musik stärker wurde.

Ich hatte oft genug mit den Widrigkeiten des Schicksals zu kämpfen – aber die schwerste meiner Prüfungen war der Mangel an elterlicher Wärme.«[24]

Poe hatte in Tucker einen neuen Protegé gewonnen, dessen Einfluß etwa dem J. P. Kennedys entsprach, und im ›Editorial‹ der Dezemberausgabe des ›Messenger‹ wurde er dem Publikum bereits durch Lucian Minor als neuer Chefredakteur vorgestellt, obwohl sich dieser noch sehr zurückhaltend ausdrückte: »Der Gentleman (Sparhawk), der in der neunten Nummer des ›Messenger‹ als leitender Redakteur genannt wurde, hat sich letztens von diesem Posten zurückgezogen; allein für den Inhalt verantwortlich ist nunmehr der Eigentümer des Magazins, unterstützt von einem Gentleman, dessen literarische Talente über jeden Zweifel erhaben sind. Zusammen mit einem solchen Mitarbeiter ist er zuversichtlich in der Hoffnung, daß der zweite Jahrgang, welchen die vorliegende Ausgabe eröffnet, *mindestens* den gleichen Anklang finden wird wie der vorangegangene; ja daß, wenn sein vorausschauender Blick ihn nicht trügt, er seiner Leserschaft mit einem noch größeren Überfluß an literarischen Leckerbissen aufwarten kann, als sie es bisher von seiner Zeitschrift gewohnt war ...«[25]

In Wahrheit hatte sich – abgesehen von dem wesentlich verbesserten Layout – das allgemeine Niveau des ›Messenger‹ kaum verändert. Ein Beitrag von Mr. Whites Tochter Eliza (›Eliza aus Richmond‹), ein weiteres Gedicht mit dem Titel ›Das gebrochene Herz‹ ist allenfalls biographisch interessant: es beschreibt die Verzweiflung eines von ihrem Liebsten im Stich gelassenen Mädchens, und vielleicht fühlte sich diesmal Poe angesprochen. Von ihm selbst stammten die Erzählung ›Das Manuskript in der Flasche‹ und ›Szenen aus einem unveröffentlichten Drama‹ (›Politian‹), ein unvollendetes Theaterstück im elizabethanischen Stil, mit dem er sich bereits seit 1831 beschäftigte. Das Motiv ging auf einen berühmten Kriminalfall aus dem Jahre 1825 zurück, der damals großes Aufsehen erregte: der Mord an dem prominenten Rechtsanwalt und Politiker Solomon P. Sharp in dem Städtchen Frankfort, Kentucky, begangen von einem gewissen Colonel Jereboam O. Beauchamp, ebenfalls Anwalt im gleichen Ort. Wie sich bei der Gerichtsverhandlung herausstellte, war eine Miss Anne Cooke, ein Mädchen aus bester Familie, ein paar Jahre davor von Sharp verführt bzw. vergewaltigt worden. Beauchamp verliebte sich in diese Dame, die seine Zuneigung erwiderte, jedoch nur unter der Bedingung seine Frau werden wollte, daß er ihre Schmach räche. Er forderte Sharp daraufhin zum Duell, und als jener sich weigerte, ihm Genugtuung zu leisten, erstach er ihn in der Nacht zum 7. November 1825 auf offener Straße, nachdem er ihn aus dem Haus gerufen hatte. Mr. und Mrs. Beauchamp – inzwischen verheiratet – wurden beide des Mordes angeklagt, und beide versuchten, im Gefängnis Selbstmord zu begehen, aber nur sie war dabei erfolgreich. Ihr Mann überlebte sie bis zu seiner Hinrichtung am 7. Juli 1826.[26] »Nie hat jemals ein Dichter eine spannendere und romantischere Tragödie ersonnen, als es die Tragödie von Sharpe und Beauchamp war«, schwärmte Poe noch 1842; jedenfalls inspirierte die ›Kentucky-Tragödie‹, unter welchem Namen sie zu einer Art Legende wurde, unzählige amerikanische Autoren, sogar noch ein Jahrhundert später, zu Theaterstücken und Romanen.

Poes ›Politian‹ gehört mit zu seinen schwächsten Leistungen und zeigt deutlich, daß er zum Stückeschreiben kein sonderliches Talent hatte. Die Figuren wirken leblos und artifiziell; »sie treten, reich kostümiert, auf, sprechen ihren Text herunter und gehen wieder ab. Es gibt nichts an ihnen, was sich der Erinnerung einprägen könnte; sie bleiben bestenfalls unpersönliche Marionetten.«[27] Wäre Poe nicht der Autor gewesen und hätte er eine Aufführung des ›Politian‹ erlebt, so würde er das Drama wohl ebenso verrissen haben wie Longfellows Schauspiel ›Der spanische Student‹.[28] Natürlich gab es darin hin und wieder Passagen von großer, dichterischer Kraft, und es ist kein Zufall, daß Poe einen längeren Monolog seines Helden Politian gesondert unter dem Titel ›The Coliseum‹ als Gedicht veröffentlichte – dasselbe Gedicht übrigens, mit dem er beim Preisausschreiben des ›Baltimore Saturday Visiter‹ 1833 gegen Hewitts ›The Song of the Winds‹ angetreten war. Dieser Politian, der Earl of Leicester, der in dem Stück etwa Beauchamp entspricht, ist eine Kombination aus dem florentinischen Dichter Angelo Poliziano und dem Günstling von Elizabeth I., Robert Dudley. Seine Charakterisierung entspricht wieder einmal dem Prototyp des Poeschen Helden und dem romantischen Selbstbild des Autors.

Entscheidender als dieses mediokre Drama wurde für Poes Karriere eine seiner Rezensionen, die in der Dezemberausgabe des ›Messenger‹ insgesamt achtundzwanzig Seiten füllte – also mehr als die Hälfte des Inhalts ausmachte. Sie wird in Poes Biographien immer nur am Rande erwähnt, spielte aber nicht nur für sein Leben, sondern auch für die Zukunft von Mr. Whites Magazin eine bedeutende Rolle.

Am 11. Juli 1835 veröffentlichte der ›New York Mirror‹, zu dieser Zeit die meistgelesene literarische Wochenzeitschrift Amerikas, zwei Auszüge aus dem Roman ›Norman Leslie‹ von Theodore Sedgwick Fay (1807–1898), einem Buch, das in Kürze erscheinen sollte. Fay war nach seinen 1832 und 1833 recht erfolgreichen ›Träumen und Erinnerungen eines ruhigen Mannes‹ und dem ›Minuten-Buch‹ der verhätschelte Liebling der New Yorker Literaturszene, ein salongewandter Dandy, ähnlich wie N. P. Willis, dessen Talent er allerdings nicht besaß und mit dem zusammen sowie mit George P. Morris er eben die Zeitschrift herausgab, die seinen ›Norman Leslie‹ überschwenglich ankündigte.

In den nächsten Monaten folgten weitere Elegien, verbunden mit einer Empfehlung, die geradezu unwiderstehlich wirken mußte: ein amerikanischer Autor, um den sich sogar englische Verleger rissen, konnte nur ein Genie sein. So wurde geschickt ein Markt für einen völlig bedeutungs- und belanglosen Roman geschaffen, ein Musterbeispiel für die damals in Amerika übliche Praxis der ›Lobhudelei‹ oder ›puffery‹, gegen die Poe im Alleingang einen Feldzug plante. Als dann der Roman endlich im November ›anonym‹ bei ›Harper und Brothers‹ in New York erschien, stimmte der ›Knickerbocker‹ noch einmal kräftig in die Lobeshymnen des ›Mirror‹ ein; Lewis Gaylord Clark, der Herausgeber, schrieb, er habe zwar noch nicht Gelegenheit gefunden, das Werk zu lesen (!), aber von namhaften Kritikern sei ihm versichert worden, daß es ‹Szenen von großer dichterischer Kraft‹ enthalte und sich durch die gleiche ›ruhige Gewandtheit des Stils‹ und ›Reinheit des Ausdrucks‹

auszeichne, für die Mr. Fay gerühmt werde. »Das enorme Interesse der Öffentlichkeit an diesem Roman wird bereits hinlänglich durch die Tatsache bewiesen, daß bereits zwei Wochen nach Erscheinen der ersten Ausgabe kein einziges Exemplar mehr in den Händen der Verleger verblieb.«[29]

Durch fleißiges Begießen war somit aus einem Pflänzchen ein literarisches Gewächs entstanden, ein affektiert-sentimentales Machwerk durch einflußreiche Cliquen zu einem ›Bestseller‹ emporgewachsen. In der Dezemberausgabe des ›Messenger‹ jedoch sandte Poe einen Hagel darauf herab, der diese Sumpfblüte schnell wieder eingehen ließ:

»Fürwahr! – da haben wir es! Es ist *das* Buch – *das* Buch *par excellence* – belobigt, bepriesen und be-*Mirror*-t; das Buch ... das ›im Erscheinen begriffen‹ – ›im Druck‹ – ›in der Entwicklung‹ – ›in Vorbereitung‹ – und ›am Herauskommen‹ war: das Buch, voll ›Anschaulichkeit‹ von vornherein, – ›talentiert‹ *a priori* – und Gott weiß was *in prospectu*. Um alles Preisens, Preisenden und Preisenswerten willen – werfen wir doch einen Blick auf seinen Inhalt!
Norman Leslie, geneigter Leser, eine Erzählung aus unseren Tagen, ist, letzten Endes, von niemand anderem auf Erden verfaßt worden als von Theodore S. Fay, und Theodore S. Fay ist niemand anders als ›einer der Redakteure des New York Mirror‹ ...
Im Vorwort unterrichtet uns Mr. Fay, daß sich die bedeutendsten Züge dieser Erzählung auf Tatsächliches gründen – daß er sich gewisser poetischer Freiheiten bedient – daß er Charaktere verändert habe, und insbesondere den Charakter einer jungen Dame (o pfui, Mr. Fay – o, Mr. Fay, pfui!) – daß er gewisse Eigenheiten mit boshafter Hand gezeichnet – und daß die Kunst des Romanschreibens so würdig sei wie die Kunst eines Canova, Mozart oder Raffael – was uns den Schluß nahelegt, Mr. Fay selbst sei so würdig wie Raffael, Mozart und Canova zusammen. Hat er uns so von der Hauptsache überzeugt, fährt er fort und spricht von einem demütigen Schüler, der mit unsicherer Hand Kompositionen auf eine Leinwand wirft und dabei hinter einem Vorhang steht. Und dann, nach all diesen Impertinenzen, hält er es für richtig, ›treuweg die Nachsicht der ernsten und weisen Kritiker zu erbitten‹. Beim Bacchus! *wir* jedenfalls sind weder ernst noch weise und fühlen uns daher ganz und gar nicht veranlaßt, ihm auch nur den Schatten von Gnade zu erweisen.«
Nach einer ausführlichen Zusammenfassung des Inhalts (wobei er wiederum jede nur mögliche Gelegenheit zur Polemik ausnützte) kam Poe zu dem vernichtenden Schluß: »So endet die ›Erzählung aus unseren Tagen‹, und so endet auch das unerquicklichste Stück Gewäsch, mit dem man jemals den gesunden Menschenverstand aller guten Amerikaner so unverblümt wie schamlos beleidigt hat.«

»Was den *Stil* Mr. Fays anlangt, so ist er eines Schuljungen unwürdig. Der ›Redakteur des New York Mirror‹ hat entweder nie ein Exemplar der Murrayschen Grammatik gesehen, oder er ist so lange in der Welt herum-*Willis*-iert, bis er seine Muttersprache vergessen hat.«

Worauf Poe noch eine Zeitlang Fays Verstöße gegen die Grammatik zitiert, stilistische Peinlichkeiten brandmarkt (»Was verstehen Sie unter einem ›*Wind, der in der Luft heult*‹? ... Was ist für Sie ein ›*unbeschattetes* italienisches Mädchen‹?«), bis er in Anspielung auf den ›so häufigen Gebrauch jenes wohlklingenden Zweisilblers *Blase*‹ durch den Autor seine Rezension mit dem Satz beschließt: »Doch mit Norman Leslie sind wir fertig: wenn wir je etwas Alberneres sahen, wollen wir – Blasen bekommen.«[30]

T. W. White war zweifellos sehr unbehaglich zumute, als er diese Kritik in Druck gab. Poes letzter Verriß von ›Bekenntnisse eines Poeten‹ richtete sich gegen einen anonymen, unbedeutenden Literaten – T. S. Fay dagegen gehörte einer der mächtigsten literarischen Cliquen Amerikas an. Der Angriff galt nicht allein dem Autor von ›Norman Leslie‹; er richtete sich gegen N. P. Willis und den ›New York Mirror‹, gegen den ›Knickerbocker‹, gegen ›Harper and Brothers‹, gegen einflußreiche New Yorker Kulturfunktionäre und nicht zuletzt gegen den Geschmack einer breiten (wenngleich von der Presse indoktrinierten) Öffentlichkeit. Vor allem der boshaft-polemische, manchmal zu frivole Stil von Poes Rezension stimmte ihn bedenklich. Bereits im November hatte er das fertige Manuskript an seinen Freund N. B. Tucker mit der Bitte um eine Beurteilung gesandt, und Tuckers Reaktion darauf entsprach wohl beunruhigend seiner eigenen Meinung: »Eine Kritik muß manchmal streng sein. Frivolität in Verbindung mit Härte jedoch paßt nicht zu einem ernstzunehmenden Urteilsspruch, denn sie macht die Autorität des Richters fragwürdig. Beziehen Sie dies nur auf die Rezension von ›Norman Leslie‹. Ich zweifle keine Sekunde daran, daß der Idiot sie voll und ganz verdient hat – ja mehr als das. Aber der Tonfall schickt sich nicht für das Amt eines Kritikers ... und außerdem, der Autor ist ein Redakteur der Konkurrenz!«[31]

Der literarische Rundumschlag, den Poe mit der ›Norman Leslie Rezension‹ austeilte, richtete sich weniger gegen einzelne Autoren – »in neun und neunzig von hundert Fällen Nichts denn Leute von einiger Gewandtheit, der jedoch die beharrlichste Unverschämtheit zu Hülfe kommt – mit einem Wort also ... geschäftige Nichtskönner, Speichellecker und Sudelköche«[32] –, sondern vielmehr gegen das korrupte Begünstigungssystem, das sie dem Publikum als Genies und ihre Werke als Bestseller aufschwatzte. Schon die Bloßstellung Mr. Fays, einem der bevorzugten Günstlinge der New Yorker Literatencliquen, bedeutete eine Kriegserklärung an eine große Zahl äußerst gefährlicher, weil anonymer Persönlichkeiten des dortigen Kulturbetriebes und des öffentlichen Lebens, vor allem Freunde, Bekannte und Sympathisanten des so kläglich verrissenen Schriftstellers, deren Macht und Einfluß Poe vielleicht doch unterschätzte. Es handelte sich ja keinesweges nur um das sichtbare Dreiergestirn, den ›New York Mirror‹, den ›Knickerbocker‹ und das Verlagshaus ›Harper and Brothers‹, die Fays Moderoman lanciert hatten und die Poe durch seine Kritik schockierte und verärgerte. Allein in New York gab es darüber hinaus zahllose kleinere Zeitungen und Zeitschriften, Trabanten um diese Fixsterne, deren Redakteure grundsätzlich die gleiche Meinung vertraten wie N. P. Willis, George P. Morris, T. S. Fay (›Mirror‹) und Willis Gaylord Clark (›Knickerbocker‹). Wenn es darum ging, einen unliebsamen Kritiker mundtot zu machen oder die Karriere eines gegen ihre Interessen verstoßenden Schriftstellers zu beenden, konnte sich diese gleichgestimmte Presse zu einer unbezwingbaren Phalanx zusammenschließen, die den Störenfried im Handumdrehen erledigte. Jedenfalls hatte sich Poe in New York eine Menge Feinde gemacht, und ihre Zahl sollte im Verlauf des Jahres 1836 noch beträchlich anwachsen. Von nun an stand er bei einigen maßgeblichen Kulturfunktionären – Verlegern und Presseleuten – auf der ›schwarzen Liste‹. Poe ahnte nicht, daß er bereits an dem dünnen Ast sägte, auf dem er saß. Man wartete nur auf eine günstige Gelegenheit, mit ihm abzurechnen – und die kam spätestens ab dem Zeitpunkt, da er selbst am New Yorker Kulturleben teilnahm und Eintritt in die intriganten Literatursalons der Stadt fand.

Vorläufig erfolgte noch kein Echo aus dieser Richtung – d. h. der ›Mirror‹- und ›Knickerbocker-Ecke‹. Es galt ja gerade zu vermeiden, durch Repliken die Aufmerksamkeit der Öffentlichkeit auf Poes unliebsamen Verriß zu lenken – die Stimme eines bissigen Kritikers irgendeines obskuren ›Messenger‹ aus der tiefsten Provinz. ›Norman Leslie‹ wurde trotzdem ein Publikumserfolg; es gab sogar eine Bühnenbearbeitung, die im ›American Theatre‹ am ›Broadway‹ über einen Monat lang für ein ausverkauftes Haus sorgte.[33] Ärgerlich war nur, daß verschiedene andere New Yorker Zeitungen und Zeitschriften Poes Rezension erwähnten, und manchmal sogar in höchst lobenden Tönen. So schrieb der ›Courier and Enquirer‹, dessen Redakteur Poes wirkliche Absicht anscheinend nur zu gut erkannte, seine Kritik sei die ›mutigste, unparteiischste und kompromißloseste‹ gewesen, die je in der Presse erschienen sei – »Wir wollen zwar nicht bestreiten, daß der Großteil davon durchaus gerechtfertigt ist, andererseits finden sich Anzeichen einer *persönlichen* Abneigung nicht allein gegen Mr. Fay, sondern gegen alle, die man zu seinen Förderern oder Bewunderern zählen dürfte.«[34] In der ›Spirit of the Times‹ hieß es allgemein über Poes Besprechungen (die also, dem ›Totschweigen‹ gewisser Kreise zum Trotz, populär zu werden begannen), sie seien meist »scharfsinnig und gerecht – mit Ausnahme einer übertrieben strengen Kritik an einem begabten jungen Autor«.[35] Geradezu begeistert äußerte sich der ›New Yorker‹: »Der Herausgeber untersucht objektiv, urteilt unvoreingenommen, lobt mit deutlichem Vergnügen und verdammt mit Mäßigung. Möge er tausend Jahre leben!«[36]

Hatte die Dezemberausgabe des ›Messenger‹ sogar in New York für erhebliches Aufsehen gesorgt, so löste sie überall in den Südstaaten ein geradezu sensationelles Presseecho aus. Der Status von Whites Magazin änderte sich von einem Monat auf den anderen, und die Zahl der Abonnenten verdrei- und vervierfachte sich innerhalb eines halben Jahres. Poe nutzte bereits im Januar die günstige Gelegenheit zur Publicity, indem er der nächsten Nummer einen Ergänzungsteil mit lobenden Zeitungskommentaren beifügte. Damit einher ging auch eine Besserung von Poes psychischer Verfassung. »Ich habe seither den inneren Feind entschlossen bekämpft und bin nun in jeder Hinsicht sorgenfrei und glücklich. Ich weiß, daß es Sie freuen wird, dies zu hören. Gesundheitlich geht es mir so gut wie seit Jahren nicht, mein Geist ist vollauf beschäftigt, meine finanziellen Schwierigkeiten sind verschwunden, meine Zukunftsaussichten stehen günstig – mit einem Wort, alles ist in Ordnung. Ich werde nie vergessen, wem ich all dieses Glück zu einem großen Anteil verdanke. Ich weiß, daß ich ohne Ihre zeitige Hilfe meine Krise niemals überwunden hätte.

Mr. White ist sehr großzügig und zahlt mir neben einem Jahresgehalt von $ 520 ein Extrahonorar für jeden meiner Beiträge, so daß ich im Ganzen auf fast $ 800 komme. Nächstes Jahr, das heißt nach Beendigung des zweiten Jahrganges, werde ich $ 1000 verdienen. Ferner erhalte ich von Verlegern beinahe sämtliche Neuerscheinungen kostenlos. Meine Freunde in Richmond haben mich mit offenen Armen empfangen, und mein Ansehen wächst ständig – vor allem im Süden. Vergleichen Sie dies alles mit dem Zustand völliger Verzweiflung und Mittellosigkeit, in dem Sie mich vorfanden, und Sie werden einsehen, daß ich allen Grund habe, meinem Schöpfer dankbar zu sein – und Ihnen selbst«[37], schreibt er an John P. Kennedy.

Nun, da sich Poes Verhältnisse wieder wesentlich konsolidiert hatten, geriet er in Gefahr, zu übermütig zu werden. Das galt weniger für sein Privatleben – »es freut mich, Ihnen mitteilen zu können, daß Poe sich noch immer vom Alkoholgenusse zurückhält«, schreibt White im Dezember an Lucian Minor[38] – als für seine Selbstüberschätzung als Kritiker. Mit seinem sehr anzüglichen und ungerechten Verriß von William Gilmore Simms' ›Der Partisan‹ in der Januarausgabe begab er sich in bedenkliche Nähe zu dem ›Rowdy-Journalismus‹ jener Zeit. Simms, eine Art J. F. Cooper in Miniaturformat, war ein Südstaaten-Literat aus Charleston, ein vielseitiges Talent, Dichter, Kurzgeschichtenautor und Romancier, der in seinem Werk vor allem die ›Pioniertage‹ Amerikas anschaulich und atmosphärisch zu schildern wußte, Episoden aus dem Unabhängigkeitskrieg oder ›Sittenbilder‹ aus dem Leben der Indianer, wie in seinem Roman ›The Yamassee‹. Er kannte verschiedene Indianerstämme von Reisen her, die er durch ihre Reservate unternommen hatte, die Cherokee, Choktaw und Yamassee, und seine Beschreibungen ihrer Gebräuche sind von ethnologischer Genauigkeit, in dieser Hinsicht ein literarisches Pendant zu George Catlins berühmten Indianer-Aquarellen. Konventioneller waren seine Erzählungen, die, so schreibt Van Wyck Brooks, jener Gattung angehörten, wie man sie sich auf ›Dampfschiffvergnügungsreisen zwischen New York und Charleston vorlas‹, um die Langeweile zu betäuben, und in denen es um ›provençalische Troubadours, Simon Bolivar, deutsche Rittersagen, Indianerlegenden und was sonst nicht alles‹ ging.[39] Es bereitete Poe sichtbar Vergnügen, Simms Roman nach allen Regeln der Kunst auseinanderzunehmen. Nach einer wenig geschmackvollen Einleitung zog Poe im selben Stil wie in seiner ›Norman-Leslie-Rezension‹ über bestimmte Lieblingswörter her, die Simms in seinem Roman häufig verwendete – »Mr. Simms hat seine ›Knäuel‹, ›Schwitzkasten‹ und ›Old-Timers‹« –, sowie über Porgy, den ›komischen Charakter‹ im ›Partisan‹, den er einen »unerträglichen Langweiler« nannte.[40] Kurz, es handelte sich bei dieser Kritik um ein breit ausgeführtes Gemetzel, das Poe wenig Ehre machte und seinem Ruf eher abträglich war. Simms blieb über Jahre hinweg höchst indigniert, wie aus einem seiner Briefe hervorgeht: »Poe... startete seine Karriere mit einer wüsten Attacke auf einen meiner Romane – den ›Partisan‹... sein Tonfall war dabei roh, beleidigend und persönlich, und er hätte sich seiner niemandem, schon gar nicht mir gegenüber befleißigen sollen. Ich gehörte keiner Clique an, mied die Öffentlichkeit, heischte von niemandem Lob oder Empfehlung und ging keinerlei modische Kompromisse ein. Er mußte oder sollte um diese meine Haltung gewußt haben – und hätte mich daher nicht auf so gemeine Weise rezensieren sollen.«[41]

White stellte zu seinem Entsetzen fest, daß Poe im Begriff schien, größenwahnsinnig zu werden. Nicht zufrieden damit, Autoren für seine Zeitschrift mit seinen übertriebenen Maßstäben abzuschrecken, legte er sich kurz danach noch mit Redakteuren der Südstaaten-Presse an. Wieder einmal befand sich White in einer äußerst verzwickten Situation. Einerseits befürchtete er, die Kontrolle über den ›Messenger‹ zu verlieren, und von seiner inneren Überzeugung her war er mit vielen von Poes Kritiken durchaus nicht einverstanden. Was ihn andererseits gute Miene zum bösen Spiel machen ließ, war die Tatsache, daß ihm Poe innerhalb eines Monats einen außerordentlichen Zuwachs an neuen Abonnenten verschafft hatte. Das Geschäft florierte, aber White konnte sich nie darüber klar werden, ob es auch den Preis lohnte. Er war ein tiefgläubiger, konservativer Mensch von einfachen Grundsätzen, und der Stil, mit dem Poe seine Interessen vertrat, brachte ihn in Gewissenskonflikte. Er hätte jedoch zugeben müssen, daß der überwiegende Teil von Poes Rezensionen eher ›konstruktiv-analytisch‹ war. So pries er in der Februarnummer Edward Bulwer-Lyttons Roman ›Rienzi‹ in den höchsten Tönen.

In dieser Besprechung findet sich eine interessante Passage, die Poes Ansicht über die ›Vermittelung von Geschichte‹ illustriert:

»Wenn wir im Auge behalten, daß dem ›betrachten‹ – historein – eine noblere, umfassendere Bedeutung zugestanden werden sollte und müßte, als man ihm üblicherweise einräumt; dann möchte es sein können, daß wir oftmals in ›Fiction‹ die entscheidend-richtigere Geisteshaltung und Vitalität historischer Wahrheit antreffen – während die Reine Wahrheit an sich, eingesargt in so manch einem trüb & schwerfällig-plundrigen Archiv, all der Unfruchtbarkeit basislosester Fiktion schuldig befunden werden dürfte.«[42]

Es gehörte zu den ›Träumen des 19. Jahrhunderts‹, trockene Geschichte durch Literatur oder durch Historiengemälde zugänglich zu machen; Poe sprach also vielen aus der Seele, wenn er für eine romantische Synthese plädierte.

Seine wohl bedeutendste Kritik in diesem Jahr war die ›Drake/Halleck-Rezension‹ (April 1836). Fritz-Greene Hallecks Gedichte sind heute in Vergessenheit geraten, ebenso wie die seines Freundes Joseph Rodman Drake, dessen früher Tod – er starb fünfundzwanzigjährig an Tuberkulose – zu einer gewissen romantischen Verklärung seines Angedenkens führte wie auch zu einer Überschätzung seiner Werke. Halleck, ein Schüler von Mozarts Librettisten Da Ponte, Privatsekretär von John Jacob Astor, gelangte durch sein Gedicht ›Fanny‹ bereits um 1810 zu literarischem Ruhm. Er war ein Bewunderer Scotts, Byrons und Campbells, deren Einfluß in seinen Dichtungen spürbar ist; populär wurde er durch seine Ode an ›Marco Bozzaris‹, den Helden der griechischen Revolution, die während des Höhepunktes der Griechenlandbegeisterung in Amerika erschien. Drake, eher ein Epigone des englischen Dichters John Keats, errang sich die Gunst des Publikums durch vaterländische Gesänge wie ›The American Flag‹ und poetische Idyllen wie die Beschreibung einer Mondnacht über dem Hudson in ›The Culprit Fay‹.

Anlaß für Poes Besprechung waren zwei kürzlich in New York erschienene Werkausgaben dieser beiden Poeten, Drakes ›The Culprit Fay; and Other Poems‹ und Hallecks ›Alnwick Castle with Other Poems‹. Was seine Rezension so interessant macht, ist weniger ihr Gegenstand selbst als die darin enthaltenen allgemeinen Überlegungen zur damaligen Situation der Literatur in Amerika, seine Vorstellungen über die Aufgabe von Literaturkritik und seine Maßstäbe zur Bewertung von Poesie. Poe beginnt seine Ausführungen mit einem Vergleich der früheren sklavischen Abhängigkeit Amerikas von englischen Vorbildern und Ansichten – »Gewiß, es hat Zeiten gegeben, in denen wir uns der Meinung des Auslands nur allzu bereitwillig beugten, und wir stehen nicht an, zu sagen, daß wir dem britischen Dictat die ehrerbietigste Servilität entgegengebracht haben.« – und leitet über zu der gerade vorherrschenden Überheblichkeit, ein Werk nur deshalb zu preisen, weil es von einem Amerikaner geschrieben wurde: »Großmäulig sind wir geworden und eitel im verblendeten Stolz ob einer allzu rasch errungenen, litterarischen Freiheit. Unter anmaßendstem, sinnlosestem Hochmut verwerfen wir *jedwede* Achtung vor fremder Meinung – . . . und finden uns dergestalt oft genug in die paradoxe Verlegenheit gesetzt, den Stumpfsinn eines Buches schätzen zu sollen, blos weil er – wie denn auch nicht – auf dem amerikanischen Mist gewachsen ist.«

Sodann griff er den – längst erwarteten – Fehdehandschuh auf, der ihm auf seine Attacken auf Fay und andere Lieblinge der New Yorker Kulturschickeria hin von Willis Gaylord Clark, einem der Herausgeber des ›Knickerbocker‹, in einem Artikel der ›Philadelphia Gazette‹ sowie von den Redakteuren des ›New York Commercial Advertiser‹ und des ›New York Mirror‹ zugeworfen worden war. Clark hatte geschreiben: »Die kritischen Seiten der Zeitschrift (d. h. des ›Messenger‹) – welche den Anschein erwecken, als könnten sie sich nicht genugtun an Unparteilichkeit und messerscharfer Urteilskraft – sind nach unsrer Meinung das Betätigungsfeld eines *litterarischen Scharlatans.* Sie quellen über von einem anmaßenden Scharfsinn, welcher durch Nichts gestützt ist. Schon so manches Werk ist dort vernichtend heruntergemacht worden, von dem der Kritiker nicht um den Preis des Lebens auch nur eine einzige Seite hätt' schreiben können.« Poe erwiderte darauf, als scheuche er eine lästige Fliege fort: »Es bleibe Mr. C. unbenommen, uns nach Belieben für einen *Scharlatan* zu halten, und überdies können wir uns nicht entsinnen, jemals dem anmaßenden Glauben erlegen zu sein, wir vermöchten auch nur eine *Zeile* der von uns recensirten Bücher selber hervorzubringen.« Die Schlacht war also bereits in vollem Gange. Im ›New York Commercial Advertiser‹ hieß es: »Wir sind im Hinblick auf den Southern Literary Messenger gänzlich einer Meinung mit der Philadelphia Gazette und nehmen die Gelegenheit wahr, unser höchstes Befremden auszudrücken ob der Fülle verschwend'rischen Lobes, deren Ausgießung über jene Kritischen Anmerkungen wir mitansehen gemußt. Zwar sind einige wenige davon recht einsichtig, angemessen und redlich, indem sie in wohlerzogener Unparteilichkeit mit Lob und Tadel zur Hand sind, doch ist die große Mehrzahl derer, die wir zu Gesicht bekommen haben, in leichtfertigem Tone verfaßt, ungerecht, unhaltbar und unkritisch . . .«

Poes Verteidigung klingt etwas mühsam und wirkt nicht recht überzeugend: »In den Feststellungen des Col. Stone jedoch wird, gelinde gesagt, mit zweierlei Maß gemessen: er bekennt, ›einige wenige‹ unsrer Kritiken seien

›recht einsichtig, angemessen und redlich gewesen, indem sie in wohlerwogner Unparteilichkeit mit Lob und Tadel zur Hand sind‹. Trifft dies aber zu, wie vereinbart er dann sein *höchstes* Befremden ob der günstigen Aufnahme, die wir gefunden haben, mit den Forderungen der Gerechtigkeit?« Er beklagt ferner, daß es der Redakteur des ›New York Commercial Advertiser‹ »verabsäumt« habe, »die uns vorgeworfne Leichtfertigkeit, Ungerechtigkeit und Subjectivität sowie die angeblich so groben Fehler auf überzeugendere Weise zu belegen«.

Dieses erste Scharmützel, eine Art gegenseitigen Kräftemessens, war noch vergleichsweise harmlos gegenüber der brutalen Materialschlacht, die Poe einige Jahre später in New York entfesseln sollte. Bis hierher mußte bereits jedem Leser klar geworden sein, daß es dem Rezensenten erst in zweiter Linie um das eigentliche Thema seiner Kritik, die Gedichte von Drake und Halleck, ging, sondern vielmehr um eine Grundsatzerklärung in eigener Sache. Nachdem Poe zunächst die gegenwärtige Lage der amerikanischen Literatur und Literaturkritik erörtert und nach dieser Prämisse seine Position als ›Herausgeber des Messenger‹ gegen verschiedene Anfeindungen verteidigt hatte, ging er daran, eine allgemeine Theorie der Dichtkunst zu formulieren, um die Grundprinzipien zu veranschaulichen, von welchen er sich bei der Betrachtung und Beurteilung von Poesie leiten ließ.

»Nun ist ja die Poesie noch niemals zu Jedermanns Satisfaction definirt worden, und wird dies, nach dem gegenwärtigen Stande menschlicher Sprache, wol auch niemals werden. Ihr Wesen läßt sich nicht in Worte fassen, ihre ungreifbare, rein spirituelle Natur entzieht sich auch noch der weitestgespannten verbalen Definition. Doch wird sie darum nicht mißverstanden – zumindest nicht von Jedermann. Vielmehr ist das Gegenteil der Fall: giebt es nämlich überhaupt irgend einen deutlich, ja fühlbar abgegrenzten Geistes-Bereich innerhalb des mißtönenden und tumultueusen Chaos menschlicher Intelligenz, so ist's das unverwelklich strahlende Paradies, welches einzig dem wahren Dichter bekannt ist als das kleine Reich, das festumrissne Eden seiner Träume, darin er nach Belieben schalten und walten kann. Jede Definition aber ist Sache des Worts und der ideellen Conception. Daher kömmt's, daß wir zwar aufs Bereitwilligste glauben, man könne die Poesie, als *Begriff* genommen, nur höchst mühsam oder aber gar nicht definiren, anderseits aber, und in Ansehung ihres allerwärts so lebendigen Bildes, keinerlei Schwierigkeit darin sehen, die Poesie als *Gefühl* auf eine Weise zu beschreiben, die auch noch dem beschränktesten Kopfe jenes Verständniß einflößt, welches hinreicht für die Zwecke einer practischen Analyse.«

Poe geht von der Überlegung aus, daß jedem Menschen ein archaisches Gefühl der »Ehrfurcht für alle Überlegenheit« innewohne, »mag sie nun eine ächte oder eine bloß vorgebliche sein«. Ein solcher »Drang zur Verehrung« lasse sich zurückführen auf den »dem Menschen von Gott eingepflanzten Trieb zur Anbetung des Göttlichen«, also der Religiosität; man finde ihn aber auch in modifizierter Form innerhalb jedes Gesellschaftssystemes ausgebildet, wie zum Beispiel in der Beziehung des Kindes zum Vater, des Sklaven zum Herrn, des Untertanen zum Herrscher etc.

»... sein frühestes und innerstes Wesen (bleibt) dennoch das alte und mag, sobald es wieder auf seine eigentlichen Ursachen gelenkt wird, schon im nächsten Momente mit aller Deutlichkeit zutage treten.

Solchem Gefühl sehr nahe verwandt und demzufolge auch der nämlichen Analyse unterziehbar, ist die Fähigkeit zur Idealität, welche ja recht eigentlich das Sentiment der Poesie bildet. Dieses Sentiment nun ist nichts Andres denn der Sinn für das Schöne, das Sublime und das Mystische. (Wir trennen hier ganz bewust das Sublime vom Mystischen, da wir, anders als hohe Autoritäten auf diesem Gebiet, die feste Überzeugung hegen, daß einem Menschen der Sinn für das Letztere in stärkstem Maße eignen mag, ohne ihn jedoch für die Empfindung des Ersteren zu befähigen.) Unmittelbar daraus entspringen die Bewunderung für die Schönheit der Blumen, der Wälder, Täler, Flüsse und Berge dieser Erde, ferner die Liebe zu den schimmernden Sternen und anderen strahlenden Himmels-Erscheinungen, und schließlich, unentwirrbar verbunden mit solch liebender Bewundrung des Himmels und der Erde, das unwiderstehliche Begehren nach *Höherem Wissen*. So ist die Poesie nichts Andres denn das Empfinden einer Glückseligkeit des Geistes in *dieser,* und die Hoffnung auf ein noch viel höheres geistiges Glücksempfinden in *der andern* Welt.« »Die Seele der Poesie aber« fährt Poe fort, »heißt Imagination«. »Wir haben aber bisher von der Dicht-Kunst blos im abstracten Sinne gesprochen und kommen erst jetzt dazu, sie in ihrer Alltags-Bedeutung zu betrachten, will sagen im Hinblick auf das practische Ergebniß, welches aus dem oben geschilderten Sentiment erwächst.

Hier nun wird's evident, daß, sobald wir die Dicht-Kunst in diesem neuen Sinne *tatsächlich* für das practische, Wort-gewordene Resultat des poetischen Sentiments gewisser Personen nehmen, die einzig wahre Methode für die Prüfung der Meriten eines Gedichtes darin besteht, zu messen, inwieweit es capabel ist, jenes poetische Sentiment auch in Andern hervorzurufen.

Zu solchem Ende aber verfügen wir über mancherlei Hülfs-Mittel, und zwar in unserm Wahrnehmungsvermögen an sich, in unsrem Erfahrungswissen, in der ethischen Analyse und auch in Dem, was der gesunde Menschenverstand uns gebietet...«[43]

Poe sollte diese ›Hilfsmittel‹ später in seinem Essay ›Das poetische Prinzip‹ unter dem prägnanteren Oberbegriff ›Geschmack‹ zusammenfassen: »Ich möchte die Poesie in Worten knapp als *die rhythmische Schöpfung von Schönheit* definieren. Ihr einziger Richter ist der Geschmack. Mit Vernunft oder mit Gewissen hat sie nur am Rande zu tun. Und allenfalls zufällig hat sie mit Pflicht oder Wahrheit zu schaffen.«[44] »Denn«, heißt es weiter in Poes ›Drake/Halleck-Rezension‹, »ein Gedicht ist nicht gleichzusetzen mit der Fähigkeit zum Poetischen, sondern es ist die Gesammtheit jener *Mittel,* die geeignet sind, solche Fähigkeit in den Menschen auszulösen.«[45]

Die Essenz des Dichterischen, die ›Seele der Poesie‹, ist die Imagination, und Poe bemüht sich, damit Coleridges in seiner ›Biographia Literaria‹ entwickelte Theorie übernehmend bzw. weiter ausführend, den Begriff der ›Imagination‹ von dem der ›Phantasie‹ abzugrenzen. An dieser Unterscheidung lag ihm sehr viel, und er ging in seiner Artikelserie ›Die Litterati von New York‹ (1846) noch einmal ausführlich darauf ein: »Imagination, Phantasie, Phantasterei und Humor haben zwei Dinge gemeinsam: das Combinatorische und den Drang, Neues hervorzubringen. Der eigentliche Künstler unter den Vieren ist aber die Imagination. Aus der Vielzahl der möglichen, neuen Combinationen bestehender Formen wählt sie nur diejenigen, welche harmonisch sind. Das Ergebniß solcher Auswahl ist – wie denn anders! – die Schönheit *an sich,* wobei wir den Begriff der Schönheit in seinem umfassendsten, noch das Sublime einschließenden Sinne gebrauchen.« Mit anderen Worten: Phantasie ist eine spielerische, relativ häufige ›Begabung‹, die ›combinatorisch‹ Formen zusammensetzt, aber damit bisweilen auch Mißgeburten erschafft; die Imagination aber ist die Domäne des wahren Dichters, der kraft seines Genies »aus den Bereichen *des Schönen wie des Häßlichen* einzig das am besten Combinirbare, sofern es bisher noch nicht combinirt worden ist« auswählt. »Noch aus dem Häßlichen formt sie jene Schönheit, welche ihr einziges Ziel und zugleich ihr unausweichlicher Prüfstein ist«.[46] Als Beispiele von Dichtungen schließlich, »die aufs Reinste, Ausschließlichste und Kraftvollste die imaginativen Fähigkeiten der Menschen wachrufen«, führt Poe Dantes ›Inferno‹, Miltons ›Comus‹, Coleridges ›Christabel‹ und ›The Rime of the Ancient Mariner‹ und Shelleys ›Queen Mab‹ an, um danach seine Überlegungen an den Gedichten Drakes und Hallecks zu exemplifizieren – wobei letztere, im Vergleich mit einer so übermächtigen poetischen Konkurrenz, freilich nicht besonders gut abschneiden. Sie hatten beide das Pech, nicht eigentlich rezensiert, sondern zur Veranschaulichung einer anspruchsvollen Theorie herangezogen zu werden. Besonders ungünstig wirkte sich dies auf Drakes ›The Culprit Fay‹ aus, dessen ›in der direkten Nachbarschaft zu West Point‹ angesiedelte, ›auf Ochsenfröschen reitende‹ Elfen gegenüber den ätherischen Lichtgestalten Shelleys allerdings zur schieren Bedeutungslosigkeit herabsinken – der Unterschied eben zwischen ›Fancy‹ und ›Imagination‹.

Immerhin handelte es sich um keinen von Poes üblichen Verrissen; er sprach sich zum Beispiel lobend über Hallecks Elegie ›Lines on the Death of Joseph Rodman Drake‹ (mit den berühmten Zeilen ›Green be the turf above thee‹) und die ›sechste Stanze‹ seines Gedichtes ›Marco Bozzaris‹ aus, in welcher er (Halleck) sich »für einen Augenblick von bloßer Rhetorik zu Poesie aufschwang«.[47]

Ebenfalls in der Aprilausgabe des ›Messenger‹ erschien Poes Essay über ›Maelzels Schachspieler‹, jenen Automaten in Gestalt eines am Tisch sitzenden Türken, den der Baron Wolfgang von Kempelen 1768 konstruiert hatte und den der bayerische Mechaniker Johann Nepomuk Maelzel (1772–1837) bis Mitte der dreißiger Jahre in verschiedenen Städten der Vereinigten Staaten ausstellte. Poe entlarvte auf ingeniöse Weise eine ingeniöse Apparatur, die damals in Amerika als das ›achte Weltwunder‹ bestaunt wurde; er wies umständlich, auf deduktivem Wege nach, daß sich darin ein Mensch verborgen halten müsse. Ähnlich wie in seinen späteren Kriminalgeschichten war ihm natürlich die Lösung des Rätsels von vornherein bekannt, aber er wußte es so anzustellen, das Problem auf eine spannende und effektvolle Weise langsam ›einzukreisen‹, daß es wirkte, als gelange er (zusammen mit dem geistig weniger behenden Leser) erst im Verlauf des Essays zu überraschenden Schlußfolgerungen. Auf diese Weise gab er sich das Image eines scharfsinnigen Meisterdetektivs, der zum Schluß seiner Ausführungen triumphierend in die Runde blickt: »Wir glauben nicht, daß gegen unsre Lösung dieses Schachtürken-Rätsels irgend welche vernünftige Einwendungen sich vorbringen lassen.«

Am 16. Mai 1836 unterzeichnete Poe auf dem Standesamt in Richmond, dem ›Hustings Court‹, im Beisein des Standesbeamten Charles Howard und eines Zeugen, Thomas W. Cleland (der beschwören mußte, daß Virginia E. Clemm volljährig, d. h. einundzwanzig Jahre alt sei), den Trauschein, der seine Cousine legal zu seiner Frau machte. Cleland war der Schwiegersohn Mrs. Poores, Poes früherer ›landlady‹, in deren Pension sie sich kennengelernt hatten; ein »strenggläubiger Presbyterianer«, schreibt Hervey Allen, »der schwerlich einen solchen Eid geleistet hätte, wäre er nicht überzeugt davon gewesen, die Wahrheit zu sagen«[48]. Aber das Argument ist nicht sonderlich stimmig. Selbst alle Überredungskünste Mrs. Clemms, Poes und Virginias dürften kaum ausgereicht haben, ein knapp vierzehnjähriges, wenn auch frühreifes Mädchen Mr. Cleland gegenüber als erwachsene Frau auszugeben. Jung geschlossene Ehen waren in Virginia nicht ungewöhnlich und die Klausel der Volljährigkeit eine schon damals allzu sittenstrenge Formalität, die in der Regel umgangen wurde.

Trotzdem – dieser Fall stellte schon eine gewisse Ausnahme dar. ›Sissy‹, oder ›Sis‹, wie Poe sie nannte, war zu jenem Zeitpunkt genau dreizehn Jahre, neun Monate und einen Tag alt, in der Tat also noch ein halbes Kind. Auch der Priester, Reverend Amasa Converse, Herausgeber des ›Southern Religious Telegraph‹, der die Trauung in einem Nebenzimmer der Pension von Mrs. Yarrington vollzog, erinnerte sich später daran, daß die Braut, »obschon von angenehmem und liebreizendem Wesen, ihm doch äußerst jung vorgekommen sei«. Mrs. Clemm behielt er als eine »feine, würdige und liebenswürdige Dame« im Gedächtnis, die Virginia »freien Herzens fortgab«[49]. Von einer Miss Jane Foster (später Mrs. Stocking) stammt eine sehr lebendige Schilderung der Hochzeitsfeier. Ihre Erinnerungen werden von verschiedenen, voneinander unabhängigen Biographen, die mit ihr oder ihrer Verwandtschaft in Kontakt standen, überliefert, scheinen also vertrauenswürdig.

Miss Foster, eine Bekannte von Mrs. Yarrington, lebte auf dem Lande außerhalb Richmonds und kam an diesem Tage zufällig auf einen Stadtbesuch vorbei. Sie war damals noch ein sehr junges Mädchen, kaum älter als Virginia, und fand Mrs. Clemm und Mrs. Yarrington in der Küche mit den Vorbereitungen für den Hochzeitskuchen beschäftigt. Etwas später trafen die Gäste ein, Mr. White und seine Tochter Eliza, Mr. und Mrs. Cleland sowie die beiden Druckangestellten des ›Messenger‹, William McFarland und John Fergusson. Nach der Trauungszeremonie gab es für alle Wein und Kuchen. »Mrs. Jane Stocking war bei der Hochzeit anwesend, welche im Erdgeschoß des Yarrington-Hauses stattfand, wo Poe in Pension lebte. Mrs. S., damals noch in zartem Alter, fand es höchst aufregend, ein so junges Mädchen, wie sie selbst eins war, als Braut zu erleben. Von ebenso kleinem Wuchs wie Virginia postierte sie sich, um einen guten Ausblick auf die Trauungszeremonie zu erhaschen, in der Nähe der Eingangstüre, von wo aus sie die ganze Szene in einem großen, altmodischen Spiegel mitverfolgen konnte, der nach oben hin etwas vorgeneigt von der Wand abstand. Alle Pensionsgäste und alle Freunde des Dichters, darunter Mr. Thomas, W. White und seine Tochter Eliza, waren erschienen. Virginia trug ein neues Reisekleid und ihren Hut. Nach der Trauung und den allgemeinen Beglückwünschungen bestieg das jungvermählte Paar eine Mietskutsche, die schon draußen bereitstand, und fuhr zum Bahnhof, um mit der Eisenbahn nach Petersburg, Va. zu reisen, wo sie ihre Flitterwochen verbrachten.«[50]

Es war keine sehr lange Reise; das Städtchen Petersburg liegt knapp vierzig Kilometer von Richmond entfernt. Die Poes folgten einer Einladung in das Haus von Mr. Hiram H. Haines, dem Eigentümer und Herausgeber der ›Petersburg Constellation‹, die vor kurzem eine lobende Notiz über die ›Norman-Leslie-Rezension‹ veröffentlicht hatte. Ihr Chefredakteur war Edward V. Sparhawk, Poes Vorgänger beim ›Messenger‹, mit dem die jungen Eheleute ebenfalls in freundschaftlichem Kontakt standen. Sie genossen für zwei Wochen die Südstaaten-Gastfreundschaft in der Provinz, in der der mutige

Kritiker, der es wagte, dem Yankeegecken Fay das Fell über die Ohren zu ziehen, und seine hübsche Kindfrau in Gesellschaftskreisen die Lokalattraktion bildeten. Ein Dr. William M. Robinson gab speziell für sie eine Abendgesellschaft und rühmte später Poes brilliante Konversation. Für Virginia war dies das erste Mal, daß sie sich von ihrer Mutter, Mrs. Clemm, trennte, und die Spekulationen einiger Biographen kreisen natürlich – etwas verschämt und nicht explizit – um das Thema, ob es eine Hochzeitsnacht bzw. das, was man unter dieser Phrase versteht, gegeben habe und ob die Ehe überhaupt jemals ›vollzogen‹ worden sei. Es gibt nur eine Quelle, die vielleicht etwas Licht auf das ebenso delikate wie lebhaft diskutierte Problem wirft, und zwar eine sehr wahrscheinlich klingende Aussage von A. B. Heywood, dem Bruder von Annie Richmond, der Poe in späteren Jahren, nach Virginias Tod, in inniger Liebe verbunden war. Mr. Heywood erinnert sich, daß er, seine Schwester und Poe eines Abends in ihrem Haus in Lowell zusammensaßen und miteinander plauderten. »Poe sagte, er sei nach ihrer Heirat zunächst zwei Jahre lang nur ›formell‹ ihr (Virginias) Gatte gewesen und habe während dieser Zeit getrennt von ihr geschlafen.«[51] Dies läßt darauf schließen, daß er, zumindest nach einiger Zeit, mit seiner Frau eine völlig normale Ehe führte. Nach ihrer Rückkehr Ende des Monats konzentrierte sich Poe darauf, die allgemeine Situation der Familie zu verbessern. Er erhielt von White im Durchschnitt etwa $ 80 im Monat; $ 36 kostete allein die Miete bei Mrs. Yarrington. Der Plan, eine eigene Pension zu eröffnen, hatte sich bisher nicht realisieren lassen, obwohl Poe sich zu diesem Zweck – so behauptete er jedenfalls – im Januar 1836 von George Poe, einem Cousin Mrs. Clemms, $ 100 lieh. Im April erhielt er noch einmal $ 50 von William Poe, dem er, sich bedankend, zurückschrieb, daß nun wohl bald der Zeitpunkt gekommen sei, da er nicht länger mehr an die Großzügigkeit seiner Verwandtschaft appellieren müsse. Mrs. Clemms Hoffnung auf eine kleine Erbschaft aus dem Vermögen ihres Schwiegervaters erfüllte sich nicht. Ebensowenig Erfolg beschieden war Poes Plan, sich wegen der Rückzahlung der Auslagen seines Großvaters während des Unabhängigkeitskrieges (ca. $ 40 000) an die Staatsregierung in Washington zu wenden – nachdem die Frau des Patrioten schon mit einer kleinen Leibrente bedacht worden war, standen die Aussichten für seinen Enkel gleich Null. Poe schrieb in dieser Angelegenheit sogar an James H. Causten, einen einflußreichen Rechtsanwalt in Washington, aber das große Projekt verlief erwartungsgemäß im Sande.

Nicht minder frustriert wurde Poe bei seinen Bemühungen, einen Verleger für seinen Erzählungsband ›Tales of the Folio Club‹ zu finden. Carey, Lea & Carey hatten sein Manuskript bereits im Februar zurückgesandt. ›Harper and Brothers‹ in New York verdankten Poe eine gewisse Umsatzminderung beim Verkauf der von ihm verrissenen Bücher und würden es wohl schon aus diesem Grund abgelehnt haben, ausgerechnet die Werke von ›Kritiker Bulldogge‹ zu drucken. Immerhin setzten sie ein längeres Antwortschreiben auf, aus dem hervorgeht, daß es die lautersten kommerziellen Motive gewesen seien, die sie zu ihrem negativen Entscheid bewogen: »Es gibt drei Gründe, warum wir eine Veröffentlichung Ihrer Erzählungen ablehnen. Erstens, weil ein Großteil davon bereits im Druck erschienen ist – zweitens, weil es sich um unzusammenhängende Geschichten und Skizzen handelt – und unsere langjährige Erfahrung hat uns gelehrt, daß dies sehr gegen den Erfolg einer Veröffentlichung spricht. Die Leserschaft dieses Landes bevorzugt (gerade im Prosabereich) Werke, die von einer einzelnen und durchgehenden Geschichte getragen werden... und es entspricht in gleicher Weise unserer Erfahrung, daß Wiederveröffentlichungen von Zeitschriftenartikeln, die als solche populär sind, sich von allen literarischen Hervorbringungen am schlechtesten verkaufen lassen. Nicht minder triftig war unsere dritte Erwägung. Ihre Manuskripte sind zu gelehrt und zu mystisch. Nur sehr wenige würden sie überhaupt verstehen oder Geschmack daran finden – nicht die Masse. Die Anzahl derer, welche in diesem Lande imstande wären, dergleichen Schriften zu würdigen und zu genießen... ist in der Tat sehr gering. Wir neigten daher zu der Ansicht, daß es in ihrem ureigensten Interesse liege, sie nicht zu veröffentlichen. Es ist für einen Schriftsteller von entscheidender Bedeutung, daß sein *erstes* Werk Anklang findet. Nichts ist für einen Autor, der sich in der Literaturszene einen Namen schaffen will, problematischer, als einen ersten Fehlschlag zu überwinden.«[52]

Poe war glücklicherweise vernünftig genug, sich nicht an diesen Ratschlag zu halten. Er bot die Erzählungen im September erneut an, diesmal einem unbedeutenderen Verleger in Philadelphia, Harrison Hall. »Sie sind«, hieß es in seinem Begleitschreiben, »allgemein von bizarrem und ausgefallenem Charakter und wurden ursprünglich geschrieben, um ein großes Werk ›Über die imaginativen Fähigkeiten‹ zu veranschaulichen«.[53] Diesen zusätzlichen philosophischen Überbau neben der Konzeption des ›Folio Clubs‹ erwähnte Poe wohl deshalb, um dem Eindruck des Unzusammenhängenden entgegenzuwirken, den Harper and Brothers in ihrem Brief kritisiert hatten. Es ist keine Antwort von Mr. Hall überliefert – wahrscheinlich schrieb er auch gar keine.

Alle Anstrengungen Poes, den Lebensstandard seiner Familie zu verbessern, scheiterten. Ebenfalls ein Fiasko wurde ein anderes, etwas undurchsichtiges Projekt, auf das er in einem Brief an John P. Kennedy vom 7. Juni einging. Mr. White, behauptete er, habe für $ 10 000 ein neues Haus gekauft und seiner Tante, Mrs. Clemm, den Vorschlag gemacht, es ihr zu vermieten und selbst mit seiner Familie – zur Untermiete! – dort einzuziehen. »Dieser Plan war von großem Vorteil für uns, und nachdem wir uns darauf geeinigt hatten, wurden sämtliche Vorbereitungen getroffen. Ich nahm einen Kredit für Mobilar etc. über einen Betrag von $ 200 auf, hinzu kam das Wenige an meinen Ersparnissen. Wie sich jedoch bei genauerer Betrachtung der Lokalität herausstellte, scheint das Haus nicht einmal groß genug für eine Familie, so daß wir von dem Vorhaben Abstand nehmen müssen – und ich schulde nun einigen Personen eine (nicht große) Summe Geldes, sehe mich jedoch außerstande, nur einen Pfennig davon zurückzuzahlen.

In solchem Dilemma wäre ich Ihnen sehr verbunden, wenn Sie mir für einen Zeitraum von 6 Monaten mit $ 100 aushelfen könnten...«[54]

Es ist vielleicht eine ungerechte Unterstellung, aber die Transaktion klingt nach Poes Schilderung eher nach einer komplizierten Ausrede, Kennedy um Geld anzugehen. White als Hausbesitzer und gleichzeitig Untermieter(!), der angesichts des bedenklichen Gesundheitszustandes seiner Frau (die ein Jahr später, am 11. Dezember 1837, starb) die Strapazen eines Umzuges in Erwägung ziehen sollte; der einen Vertrag mit Mrs. Clemm abschloß, ohne die genauen Modalitäten zu kennen – dieser White mußte sich wirklich gründlich verändert haben. Aber noch etwas anderes, worüber Poe zu diesem Zeitpunkt noch nichts wissen konnte, spricht gegen seine Darstellung. Nichts lag White mittlerweile ferner, als durch einen Familienanschluß einen noch engeren Kontakt zu seinem Redakteur herzustellen, obwohl er ihm dies in der Tat in einem früheren Schreiben einmal angeboten hatte. Im Gegenteil wuchs sein Unmut über dessen Führung von Tag zu Tag, und schon im Sommer erwog er, sich endgültig von ihm zu trennen.

Der Hauptgrund für seine Unzufriedenheit war die Tatsache, daß Poe den ›Messenger‹ in den Ruf schneidender und vernichtender Kritik gebracht hatte – mochte jener auch noch so sehr das Gegenteil behaupten und dies (wie in seinem Brief an den Herausgeber des ›Courier and Daily Compiler‹) statistisch zu belegen suchen. Sicher, seine Verrisse machten nur einen Bruchteil seiner Rezensionen aus, aber dafür waren sie auch so scharf, daß sie sich dem Publikum und der Presse weit nachhaltiger einprägten als jedes Lob auf einen Bulwer, Dickens oder Cooper. White mußte ebenfalls konzidieren, daß gerade diese Verrisse es waren, denen das Magazin recht eigentlich seinen ungeheuren Erfolg verdankte. Dennoch hatte er sich nie mit dieser Art von Sensationalismus anfreunden können. Die gewaltigen Breitseiten, die Poe regelmäßig abfeuerte und die ganz Amerika aufhorchen ließen, waren für White Tiefschläge unter die Gürtellinie des guten Geschmacks. Im Januar hieß es in einer Kritik von ›Paul Ulric‹, einem Roman eines anderen, von ›Harper and Brothers‹ verlegten Lieblingskindes der New Yorker Literaturszene, Morris Mattson: »...als wir seinerzeit ›Norman Leslie‹ das dümmlichste Buch auf der Welt nannten, hatten wir, es sei versichert, ›Paul Ulric‹ noch nicht gesehen ... ein Buch, verächtlich in jedweder Beziehung! Genau *die* Sorte Bücher, die, täglich, unsre nationale Literatur in Verruf bringen. Wir haben keinerlei Berechtigung, uns über das Gelächter des Auslands zu beschweren, wenn so ein verruchtes Gebräu, wie dieses Machwerk, das wir hier in unsrer Hand halten, – ein Bankert aus Narretei, Plagiat, Unmoral, Nichtigkeit & Bombast – wenn Dergleichen, wie auf Bestellung, jederzeit, aufgebaut werden & einen Verleger finden kann!« (Danach Harper and Brothers selbst ein Buch anzubieten, grenzt schon an Unverfrorenheit.) »Was Mr. Mattson betrifft, haben wir nur 1 Wort noch zu sagen, ehe wir seinen Schmarren ins Feuer schmeißen –: ›bearbeiten Sie's doch, bester Herr, für die Kinderstube; & betiteln Sie's vielleicht als ›Leben & Abenteuerlichkeiten des Schmier'O'Schmuddlig‹.«[55]

Im Juni fiel Poe über Colonel William Leete Stones Roman ›Ups and Downs in the Life of a Distressed Gentleman‹ her – ein Buch eben jenes Colonel Stone, der es letztens im ›New York Commercial Advertiser‹ gewagt hatte, ihn, Poe, über die ›wahren Pflichten eines Kritikers‹ zu belehren. Die Rezension begann: »Dieses Buch ist eine öffentliche Zumutung« und endete: »Die Bezeichnung ›platt‹ ist der einzig umfassende Ausdruck, der darauf paßt. Das Buch ... wurde, wie wir annehmen, von Oberst Stone vom New York Commercial Advertiser verfaßt und hätte besser in einer freien Ecke seines Blattes unter den Quacksalberreklamen erscheinen sollen.«[56]

Diese neuerliche Attacke auf eine der einflußreichsten Persönlichkeiten des New Yorker Kulturbetriebs verhalf Poe und dem ›Messenger‹ wieder einmal zu einer höchst bedenklichen Popularität – zu Whites Mißvergnügen. Stone hätte wohl einen ehrlichen Faustkampf einem so brutalen Verriß wie diesem vorgezogen, mit dem ihn Poe der Lächerlichkeit preisgab. Poe hatte sich abermals eine Menge unversöhnlicher Feinde geschaffen, die auf eine Gelegenheit warteten, es ihm heimzuzahlen. Sogar in Richmond nahm die Presse Anstoß an seinem kritischen Stil, aber White sorgte diesmal dafür, daß in seinem Magazin keine vernichtenden Repliken mehr erschienen. Stattdessen mußte Poe zähneknirschend einen versöhnlichen Brief an den Herausgeber des ›Courier and Daily Compiler‹ aufsetzen.

Aber es gab noch einen weiteren Grund, der White dazu bestimmte, sich endgültig von seinem skandalträchtigen Redakteur zu trennen. Poe fing anscheinend im Herbst wieder an, zu trinken und seine Pflichten zu vernachlässigen. Trotz des beruflichen Erfolges, seiner Ehe und der häuslichen Geborgenheit, die ihn umgab, kam jetzt nach einer Periode des Aufschwungs wieder ein seelisches Tief, das Poe offenbar zu häufig im Alkohol ertränkte. »Es hat niemals einen perfekteren Gentleman gegeben als Mr. Poe, wenn er nüchtern war«, erinnerte sich nach Jahren J. W. Fergusson, einer der Drucker des ›Messenger‹, »aber manchmal befand er sich in einem Zustand, daß es ihm gleichgültig war, ob er im Rinnstein oder in seinem Bett nächtigte.«[57] Er hatte in letzter Zeit viele private Fehlschläge erlitten – das Scheitern seiner

Anstrengungen, durch verschiedene Projekte die Finanzlage seiner Familie aufzubessern, drei Verlage, die seine Manuskripte ablehnten –, dies alles machte ihn unzufrieden mit sich selbst und seiner Stellung bei White. In einem Brief vom 15. August 1840 an William Poe schrieb er: »Die Situation war für mich in jeder Hinsicht unbefriedigend. Für ein verächtliches Gehalt mußte ich Sklavenarbeiten verrichten. Ich fand in der Tat bald heraus, daß der einzige Vorteil für mich darin bestand, mir eine Reputation zu schaffen. Während sich mir keinerlei Chance bot, meine finanzielle Lage zu verbessern, verschwendete ich meine besten Energien im Dienste eines wenngleich wohlwollenden, so doch völlig ungebildeten Biedermannes, der weder meine Arbeit zu würdigen wußte, noch willens war, sie angemessen zu bezahlen. Aus diesen Gründen gab ich meine Stellung auf...«[58]

Poes Charakterisierung Whites ist durchaus zutreffend und er hatte als Redakteur des ›Messenger‹ in der Tat seine *besten* Energien verschwendet. Das ganze Jahr über war kein einziges neues Gedicht, keine einzige neue Erzählung entstanden bis auf die ersten Kapitel eines Fortsetzungsromans, ›Die denkwürdigen Erlebnisse des Arthur Gordon Pym‹, die der ›Messenger‹ im Januar und Februar 1837 abdruckte. Zweifellos zum Unmut der Leserschaft brach die Handlung an einer besonders spannenden Stelle – der Meuterei auf einem Schiff – ab, und es erschienen keine weiteren Fortsetzungen mehr.

Poes schöpferische Produktivität reduzierte sich während dieser Zeit eher auf eine Art ›höheren Journalismus‹, wie die Ansätze zu einer neuen ›ars poetica‹ u. a. in der ›Drake/Halleck-Rezension‹, sein Essay über Maelzels Schachspieler, sein Artikel über ›Autography‹, in dem er die Signaturen namhafter amerikanischer Autoren graphologisch analysierte, und die ›Pinakidia or Tablets‹, literarische Aperçus bzw. Kurzkommentare über Lesefrüchte von der Antike bis zur Gegenwart, auf die er bei seiner Lektüre gestoßen war.

Mit Vorbehalt aufzunehmen ist jedoch seine Behauptung, er habe seinen Redakteursposten aus freien Stücken aufgegeben – es sei denn, er hätte den Bruch mit White bewußt provoziert. Am 27. Dezember schrieb White an Beverley Tucker:

(›Vertraulich‹)

»Mein lieber Freund,

ich weiß Mr. Poes Talente wirklich zu schätzen, sehe mich aber doch gezwungen, ihm spätestens in einer Woche mitzuteilen, daß ich ihn nicht länger als Herausgeber meines ›Messenger‹ betrachten kann. Schon vor drei Monaten fühlte ich mich genötigt, ihm zu kündigen – ließ mich jedoch durch seine inständigen Besserungsgelöbnisse überreden, ihm noch einen letzten Aufschub zu gewähren – unter Bedingungen, die er abermals nicht eingehalten hat.

Hinzu kommt, daß er mich immer wieder in Gewissenskonflikte bringt, welche seiner Artikel ich unserer Leserschaft zumuten kann und welche nicht. Zugegeben, ich besitze weder seinen Scharfsinn noch seine Bildung – aber ich kann doch immer noch eine Brechstange von einer Säge unterscheiden. Gleichviel – mag er mich auch für den Dummkopf halten, als den er mich – ich zweifle nicht daran – ansieht: ich werde mich in Zukunft wieder auf mein eigenes Urteil verlassen – und mein kleines Schiff jenen Freunden anvertrauen, die in früheren, ob auch schwereren Stunden zu mir gehalten haben.

Sie, mein Freund, sind mein Steuermann. Und ich bitte Sie noch einmal, das Ruder in die Hand zu nehmen ...«[59]

Poe wollte seine Kündigung scheinbar nicht wahrhaben. Er hielt sich noch den ganzen Januar 1837 in Richmond auf, zweifellos in der Hoffnung, White werde seinen Entschluß zurücknehmen. Aber dessen Geduld war endgültig erschöpft. Im Postskriptum eines seiner Briefe an Tucker vom 19. Januar hieß es: »Poe hat seine Situation inzwischen eingesehen – er läßt sich hier kaum mehr blicken –, dafür höre ich eine ganze Menge über ihn und von ihm.«[60]

In der Januarausgabe des ›Messenger‹, die wie üblich um den 20. herum erschien, fand sich, kleingedruckt, eine kurze Abschiedsnotiz: »Da Mr. Poes Aufmerksamkeit in eine andere Richtung gelenkt wird, gibt er seine Stellung als Herausgeber des ›Messenger‹ mit der vorliegenden Nummer auf. Seine redaktionellen Besprechungen dieses Monats enden mit der Rezension von Professor Anthons ›Cicero‹ – alles, was folgt, ist von einer anderen Hand. Mit den besten Wünschen für das Magazin sagt er nun seinen wenigen Feinden und seinen vielen Freunden ein friedliches Lebewohl.«[61]

13. Kapitel

Ligeia

Ich bin stolz auf den Messenger, stolz darauf, das bescheidene Instrument gewesen zu sein, ein Magazin auf die Beine zu stellen, das meinem Staat und meinem Land zur Ehre gereichen wird«[1] – so schrieb T. W. White nach der Entlassung seines Chefredakteurs selbstzufrieden und in patriotischer Stimmung an seinen Freund Beverley Tucker. Es schien ihm tatsächlich entgangen zu sein, daß es Poe gewesen war, der seinem langweiligen Provinzblatt, das mit 500 schlechtgedruckten Exemplaren und wenig Überlebenschancen anfing, zu nationaler Geltung und einer Auflageziffer von über 3500 verholfen hatte. Dieser Stolz eines Zeitschriftengründers könnte noch angehen, gäbe es in Whites Briefwechsel mit Tucker nicht Passagen, die ihn im Lichte eines kleinkarierten Spießbürgers und Moralapostels erscheinen lassen. In einer Äußerung über den Schriftsteller James Kirke Paulding zum Beispiel verrät sich seine Einstellung gegenüber Bohemiens wie Poe, ganz gleich, wie talentiert sie sein mochten: »... Paulding machte einen besonders guten Eindruck auf mich – er ist vielleicht kein Genie, aber doch unfraglich ein Mann von strengsten Moralbegriffen. Er verachtet zutiefst alle Gecken und Libertins. Wenn es sich nur vermeiden läßt, pflegt er keinen Umgang mit solchen Leuten.«[2] Und in einem Schreiben vom April 1837 an Tucker hält er mit seiner Absicht über Poe nicht mehr hinter dem Berg: »Wenn er (Paulding) sich über Poes Lob geschmeichelt fühlte, so nur deshalb, weil er die Talente dieses Burschen wirklich schätzte. – Wie ich selbst ließ er sich von ihm foppen und hereinlegen. Die Wahrheit ist, daß Poe – wider besseres Wissen – selten oder nie gerecht über irgendein Buch urteilte. Er las nur wenige seiner Belegexemplare durch, außer, wenn es sich um Schundromane handelte – und dann auch nur, um ihre Verfasser lächerlich zu machen... Aber genug davon – es ist ein beschämendes Thema.«[3]

In der Tat ein beschämendes Thema, das allenfalls aufzeigt, wie wenig White von seinem Metier verstand. Erst im Januar waren zwei sehr gründliche Rezensionen Poes im ›Messenger‹ erschienen, die eine über Washington Irvings ›Astoria‹ (die Lebensgeschichte des berühmten deutsch-amerikanischen Handelsmannes John Jacob Astor), die andere über W. C. Bryants Gedichte, in der Poe seiner bisher entwickelten Ars poetica einige neue und interessante Gedanken zur Versifikation hinzufügte. Über Poes Erzählungen und Gedichte hatte White eine ähnlich schlechte Meinung. In einem anderen

Brief von ihm aus dieser Zeit heißt es: »Er ist andauernd wegen Geld hinter mir her. Ich habe ihn und seine Schriften gründlich satt und werde ihm noch einmal zwölf Dollar schicken, zusammen mit seinen Manuskripten, von denen ohnehin das meiste Unsinn und Geschwätz ist. Für ›A. Gordon Pym‹ verlangte er drei Dollar die Seite.«[4] Immerhin hielt sich der ›Messenger‹ nach Whites Tod (1843) noch eine ganze Weile, sogar bis in den Bürgerkrieg hinein, allerdings nur als bedeutungslose, am Existenzminimum stehende Hauspostille. Den Status, den er mit Poe als Herausgeber hatte, erlangte er niemals wieder.

Um ganz objektiv zu sein, muß hier aber auch eine Briefstelle zitiert werden, in der Poe überraschend ehrlich auf seine damaligen Trinkgewohnheiten eingeht: »Aber, für eine kurze Zeit, als ich in Richmond lebte und den ›Messenger‹ herausgab, erlag ich oft genug der Versuchung, welcher ich mich von allen Seiten durch die sprichwörtliche Gastfreundschaft und Geselligkeit des Südens ausgesetzt fand. Mein leicht erregbares Temperament vertrug die Stimulanzien nicht, die für meine Gefährten zum alltäglichen Leben gehörten. Kurz, es geschah manchmal, daß ich sinnlos betrunken war. Nach jedem dieser Exzesse war ich für ein paar Tage ans Bett gefesselt.«[5]

Es ist kein Wunder, daß ein Mann von so strengen Moralbegriffen wie White einen solchen Lebenswandel nicht lange dulden konnte. Es schadete nicht nur Poes Ruf, wenn der Redakteur des ›Messenger‹ schwankend und in zweifelhafter Gesellschaft durch Richmonds Straßen und Wirtshäuser zog wie Hugh Tarpaulin in ›König Pest‹. Im September 1836 verzögerte sich das Erscheinen des Magazins, möglicherweise auf Grund von Poes Arbeitsunfähigkeit nach einem seiner ›Exzesse‹, und daß die Dezemberausgabe gänzlich ausfiel, war vielleicht auch nicht nur auf den Druckerstreik zu dieser Zeit zurückzuführen. White kannte die Ursache der ›Krankheitsausfälle‹ seines Assistenten nur zu gut, mochte auch Mrs. Clemm noch so rührende Entschuldigungen für Eddies ›Unpäßlichkeit‹ vorbringen.

Ende Januar lösten Poe, Virginia und Mrs. Clemm ihren Haushalt in Richmond auf – Susan Archer Weiss behauptet, sie hätten zuletzt in einer billigeren Mietswohnung in der Seventh Street gewohnt[6] – und zogen Richtung Norden. Poe scheint trotz seiner Entlassung und der Ungewißheit, der er und seine Familie entgegenreisten, recht optimistisch gewesen zu sein. Schon damals trug er sich mit dem Gedanken, irgendwann einmal ein eigenes, unabhängiges, in Amerika tonangebendes Literaturjournal zu gründen; was der ungebildete White geschafft hatte, mußte *er* mit seiner Erfahrung, seinem Talent und seinem Ruf allemal fertigbringen.

»...ich sah keinen Grund, warum man ein Magazin, wert dieses Namens, nicht auf eine Auflage von 50 02 000 bringen könnte, mit 20 000 Abonnenten und mit Beiträgen der besten Schriftsteller und Gelehrten des Landes. Dies war ein Gedanke, der meine Phantasie und meinen Ehrgeiz beflügelte. Der Einfluß einen solchen Journals würde in der Tat immens sein, und ich träumte davon, diesen Einfluß auf ehrliche Weise für die geheiligte Sache des Schönen, Gerechten und Wahren einzusetzen. Auch in finanzieller Hinsicht schien mir das Projekt mehr als vielversprechend.«[7]

Sicher, eine eigene Zeitschrift herauszugeben, die ›besten Schriftsteller und Gelehrten des Landes‹ als Korrespondenten zu gewinnen und eine ›Auflage von 50 02 000‹ (man fragt sich, wie Poe zu dieser astronomischen Ziffer gelangte) zu erreichen, ließ sich nicht von heute auf morgen bewerkstelligen. Vor allem mangelte es am nötigen Grundkapital. Mrs. Clemms Ersparnisse dürften kaum ausgereicht haben, die Familie länger als einen Monat über Wasser zu halten – und selbst dies nur bei knappster Haushaltung. Aber bis dahin, davon war er überzeugt, würde es ihm nicht schwerfallen, eine Anstellung als Redakteur bei einer führenden Wochen- oder Monatsschrift zu finden. »Richmond«, so hatte er vor nun fast zehn Jahren an John Allan geschrieben, ». . . war eine zu enge Sphäre für mich – die Welt soll fortan meine Bühne sein«. Ähnlich sahen auch diesmal seine Erwartungen aus, und ähnlich klangen wohl die Versprechungen, die er Mrs. Clemm und Virginia machte, Versprechungen einer ›glorreichen Zukunft auf der Bühne der Welt‹. Warum sollte er, Poe, in einem Provinznest, wie z. B. Petersburg, Va., versauern, wo man ihn bei der ›Petersburg Constellation‹ sicher mit offenen Armen empfangen hätte? Er brauchte Entfaltungsmöglichkeiten, wie sie ihm nur eine weltoffene Metropole bieten konnte, eine Stadt, in der Literatur blühte und gedieh. Sein Ziel war New York. Und seine junge Frau und seine Tante hörten ihm staunend und voll Vertrauen zu, wenn er von seinen großen Plänen sprach. Ja, ›Eddie‹ war zu Höherem bestimmt, ›Eddie‹ würde es schon schaffen.

Poe hatte jedoch den denkbar ungünstigsten Zeitpunkt gewählt, sich eine Karriere, wie sie ihm vorschwebte, aufzubauen. Amerika wurde gerade von der schlimmsten Wirtschaftskrise seit 1819 erschüttert. Das Land steuerte durch Jacksons unvorsichtige Finanzpolitik, die Mißernte von 1836 und den drohenden Konkurs der ›Bank der Vereinigten Staaten‹ immer mehr in eine Inflation. Die Einwanderungswelle seit Beginn der dreißiger Jahre trieb die Bodenspekulation in die Höhe; jedermann investierte in Grundbesitz im ›Westen‹, *die* sichere Kapitalanlage überhaupt. Jackson begünstigte die Landaufnahme durch Zwangsumsiedlung der Indianerstämme östlich des Mississippi und schlug damit eines der düstersten Kapitel der amerikanischen Geschichte auf. Das Spekulationssystem fluktuierte durch die sogenannte ›Wildkatzenwährung‹, ungedecktes Papiergeld, das von Privatfinanziers,

Provinzbanken und Kreditinstituten in Umlauf gebracht wurde. Das von Jackson erlassene ›Specie-Circular-Gesetz‹, das für Landkäufe und deren Rechtsverbindlichkeit einen allgemeinen Hartgeldkurs (also allein Gold- und Silberdollarwährung) verfügte, führte am 6. April 1837 zu einem ›schwarzen Freitag‹. Alle Aktien und ›Schatzbriefe‹ galten plötzlich keinen Cent mehr, Hunderte von Firmen mußten schließen und gingen bankrott, Tausende wurden arbeitslos. Die Preise für Mehl und Brennstoff stiegen so sehr an, daß selbst in den Großstädten Menschen verhungerten oder in den Wintermonaten erfroren. Martin van Buren, der 8. Präsident der USA und Jacksons Nachfolger im Amt, übernahm 1837 ein wirtschaftliches Chaos.

Die ersten, die die Finanzpanik zu spüren bekamen, waren natürlich die Lieferanten entbehrlicher Luxusgüter – also auch Buch- und Zeitschriftenverleger. In New York, der von der Depression wohl am meisten betroffenen Stadt, gingen die kleineren ›Monthlies‹, ›Weeklies‹ und ›Annuals‹ ein wie die Fliegen. Die Verlage, die sich halten konnten, konzentrierten sich wieder verstärkt auf Nach- und Raubdrucke angesehener, vor allem britischer Autoren, wobei sie das Fehlen eines internationalen Urheberrechts ausnützten, für das Poe so lautstark plädierte. Vorläufig stand es schlecht um die ›amerikanische Nationalliteratur‹ und Leute, die sich vom Schreiben allein ernährten. So war, in groben Zügen, die Situation, als Poe und seine Familie Ende Februar in New York eintrafen.

Sie fanden Unterkunft in einer heruntergekommenen Pension Ecke Sixth Avenue und Waverley Place in Manhattan. New York zählte damals etwa 300 000 Einwohner; Richmond mit 20 000 erschien dagegen provinziell und überschaubar. Es dauerte schon eine Weile, bis man sich hier zurechtfand und sich bis zum ›magazine quarter‹ um den Broadway herum, dem Zentrum der Zeitungsredaktionen und Buchverlage durchgefragt hatte. Man befand sich in einem quirligen ›melting pot‹ von arm und reich und Menschen der verschiedensten Nationen. An den Häuserwänden und Plakatsäulen hingen noch immer Karten und Lageskizzen von Ländereien im Westen, an denen man auf Kredit ›Anteile‹ erwerben konnte – von tausend Hektar guten Akkerlands bis zur idyllischen Flußlandschaft, alles war für ›wild cat money‹ zu haben. »Die Tulpenmanie in Holland«, schreibt Van Wyck Brooks, »war harmlos im Vergleich zu der wilden Bodenspekulation und dem Börsenfieber jener Tage«. Vor der durch Jacksons ›Specie-Circular-Gesetz‹ ausgelösten Finanzkatastrophe vom 6. April herrschte Ruhe vor dem Sturm – eine ebenso hektische wie gespannte Atmosphäre.

Poe begann bei allen ›Weeklies‹ und ›Monthlies‹, die er vom Namen her kannte oder auf die er bei seiner Suche um eine Anstellung stieß, zu hausieren, aber man hatte nirgends Verwendung für ihn. Abgesehen von der schwierigen Wirtschaftslage – zweifellos die häufigste Begründung für höfliches Bedauern trotz seiner imposanten Referenzen –, stand er innerhalb der Branche in keinem sehr guten Ruf. Seine scharfen Rezensionen von Fays ›Norman Leslie‹ und Mattsons ›Paul Ulric‹ waren keineswegs in Vergessenheit geraten; am ungünstigsten aber wirkte sich sein Verriß von William Leete Stones ›Ups and Downs‹ aus. Colonel Stone gehörte zu den einflußreichsten New Yorker Pressezaren, und, wie man wußte, zu den nachtragendsten. Er hatte den ›New York Mirror‹ und den ›Knickerbocker‹ auf seiner Seite, und es bedeutete gerade in diesen schweren Zeiten ein ziemliches Risiko, einem Mann seines Kalibers in die Quere zu kommen, wie sich an einem Beispiel veranschaulichen läßt. Als Laughton Osborn, ein ›exzentrischer‹ Schriftsteller der New Yorker Literaturszene 1838 eine Satire auf Stone und den ebenso angesehenen Zeitschriftenverleger Charles King schrieb, mußte er sie anonym in Boston veröffentlichen, da sich kein einziger Verlag in New York bereit fand, sie zu drucken. »Man wird es außerhalb New Yorks kaum glauben, daß sich in dieser Stadt die Hälfte des gesamten Lesepublikums seinen literarischen Geschmack von solch einem Mann... vorschreiben läßt«, beklagte sich Osborn, worauf der ›New York Mirror‹ sogleich eine volle Breitseite auf den Lästerer abfeuerte. »Welch eine Verschwendung guten Papiers, von Druckerschwärze und Drucktypen sehen wir hier vor uns! Vierhundert große Oktavseiten imbezilen, idiotischen, blödsinnigen Geschwafels – und all das nur zu dem Zweck, unsere Freunde, Stone vom Commercial Advertiser und King vom ›American‹ satirisch aufs Korn zu nehmen!«[8]

Poe hatte Stones Roman als ›platt‹ und ›öffentliche Zumutung‹ bezeichnet, und es schien am vernünftigsten, sich von jemandem, der solche Blasphemien ausstieß, zu distanzieren.

Er kam also Abend für Abend in die schäbige Absteige am Waverley Place, dieses »baufällige alte Ziegelsteingebäude« zurück, ließ sich von Mrs. Clemm und Virginia über seine Mißerfolge hinwegtrösten und vertiefte sich ins Schreiben – in den »Umständlichen Bericht des Arthur Gordon Pym von Nantucket, enthaltend sämtliche Einzelheiten einer Meuterei & abscheulichen Metzelei an Bord der Amerikanischen Brigg GRAMPUS, während ihrer Fahrt in die Süd-Meere, im Monat Juni des Jahres 1827. – Sowie die Schilderung der Wiedereroberung des Fahrzeugs durch einige der Überlebenden; deren Schiffbruch, und sich anschließende schreckliche Erleidnisse unter Verschmachtungserscheinungen; ihre endliche Erlösung durch den Britischen Schooner JANE GUY; das kurze Kreuzen des letztgenannten Fahrzeugs in den Antarktischen Meeren; wie man es, inmitten einer unter dem 84. Grad südlicher Breite gelegenen Inselgruppe, kaperte & seine Mannschaft massakrierte; welch bedauerlicher Unglücksfall jedoch die Veranlassung zu fürderen erstaunlichen Abenteuern & Entdeckungen noch weiter südlich werden sollte.«

Wie schon die Interesse weckende, blutrünstige Inhaltszusammenfassung auf der Titelseite im Stil wirklicher Reiseschilderungen des 19. Jahrhunderts zeigt, legte es Poe darauf an, daß sein Abenteuerroman als Tatsachenbericht aufgenommen wurde. Er ließ seinen Titelhelden in einer vorangestellten ›Vorbemerkung‹ eine ›Stellungnahme‹ abgeben, aus der hervorging, daß er ›lange gezögert‹ habe, die Öffentlichkeit über seine ›Abenteuer in den Südmeeren und andernorts‹ zu informieren. Einige Herren aus Richmond, Va. jedoch hätten all ihre Überredungsgabe aufgewandt, ihn davon zu überzeugen, daß es ›einfach seine Pflicht‹ sei, sie aufzuschreiben und zu veröffentlichen, besonders Mr. Poe vom ›Southern Literary Messenger‹. Letzterer habe schließlich, um seine Vorbehalte zu zerstreuen, den grandiosen Einfall gehabt, seinen Reisebericht ›offiziell als Roman zu deklarieren‹; er selbst, Poe, würde als eine Art ›ghost writer‹ fungieren, damit dem stilistisch weniger gewandten Mr. Pym die Mühsal des Formulierens abnehmend. Nunmehr, nach der Veröffentlichung zweier Folgen im ›Messenger‹, habe ihm, Pym, das Echo der Leserschaft gezeigt, daß man allgemein daran zweifle, ob es sich lediglich um einen Roman handle, trotz so vieler wundersamer, ja schier unglaublicher darin geschilderter Begebenheiten.

»Die Art, wie dieser *Trick* aufgenommen wurde, hat mich endlich doch bewogen, eine regelrechte Zusammenstellung der hier infrage kommenden Abenteuer vorzunehmen, und sie zu veröffentlichen; denn ich überzeugte mich, daß, der absichtlich fabulösen Aufmachung zum Trotz, die so geschickt über jenen im ›Messenger‹ erschienenen Teil meines Berichtes gebreitet worden war, (ohne jedoch auch nur 1 Faktum zu verändern oder zu entstellen!), das Publikum dennoch nicht im geringsten darauf einging, ihn als reine Fabel zu akzeptieren; ja, es sind mehrere Leserbriefe bei Herrn POE eingegangen, in denen sich ganz eindeutig die gegenteilige Überzeugung ausdrückt. Hieraus nun folgerte ich, daß die einzelnen Tatsachen meines Berichtes sich doch als so geartet erwiesen, um aufgrund ihrer eigenen inneren Wahrscheinlichkeit hinlängliche Überzeugungskraft zu besitzen; und daß ich ergo, was öffentliche Ungläubigkeit anbetrifft, wenig zu fürchten haben dürfte.«[9]

Um den ›Wahrscheinlichkeitseffekt‹ noch zu erhöhen, hatte Poe eifrig authentische Reiseberichte studiert, wie Benjamin Morrells ›Narrative of Four Voyages to the South Sea and the Pacific‹ (1832), Archibald Duncans ›The Mariner's Chronicle‹ (1806) oder John Barrows Studie über die berühmte Meuterei auf der Bounty (1834)[10]. Zu seinen wichtigsten Quellen gehörten zwei Schriften des Südseeforschers Jeremiah N. Reynolds, den er 1836 in Richmond anscheinend persönlich kennengelernt und dessen ›Bericht vor dem Ausschuß für Seefahrtsangelegenheiten‹ er im August im ›Messenger‹

rezensiert hatte. Reynolds muß damals einen tiefen Eindruck bei ihm hinterlassen haben, und Dr. Moran, der Arzt, der Poe in seinen letzten Stunden betreute, erinnerte sich, daß er in seiner Agonie mehrere Male laut den Namen ›Reynolds‹ ausrief.[11]

All dieses angelesene Wissen jedoch wirkte sich auf den in der Tat etwas ›umständlichen‹ Bericht des Arthur Gordon Pym nicht unbedingt positiv aus. Häufig eingestreute weitschweifig-wissenschaftliche Ausführungen, die manchmal mehrere Seiten in Anspruch nehmen, stellen die Geduld und die Konzentration des Lesers mitunter auf eine harte Probe. Poes Anspruch der ›Plausibilität‹ – mit dem er in der Tat das Publikum und viele Rezensenten an der Nase herumführte – behindert oft den erzählerischen Fluß.

Wie in vielen seiner Werke geht es um eine Reise ins Ungewisse, einem Geheimnis entgegen, ›dessen Offenbarung Vernichtung ist‹. Arthur Gordon Pym entfernt sich von seinem *Ich,* seiner Heimatstadt, die bezeichnenderweise ›Edgarton‹ heißt und deren Beschreibung an Richmond erinnert. Ihm, dem eher passiven, beschreibenden Charakter, dem rationalen Beobachter, der sich breit über die richtige Verstauung von Frachtgut, über die Takelage eines Schiffes, die Geographie, Geologie, Flora und Fauna sowie Sitten und Gebräuche der Eingeborenen jener Inseln ausläßt, die er bereist, stoßen fortwährend die haarsträubendsten Dinge zu; er erleidet, als blinder Passagier in einer Seemannskiste verborgen, alle Schrecknisse des Lebendigbegrabenseins, wird Zeuge einer Meuterei und abscheulichen Metzelei an Bord des Schiffes, muß sich später, der berühmten Situation der drei Männer auf einem Floß ausgesetzt, an einem kannibalistischen Mahl beteiligen, um dem Hungertod zu entgehen, und was dergleichen lustvoll geschilderte Drangsale mehr sind. Hinter der scheinbar willkürlichen Abfolge von Sensationen und scheinbar wissenschaftlichen Beobachtungen verbirgt sich jedoch ein für Poes Werk typisches mystisches Element. Pym ist kein Abenteurer, sondern ein *Wissensdurstiger.* Selbst in schlimmster Todesgefahr behält er stets eine beobachtende, analytische Distanz. Er ist sich des Ziels seiner Suche nicht bewußt, aber es zieht ihn rastlos immer weiter, einer letzten Erkenntnis entgegen. »Trotzdem überwiegt eine gewisse Neubegier«, heißt es im ›Manuskriptfund in einer Flasche‹, »die Geheimnisse dieser schrecklich hehren Regionen zu ergründen, selbst meine Verzweiflung noch; und versöhnt mich gleichsam wieder mit dem Aspekt auch des scheußlichsten Todes.«[12] Der Tod aber ist die Grenzlinie zu jenem letzten, größten aller Geheimnisse, der Preis für dessen Erfahrung. Darum sucht Pym immer wieder seine Nähe, und es sind sein Wille und sein Intellekt, die ihn davor bewahren, sich in den Abgrund, in den Malstrom zu stürzen – sein Intellekt im Kampf mit der Lust am Untergang. Ganz deutlich wird dies an einer Stelle, da Pym an einer Felswand über einer Schlucht hängt und plötzlich den ›Geist der Perversheit‹ in sich aufkeimen fühlt, das unbändige Verlangen, seinen Halt aufzugeben und hinab-zustürzen.

»Je krampfhafter ich mir Mühe gab, *nicht zu denken,* desto intensiver, lebendi-ger und um so schauriger in ihrer Deutlichkeit wurden diese Vorstellungen. Endlich kam der entscheidende Augenblick, der in solchen Fällen den Aus-schlag gibt, der entscheidende Punkt, da die Phantasie alle die Gefühle und Empfindungen in uns vorausnimmt, die wir beim wirklichen Fallen verspü-ren und die uns unweigerlich zum Abstürzen bringen müssen – da sie uns ausmalt, wie uns übel wird, wie uns ein Schwindel befällt, wie wir verzwei-felt dagegen ankämpfen, wie wir halb ohnmächtig taumeln und wie wir dann zuletzt den grauenvollen Sturz kopfüber mit rasender Geschwindigkeit in die Tiefe machen. Und jetzt sah ich, wie diese Vorstellungen Wirklichkeit wur-den, und alle Schrecknisse, die ich mir eingebildet hatte, kamen in greifbarer Gestalt über mich... Und da packte mich ein unbezwingbares Verlangen hinabzuschauen. Ich konnte und wollte meine Blicke nicht länger auf die Felswand gerichtet lassen, und mit einer schaurigen, unsagbaren Empfin-dung, halb Grauen, halb Erleichterung, schaute ich hinab in die gähnende Tiefe des Abgrunds. Einen Augenblick griffen meine Finger krampfhaft nach ihrem Halt, während gleichzeitig ein schwacher Gedanke an Rettung im al-lerletzten Moment wie ein Schatten durch meine Seele geisterte; im nächsten Augenblick fühlte mein ganzes Wesen nur noch einen sehnsüchtigen Wunsch, ein übermächtiges Verlangen, *abzustürzen,* ein gieriges Sehnen, ein gänzlich unbezähmbares, leidenschaftliches Gelüst, zu fallen, endlich zu fal-len!«[13]

Die mit so wissenschaftlicher Akribie beschriebene Reise des Arthur Gor-don Pym ist zugleich eine Reise der Seele, getrieben von einem ›unwidersteh-lichen Begehren nach *Höherem Wissen*‹. In seiner bereits in der ›Drake-Halleck-Rezension‹ formulierten ›Theorie der Dichtkunst‹ insistiert Poe im-mer wieder auf die »Hoffnung auf ein noch viel höheres geistiges Glücks-empfinden in der *andern* Welt«, einer »gewissen ärgerlichen, ungeduldigen Trauer über unser Vermögen, *jetzt* vollständig, hier auf Erden, ein für alle-mal, jene göttlichen und überwältigenden Freuden zu erlangen, von denen wir *durch* die Dichtung oder *durch* die Musik nur flüchtige und unbestimmte Blicke erhaschen«[14]. Sogar in seinem vordergründig als reinem Abenteuerro-man erscheinenden ›Pym‹ geht es letztlich um nichts anderes als um diese Sehnsucht. In den letzten Kapiteln verliert die reine, analytische Vernunft des Erzählers mehr und mehr an Bedeutung. Er befindet sich fast am Ziel seiner Suche; das Unbestimmte, Unfaßbare, das Mystische beginnt die Herrschaft anzutreten. Seine Erlebnisse nehmen etwas Traumhaftes, Visionäres an. »Bei jedem Schritt, den wir landein taten, zwang sich uns die Überzeugung auf, wie wir in einem Gebiet angelangt seien, grundlegend verschieden von allen, die der zivilisierte Mensch bisher betreten habe«, beschreibt er die Insel ›Tsalal‹. »Wir sahen nichts, mit dem wir von früher her vertraut gewesen wären.«[15] Die Haut der Eingeborenen ist schwarz wie die Nacht, auch ihre Zähne, wie sich später herausstellt, und sie fürchten und tabuisieren alles Weiße. Weiß steht für Mysterium, ›die letzten Dinge‹, die Annihilation, den Tod, und es ist interessant, wie häufig das amerikanische Unterbewußtsein und die amerikanische Literatur diese Farbe mit diesen Bedeutungen und Sinngehalten identifizierte – man denke nur an ›Moby Dick‹, den weißen Wal, oder, um ein modernes Beispiel zu gebrauchen, Tennessee Williams Theaterstück ›Suddenly, last Summer‹. Weiß ist bekanntlich auch die Farbe der Unschuld, des Brautschleiers, der Lilie. Und ›weiß‹ ist das letzte Wort des plötzlich abbrechenden Berichtes des Arthur Gordon Pym:

21. März
»Eine düstere Finsternis hing jetzt über uns; aber aus den milchtrüben Tiefen des Ozeans stieg ein lichter Schein auf und schimmerte entlang der Reling des Bootes. Der weiße Aschenregen, der auf uns und unser Kanu herabfiel, begrub uns fast unter sich, im Wasser aber zerging er, sobald die Flocken hineinfielen. Der Kamm des Kataraktes verlor sich gänzlich im Dämmer der Ferne. Doch näherten wir uns ihm offensichtlich mit furchtbarer Geschwindigkeit. Dann und wann sah man darin weite, gähnende Risse, die sich jedoch alsbald wieder schlossen, und aus diesen Rissen heraus, hinter denen sich ein wirres Chaos flüchtiger und verschwommener Gestalten bewegte, brachen gewaltige, aber lautlose Sturmwinde hervor, die mit ihrem Wehen den entflammten Ozean aufwühlten.

22. März
Die Finsternis war nunmehr merklich dichter geworden, und nur der Widerschein des weißen Vorhangs vor uns auf dem Wasser erhellte noch das Dunkel. Immer wieder flogen riesige fahlweiße Vögel durch den Schleier, und während sie unserem Gesichtskreis entschwanden, drang unaufhörlich ihr schrilles ›Tekeli-li!‹ an unsere Ohren... Und jetzt schossen wir in die Umarmungen des Kataraktes hinein, der einen Spalt auftat, um uns zu empfangen. Aber im selben Augenblick richtete sich vor uns auf unserem Weg eine verhüllte menschliche Gestalt auf, weit größer in allen ihren Ausmaßen, als es je ein Bewohner der Erde gewesen ist. Und die Farbe ihrer Haut war von makellos reinem, schneeigstem Weiß...«[16]

Wie nur, fragt man sich, ist dieser Bericht der Nachwelt erhalten geblieben? In einer Flaschenpost? Aber nein, Mr. Pym hatte ja Mr. Poe gebeten, ihn niederzuschreiben, um ihn dann schließlich doch selbst zu vollenden. Nur starb er leider, so heißt es in einer ›Anmerkung‹ am Schluß des Buches, zuvor »eines jähen und so betrüblichen Todes«, dessen »Umstände... der Öffentlichkeit ja schon aus der Tagespresse bekannt« sind.

»Man hat nichts unversucht gelassen, um den fehlenden Schluß zu ergänzen. Der Herr, dessen Name im Vorwort erwähnt wird und der nach allem, was dort angeführt wird, wohl imstande wäre, die Lücke auszufüllen, hat diesen Auftrag abgelehnt – und das aus überzeugenden Gründen, die mit der allgemeinen Ungenauigkeit der Einzelheiten zusammenhängen, wie sie ihm mitgeteilt wurden, und auch mit den Zweifeln, die er in die Wahrhaftigkeit der letzten Teile von Mr. Pyms Bericht zu setzen nicht umhin kann.«[17]

Mr. Pym hat also sein Geheimnis mit ins Grab genommen. Der einzige, der der Öffentlichkeit darüber hätte Aufschluß geben können, war Poe, aber der hütete sich, die Glaubwürdigkeit des gesamten Berichtes aufs Spiel zu setzen, das ›verschleierte Bild zu Sais‹ dem Pöbel zu enthüllen, der so herrlich auf seinen Trick hereingefallen war. Das sparte er sich für seine (ebenso dokumentarisch angelegte) ›Mesmerische Offenbarung‹, ›Die Tatsachen im Falle Valdemar‹ und die ›Engelsdialoge‹ sowie für ›Die Unterredung zwischen Eiros und Charmion‹ und ›Das Gespräch zwischen Monos und Una‹ auf.

Als ›Arthur Gordon Pym‹ 1838 veröffentlicht wurde, nahm William E. Burton, der Eigentümer und Herausgeber von ›Burton's Gentleman's Magazine‹, bei dem Poe später als Redakteur arbeiten sollte, den Roman wie geplant als Tatsachenbericht und rügte, zweifellos zu Poes Vergnügen, die ›Unwahrscheinlichkeit‹ der darin geschilderten Ereignisse. Das Buch erschien ebenfalls in England (auf die näheren Umstände wird noch einzugehen sein), und auch dort nahm man gern jedes gedruckte Wort für bare Münze, ganz besonders bei einer so raffinierten Mystifikation, wie sie Poe durch seine ›Vorbemerkung‹ und ›Schlußbemerkung‹ eingefädelt hatte.

Wie auf ein Stichwort schrieb Poe, noch während er mit seinem ›Seeroman‹ beschäftigt war oder kurz nach dessen Beendigung, die Humoreske ›Eine Mystifikation‹ oder, wie der damalige Titel lautete, ›Von Jung, the Mystific‹.

Diesmal karikiert er sich in dem Helden seiner Geschichte, ›Baron Ritzner von Jung‹, selbst. Da ist zunächst, wie in ›Metzengerstein‹, von hoher, ungarischer Abstammung die Rede; Ritzners Ahnherrenschaft zeichnet sich indessen weniger durch ›Leidenschaft und glühende Phantasie‹ aus, sondern eher durch einen Hang zur ›Grotesquerie‹. Auf der Universität – Poe greift wohl teilweise auf Erinnerungen an seine eigene Universitätszeit zurück – nennt man ihn den ›allermerkwürdigsten Mann auf der Welt‹.

»Daß er ein *Unikum* war, lag so unbestreitbar auf der Hand, daß man es für gar zu dreist erachtet hätte zu forschen, was seine einzige Wirkung ausmache. Doch will ich diesen Gegenstand für das erste bei Seite lassen und nur bemerken, daß er vom ersten Augenblick, da er seinen Fuß auf den Boden der Universität setzte, auf die Personen, Manieren, Gewohnheiten, Börsen und Neigungen der gesamten Gemeinschaft, welche ihn umgab, einen höchst ausgedehnten und despotischen Einfluß zu üben begann, der zu gleicher Zeit jedoch höchst unbestimmt und gänzlich unerklärbar blieb.«[18]

Da ist er wieder, dieser Entfremdungseffekt, der Poe ebenso ins abgeschlossene Exil wie in die Rolle des amüsanten Witzboldes trieb, die Zwiespaltenheit seines Wesens, die sich manchmal ebenso gern über ›Geheimnisse jenseits des Grabes‹ wie in ›zwerchfellerschütternder Satire‹ äußerte. Poe war für seine Zeitgenossen ein ›Unikum‹, zum Spott wie zur Bewunderung herausfordernd.

»Das Schöne, darf ich's einmal so nennen, seiner *art mystique* lag in jener vollendeten Geschicklichkeit (welche in einer intuitiven Kenntnis der menschlichen Natur ihren Ursprung hat – und in einer geradezu wunderbaren Selbstbeherrschung), vermittels derer es ihm nie mißriet, den Anschein zu wecken, es seien all die Schnurren und Schwänke, die er in Szene zu setzen trachtete, teils trotz teils in Folge des lobenswerten Eifers entstanden, den er zu ihrer Verhinderung oder zur Wahrung von Würde und Ordnung der Alma Mater an den Tag legte … Nicht weniger beachtenswürdig war auch die Gewandtheit, mit welcher er es zu Stande brachte, das eigentlich Groteske stets vom Schöpfer auf das Opfer abzuschieben – von seiner eignen Person also auf die Ungereimtheiten, die er hatte entstehen lassen … fast möchte man von einer Anhänglichkeit des Possierlichen selber reden, einer Zuneigung zu seinem eignen Charakter und seiner Person. Fortwährend in eine Atmosphäre wunderlicher Grillenhaftigkeit gehüllt, schien mein Freund doch nur den ernsten Seiten der Geselligkeit zu leben; und selbst sein eigner Haushalt hat nie auch nur einen Augenblick lang andere Vorstellungen denn die von steifer Gesetztheit, ja Erhabenheit mit dem Gedanken an den Baron Ritzner von Jung verbunden.«[19]

Machte sich Poe in ›A Mystification‹ vor allem über den damals übertriebenen Duellkodex lustig, so beschrieb er in dem kurze Zeit später entstandenen Prosagedicht ›Siope – A Fable‹ (›Silence‹) ein düster-mystisches Landschaftstableau als ›Allegorie‹ träumerischer *Verlassenheit* und *Stille*; ein erzählerisches Pendant zu ›The Valley Nis‹ (›Das Tal der Unrast‹).

Komik und Erhabenheit, hehre Kunst und Posse, Heiliges und Profanes wechseln sich in Poes Schriften ab und durchdringen sich bisweilen – ›genius‹

und ›fudge‹, wie es der Dichter Lowell später ausdrücken sollte; und es ist nicht immer leicht zu entscheiden, wo der Scherz aufhört und der Ernst beginnt: was ist bloße Mystifikation, was ein tiefes, inneres Anliegen? Viele der ›großen Themen‹, die Poe in seinen ›Arabesken‹ behandelt, werden in seinen ›Grotesken‹ persifliert; Daniel Hoffman hat darauf hingewiesen, daß sich auf diese Weise einige interessante Gegensatzpaare gebildet haben. So könnte ›A Predicament‹ (›In schlimmer Klemme‹) als Parodie auf ›The Pit and the Pendulum‹ (›Die Grube und das Pendel‹) verstanden werden, ›The Angel of the Odd‹ (›Der Engel des Sonderbaren‹) als Zerrbild des ›Imp of the Perverse‹. Diese Liste läßt sich fortsetzen: man vergleiche nur ›Some Words With a Mummy‹ mit ›Mesmeric Revelation‹, ›The Masque of the Red Death‹ mit ›King Pest‹, ›The Fall of the House of Usher‹ mit ›The System of Doctor Tarr and Professor Fether‹, ›Ligeia‹ mit ›The Spectacles‹ usf.

Poes Zeitgenossen hatten Schwierigkeiten, seinem Werk und vor allem seinem Charakter auf den Grund zu kommen, wie die vielen widersprüchlichen Aussagen über seine Person bezeugen. Seine *Art mystique* war für viele undurchschaubar und verdächtig. Elizabeth Oakes Smith, die ihn persönlich kannte, schrieb einmal, daß er »chamäleonhaft gewesen sei und seine Färbung von der Gesellschaft empfing, die ihn umgab«[20]. Dies gilt zu einem gewissen Grade auch für ein paar seiner Erzählungen und Gedichte, die nach außen hin den Konventionen seiner Epoche verpflichtet sind. Nicht zuletzt war ja seine journalistische Laufbahn ein Kompromiß an den damaligen Zeitgeist. Um so faszinierender ist jene changierende, oft irreführende ›Unterströmung an Bedeutung‹, die sein gesamtes Schaffen durchzieht.

Im Frühjahr 1837 sah es für Poes so hoffnungsvoll begonnene Karriere trostlos aus. Es gelang ihm nirgends Fuß zu fassen, und es mangelte ihm an den in New York so wichtigen Beziehungen. James Kirke Paulding, der Autor von ›The Dutchman's Fireside‹ und ›Letters from the South‹, genoß in der New Yorker Literatenszene ein hohes Ansehen und hielt, wie erwähnt, große Stücke auf den ehemaligen Redakteur des ›Messenger‹. Poe dürfte es auch kaum versäumt haben, ihn aufzusuchen. Inzwischen hatte ihn jedoch T. W. White, der ihn geradezu bewunderte und sich seine Beiträge etwas kosten ließ, über die ›zweifelhaften Qualitäten‹ seines früheren Mitarbeiters aufgeklärt, wie aus den am Anfang des Kapitels zitierten Briefstellen ersichtlich, und Paulding überlegte es sich außerdem lieber zweimal, bevor er sich für den in New York so verschrienen ›Kritiker Bulldogge‹ einsetzte. Er interessierte sich zur Zeit mehr für Politik als für Literatur – der neue Präsident van Buren hatte ihm das Amt eines ›Kriegsministers der Marine‹ in Washington angeboten – und er stand bereits im Begriff, dem Ruf zu folgen. Wenn Sie also zusammentrafen, blieb es beim obligatorischen Händeschütteln und Schulterklopfen; eine Empfehlung oder eine Anstellung sprang dabei nicht heraus.

Zufällig wohnte im selben Stockwerk von Poes Pension ein Buchhändler namens William Gowans, ein Schotte, der 1821 nach Amerika gekommen war und sich zunächst mit allen möglichen Beschäftigungen durchgeschlagen hatte, bis er auf die Idee verfiel, billig Büchernachlässe aufzukaufen und sie an einem Straßenstand anzubieten. Das Geschäft lief zwar mäßig, aber immerhin gehörte ihm 1837 bereits ein kleiner Buchladen in ›Long Room, 169 Broadway‹. Gowans sollte später einer der bekanntesten und wohlhabendsten Buchhändler New Yorks werden, aber zum gegenwärtigen Zeitpunkt befand er sich durch die angespannte Wirtschaftslage nahe am Ruin. So kam es, daß ihm Mrs. Clemm, selbst immer auf der Suche nach einer Möglichkeit, die bescheidenen Finanzen der Familie etwas aufzubessern, anbot, mit ihnen zusammenzuziehen, d. h. ein einzelnes Zimmer zur Untermiete bei ihr zu bewohnen, statt, wie bisher, mehrere Räume auf der anderen Seite des Flurs. Diese Transaktion, die die Haushaltskasse um ein paar Dollar bereicherte, brachte ihren Geschäftssinn in Gang. Mit dem wenigen Ersparten, das sie noch hatte, und wohl auch etwas geborgtem Geld mietete sie ein kleines, zweistöckiges Holzhaus in der Carmine Street Nr. 113½, nicht weit von ihrer ersten Unterkunft, und eröffnete eine eigene Pension – mit Gowans als erstem Pensionsgast. In dessen 1870, kurz vor seinem Tod, in der ›New York Evening Mail‹ veröffentlichten ›Erinnerungen an Poe‹ heißt es: »...Länger als acht Monate lebten wir in einem Hause zusammen und aßen am gleichen Tisch. In dieser Zeit sah ich ihn fast jeden Tag und hatte Gelegenheit, mich oft mit ihm zu unterhalten, und ich muß sagen, daß ich niemals auch nur das leiseste Anzeichen des Genusses alkoholischer Getränke an ihm wahrnahm, noch, daß er sich irgend einem anderen Laster hingab; er war einer der höflichsten und intelligentesten Gentlemen, die ich je auf meinen Reisen und Stationen über die halbe Welt kennenlernte.«[21]

Gowans, dem man, seinem Porträt nach zu urteilen, an seinem hageren, asketisch wirkenden Gesicht, den strengen, forschenden Zügen unter buschigen Augenbrauen und seinem stämmigen, hohen Wuchs seine schottische Herkunft ansehen konnte, erwies sich für Poes beruflichen Erfolg in New York – so gering er immer war – als sehr nützlich. Er hatte zwar kein Geld, aber dafür Beziehungen zu Buchhändlern, Verlegern, Autoren und Zeitschriftenherausgebern der Stadt. Am 30. März 1837 fand im ›City Hotel‹ ein großes Galadinner der New Yorker Buchhändler für Schriftsteller und andere bedeutende Persönlichkeiten der Literaturszene statt, und Poe begleitete Gowans zu diesem illustren Treffen. Unter den Gästen befanden sich unter anderen Washington Irving (der die Begrüßungsrede hielt), J. K. Paulding, Fitz-Greene Halleck und William Cullen Bryant. Ebenfalls anwesend war der Maler Henry Inman, der Poe – allem Anschein nach wenigstens – schon einmal porträtiert hatte. Hier fand Poe Gelegenheit, einige, freilich unbedeutende Kontakte anzuknüpfen, zum Beispiel zu Dr. F. L. Hawks, dem Besitzer und Herausgeber der ›New York Review‹, einem vierteljährlich erscheinenden ›theologischen Magazin‹, der ihm eine Zusammenarbeit vorschlug. Für ihn schrieb er eine Rezension über den kürzlich bei Harpers erschienenen Reisebericht ›Was einem auf Reisen in Ägypten, Arabien, Arabia Peträa und Palästina zustoßen kann‹ von John Lloyd Stevens, ein Werk, das er sehr gewissenhaft untersuchte. Er holte sogar brieflich den Rat von Professor Charles Anthon vom Columbia College über eine spezielle Textstelle ein, die aus dem Hebräischen übersetzt werden mußte, und vertiefte sich intensiv in Fachliteratur zu diesem Thema – nicht zuletzt, um die Leser der Kritik mit seiner etwas prätentiösen Gelehrsamkeit zu beeindrucken. Sie wurde erst im Oktober veröffentlicht, da die ›New York Review‹ unter dem Druck des Börsenkrachs im April ihr Erscheinen vorläufig einstellen mußte. Im Juni brachte das ›American Monthly Magazine‹ die Humoreske ›Von Jung, the Mystific‹ heraus, im Herbst erschien ›Siope – A Fable‹ im ›Baltimore Book‹ – Poe kannte einen der beiden Redakteure, den Autor von ›Ten Nights in a Bar-Room‹, T. S. Arthur, von früher aus der Baltimorer Boheme.

Hier beginnt eine Lücke in Poes Lebensgeschichte, die von seinen Biographen meist mit längeren Zitaten aus seinen Erzählungen kaschiert wird. Bis zum Sommer 1838 gibt es nur wenige verläßliche Quellen. Poe, so wird behauptet, soll zusammen mit Virginia oft Spaziergänge auf dem nahe der Carmine Street gelegenen St. Johns Friedhof unternommen haben. Daß sie damals ›Harfe spielen lernte‹, klingt – nach den Finanzverhältnissen der Familie zu urteilen, die sich kaum ein so teures Instrument hätte leisten können – eher nach romantischer Legende; aber es spricht viel für Virginias Musikalität und ihre gesangliche Begabung. Allerdings redete sie, berichtet ein Zeitgenosse, »mit einem leichten Lispeln, was den kindlichen Eindruck, den sie hinterließ, verstärkte«[22].

»Eddie«, schreibt Mrs. Clemm, »war ein sehr häuslicher Mensch und ging selten länger als eine Stunde aus, außer sein Liebling Virginia oder ich begleiteten ihn. Er war wirklich ein liebevoller Ehemann und mir immer wie mein eigener Sohn. Er war großzügig und fürsorglich, von nobler Gesinnung, aber leicht erregbar und aus der Bahn zu werfen. Er fand Freude an den einfachsten Dingen und empfand eine tiefe Bewunderung für alles Schöne und Gute... Wir drei lebten nur füreinander.

Eddie bemühte sich sehr um Virginias Erziehung, und ich kann Ihnen versichern, daß sie durch seinen Einfluß sehr kultiviert wurde und einen ungewöhnlichen Bildungsgrad erreichte. Sie kannte mehrere Sprachen und war ein großes musikalisches Talent – und sie war so wunder-wunderschön. Wie oft hat Eddie nicht gesagt: es gibt keine auf der ganzen Welt, die so edel und schön ist wie mein kleines, süßes Weibchen...

Der Junge verstand nichts von Geldangelegenheiten – wie sollte er auch, aufgewachsen in Prunk und Luxus!«[23]

Mrs. Clemm bestritt zu dieser Zeit durch ihren kleinen Pensionsbetrieb mit vielleicht drei oder vier Untermietern gänzlich den Lebensunterhalt der Familie – Poe verdiente das ganze Jahr hindurch nicht mehr als $ 50, eher weniger. Im Zuge der allgemeinen wirtschaftlichen Depression gab es an Obdachlosen, die eine billige Unterkunft suchten, keinen Mangel, schon gar nicht während des Winters, der 1837 besonders streng gewesen sein soll. Es ist denkbar, daß Poe, der sich zeitlebens vom Theater sehr angezogen fühlte, manchmal etwas Geld erübrigte oder sich von seiner Tante ›auslegen‹ ließ, um mit Virginia eine Aufführung zu besuchen. Der damals gefeierte Schauspieler Edwin Forrest, erst kürzlich von einer Englandtournee zurückgekehrt, begeisterte das New Yorker Publikum in Bulwer-Lyttons Erfolgsstück ›Lady of Lyons‹; die ›göttliche‹ Operndiva Malibran begann ihren Triumphzug, und die beliebte Sängerin Maria Tree rührte die Herzen mit dem Lied ›Home, Sweet Home‹, später eine Art amerikanischer Nationalhymne, aus John Howard Paynes neuer Oper ›Clari‹. Gowans scheint Poe manchmal Eintrittskarten zu einer Vorstellung dieser oder ähnlicher Größen besorgt zu haben, und er war es auch, der ihn mit dem Engländer James Pedder bekannt machte, einem Kinderbuchautor, der demnächst in Philadelphia die Zeitschrift ›The Farmer's Cabinet‹ herausgeben sollte.

Diese Begegnung bezeichnete einen Wendepunkt in Poes Karriere, obwohl Mr. Pedder in seiner Biographie eine nur flüchtige Rolle spielt. Aber er gab – wohl auch durch das Versprechen, daß ›The Farmer's Cabinet‹ ›immer ein offenes Ohr für ihn haben werde‹, zweifellos den Ausschlag für Poes Entschluß, New York den Rücken zu kehren und in der Quäkerstadt einen neuen Anfang zu wagen. Poe hielt sich jetzt – im Sommer 1838 – schon über ein Jahr in der Geschäftsmetropole auf, ohne daß sich seine beruflichen Aussichten auch nur im geringsten verbessert hatten, und auch Mrs. Clemms Pension florierte so mäßig, daß es keinerlei Verlust bedeutete, sie aufzugeben. Die Familie mußte sich sogar Geld borgen, um die Eisenbahnreise zu bezahlen. Wenigstens gab es noch ein Erfolgserlebnis, bevor sie sich in Philadelphia niederließ: im Juli waren endlich die ›Denkwürdigen Erlebnisse des Arthur Gordon Pym‹ bei Harper & Brothers erschienen. Auf Tantiemen hoffte Poe allerdings vergebens – das Buch verkaufte sich schlecht. Dies lag teilweise auch an der rachsüchtigen New Yorker Presse, die nur auf eine Gelegenheit gewartet hatte, ›Kritiker Bulldogge‹ seine Verrisse Fays, Mattsons und Stones heimzuzahlen. Endlich! – da war er, der erfolglose Roman eines literarischen Scharlatans. Als erster ging Lewis Gaylord Clark in der Augustausgabe des ›Knickerbocker‹ genüßlich daran, das ›Machwerk‹ auseinanderzunehmen: »In diesem Buche giebt's jede Menge haarsträubender Begebenheiten, erzählt in einem ungenierten und schlampigen Stil, selten nur den landläufigsten Regeln der Komposition gehorchend und sich allenfalls der Simplicität einer Robinson Crusoeschen Erzählweise befleißigend. Dieses Werk ist wirklich hochinteressant, bei all seinen Mängeln, von welchen hervorsticht, daß es zu freigiebig Gebrauch macht von ›greulichen Geschehnissen von Blut und Gemetzel‹. Wir möchten nicht so unhöflich sein, Zweifel an Mr. Pyms Ehrlichkeit anzumelden, nun, da er ›unter der Erde‹ ist; aber wir fragen uns doch sehr, was vom Ehrenwort eines Gentlemans zu halten sein soll, der, nach gründlicher Prüfung der uns vorliegenden Ausgabe, allen Ernstes behauptet, er *glaube* auch nur ein Wort der darin enthaltenen Abenteuerlichkeiten und ›Entkömmnisse um Haaresbreite‹.«[24]

Poe bekam diesen Zeitungsartikel wohl erst nach seiner Ankunft in Philadelphia zu Gesicht; weitere in ähnlichem Stil sollten folgen, die die Glaubwürdigkeit von Pyms Erlebnissen anzweifelten; aber das Lesepublikum Amerikas und wenig später auch Englands – so weit man bei der unbeträchtlichen Auflageziffer von ›Lesepublikum‹ sprechen kann – nahm den Roman dennoch als schaurig-schönen Tatsachenbericht. Ebenfalls als wirkliche Begebenheit wurde Jahre danach sogar Poes Erzählung ›Der wahre Sachverhalt im Falle Valedemar‹ angesehen, obwohl sie gar nicht als solche deklariert worden war. Die allgemeine Leichtgläubigkeit regte Poe immer wieder zu ›literarischen Scherzen‹ an, darunter den ›Ballon-Jux‹ (1844) oder, auf der Höhe des Goldrausches von 1849, seinen ›wissenschaftlichen Bericht‹ über die synthetische Herstellung von Gold durch Von Kempelen.

Es ist nicht genau bekannt, wann er und seine Familie in Philadelphia eintrafen. Die erste Zeit wohnten sie als private Gäste bei Mr. Pedder und dessen Schwestern in der Twelfth Street, die dort eine Pension führten. Pedder, der ein liebenswürdiger Mann gewesen zu sein scheint, fühlte sich wohl dadurch geschmeichelt, einen so berühmten Literaten wie Poe, der vor Geist und Witz sprühte und brillant konversieren konnte, zu seinen Bekannten zu zählen, und er rechnete sich auch persönliche Vorteile aus, wenn er ihn freundschaftlich unterstützte. Es war das erste Mal, daß er eine – wenn auch bedeutungslose – Zeitschrift, ›The Farmer's Cabinet‹ herausgab, und es lag ihm natürlich viel am Rat eines erfahrenen Redakteurs und Journalisten. Nur kam dieses Blatt, wie schon der Name zeigt, nicht gerade als Forum für literarischen Esprit in Frage. Zweifellos hatte Pedder der Familie das Geld für die Bahnfahrt von New York nach Philadelphia vorgestreckt. Er machte später auch sein Versprechen wahr, Poes ›Start zu erleichtern‹ und ihm einen Auftrag zu verschaffen – leider mit katastrophalen Folgen. Jedenfalls erwiesen er und seine Schwestern sich in jeder Hinsicht als hilfsbereit und gefällig, und eine der ersten Ausgaben der ›Tales of the Grotesque and Arabesque‹ war denn auch den »Misses Pedder« gewidmet, »in dankbarer Erinnerung«.

Danach fand die Familie Unterkunft in der Pension einer Mrs. Parker, einer Quäkerin ›von bester Reputation‹ in der Arch Street, demselben Haus, in dem James R. Lowell und seine Frau 1845 auf ihrer Hochzeitsreise abstiegen. Mrs. Lowell beschreibt es in einem Brief als ›reinlich und gepflegt‹; »die Wände in den Gasträumen im oberen Stockwerk sind grün verputzt, die Gardinen frisch und weiß, alles wirkt licht und luftig«[25]. Hier sowie während seines Aufenthaltes bei den ›Misses Pedder‹ beendete Poe eine seiner berühmtesten Erzählungen, ›Ligeia‹, an der er bereits in New York gearbeitet hatte.

Es ist notwendig, den biographischen Verlauf der Ereignisse eine Weile zu unterbrechen und ausführlicher auf diese ›Arabeske‹ Poes einzugehen, die er selbst einmal als die »unzweifelhaft beste Geschichte« bezeichnete, die er je geschrieben habe.[26] An ihrem Beispiel läßt sich vorzüglich die spezifische Eigenart seiner Kunst sowie seine später formulierte Theorie der Kurzgeschichte veranschaulichen; dies macht jedoch eine längere Zäsur erforderlich.

»In Tennyson's Werken finden sich Passagen«, schreibt Poe in seinen ›Marginalien‹, »die in mir eine langgehegte Ueberzeugung befestigen – nämlich, daß das *Unbestimmte* ein Element der ächten ποίησις ist. Weshalb nur erschöpfen manche Leute ihre Kräfte in dem müßigen Versuch, ein Stück Phantasie wie die ›Lady of Shalott‹ es ist, zu zerfasern? Warum dann nicht gleich den ›*ventum textilem*‹ auflösen? Und wenn schon der Autor sich nicht aus freien Stücken und nach reiflicher Erwägung zu einer suggestiven Unbestimmtheit des Gedicht-Sinns entschlossen hätte mit dem Ziel, eben dadurch einen ganz *bestimmten* Effect des Vagen und deshalb Spirituellen hervorzurufen, so müssen wir dergleichen zumindest jener wortlosen, analytischen Eingebung eines poetischen Genies zuschreiben, das in seiner bestmöglichen Ausprägung jedwede intellectuelle Capacität in sich schließt.«[27]

Man darf diese Überlegung nicht etwa als Einladung mißverstehen, Ideenarmut und Dilettantismus mit mystischem Nebel zu umkleiden. Poe wies lediglich darauf hin, daß es in der Kunst, insbesondere in der Poesie, ein wesentliches Element gebe, das eher auf intuitivem Wege als durch verstandesmäßige Analyse zu erfassen sei, eben jene letzte Bastion des ›Unbestimmten‹ vor dem Ansturm ›interpretatorischer Zerfaserei‹. Für das prätentiöse, metaphysische Geschwafel der ›Transzendentalisten‹, eine literarische Bewegung, die damals in Amerika aufkam, empfand er nur Verachtung.

»Wie alltäglich ist's doch, daß wir hören müssen, der oder jener Gedanke lasse sich nicht in Worte fassen! Ich aber glaub' nicht daran, daß irgend ein Gedanke, der dieser Bezeichnung wert ist, außerhalb unsres Sprach-Bereiches liegen könnte. Vielmehr bild' ich mir ein, daß dort, wo Schwierigkeiten im Ausdruck sich ergeben, es dem betreffenden Geist entweder an der nötigen Bedachtsamkeit oder an der erforderlichen Methodik gebricht.«[28]

Das ›Unbestimmte‹ war für Poe auch keineswegs ein verschwommener, nicht faßbarer Begriff, sondern ein ganz *bestimmter* Effekt, zu dem sich der Autor ›nach reiflicher Erwägung‹ entschließt. Er dient dazu, im Leser ein Gefühl des ›Mystischen‹ hervorzurufen –

»Dabei wollen wir den Begriff *mystisch* ganz im Sinne August Wilhelm Schlegels und der meisten deutschen Kritiker verstanden wissen. Dieselben bezeichnen damit jene Categorie von Werken, deren oberer Bewustseins- und Meinungs-Strom transparent ist und einen unteren, *suggestiven* durchscheinen läßt.«[29]

Nach Poes Auffassung ist das Ziel aller Poesie die Erschaffung von Schönheit, jedoch keiner irdischen, sondern einer überirdischen Schönheit, von der sie uns nur eine vage Ahnung vermitteln kann, eine Ahnung der Glückseligkeit des Paradieses, aus dem die Menschheit verstoßen wurde und in das zurückzukehren sie sich sehnt. Dem Dichter kommt somit eine ›erlösende‹ Funktion zu; er stellt mittels seiner Kunst die unterbrochene Beziehung des Menschen zum Göttlichen wieder her. Er bedient sich dazu der Musikalität der Sprache; durch den Klang, mitunter auch durch Lautmalerei, sollen Assoziationen im Leser geweckt werden, ähnlich wie in der Musik eine Mischung aus verschiedenen Emotionen, um ihn in einen Zustand der Ekstase zu versetzen. Die »Meriten eines Gedichtes« messen sich daran, »inwieweit es capabel ist, jenes poetische Sentiment auch in Andern hervorzurufen«[30].

Diese freilich extrem gefaßte Forderung entspricht der romantischen Kunsttheorie. Die Epoche der Romantik räumte, sich aus erstarrten Formgesetzen lösend, der Imagination und dem Suggestiven wieder einen bevorrechtigten Platz ein.

Poes Anschauungen basieren vor allem auf Coleridges ›Biographia Literaria‹ und August Wilhelm von Schlegels ›Vorlesungen über dramatische Kunst und Literatur‹; seine Kunsttheorie bildet, wie erwähnt, die Apotheose, das Schlußwort der romantischen Ästhetik.

In Amerika herrschte ein anderer Geist; man schätzte britische Schriftsteller (meist Autoren der ›gothic school‹), deutsche Schreckensdramen, französische Mode – aber man nahm keinen Anteil an den revolutionären, intellektuellen Bestrebungen der Alten Welt. Bis auf wenige Ausnahmen, die Poe meist hellsichtig erkannte, imitierte die neuerwachte amerikanische Nationalliteratur entweder englische Vorbilder à la Scott und Goldsmith oder schwelgte in vaterländischen Melodramen, Familiensagas, dem Aufbau der ›großen Nation‹, Mondschein über dem Hudson, mutterlosen Waisen, der endlosen Prärie oder den ›edlen Wilden‹, deren Ausrottung immer mehr fortschritt. Poes Predigten über die ›Aufgaben von Poesie und Prosa‹ waren den Zeitgenossen unverständlich und unbequem, teils aus Begriffsstutzigkeit, teils aus einer Neigung zum Moralisch-Bodenständigen, teils deshalb, weil er damit gegen kulturpolitische Interessen verstieß.

Bekanntlich ging Poe in seinen Rezensionen davon aus, daß er zunächst die Kriterien umriß, mit welchen ein Roman, eine Novelle oder ein Gedicht zu beurteilen sei, um sich, von diesen Kriterien ausgehend, dem jeweiligen Werk zuzuwenden. Diese Methode hatte eine gründliche und umfassende Theorie der Kurzgeschichte zur Folge, dem von ihm bevorzugten erzählerischen Medium. Sie bietet zugleich eine wichtige Orientierungshilfe bei der Auseinandersetzung mit Poes Erzählungen selbst. In seiner Besprechung von Hawthornes ›Twice-Told Tales‹ (1842) legt er sie überzeugend dar: von höchster Bedeutung, so Poe, sei die »Einheitlichkeit des Effectes oder des Eindrucks«; dieser sei jedoch nur bei solchen Werken durchzuhalten, die in einem Zuge zu Ende gelesen werden können (aus dem gleichen Grund sprach er sich gegen die Form des epischen Gedichtes aus). Eine Erzählung dürfe daher von der Lesedauer her möglichst eine halbe Stunde nicht unter-, zwei Stunden nicht überschreiten. Der Autor hat ein bestimmtes Ziel, einen bestimmten Effekt im Auge, den er anstrebt; er muß also »Geschehnisse erfinden, die der Erzielung des ihm vorschwebenden Effectes am besten dienlich«[31] sind. Der ganze dramaturgische Aufbau soll sich nur auf den intendierten Effekt zubewegen, jegliche Abschweifung vermieden werden. »Der ächte Kritiker ... wird blos danach fragen, inwieweit das vorgefaßte Ziel durch die bestgeeigneten Mittel im höchstmöglichen Grade verwirklicht worden ist.«[32]

In ›The Philosophy of Composition‹ (1846), einem Essay, das sich zwar nur auf Lyrik bezieht (in diesem Fall konkret auf den Entstehungsprozeß seines Gedichtes ›The Raven‹), aber ebenso seiner Theorie der Kurzgeschichte entspricht, legt Poe die einzelnen Schritte zum Aufbau eines Gedichts oder einer Erzählung fest. Die erste Überlegung gilt dem Umfang, die zweite dem angestrebten Effekt; die dritte der Stimmung, der ›Tonart‹ des Werks.

Die Oberfläche, das war die Erzählung selbst, in einem Zuge zu Ende zu lesen, mit einem logischen Spannungsaufbau auf einen berechneten Effekt hin – im besten Sinne Unterhaltung. Aber hinter der Beschreibung eines ganz nebensächlichen Requisits können sich plötzlich Labyrinthe auftun, versteckte Analogien deutlich werden; zur Entzifferungsarbeit von Poes Schriften bedarf es der Intuition, einer gewissen Vertrautheit auch mit der Gesamtheit seines erzählerischen Werks, um gewisse ständig wiederkehrende Topoi zu erkennen, die Mythen aufzuspüren, die unter dieser Oberfläche verborgen liegen. Es ist bemerkenswert, daß der ›Faden der Ariadne‹ erst ein Jahrhundert später gefunden wurde, zum Beispiel durch Literaturwissenschaftler wie Richard Wilbur und Daniel Hoffman. Zweifellos verfügten Baudelaire und einige von Poe beeinflußte Symbolisten über genügend Intuition, seine Rätsel zu lösen, aber es lag ihnen fern, sie in ein System zu fassen.

Es gibt gewisse ›Schlüsselwerke‹ Poes, die ein solches System ermöglichen, z. B. ›Das Manuskript in der Flasche‹, ›Der Alb der Perversheit‹, ›Der
Sturz in den Malstrom‹ – und seine zwischen 1837 und 1838 entstandene Erzählung ›Ligeia‹.

Zu Beginn entwirft der Ich-Erzähler ein Bild seiner ersten (und einzigen)
Liebe, der Lady Ligeia. Er vermag sich weder ihrer Herkunft noch ihres Fa-
miliennamens zu entsinnen – seine Überlegungen kreisen immer wieder um
ihr *überlegenes Wissen.* Durch die Art seiner Beschreibung charakterisiert er
sich zugleich selbst – als jenen Archetypus des Poeschen Helden nämlich, der
Opfer einer geradezu schmerzhaften Übersensibilität ist. Diese Überspannt-
heit, mit welcher sich der Leser anfangs noch identifizieren kann, steigert sich
im Verlauf der Handlung – ein von Poe schon in ›Berenice‹ angewandter
Schachzug, die Grenze zwischen Wirklichkeit und Wahn langsam, unmerklich aufzubrechen. Lady Ligeia wird als Verkörperung des absoluten Ideals
geschildert; die Beschreibung ihrer Schönheit wird somit eher zu einem
›ästhetischen Programm‹ als zu der Abbildung eines lebendigen Menschen.
Abgesehen von jenem berühmten, auch von Baudelaire gern zitierten Ausspruch Lord Bacons, daß es ›keine höchstrangige Schönheit ohne eine gewisse *Fremdartigkeit* in ihren Proportionen‹ gebe, sowie allerlei eher kühlen
Vergleichen mit Marmor, Elfenbein und Profilen auf antiken hebräischen
Münzen, erfährt der Leser wenig mehr über Ligeia, als daß sie schwarzge-
locktes, langherabfallendes Haar, eine helle Haut und einen sinnlichen Mund
habe. In Ligeia vereinigen sich extreme Schönheit und extreme Geistigkeit,
nicht im Sinne der romantischen Übertreibung eines Liebenden, sondern
einer fast abstrakten *Idee.* Diese Idee ist geheimnisvoll und gefährlich; sie findet ihren Ausdruck in der Tiefe von Ligeias Augen, in die sich der Erzähler
wieder und wieder versenkt und in der er Analogien ›zu den gewöhnlichsten
Objekten des Universums‹ findet. Er will ihrem Geheimnis auf die Spur
kommen, er ist ›wie besessen von der *Passion des Entdeckens*‹. Ligeia ist das
Symbol der ›vergeistigten Schönheit‹, und der Held der Geschichte strebt danach, von ihrem Schüler –»immerhin war ich mir ihrer unendlichen Überlegenheit soweit bewußt, daß ich mich voll kindlichen Vertrauens ihrer Führung durch die kaotischen Welten metaphysischer Untersuchungen überließ«[33] – zu ihrem Meister zu werden, vom ›Zauberlehrling‹ zum Magier.

In der griechischen Mythologie ist ›Ligeia‹ der Name einer der Sirenen, den
Töchtern der Musen, deren Gesang so schön war, daß er den Tod brachte. In
Poes Erzählung ist von Ligeias ›verhexender, versklavender Überredsamkeit
ihrer halblauten Stimmusik‹ die Rede. Als Seegötter werden die Sirenen auch
mit überlegenem Wissen identifiziert. Sie symbolisieren die gefährliche, tödliche Seite des Eros; Aristoteles erwähnt sie und nennt ihre Namen, und in
seinen Schriften wird die pythagoreische Lehre der ›Metempsychose‹, der

Seelenwanderung, überliefert. Auf Pythagoras geht auch das Motiv der
›Sphärenharmonie‹ zurück, das Poe in Ligeias Gedicht ›Eroberer Wurm‹ ver-
wendet:

> ». . . While the orchestra breathes fitfully
> The music of the spheres.«

Ligeias Name taucht bereits in Poes Jugendgedicht ›Al Aaraaf‹ auf:

> »Ligeia! Ligeia!
> My beautiful one!
> Whose harshest idea
> Will to melody run, . .
> Ligeia! wherever
> Thy image will be,
> No magic shall sever
> Thy music from thee.«

Sie tritt also schon früh als Verkörperung der vergeistigten Schönheit und der
Harmonie in Poes Werk in Erscheinung, aber auch andere Dichter bedienten
sich ihres Namens, z. B. John Milton (›Comus‹) und Walter Savage Landor
(›Chrysaor‹), des einzigen Frauennamens, der sich auf das ›große Schlüsselwort‹ ›Idea‹ reimen läßt. Man wird sich vielleicht daran erinnern, daß dieser
abstrakte Begriff den Helden von Poes Erzählung ›Berenice‹ in den Wahnsinn
treibt. Wie bei Berenice die Zähne, so sind es bei Ligeia vor allem die Augen,
die ›Spiegel der Seele‹, die den Erzähler faszinieren und in deren Betrachtung
er ihr Geheimnis zu ergründen sucht.

Was aber ist dieses Geheimnis, dem so viele Helden Poes auf der Spur sind,
das sie anzieht, dem sie entgegentreiben, diese ›unerhörte Erkenntnis‹, von
der sie instinktiv wissen, daß ›ihre Offenbarung Vernichtung ist‹? Es ist *die*
Erkenntnis, die den Sündenfall auslöste, das Bestreben, das letzte Wissen zu
ergründen, das den Menschen Gott gleich macht – ein unheiliger Wunsch. Es
handelt sich hier auch weniger um ein literaturwissenschaftliches als um ein
theologisch-metaphysisches Problem.

Nun ist gerade die Grenzüberschreitung, der Versuch, gottgleich zu werden, ein besonderes Merkmal des romantischen Geistes. »Wenn unsere Intelligenz und unsere Welt harmonieren, so sind wir Gott gleich«, schreibt Novalis, und ähnlich äußerten sich Coleridge in seiner ›Biographia Literaria‹ und
Shelley in seinem Gedicht ›Hymne an die geistige Schönheit‹. Poe über-
nimmt diese Anschauung, aber er treibt sie zugleich ins Extrem. Er geht so
weit, in seiner Theorie der Dichtkunst das Bemühen, ›Einblicke ins Paradies
zu gewähren‹, zu dogmatisieren. Ligeia symbolisiert für ihn (und den Helden
seiner Erzählung) jenes Wissen, dem zuliebe sich andere seiner Figuren in den

›Malstrom‹ stürzen, wie ›Arthur Gordon Pym‹ in ›die Umarmungen des Kataraktes hineinschießen‹.

Die Erzählung hat eine mythische Dimension, und die Elemente, aus denen sie zusammengesetzt ist, werden von Daniel Hoffman auf die Gleichung gebracht: »eine geliebte Frau, verbotenes Wissen, der unwiderstehliche Trieb, das letztere zu erringen, indem man die erstere besitzt«[34]. Das verbotene Wissen besteht in den Erinnerungen an das Paradies; nur durch Liebe erfahren wir eine Ahnung dieses Zustandes; in dem extremen Bestreben jedoch, diesen Zustand wieder zu erreichen, wiederholen wir den Sündenfall und töten zugleich das Objekt unserer Liebe.

Und nicht zuletzt ist ja, nach Poes Auffassung, »der Tod einer schönen Frau der Gipfelpunkt aller Poesie«[35]. Dieser Aspekt wurde allerdings in der kritischen Auseinandersetzung mit Poes Werken (seit D. H. Lawrences ›Studies in Classic American Literature‹) so sehr verabsolutiert, daß dabei das eigentliche Hauptmotiv, das ›höhere Wissen‹, völlig in den Hintergrund rückte.

Poe hat in Ligeia eine Kunstfigur geschaffen, kein ›Lebewesen‹; eine Abstraktion, eine ›Idee‹, die Verkörperung der ›vergeistigten Schönheit‹. Sie ist ja wirklich eines ›Wissens‹ teilhaftig, das der Erzähler zu erlangen strebt, und dieses Wissen ist nicht notwendig an einen Körper gebunden. Es handelt sich um ein ganz spezifisches Wissen jenseits der Katharsis des Todes und der Vernichtung. Und Ligeia stirbt auch nicht wirklich, sondern beweist die Macht ihrer Willenskraft und ihres Wissens, indem *sie* die Lebenskraft Rowenas, der zweiten Frau des Erzählers, aussaugt und sich zuletzt in ihr reinkarniert. Das große Geheimnis zwar geht dem Erzähler mit ihrem Tod verloren, aber es gelingt ihr noch, ihn davon zu überzeugen, daß der bloße Wille letztlich über den Tod zu triumphieren vermag. Ein Trostpreis wenigstens für die ›Passion des Entdeckens‹.

Der Erzähler selbst ist nur ein suchender, verstörter Geist. Die abgelegene Abtei, in die er sich zurückzieht, symbolisiert die Trauer und Verlassenheit des vereinsamten Liebenden, der auf den Tod warten muß, um endlich hinter den Schleier des Geheimnisses zu blicken. Der Dschungel aus gotischem, byzantinischem, druidischem, maurischem und ägyptischem Dekor, in welchem er seinen Opiumträumen nachhängt, entspricht seinem aus ›den Fugen geratenen‹ Verstand, nicht etwa Poes persönlichem Geschmack, wie verschiedentlich angenommen wurde: Poes Konzeption eines ›idealen Interieurs‹ findet sich in dem Essay ›Die Philosophie der Einrichtung‹ beschrieben, ein nicht gerade bescheidener Entwurf, aber doch alles andere als ein exotisches Stilgemisch. Das Ambiente jedoch, mit dem sich seine Helden umgeben, will meist den Eindruck ständiger Bewegung, eines andauernden Wechsels hervorrufen. So werden z. B. die Gobelins an den Wänden durch einen geheimen Mechanismus von einem Lufthauch berührt, der sie gleichsam ›belebt‹; dieselbe Vorrichtung, die Baron Metzengerstein und Prinz Mentoni zuvor schon in jenen ›hypnagogischen‹ Zustand zwischen Wachen und Schlaf versetzte, in dem sich »Phantasien von exquisiter, zartester Feinheit« einstellen, »die man *nicht* als Gedanken bezeichnen kann und angesichts derer mir's – *bisher* – absolut unmöglich gewesen, das passende Sprach-Kleid zu finden.«

Es sind notorische Träumer, die sich die Konditionen schaffen, in denen sie ›Ausblicke‹ ins Paradies zu erhaschen hoffen: »Begeistert und ekstatisch die Herrlichkeiten jenseits des Grabes vorherwissend, streben wir danach, durch vielgestaltige Verbindungen zwischen den Dingen und Gedanken der Zeitlichkeit ein Stück jener Seligkeit zu erwerben, deren eigentliche Elemente vielleicht allein der Ewigkeit angehören.«[36]

Poes tragische Helden richten gewöhnlich sich oder andere durch ihr übersteigertes Ideal zugrunde; sie sehnen sich unbewußt nach dem Tod, der ihre oder die Seele ihrer Geliebten von den Fesseln der Materie erlöst. Sie begeben sich in die Isolation, um ihren Blick für die wesentlichen Dinge zu schärfen; Kunst, Musik, bizarres Dekor, all das sind Hilfsmittel, den ›Drang des Ird'schen abzuschütteln‹. Ligeia aber ist nicht das Opfer, sondern die Helfershelferin bei der Verwirklichung des unmöglichen Traums.

›Ligeia‹ wurde – für ein Honorar von $ 10, was etwa einem Seitenpreis von achtzig Cents entspricht – im September 1838 in der ersten Ausgabe eines neugegründeten Literaturjournals in Baltimore veröffentlicht, dem ›American Museum of Literature and the Arts‹ (der früheren ›North American Quarterly Review‹), einem jener ebenso anspruchsvollen wie kurzlebigen Magazine, wie sie in den dreißiger Jahren überall in den Großstädten Amerikas aufblühten und wieder eingingen. Es hielt sich auch nur acht Monate. Eigentümer und hauptverantwortlicher Herausgeber war Dr. Nathan C. Brooks, 1833 noch ein kleiner, unbedeutender Bohemien und ›litterateur‹, der damals oft in der ›Seven Streets Tavern‹ verkehrte, zusammen mit Dichtern wie Lambert A. Wilmer, T. S. Arthur (mittlerweile Herausgeber des ›Baltimore Book‹) und E. A. Poe; und mit letzterem hatte er sich damals angefreundet, in jener gloriosen Zeit des ›Milford-Barden‹ und der Besäufnisse, die T. S. Arthur später in seinen ›Ten Nights in a Bar-Room‹ beschrieb. Inzwischen war man vernünftiger geworden, aber Brooks erinnerte sich noch gut an seinen alten Zechkumpan und den Ruf, den sich dieser als Redakteur des ›Southern Literary Messenger‹ erworben hatte. Zehn Dollar konnte er also für ›Ligeia‹ besten Gewissens investieren.

Das ›American Museum‹ machte vom Druckbild und Inhalt her einen vielversprechenden Eindruck. Als zweiter Chefredakteur und Gesellschafter stand Brooks der kulturbeflissene und journalistisch erfahrene Arzt Dr. Joseph Evans Snodgrass zur Seite, zuvor Korrespondent und später Eigentümer des ›Baltimore Saturday Visiter‹, der Zeitschrift, die bei ihrem literarischen Preisausschreiben 1833/34 Poes Erzählung ›Das Manuskript in der Flasche‹ prämiert hatte.

Das bisher kaum untersuchte Verhältnis zwischen Poe und Dr. Snodgrass hat etwas sonderbar Vielschichtiges und Schicksalhaftes; sie korrespondierten in der Folgezeit häufig miteinander, wobei Poe in dem Arzt eine Mischung aus journalistisch-künstlerischem Gesprächspartner, Anwalt seiner Interessen und väterlichem Ratgeber gesehen zu haben scheint.

Im ›American Museum‹ erschienen von nun an öfters Beiträge aus Poes Feder. Es dauerte Monate, bis er in Philadelphia Fuß gefaßt und die richtigen Beziehungen angeknüpft hatte, und so lange war Brooks' neues Literaturjournal seine einzige Geldquelle – insofern der Ausdruck ›Geldquelle‹ bei einem Seitenhonorar von 80 Cents zulässig ist. Vorläufig lebte die Familie vom Borgen und Anschreiben. Poe wandte sich sogar an seinen Cousin Neilson, den Herausgeber des ›Baltimore Chronicle‹, obwohl ihn das große Überwindung gekostet haben muß, war es doch gerade sein wohlhabender Vetter gewesen, der seine Ehe mit Virginia fast verhindert hätte. Aber in seiner Situation konnte er es sich nicht leisten, eine Chance auszulassen. Wie zu erwarten schrieb Neilson auf Poes Anfrage hin zurück, er könne momentan nichts für ihn tun, da er sich selbst in finanziellen Schwierigkeiten befinde. Ihre Antipathie war wohl gegenseitig, denn knapp ein halbes Jahr später lehnte er es ebenfalls ab, einen lobenden Artikel über Poe im ›Chronicle‹ nachzudrucken, den jener durch Snodgrass in verschiedenen Baltimorer Zeitschriften verbreiten ließ, um Reklame für sich und sein neues Buch zu machen. Diese kleine Gefälligkeit hätte ihm wahrhaftig nichts abverlangt. Poe sah ihn seitdem als seinen »erbittertsten Feind« an und bezeichnete ihn in einem Brief an Snodgrass als »kleinen Straßenköter«[37].

Im November 1838 veröffentlichte Brooks in seinem Magazin zwei Satiren Poes, ›Psyche Zenobia‹ und ›Die Sense der Zeit‹, deren Titel später ›Wie man einen Blackwood-Artikel schreibt‹ und ›In schlimmer Klemme‹ (›A Predicament‹) lauteten. Poe nahm in diesen beiden Grotesken nicht nur die damalige, im vielgelesenen englischen ›Blackwood's Magazine‹ vorexerzierte, erfolgreiche Schreibtechnik aufs Korn, die er in ›Theorie und Praxis‹ vorführte, sondern karikierte darin auch seine eigenen ›stilistischen Tricks‹, etwa in einem längeren Vortrag über die ›Methodik des Schreibens‹, den Mr. Blackwood einer wißbegierigen Dame, der ›Signora Psyche Zenobia‹ hält, die am Anfang der Erzählung beteuert, sie hieße ganz gewiß nicht Sissylein Snobbs (›Sis‹ oder ›Sissy‹ nannte Poe seine Ehefrau Virginia, und man kann sich das Gelächter vorstellen, wenn er zu Hause Passagen aus seiner neuen Groteske vortrug). Psyche Zenobia ist Korrespondentin des (von einem ›Dr.

Fennichmacher‹ herausgegebenen) »*Bostoner Literatur Anzeigers (mit Börsen-teil und Landwirtschaftlichem Anhange) zur Beförderung der Literarischen Anliegen der United States, der Telegraphie und Rassenforschung, des Umsatzes und der Menschlichkeit; mit Porträts und Figuren*«, oder abgekürzt »B.L.A.B.L.A. B.L.A.U.S.T.R.U.M.P.F.«[38]. Sie macht sich fleißig Notizen während Mr. Blackwoods Ausführungen, der ihr noch einige ›Reizvolle Tatsachen zur Herstellung von Gleichnissen‹ sowie ›Reizvolle Aussprüche‹, darunter völlig aus dem Zusammenhang gerissene fremdsprachige Zitate von Schiller, Cervantes, Ariost, Demosthenes und anderen, mit auf den Weg gibt (Gegen Poe wurde oft der Vorwurf ›prätentiösen Zitierens‹ erhoben). All diese ›stilistischen Methoden‹ dienen natürlich nur dem edlen Zweck, Sensationen zu schildern, haarsträubende Vorkommnisse, schreckliche Gefahren.

Psyche Zenobia verabschiedet sich schnell, nachdem Mr. Blackwood ihr angeboten hat, seine Bulldoggen auf sie zu hetzen[39], um ihr ›besonders reiche Empfindungen‹ zu ermöglichen, und macht sich, begleitet von ihrem Pudel und ihrem zwergwüchsigen Negerdiener Pompeius auf die Suche nach einer ›besonders schlimmen Klemme‹. In die gerät sie dann auch, im ›Praxisteil‹ der beiden Satiren, ›The Scythe of Time‹. Um eine gute Aussicht auf die Stadt Edinburgh, dem Schauplatz der Handlung, zu genießen, besteigt sie einen Kirchturm; und oben angelangt, streckt sie den Kopf durch eine kleine, fensterartige Luke. Wie sich bald herausstellte, handelt es sich dabei um eine Öffnung im Ziffernblatt der Kirchturmuhr, und Psyche Zenobia findet sich unvermittelt durch den Minutenzeiger eingeklemmt, so daß es ihr unmöglich ist, den Kopf wieder zurückzuziehen – der dann auch, nach genau einer Minute, »am Turm hinunterrollt, wenige Sekunden in der Dachrinne verhält und schließlich seinen Weg in jähem Sturze mitten auf die Straße hinab nimmt«. Selbst in dieser mißlichen Lage kann es sich die Dame nicht verkneifen, fortwährend weitschweifige, mit Zitaten gespickte und schöngeistige Betrachtungen anzustellen.

Nach Ligeia, der Verkörperung der ›vergeistigten Schönheit‹ nun also, als Antithese, ›Signora Psyche Zenobia‹ alias Sissylein Snobbs, die Karikatur des literarischen Blaustrumpfs, guillotiniert von einem Uhrzeiger.

Poe griff das‹ Motiv der ›Sense der Zeit‹ 1843, diesmal ernsthaft, in seiner Erzählung ›Die Grube und das Pendel‹ wieder auf; aber schon früher stellte er die Zeit als feindlich und bedrohlich dar und gebrauchte entsprechende Allegorien.

Inzwischen waren Poe, Virginia und Mrs. Clemm im September 1838 von Mrs. Parkers Pension in ein kleines Haus in der Schuylkill Seventh Street umgezogen. Die Stadt liegt zwischen zwei Flüssen, dem Schuylkill und dem Delaware. Die Numerierung der Straßen begann jeweils im Osten und Westen, um in der ›Broad‹- bzw. ›Fourteenth Street‹ zusammenzutreffen.

Poes Eltern hatten auf ihren Gastspielreisen noch ein anderes, bunteres, kosmopolitischeres Philadelphia kennengelernt, als es sich nach nun gut vierzig Jahren darstellte. Damals war Philadelphia Regierungssitz und Hauptstadt Amerikas gewesen, und als Chateaubriand 1791 auf seiner Amerikareise in die Metropole kam, schockierte ihn der ›skandalöse Luxus‹, den er dort vorfand. 1800 wechselte der Präsident der Vereinigten Staaten in das gerade fertiggestellte, von James Hobans erbaute Weiße Haus in Washington über, und durch den Bau des Erie Kanals wurde New York zum wirtschaftlichen und journalistischen Zentrum. So kehrte langsam in das aus seiner einstigen Vormachtstellung verdrängte Philadelphia eine gewisse Quäker-Behaglichkeit zurück, die seit jeher Bestandteil der Atmosphäre war. Reisende, die die Stadt besuchten, sahen auf ihren Kalendern nach, ob nicht heute Sonntag sei, so ungewohnt wirkte die Stille in manchen Straßen.

An Sonntagen wurden die Straßen im Umkreis von Kirchen durch Ketten abgesperrt, damit die Gottesdienste nicht durch Droschkengeräusche gestört würden; Respektabilität bis zur Spießigkeit, Gottesfurcht und Pietismus, Anstand und Moral, überhaupt Sauberkeit – das waren die geheiligten Grundprinzipien, die die Atmosphäre Philadelphias prägten. Es war zwar – mit rund 220 000 Einwohnern – die zweitgrößte Stadt der Vereinigten Staaten, aber alles wirkte im Gegensatz zu der hektischen Betriebsamkeit in New York doch recht ordentlich und überschaubar. Eingeschlossen von zwei majestätischen Flüssen und den malerischen Wissahickon-Tälern, besaß Philadelphia einen spröden Charme – und die einförmige Bauweise, die roten Backsteinhäuser im Kolonialstil und das Kopfsteinpflaster erinnerten an niederländische Städte wie die auf den Gemälden Vermeers. Es ist sicher kein Zufall, daß Poe in seiner im Mai 1839 im ›Philadelphia Saturday Chronicle‹ veröffentlichten Groteske ›Der Teufel im Glockenturm‹ ein niederländisches Provinznest beschreibt, ein Städtchen namens ›Vondervotteimitiss‹ (etwa: ›Wievieluhrnur‹) – ». . . Die Gebäude selbst sind einander so auf das Haar ähnlich, daß man das eine schier nicht vom andern unterscheiden kann. Durch das ohne Maßen ehrwürdig hohe Alter bedingt, nimmt sich der architektonische Stil ein wenig wunderlich aus, doch wirkt er aus diesem Grunde nicht weniger überraschend malerisch. Die Bauten sind alle aus hartgebrannten kleinen Ziegelsteinen aufgeführt, roten, mit schwarzen Fugen, so daß die Mauern wie ein Schachbrett im Großen aussehen . . . Die Wohnungen ähneln sich innen grad ebenso wohl als außen, und die Möbel folgen sämtlich dem selben Vorbild . . .«[40] –, wo alles pünktlich und akkurat zugeht, bis der Teufel eines Tages die Kirchturmuhr dreizehn schlagen läßt – die ›Zeit‹, die die gesellschaftliche Ordnung aufrechterhält, außer Kraft setzt.

Ganz so harmlos und provinziell ging es in einer Stadt von der Größenordnung Philadelphias natürlich nicht zu. Es gab, ebenso wie in New York, eine gebildete Oberschicht, kulturell interessierte Kreise, literarische Cliquen, die zum Teil sogar sehr einflußreich waren. Teegesellschaften, Soireen und geistvolle Konversationen, vornehmlich über das ›klassische Altertum‹, gehörten bei den Privilegierten Philadelphias geradezu zum guten Ton. Man pflegte vor einem warmen Kaminfeuer und einem Gläschen ›Philadelphia claret‹, jenem berühmten, in der Umgegend angebauten Rotwein, geistigen Austausch; im Hintergrund spielte Klavier- oder Harfenmusik, und man trug eines seiner neuen Gedichte vor. In Philadelphia waren die ersten amerikanischen Ausgaben der Bibel, Shakespeares und Miltons erschienen, die erste Zeitung, der ›American Daily Advertiser‹, das erste religiöse Magazin und das erste Groschenheft, der ›Cent‹. Tradition verpflichtet. Überhaupt, es war gar nicht einmal gesagt, daß New York das Pressemonopol noch lange würde aufrecht erhalten können, bei einer Konkurrenz wie ›Graham's Casket‹, ›Burton's Gentlemen's Magazine‹, ›Alexander's Weekly Messenger‹ und der ›Saturday Evening Post‹. Einen geradezu sensationellen Erfolg hatte das neue Damenjournal ›Godey's Lady's Book‹. Louis Antoine Godey (1804–1878), ein Sohn französischer Royalisten, die während der Französischen Revolution nach Amerika geflohen waren, erkannte 1837 die Zeichen der Zeit, fusionierte seine Zeitschrift ›Lady's Book‹ mit Mrs. Sarah Josepha Hales Bostoner ›Ladies' Magazine‹ und gab das erste überregionale Modemagazin Amerikas heraus, mit teilweise handkolorierten Abbildungen Pariser Haute Couture und Beiträgen sentimentalistischer Literaten, zugeschnitten auf den Geschmack des damaligen weiblichen Lesepublikums. Das machte ihn zum Millionär. Zwar befanden sich bereits Hunderte kleinerer Periodika, Damentaschenbücher, Geschenkbände und dergleichen in Umlauf, zum Beispiel Kathrine Wares ›Laube des guten Geschmackes‹ in Boston, aber eine nationale Frauenzeitschrift hatte es bisher noch nicht gegeben.

Vorläufig, im Winter 1838/39 beschäftigte sich Poe – zweifellos nicht besonders enthusiastisch – mit dem Redigieren und Überarbeiten eines wissenschaftlichen Werkes, dem »ersten Buch des Muschelkundlers, oder ein System der Schaltierkunde, besonders für den Gebrauch an Schulen zusammengestellt... und das Ganze so exakt wie möglich dem derzeitigen Stand der Wissenschaft angepasst...« etc.

Er befand sich in diesen Monaten so in Geldverlegenheit, daß er jede Art von Schreibarbeit angenommen hätte. Von einem – nicht näher identifizierbaren – Mr. John C. Cox lieh er sich damals $ 50, einen Betrag, den er wohl nie zurückerstattete, wie sich aus einem Entschuldigungsschreiben an Cox vom 6. Dezember 1839[41] schließen läßt. »Eine seiner großen Charakterschwächen«, schreibt ein Zeitgenosse, »bestand darin, daß er sich Geldsummen ausborgte, obwohl er wußte, daß er sie nie zurückzahlen konnte; in solchen Dingen kannte er keine Prinzipien.«[42]

Poes Freund James Pedder, der ihm den Auftrag für das Buch vermittelte, war anscheinend ein Bekannter des Biologen Professor Thomas Wyatt, der im Vorjahr das ›Handbuch der Muschelkunde‹ bei dem Verlag Haswell, Barrington & Haswell in Philadelphia veröffentlicht hatte. Wyatt reiste im Lande umher und hielt öffentliche Vorträge, z. B. an Schulen, Universitäten und vor wissenschaftlich interessierten Kreisen, bei welcher Gelegenheit er zugleich seine Bücher verkaufte. Diese Praxis des ›lecturing‹ war damals weit verbreitet. Nun hatte es der Verlag wegen zu hoher Druckkosten abgelehnt, eine zweite Auflage herauszubringen; der Umsatz der ersten schien bereits recht niedrig gewesen zu sein. Wyatt beschloß also, eine neue, populärwissenschaftlichere Fassung zusammenzustellen, die auch an Schulen Verwendung finden konnte; und um das Interesse daran anzuschüren, sich des bekannteren Namens Edgar Allan Poe zu bedienen – wahrscheinlich auf Pedders Empfehlung hin. Poe zeigte sich interessiert, erwähnte wohl seine frühere Bekanntschaft mit dem namhaften Botaniker und Biologen Edmund Ravenel, mit dem er sich während seiner Soldatenzeit auf Sullivans Island angefreundet hatte, und das Geschäft kam – im Einvernehmen mit Haswell, Barrington & Haswell – zustande. Das Honorar für Poe betrug $ 50; dafür mußte er das Werk stilistisch überarbeiten, neu zusammenstellen und ein Vorwort dazu schreiben. Aus Kostenersparnisgründen wurden die Illustrationen aus einer früher erschienenen Abhandlung zum gleichen Thema übernommen, dem ›Lehrbuch des Muschelkundlers‹ von Captain Thomas Brown (Glasgow, 1833). Das war natürlich ein glatter Diebstahl, der das Fehlen eines internationalen Urheberrechts nützte; Poe schrieb außerdem längere Passagen aus diesem Werk ab, ohne den Verfasser zu nennen, und auch sein ›Vorwort‹ wies ›Parallelen‹ zu dem Browns auf.

Die ganze Affäre wäre harmlos genug gewesen – damals wie heute werden Schulbücher auf ähnliche Weise kompiliert –, und sie hatte auch mit Poes literarischer Karriere nicht das Geringste zu tun. Er kam nur in seinen Zeitschriftenartikeln und Rezensionen immer wieder auf den ›beklagenswerten Mangel eines internationalen Urheberrechts‹ zu sprechen, vor allem auf das heikle Thema des Plagiats in der amerikanischen Literatur, und sein späterer Feldzug gegen den hochangesehenen Dichter Longfellow basierte vor allem auf diesem Vorwurf. Es ist daher kein Wunder, daß sich seine Feinde bemühten, ihn selbst eines solchen Verstoßes zu überführen – und das sonst längst vergessene ›Erste Buch des Muschelkundlers‹ bot ihnen dazu hinreichend Gelegenheit. Es erschien im April 1839, und auf der Titelseite stand (außer dem Namen Cuvier, dessen ›Beschreibungen der Tiere‹ Poe übersetzt und mitaufgenommen hatte) der Name ›Edgar A. Poe‹ – er gab sich also als Verfasser eines Buches aus, das in Wirklichkeit von T. Wyatt und Thomas Brown stammte. Bezeichnenderweise wurde Poe erst acht Jahre später deshalb angegriffen, nachdem er seine Artikelserie über die ›Litteraten von New York‹ in ›Godey's Lady's Book‹ veröffentlicht hatte. In einem Brief an seinen Freund George W. Eveleth vom 16. Februar 1847 verteidigte er sich gegen die ›Verleumdungen‹: »Ich gab 1840 ein Buch mit dem Titel: ›Das erste Buch des Muschelkundlers etc. etc. unter meinem Namen heraus. Dies, denke ich, ist das Werk, auf das man sich bezieht. Ich schrieb es in Zusammenarbeit mit Professor Thomas Wyatt und Professor McMurtrie aus Philadelphia – mein Name wurde ihm beigegeben, weil er am besten bekannt war und daher geeignet, die Verbreitung zu fördern. Vorwort und Einleitung stammen von mir, und ich übersetzte aus dem Cuvier die Beschreibung der Tiere etc. *Alle* Schulbücher werden notwendigerweise so hergestellt. Schon auf der Titelseite wird angegeben, daß die Tiere ›nach Cuvier‹ beschrieben werden. Dieser Vorwurf ist eine Frechheit, und ich werde gerichtlich dagegen vorgehen, sobald ich . . .« etc.[43]

In Anbetracht der Tatsache, daß Poe auch das Vorwort teilweise wörtlich von Brown abgeschrieben hatte, entrüstete er sich vielleicht ein bißchen zu laut, aber er konnte davon ausgehen, daß Mr. Eveleth sich nicht extra die beiden Bände besorgen würde, um einen Vergleich anzustellen. Die Angelegenheit war ebenso peinlich wie lächerlich und beweist eigentlich nur die Perfidie, mit der Poes Gegner später gegen ihn intrigieren sollten.

›The Conchologist's First Book‹ erlebte insgesamt neun Auflagen und wurde sogar in England nachgedruckt, ein Erfolg, der ironischerweise Poes eigenen Werken zu seinen Lebzeiten nicht vergönnt war.

Ebenfalls im April 1839 erschien im ›American Museum‹ – der vorletzten Ausgabe des von seinen Freunden Brooks und Snodgrass in Baltimore herausgegebenen Literaturjournals – eines seiner berühmtesten und eindrucksvollsten Gedichte, ›The Haunted Palace‹ (›Das Geisterschloß‹). Poe übernahm es später als Teil in seine Novelle ›Der Untergang des Hauses Usher‹, an der er gerade arbeitete, und die Allegorie, die es enthält, ist zugleich ein Schlüssel zum Verständnis des Charakters seines Helden Roderick Usher.

Der ›Verwunschene Palast‹ ist nichts anderes als ein menschlicher Kopf: »Banners yellow, glorious, golden / On its roof did float and flow« – sie entsprechen blondem Haar; im Original heißt es in der dritten Stanze: »Wanderers in that happy valley Through *two* luminous windows saw . . .«; und das Tor ist ›perlen- und rubinenglutend‹, wie ein roter Mund mit Zähnen also. Aber er lächelt nicht mehr, sondern lacht ›ein langes, entsetzliches Lachen‹ wie der Erzähler in ›Morella‹; die Fenster sind ›glutenrot‹, wie die Augen eines Trinkers oder Wahnsinnigen.

»... Durch den ›Verwunschenen Palast‹ will ich ein Gemüt andeuten, das von Phantomen heimgesucht wird – einen aus den Fugen geratenen Geist«[44], schrieb Poe 1841 an Rufus W. Griswold, und sechs Jahre danach, kurz nach dem Tod seiner Frau, schilderte er seinem Freund George W. Eveleth seine eigene Gemütsverfassung: »Ich wurde wahnsinnig, und dazwischen lagen lange Intervalle schauerlicher Vernünftigkeit«.[45] Das waren seine Empfindungen während des langsamen, qualvollen Sterbens Virginias, das mitzuerleben ihn fast um den Verstand brachte. Anzeichen ihrer tuberkulösen Erkrankung, die er von früher her, vielleicht schon vom Leiden seiner Mutter, gewiß aber von dem seiner Pflegemutter und seines Bruders nur zu gut kannte, traten bereits damals, zur Entstehungszeit seines Gedichtes, zum erstenmal auf. Zeitgenossen berichten über ihre ›ätherische Blässe‹, und dann waren da wohl eine beständige Müdigkeit, Appetitlosigkeit und ein ›häufiges Husten‹ zu verzeichnen, mitunter auch Schwächeanfälle, die das Mädchen, selbst darüber beunruhigt, noch zu überspielen suchte. Poe mußte um die Ursache dieser Erscheinungen ahnen.

Es ist allerdings fraglich, ob dieser Faktor eine Rolle dabei spielte, daß er in seinem Gedicht den Niedergang eines ›edlen Geistes‹ in Wahnsinn und Umnachtung beklagte. Wurde der Held seines früheren Gedichtepos’ ›Tamerlane‹ noch, nach dem Vorbild Byrons, von ›glühendem Ehrgeiz‹ getrieben und von Weltschmerz geplagt, ist der Bösewicht ›Metzengerstein‹ bereits Opfer wunderlicherer, weniger zielgerichteter Anwandlungen. ›Egaeus‹ bezeichnet sich selbst als ›geistesgestört‹ (›Berenice‹); der Erzähler in ›Ligeia‹ verfällt nach dem Tod seiner Geliebten in wirre Träumereien; jener in ›Morella‹ bricht zum Schluß in ein ›langes, entsetzliches Lachen‹ aus. Der Held aus ›Eleonora‹ schließlich kokettiert geradezu mit dem Wahnsinn:

»Bleiben wir also dabei: ich bin verrückt. Dennoch bin ich mir zweier gänzlich verschiedener Zustände meines geistigen Lebens vollkommen bewußt: den ersten beherrscht ein absolut klarer, über jeden Zweifel erhabener Verstand, der mit haarscharfer Genauigkeit alle Episoden aus der ersten Epoche meines Lebens festhält, und der zweite ist von Schatten und Zweifeln umwoben und umfaßt alles, was mit der Gegenwart und allen Begebenheiten der zweiten großen Epoche meines Lebens zusammenhängt. Man kann daher alles glauben, was ich von meinem ersten Lebensabschnitt erzählen werde, während es ratsam ist, meinen Berichten über den zweiten Teil meines Lebens nur insofern Glauben zu schenken, als sie glaubwürdig erscheinen. Am sichersten aber ist es, alles zu bezweifeln. Wer allerdings ein Feind des Zweifels ist, der mag Ödipus spielen vor dem Rätsel meiner Seele.«[46]

Das liest sich fast wie eine halb-autobiographische Prosafassung von ›The Haunted Palace‹. Aber diese Flucht in die Verrücktheit hat etwas Prätentiöses, hat ›Methode‹. Was blieb Poes Kunstfiguren auch anderes übrig, als sich in den Wahnsinn zu flüchten, ›von der Glut der eigenen Phantasie verzehrt‹, wie sie sich nun einmal darstellten, und außerhalb von ›Raum und Zeit‹?

»Wer also könnte dich zur Rechenschaft ziehen, wer könnte dich tadeln ob der Stunden, die du traumhaft entrückt warst – wer sollte es wagen, diese deine Träume ein vergeudetes Leben zu heißen, da sie doch nur die Hochflut deiner rastlosen, nimmermüden Phantasie waren?«[47]

Die Welt zog Poe zur Rechenschaft, weil er es nie verstand, sich ihren Bedingungen anzupassen, weil er immer noch, inzwischen dreißig Jahre alt, seine Zeit mit sinnlosen Träumereien vergeudete. Sie erniedrigte ihn zum Habenichts, sie hungerte ihn aus, sie ließ ihn spüren, was es bedeutete, exzentrisch zu sein und sich dabei noch zum Geschmacksrichter aufzuspielen. Mochte er sich noch so sehr in seiner Außenseiterposition gefallen, sie würde es ihn büßen lassen. Immerhin war er noch materiellen Notwendigkeiten unterworfen und hatte eine Familie zu versorgen. Allein schon der allgemeine Materialismus und Fortschrittsglaube seiner Zeit reichten aus, einen ›edlen Geist zu zerrütten‹.

14. Kapitel

Grotesken und Arabesken

Ein beliebter Treffpunkt der Boheme Philadelphias, vor allem von Schauspielern und Theaterleuten, war in den dreißiger und vierziger Jahren das ›Falstaff Hotel‹ in der Sixth Street. Es lag nur einen Häuserblock vom ›Chestnut Street Theatre‹ entfernt, und nach den Vorstellungen ging man gewöhnlich noch auf ein Gläschen ins ›Falstaff‹. Zu den vielen Literaten und Stückeschreibern, die es dorthin zog, gehörte auch ein junger, melancholisch dreinblickender junger Mann namens Edgar Allan Poe, der stets denselben schwarzen, bereits etwas abgetragen wirkenden Überrock und eine sorgfältig geknüpfte Krawatte trug. Hier traf man zum Beispiel auch Dr. Robert M. Bird, den Verfasser von ›Calavar‹ und ›Der Ungetreue‹ (Dramen, die Poe einst im ›Messenger‹ rezensiert hatte), Captain Mayne Reid, einen Dandy und Autor heute längst vergessener Abenteuergeschichten wie ›A Float in the Forest‹, Richard Penn Smith, James N. Barker und Robert T. Conrad.[1] Stammgäste waren ferner der Maler Thomas Sully, der Poe zu dieser Zeit porträtierte – à la Byron mit Dichterkragen und in einen dunklen Umhang gehüllt –, sowie der Graphiker und Kupferstecher John Sartain, der ihn später in seinen ›Erinnerungen eines alten Mannes‹ in Prosa skizzierte: »Poes Gesicht war recht hübsch, obwohl er, im Profil betrachtet, von den Brauen aufwärts eine leicht fliehende Stirn hatte; von vorne jedoch wirkte sie breit und edel und war an und über den Schläfen sehr stark ausgeprägt. Seine Lippen waren dünn und überaus delikat geformt.«[2] Diese Beobachtungen aus der Sicht eines Zeichners lassen auf die Ursache schließen, warum es unter den vielen Daguerreotypien Poes keine einzige Aufnahme gibt, die ihn im Profil zeigt.

Manchmal tauchten im ›Falstaff Hotel‹ sogar Schauspieler vom Schlage eines Edwin Forrest (der eine Weile im ›Chestnut Theatre‹ gastierte) oder Junius Brutus Booth (der Vater des späteren Mörders Lincolns) auf, Sterne am damaligen Theaterhimmel.

Wahrscheinlich wurde Poe im ›Falstaff‹ auch mit William Evans Burton (1804–1860) bekannt, dem Eigentümer und Herausgeber von ›Burton's Gentleman's Magazine‹.

Burton erkannte nach einem abgebrochenen Theologiestudium seine Neigung zum Schauspieler und stellte sein Talent, vor allem im komödiantischen Fach, mehrfach unter Beweis. Als 1837 im Zuge der allgemeinen Finanzpanik viele Theater schließen mußten, darunter auch das Arch Street Theatre, an dem

William Burton (1804–1860).
Herausgeber von ›Burton's Gentleman's
Magazine‹

George Rex Graham (1813–1894),
Herausgeber des
›Gentleman's Magazine‹

er gerade engagiert war und in Rollen wie ›Peter Teazle, Dogberry und Bob Acres‹, also in Komödien und Farcen nach dem damaligen Zeitgeschmack, glänzte, war er mit seiner drucktechnischen Erfahrung flexibel genug, ein eigenes Literaturjournal auf die Beine zu stellen, das ›Gentleman's Magazine‹, das trotz der wirtschaftlichen Depression konkurrenzfähig wurde. Es erhob den Anspruch, »würdig zu sein, auf dem Wohnzimmertisch eines jeden Gentleman der Vereinigten Staaten zu liegen«.[3] Denn »mit einem Gentle man«, so hieß es auf dem mit einem eindrucksvollen Stahlstich geschmückten Titelblatt, »wollen wir keinen Unterscheidungsstrich ziehen zwischen hoch und niedrig, Befehlenden und Untergebenen oder reich und arm. Nein. *Der Unterschied liegt im Geist.* Wer immer offenherzig, gerecht und wahrheitsliebend ist, von leutseliger und menschenfreundlicher Haltung – wer immer ehrenhaft empfindet, sich selbst gegenüber und in seinem Urteil über andere; wer keines Gesetzes bedarf, sondern sich durch sein Wort gebunden fühlt – solch ein Mann ist ein Gentleman; und man kann ihn unter Landarbeitern ebenso finden wie in den Salons der Hochgeborenen und Reichen«.

Dieses Motto stammte von einem gewissen De Vere, wahrscheinlich dem Held aus John Plumer Wards Roman ›De Vere, or the Man of Independence‹

(1827), ein Name, der auch in Poes Gedicht ›Lenore‹ auftaucht – ›And, Guy De Vere, hast *thou* no tear?‹ –, aber ob sich der Herausgeber des ›Gentleman's Magazine‹ immer daran hielt, erscheint fraglich. Sein wichtigstes Arbeitsutensil scheint eine Schere gewesen zu sein, mit der er alle ihm interessant erscheinenden Beiträge und Artikel aus englischen Magazinen ausschnitt, um sie – an kein Urheberrecht gebunden – in seiner Zeitschrift zu verwerten. Daneben gab er hin und wieder großzügig kleineren Literaten aus Philadelphia eine Chance, von ihm gedruckt zu werden, wobei er darauf achtete, sie und ihre Verwandtschaft gleichzeitig als Abonnenten zu gewinnen. Man kann Burton ein gewisses journalistisches Geschick nicht absprechen, aber das literarische Niveau seines Blattes ließ doch recht zu wünschen übrig. Zeitgeschichtlich interessant sind allenfalls die geschwätzigen Reminiszenzen alternder Bühnenstars, die er gern zu Wort kommen ließ. White mochte ein kleinlicher Moralist sein, aber er vertrat mit seinem ›Messenger‹ doch ein ehrliches Anliegen; Burton ging es lediglich ums Geschäft. Er wollte sich vorübergehend ein finanzielles Polster schaffen, um bald wieder ins Rampenlicht zurückzukehren. Sicher identifizierte er sich zu einem gewissen Grad mit seinem Journal, aber er sah es nicht als seinen Lebensinhalt an. Im Grunde seines Herzens war er immer ein Schauspieler geblieben. »...Burton wirkte stets ernst und nachdenklich... eines der sonderbarsten Geschöpfe, die je dies Erdenrund bevölkerten... es gab niemanden, der es als Akteur in den Boulevardkomödien alten Stils mit ihm hätte aufnehmen können... am besten war er als ›Captain Cuttle‹ (›Käpt'n Krake‹) und ›Micawber‹; sein Gesicht glich einer gewaltigen Landkarte, auf der jede seiner Emotionen verzeichnet stand...«, beschrieb ihn ein zeitgenössischer Schauspieler in seinen Memoiren. Berichten über sein ›Auftreten‹ und seinem Porträt nach zu urteilen, muß Burton in der Tat Mr. Micawber sehr ähnlich gewesen sein, nur war er, wie Poe bald feststellen sollte, nicht ganz so liebenswert wie diese Romanfigur aus Dickens' ›David Copperfield‹. Überhaupt machte Burton auf Poe von Anfang an einen eher zwiespältigen Eindruck. Er hatte den gnadenlosen Verriß seines ›Arthur Gordon Pym‹ im ›Gentleman's Magazine‹ nicht vergessen, und wie konnte er einen Zeitschriftenherausgeber ernst nehmen, der früher als Clown aufgetreten war?

Als er ihm jetzt zum erstenmal begegnete, dürfte sein dramatisch-pompöses Gehabe Poes Vorbehalte bestätigt haben. Poe nannte ihn später nur noch geringschätzig den ›buffoon‹. Aber er suchte dringend nach einer Beschäftigung, und so ließ er sich – vielleicht von Lambert A. Wilmer, seinem alten Freund aus Baltimore, der jetzt in Philadelphia lebte und hin und wieder Artikel für das ›Gentleman's Magazine‹ schrieb – Mr. Burton vorstellen. Poes Konversation war brillant, die von Burton bühnenreif. Das Gespräch ging sicher vor allem um den ›Messenger‹ und die Verdienste, die sich Poe als

Chefredakteur dieser Zeitschrift erworben hatte. Burton zeigte sich beeindruckt und versprach, sich Poes Angebot, als festangestellter Redakteur für ihn zu arbeiten, durch den Kopf gehen zu lassen.

Am 10. Mai schrieb er an Poe:

»Mein lieber Herr, ... Da ich niemanden kenne, der meinen Vorstellungen besser entspricht als Sie, wünsche ich, mit Ihnen ... ins Geschäft zu kommen ...

Sagen wir: zehn Dollar pro Woche, erst einmal für den Rest des Jahres. Sofern wir bis dahin miteinander auskommen – woran es für mich keine Ursache gibt, zu zweifeln –, tritt der von Ihnen vorgeschlagene Modus Anfang 1840 in Kraft. Sollten wir uns trennen, gilt eine Kündigungsfrist von einem Monat.

Ihre redaktionellen Pflichten werden in der Regel nicht mehr als zwei Stunden täglich in Anspruch nehmen, abgesehen von der Arbeitszeit, die Sie für eigene Artikel und Beiträge benötigen. Es bleibt Ihnen also auf alle Fälle genug Muße, sich außerdem einer leichten Nebenbeschäftigung zu widmen, vorausgesetzt, Sie stellen Ihre Talente nicht irgendeiner Zeitschrift zur Verfügung, welche die Interessen des G. M. gefährdet ...

Ich bin, werter Herr, Ihr ergebener Diener,

W. E. Burton«[4]

Burton war für seine Gastfreundschaft und seine Dinnerparties bekannt, zu denen er vor allem Theaterleute in sein Haus, ›158 North 9th Street‹, ein einfaches, dreistöckiges Reihenhaus mit einer Spirituosenhandlung im Parterre, einlud. Das Honorar, das Poe für seine Tätigkeit als Redakteur des ›Gentleman's Magazine‹ vorschwebte, hatte sich zwar als unrealistisch herausgestellt, aber immerhin entsprachen zehn Dollar pro Woche seinem früheren Gehalt beim ›Messenger‹. Dies war seine erste reelle Chance seit über anderthalb Jahren, und es gibt keine andere Erklärung als den ›imp of the perverse‹, daß er sie bald so leichtfertig aufs Spiel setzte. Etwa zwei Wochen später muß er Burton einen recht merkwürdigen Brief geschrieben haben, der leider nicht erhalten ist; dessen Antwortschreiben jedoch läßt Rückschlüsse auf seinen Inhalt sowie auf Burtons Charakter und Selbstverstandnis als Journalist zu:

30. Mai 1839

»Mein lieber Herr,

es bestürzt mich, daß Sie es notwendig fanden, mir einen solchen Brief zu schreiben wie jenen, den ich letztens von Ihnen empfing. Sie haben in Ihrem Leben viel ertragen müssen, und es wundert mich nicht, daß Ihre Gefühle düster und verhärtet sind. Aber es ist Ihre Pflicht, dagegen anzukämpfen. Ich kann mich nicht dazu verstehen, Ihr Angebot in Betracht zu ziehen, nicht nur aus Eigeninteresse, sondern auch um Ihrer selbst willen. Die Welterfahrung, von der Sie sprechen, hat *mich* jedenfalls nicht gelehrt, den Mäzen für Schriftsteller zu spielen, von denen ich nichts weiß und nichts erwarten kann. Zugeben, dies ist nicht gerade ein überzeugendes Argument für meine Nächstenliebe und wird wohl auch Ihre Ansicht bestätigen, daß meine Handlungen nur von Eigennützigkeit bestimmt werden. Aber ich versichere Ihnen, daß die Welt vielleicht unsanfter mit *mir* umgesprungen ist als mit Ihnen; alle Sorgen und Drangsale haben es jedoch nicht vermocht, meinem Geist eine melancholische Tönung zu verleihen, noch würde ich meine Mitmenschen je mißgünstig betrachten, weil ich mich selbst in niedergeschlagener Stimmung befinde. Sie müssen sich von Ihrer Lethargie befreien, aktiv werden, sich gegen die hinterhältigen Angriffe Ihres üblen Widersachers, des Kummers, und gegen Ihre Niedergeschlagenheit zur Wehr setzen. Wir werden glänzend miteinander auskommen – aber Sie sollten Ihre eingeschworene Mißgunst gegenüber Ihren Schriftstellerkollegen überwinden. Wie Sie sehen, spreche ich ganz offen zu Ihnen – aber ich nehme nie ein Blatt vor den Mund. Einige meiner Freunde haben mich, als sie von unserer Verbindung hörten, vor Ihrem unverhältnismäßig strengen Kritikstil gewarnt...«[5]

Poe hatte anscheinend einen ähnlich deprimierten Brief an Burton geschrieben wie seinerzeit an J. P. Kennedy und es bei dieser Gelegenheit nicht versäumt – zweifellos im Postskriptum –, noch einmal seine Gehaltsforderungen unmißverständlich zur Sprache zu bringen. Burton seinerseits spielte sich als ›väterlicher Freund‹ auf, brachte ebenso unmißverständlich zum Ausdruck, daß er nicht daran denke, die Rolle des Mäzens zu spielen, und warnte ihn außerdem, das ›Gentleman's Magazine‹ als Forum für ätzende Rezensionen à la ›Norman Leslie‹ zu nützen. Der Konflikt zwischen dem ›Clown‹ und dem komplizierten Poeten war bereits vorgezeichnet.

Burton sah allerdings gern über seine Meinungsverschiedenheit mit Poe hinweg. Er plante damals bereits, in New York ein eigenes Theater zu gründen – ein Boulevardtheater mit einem Repertoire, bei dem er seine komödiantische Begabung voll zur Entfaltung bringen konnte. Er unternahm auch schon Schritte in dieser Richtung, ohne seinen neuen Redakteur von seinen Absichten zu unterrichten. Poe kam ihm gerade sehr gelegen. Beim ›Messenger‹ hatte er sein journalistisches Geschick bewiesen, und er eignete sich vortrefflich, für zehn Dollar pro Woche die Leitung des Magazins zu übernehmen, die Zahl der Abonnenten zu vergrößern und den Umsatz zu steigern, während ihm, Burton, endlich einmal Zeit blieb, sich um die Verwirklichung seines Lebenstraumes zu kümmern. Auf der Titelseite der Juliausgabe des ›Gentleman's Magazine‹ prangte Poes Name in großen Lettern hinter dem Burtons – das verpflichtete immerhin –, und Poe erkannte rasch, daß er vom Regen in die Traufe geraten war. Er schrieb fast sämtliche Rezensionen für die Zeitschrift, die meisten davon in gemäßigtem Ton. Allerdings stieß er gleich im Juli James Fenimore Cooper vor den Kopf, als er dessen letzte Werke – ›Homeward Bound‹ und ›Home as Found‹ – als eine »geschmacklose Abfolge thematisch und stilistisch miserabler literarischer Machwerke« bezeichnete, »eines lächerlicher als das Vorangegangene ... die der Öffentlichkeit Anlaß zu der Vermutung gaben, Mr. Cooper sei nicht recht bei Trost und leide geistig unter gallopierender Schwindsucht«[6]. Aber solche Attacken waren nicht die Regel, was teilweise daran liegen mochte, daß die Korrespondenten des ›Gent's Mag‹, des Laffenblättchens, wie Poe Burtons Journal immer wieder in Briefen bezeichnete, fast ausnahmslos Beiträge und Artikel von erschreckendem Niveau lieferten. Es wäre peinlich gewesen, sich vor diesem Hintergrund ernsthaft über ›guten Stil‹ zu äußern oder poetische Prinzipien aufzustellen, während im gleichen Heft der Knittelvers dominierte.

Wahrscheinlich veröffentlichte Poe aus diesem Grund einige seiner Werke anonym im ›Gentleman's Magazine‹, wie ›Spirits of the Dead‹ und ›Fairyland‹.

Im August erschien seine Groteske ›The Man that was Used Up‹ (›Ein verbrauchter Mann‹), in der es um einen hochdekorierten General geht, der, wie sich zum Schluß herausstellt, aus Korkbeinen, Armprothesen, Glasaugen, falschen Zähnen usw. zusammengesetzt ist. Alles, was an dem Manne echt ist, ist ein »quiekendes, gurgelndes, wunderlich ausschauendes Bündel-Etwas«. Daniel Hoffman nimmt an, daß Poe durch General Winfield Scott zu dieser Figur inspiriert wurde, der früher zu Allans Bekanntenkreis gehört hatte und Ende der dreißiger Jahre auf dem Höhepunkt seines Ruhmes stand. In der Tat werden in Poes Groteske einige Namen von Indianerstämmen erwähnt, an deren Ausrottung sich Scott tapfer beteiligte. Aber in ›The Man that was Used Up‹ wird vor allem das wahre Gesicht des fortschrittsgläubigen, materialistischen Amerikaners gezeigt, der nach Poes Ansicht nichts weiter ist als ein widerliches, armseliges Häufchen Elend.

Etwa um diese Zeit lernte Poe einen jungen Mann kennen, der später zu einem seiner ärgsten Feinde werden sollte: Thomas Dunn English (1819–1902). English stammte aus Philadelphia und war der Sohn irischer Quäker. Nach einer sehr guten Schul- und Universitätsausbildung hatte er erst kürzlich seinen Doktor in Medizin gemacht über die ›Phrenologie‹, die ›Lehre von der Erkennung geistiger Eigenschaften aus der äußeren Form des Kopfes‹, eine schon damals umstrittene Wissenschaft, von der Poe jedoch zutiefst überzeugt und fasziniert war. In einer Rezension von L. Miles' ›Phrenology, and the Moral Influence of Phrenology...‹ im ›Messenger‹ vom März 1836 schrieb er zum Beispiel: »Die Phrenology sollte nicht länger verlacht werden. Sie wird auch nicht mehr von Leuten mit gesundem Menschenverstand verlacht. Sie hat die Würde einer Wissenschaft erlangt; und als eine Wissenschaft reiht sie sich unter die bedeutendsten ein, welche die Aufmerksamkeit denkender Wesen in Anspruch nehmen können...«[7] Auch English hatte sie in seiner Doktorarbeit enthusiastisch verteidigt, und vermutlich trug schon diese Interessengemeinschaft dazu bei, daß er und Poe sich anfreundeten. Außerdem schrieb er Gedichte, allerdings weniger idealischer als humoristischer Art, wie ›Ben Bolt‹ (1843), und gab später ein Witzblatt mit dem Titel ›John Donkey‹ heraus. Auch in dieser Hinsicht dürften sich Poe und English sympathisch gewesen sein, denn auch Poe verfaßte ab und zu gerne ›Nonsense‹ oder sogenannte ›doggerel‹-Verse, und liebte ›practical jokes‹. Als er einmal in angeheitertem Zustand in Begleitung des Schauspielers J. B. Booth aus einer Vorstellung des ›Chestnut Theatre‹ kam, fühlte sich anscheinend ein ihren Weg kreuzender Mann durch ihre lauten Gesänge belästigt und begann sie gröblichst zu beschimpfen, worauf sie ihn kurzerhand ergriffen und an seinem Rock an die gußeisernen Spitzen eines Zaunes hefteten, wo er fluchend und zappelnd hängenblieb, während sie ihren Spaziergang in ausgelassener Laune fortsetzten.[8] Und schließlich schrieb English manchmal Artikel für das ›Gentleman's Magazine‹, wodurch er auch Poes Bekanntschaft machte.

Im September erschien im ›Gentleman's Magazine‹ eine der berühmtesten Erzählungen Poes, ›The Fall of the House of Usher‹ (›Der Untergang des Hauses Usher‹). Damit schlug das Pendel nun wieder in die entgegengesetzte, die düster-melancholische, furchterregende und selbstzerstörerische Richtung. In Roderick Usher beschrieb sich Poe selbst, nicht als theatralisch betörende Wunschvorstellung, nicht als romantischen Helden, sondern als zerrissene, angstgequälte, übersensitivierte Kunstfigur, als den Einsamsten aller Einsamen, vergraben in sich wie in die Ruine seines Hauses, der ›Welt abhandengekommen‹, den Wahnsinn fürchtend, – ›ein Gemüt, das von Phantomen heimgesucht wird – einen aus den Fugen geratenen Geist‹.

»Noch nie hatte sich ein Mensch in so kurzer Zeit so fürchterlich verändert wie Roderick Usher. Es erschien mir fast unmöglich, daß die bleiche, abgezehrte Gestalt, die vor mir saß, und der Spielgenosse meiner Knabenzeit ein und dieselbe Person seien. Dennoch war sein Gesichtsausdruck schon damals besonders auffallend gewesen. Eine leichenhafte Blässe, große, klare Augen von unbeschreiblichem Feuer, schmale, überaus blasse, doch prachtvoll geschwungene Lippen, eine unglaublich feine, leicht gebogene Nase mit seltsam kontrastierenden breiten Nasenflügeln, ein schöngeformtes Kinn, an dessen wenig hervortretender Kontur man unschwer den Mangel an Energie erkennen konnte, spinnwebfeines, seidenweiches Haar und ungewöhnlich breit ausladende Schläfen gaben dem Antlitz eine charakteristische Eigentümlichkeit, die man so bald nicht vergessen konnte.«[9]

BURTON'S

GENTLEMAN'S MAGAZINE.

EDITED BY

WILLIAM E. BURTON AND EDGAR A. POE.

VOLUME V.

FROM JULY TO DECEMBER.

By a gentleman, we mean not to draw a line that would be invidious between high and low, rank and subordination, riches and poverty. No. *The distinction is in the mind.* Whoever is open, just, and true; whoever is of a humane and affable demeanor; whoever is honorable in himself, and in his judgment of others, and requires no law but his word to make him fulfil an engagement;—such a man is *a gentleman;*—and such a man may be found among the tillers of the earth as well as in the drawing rooms of the high born and the rich.

De Vere.

PHILADELPHIA:
PUBLISHED BY WILLIAM E. BURTON,
DOCK STREET, OPPOSITE THE EXCHANGE.

1839.

Titelblatt von Burton's Gentleman's Magazine, 1839

Die Übereinstimmungen mit Berichten von Zeitgenossen über Poes Aussehen sind überraschend. »Er hatte große, strahlende und durchdringende Augen«, erinnerte sich T. D. English; »seine Lippen waren dünn und überaus delikat geformt«, schreibt John Sartain, und »seine Stirn war an und über den Schläfen sehr stark ausgeprägt«. In den Reminiszenzen von Poes Damenbekanntschaften ist wiederholt von Poes ›seidenweichem Haar‹ die Rede.

»Im Wesen meines Freundes«, fährt der Erzähler fort, »fiel mir sofort eine Inkonsequenz, ein innerer Widerspruch auf, und ich hatte bald herausgefunden, daß die Ursache hiervon nur ein wiederholtes, schwaches Ankämpfen gegen eine außerordentlich heftige, nervöse Erregung war ... Seine Bewegungen waren bald lebhaft, bald träge; seine Rede war oft von einem unentschlossenen Zittern begleitet (wenn sein animalischer Instinkt im Zweifel war) und ging ganz unvermittelt in jene energische Knappheit über, in jene schroffe, gewichtige, gemessene Art mit den hohlklingenden Tönen, in jene bleierne, tappende, vollkommen guttural modulierte Ausdrucksweise, die man sonst nur bei verkommenen Trunkenbolden oder bei unverbesserlichen Opiumessern findet, wenn sie im Zustand höchster Erregung sind.«[10]

›The Fall of the House of Usher‹ ist so oft analysiert und interpretiert worden, daß man ihr ein eigenes Kapitel widmen müßte, um allen Darstellungen gerecht zu werden; angesichts der erschlagenden Fülle an Essays, psychologischen Studien und literaturwissenschaftlichen Abhandlungen drängt sich der Eindruck auf, daß Poe in diesem Werk seine gelungenste Mystifikation geglückt sei.

Formal ist in ihr zunächst, entsprechend Poes ›Theorie der Kurzgeschichte‹, ›das vorgefaßte Ziel durch die bestgeeignetsten Mittel in höchstmöglichem Grade verwirklicht worden‹, im Sinne also einer ›Einheit des Effekts‹ durch erzählerische Ökonomie. Der Umfang, die Grundstimmung und das Auflösen sind genau berechnet, es finden sich keinerlei unnötige Abschweifungen, so daß insgesamt ein geschlossener Eindruck im Leser entsteht. Es war mehr diese formale Qualität, die die meisten Zeitgenossen beeindruckte, als die inhaltliche; das Sujet wurde der traditionellen ›gothic school‹ zugeordnet. So schrieb der frühere Herausgeber des ›Messenger‹, James E. Heath, in einem Brief vom 12. September 1839 an Poe: »Ich habe Ihren Artikel ›Der Untergang des Hauses Usher‹ aufmerksam gelesen und glaube, daß er zu Ihren besten Kompositionen dieser Stilrichtung gehört ... Man muß nicht unbedingt ein begnadeter Kritiker sein oder einen besonders verfeinerten Geschmack besitzen, um zu erkennen, daß niemand diese Erzählung geschrieben haben könnte, der nicht über eine lebhafte Einbildungskraft, einen machtvollen Geist und eine hervorragende Sprachbegabung verfügt; und ich bin sicher, Sie werden die Aufrichtigkeit meines Lobes um so mehr zu schätzen wissen, wenn ich hinzufüge, daß ich der von Ihnen bevorzugten Literaturgattung stets eher ablehnend gegenübergestanden habe. Ich meine, daß ich an Grusel- und Schauergeschichten nie Geschmack fand, mochten sie auch noch so genial geschrieben sein. Sie hinterlassen in mir einen unangenehmen und melancholischen Eindruck, und ich sehe in ihnen keine Tendenz, die Seele des Menschen zu verbessern.«

Poe hatte Heath gebeten, Mr. White vom ›Messenger‹ zu fragen, ob er nicht eine lobende Notiz über seine redaktionelle Tätigkeit beim ›Gentleman's Magazine‹ in seinem Journal abdrucken könne und ob er nicht vielleicht auch Verwendung für den ›Untergang des Hauses Usher‹ habe. »Er« (White) »befürchtet jedoch, daß ›The Fall of the House of Usher‹ nicht allein mehr Platz erfordern würde, als er gegenwärtig dem Umfang seiner Zeitschrift zumuten kann (er wird zur Zeit von Korrespondenten geradezu belagert), sondern daß auch das Sujet den Großteil seiner Leserschaft verschrecken könnte. Er zweifelt daran, daß die Leser des ›Messenger‹ sehr viel Geschmack finden an Erzählungen im Stil der ›Deutschen Schule‹, und ich muß ganz offen zugeben, daß ich mit ihm in diesem Punkt völlig übereinstimme. Fantastische, unwahrscheinliche und grauenerregende Geschichten, mögen sie auch von den talentiertesten Autoren stammen, werden sich, davon bin ich überzeugt, in diesem Land niemals durchsetzen können.«[11]

Der Vorwurf, zur ›deutschen Schule‹ zu gehören, machte Poe rasend. Immerhin hatte ihn ein so populärer Schriftsteller wie Washington Irving angeschrieben und ihn ausdrücklich für seine Erzählungen gelobt, wenn auch mit einigen freundlichen Ratschlägen von Autor zu Autor. »Sicherlich wird Sie die Nachricht freuen, daß Washington Irving zwei Briefe an mich gerichtet hat, in denen er hinsichtlich meiner ›Tales‹ nicht mit Komplimenten spart – hohen Komplimenten, von denen er wünscht, daß ich sie öffentlich bekannt mache – falls ich mir Nutzen davon versprechen sollte. Ich muß wohl nicht eigens sagen, daß ich dies tun werde – es ist dies eine Pflicht, die ich mir selbst gegenüber habe – und die, aus falscher Bescheidenheit etwa, zu vernachlässigen, eine vorsätzliche Torheit wäre ... Irvings Name wird mir einen vollständigen Triumph über jene kleinen Kritikaster verschaffen, die sich stark machen wollten, mich unterzukriegen, indem sie Zeter und Mordio schrieen gegen *übertriebenen* Stil, gegen *Germanismen*, und was dergleichen Geschwätz mehr ist«[12], schrieb Poe im November an J. E. Snodgrass. Nach den damaligen Lesegewohnheiten bot Poe in seiner Erzählung jedoch in der Tat ein Kompendium aus Klischees der gotischen Schauerliteratur an; da gibt es ein verfallenes, ›melancholisches Stammschloß‹ eines uralten Geschlechtes in einsamer und öder Szenerie; einen offenbar wahnsinnigen Schloßherren, mönchisch zurückgezogen und von dunklen, unerklärlichen Anwandlungen besessen; einen Helden, den Ich-Erzähler, der allen Erwartungen zum Trotz

Ushers Schwester zu guter Letzt doch nicht errettet und zum Traualtar führt; einen geschickt dosierten, gänsehauterregenden Spannungsaufbau und ein ebenso grausiges wie theatralisches Ende. Was war, abgesehen von dem glänzenden Stil, in dem dies alles aufbereitet wurde, wirklich neu an dieser Geschichte? Heath und White ahnten es freilich nicht, und selbst Irving, kaum mit Poes Œuvre vertraut, konnte nur die erzählerischen Qualitäten bewundern. Und dann dieses unaufgelöste Rätsel: warum um alles in der Welt ließ Roderick Usher seine Schwester wider besseres Wissen lebendig begraben? Heath hatte schon recht; populär würde diese Art von Geschichten in Amerika gewiß nie werden.

Poes Helden bewohnen in der Regel verfallene, modrige Gebäude, hinter deren Verschalung sie sich in opulentem und exzentrischem Geschmack einrichten und deren Bewohner Symbolbildungen sind. Gäbe es daran Zweifel, so würden sie durch das in die Geschichte eingefügte Gedicht ›The Haunted Palace‹ überzeugend beiseitegeräumt. Der ›verwunschene Palast‹ und das Haus Usher sind synonym; beide sind Ausdruck eines geistigen Zustandes, der in Wahnsinn überzugehen droht.

»..., und es schien ein seltsamer Widerspruch zwischen dem untadeligen Zustand der Wohnräume und dem verwitterten Aussehen der einzelnen Steine zu bestehen. Er erinnerte mich an die scheinbare Tadellosigkeit einer alten Holztäfelung, die jahrelang in irgendeinem verlassenen Gewölbe vermodert, unberührt von jedem Lufthauch, der auf das Vernichtungswerk störend hätte einwirken können.«[13]

Es ist wohl gerade dieses Vakuum der Atmosphäre, die von keinem Windhauch gestörte Stille, die das Zusammenstürzen verhindert, gleich den ›zerfreßnen Türmen, die nicht beben‹ in Poes Gedicht ›Die Stadt im Meer‹. Aber Poes Helden sehnen sich danach, zu ›fallen‹, in Schlaf und Traum oder in Vernichtung und Tod; und ihre Behausungen scheinen von der gleichen Sehnsucht erfüllt. Das ›Haus Usher‹ bezeichnet ja auch zugleich den Stammsitz wie das Adelsgeschlecht. Ist man einmal so weit gelangt, in dem Gebäude »eine tiefgründige und komplizierte Metapher des Ich«[14] zu erkennen, so ist auch kein weiter Schritt mehr zu Richard Wilburs Interpretation, daß seine Verfallserscheinungen auf den Wunsch hindeuten, sich endgültig von den Fesseln der Materie zu lösen: »Dies ist es, was Verwesung und Zersetzung überall in Poes Werk symbolisieren – und wir finden sie fast überall. Daß Poe sich so sehr mit dem äußerlichen Zerfallsprozeß auseinandersetzt, ist nicht etwa ein Anzeichen seiner morbiden oder gar nekrophilen Veranlagung, wie einige Kritiker angenommen haben; Zerfall ist für Poe eine Metapher visionärer Zurückgezogenheit von allem Körperlichen, ein Ausdruck dafür, daß sich der von ihm dargestellte Geisteszustand bereits auf der Ebene einer übergeordneten, fast reinen Spiritualität bewegt.«[15] Wilbur mag mit dieser Ansicht vielleicht etwas über das Ziel hinausschießen, denn sicher erfüllen die Ruinen und die morbide Gruftatmosphäre in einigen von Poes Erzählungen lediglich die Funktion eines schaurigen *Effekts*, jener ›gotischen Grandeur‹, die darauf abzielt, im Leser ein wohliges Gruseln zu erzeugen. Und auch wenn Poe jenseits der Schranke des Todes ein Zurückkehren in ein verlorenes Paradies erhofft, so ist er doch andererseits besessen von der Furcht vor dieser Grenzüberschreitung und auf selbstquälerische Weise fasziniert von der Vorstellung des Sterbens, den Auflösungserscheinungen selbst: »die Farbe wich aus Wangen und Lidern und ließ eine Blässe zurück, die weit kälter war als die des Marmors; die Lippen schrumpften noch mehr ein als zuvor, preßten sich krampfhafter denn je aufeinander und verschärften so den grauenhaften Ausdruck des Todes; eine schaurige, durchdringende Kälte und Feuchtigkeit brach plötzlich aus den Poren und verbreitete sich bald über den ganzen Körper; vollkommene Leichenstarre trat ein.«[16] Wie der Erzähler in ›Ligeia‹ befindet er sich in einem schrecklichen Zwiespalt, ob der Tod das Ende oder den Anfang bedeutet; ob der ›Eroberer Wurm‹ den Sieg davontragen wird oder ob ›das ungestüme Bemühen, in die Schönheit droben einzugehen‹, dieses Fegefeuer des Entsetzens, die grauenvollen Insignien des Todes zuletzt überwindet. »Wer hätte jemals *in Wahrheit* auf den lächelnden Zügen der Todten Andres gesehn denn Entsetzen?«[17]

> »Aus – aus sind die Lichter – alle aus!
> Vor jede zuckende Gestalt
> Der Vorhang fällt mit Wetterbraus:
> Ein Leichentuch finster und kalt.
> Die Engel schlagen die Schleier zurück,
> Sind erbleicht und entschweben in Sturm,
> ›Mensch‹ nennen sie das tragische Stück,
> Seinen Helden ›Eroberer Wurm‹.«[18]

Das letzte große Geheimnis, die Ungewißheit des ›danach‹, ist Poes eigentliche Passion des Entdeckens. Im Tod konzentriert sich alles: Grenzstation zur Erfüllung der Sehnsucht, dieses Schlüsselwort der Romantik, oder endgültige Vernichtung, die ›Annihilation‹ des schon durch den Alterungsprozeß erniedrigten und durch die Verwesung gänzlich als vergängliche Materie entlarvten menschlichen Körpers, dessen Seele eine bloße Chimäre war. Poes Wesen ist wie sein Werk zwiegespalten, und er würde nicht so sehr auf einem Fortbestehen der Seele nach der großen Katharsis insistieren, fühlte er nicht zugleich auch einen nagenden Zweifel an einem Weiterleben im Paradies, der mit den Hoffnungen auf diesen Zustand völliger Glückseligkeit in ständigem Widerspruch liegt.

›The Fall of the House of Usher‹ ist eine Dreipersonenerzählung. Da gibt es zunächst den Ich-Erzähler, den ›objektiven Berichterstatter‹, über den man nicht sehr viel mehr erfährt, als daß er ein Jugendfreund Ushers ist. Schon durch die Art seiner Beschreibung der Ereignisse gibt er sich jedoch als sachlicher, vernunftorientierter Beobachter zu erkennen, etwa wie ›Arthur Gordon Pym‹ oder der Erzähler aus ›Das Manuskript in der Flasche‹. Wie sie schildert er minutiös eine Reise ins Ungewisse, einem Ziel, einem Geheimnis entgegen, dessen Offenbarung Vernichtung ist. Und wieder verleiht seine Detailfreudigkeit dem Bericht einen Effekt von Authentizität, der selbst die absonderlichsten Geschehnisse glaubwürdig erscheinen läßt.

Wie in ›Ligeia‹ sind die obligatorischen Diener und Lakaien des düsteren Herrensitzes wesenlose, anonyme Chargen, ›Schatten von Schatten‹, »sind Puppen nur und folgen stumpf Gewaltigen düsteren Dingen . . .!«[19], und einer von ihnen führt den Erzähler »schweigend und auf leisen Sohlen durch eine Reihe finsterer, kreuz und quer laufender Gänge in das Arbeitszimmer seines Herrn«.

Hier, im Zentrum des Hauses Usher, bahnten sich »matte, rötlich schimmernde Strahlen . . . durch die vergitterten Scheiben einen Weg und erhellten den Raum gerade genug, um die wichtigsten Gegenstände darin erkennen zu lassen, doch bemühte sich das Auge vergeblich, die entfernter gelegenen Winkel des Gemaches zu durchdringen oder die Wölbung der reichverzierten Decke zu erspähen. Dunkle Wandbespannungen verkleideten die Mauern. Die Möbelstücke standen in reicher Fülle umher, waren aber unbequem und zerschlissen. Zahlreiche Bücher und Musikinstrumente lagen rings verstreut, ohne freilich dem Ganzen einen traulicheren, wohnlicheren Charakter zu verleihen.«[20]

In der Kapitänskajüte des Gespensterschiffs in ›Das Manuskript in der Flasche‹ liegen »seltsame Folianten mit eisernen Schließen, zerbrochene Geräte, veraltete, längst vergessene Karten« am Boden verstreut, und der Kapitän hat »etwa die Größe« des Erzählers. Roderick Usher weist, wie bereits aufgezeigt wurde, von seiner äußeren Erscheinung her überraschende Ähnlichkeiten mit seinem Schöpfer Poe auf.

»Er litt an einer Überempfindlichkeit all seiner Sinne; er vertrug nur absolut ungewürzte Kost; er vermochte nur Kleider aus ganz bestimmten Geweben zu tragen; jeglicher Blumenduft war ihm verhaßt; selbst der geringste Lichtschein schmerzte sein Auge, und nur ganz wenige Töne einzelner Saiteninstrumente waren seinem Ohr erträglich.«[21]

Ligeias Ehemann entdeckt, in dem Bestreben, das Geheimnis in den Augen seiner Geliebten zu ergründen, Analogien zu jenem Unaussprechlichen »in den gewöhnlichsten, alltäglichsten Gegenständen«, und das Gefühl, das ihn befällt, wenn er sich in dieses Augenpaar vertieft, lösen auch »bestimmte Töne von Saiteninstrumenten« in ihm aus.[22]

»Auch liebten die Ushers seit eh und jeh leidenschaftlich die Musik, und zwar mehr noch ihre kompositorischen Feinheiten und theoretischen Schönheiten als die leicht verständlichen, allgemein bekannten Reize der Tonkunst.«[23]

Die Musik aber ist für Poe die »hinreißendste unter den poetischen Erscheinungen« und ermöglicht es am eindringlichsten, »flüchtige und unbestimmte Blicke« auf das Paradies, »jene göttlichen und überwältigenden Freuden zu erlangen«[24]. Und Usher, »der Welt abhandengekommen«, schwankend an der Grenze zwischen Genie und Wahnsinn, kann keine anderen Klänge ertragen, als sein eigenes Lautenspiel.

> »Son cœur est un luth suspendu
> Sitôt qu'on touche, il résonne«,

heißt das Motto der Erzählung; es stammt von Jean de Béranger und gleicht dem Motto, das Poe seinem Gedicht ›Israfel‹ voranstellte: »Und der Engel Israfel, dessen Herz eine Laute ist und der die süßeste Stimme hat von allen Gotteskreaturen.« (Koran) Wie das Gemach Ushers »die nach außen projezierte Vorstellung eines Geistes ist, der sie zugleich betrachtet und erschafft«[25], so berauscht er sich auch an den Klängen, die seinem eigenen Herzen entströmen.

»Seine Malereien, Ausgeburten seiner nimmermüden Phantasie, wurden mit jedem Pinselstrich zu immer unfaßbareren Rätseln und lösten in mir ein um so heftigeres Grauen aus, da ich nicht wußte, weshalb mir vor ihrem Anblick graute ... Wenn es je einem Sterblichen gelang, eine ›Idee‹ zu malen, so war es Roderick Usher.«[26]

Dies sind nur einige Aspekte, die verdeutlichen, daß Usher selbst nur eine ›Idee‹ darstellt, die Inkarnation einer schmerzhaften Sensitivität, zurückgezogen in das Schneckenhaus des Körpers. Er symbolisiert das Schöpferische, das Gefühl, die Seele des so sachlichen Chronisten – des Erzählers. Hätte sich jener selbst beschrieben, was er tunlichst vermied, so würde das Porträt die Züge Ushers aufgewiesen haben. Es ist dies eine der merkwürdigsten und kompliziertesten Reisen eines Poeschen Helden: die Reise ins eigene Innere, ins Unbewußte.

Aber da gibt es noch Madeline Usher, auch sie wird nicht beschrieben, nur flüchtig am Rande erwähnt; und dennoch ist die Atmosphäre erfüllt von ihrer Gegenwart. Es bedarf auch keiner Beschreibung ihrer Gestalt, ist sie doch die *Zwillings*schwester Ushers; man kann also davon ausgehen, daß sie wie er »ein Auge von unbeschreiblichem Feuer«, »prachtvoll geschwungene Lippen« und eine »unglaublich feine, leicht gebogene Nase« hat.

Sind Usher und der Erzähler zwei Seiten eines gemeinsamen Geistes, – etwa Vernunft und Gefühl – so kommt, insofern man sich auf diese Interpretation einigt, Madeline Usher als dritte Komponente hinzu; aber welche Position vertritt sie, und warum bewahrt er ihren Leichnam (sie ist, wie er die ganze Zeit über ahnt, wie ›Berenice‹ nur scheintot) vor der endgültigen Beerdigung vierzehn Tage lang in einem der zahlreichen Gewölbe, die die Grundmauern des Schlosses bargen, auf? Er weiß, daß ihr ›höchst sonderbares Krankheitsbild‹, ›vorübergehende Anfälle eines partiellen Starrkrampfs‹, den Anschein des Todes annehmen kann, und darum zögert er auch, sie in die ›vom Hause sehr weit entfernte Familiengruft‹ bringen zu lassen. Aber ganz gleich, wo sie sich befindet, sie liegt in einem verschlossenen Sarg, dessen Deckel er, gemeinsam mit dem Erzähler, selbst festschraubt. Aus welchem Grund also liefert er seine ›zärtlich geliebte Schwester‹ der grauenvollen Agonie des Lebendigbegrabenseins aus, anstatt sich zu vergewissern? »›Ihr Tod‹, sagte er mit einer Bitterkeit, die ich niemals vergessen kann, ›wird mich, den Hoffnungslosen und Hinfälligen, als Letzten des alten Geschlechts der Ushers zurücklassen‹.« Wenn es nun aber gerade sein verdrängter und doch innigster Wunsch wäre, allein zurückzubleiben? Hier setzten die am Anfang erwähnten mannigfachen psychologischen Spekulationen ein, von denen jedoch keine das Geheimnis gänzlich befriedigend zu lösen vermocht hätte. Eine geht davon aus, daß Usher den Inzest mit Madeline, ›seiner einzigen Gefährtin der letzten Jahre‹, fürchtet und verhindern will oder bereits begangen hat und sich und sie dafür bestrafen will. Irdische Leidenschaft – ›stern vultures of passion‹ – sind ein Hindernis auf dem Wege, ins Paradies zu gelangen, ganz Seele zu werden. Auch Egaeus' Schwester Berenice leidet unter einer ähnlichen Krankheit wie Madeline Usher, und auch sie wird lebendig begraben. D. H. Lawrence glaubt in seiner Studie über ›Ligeia‹, daß jeder Mann das töten muß, was er am meisten liebt – die Begierde, mit dem geliebten Wesen ganz zu verschmelzen, endet im Vampirismus. »Poes Liebende sind einander ähnlich; sie gehören der gleichen Familie an (auch Poe heiratet seine Cousine). Ihr Nervensystem ist aufeinander abgestimmt und durch Krankheit noch empfindlicher geworden, offen und bereit für eine rasche Bindung. Ihre Begegnung ist Inzest, unter diesen Umständen sogar Mord: Sie verzehren einander in einer lodernden Flamme, die Ekstase und Grauen in sich vereint«[27], schreibt Mario Praz in ›Liebe, Tod und Teufel‹. Für Daniel Hoffman ist Madeline Usher die gleichermaßen gefürchtete wie geliebte Muse des »inneren Ichs«[28]: da Poe den Tod einer schönen Frau als den Gipfelpunkt aller Poesie betrachtet, muß die Muse-Schwester-Geliebte sterben, um Ushers Kreativität wachzurufen. All diese Interpretationen bieten zweifellos Gedankenanstöße; restlos überzeugend sind sie nicht. Hier wurde die These aufgestellt, daß der Erzähler und Usher zwei Seiten eines einzigen Wesens repräsentieren, etwa die Ratio und das ›schöpferische Unbewußte‹. In Poes ›Das poetische Prinzip‹ findet sich eine in dieser Hinsicht interessante Passage:

»Teilen wir die Welt des Geistes in ihre drei unmittelbar offenkundigen Kategorien auf, so erhalten wir die Reine Vernunft, den Geschmack und das Moralische Gefühl. Ich stelle den Geschmack in die Mitte, weil er genau diese Stelle in unserem Geist innehat. Er unterhält enge Beziehungen zu beiden Seiten; vom Moralischen Gefühl jedoch«, das nach dieser Theorie Madeline Usher zuzuordnen wäre, »trennt ihn nur ein so feiner Abstand, daß Aristoteles nicht gezögert hat, einige seiner Tätigkeiten zu den Tugenden selber zu zählen. Gleichwohl finden wir die *Aufgaben* dieser drei hinreichend voneinander unterschieden. Während sich die Reine Vernunft mit der Wahrheit befaßt, unterrichtet uns der Geschmack über das Schöne, und das Moralische Gefühl bezieht sich auf die Pflicht. Was diese angeht, so lehrt das Gewissen deren Verbindlichkeit, der Verstand ihre Zweckmäßigkeit, und der Geschmack begnügt sich damit, ihren Reiz darzustellen: er bekriegt das Laster nur wegen seiner Häßlichkeit – wegen seiner Mißgestalt – wegen seiner Abneigung gegen das Schickliche, das Angemessene, das Harmonische – kurzum, gegen das Schöne.«[29]

Der Vergleich klingt etwas gewagt. Usher, dessen ›hoher Verstand auf seinem Thron wankte‹, würde demnach versuchen, das ›Moralische Prinzip‹ in sich abzutöten und bei diesem Versuch selbst zugrunde gehen. Gerade um dieses Thema aber handelt es sich in Poes nächster, im Oktober 1839 in ›Burton's Gentleman's Magazine‹ abgedruckter Erzählung ›William Wilson‹. Als ›amoralisch‹ stellen sich ja Poes Helden, mit byronscher Weltverachtung, recht gerne dar, und Poe selbst verstörte seine Zeitgenossen, indem er postulierte, daß ›Moral‹ nicht das Geringste mit Poesie zu schaffen habe oder, wie er es ausdrückte, ›nur am Rande‹, was etwa gleichbedeutend ist. Das, was man seinerzeit unter ›Moral‹ verstand, war in der Tat etwas recht Muffiges, Verklemmtes und Unpoetisches. Es bezog sich gar nicht einmal so sehr auf den sexuellen Bereich, der ohnehin tabuisiert wurde, sondern auf eine ›anständige Lebensführung‹, ›vaterländische Ideale‹ und dergleichen; und Poe, stets bestrebt, sich von der Masse abzusetzen, gab sich entsprechend von ›Lastern und Ausschweifungen‹ gezeichnet – zumindest in den Figuren seiner Erzählungen. »Wenn ein Mensch verdorben wird, geschieht es in der Regel stufenweise. Von mir hingegen ist in einem Augenblick alle Tugend leibhaftig wie ein Mantel abgefallen. Aus einem geradezu trivialen Schwächling habe ich mich mit einem Riesenschritt zum ungeheuerlichsten Heliogabal gemacht.«[30]

Andererseits wurde wohl niemand je mehr von seinem Gewissen geplagt als Poe, und viele in seinen Rezensionen vertretene Anschauungen wirken äußerst puritanisch. Die ›anstößige Obszönität‹ in den Schriften Lambert A. Wilmers ließ sich, nach seiner in einer Kritik vertretenen Ansicht, ›keineswegs dadurch entschuldigen, daß sie in der Tradition Rochesters und Swifts steht‹ – »›Laßt, was gesagt sein muß, freiweg gesagt sein‹ – zugegeben. Doch laßt uns *nichts* Vulgäres jemals sagen oder auch nur denken!«[31]

Wieder so eine Widersprüchlichkeit: der nach seinem Tod von allen Seiten geschmähte ›Libertin‹ und Trunkenbold als Vorkämpfer für Anstand und Sittlichkeit. Ein Frauentypus, den er anbetete, die ›intellectual beauty‹ à la Ligeia, ein anderer, von der Lächerlichkeit geköpft – Sissy Snobbs. Der Südstaatenkavalier alter Schule oder skandalöse Auftritte, das Gerücht, er sei der zweiten Mrs. Allan ›zu nahe getreten‹, ›Myriaden kleiner Liebschaften‹ oder sogar – man staune! – eine Anekdote über einen Bordellbesuch.[32] Es wäre jedoch höchst übertrieben, von einer schizophrenen Ich-Spaltung zu sprechen. Allen Quellen nach zu schließen, verhielt sich Poe zu 99 Prozent wie ein vollendeter Gentleman – das restliche ein Prozent wurde durch die damalige bigotte Brille unverhältnismäßig vergrößert und noch dazu später von seinen Feinden übertrieben. Es gab in seinem Leben immerhin Augenblicke, die ihn von keiner so ›engelhaften‹ Seite zeigen, wie ihn manche seiner Biographen darstellen. Aber sein übersteigertes Liebesideal schloß jede Anzüglichkeit und Schlüpfrigkeit aus, in seinen Schriften findet sich nicht einmal eine Andeutung eines ›vulgären‹ Gedankens oder einer Zote. Wie gesagt: zu seiner Zeit war Moral ein allgemeingefaßter Begriff, ein pietistisch-weihrauchgeschwängertes Miasma, das eine fortschrittsgläubige, materialistische Gesellschaft ausschwitzte; und wenn der satte Spießbürger für sich in Anspruch nahm, ›moralisch‹ zu sein, so gefiel sich Poe gerade im gegenteiligen Extrem – zumindest in einigen seiner Erzählungen.

William Wilson leidet seit seiner Kindheit unter einem ihm aufs Haar ähnlichen Rivalen, der den gleichen Namen trägt wie er und sogar zur selben Stunde geboren wurde, am 19. Januar 1809[33] – Poes Geburtsdatum.

»Es mag seltsam erscheinen, daß ich trotz der beständigen Angst, die mir Wilsons Rivalität verursachte, und trotz seinem unerträglichen Widerspruchsgeist mich nicht dazu bringen konnte, ihn zu hassen ... In vielen Punkten besaßen wir sogar eine auffallende Verwandtschaft des Geistes, ... Für den Psychologen bedarf es keiner Erwähnung, daß Wilson und ich die unzertrennlichsten Gefährten waren.«[34]

Poe versteht es meisterhaft, gewisse Hinweise eher beiläufig in den Bericht seines Helden einzustreuen, die sich nach und nach – *stufenweise* – zu einer nahtlosen Beweiskette zusammenfügen, daß jener zweite Wilson das Gewissen des ersten verkörpert – sein ›Moralisches Prinzip‹.

»Vielmehr waren sittliches Empfinden und überhaupt Geistesgaben und Lebensanschauung bei ihm weit lebendiger entwickelt als bei mir, und ich wäre heute ein besserer und also glücklicherer Mensch, hätte ich damals die Ratschläge, ... nicht gar so hartnäckig zurückgewiesen.«[35]

Aus der Haßliebe zu seinem Doppelgänger, die der Erzähler noch während seiner – vergleichsweise unschuldigen – Kindertage empfand, wird im Lauf der Jahre immer mehr bloßer Haß – »so, wie die Dinge standen, wurde ich allmählich unter seiner widerlichen Bevormundung immer verstockter und von Tag zu Tag empfindlicher gegen das, was mir als unerträglicher Hochmut vorkam«. Das durch Wilson symbolisierte Gewissen provoziert den Erzähler, sein Wirken veranlaßt ihn zu einem Handeln, »das einzig aus dem Grunde kommt, daß ... er *nicht* so handeln sollte«.[36] Das ›Moralische Gefühl‹ also ist zugleich die Triebfeder des inneren Widersachers, des ›imp of the perverse‹, so wie Druck Gegendruck erzeugt. Auf mysteriöse Weise tritt das unerwünschte, ›flüsternde‹ Alter ego immer dann in Erscheinung, wenn es gilt, eine besonders schändliche Tat zu vereiteln, z. B. wenn der Erzähler durch Falschspiel den Ruin eines jungen Mannes herbeiführen oder die Frau eines Freundes zum Ehebruch verleiten will. Als er ihn schließlich – außer sich vor Zorn über seine Verfolgung und seine Einmischungen – in einem einsamen Zimmer ›mit tierischer Rohheit‹ mehrmals mit dem Degen durchbohrt, wird ihm zuletzt bewußt, daß er in ihm seine edelsten Empfindungen abgetötet hat:

»Und bis auf den letzten Faden seiner Kleidung, bis auf die kleinste Linie in der starken, einzigartigen Zeichnung seines Gesichts war er mein vollkommenes Ebenbild.
Es war Wilson, doch er sprach nicht mehr flüsternd, und während er das folgende sagte, hätte ich meinen können, ich selbst sei der Sprecher: ›Du hast gesiegt, und ich weiche. Doch hinfort wirst auch du tot sein, tot für die Welt, für Hoffnung und Seligkeit. In mir lebte dein Leben, und in meinem Tode – sieh's an diesem Bildnis, das dein eigenes ist, wie rettungslos du dich in meinem Tode selbst gemordet hast‹.«[37]

Das Motiv ist freilich nicht neu; gerade die deutschen Romantiker waren geradezu besessen vom Thema des Doppelgängers (wieder so ein ›Indiz‹, Poe sei ein Epigone der ›Deutschen Schule‹), man denke nur an Chamissos ›Peter Schlemihl‹ oder E. T. A. Hoffmanns ›Abenteuer einer Sylvesternacht‹. In alten Überlieferungen gilt die Begegnung mit dem Doppelgänger als Vorankündigung des Todes, in der romantischen Literatur wird dieses unheimliche Alter ego stets zum erbarmungslosen Feind desjenigen, der sich von ihm trennt.

Was immer ihn inspiriert haben mag, so gibt doch Poe in seiner Erzählung vor allem seiner persönlichen Zwiegespaltenheit Ausdruck, und die Handlung trägt über längere Strecken autobiographische Züge, wie in der Beschreibung der Schul- und Studentenzeit Wilsons.

Nach jahrelangen, zähen Verhandlungen mit Carey, Lea & Carey über die Veröffentlichung eines Erzählungsbandes war Poe im Herbst 1839 endlich erfolgreich, den Verlag, der mittlerweile einen neuen Besitzer hatte – er hieß nun Lea & Blanchard – für das Projekt zu interessieren. ›Interessieren‹ ist vielleicht ein zu starkes Wort für die laue Resonanz, die sich in einem Schreiben an Poe vom 28. September ausdrückt:

»Werter Herr –
da bei Ihrem Wunsch, Ihre Erzählungen gedruckt zu sehen, pekuniäres Interesse nicht im Vordergrund steht, werden wir auf unser eigenes Risiko und auf unsere Kosten eine kleine Auflage davon herausbringen – sagen wir 1750 Exemplare. Sollte sich diese Anzahl verkaufen lassen, wird die Gewinnspanne dennoch nicht besonders hoch sein und der Ertrag natürlich an uns gehen – Das Urheberrecht bleibt bei Ihnen, und nach Fertigstellung stehen Ihnen einige Belegexemplare zur Verfügung, die Sie unter Ihren Freunden verteilen können.
Wenn Sie damit einverstanden sind, übersenden Sie uns ein druckfertiges Manuskript. Mr. Haswell wird sich dann ab Dienstag darum kümmern –
Hochachtungsvoll,
LEA & BLANCHARD«[38]

Inzwischen waren Poe und seine Familie anscheinend – der genaue Zeitpunkt läßt sich nicht mehr feststellen – in ein Haus in der Coates Street am nördlichen Stadtrand umgezogen. Das dreistöckige, rote Ziegelsteinhaus mit einer weißen Marmorstufe lag ziemlich abgelegen in der Nähe des ›Fairmont-Park‹-Distrikts, in einem kaum bebauten, ländlichen Randbezirk Philadelphias. Nach Osten hin hatte man über flaches Ufergelände einen guten Ausblick auf den Schuylkill River und die Landschaft auf der anderen Seite; zu Fuß waren es nur etwa zwei Minuten zum Fluß, auf dem Dampf- und Segelschiffe vorbeizogen, den südlicher gelegenen Anlegeplätzen am ›West Philadelphia Canal‹ zu.

Hier, am ›Lemon Hill‹, begannen auch die Schienen der städtischen Straßenbahn, die damals noch von Pferden gezogen wurde. Schräg dem Haus gegenüber befand sich die ›Pagode‹, ein exzentrisches Bauwerk des Architekten Browne im chinesischen Stil.

Es war eine Gegend, wo der Geldadel Philadelphias seine Windhunde laufen ließ oder in Ein- und Zweispännern zu Ausflügen aufs Land aufbrach. An diese hochherrschaftliche Lebensart, an der er früher in Virginia einmal teilgenommen hatte, mußte Poe jedenfalls ein Brief seines reichen Freundes Philip Pendleton Cooke erinnern, eines Dandies, Müßiggängers und Gelegenheitsdichters, der sich hin und wieder dazu herabließ, ein paar Verse für ›Burton's Gentleman's Magazine‹ zu schreiben: »Mein lieber Herr, ich habe vor langer Zeit Ihren freundlichen Brief empfangen, bin jedoch seitdem kaum einen Tag zu Hause gewesen. Meine Frau hat mich dazu überredet, ihre Verwandtschaft auf dem Lande zu besuchen, wo ich mehr mit Hunden, Pferden und Gewehren konfrontiert wurde als mit Feder und Papier. Unablässig von Dinner-Parties, Spießbraten, Schnepfenjagden und Reitausflügen vereinnahmt, konnte ich mein Gehirn schwerlich in Stimmung bringen, Ihnen oder überhaupt irgend jemandem zu schreiben...«[39]

Poe dürfte geseufzt haben, als er dies las. Er trauerte zweifellos noch immer dem Plantagenleben, dem zerbrochenen goldenen Traum seiner Kindheit nach. Cooke, der Autor von ›Florence Vane‹ und der ›Froissart Ballads‹ war ein Cousin J. P. Kennedys, Poes väterlichem Freund in Baltimore. Wie Beverley Tucker gehörte er zu den ›musischen Gentlemen‹ der Südstaaten, mit denen Poe so gern in Kontakt stand (vielleicht in der Hoffnung, selbst einmal wieder auf eine ihrer Plantagen eingeladen zu werden) und auf deren Urteil er so viel Wert legte; und in der Tat zeigen Cookes Bemerkungen über ›Ligeia‹, daß er, anders als der spießbürgerliche Heath, Poes Intentionen begriff. »Ich sagte, ich las Ihren Brief mit Entzücken. Tatsächlich kenne ich kein größeres Entzücken denn das Gefühl, die Hochschätzung (und gar in so wilden Dingen wie ›Ligeia‹) von Menschen zu erfahren, in deren Urteil man Vertrauen setzt. Sie lasen in meinem Innern ›wie in einem Buch‹, und mit einzig der Ausnahme D'Israelis habe ich mit keinem andern Menschen in Verbindung gestanden, der dies gekonnt. Willis nahm einen ganz leisen Schimmer wahr – Richter Tucker vermochte etwa die Hälfte zu durchschauen – doch Ihre Gedanken sind das reine Echo meiner eigenen. Nichts liegt mir ferner, als etwa schmeicheln zu wollen – ich fühle mich geschmeichelt und geehrt.«[40], heißt es schwärmerisch in Poes Rückschreiben.

Cooke ähnelte Poe auch äußerlich, war ein begeisterter Jäger und eine imposante Figur in den literarischen Salons des Südens. Nach alter Tradition hatte er Jura studiert und besaß eine eigene Anwaltskanzlei, ging aber seinen beruflichen Verpflichtungen betont lässig nach, abgesichert durch ein immenses Vermögen. Poe bewunderte ihn als das Schoßkind eines Glückes, das ihm selbst – als Allans Erbe – eigentlich ebenso hätte zufallen müssen.

Stattdessen zwang ihn seine unterbezahlte Stellung beim ›Laffenblättchen‹ eines ehemaligen Clowns, sogar einen Artikel über ›Leichtathletik und körperliche Ertüchtigung, von einem erfahrenen Fachmann‹ zu verfassen und ähnliche journalistische Brotarbeiten, die anonym geschrieben und daher meist in seinen Werkkatalog nicht aufgenommen wurden.

Zwischen der Coates Street und der Redaktion des ›Gentleman's Magazine‹ lag ein allmorgendlicher Fußweg von etwa einer Stunde, eine Distanz von über fünf Kilometern. Burton schaute vielleicht ein- oder zweimal die Woche vorbei, aufgeplustert als jovialer Arbeitgeber, und übertrug sämtliche Pflichten auf seinen Assistenten. Als er ihn eingestellt hatte, hieß es noch, zwei Stunden täglich würden – von Ausnahmen abgesehen – völlig ausreichen, seinen redaktionellen Aufgaben zu genügen, aber das war eine maßlose Untertreibung gewesen. Für ein lächerliches Monatsgehalt von $ 40 (allein die Miete dürfte mehr als die Hälfte davon verschlungen haben) mußte Poe für einen ›reibungslosen Ablauf‹ sorgen, Druckfahnen korrigieren, den Satz beaufsichtigen, die Beiträge sämtlicher Korrespondenten lesen (sicherlich die größte Tortur), passende Artikel aussuchen und den Druckern und ›printer's devils‹ ihre bescheidenen Löhne auszahlen. Und seine Aufgaben wurden durch Burtons dubiose Zahlungsmoral nicht gerade erleichtert. »Es bekümmert mich sehr, daß ich so gar nichts über eine Vergütung für Magazin-Artikel sagen kann. Die bedrückende Lage hat Mr. B. wie auch nahezu jeden, wenn nicht jeden Verleger im Lande genötigt, die Honorierung von Beiträgen einzustellen. Mr. B. zahlt für nichts – und wir sind gezwungen *aufzufüllen,* wie wir's nur eben können. Sie wissen, ich schätze Ihre Talente, und zahlten wir *überhaupt,* so würden Ihre Arbeiten nach meinem Urteil den höchsten Preis erfordern. Könnten wir sie eine zeitlang gratis bekommen, wie gern würde ich sie verwenden! – doch dies heißt zuviel verlangen«[41], schrieb er am 11. November an J. E. Snodgrass. Unter solchen Bedingungen kann man sich das ohnehin dürftige Niveau des ›Gentleman's Magazine‹ zu jenem Zeitpunkt lebhaft vorstellen. Es ist Poe daher nicht zu verdenken, daß er aufhörte, sich länger mit der literarischen Qualität des ›Laffenblättchens‹ zu identifizieren – insofern er doch früher zumindest noch einen gewissen Standard aufrechtzuerhalten bestrebt war – und sich, eher lustlos, auf die Erfüllung seiner notwendigsten Pflichten beschränkte, damit das Magazin einmal im Monat rechtzeitig erscheinen konnte.

Burton hatte wohl gehofft, seine Zeitschrift würde unter Poes Leitung eine ähnliche Umsatzsteigerung erzielen wie einst der ›Messenger‹, aber unter diesen Bedingungen war eher das Gegenteil der Fall.

Seit in den dreißiger Jahren des neunzehnten Jahrhunderts durch das verbesserte öffentliche Schulsystem die Zahl der Analphabeten im Amerika immer mehr abnahm, hörte auch die Literatur auf, Privileg einer gebildeten, an klassischen Vorbildern orientierten Oberschicht zu sein, und wurde zur Gebrauchsware. Jeder Fortschritt hat seinen Preis, und die ›Blüte Neuenglands‹ (denn Neuengland, vor allem vertreten durch die ›North American Review‹, sah sich als Zentrum einer literarischen Renaissance) förderte zugleich eine Literaturschwemme, zu der jene Machwerke gehörten, die Poe jeden Monat widerwillig in den Spalten des ›Gentleman's Magazine‹ abdrucken mußte. Die Praxis des ›puffing‹, des Hochjubelns, d. h. der Starrummel um die durch Presse und Kulturklüngel zu Publikumslieblingen gekürten Modeliteraten, nahm daher auch erst in den ›Dreißigern‹ recht eigentlich ihren Anfang. Dies führte zu einer Verwischung der ›penny dreadfuls‹, der Groschenromane des einfachen Volks, und der ›hehren Kunst‹ der privilegierten Klasse, zu Zwittergebilden. Die Industrielle Revolution und das erstarkende Bürgertum formten eine eigene Kultur zurecht, und die Romantiker, von zwei Fronten bedrängt, retteten sich in die ›Innerlichkeit‹. Auf die Natur, die sie wiederentdeckten, fiel bereits der Schatten von Fabrikschloten, und der Rosenduft ihrer Poesie entfaltete sich über dem ›Biedermeier‹. Aus dieser kulturhistorischen Entwicklung heraus sind Poes Bemühungen zu verstehen, gültige Maßstäbe zur Beurteilung von Prosa und Dichtung aufzustellen, zur Instanz des guten Geschmacks zu werden. Trotzdem mußte er sich der gängigen Mittel bedienen, um nicht unterzugehen. In einer Zeit, da jeder, der glaubte, ›reimen‹ zu können, mit seinen Gedichten Verleger und Zeitschriftenredakteure enervierte, galt es, auf sich aufmerksam zu machen, sich dem ›Mob‹ zu verkaufen. Wie die Reaktion auf ›Arthur Gordon Pym‹ zeigt, war man geneigt, alles zu glauben, sobald es erst gedruckt erschien – und »die Versicherung, ein Etwas sei berühmt, ist eine wohlbekannte Methode, es dazu zu machen«[42]. So rührte also auch Poe nach Kräften die Werbetrommel für sich, und sein bevorzugtes Instrument war sein Bekannter J. E. Snodgrass in Baltimore. Wann immer eine lobende Besprechung von Poes Werken in einer – noch so unbedeutenden - amerikanischen Zeitschrift erschien, wurde Snodgrass durch Poe brieflich darauf hingewiesen und gebeten, sie ein zweitesmal – eingebettet in weitere schmeichelhafte Äußerungen – zu veröffentlichen. Da gab es zum Beispiel eine Notiz im St. Louis Bulletin, in der es (nach Poes Darstellung) hieß: »Der Stil und die Qualität dieses Blattes (des S. L. Messenger) sind fraglos ein Lichtblick in unserer derzeitigen Zeitschriftenliteratur; und wir können den Herausgeber zu dem allgemeinen Ansehen und der berechtigten und steigenden Popularität, die er durch sein Magazin errungen hat, nur beglückwünschen. Man sollte darüber jedoch nicht vergessen, daß es die Gunst der Literaturbeflissenen der glänzenden Feder Mr. E. A. Poes verdankt, der nun stellvertretender Redakteur von Burton's Gentleman's Magazine ist... es gibt nur wenige Autoren in unserem Lande, – ausgenommen Neal, Irving & Willis würden wir sagen keinen einzigen – der es... mit Poe aufnehmen könnte. Mit seiner scharfen Beobachtungsgabe, einem ebenso kraft- wie wirkungsvollem Stil und einer geistigen Unabhängigkeit, die sich über jegliche Schranken hinwegsetzt, verbindet er lebhafte Phantasie mit bewundernswertem Enthusiasmus. Er ist auserkoren, Großes zu leisten.«[43] Der Verdacht drängt sich auf, daß diese Lobrede aus Poes eigener Feder stammen könnte.

Im ›Messenger‹ hatte inzwischen, wie erwähnt, James Heath eine kurze Laudatio auf den neuen Chefredakteur des ›Gentleman's Magazine‹ veröffentlicht. Nach einer längeren Unterbrechung begann nun Poes Ansehen wieder zu wachsen, bedingt durch seine Taktik, auf sich aufmerksam zu machen.

Kurz vor Erscheinen der zweibändigen Ausgabe seiner Erzählungen bei Lea & Blanchard versuchte er den Verlag dazu zu bewegen, ihm das Urheberrecht, das in seinen Händen verbleiben sollte, abzukaufen. Die Reaktion auf sein Angebot war niederschmetternd: »Edgar A. Poe, – wir bestätigen den Erhalt Ihres heutigen Schreibens. Das Urheberrecht der Erzählungen würde für uns keinerlei Vorteile bieten; als wir uns bereit erklärten, sie zu veröffentlichen, geschah dies lediglich aus Gefälligkeit Ihnen gegenüber, nicht etwa im Hinblick auf einen möglichen Gewinn, und nur unter dieser Voraussetzung ließen wir uns von Ihnen dazu überreden. Sie sollten nicht auch noch von uns erwarten, daß wir das Urheberrecht erwerben; wir betrachten bereits das von uns in die Bände investierte Kapital als Verlust. Kämen Sie jetzt in der gleichen Angelegenheit auf uns zu, würden wir es ganz sicher ablehnen, Ihre Geschichten zu drucken, und wir wären Ihnen sehr verbunden, wenn Sie irgend jemanden finden und dazu bewegen könnten, uns von den Kosten der Publikationen zu entbinden, und sei es auch nur zu einem kleinen Teilbetrag.«[44] Was die kommerzielle Seite betraf, behielten Lea & Blanchard recht: die ›Tales of the Grotesque and Arabesque‹ verkauften sich nur sehr mäßig. Sie erschienen am 6. Dezember 1839; als Erscheinungsjahr wurde auf den Titelseiten der beiden Bände das Jahr 1840 angegeben. Die Auflage betrug nicht, wie zuvor brieflich vereinbart, 1750, sondern nur 750 Exemplare. Als Motto diente ein verstümmeltes Goethe-Zitat: »Seltsamen Tochter Jovis / Seinem schosskinde / Der *Phantasie*«. Mit dieser ›seltsamen Tochter Jovis‹ dürfte Pallas Athene gemeint sein, auf deren Haupt sich einst der ›Rabe‹ niederlassen sollte, um sein ewiges ›Nevermore‹ zu krächzen. Abgesehen davon, daß das aus dem Zusammenhang gerissene Zitat Poes mangelnde Deutschkenntnisse verrät, war es auch taktisch nicht besonders geschickt, den Erzählungen überhaupt ein deutsches Motto voranzustellen. Denn in seinem kurzen Vorwort im ersten Band versuchte Poe vor allem den ›geschmacklosen‹ Vorwurf von ›einem oder zwei Kritikern‹ zu entkräften, seine Erzählungen orientierten sich vom Sujet her an deutschen Vorbildern, der ›Deutschen Schule‹.

»Die Wahrheit aber ist, daß mit einer einzigen Ausnahme (›Metzengerstein‹) die Gelehrten nicht in einer einzigen dieser Geschichten die Kennzeichen jener Art von Pseudo-Horror entdecken können, den wir als deutsch qualifizieren, weil man sich daran gewöhnt hat, einige zweitrangige Schriftsteller der deutschen Literatur mit dieser Schrulle zu identifizieren. Wenn in vielen meiner Schöpfungen die Angst das Hauptthema ist, so behaupte ich, daß dieser Schrecken nicht aus Deutschland kommt, sondern aus der Seele –, daß ich also diesen Schrecken einzig aus seinen legitimen Quellen hervorgeholt und ihn dann bis zu seinen legitimen Ergebnissen geführt habe.«[45]

Wie aus einer weiter oben zitierten Briefstelle hervorgeht, war James E. Heath einer dieser ›Kritiker‹ gewesen, die ›in aller Freundlichkeit‹ den Terminus ›Germanism‹ auf Poes Werk angewandt hatten. Schauergeschichten und -dramen der ›German School‹ erfreuten sich in Amerika noch immer großer Beliebtheit, und Poe, der später jedes Plagiat in seinen Rezensionen mit geradezu inquisitorischer Besessenheit verfolgen sollte, glaubte, mit dieser Erklärung gewissen kritischen Vorbehalten zuvorzukommen, sie also im Vorfeld zu entkräften. Aber es hätte dessen gar nicht bedurft. Die Neuerscheinung wurde von der Presse überwiegend günstig, von einigen Zeitungen, wie dem ›New York Mirror‹, sogar begeistert aufgenommen.

Eine genaue Klärung und Unterscheidung der Begriffe ›Groteske‹ und ›Arabeske‹ ist in Poes Vorwort nicht enthalten. Er stellt lediglich fest, daß sie ›den in den Erzählungen vorherrschenden Tenor ausreichend präzisieren‹.

»Aus der Tatsache aber, daß ich innerhalb einer Periode von etwa zwei oder drei Jahren fünfundzwanzig Kurzgeschichten geschrieben habe, deren Grundcharakter sich so knapp definieren läßt, sollte man nicht den Schluß ziehen, ich hätte für diese Erzählform irgendeine übertriebene oder auch nur besondere Vorliebe – jedenfalls entspräche diese Annahme nicht der Wahrheit. Ich könnte sie im Hinblick darauf verfaßt haben, sie einst gesammelt in einem Buch wiederzuveröffentlichen, und aus dem selben Grunde bestrebt gewesen sein, eine gewisse Einheitlichkeit der Form und Gestaltung zu wahren. So ist es in der Tat, und es mag sogar geschehen, daß ich nie wieder etwas in jener Art zu Papier bringen werde.«[46]

Das klingt wieder nach Hybris und Mystifikation – was durfte man als nächstes von diesem geheimnisvollen und vielseitigen Autor erwarten? Eine Figur im Pantheon der Poeschen Helden fehlte allerdings noch: die des Meisterdetektivs. Mit einem neuen Lebensabschnitt sollte bald ein neuer Zyklus von Erzählungen folgen, die ›tales of ratiocination‹ (etwa ›Siege des Scharfsinns‹).

Der Unterschied zwischen ›Grotesken‹ und ›Arabesken‹ ist dennoch einigermaßen klar. Verallgemeinernd kann man sich auf die Feststellung einigen, daß unter Grotesken Geschichten satirischen, burlesken und komischen Inhalts zu verstehen sind, während Arabesken düster-phantastische Geschehnisse schildern und ein Prosa-Äquivalent zu Poes Dichtungen darstellen. Die Bezeichnungen tauchen, auf Literatur angewandt, zum erstenmal in einem Essay Walter Scotts ›Über das Übernatürliche in der Kunst‹ (›On the Supernatural in Ficticious Compositions‹) im Londoner ›Foreign Quarterly Review‹ aus dem Jahre 1827 auf[47], das Poe wahrscheinlich auf den Titel seiner Sammlung von Erzählungen brachte. Aber eigentlich handelt es sich nicht um literaturwissenschaftliche, sondern um kunsthistorische Begriffe.»Benvenuto Cellini sagt, daß die Formgebung dekorativen Laub- und Rankenwerks, eingraviert in Metall, Stein oder Glas, von seinen forschungslüsternen Zeitgenossen als ›grotesk‹ bezeichnet wurde, die diese Muster alter Zeit in unterirdischen Gewölben vorfanden, römischen Bädern, Hallen und Wohnräumen, die man gemeinhin ›Grotten‹ nannte – worauf der Name ›Groteske‹ zurückzuführen ist.«[48]

Im Gegensatz dazu spielt das Dekorative (und zugleich Symbolträchtige) in Poes ›Arabesken‹ eine wichtige Rolle, und dem ›vorwiegend geometrischen Element‹ der maurischen Ornamentik entspricht die ›Einheitlichkeit des Effekts‹, die genau berechnete Dramaturgie dieser Gruppe von Erzählungen. Daniel Hoffman hat darauf hingewiesen, daß in einer – im kunstgeschichtlichen Sinn, also als ›kompliziertes Muster‹ verstandenen – *arabesque* nur pflanzliche Formen erscheinen, niemals aber menschliche Figuren, deren Abbildung in einem Kunstwerk der mohammedanische Glaube verbot; und in Poes Arabesken ist auffällig, daß die in ihnen auftauchenden Gestalten das rein Körperliche negieren und sich aus den Fesseln der Materie zu befreien suchen, indem sie höchste Vergeistigung anstreben. Ort und Zeit der Handlung sind meist vage und imaginär, während die ›Grotesken‹ immer in der Jetztzeit angesiedelt sind und auch einen größeren Personenkreis umschließen. In einer Arabeske wird die Realität transzendiert, in einer Groteske ins Monströse verzerrt. Dabei kann das *Thema*, wie bereits erwähnt wurde, durchaus das Gleiche sein. So entstehen Gegensatzpaare: die machtvolle Phantasie, das ›hehre Anliegen‹, das Streben nach Erkenntnis der einen Erzählung werden in einer anderen profaniert und der Lächerlichkeit preisgegeben; hier die Überwindung des Zeitgeistes, die Sehnsucht nach dem Paradies, dort seine Verhöhnung, die Bloßstellung seiner höllischen Dimension. Die ›Grotesken und Arabesken‹ spiegeln Poes geistige Ambivalenz, seine eigene innere Widersprüchlichkeit.»Sein Hauptmotiv ist die Duplizität selbst. Die Zweideutigkeit der Erfahrung. Wie können wir die Wirklichkeit von ihrem Spiegel, die Welt von ihrem Bildnis in einem Kunstwerk, das Abbild vom Abbild des Abbildes unterscheiden? Poe ist besessen von dem verzweifelten Bemühen, die ursprüngliche *Einheit* unserer Existenz in einer... Welt aus Scherben wiederherzustellen. Er sieht, daß all unsere Leidenschaften, Eindrücke und Gedanken widersprüchlich sind und in ihr Gegenteil umschlagen können; ekstatische Grenzüberschreitung mag hinter der Oberfläche eines Scherzes verborgen liegen. Die Identität selbst, jenes Gefäß der Wahrnehmung, kann einen tiefen Riß bekommen, ja sogar in zwei Hälften auseinanderbrechen. Eines von Poes Themen ist das Schicksal des Mannes, der von seinem Doppelgänger, seiner Anima, den versteckten, gefährlichen Triebkräften seiner Seele, heimgesucht wird. Welches ist das wirkliche Bewußtsein: das ›Ich‹, das erzählt, oder das Schattenwesen, das den Erzähler verfolgt?«[49]

Noch einige letzte Anmerkungen zur Form der ›Groteske‹. Es wurde festgestellt, daß sie den herrschenden Zeitgeist, den ›Mob‹, den Materialismus, den damaligen Literaturbetrieb und den fortschrittsgläubigen Amerikaner satirisch übertreibt, ins Monströse verzerrt und also lächerlich macht. Aber dies ist nur *ein* Aspekt. Poe beabsichtigte ja zunächst nur, den Stil und die ›Extravaganzen‹ der Schauergeschichten aus ›Blackwood's Magazine‹ zu parodieren, jenem in England und den Vereinigten Staaten über ein Vierteljahrhundert so beliebten und erfolgreichen Literaturjournals, das den Geschmack der Massen prägte. Was anfänglich als Parodie gemeint war, verselbständigte sich jedoch mehr und mehr zu einer neuen, eigenständigen Erzählform; auch jenseits der gezielten Satire auf die in ›Blackwood's‹ veröffentlichten ›penny dreadfuls‹ bereitete es Poe Vergnügen, mit dem Entsetzen Scherz zu treiben. In dieser Hinsicht ähnelt er E. T. A. Hoffmann, der wie er die gewohnte Realität durch ein dämonisches Prisma in wunderlich verzerrten Perspektiven betrachtete. Hoffmanns Muse, eine ›Nachtwandlerin‹, ›prügelt sich mit den Nachtwächtern des gesunden Menschenverstandes, zerschlägt alle Laternen und Fenster, die von gewöhnlichem Glase für gewöhnliche Augen sind, und stellt Hohlspiegel an, in denen alle Gestalten zu Doppelbildern und Fratzen werden‹. Aber Poe geht noch einen Schritt weiter als der deutsche, ihm in vielem wesensverwandte Schriftsteller: er treibt das bloß Befremdliche und Skurrile ins Extrem und zwingt die äußersten Gegensätze, Humor und Grauen, in eine Synthese – das Lachen gefriert und bleibt im Halse stecken. So komisch die Bedrängnis Psyche Zenobias, die, durch eine Öffnung im Zifffernblatt einer Kirchturmuhr lugend, vom Minutenzeiger eingeklemmt wird, erscheinen mag, so ist die Vorstellung doch zugleich ein furchteinflößendes Trauma, und es fällt schwer, sich mit einem Erzähler zu identifizieren, der Leichname an der Nase aus ihren Särgen hervorzieht, um tiefsinnige Betrachtungen über den Sinn des Lebens anzustellen. ›Der Schrecken kommt nicht aus Deutschland, sondern aus der Seele‹ – und er wirkt sogar noch bedrohlicher, wenn er mit einer ›Slapstick‹-Situation kontrastiert wird. Die Lektüre von Poes Erzählungen löst einen Entfremdungseffekt aus: keine Spur von Kompromißbereitschaft mit dem breiten Publikum oder gar beschaulicher Wärme. (Sie stehen in bewußtem Gegensatz zu den literarischen Hauptströmungen der Epoche, und sie sollten in Amerika auch niemals populär werden.)

Zu den insgesamt fünfundzwanzig der bei Lea & Blanchard erschienenen ›Grotesken und Arabesken‹ gehörten außer den früheren ›Phantasiestücken‹

Poes zwei neue Kurzgeschichten, wieder so ein seltsames ›Gegensatzpaar‹, grundverschieden in Stil und Sujet. ›Die Unterredung zwischen Eiros und Charmion‹ beginnt als Gespräch zweier Engel oder ›seliger Geister‹ im Paradies und erinnert an die Dialoge Platos (etwa an ›Timaios‹), endet aber in einem längeren Monolog des jüngstverstorbenen Eiros über die letzte, weltvernichtende Katastrophe, die ›endliche Zerstörung aller Dinge durch Feuer‹. Er beschreibt – etwas umständlich-pseudowissenschaftlich –, wie sich ein Komet von ›matt-*roter* Färbung‹ der Erde näherte und allmählich die Atmosphäre, den Äther auflöste, bis schließlich alles in einer ›riesigen Stichflamme‹ verglühte –

»Wir rangen keuchend nach Atem, während die Luft sich mit reißender Schnelle zersetzte. Ungestüm brauste das rote Blut durch seine engen Kanäle. Ein wildes Fieberrasen ergriff von allen Menschen Besitz; und starr die Arme gegen den drohenden Himmel ausgestreckt, erzitterten sie und schrien laut. Doch nun hatte der Kern des Vernichters uns erreicht: noch hier in Eden schaudre ich, derweil ich davon spreche. Laß mich es kurz machen – kurz, wie der Untergang es war, der uns ereilte. Für einen Augenblick war alles ein einzig wildes Geisterlicht allein, das alle Dinge heimsuchte und durchdrang. Dann – laß die Knie uns beugen, Charmion, vor der unendlichen Majestät des großen Gottes! – dann kam ein dröhnender allübertönender Laut, als wie aus SEINEM Munde selbst; derweil die ganze hangende Masse des Äthers, in welchem wir lebten, in einer riesigen Stichflamme aufbarst, zu einem Feuergebild, für dessen unendlichen Glanz und allversengende Hitze die Engel selbst im hohen Himmel der reinen Erkenntnis nicht Wort noch Name mehr haben. So endete alles.«[50]

Poe setzte diese Erzählung gleichsam als ›Apotheose‹ ans Ende des zweiten Bandes. Am 13. November 1833 war in Baltimore ein Meteorregen niedergegangen, über den die Zeitungen ausführlich und anschaulich berichteten, und 1835 tauchte der berühmte, unheilverkündende Halleysche Komet am Himmel auf, eine weitere kosmische Erscheinung, die Poe zu seiner Endzeitvision inspiriert haben könnte. Letztlich aber handelt es sich – beinahe müßig, es zu wiederholen - um die ›unerhörte Erkenntnis‹, um das ›niemals mitteilbare Geheimnis, dessen Offenbarung Vernichtung ist‹, das unausweichliche Mysterium des Todes, an das sich Eiros immerhin noch in ›Eden‹ erinnern kann. Dagegen ist die Kurzgeschichte ›Warum der kleine Franzose die Hand in der Schlinge trägt‹ eine bloße Farce.

Die Beiträge, die im ›Laffenblättchen‹ erschienen, waren freilich weder phantasievoll noch imaginativ. Sogar der neue Fortsetzungsroman, den Poe begonnen hatte, das ›Tagebuch des Julius Rodman‹ wies, im Gegensatz zum ›Arthur Gordon Pym‹, keine ›mystische Unterströmung an Bedeutung‹ auf.

Ebenso als ›Tatsachenbericht‹ angelegt, zielte er vor allem auf das allgemeine Leserinteresse an der ›Erschließung des Westens‹ und ist in Poes Gesamt-Œuvre nur von sehr geringer Bedeutung. Blieb bei ›Arthur Gordon Pym‹ das Ende bewußt offen, so wurde das ›Tagebuch‹ aus einem ganz bestimmten Anlaß nie vollendet: Poes endgültigem Bruch mit Burton im Juni 1840. Schon zu Anfang des Jahres kam es zu ernsthaften Spannungen zwischen dem ›Clown‹ und dem Dichter. Und dafür gab es triftige Gründe.

15. KAPITEL

Auf dem Zenit

Seit einiger Zeit zahlte Mr. Burton keinen Cent Autorenhonorar mehr für die Artikel und Beiträge, und die natürliche Folge war, daß seine früheren Korrespondenten schnell das Interesse am ›Gentleman's Magazine‹ verloren. Zu den wenigen, die noch nicht abgesprungen waren, gehörten Poes Freunde P. P. Cooke und J. E. Snodgrass, obwohl auch letzterer sich allmählich über Burtons Zahlungsmoral zu wundern begann. Aber da gab es ja noch immer ein breitgefächertes Angebot an europäischer Zeitschriftenliteratur, »deren Nachdruck hierzulande nicht mehr erfordert als die Deckung der Druck- und Buchbinderkosten«[1]. »Wir sind gezwungen, *aufzufüllen*, wie wir's nur eben können«, hatte Poe schon im November 1839 an Snodgrass geschrieben. Das hieß, daß das ›Gent's Mag‹ inzwischen auf ein bloßes Kompendium von aus britischen Journalen gestohlenen Beiträgen herabgesunken war, ein Flickwerk aus ›Blackwood's Magazine‹, der ›Edinburgh Review‹ und anderen Periodika, von denen »jeder beliebige Amerikaner ... für acht Dollars beliebige vier britische Periodica-Jahrgänge erwerben« konnte.[2] Ein Internationales Urheberrechtsgesetz wurde erst 1891 verabschiedet.

Auch umgekehrt bedienten sich die englischen Zeitungsherausgeber ungeniert aus amerikanischen Literaturmagazinen. So erschien bereits im Juli 1840 Poes ›Why the Little Frenchman Wears his Hand in a Sling‹ (›Warum ein kleiner Franzose die Hand in der Schlinge trägt‹) unter dem Titel ›The Irish Gentleman and the Little Frenchman‹ anonym in ›Bentley's Miscellany‹.

Burton spürte jedoch bald, daß das Interesse des amerikanischen Lesepublikums an seinen Raubdrucken stark nachgelassen hatte. In den dreißiger Jahren kam es zu einem bedeutenden Aufschwung der Literatur der Vereinigten Staaten; zum Teil eine Auswirkung des ›Public-School‹-Systems, das dem Buch- und Zeitschriftenmarkt eine neue Generation von Halbgebildeten erschloß. Die bevorstehenden Präsidentschaftswahlen führten außerdem zu einer Stimmung der Rückbesinnung auf vaterländische Ideale. Das ›Gentleman's Magazine‹ bedurfte dringend amerikanischer Schriftsteller, möglichst zugkräftiger Namen, um nicht einzugehen, bevor Burtons Bühnencomeback abgesichert war. Um den Umsatz seines Blattes noch einmal zu erhöhen – seine auf Poe gesetzten Erwartungen hatten sich nicht erfüllt –, wandte er einen höchst dubiosen Trick an, er begann als Lockmittel Preise auszusetzen, ›Premiums‹ für die beste Kurzgeschichte, das beste Gedicht, das beste Essay.

Und alsbald flatterten ihm wieder Beiträge amerikanischer Schriftsteller ins Haus, die er zwar gern veröffentlichte, aber keineswegs zu prämieren gedachte. Poe, der von Burton wohl kaum über dessen betrügerische Absichten ins Vertrauen gezogen worden war, kam dieses Vorgehen von Anfang an suspekt vor, zumal sich sein Freund Snodgrass an dem ›Wettbewerb‹ beteiligte. Schon im Dezember 1839 hatte er an Snodgrass geschrieben: »Um auf die ›Prämien‹ zu kommen: Die Ankündigung, die sich darauf bezog, stammt aus Mr. Burtons Feder, und das Ganze erscheint mir selbst ein wenig fragwürdig. Ich kann Ihnen nicht mehr darüber sagen, als was aus dem Aufruf hervorgeht; wenn ich ehrlich bin, halte ich nicht das Geringste von der Sache; ich richte mich in solchen *geschäftlichen* Angelegenheiten lediglich nach Mr. B's Anweisungen.«[3]

Das klang nach einer freundlichen Warnung, sich irgendwelchen Hoffnungen in bezug auf das Preisausschreiben hinzugeben, zu dem Snodgrass inzwischen ein paar seiner Werke eingereicht hatte, darunter das Gedicht ›Scenes of Childhood‹. Es erschien in der Februarnummer des ›Gentleman's Magazine‹, zusammen mit einer neuen Groteske Poes, ›Peter Pendulum, the Business Man‹ (›Der Geschäftsmann‹), aus der bereits zu anderer Gelegenheit ausführlich zitiert wurde.

Nicht, daß Poe im Prinzip etwas gegen einen geschickten Schwindel einzuwenden gehabt hätte – drei Jahre später bewies er in einem Aufsatz über das ›Diddeln‹ – oder das Schwindeln als eine der exakten Wissenschaften betrachtet‹, daß er etwas von der Materie verstand. »Was nun das Wesentliche, das Nasenloch, das Grundprinzip des Diddelns oder Schwindelns bildet, ist in der Tat nur jener Klasse Geschöpfe eigentümlich, die Röcke und Beinkleider tragen. Die Krähe stiehlt; der Fuchs ist ein Täuscher; das Wiesel überlistet; der Mensch aber schwindelt. Das Schwindeln ist geradezu sein Schicksal. ›Der Mensch ist zum Trauern geschaffen‹, sagt der Dichter. Aber nicht doch: – zum Schwindeln ist er gemacht. Das Schwindeln ist sein Lebenszweck und -ziel. Und eben darum ja sagen wir, wenn einer uns beschwindelt hat, er habe's ›geschafft‹.«[4]

Aber hier, in Burtons Fall, ging es ums Prinzip. Hier wurden durch einen unlauteren Wettbewerb arme Poeten unter Vorspiegelung falscher Tatsachen dazu gebracht, honorarlos Artikel für das ›Laffenblättchen‹ zu schreiben und sich auch noch Hoffnungen auf einen großen Preis zu machen. Es gab keinen Zweifel daran, daß Poes Freund Snodgrass – ebenso wie alle anderen Teilnehmer an dem Wettbewerb – von dem gerissenen ›buffoon‹ hereingelegt wurde.

Snodgrass hatte sich, als Mitherausgeber des ›American Museum‹, mit seinem Kompagnon, Nathan C. Brooks, zerstritten, und das Magazin war im Mai 1839 ›sanft entschlafen‹. Er bemühte sich nun, Poes Mithilfe zu gewinnen, das verwelkte Blättchen wieder aufblühen zu lassen – diesmal unter selbständiger Leitung – und sich zwischenzeitlich durch Zeitschriftenbeiträge über Wasser zu halten. Als er jedoch Poe bat, eine lobende Vorankündigung der neugeplanten Ausgabe im ›Gentleman's Magazine‹ zu veröffentlichen, lehnte jener unter Hinweis auf eine Interessenkollision ab.

Diese Antwort dürfte Poe um so schwerer gefallen sein, als Snodgrass selbst oft genug ›puffs‹, schmeichelhafte Artikel über ihn und seine Erzählungen, in verschiedenen Baltimorer Zeitschriften untergebracht hatte. Aber er mußte sich wieder einmal Burtons Diktat beugen, seine ›Talente nicht irgendeiner Publikation zur Verfügung zu stellen, welche die Interessen des G. M. gefährdet‹. Snodgrass' Beiträge erschienen freilich weiterhin unbezahlt im ›Laffenblättchen‹. Diese Situation war für Poe äußerst peinlich. Ab Januar 1840 ließ Burton auf der Titelseite seines Journals seinen Namen größer ausdrucken als den seines Chefredakteurs, was zweifellos wiederum zu Meinungsverschiedenheiten führte. Außerdem ging es mit Burtons Theaterplänen vorläufig nicht so recht vorwärts. Er bürdete Poe nicht nur sämtliche redaktionellen Pflichten auf, sondern ließ zusätzlich seinen Unmut über seine Fehlschläge an ihm aus. Ihr Verhältnis wurde von Tag zu Tag gespannter. Im Februar gab es einen allerdings widersprüchlich dokumentierten Zwischenfall. Anfang des Monats war Burton nach New York gereist, um als Gaststar an einem der dortigen Boulevardtheater aufzutreten. Als er nach einer Woche zurückkehrte, mußte er – so behauptete ein Mr. Rosenbach, dessen Vater mit Burton in enger Geschäftsverbindung stand – feststellen, daß Poe während seiner Abwesenheit seine Pflichten sträflich vernachlässigt hatte. Auf dem Redaktionssekretär »stapelten sich Manuskripte und Briefe, Poe selbst war nirgends aufzufinden und das Layout für die nächste Ausgabe noch nicht vorbereitet«. Poe wurde deshalb »auf Grund seiner groben Pflichtverletzung entlassen«[5].

Doch es gibt einige strittige Punkte, die Zweifel über Rosenbachs Aussage aufkommen lassen. Zunächst gilt es als erwiesen, daß Burton sich in der *ersten* Februarwoche in New York aufhielt – es kann sich also nur um die Märzausgabe des ›G. M.‹ gehandelt haben –, so daß selbst bei einer angenommenen Säumigkeit Poes noch immer genug Zeit verblieben wäre, das Journal auch ohne sonderliche Überstürzung druckfertig zu machen. Zweitens endete Poes Arbeitsverhältnis beim ›Gentleman's Magazine‹ erst im Juni 1840. Möglicherweise bezog sich Rosenbachs Bericht auf einen späteren Vorfall, der, wenn überhaupt, Ende April stattgefunden haben muß. Am 1. Juni schrieb Poe einen längeren Brief an Burton, in dem er rekapituliert:

»Sehr geehrter Herr,
... Wie gewöhnlich haben Sie sich in einen Zorn gegen mich hineingestei-

gert, gegründet auf irgend einen eingebildeten Fehler, den ich begangen haben soll; denn eine wirkliche Schädigung, oder auch nur den Versuch dazu, haben Sie niemals durch meine Hände erfahren. So wahr ich lebe, ich bin vollkommen unfähig zu sagen, worüber Sie so erregt sind oder welche echten Gründe zur Beschwerde Sie gegen mich haben.

... Sie schrieben seinerzeit einmal in Ihrem Magazine eine scharfe Kritik über ein Buch von mir – ein sehr albernes Buch – den ›Pym‹. Hätte ich in ähnlicher Weise ein Buch von Ihnen rezensiert, wo würden Sie das Gefühl haben, mein Feind fürs Leben zu sein, und so wittern Sie denn in meinem Busen eine latente Feindseligkeit gegen Sie. Dies ist eine der Hauptquellen Ihres ganzen Verhaltens mir gegenüber gewesen, und zwar seit unserer ersten Begegnung. Es hat sich dahin ausgewirkt, daß Herzlichkeit zwischen uns nicht aufkam...

(Hier folgt eine pedantische Aufstellung der Zahlungen Burtons an Poe für Artikel und Beiträge von Juli 1839 bis Juni 1840.)

Mit Ratlosigkeit erfüllt mich, daß Sie mich selbstsüchtig nennen. Falls Sie dabei im Auge haben, daß ich Geld von Ihnen borgte, – Sie wissen, Sie boten es selber mir an – und Sie wissen, daß ich arm bin. In welchem Falle hat jemals ein Mensch mich selbstsüchtig gefunden?... Ich habe gesagt, ich könne mir nicht erklären, warum Sie zornig waren. Versetzen Sie sich in meine Lage und sehen Sie, ob Sie nicht gleichso gehandelt hätten, als ich's tat. Zuerst ›erzwangen‹ Sie, wie Sie sagen, einen Gehaltsabzug, mir damit zu verstehen gebend, daß Sie an Trennung dachten – als nächstes sprachen Sie respektlos von mir hinter meinem Rücken – dies übrigens gewohnheitsmäßig – zu Menschen, die Sie für Ihre Freunde hielten und die mir selbstverständlich jedes nachteilige Wort pünktlich hinterbrachten, welches Sie äußerten. Letztens schrieben Sie Ihr Magazin zum Verkauf aus, ohne mir darüber auch nur ein Wort zu sagen. Ich empfand keinen Zorn bei dem, was sie taten – nicht den mindesten. Wäre ich nicht fest überzeugt gewesen von Ihrem Entschluß, Ihr Journal aufzugeben, mit der Absicht, sich dem Theater zu widmen, ich hätte niemals im Traum daran gedacht, es meinerseits mit einer eigenen Zeitschrift zu versuchen. Die Gelegenheit, etwas für mich selbst zu tun, schien günstig – (es stand mir ja bevor, aus dem Geschäfte geworfen zu werden) – und so griff ich zu. Nun frage ich Sie als einen Mann von Ehre und als einen Mann von Verstand – was habe ich bei all dem falsch gemacht? Was habe ich denn getan, daran Anstoß zu nehmen Sie auch nur das mindeste Recht hätten? Ich kann Ihnen keine definitive Antwort geben (hinsichtlich der Fortführung des ›Rodman‹), ehe ich nicht wieder von Ihnen höre. Die Forderung von $ 100 werde ich nicht einen Augenblick anerkennen. Wenn Sie darauf bestehen, ist unsere Verbindung zu Ende, und wir können jeder unsere eignen Maßregeln ergreifen.

In der Zwischenzeit bin ich Ihr sehr ergebener

Edgar A Poe«[6]

Die sonderbare Mischung aus Wut, Bestürzung und sachlicher Aufrechnung in diesem Schreiben zeigt deutlich, daß Poe sich in einer sehr erregten und aufgewühlten Gemütsverfassung befand.

Immerhin gab es Ausnahmen von der Regelung, seine Talente keinem Konkurrenzunternehmen zur Verfügung zu stellen, wohl jeweils mit ›freundlicher Genehmigung‹ Burtons; so erschien am 18. Dezember 1839 in ›Alexander's Weekly Messenger‹ ein Aufruf Poes, in dem er die Leserschaft des Universum herausforderte und behauptete, jede nur erdenkliche Geheimschrift entziffern zu können, »mögen auch die darin benützten Buchstaben oder Schriftzeichen noch so ungewöhnlich und ausgeklügelt sein«[7]. Zwischen Dezember und Mai wurden daraufhin insgesamt sechsunddreißig ›Codes‹ eingesandt, die Poe fast alle enträtselte – eine Arbeit, die natürlich Zeit erforderte. Als Dechiffrierer von Geheimschriften betätigte er sich auch noch in den folgenden Jahren, um seinen überlegenen Scharfsinn öffentlich unter Beweis zu stellen – denn es »läßt sich rundheraus behaupten, daß menschlicher Erfindungsgeist keine Geheimschrift austüfteln kann, die menschlicher Erfindungsgeist nicht auch aufzulösen vermöchte«[8]. Poe als Magier der Analyse auf dem Jahrmarkt der ›Monthlies‹ und ›Weeklies‹: eine neue Rolle, in der er sich gefiel.

Poes Muße, Geheimschriften zu entziffern oder zwischenzeitlich ein Sonett zu verfassen[9], wurde durch Burtons häufige Abwesenheit stark eingeschränkt. Das letzte halbe Jahr über hatte er fast sämtliche redaktionellen Arbeiten übernehmen müssen, während der ›buffoon‹ Gastspiele in New York oder Philadelphia gab und sein großes Projekt verfolgte, ein eigenes Theater zu gründen. Tatsächlich eröffnete Burton schon am 31. August 1840 sein neues ›National Theatre‹ (das bezeichnenderweise früher eine Art Varieté gewesen war und sich ›Cook's Olympic Circus‹ nannte), noch bevor er – im November – das ›Gentleman's Magazine‹ für $ 3500 an G. R. Graham abtrat. Er muß also bereits seit Monaten den Verkauf seiner Zeitschrift betrieben haben. Sein wirkliches Comeback erlebte er erst acht Jahre später mit dem New Yorker ›Burton's Theatre‹, einer Mischung aus ›music hall‹, ›minstrel show‹ und Boulevardtheater, das eine Zeitlang zu einer der beliebtesten und meistbesuchtesten Vergnügungsstätten Amerikas werden sollte.

Aus Poes Reaktion läßt sich schließen, daß ihm Burton in seinem »einzigartigen Brief vom Samstag« unter wüsten Beschimpfungen gekündigt oder ihm doch seine Entlassung angedroht hatte. Zumindest war darin von einer drastischen Gehaltskürzung die Rede – »Sie stellen dann fest, daß Sie fürder nicht mehr in der Lage seien, im Monat $ 50 für 2 oder 3 Ss. MS zu zahlen, etc.«. Nach Poes Rückschreiben, in dem er Burton als ›Esel‹ bezeichnete, wurde eine Trennung unvermeidlich. Anscheinend trafen die beiden kurze Zeit später noch einmal zusammen; dabei kam es zu einem Streitgespräch, in dem sie sich gegenseitig Beleidigungen an den Kopf warfen. Dummerweise war Burton ebenso nachtragend wie klatschsüchtig. Er begann in der einflußreichen Theater- und Literaturszene Philadelphias boshafte Gerüchte über seinen pflichtvergessenen Mitarbeiter auszustreuen, die Poes Ansehen keinen geringen Schaden zufügten. Er ging sogar so weit, auf der ersten Seite der Septemberausgabe des ›Gentleman's Magazine‹ zu schreiben: »... Wir bedauern, daß unserem Freund in Portland (einem Abonnenten) die letzten Nummern unseres Journals nicht zugestellt wurden und versichern, daß wir von diesem Versäumnis nichts wußten. Sein Name wurde aus unserer Subskriptionsliste von eben jener Person gestrichen, deren Unzuverlässigkeiten uns schon viel Verdruß bereitet haben.«[10]

Es heißt, eine weitere Meinungsverschiedenheit zwischen Poe und Burton sei darüber entstanden, daß Poe die Subskriptionslisten des ›Laffenblättchens‹ zur Eigenverwendung kopiert hatte, da er ja, wie er in seinem Brief auch zugab, im Begriff stand, selbst eine Zeitschrift zu gründen, das ›Penn Magazine‹. Vielleicht bezieht sich die Passage aus Poes Brief – »Die Gelegenheit, etwas für mich selbst zu tun, schien günstig – (es stand mir ja bevor, aus dem Geschäfte geworfen zu werden) – und so griff ich zu« – auf diese Affäre.

Schon am 4. Juni, also drei Tage nach seiner Antwort an Burton, wandte sich Poe an einen früheren Bekannten, den Schriftsteller John Neal in Baltimore, mit der Bitte, ihm eine seinen Begabungen entsprechende Stellung zu verschaffen.

Zwei Wochen später, in einem Brief an Snodgrass, stellte Poe die Situation natürlich so dar, als habe er seine Stellung aus freien Stücken aufgegeben, aus ›purer Anständigkeit‹; aller Wahrscheinlichkeit nach hatte jedoch Burton *ihn* entlassen, aus verschiedenen Gründen, wie sie u. a. in Poes Brief vom 1. Juni aufgeführt werden.

Burton erzählte überall herum, er hätte seinem Chefredakteur wegen dessen ›Trunksucht‹ gekündigt. Er erwähnte diesen Umstand auch in seinen Korrespondenzen, so daß sich das Gerücht vom liederlichen Säufer nicht nur in Philadelphia verbreitete. Es war einer der ersten Fälle von Rufmord, denen Poe in seinem Leben zum Opfer fiel, und die Auswirkungen von Burtons Geschwätzigkeit werden gemeinhin stark unterschätzt. Poe hatte noch immer eine Menge Feinde, die dafür sorgten, daß das Gerede nicht verstummte – sogar in Baltimore. In einem Brief an J. Beauchamp Jones, einen Baltimorer Journalisten, vom 8. August 1839 hieß es: »Sie sprechen von ›Feinden‹ – könnten Sie mir ihre Namen nennen? Alle Personen, die ich in Baltimore kenne und die etwas mit Literatur zu tun haben, taten zumindest so, als seien sie meine Freunde«[11]. Als Burton im folgenden Jahr noch immer nicht aufhörte, seine boshaften Klatschgeschichten auszustreuen, erwog Poe ernsthaft eine Verleumdungsklage gegen ihn. An Snodgrass schrieb er im April 1841:

»Um auf Burton zu kommen. Ich danke Ihnen für Ihre freundliche Anteilnahme, aber es fällt mir schwer, etwas darauf zu erwidern. Meine Situation ist äußerst unangenehm. Man kann, wie Sie sagen, mit einem Clown und Betrüger nicht umgehen wie mit einem Gentleman. Es bleibt mir daher nichts anderes übrig, als ihn zu verklagen.

... Sie sind Arzt, und keinem Arzt dürfte es schwerfallen, den *Trinker* auf einen Blick zu erkennen. Sie sind außerdem Literat und in ethischen Grundsätzen erfahren. Sie würden sich niemals einreden lassen, daß ich schreiben könnte, was ich täglich schreibe – und *wie* ich schreibe –, wäre ich so, wie mich dieser Mistkerl denen, die mich nicht kennen, darstellt. Um noch deutlicher zu werden: ich gebe Ihnen, vor Gott, mein Ehrenwort als Gentleman, daß ich strengstens abstinent lebe. Von der Stunde an, in der ich diesem niederträchtigsten aller Verleumder begegnete, bis zu der Stunde, da ich mich voll Ekel über seine Schikane, seine Arroganz, Ignoranz und Roheit von ihm und seiner Zeitschrift abwandte, ist *nichts stärkeres als Wasser über meine Lippen gekommen.*

... Aber es ist nun gut vier Jahre her, daß ich jeder Art alkoholischer Getränke entsagt habe – vier Jahre, von einer einzigen Ausnahme abgesehen, die sich kurz *nach* meiner Trennung von Burton ereignete, als ich mich genötigt sah, gelegentlich *cider* zu trinken, in der Hoffnung, eine Nervenkrise zu lindern, die mich damals befallen hatte (Unter ›cider‹ versteht man gewöhnlich ›Apfelwein‹, aber Poe meinte wohl den zu seiner Zeit vielgetrunkenen ›hard cider‹, einen hochprozentigen Apfelkorn, Anm. d. Verf.). Da haben Sie nun, offen dargelegt, das ganze Ausmaß meiner Verworfenheit. Sie werden jetzt auch die Gemeinheit begreifen, die solch alten Klatsch wieder aufgewärmt hat. Es dürfte Ihnen auch nicht entgangen sein, von was für einem abgrundtiefen Haß der Verleumder gegen mich erfüllt sein muß – mit welcher Entschlossenheit er seine Ziele verfolgt und wie nichtig die Gründe sind, auf denen er seine Verleumdungskampagne aufbaut –, weiß er doch nichts Triftigeres gegen mich vorzubringen als eine Beschuldigung, die jedermann widerlegen kann, mit dem ich täglichen Umgang pflege.

Ich kann Ihnen nur noch einmal ernsthaft versichern, daß meine Gewohnheiten so weit von Trunksucht entfernt liegen wie die Nacht vom Tage. Mein einziges Getränk ist Wasser.

Würden Sie mir den Gefallen tun, diese Versicherung all jenen Ihrer Freunde gegenüber zu wiederholen, die in Ihrem Beisein über mich sprechen? Mehr wird, denke ich, nicht notwendig sein, und wenn Sie sich die Sache durch den Kopf gehen lassen, werden Sie mir beipflichten.

In der Hoffnung, recht bald von Ihnen zu hören, verbleibe ich
in herzlicher Freundschaft

Edgar A. Poe«[12]

Poes Rechtfertigung klingt etwas übertrieben, aber aufrichtig. Wann immer er sich bedroht fühlte, sah er in seinem Gegner ein Monstrum und witterte überall Intrigen. Der Vorwurf der Trunksucht war allerdings zu jener Zeit, vor allem in der moralischen Quäkerstadt Philadelphia, ganz besonders ehrenrührig, und wenn Poe wirklich, wie er schreibt, enthaltsam lebte, muß er zumindest tödlich beleidigt gewesen sein, daß über einen so langen Zeitraum solche Gerüchte über ihn verbreitet wurden. Immerhin waren die Klatschgeschichten bis Baltimore vorgedrungen und hatten dort einiges Aufsehen verursacht – sonst würde Poe wohl kaum eine so umfangreiche und feierliche Erklärung an Snodgrass abgegeben haben. Ein Zeitgenosse schreibt über Burton, daß er manchmal tyrannisch sein konnte und keinen Widerspruch vertrug, und in dieser Charakterisierung liegt vielleicht eine Erklärung dafür, daß er Poe wegen dessen abfälligen Äußerungen – ›Esel‹, ›Clown‹, ›Schurke‹, ›Betrüger‹, ›Schuft‹ sind nur ein paar der Ausdrücke, die er in seinen Briefen gebrauchte – mit »abgrundtiefem Haß« verfolgte.

Im Juni 1840 stand er jedenfalls – ob er aus freiem Entschluß gekündigt hatte oder von Burton hinausgeworfen war, sei dahingestellt – wieder einmal auf der Straße. Damals lief der Präsidentschaftswahlkampf in dem lärmenden und exzessiven Stil jener Zeit bereits auf Hochtouren. Überall hingen Plakate aus, Passanten scharten sich um Wahlredner, die an jeder Straßenecke, auf Holzkisten stehend, die Vorzüge ihrer Partei – der ›Whigs‹ oder ›Democrats‹ – anpriesen, und die Häuser waren teilweise mit Girlanden, Flaggen und rot-weiß-blauen Papierrosetten geschmückt. Nachts gab es Fackelumzüge, Feuerwerke und bunte Abende mit Tombolas und Festreden. Wie in den Symphonien von Charles Ives vernahm man in den verschiedensten Stadtvierteln ein kakaphonisches Durcheinander von Militärkapellen, und vaterländische Lieder wurden wieder mit einer Inbrunst gesungen wie einst im Unabhängigkeitskrieg. Die Atmosphäre hatte etwas Hektisches, Aufgeheiztes und wirkte selbst auf einen apolitischen Menschen wie Poe berauschend. Das sonst so ruhige und beschauliche Philadelphia war zu einer Art Jahrmarkt geworden.

Nach jeder Wahl wurden an engagierte Parteifreunde des siegreichen Präsidenten großzügig Regierungsämter vergeben. Eine leichte Halbtagsbeschäftigung, verbunden mit einer gehobenen Reputation und einem stattlichen Gehalt, vor allem genug Muße, sich ohne Druck und Einmischung von ›Clowns‹ und ›Halsabschneidern‹ dem Schreiben zu widmen – das war es, was Poe eigentlich anstrebte. Jetzt, nach seiner endgültigen Trennung von Burton, kam ihm wohl erst richtig zu Bewußtsein, daß er erst vor kurzem einen Vorkämpfer für die ›gerechte Sache der Whigs‹ und ihren Präsidentschaftskandidaten, W. H. Harrison, den ›Helden von Tippecanoe‹ und Sieger über den legendären Indianerhäuptling Tecumseh, persönlich kennengelernt hatte: einen Herrn namens Frederick W. Thomas. Das heißt, sie kannten sich schon seit längerem vom Hörensagen; Thomas stammte aus dem Süden, aus St. Louis, schrieb – neben seiner Tätigkeit als Strafverteidiger und Vortragsreisender – Lyrik und Prosa, zum Beispiel den Roman ›Clinton Bradshaw‹ (den Poe sehr schätzte), und war, wie er einmal in einem Brief behauptete, vor langer Zeit der ›Rivale‹ von Poes Bruder, William Henry Leonard, in einer ›Liebesaffaire‹ gewesen[13].

Im Mai befand sich Thomas gerade auf der Rückreise von einem Parteitag der Whigs in Baltimore und wollte die Gelegenheit nützen, auch in Philadelphia durch eine feurige Wahlrede der gerechten Sache zum Sieg zu verhelfen. Während seiner Ansprache wurde er jedoch von Sympathisanten der ›Democrats‹, den ›Locofocos‹, mit Tomaten und faulen Eiern beworfen und mußte vorzeitig abbrechen. Er besuchte damals auch Poe und verbrachte einige Tage in dessen ›Landhaus‹ am Schuylkill River. Ihre Gespräche brachten zahlreiche gemeinsame Interessen zum Vorschein, so daß sich zwischen beiden bald eine innige und dauerhafte Freundschaft entwickelte.

So hielt Thomas zum Beispiel auch Vorträge über literarische Themen, Rhetorik, Versifikation etc. und veranstaltete Dichterlesungen mit eigenen Werken. Die Abende waren ausgefüllt mit lebhaften Diskussionen über die ›Aufgabe der Poesie‹, Coleridge, Stil, amerikanische, englische, deutsche Literatur – und natürlich Politik, ein Gebiet, von dem Poe weit weniger verstand. Es sollte nach Harrisons Wahlsieg doch noch interessanter für ihn werden, als er sich vorgestellt hatte – denn Thomas war gut mit dem neuen neunten Präsidenten der Vereinigten Staaten bekannt und erhielt auch bald darauf einen gutbezahlten Regierungsposten. Vorläufig ahnte Poe nichts davon, wie einflußreich sein neuer Freund demnächst in Washington werden würde. Als sich Thomas verabschiedete, um nach St. Louis zurückzureisen, versprach er, von sich hören zu lassen.

Augenblicklich war Poes Situation nach dem Bruch mit Burton allerdings wenig aussichtsreich. Er war nicht länger mehr Chefredakteur eines renommierten Monatsmagazins in Philadelphia mit einem Jahresgehalt von immerhin 600 Dollar, sondern ein kaum bekannter Literat auf Stellungssuche. Und Burton sorgte mit seinen Klatschgeschichten dafür, daß er auch so bald keinen anderen Posten fand.

Mrs. Clemm schlug sicher die Hände über dem Kopf zusammen, als sie die Hiobsbotschaft erfuhr, aber Poe konnte sie beruhigen: schon am 13. Juni erschien im ›Saturday Courier‹ die (etwas weitschweifige) Ankündigung eines neuen, wahrhaft bahnbrechenden Literaturjournals, das ›Eddie‹ demnächst herausgeben würde:

»VORANZEIGE des PENN MAGAZINE, EIN MONATLICH ER-SCHEINENDES LITERATURJOURNAL, Herausgegeben und gedruckt in Philadelphia, Von Edgar A. Poe.

An die Öffentlichkeit. – ... Diejenigen, die sich an die frühen Tage des genannten Südstaaten-Journals (des ›Messenger‹) erinnern, müssen nicht besonders darauf hingewiesen werden, daß sich seine Popularität hauptsächlich dem Kritikteil verdankte – will sagen, dem etwas übertriebenen Sarkasmus in den Besprechungen neuerschienener Bücher. Solche Strenge wird das Penn Magazine nur insofern beibehalten, als sie sich mit der unparteiischen Ausgewogenheit seines Urteils vereinbaren läßt. Einige Jahre mögen das Ungestüm eines Kritikers gemildert haben, ohne seine Treffsicherheit zu beeinträchtigen ...

Von der Form her wird die Zeitschrift etwa der des ›Knickerbocker‹ ähneln; die Papierqualität entspricht jener des ›North American Review‹; es wird zahlreiche Illustrationen geben, von den bedeutendsten Künstlern des Landes, jedoch nur, wenn sie die Texte erfordern.

Das Penn Magazine soll in Philadelphia erscheinen, und zwar an jedem ersten des Monats – was halbjährlich einen Band von ca. 500 Seiten ergibt. Ein Jahresabonnement kostet $ 5[14], zahlbar im voraus, oder bei Empfang der ersten Ausgabe, die am 1. Januar 1841 ausgeliefert werden wird. Schriftliche Anfragen sind zu richten an den Herausgeber und Eigentümer

EDGAR A. POE«[15]

Es war eigentlich eine sehr günstige Zeit, ein Magazin zu gründen. ›Monthlies‹, ›annuals‹, ›gift-books‹, alle Arten von Publikationen für jeden Geschmack schossen damals wie Pilze aus dem Boden, und die meisten amerikanischen Schriftsteller verkauften ihre Werke an Zeitschriften, im Schnitt zu $ 3 die Manuskriptseite, um ihren Lebensunterhalt zu fristen. Denn *Bücher* zu schreiben, solange es kein internationales Urheberrecht gab, konnten sich nur wenige leisten, Leute in gesicherten Positionen, die Literatur als Hobby betrieben, wie Philip P. Cooke zum Beispiel. Wandte sich ein Autor an einen Verleger, ohne das nötige Ansehen zu besitzen, so wurde er als Bittsteller behandelt, der um einen Gefallen bat, waren doch Dickens, Bulwer-Lytton, überhaupt sämtliche gefragten europäischen Autoren umsonst zu haben. Der ›magazine spirit‹ der dreißiger und vierziger Jahre spielte eine große Rolle dabei, daß sich die ›short story‹ als literarische Standardform in den Vereinigten Staaten durchsetzte. »Die generelle Unmöglichkeit, von den Verlegern bei Publikation eines Buches irgendwelche urheber-rechtliche Abgeltung zu erlangen, hat nahezu alle amerikanischen *littérateurs* dazu getrieben, sich als Zeitschriften-Mitarbeiter ihr täglich Brod zu verdienen.«[16]

Die von Poe in seiner ›Voranzeige‹ erwähnten Journale ›The Knickerbocker‹ und die ›North American Review‹ repräsentierten die literarischen Cliquen New Yorks und Neuenglands. Neuengland, so tönte die ›Review‹, sei das Zentrum einer Renaissance der modernen Literatur – noch ein Jahrhundert später sprach Van Wyck Brooks von einer ›Blüte Neuenglands‹, aber Poe hatte genug Mittelmäßiges aus dieser Ecke rezensiert, um anderer Meinung zu sein. Er wandte sich bewußt gegen die ›Arroganz jener literarischen Cliquen, die wie ein Alpdruck auf der amerikanischen Literatur liegen‹, und er bevorzugte auch keine ›bestimmten Regionen‹. Sein erklärtes Ziel war ein nationales Forum ›für alle Bereiche der Literatur‹, aber zu dessen Verwirklichung mangelte es ihm an Kapital. Er inserierte zunächst seinen ›Prospekt‹ in einer der führenden Tageszeitungen Philadelphias (der ›Saturday Courier‹ hatte bereits 1832 fünf Erzählungen von ihm veröffentlicht, und Poe war mit den Redakteuren bekannt, die ihm vielleicht einen Vorzugspreis einräumten) und ließ ihn außerdem auf gutem Papier vervielfältigen. Das war, von seiner Finanzlage aus gesehen, bereits eine größere Investition. Hinzu kamen Portokosten, denn er schickte seine Ankündigung an fast alle seine Bekannten und wohl auch an viele Subskribenten des ›Gentleman's Magazine‹, deren Namen er aus Burtons Liste entwendet hatte. Es gab seinerzeit weder Briefmarken noch -umschläge; Poe schrieb seine gesamte Korrespondenz auf Aktenpapier, das er zusammenfaltete, versiegelte und auf der Rückseite adressierte; die Gebühren – 3 Cent pro Brief – wurden auf dem Postamt bezahlt. Die Begleitschreiben, in denen er sich an jeden einzelnen persönlich wandte und um seine Unterstützung bat, nahmen viel Zeit in Anspruch. Snodgrass war einer der ersten, die seinen Aufruf erhielten; in Poes Brief dazu hieß es: »...Ich bin gerade vollauf damit beschäftigt, Aufmerksamkeit auf das geplante Objekt zu lenken; sie können also versichert sein, daß ich nicht müßig gehe – wenn etwas an der Sache unmöglich erscheint, so ist es die Unmöglichkeit eines *Mißerfolges*. Die Welt ist versessen auf alles Neuartige, und indem ich absolut *ehrlich* bin, werde ich ihr etwas völlig Neues bieten.«[17]

Zu den vielen, die er als Abonnenten – und Abonnentenwerber – begeistern wollte, gehörten außerdem Lucian Minor, der frühere Chefredakteur des ›Southern Literary Messenger‹, sein Freund Frederick W. Thomas und John Pendleton Kennedy – letzterem schmeichelte er mit einer von ihm mehrfach gebrauchten Wendung: »Da Sie es gewesen sind, der den Anstoß zu meiner literarischen Karriere gab...« etc. Er benötigte »nur 500 Subskribenten bis zum 1. Dezember«[18], um die geeigneten Schritte zu unternehmen, und er erhielt wohl auch eine ganze Menge Vorbestellungen, zusammen mit jeweils $ 5. Diese Summen brachten ihn über ein schwieriges halbes Jahr hinweg, waren jedoch, wie sich bald herausstellen sollte, zum Fenster hinausgeworfen.

Das Penn Magazine wurde von Poe natürlich nicht als Schwindelunternehmen geplant. Er beschäftigte sich sein ganzes Leben ernsthaft mit diesem Projekt, das jedoch immer wieder hinausgeschoben werden mußte. Traf eine Vorbestellung ein, so kamen die $ 5 meistens gerade recht, um irgendeine dringend angemahnte Schuld zu begleichen, wobei sich Poe jedesmal fest vornahm, das Geld auf Heller und Pfennig zurückzuzahlen. Um wirklich eine eigene Zeitschrift auf die Beine zu stellen, mangelte es ihm wohl doch zu sehr an organisatorischem Talent und Finanzgeschick – »der Junge verstand nichts von Geldangelegenheiten – wie sollte er auch, aufgewachsen in Prunk und Luxus«, heißt es in einem Brief Mrs. Clemms.

George Rex Graham (1813–1894), der neue Eigentümer des ›Gentleman's Magazine‹, mit dem er wenig später bekannt werden sollte, war eine der wichtigsten und interessantesten Personen, die in seinem Leben eine Rolle spielten. Er hatte ein tragisches, bewegtes Schicksal: vor allem durch Poe wurde er zu einem der reichsten und angesehensten Zeitschriftenherausgeber Amerikas, lebte in verschwenderischem Stil, ließ sich jedoch später auf Spekulationen ein, durch die er all seinen Besitz verlor, verfiel der Trunksucht und starb schließlich in einem Armenhospital.

Graham stammte aus Philadelphia; nach dem Tod seines Vaters, eines Schiffsausstatters, fand er sich im Alter von fünfzehn Jahren ganz auf sich allein gestellt. Er begann als Lehrling bei einem Möbeltischler und vertiefte sich neben seiner Arbeit in das Studium der Rechte. 1839 bestand er das Examen, entschloß sich jedoch, als Journalist Karriere zu machen. Zwei Monate später wurde er redaktioneller Mitarbeiter der ›Saturday Evening Post‹, an der er von seinem kleinen Vermögen Anteile erwarb; bald darauf kaufte er die Wochenzeitschrift ›Atkinson's Casket‹, ein eher anämisches Blättchen mit kleinem Abonnentenkreis, das triviale ›Blüten der Literatur, Kunst und Schöngeistigkeit‹ ausstreute. Im selben Jahr heiratete er Elizabeth Fry, die, nach Sullys Porträt zu urteilen, eine ätherische Schönheit gewesen sein muß, in der Art von Poes ›Ligeia‹ oder ›Madeline Usher‹.

1840 bot ihm Burton sein ›Gentleman's Magazine‹ zum Verkauf an, für $ 3500 – also etwa ein Dollar pro Abonnent –, damals ein Vermögen, nach heutigen Wertmaßstäben ca. 40 000 DM. Als Poe Chefredakteur wurde, so heißt es, hätte die Zeitschrift einen festen Leserstamm von nur 700 Subskribenten gehabt; das würde bedeuten, daß sich Umsatz und Verbreitung des ›Laffenblättchens‹, mit dem sich Poe so wenig identifizieren konnte, unter seiner redaktionellen Leitung immerhin verfünffacht hatten. Aber selbst angenommen, daß sie sich bloß verdoppelten, war es doch Burton allein, der davon profitierte.

›The Casket‹ und das ›Gent's Mag‹ fusionierten zu »Graham's Lady's and Gentleman's Magazine, umfassend alle Bereiche der Literatur und ausgeschmückt mit Stahlstichen, Holzschnitten, Modeblättern, Schnittmustern und Noten für Klavier, Harfe und Gitarre«[19]. Durch die Zusammenlegung war die Abonnentenziffer auf 5000 angewachsen, ein vielversprechender Anfang für ein neues Magazin, das, wie die weitschweifige Überschrift zeigt, ›Godey's Lady's Book‹, dem damaligen Giganten auf dem Zeitschriftenmarkt, Konkurrenz machen wollte. Erbauung, Information, Belehrung – für jeden Bürger ein Appetithäppchen, und ›musisch‹ empfand sich jedermann.

In der ersten Ausgabe erschien im Dezember Poes Erzählung ›Der Mann der Menge‹. Sie verzichtet auf jedes gotische Dekor, und ihre Handlung spielt in der unmittelbaren Gegenwart, ohne – wie sonst, wenn Poe das zeitgenössische Milieu schilderte – komisch oder grotesk zu sein. Der Erzähler beobachtet an einem Herbstabend, in einem Kaffeehaus sitzend, durch ein großes Bogenfenster die vorüberflutenden Menschenmassen: »Anfangs nahmen meine Gedanken eine abstrakte und verallgemeinernde Richtung. Ich sah die Passanten erst nur *en masse* und dachte über sie als Herden-Ganzes nach. Bald aber ging ich dann zu Einzelheiten über und betrachtete mit minuziösem Interesse die ungezählten Varietäten in Kleidung und Gestalt, in Gangart und Gebaren, Gesicht und Mienenspiel.«[20] Die Beschreibungen der einzelnen Personen oder Personengruppen sind ebenso psychologisch wie zeitgeschichtlich interessant und haben etwas subtil Autobiographisches: so als hätte Poe sie tatsächlich an irgendeinem Kaffeehaustisch aufgezeichnet; da gibt es »junge Herrchen mit schmucken Röcken, blitzenden Stiefeln, wohlgeöltem Haar und hochmütig aufgeworfenen Lippen ... Sie trugen die abgelegten Guten Manieren der Nobelwelt sozusagen auf; ... die Gruppe der höheren Clerks, der ›Jungs aus gutem altem Hause‹«, mit dem »breiten, gediegenen Schuhwerk«; »von denen das rechte Ohr, lange als Feder-Halter benutzt, auf eine wunderlich spitzige Weise abstand«; ferner »eine Menge flotter Existenzen, die ... zu der famosen Rasse der Taschenmarder gehörten«, und »rücksichtslose Gauner-Louis, mit Sammetweste, modischem Halstuch, vergoldeten Ketten und filierten Knöpfen.«[21] Überhaupt die ganze bürgerliche Gesellschaft flaniert vorbei, von den Wohlanständigen bis zur Demimonde, und der Erzähler studiert ihre jeweiligen Verhaltensweisen mit lebhaftem Interesse. Nach einiger Zeit fällt ihm das Gesicht eines »abgelebten alten Mannes von wohl fünfundsechzig oder siebzig Jahren« auf – »ein Gesicht, welches aufgrund der absoluten Idiosynkrasie seines Ausdrucks sogleich meine ganze Aufmerksamkeit fesselte und in sich hineinsog«. Dieser Ausdruck löst in ihm die verschiedensten widersprüchlichen Assoziationen aus, und er wird plötzlich von dem Drang beherrscht, der Gestalt nachzugehen, um sie genauer zu beobachten. Er verfolgt den Fremden über Straßen und Plätze, durch das Gewühl der Passanten und menschenleere, enge Gassen bis in die Randbezirke der Stadt, die Slums, »das übelste, ungesündeste Viertel«. »Da plötzlich, wir bogen eben um eine Ecke, brach uns ein blendender Lichtschein ins Gesicht, und wir standen vor einem der ungeheuren Tempel der Intemperanz – vor einem der Paläste des Dämons Alkohol.« Die Spannung steigert sich, wieder scheint der Leser mit dem Erzähler ›einer unerhörten Erkenntnis entgegenzutreiben‹, aber es geschieht – nichts. »›Dieser alte Mann‹, sagte ich schließlich, ›ist das Urbild und der Genius tiefer Schuld. Er bringt's nicht über sich, allein zu sein. *Er ist der Massenmensch*. Es wäre fruchtlos, ihm hinfort zu folgen; denn weder über ihn noch über seine Taten werd' ich mehr erfahren. Im Buche des bösesten Herzens auf der Welt steht mehr geschrieben denn im *Hortulus Animae*, und vielleicht ist es nur eine der großen Gnadengaben Gottes, daß ›es sich nicht lesen läßt‹.«[22]

Man könnte die Geschichte so interpretieren, daß es sich bei dem geheimnisvollen Fremden, dem »Genius tiefer Schuld«, der »im menschlichen Ozean schwimmt« und überall dorthin getrieben wird, »wo das Leben der Masse Mensch brodelt«, ja sich »wie die Menschen der Sintflut verzweifelt an die letzten Stellen klammert, die aus der Unruhe des täglichen Lebens aufragen«[23], wieder um das *Alter ego* des Erzählers handelt, jedoch nicht, wie in ›William Wilson‹, als Verkörperung seines Gewissens, sondern als Sinnbild seiner Einsamkeit, seiner Entfremdung, seiner Verstrickung in Sünde. Er erinnert an die Helden Kafkas; der Typus des modernen Menschen, wie er in der Literatur des zwanzigsten Jahrhunderts so oft beschrieben wird, »des entmenschlichten Individuums, verloren in der Masse«, deren Wärme er sucht und doch nie findet; durch Schuld aus dem Paradies verstoßen und verdammt zur Vernichtung, zur endgültigen *Annihilation*. Am Anfang der Erzählung findet sich eine bezeichnende Passage: »Da sterben Menschen nächtlich in ihren Betten; sie klammern sich an die Hände geisterhafter Beichtiger, sie blikken ihnen jammerbang ins Auge – und sterben doch verzweiflungsvollen Herzens und mit verkrampfter Kehle ob der Gräßlichkeit all der Mysterien, die sich nun nicht und nicht enthüllen lassen wollen.«[24]

Obwohl ›The Man of the Crowd‹ eine neue, realistischere Schaffensperiode Poes eröffnet, sind die Motive, vergleicht man sie mit seinen früheren Werken, doch immer noch die gleichen geblieben: die Faszination des letzten großen Geheimnisses, der Tod als Grenze zum Paradies oder zur Auflösung ins Nichts. Diese Auflösung wird durch den alten Mann, der in der Menge untergeht, bereits symbolisch vorweggenommen.

Im Dezember 1840 wurde Poe – so behauptet er jedenfalls in einigen Briefen – durch eine schwere Krankheit ans Bett gefesselt, so daß sich das Erscheinen der ersten Ausgabe des für Januar angekündigten ›Penn Magazine‹ bis zum März kommenden Jahres verzögerte.

Alles schien perfekt zu sein; das Layout stand fest – »keine Stahlstiche … ein klarer Schriftsatz, erstklassiges Papier, hin und wieder ein Holzschnitt von einem der bedeutendsten Künstler des Landes, zur Illustration der

Texte«; die ersten Druckbögen sollten schon bald in Satz gehen. Den Schriftsteller Robert T. Conrad bat Poe um einen Artikel über das ›Internationale Urheberrecht und das Verleumdungsklagerecht in bezug auf die Literaturkritik‹ für die erste Ausgabe. Aber im Februar erschien in Grahams ›Saturday Evening Post‹ eine Notiz, die die Öffentlichkeit darüber informierte, daß das Erscheinen des Penn Magazine abermals aufgeschoben worden sei, aus Gründen der allgemein problematischen Wirtschaftslage des Landes, ›von der die Presse am meisten betroffen ist‹. In der Tat hatte die Bank der Vereinigten Staaten von verschiedenen Banken in Philadelphia Kredite in Höhe von insgesamt 13 000 000 Dollar aufgenommen, ohne den vereinbarten, verzinsten Rückzahlungsmodus einhalten zu können; viele dieser Banken mußte daraufhin Konkurs anmelden, die Aktien fielen, und an der Börse gab es einen neuen ›schwarzen Freitag‹ – eine ähnliche Situation also wie vor vier Jahren, als der Demokrat Van Buren zum Präsidenten gewählt worden war. »Der Herausgeber«, so hieß es weiter, »sieht jedoch nicht die geringste Veranlassung, an einem späteren Erfolg zu zweifeln, da die Presse, besonders im Süden und Westen, ganz auf seiner Seite steht und es ihm außerdem gelungen ist, eine beachtliche Zahl von Subskribenten zu gewinnen«. Diese Subskribenten wurden allerdings hellhörig, als sie in derselben Notiz erfuhren, daß Poe, dieser »ernste, gerechte und kompetente Kritiker«, sich »vorläufig« dazu entschlossen habe, Chefredakteur bei ›Graham's Lady's und Gentleman's Magazine‹ zu werden.[25] Besonders Poes Freunde aus dem Süden reagierten verstört auf die Neuigkeit und erkundigten sich in einer Flut von Briefen nach dem genauen Stand der Dinge. So schrieb ihm John Tomlin, einer seiner Bewunderer, der eine Anzahl Abonnenten für das Penn Magazine geworben hatte, aus Jackson, Tennessee: »Haben Sie die Herausgabe des P. M. auf unbestimmte Zeit verschoben? Das wäre für Ihre Freunde hier eine schwere Enttäuschung ...«[26]

Eine verständliche Enttäuschung, da, wie schon angedeutet, inzwischen Vorbestellungen für ein Jahresabonnement bei Poe eingetroffen waren, die $ 5 in bar enthielten. Es läßt sich zwar nicht mehr ermitteln, wieviel auf diese Weise zusammenkam – sehr hoch kann die Summe nicht gewesen sein –, aber *daß* Vorauszahlungen an seine Adresse abgesandt wurden, ist mehr als nur wahrscheinlich. Diese etwas heikle Frage wird von allen seinen Biographen ausgeklammert. »Der *Penn* ist«, schrieb Poe im April an Snodgrass, »hoffe ich, nur ›verwundet, aber noch nicht tot‹. Er hätte wie angekündigt im März unter den allergünstigsten Bedingungen erscheinen können – <u>Kapital stand zur Verfügung</u> (Hervorhebung d. Verf.) – wäre nicht die unerwartete Bankkrise dazwischengekommen. Mittlerweile hat mir Mr. Graham ein großzügiges Angebot gemacht, das ich mit großer Freude annahm. Natürlich werde ich nach einer gewissen Frist das *Penn*-Projekt wieder aufgreifen.«[27]

Poe unterhielt kein eigenes Bankkonto; die Finanzpleite von 1841 konnte ihn also nur insofern tangieren, als es damals unmöglich war, ein größeres Darlehen aufzunehmen. In seiner 1843 erschienenen Erzählung ›Diddeln oder Das Schwindeln als eine der exakten Wissenschaften betrachtet‹ verrät er einige Tricks, auf schnelle und unehrliche Weise an Geld zu kommen. In Poes Manier ausgedrückt: »Der nächste Schritt besteht darin, … in den wichtigsten Geschäfts-Groschenblättern der Stadt zu inserieren – die ›Pfennigblätter‹ werden als nicht ›respektabel‹ gemieden – und auch weil sie für alle Anzeigen Vorauskasse verlangen.«[28]

Über Grahams oben angesprochenes ›großzügiges Angebot‹ zum Beispiel sollte er schon bald ganz anders denken: »Sie erinnern sich wohl daran, daß ich ursprünglich beabsichtigte, die erste Ausgabe am 1. Januar 1841 herauszubringen. Ich ließ mich von Mr. Graham dazu überreden, das Projekt erst einmal zu verschieben. Er sagte mir, daß wenn ich als festangestellter Redakteur bei ihm arbeiten und vorläufig meine persönlichen Ziele zurückstellen würde, er selbst nach Ablauf von sechs Monaten, spätestens Ende des Jahres, seine Zeitschrift mit der von mir geplanten fusionieren wolle. Da Mr. G. ein vermögender Mann war und ich über keinerlei Kapital verfügte, hielt ich's für das Vernünftigste, auf seinen Vorschlag einzugehen. Was dabei herauskam, hat nur seine Wankelmütigkeit und meine eigene Torheit bewiesen. Jede Anstrengung, die ich für ›Graham's‹ unternahm, um diesem Magazin zu größerem Umsatz zu verhelfen, machte gleichzeitig seinen Eigentümer immer selbstzufriedener und unwilliger, sein Versprechen einzuhalten. Als wir (nach einer mündlich getroffenen Vereinbarung) miteinander ins Geschäft kamen, hatte er 6000 Abonnenten; nun, da ich mich von ihm getrennt habe, sind es über 40000. Kein Wunder also, daß er der Versuchung erlag, mich im Stich zu lassen.«[29]

Mr. Graham war ein kluger Geschäftsmann. Er kannte die Gerüchte, die Burton über seinen ehemaligen Redakteur ausstreute, aber er wußte auch um das überragende journalistische Talent dieses schwierigen Exzentrikers und dessen zweifelhaften Ruf in Philadelphia. Er setzte auf einen Außenseiter und taxierte seinen ›Marktwert‹ vorsichtig auf $ 800 Jahresgehalt plus der Zusatzhonorare für Artikel und Beiträge. So viel hatte Poe weder bei White noch bei Burton verdient.

Der Einsatz zahlte sich aus. Durch Poe wurde ›Graham's Lady's and Gentleman's Magazine‹ zur meistgelesenen Monatszeitschrift der Vereinigten Staaten und Graham zum Millionär.

»Wenn Graham mir anstatt eines Hungerlohnes nur einen Zehntelanteil seines Magazines abgetreten hätte«, schrieb Poe im Februar 1842 an F. W. Thomas, »so wäre ich heute ein reicher Mann«.[30]

James Fenimore Cooper erhielt zum Beispiel $ 1500 für eine einzige Novelle, ›The Islets of the Gulf‹, und Dichter wie H. W. Longfellow oder der seinerzeit vielgepriesene George P. Morris verdienten 50 Dollar an einem Gedicht. Graham ließ es sich – übrigens auf Poes Rat hin – etwas kosten, die besten Kräfte für sein Magazin zu verpflichten, und seine Investitionen machten sich bezahlt. Daß Poe dabei etwas zu kurz kam, hatte er einerseits seinen exzentrischen Gewohnheiten, andererseits seinem mangelnden Geschäftssinn zu verdanken. »Tatsächlich kümmerte Geld ihn wenig«, schrieb Graham in seiner Erwiderung auf die Verleumdungskampagne gegen Poe nach dessen Tod, »noch weniger kannte er seinen Wert, denn er schien keine persönlichen Ausgaben zu haben! Was er von mir regelmäßig im Monat erhielt, ging gleich an seine Schwiegermutter zur Versorgung der Familie weiter.«[31]

Die Redaktion befand sich im selben Gebäude wie die traditionsreiche Zeitung ›Public Ledger‹, für die Poe später Artikel schreiben sollte, und der ›Dollar Newspaper‹, in der 1843 seine Erzählung ›Der Goldkäfer‹ erschien, an der Ecke der Third and Chestnut Street, also im Hauptgeschäftsviertel. Mit seinen sechs Stockwerken war es das höchste Haus in der mit Reklameschriften übersäten betriebsamsten Straße ganz Philadelphias. Wie in den Verkehrszentren moderner Großstädte gab es regelrechte Stoßzeiten mit Stauungen von Droschken, Fuhrwerken, Einspännern, pferdegezogenen Omnibussen oder Trambahnen und den kürzlich eingeführten ›Cabs‹, einer neuen Droschkenart, die etwa den heutigen Taxis entsprachen. Nicht minder hektisch ging es in der Redaktion selbst zu. Alles, was in der Kulturszene Philadelphias Rang und Namen hatte, kam auf einen Sprung vorbei, und es sprach sich schnell herum, daß Graham die höchsten Honorare zahlte. Man traf dort Künstler wie Thomas Sully, John Sartain und den in den fünfziger Jahren berühmtesten Illustrator und Karikaturisten Amerikas, Felix Octavius Carr Darley, der damals noch am Anfang seiner Karriere stand und mit dem Poe befreundet war; ferner Literaten wie ›Captain‹ Mayne Reid, mit seinem abgezirkelten Knebelbart Napoleon III. zum Verwechseln ähnlich, Thomas Dunn English und George Lippard. Lippard war vielleicht der größte Sonderling von allen; er schrieb ›mystery novels‹, voll von ›rasselnden Knochen‹ und ›bluttriefenden Nonnen‹, lebte in einem verfallenen, unbewohnten Haus aus der Revolutionszeit in einem Randbezirk der Stadt, in dessen leeren Stockwerken Obdachlose die Nacht verbrachten, und schilderte die ehrwürdige Quäkerstadt stets als Schauplatz schändlicher Verworfenheit, geheimer Orgien und haarsträubender Verbrechen – eine Art Eugène Sue im Kleinformat.

Zur selben Zeit, als er seine Stellung bei ›Graham's Lady's and Gentleman's Magazine‹ antrat, lernte Poe auch Rufus Wilmot Griswold kennen, den ›Uriah Heep‹ in seinem Leben, über den es sogar in einem Lexikon heißt, daß »er eine der unsympathischsten Figuren der gesamten Literaturgeschichte ge-

Rufus W. Griswold. Gemälde von Charles L. Elliott, 1857

wesen sei«[32]. »Meine Bekanntschaft mit Mr. Poe«, schreibt Griswold, »begann im Frühjahr 1841. Er sprach in meinem Hotel vor, und da er mich dort nicht antraf, hinterließ er zwei Empfehlungsschreiben. Am nächsten Morgen besuchte ich ihn, und wir führten ein längeres Gespräch über Literatur und ›littérateurs‹ im Zusammenhang mit einer Anthologie, die ich gerade vorbereitete, ›Dichter und Dichtkunst Amerikas‹.«[33]

Von seinem äußeren Erscheinungsbild wirkte Griswold – damals sechsundzwanzig Jahre alt – recht unscheinbar. Er war blaß, hatte dünnes, in der

Mitte gescheiteltes Haar und trug eine schüttere Andeutung von Kinnbart. Seine Lebensgeschichte bis zu diesem Zeitpunkt läßt einige Rückschlüsse auf seinen Charakter zu: er stammte aus ärmlichen Verhältnissen – sein Vater, Rufus Griswold, war ein kleiner Farmer und Gerber aus Benson, Vermont; seine Mutter, Deborah (Waas) Griswold eine übertrieben religiöse Frau, wie man sie damals auf dem Lande häufig fand, verknöchert in Pietismus und eifriger Lektüre der Bibel, in ›raschelnden schwarzen Tüll gehüllt‹ und gottesfürchtig bis zur Grausamkeit. Er erhielt nur eine einfache Grundschulausbildung, ansonsten wurde er in der Enge eines streng-baptistischen Elternhauses nach den Grundsätzen des Alten Testamentes erzogen. Mit fünfzehn gelang es ihm, sich aus diesen Zwängen zu lösen, obwohl ihm zeit seines Lebens etwas Bigottes anhaften sollte. Er fand eine Anstellung – wahrscheinlich als Druckereigehilfe, als ›printer's devil‹, bei einer Tageszeitung in Albany und lernte dort wie White oder Burton das Druckgewerbe von der Pike auf kennen. In den folgenden Jahren kam er, so behauptete er jedenfalls, ›viel in der Welt herum‹ und bereiste (vielleicht als Schiffsjunge oder Leichtmatrose) Europa und den amerikanischen Kontinent. Mitte der dreißiger Jahre begann er Theologie und Jura zu studieren und erhielt, wenn man wiederum seinen eigenen Aussagen Glauben schenken darf, in beiden Fächern den Doktortitel, also den DD. und LL.D. Zumindest besaß er eine ›Lizenz‹, das Amt eines Baptistenpredigers auszuüben, und nannte sich fortan ›Reverend‹. Im gleichen Jahr, in dem er sein Studium abschloß, 1837, heiratete er jedoch eine gewisse Caroline Searles, die ihm nach ihrem Tod 1842 zwei Töchter hinterließ, und schlug eine journalistische Karriere ein. 1838 und 1839 gab er zunächst den ›Vermonter‹ heraus, eine kleine religiöse Zeitschrift, die gleichermaßen für ihre Schmähungen gegen die römisch-katholische Kirche wie gegen den Philosophen Robert Treat Paine berüchtigt war, der im 18. Jahrhundert ein Pamphlet ›Wider den Vandalengeist des Puritanismus‹ veröffentlicht hatte. Nachdem es ihm, wie der Mißerfolg dieses Blättchens zeigte, an Format mangelte, den amerikanischen ›Savonarola‹ zu spielen, wechselte er als Redakteur zum ›New Yorker‹ über, dessen Herausgeber, Horace Greeley, ihn als den ›geschicktesten und gerissensten Dieb‹ bezeichnete, ›der je mit einer Schere umging‹. Er stellte also aus ausländischen, vor allem britischen Publikationen ›originelle‹ Beiträge zusammen, ähnlich wie manchmal Poe für Burtons ›Gentleman's Magazine‹, allerdings mit weniger schlechtem Gewissen. Überhaupt lag seine eigentliche Begabung im ›Zusammenstellen‹. Er war der geborene Anthologist. Gegenwärtig stand er im Begriff, nach Philadelphia umzusiedeln, um für den ›Daily Standard‹, später für die ›Philadelphia Gazette‹ zu arbeiten und ein Buch zu veröffentlichen, eben das genannte ›Dichter und Dichtkunst Amerikas‹.

Am Anfang ihrer Bekanntschaft machte er auf Poe zweifellos einen sehr positiven Eindruck. Er erwies sich als charmanter Plauderer und mehr noch als aufmerksamer Zuhörer, denn Poe verbreitete sich mit Vorliebe über sein Lieblingsthema, Poesie und Versifikation im allgemeinen, die Situation der amerikanischen Lyrik, ihre plagiatorischen Tendenzen und den Unterschied zwischen ›Phantasie‹ und ›Imagination‹ im besonderen. Auch fühlte er sich durch Griswolds Bitte geschmeichelt, eine Auswahl aus seinen eigenen Werken zu treffen und ihm zuzusenden, da Poes Name natürlich in der geplanten Anthologie nicht fehlen dürfe. All das nötigte ihn wohl zu einem längeren Vortrag und einer Menge nützlicher Ratschläge, die sein ›junger Kollege‹ geduldig über sich ergehen ließ, obwohl ihn diese anmaßende Doziererei verärgern mußte. Poe verstieg sich in ihrem Gespräch zu der Behauptung, der hochangesehene H. W. Longfellow habe eines seiner Gedichte buchstäblich von ›The Haunted Palace‹ abgeschrieben, und kam in einem Brief an Griswold noch einmal ausführlich darauf zu sprechen:

»Werter Herr,
anbei übersende ich Ihnen die Gedichte, welche ich selbst für meine besten halte, und überlasse es Ihrem persönlichen Geschmack, etwas für Sie Passendes daraus auszusuchen. Ich wäre stolz darauf, das eine oder andere davon in Ihrem Buch wiederzufinden. Das mit dem Titel ›Haunted Palace‹ erwähnte ich letztens Ihnen gegenüber in bezug auf Prof. Longfellows literarischen Diebstahl. Ich veröffentlichte es zuerst in Brooks ›Museum‹, einem inzwischen eingegangenen Monatsjournal in Baltimore. Danach fügte ich es in meine Erzählung ›The House of Usher‹ ein, die in Burtons Magazine erschien. In diesem Blatt dürfte Prof. Longfellow darauf gestoßen sein, denn ungefähr sechs Wochen später druckte der South. Lit. Mess. eines seiner Gedichte ab, ›The Beleaguered City‹, das nun wohl auch in seiner Werkausgabe enthalten ist. Schon die Ähnlichkeit der Titel ist verblüffend. Mit dem ›verwunschenen Palast‹ meine ich einen von Phantomen heimgesuchten Geist – einen verstörten Verstand – und mit der ›belagerten Stadt‹ meint Prof. L. genau dasselbe. Aber die ganze *tournure* des Gedichtes basiert auf meiner Vorlage, wovon Sie sich auf einen Blick überzeugen können. Die darin enthaltene Allegorie – das Metrum – der Ausdruck – alles stammt von mir.«[34]

Vergleicht man die beiden Gedichte miteinander, so scheint Poes Verdacht tatsächlich nicht ganz aus der Luft gegriffen, wenn sich auch ›auf einen Blick‹ kaum Gemeinsamkeiten finden lassen – ›Allegorie, Metrum und Ausdruck‹ sind nur sehr entfernt miteinander verwandt; allerdings gibt es eine gewisse Ähnlichkeit in der Wahl der Worte und Synonyme, und die Kernaussage ist die gleiche:

>»I have read, in the marvellous heart of man
That strange and mystic scroll,
That an army of phantoms vast and wan
Beleaguer the human soul«[35],

heißt es bei Longfellow, der später in einem Brief an Griswold den Plagiats-vorwurf weit von sich wies[36]. Vielleicht ließ er sich – unbewußt – von Poes Versen inspirieren, die er irgendwann einmal in Burtons Magazine flüchtig überlesen und wieder vergessen hatte. Jedenfalls liegt in dieser belanglos erscheinenden Episode das ursprüngliche Motiv für den aufsehenerregenden literarischen Feldzug, den Poe 1845 gegen den Dichter eröffnete und der unter dem Namen ›Longfellowkrieg‹ in die Literaturgeschichte einging.

Griswold versuchte es Anfang der fünfziger Jahre so darzustellen, als hätte Poe Longfellow kopiert – wider besseres Wissen, denn es war ihm bekannt, daß ›The Haunted Palace‹ vor ›The Beleaguered City‹ erschienen war. So kleinlich solche Spitzfindigkeiten auf den heutigen Leser wirken mögen, sie zeigen doch auf, daß sich hinter der unscheinbaren, schmeichlerischen Fassade des ›Reverend‹ ein gefährlicher Intrigant verbarg, dessen wirkliches Wesen Poe verkannte. Ein Zeitgenosse schrieb: »Dieser Mr. Griswold ist, *par example*, wahrlich eines der *Sang-froid*-Kabinettstücke der menschlichen Komödie. Wann immer ich ihn sehe, muß ich an die Beschreibung des ›Reptils‹ in einem Schulbuch über das Tierreich denken, worin es heißt: ›ein kaltblütiges Lebewesen mit Lungen, einem nicht durch Kammern unterteilten Herzen, einem Gehirn und einem knorpeligen Skelett‹. Freilich hat Griswold ein Gehirn. Er bildet sich ein, es sei *das* Gehirn der Vereinigten Staaten, und es ist ihm gelungen, ein paar der angesehensten Verleger dieses Landes ebenfalls davon zu überzeugen (um so schlimmer!). Und daß er ein Reptilienherz hat wie eine Schlange oder ein Fisch, zeigt sein Verhalten Poe gegenüber ... Griswold konnte Poe nicht ausstehen. Jedermann wußte das. Aber als Poe, der eine ähnliche Abneigung gegen Griswold verspürte, starb und letzteren in einem Anfall von Großmut zu seinem literarischen Nachlaßverwalter ernannte, nutzte jener – als der hinterhältige Intrigant, der er nun einmal ist – die Gelegenheit aus, um vor der Welt seiner kleinlichen, persönlichen Rachsucht zum Siege zu verhelfen.«[37] Constance Rourke nannte ihn: »diesen kleinen, geschmeidigen, schlüpfrigen Kritiker«; James Russel Lowell schimpfte: »Der Reverend Mr. Griswold ist ein Esel, und außerdem ein niederträchtiger Schuft«; Poe selbst äußerte einmal gegenüber Mrs. Houghton, »daß er sich in seiner Gesellschaft immer fühle wie in der Gegenwart einer Viper, die bei der erstbesten Gelegenheit zustoßen würde«. Es gibt eigentlich keine einzige positive Äußerung über den ›ehrbaren Reverend‹, und dennoch war er bis zu seinem Tod (1857) ein angesehener wie auch gefürchteter Zeitschriftenherausgeber, Kritiker und Anthologist. Baudelaire beklagte, daß es in Amerika keine Bestimmung gebe, die Hunden das Betreten von Friedhöfen verbietet. Selbst abgesehen von Poe – ohne den Griswold wahrscheinlich längst vergessen wäre –, ist die Beweiskette seiner unlauteren Machenschaften so lückenlos, daß sich beim besten Willen kein gutes Wort für ihn einlegen läßt.

Schon sehr bald, im Juni, sollte es zwischen ihm und Poe zu ersten ernsthaften Meinungsverschiedenheiten kommen. Poe gab sich die größte Mühe, die Aprilausgabe von ›Graham's‹ – die erste unter seiner redaktionellen Leitung – zu einem vollkommenen Erfolg zu machen, und das gelang ihm auch. Das Layout war ohnehin im Vergleich zu anderen Zeitschriften exzellent. Für eine einzige Illustration – Kupfer-, Stahl- oder Holzstiche – zahlte Graham bis zu $ 200; zusammen mit den Druckkosten und dem erstklassigen Papier kam leicht eine Summe von $ 500 pro Abbildung zusammen. Dabei handelte es sich meist um Stahlstiche, die die neueste Pariser Haute Couture zeigten – geschniegelte Herren mit onduliertem Haar, in taillenbetonten Gehröcken, Westen, Röhrenhosen mit oder ohne Steg, zierlichen Stöckchen und schimmernden Zylindern, welch letztere sie meist vom Kopfe gezogen hatten, um eine oder mehrere nicht minder schmuck herausgeputzte Damen artig zu begrüßen, die hinter ihren Fächern oder Sonnenschirmen hervorlächelten und deren Krinolinenröcke sich an Zahl der Volants gegenseitig zu übertreffen suchten. Einige Seiten weiter stieß man auf ein neues Lied von George P. Morris, ›zum Vortrage empfohlen‹, mit den dazugehörigen Noten für ›Piano, Harfe oder Gitarre‹, oder auf eine der üblichen Reiseskizzen, Feuilletons und Gedichte fürs Herz à la Mrs. Sigourney. Poe brillierte durch eine geschliffene Rezension von Edward Bulwer-Lyttons Roman ›Nacht und Tag‹, der kürzlich bei Harper & Brothers neu aufgelegt – bzw. raubgedruckt – worden war. Bulwer war ein in Amerika sehr geschätzter Bestsellerautor, dessen ›Rienzi‹, ›Pelham‹, ›Ernest Maltravers‹ u. a. ein breites Lesepublikum gefunden hatten; Poe konnte also sicher sein, daß seine Kritik auf allgemeines Interesse stoßen würde. Wieder einmal ging er von der – auch im Prospekt des ›Penn Magazine‹ angekündigten - Methode aus, »sich nur an die reinen Gesetze der Kunst zu halten, Gesetze, die, während sie Anwendung finden, zugleich analysiert und erläutert werden«. Manchmal kam über der ›Analyse und Erläuterung‹ dieser Gesetze die eigentliche Rezension etwas zu kurz, so auch in der Rezension ›Bulwer: Nacht und Tag‹[38].

In ihr ging es Poe gar nicht so sehr um Bulwer, dessen ›Rienzi‹ er im ›Southern Literary Messenger‹ noch in den höchsten Tönen gelobt hatte, sondern allgemein um die damalige Romanschwemme, die Flut vor allem der Mysterienromane, der ›mystery-‹ oder ›sensation novels‹, die inzwischen an Stelle der ›gothics‹ und ›penny dreadfuls‹ getreten waren. Im Zentrum dieser literarischen Bewegung standen in England Bulwer, in Frankreich Eugène

Sue. Die Inflation an Romanen war gerade in Frankreich in den späten dreißiger und frühen vierziger Jahren häufig Gegenstand der Satire; in einer Karikatur des Pariser ›Charivari‹ ist ein Mann abgebildet, der vor einem Ungewitter aus herniederstürzenden schweren Romanwälzern seinen Regenschirm aufspannt und panikartig die Flucht ergreift. Gegen die Romankultur der spätromantischen Ära, diesen »Mummenschanz der bürgerlichen Gefühle«, stimmte Poe den Schlachtruf an ›Der Roman ist tot – es lebe die Kurzgeschichte!‹, natürlich einerseits zu dem Zweck, die von ihm selbst bevorzugte Erzählform zu propagieren, andererseits, weil der amerikanische ›magazine spirit‹ die ›short story‹ immer mehr zum Standard erhob: »Was das Schreiben für Zeitschriften angeht, brauche ich Ihnen die Zeichen der Zeit gewiß nicht zu nennen. Sie werden mir zustimmen, daß die Entwicklung dahin tendiert – zumindest gilt das für die leichtere Literatur. Das Kurze, Knappe, Gedrängte und leicht Erreichbare wird an die Stelle des Weitschweifigen, Gewichtigen und schwer Zugänglichen treten«[39], heißt es in einem Brief Poes an Washington Irving. Es wäre jedoch ein Irrtum, zu glauben, Poe sei ein ›Sprachrohr des Zeitgeistes‹ gewesen oder habe, selbst auf journalistische ›Brot-Arbeit‹ angewiesen, aus der Not eine Tugend gemacht. Die ›Zeichen der Zeit‹ kamen vielmehr seiner Kunstauffassung entgegen. Neben dem angestrebten, einheitlichen Effekt und ›einer gewissen Unterströmung an Bedeutung‹ ist in seiner Theorie der Kurzgeschichte (in der Rezension von Hawthornes ›Twice Told Tales‹) und der Dichtkunst (›Die Methode der Composition‹) das Moment des *Umfanges* von entscheidender Bedeutung. Schon 1836 hatte er in seiner Besprechung von Dickens' ›Watkins Tottle und andere Skizzen‹ im ›Messenger‹ geschrieben: »Wir können einfach nicht glauben, daß weniger wirkliches Können zur Verfertigung eines guten ›kurzen Artikels‹ vonnöten sein soll als für einen modernen Roman üblichen Ausmaßes. Gewiß erfordert der Roman eine sogenannte permanente Anstrengung – doch ist das eine Sache bloßer Ausdauer und hat nur am Rande etwas mit Talent zu tun. Andererseits ist die Einheit der Wirkung – eine Eigenschaft, die ein gewöhnlicher Geist nicht leicht zu schätzen oder überhaupt nur zu erkennen vermag, und die selbst für diejenigen, die sie begreifen, ein mühsam zu erlangendes *desideratum* ist – für den ›kurzen Artikel‹ unerläßlich, nicht dagegen für den gewöhnlichen Roman.«[40] Dasselbe, meinte er, gelte für ein ›kurzes Gedicht‹ gegenüber einem langen oder einem ›Epos‹.

Von der Theorie zur Praxis: ebenfalls in der Aprilausgabe von ›Graham's‹ erschien eine neue Erzählung Poes, ›Die Morde in der Rue Morgue‹. Sie wurde in Amerika, kurz darauf auch in Europa, ungemein populär und noch zu Poes Lebzeiten kam im Pariser ›Charivari‹ – der bereits weiter oben erwähnten Zeitschrift – eine Übersetzung heraus, die wahrscheinlich Baudelaire zum erstenmal auf Poe aufmerksam machte.

›Mystery novels‹, Geschichten und vor allem Romane um geheimnisvolle Verbrechen und deren Aufklärung, waren damals sehr gefragt. Sie standen an der Wende einer neuen, ›vernunftorientierteren‹ Literatur; das Lesepublikum war durch die ›gothics‹ übersättigt von kettenrasselnden Gespenstern und den Klischees des Übernatürlichen und sehnte sich nach ›handgreiflicheren‹ Sensationen. »Die Schauergeschichten der ›gothic novels‹ machten sich ... die Struktur des literarischen Rätsels zu eigen, um die Probleme freilich schließlich ans Irrationale, Mystische zu verweisen. Lösen sich hier schließlich die Rätsel, was nicht immer der Fall ist, dann selten auf Grund einer Detektion.«[41] Die Figur des ›Meisterdetektivs‹ wurde erst durch Poe in die Literaturgeschichte eingeführt, der wohl nicht ahnte, daß er damit ein neues Genre geschaffen hatte. Ansätze zu dieser Figur gab es jedoch schon wesentlich früher; Voltaires Romanheld ›Zadig‹ löst auf deduktivem Wege das Rätsel um das Verschwinden des Hundes und des Pferdes der Königin; William Godwins ›Caleb Williams‹ überführt den Landedelmann Falkland anhand eines Indizienbeweises (1794); in George Theodore Wilkinsons ›The Newgate Calendar‹, der in den zwanziger und dreißiger Jahren des neunzehnten Jahrhunderts erschien, werden die Lebensgeschichten berühmter Verbrecher beschrieben und dokumentarisch die Zeugenaussagen und Kreuzverhöre während ihrer Gerichtsprozesse wiedergegeben, die zu ihrer Verurteilung führten; in Charles Dickens ›Oliver Twist‹ (1838) treten zwei Polizeifahnder, ›Bowstreetrunners‹, Blathers und Duff, auf, die jedoch eher für komische Szenen sorgen; und Poe kannte die ›Memoiren des Gründers der Pariser Geheimpolizei, Francois Vidocq‹ (1828–1830), der selbst in Verbrecherkreisen verkehrte und eben aus seiner tiefverborgenen Verwandschaft mit den Kriminellen als Informant, Geheimagent und Agent provocateur so erfolgreich war. Diese Memoiren veröffentlichte Burton in seinem ›Gentleman's Magazine‹ als Fortsetzungsserie von September bis Dezember 1838. In der ersten Folge, ›Marie Laurent‹, trat als Heldin eine gewisse Marie *Dupin* auf, deren Name Poe zweifellos zu dem seines Protagonisten C. Auguste Dupin anregte. Die Grundidee der Geschichte geht auf einen Kriminalfall aus dem Jahre 1834 zurück, der damals im ›Shrewsbury Chronicle‹ für Schlagzeilen sorgte. Einige Schausteller gastierten in dieser Stadt und führten als besondere Attraktion einen ›Pavian mit geripptem Gesicht‹ mit sich. Diesen hatten sie gelehrt, nächtliche Einbrüche zu begehen und durch Fenster zu klettern, zu denen kein Mensch gelangen konnte. Eines Nachts fand eine ›Lady aus Shrewsbury‹ das Tier in ihrem Schlafzimmer vor und rief laut um Hilfe, worauf der Orang Utan sie angriff. Anders als diese Lady kommen die Opfer in Poes Erzählungen freilich nicht lebend davon; sie werden zunächst nicht einmal gefunden: »Irgendwelche Spuren von Madame L'Espanaye waren hier nicht zu sehen; aber da eine ungewöhnliche Menge Ruß in der Feuerstelle auffiel, suchte man im Kamin nach und zog – die Feder sträubt sich, es wiederzu-geben – mit dem Kopf nach unten den Leichnam der Tochter hervor. Er war in dieser Stellung durch die enge Öffnung ein beträchtliches Stück hinaufge-zwängt worden.«[42]

Hier also fand sich endlich die Verwirklichung einer ›Schubladenidee‹, die Poe bereits in seiner Satire ›How to Write a Blackwood Article‹ angedeutet hatte: »... wenn die Umstände Ihnen nicht günstigerweise gestatten, aus ei-nem Ballon zu stürzen oder von einem Erdbeben verschluckt zu werden oder unverrückbar in einem Kamine stecken zu bleiben, werden Sie sich damit be-scheiden müssen, sich schlicht ein ähnliches Mißgeschick zu ersinnen«. »Nachdem man das Haus überall genau durchsucht hatte, ohne mehr zu ent-decken, begaben sich die Leute in einen kleinen, gepflasterten Hof hinter dem Hause. Dort lag der Leichnam der alten Dame mit so vollständig durch-schnittenem Halse, daß bei einem Versuch, sie aufzurichten, der Kopf abfiel. Sowohl der Körper wie auch der Kopf waren furchtbar verstümmelt; der Kör-per so sehr, daß er kaum noch menschenähnlich aussah. Für die Lösung dieses furchtbaren Rätsels fehlt bisher, soviel wir wissen, jeder Anhaltspunkt.«[43]

Natürlich ist, wie in zahllosen späteren Variationen des Genres der Detek-tivgeschichte, der (Pariser) Polizeipräfekt ratlos, ja er nimmt es Dupin sogar übel, daß er zum Schluß den Fall statt seiner aufklärt. Er repräsentiert die ko-mische Figur in Poes ›tales of ratiocination‹; der Erzähler nennt ihn einmal »ebenso amüsant wie verächtlich«; seine »Klugheit ist ein getreues Abbild der großen Masse«. Dupin freilich bedient sich subtilerer Methoden bei der Auf-klärung eines Verbrechens. Er gelangt von einer Deduktion *assoziativ* zur nächsten (was ihn zum Beispiel, zum Erstaunen des Erzählers, befähigt, des-sen Gedanken zu lesen, indem er die Kette optischer und gedanklicher ›Schlüsselreize‹ während eines gemeinsamen Spaziergangs zurückverfolgt) und bezieht außerdem ein Moment des Irrationalen in seine Überlegungen mit ein, da er sich auf seine *Intuition* verläßt. »Er denkt in metaphorischen Analogien und verbindet somit poetische Intuition mit mathematischer Ge-nauigkeit.«[44] Der ›überragende Geist‹ Dupins hat jedoch, wie Poe selbst zugab, etwas Prätentiöses; einige Jahre später schrieb er an seinen Freund Phi-lip P. Cooke:

»Diese Kombinationsgeschichten verdanken den größten Teil ihrer Populari-tät der Tatsache, daß sie einen ganz neuen Typus darstellen. Ich will damit nicht sagen, daß sie nicht geistreich wären – doch die Leute halten sie für geistreicher, als sie sind – und zwar auf Grund ihrer Methode und ihres methodischen Flui-dums. In den ›Morden in der Rue Morgue‹ zum Beispiel – zeugt es da von besonderem Ingenium, einen Knoten zu lösen, den Sie selber (der Autor) zu dem ausdrücklichen Zweck, ihn zu lösen, geknüpft haben? Der Leser wird dazu gebracht, den genialen Spürsinn des fiktiven Dupin mit dem des Autors der Erzählung zu verwechseln.«[45]

Zu bescheiden! Legte es Poe nicht vielleicht gerade darauf an, zu dieser Identifikation zu verführen? Sein Held Dupin gleicht in vieler Hinsicht den Helden früherer Erzählungen wie Roderick Usher und dem Erzähler aus ›Ligeia‹. »Dieser junge Mann entstammte einer vornehmen, ja sogar berühmten Familie, war aber durch eine Reihe widriger Ereignisse in solche Armut geraten, daß die Energie seines Charakters von seinem Elend gebrochen wurde und er es aufgab, sich weiter im Weltgetriebe zu rühren oder um die Wiedererlangung seines Vermögens umzutun.« Der Erzähler fühlt sich von der »seltsamen Glut seiner Einbildungskraft bezaubert« und zieht mit ihm in ein »baufälliges, wunderliches Haus«, das sie zusammen in einem »Stil« ausstatten, »der dem ein wenig grillenhaften Düster (ihrer) beiden Temperamente angemessen war«. Dieses Haus ist »infolge abergläubischer Gerüchte … seit langem verödet« und »dem Einsturz nahe«. Dort versenken sie zusammen ihre »Seelen in Träume«. Eine Passage ist besonders interessant: »Wenn ich ihn in derartigen Stimmungen beobachtete, mußte ich oft an die alte Theorie von der Doppelseele denken, und ich ergötzte mich an der Vorstellung eines doppelten Dupin, eines *schöpferischen* und eines *auflösenden*.«[46] Auch bei dem Erzähler selbst scheint es sich wiederum um eine ›Abspaltung‹ des Protagonisten, sein Alter ego zu handeln. Trivialisiert wurde diese Idee später in Conan Doyles ›Sherlock Holmes‹ und ›Dr. Watson‹. »Wenn jeder Autor, der ein Honorar für eine Geschichte erhält, die ihre Entstehung Poe verdankt, den Zehnten für ein Monument des Meisters abgeben müßte, dann ergäbe das eine Pyramide, so hoch wie die von Cheops«[47], schrieb Doyle einmal in einem Aufsatz, und er selbst mußte es am besten wissen.

16. Kapitel

Der rote Tod

Der 9. Präsident der Vereinigten Staaten, William Henry Harrison, ein alter Veteran und ›Held von Tippecanoe‹, überlebte seinen Wahlsieg nicht sehr lange. Er war erst einen Monat im Amt, als er überraschend am 4. 4. 1841 im Alter von achtundsechzig Jahren einem Schlaganfall zum Opfer fiel. Sein plötzlicher Tod führte zu einer innenpolitischen Krise; die ›Locofocos‹, die geschlagenen Demokraten, versuchten, die Macht wieder an sich zu reißen, und die Whigs – die heutigen Republikaner – waren ihrerseits in zwei Lager gespalten: eines um das Fossil Harrison, das andere um ›Harry of the West‹, den dynamischen Henry Clay, der sich ebenfalls um die Präsidentschaft beworben hatte und dessen Name durch eine nach ihm benannte Zigarrensorte unsterblich wurde. Zwischen den Fronten stand Harrisons Stellvertreter, der Virginier John Tyler; die ›Democrats‹ biederten sich ihm an, um Einfluß auf ihn zu gewinnen, während der volkstümliche Clay eher geringschätzig auf den ›kleinen Aufsteiger‹ herabsah.

Poe wußte allgemein mit Politik nicht viel anzufangen. Er stand solchen weltlichen Problemen etwa wie die Mumie ›Allamistakeo‹ (›Nix-haut-hin‹) aus einer seiner Grotesken gegenüber, der man »platterdings nicht den Sinn von ›Politik‹ begreiflich zu machen« vermag, bis man endlich »mit einem Stück Holzkohle ein kleines kolbennasiges Männchen an die Wand zeichnete, das mit zerrissenen Ellbogen auf einer behelfsmäßigen Rednertribüne stand, den linken Fuß nach rückwärts gesetzt, den rechten Arm mit geballter Faust vorwärts-aufwärts gestoßen, die Augen gen Himmel verdreht & den Mund in einem Winkel von 90° offen stehend«.[1] Poes indifferente Haltung änderte sich schlagartig, nachdem er im Mai einen Brief seines Freundes Frederick W. Thomas aus Washington erhalten hatte. Darin hieß es: »Was würden Sie davon halten, hier eine Stelle für $ 1500 im Jahr anzutreten, monatlich zahlbar von Uncle Sam, der seinen Schuldnern zwar in der Regel die kalte Schulter weist, dessen Beamte jedoch ihre Gehälter stets pünktlich empfangen? Wäre das nichts für Sie? Sie schlendern in aller Ruhe morgens kurz nach neun in Ihr Büro und verlassen es in bester Laune kurz nach zwei am Nachmittag wieder, um Ihr Dinner einzunehmen – mehr wird von Ihnen nicht verlangt. Wenn Sie während der Geschäftszeiten überhaupt irgend etwas zu tun haben, so ist es nur eine willkommene Abwechslung von dem geradezu abstumpfenden Müßiggang, der Sie täglich erwartet. Auf Ihrem Schreibtisch finden

Sie alles, was Sie zum Schreiben benötigen, in bester Ordnung vor, und wenn Sie sich literarischen Beschäftigungen widmen wollen, bitte sehr! Nichts hindert Sie daran.«[2]

Poe ließ sich die Sache erst einmal durch den Kopf gehen, denn es dauerte über einen Monat, ehe er auf Thomas' Schreiben antwortete. Der Gedanke beschäftigte ihn. Sicher, die Aussicht auf eine Anstellung im Staatsdienst mit doppelt so viel Gehalt, wie er gegenwärtig von Graham bezog, und noch dazu Muße im Überfluß schien äußerst verlockend. Aber hatte er, ein gänzlich unpolitischer und für Büroarbeit ungeeigneter Mensch, überhaupt eine Chance, an einen solchen Posten heranzukommen? Er war ja nicht der einzige Bewerber für die Mannschaft des neugewählten Präsidenten Tyler. Nach jedem Regierungswechsel bemühten sich in Amerika Tausende – darunter Qualifiziertere als er – um freiwerdende Beamtenstellen, sein Freund Thomas selbst zum Beispiel. Das von Jackson eingeführte ›spoils system‹ ließ Köpfe rollen und brave Parteigänger avancieren. Washington wimmelte von Aspiranten, und das Weiße Haus wurde von Antichambrierern mit den besten Empfehlungsschreiben belagert. Wie sollte ausgerechnet Poe sich bei diesem Andrang behaupten? Das Vernünftigste war wohl, abzuwarten, ob Thomas Erfolg haben würde. Als er hörte, daß Thomas tatsächlich eingestellt worden war, schrieb er ihm sofort:

»Ich habe soeben durch Mr. Graham erfahren ... daß Sie ein Regierungsamt in Washington erhielten – mit einem Jahresgehalt von $ 1000. Aus tiefstem Herzen wünsche ich Ihnen dafür alles Gute. Sie können sich nun mit mehr Muße dem Schreiben widmen und sicher etwas Wertvolles zustande bringen. Was mich betrifft, so fühle ich mich – obwohl sich Graham mir gegenüber stets zuvorkommend, ja sogar freundschaftlich verhält – mit meiner Situation immer unzufriedener. Wollte Gott, ich könnte es ebenso machen wie Sie. Glauben Sie ernsthaft, daß es sich lohnt, wenn ich mich bei Tyler bewerbe? Es gibt freilich nur wenig, was sich zu meinen Gunsten anführen ließe. Ich bin ein Virginier – jedenfalls nenne ich mich so, denn bis auf die letzten paar Jahre (sic) habe ich mein ganzes Leben in Richmond verbracht. Meine politischen Ansichten stimmen seit jeher mit der jetzigen Regierung überein, und wann immer sich die Gelegenheit ergab, habe ich mich aus ehrlicher Überzeugung heraus für die Sache Harrisons eingesetzt (!). Mit Mr. Tyler wurde ich einmal persönlich bekannt, allerdings nur sehr flüchtig – ich glaube kaum, daß er sich an mich erinnern wird. Letztlich bin ich ein Mann der Literatur – und sehe in einem Regierungsposten eine Möglichkeit, verstärkt meinen schriftstellerischen Neigungen nachzugehen. Sehen Sie eine Chance für mich? Ich wäre Ihnen sehr verbunden, wenn Sie bald von sich hören ließen und mir mitteilten, ob ich nach Ihrer Meinung einen Versuch wagen soll – und falls dem so ist –, wie ich es anzufangen hätte. Am besten, Sie würden mir ausführlich schildern, wie Sie selbst vorgegangen sind.«[3]

Das klingt wirklich rührend provinziell und zeigt deutlich, wie unbeholfen Poe in weltlichen Dingen war. Thomas, der durch Empfehlungen eine Sekretärsstelle im Schatzamt erhalten hatte, – er mußte Geldforderungen, Rentenansprüche und ähnliche Begehren an die Regierung bearbeiten, die nach der Amtseinführung Tylers zu Tausenden eingingen, von ›Muße‹ konnte also keine Rede sein – riet ihm, nach Vereinbarung eines Termins persönlich beim Präsidenten vorzusprechen oder, noch besser, sich der Fürsprache J. P. Kennedys zu versichern, der als Kongreßabgeordneter großen Einfluß besaß. Poe war nun geradezu besessen von dieser Idee.

Philadelphia, 4. Juli 1841

»Mein lieber Thomas,

heute morgen empfing ich Ihre Zeilen vom 1., und wieder habe ich Ihnen zu danken für das Interesse, welches Sie an meiner Wohlfahrt nehmen. Ich wünsche zu Gott, ich könnte nach Washington kommen – aber die alte Geschichte, Sie wissen ja – ich habe kein Geld – nicht einmal genug, um hin zu kommen, zu schweigen von der Rückfahrt. Es ist eine harte Sache, arm zu sein – aber da ich's aus ehrlichem Beweggrund bin, wage ich mich auch nicht zu beklagen.

Ihre Anregung bezüglich Mr. Kennedys kommt zu guter Stunde; und hier, Thomas, können Sie mir einen echten Dienst erweisen. Sprechen Sie bei Kennedy vor – Sie kennen ihn, glaube ich – wenn nicht, machen Sie sich bekannt – er ist ein vollkommener Gentleman und wird Sie herzlich willkommen heißen. Sprechen Sie ihm von meinen Wünschen und dringen Sie in ihn, in meiner Angelegenheit doch den Kriegsminister aufzusuchen – oder einen der andern Minister – oder Präsident Tyler. Ich erwähne im besondern den Kriegsminister, weil ich auf W. Point gewesen bin, und das dürfte mir einigermaßen zustatten kommen. Ich wäre froh über praktisch jede Stelle – selbst eine zu $ 500 – wenn ich nur etwas habe, was meine Lebenshaltung von der Literatur unabhängig macht. Sein Gehirn in Silber ummünzen zu müssen, auf den Wink eines Herrn und Meisters hin, ist für mein Denken die härteste Zumutung auf der Welt. Mr. Kennedy ist zu allen Zeiten ein wahrer Freund für mich gewesen – er war der erste wahre Freund, den ich überhaupt hatte – ja ich verdanke ihm *mein Leben selbst.* Er wird bereit sein, mir auch jetzt zu helfen – doch bedarf er des *Anstoßes,* denn er steckt allewege bis über Kopf und beide Ohren im Geschäft. Thomas, darf ich mich auf Sie verlassen? Übrigens schrieb ich an Mr. K. vor etwa zehn Tagen zum Gegenstand eines Magazins – eines Projektes von mir in Verbindung mit Graham – und hörte noch nicht wieder von ihm. Doch steht es zehn zu eins, daß ich den Brief fehlgeleitet habe oder nach Baltimore geschickt – denn ich bin sehr gedankenlos in solchen Dingen.«[4]

›Solche Dinge‹ gehörten hauptsächlich zum Aufgabenbereich eines Staatsbeamten – seine Gedankenlosigkeit in Briefsachen zu erwähnen, war wieder so ein undiplomatischer Fauxpas, wie er nur dem unerfahrenen Poe unterlaufen konnte. In seinem Rückschreiben drückte sich Thomas bereits etwas zurückhaltender hinsichtlich einer Einstellung aus.

Dabei blieb es fürs erste. Thomas traf im August mit J. P. Kennedy zusammen, der natürlich versprach, alles zu tun, was in seiner Macht stand. Auf welche Weise er sich für seinen früheren Protegé einsetzte, ist nicht bekannt, aber er scheint dem ältesten Sohn des Präsidenten, Robert Tyler, der hin und wieder Prosaartikel und Gedichte für Zeitungen und Zeitschriften verfaßte, Poe wärmstens ans Herz gelegt zu haben. Und Poe begann in ›Graham's Magazine‹ plötzlich Mr. Tyler juniors poetisches Talent zu loben.

Doch allmählich sah er seine Pläne in dieser Richtung für gescheitert an. Das Thema einer Beamtenstellung bei ›Uncle Sam‹ wurde jedenfalls in seinen Briefen an Thomas vorläufig nicht mehr angeschnitten. Es sollte noch etwa anderthalb Jahre dauern, bis er zu guter Letzt tatsächlich einen Termin beim Präsidenten erhielt.

Seit er die redaktionelle Leitung von ›Graham's‹ übernommen hatte, war die Zahl der Abonnenten innerhalb weniger Monate beträchtlich gestiegen – von ca. 6500 im April auf annähernd 20000 im September. Mr. Graham lebte gern auf großem Fuß, und der erstaunliche Erfolg ermöglichte ihm einen luxuriösen Lebensstil. Der elegante, von Grauschimmeln gezogene Zweispänner seiner Frau sorgte selbst in den mondänen Einkaufsvierteln Philadelphias für einiges Aufsehen, wo sie sich teure Modellkleider en masse aus Paris und London bestellte oder nach den neuesten Schnittmustern anfertigen ließ. Der damals sehr gefragte Thomas Sully malte ihr Porträt, und sie saß ihm in einem himmelblauen, tiefausgeschnittenen Abendkleid aus Moiré antique Modell, eine kostbare Nerzstola um die Schultern drapiert.

Das Haus der Grahams befand sich in der Buttonwood Street und war in einem prunkvollen Neureichenstil eingerichtet. Über dem großen, ovalen Eßzimmertisch im Speisesaal hing ein voluminöser Kristallglasleuchter, der aus einem pleite gegangenen Theater stammte, und es herrschte ein Übermaß vor ›an Draperien aller Art‹, Sèvreporzellan, Chinavasen, Büsten und dem üblichen Nippes eines großbürgerlichen Haushalts. Im Nebenhaus in der Second Street hatte ein mit Graham befreundeter Weinhändler, ein gewisser Elijah Van Syckel, seine Wohn- und Geschäftsräume. Um seine Gäste zu jeder Tages- und Nachtzeit mit einem guten Tropfen bewirten zu können, ließ Graham im zweiten Stockwerk einen Durchbruch schaffen; dadurch verfügte er, auf Kredit, über den größten Weinkeller in ganz Philadelphia. Die Rechnungen für Champagner, ›Claret‹ und andere Spirituosen, die Mr. Van Syckel – wahrscheinlich monatlich – ausstellte, dürften beträchtlich gewesen sein, denn Graham war für seine Gastfreundschaft bekannt und außerdem selbst ein ›heavy drinker‹ – mit einer der Gründe dafür, warum er Ende der vierziger Jahre bankrott ging. Seine Festlichkeiten verschlangen Unsummen. Wie ein Duodezfürst versammelte er die erlauchtesten Namen der besseren Gesellschaft, vor allem der damaligen Kulturszene, um seine Tafel. Bei ihm verkehrten der Maler Thomas Sully, der Kupferstecher John Sartain und der Illustrator und Karikaturist Felix O. C. Darley; ›Napoleon‹ Louis A. Godey, der Herausgeber von ›Godey's Lady's Book‹, und seine Chefredakteurin Sarah Josepha Hale (›Mary had a little lamb‹); ferner Literaten aller Schattierungen wie Robert M. Bird, Judge Conrad, John Neal, N. P. Willis, T. D. English und Grace Greenwood, ›the sweet lady writer‹. Man begegnete hier auch manchmal dem Reverend Griswold, der werbewirksam über seine demnächst herauskommende Anthologie ›Dichter und Dichtkunst Amerikas‹ plauderte und – ›Oh ja, Poe tänzelte leichtfüßig herein, den Mantel lässig über die Schulter geworfen, und er blieb oft über Nacht‹, erinnerte sich eine Mrs. Burgin, was wohl heißen soll, daß er oft über Nacht bleiben *mußte,* da schon ein einziges Glas Wein ihn in Stimmung brachte; nach dem Genuß von mehreren wäre es unverantwortlich gewesen, ihn ohne Begleitung nach Hause zu schicken, denn in Philadephia gab es außer Droschken keine nachts durchgängig fahrenden Verkehrsmittel, und die Coates Street lag über eine Dreiviertelstunde Fußmarsch entfernt. Dabei läßt sich von kaum einem seiner damaligen Bekannten behaupten, daß er sonderlich abstinent gelebt hätte. Graham, zum Beispiel, der nie ein Kostverächter gewesen war, endete als Alkoholiker, nachdem er sich auf dem Gipfel seiner Karriere in unvorsichtige Spekulationen eingelassen hatte, die ihn ruinierten.

Zeitgenossen aus verschiedenen Perioden von Poes Leben berichten immer wieder, daß ein einziges Glas ihn ›buchstäblich umwarf‹. Diese und einige andere Tatsachen haben zu der Vermutung geführt, daß Poe zuckerkrank war, d. h. unter ›Diabetes mellitus‹ litt; »seelische Belastungen von längerer Dauer oder besonderer Schwere können die Erkrankung zum Ausbruch bringen ... auch Alkoholmißbrauch ist in diesem Zusammenhang zu erwähnen«. Bis 1921 galt dieses Leiden als unheilbar. »Eine genau ausgewogene Diät ist für die Gesundheit des Kranken unabdinglich, und wenn ein nicht unter ärztlicher Behandlung stehender Diabetiker Alkohol trinkt, können Persönlichkeitsveränderungen eintreten sowie ein als ›Korsakow Syndrom‹ bekannter Effekt (hervorgerufen durch einen Mangel an Vitamin B), der einen Gedächtnisverlust für Ereignisse der jüngsten Zeit hervorruft und den Patienten häufig dazu verleitet, sich geschickte Lügen auszudenken, um über solche Erinnerungslücken hinwegzutäuschen.«[5] Eine interessante Hypothese, die sogar Poes mysteriösen Tod erklären könnte – aber leider nur eine Hypothese.

Außer Port, Champagner, ›Philadelphia Claret‹ und ähnlichen Inspirationsquellen lockte im Hause Graham noch eine weitere Versuchung: der Luxus – die teuren Modellkleider, die Mrs. Graham so selbstverständlich trug, das Tafelgeschirr, die kostbaren Teppiche, die Bilder ›in der Manier Sullys‹ – kurz, all die Insignien des Wohlstandes, die Poe, an bessere Zeiten gewöhnt, schmerzlich vermißte.

Dabei war dieser üppige Lebensstil zum Teil das Ergebnis *seiner* Arbeit, seines journalistischen Geschicks und seines Ehrgeizes. Er glaubte ja noch immer fest daran, daß Graham sich über kurz oder lang in einem gemeinsamen Zeitschriftenprojekt mit ihm zusammentun werde, vertraute auf dessen mündliche Zusage und erwähnte dies auch in seinen Geschäftsbriefen, u. a. an H. W. Longfellow, J. P. Kennedy, Washington Irving und Fitz-Greene Halleck, denen er bereits detailliert schilderte, wie das neue Magazin aussehen sollte: »... es wird im Oktavformat erscheinen, jeweils 96 Seiten stark. Das Papier wird exzellent sein – weit besser als das der ›North American Review‹ ... Auch der Schrifttyp wird sich von dem anderer Publikationen unterscheiden – etwas gänzlich Neuartiges – endlich einmal ein klarer und leserlicher Drucksatz. Eine durchgängige Kolumne, keine Aufteilung in einzelne Spalten: fein säuberlich von einer Handpresse gedruckt. Es wird einen breiten Rand geben. Wenn es die Texte nicht unbedingt verlangen, werden wir keine Illustrationen einfügen, außer gelegentlich einige Holzschnitte (von Adams); in diesem Falle werden sie zusammen mit der Schrift gesetzt. Die einzelnen Ausgaben werden in ›französischem Stil‹ geheftet sein, das heißt, daß man sie aufgeschlagen ablegen kann, ohne daß die Seiten verblättern. Was das äußere Erscheinungsbild wie die Gesamtgestaltung betrifft, so soll sich darin die größte Reinheit des Geschmacks im Einklang mit Kraft und Entschlossenheit ausdrücken. Der Preis wird $ 5 betragen.«[6]

Das alles klang sehr beeindruckend und wäre vielleicht sogar auch realisierbar gewesen, hätte Graham sein Wort gehalten. Aber der war recht zufrieden mit der augenblicklichen Situation.

Jedenfalls lag es nicht an *seinem* Talent, daß sich der Umsatz seines Magazins inzwischen vervierfacht hatte. Eine Cousine Grahams, Mrs. Burgin, erinnert sich: »Mr. Grahams Erfolg übertraf, glaube ich, seine kühnsten Erwartungen. Manchmal brachte er seine Post mit nach Hause. ›Komm, Kathy‹, sagte er dann zu mir, ›komm nur und schau, wie mir das Geld ins Haus geflattert kommt‹. Und gemeinsam öffneten wir die Umschläge, die allesamt Banknoten enthielten, Subskriptionsvorauszahlungen für seine Zeitschrift.«[7]

Poes Monatsgehalt belief sich unverändert auf nur etwa 67 Dollar im Monat, auf heutige Verhältnisse umgerechnet also knapp DM 800,–; davon mußte Miete gezahlt (ca. $ 40) und eine dreiköpfige Familie ernährt werden. Hinzu kamen allerdings Sonderhonorare für Artikel und Beiträge, im Schnitt schätzungsweise noch einmal $ 40 pro Monat. Das reichte, alles in allem, gerade aus, den sehr bescheidenen und von Mrs. Clemm sorgsam gepflegten Haushalt über Wasser zu halten. Zu Virginias Lieblingsbeschäftigungen gehörte die Pflege ihrer Blumen- und Obstbeete, die sie in dem kleinen Garten angelegt hatte, und in allen Zimmern dufteten zu jeder Jahreszeit liebevoll zusammengestellte Sträuße von Goldlack, Flieder, Rosen oder Heliotrop.

Mit diesem Lebensstandard mußte sich Poe begnügen, denn Graham zahlte immer noch besser als die meisten anderen amerikanischen Zeitschriftenherausgeber (wobei er, wie schon erwähnt, ›gefragtere‹ Autoren großzügiger honorierte). »Sein ganzes Denken kreiste offenbar um das Wohlergehen der Familie«, schrieb Graham 1850 in seiner ›Verteidigung Poes‹. »Nur wenn es um ihr Glück und seine verständliche Sehnsucht nach einer eigenen Zeitschrift ging, hörte ich ihn über seinen mangelnden Wohlstand klagen.«[8]

Wie ›verständlich‹ Graham diese Sehnsucht auch neun Jahre früher fand, so wenig war er doch bereit, sein damals gegebenes Versprechen einzuhalten. Er gab sich stets freundlich und zuvorkommend, lud Poe in sein Haus ein, unternahm gemeinsame Ausritte mit ihm und Virginia, geizte auch nicht mit Vorschüssen – bis auf einmal – und tat im übrigen so, als hätte er nie ein Abkommen mit der ›Henne, die goldene Eier legte‹ getroffen. Solange sein ›Lady's and Gentleman's Magazine‹ florierte, sah er keinen Grund, sich auf ein neues und unsicheres Unternehmen einzulassen.

Griswold behauptete in seinem Nachruf auf Poe, dem ›Ludwig-Artikel‹, »daß man Poe gegenüber nicht von Reichtum sprechen konnte, ohne daß seine Wangen vor Neid erblaßten.«[9] Das war wieder eine seiner boshaften Übertreibungen. Graham widerspricht gerade dieser Aussage mit Nachdruck: »...Reichtum an sich kümmerte ihn nicht im geringsten; aus vielen seiner Äußerungen ging hervor, daß er ganz andere Bewertungsmaßstäbe ansetzte...«[10] »Nach meiner Erinnerung gab er für persönlichen Luxus nur zweimal verhältnismäßig viel Geld aus, und beide Male war er unruhig und verzweifelt, bis er durch zusätzliche Artikel diese für sein Gefühl ungehörigen Schulden abgearbeitet hatte.«[11]

Der von Graham erwähnte ›persönliche Luxus‹ bestand in der Anschaffung eines kleinen Klaviers, einer Harfe sowie einiger modischer Kleidungsstücke für Virginia – und wohl auch in den Kosten für ein oder zwei Musiklehrer, die ihr wöchentlich Unterricht auf den beiden Instrumenten erteilten.

Poe war in diesem Jahr ungewöhnlich produktiv. Die ›Artikel‹ der Aprilausgabe wurden bereits erwähnt; seine Detektivgeschichte ›Die Morde in der Rue Morgue‹, mit der er ein neues Genre eröffnete, die Rezensionen von Bulwers ›Nacht und Tag‹ und R. M. Walshs Übersetzung von ›Sketches of Conspicuous Living Characters in France‹ (die zugleich die Herausforderung an die Leser enthielt, er, Poe, könne jede nur erdenkliche Geheimschrift entziffern).

Im Mai erschien die Erzählung ›Der Malstrom‹ – der Strudel der Auflösung, der ›Annihilation‹, der in symbolischer Form immer wieder in Poes Œuvre auftaucht, wird hier zum Hauptmotiv; der Fischer, der von ihm verschluckt zu werden droht, rettet sich aus seinem Schlund durch bloße Verstandeskraft, d. h. er klammert sich an einen ›zylindrischen Gegenstand‹, ein Faß, das nach seiner Überlegung ›der Saugkraft mehr Widerstand bietet und schwerer nach unten gezogen wird‹. Er hat die Schrecken des Todes erfahren, aber er lebt, um sie zu schildern; ein Beweis für das schon ›Ligeia‹ vorangestellte Zitat Joseph Glanvills, dem zufolge der Wille über den Tod zu triumphieren vermag. Auch das Motto dieser Erzählung stammt von Glanvill: »Die Wege Gottes in der Natur sind nicht wie unsere Wege; noch sind die Bilder, die wir ersinnen, irgendwie vergleichbar der Unermeßlichkeit, Unergründlichkeit und Unerforschlichkeit seiner Werke, die eine Tiefe in sich tragen, abgründiger als der Brunnen des Demokritos.«[12]

Bevor Arthur Gordon Pyms Bericht abreißt, ›schießt‹ er mit seinen Gefährten in einem Boot »in die Umarmungen des Kataraktes hinein, der einen Spalt auftat, um uns zu empfangen«, und der Held aus ›Das Manuskript in der Flasche‹ taucht zuletzt »rasend in des Strudels Umarmung«. Der Fischer bringt seine Geschichte zu Ende, aber seine Haare sind über seiner ›mystischen‹ Erfahrung weiß geworden, »der ganze Ausdruck seines Gesichts hat sich verändert«.

Im Augenblick höchster Gefahr, als er der ›Erkenntnis entgegentreibt, dem niemals mitteilbaren Geheimnis, dessen Offenbarung Vernichtung ist‹, empfindet er jedoch wie die anderen Helden Poes dieselbe selbstzerstörerische Faszination vor der großen Katharsis: »Es mag wie Prahlerei klingen, aber was ich sage, ist die volle Wahrheit: ich begann zu erwägen, welche Erhabenheit darin läge, eines solchen Todes zu sterben, und wie töricht es von mir sei, angesichts einer so wunderbaren Offenbarung von Gottes Macht an ein so armseliges Ding wie mein eigenes persönliches Leben zu denken. Ja, ich glaube, daß ich vor Scham rot wurde, als dieser Gedanke mein Hirn durchzuckte. Nach einer kleinen Weile bemächtigte sich meiner eine glühende Wißbegier über das Wesen des Wirbels. Ich fühlte tatsächlich eine Sehnsucht danach, seine Tiefen zu erforschen, selbst um den Preis, den ich zu zahlen im Begriff stand . . .«[13] Aber nein, er hat kraft seines überlegenen Verstandes einen Blick hinter den Schleier des Geheimnisses werfen dürfen, ohne den Preis zahlen zu müssen; sein Scharfsinn im Ringen mit der ›so wunderbaren Offenbarung von Gottes Macht‹, hieß das nicht, ein wenig gottähnlich zu

433

werden? Poe hatte das ›Universum‹ herausgefordert oder vielmehr seinen ›Mikrokosmos‹, den menschlichen Verstand, indem er jede ihm gestellte Aufgabe, d. h. jede Geheimschrift, zu entziffern vorschlug; später ging er sogar daran, in seinem letzten großen Werk, ›Heureka‹, die Prinzipien des Universums selbst zu erklären. Er war von dem Größenwahn geistiger Omnipotenz besessen. Immerhin äußerte er sich in einem Brief an seinen Freund J. E. Snodgrass sehr bescheiden über seine Erzählung ›Der Malstrom‹: »Sie schmeicheln mir zu sehr, was den ›Malstrom‹ betrifft. Er wurde in großer Eile zu Ende geschrieben, und daher ist der Schluß etwas unbefriedigend. Alles in allem ist die Geschichte weder so gut, noch hat sie auch nur halb so großen Anklang gefunden wie die ›Morde in der Rue Morgue‹.«[14]

Aber Poes Einschätzung seiner eigenen Werke war, wie sich an vielen Beispielen belegen läßt, selten objektiv. ›A Descent into the Maelström‹ gehört von Stil und Atmosphäre her zu seinen besten Kurzgeschichten.

In der Maiausgabe von ›Grahams's‹ erschien außerdem Poes Rezension von Charles Dickens' ›Der alte Curiositätenladen und andere Erzählungen. Master Humphrey's Wanduhr‹ – wieder ein Beispiel für eine ›konstruktive Kritik‹. Dickens' Konzept ähnelte dem von Poes ›Tales of the Folio Club‹, für die sich nie ein Verleger gefunden hatte; letzterer konnte also ›aus dem Nähkästchen plaudern‹: »Die Form des übergeordneten Werkes, von ›Humphrey's Wanduhr‹ also, ist simpel die der ganz-gewöhnlichen Rahmenerzählung; d. h. die einzelnen Geschichten werden den Teilnehmern eines geselligen Beisammenseins in den Mund gelegt... wir lauschen einer Geschichte mit vermehrtem Eifer, wenn, außer uns, auch noch Andere bei ihrem Vortrag anwesend sind. Sich dessen bewußt, haben Autoren immer wieder, ohne es vorher gebührend zu durchdenken, versucht, ihre Narrationen mit dieser zusätzlichen Würze des Sympathisierens dadurch zu versehen, daß sie einen Hörerkreis fingierten... man verlangt, daß wir, allein in unserm Kämmerlein, sympathisieren sollen, mit der Sympathie von fingierten Zuhörern, so weit entfernt davon, im Fleische anwesend zu sein, daß sie vielmehr und nicht selten 2- oder 300 Seiten lang auf einmal, uns geflissentlich aus den Augen und dem Sinn gerückt werden. Das aber heißt ›Sympathie doppelt verdünnt‹ – von einem Schemen der Schatten. Unnötig wohl es auszusprechen, daß die beabsichtigte Wirkung grundsätzlich ausbleibt.«[15]

Poe bemängelte jedoch nur ein Konzept, das er selbst unlängst verworfen hatte; über Dickens' erzählerisches Talent sprach er sich geradezu enthusiastisch aus:

»Mr. Bulwer hat, vermittelst Kunstfertigkeit, nahezu einen Genius erstehen lassen. Mr. Dickens hat, vermittelst Genie, Hochnormen geliefert, von denen die Kunst-selbst sich neue Daseinsformen, neue Regeln abstrahieren wird.«[16]

Man muß dabei bedenken, daß Dickens damals noch längst nicht auf dem Gipfelpunkt seines Ruhmes stand. ›Bleak House‹, ›Große Erwartungen‹ und ›David Copperfield‹ waren noch nicht geschrieben, und er wurde nur als einer von vielen anderen erfolgreichen Autoren angesehen. Poe besaß literarischen Spürsinn genug, in ihm einen der bedeutendsten Schriftsteller des Jahrhunderts zu erkennen.

Insgesamt betrachtet, war jedoch sein kritisches Urteil keineswegs immer so ausgewogen, wie er gerne glauben machen wollte. Während er Äschylus als oberflächlich bezeichnete und in Emersons Gedichten ›Ansätze von Schönheit‹ entdeckte, pries er unbedeutende, heute längst vergessene Modedichter wie George P. Morris, Richard Adams Locke und sogar den Dilettanten ›William Wallace aus Kentucky‹. Die ›Genies‹, die den Ansturm der Jahrzehnte und Geschmäcker bis heute überdauert haben, sind an einer Hand abzuzählen. Poe hatte in erster Linie nur Schwulst zu rezensieren. Mit weiblichen Literaten ging er gewöhnlich allzu schonend um, aber das entsprach seinem Selbstgefühl. Was die männlichen Dichter- und Schreiberlinge betraf, so gab es oft persönliche Rücksichten, die ihn hinderten, sie gebührend zu verreißen. Einige gehörten zu seinem Bekanntenkreis, und er förderte sie, obwohl von ihrer literarischen Nichtigkeit überzeugt, durch lobende Notizen, um ihnen einen Gefallen zu tun. Anderen fühlte sich Graham verpflichtet, der sich zwar so gut wie nie in die Angelegenheiten seines Redakteurs einmischte, aber ihn in Ausnahmefällen darum ersuchte, ›Gnade vor Recht‹ ergehen zu lassen. Robert Tyler, der Sohn des Präsidenten, wurde aus naheliegenden Gründen günstig besprochen. Poe rechnete damit, daß solche kleinen Verstöße gegen seine Prinzipien, die sich meist nur in ›Randbemerkungen‹ ausdrückten, vor dem Hintergrund seiner langen und ernsthaften Kritiken verflüchtigen würden. Aber das war ein gefährlicher Irrtum. Ebenfalls im Mai erschien so eine ›Randnotiz‹ aus Poes Feder über den Gedichtband eines Gelegenheitspoeten namens Pliny Earle, hauptberuflich Leiter eines Irrenhauses in Frankford, Pennsylvania, einem der ersten Subskribenten des groß angekündigten ›Penn Magazine‹. Darin hieß es, daß diese Publikation ihren Verfasser sogleich »in die vorderste Linie unserer einheimischen Barden stellen werde«, und Dr. Earle wurde unter allerlei Lobhudeleien über seine »hohe Imagination«, »rigorose Einfachheit, die auf jedes Wortgeklingel und aufdringlichen Zierrat verzichtet« etc., dem seinerzeit berühmten Fitz-Greene Halleck an die Seite gestellt. Es handelte sich um nichts anderes als einen der üblichen, kleingedruckten ›puffs‹, wie sie damals zu Dutzenden in amerikanischen Zeitschriften auftauchten – außerdem schätzte Poe tatsächlich einige von Earles Versen, z. B. ein Gedicht mit dem hoffnungslosen Titel ›Von einem Achtzigjährigen‹ (›By an Octogenarian‹), das in der ersten Ausgabe des ›Penn‹ erscheinen sollte. Die Reklame für Earles ›Marathon, and Other Poems‹ führte jedoch, früher als von Poes Biographen bisher angenommen, zu der ersten folgenschweren Kontroverse zwischen Griswold und dem Chefredakteur von ›Graham's Magazine‹. Griswold hatte inzwischen vorübergehend eine Anstellung bei einer Wochenzeitschrift in Boston gefunden, der ›Notion‹, ein Blatt, das sich brüstete, zugleich ›soziales Gewissen‹ zu sein und ›literarischen Anspruch‹ zu vertreten. Vor wenigen Tagen erst war dort ein Artikel – eher eine Vorankündigung – Griswolds abgedruckt worden, worin er werbewirksam auf seine demnächst herauskommende Anthologie ›Dichter und Dichtkunst Amerikas‹ aufmerksam machte. Die Gedichte von Mr. Earle, polemisierte er, kämen – zur Beruhigung der geschmackvollen Leserschaft – bestimmt nicht darin vor. Für dessen ›unaussprechliche Blödheit‹ und ›imbeziles Gekrakele‹ sei darin kein Platz.[17]

Zu seinem Mißvergnügen mußte er kurz darauf in ›Graham's Magazine‹ auf die erwähnte ›Randnotiz‹ Poes stoßen, der Earle einen der begabtesten Poeten des Landes nannte. Das konnte er nicht auf sich sitzen lassen. Am 22. Mai veröffentlichte er im ›Notion‹ einen kurzen Beitrag, in dem er Poes lobende Äußerungen zitierte und Earles Verse als »bombastischen Quatsch« abqualifizierte.

Es gibt kaum einen Zweifel daran, daß Poe diese Attacke, die recht eigentlich die Ursache ihrer gegenseitigen Antipathie war, auch gelesen hat. Vorläufig fand sich noch keine Gelegenheit, sich zu revanchieren: Griswolds Anthologie erschien erst im April 1842. Einen kleinen Seitenhieb teilte er bereits im Dezember aus, und zwar in einem Artikel über das ›Schriftbild amerikanischer Literaten‹. Über Griswold und seine Signatur hieß es dort freundlich, aber ätzend:

»Er ist nicht nur ein brillanter Prosaschriftsteller, sondern auch ein Dichter von ungewöhnlicher Ausdruckskraft; obwohl er bisher kaum etwas veröffentlicht hat, das ihm die Gunst des Publikums eintrug. Seine Handschrift ist ziemlich unschön. Sie erscheint ungebildet und schwankt in einer sonderbaren Art hin und her; so daß man aus ihr nichts anderes herauslesen kann, als eine gewisse Wankelmütigkeit.«[18]

1841 schrieb Poe noch insgesamt fünf weitere Erzählungen, auf die hier nur flüchtig eingegangen werden kann. Die Juniausgabe von ›Graham's‹ brachte sein Prosagedicht ›Das Eiland und die Fee‹[19], eine seiner bezauberndsten Arbeiten, zu der John Sartain eine Illustration beisteuerte, einen Stich nach einem Gemälde von John Martin; es gibt darin eigentlich keine Handlung: der Erzähler gelangt, nach einer längeren Wanderung, an einen ›verwunschenen‹ Ort, ein Flüßchen, in dessen Mitte eine kleine Insel liegt, und versenkt sich, am Ufer auf dem Rasen liegend, in diese träumerische Szene.

Wie in einer Vision gewahrt er eine Fee, deren strahlende Lebenskraft, indem sie die Insel umkreist, bei jeder Umkreisung mehr von den Schatten verzehrt wird; ›halbgeschlossenen Auges‹, in einem Wachtraum, beseelt sich für ihn die Natur, die man wie Musik nur einsam genießen kann, und verwandelt sich in ein ›tableau vivant‹, das die Allmacht des Todes allegorisiert.

In ›Das Gespräch zwischen Monos und Una‹ (August 1841) beschreibt Monos nach seinem Tod und seiner ›Wiedergeburt‹ im Paradies seiner Geliebten Una den jammervollen Zustand der Erde vor seinem Hinscheiden; die Menschheit hat sich durch ihren ›infantilen‹ Durst nach Fortschritt selbst dem Untergang geweiht und die Natur im »heißen Atem der Schlote« zerstört.

»Du wirst dich entsinnen, daß einer oder zwei der Weisen unter unseren Vorvätern – Weisen in Wahrheit, ob schon auch nicht in den Augen der Welt – es gewagt hatten, die Berechtigung des Begriffs ›Verbesserung‹ in Zweifel zu ziehen, wo er auf das Fortschreiten unserer Zivilisation angewendet ward... In langen Zeitabständen traten große Geister auf, die jeden Fortschritt in der praktischen Wissenschaft als einen Rückgang bezüglich der wahren Nützlichkeit betrachteten.«[20]

Der Mensch aber, anstatt sich der Führung der Naturgesetze zu unterwerfen, versucht, über sie Gewalt zu üben; obwohl er die ›Majestät der Natur anerkennen muß, verfällt er in kindisches Jauchzen ob der erlangten und immer noch zunehmenden Herrschaft über ihre Elemente‹; ›qualmende Städte erheben sich‹ und »das schöne Gesicht der Natur ward entstellt, wie von den Verheerungen einer ekelhaften Krankheit«. Nur die Dichter und Philosophen sehen die Entwicklung voraus – das endgültige Chaos wird durch die ›Pervertierung des *Geschmacks* oder vielmehr durch die blinde Vernachlässigung seiner Ausbildung in den Schulen‹ herbeigeführt werden. In dieser ›späten, kindischen Greisenzeit der Erde‹ stirbt Monos; der Tod aber wird nicht als Schrecken geschildert, sondern als Übergangsstadium, in dem die Sinne ihre Identität verlieren, zusammenfließen in eine große Synästhesie; ein sechster, ›allvollkommener‹ Sinn entsteht, eine »scharfe, vollkommene, ganz in sich selbst ruhende Empfindung von *Dauer*... der erste offenbare und gewisse Schritt der zeitlosen Seele über die Schwelle der zeitlichen Ewigkeit«.[21] Aus der »Umarmung des *Schattens*« tritt er, zuletzt wieder vereint mit seiner Geliebten, ein in »das Licht der dauernden *Liebe*«.

In beiden Erzählungen, ›The Island of the Fay‹ und ›The Colloquy of Monos and Una‹ (wie auch den späteren ›Mesmeric Revelation‹ und ›The Power of Words‹), finden sich Ansätze zu der schließlich von Poe in ›Heureka‹ entwickelten Kosmogonie.

Im August bot er dem Verlag Lea & Blanchard, der bereits seine ›Grotesken und Arabesken‹ veröffentlicht hatte, einen neuen Erzählungsband unter dem Titel ›The Prose Tales of Edgar A. Poe‹ an: »Es liegt mir sehr daran, daß ich in Ihrem Hause weiterhin publiziert werde, und falls Sie mein Angebot annehmen, würde ich mit Freuden die Bedingungen akzeptieren, die sie mir schon einmal eingeräumt haben – das heißt – Sie erhalten alle Einnahmen und ich zwanzig Belegexemplare, um sie unter meinen Freunden zu verteilen.«[22] Nur wenige Tage später erhielt er eine höfliche Ablehnung, in der es hieß, daß schon die erste Ausgabe ein Verlustgeschäft gewesen sei.

Im September erschien in ›Graham's‹ ›Wer kann sich retten vor des Teufels Wetten – Eine Geschichte mit Moral‹ eine amüsante Groteske im Stil von ›Bon-Bon‹ und ›The Duc de L'Omelette‹, deren Held, Toby Dammit, dem Teufel seinen Kopf verwettet – und ihn prompt verliert (in der Verfilmung des italienischen Regisseurs Fellini spielte den Teufel, sehr wirkungsvoll, ein kleines Mädchen). Eher eine ›Gelegenheitsarbeit‹ war die Kurzgeschichte ›Drei Sonntage in einer Woche‹ (November 1841 in ›The Saturday Evening Post‹), obwohl sie immerhin Jules Verne zur Schlußauflösung seines Romans ›Die Reise um die Erde in 80 Tagen‹ inspirierte.

Zu den neben den ›Morden in der Rue Morgue‹ und dem ›Malstrom‹ bedeutendsten Erzählungen dieses Jahres gehörte jedoch zweifellos ›Eleonora‹, die in dem Jahrbuch ›The Gift‹ für 1842 (das bereits im Herbst 1841 herauskam) abgedruckt wurde. ›Eleonora‹ setzte den mit ›Berenice‹, ›Morella‹ und ›Ligeia‹ begonnenen Zyklus fort, der das ›poetischste aller Themen‹, den Tod einer schönen Frau, in verschiedenen Variationen behandelte. Während in den früheren Versionen eine Atmosphäre des Grauens vorherrschte, ist hier alles zu einer melancholischen Idylle gesänftigt, einer Wärme und Ruhe, wie sonst in keinem anderen Werk Poes. »Außer in manchen Gedichten und in Privatbriefen ist Poe so gut wie nie daran interessiert, seine wirklichen Empfindungen auszudrücken«, schreibt Stephen L. Mooney in seinem Essay ›Poe's Gothic Waste Land‹.

»Die Erzählungen sind Zeugnisse einer bemerkenswerten dramatischen Sachlichkeit und Ökonomie, eine Tatsache, die vor autobiographischen Schlußfolgerungen hätte abschrecken müssen – obwohl sich nur wenige davon abschrecken ließen. Poe ist losgelöst von seinen Schriften. Sogar in seinen Briefen spielt er mitunter geschickt mit den Emotionen seiner Korrespondenten ... die er gleichsam als Publikum behandelt, das auf einstudierte Effekte reagiert; er bedient sich der subtilsten Ausleuchtung, um das gewünschte Bild hervorzurufen. Das soll nicht heißen, daß er unaufrichtig war, sondern daß er sich – zuerst und zuletzt – als Künstler empfand: seine Ehrlichkeit mußte darin bestehen, Wirkungen zu erzeugen. Alles darunterliegende wäre ein Verrat an seiner ›Philosophie der Komposition‹ gewesen, welche sich von seiner Lebensphilosophie kaum unterschied.«[23]

Das ist im großen und ganzen sicher richtig, wenn sich auch Poes Œuvre heranziehen läßt, um seine künstlerische Entwicklung, seinen (zwiegespaltenen) Charakter, seine Art von Humor, seine Obsessionen sowie eben seine Lebensphilosophie zu veranschaulichen. ›Eleonora‹ stellt jedoch einen Sonderfall dar; die autobiographischen Züge, die diese Geschichte trägt, sind unübersehbar:

»Sie, die ich in meiner Jugend liebte und der diese Zeilen der Erinnerung gelten, die ich hier mit unfaßbarer Ruhe und Genauigkeit niederschreibe, war die einzige Tochter der Schwester meiner frühverstorbenen Mutter... wer die Absicht gehabt hätte, zu unserer Wohnstätte vorzudringen, der hätte sich gewaltsam durch das Dickicht vieler tausend Büsche und Bäume schlagen und Millionen süßduftender, wundersam blühender Blumen zertreten müssen. So lebten wir denn in Glück und innigem Frieden fernab der übrigen Welt und kümmerten uns nur um uns selbst, ich, meine Kusine und ihre Mutter... Eleonorens Lieblichkeit glich der eines Seraphs. Und doch war sie nur ein junges Mädchen, so einfach, unschuldig und natürlich wie das kurze Leben, das sie inmitten der Blumen gelebt hatte. Jede Verstellung war ihr fremd, und mit kindlicher Offenheit zeigte sie mir die Glut der Liebe, die in ihrem Herzen brannte, in ihrem süßen kleinen Herzen, dessen leiseste Regung, dessen verborgenste Gefühle sie mir rückhaltlos enthüllte... Sie fühlte wohl, daß der Finger des Todes ihre Brust berührt, daß ihre Schönheit, gleichsam wie bei den Eintagsfliegen, sich nur entfaltet hatte, um rasch dahinzusterben.«[24]

Poe wußte, daß seine Frau ernsthaft krank war, und er wußte wahrscheinlich schon damals um die Ursache ihres Leidens, denn er kannte die Anzeichen nur zu genau. Der freundliche Dr. Mitchell, der hin und wieder mit kleinen Geldbeträgen aushalf, untersuchte sie und stellte eine Lungentuberkulose im Primärstadium fest – zunächst noch kein Grund zur Besorgnis; er verordnete wohl Zinnkrautsaft, Hirsebrei, Buchweizengrütze und viel Quark, Milch und Käse zur Stärkung.

Die Haltung des 19. Jahrhunderts gegenüber ›phtisis‹ war sonderbar widersprüchlich; paradoxerweise sah man in dieser Erkrankung, gerade wenn sie Frauen befiel, zugleich etwas Poetisches, ja beinahe Modisches, wie etwas Geheimzuhaltendes, gesellschaftlich Verpöntes. Ihr Name wurde mit allerlei Euphemismen umschrieben. Poe selbst bezeichnete sie in einer (später gestrichenen) Passage seiner frühen Erzählung ›Metzengerstein‹ (1832) als ›that gentle disease‹. Die Anfangssymptome galten als durchaus ›fashionable‹; selbst kerngesunde Damen täuschten mit Vorliebe Schwächeanfälle und Ohnmachten vor, und man schätzte ›anämische Blässe‹. Es bestand im Sprachgebrauch ein Unterschied zwischen vornehmer ›decline‹ (›Schwindsucht‹) und verschwiegener ›comsumption‹ (›Auszehrung‹), obwohl beide Begriffe im Englischen etwa gleichbedeutend sind – eben bis auf eine Nuance.

»Virginia wirkte kaum älter als vierzehn, war hübsch, sanft, zierlich und mädchenhaft«, erinnert sich Miss Amanda B. Harris, die damals zu dem klei-

»Sissy« (Virginia Poe). Zeichnung von Edgar Allan Poe, ca. 1842

nen privaten Bekanntenkreis der Familie gehörte. »Sie bezauberte jeden ...
hatte eine liebliche Stimme und war eine exquisite Sängerin.«[25]

Am 20. Januar fand in dem abgelegenen Häuschen in der Coates Street eine
›Abendgesellschaft‹ aus Anlaß von Poes Geburtstag mit vielleicht vier oder
fünf Gästen statt, darunter Cousin Henry Herring in Begleitung seiner Toch-

ter Eliza sowie einer Miss Harris. Das Ambiente läßt sich ungefähr rekonstruieren. Im Wohnzimmer lagen neben einem roten Teppich einige handgeknüpfte Matten; das Mobiliar bestand aus einem Roßhaarsofa, einem einfachen, kerzengeschmückten Eßzimmertisch mit zwei oder drei Stühlen, einer Kommode, einem kleinen Bücherschrank, einem Schaukelstuhl, wahrscheinlich mehreren Petroleumlampen und den kürzlich angeschafften ›Luxusartikeln‹, dem Klavier und der Harfe.[26] Geheizt wurde durch das Kaminfeuer und einen Kohleofen. Wahrscheinlich hatte Virginia Vasen mit blühenden Christrosen und Rhododendren im Raum verteilt. Es gab eine Menge Haustiere, zwei Singvögel in ihren Käfigen und mindestens drei Katzen, ›Cissie‹, ›Muddie‹ und ›Cat-a-rina‹.

Nach dem Abendessen und dem abschließenden Kaffee wurde Virginia, die ein weißes Kleid trug, aufgefordert, etwas auf der Harfe vorzutragen. Auf dem Programm standen wohl Lieder à la Burns – ›Flow gently, sweet Afton‹, Finglands ›Annie Laurie‹ oder das von Poe so geliebte ›Come Rest in This Bosom‹. Sie begann zu singen, bezaubernd klar und hell wie immer – bis sie plötzlich stockte und husten mußte. Aus der zunächst etwas betretenen Situation wurde blankes Entsetzen, als man bemerkte, daß sie in ihrem immer stärker werdenden Hustenkrampf Blut zu spucken anfing, das ihr weißes Kleid rot färbte. Sie sank in sich zusammen – alles stürzte zu ihr hin, sie aufzufangen –, und für eine Weile schien es sicher, daß sie sterben müsse. Virginia bekam keine Luft mehr, man befürchtete, sie würde ersticken – »der Farbanflug verschwand von Wangen wie von Lidern, und hinterließ eine Bleichheit, die die des Marmors noch übertraf; die Lippen schrumpften & knifften sich ein im gespenstischen Ausdruck des Todes; eine widerliche Kälte & Klammheit breitete sich aus, rapide über den ganzen Körper hin; und unmittelbar darauf war auch schon all die übliche steife Starre eingetreten.«[27]

All die grausigen Visionen, die Poe in seinen Erzählungen heraufbeschworen hatte, wurden mit einem Mal Wirklichkeit. Während sich die anderen um sie bemühten und sie zu Bett brachten, brach er noch unter Schock auf, um Dr. Mitchell zu benachrichtigen. Der wohnte am anderen Ende der Stadt, gut vier Meilen entfernt.

Am 3. Februar schrieb Poe an Frederick W. Thomas:

»Mein lieber Freund,
... Mein teures kleines Weib ist gefährlich krank gewesen. Vor etwa vierzehn Tagen erlitt sie beim Singen einen Blutsturz, und erst gestern war's, daß die Ärzte mir wieder etwas Hoffnung auf ihr Genesen gaben. Sie mögen sich die Seelenqual vorstellen, die ich gelitten, denn Sie wissen, wie hingegeben ich sie liebe. Doch heute ist die Aussicht heller, und ich bin zuversichtlich, daß dieser bittere Kelch des Elends an mir vorübergeht.«[28]

Dieser Vorfall bezeichnete einen Wendepunkt zum Schlechteren in Poes Leben. Er war der seelischen Anspannung, die der Ausbruch der Tuberkulose bei seiner Frau in ihm erzeugte, der dauernden Sorge und Angst nicht gewachsen. Virginias Zustand blieb über Jahre hin wechselhaft, besserte sich und verschlimmerte sich wieder, und bei jedem neuen Anzeichen litt er wie sie »hundert Tode«. Nach ihrem Blutsturz hatte man sie in einem Dachzimmerchen des Hauses untergebracht, einem sehr niedrigen Raum, den man nur gebückt betreten konnte. Hier lag sie einige Tage in einer Art Koma, kaum imstande zu atmen, außer wenn man ihr Luft zufächelte. »Mr. Poe war äußerst empfindlich und reizbar«, schreibt Miss Harris, »›hochexplosiv‹, sagte jemand, der ihn in jenen Tagen kannte. Und er ließ es nicht zu, daß jemand auch nur andeutete, sie könne sterben; er wurde rasend, wenn man darauf zu sprechen kam . . . «[29] In einem Brief Poes aus dem Jahre 1848 an seinen Freund George Eveleth heißt es:

»Sie fragen – ›Können sie mir eine *Andeutung* geben, welch schreckliches Unheil denn nun eigentlich jenes anstößige Leben gezeitigt, über dem sich ein so profundes Lamento erhob?‹ Ja; ich kann Ihnen noch mehr als bloß eine Andeutung geben. Dies ›Unheil‹ war das größte, das über einen Mann nur kommen kann. Vor sechs Jahren erlitt meine Frau, die ich liebte, wie kein Mann noch je geliebt, beim Singen einen Blutsturz. Man gab ihr Leben verloren. Ich nahm Abschied von ihr auf immer und litt alle Qualen ihres Todeskampfes mit. Dann erholte sie sich zum Teil wieder, und ich hoffte erneut. Doch nicht ein Jahr ganz ging darüber hin, da platzte das Blutgefäß abermals – ich machte ganz dieselbe Szene durch. Und abermals ein Jahr danach. Und wieder – wieder – wieder und noch einmal wieder, in wechselnden Abständen. Bei jedem Mal empfand ich alle Qualen ihres Sterbekampfs – und bei jedem Anfall ihres Leidens liebte ich sie inniger und klammerte mich verzweifelter an ihr Leben. Doch bin ich sehr empfindlicher Konstitution – nervös in schon sehr ungewöhnlichem Grade. Ich verlor den Kopf – nicht ohne mich zwischendurch immer wieder auf lange Strecken hin bei schauerlicher Vernünftigkeit zu befinden. Während dieser Anfälle absoluten Unbewußt-Seins habe ich getrunken – Gott allein weiß, wie oft beziehungsweise wie viel. Natürlich schrieben meine Feinde die geistige Zerrüttung dem Trinken zu – und nicht das Trinken meiner Zerrüttung. Tatsächlich hatte ich nahezu alle Hoffnung auf dauerndes Genesen aufgegeben, als ich's doch fand – im Tode meines Weibes. Den konnte ich ertragen und ertrag ich, wie's einem Manne geziemt – – es war die grauenvolle, nie enden-wollende Oszillation zwischen Hoffnung und Verzweiflung, die ich *nicht* länger hätte ertragen können, ohne vollends den Verstand zu verlieren. Im Tode dessen, was mein Leben war, empfang ich denn ein neues, doch – o Gott! wie düsterschweres Dasein!«[30]

Die Tragödie, von Poe in Worten nachinszeniert, verliert etwas von ihrer ursprünglichen, lebendigen, betroffen machenden Größe. Sie dient in diesem Brief zur Verteidigung von Poes Schwächen. Es besteht kein Zweifel daran, daß er so empfand – aber das Leben selbst gehorcht nun einmal keiner ›Methode der Komposition‹, und die Beschreibung ist einfach zu dramaturgisch, zu effektvoll, um als autobiographisches Dokument gänzlich überzeugend zu wirken. Tatsache ist, daß Poe der Situation der schweren Erkrankung seiner Frau völlig hilflos gegenüberstand. Und er besaß nicht die Kraft, es zu ertragen. Er floh – in den Rausch, in seine Arbeit oder in die Arme anderer Frauen. Es gab Phasen, da er der fürsorglichste Ehemann war, Nächte an Virginias Bett wachte und ihre Hand hielt – und solche, da er wochenlang verschollen blieb, sich sinnlos betrank und in flüchtigen Affären Trost suchte. Schon damals in Philadelphia, als er noch bei Graham angestellt war, – so erinnert sich Miss Harris – »pflegte er oft stundenlang nachts durch die Straßen zu wandern; stolz, unglücklich, verzweifelnd, nicht wissend, welchen Weg er einschlagen oder was er tun sollte, während Mrs. Clemm zu Hause die Ungewißheit so lange aushielt, wie es eben ging, bis sie sich auf die Suche nach ihm begab.«[31]

Negatives scheint sich oft auf einen bestimmten Zeitpunkt zu konzentrieren, um als vereinter Hagel auf das Haupt eines Unglücksraben herabzufallen. So erging es jedenfalls Poe im Januar 1841: »Sie fragen mich, wie ich mit Graham weiterkomme? Wollen Sie es glauben, Thomas? Am Morgen nach dem Unfall sprach ich bei ihm vor, und da ich vollkommen aus seiner Schuld war, bat ich ihn um zwei Monatsgehälter Vorschuß – was er mir nicht nur rundweg, sondern geradezu grob abschlug. Nun *weiß* dieser Mann, daß ich ihm die wichtigsten Dienste geleistet habe; er *muß* das einfach wissen, denn die Tatsache wird ihm von jedem zweiten Menschen, der das Büro besucht, in die Ohren geblasen, und die Kommentare in der Presse sind zu deutlich, als daß man sie mißverstehen könnte.«

Es handelte sich, allem Anschein nach, um eine vorübergehende Übellaunigkeit Grahams, der noch nichts von dem Unglück Virginias wußte, als er Poes Bitte um einen Vorschuß verweigerte – aber dieser Affront überzeugte Poe endgültig davon, daß er sich die Chimäre, zusammen mit Graham sein Zeitschriftprojekt zu verwirklichen, aus dem Kopf schlagen konnte. In dem gerade zitierten Brief an Frederick W. Thomas fügte er, wie um sich selbst Mut zu machen, hinzu: »Das Projekt des neuen Magazins beschäftigt (das mögen Sie für sicher nehmen) immer noch meine Gedanken. *Wenn ich am Leben bleibe,* werde ich's zu Stande bringen, und zwar im Triumph.«[32]

In der Januarausgabe von ›Graham's Magazine‹, erschien einer seiner Artikel, ›Exordium‹, in dem er wie stets als Vorkämpfer des guten Geschmacks gegen den seinerzeit lauten Ruf nach einer ›Nationalliteratur‹ zu Felde zog –

»als ob wahre Literatur national gebunden sein könne – als ob die ganze Welt nicht allein die geeignete Bühne für den literarischen Histrionen sei«.[33]

Und was den idealen Kritiker betrifft – »wie könnte man ihn besser beschreiben als mit Bulwer, ›er muß den Mut haben, kühn zu tadeln, mit Großmut allen Neid unterdrücken, kongenial würdigen, kenntnisreich vergleichen, er braucht Augen, die der Schönheit, Ohren, die der Musik geöffnet sind, und ein empfindsames Herz‹. Wir fügen lediglich hinzu: Begabung für Analyse und Erhabensein über alle Kränkungen.«[34]

Poe war keineswegs über Kränkungen erhaben, schon gar nicht, wenn sie gedruckt erschienen. Etwa um dieselbe Zeit stieß er beim Durchblättern der ›Boston Notion‹, jenem schon erwähnten Wochenblättchen, für das Griswold als Redakteur arbeitete, auf eine sehr heftige Attacke gegen sich und sein kritisches Urteil. Sie bezog sich auf eine Artikelserie, ›A Chapter on Autography‹, die Poe im November und Dezember 1841 und im Januar 1842 in ›Graham's‹ veröffentlicht hatte und in der er sich mit den Handschriften zeitgenössischer Literaten auseinandersetzte. Unter dem Abdruck der jeweiligen Signatur folgte eine kurze Beschreibung der literarischen und persönlichen Meriten des Autors; etwa hundert Schriftsteller wurden auf diese Weise aufgeführt, außer Lowell, Longfellow, Bryant, Cooper, Irving, Halleck und Emerson zum größten Teil unbedeutende, heute längst vergessene Schreiberlinge. Manche pries er, aus den weiter oben schon genannten persönlichen Rücksichten oder auf Grahams Empfehlung hin, wider besseres Wissen; das Ganze war mehr eine Art gängiger Feuilletonjournalismus mit nur wenig Anklängen an die kritischen Maßstäbe, die Poe in seinen Rezensionen anlegte. Für diese Hudelei bekam er nun im ›Boston Notion‹ die Quittung präsentiert. Der anonyme Verfasser des Artikels machte kein Hehl daraus, daß er Poes Methode, einen Dichter oder Prosaisten allein aus seinem ›Schriftbild‹ heraus zu beurteilen, lächerlich und degoutant fand. »Es ist schlimm genug für einen Autor, von einem Phrenologen oder Physiognomiker dogmatisch wegen seiner Kopfform oder seines Gesichtsausdrucks verdammt zu werden; denselben ›Forschungsgeist‹ nun auch noch auf seine Krakelfüsse, o's und e's auszudehnen ist nur eine Verfeinerung der Kunst der Tortur... Es gehört schon eine gehörige Portion Impertinenz dazu, sich wie Mr. Poe zu einem literarischen Diktator aufzuschwingen und uns – unter seinem Namen – seine Ansichten über amerikanische Schriftsteller als verbindlich und allgemeingültig aufzuschwätzen... Man kann sich ebensogut von einem Neuseeländer das Christentum interpretieren lassen, wie von Mr. Poe eine objektive Kritik über bestimmte Schriftsteller zu erwarten.«

Ferner wurde gerügt, daß Poe, während er eine ganze Anzahl unbedeutender Schriftsteller – vornehmlich solche, die Beiträge für ›Graham's‹ schrieben – in den Himmel lobte, andere von weit höherem Rang schlichtweg überging. »Solange Mr. Poe seine Position als Generalissimus der amerikanischen Literaturkritik aufrecht erhalten darf, ist es gut zu wissen, daß der Weg zur Unsterblichkeit durch ›Graham's Magazine‹ hindurchführt.«[35]

Dieser ›Kritikerverriß‹ stammte nicht etwa aus der Feder Griswolds, wie Poe wohl annahm, sondern von einem Kritikerkollegen, Edwin Percy Whipple, der allerdings mit dem ›Reverend‹ befreundet war.

Wenn immer Poe etwas Negatives über sich lesen mußte, verfiel er in schreckliche Selbstzweifel und Depressionen. Der Zeitpunkt für diese Kritikerschelte war denkbar schlecht gewählt. Wie sehr ihm Whipples Attacke auf den Magen schlug, zeigt eine Passage aus einem Brief an F. W. Thomas: »Jene Artikel haben riesig Anklang gefunden – ja sie haben Wunder getan für das Journal – doch ich fürchte, auch mir persönlich viel Schaden. Ich war schwach genug, Graham zu erlauben, in vielen der Notizen meine Ansichten zu modifizieren (oder wenigstens doch ihren Ausdruck). Zum Beispiel im Fall Conrad; er bestand darauf, den Mann zu *preisen* und quälte mich mit dem Ansinnen, günstig von solchen Gimpeln wie Holden, Peterson, Spear etc. etc. zu sprechen. Ich hätte nicht nachgegeben, wäre ich der Ansicht gewesen, es mache viel Unterschied, ob man so oder so von diesen Marionetten rede, doch wie es scheint, muß dieser Irrtum nun dazu herhalten, gegen meine kritische Unparteilichkeit zu zeugen. Nächstes Mal weiß ich das besser. Mich soll so leicht kein Mensch wieder der Sanftmut bezichtigen.«[36]

Die folgenden Rezensionen in ›Graham's‹ zeigen deutlich, daß Poe sich die Lektion zu Herzen genommen hatte. Sie sind fast alle Musterbeispiele eines konstruktiven, vorbildlichen Kritikstils, wie er bisher in Amerika ohnegleichen war. Ihre Klarheit und Gültigkeit sind ein eindrucksvoller Beweis dafür, daß sich Poe unter dem Druck der Ereignisse – zunächst jedenfalls – nicht in den Rausch flüchtete, sondern sich in Arbeit vergrub.

Bereits im Mai 1841 sagte er in der ›Saturday Evening Post‹ den Ausgang von Dickens' ›mystery novel‹ ›Barnaby Rudge‹ voraus, einem Fortsetzungsroman, der auch in Amerika erschien und dessen Folgen mit großer Spannung erwartet wurden. Dickens selbst soll damals geäußert haben: »Der Mann muß der Teufel in Person sein.« Im Februar 1842 rezensierte Poe den mittlerweile vollständig vorliegenden Roman, der bei Lea & Blanchard erschienen war, ausführlicher; er versäumte dabei nicht, über den amerikanischen Literaturbetrieb herzuziehen und auf sein eigenes, prophetisches Talent hinzuweisen, das zwar nicht immer ganz exakt geweissagt hatte, im großen und ganzen aber mit der Intention des Autors übereinstimmte – »weshalb wir … sagen dürfen … daß, wenn wir hier nicht richtig prophezeit haben, unsre Prophezeiung zumindest *hätte richtig sein sollen*«.[37]

In seiner Besprechung von Longfellows ›Balladen und Gedichten‹ formulierte Poe im März eingehend seine ›ars poetica‹, und seine Gedanken über dieses Thema stehen denen Schlegels und Coleridges in nichts nach. Die ›Welt des Geistes‹ ist in den reinen Intellekt, den Geschmack und das moralische Empfinden unterteilt; dem Intellekt ist die Erkenntnis der Wahrheit zugeordnet, dem moralischen Empfinden, dem Gewissen, die Aufgabe, Pflichten wahrzunehmen; »einzig und allein dem Geschmacke« aber obliegt's, »uns zu belehren über die SCHÖNHEIT«[38].

Zum Schluß seiner ›Vorbemerkungen‹ über Wesen und Ziel der Dichtkunst faßt er zusammen:

»Recapitulirend können wir also die Poesie des Wortes ganz knapp definiren als *Schönheit in rhythmischer Schöpfung*. Ueber die Grenzen solcher Schönheit reicht ihr Gebiet nicht hinaus: ihr einziger Schieds-Richter ist der Geschmack. Mit dem Intellect und mit dem Gewissen hat sie nur indirect zu schaffen. Keinerlei Abhängigkeiten, es wär' denn durch Identität, bestehen zur Pflicht und zur *Wahrheit*. Daß diese unsre Definition notgedrungen Vieles von Dem ausschließt, was durch allzu lässige Duldsamkeit bisher in den Rang des Poetischen gekommen, kümmert uns hier keinen Augenblick. Wir wenden uns ja an den *denkenden* Leser und sind einzig auf *seine* Zustimmung aus. Entsprechen unsre Anregungen der Wahrheit, so werden sie ›eines fernen Tages‹ als wahr erkannt und verstanden sein, ob sich auch zeigen mag, daß sie im Widerspruch stehen zu *Allem*, was bisher für wahr gehalten wurde. Sind sie aber irrig – wer wenn nicht wir selber sollte als Erster ihre Vergessenheit wünschen?«[39]

Von seiner Theorie ausgehend, unternimmt es Poe, dem großen Barden Longfellow – dem er immerhin ›Talent‹ bescheinigt – ohne jede Gehässigkeit Verstöße gegen dieselbe nachzuweisen. »Unter den Stücken, welche den Inhalt des uns vorliegenden Bandes bilden, sind nur ganz wenige, die unsren einleitend dargelegten Ideen gerecht werden.« Ansonsten »findet sich keines, darin das legitime Ziel aller Poesie, nämlich die *Schönheit,* nicht allzu augenfällig durch dasjenige der Belehrung oder *Wahrheitsvermittlung* ersetzt worden wäre«.[40] Es gab nur wenige, die Poe hier zu folgen vermocht hätten, und noch wenigere, die sich seine Anschauungen zu eigen machten. Longfellow galt – neben Bryant und Halleck – als *der* Dichter Amerikas; er war ein reicher und geachteter Mann, hatte einen Lehrstuhl in Harvard inne und wurde etwa als der Apoll auf dem Parnaß amerikanischer Poesie betrachtet. Mit der Moral von jemandem, der diesem Giganten vorwarf, er sei ›allzu moralisch‹, konnte es selbst nicht weit her sein. In einem Brief Longfellows aus dem Jahre 1841 an Poe hieß es, ein wenig gönnerhaft: »Ihre Vermutung ist unzutreffend, daß mir nichts Positives über Sie bekannt sei. Nach allem, was ich von Ihnen gelesen habe, halte ich im Gegenteil sehr viel von Ihrem Können und glaube, daß Sie in unserem Lande zu den besten Autoren romantischer Erzählungen gehören könnten, falls Sie das wollen.«[41] Damals hatte Poe den Dichter des ›Hyperion‹ um Beiträge für ›Graham's Magazine‹ gebeten; seine zwar nicht abfällige, aber doch strenge Kritik an Longfellows neuem Gedichtband kam Graham um so ungelegener, als der berühmte Poet ab Januar 1842 der Zeitschrift tatsächlich einige seiner Werke zur Verfügung stellte – für Honorare in schwindelnder Höhe. So erschien im Januar sein weitschweifiges metaphysisches Gedicht ›Pokal des Lebens‹ und in der Märzausgabe – ausgerechnet derselben Nummer, in der auch Poes Rezension stand – ein Aufsatz über Heinrich Heine. Longfellow hatte auf seiner ›grand tour‹ Deutschland bereist; besonders gern erzählte er von Heidelberg, »wo er beim Gesang der Nachtigallen, der den Schloßgarten erfüllte, sein Herz an den alten deutschen Sagen gelabt hatte«[42]. Der Einfluß solcher Legenden und der deutschen Romantischen Schule auf sein Werk ist unverkennbar; er übertrug auch u. a. Uhland, Müller, Klopstock und Heine ins Englische.

Poe ließ sich von Graham nicht länger bevormunden. Er war durch E. P. Whipples Attacke gegen seinen leichtfertigen Kritikstil in ›A Chapter on Autography‹ nachdenklich geworden und schrieb nur noch, was er vor sich selbst verantworten konnte. Man muß es Longfellow zugute halten, daß er den Angriff gegen ihn (dem noch weitere, verletzendere folgen sollten) nicht übel nahm. Er hielt sich lieber aus allen Kontroversen heraus und überließ es seinen Parteigängern, über Poe herzufallen.

Die dritte konstruktive Kritik war die über Hawthornes ›Twice Told Tales‹ (April 1842), in der Poe seine Theorie der Kurzgeschichte entwickelte. Allein diese Besprechungen, die nicht ohne Einfluß auf die Weltliteratur blieben (der Symbolismus z. B. wäre ohne Poe kaum denkbar gewesen), beweisen, daß Poe trotz aller widriger Umstände damals die meiste Zeit mit Schreiben verbrachte.

Es grenzt schon an Hypokrisie, wie Graham sich in seinen Reminiszenzen äußert: »Poes Geistesgaben waren von einer Art, wie sie hierzulande nicht sonderlich gefragt sind. Die Gebildetenschicht, die er leicht und gewinnbringend ansprechen konnte, war nur sehr klein – und es gab wenige Kanäle, zu ihr vorzudringen –, denn alle oder fast alle Verleger und Herausgeber begnügten sich mit ihren ›Hausautoren‹ und zögerten, ihn so zu bezahlen, daß er davon hätte leben können; so kam es, daß er ins ›Schwimmen‹ geriet. Ohne fest und auf Dauer bei irgendeinem Publizisten angestellt zu sein, durchlitt er alle Schrecken drohenden Elends; oft fehlte es am Notwendigsten, und ach!, in solchen Momenten trat schnell der Versucher auf ihn zu.«[43]

Im März unternahm Charles Dickens, damals besser bekannt unter dem Schriftstellerpseudonym ›Boz‹, eine Vortragsreise quer durch die Vereinigten Staaten. Seit seinem Bestseller ›Oliver Twist‹ und der ›mystery novel‹ ›Barnaby Rudge‹ genoß er in ganz Amerika einen Ruf, wie vor ihm vielleicht nur Walter Scott; sein Roman ›Little Dorritt‹, der etwas später erschien, sollte einst in keinem amerikanischen Haushalt fehlen.

Dickens war erst neunundzwanzig Jahre alt und trug langes, wallendes Haar; er wirkte wie der Prototyp des Genies romantischer Vorstellung. Als er mit seiner Frau an Bord der ›Britannia‹ im Bostoner Hafen ankam, wurde er an der Anlegestelle von Reportern und Presseleuten umlagert, von Honoratioren der Stadt begrüßt, auf Bälle, Festlichkeiten und Dinnerparties eingeladen und sogar von Longfellow hoffiert. Nach zwei Wochen fuhr er per Eisenbahn über Hartford und New Haven nach New York weiter, wo Washington Irving ihm zu Ehren ein ›Great Boz' Dinner‹ im City Hotel gab; es folgte ein ›Great Boz' Ball‹ im Park Theatre. In Washington empfing ihn der große Henry Clay, den er als »gänzlich unwiderstehlichen, bezaubernden Mann« beschrieb. Der Prophet gilt nichts im eigenen Land – wieder zeigte sich, wie sehr die amerikanische Kulturszene noch immer auf britische Vorbilder eingeschworen war. Kein einheimischer Dichter wäre jemals so gefeiert worden. Dickens' Reise führte ihn auch nach Philadelphia.

»Es ist eine hübsche Stadt, wenngleich von verwirrender Regelmäßigkeit. Nach einem ein- oder zweistündigen Erkundungsgang hätte ich die Welt für eine einzige gewundene, schiefe Straße gegeben. Mein Mantelkragen schien sich zu versteifen und meine Hutkrempe auszudehnen in dieser quäkerischen Atmosphäre. Ich hatte den Eindruck, mein Haar verkürze sich zu anständiger Kurzgeschorenheit, meine Hände falteten sich bedachtsam über meiner Brust, aus eigenem Antrieb, und unfreiwillig begann ich darüber nachzudenken..., ob sich nicht durch Kornspekulationen ein großes Vermögen erwerben lasse. Philadelphia verfügt über großzügige Frischwasservorräte; andauernd und überall werden irgendwelche Hähne aufgedreht, allerorten spritzt's und schäumt's und sprudelt's... Es gibt eine Menge öffentlicher Einrichtungen, darunter ein ganz vorzügliches Krankenhaus, von Quäkern gegründet, aber nicht sektiererisch in seiner Wohltätigkeit; eine ruhige, eigenartige alte Bibliothek, die nach Franklin benannt wurde; eine nette Börse, ein hübsches Postgebäude und so weiter... Mein Aufenthalt in Philadelphia war nur von kurzer Dauer, aber was ich von seiner Gesellschaft kennenlernte, wirkte überaus sympathisch auf mich. Sollte ich ihre allgemeinen Charakteristika beschreiben, so würde ich sagen, daß sie mir provinzieller als die in Boston und New York vorkam; die hochgeistigen Gespräche erinnerten mich etwas an die gediegenen Diskussionen über ähnliche Themen – Shakespeare und Glasharfenmusik –, von denen wir im ›Vicar of Wakefield‹ lesen.«[44]

Den Höhepunkt seines Aufenthaltes bildete eine Besichtigung des Stadtgefängnisses, dessen Einrichtungen und Sträflinge er mit lebhafter Aufmerksamkeit studierte; sein Kapitel über Philadelphia in seinen ›American Notes‹ beschäftigt sich fast ausschließlich mit diesem Thema.

Eine sicher willkommene Abwechslung in der Tristesse der Quäkerstadt, die ›Boz‹, wie aus seinen Bemerkungen hervorgeht, alles andere als amüsant fand, war sein Zusammentreffen mit dem Redakteur von ›Graham's Magazine‹, Mr. Edgar Allan Poe, jenem Kauz, der die Pointe von ›Barnaby Rudge‹ vorhergesagt hatte. Dickens wohnte im ›United States Hotel‹, wo er am 6. März ein kurzes, förmliches Schreiben Poes empfing, in dem dieser um einen Termin bat. Boz schrieb hocherfreut zurück:

»Sehr geehrter Herr, – Es wird mir eine große Freude sein, Sie zu sehen, wann immer Sie mir die Ehre Ihres Besuchs erweisen wollen. Die günstigste Zeit wäre wohl zwischen halb zwölf und zwölf. Die Bücher, die Sie mir freundlicherweise sandten, habe ich flüchtig angesehen, genauer dagegen die Papiere, auf die Sie meine Aufmerksamkeit lenkten. Um so größer ist mein Verlangen, Sie dieserhalb zu sehen. Apropos die ›Konstruktion‹ von ›Caleb Williams‹, wissen Sie, daß Godwin ihn rückwärts schrieb, – den letzten Band zuerst, – und daß er nach Niederschrift der Hetzjagd auf Caleb und der Katastrophe Monate wartete und nach einer Möglichkeit suchte, das zu erklären, was er getan hatte?

Ihr stets sehr ergebener

Charles Dickens«[45]

Der Inhalt dieses Briefes deutet schon in etwa den Charakter der Gespräche an, die zwischen ihnen stattfanden. Zwei Gleichgesinnte – einer eben dem Zenit seines Ruhmes entgegenschreitend, der andere eher mit ›absteigender Tendenz‹ – diskutierten über literarische Themen und über die Notwendigkeit eines internationalen Urheberrechts, für das sich Dickens ebenso einsetzte wie Poe. Sicher wurde über ›Barnaby Rudge‹ gesprochen, über William Godwin, Edward Bulwer-Lytton sowie über Fragen des Stils und des Handlungsaufbaus.

Zwei Zauberkünstler hielten Austausch miteinander und verrieten sich gegenseitig ihre Tricks – nicht ihre besten, natürlich –, eine Art literarischer Fachsimpelei. Poe las einige Gedichte vor, um Dickens einen Eindruck moderner amerikanischer Poesie zu vermitteln, darunter eines von Emerson[46] und sicher auch das eine oder andere aus seiner eigenen Feder; man kann sich vorstellen, wie er sich an einer akustisch günstigen Stelle der vornehmen Hotelsuite postierte und eindrucksvoll ›The Haunted Palace‹ deklamierte, während ›Boz‹ und seine Frau gebannt seinem Vortrag lauschten. Er besaß eine überaus musikalische, nuancenreiche Baritonstimme, und viele Zeitgenossen, die ihn rezitieren hörten – öffentlich oder im privaten Kreise –, stimmten darin überein, daß ein Zauber von ihm ausging, eine ›sirenenartige Macht‹, die alle Anwesenden in ihren Bann schlug.

Poe lag nicht daran, sich einem berühmten Kollegen anzubiedern und ihn durch eine Dichterlesung zu beeindrucken. Er verband mit diesem Zusammentreffen ganz konkrete Absichten. Sein wichtigstes Anliegen war, durch den einflußreichen Erfolgsautor einen englischen Verleger zu finden, wußte er doch aus Erfahrung, daß erst einem in England publizierten Schriftsteller in Amerika alle Türen offen standen. Dickens versprach bei ihrem zweiten und letzten Zusammentreffen, sein Möglichstes zu tun – und Poe durfte wieder einmal hoffen, jedenfalls bis zum 27. November, als ihm ›Boz‹ brieflich mitteilte: ». . . doch kann ich keinen Erfolg vermelden. Ich habe es gegenüber den Verlegern, bei denen ich Einfluß habe, erwähnt, aber samt und sonders lehnten sie das Wagnis ab. Und der einzige Trost, den ich Ihnen geben kann, ist der, daß meiner Ansicht nach keine Sammlung isolierter Stücke eines unbekannten Autors, und sei er Engländer, zur Zeit in dieser Metropole einen Verleger finden würde. Nehmen Sie bitte nicht einen Augenblick lang an, ich hätte anders als mit freudiger Erinnerung an Sie gedacht und wäre nicht jederzeit bereit, Ihre Ansichten in diesem Land zu verbreiten, wenn ich es kann.«[47]

In der Aprilausgabe von ›Grahams's Magazine‹ erschien eine neue, sehr beziehungsreiche Kurzgeschichte Poes, ›Life in Death‹, bekannt unter ihrem späteren Titel ›Das ovale Porträt‹. Trotz Stephen L. Mooneys Warnung ist die Versuchung groß, Autobiographisches aus ihr herauszulesen. Man könnte sie so interpretieren, daß sich Poe – im ewigen Konflikt zwischen Kunst und sogenannter Wirklichkeit, überirdischer Schönheit und trister Realität – verantwortlich fühlte für Virginias tödliche Krankheit. Der Erzähler, – ›desperat verwundet‹ – findet eines Nachts zusammen mit seinem Diener Pedro Zuflucht in einem alten, verfallenen und unbewohnten Chateau, einem ›jener Gebäude, in denen Düsterkeit und Pracht sich paaren‹. Die Zusammenhänge, die ihn in jene einsame Gegend der Apenninen verschlagen haben und die zu seiner Verwundung führten, bleiben im Dunkeln. Er vertieft sich mit ›höchstem Interesse‹ in die vielen Gemälde, die er dort vorfindet, und entdeckt, als er sich zur Ruhe legt, ein kleines Buch, das ›eine Kritik und Beschreibung der Bilder‹ zum Inhalt hat. Schließlich fällt sein Blick auf ein kleines Porträt, das in einer Nische des Zimmers hängt und das seiner Aufmerksamkeit bisher entgangen ist, »das Porträt eines jungen, eben zum Weibe erblühten Mädchens«, »in jener Art gemalt, die man unter dem technischen Ausdruck Vignettenstil versteht, so etwa, wie Sully seine Porträts zu malen liebte«. Unwiderstehlich angezogen von diesem Bildnis, sucht er in dem bewußten Buch seine Nummer heraus und findet folgende Eintragung:

»Sie war ein Mädchen von auserlesenster Schönheit und hatte ein ebenso bezauberndes wie munteres Wesen. Verflucht aber war die Stunde, da sie den Maler sah, zu lieben begann und sein Weib wurde. Er war leidenschaftlich, strebsam und ernst und hatte in seiner Kunst bereits eine Braut; sie aber war von wunderbarer Schönheit und ebenso bezaubernd wie fröhlich, sie war eitel Lachen und Sonnenschein und munter wie ein junges Reh. Sie liebte alles, schloß alles in ihr kleines Herz und haßte nur eines: ihre Rivalin, die Kunst. Ihre einzige Furcht galt der Palette, den Pinseln und anderen Malgeräten, die ihr den Anblick des Geliebten entzogen. Welchen Schrecken empfand daher das arme Geschöpf, als ihr Gatte den Wunsch äußerte, sie malen zu wollen.«[48]

Poe hatte Virginia als Eleonora in seiner Manier porträtiert, und Eleonora war gestorben, wenn auch nicht so grausam wie Berenice oder Madeline Usher und nicht ganz so mystisch wie Ligeia oder Morella. Im Sterben hatte diese Kunstfigur, die Virginias Züge trug, den Erzähler nur ermahnt, seinem Schwur treu zu bleiben und niemals eine andere außer ihr zu lieben; und als er dennoch wieder zu lieben begann, die ›himmlische, unvergleichliche, engelsgleiche Ermengard‹, verzieh sie ihm, über das Grab hinaus, mit den Worten:

»Schlafe in Frieden! Der Geist der Liebe herrscht! Und wenn du Ermengard an dein wildes, leidenschaftliches Herz reißt, bist du aus Gründen, die du dereinst im Himmel erfahren wirst, von deinem Schwur, der dich an Eleonora bindet, freigesprochen...«[49]

Zweierlei Schuld: das verdrängte Verlangen nach anderen Frauen, anderer Liebe – ›stern vultures of passion‹ – und Virginia-Eleonora in seiner Geschichte sterben zu lassen, ist doch ›der Tod einer schönen Frau der Gipfelpunkt aller Poesie, und am berufensten, dieses erhabene Thema zu erörtern, sind fraglos die Lippen des vereinsamten Liebenden‹. Nun hatte die Wirklichkeit die Kunst überholt, die unerbittliche Kunst, die sie voneinander trennte. In dem Versuch einer Synthese trat der Tod dazwischen:

»Sie aber lächelte; lächelte immerzu und klagte nie, denn sie sah, daß der Maler, dessen Ruhm im ganzen Lande verbreitet war, mit fieberhaftem Eifer an der Arbeit war und rastlos Tage und Nächte opferte, um die zu malen, die ihn mit so grenzenloser Liebe liebte und die doch mit jedem Tag müder wurde und dahinschwand...
Und er wollte nicht sehen, daß das zarte Rot, das er auf die Leinwand pinselte, das Rot der Wangen seiner jungen Frau war, die ihm gegenübersaß. Und als viele Wochen ins Land gegangen waren und nichts mehr zu tun blieb, als hier noch einen Strich an den Lippen zu ziehen und da noch dem Auge ein Licht aufzusetzen, da flackerte die Seele dieses Engels noch einmal auf wie das zuckende Licht einer Lampe.
Und der Pinselstrich wurde getan und das Licht aufgesetzt, und einen Augenblick lang stand der Meister versunken in den Anblick seines Kunstwerkes

da. Doch als er so schaute, da bebte er plötzlich am ganzen Leib, und Leichenblässe überzog seine Wangen, und er schrie, von jähem Entsetzen gepackt: ›Das ist ja wahrhaftiges Leben!‹ Und als er sich zu seiner Geliebten wandte, da war sie tot.«[50]

Nein, Kunst und Leben vertrugen sich nicht. Poe hätte es wissen müssen. Er brachte seine Frau dazu, es den Engeln gleich zu tun, durch ihr Harfenspiel und ihren Gesang ›überirdische Schönheit‹ auf die Erde zu bringen – und sie verblutete schier daran. D. H. Lawrence ist auf der richtigen Spur, wenn er schreibt: »Poe hatte die Ekstasen extremer spiritueller Liebe erfahren. Und er wollte diese Ekstasen und nichts als diese Ekstasen. Er wollte den höchsten Genuß, das Gefühl des Überströmens, der Harmonie, der Erhöhung des Lebens. Er hatte diesen höchsten Genuß erlebt. Von allen Seiten wurde ihm eingeredet, daß diese Ekstase vergeistigter, nervöser Liebe das Wichtigste im Leben, ja das Leben selbst sei. Und er hatte es selbst für sich herausgefunden, er wußte, daß sie für ihn das Leben selbst *war*. Also wollte er sie. Er *mußte* sie einfach haben. Er setzte seinen Willen gegen sämtliche Grenzen der Natur.

Es ist ein tapferer Mann, der nur nach seinem eigenen Glauben und seiner eigenen Erfahrung handelt. Aber es ist auch ein anmaßender Mann und ein Narr.

Poe wollte die Ekstase und die Erhöhung erlangen, koste es was es wolle. Er benahm sich wie ein Rasender..., ausgerichtet auf das Ziel: Erhöhung, Überströmen, Ekstase. Poe versuchte es mit Alkohol, mit jeder Droge, die ihm in die Hände fiel. Er versuchte es auch mit jedem Menschen, der ihm in die Hände fiel.

Sein größtes Experiment führte er mit seiner Frau durch, seiner Cousine, einem Mädchen mit einer lieblichen Stimme; und mit ihr brachte er es zur Vollendung. Mit ihr widmete er sich dem intensivsten Zusammenströmen, völliger Loslösung von allem Irdischen, allen Regenbogenfarben der Ekstase. Es war die stärkste Vibration der Nerven im Streben nach vollendeter Harmonie, in immer höherer Tonlage, bis die Blutgefäße des Mädchens brachen und Blut zu fließen begann. Es war Liebe. Wenn man es Liebe nennen kann.

Liebe kann etwas schrecklich Obszönes sein.

Es ist Liebe, der wir unsere modernen Neurosen zu verdanken haben. Und Liebe ist die Hauptursache von Tuberkulose.

Die Nerven, die in spirituellen Leidenschaften am meisten in Schwingung geraten, sind die dafür empfänglichen Nervenknoten der Brust, des Halses und des Kleinhirns. Erhöht man diese Schwingungen zu stark, so wird das entsprechende Gewebe der Atemwege – der Lungen – des Rachens – oder des Gehirns angegriffen und geschwächt – die günstigsten Voraussetzungen für den Tuberkelbazillus.

Poe jedoch erhöhte die Schwingungen über jedes für einen Menschen erträgliche Maß hinaus.

Da sie seine Cousine war, ließ sie sich umso leichter in die von ihm angestrebte Stimmlage bringen.«[51]

Ein Mediziner oder Psychologe würde wohl den Kopf schütteln über diese gewagte Theorie; sie ist in der Tat etwas ›too near the bone‹. Aber es ist möglich, daß Poe eine nicht ganz unähnliche Theorie hatte, und daß er aus diesem Grund Schuldgefühle entwickelte. Er kam nie über den Schock hinweg, daß während einer seiner ›Ekstasen‹, die ihm Virginias Gesang erzeugte, plötzlich ein Blutschwall auf ihr weißes Kleid regnete. Es war ein Trauma. »Der ›Rote Tod‹ hatt' lang das Land verheert. Nicht eine Pestilenz je war so voll Verderben, so scheußlich graus gewesen. Blut war ihr Avatara und Sigill – die Rotglut und der Horror Bluts. Schneidende Pein trat ein und jäher Schwindel – und dann, aus allen Poren überflutend, Blutfluß, mit Tods Zersetzung.«[52]

So begann seine neben dem ›Untergang des Hauses Usher‹ berühmteste ›Arabeske‹, ›Die Maske des Roten Todes‹, die in der Maiausgabe von ›Grahams's‹ erschien.

Prinz Prospero – Prospero ist auch der Name des Magiers und exilierten Herzogs von Mailand in Shakespeares ›Der Sturm‹, der sich auf einer einsamen Insel eine neue Welt erschaffen hat – schließt sich mit ›wohl tausend gesunden und frohmutigen Freunden unter den Rittern und Damen seines Hofes‹ vor dem Wüten der Pest in eine seiner befestigten, von einer ›hochmächtigen Mauer umgürteten‹ Abteien ein.

In eine Abtei, also ein Kloster, zieht sich auch der Held aus ›Ligeia‹ nach dem Tod seiner ersten Frau zurück, um es in bizarrem, phantastischem Stil einzurichten; man könnte fast annehmen, daß Poe sich an dem blasphemischen Gedanken erfreute, einen Ort der Kasteiung, der inneren Einkehr und religiösen Versenkung zum Schauplatz von Ausschweifungen oder ekstatischen Träumereien zu machen. Aber es ist wahrscheinlicher, daß er mit diesem durch die Romantik und vor allem die ›gothics‹ etwas abgenützten Klischee lediglich Weltabgeschiedenheit assoziierte. Das Abschließen vor der Außenwelt wie vor dem Tod – was die beiden feindlichen Elemente in eine Beziehung zueinander setzt – gelingt jedoch nie vollkommen, mögen die Vorkehrungen noch so bedachtsam getroffen worden sein. Schon der Herzschlag gemahnt an Zeit und Vergänglichkeit, und eine ›gigantische Uhr aus Ebenholz‹, die mit tiefem, sonorem ›Tongedröhn‹ die Stunden anzeigt, läßt jedesmal die Musikanten in ihrem Spiel innehalten und die Tänzer für einen Moment erstarren. Sie steht wie ein riesiges Herz im siebten und letzten Raum einer Reihe verschiedenfarbiger Gemächer, einem blauen, einem purpurnen, einem grünen, einem orangenen, einem weißen und einem violetten, Poes Spektralfarben, wobei er Gelb durch Weiß, Indigo durch Purpur ersetzt. Das letzte Zimmer aber, in dem sich die Uhr befindet, ist mit schwarzem Samt verhangen, und die Fensterscheiben sind scharlachrot, was in Poes Metaphernsprache auf den drohenden Untergang verweist.

Auch in Poes ›idealem Raum‹, den er in ›Die Philosophie der Einrichtung‹ beschreibt, hängt eine ›Argandlampe mit karmesingetöntem Milchglasschirm‹. Rot ist die Farbe von Wollust und Entsetzen, anziehend und abstoßend zugleich, von Lust und Untergang – und von der Lust am Untergang.

Über die Symbolik der Farben in Poes Œuvre ließe sich ein längerer Aufsatz schreiben. Sie lösen in ihm – synästhetisch – auch akustische Sinneswahrnehmungen aus, ein Aspekt, der besonders die französischen Symbolisten anregte – Rimbaud und Huysmans zum Beispiel. In seinen ›Marginalien‹ schildert er diesen zweifachen Reiz:

»... das Orange des Spektrums und das Sirren der Gelse (welches niemals das obere A übersteigt) rufen in mir fast die nämliche Empfindung hervor. Vernehm' ich die Gelse, so wird's mir orange vor den Augen. Erblick' ich die Farbe, so glaub ich die Gelse zu hören.

In einem Fall mögen die durch das Sirren der Gelse hervorgerufnen Schwingungen des Trommelfells von innen her die Netzhaut in abnorme Vibrationen versetzen, in eine Vibration, wie sie normaler Weise nur von außen zustande kommt – eben durch die Strahlung der Farbe Orange. Auf ähnliche Weise, wenn auch nicht mit gleicher Schnelligkeit – dies wär' ja absurd –, könnte im andern Fall etwa jede millionste Schwingung der Netzhaut mit einer solchen des Trommelfells accordieren ...«[53]

Um das ›smaragdene Grün‹ eines Rasens am tiefsten aufzunehmen, empfiehlt er, die Augen halb zu schließen. Violett, die Mischung von Rot und Blau, von Kalt und Heiß, gilt als die Farbe des Traumes. Weiß, das im Spektrum nicht vorkommt, wird von Poe mit Tod und Annihilation assoziiert, wie in ›Arthur Gordon Pym‹.

Die sieben verschiedenfarbigen Zimmer in Fürst Prosperos Refugium vor der Außenwelt können als die sieben Lebensabschnitte des Menschen gedeutet werden, der vom Blau der Dämmerung des Lebens zur Schwärze seiner Nacht vorschreitet. Sieben ist eine mystische Zahl, und Prospero unternimmt zuletzt, die schemenhafte Gestalt des ungebetenen Gastes verfolgend, eine ›Reise‹ durch diese Gemächer, wieder einem Geheimnis entgegen, dessen Offenbarung Vernichtung ist. Hinter der Maske verbirgt sich schließlich – nichts. Der Tod ist körperlos.

Aber ebenso schemenhaft sind die Gefährten des Fürsten, die ›tausend gesunden und frohgemuten Freunde unter den Rittern und Damen seines Hofes‹. Kein einziger unter ihnen wird beschrieben, kein Ritter, keine Dame ist mehr als ein Trugbild. »Da waren arabeskeste Gestalten, schier fratzenhaft in Gliedrung und Gewand. Da traten Wahnsinnsausgeburten auf, wie sie sich nur der Verrückte *ersinnt*. Da war viel Liebliches, viel lüstern Liederliches, auch viel Bizarres und manches gruslich Schaurige, doch nichts, das irgend hätte Abscheu wecken mögen. Hin durch die sieben Kammern schritt und glitt – so war's zuletzt – ein Heer von Träumen.«[54]

Prospero ist allein. Poe stellt ihm nicht einmal eine Fürstin zur Seite. Sein Hofstaat ist ein Wahngebilde, ›Wahngespenster‹, die ›grauenhaft im Tanz sich drehn‹ wie in ›The Haunted Palace‹, ›Schauspieler‹, ›Mimen‹ eines ›närrischen Dramas‹, die puppengleich ›planlos hasten‹ und ›stumpf gewaltigen, düsteren Dingen‹ folgen, wie in ›The Conqueror Worm‹.

Der Stil gerade dieser Erzählung hat etwas Geometrisches, Knappes, beinahe Rhythmisches; der Spannungsbogen ist exakt berechnet, das Ganze einem Gebäude vergleichbar, »so sparsam und rationell konstruiert, daß den Platz eines einzigen Ziegels zu verändern, gleichbedeutend mit dem Einsturz des ganzen Baues wäre«[55] – ein Vergleich, den Poe bei seiner Definition der ›Fabel‹ in der Rezension von Bulwers ›Nacht und Tag‹ benützt. Im ›Roten Tod‹, dem Prosa-Pendant zu ›Der Eroberer Wurm‹, setzt er seine Theorie der Kurzgeschichte vielleicht am vollendetsten in die Praxis um – ein Triumph der *Technik*. Das Kunstwerk als Mechanismus, als Uhrwerk, das auf einen Effekt eingestellt ist.

Im April, nach Beendigung seiner Arabeske ›Die Maske des Roten Todes‹, schienen Poes Kräfte nachzulassen, und es folgte wieder eine Periode der Depressionen und der Flucht in den Rausch. Zu Mrs. Clemms großer Sorge fand man ihn nun häufig in Gesellschaft so leichtlebiger und trinkfreudiger Literaten wie Henry Beck Hirst oder George Lippard, mit denen er ›sprees‹ unternahm, nächtelang die Wirtshäuser Philadelphias durchstreifte oder ›Landpartien‹ veranstaltete – jedesmal mit dem gleichen, für Poe katastrophalen Resultat. Er trank ›en barbare‹, wie es Baudelaire einmal nannte, d. h. er schüttete mit dem Alkohol seine Sorgen hinunter. Aber diesmal handelte es sich nicht um gewöhnliche Sorgen. Durch die heimtückische Krankheit Virginias gerieten die Grundfesten seiner Existenz ins Wanken; alles, was er bisher sicher geglaubt hatte, zerrann ihm mit einem Mal zwischen den Fingern, wie ›Körner von dem goldnen Sand‹. Es half ihm auf Dauer nichts, wenn er sich in Arbeit vergrub, die Realität ließ sich nicht abschütteln: Armut, Unerfülltsein, das große Zeitschriftenprojekt, aus dem nichts wurde, und seine Frau, die vor seinen Augen dahinsiechte, die vielleicht nie wieder würde singen können, die vielleicht sterben mußte. Zuviel auf einmal. ›Ich bin spätestens in einer Stunde zurück‹ – ein Glas Brandy oder was immer Vergessen schuf in gleichgestimmter Gesellschaft – dann noch eins und noch eins –, bis ihn ›Muddie‹, Mrs. Clemm, irgendwo aufstöberte und nach Hause brachte.

Er erschien kaum mehr in der Redaktion, und Graham begann sich ernsthafte Sorgen zu machen. Charles J. Peterson, neben Poe der hauptverantwortliche Redakteur des Magazins, beschwerte sich immer öfter über dessen häufiges Ausbleiben und beschrieb Poe einmal als ›famosen Burschen, aber so unbeständig wie Wasser‹. Anfang April soll es zu einer lautstarken Auseinandersetzung zwischen den beiden bekommen sein, in Anwesenheit Grahams, der Sartain gegenüber äußerte: ›Entweder Peterson oder Poe mußte gehen – sie konnten einfach nicht mehr miteinander auskommen.‹ Graham hätte sich ohne Frage weit lieber von Peterson getrennt als von seinem Chefredakteur, der seine Zeitschrift erst groß gemacht hatte – aber Poe vernachlässigte seine Pflichten auf unzumutbare Weise. Graham wollte und konnte es sich nicht leisten, daß sich das Erscheinen seines Journals – mit einer Auflage von über 40 000 eines *der* Journale der Vereinigten Staaten überhaupt – verzögerte oder gar in Frage stellte, nur weil sein Chefredakteur fast jede Nacht Saufgelage veranstalten mußte; abgesehen davon, daß Poe damit dem guten Ruf des ›Lady's und Gentleman's Magazine‹ schadete. In seiner Bedrängnis wandte er sich an den ›Reverend‹ Rufus Wilmot Griswold in Boston, dessen Anthologie ›Dichter und Dichtkunst Amerikas‹ eben erst unter dem üblichen Werberummel bei Carey & Hart in Philadelphia herausgekommen war. Dieses Buch wurde von allen Seiten hoch gelobt, und Graham setzte vor allem auf das öffentliche Ansehen, das der Reverend nun als ›Apostel der amerikanischen Nationalliteratur‹ genoß. Er hielt ihn für den geeigneten Mann, vorübergehend – wenn nicht endgültig – die redaktionelle Leitung zu übernehmen, und Griswold nutzte seine Chance. Grahams Angebot war in der Tat verlockend – ein Jahresgehalt von $ 1000, zweihundert Dollar mehr, als Poe von ihm empfing. Dieser ahnte nicht, in was für eine ungünstige Lage er sich gebracht hatte. Kurz darauf kam es zu einer unvermeidlichen und peinlichen Szene, die Graham selbst schildert: »Poe konnte wegen Krankheit oder aus anderen Gründen (!) seiner Arbeit für das Magazin nicht nachkommen ... Er kehrte unerwartet zurück, und als er Dr. Griswold auf seinem Stuhl sitzen sah, machte er wortlos auf dem Absatz kehrt und verließ die Redaktion, obwohl ... er danach immer noch regelmäßig Artikel für die Zeitschrift einsandte.«[56]

Damit war Poes beruflicher Zenit überschritten. In einem Brief an Frederick W. Thomas gab er folgende Begründung für seinen Rücktritt an:

»Die Nachricht, daß ich mich von Graham getrennt habe, ist korrekt; ... meine Verpflichtungen endeten mit der Mainummer. Ich werde weiterhin gelegentlich Artikel für ihn schreiben. Griswold ist mein Nachfolger. Mein Beweggrund, die Stellung aufzugeben, war Ekel über den unausrottbaren Wischi-waschi-Charakter der Zeitschrift – ich meine die abscheulichen Illustrationen, Modebilder, Musik und Liebesgeschichten. Außerdem war mein Gehalt keine Entschädigung für die Arbeit, die ich zu leisten hatte. Mit Graham selbst, der ein Gentleman ist, aber ein sehr schwacher Charakter, habe ich keine Differenzen gehabt.«[57]

Die Maiausgabe mit Poes vorläufig letztem Beitrag, ›Die Maske des Roten Todes‹, erschien am 15. April 1842. Ab diesem Zeitpunkt entfiel sein monatliches Gehalt und damit der Lebensunterhalt für seine Familie. Der Tonfall, in dem er einen Monat später an Thomas schrieb, klingt ausgeglichener und zuversichtlicher, als ihm in seiner Lage zumute gewesen sein kann. Erst in der Juliausgabe von ›Graham's Magazine‹ fand sich eine – sehr kurze – Notiz, aus der hervorging, daß er von seinem Posten als leitender Redakteur zurückgetreten sei.

Sämtliche Berichte und Spekulationen über sein ›freiwilliges‹ Ausscheiden, die zu erhärten gern der zitierte Brief an F. W. Thomas herangezogen wird, sind natürlich nichts als Beschönigungen seiner Labilität und Trunksucht. Für Poe begann nun wieder eine langanhaltende Periode des Hungers und der Entbehrung, der er sich – schon mit Rücksicht auf den Gesundheitszustand seiner Frau – ganz gewiß nicht aus freien Stücken ausgesetzt hätte. Er war zwar wohl nicht direkt entlassen, aber doch, wie man zu sagen pflegt, ›gegangen worden‹. Daß ausgerechnet der Intrigant und Emporkömmling Griswold seinen früheren Platz einnahm, dürfte seinen Stolz tief verletzt haben. Seine Zukunftsaussichten sahen düster aus. Das, was ihm Graham noch an Gehalt schuldete, und Mrs. Clemms Rücklagen reichten für einen, vielleicht zwei Monate. Unter diesen schlimmen Vorzeichen fing er jetzt erst richtig an, seinen Kummer in Alkohol zu ertränken.

Im Mai schien wieder ein Hoffnungsschimmer am Horizont aufzutauchen. F. W. Thomas schrieb Poe aus Washington, Robert Tyler, der Sohn des Präsidenten, habe sich sehr lobend über ihn und seine Arbeiten geäußert: »Er hat eine ebenso hohe Meinung von Ihnen wie ich selbst. Letzte Nacht sprachen wir über Sie, und bei dieser Gelegenheit deutete ich an, daß Ihnen eine Anstellung bei der Zollbehörde in Philadelphia sicherlich sehr gelegen käme... – und daß Ihnen dadurch genug Muße bliebe, Ihre literarischen Ziele zu verfolgen. Robert erwiderte, er sei zuversichtlich, Ihnen in höchstens zwei oder drei Monaten eine solche Stelle zu verschaffen, da sich zu diesem Zeitpunkt gewisse Vakanzen ergeben würden. Was halten Sie davon? Das Leben eines Beamten ist nicht sehr anstrengend, und eine Situation, die für Sie passend wäre und Sie der Notwendigkeit enthebt, mit Schreiben Geld verdienen zu müssen, kann er Ihnen, sagt er, in Philadelphia ermöglichen. Lassen Sie darüber so bald wie möglich von Ihnen hören.«[58]

Poes Antwort zeigt deutlich, daß er sich an diese vage Aussicht wie ein Ertrinkender an einen Strohhalm klammerte: »Was Sie bezüglich einer Anstellung bei der hiesigen Zollbehörde sagten, gibt mir neues Leben. Nichts könnte meinen Vorstellungen genauer entsprechen. Ein solcher Posten gäbe mir Gelegenheit, all meine ehrgeizigen Projekte auszuführen. Ich wäre von allen Existenznöten befreit und hätte Zeit, nachzudenken – was, in der Tat,

Handeln bedeutet. Ich sage noch einmal, daß ich mir nichts Anderes oder Besseres wünsche als eine Beschäftigung, wie Sie sie erwähnten. Wenn ich von dem Gehalt gerade eben so meinen Lebensunterhalt bestreiten kann, so bin ich's zufrieden. Würden Sie dies auch Mr. Tyler ausrichten und wie ehrlich dankbar ich ihm bin für das Interesse, das er an mir nimmt?«[59]

Aber die Angelegenheit verschleppte sich wieder wie beim erstenmal; erst im November schien sich doch noch eine Chance zu ergeben.

Anfang Juni schilderte Poe in einem Brief an den Ingenieur James Herron, einen flüchtigen Bekannten und Freund des Präsidentensohns, der für ›Graham's‹ ab und zu populärwissenschaftliche Beiträge verfaßt hatte, seine desolate Situation:

»Sie haben vielleicht davon gehört, daß ich mich von ›Graham's Magazine‹ zurückgezogen habe. Mein Gemütszustand hat mich tatsächlich dazu gezwungen, allen geistigen Anstrengungen vorerst zu entsagen. Die erneut ausgebrochene und hoffnungslose Krankheit meiner Frau, mein eigener angegriffener Gesundheitszustand und finanzielle Schwierigkeiten haben mich fast gänzlich heruntergebracht. Meine einzige Hoffnung ist der Offenbarungseid, den ich so bald wie möglich leisten werde. Hätte ich mich schon früher dieser Möglichkeit bedient, sähe es heute vielleicht besser für mich aus – aber der Kampf, über Wasser zu bleiben, hat mich zuletzt ruiniert... Es wird Sie erfreuen, zu hören, daß mir ein Posten bei der Zollbehörde in Aussicht gestellt wurde. Das Angebot kam völlig unerwartet, aus heiterem Himmel. In einem Monat, so wird mir versichert, sollen einige Beamte versetzt werden, und ich kann dann gleich meine Stellung antreten. Das habe ich meiner persönlichen Freundschaft mit Robert Tyler zu verdanken. Wenn ich *wirklich* den Posten erhalte, mag sich doch noch alles zum Guten wenden... Sprechen Sie bitte nicht darüber, – denn was weiß man schon – kann sein, ich hoffe vergebens. Mrs. Poes Zustand ist nach wie vor bedenklich – es sind wieder Lungenblutungen eingetreten. Es wäre Torheit, zu hoffen.«[60]

Die scheinbar günstigen Aspekte für seine nähere Zukunft und sicher auch die inständigen Vorhaltungen und Ermahnungen Mrs. Clemms motivierten Poe, sich nicht mehr so gehen zu lassen und sich wieder dem Schreiben zu widmen. Diesmal sollte es etwas besonders Publikumwirksames sein. Vor kurzem erst waren die Zeitungen voll von Berichten über einen ungeklärten Kriminalfall gewesen, den Mord an einer gewissen Mary Cecilia Rogers, einer Angestellten in einer New Yorker Tabakwarenhandlung. Das Verbrechen trug sich im August 1841 zu. Poe verlagerte das Geschehen nach Paris und gab dem Opfer den Namen Marie Rogêt, nicht ohne seine Leserschaft in einer Vorbemerkung auf die offenkundigen Parallelen zu der tatsächlichen

Mordtat hinzuweisen. Auf seinen früheren Publikumserfolg bauend, nannte er seine Erzählung eine ›Fortsetzung zu den Morden in der Rue Morgue‹ und betraute wiederum den intuitiv-analytischen Meisterdetektiv C. Auguste Dupin mit der Auflösung des Falles – diesmal eben einem wirklichen kriminalistischen Rätsel. Er hatte sich in den Kopf gesetzt, in literarischer Form einen Mord aufzuklären, den die Polizei bereits zu den Akten gelegt hatte: ein anspruchsvolles, vielleicht zu anspruchsvolles Unternehmen. Seine überlegene Logik im Dienste der Verbrechensbekämpfung – das war schon ein anderes Kaliber, als lediglich Geheimschriften zu entziffern. »Die Geschichte basiert auf dem wirklichen Mord an Mary Cecilia Rogers«, heißt es in einem Brief Poes an J. E. Snodgrass, »der vor einigen Monaten in New York so großes Aufsehen erregt hat. Ich habe das Motiv in einer sehr eigentümlichen und völlig *neuen* Form behandelt. Ich denke mir eine Abfolge beinahe identischer, in Paris spielender *Koinzidenzen*. Eine junge Putzmacherin, eine gewisse *Marie Rogêt* ist unter genau den gleichen Begleitumständen ermordet worden wie *Mary Rogers*. Unter dem Vorwand also, aufzuzeigen, wie Dupin (der Held der Rue Morgue) das Geheimnis von Maries Ermordung enträtselt, analysiere ich in Wirklichkeit, nichts außer acht lassend, die Tragödie in New York, wie sie sich tatsächlich zugetragen hat. Kein Punkt wurde übergangen. Ich prüfte, eine nach der anderen, die Meinungen und Argumente unserer Presse über die Angelegenheit und weise (ich denke, überzeugend) nach, daß *alle* getroffenen Schlußfolgerungen das Ziel verfehlten. Die Zeitungen waren samt und sonders auf der falschen Fährte. Ich bin davon überzeugt, daß ich nicht allein den völlig irrigen Verdacht zerstreut habe, das Mädchen sei das Opfer einer Verbrecherbande gewesen – ich habe auch *den wahren Mörder entlarvt*. Mein Hauptanliegen war – wie Sie bemerkt haben werden –, in analytischer Form die *Grundprinzipien* darzulegen, die man bei einer solchen Untersuchung befolgen muß. Dupin geht mit unfehlbarer *Logik* an die Sache heran. Ich bin mir absolut sicher, daß der Artikel – von seinem Gegenstand her – auf allgemeines Interesse stoßen wird.«[61]

Aber damit hatte sich Poe verrechnet. Seine Bemühungen, echte Fakten in seine Erzählung einzubeziehen und den Deduktionen Monsieur Dupins anzugleichen, lassen sie laboriert, weitschweifig und unübersichtlich erscheinen. In keinem anderen Prosawerk verstieß er so schwer gegen die von ihm selbst aufgestellte ›Theorie der Kurzgeschichte‹. Schon während des Schreibens fiel ihm auf, daß er Fäden geknüpft hatte, die alle zu entwirren den Handlungsbogen überspannt und den Rahmen gesprengt haben würden. Er sah sich daher gezwungen, von einem recht dubiosen Mittel Gebrauch zu machen, der Einfügung eines Kommentars der Herausgeber.

Im übrigen stellte sich wenig später heraus, daß Mrs. Rogers wahrscheinlich gar nicht ermordet wurde, sondern an den Folgen einer Abtreibung gestorben war.[62] Jedenfalls gelang es Poe vorerst nicht, seine Detektivgeschichte, für die er so umfangreiche Recherchen angestellt hatte, irgendeiner Zeitschrift zu verkaufen. Er bot sie am gleichen Tage George Roberts, dem Herausgeber der ›Boston Notion‹ für $ 50 und dem ›American Museum‹ seines Freundes Snodgrass für $ 40 an, jedoch ohne Erfolg. Graham hätte ihm für die 25 Manuskriptseiten $ 100 gezahlt. ›Das Geheimnis der Marie Rogêt‹ erschien schließlich – in drei Folgen (November und Dezember 1842 und Februar 1843) – in ›Snowden's Ladie's Companion‹, einem unbedeutenden, von den Beiträgen und der Aufmachung her ziemlich geschmacklosen Monatsblättchen in New York.

Dies war wohl das Ergebnis einer etwa zweiwöchigen Reise, die Poe im Juni in die ›City of Business‹ unternahm. Er rechnete in New York, wo der Fall ja für Schlagzeilen gesorgt hatte, mit besseren Verkaufschancen; wie er mit Snowden ins Geschäft kam und welchen Preis er ihm zahlte, ist nicht bekannt.

Auf dieser Reise soll sich Poe seinerseits lebhaft für eine andere ›Mary‹ interessiert haben, seine frühere Jugendliebe aus Baltimore, die inzwischen verheiratete Marie Devereaux. Er fand ihre Adresse heraus, besuchte sie auch tatsächlich und machte ihr Vorhaltungen über die Wahl ihres Ehemanns, da sie doch in Wahrheit immer nur ihn geliebt habe.[63]

Trotz der langen Verzögerung hoffte Poe immer noch auf die Stelle beim Zollamt in Philadelphia. Bald darauf fand er Gelegenheit, seinem Freund Thomas ›die Hand zu drücken und ihn persönlich seiner Dankbarkeit zu versichern‹. Thomas kam, ohne sich bei ihm anzukündigen, etwa zwei Wochen später nach Philadelphia und sprach bei dieser Gelegenheit natürlich in der Coates Street vor. »Ich traf Poe im September 1842. Er lebte in einem Landhäuschen am Rande der Stadt. Sein Haus war klein, aber innen sehr gemütlich... Die Räume sahen sauber und aufgeräumt aus, alles machte jedoch einen recht ärmlichen Eindruck; es herrschte ein spürbarer Mangel an Geld. Obwohl ich spät am Morgen ankam, war Mrs. Clemm damit beschäftigt, sein Frühstück zu bereiten. Obgleich vielleicht meine Anwesenheit einige Verwirrung verursachte, fiel mir doch ihre Verlegenheit auf, überhaupt etwas Geeignetes auf den Tisch zu bringen. Seine Frau bemühte sich in der Zwischenzeit, mich zu unterhalten. Sie wirkte überaus liebenswürdig und anmutig auf mich. Sie hatte... ebenmäßige Gesichtszüge und die ausdruckvollsten und intelligentesten Augen, die ich je gesehen habe. Ihre Blässe, die tiefen Linien in ihrem Gesicht und ein schwindsüchtiges Husten ließen mich erkennen, daß sie früh sterben würde. Sie und ihre Mutter gaben sich sehr besorgt um Eddie, wie sie Poe nannten, und ihre größte Sorge schien, daß er wieder eine Arbeit bekam. Ich erfuhr später von Poe, daß er in New York gewesen war, um sich nach einer Stellung umzusehen, und daß er außerdem versucht hatte, eine Ausgabe seiner Erzählungen herauszubringen – aber ohne Erfolg... Als Poe erschien, hing sein Haar achtlos über seine hohe Stirn, und seine Kleidung war ein wenig schlampig und unsauber. Er begrüßte mich herzlich, wirkte jedoch etwas reserviert und klagte über Unwohlsein. Seine rührende Fürsorge und Zärtlichkeit gegenüber seiner Frau beeindruckte mich tief. Ich brauchte nicht lange, um zu meinem Bedauern festzustellen, daß er sich abermals dem Trunk ergeben hatte, und wagte dies in seiner Gegenwart mit leisem Vorwurf anklingen zu lassen. Er gab zu, in New York wieder damit angefangen zu haben, und lenkte auf ein anderes Thema ab, indem er einen amüsanten Dialog des Lucian erzählte, eines griechischen Schriftstellers. Wir bummelten danach gemeinsam durch die Stadt und verabredeten uns für den nächsten Tag. Als ich ihn verließ, war er nüchtern, aber er kam nicht zu unserer Verabredung und schrieb mir, er sei krank gewesen.«[64]

Angesichts ihres eher peinlichen Zusammentreffens im September war Poe zuversichtlicher denn je, den Posten bei der Zollbehörde zu erhalten. Durch diese Aussicht beflügelt, beschäftigte er sich wieder konkret mit seinem großen Wunschprojekt, dem ›Penn Magazine‹. Schon im Sommer hatte er an den exzentrischen Südstaatendichter Dr. Thomas Holley Chivers geschrieben, er bedaure seine abfälligen Bemerkungen über dessen Verse in ›A Chapter on Autography‹ und werde diese ›bei erster Gelegenheit‹ öffentlich revidieren. Ob Chivers inzwischen das Angebot seiner Freundschaft akzeptieren wolle? Gerade seine letzten Gedichte gehörten zu den besten, die er je gelesen habe. Nach solchen Schmeicheleien kam er auf sein eigentliches Anliegen zu sprechen: sein ›vorläufig verschobenes‹ Zeitschriftenprojekt. Vielleicht könnte Chivers ihm – unter seinen Freunden im ›Süden‹ – ein paar neue Subskribenten verschaffen? Oder sich sogar finanziell an dem Unternehmen beteiligen – bei sicherer Aussicht auf einen Riesenerfolg?

T. H. Chivers (1807 [1809]-1858) war der Sohn eines reichen Plantagenbesitzers aus Washington, Ga. und schrieb seit 1829 Gedichte, meist dünnblütige Imitationen seines großen Vorbildes Shelley, die er mit blumigen Wortschöpfungen anreicherte. Auch ließ er sich wie Poe durch den Sharpe-Beauchamp-Mordfall, die ›Kentucky Tragödie‹, zu einem melodramatischen Theaterstück inspirieren. Er ähnelte von Herkunft und Vermögen dem Südstaaten-Dandy Philip Pendleton Cooke, nahm seine ›poetische Berufung‹ jedoch weit ernster als jener. Der Großteil seiner Verse wirkt unerträglich verschwommen und schwülstig; immerhin galt er – durch seine Freundschaft mit Poe – bei den Symbolisten einige Zeit als ›Entdeckung‹ und wurde von Rossetti und Swinburne gelobt.

Eine knappe Woche, nachdem Poe mit Thomas zusammengetroffen war, wandte er sich noch einmal an Chivers. Der hatte in der ersten Begeisterung über Poes Lob seiner ›letzten Gedichte‹ zurückgeschrieben, er habe mittlerweile noch ›zehnmal bessere‹ verfaßt, halte Poesie für die ›Perfektion der Literatur‹ – ›ohne sie sind die Lippen der Seele stumm‹ etc. – und unvorsichtigerweise angefügt: »Was das ›Penn Magazine‹ betrifft, so kann ich im Augenblick nur darüber sagen, daß ich alles in meiner Macht Stehende tun werde, Abonnenten für Sie zu werben. Es wäre mir das größte Vergnügen, der Partner eines Mannes zu werden, den als meinen Freund zu betrachten mich mit Stolz erfüllt und dessen überlegene Talente ich nimmermehr aufhören kann zu bewundern.«[65] Poe nahm ihn sogleich beim Wort. In seinem nächsten Brief vom 27. September hieß es, die Anstellung beim Zollamt sei ihm nun so gut wie sicher; er bräuchte nur $ 1000, um seine Zeitschrift auf die Beine zu stellen. »Ein Magazin, wie es mir vorschwebt, wird uns beiden bei 5000 Subskribenten ein Einkommen von je $ 10 000 verschaffen; und das, so werden Sie zugeben, ist ein Spiel, welches wohl den Einsatz lohnt. Zugleich gibt es keinen plausiblen Grund, weshalb solch ein Magazin nicht am Ende gar eine Verbreitung finden sollte, so groß wie die des ›Graham's‹ zur Zeit – nämlich 50 000.

Ich wiederhole, es würde mir die aufrichtigste Freude bereiten, wollten Sie sich entschließen, mit mir zusammenzuarbeiten. Ich bin sicher, daß unsere Gedanken und Empfindungen harmonieren und daß wir *viel* erreichen werden.«[66] Aber Chivers, dem Poe die Pistole auf die Brust setzte, zog es vor, erst einmal nichts mehr von sich hören zu lassen. Ein brieflicher Gedankenaustausch ›von Poet zu Poet‹ wäre ihm sicher willkommen gewesen; mit Zahlen konfrontiert zu werden, in ein Geschäft einzusteigen und dafür tausend Dollar investieren zu müssen, lag ihm weniger. Es vergingen anderthalb Jahre, bis sie wieder miteinander korrespondierten.

Im Spätsommer/Herbst 1842 entstanden zwei neue Erzählungen Poes, ›The Landscape Garden‹, eine Vorstudie zu der 1847 revidierten und erweiterten Fassung ›The Domain of Arnheim‹ und ›The Pit and the Pendulum‹, eine seiner klassischen ›tales of terror‹. ›The Landscape Garden‹ war mehr ein Essay in erzählerischer Form, in dem Poe nach seiner Theorie der Kurzgeschichte, der Dichtkunst und der ›Philosophie der Einrichtung‹ nun seine Gedanken über sein Ideal einer durch künstlerischen Geschmack verbesserten Landschaft erläuterte, man könnte sagen die ›Methodik eines Eingriffes in Gottes Schöpfungsplan‹, welche allerdings finanzielle Unabhängigkeit in Höhe von einigen Milliarden Dollar voraussetzt. Diese ›Studie‹ erschien im Oktober, wie zuvor ›Marie Rogêt‹, in ›Snowden's Ladie's Companion‹.

In die Erzählung ›Die Grube und das Pendel‹, in der Poe die Agonien eines Mannes unter den ausgeklügelten Foltern der spanischen Inquisition beschreibt – ein beliebtes Sujet der ›gothic novels‹, das in M. G. Lewis' ›Der Mönch‹ ebenso wie in C. R. Maturins ›Melmoth the Wanderer‹ auftaucht –, flossen Motive aus verschiedenen zeitgenössischen Werken ein. Die Grundidee, ein scharfgeschliffenes, sichelartiges Pendel, das sich langsam auf ein gefesseltes Opfer herabbewegt, wird zum Beispiel in Leonard Gallois' Übersetzung von Juan Antonio Llorentes ›Critical History of the Spanish Inquisition‹ erwähnt, eine Art der Tortur, die man anscheinend tatsächlich angewandt hatte – obwohl das gängige Klischee der Inquisitoren als ›glutäugige Bösewichter mit spitzen Kapuzen‹ keineswegs der historischen Wahrheit entspricht. Der Held aus Charles Brockden Browns ›Edgar Huntly‹ (1799) wird von einem ›Tyrannen‹ in eine finstere Grube geworfen, wo er alle Qualen des Hungers und Durstes erleidet; seine tiefsten Ängste aber rühren von der Orientierungslosigkeit her, die er in der Schwärze seines Verließes empfindet. William Mudford schildert in einer 1832 anonym in ›Blackwood's Magazine‹ abgedruckten Kurzgeschichte, ›The Iron Shroud‹, einem Juwel der gotischen Schauerliteratur, die grausige und hoffnungslose Situation eines eingekerkerten Edelmannes in einem Gefängnis, dessen Wände durch einen teuflischen Mechanismus stündlich näher zusammenrücken, bis er schließlich von ihnen erdrückt wird – eine kafkaeske Zwangsvorstellung. Poes Erzähler wird zuletzt durch einen ›deus ex machina‹ gerettet – »Ein ausgestreckter Arm ergriff den meinen, da mir eben die Sinne schwanden und der Schlund mich umfing. Es war der Arm von General Lasalle. Die Franzosen-Armee hatte Toledo besetzt. Die Inquisition war in den Händen ihrer Feinde.«[67] –, einerseits eine dramaturgische Notlösung, da die Geschichte in der Ich-From geschrieben war, andererseits vielleicht ein Sinnbild der Gnade, des ›rettenden Armes‹, der aus der Ausweglosigkeit befreit.

Poe hatte die seinen Inspirationsquellen inhärenten, auf das Schicksal selbst beziehbaren Metaphern erkannt, und dementsprechend setzte er sie ein – als Element einer ›Unterströmung an Bedeutung‹. Denn ohne diesen intuitiv wahrnehmbaren Sinngehalt – das Gefühl existentieller Bedrohung – wäre ›Die Grube und das Pendel‹ nichts als eine effektvolle, traditionelle Schauergeschichte. Die darin behandelten Motive mögen nicht sonderlich originell sein; Poe jedoch erfüllt sie mit einer zeitlosen, merkwürdig anrührenden Symbolhaftigkeit. Der ›Schrecken‹ kommt eben nicht aus Deutschland, sondern aus der Seele‹.

Das Pendel und die Grube – die Zeit und der Tod. Ein Uhrzeiger köpft Psyche Zenobia, eine enorme Standuhr läßt in der ›Maske des roten Todes‹ die Tänzer bei jedem Stundenschlag erstarren, der Teufel im Glockenstuhl ändert die Zeit: Anarchie bricht aus, und die Jahre fliegen wie ›Kondore‹ vorüber. Immer ist die Zeit etwas Bedrohliches, besonders, wenn sie sich in uhrenhaften Mechanismen verbirgt. Der Held in ›The Pit and the Pendulum‹ wird durch den Urteilsspruch anonymer Richter ins Dunkel hinabgestoßen, wo ihn ein riesiges Pendel bedroht, wo er Gefahr läuft, ins Nichts, in die

›Grube‹ zu stürzen wie in den Malstrom, und wo sich zuletzt die Wände in immer engerer Umklammerung um ihn zusammenschließen. Wenn er am Ende doch noch errettet wird, so verdankt er dies Poes erzählerischer Logik, die ihn als Ich-Figur nicht sterben lassen darf, einem Akt göttlicher Gnade, vor allem aber der Tatsache, daß er bis an die Grenzen des Erträglichen einen ›klaren Kopf‹ bewahrt hat.

17. KAPITEL

Im Malstrom

Es wurde Winter, und der Winter war in den letzten fünfzehn Jahren nie eine angenehme Zeit für Poe gewesen. Wenn man arm ist, sieht man dem ersten Frost mit Sorge entgegen; an häusliche Wärme und Behaglichkeit denken dabei eher die, die im Wohlstand leben.

Das Haus in der Coates Street lag in direkter Nähe des Schuylkill River, und die Wände begannen feucht und die Luft in den Zimmern klamm zu werden. Der eisige Hauch, der vom Fluß herüberwehte, drang durch Türspalten und Fensterritzen, und die Familie konnte es sich nicht leisten, mehr als einen Raum zu beheizen. Virginias Gesundheitszustand schwankte wie eine flakkernde Kerze zwischen leichten Besserungen und besorgniserregenden Rückfällen; in Poes Briefen hieß es immer wieder, »es wäre Torheit, zu hoffen« oder »Meine arme kleine Frau ist sterbenskrank«, »Ich habe kaum mehr eine leise Hoffnung, daß sie sich noch einmal erholt«.

Vielleicht aus Rücksicht auf ihr Befinden, auf das sich das feuchtkalte Klima in dem abgelegenen Haus während der Wintermonate schädlich auswirken mußte, wahrscheinlicher aber, weil ihnen wegen der schon lange ausstehenden Miete gekündigt worden war, sah sich Poe nach einer neuen Unterkunft um. Er fand ein dreistöckiges Ziegelhaus im Kolonialstil an der Ecke der Seventh Street und Brandywine Alley, letztere eine Parallelstraße zur Spring Garden Street, von der diese Wohngegend, eine alte Quäkersiedlung, ihren Namen hatte. Von Straßen konnte eigentlich nicht die Rede sein; es handelte sich eher um Feldwege. ›Spring Garden‹ war ein ländlicher Randbezirk der Stadt, jedoch nicht so weit vom Zentrum entfernt wie die Coates Street am Lemon Hill. Das damals noch freistehende Gebäude, heute rings umbaut, war von einem hübschen Garten umgeben; man nannte es ›the rose-covered cottage‹, das ›rosenumwachsene Landhäuschen‹. Früher hatte es anscheinend als Dienstbotenquartier gedient. Es gehörte einem Mr. Alburger, der kaum zweihundert Meter entfernt in einer hochherrschaftlichen Villa lebte und der es, so wird berichtet, mit seinen Mietansprüchen nicht allzu genau nahm. Zu dieser Zeit gab es in dem Viertel noch keine Straßenbeleuchtung. An den Wegkreuzungen waren meist zwei Pfosten in den Boden gerammt, zwischen denen eine Kette mit einer Walöllampe hing, die nur in mondlosen Nächten angezündet wurde. Ein Nachtwächter rief die Stunden aus: ›Twelve o'clock und all's well! Two o'clock and a starlight morning!‹

An der Westseite des Hauses beschattete ein riesiger Birnbaum eine weißgestrichene Veranda, auf der Poe im folgenden Sommer oft saß und schrieb. Das von einem niedrigen Lattenzaun eingefaßte Grundstück maß etwa dreibis vierhundert Quadratmeter.

Im ersten Stockwerk befanden sich ein kleines, quadratisch geschnittenes Wohnzimmer (das später zeitweise untervermietet wurde) mit einem elegant verkleideten Kamin, eine Küche und ein enger Flur; von dort führte eine schmale Stiegentreppe nach oben zu Poes Arbeits- und Schlafraum, einem winzigen, ebenfalls mit einem Kamin ausgestatteten Zimmerchen, und einem Gästezimmer im zweiten Stock; darüber lagen die niedrigen Schlafzimmer Virginias und Mrs. Clemms. (Das Gebäude, ein aus Pietät gegenüber dem Andenken des großen Dichters stehengelassenes Relikt aus vergangener Zeit, wirkt inzwischen recht verloren inmitten von Neubauten; es hat seinen einstigen Charme eingebüßt und ist als ›Edgar Allan Poe House‹ gegen Eintritt zu besichtigen. Die Innenräume erinnern in ihrer Gedrängtheit und mit ihren verblichenen Tapeten ein wenig an eine viktorianische Puppenstube.)

Das Klavier, das als erstes der Möbel verkauft werden sollte, stand im unteren ›Salon‹; auf seinem Deckel stapelten sich nach Aussagen von Zeitgenossen unbezahlte Arzneirechnungen für Virginia. An den Wänden hingen gerahmte Drucke, Kupferstiche und Holzschnitte aus Zeitschriften und ›annuals‹, meist wohl ›ätherische Frauenporträts in der Manier Sullys‹ oder heroische Landschaften. Die schon erwähnten, spärlichen Einrichtungsgegenstände, der Schaukelstuhl, der rote Teppich, ein kleiner Bücherschrank, ein Schreibtisch etc., die eine bescheidene Wohnlichkeit erzeugten, mußten im Laufe des nächsten Jahres nach und nach versetzt werden. Was übrig blieb (darunter das ›Roßhaarsofa‹ und ›drei Küchenstühle‹), ging zuletzt als Pfand für die geschuldete Miete in den Besitz von Mr. Alburger über.

Im Vergleich zu ihrer früheren Unterkunft war das landschaftlich reizvoll inmitten von Weinbergen gelegene Haus, was sein äußeres Erscheinungsbild und allgemeinen Komfort betraf, ein unverhoffter Fortschritt ihres Lebensstandards. Der Garten, weit ausgedehnter als der in der Coates Street, wurde unter Virginias liebevoller Pflege im Sommer zu einem idyllischen, blumenerfüllten Ort. Es gab sanfte Rasenflächen, auf denen der Schatten von Obstbäumen spielte; wilde Rosen umrankten die Eingangstür – ein Hort abgeschiedenen Friedens, das ›Tal des vielfarbigen Grases‹, wie es Poe in ›Eleonora‹ beschrieben hatte, en miniature. Die Nachbarschaft bestand zum größten Teil aus wohlhabenden Quäkerfamilien, die die Neuankömmlinge vornehm ignorierten. Eine Miss Garriques erinnerte sich Jahre später an Poe: »Ich war jedesmal tief beeindruckt durch seine ernste und gedankenvolle Miene. Er sah älter aus, als er, wie ich nun weiß, in Wirklichkeit war. Obwohl kaum über dreißig, erschien er wie ein Mann mittleren Alters... Er, seine Frau und Mrs. Clemm lebten äußerst zurückgezogen. Sie galten als kontaktscheu – was wir ihrer Armut zuschrieben und der Tatsache, daß er in seinem Beruf so wenig Erfolg hatte. Wir wußten auch, daß er Mr. Alburger stets die Miete schuldig blieb, der jedoch sehr geduldig war und keinerlei Druck auf ihn ausübte.«[1]

Poe ging zunächst davon aus, daß er all seinen finanziellen Verpflichtungen sehr bald würde nachkommen können. Er rechnete ja noch immer fest mit dem ›so gut wie sicheren Posten bei der Zollbehörde‹. Allein dieser Gesichtspunkt hatte ihn letztlich dazu bewegt, den weit kostspieligeren Mietvertrag mit Mr. Alburger abzuschließen. In einem Brief an F.W. Thomas vom 19. November schilderte er verzweifelt detailliert, daß trotz ›höchster‹ Referenzen niemand im Traum daran dachte, ihn überhaupt einzustellen, und er überdies demütigend abgefertigt wurde. Er begrub aber seine Hoffnung immer noch nicht: »Schreiben Sie mir bald und erlösen Sie mich, wenn möglich, von meiner Ungewißheit. Sie können sich nicht vorstellen, welche Not ich leide und in den letzten zwei Monaten gelitten habe – außerstande, irgendwelche Beziehungen anzuknüpfen, die mir in meiner literarischen Karriere weiterhelfen könnten – überhaupt irgend etwas Vernünftiges anzufangen – in stündlicher Erwartung, den Posten zu bekommen – «[2]

Präsident Tyler, der unter dem Banner der Whigs ins Weiße Haus eingezogen war, hatte sich zuletzt doch als waschechter ›Locofoco‹ entpuppt, und es ist bemerkenswert, daß Poe nun plötzlich ›demokratisch‹ empfand, obwohl es noch vor einem Jahr in einem seiner Briefe an Thomas hieß, ›er habe sich aus ehrlicher Überzeugung heraus für die Sache Harrisons eingesetzt‹ – des Whig-Kandidaten also. Aber bekanntlich stand er im Prinzip der amerikanischen Parteipolitik völlig indifferent gegenüber; seine Ansichten waren flexibel, und er stimmte für denjenigen, der *ihn* unterstützte – zur Abwechslung eben diesmal für den Demokraten Tyler. Das brachte ihm trotzdem keinen Vorteil.

Ganz so ›außerstande, irgendwelche Beziehungen anzuknüpfen, die ihm in seiner literarischen Karriere weiterhelfen konnten‹, war er in der letzten Zeit auch nicht gewesen. Abgesehen davon, daß er mit großem Eifer sein Zeitschriftenprojekt betrieb und sich um Subskribenten und Geldgeber bemühte, hatte er erst vor wenigen Tagen an den Dichter James Russel Lowell geschrieben, der in Boston ein neues Literaturjournal plante, das ab Januar 1843 erscheinen sollte, den ›Pioneer‹. Er wünschte ihm viel Glück und Erfolg für diese Unternehmung und fragte höflich an, ob für regelmäßige Beiträge aus seiner Feder Interesse bestehe: »Es würde mich freuen, Sie monatlich mit einem kurzen Artikel zu beliefern – über Themen nach Ihrem Gusto –, zu einem Honorar, wie Sie es sich ›am Anfang‹ leisten können.«[3] Lowell schrieb sogleich zurück, er wäre selbst demnächst mit einer solchen Anfrage auf ihn zugetreten, gebe ihm *Carte blanche* für jeden Prosa- oder Gedichtbeitrag (er interessiere sich besonders für Poes ›imaginative Erzählungen‹), bitte sich nur aus, ihm keine allzu bösartigen Rezensionen einzuschicken. Er könne ihm fürs erste $ 10 für jeden Artikel bezahlen, später, wenn das Magazin sich durchgesetzt habe, entsprechend mehr. Das war zwar nicht gerade überwältigend, aber doch immerhin eine positive Neuigkeit. Außerdem befand er sich als Korrespondent des ›Pioneer‹ in bester Gesellschaft, denn Lowell hatte bereits Nathaniel Hawthorne und Washington Irving für sich gewonnen.

In dieser Zeit entstand eine neue Kurzgeschichte, die im Januar in der ersten Ausgabe von Lowells ›Pioneer‹ erschien, ›Das verräterische Herz‹. Sie eröffnete einen weiteren Zyklus von Erzählungen Poes, in denen es nicht mehr um die analytisch-intuitive Aufklärung von Verbrechen, sondern um die Psychologie des Verbrechers selbst ging, des Verbrechers, der durch einen unerklärlichen und lockenden ›Geist des Bösen‹, den ›imp of the perverse‹, dazu getrieben wird, zu morden und sich zuletzt zu verraten. Ein ähnliches Motiv, das des amoralischen Menschen, dessen Gewissen ihn in Gestalt eines Doppelgängers verfolgt, tauchte bereits in ›Williams Wilson‹ auf. Aber dabei handelte es sich immer noch um eine kleinere Schuld, um unbedeutendere Missetaten: Falschspielerei oder donjuaneske Verführung einer verheirateten Frau. Jetzt drehte sich alles um die Achse eines kalt geplanten Mordes, die umgekehrte Methodik Dupins: das perfekt kalkulierte Verbrechen, das jegliche Entdeckung ausschließt und das sich trotzdem offenbaren muß, wobei Begehen und Gestehen der Tat sich ein und derselben Triebfeder verdanken. In einigen Werken Dostojewskijs, der in seiner Zeitschrift ›Wremia‹ ein kurzes Essay über Poe veröffentlichte und drei von dessen Erzählungen abdruckte, ›Das verräterische Herz‹, ›Der schwarze Kater‹ und ›Der Teufel im Glockenstuhl‹, finden sich Einflüsse von Poes Gedankenwelt, so zum Beispiel in ›Der Doppelgänger‹ und in ›Schuld und Sühne‹. Der Held aus ›Das verräterische Herz‹ ist wie die meisten Helden Poes ein Mensch von äußerster, beinahe schmerzhafter Sensibilität, einem ›bloßgelegten Nerv‹ vergleichbar, der auf die leiseste Berührung empfindlich reagiert; er leidet wie Usher und Egaeus, der Erzähler aus ›Berenice‹, unter einer krankhaften Verfeinerung seiner Sinne. Dem unvoreingenommenen Leser gibt er sich schon in den ersten Sätzen seines Berichtes als Wahnsinniger zu erkennen:

»Wahrhaftig! – reizbar, sehr, fürchterlich reizbar waren meine Nerven gewesen, und sie sind es noch; doch warum meinen Sie, ich sei verrückt? Das Leiden hat meine Sinne geschärft – und keineswegs zerrüttet oder abgestumpft. Schier unvergleichlich scharf war mein Gehörsinn. Ich hörte alle Dinge im Himmel und auf Erden. Ich hörte viele Dinge in der Hölle. Wie? –

bin ich darum verrückt? Geben Sie acht! und merken Sie auf, wie grundgesund – wie ruhig ich Ihnen die ganze Geschichte erzählen kann.«[4]

Wer so redet, muß nach landläufigen Begriffen in der Tat verrückt sein; wer jedoch so schreibt, erweist sich bei genauer Betrachtung als Meister erzählerischer Ökonomie, denn er gibt dem Leser selbst die Möglichkeit, den Mann allein anhand der Art seiner Schilderung zu beurteilen, mit der er sich treffend charakterisiert. Ein bewußter Kunstgriff, soviel steht fest – eine perfekte ›Rolle‹ –, und es ist kein Zufall, daß diese Kurzgeschichte sehr oft erfolgreich dramatisiert wurde. In der zweiten Hälfte des neunzehnten Jahrhunderts gab es in New York, Boston und Philadelphia mehrere Bühnenfassungen, von denen allein die Adaption eines Mr. Robert B. Kegerries, der zugleich als Hauptdarsteller agierte, über hundert Aufführungen erlebte. D. W. Griffith behandelte das Thema in einem seiner ersten Stummfilme, ›The Avenging Conscience‹.

Aber trotz der scheinbaren Erhabenheit des Autors über seine Mittel, den ›Rädern und Getrieben – den Maschinerien für den Kulissenwechsel – den Trittleitern und Versenkungen – dem Kopfputz, der roten Farbe und den schwarzen Flicken, die in neunundneunzig von hundert Fällen die Requisiten des literarischen *Histrionen* ausmachen‹, trägt die Figur des Wahnsinnigen, der ohne Motiv mordet, autobiographische Züge, die es dem Leser erst ermöglichen, sich, fast widerwillig, mit ihm zu identifizieren. Das ist der eigentliche Clou: die Provokation des sogenannten gesunden Menschenverstandes, der zur Identifikation mit einem Irren gezwungen wird. Als Mr. Kegerries und die ›Players‹ eine Bühnenbearbeitung der Geschichte in New York aufführten, schrieb ihm ein Kritiker: »Ich habe mir nun schon zum zweiten Mal ›Das verräterische Herz‹ angesehen. Nichts, was ich je zuvor im Theater erlebt habe, hat mich in ähnlicher Weise als so *wirklichkeitsnah* beeindruckt. Sie gewinnen diesem Mann, obwohl er wahnsinnig ist, die Herzen des Publikums, seine tiefste Sympathie und lassen es jene schrecklichen Momente im letzten Akt aus seiner Sicht erleben.«[5] Genau das war Poes Intention.

Inspiriert wurde er wohl durch ein Episode aus Charles Dickens' ›Master Humphrey's Clock‹, einem Roman, den er im Mai für ›Graham's‹ rezensiert hatte: ›The Clock-Case: A Confession Found in a Prison in the Time of Charles the Second‹. Darin tötet ein Leutnant im Ruhestand seinen Neffen, ein Kind, dessen Tod ihn reich macht und dessen Blick er nicht ertragen kann. Wenn Besucher kommen, nimmt er jedesmal über der Stelle Platz, wo er den Leichnam verborgen hat – er wird jedoch zuletzt nicht durch sein eigenes Gewissen entlarvt, sondern durch Bluthunde, die die Leiche wittern. Poes Kurzgeschichte dagegen ist ungleich vielschichtiger und komplizierter. In was für einer Beziehung steht der Erzähler zu dem alten Mann, den er schließlich umbringt? Ist er sein Diener, sein Neffe, vielleicht sogar sein Sohn? Sein Bericht läßt keinerlei Aufschluß darüber zu. Sicher ist nur, daß sie schon seit langem in einem Haus zusammenleben. Das Motiv für den Mord – wenn man es ein Motiv nennen kann – scheint aberwitzig und keinem Vernunftgrund zugänglich:

»Ein Zweck war nicht dabei. Auch keine Leidenschaft. Ich mochte den alten Mann gern. Er hatte mir niemals Unbill zugefügt. Er hatte mich nie beleidigt. Nach seinem Gelde gelüstete mich's nicht. Ich denke, es war sein Auge! ja, das war's! Er hatte das Auge eines Geiers – ein blaßblaues Auge mit einem Häutchen darüber. Sooft dessen Blick auf mich fiel, überlief es mich kalt; und so kam ich denn nach und nach – ganz langsam und allmählich – zu dem Entschlusse, dem alten Mann das Leben zu nehmen und somit des Auges auf immer ledig zu werden.«[6]

Das Auge eines Geiers, the ›eye of a vulture‹ – in welchem Zusammenhang wird dieser häßliche, aasfressende Vogel in Poes Œuvre sonst noch genannt? In ›Ligeia‹ zum Beispiel ist von ›vultures of stern passion‹ die Rede, den ›Geiern abstoßender Leidenschaft‹, dem Körperlich-Sinnlichen also, dem Ballast, der zur Erde hinabzieht und die Seele hindert, sich von ihren Ketten zu befreien und in den dünnen Äther des Paradieses vorzudringen. In dem Gedicht ›Romance‹ ›donnern Kondorjahre vorbei‹ – der Geier oder Kondor als Symbol für Zeit und Vergänglichkeit.

Dieses blaßblaue Geierauge ist so harmlos und zugleich so unerbittlich wie eine Uhr – es gemahnt den Erzähler fortwährend an seine Sterblichkeit. Ein mißgestaltetes, abstoßendes Auge, wie das eines Raubvogels von einem Häutchen bedeckt. Man kann sich nicht darin verlieren oder Analogien zum Kosmos finden wie in den strahlenden, unergründlichen Augen Ligeias. Und doch ist es nicht blind, es vermag sich auf einen Gegenstand zu fixieren. Der Erzähler erschauert jedesmal, wenn sein Blick auf ihn fällt – ebenso wie die Tänzer in ›Die Maske des Roten Todes‹ erstarren, wenn die riesige Standuhr im letzten, gemiedenen Zimmer die Stunde schlägt. Und der Herzschlag, die ›innere Uhr‹ und das Auge sind Synonyme, wie sich bald herausstellt. Der Held schleicht sich Nacht für Nacht in das Zimmer des alten Mannes und beobachtet ihn im Schlaf. Das verhaßte Auge ist stets geschlossen, seine Macht vorübergehend gebrochen. Er wartet nur darauf, daß es sich einmal öffnet: das Zeichen, loszuschlagen. Endlich geschieht das mit banger Faszination Befürchtete und Ersehnte – und im selben Moment vernimmt der Erzähler das Klopfen des Herzens seines Opfers. Es ist dies eine der schauerlichsten Szenen, die Poe je beschrieben hat; die endlosen Augenblicke tiefster Todesangst, die der alte Mann empfindet, werden mit Genauigkeit geschildert.

Es gibt nun kein Zurück mehr, das Auge darf sich nie wieder öffnen, sein Anblick im Verein mit dem ›dumpfen, hastigen Pochlaut, wie eine Uhr ihn hören läßt, wenn man sie in Kattun gewickelt hat‹, versetzt den übersensitiven Helden in rasende Wut – und er erstickt den Alten unter seinem ›schweren Deckbett‹. Dann, als alles vorüber, der Mord begangen ist, zieht er das Bett zurück und untersucht den Leichnam: »Ja, er war tot, mausetot. Ich legte die Hand auf sein Herz und ließ sie mehrere Minuten darauf ruhen. Kein Pulsschlag war zu spüren. Er war mausetot. Sein Auge würde mich nie mehr plagen.«[7]

Natürlich mangelt es nicht an sexuellen Ausdeutungen und Interpretationen der Geschichte. Ödipus, der seinen Vater tötete und seine Mutter heiratete, vollzog an sich selbst die Strafe, die das *Lex talionis* vorschrieb, indem er sich blendete; umgekehrt muß also das Auslöschen des ›bösen Blicks der Vaterfigur (als welche der alte Mann angesehen wird) ein Angriff auf seine übermächtige sexuelle Potenz sein. Entsprechend sind die Vorkehrungen des Helden, die Leiche zu verstecken – er ›zerlegt‹ sie und schneidet ihr Kopf, Arme und Beine ab –, ›symbolische Kastrationen‹.[8]

Als die Polizei am Ende der Erzählung eine routinemäßige Untersuchung vornimmt, führt der Held die drei Beamten in dem sicheren Gefühl, keinen Fehler begangen zu haben (»Es gab nichts wegzuwaschen – kein Fleckchen – keinerlei Blutspur. Dazu war ich denn doch zu schlau gewesen. Ein Zuber hatte alles derartige aufgenommen – ha!ha!«[9]), überall im Hause herum, ersucht sie, alles peinlich genau zu überprüfen, zeigt ihnen die unangetasteten ›Schätze‹ des alten Mannes und überredet sie schließlich, im ›Rausch seines Triumphes‹ oder vielmehr besessen vom ›Geist der Perversität‹, doch nach all der vergeblichen Mühe noch ein wenig als Gäste bei ihm zu verweilen. Er bittet sie in den Raum, unter dessen Bodenbrettern er sein Opfer verscharrt hat und rückt seinen eigenen Stuhl »genau auf die Stelle, darunter die Leiche ruhte«. Er fordert das Schicksal heraus, und seine Hybris rächt sich. Während ihrer belanglosen Konversation ›über alle möglichen Alltäglichkeiten‹ glaubt er plötzlich, zuerst leise, dann immer deutlicher, abermals jenen Herzschlag zu vernehmen – jenen ›leisen, dumpfen, hastigen Pochlaut, wie eine Uhr ihn hören läßt, wenn man sie in Kattun gewickelt hat!‹ –, und dieses Geräusch, vielleicht das Pochen seines eigenen Herzens, steigert sich, übertönt zuletzt alles –

»War es denn möglich, daß sie gar nichts hörten? Allmächtiger Gott! – nein, nein! Sie hörten's wohl! – sie hatten schon Verdacht! – sie *wußten*! – sie machten sich nur lustig über mein Entsetzen! – so dacht' ich, und so denke ich noch jetzt. Doch alles lieber noch als diese Qual! Alles ertragen – nur nicht diesen Spott! Ich hielt dies gleisnerische Lächeln nicht mehr aus! Ich fühlt's, ich mußte schreien oder sterben! und nun – horch! – wieder! – lauter! lauter! *lauter!* ›Ihr Schurken!‹ kreischt' ich, ›laßt die Heuchelei! Ich will die Tat gestehn! – hier! reißt die Bohlen auf! – hier schlägt's! – hier schlägt sein fürchterliches Herz!‹«[10]

War es nun wirklich sein Gewissen, das ihn, sich in einer Wahnvorstellung manifestierend, zu seinem Geständnis trieb, wie allgemein angenommen wird? Oder ließ ihn sein ›unvergleichlich scharfer Gehörsinn‹ tatsächlich das ›verräterische Herz‹ des alten Mannes noch über den Tod hinaus vernehmen, aus dem Himmel oder aus der Hölle? Eine Frage des Standpunktes.

»... noch ist die Frage nicht gelöst, ob Wahnsinn nicht der höchste Grad von Intelligenz ist, ob manches Erhabene und vielleicht all das unergründlich Tiefe nicht einer Art Krankhaftigkeit des Denkvermögens entspringen oder gewissen Gemütsstimmungen, die plötzlich aufflammen und auf Kosten des Verstandes gehen... Am sichersten aber ist es, alles zu bezweifeln. Wer allerdings ein Feind des Zweifels ist, der mag Ödipus spielen vor dem Rätsel meiner Seele.«[11] Nach Poes Auffassung muß das Gros der Menschheit – schon aus reinem Selbsterhaltungstrieb – ein Genie für einen Wahnsinnigen halten.

Er selbst zählte ›The Tell-Tale Heart‹ zu seinen besten Erzählungen[12], und wenn man sie allein vom ›Handwerklichen‹ her beurteilt, gehört sie zweifellos zu den gelungensten Beispielen seiner in die Praxis umgesetzten Theorie der Kurzgeschichte: sie läßt sich in einem Zuge lesen und erfüllt die Ansprüche der ›Einheit des Effekts‹ wie der ›Unterströmung an Bedeutung‹. Sie ist darüber hinaus eine interessante psychologische Studie, ein Stück Weltliteratur zum Preis von zehn Dollar, die Lowell im Februar überwies.

1843 wurde für Poe zu einem Jahr der Rückschläge und Mißerfolge. Außer daß es ihm gelang, ein paar Gedichte, Erzählungen und Rezensionen an diverse Zeitschriften zu verkaufen, schlugen alle seine ehrgeizigen Pläne fehl. Dabei war der Januar ein sehr vielversprechender Monat.

Durch seinen Freund Henry B. Hirst lernte er Thomas Cottrell Clarke kennen, den Eigentümer und Herausgeber des Wochenblattes ›Saturday Museum‹, eines literarisch orientierten kleinen Journals. Es konnte sich weder an Verbreitung noch an Niveau mit ›Graham's Magazine‹ messen, hielt sich aber dennoch recht ordentlich über Wasser. Dieser Mr. Clarke gab, in etwas bescheidenerem Stil als Graham, monatliche ›dinner parties‹ in seinem Haus in der South Twelfth Street, zu denen er Freunde und Bekannte vor allem aus der Literaturszene Philadelphias einlud. Hier verkehrte auch Captain Mayne Reid, ein irisch-protestantischer Glückssoldat und Abenteuerschriftsteller, der eine Zeitlang sehr eng mit Poe befreundet war und ihn oft in seinem Haus in Spring Garden besuchte. G. H. Howard Paul, ein Neffe Clarkes, erinnerte sich in einem 1892 erschienenen Zeitschriftenartikel an diese Abende: »Es war ein wirkliches Privileg, Poe zuzuhören ... wenn er sich auf einer Dinner-party mit Wein angewärmt hatte und sich in glühend-genialischer Stimmung befand, brachen Ströme von Bildung und Gelehrsamkeit aus ihm heraus, und er sagte Hunderte von Rochefoucauld-artigen Dingen über Literatur und die schönen Künste ... einige seiner Aussprüche erinnerten an die welterfahre-nen Gedanken von Tacitus oder Seneca ... manchmal ließ er sich mit Captain Mayne Reid auf eine Diskussion ein, und beide argumentierten bei ihrem Wortgefecht auf die brillanteste Art und Weise. Reid war ein überaus redege-wandter *raconteur* und glänzte besonders, wenn er über die Abenteuer berich-tete, die er auf seinen Reisen erlebt hatte. Poe dagegen schien eher in seinem Element, wenn er sich kritisch über irgendein literarisches Thema äußerte. Damals war ihm Samuel Warrens ›Zehntausend im Jahr‹ ein besonderer Greuel; er wetterte, das Buch sei in einem ›Hilfsschülerenglisch‹ geschrieben und noch dazu von trostloser Langweiligkeit und einem widerwärtig schwülstigen Stil. Reid hielt dagegen ›Aber es wurde von einem nicht zu überhörenden Fanfarentusch angekündigt‹. ›Freilich‹, gab Poe zurück, ›aber es handelte sich um Blechtrompeten‹.« [13]

Der Kontakt zwischen dem wohlwollenden, unbedeutenden, aber vermö-genden Mr. Clarke und Poe wurde allmählich herzlicher und vertrauter. Auch Clarke kam bald darauf hin und wieder auf ein Plauderstündchen bei den Poes in der Seventh Street/Brandywine Alley vorbei.

Poe versprach sich sehr viel von dieser Bekanntschaft, und die Gespräche, die sie miteinander führten, kreisten oft um die von ihm geplante Zeitschrift, ein ›Millionenprojekt‹, wenn man es richtig anging. Poe verwies darauf – und konnte es auch belegen –, wie er als Chefredakteur dreier namhafter amerika-nischer Magazine die Auflageziffer jedesmal nach kurzer Zeit verdoppelt, verdreifacht – ja verachtfacht hatte. Wem verdankte sich der riesige Erfolg von ›Graham's Magazine‹? Niemand anderem als Poe, seinem unfehlbaren Geschmack und seiner journalistischen Begabung – und nicht zuletzt dem Ansehen als Kritiker, das er überall in den Vereinigten Staaten genoß, ganz besonders in den Südstaaten. Ein Wink von seiner Hand genügte, und es stünden ihm allein in Virginia über hundert zuverlässige Abonnenten zur Verfügung. Und er kannte einflußreiche Politiker in Washington persönlich, den Kongreßabgeordneten John P. Kennedy zum Beispiel, ganz zu schwei-gen vom Sohn des Präsidenten, Robert Tyler. Ein bißchen Parteiwerbung, ein Hauch ›Locofocoism‹ in einer neuen, großangelegten Publikation, und man hätte sicher Aussicht auf eine Regierungssubvention. Er stand in Kon-takt mit den bedeutendsten und gefragtesten amerikanischen Literaten der Epoche, mit Longfellow, Irving, Hawthorne, Lowell – ›hier, lesen Sie diese Briefe!‹. Sogar Dickens war ihm gewogen und würde vielleicht als Auslands-korrespondent Artikel beisteuern – man bedenke: der große ›Boz‹ als regelmäßiger Mitarbeiter! Konzept und Layout lagen bereits fest – Clarke brauchte nur einen Blick in den Prospekt des ›Penn Magazine‹ zu werfen. Der Name müßte allerdings geändert werden. Die Zeitschrift würde ›The Stylus‹ heißen – nach jener ›eisernen Schreibfeder‹ der Antike, die unbeugsam die Wahrheit schreibt, wie es in einem Gedicht Launcelot Cannings heißt: »... – unbeugsam, daß ein jeder / von deiner strengen Wahrheit sagen mag – Siehe! dies stammt / aus der antiken *Eisenfeder*.« (›– unbending that all men / Of thy firm Truth may say – ›Lo! this is writ / With the antique *iron pen*.‹); dies sollte auch das Motto werden. Es fehlte nur noch ein Finanzier, der das für den Anfang notwendige Kapital vorstreckte. Ein Risiko sei damit – das könne Clarke als erfahrener Geschäfts- und Zeitungsmann sicher selbst beurteilen – nicht verbunden, wohl aber die Gewißheit des Erfolges und eines gigantischen Profits – bei solcher Planung, bei solchen Beziehungen und unter so kundiger Führung! Ähnlich dürfte Poe damals auf Clarke eingeredet haben, seine Bedenken zerstreuend, seine Einwände widerlegend – und endlich hatte er den lange erwarteten Goldfisch an der Angel.

Am 31. Januar schloß er zusammen mit Mr. Clarke und dem angesehenen Graphiker Felix Octavius Carr Darley, der für sieben Dollar pro Zeichnung oder Stich die benötigten Illustrationen anfertigen sollte, einen Vertrag über eine ›in Kürze‹ erscheinende Publikation mit dem Titel ›The Stylus‹ ab; für die geschäftliche Leitung würde Clarke zuständig, verantwortlich für den Inhalt würde Poe sein. Der Anwalt Henry B. Hirst und ein gewisser W. D. Riebsam beglaubigten das Dokument. So günstig hatten die Chancen für Poe noch nie gestanden. Sein größter Wunschtraum schien endlich in Erfüllung zu gehen: ein eigenes Magazin, das er allein gestalten und in das ihm keiner mehr hineinreden konnte; vorbei war's mit den Abgeschmacktheiten à la White, Burton und Graham, den Gelegenheitsartikeln, Modebildchen und sentimentalen Liedern; vorbei mit den ewigen Lobhudeleien auf Bestellung und den Entschuldigungsschreiben an durch weniger freundliche Rezensionen gekränkte Korrespondenten. Sollten sie sich hüten, die literarischen ›Dummköpfe, Gimpel und Marionetten‹! Jetzt war er, Edgar Allan Poe, am Zuge, und er würde die ›republic of letters‹ das Fürchten lehren. Viel Feind, viel Ehr'. Mit eiserner Feder würde er in- und entthronisieren, gültige Richtlinien des guten Geschmacks aufstellen, wie ein Wirbelsturm in die organisierten Cliquen fahren, ›die gleich einem Alpdruck auf der amerikanischen Literatur liegen, jedem Wink des Buchhandels gehorchen und damit die öffentliche Meinung fälschen‹. Die Kulturnation würde sich seinem Urteil zu beugen haben – ›l'etat c'est moi‹. Und Amerika war erst der Anfang.

Vom Drucktechnischen und von der Finanzierung her gingen Poe und Clarke sicher von einem ähnlichen Konzept aus, wie es Poe zuvor in einem Brief an T. H. Chivers formuliert hatte, den er vergeblich als Geldgeber zu gewinnen suchte: »Es wäre wohl angemessen, mit einer Ausgabe von 1000 Exemplaren zu beginnen. Für diese Nummer würden die monatlichen Kosten inclusive Papier (der feinsten Qualität), Satz, Druckarbeit und Heftung bei etwa $ 180 liegen. Die *Gesamtkosten* veranschlage ich auf etwa $ 250 – was $ 3000 pro Jahr ergäbe – eine *sehr* großzügige Schätzung. 1000 Exemplare zu $ 5 = $ 5000 – bleibt ein Nettogewinn von $ 2000, selbst wenn wir nur 1000 Subskribenten ansetzen. Doch bin ich sicher, daß wir mit wenigstens 500 *beginnen,* und habe keinen Zweifel, daß wir noch vor Ablauf des 2ten Jahres 5000 haben werden. Ein Magazin, wie es mir vorschwebt, wird uns beiden ein Einkommen von je $ 10 000 verschaffen... Zugleich gibt es keinen plausiblen Grund, weshalb solch ein Magazin nicht am Ende gar eine Verbreitung finden sollte, so groß wie die des ›Graham's‹ zur Zeit – nämlich 50 000.«[14]

Zunächst einmal wurde, wie in solchen Fällen üblich, ein lautstarker Werberummel veranstaltet, um den Appetit der Öffentlichkeit auf die neue Zeitschrift anzuregen. Das geeignete Forum war natürlich Clarkes ›Philadelphia Saturday Museum‹. Dort erschien am 25. Februar ein Sonderbeitrag, eine überaus schmeichelhafte Kurzbiographie über Poe, die H. B. Hirst verfaßt hatte – unter Poes persönlicher Anleitung, versteht sich; eine Zusammenmengung von Fakten und romantischen Übertreibungen, das ›Selbstbildnis des Künstlers als junger Mann‹, ›ein umfassender Bericht über sein wahrlich ereignisreiches Leben‹, wie die Presse kommentierte. Poes Eltern, hieß es darin, seien kurz hintereinander während eines Gastspiels in Richmond gestorben – in Wirklichkeit verloren sich David Poes Spuren schon einige Zeit früher in New York. Von einer quasi-aristokratischen Erziehung in einem virginischen Herrenhaus war die Rede, von John Allans ›grobschlächtigem Wesen‹, ›his gross nature‹, und Poes abenteuerlichen (Möchtegern-)Reisen nach Griechenland und St. Petersburg. In der Nacht nach der Beerdigung seiner Pflegemutter, Mrs. Allan, sei er – seltsame Fügung des Schicksals! – aus Europa heimgekehrt.

Seine Militärzeit als gemeiner Soldat der US-Armee wurde dagegen unterschlagen; die Betonung lag auf so wohlklingenden Namen wie ›Universität von Virginia‹ und ›West Point‹.

Ein ›Roman in zwei Bänden‹ (›Arthur Gordon Pym‹?) sowie ›Beiträge in ausländischen Zeitschriften‹ konnten bisher nicht identifiziert werden, obwohl Poe auch in einem Brief an Snodgrass einmal behauptet hatte, er habe »ein sehr profitables Abkommen mit Blackwood's Magazine in Edinburgh getroffen... bitte behalten Sie dies vorläufig noch für sich.«[15] Es ist jedoch äußerst unwahrscheinlich, daß er jemals etwas in England oder in sonst einem europäischen Land veröffentlichte.

Wer Poe noch immer nicht als Genie erkannte, wurde durch einige Beispiele seines erstaunlichen Geschicks im Entziffern von Geheimschriften und durch insgesamt 32 lobende Kommentare berühmter Zeitgenossen über ihn und sein Werk eines Besseren belehrt – wobei es sich meist um etwas ›beschönigte‹ Zitate aus Privatbriefen handelte. Um Mißverständnissen vorzubeugen, wandte sich Poe u. a. an seinen Freund F. W. Thomas, der ebenfalls namentlich zitiert worden war, und erklärte: »Mein Biograph ist H. W. (sic) Hirst aus Philadelphia... er hat sich die Freiheit genommen, sich bei der Erwähnung gewisser Memoranda Ihres Namens zu bedienen – und sich vielleicht ein paar kleine Übertreibungen zu Schulden kommen lassen; ich hoffe, Sie werden ihm das nicht nachtragen.«[16] Hirsts ›biographischer Skizze‹ war ein ›Porträt des Künstlers‹, vielleicht von Darley, beigefügt, auf welchem er – noch immer ohne den berühmten Schnurrbart, den er auf allen von ihm gefertigten Daguerreotypien trägt – etwas einfältig lächelt und wohl von seinen besten Freunden nicht wiedererkannt worden wäre. »Ich bin weiß Gott häßlich genug, aber *ganz* so schlimm sehe ich nun auch wieder nicht aus«, schrieb Poe am gleichen Tag, als die Ausgabe des ›Saturday Museum‹ erschien, an Thomas. Im selben Brief hieß es jedoch enthusiastisch: »Wir *werden*, schon was das äußere Erscheinungsbild betrifft, das imposanteste Magazin auf die Beine stellen, das die Welt je gesehen hat. Bestes Papier, ein klares, deutliches Schriftbild, eine einzige durchgehende Kolumne und vorzügliche Illustrationen, Holzschnitte im Stil der französischen illustrierten Ausgabe des ›Gil Blas‹ oder des ›Robinson Crusoe‹ von Grandvill.«[17] In bezug auf die ›vorzüglichen Illustrationen‹ übertrieb Poe ein wenig, oder er überschätzte Mr. Darleys Talent. Wenn dessen Arbeiten sämtlich so plump und atmosphärelos ausfielen wie später seine Holzschnitte zu Poes Erzählung ›Der Goldkäfer‹, kann man ihn allenfalls als mittelmäßigen Graphiker bezeichnen; der Vergleich zu Grandvill ist sehr weit hergeholt.

Im Anschluß an die Kurzbiographie brachte das ›Museum‹ eine Vorankündigung des ›Stylus‹, die vom Wortlaut her weitgehend dem Prospekt des ›Penn Magazine‹ entsprach. Poe hatte den Text etwas gerafft und einige Sätze hinzugefügt: »Sie (die Zeitschrift) wird sich der Diktatur der ausländischen Magazine entgegenstellen, den gespreizten Stumpfsinn unserer eigenen zu vermeiden wissen, notfalls genau so gelehrt sein wie diese, keinesfalls aber so gesichtslos – die Unwahrhaftigkeit zu überbieten dürfte ihr allerdings schwerfallen.«[18] Auf den Inhalt des geplanten Journals ging er konkreter ein: vornehmlich Themen aus dem Bereich der schönen Künste, der Literatur und des Theaters würden zur Sprache kommen; eine Artikelserie sollte erscheinen, ›Kritische und biographische Skizzen über amerikanische Autoren‹, mit Porträts sowie – das war neu – ein monatlicher, kurzer Rückblick auf die ›politische Entwicklung in unserem Lande‹.

Politik in einem schöngeistigen Magazin, wie es Poe vorschwebte? Dieses schmutzige Geschäft, für das er im Grunde seines Herzens nur Verachtung

Edgar Allan Poe, ca. 1842. Daguerreotypie

übrig hatte? Ein Anachronismus. Im Prospekt des ›Penn‹ hieß es noch: »Die Aufgabe freilich, die Öffentlichkeit über sehr *ernsthafte* Themen zu informieren, die außerhalb des Bereiches der Literatur liegen, wird er Berufeneren überlassen.«

Aber Poe und Clarke – Clarke vor allem – hofften auf eine Regierungsunterstützung, sofern sie sich, in gemäßigter Form, für die Tyler-Partei engagierten, und auf Parteiwerbung lief es letztendlich hinaus. Pecunia non olet. Poe dürfte trotzdem nicht sehr wohl bei der Sache gewesen sein. Die Resonanz der Presse auf die Kurzbiographie und die Vorankündigung im ›Museum‹ fiel – vielleicht durch Clarkes Beziehungen – überraschend positiv aus. Der ›Spirit of the Times‹ bemerkte: »Das *Saturday Museum* dieser Woche enthält ein sehr gelungenes Porträt unseres Freundes Edgar Allan Poe, Esq., zusammen mit einem umfassenden Bericht über sein wahrlich ereignisreiches Leben. Wir halten Mr. Poe für einen der bedeutendsten, züchtigsten und gelehrtesten Schriftsteller der Gegenwart und sind daher erfreut darüber, daß er durch die öffentliche Presse der Welt so dargestellt wird, wie es seinem Rang gebührt.«[19]

Natürlich griff das ›Museum‹ in der ersten Märzwoche diese freundliche Notiz werbewirksam auf: »Wir hören mit Genugtuung, daß sich eine so angesehene Zeitung wie die ›Times‹ sehr lobend über Mr. Poe geäußert hat« etc. Wegen der ›ungewöhnlichen Nachfrage nach Mr. Poes Biographie und seinen Gedichten fühle sich der Herausgeber dazu verpflichtet, sie in der vorliegenden Ausgabe noch einmal abzudrucken »für alle diejenigen, die keine Gelegenheit fanden, sich der letzten zu versichern«. Eine Sonderedition auf »blütenweißem Papier« sei in Vorbereitung und demnächst erhältlich.

Mr. Poe habe sich außerdem bereit erklärt, seine Dienste vor Erscheinen des ›Stylus‹ (die erste Nummer sollte am 1. Juli herauskommen) dem ›Saturday Museum‹ zur Verfügung zu stellen, und zwar in der Eigenschaft als stellvertretender leitender Redakteur ab Mai 1843, »für ein hohes Gehalt«[20].

Poe selbst stand dieser Ankündigung, nun, da sein Magazinprojekt vertraglich abgesichert schien, mit eher zwiespältigen Gefühlen gegenüber. Er erinnerte sich an seine schlechten Erfahrungen mit Graham und befürchtete, Clarke wolle ihn ebenso hinhalten und für seine Zwecke ausnützen. Aber der Vertrag war rechtsgültig, von seinem Freund Hirst beglaubigt, während er mit Graham nur eine mündliche Absprache getroffen hatte. Was sollte also dazwischenkommen? Er verhielt sich konform, um seinen Finanzier nicht zu verstimmen. Zwei Monate lang als Aushängeschild für ein kleines Wochenblatt zu fungieren und dafür gut bezahlt zu werden, kostete ihn nicht viel Überwindung.

Es ging bergauf. Sein Kurs in der Literaturszene Philadelphias war durch das ›puffing‹ der Presse immens gestiegen. Er wurde hofiert, glänzte auf

Clarkes Dinnerparties mit ›Rochefoucauld-artigen‹ Kommentaren und Aperçus, konnte um Vorschüsse ersuchen und Beiträge an Zeitschriften verkaufen.

›Graham's Magazine‹ hatte im Januar sein Gedicht ›The Conqueror Worm‹ (aus ›Ligeia‹) veröffentlicht, Lowells ›Pioneer‹ seine Kurzgeschichte ›The Tell-Tale Heart‹; im ›Saturday Museum‹ erschien ›Die Unterredung zwischen Eiros und Charmion‹ unter dem Titel ›Die Zerstörung der Welt‹.

In diesem Zusammenhang sollte auch eine anonyme Rezension erwähnt werden, die das ›Museum‹ am 28. Januar abdruckte: ein ziemlich bösartiger Verriß von Griswolds ›Dichter und Dichtkunst Amerikas‹. Es stammte mit neunundneunzigprozentiger Sicherheit aus Poes Feder und wird auch in seinem Werkverzeichnis aufgeführt.

Schon im November 1842 hatte Poe für die Monatsschrift ›Boston Miscellany‹ eine Besprechung der Anthologie verfaßt, die sehr lobend ausgefallen war, wahrscheinlich deshalb, weil Griswolds Zusammenstellung amerikanischer Poesie drei seiner eigenen Gedichte enthielt, ›The Coliseum‹, ›The Sleeper‹ und ›The Haunted Palace‹, und weil er sich die Sympathien des in Literaturkreisen recht einflußreichen Reverend nicht verscherzen wollte. Vielleicht würde Griswold ihm noch einmal nützlich sein. In Wirklichkeit fand das Buch keineswegs seine Zustimmung. Die Auswahl schien ihm äußerst willkürlich; wirkliche Talente wurden schlichtweg übergangen, unbedeutende Verseschmiede gepriesen und zitiert. »Haben Sie Griswolds ›Poesiebuch‹ schon gesehen? Ein geradezu schwachsinniges Machwerk; Sie sollten es vernichtend rezensieren«[21], schrieb er am 4. Juni 1842, kurz nach Erscheinen der Anthologie, an J. E. Snodgrass, und in einem Brief an F. W. Thomas vom 12. September 1842 findet sich folgende, Poes Beziehung zu Griswold erhellende Passage:

»Mit Griswold steht er (Graham) sich nicht besonders gut – wie ja überhaupt wohl niemand, den ehrenwerten Gentleman selber ausgenommen, der mit seinem ›Poets & Poetry‹ ja förmlich in ein Hornissennest gestochen hat... Er ist ja ganz schön geschickt darin, sich als *ehrlicher* Richter aufzuschwingen oder gar noch als fähiger. – Vor zwei Monaten etwa sprachen wir über das Buch, und da sagte ich, ich hätte daran gedacht, es ausführlich für das ›Democratic Review‹ zu rezensieren, fände meine Absicht jedoch durch einen Artikel von jenem Esel O'Sullivan vorweggenommen und wüßte keine andere Stelle, wo sich ein Aufsatz darüber unterbringen ließe. Darauf erwiderte Griswold – ›Wenn Sie die Absicht haben, darüber zu schreiben, so machen Sie sich wegen der Veröffentlichung der Rezension nur gar keine Gedanken; das werde ich schon alles in die Hand nehmen. Ich bringe die Sache irgendwo an renommierter Stelle unter und sehe zu, daß das übliche Honorar dabei herausspringt; bis dahin erhalten Sie erst einmal von mir, was Sie als Vergütung erwarten.‹ Dies war, wie sie sehen, ein ingeniöser Versuch, mich zu *bestechen*, für sein Buch Reklame zu machen. Ich akzeptierte sein Angebot auf der Stelle, schrieb die Kritik, händigte sie ihm aus und erhielt von ihm die Vergütung: – er wagte in meiner Gegenwart nicht, einen Blick in das MS. zu tun, und nahm für völlig sicher, daß alles nach seinem Gusto wäre. Doch die Kritik ist bis heute nicht erschienen, und ich bin im Zweifel, ob sie jemals erscheinen wird. Ich schrieb sie akkurat so, wie ich sie unter gewöhnlichen Umständen geschrieben hätte; und seien Sie sicher, es war kein sonderlicher Lobgesang.«[22]

Diese Lektion dürfte den Reverend Griswold ernsthaft verstimmt haben, trotz der später schmeichelhaften Kritik Poes im ›Boston Miscellany‹; und sicher wußte er auch, wer der Autor des Verrisses im ›Saturday Museum‹ war, gab es doch zweifellos einige offenkundige Parallelen zu der von ihm ›bestellten‹ Rezension, die er selbst nie veröffentlicht hatte.

In dem erwähnten anonymen Artikel im ›Museum‹ wurde quälend ausführlich auf Griswolds mehrmaliges Scheitern als Zeitschriftenredakteur eingegangen; so habe der ›Daily Standard‹ in Philadelphia unter seiner Herausgeberschaft binnen kürzester Zeit Konkurs anmelden müssen.

In diesem Tonfall ging es weiter. Griswolds eigene Gedichte, die dieser ebenfalls in die Anthologie mit aufgenommen hatte, wurden unbarmherzig zerpflückt und lächerlich gemacht. Eingefügt war ein längerer Exkurs über die Prinzipien der Metrik und Versifikation – zufällig hatte Poe erst kürzlich in einen Artikel über das gleiche Thema ›Notes upon English Verse‹ (später ›The Rationale of Verse‹) Lowell für seinen ›Pioneer‹ angeboten. Dieses etwas schulmeisterliche Dozieren kannte Griswold bereits aus persönlichen Gesprächen mit seinem anmaßenden Vorgänger bei ›Graham's‹, ein weiteres Indiz, das auf die Urheberschaft der Kritik hindeutete, die mit den geradezu prophetischen Worten schloß: »Doch machen wir ein Ende: sogar wenn Mr. Griswold über das Genie eines Shakespeare, die Kraft eines Milton und das kritische Wissen eines Macauley verfügte – er könnte sich nicht gegen den Strom all der tadelnden und kritischen Stimmen behaupten, den sein Buch aller Orten entfesselt hat. Vielmehr muß er hinweggeschwemmt werden von der Flut öffentlicher Mißbilligung, welche nun von allen Seiten über ihn hereinbricht. Da ihm aber keine der genannten Eigenschaften zu Gebote steht – was wird sein Loos nun werden? Von aller Welt vergessen mit Ausnahme Derjeniger, die er verletzt und beleidigt hat, wird er untertauchen im Strome der Zeit, ohne auch nur das geringfügigste Zeichen seines Erdenwandels zu hinterlassen. Sollt' aber hinfort dennoch von ihm die Rede sein, so nur als von dem *ungetreuen Diener, der da schändlich verriet das in ihn gesetzte Vertrauen!*«[23]

Genauso wird Griswold von der heutigen Literaturwissenschaft angesehen: als Poes Uriah Heep. Es gibt keine zufriedenstellende Erklärung dafür, warum Poe ausgerechnet diesem Mann seinen Nachlaß anvertraute – außer, möglicherweise, seinen ›imp of the perverse‹. Naheliegender scheint es, daß es in Wirklichkeit *Mrs. Clemm* war, die nach seinem Tod diese so folgenschwere und katastrophale Verfügung traf.

Ohne Griswolds heimtückische Machenschaften, seinen ›Ludwig-Artikel‹, in dem er Poes Ansehen herabsetzte, und die Feindseligkeit, die ihm seit Ingrams ›Life, Letters and Opinions of E. A. P.‹ aus allen Poe-Biographien entgegenschlägt, wäre er wahrscheinlich längst vergessen.

Aber wie dieses Beispiel zeigt, hatte er triftige Gründe für seinen Haß. Er wußte oder ahnte doch zumindest, von *wem* die vernichtende Rezension im ›Museum‹ stammte. Noch zwei Jahre danach schrieb er in einem seiner Briefe an Poe: »Obwohl ich Ursache habe, Ihr Feind zu sein – Gründe, an die Sie sich zweifellos leicht erinnern werden –, würde ich mich (entgegen verschiedentlichen Behauptungen Ihrerseits) doch niemals dazu verstehen, mein Urteil als Kritiker oder dessen Kundgebung in der Öffentlichkeit durch persönliche Kränkungen beeinflussen zu lassen.«[24]

Sehr diplomatisch: wohlgemerkt, sein Urteil als *Kritiker*. Als Privatperson trug er ihm den Verriß bis an sein Lebensende nach. Denn spätestens Ende des Jahres 1843, als Poe begann, öffentliche Vorlesungen zu halten, in denen er Griswolds ›Dichter und Dichtkunst Amerikas‹ heftig attackierte, konnte kein Zweifel mehr daran bestehen, daß er auch der Verfasser des anonymen Artikels gewesen – oder doch zumindest maßgeblich daran beteiligt war. (Es wird vermutet, er habe ihn zusammen mit seinem Freund H. B. Hirst geschrieben.)

Poe machte den Fehler, den Reverend zu unterschätzen, ihn nicht ernst zu nehmen. »Das ist ja wirklich eine Type, der Mann, unbezahlbar!«, witzelte er in einem Brief an T. H. Chivers.[25] Nun, da er sich für die Kritik Griswolds an seinem ›Chapter on Autography‹ in der ›Boston Notion‹ entschädigt und seiner ehrlichen Verachtung über dessen ›kritische und poetische Inkompetenz‹ Ausdruck verschafft hatte, hielt er die Kontroverse für beendet. So empfindlich er selbst auf Kränkungen reagierte – ›niemand kränkt mich ungestraft‹ lautet das Motto seines Helden Montresor in ›Das Faß Amontillado‹ –, so wenig kümmerte es ihn, die Gefühle anderer zu verletzen, wenn es nur um die ›gerechte Sache‹ ging. Und so kam er wohl auch gar nicht auf den Gedanken, daß er sich einen gefährlichen und unversöhnlichen Feind geschaffen hatte.

Griswold war nie zimperlich in der Wahl seiner Mittel. Charakteristisch für ihn ist folgendes Beispiel: wie sein Vorgänger Poe verstand er sich nicht besonders mit dem zweiten Redakteur bei ›Graham's‹, Charles J. Peterson. Der Grund für ihre Differenzen ist nicht bekannt, aber anscheinend verschärfte sich der Konflikt so sehr, daß Graham wieder einmal vor der Wahl stand, sich von einem der beiden zu trennen. Es sah so aus, als würde er sich gegen Griswold entscheiden; der war jedoch nicht der Mann, kampflos das Feld zu räumen. Um seinen Konkurrenten auszuschalten und allein die redaktionelle Leitung des Magazins zu übernehmen, begann er Peterson mit anonymen Briefen und Zeitungsartikeln zu verfolgen, in denen er bösartige Verleumdungen über ihn ausstreute. Seine Machenschaften wurden jedoch aufgedeckt, und Graham feuerte den ›ehrenwerten Reverend‹ im Sommer 1843 wegen ›Unehrenhaftigkeit‹. Zuvor hatte Griswold vergeblich versucht, den Verdacht auf Poe zu lenken.

Die ersten beiden Monate des Jahres standen für den von der Presse hochgejubelten ›Mr. Edgar Allan Poe, Esq.‹ im Zeichen großer Erwartungen. Er sah sich bereits als ›Kulturpapst‹ der Nation, und sein Auftreten war wohl auch dementsprechend. Der ›Stylus‹ bedeutete den ersten Schritt zu einer Theokratie des Geistes, einer ›ästhetischen Erziehung des Menschen‹. Auch in finanzieller Hinsicht überschätzte er seine Aussichten – man denke nur an die gewagten Berechnungen über Auflagenhöhe und Profit des geplanten Magazins in seinem Brief an Chivers –, und er lebte über seine Verhältnisse. Mrs. Clemm und Virginia versprach er sicher das Blaue vom Himmel herunter. Von jetzt an würde alles anders werden. Die Zeiten der Armut, der Pfennigfuchserei, der ewigen Einschränkungen und der ungeheizten Wohnungen waren endgültig vorbei. Mr. Alburger erhielt eine kleine Anzahlung auf die schon lange ausstehende Miete. ›The sun is shining, were clouds have been.‹

Wie gewonnen, so zerronnen: Der Sog des Malstroms war zu stark. Poe war nicht dafür geschaffen, ›Karriere zu machen‹. Seine nächsten Schritte, die ihn buchstäblich ins Verderben stürzten, lassen sich genau zurückverfolgen. Am 7. März schrieb er an Robert Carter, Lowells Kompagnon beim ›Pioneer‹ (Lowell war an einem schweren Augenleiden erkrankt und konnte seinen redaktionellen Pflichten nicht länger nachkommen), er werde am kommenden Sonnabend – d. h. dem 11. des Monats – eine Geschäftsreise nach Washington unternehmen, befinde sich jedoch in Geldverlegenheit; ob ihm Carter das ihm noch zustehende Honorar – $ 30, wenn er sich nicht irre – auf dem schnellsten Wege überweisen könne? Den im ›Pioneer‹ veröffentlichten Beiträgen Poes nach zu schließen, dem eher mittelmäßigen Gedicht ›Eulalie‹ und dem Essay ›Notes upon English Verse‹ ($ 10 für ›The Tell-Tale Heart‹ hatte er bereits erhalten), schuldete ihm Lowell nur $ 20. Wie dem auch sei, er wäre nicht einmal in der Lage gewesen, auch nur die Hälfte des Betrages auszuzahlen. Er war ruiniert. Seine Zeitschrift mußte ihr Erscheinen nach der dritten Nummer, der Märzausgabe, einstellen. Poe verlor dadurch eine wichtige Einnahmequelle, ein nicht zu unterschätzender Verlust, wie sich bald herausstellte.

Clarke gab ihm anscheinend einen kleinen Spesenbetrag mit auf den Weg, denn Poe wartete die Überweisung (die nie eintraf) nicht ab, sondern fuhr schon am nächsten Tag mit der Eisenbahn über Baltimore nach Washington. Wie üblich, wenn es um wichtige Entscheidungen ging, befand er sich in einer sehr aufgereizten, keineswegs ausgeglichenen Gemütsverfassung.

Er hatte die Absicht, in der Landeshauptstadt einen Vortrag über das ›poetische Prinzip‹ zu halten – das Organisatorische sollte sein Freund F. W. Thomas übernehmen – und bei dieser Gelegenheit Subskribenten für den ›Stylus‹ zu gewinnen. Sein erstes öffentliches Auftreten. Außerdem wollte er ›politische Kontakte knüpfen‹, wozu er sich nicht besonders gut eignete, und sich durch Thomas', Kennedys oder Robert Tylers Vermittlung um einen Termin im Weißen Haus bemühen, um mit dem Präsidenten über eine Regierungssubvention für sein ›Tyler-freundliches Literaturjournal‹ zu sprechen. Natürlich würde er dabei nicht versäumen, sich erneut um eine Beamtenstellung – möglichst in Philadelphia – zu bewerben, die ihm diesmal, davon war er überzeugt, sicher sein mußte. Er hatte sich viel vorgenommen. Zuviel.

Als er in Washington eintraf und Thomas aufsuchte, der in ›Fuller's Hotel‹ als Junggeselle lebte, fand er ihn krank vor und unfähig, sein Zimmer zu verlassen oder etwas für ihn zu unternehmen. Thomas verwies ihn daher an Jesse E. Dow, einen gemeinsamen Bekannten mancher Zechtouren durch Philadelphia, der in Washington eine kleine Tageszeitung herausgab, den ›Daily Madisonian‹.

In ›Fuller's Hotel‹ fand eine Dinnerparty statt – wie es scheint, eine hastig organisierte ›Galagesellschaft‹ zu Ehren Mr. Poes, ›einem der bedeutendsten, züchtigsten und gelehrtesten Schriftsteller der Gegenwart‹. Zu den Gästen gehörten einige Persönlichkeiten des öffentlichen Lebens, Künstler und Presseleute. Thomas konnte wegen seines angegriffenen Gesundheitszustandes wohl nicht daran teilnehmen; aber Dow war anwesend, der Journalist Thomas Dunn English, den Poe aus Philadelphia kannte und der sich gerade in Washington aufhielt, sowie der Photograph Matthew B. Brady (der 1845 in seinem Studio in New York eine Porträtaufnahme Poes anfertigte und später durch seine Bilder aus dem amerikanischen Bürgerkrieg Weltruhm erlangen sollte).

Außer Port spielten bei dieser Feier mit Rum versetzter Kaffee, eine Spezialität des Hauses, und ›mint juleps‹, Pfefferminzlikör, eine Rolle. Zu vorgerückter Stunde und nach Genuß verschiedener Gläser Portwein, der Poe, wie er danach behauptete, ›geradezu aufgedrängt wurde‹, begann der ›züchtige Schriftsteller‹ die Anwesenden durch seine Ausgelassenheit zu befremden, die die merkwürdigsten Formen annahm. Einen der Herren, über dessen Identität noch gerätselt wird, – vielleicht handelte es sich um Brady oder um English, die beide imposante Schnurrbärte trugen – zupfte er übermütig an seiner sorgsam gewichsten, zirkusdirektorenhaften Oberlippenzier und nannte ihn den ›Don‹, den ›spanischen Granden‹, solange, bis der Betroffene in Wut geriet, eine peinliche Szene entstand und wieder einmal vermittelt und beschwichtigt werden mußte. Als er zuletzt, zweifellos auf Dows Arm gestützt, singend und lallend zu der Pension aufbrach, in der er logierte – ›Widow Barret's‹, einer billigen Absteige in der New York Avenue –, bestand er darauf, seinen Mantel verkehrt herum zu tragen, das Futter nach außen. Kurz, es war ein Fiasko, das Dow die schlimmsten Befürchtungen einflößte.

Das gewünschte Aufsehen erregte Poe in Washington in der Tat – nur leider ein Aufsehen, das sich im Gegenteil höchst ungünstig auf sein Zeitschriftenprojekt auswirkte. Sein Auftritt in ›Fuller's Hotel‹ sprach sich schnell herum, und es hat den Anschein, als ob es noch weitere Zwischenfälle gab. Am 12. März schrieb der sehr beunruhigte Mr. Dow an Clarke:

»Sehr geehrter Herr, – ich halte es für meine Pflicht, Ihnen diesen Eilbrief im Zusammenhang mit unserem gemeinsamen Freund E. A. P. zu schreiben. Er kam hier vor wenigen Tagen an. Am ersten Abend machte er einen sehr überreizten Eindruck, nachdem man ihn zum Genuß von etwas Portwein überredet hatte.

Am zweiten Tag schien er wieder zur Vernunft gekommen zu sein; aber seitdem gab er sich verschiedentlich recht ›unsolide‹.

So führt er sich Leuten gegenüber auf, die seinem Ansehen beim Präsidenten schaden könnten, und das macht es uns unmöglich, uns für ihn einzusetzen, wie wir es wollten und könnten, sobald er nur wieder in Philadelphia wäre. Er hat keine Ahnung von den politischen Spielregeln noch von den hier gängigen Verhandlungstaktiken, die ihm von Vorteil wären. Wie sollte er auch?

Mr. Thomas ist unpäßlich und kann Mr. Poe nicht nach Hause begleiten. Ich selbst bin durch Geschäfte und familiäre Rücksichten daran verhindert. Unter diesen Umständen halte ich es für ratsam, daß Sie sich selbst bemühen und dafür sorgen, daß er heil zurückkehrt. Mrs. Poe geht es gesundheitlich sehr schlecht, und ich beschwöre Sie: wenn Sie ein Herz in der Brust haben, erwähnen Sie ihr gegenüber kein Wort, bis er mit Ihnen zurück ist. Ich erwarte also Ihr Eintreffen oder postwendend eine Antwort.

Sollten Sie nicht kommen können, werden wir zusehen, ihn in einen Zug nach Philadelphia zu setzen, wir befürchten bloß, daß er dann in Baltimore hängenbleibt und sich in weitere Schwierigkeiten bringt.

Ich wende mich an Sie, weil ich mich für diesen Mann verantwortlich fühle. Mr. Poe ist ein Mensch von erhabenem Geist, und ich kann es nicht ertragen, ihn als Spielball herzloser Kreaturen zu sehen, die wie Fische nie einen Tropfen zu sich nehmen, ihn anglotzen und sich das Maul über ihn zerreißen.

Ich überlasse es Ihrem gesunden Urteilsvermögen, die richtige Entscheidung zu treffen und halte es für unnötig, ihn wissen zu lassen, daß ich Ihnen diesen

Brief geschrieben habe; aber ich kann es einfach nicht länger mitansehen, wie er sich hier ins Unglück stürzt, ohne Ihnen diese Warnung zu schicken.

Hochachtungsvoll,

J. E. Dow«[26]

Dows Brief wurde zweifellos von den ehrbarsten Gefühlen diktiert; seine Befürchtung, Poe könne in Baltimore ›hängenbleiben‹, wirkt geradezu prophetisch. Für Poe hatte diese, wenn auch verständliche Indiskretion jedoch weitaus katastrophalere Folgen als sein selbstverschuldetes Scheitern in Washington. Gewiß, unter dem Einfluß von Alkohol führte er sich manchmal auf wie ein Verrückter, stieß Leute vor den Kopf und benahm sich recht ungehörig. Der arme Mr. Dow fühlte sich, von ›Geschäften und familiären Rücksichten‹ eingenommen, von der Aufgabe überfordert, auf ihn aufzupassen, Streitigkeiten mit irgendwelchen Herren zu schlichten, die sein ausgelassener Freund am Schnurrbart zupfte, und sich bei den Damen zu entschuldigen. Als er ihn einmal ›vorsorglich‹, weil er ihn nicht mehr für gesellschaftsfähig hielt, zu sich nach Hause einlud, hinterließ Poe bei seiner Frau ebenfalls den denkbar ungünstigsten Eindruck. Andererseits waren Dows Befürchtungen übertrieben; während seines Aufenthaltes in Washington fiel Poe vielleicht zweimal, allerdings jeweils gehörig, aus der Rolle. Thomas nahm solche Ausrutscher mehr auf die leichte Schulter, wie ein Brief zeigt, den er zwei Wochen später an Poe schrieb: »Dows ›Epistel‹ dürfte bei Ihren Bekannten reichlich Verwirrung gestiftet haben. Wie ich von ihm höre, deutete er darin an, er hätte sich vorher mit mir abgesprochen. Nun ist unser gemeinsamer Freund Dow, wie Sie wissen, mit einer blühenden Einbildungskraft gesegnet, und er besorgte sich, daß Sie – wie es bei uns im Westen heißt – ›allzusehr ins Strudeln geraten‹ würden. Ich habe ihn wegen seiner Befürchtungen herzlich ausgelacht und freue mich, zu erfahren, daß es Ihnen gut geht.«[27]

Thomas war in der Tat jener ›rara avis‹, ein ›wahrer Freund‹, als den ihn Poe einmal in einem Brief bezeichnete. Er gebrauchte eine kleine Notlüge, um Poe etwas aufzumuntern, der, wie er nur zu gut wußte, unter den fürchterlichsten Gewissensqualen litt.

Die Wahrheit liegt wohl etwa in der Mitte. Poes ›sprees‹ und ›frolics‹, denen er sich in Washington zu ausgiebig widmete, hatten Aufsehen erregt und scheinen auch Robert Tyler zu Ohren gekommen zu sein. Der ›bedeutendste, züchtigste und gelehrteste Schriftsteller der Gegenwart‹, der seinen Mantel verkehrt herum trug und ehrbare Bürger anpöbelte, bildete für einige Zeit das Tagesgespräch der literarischen Zirkel. Seine Freunde hielten es für angebracht, daß er unter diesen Umständen vorläufig auf seinen öffentlichen Vortrag und seinen Besuch im Weißen Haus verzichtete – zumindest so lange, bis das Gerede verstummt war. Thomas vor allem dürfte beunruhigt darüber gewesen sein, wie auffällig sein Freund in Gesellschaft über die Stränge schlug.

Dow kamen indessen Bedenken, ob sein Schreiben an Clarke Poe letztendlich nicht doch mehr schaden als nützen würde. Er zog Thomas ins Vertrauen, der die Folgen vorausahnte. Poe wurde vorsichtig über die Sachlage unterrichtet und war wohl ebenso entsetzt über die Eröffnung wie Clarke, als er den verhängnisvollen Brief las. Sie beschlossen, daß es das Vernünftigste sei, wenn Poe gleich nach Philadelphia zurückkehrte; das schien nach Lage der Dinge sowieso die beste Lösung. So geschah es auch.

Obwohl Poe in Washington eher Anstoß erregt, als Reklame für sich und sein Zeitschriftenprojekt gemacht hatte, setzte sich Thomas nach wie vor für seinen labilen Freund ein. In seinem Antwortschreiben berichtet er, John Tyler, der andere Sohn des Präsidenten, habe ihn kürzlich auf eine ›Sauforgie‹ Poes angesprochen, von der ihm von einem ›Augenzeugen‹ erzählt worden sei; »... aber ich lachte nur über diesen Zwischenfall, als er ihn mir gegenüber erwähnte, und er selbst schien der Sache ebenfalls keine Bedeutung beizumessen«. Trotzdem, die Situation war peinlich genug. Die Gerüchte und Klatschgeschichten über Poes ›sprees‹ und ›frolics‹ liefen noch wochenlang rundum und waren also sogar bis zum Weißen Haus vorgedrungen. Es dürfte Thomas nicht sehr angenehm gewesen sein, sich zu dem Thema äußern zu müssen.

Daß es nicht immer nur Poes eigenes Verschulden war, sondern daß sich manchmal das Schicksal regelrecht gegen ihn verschworen zu haben schien, beweist eine weitere Passage aus Thomas' Brief: »... gestern stellte mir der Präsident viele Fragen über Sie und sprach sehr freundlich von Ihnen. John Tyler, der sich mit im Raum befand, bat seinen Vater, er möge Ihnen doch endlich ein Amt in Philadelphia zuteilen; aber bevor jener etwas darauf erwidern konnte, trat ein Diener ein und rief ihn aus dem Zimmer.«[28]

Wieder eine verpatzte Gelegenheit. Immerhin gelang es Thomas, von Rob Tyler die schriftliche Empfehlung zu erwirken, um die ihn Poe gebeten hatte, die letzterer jedoch nicht geschickt genug einsetzte oder die ohne Wirkung bleib. Damit war endgültig der Schlußstrich unter Poes Ambitionen, ein ›kreuzbraver‹ Beamter zu werden, gezogen. Mr. Clarke tat zwar, ›als sei nichts vorgefallen‹, aber natürlich schockierte ihn der unrühmliche Ausgang der Geschäftsreise seines Vertragspartners. Skrupel hatte er wegen Poes höchst zweifelhaftem Ruf in Philadelphia schon vorher gehabt. Sicher glaubte er kein Wort von der beschönigenden Version, die ihm Poe nach seiner Rückkehr aus Washington auftischte. Dows Brief sprach Bände. Er begann nach einer Ausflucht zu suchen, um aus dem Vertrag wieder auszusteigen: praktisch war für ihn das ›Stylus-Projekt‹ bereits mit Poes gescheiterter Mission gestorben. Clarke war »Geschäftsmann. Ein methodischer Mensch ...«, und »wahre Methode bezieht allein das Gewöhnliche und deutlich Einleuchtende ein und kann auf das *outré* nicht angewendet werden«[29].

Poe bemühte sich weiterhin, nicht ahnend, daß er abermals einer Chimäre nachjagte, um Abonnenten und Artikel namhafter Autoren für sein Wunschmagazin. Von einem Mr. Peter D. Bernard, dem Schwiegersohn des im Januar verstorbenen Thomas W. White, versuchte er – erfolglos – die Subskriptionsliste des ›Southern Literary Messenger‹ zu kaufen. Er wandte sich zu diesem Zweck sogar an den Pflegevater seiner (Halb-)Schwester Rosalie, William Mackenzie, der für ihn herausfinden sollte, ob und zu welchen Bedingungen die Liste, an welcher ein ›hiesiger Finanzier‹ Interesse habe, zu erwerben sei. Der SLM erschien jedoch noch bis in die Jahre des Bürgerkriegs unter einem neuen Eigentümer und Herausgeber.

Am 27. März schrieb Lowell an Poe, der ›Pioneer‹ habe wegen einer Verschuldung in Höhe von ›$ 1800 oder mehr‹ Konkurs anmelden müssen; er sehe sich daher außerstande, ihm das Honorar für seine Artikel zu überweisen. Poe, selbstsicher in der Gewißheit, daß seine eigene Zeitschrift am 1. Juli herauskommen würde, antwortete, Lowell bräuchte sich gar keine Gedanken ›um die paar Dollar‹ zu machen: »Ich bin zwar arm, aber ich müßte noch viel ärmer sein, um solche Forderung auch nur zu erwägen.«[30] Ob Lowell vielleicht Nathaniel Hawthorne, mit dem er ja persönlich bekannt sei, dazu bewegen könne, einen Beitrag für den ›Stylus‹ zu verfassen?

Er hatte, wie es so schön heißt, ›die Rechnung ohne den Wirt gemacht‹. Denn der ›imbezile Idiot‹ Clarke (so bezeichnete ihn Poe in einem Brief an Lowell vom 20. Juni) bestand plötzlich im Mai auf einer Annullierung ihres Vertrages. Warum er seinen Entschluß so lange hinauszögerte, kann nur vermutet werden. Zum einen kam Poe seinen Pflichten als ›stellvertretender Chefredakteur‹ des ›Philadelphia Saturday Museum‹ nicht gerade mit *dem* Einsatz nach, den Clarke anscheinend von ihm erwartete, sondern ließ sich nur hin und wieder dazu herab, einen kurzen Artikel oder eine Rezension für das Wochenblättchen zu schreiben. »Ich bin *nicht* der Herausgeber dieser Zeitung«, stellte er in einem Brief an Lowell ausdrücklich fest, »obwohl dies verfrüht angekündigt wurde; ich liefere nur manchmal Beiträge, wie es mir eben paßt.«[31] Eine so lustlose Auffassung konnte Clarke schwerlich zufriedenstellen, der sich wohl einen ähnlichen Aufschwung seiner bescheidenen Publikation erhofft hatte, wie den von ›Burton's‹ oder ›Graham's Magazine‹ unter Poes Leitung. Diese Unzuverlässigkeit, wahrscheinlich im Verein mit neuerlichen ›sprees‹ seines Partners, gaben letztendlich den Ausschlag.

Man kann sich Poes Reaktion auf diese schreckliche, gänzlich unerwartete Eröffnung vorstellen – er war so nahe am Ziel! Ein Abgrund schien sich vor ihm aufzutun.

Am 11. Juni soll Griswold in der Redaktion von ›Graham's Magazine‹ folgenden Brief erhalten haben:

»Lieber Griswold, könnten Sie mir nicht $ 5 schicken? Ich bin krank, und Virginia liegt im Sterben. Suchen Sie mich auf. Peterson sagt, Sie verdächtigen mich eines merkwürdigen anonymen Briefes. Ich habe ihn nicht geschrieben, aber bringen Sie ihn mit, wenn Sie bei uns vorbeikommen, wie Sie Mrs. Clemm versprachen. Ich werde versuchen, die Sache rasch aufzuklären ...

E. A. P.«[32]

Es existiert kein Original dieser Nachricht, die Griswold in seinem ›Nachruf‹ zitiert; sicherlich handelt es sich um eine seiner vielen Fälschungen. Was den ›anonymen Brief‹ betrifft, so stellte sich, wie bereits erwähnt, wenig später heraus, daß er von dem ›ehrbaren Reverend‹ selbst stammte.

Poes Situation war jedoch in der Tat so verzweifelt, daß er vielleicht sogar Griswold um Geld angegangen wäre.

In diese Periode der Depression fiel wie ein gütiger Wink des Himmels ein neuer literarischer Erfolg, der ihn mit einem Schlage wieder populär machte und seine Finanzverhältnisse ein wenig aufbesserte. Die Erzählung ›Der Goldkäfer‹ sollte eigentlich in der Juninummer des ›Stylus‹ erscheinen und war auf eine ähnliche Publikumswirksamkeit hin berechnet wie ›Die Morde in der Rue Morgue‹, die erste seiner ›tales of ratiocination‹. Das fehlgeschlagene Experiment, sich im ›Geheimnis der Marie Rogêt‹ an einem wirklichen Kriminalfall zu orientieren, hatte Poe davon überzeugt, daß es besser sei, wieder einen ›von ihm selbst geknüpften Knoten zu lösen‹: »Der Leser wird dazu gebracht, den genialen Spürsinn des Helden mit dem des Autors ... zu verwechseln.«[33]

Die Handlung der Geschichte (die Dechiffrierung einer Geheimschrift und die Auffindung eines Piratenschatzes) ist zu bekannt, als daß man hier näher auf sie eingehen müßte. Ihr Held Legrand ist, der Name sagt es schon, wie Dupin französischer Abstammung. Das Land Descartes' und Voltaires, aber auch des ersten literarischen Meisterdetektivs, Francois Vidocq, schien für Poe die Wiege des analytischen Scharfsinns zu sein. Dieser Mr. William Legrand wird von dem Erzähler – wiederum sein verschlüsseltes Alter ego – als »wohlgebildet und von ungewöhnlichen Geisteskräften, doch angekränkelt von Misanthropie und ganz verdrehten Grillen unterworfen, welche jählich zwischen Begeisterung und Trübsinn wechselten«[34], beschrieben; wobei diese ›ganz verdrehten Grillen‹ sich zuletzt als ›höchste Vernünftigkeit‹ erweisen. Es besteht also kein allzu großer Unterschied zwischen Legrand und Poes üblichen Protagonisten, den zwischen Genie und Wahnsinn schwankenden ›Helden der Sensibilität‹, bis auf die Nuance, daß Legrand etwas ›realer‹, volkstümlicher, verständlicher geworden ist. Er steht in keinem inzestuösen Verhältnis, hat keinen jahrhundertealten Adelsstammbaum, begräbt keine Frauen lebendig oder mordet ohne Grund. Er lebt in einem, wenngleich abgelegenen, so doch vertrauteren Ambiente, nicht im luftleeren Raum, ›out of space – out of time‹, wie Usher oder im weitentfernten, einem Durchschnittsamerikaner immer noch exotisch vorkommenden Paris der Mysterienromane eines Eugène Sue wie Dupin. Aber ist er wirklich so ›verständlich‹? Daniel Hoffman hat auf einen sehr interessanten Aspekt hingewiesen, der in der Interpretation der Erzählung gewöhnlich übersehen wird.

Poe, selbst bekanntlich ein Meister im Geheimschriftenentziffern, erklärt dem Leser Schritt für Schritt Legrands Methodik, den schwierigen Code des *amoralischen* Bösewichts und Piraten Kapitän Kidd zu entschlüsseln, wodurch unmerklich eine *Wesensverwandtschaft* zwischen dem Erfinder und dem Enträtseler der geheimen Schrift entsteht. Beiden gemeinsam ist letztlich die Gier nach Gold, ersterem, es geschickt zu verbergen, es unauffindbar zu machen, um es irgendwann einmal wieder auszugraben, letzterem, es durch logische Schlußfolgerungen zu entdecken. Das Verstecken und Aufspüren entspricht etwa dem raffinierten Mord und dem ebenso raffinierten Indizienbeweis. Um dieses Spannungsverhältnis geht es. Der Erzähler und Legrands schwarzer Diener Jupiter sind nur Chargen, Zuschauer bei einem *geistigen Ringen – über die Schranken des Todes hinaus.* Die Lösung des Kryptogramms ist eine weitere verschlüsselte Botschaft, aus der niemand außer Legrand klug werden würde; aber der ist ebenso besessen wie Kidd, und so wird der Schatz zuletzt, am Ende eines Labyrinths aus Deduktionen, aufgespürt und gehoben. Es ist kein Zufall, daß die Schatzsucher dabei auf *zwei* Skelette stoßen. Kidd bediente sich zweier Helfershelfer, um die mit Gold und Juwelen gefüllte Truhe zu vergraben – desgleichen Legrand, sie wieder hervorzuholen. Eine Lesart, die die Erzählung nicht mehr ganz so harmlos erscheinen läßt, wie man auf den ersten Blick vermutet. Was mag in Legrands Kopf vorgegangen sein, als seine beiden Gefährten den Schatz freischaufelten? Vielleicht der Gedanke, sie ebenso zu erschlagen wie sein Wesensverwandter Kidd die beiden Seeleute? Poes Helden neigen oft dazu, dem ›imp of the perverse‹ nachzugeben.

Die ›anderthalb Millionen Dollar‹, die ›bei niedrigster Schätzung‹ den Wert des Fundes ausmachen, wirken zum Schluß fast nebensächlich gegenüber dem Triumph über die Lösung des Rätsels. Natürlich hört Legrand nicht auf das, was der ›imp of the perverse‹ ihm zuflüstert; die Identifikation mit dem Piratenkapitän geht doch nicht so weit, daß er aus Habgier oder aus einem anderen Motiv heraus morden würde, obwohl, zöge man das ›moralische Prinzip‹ von seinem analytischen Verstand ab, der Erzähler und Jupiter nur Werkzeuge für ihn gewesen und nun überflüssig geworden sind. Aber nein, diesmal hat die Geschichte ausnahmsweise ein gutes Ende. Poe bot sie nach seinem Bruch mit Clarke zunächst ›Graham's Magazine‹ zum Kauf an. Graham war von ›The Gold-Bug‹ begeistert – endlich einmal keines von Poes üblichen, düster-grausigen Themen, sondern ein Stoff, der breitere Leserschichten ansprach – und zahlte $ 52 dafür, ein ungewöhnlich hohes Honorar, gemessen an den Beträgen, die er seinem ehemaligen Chefredakteur sonst für Artikel geboten hatte. Kurze Zeit später setzte jedoch die Tageszeitung ›Dollar Newspaper‹ (deren Redaktion sich im gleichen Gebäude wie ›Graham's‹ befand) bei einem Preisausschreiben $ 100 für die beste Kurzgeschichte aus, und Graham ließ sich von Poe dazu überreden, ihm das Manuskript zurückzugeben – wahrscheinlich gegen das Versprechen, dafür ein oder zwei andere Beiträge zu erhalten, denn die zweiundfünfzig Dollar waren inzwischen aufgebraucht. Daß er auf den ›Kuhhandel‹ einging, zeigt, daß er nach wie vor Sympathie für Poe empfand und seinem Glück nicht im Wege stehen wollte. ›Der Goldkäfer‹ gewann den Preis, und sein Erscheinen am 21. Juni wurde von der Presse und vom Lesepublikum begeistert aufgenommen. Bald darauf druckte der ›Philadelphia Saturday Courier‹ die Erzählung in drei Fortsetzungen nach – mit zwei kruden Illustrationen von F. O. C. Darley. Der Erfolg war so groß, daß sogar eine Bühnenfassung entstand, ›Der Goldkäfer; oder der Piratenschatz‹ von Silas S. Steele, ein Vierpersonenstück mit einer weiblichen Nebenrolle, ›Old Martha‹ (eine ›Frau aus dem nahegelegenen Dorfe‹, die Legrand einige wichtige Hinweise bei seiner Schatzsuche gibt). Die Premiere fand am 8. August 1843 im ›Walnut Street Theatre‹ statt, zweifellos mit Mr. Poe als Ehrengast. Den ›Erzähler‹ (Steele gab ihm den Namen ›Friendling‹) spielte J. S. Charles, damals der umschwärmte ›romantische Liebhaber‹ Philadelphias. Poe galt seitdem als der ›Autor des Goldkäfers‹, jedenfalls so lange, bis er durch sein Gedicht ›Der Rabe‹ erneut in den Brennpunkt des literarischen Interesses rückte.

Seine nächste Kurzgeschichte, ›Der schwarze Kater‹, die nicht halb so populär wurde, erschien am 19. August in der ›Philadelphia Saturday Evening Post‹, wo er bereits die Burleske ›Drei Sonntage in einer Woche‹ und die Rezension von Dickens' ›Barnaby Rudge‹ veröffentlicht hatte. In ihr beschreibt Poe zum erstenmal explizit jene seelische Triebfeder, die er den ›Geist des Bösen‹ nennt. Seine Ursache scheint der Alkohol zu sein, denn der Erzähler ist ein notorischer Trinker: »Doch mein Leiden – und welches Leiden ist dem Alkohol gleich? –, es wuchs und ward übergewaltig.«

Man kann sich des Eindrucks nicht erwehren, als habe sich Poe in ›The Black Cat‹ seinen persönlichen ›imp of the perverse‹ vom Leib geschrieben:

»Und dann kam, wie um mich endgültig und unwiderruflich zu vernichten, der Geist der PERVERSHEIT über mich. Diesen Geist hat die Philosophie noch gar nicht zur Kenntnis genommen. Doch so gewiß ich bin, daß meine Seele lebt, – nicht weniger bin ich's, daß die Perversheit einer der Urantriebe des menschlichen Herzens ist – eine der unteilbaren Grundfähigkeiten oder -empfindungen, welche dem Charakter des Menschen Richtung geben. Wer hat sich nicht schon hundertmal dabei ertappt, daß er eine niederträchtige oder törichte Tat aus keinem andern Grunde beging denn aus dem Bewußtsein, daß sie ihm verboten sei? Verspüren wir denn nicht – wider all unser bestes Wissen – die fortwährende Neigung, das zu verletzen, was *Gesetz* ist, bloß weil wir es als solches begreifen? Dieser Geist der Perversheit kam, sag' ich, über mich, um mich endgültig zu vernichten.«[35]

Auf diesem Weg wird der Held schrittweise immer tiefer in die Verdammnis gestürzt – er sticht seinem Kater in einem Anfall ›teuflischer, von Gin genährter Bosheit‹ ein Auge aus und erhängt das Tier,

»nur *weil* ich wußte, daß es mich geliebt hatte, und *weil* ich fühlte, es hatte mir keinerlei Grund zum Ärgernis gegeben – erhängte es, *weil* ich wußte, daß ich damit eine Sünde beging – eine Todsünde, die meine unsterbliche Seele so gefährden mußte, daß – wenn das möglich wäre – selbst die unendliche Gnade des Allbarmherzigen und Schrecklichen Gottes sie vielleicht nie mehr zu retten vermochte«[36].

Schließlich tötet er seine Frau im Affekt mit einem Axthieb, um danach nicht etwa in Reue zu zerfließen, sondern kühl erwägend daran zu gehen, die Tat zu verbergen; diese ›Stufen‹ erinnern an William Hogarths moralischen Bilderzyklus ›Stages of Cruelty‹, den Poe wahrscheinlich kannte und auf dessen erstem Blatt unter anderen ›läßlichen‹ Grausamkeiten dargestellt ist, wie einer Katze von einem Rohling ein Auge ausgestochen wird. Der Grund für den Mord an seiner Frau ist bezeichnend: nachdem er ›Pluto‹ erhängt hat, ist ihm ein anderer Kater zugelaufen, den er bei sich aufnimmt, obwohl er eine merkwürdige Scheu vor dem Tier empfindet. Eines Tages begleitet ihn seine Frau

»auf irgendeinem Haushaltsgange in den Keller des alten Gebäudes, das unsre Armut uns nun zu bewohnen zwang. Der Kater folgte mir die steilen Stufen hinab, und als ich seinetwegen einmal fast der Länge nach hingeschlagen ware, packte mich eine wahnsinnige Wut. Mit einemmal hatte ich in meinem Grimm die kindische Furcht vergessen, welche meiner Hand bis hierher Einhalt getan; ich packte eine Axt, holte aus und führte einen Streich nach dem Tiere, der ihm gewiß im Augenblick verhängnisvoll geworden wäre, hätte er so getroffen, wie ich's wünschte. Doch dieser Schlag ward von der Hand meines Weibes aufgehalten! Ob dieser Einmischung wandelte sich meine Wut in mehr denn dämonisches Rasen: – ich entzog meinen Arm ihrem Griffe und grub ihr die Axt ins Hirn. Ohne auch nur einen Seufzer fiel sie auf dem Flecke tot nieder.«[37]

Die Auflösung ähnelt von der erzählerischen Dramaturgie her der des ›verräterischen Herzens‹: der Mörder liefert sich zuletzt selbst dem Henker aus, indem er die Gendarme im ›Rausch des Triumphes‹ an den Schauplatz seines Verbrechens führt und übermütig gegen die Mauer klopft, hinter der die Leiche verborgen liegt – nur ist es diesmal nicht sein Gewissen oder sein überscharfes Gehör, das ihn entlarvt, sondern das Schreien des Katers, den er versehentlich zusammen mit seiner toten Frau eingemauert hat.

Pluton ist in der griechischen Mythologie der Herrscher der Unterwelt, der Todesgott. ›Der Rabe‹, ebenso ein Schicksalwesen, kommt, schwarz wie die Nacht, aus ›Plutos nächt'ger Sphär‹. Was immer der ›schwarze Kater‹ (unbewußt-bewußt) für den Ich-Erzähler symbolisiert – das Schicksal, die Zeit, das Unglück, den Tod oder, wie Daniel Hoffman annimmt, den verdrängten Haß auf seine Frau –, er ist ein »fleischgewordner Alb, den abzuschütteln ich die Kraft nicht hatte – nun auch im Wach-Sein ewig auf dem *Herzen!*«[38]

Die hundert Dollar, die Poe dem ›Gold-Bug‹ bei dem Preisausschreiben gewonnen hatte, reichten gerade aus, die aufdringlichsten Gläubiger abzufinden, doch sein Ansehen in der Gesellschaft Philadelphias war durch den Erfolgstreffer nicht sonderlich gestiegen. Im Gegenteil, mit seinen stadtbekannten ›sprees‹ sorgte er dafür, daß sich die neugewonnene Popularität schnell wieder verflüchtigte und sich in ›Gerede‹ verwandelte. Gerede gab es zum Beispiel über seine Beziehungen zu einer verheirateten Dame aus Saratoga Springs, bei der er, so scheint es, in diesem Jahr ein oder zwei Wochen zur Sommerfrische verbracht hatte.[39] Ebenfalls herumgesprochen hatte sich sein peinlicher Auftritt in Washington.

Poe mußte einsehen, daß sein Ansehen in der hochmoralischen Quäkerstadt Schaden gelitten hatte. Die Artikel, die er für ›Graham's Magazine‹ und andere Zeitschriften schrieb, reichten nicht aus, sich und seine Familie über Wasser zu halten. Eine Serie seiner ›Prosaromanzen‹, die in Broschürenform erscheinen sollte, scheiterte wegen zu geringen Absatzes schon nach dem ersten Heft.

Am 14. Oktober erschien im ›Saturday Courier‹ seine Groteske oder vielmehr sein Essay über das ›Diddeln oder Das Schwindeln als eine der exakten Wissenschaften betrachtet‹, aus dem schon mehrfach zitiert wurde. Für einen Hungerleider, wie es Poe damals tatsächlich war, gab es noch immer einige Tricks, gediegene Quäker-Kaufleute auf findige Weise übers Ohr zu hauen. »Recht betrachtet, ist das Schwindeln ein Compositum, dessen Ingredientien heißen: Präzision, Zweckdenken, Ausdauer, Findigkeit, Verwegenheit, *nonchalance,* Originalität, Unverfrorenheit und *Grinsen.*«[40]

Es besteht kein Zweifel daran, daß Poe über all diese Eigenschaften verfügte; ob er seine amüsanten Theorien jemals in die Praxis umsetzte, sei dahingestellt.

Die letzte Geschichte, die er in diesem Jahr veröffentlichte, war von Stil und Sujet wieder völlig verschieden von seinen drei letzten Erzählungen; nach der Abenteuerromanze, der ›tale of terror‹ und der Groteske folgte nun eine Landschaftsskizze in Prosa, eine Impression, die Poe auf einem seiner Spaziergänge empfangen hatte: ›Morgen am Wissahiccon – Der Elch‹. Sie erschien im Dezember in ›The Opal‹, einem Jahrbuch für 1844.

Um sich etwas hinzuzuverdienen, hielt Poe gelegentlich Vorträge, die er, zusammen mit einer kurzen Laudatio über den ›allseits bekannten Edgar Allan Poe, Esq. – Autor des Goldkäfers‹ in den Zeitungen ankündigen ließ; dort hieß es dann etwa:

»EIN VORTRAG ÜBER AMERIKANISCHE DICHTKUNST von Edgar A. Poe findet an diesem (Mittwoch) Abend, den 31. Januar, um 19 Uhr 30 in der Odd Fellows Hall, Gay Street statt. Eintritt 25 Cents; Dreiergruppen (ein Gentleman und zwei Damen) 50 Cents – Karten sind erhältlich in Mr. Hickmans Buchgeschäft, bei Mr. Isaac P. Cook und an der Abendkasse.«

Bei diesen ›lectures‹ trat er wie üblich ganz in Schwarz auf, nahm den Applaus des meist kleinen Publikums entgegen, erläuterte seine Theorie des ›poetischen Prinzips‹, wetterte gegen Griswolds Inkompetenz und trug mit musikalischer Stimme ausgewählte Verse zeitgenössischer amerikanischer Dichter vor, etwa von Emerson und Lowell und natürlich von sich selbst: ›The Sleeper‹, ›The Haunted Palace‹, ›The Conqueror Worm‹, ›A Paean‹, ›Lenore‹ und ›The Coliseum‹.[41] Anfang des Jahres reiste er für etwa eine Woche nach Baltimore, um dort zwei Vorträge zu halten, den ersten am 24., den zweiten am 31. Januar.

Die Erträge aus solchen öffentlichen Vorträgen, obwohl sie, wie es heißt, gut besucht wurden und großen Anklang fanden, waren jedoch sehr gering. Die ›Baltimore Sun‹ kommentierte über eine Lesung in Reading, Pa., die am 13. März stattfand: »Edgar A. Poe ... ein angesehener Schriftsteller hielt letzten Mittwoch seinen vielgerühmten Vortrag über ›Dichter und Dichtkunst Amerikas‹ ... Er wurde von einem zahlreichen Publikum empfangen, das seine Zustimmung wiederholt durch rauschenden Applaus zum Ausdruck brachte.«[42]

Um diese Zeit entstanden zwei neue Erzählungen Poes, die Burleske ›Die Brille‹ (in ›The Dollar Newspaper‹, 27. März 1844), in der Mr. Talbot, ein junger, äußerst kurzsichtiger Mann sich in seine eigene Ur-urgroßmutter verliebt, und ›Eine Geschichte aus den Rauhen Bergen‹ (in ›Godey's Lady's Book‹, April 1844), aus der bereits zitiert wurde, in der es um eine merkwürdige Reinkarnation geht: im Drogenrausch, der für seine Seele die Schranken von Raum und Zeit aufhebt, erblickt der Held Bedloe sich selbst in einer orientalischen Stadt, in der gerade ein Aufstand tobt; er wird von einem vergifteten Pfeil getroffen und stirbt daran. Wie sich später herausstellt, haben die Ereignisse dieser Vision tatsächlich stattgefunden. Das Porträt eines Offiziers, eines gewissen ›Oldeb‹ (der Name Bedloe umgedreht), der im Jahre 1780 in der indischen Stadt Benares bei einem Aufruhr gegen die britische Besatzungsmacht ums Leben kam, gleicht dem Helden aufs Haar. Wie jener durch einen vergifteten Pfeil getötet wurde, stirbt Bedloe an einem *giftigen Wurm,* den ihm sein Arzt versehentlich anstelle eines Blutegels gegen einen Fieberanfall ansetzt. In der Todesanzeige ist sein Name falsch gedruckt: ›Bedlo‹. Die Entsprechung ist vollkommen. – Die Idee wirkt in dieser Zusammenfassung nicht sehr überzeugend, aber Poe verstand es, auch unwahrscheinlichen Ereignissen einen Hauch von Authentizität zu verleihen.

Sein Zeitschriftenprojekt, den ›Stylus‹, hatte er trotz aller Fehlschläge noch immer nicht aufgegeben. Seine früheren Vorstellungen über Inhalt und Ausstattung hatte er beibehalten, nur die Taktik zur Verwirklichung eines solchen Magazins hatte sich geändert: »Es sollte nichts zu tun haben mit Agenten oder Agenturen... Solch ein Journal könnte vielleicht von einer Vereinigung auf die Beine gestellt werden und wäre, wenn es einmal richtig ›steht‹, praktisch unwiderstehlich. Nehmen wir zum Beispiel doch einmal an, daß die Elite unserer Literaten sich insgeheim zusammenschlösse. Viele von ihnen kontrollieren Zeitungen usw. Lassen Sie jeden, sagen wir, $ 200 zeichnen, für den Beginn des Unternehmens; andere Mittel, wie sie von Zeit zu Zeit erforderlich sind, beschafft man, bis die Sache läuft. Die Artikel werden allein von den Mitgliedern geliefert, und zwar nach gemeinsam abgesprochener Planung. Ein nomineller Herausgeber wäre aus ihrer Schar zu wählen. Wie könnte solch ein Journal fehlschlagen? Ich würde sehr gern Ihre Meinung zu dieser Sache hören. Müßte das nicht ›ins Rollen‹ zu bringen sein? Wenn wir uns nicht mit solch einer Vereinigung zur Wehr setzen, dann fressen uns noch, und ohne Erbarmen, die Godeys, die Snowdens et hoc genus omne.«[43]

Die Idee einer Art ›Künstlergewerkschaft‹ via Monatszeitschrift, die noch dazu für ihre Eigentümer ›eine Quelle ungeheuren Reichtums sein würde‹, war zwar originell, aber wenig realistisch. Poe dachte seiner Zeit voraus. Hätte er allerdings geahnt, zu welchen banalen Ergebnissen dergleichen Autorenzusammenschlüsse führen können, würde er den Plan schnellstens wieder verworfen haben. Im übrigen verstand er unter ›unserer Literatur‹ weniger die amerikanische Literatur im ganzen, als vielmehr diejenigen Dichter und Schriftsteller, die vor seinem kritischen Urteil bestehen konnten – und das waren nicht eben viele. Und mit dem ›nominellen Herausgeber, der aus ihrer Schar zu wählen wäre‹, meinte er natürlich niemand anderen als sich selbst. Ein ›Fürstentum des Geistes‹, ›the monarch Thought's dominion‹, mit ihm als Regenten – so etwas schwebte ihm vor –, ein Geschmacksmonopol, dessen der unwissende Pöbel dringend bedurfte.

In Philadelphia hielt ihn nun nichts mehr. Die Periode zwischen 1838 und 1844 war die produktivste seines Lebens gewesen. Aber nach den letzten Mißerfolgen ging es nicht mehr vorwärts, alles stagnierte in Armut und Bedürftigkeit. Er sah auch keine Chancen, keine Aussichten, etwas an diesem Zustand zu ändern. Er hatte keine Lust, ewig mit Zeitungsartikeln hausieren zu gehen, um sich eben so am Existenzminimum zu halten; sein Ansehen war durch seine Alkoholexzesse sehr gesunken, und bei irgendeiner kleinen, unbedeutenden Zeitschrift als Redakteur zu arbeiten, interessierte ihn nicht. Er mußte etwas Neues anfangen, in einer anderen Stadt wieder von vorn beginnen. Schlechter als in Philadelphia konnte es ihm und seiner Familie nirgendwo gehen. Also faßte er den Entschluß, noch einmal in New York sein Glück zu versuchen. Vielleicht hatte er beim dritten Anlauf Erfolg. Die nötigen Vorkehrungen wurden getroffen, die übriggebliebenen Möbel ihres Hauses versetzt oder Mr. Alburger als Pfand hinterlassen. Ein Ortswechsel schien gerade jetzt günstig zu sein, denn Virginias Zustand war nicht mehr so bedenklich wie in den letzten Monaten, so daß man ihr die Reise zumuten konnte. Als Poe seine Barschaft überschlug, stellte er fest, daß ihm insgesamt nur etwa $ 15 verblieben – zu wenig für Reise-, Übernachtungs- und Essenskosten für drei Personen. Man kam überein, daß Mrs. Clemm zunächst zurückbleiben sollte, bis ›Eddie‹ genug Geld verdient hatte, sie nachkommen zu lassen. In der Zwischenzeit sollte sie versuchen, auch noch Poes kleine Bibliothek zu verkaufen.

Am frühen Morgen des 6. April – nach einem tränenreichen Abschied, bei dem Mrs. Clemm zweifellos noch einen warmen Wollschal um Virginia gelegt hatte, damit sich das arme Kind nur ja nicht erkälte – warteten Poe und seine junge Frau auf der ›Philadelphia Train Station‹ auf ihren Zug, eine jener malerischen Eisenbahnen mit diamantförmigem Schornstein, einer weithin vernehmbaren Messingglocke, kleinen Waggons mit roten Plüschgardinen und Zugfensterrahmen, die an ein Puppentheater auf dem Jahrmarkt erinnerten. Die ›Perth-Amboy-Route‹ (einen Dollar billiger als die ›Trenton-Linie‹) endete nicht in New York; den Rest der Strecke mußte man per Dampfschiff zurücklegen.

»Sissy hat überhaupt nicht gehustet«, schrieb Poe nach ihrer Ankunft stolz an Mrs. Clemm. Man kann sich das Pärchen auf seiner Reise ins Ungewisse lebhaft vorstellen: »Ihr leisestes Hüsteln ließ ihn zusammenschrecken, seinen Herzschlag sichtlich stocken ... die Erinnerung an seine wachsamen Augen, die mit Hingabe den leichtesten Farbwechsel in dem geliebten Gesicht beobachteten, verfolgt mich wie ein trauriges Lied.«[44]

18. Kapitel

Der Rabe

»An Maria Clemm,

Meine liebe Muddy,
just in diesem Augenblick sind wir mit dem Frühstück fertig, und so setze ich mich nun hin, Dir über alles zu berichten. Bezahlen kann ich den Brief aber nicht, weil das Postamt heute nicht offen hat. – Zuerst einmal: wir sind sicher am Walnut-Street-Pier angekommen. Der Fahrer wollte mir einen Dollar abknöpfen, aber es gelang ihm nicht. Dann mußte ich einem Jungen eine Gebühr bezahlen, daß er die Koffer im Gepäckwagen unterbrachte. In der Zwischenzeit brachte ich Sis ins Dépôt-Hotel. Es war erst ein Viertel nach 6, und wir mußten bis 7 warten. Wir sahen uns ›Ledger‹ und ›Times‹ kurz an – doch in beiden nichts – ein paar Worte ohne Bedeutung im ›Chronicle‹. – Wir brachen in guter Laune auf, kamen aber doch erst kurz vor 3 Uhr an. Wir fuhren per Wagen nach Amboy, etwa 40 Meilen von N. York, und für den Rest der Reise nahmen wir dann den Dampfer. – Sissy hat überhaupt nicht gehustet. Als wir an den Pier kamen, regnete es schlimm. Ich ließ sie an Bord des Bootes, nachdem ich die Koffer in der Damenkabine untergebracht, und entfernte mich dann, um einen Regenschirm zu kaufen und mich nach einem Gasthause umzusehen. Ich traf auch einen Mann, der Regenschirme verkaufte, und erwarb einen für 65 Cents. Dann ging ich die Greenwich St. hinauf und fand hier bald einen Gasthof. Er liegt auf der Westseite, kurz bevor man zur Cedar St. kommt – auf der linken Seite. Er hat braune Steinstufen und eine Vorhalle mit braunen Säulen. ›Morrison‹ ist der Name an der Tür. Ich war in ein paar Minuten handelseinig, nahm mir sodann eine Droschke und fuhr zu Sis zurück. Das ganze hatte nicht länger als eine halbe Stunde gedauert, und sie war ganz erstaunt, mich so bald schon zurückzusehen. Sie hatte mit mindestens einer Stunde gerechnet. An Bord warteten noch 2 andere Damen – so war sie sich nicht sehr einsam vorgekommen. – Als wir im Gasthof ankamen, mußten wir noch etwa eine halbe Stunde warten, bis das Zimmer fertig war. Das Haus ist alt und sieht ziemlich wurmstichig aus, aber dafür ist die Wirtin eine nette, geschwätzige alte Seele – sie gab uns das Hinterzimmer auf dem dritten Flur und berechnete uns für Nacht, Tag und Be-

dienung insgesamt nur 7 $[1] – die billigste Pension, die mir je vorgekommen, wenn man die zentrale Lage und die Lebenskosten in Betracht zieht. Ich wünschte, Kate könnte es sehen[2] – sie würde in Ohnmacht fallen. Gestern bekamen wir zum Abendbrot den schönsten Tee, den man sich nur denken kann, stark und heiß – dazu Weizen- und Roggenbrot – Käse – feines Teegebäck – eine große Platte (2 Platten feinen Schinken und 2 mit kaltem Fleisch, ein Haufen wie ein Berg und große Scheiben – 3 Platten Gebäck, und alles im größten Überfluß. Den Hungertod brauchen wir hier nicht zu fürchten. Die Wirtin machte den Eindruck, als könne sie uns gar nicht genug nötigen, und wir fühlten uns richtig zuhause. Ihr Mann lebt bei ihr – ein fetter, gutmütiger alter Kumpel. Sonst sind noch 8 oder 10 Pensionäre da – davon 2 oder 3 Damen – 2 Dienstmädchen. – Zum Frühstück hatten wir herrlich duftenden Kaffee, hell und stark – dazu Rahm, der allerdings ebenso wenig reichlich wie reinlich war – Kalbskoteletts, feinen Schinken, Eier und schönes Brot und Butter. Niemals noch saß ich vor einem reichlichern oder bessern Frühstück. Ich wünschte, Du hättest die Eier sehen können – und die großen Fleischschüsseln. Ich aß das erste herzhafte Frühstück, seit ich unser kleines Heim verließ. Sis ist entzückt, und wir sind beide exzellenter Laune. Sie hat kaum einmal gehustet und hatte auch keinen Nachtschweiß. Jetzt ist sie emsig daran, meine Hosen aufzubessern, die ich mir an einem Nagel aufgerissen hatte. Gestern abend bin ich noch ausgegangen und habe eine Rolle Seide, eine Rolle Zwirn und 2 Knöpfe gekauft, dazu ein Paar Pantoffeln und einen Blechtiegel für den Ofen. Das Feuer blieb die ganze Nacht an. – Wir haben jetzt noch 4 und einen halben $ übrig. Morgen gehe ich los und versuche 3 $ zu borgen – so daß die nächsten vierzehn Tage erst einmal gesichert wären. Mein Befinden ist ausgezeichnet, und ich habe noch keinen Tropfen getrunken – so daß ich hoffe, aus der Sache herauszukommen. Sobald ich nur genug Geld zusammenkratzen kann, werde ich es schicken. Du kannst Dir nicht vorstellen, wie sehr wir beide Dich vermissen. Sissy hat bitterlich geweint letzte Nacht, weil Du und Catterina nicht da waren. Wir sind entschlossen, 2 Zimmer zu nehmen, sobald wir nur können. Bis dahin könnten wir es gar nicht bequemer und heimeliger haben als jetzt. Es sieht ganz danach aus, als sollte es nun heller werden. – Vergiß nicht, aufs Postamt zu gehen und mir meine Briefe nachschicken zu lassen. Sobald ich den Lowell-Artikel geschrieben habe, werde ich ihn Dir schicken, und Du kannst Dir das Geld von Graham geben lassen. Unsere schönsten Grüße an Catterina.
Vergiß nicht, Hirst den ›Messenger‹ wiederzubringen. Wir hoffen beide, daß wir Dich *sehr* bald nachkommen lassen können.«[3]

Mit welchem nachträglichen Genuß sich Poe über ein reichhaltiges Pensionsfrühstück äußert, gibt einen Eindruck von den Entbehrungen, unter denen er,

Virginia und Mrs. Clemm in den letzten Wochen und Monaten gelitten haben müssen. Dieser Brief ist auch insofern ein Unikum, als sich Poe nirgendwo sonst so detailliert über ganz alltägliche Dinge ausläßt. Eine ungewohnte Szene: der unnahbare ›Southern Gentleman‹ und Prinz des Geistes sitzt im Hemd an einem Tisch in einem billigen Hotelzimmer und berichtet seiner Tante und Schwiegermutter über die Erlebnisse ihrer Reise, während seine Frau seine Hosen stopft.

Das Jahr 1844 war arm an biographisch interessanten Ereignissen. Poe führte ein zurückgezogenes Leben und versuchte sich, so gut es eben ging, durch Zeitschriftenbeiträge über Wasser zu halten. Sein journalistischer Einstand in New York war ein genau auf Wirksamkeit berechneter und als Tatsachenbericht ausgegebener Artikel in der ›New York Sun‹, dem ersten Groschenblatt der Metropole, das am 13. April mit folgenden Schlagzeilen Aufmerksamkeit erregte:

»VERBLÜFFENDE NACHRICHTEN PER EXPRESS VIA NORFOLK!
ATLANTIK IN DREI TAGEN ÜBERQUERT!
RIESENTRIUMPH FÜR MR. MONCK MASON
UND SEINE FLUGMASCHINE!

Mr. Mason, Mr. Robert Holland, Mr. Henson, Mr. Harrison Ainsworth und vier Andere nach einer Reise von fünfundsiebzig Stunden von Land zu Land im Steuer-Ballon ›Victoria‹ auf Sullivan's Island bei Charleston, Süd-Carolina, eingetroffen! Sonderbericht über alle Einzelheiten der Reise!«

Der ›Ballon-Jux‹[4], wie Poe die – literarisch unbedeutende – Geschichte später nannte, erinnert an Jules Vernes pseudowissenschaftliche Abenteuerromane. Dergleichen ›Sensationen aus Wissenschaft und Technik‹, oft frei erfundene, im Stil von Presseberichten aufgemachte ›Hoaxes‹ (›Verschaukelungen‹) waren damals, als es noch keine Telegraphen gab, ein beliebter Trick, den Absatz mäßig florierender Zeitungen und Zeitschriften zu erhöhen. Das Publikum glaubte nahezu alles, was gedruckt erschien, und die Fortschritte in der Luftschiffahrt wurden seit der Londoner ›Nassau-Ballon-Expedition‹[5] heiß diskutiert.

Groschenzeitungen wie die ›New York Sun‹, die über die ›Neuigkeiten des Tages‹ informierten und von ›news-boys‹ lautstark auf der Straße angeboten wurden – also nicht auf Subskriptionsbasis erschienen –, fingen gerade erst an, populär zu werden. Solche ›Dailies‹ schossen jetzt überall aus dem Boden. Es war die Geburtsstunde des Sensationsreporters. Der früher mehr literarisch-essayistische Journalismus verkümmerte mehr und mehr. Die Epoche der modernen Massenmedien war angebrochen. In einem Brief Poes an Washington Irving heißt es: »Was das Schreiben für Zeitschriften angeht, brauche ich Ihnen die Zeichen der Zeit gewiß nicht zu nennen... Das Kurze,

Knappe, Gedrängte und leicht Erreichbare wird an die Stelle des Weitschweifigen, Gewichtigen und schwer Zugänglichen treten. Selbst unsere Rezensionen (lucus a non lucendo) sind ja dem Geschmack des Tages zu schwer, und nicht nur denen, die ohnehin keinen Geschmack haben, sondern auch den Wenigen.«[6]

Und Poe hatte sich nach den Zeichen der Zeit zu richten, wenn er als freier Autor und Zeitschriftenkorrespondent bestehen wollte. Aus dieser Notwendigkeit heraus sind auch einige seiner ›halbjournalistischen‹ Erzählungen zu verstehen, die er in den folgenden Jahren häufig schrieb und die selten das Niveau seiner ernsthaften Prosa erreichen, wie ›Der Ballon-Jux‹, ›Die tausendundzweite Erzählung der Scheherezad‹, ›Die Tatsachen im Falle Valdemar‹ (die allerdings eine Ausnahme bildet) und ›Die Entdeckung des Herrn Von Kempelen‹.

Er war übrigens unfreiwillig am Erfolg und Aufstieg der ›New York Sun‹ maßgeblich beteiligt. Ihr früherer Herausgeber, Richard Adams Locke (der mittlerweile in der Literaturszene New Yorks eine wichtige Rolle spielte) hatte sich zur Entstehungszeit des Blattes, 1835, durch Poes ›Hans Phaall‹ im ›Southern Literary Messenger‹ inspirieren lassen und drei Wochen später in der neuen ›Sun‹ seinen ›Moon Hoax‹ veröffentlicht, in dem er mit wissenschaftlichem Ernst ›die höheren Formen des Lebens auf dem Monde‹ beschrieb, darunter ›Fledermausmenschen‹, ›aufrecht gehende Biber in zentralbeheizten Häusern‹ und ähnlichen Unfug mehr. Auch die Auflageziffer der Zeitung stieg daraufhin in entsprechend astronomische Höhen. Solche ›Mond-Enten‹ kamen seitdem sehr in Mode.

Auf ebenso reges Publikumsinteresse stießen nun Poes ›verblüffende Nachrichten‹ über den ›Riesentriumph Mr. Monck Masons und seiner Flugmaschine‹. Dieser Mr. Mason existierte tatsächlich und war Teilnehmer der ›Nassau-Ballon-Expedition‹ gewesen, ebenso wie der genannte Mr. Robert Holla(o)nd. William Harrison Ainsworth, einen Verfasser ›gotischer‹ und historischer Romane, hatte Poe im November 1841 rezensiert.[7] Die Authentizität der geschilderten Ereignisse schien also selbst für kritische Zeitgenossen über jeden Zweifel erhaben. In einem Artikel im ›Columbia Spy‹ beschreibt er detailliert und mit sichtlichem Vergnügen, welchen Rummel sein ›Scherz‹ auslöste: »Der ›Ballon-Jux‹ erregte weit größeres Aufsehen, als irgend etwas dieser Art seit Lockes ›Mondgeschichte‹. Am Morgen (Sonnabend) seiner Ankündigung wurde das Redaktionsgebäude der ›Sun‹ buchstäblich belagert, die ganze Straße war blockiert; vom frühen Morgengrauen bis um zwei am Nachmittag schien es völlig unmöglich, bis zur Redaktion vorzudringen oder sie zu verlassen. In der regulären Ausgabe hieß es, die Neuigkeiten wären erst kürzlich eingetroffen und daß eine Sondernummer in Vorbereitung sei, die gegen zehn herauskommen sollte. Es dauerte jedoch fast bis zum Mit-

New York: der vornehme Broadway im Jahre 1819. Zeitgenössischer Stich nach einem Aquarell von Axel L. Klinckowström um 1830

tag, bis sie ausgeliefert wurde. In der Zwischenzeit habe ich noch nie eine solche Aufgeregtheit erlebt, eine Zeitung zu ergattern. Sobald die wenigen ersten Sonderexemplare auf der Straße erhältlich waren, stürzte sich ein jeder auf die Zeitungsjungen, welche an diesem Tag zweifellos das Geschäft ihres Lebens machten, denn man bot fast jede Summe. Ich sah, wie eine einzige Zeitung für einen halben Dollar wegging; ein Shilling war das übliche Preisniveau. Ich bemühte mich den ganzen Tag über vergeblich, an ein Exemplar heranzukommen. Es war jedoch überaus amüsant, den Kommentaren derjenigen zu lauschen, die die ›Sonderausgabe‹ gelesen hatten.«[8]

Poe konnte mit sich zufrieden sein. Durch diese Sensation hatte er nicht nur die Öffentlichkeit, sondern, worauf es ihm vor allem ankam, die Presse darauf aufmerksam gemacht, daß er sich wieder in der Stadt befand. Das Honorar für den Artikel reichte aus, ein weiteres Zimmer in ›Morrison's Hotel‹ in der Greenwich Street 130 zu mieten und Mrs. Clemm die Fahrtkosten für die Reise nach New York zu überweisen. ›Muddie‹ traf wenige Tage später ein, mit nur wenig Gepäck und einem geschlossenen Korb, der die schwarze Lieblingskatze der Familie, ›Catterina‹, enthielt.

New York war eine lärmendere, schmutzigere und unübersichtlichere, aber dafür ungleich faszinierendere Stadt als Philadelphia, obwohl sie im Vergleich zu dem smogausdünstenden Moloch von heute damals fast noch etwas Ländlich-Beschauliches hatte – natürlich abgesehen vom Zentrum rechts und links des Broadway, der Wall Street, der Bowery, dem Armenviertel ›Five Points‹ und dem Bezirk um den ›größten Einwanderungshafen Amerikas‹. Die meisten Straßen waren schlecht gepflastert und nachts ungenügend beleuchtet (nur der Broadway und zwei oder drei Hauptgeschäftsstraßen wurden prachtvoll mit Gaslicht illuminiert). Das ewige Gerattere und Geholpere der Fuhrwerke und Droschken auf dem unebenen Kopfstein muß den an die Stille Spring Gardens gewöhnten Poe oft um den Schlaf gebracht haben. In der Tat schrieb er einmal sogar einen kurzen Zeitschriftenartikel, in dem er diesen Mißstand anprangerte. Es passierte auch gar nicht so selten, daß sich ein frei herumlaufendes Schwein (von denen es fast so viele gab wie streunende Hunde) auf den Broadway verirrte, wie es Dickens auffiel, als er 1842 die Metropole besuchte.

Besonders Mrs. Clemm fand es anfangs schwer, sich wieder einzugewöhnen. Seit ihrem letzten Aufenthalt vor sechs Jahren hatte sich vieles verändert. Die Einwohnerzahl war auf weit über 300 000 gestiegen. Diese Menschenmassen und dieser Verkehr! Ein verwirrendes Labyrinth aus hastigen Passanten, Plakatträgern, news-boys – und überall diese Ausrufer, die man selbst zu nachtschlafender Zeit noch in den Straßen hörte: ›Oysters! Oysters!‹ – ›trallala! lemon ice cream, – and the vanilla, too!‹ – ›Pepper-pot! All hot, all hot! Makee back strong, makee live long, come buy pepper-pot...‹[9] und »Kein Mangel an Omnibussen hier! Ein halbes Dutzend davon sind schon in ebenso vielen Minuten vorbeigefahren. Jede Menge Droschken und Kutschen außerdem; Gigs, Phaetons, großrädrige ›tilburies‹, private Zweispänner – von nicht sehr eleganter Bauweise und kaum verschieden von den öffentlichen Verkehrsmitteln, aber härter gefedert und für die beschwerlichen Landstraßen jenseits des Stadtpflasters konstruiert. Schwarze und weiße Kutscher mit weißen und schwarzen Zylindern, Strohhüten, Lederkappen, Fellmützen; in khakifarbenen, schwarzen, braunen, grünen, blauen Röcken aus Nanking, gestreifter Baumwolle oder Leinen – und da, he! ein einziges Mal (sieh schnell hin, bevor er dem Blick entschwunden ist) sogar einer in Livree. So ein Republikaner aus dem Süden das, der seine Schwarzen in Uniformen steckt und in Pomp und Macht schwelgt wie ein Sultan...«[10]

Dickens vergaß nur die ›cabs‹ zu erwähnen, die einspännigen ›Taxis‹ jener Tage. »In Schwierigkeiten gerät man jederzeit gratis«, heißt es in einem humorigen Beitrag Poes für den ›Public Ledger‹, »aber in einen Cab nur zum Preis von 25 Cents... nähert man sich einem von ihnen auch nur im Abstand von zehn Metern, dröhnt gleich die Stimme des Fahrers herüber: ›Cab, surr!‹... Die Manieren, die man sich in einem Cab auferlegen sollte, sind leicht zu erlernen. Achten Sie, besonders nachts, darauf, daß Ihre Schuhe schmutzig sind, wenn Sie einsteigen, und plazieren Sie sie sodann, sobald Sie Platz genommen haben, auf der Ihnen gegenüberliegenden Sitzbank. Der nächste Fahrgast – angenommen eine Dame in einem weißen Satinkleid, die sich auf dem Wege zu einem Ball befindet – wird sich todsicher an den Cab erinnern, obwohl sie seine Nummer vergessen hat.«

Feuilletons dieser Art schrieb Poe nun am laufenden Band. An den ›Spy‹ in Columbia, Pennsylvania, sandte er monatlich einen Artikel, in dem er seine Impressionen von New York und Umgebung schilderte; sie erschienen als Serie unter dem Titel ›Doings of Gotham‹. ›Gotham‹ galt in der ersten Hälfte des neunzehnten Jahrhunderts als ein gebräuchlicher, etwas verächtlicher Scherzname für die ›City of Business‹, nach dem englischen Dorf gleichen Namens; das Wort klingt ähnlich wie ›blockhead‹ und wurde auch mit geistiger Beschränktheit assoziiert.

Poes sehr lebendige Notizen, die zu Unrecht in Vergessenheit geraten sind, beschreiben New York in einer entscheidenden Phase des Wandels und des Aufbruchs. Handelte es sich um Eindrücke aus der ›City‹, so waren sie meist in einem sarkastischen, satirischen Ton abgefaßt; aber er konzentrierte sich mehr auf die ländlichen Randbezirke, die er auf Spaziergängen oder auf Ruderboottouren erschloß. Längs des Hudson gab es noch verwilderte Landstriche mit moosüberwucherten, verfallenden, einst hochherrschaftlichen Villen aus der Kolonialära, die seit Jahrzehnten nicht mehr bewohnt wurden. Diese Gegenden zogen ihn magisch an –

> »... Trifft der Wandrer voller Bangen
> Alles, was schon lang vergangen:
> Totenhemden, die sich blähen,
> Schemen, die aus Schatten spähen,
> Freunde, lang schon aus dem Leben,
> Erd – und Himmel übergeben.
>
> Für das Herz voll tausend Wehen
> Ist es hier ein friedvoll Gehen –
> Für den Geist, den Schatten bannt,
> Ist's ein paradiesisch Land!«

Im Frühjahr 1844 entstand sein erstes Gedicht nach vielen Monaten, ›Dreamland‹, aus dem diese Verse stammen (es erschien im Juni in ›Graham's Magazine‹), und es ist gut möglich, daß es von der Abgeschiedenheit jenseits der lärmenden Großstadt inspiriert wurde, die Poe damals oft einsam durchstreifte, jenem

> »... Zauberreich, so wild und weit,
> Fern von *Raum,* fern von *Zeit*«[11].

Flußaufwärts, mehr in Stadtnähe, standen die spleenigen, modernen Villen der Neureichen. Wie im Hollywood der zwanziger und dreißiger Jahre unseres Jahrhunderts gab es da spanische Haziendas, chinesische Tempel, maurische Paläste, englische Herrensitze, deutsche Ritterburgen – alles nachgemacht: Kostspielige Jahrmarktsbuden, ein viktorianisches Disneyland. Holz war in den vierziger Jahren im Überfluß vorhanden und billig. Und aus Holz ließ sich alles herstellen, sarazenische Ornamente an Vergnügungsdampfern ebenso wie an Wohnhäusern. Man wußte manchmal nicht, ruderte man nun über den Hudson oder über den Tiber, die Themse, den Rhein – vielleicht sogar den Nil? Ägyptische Einflüsse verrieten das New Yorker Stadtarchiv und ›The Tombs‹, das städtische Gefängnis, dessen Rückschrittlichkeit Dickens entsetzte. Die Zeit des neoklassizistischen Baustils war vorbei, klassische Städtenamen passé. Wer Geld hatte, ließ sich ein möglichst originelles Märchenschloß errichten – der Ausverkauf der Romantik durch die wohlhabende Bourgeoisie. Der reichgewordene Schauspieler Edwin Forrest lebte seit 1838 in einem düsteren, normannisch-gotischen Gemäuer; der Millionär John Church Cruger richtete sich auf seiner Privatinsel ein künstliches Gewölbe ein, das er mit echten Maya-Skulpturen ausschmückte, die ihm der Forschungsreisende J. L. Stephens aus Yucatan mitgebracht hatte. ›Merry old America‹ gehörte schon lange vor dem Bürgerkrieg der Vergangenheit an. Der ›alte Süden‹ hätte vielleicht einen eigenen, neuen Lebensstil entwickeln können, wie er noch aus Mark Twains Büchern in unsere Zeit herüberreicht, wäre er nicht am Sklavenproblem gescheitert. Aber seit Andrew Jackson gaben die ›Yankees‹ den Ton an, und Poe stand mit seinem Kampf für den guten Geschmack auf verlorenem Posten. »... Allein die Yankees sind geschmacklos. Wie es dazu kommt, ist nicht schwer einzusehen. Wir haben keine Aristokratie des Bluts, und da wir uns deshalb als etwas Zwangsläufiges und Unvermeidliches eine Aristokratie des Dollars zurechtgemacht haben, muß hier die *Schaustellung von Wohlstand* für den heraldischen Aufwand in monarchischen Ländern eintreten. Ein leicht verständlicher und ebenso leicht vorhersehbarer Übergang hat unsere Geschmacksvorstellungen dazu gebracht, in nichts als Show aufzugehen.«[12]

Was es noch an idyllischen Landschaften um New York herum gab, würde bald von der Zivilisation verschluckt werden, ›grünendes Laub im heißen Atem der Schlote verdorren‹. Poe sah dies voraus, als er die damals noch sehr malerische Küstenlinie Manhattans beschrieb: »Ich konnte die eindrucksvollen Felshänge und majestätischen Bäume, auf die jeden Moment mein Blick fiel, nicht ohne einen Seufzer über ihren unausweichlichen Untergang betrachten – unausweichlich und rasch. In zwanzig oder höchstens dreißig Jahren werden wir hier nichts Romantischeres mehr sehen als Schiffsladeplätze, Docks, Lagerhäuser und Hafendämme.«[13]

Vielen New-York-Reisenden dieser Zeit fiel das übergangslose Nebeneinander von Armut und Reichtum auf. Schlug man vom Broadway aus eine der zahlreichen Nebenstraßen ein, fand man sich unvermittelt in einer ganz anderen Sphäre wieder, einer von Schmutz und falschem Prunk starrenden Demimonde; man begegnete Prostituierten, »übertrieben, fast wie Clowns geschminkt«, zerlumpten Leierkastenmännern, deren livrierte Äffchen irgendwelche Kunststücke vorführten, stieß auf rot illuminierte Spielhöllen – ›Faro‹, ›Ten-Pins‹ und wie die Glücksspiele alle hießen, – ›Bowling Saloons‹ und überfüllte Bars: sogenannte ›Rum Palaces‹ oder ›Rum Hovels‹.

Dickens beklagte, daß die drei oder vier Theater mit ›klassischem Repertoire‹ damals kaum besucht wurden. Stattdessen hatte ›Mitchell's Olympic‹, ein Varieté, das Vaudevilles und Burlesken nach dem Zeitgeschmack aufführte, riesigen Zulauf. Der ›buffoon‹ Burton, der 1848 ein ähnliches Haus in New York gründete, stieß in eine Marktlücke.

Aber so anziehend all diese ›Vergnügungstempel‹, diese ›Paläste des Dämons Alkohol‹ auf einen labilen Menschen wie Poe wirken mochten, er meinte es mit seinen guten Vorsätzen bitter ernst und hütete sich, gleich zu Beginn seines Aufenthaltes in New York durch übertriebene Zechgelage aufzufallen oder auch nur seine Entschlußkraft ins Wanken bringen zu lassen. Er wollte ein neues Leben beginnen, allen Versuchungen widerstehen, Ordnung in seine Verhältnisse bringen, endlich Fuß fassen – und dafür wurde es höchste Zeit. Er war fünfunddreißig Jahre alt und immer noch so arm wie eine Kirchenmaus. Diesmal mußte es gelingen, oder nie. Wie rasch man ins Gerede kommen konnte, hatten ihn seine Erfahrungen in Philadelphia und Washington gelehrt; er hielt sich also bei solchen nächtlichen Ausflügen zurück, so gut es eben ging – vorläufig jedenfalls. Im Grunde ekelten ihn diese Glitzerpracht, schummrige Beleuchtung, Spiegel und Buntpapier, die aufdringliche Prostitution und die stickigen, überfüllten Bars an; viel lieber unternahm er einsame Spaziergänge in die ländliche Umgebung ›Gothams‹, die schon Dickens als ›exquisit und einzigartig malerisch‹ bezeichnete, und sammelte Eindrücke, die er in seinen Prosagemälden für den ›Columbia Spy‹ festhielt.

»Es gibt Zeiten, wo mir jede Art von geistiger Tätigkeit eine Qual ist und wo mir nichts Vergnügen macht als einsames Verbundensein mit den ›Bergen und den Wäldern‹ – den ›Altären‹ Byrons«[14], schrieb er im Juli an Lowell.

Poes Naturbegeisterung hatte immer etwas Byroneskes, ›Schwermütig-Dämonisches‹ und Weltflüchtiges. Sie ähnelte weder den abgeklärten Pastoralen Emersons, noch den ›zornigen‹, von Rousseau geprägten Schwärmereien Thoreaus, der die Menschheit zu einer ›einfacheren Lebensweise‹ bekehren wollte, noch den stark von der deutschen Romantik beeinflußten Idyllen Longfellows, noch dem vaterländischen ›Pionier‹-Waldesrauschen Coopers. Poe war ein Stadtmensch, der sich nach dem Alleinsein sehnte.

Wenn er ›sein Haupt in Gewitterstürmen badete‹, ›dem Echo der Schluchten lauschte‹, in einsamen Tälern dem Ziehen der Wolken nachsann oder sich träumerisch in eine Landschaft wie in ein Gemälde vertiefte – ›halbgeschlossenen Auges, um die Farben intensiver wahrzunehmen‹ –, kam es ihm so vor, als würden sich ihm die Mysterien des Universums erschließen. Diese kurzen, etappenweisen Eindrücke steigerten sich zu einer überwältigenden Synästhesie aus Düften, Licht und Geräuschen. Er schien dann Gott ebenbürtig zu sein, und er dachte oft darüber nach, wie sich die Schöpfung durch Kunst *verbessern* ließe.

Das ›Einswerden‹ mit der Natur löste in ihm noch eine andere, nachvollziehbarere Empfindung aus. Die Bedrohung der Landschaft durch die Industrielle Revolution entsprach dem Gefühl der Entfremdung in einer zunehmend materialistisch orientierten Gesellschaft. Es gab etwas Gemeinsames zwischen der Schönheit und Unberührtheit der Wälder und verlassenen Gärten rings um New York, den verfallenen Villen aus versunkener Zeit, den ›dem Untergang geweihten... eindrucksvollen Felshängen und majestätischen Bäumen‹ und seinem eigenen Schicksal. Wie auf den Helden seiner Erzählungen, so scheint auch auf der Natur in seinen Gedichten stets ein Fluch, ein Verhängnis zu lasten – oder es sind Landschaften jenseits des Styx, des ›letzten düsteren Thule‹, wie in dem Gedicht ›Dreamland‹. Am deutlichsten wird der Aspekt der Gefährdung durch die materialistische Zivilisation in dem ›Engelsdialog‹ ›Das Gespräch zwischen Monos und Una‹. In unserer Zeit der fortgeschrittenen Umweltzerstörung muten einige von Poes Visionen seltsam prophetisch an.

Es waren vor allem die Künstler, die die allgemeine Umbruchsstimmung fühlten, lange bevor sie sich auch in politischen Umwälzungen manifestierte.

Damals herrschte ein ungünstiges Klima für einen Menschen von der Prägung und den Anschauungen Poes – was nicht etwa gleichzusetzen ist mit der Klischeevorstellung, er sei ›in die falsche Zeit hineingeboren worden‹ und an diesem Umstand zerbrochen. Er wäre wohl in jeder beliebigen Zeit ein Fremdkörper gewesen, am allermeisten sicher in der heutigen. Er legte den größten Wert darauf, sich ›abzusetzen‹, ›sich nicht gemein zu machen‹ – übersteigerter Individualismus war ein Teil seines Selbstverständnisses, und entsprechend exzentrisch trat er auch in Gesellschaft auf.

Er gehörte zu denjenigen, die sich »über die Flachheit ihrer Artgenossen emporgeschwungen hatten«, die sich »ihrer Überlegenheit durchaus bewußt waren« und »auch gar nicht anders konnten, als dies Bewußtsein an den Tag zu legen«.[15]

Nur legte das New York der vierziger Jahre keinen sonderlichen Wert auf geschliffene Südstaatler-Umgangsformen, die prätentiös wirkten und hinter denen sich eine spürbare Verachtung für die ›canaille‹ verbarg; auf elitäre künstlerische Ansprüche, die für die Allgemeinheit kaum nachvollziehbar waren und etwas nach Selbstbeweihräucherung schmeckten; auf bösartige Verrisse beliebter Modedichter und -schriftsteller, mit denen sich Poe den Zorn und die Rachsucht der literarischen Cliquen zuzog. Er war und blieb ein Außenseiter, und er dachte nicht daran, sich dem ›Yankee-Standard‹ anzupassen. Was vor allem gegen ihn sprach, war seine Armut. Wer es mit fünfunddreißig Jahren nicht geschafft hatte, ein ›vernünftiges Auskommen‹ zu finden, der mußte eben einfach ein lebensuntüchtiger Versager sein. Sein Konzept, eine ›neue Karriere‹ zu beginnen, beschrieb er in einem Brief an Charles Anthon: »Indem ich stets mein Hauptziel im Auge behielt – die Gründung eines eigenen Magazins oder doch wenigstens einer Zeitschrift, an der ich anteilmäßig beteiligt wäre –, habe ich inzwischen all meine Anstrengungen darauf ausgerichtet, mir eine Reputation zu schaffen; eine Reputation nicht etwa im umfassenden Sinne, sondern eine ganz spezielle, die meinen Plänen am förderlichsten sein und Aufmerksamkeit auf dieses Projekt lenken sollte. Ich habe daher keine Bücher geschrieben, sondern bin soweit hautsächlich als ›Magazinist‹ tätig gewesen. Damit habe ich freiwillig und guten Mutes die bittere Armut und die tausend daraus sich ergebenden Drangsale und Kränkungen auf mich genommen, wie sie ein Journalist, der nur von seiner Feder lebt, nun einmal in Amerika zu erleiden hat – wo arm sein, mehr als in irgendeinem anderen Land auf dieser Erde, bedeutet, verachtet zu werden.«[16]

Eines der Mittel, auf sich aufmerksam zu machen, war eine neue Kurzbiographie, die allerdings erst 1845 in ›Graham's Magazine‹ in der Serie ›Our Contributors‹ erschien. Lowell hatte sich bereits im April '44 bereit erklärt, sie für Poe zu schreiben, und ihn brieflich gebeten, ihm dafür ›von Freund zu Freund‹ eine Selbstcharakterisierung, ›eine Art geistiger Autobiographie‹ zuzusenden, welche er als Quelle benützen könnte.

Auf dieser Aufforderung beruht einer der biographisch interessantesten Briefe Poes, in dem er ehrlich versucht, einige seiner Charakterzüge und seine Lebensphilosophie zu umreißen.

»Ich habe ... schon ganze Monate verwandert und verträumt, um schließlich dann zu einer Art manischer Schaffenslust zu erwachen. Dann kritzle ich den ganzen Tag und lese die ganze Nacht, solange der Anfall dauert ... Ich bin *nicht* ehrgeizig – es sei denn im negativen Sinne. Hin und wieder fühle ich mich aufgestachelt, einen Narren auszustechen, bloß weil es mir verhaßt ist, daß ein Narr sich einbildet, er könne mir überlegen sein. Darüber hinaus aber kenne ich nicht den mindesten Ehrgeiz. Ich bin zutiefst vom Bewußtsein jener Nichtigkeit durchdrungen, von welcher die meisten Menschen bloß schwatzen – der Nichtigkeit des menschlichen oder zeitlichen Lebens. Mein Leben bewegt sich fortwährend in Zukunftsträumen. Ich glaube nicht an die menschliche Vervollkommnungsfähigkeit. Ich meine nicht, daß menschliche Anstrengung irgend einen bestimmbaren Effekt für die Menschheit haben wird. Der Mensch ist heute nur aktiver geworden – aber nicht glücklicher – nicht weiser, als er's vor 6000 Jahren war.«

Es folgt ein längerer metaphysischer Exkurs über das Wesen Gottes, der ›die ungeteilte Materie‹ ist, ›die alle Dinge durchdringt und antreibt‹, und über den Tod als ›schmerzvolle Metamorphose‹ in ein ›immaterielles Universum‹ – Ausführungen, die Lowell etwas verwirrt haben dürften.

Poe endet:

»Sie sprechen von einer ›Beurteilung meines Lebens‹ – und aus dem, was ich oben sagte, werden Sie sehen, daß ich keine zu geben habe. Ich bin mir der Veränderlichkeit und Flüchtigkeit der zeitlichen Dinge zu tief bewußt, als daß ich irgend einer Sache irgend fortdauernde Mühe widmen könnte – als daß ich in irgend einer Sache konsistent sein könnte. Mein Leben ist eine *Grille* gewesen – Impuls – Leidenschaft – Sehnsucht nach Einsamkeit – Verachtung aller gegenwärtigen Dinge, bei ernstestem Verlangen nach der Zukunft.

Ich werde zutiefst erregt von Musik und von einigen Gedichten – denen von Tennyson besonders – den ich, mit Keats, Shelley, Coleridge (gelegentlich) und ein paar andern von ähnlichem Gedanken und Ausdruck, als die *einzigen* Dichter betrachte. Musik ist die Vollkommenheit der Seele oder die Idee der Poesie. Die Unbestimmtheit des von einer süßen Melodie erweckten Hochgefühls (welche strikt unendlich sein sollte und niemals zu deutlich suggestiv) ist genau das, was wir uns auch in der Poesie zum Ziele setzen sollten. Eine gewisse Affektation ist, sofern sie sich in Grenzen hält, mithin durchaus kein Fehler.«[17]

Eine ›gewisse Affektation‹ spricht freilich auch aus Poes Selbstbekenntnis. Sehr ergiebig für Lowells geplanten biographischen Artikel waren diese Erklärungen gerade nicht.

Aber mochte er sich in seinem Brief an Lowell noch so viel Zurückhaltung auferlegen, was die von ihm erwartete ›Autobiographie‹ betraf, und statt dessen lieber auf einen längeren Exkurs über ›das Wesen Gottes und der Unsterblichkeit‹ ablenken, so zeigt sich doch gerade in der Ernsthaftigkeit, mit der er seine Thesen vertrat, eine Entwicklung vom schwärmerischen jungen Mann zum ›tiefsinnigen Grübler‹, der nach wirklicher Erkenntnis strebt. Bisher war die Erschaffung von *Schönheit* sein erklärtes Hauptziel gewesen und war es noch; aber nun trat gleichzeitig das Bemühen um die Erforschung der *Wahrheit* hinzu, und zwar, wie bei seinem Helden Dupin, vor allem auf dem

Wege poetischer Intuition. »...wo aber ist der Mann«, schrieb er in ›Ligeia‹, »der ... alle die weiten, uferlosen Gebiete der Geistes-, Natur- und mathematischen Wissenschaften gründlich und mit Erfolg durchforscht hätte?« Bevor er sich den Mysterien des Universums zuwandte, war er mehr damit beschäftigt, sein Innerstes auszuloten, das ›mare tenebrarum‹ seiner Seele zu umschiffen. Er hatte die Ambivalenz seines Wesens analysiert, die Bestie und ihr Gewissen; überirdische Liebe und den Drang zur Grenzüberschreitung; verschüttete, dunkle Triebe und das verzweifelte Ringen um die verlorene Seligkeit des Paradieses. Er war auf den seltsamen ›imp of the perverse‹ gestoßen, jene unwägbare Triebfeder des Handelns, jene destruktive Kraft, die Freud so sehr beschäftigte. Er hatte in der Tat, getarnt hinter seiner Prosa und seinen Gedichten, sein Herz ›bloßgelegt‹, alle Stufen bis hin zum Prozeß der physischen und psychischen Auflösung verfolgt. – Geschmacklos, nach all diesen peinvollen Selbstsektionen noch etwas ›Autobiographisches‹ von ihm zu erwarten! War er nicht ein Schauspieler, der in die verschiedensten Rollen schlüpfte, ein Meister der Mystifikation wie sein ›Baron Ritzner von Jung‹? Wie sollte er sich bei der Kompliziertheit seiner Natur auf *einen* Charakter festlegen? »Alles ist Fluß«, heißt es bei Heraklit, »in die gleichen Ströme steigen wir und steigen wir nicht; wir sind es und wir sind es nicht«. Dann, ein neues Kapitel, die ›tales of ratiocination‹ mit ihren Helden der Intuition und des Scharfsinns, Dupin und Legrand. Poes unersättlicher Forschungstrieb kehrte sich von innen nach außen, von der am eigenen Ich erprobten Theorie zur Praxis. Er begann, Geheimschriften zu entziffern, um seinen Geist mit dem der übrigen Menschheit zu messen; er versuchte sogar – nicht sonderlich erfolgreich –, einen wirklichen Kriminalfall aufzuklären, den Mord an Mary Rogers alias Marie Rogêt. Die Resultate – zumindest bei der Entschlüsselung der ihm eingesandten Kryptogramme – ermutigten ihn, noch weiter vorzustoßen. Nach all diesen ›Fingerübungen‹ beschäftigte er sich nun damit, den Kosmos, das Universum, Gott selbst zu dechiffrieren.

Wie der vereinsamte Liebende in seinem Gedicht ›Der Rabe‹ forschte er nächtelang ›in entschwund'ner Kunde wunderlicher Bücher‹. Er vertiefte sich intensiv in die ›weiten, uferlosen Gebiete der Geistes-, Natur- und mathematischen Wissenschaften‹, las alles, was ihm unter die Hände kam: den französischen Philosophen Victor Cousin, einen frühen Bekämpfer des Materialismus, der wie er davon ausging, daß die Metaphysik auf der Psychologie und der Selbsterkenntnis des Menschen beruhe; zeitgenössische Abhandlungen über den damals modischen Mesmerismus (d. h. über den von F. A. Mesmer, 1734–1815, entdeckten Tiermagnetismus, also die von allen beseelten Körpern ausgehenden, von der Seele gelenkten ›materiellen Strahlungen‹ und die als Mesmerismus bezeichnete frühe Hypnosetherapie); den schwedischen Theosophen Emanuel Swedenborg; astronomische Werke, wie die von Kepler, Laplace und Newton, sowie Alexander von Humboldts ›Kosmos‹, der die Welt als ein von inneren Kräften bewegtes und belebtes ›Naturganzes‹ darstellte. Mit solchem und ähnlichem Rüstzeug ausgestattet, befand er sich bereits auf dem Weg zu seinem anspruchsvollsten, tiefgründigsten literarischen Projekt, ›Heureka‹.

Im Frühjahr 1844 war Poe ungewöhnlich produktiv. Bis Mai entstanden neben seinem Gedicht ›Dreamland‹ sechs neue Kurzgeschichten, von denen er einige schon in Philadelphia begonnen oder vollendet hatte.[18] Aber er tat sich weit schwerer damit, sie zu verkaufen, als sie zu schreiben; zwei dieser Erzählungen, ›Der entwendete Brief‹ und ›Die Methode Dr. Thaer & Prof. Fedders‹, erschienen erst ein Jahr später. Den bescheidenen Lebensunterhalt seiner Familie sicherten vor allem Gelegenheitsartikel für diverse Zeitungen und Zeitschriften. Die Honorare, die er dafür erhielt, kann man nur als erbärmlich bezeichnen. Graham, der zwischen $ 4 und $ 12 pro Seite zahlte, schien zur Zeit keine Verwendung für seine Beiträge zu haben, und an entsprechende Literaturjournale in New York konnte er sich aus Gründen, auf die noch näher einzugehen sein wird, nicht wenden. Die meisten anderen Magazine boten ihren Korrespondenten Hungerlöhne.

Im Herbst 1844 erschien im ›Opal‹, einem Jahrbuch für 1845, ›Ein Kapitel Betrachtungen‹, kurze, feuilletonistisch-philosophische Gedankensplitter, ein Kompendium aus Poes Anschauungen, gewissermaßen eine Zusammenfassung der Grundideen, die ihn am meisten beschäftigten.

»Im Leben jedes Menschen«, schreibt er zum Beispiel, »giebt's zum Wenigsten einen Abschnitt, darin die Seele für kurze Zeit den Leib zu verlassen scheint und sich gerade so hoch über alles Sterbliche emporschwingt, daß sie einen umfassenden, *allgemeinen* Ueberblick gewinnen und dergestalt, so accurat es die Umstände verstatten, die eigene menschliche Natur abschätzen kann. In solchem Bemühen trennt die Seele sich von all ihrer Eigen-Art oder Individualität und betrachtet ihr Sein. Doch tut sie Dies nicht im Hinblick auf sich selbst, sondern vielmehr in ihrer Eigenschaft als ein Teil des universellen Seins. All die gewichtigen guten Vorsätze, welche wir hegen, all die überraschenden Regenerationen unseres Characters – sie kommen in solcher Lebens-Crisis an den Tag. Und so ist's nur die *Liebe zum eigenen Selbst,* welche uns verdirbt und in der Verderbniß gefangen hält.«[19]

Poe befand sich in einer solchen ›Lebenskrise‹, einer ›Regeneration seines Charakters‹, einer Neuorientierung. Aus der ›Liebe zum eigenen Selbst‹ entstand weltlicher Ehrgeiz, den zu besitzen er in seinem Brief an Lowell abstritt und zu dem er sich später, in einem Gespräch mit Mrs. Gove Nichols, enthusiastisch bekannte. Aber vernebelte weltlicher Ehrgeiz nicht den Blick für das Wesentliche – die Erkenntnis? Und war die Erkenntnis allein auf dem Wege einer Verfeinerung des Geschmacks, der Empfänglichkeit für das Schöne zu erreichen? Er hatte schon immer eine Abneigung gegen die Wissenschaften gehabt, das, was sich ›Erschließung der Natur‹, ›industrielle Revolution‹ und ›Fortschritt‹ nannte und vorhersehbar in der Zerstörung der Natur enden würde. Aber da gab es immer noch die Astronomie, das Studium des Universums, das ihn faszinierte, seit er als kleiner Junge durch Allans Teleskop den Sternenhimmel betrachtet hatte, und den sogenannten ›Mesmerismus‹, der es zu ermöglichen schien, durch Hypnose den Zwischenbereich zwischen ›Verträumtheit und Träumen‹, zwischen Wachen und Schlaf, vielleicht sogar zwischen Leben und Tod zu erforschen. Das waren Wissenschaften nach seinem Herzen, mutige Wissenschaften, die an die Grenzen menschlicher Erfahrung, an die ›Schwelle des Großen Geheimnisses‹ vorstießen. Sich ihnen zu widmen, bedurfte es vor allem zweierlei Eigenschaften, die auch zu der Empfindung und der Erschaffung von Schönheit unerläßlich waren: Intuition und Imagination. ›Die intuitiven Eindrücke‹, stellt er in seinen ›Betrachtungen‹ fest, ›erweisen sich häufig als die untrüglichsten‹. Die Imagination ist über alle anderen Fähigkeiten des Menschen erhaben, da erst sie die Seele ›in den Stand setzt, eines flüchtigen Schimmers der übernatürlichen und ewigen Dinge habhaft zu werden – und dies bis unmittelbar an die Schwelle des *Großen Geheimnisses*.

»Und wahrhaftig: Momente giebt's, darin der mit Imagination Gesegnete die nahezu unmerklichen Düfte, die ahndungsvollen Melodieen einer Schöneren Welt wahrnimmt. So manche der tiefsten Erkenntnisse – ja vielleicht sogar alle *wirklich* profunden – haben ihren Ursprung in der aufs Höchste gesteigerten Imagination. Wahrhaft große Geister sind groß im Mutmaßen: Keplers Planeten-Gesetze sind eingestandener Maßen von der Mutmaßung dictiert worden... jede Erweiterung im Wissen des Menschen – namentlich jede astronomische Entdeckung – (wirft) ein weiteres Licht auch auf den erhabnen Gegenstand, *da sie ja den Bereich der Analogie erweitert.* Daß wir heutzutage von der Natur der Gottheit, von ihren Absichten und dergestalt auch vom Menschen als solchem nicht mehr wissen sollten als auch nur vor einem Jahrdutzend, ist eine schmachvoll absurde Behauptung.[20] ›Sollte die Naturphilosophie... sich weiterhin in all ihren vielfältigen Zweigen vervollkommnen, so würden dadurch auch die Grenzen der Moralphilosophie (also der Ethik) sich erweitern.‹ Diese Worte des prophetischen Newton, heute bloß erst als Wahrheit erfühlt, werden dereinst sich als Wahrheit erfüllen.«[21]

Daß die schwärmerische, romantische Seele sich gerade zu einem so mathematisch und physikalisch komplizierten Gegenstand wie der Naturphilosophie – Newtons Gravitationsgesetzen und Laplaces ›Nebulartheorie‹ – hingezogen fühlte, ist nicht schwer zu erklären. Die deutsche ›romantische Schule‹

orientierte sich philosophisch im wesentlichen an Fichtes Lehre vom ›souveränen Ich‹ und Schellings 1799 erschienenen ›Entwurf eines Systems der Naturphilosophie‹, den Poe wahrscheinlich, wenn auch nur flüchtig kannte. So heißt es bereits in seiner Erzählung ›Morella‹: »...Der verwilderte *Pantheismus* eines Fichte... vor allem aber die Sätze der von Schelling entwickelten *Identitätsphilosophie,* sie lieferten im allgemeinen die Diskussionspunkte, die meiner phantasievollen Morella die allerschönsten dünkten«[22], und in seinem Artikel ›Exordium‹ (›Graham's Magazine‹, 1842) äußert er sich sehr lobend über die zeitgenössische deutsche Literatur und Philosophie: »Und was müssen wir vollends über die Deutschen sagen? Was über Winckelmann, über Novalis, über Schelling, über Goethe, über die August Wilhelm und Friedrich Schlegel? Nichts anderes, als daß ihre herrlichen *critiques raisonnées* sich im Prinzip zwar keineswegs von denjenigen der Kames, Johnson und Blair[23] unterscheiden (denn die Prinzipien dieser Künstler werden erst mit der Erde vergehen), sehr wohl aber in der Sorgfalt der Ausarbeitung, der größeren Gediegenheit, der profunderen Analyse sowie in der Prinzipien-Anwendung als solcher.«[24]

Poes Auffassung stimmte vor allem mit Schellings ›Moralprinzip‹ überein, das prägend auf das Selbstverständnis der deutschen Romantiker wirkte und dem zufolge es ›für bevorzugte Geister eine besondere Moral gibt‹.

Die biblische Weisheit, daß Gott den Menschen nach seinem Ebenbild geschaffen habe, wurde von den Romantikern als Aufforderung verstanden, Gott im Geistigen *ebenbürtig* zu werden.

Gott war nicht länger mehr die moralische Instanz des Christentums, der Über-vater, dessen Ratschlüssen man sich blind zu fügen hatte, mit dem man allein durch den Glauben einen bescheidenen, keineswegs gleichwertigen Einklang herstellen konnte. Er war der Wille, der Geist, das Absolute, oder wie Poe es ausdrückte, ›die ungeteilte Materie, die alle Dinge durchdringt und antreibt‹. Das Ich in höchster Potenz. Wenn ›menschlicher Erfindungsgeist keine Geheimschrift austüfteln kann, die menschlicher Erfindungsgeist nicht auch aufzulösen vermöchte‹, Gott aber dem menschlichen Geist auf höchster Stufe entspricht, so muß es schließlich auch möglich sein, den Kosmos auf eine Formel zu reduzieren. Ist der Kosmos eine logische, wenngleich übergeordnete Konstruktion, so ist er mit Hilfe einer ebenso übergeordneten Logik erklärbar. Eben diese letzte Erkenntnis aber strebt die Naturphilosophie an.

Poes Hinwendung zu einer eigenen, später in ›Heureka‹ formulierten Kosmogonie war bei aller Originalität nichts anderes als eine Emanation des (mehr europäischen) Zeitgeistes, ebenso wie seine Theorien der Dichtkunst und der Kurzgeschichte gewissermaßen das Schlußwort zur romantischen Ästhetik bildeten.

Die zentrale These, von der Poes Überlegungen in ›Heureka‹ ausgehen, lautet: »In der ursprünglichen Einheit des ersten Dinges liegt die Ursache aller Dinge mit der Anlage zu ihrer unvermeidlichen Vernichtung.«[25]

Die ursprüngliche Einheit könnte zugleich das ›Ich‹ sein. Im erkennenden und schöpferischen Ich liegt die Ursache aller Dinge; das Ich und die Welt sind nach einem Wort von Novalis integrante Hälften. Der Vernichtung, der psychischen oder physischen Auflösung treiben fast alle Poeschen Helden entgegen – »liegt es doch auf der Hand, daß wir vorwärts stürmen, irgend einer erregendsten Erkenntnis zu – einem niemals bekanntzumachenden Geheimnis, dessen Erreichung gleichbedeutend ist mit Zerstörung«.[26]

Das Geheimnis des Todes und ›was da für Träume kommen mögen, wenn wir den Knäul des Ird'schen abgespult‹, ist es immer wieder, was Poe und seine Figuren anzieht und abstößt wie ein Magnet ungleiche und gleiche Pole.

Was erwartet uns nach der Katharsis des Sterbens? Das Nichts, die ›Annihilation‹, das Aufgehen in ein ›immaterielles Universum‹ oder gar der Eintritt in das Paradies, in ›jene überirdischen Ekstasen, von denen die Musik uns nur einen andeutenden, vagen Schimmer vermittelt?‹ Ist der Tod wirklich nur die ›schmerzvolle Metamorphose‹? Und können wir dieses endgültige Schicksal beeinflussen? Wenn es möglich wäre, durch welche Verdienste, durch welche Eigenschaften? Durch Erkenntnis, durch Imagination und die Fähigkeit zu träumen oder durch bloße Willenskraft? Das sind die großen, drängenden Fragen, die Poe beschäftigen und auf die er in seinen Schriften stets aufs neue zurückkommt. Der Tod ist sein Grundthema – ›Verachtung aller gegenwärtigen Dinge, bei ernstestem Verlangen nach der Zukunft‹.

Das Fortbestehen der Seele stand nach Poes Auffassung in keinem direkten Zusammenhang mit Moral, ›einer guten Führung‹, die dereinst im Himmel belohnt wird. Die Voraussetzungen mußten ungleich subtiler sein. In seiner Erzählung ›Mesmerische Offenbarung‹, neben ›Heureka‹ seine einzige längere philosophische Studie, führt er die Gedanken weiter aus, die er in seinem Brief an Lowell nur angedeutet hatte. Der Erzähler ›P.‹ berichtet darüber, wie er schon seit geraumer Zeit einen Patienten, Mr. Vankirk, der an fortgeschrittener Lungenschwindsucht leidet, in Abständen in hypnotischen Schlaf versetzt, um seine Schmerzen zu lindern. Als Vankirk spürt, daß es mit ihm zu Ende geht, läßt er P. noch einmal an sein Krankenlager bitten. Er habe, sagt er, dem Gegenstand der Unsterblichkeit der Seele bisher immer sehr skeptisch gegenübergestanden. Sämtliche philosophischen, metaphysischen oder theologischen Schriften über dieses Thema hätten ihn vernunftmäßig nicht zu überzeugen vermocht. Er wolle daher nun, sozusagen in ›articulo mortis‹, ein Experiment wagen: P. möge ihn ›mesmerisieren‹ und ihm sodann, sobald er in Trance gefallen sei, diesbezüglich einige Fragen stellen; die Sinne eines Hypnotisierten seien bekanntlich äußerst geschärft, seine *Selbsterkenntnis* tiefer als im Wachsein – ›und vielleicht verhilft uns diese Selbst-Kenntnis zu Fingerzeigen, aus denen sich ein Katechismus zusammenstellen läßt‹. P. willigt ein, und es folgt ein Dialog zwischen dem Hypnotiseur und seinem Medium, in dem es unter anderem heißt:

»V: Es gibt zwei Körper – den rudimentären und den vollkommenen; entsprechend den beiden Zustandsformen von Raupe und Schmetterling. Was wir ›Tod‹ nennen, ist nur die schmerzvolle Metamorphose. Unsere gegenwärtige Inkarnation bildet nurmehr ein Anfangsstadium, ein Vorbereitendes, Einstweiliges. Erst die Zukunft bringt uns die Vollendung, das Letzte, die Unsterblichkeit. Erst das letzte Leben erfüllt unsere Bestimmung.
P: Doch die Metamorphose der Raupe liegt uns greifbar vor den Augen.
V: *Uns* – ja, gewiß – doch nicht der Raupe selbst.«

Poe fühlte, obwohl er ›berauscht war von der Kühnheit seiner eigenen Ideen‹, daß er sich hier auf etwas unsicherem Terrain befand. Es hat den Anschein, als finde er manchmal nicht die rechten Worte für seine Einsichten in die Ewigkeit, als suche er nach Kompromissen, das ›niemals mitteilbare Geheimnis‹ in Worte zu fassen. Nach der Veröffentlichung von ›Mesmeric Revelation‹ (sie erschien im August 1844 in drei verschiedenen Zeitschriften, dem ›Columbian Lady's and Gentleman's Magazine‹, der ›New World‹ und dem ›Saturday Museum‹) suchte Poe den damals sehr bekannten Hellseher Andrew Jackson Davis auf, der gerade in New York Vorträge über Mesmerismus und psychische Phänomene hielt, und fragte ihn nach seiner Meinung über die von ihm aufgestellten metaphysischen Theorien. Davis soll ihm versichert haben, daß ›seine Hauptgedanken über ›letzte Dinge‹ strikt und philosophisch wahr seien‹.[27] An George Bush, einen Professor für Hebräisch an der Universität New York und Verfasser des Buches ›Anastasis, or the Doctrine of Resurrection‹, schickte er ein Exemplar des ›Columbian‹ mit seiner Erzählung; in seinem Begleitschreiben dazu hieß es: »Ich wage es, Ihnen den Artikel zu senden, weil er sich in vielem mit Ihrem letzten bewunderungswürdigen Werk über die zukünftige Beschaffenheit des Menschen berührt und ich daher hoffen darf, Sie möchten mir die Ehre geben, einen Blick auf das von mir Gesagte zu werfen.

Sie werden selbst sehen, daß der Artikel reine Erfindung ist; – doch habe ich einige eigene Gedanken eingearbeitet und bin begierig zu hören, ob sie absolute Originalität beanspruchen dürfen und Ihnen fundiert genug erscheinen.«[28]

Wieder einmal wurde Poes Erzählung von der überwältigenden Mehrheit der Leser als Tatsachenbericht angesehen; Mesmerismus und übersinnliche Erscheinungen waren ein beliebtes Diskussionsthema, vor allem in den literarischen Salons, und es wimmelte geradezu von Wünschelrutengängern,

Medien, Geistersehern und Anhängern Swedenborgs. Noch bis in die siebziger Jahre des vorigen Jahrhunderts gab es sogenannte ›Magnetiseure‹, deren überraschende Heilerfolge und Schmerzlinderungen durch Anwendung der Mesmerschen Methoden großes Aufsehen erregten. Kaum eine Zeitung oder Zeitschrift, in deren Spalten sich nicht hin und wieder Artikel fanden wie ›Vom Kartenlegen‹, ›Halluzination in den Alpen‹, ›Eine merkwürdige Vorwarnung‹ und dergleichen. Nur war dies alles mehr eine Art Gesellschaftsspiel, ein modischer ›Transzendentalismus‹. Jedenfalls konnte Poe sicher sein, schon durch den Titel seiner Geschichte, ›Mesmerische Offenbarung‹, auf allgemeines Interesse zu stoßen. Seine Leser ahnten nicht, daß ihre Lektüre ihr christliches Weltbild durcheinander bringen würde. Gott wäre also ›die letzte, partikellose Materie, die alle Dinge durchdringt‹? Ein Gott aus physischer Energie, verdünnt und verfeinert zur ›Atomlosigkeit‹? Kein rächendes oder verzeihendes Prinzip mehr, keine Erlösung durch das Opfer seines Sohnes, Jesus Christus, keine Belohnung der Tugend, keine moralische Instanz? Was hieß es dann, ein ›gottgefälliges Leben führen‹?

Poe lebte in einer zunehmend materialistisch orientierten, aber im Vergleich zur unsrigen immer noch sehr gläubigen Epoche. Die Religion war zwar oft zur Konvention erstarrt – der wohlhabende und angesehene Bürger ging nun einmal regelmäßig jeden Sonntag in die Kirche, wo er für sich und seine Familie eine Extrabank abonniert hatte wie eine Loge im Theater –, aber beruhten auf dieser Konvention nicht die Grundfesten des Staates, der Gesellschaft? ›In God We Trust.‹ Die Kirche gehörte noch immer zu den Zentren des sozialen Lebens, ganz gleich, zu welcher Konfession man sich bekannte – und es gab damals in den Vereinigten Staaten eine Vielzahl oft in Sekten abgespaltener, überwiegend calvinistisch geprägter Konfessionen. Und der calvinistische Protestantismus ist im Prinzip eine kunstfeindliche Religion, eine Religion der Bilderstürmer. Die neuere europäische romantische Philosophie fiel in Amerika auf keinen fruchtbaren Boden; ihre Schößlinge keimten mehr im Verborgenen. Ein Pantheist, jemand, der sich nicht zur christlichen Lehre bekannte, galt für den anständigen Amerikaner noch immer als eine Art Anarchist.

Poe hatte Feinde – einflußreiche Feinde, deren Schar sich in den folgenden Jahren vor allem durch seine Artikelserie ›Die Litteraten von New York‹ noch vergrößern sollte, denen jedes Mittel recht war, gegen ihn vorzugehen. Eines dieser Mittel boten ihnen Häresien, wie er sie in ›Mesmeric Revelation‹ und später in ›Heureka‹ äußerte. Poe, der Trunkenbold, der Libertin, der literarische Snob, der gehässige Vitriolspritzer, der morbide Phantast – und schließlich der leibhaftige Antichrist, der Zersetzer von Religion und Moral.

»Er irrte in den Straßen umher«, heißt es in dem berüchtigten Nachruf auf Poe, dem ›Ludwig Artikel‹ des ehemaligen Baptistenpredigers Griswold, »in

Wahnsinn oder Melancholie; dabei formten seine Lippen verworrene Flüche, oder seine Augen wandten sich in leidenschaftlicher Inbrunst gen Himmel – er fühlte, daß er bereits verdammt war, oder tat zumindest so, und seine Gebete galten nie ihm selbst, sondern dem Glück derer, die er gerade vergötterte...«[29] etc. Das Porträt eines Sünders, wie es die spanische Inquisition in Auftrag gegeben haben könnte. Es ähnelte jedoch dem Abgebildeten in der Tat.

Wie erwähnt, wurde Poes ›Mesmerische Offenbarung‹ als authentischer Bericht verstanden und sorgte, vor allem bei frommen Gemütern, für einige Verwirrung. Dabei waren die darin ›eingearbeiteten, eigenen Gedanken‹ aus theologischer Sicht gar nicht einmal so ketzerisch. Der neuere Protestantismus begreift Gott als »das große Mysterium, das sich in allem Sein und Werden als die höchste Urmacht und der letzte Ursprung erschließt. Der Mensch ahnt, daß der Schlüssel zu seiner *Selbsterkenntnis,* zur Welterkenntnis und zur Sinngebung des Daseins in der Gotteserkenntnis liegt... *Gottes Offenbarung* ist in der Geschichte verborgen, in der Fragwürdigkeit und *Todesgestalt* des irdischen Geschehens, in Beschränktheit und *Vorläufigkeit,* in der Partikularität und Relativität der zeitlichen Geschichte.«[30]

Dennoch waren Poes ›Erklärung Gottes‹ und die damit verbundenen Implikationen, vor allem der (scheinbare) Ausschluß eines ›moralischen Prinzips‹ aus seinen Erörterungen, für das bigotte Klima, in dem er lebte, äußerst gewagt. Zudem sah er sich in Gefahr, mit den modischen ›Mystikern‹, den ›Swedenborgianern‹ und anderen ›transzendentalen‹ Spintisierern seiner Zeit in einen Topf geworfen zu werden. Lowell bemerkt in seiner ›biographischen Skizze‹ ganz richtig: »Mr. Poe hat keinerlei Sympathie für *Mystizismus.* Der Mystiker verkriecht sich in das Geheimnis, er hüllt sich darin ein; es färbt all seine Gedanken, es wirkt vor allem auf seine optische Wahrnehmung, so daß selbst die gewöhnlichsten Gegenstände für ihn eine Art prismatischer Aura zu haben scheinen. Mr. Poe dagegen ist ein Betrachter *ab extra.* Er analysiert, er beobachtet, er geht den Dingen auf den Grund.«[31]

Aus diesen Gründen zog Poe es vor, sich etwas zu distanzieren, um unliebsame Kontroversen zu vermeiden. In einer seiner ›Marginalien‹ vom August 1845 erklärte er: »Die Swedenborgianer lassen mich wissen, sie hätten entdeckt, daß alles, was ich in einem Zeitschriftartikel mit dem Titel ›Mesmerische Offenbarung‹ sage, absolut wahr ist, obwohl sie zuerst sehr dazu neigten, meine Glaubwürdigkeit anzuzweifeln – die ich selbst doch, in diesem Fall, nicht einmal im Traum *nicht* angezweifelt hätte. Die Geschichte ist von Anfang bis Ende reine Erfindung.«[32]

Es wurde hier so ausführlich auf diese – relativ unbekannte – Erzählung eingegangen, weil sie gewissermaßen eine Vorstudie zu Poes letztem Werk ›Heureka‹ bildet, das er selbst als die krönende Apotheose seines Schaffens ansah. Er schien seinen frühen Tod vorauszuahnen und seine ganze Kraft auf das ›magnum opus‹ zu verwenden, dessen Nachklang allerdings verhallte. Heute ist es allenfalls ein Studienobjekt für Literaturwissenschaftler und hat trotz Paul Valérys Lobeshymne ›Au sujet d'Eurêka‹ keine wissenschaftliche oder philosophische Beachtung, geschweige denn Anerkennung gefunden.

Poe erklärte Genie als ›das Ergebnis einer allgemeinen, sehr großen, im Status *absoluter Proportion* befindlichen Geistes-Kraft, darin keinerlei Fähigkeit über Gebühr dominiert‹ – ebenso wie ein literarisches Werk eines Genies, die optimale ›Fabel‹ etwas ist, ›in dem kein Teil seinen Platz vertauschen kann, ohne dem Ganzen Ruin zu bringen‹. Und da er das Universum als ›Fabel‹ Gottes bezeichnet, ist Gott entsprechend das Genie in höchster Potenz.

Der deutsche Komponist Richard Wagner verkörperte etwa den Prototyp dessen, was die Welt damals unter ›Genie‹ verstand – eine Mischung aus Charisma, Selbstdarstellung und Virtuosität. Mit dem Prädikat ›genial‹ ging man nach Poes Auffassung etwas zu unbekümmert um. In all der Verschwommenheit und Disproportion der allgemeinen Bewertung von Kultur, dem offenkundigen Mangel an Maßstäben, dem Hochgejubele von Glühwürmern fühlte sich Poe – der sich ja immer schon in der Rolle des Geschmacksrichters gefiel – aufgerufen, das Genie ›sui generis‹ abzugrenzen gegen bloßes Talent – eine ähnliche Abgrenzung, wie er sie bereits (Coleridges Gedanken aufgreifend) in seiner Unterscheidung zwischen ›Imagination‹ und ›Phantasie‹ vorgenommen hatte. Seine Motivation ist einleuchtend: einerseits der zeitgenössische ›Virtuosenrummel‹ (insbesondere um Modeschriftsteller), andererseits die damals epidemische ›Heroenverehrung‹, jene blinde Anbetung ›großer Geister‹, die bis heute gerade auch für die deutsche Kulturbürgermentalität kennzeichnend ist (man denke nur an die unzähligen Goethe- und Wagnervereine).

»*Kein* Heroen-Verehrer verfügt über irgend welche inneren Werte. Der ist kein Mensch, der angesichts dieser Mit-Menschen Nichts denn Ehrfurcht empfindet. Genie blickt voll der Hochachtung auf andres Genie, ja mag ihm sogar in enthusiastischer Bewundrung gegenüberstehn, doch Nichts von Verehrung haftet solchem Gefühle an, dieweil dasselbe ja aus einer tiefen Kenntniß des Bewunderten kömmt – aus einer vollkommenen Sympathie, einer *Gleichgestimmtheit der Geister,* welche das Resultat so tiefer Kenntniß ist. Muß erst noch gesagt werden, daß Sympathie und Verehrung Antagonisten sind? All die Heroen-Verehrer – was zum Beispiel wissen sie über Shakespeare? Sie huldigen ihm, sie nehmen das Maul voll über ihn, tragen vor über ihn, über *ihn* und *ihn* und über sonst Nichts – und all Dies blos, weil er ihnen gänzlich unverständlich bleibt. Ihre Idee von seiner Größe ist lediglich aus jener Beharrlichkeit erwachsen, mit der alle Welt ihn als einen Großen hingestellt hat. Soweit's aber ihre eigene Meinung anbetrifft, haben sie wahrhaftig überhaupt Keine. Ganz allgemein läßt sich sagen, daß die Heroen-Verehrer wol zu den unbedeutendsten Menschen zählen. *Kein einziger* unter ihnen hat's jemals weiter gebracht denn zu einer recht verächtlichen Mediocrität.«[33]

Das wahre Genie jedoch, dessen Geisteskraft sich im ›Status absoluter Proportion‹ befindet, wird gerade wegen des »Ebenmaßes und der scheinbaren Simplicität seiner Hervorbringungen nur selten als ein solches anerkannt«.

Aus all dem wird deutlich, daß Poe sich den ›echten Genies‹ zuordnete und seine Armut und seinen Mißerfolg vielleicht gerade auf diesen Umstand zurückführte. Allerdings beschäftigte er sich in seinem ›Kapitel Betrachtungen‹, seinen ›Marginalien‹ und den ›Fünfzig Einfällen‹ mit der Definition des Genies weniger aus Gründen der Selbstdarstellung, als vielmehr darum, weil er gültige Maßstäbe in dieser ›recht simplen‹ und doch so sehr ›vertrackten Frage‹ setzen wollte. Sein Hauptanliegen war ja immer noch, die Aufmerksamkeit der Öffentlichkeit auf das von ihm geplante Literaturmagazin zu lenken, das zur nationalen Instanz in Fragen des guten Geschmacks werden sollte. Man könnte Poe als einen ›Don Quichote des Geistes‹ bezeichnen; ihn zogen vor allem Probleme an, die sich nicht verifizieren lassen: der Tod, Gott und das Universum, der Geschmack, das Genie, der Traum und der Unterschied zwischen Imagination und Phantasie. Aber gerade darin, in seiner ›ästhetischen Philosophie‹, seiner Metaphysik ohne Mystizismus, seinem Kampf gegen die Windmühlen des Zeitgeschmacks und seinem ernsthaften Bemühen um Wertigkeiten in Grenzbereichen des menschlichen Verstandes, liegt seine eigentliche Größe.

Auf die fünf Erzählungen, die er außer der ›Mesmerischen Offenbarung‹ in seinem Brief an Lowell erwähnte, kann hier nur flüchtig eingegangen werden. Da war zunächst die dritte und letzte seiner Kriminalgeschichten um den Meisterdetektiv C. Auguste Dupin, *Der entwendete Brief* (›The Purloined Letter‹). Sie gehört wie der ›Goldkäfer‹ zwar mittlerweile zur Schullektüre, ist jedoch keineswegs so ›harmlos‹, wie es auf den ersten Blick den Anschein hat. Aus den ›königlichen Gemächern‹ ist ein Brief mit kompromittierendem Inhalt entwendet worden; den geschilderten Umständen und gewissen Andeutungen nach zu schließen, handelt es sich dabei um den Brief eines heimlichen Liebhabers der Königin, die stets nur als ›Persönlichkeit‹ bezeichnet wird. Der Dieb ist von Anfang an bekannt; es ist der Minister D---, ›der schlechthin alles wagt, ob es nun einem Manne wohl ansteht oder nicht‹. Mit Dupin verbindet ihn nicht allein die Tatsache, daß sein Nachname den gleichen Anfangsbuchstaben hat (was dem an Poes Vexierspiele gewöhnten Leser bereits zu denken geben muß), sondern auch eine nicht näher bezeichnete private Rivalität: ›D--- spielte mir einst in Wien einen üblen Streich, und damals habe ich ihm in aller Gemütlichkeit versprochen, ihn nicht zu vergessen.‹ Die Affinität zwischen Verbrecher und Detektiv ist also noch weit enger und persönlicher als beispielsweise das rein intellektuelle Verhältnis Legrands zu dem ähnlich scharfsinnigen Bösewicht Kapitän Kidd. Diese Affinität erinnert an die schicksalhafte Beziehung William Wilsons zu seinem ›moralischen‹ Doppelgänger – was nicht unbedingt impliziert, Dupin selbst sei der bewußte Liebhaber der Königin und Schreiber des Briefes gewesen, wie Daniel Hoffman vorschlägt[34]. Jedenfalls befindet sich die ›gewisse Persönlichkeit‹ in einer überaus prekären Lage: »... dem Dieb ist bekannt, daß wiederrum er dem (der) Bestohlenen bekannt ist... und die Gewalt, die damit in seine Hände gelangte, ist in den letzten Monaten in sehr gefährlichem Maße zu politischen Zwecken ausgenützt worden... es ist dieser Besitz, und nicht die Verwendung des Briefes, auf dem die ganze Macht beruht. Mit der Verwendung wäre die Macht zu Ende.«[35] Oder, weniger diplomatisch ausgedrückt: eine Person höchsten Ranges (allem Anschein nach die Königin von Frankreich) wird durch einen Brief (allem Anschein nach ein Liebesbrief), den sich der Minister D--- angeeignet hat, erpreßt; der Besitz dieses Schriftstücks gibt ihm Carte blanche für all seine politischen Ambitionen und Intrigen (denn er ist als ›Intrigant‹ berüchtigt) sowie direkten Einfluß auf die Regierungsgeschäfte, worin ihn die in Frage stehende Person gezwungenermaßen nicht nur gewähren lassen, sondern zugleich auch noch decken muß. Eine geheime Staatsaffäre also. In ihrer Verzweiflung wendet sie sich an den Polizeipräfekten G---, den sie mit der Wiederbeschaffung des Schreibens betraut – unter äußerster Diskretion, versteht sich: Monsieur G---, der schon in den früheren Dupin-Geschichten auftaucht, ist ein Musterbeispiel des ›gesunden Menschenverstandes‹, der Prototyp des Bürokraten und damit zugleich auch die Verkörperung einer bürokratisierten Gesellschaft. Methodik geht ihm über alles.

Natürlich ist ihm Dupins verbrecherisches Alter ego, der Minister D---, weit überlegen. Er weiß, daß sich er Polizeipräfekt auf seiner Spur befindet, und hat daher den Brief so versteckt, daß er für *dessen* Strategie unauffindbar bleiben muß. G--- läßt ihn durch ›als Straßenräuber getarnte Polizisten‹ mehrere Male überfallen und durchsuchen; er dringt mit seinen Leuten drei Monate lang fast jede Nacht in das Minister-Palais ein, und sie durchstöbern ›jede Ecke und jeden Winkel‹ planmäßig und pedantisch. Kein Zimmer, kein Möbelstück wird ausgelassen; »Sie werden ja wohl wissen, daß es für einen richtig geschulten Polizei-Agenten so etwas wie *Geheimfächer* gar nicht gibt. Wer sich bei einer Durchsuchung dieser Art ein ›geheimes‹ Fach entgehen läßt, ist ein Tölpel... Die Kissen wurden mit jenen feinen langen Nadeln geprüft, die Sie mich schon verwenden sahen... wir untersuchten sämtliche Stäbe an sämtlichen Stühlen im Palais und tatsächlich die Fugenteile an jeder

Art Mobiliar mit der Hilfe eines höchst starken Mikroskops ... etc. etc.« Bei all dieser umständlichen Akribie (die freilich zu keinem Ergebnis führt) unterliegt der Polizeipräfekt einem einfachen Denkfehler. Er geht davon aus, daß der Brief irgendwo *verborgen* sei. Die Raffinesse des Ministers aber besteht gerade darin, daß er das Dokument offen herumliegen läßt. Der Brief ist nur wie ein Handschuh gewendet und neu versiegelt worden und befindet sich, jedermann sichtbar und zugänglich, in einer schäbigen, an der Wand seines Schreibzimmers hängenden Briefablage. Und von dort *entwendet* ihn Dupin schließlich ein zweitesmal – das Verbrechen faktisch wiederholend.

Man könnte die Erzählung (Poe selbst hielt sie für seine beste Detektivgeschichte) als eine weitere Studie über Dupins überlegen-intuitiven Geist betrachten; die Kompliziertheit des Falles liegt diesmal gerade in seiner Einfachheit. Aber worin besteht das eigentliche *Motiv* Dupins, ihn aufzuklären? Es ist Rache. D--- hatte ihm einmal, wie erwähnt, in Wien einen häßlichen Streich gespielt, und er hatte ihm damals in bester Laune entgegnet, daß er es sich merken würde. So begnügt sich Dupin nicht etwa damit, den entwendeten Brief aufs neue zu stehlen. Er läßt statt seiner ein Faksimile zurück, das dem Schriftstück genau gleicht. Um seine Rache vollkommen zu machen, hat Dupin auf die Innenseite des gefälschten Briefes, den der Minister über kurz oder lang öffnen wird – und wohl wissend, daß jener seine Handschrift kennt –, ein Zitat aus der Tragödie ›Atrée‹ des Dramatikers Prosper de Crébillon (1674–1762) notiert:

> »– Un dessein si funeste,
> S'il n'est digne d'Atrée, est digne de Thyeste.«
> (etwa: Ein so düsteres Geschick,
> ist's gleich nicht würdig der Atrée, so ist es würdig des Thyeste.)

Thyestes bekam als Vergeltung dafür, daß er die Frau seines Bruders Atreus verführt hatte, seine eigenen ermordeten Söhne als Mahl vorgesetzt. Crébillon, der wegen der Greuel, mit denen seine Theaterstücke angefüllt waren, von seinen Zeitgenossen ›le terrible‹ genannt wurde, fiel durch Verleumdungen bei Hof in Ungnade. Er führte lange Zeit ein sehr zurückgezogenes Leben, bis ihn Mme. Pompadour rehabilitierte, ihm eine hohe Pension gewährte und seine Aufnahme in die Académie Française durchsetzte. »Dupin dachte *intuitiv* an jenen Tragödiendichter, der lebte, um über seine Feinde zu triumphieren. Le poête manqué sera vainqueur.«[36]

Vielleicht geht Daniel Hoffman gar nicht einmal so fehl in der Annahme, daß Dupin zugleich auch der Verfasser des komprimittierenden (Liebes-) Briefes gewesen sein könnte. Dies wäre dann die absolute Krönung seiner Rache: der Minister öffnet den Umschlag und findet das Crébillon-Zitat in der nämlichen Handschrift, in der auch der verhängnisvolle Brief aufgesetzt war.

In ›*Du bist der Mann!*‹ (›Thou Art the Man!‹) parodiert Poe bereits das Genre der Detektivgeschichte, das er selbst ins Leben gerufen hat, mit tiefschwarzem Humor. In dem Spießernest ›Schwetzersburg‹ (›Rattleborough‹) verschwindet eines Tages der hochangesehene Bürger Mr. Shuttleworthy, und die Umstände seines Verschwindens – er hatte einen Ausritt unternommen, und sein Pferd kehrt von einer Pistolenkugel verwundet und reiterlos zurück – lassen darauf schließen, daß er ermordet wurde. Der Verdacht fällt auf seinen Neffen, einen jungen Mann von ›liederlichem Lebenswandel‹, und die Indizien gegen ihn häufen sich so, daß er verhaftet und zum Tode verurteilt wird. Der wirkliche Täter jedoch ist ein nicht minder angesehener ›Freund und Nachbar‹, ein ›netter alter Knabe mit freimütigem Gesicht‹, der ehrenwerte Mr. Charles Goodfellow. Dieser Herr schwingt sich zum Leiter der Nachforschungen auf und legt geschickt falsche Fährten. So bleibt auch die Leiche des Ermordeten (vorläufig) unentdeckt.

Zuletzt greift der Erzähler selbst – eine Art Karikatur Dupins –, der sich bisher völlig im Hintergrund gehalten hat, in das Geschehen ein, ›spielt den Ödipus für das Rätsel von Schwetzersburg‹ und entlarvt den wahren Mörder durch einen ebenso ingeniösen wie grausigen Scherz. Es ist ihm gelungen, den Leichnam Mr. Shuttleworthys (in einem ausgetrockneten Brunnenschacht) ausfindig zu machen, indem er nämlich gerade die Gegenden absuchte, die so weit wie möglich von denen entfernt liegen, zu welchen Mr. Goodfellow seine Suchtrupps geführt hatte. Da er weiß, daß G. demnächst eine Weinlieferung erwartet, einen Posten ›Château-Margaux‹ (der ihm von dem Ermordeten selbst vor einiger Zeit während einer fröhlichen Zecherei versprochen worden war), besorgt er sich eine ›längliche Kiste‹ und zwängt die Leiche unter Zuhilfenahme eines ›steifen Stücks Fischbein‹, das er ihr durch die Speiseröhre in den Körper schiebt, so in dieses Behältnis ein, daß sie beim Öffnen desselben wie ein Springteufel ›hervorschießen‹ muß. Sein Plan (dessen Details wohl nicht näher erläutert werden müssen) gelangt – natürlich im Beisein von Zeugen – zur Ausführung und hat den gewünschten Effekt, unterstützt durch das ›bauchrednerische Talent‹ des Erzählers, der den halbverwesten Leichnam dumpf und wirkungsvoll die Worte ›Du bist der Mann!‹ ausrufen läßt. Der Mörder stürzt, nachdem er ein wirres Geständnis abgelegt hat, tot zu Boden. – Der Gerechtigkeit war Genüge getan, aber manch einer von Poes Lesern mochte sich fragen, ob der Zweck *solche* Mittel heilige.

Eine Ausnahme bildet ›*The Oblong Box*‹ (›Die längliche Kiste‹), eine Kurzgeschichte für ›Godey's Lady's Book‹, in der es ihm gelingt, sogar den voreingenommenen Leser eine Weile aufs Glatteis zu führen. Seine Methode ist denkbar einfach: er schlüpft, als Ich-Erzähler, diesmal in die Rolle eines zwar gebildeten, aber doch recht oberflächlichen, neugierigen und geschwätzigen

Mr. Niemand (eine Rolle, die auch dem Großteil von Godeys Abonnenten geradezu auf den Leib geschrieben war). Dieser Herr, anscheinend ein wohlhabender Müßiggänger aus den Südstaaten, unternimmt eine Reise auf dem Postschiff ›Independence‹ (Unabhängigkeit) von Charleston nach New York. (Solche auf den ersten Blick belanglos wirkenden Details wie der Name des Schiffes haben in Poes Œuvre in der Regel eine gewisse Bedeutung, insofern sie nicht lediglich der Ausschmückung oder Mystifikation dienen.) Zu den Passagieren auf der ›Unabhängigkeit‹ gehört auch ein Mr. Wyatt, ›ein junger Künstler‹, für den er ›Empfindungen warmer Freundschaft hegt‹ – Gefühle, die der andere nicht unbedingt erwidert, denn der Erzähler stellt sich als reichlich profaner und aufdringlicher Zeitgenosse dar. Sie waren beide, so heißt es weiter, Kommilitonen auf der C--- Universität, der Universität von Charlottesville also, wo sie ›sehr viel miteinander verkehrten‹. Wyatt »besaß das gewöhnliche Temperament des genialen Menschen und war ein Gemisch aus Menschenhaß, Empfindsamkeit und Enthusiasmus. Mit diesen Eigenschaften vereinigte er das wärmste und treueste Herz, das je in einer Menschenbrust geschlagen.«[37]

Wie der Erzähler erst ganz zum Schluß erfährt, ist Wyatts Frau, ›eine überaus liebreizende und gebildete Dame‹, einen Tag vor der Abreise plötzlich und unerwartet verstorben.

»Der junge Gatte geriet schier außer sich vor Schmerz – doch Umstände verboten ihm kategorisch, seine Reise nach New York aufzuschieben. Nun war es einerseits notwendig, der Schwiegermutter den Leichnam seines angebeteten Weibes zu bringen, doch andererseits wieder kannte er wohl das allgemeine Vorurteil, das ihn hindern würde, dies in aller Offenheit zu tun. Neun Zehntel der Passagiere hätten eher das Schiff verlassen, als daß sie mit einer Leiche zusammen gereist wären.
In diesem Dilemma verfiel Kapitän Hardy auf die Lösung, daß die Tote, vorerst einmal teilweise einbalsamiert und zusammen mit einer großen Menge Salz in eine Kiste von passenden Maßen gepackt, als Stückgut an Bord gebracht werden sollte. Nichts sollte vom Abscheiden der Dame verlauten; und da es nun aber wohlbekannt war, daß Mr. Wyatt auch für seine Gattin Passage genommen, wurde es notwendig, daß irgendjemand für die Dauer der Reise ihre Stelle einnahm. Hierzu ließ sich die Kammerzofe der Verstorbenen leicht bewegen.«[38]

Nur ist dummerweise der Erzähler mit an Bord, der sich ›just in einer jener verdrießlichen Geistesverfassungen‹ befindet, ›die einen Menschen abnorm neugierig nach allen möglichen Kleinigkeiten machen‹. Diese unglückliche Konstellation führt, wie sich denken läßt, zu einer Reihe von gräßlich-komischen Verwechslungen und Mißverständnissen. Wyatts vermeintliche Frau, die ihm als ›überragend schön, geistreich und gebildet‹ beschrieben worden ist, entpuppt sich als ›ausgesprochen unansehnlich‹: »Wenn sie auch nicht direkt häßlich war, so fehlte doch daran, denk' ich, nicht eben allzu viel.« Zudem legt sie ein ›kaum mißverständliche Neigung an den Tag, mit den Männern zu kokettieren‹, gibt in der Konversation ausschließlich Plattheiten von sich und wird allgemein belächelt. Der Erzähler ist höchst erstaunt über die ›Geschmacksverirrung‹ seines ›Freundes‹, aber das schürt nur seine Neugierde, die sich schließlich auf den Inhalt der ›länglichen Kiste‹ konzentriert. Er gelangt zu dem Schluß, daß sie ein Kunstwerk, ein Gemälde, enthalten müsse, das Wyatt nach New York schmuggeln wolle. (So weit entfernt von der Wahrheit ist er dabei nicht, bildet doch der ›Tod einer schönen Frau den Gipfelpunkt aller Poesie‹.) Es fällt ihm auf, daß die beiden ›Eheleute‹ getrennte Kajüten haben und daß Wyatt jede Nacht die bewußte Kiste öffnet, um sich, wie er glaubt, an dem Gemälde zu ergötzen. Von seiner Spitzfindigkeit überzeugt, spricht er ihn eines Tages direkt darauf an:

»Ich sagte irgendetwas über die ›sonderbare Gestalt jener Kiste‹, und während ich diese Worte sprach, zeigte ich ein wissendes Lächeln, zwinkerte ihm zu und tippte ihm mit dem Zeigefinger sanft gegen die Rippen. Die Weise, in der Wyatt diese harmlose Neckerei aufnahm, überzeugte mich alsbald, daß er wahnsinnig war. Zuerst starrte er mich an, als vermöchte er den Witz meiner Bemerkung einfach nicht zu fassen; doch als ihm die Pointe langsam dämmerte, schienen ihm die Augen ebenso langsam schier aus den Höhlen treten zu wollen. Anschließend wurde er überaus rot – dann schrecklich bleich – und dann brach er, ganz als amüsierte ihn aufs höchste, was ich angedeutet hatte, in ein lautes und lärmendes Gelächter aus, das zu meiner Bestürzung mit schrittweis' wachsender Gewalt wohl zehn Minuten oder länger anhielt.«[39]

Eine Leiche an Bord eines Schiffes – besonders wenn es sich um eine ›geschmuggelte‹ Leiche handelt – bringt nach ›allgemeinem Vorurteil‹ Unglück. (So befand sich z. B. auch im Laderaum der ›Titanic‹ ein Sarkophag mit der Mumie einer altägyptischen Prinzessin, auf der ein Fluch lasten sollte.) Jedenfalls gerät die ›Independence‹ in einen Sturm und sinkt. Mannschaft und Passagiere retten sich in die Boote; zuletzt wird eine Jolle zu Wasser gelassen, die unter anderen den Kapitän, den Erzähler und Wyatt (zusammen mit seinen beiden Schwestern und der Kammerzofe) aufnimmt. Sie haben sich schon einige Faden von dem sinkenden Schiff entfernt, als Wyatt plötzlich darauf besteht, umzukehren, um die längliche Kiste zu holen. Sein Bitten und Flehen findet natürlich kein Gehör; man hält ihn für wahnsinnig, und er gebärdet sich auch wie ein Verrückter; das Rettungsboot droht zu kentern. Zuletzt springt er ins Wasser, schwimmt zur ›Unabhängigkeit‹ zurück, klettert an einem Tau an Bord, schleppt (»mit einem Kraftaufwand, der gigantisch anmutete«) die Kiste aus seiner Kajüte an Deck, fesselt sich mit Stricken daran und stürzt sich zusammen mit seiner toten Liebe ins Meer. Er verschwindet in den Fluten, »jäh plötzlich und auf immer« – zumindest, so kommentiert der Kapitän ebenso rätselhaft wie prosaisch, »bis sich das Salz aufgelöst hat«. Der Erzähler wird erst einen Monat später durch ihn über die Zusammenhänge aufgeklärt.

›The Oblong Box‹ ist eine typische Poe-Geschichte; gewisse autobiographische Elemente sind darin unverkennbar. Der eigentliche Held der Erzählung, der ›Künstler‹ Wyatt, unternimmt auf einem Schiff mit dem Namen ›Unabhängigkeit‹ eine Reise, ›einem Geheimnis entgegen, dessen Offenbarung Vernichtung ist‹ (das Gespensterschiff, mit dem der Erzähler aus ›Das Manuskript in der Flasche‹ untergeht, heißt ›Entdeckung‹.)

»Tatsächlich hatte ich alle Hoffnung auf dauerndes Genesen aufgegeben, als ich's doch fand – im Tode meines Weibes«, schrieb Poe vier Jahre später an George W. Eveleth. »...Im Tode dessen, was mein Leben war, empfang ich denn ein neues, doch – o Gott! wie düsterschweres Dasein!«[40] Viele seiner Helden (die Erzähler aus ›Berenice‹, ›Morella‹, ›Ligeia‹, ›Eleonora‹ und ›Der schwarze Kater‹, der besessene Maler in ›Das ovale Porträt‹ oder der vereinsamte Liebende in ›Der Rabe‹) werden durch den Tod geliebter Frauen auf eine qualvolle Weise ›unabhängig‹. Wyatt will – heimlich – den Leichnam seiner Gattin nach New York überführen, um ihn ›seiner Schwiegermutter zu bringen‹. Er öffnet jede Nacht die längliche Kiste, um, wie der Erzähler glaubt, ›seine Augen an dem Bilderschatz darin zu weiden‹. Schließlich treibt es ihn, scheinbar aus einer plötzlichen Gefühlsaufwallung heraus (er ist ja bereits im Rettungsboot, in ›Sicherheit‹), zu dem Sarg zurück, an dem er sich festbindet, um sich mit ihm gemeinsam in den ›Malstrom‹ des sinkenden Schiffes zu stürzen. Der geheime Wunsch nach Unabhängigkeit von irdischer Liebe (den ›tumultuous vultures of stern passion‹), der sich bei Poes Helden oftmals in dem Verlangen äußert, das geliebte Objekt zu töten oder lebendig zu begraben, und der Drang zur Selbstzerstörung sind austauschbare Synonyme. Der Tod als Ideal: der Tod einer schönen Frau ist ›der Gipfelpunkt aller Poesie‹, der Tod des eigenen Ichs löst das letzte Geheimnis. Und man trifft sich wieder im Paradies, in ›Aidenn‹ oder auf dem Gestirn ›Al Aaraaf‹ wie Angelo und Ianthe, Eiros und Charmion, Monos und Una. Denn der Mensch wird niemals körperlos sein. Seine eigentliche Bestimmung liegt jenseits der ›schmerzhaften Metamorphose‹ des Sterbens. Schon die Liebenden in Poes früher Erzählung ›Die Verabredung‹ (›The Assignation‹) sterben mit- und ineinander, indem sie zur selben Stunde Gift trinken.

Das schrecklichste aller Extreme, ›das je dem Sterblichen widerfahren kann‹, ist ohne Zweifel, ›bei lebendigem Leibe begraben zu werden‹. Und dieses Los trifft nicht wenige in Poes Erzählungen: Berenice, Madeline Usher,

Fortunato, den ›Glücklichen‹ aus ›Das Faß Amontillado‹ und Mr. Lacko-breath aus ›Der Atemverlust‹, der dem Verhängnis nur dadurch entfliehen kann, daß er seinen Atem verloren hat. Durch Zufall lebendig eingemauert wird auch der schwarze Kater, und in eine sehr ähnliche Lage gerät das Opfer der Inquisition in ›Die Grube und das Pendel‹, um das sich zuletzt die Mauern seines Verließes immer enger zusammenschließen. Der Mörder aus ›Das ver-räterische Herz‹ erstickt den alten Mann und sein böses Auge unter einem ›schweren Deckbett‹. Arthur Gordon Pym durchleidet sämtliche Agonien des Erstickungstodes in einer Truhe, in der er sich als blinder Passagier eines Schiffes verborgen hält. Später werden er und seine Gefährten von einem Erdrutsch verschüttet, den die Eingeborenen der Insel Tsalal durch eine teu-flische Vorrichtung auf sie niedergehen lassen:

»Ich bin fest überzeugt, daß nichts, was einem Menschen zustoßen kann, ein solches Höchstmaß an seelischer und körperlicher Todesqual auszulösen vermag wie das Lebendig-Begrabensein, das uns betroffen hatte. Die pech-schwarze Finsternis, die das Opfer umgibt, der schreckliche Druck, der auf den Lungen lastet, die erstickenden Ausdünstungen des feuchten Erdreichs, dazu die grauenvolle Erkenntnis, daß man jenseits der äußersten Grenzen jeg-licher Hoffnung weilt und daß dies das zugemessene Los des Todes ist – all dies erfüllt das menschliche Herz mit einem solchen Übermaß an Grauen und entsetzlicher Angst, daß es nicht auszuhalten und auch nicht auszudenken ist.«[41]

Diese klaustrophobischen Vorstellungen waren ein Trauma für Poe. Er litt ja schon als Kind unter ihnen. In seiner Erzählung ›*Vorzeitiges Begräbnis*‹ (›The Premature Burial‹), in der die oben zitierte Passage aus ›Arthur Gordon Pym‹ fast wortwörtlich wieder auftaucht, ließ er sie noch einmal Revue passieren, um sich, wie in einem Exorzismus, von ihnen zu befreien.

Die Furcht, scheintot beerdigt zu werden, war im 19. Jahrhundert weit ver-breitet; so gaben zum Beispiel der Märchendichter Hans Christian Andersen und Wilkie Collins, der Autor von ›Die Frau in Weiß‹ und anderen ›mystery novels‹, ihren Angehörigen sorgfältig ausgearbeitete Instruktionen, um im Falle ihres Todes eine voreilige Beisetzung auszuschließen. Trickreiche tech-nische Vorrichtungen wurden entwickelt, Klingelknöpfe, Vorratsspeicher, Alarmanlagen. Auf vielen Friedhöfen sah man gußeiserne Glockentürmchen, deren Glockenstricke unter die Erde führten. Der weltberühmte Zauber-künstler Harry Houdini sollte sich später, in Ketten gefesselt, eingeschlossen in luftdichte, festversiegelte Kisten, auf den Meeresgrund versenken lassen, um dem schrecklichsten aller Tode publikumswirksam zu trotzen – immer noch ein Hinweis darauf, daß ein ›vorzeitiges Begräbnis‹ zu den Urängsten der viktorianischen Ära zählte. Poes ›The Premature Burial‹ beginnt wie ein

Zeitschriftenartikel als eine Aufreihung quasi-authentischer ›Vorkommnisse‹, die faktisch zu belegen scheinen, daß diese Urangst – unter der Poe wohl mehr als jeder andere litt – durchaus begründet ist. Der Leser (man denke vor allem an das Gros des damaligen leichtgläubigen Lesepublikums) wird also geradezu mit dem Gedanken infiziert. Der sachlich-essayistische Tonfall am Anfang rückt das Grauen in eine greifbare Distanz: das fürchterlichste aller Schicksale kann jedermann jederzeit treffen. »Abgesehen davon«, schreibt Poe ». . . daß das wohlbekannte Vorkommen solcher Ereignisse von zeitweiliger Entseelung selbstverständlich hier und da zu vorzeitigen Beerdigungen Anlaß geben muß – abgesehen von dieser Überlegung haben wir das unmittelbare Zeugnis ärztlicher und alltäglicher Erfahrung, die beweist, daß eine sehr große Zahl solcher Beerdigungen tatsächlich stattgefunden hat. Ich könnte, sofern es nötig ist, auf der Stelle an hundert gut beglaubigte Fälle anführen.« Er beschränkt sich jedoch nur auf einige besonders schauerliche. Eine Frau wird zum Beispiel scheintot in einer Familiengruft beigesetzt; sie erwacht und es gelingt ihr, sich aus dem Sarg zu befreien. Aber die eiserne, festverschlossene Tür der Gruft läßt sich nicht von innen öffnen. All ihre Anstrengungen, sie aufzubrechen, sind vergebens, ihre Rufe verhallen ungehört. »Währenddem waren ihr vermutlich die Sinne geschwunden, oder vielleicht gar starb sie auch dabei, aus schierem Entsetzen; und im Fallen verhing sich ihr Leichenhemd in irgendeinem drinnen vorragenden Eisenwerk. So blieb sie hangen, und so aufrecht hangend, verfaulte sie.« Als die Gruft nach drei Jahren wieder geöffnet wird, um einen weiteren Sarkophag aufzunehmen, fällt ihrem Ehemann ein »›weißgekleidet‹ Klapper-Etwas in die Arme. Es war das Skelett seines Weibes im noch nicht mitvermoderten Totenhemd.«[42]

Es folgen noch einige weitere, ähnliche Beispiele, bevor der Ich-Erzähler über sich selbst Auskunft gibt. Er leidet an einer ›rätselhaften Krankheit‹, der Starrsucht, die leicht die äußerlichen Anzeichen des Todes annehmen kann. Natürlich lebt er in der beständigen Angst, er könne einst Opfer eines gräßlichen Mißverständnisses werden.

»Meine Einbildungskraft ward zu einer wahren Grabesphantasie. Ich sprach nurmehr ›von Würmern, Grüften und von Epitaphen‹. Ich verlor mich in Todesträumereien, und der Gedanke an ein vorzeitiges Begrabenwerden ergriff von meinem Hirne dauernden Besitz . . . Bei Tage kämpf' ich ohne Unterlaß gegen die Folter meiner Grübeleien; nächtens erlag ich ihr . . . Und wenn ich dann endlich in Schlummer sank, so war's nur, um sogleich in eine Welt von Wahngebilden zu stürzen, über welcher, alles beherrschend, mit riesig schwarzen, überschattenden Schwingen der eine Gedanke schwebte – der an Begräbnis und Grab.«[43]

Er trifft alle nur erdenklichen Gegenmaßnahmen und Sicherheitsvorkehrungen, läßt seine Familiengruft umbauen und mit ausgeklügelten technischen Tricks ausstatten – aber umsonst. Die Furcht glimmt in ihm wie ein unlöschbares Feuer.

Die schlimmsten Befürchtungen des Erzählers scheinen sich zuletzt zu bewahrheiten; er erwacht in einem engen, lichtlosen Behältnis, es riecht nach Erde, seine Hände stoßen gegen eine ›feste, hölzerne Masse, die sich, nicht mehr als sechs Zoll von seinem Gesicht entfernt‹, über ihm ›erstreckt‹. Wie sich herausstellt, liegt er jedoch nur in der Kajüte einer ›kleinen Schaluppe‹, die mit Gartenerde beladen ist und in der er und ein Freund, während eines Jagdausfluges entlang den Ufern des Jamesflusses von einem Unwetter überrascht, Zuflucht gefunden haben. Dieses Erlebnis heilt ihn ein für allemal von seinen ›Grabgedanken‹. Er liest keine ›medizinischen Bücher‹ mehr, ›keinen Schwulst über Kirchhöfe, keine Schauergeschichten wie diese hier‹. ›Kurz, ich wurde ein neuer Mensch und lebte wie ein Mensch...‹ »Ach! die gräßlich große Schar der Grabesschrecken darf leider ganz und gar nicht als Phantasiegebild betrachtet werden – doch wie die Dämonen, in deren Gesellschaft Afrasiab seine Reise den Oxus hinab unternahm, müssen sie schlafen, oder sie werden uns verschlingen, – muß man sie schlummern lassen, oder wir gehen zugrunde.«[44] Für den Erzähler ist das Problem gelöst – aber für Poe mitnichten. Was man verdrängt, kehrt irgendwann übermächtig zurück.

Die Handlung der Groteske ›*Die Methode Dr. Thaer & Prof. Fedders*‹ spielt zwar in Frankreich › – le berceau de la raison‹, ist jedoch eine boshafte Parabel auf die amerikanische Gesellschaft und die ›Jacksonian Democracy‹, der in den folgenden Jahren noch einige andere bissige Satiren folgen sollten, wie ›Disput mit einer Mumie‹ und ›Mellonta Tauta‹.

Der Erzähler, der sich auf einer Reise durch die südlichen Provinzen Frankreichs befindet, wünscht (da ihn seine Route in die Nähe führt) auch eine ›gewisse *Maison de Santé,* eine Privatirrenanstalt‹, zu besuchen, von der ihm ›Mediziner-Freunde in Paris‹ schon viel Lobendes berichtet haben. Sein Reisegefährte bietet sich an, ihn dem Direktor des Instituts, Monsieur Maillard, – den er persönlich kennt – vorzustellen, möchte aber lieber Abstand davon nehmen, ihn bei der Besichtigungstour zu begleiten, schützt Eile vor ›und zum zweiten den bekannten normalen Abscheu vorm Anblick eines Wahnsinnigen‹. Das Sanatorium ist ein ›fantastisches, weitgehend verfallenes *château*‹, dessen Anblick dem Erzähler ›buchstäblich Furcht einflößt‹. Es hat von der Beschreibung her eine frappante Ähnlichkeit mit dem Haus Usher, – auch Roderick Ushers ›hoher Verstand‹ ›wankt ja auf seinem Throne‹, und seine ›Rhapsodie‹ über den ›verwunschenen Palast‹ allegorisiert ein ›Gemüt, das von Phantomen heimgesucht wird – einen aus den Fugen geratenen Geist‹. Monsieur Maillard erweist sich als ein ›stattlicher, sehr seriös wirkender

Gentleman der alten Schule mit weltmännisch-abgeschliffenen Manieren und überhaupt einem äußerst eindrucksvollen Air, gemischt aus Gravität, Würde und Autorität«. Er führt (nachdem sich der Reisegefährte empfohlen hat) ein längeres, angeregtes Gespräch mit dem Erzähler und erwähnt, daß man inzwischen von der früheren, hochgepriesenen ›Humanen Methode‹ der Behandlung von Verrückten abgekommen sei – nämlich der, ihnen möglichst viele Freiheiten zu lassen, auf ihre Schrullen einzugehen, ja, ihnen sogar eine gewisse Selbstverwaltung zu gestatten. Aber ›die *Gefährlichkeit* der Humanen Methode hat ja allzeit geradezu schreckhaft auf der Hand gelegen; und ihre Vorzüge sind doch beträchtlich unterschätzt worden‹.

»›Sie sehen mich aufs äußerste überrascht‹, sagte ich, ›ob dessen, was Sie mir da mitteilen; däuchte ich mir doch, bis zu diesem Augenblick noch, vollkommen sicher, daß überall, im ganzen Lande, keine andre Methode der Behandlung von Geisteskranken geübt werde.‹
›Sie sind noch jung, lieber Freund‹, gab mein Wirt zurück, ›aber die Zeit wird kommen, wo Sie lernen werden, aus eigner Anschauung zu beurteilen, was in der Welt vor sich geht, ohne auf fremdes Geschwätz zu vertrauen. Glauben Sie nichts von dem, was Sie hören; und von dem, was Sie sehen, auch immer nur die Hälfte.‹«[45]

Nach einem guten Abendessen jedoch, so verspricht Maillard, werde er ihn mit einem neuen, von ihm ersonnenen System bekannt machen, dem ›unvergleichlich wirksamsten‹ überhaupt.
Die nun folgenden Ereignisse wirken auf den Erzähler sehr befremdlich. Er wird in den Speisesaal gebeten, an eine üppig gedeckte Tafel, und findet sich von merkwürdig extravagant gekleideten Personen umgeben, den ›Mitarbeitern Maillards‹. »Nie noch, in meinem ganzen Dasein nicht, hatte ich einer derart wüsten, üppigen Vergeudung all dessen, was im Leben gut & teuer ist, persönlich gegenübergestanden. Immerhin schien, was Dekoration der Tafel angeht, sehr wenig Geschmack gewaltet zu haben ...«[46]
Das erinnert an eine Passage aus Poes ›Philosophie der Einrichtung‹, in der er über den ›Geschmack‹ der Yankees herzieht, welcher sich in nichts als Prachtentfaltung und ›Show‹ äußere. So ist es auch kein Zufall, daß das Kammerorchester, das während des Dinners fröhliche Weisen spielt, zuletzt ausgerechnet den ›Yankee Doodle‹ intoniert.
Die Tischgäste geben, einer nach dem anderen, ›amüsante Geschichten‹ zum besten, die sich auf die ›idées fixes‹ von Patienten beziehen, und finden sichtliches Vergnügen daran, die jeweiligen Marotten selbst vorzuspielen. Da wird über einen Kranken berichtet, der sich einbildete, ein Teekessel zu sein, und zwar einer aus ›Britanniametall‹ (›er trug große Sorge, sich allmorgendlich mit Lederlappen & Schlämmkreide blank zu putzen‹); ein anderer hätte

steif und fest behauptet, er wäre ein ›Cordoba-Käse‹ (›er lief ständig mit einem Messer in der Hand herum und lud alle seine Bekannten dringend ein, doch einmal ein Scheibchen aus seinem Dickbein zu kosten‹); dann gab es noch jenen ›Außerordentlichen‹, der sich für eine Champagnerflasche hielt, »und der immerfort, Popp-Fsss!, los ging; ungefähr so – Hier steckte sich der Sprecher (ungebührlich plump, wie mir däuchte), den rechten Daumen tief in die linke Backentasche; wuppte ihn heraus, mit einem Geräusch wie ein Pfropfenknall; und erzeugte anschließend, durch erzgeschicktes Zusammenspiel von Zung' und Zähnen, ein minutenlang anhaltendes Zischen und Pfischen, das dem Brüsseln von Champagner frappant ähnelte.«[47]

Unter solchen Anekdoten und ›ungefähr so's‹ amüsiert sich die bunte Gesellschaft ganz köstlich, während dem Erzähler immer unbehaglicher zumute wird.

Früher als diesem fällt dem Leser auf, daß ein Rollentausch stattgefunden hat: die Irren sind an der Macht. Sie haben ihre einstigen Aufseher ›erst brav eingeteert, dann sorgsam gefedert‹ (Maillards anfangs erwähntes, unvergleichlich wirksames System) und schließlich in ›unterirdischen Zellen‹ eingesperrt – sozusagen verdrängt. Dort erhalten sie ›Brot und Wasser im Überfluß‹ und dürfen ›großzügigerweise‹ Teer und Federn behalten.

Dieser Umsturz ging natürlich ohne Wissen der Außenwelt vor sich, und so konnte der Reisegefährte des Erzählers auch nicht ahnen, daß Maillard selbst vor einiger Zeit ›verrückt‹ geworden war und die Rolle des behandelnden Arztes mit der des behandelten Patienten vertauschen mußte. Wahrscheinlich hatte ihn das Fehlschlagen seiner ›Humanen Methode‹ um den letzten Rest seines Verstandes gebracht. Maillard war es dann, der seine ›Leidensgenossen‹ zur Rebellion anstiftete und den Spieß umdrehte.

Das Verdrängte bricht zum Schluß hervor – die ›Geteerten und Gefederten‹ befreien sich aus ihren Verliesen wie die scheintote Madeline Usher aus ihrer Gruft. Die ›Moral‹ siegt – ›boxend stampfend kratzend johlend‹, ›ein ganzes Heer von Wesen, die ich für Schimpansen hielt, für Orang-Utans oder große schwarze Paviane vom Kap der Guten Hoffnung‹.

Der Erzähler steht zwischen den Fronten und erhält ›eine fürchterliche Tracht Prügel‹. Was nützt es schon, Partei zu ergreifen? Ob Ordnung oder Anarchie – die Gesellschaft bleibt die gleiche: »Im *château* herrscht nun wieder, obschon mit erheblichen Abwandlungen, die ›Humane Methode‹.«[48]

Keine einzige dieser Erzählungen wurde in New York veröffentlicht (zumindest vorläufig nicht); die meisten erschienen in Philadelphia, in ›Godey's Lady's Book‹ oder der ›Dollar Newspaper‹. Das hatte seine Gründe. In New York gab in der Literatur- und Presseszene noch immer die mächtige ›Knickerbocker-Clique‹ mit ihren Sprachrohren, dem ›Knickerbocker‹, dem ›New York Mirror‹, dem ›New York American‹ und dem ›New York Commercial

Advertiser‹, den Ton an. Diese Clique (mit der die meisten Zeitungen und Zeitschriften des Nordens sympathisierten) war Poe bekanntlich schon seit seinem üblen Verriß eines ihrer Protegés, T. S. Fay (›Norman Leslie‹), aus dem Jahre 1835 nicht gerade wohlgesonnen. Inzwischen hatte es kaum ein Jahr gegeben, in dem er nicht über einen ihrer lancierten ›Publikumslieblinge‹ mit der gleichen ätzenden Schärfe hergefallen wäre. Vernichtend rezensiert wurden von Poe unter anderm Morris Mattson (›Paul Ulric‹), der einflußreiche und nachtragende Colonel William Leete Stone (›Ups and Downs‹) und, vor gar nicht langer Zeit, im März 1843 in ›Graham's Magazine‹, der Modedichter Thomas Ward, genannt ›Flaccus‹. In dieser letzteren Kritik – ›Unsere Amateur-Poeten, Nr. 1 – Flaccus‹ – hieß es: »*Wer* nennt Mr. Ward einen Dichter? Er ist ein zweitrangiger oder ein drittrangiger oder vielleicht ein neunundneunzigstrangiger Verseschmied, nichts weiter ... Aber dies wird man weder Mr. Ward noch dem ›Knickerbocker› begreiflich machen können.«[49] Poe beschloß seine Rezension mit der – reichlich ausfälligen – Bemerkung, er werde Flaccus' ›Poesiealbum‹ an die Schweine verfüttern.

Solche Attacken sowie gelegentliche Ausfälle gegen den ›Goethe Amerikas‹, H. W. Longfellow, hatten ihm in New York viele Feinde gemacht, die nur auf eine Gelegenheit warteten, ›ihn ins Messer laufen zu lassen‹. Der bedeutendste dieser Feinde war natürlich der Herausgeber des ›Knickerbocker‹, Lewis Gaylord Clark (1808–1873), ein unversöhnlicher, aber doch wenigstens, im Gegensatz zu Griswold, aufrechter Gegner. Poe äußerte sich stets nur im Tonfall tiefster Verachtung über ihn: »... Die einzig positive Eigenschaft, die uns (nicht etwa dem breiten Publikum) an diesem Herren auffällt, ist die Tatsache, daß er der Bruder des verstorbenen Willis G. Clark ist, der einer unserer begabtesten Poeten und Schriftsteller war.«[50]

Unter diesen Voraussetzungen tat sich Poe anfangs schwer, in der literarischen Welt New Yorks Fuß zu fassen und einen Markt für seine Erzählungen und Zeitschriftenartikel zu finden. Er rannte von vornherein gegen eine breite Front der Ablehnung an. ›Kritiker Bulldogge‹ sollte und durfte keine Chance bekommen. Das änderte sich erst nach dem Sensationserfolg seines Gedichtes ›Der Rabe‹, das sogar in England Aufsehen erregte und ihm im Nu den Zutritt zu den eleganten Salons der New Yorker Kulturszene erschloß. Er wurde, sehr zum Verdruß gewisser ›Knickerbocker‹-Kreise, ›unübersehbar‹. Vorläufig galt er immer noch – insofern man überhaupt Notiz von ihm nahm – als ein mittelloser und unbedeutender Emporkömmling aus dem Süden, und, was weit schlimmer war, als gehässiger ›Rowdy-Journalist‹, der für verschiedene Zeitschriften gegen anerkannte Dichter und Schriftsteller zu Felde zog, um die Aufmerksamkeit der Öffentlichkeit auf sich zu lenken. Seine eigenen Werke waren so gut wie unbekannt. Die bei Lea & Blanchard in Philadelphia erschienenen ›Tales of the Grotesque and Arabesque‹, seine bisher anspruchsvollste literarische Unternehmung, kamen in einer Auflage von 750 Exemplaren heraus. Er war ein Nichts, ein Niemand, allenfalls eine lästige Stechfliege. Die vornehmen ›literati‹, von denen manche seinen Stich zu spüren bekommen hatten, schlossen ihn aus ihren Zusammenkünften, Dichterlesungen und Klavierabenden aus. Außerdem gab es ›Anekdoten‹ über ihn – er trank wohl gerne mehr, als er vertragen konnte. Erwähnte man ›Insidern‹ gegenüber seinen Namen, erntete man in der Regel ein geringschätziges Lächeln.

Im Juni 1844 stieß Poe auf einer seiner Wanderungen in die Umgebung ›Gothams‹ auf das idyllisch in der Nähe des Hudson-River gelegene Anwesen der Familie Brennan. Ihr zweistöckiges Farmhaus stand auf einem nach Westen hin schroff abfallenden Hügel und war rings von gepflegten Obst- und Blumengärten umgeben.

Mr. Patrick Henry Brennan, der Poe wohl zu seiner Figur des ›Mr. Landor‹ inspirierte, war ein Musterbeispiel des umsichtig planenden Agrikulturisten und Gärtners. Dicht an der Vorderfront des Hauses hatte er einige Trauerweiden angepflanzt, deren Schößlinge von jener berühmten Weide stammen sollten, die das Grab Napoleons auf St. Helena überschattete.

Die Gegend hieß ›Bloomingdale‹, ›blühendes Tal‹; die ›bessere‹ Gesellschaft New Yorks hielt sich dort gern zur Sommerfrische auf, denn die Landschaft war reizvoll, und es herrschte durch die Nähe zum Fluß stets ein angenehmes Klima. Inzwischen ist Bloomingdale längst vom Häusermeer New Yorks verschlungen worden; Brennans Farm wäre heute etwa auf der 84. Straße zwischen der Amsterdam Avenue und dem Broadway zu suchen.

Poe hielt gerade Ausschau nach einer neuen, geeigneten Unterkunft für sich und seine Familie, um der drückenden Sommerhitze zu entfliehen, die sich bereits unter der Dunstglocke der Stadt zu sammeln begann. Die Nachfrage nach eisgekühlten ›mint juleps‹ und Eiscreme stieg. Dickens klagte in seinen ›American Notes‹, daß sich die Sonne ›wie durch ein Brennglas‹ auf New York zu konzentrieren scheine. Bald würden die ›Hundstage‹ auf der City lasten und das Pflaster zum Glühen bringen.

Virginias Gesundheitszustand hatte sich wieder verschlechtert; dies war der Hauptgrund, der eine Luftveränderung dringend erforderlich machte. Poe verliebte sich auf Anhieb in das hübsche Kolonialstil-Haus der Brennans, das so malerisch von Weiden umstanden wurde, und in die liebevoll angelegten Gärten darum herum.

Nun war Mr. Patrick Brennan ganz gewiß kein Künstler, obwohl die sorgsam ondulierte Frisur, die er auf einer Daguerreotypie trägt, ihn eher wie einen Bohemien als einen Farmer erscheinen läßt. Er stammte aus Irland und soll ein witziger Plauderer gewesen sein, der im Gespräch gerne alle möglichen Sprichwörter und Anekdoten zum besten gab. Seine Frau, mit der er zehn Kinder hatte (die damals alle noch im Haus lebten), Mary Elizabeth Brennan, geb. Maloney, kam aus bescheidenen New Yorker Verhältnissen und entsprach eher dem Typus Mrs. Clemms, der rüstigen Aufseherin über Haushalt und Herd, die in Pionierzeiten ›Flinten geladen und Verwundete versorgt‹ hätte.

Eines schönen Junitages stand ein Herr in einem etwas schäbigen, schwarzen Anzug und einer sorgsam gebundenen Krawatte vor der Tür, der sich danach erkundigte, ob nicht vielleicht zwei oder drei Zimmer für ihn, seine Frau und seine Schwiegermutter zu vermieten seien. Die Brennans waren recht wohlhabend und keineswegs geneigt, Pensionsgäste aufzunehmen. Sie hatten zwar schon einmal einen Untermieter gehabt, einen Franzosen, einen ehemaligen Offizier aus einem von Napoleons Regimentern, der nach dem Sturz des Kaiserreiches nach Amerika emigriert war, aber gegenwärtig liefen Mr. Brennans Geschäfte so gut, daß man auf eine zusätzliche Einnahmequelle verzichten konnte. Die Erträge aus seinen Obst- und Gemüsegärten und seiner Viehzucht waren mehr als ausreichend, und er belieferte Kunden im Umkreis von einigen Meilen.

Poe setzte seine ganze Überredungskunst ein. Er wies so pathetisch auf seine todkranke Frau hin und bat so inständig, daß sich Mrs. Brennan durch seine Eloquenz, seine vornehme Art und sein überaus höfliches Auftreten zuletzt erweichen ließ. ›Sie habe‹, sagte sie viele Jahre später, ›diesen Entschluß nie bereuen müssen.‹[51]

Das Ehepaar Poe und Mrs. Clemm zogen also bald darauf ein und gehörten eine Zeitlang sozusagen zur Familie. Sie erhielten drei Zimmer: eines für Mrs. Clemm im Erdgeschoß, eine Dachkammer als Schlafzimmer für Poe und Virginia, und, direkt darunter, den Raum, den zuvor der Franzose bewohnt hatte und in dem Poe seinen ›Raben‹ vollendete, der ihn berühmt machte.

Dieser Raum war nach dem Auszug des ›napoleonischen Offiziers‹ in seinem Zustand belassen worden und seither unbewohnt geblieben. An den Wänden hingen noch immer vergilbte Kupferstiche mit Militärmotiven, ›Angriff der leichten Kavallerie‹ und dergleichen. Es gab dort einen ›hübsch verkleideten Kamin‹, ein paar schwerfällige Möbelstücke, darunter einen Bücherschrank und einen roh gezimmerten Tisch; die kleinen Fenster, mit verstaubten Empire-Schabracken verhangen, blickten auf den Hudson hinaus, der sich in der Ferne als schmales, silbernes Band hinzog. Über der Tür war ein hölzernes Sims angebracht, auf dem vor einem runden, unterteilten Zierfenster aus Rauchglas eine Gipsbüste der Göttin Pallas Athene thronte, ein behelmter Frauenkopf mit klassisch ebenmäßigen Zügen. Eine solche Büste spielt auch im ›Raben‹ eine wichtige Rolle. Zeus gebar Athene aus seinem Kopf, den ihm Hephästos zu diesem Zweck mit einem Beil spalten mußte. Sie versinnbildlicht höchstes Wissen und den Geist der Wahrheit; und sie ist eine Patronin der schönen Künste. In der griechischen Mythologie wird ihr aber auch das Dunkle, Unbewußte und das Mondlicht zugeordnet. Auf der ›placid bust of Pallas‹ ließ sich der Rabe nieder, als er ›einst, in dunkler Mittnachtsstunde‹ durchs Fenster in das Zimmer des ›vereinsamten Liebenden‹ flatterte.

In diesem Raum nun vergrub sich Poe in den folgenden Monaten, um an Versen zu feilen – noch im folgenden Jahr, als das Gedicht längst erschienen war, suchte er es durch geringfügige Änderungen in der Wortwahl zu vervollkommnen. Das Motiv verfolgte ihn schon seit langem. Im Winter 1843 soll er Graham bereits eine frühe Fassung für seine Zeitschrift angeboten haben, der sie jedoch ablehnte.[52] Susan Archer Talley berichtete, Poe habe ihr anläßlich des Besuches in Richmond 1849 erzählt, daß er die Arbeit am ›Raben‹ schon zehn Jahre vor der Veröffentlichung begann und sie mit größeren Unterbrechungen fortführte. »Zunächst, so sagte er, plante er nur ein kurzes Gedicht, in dem eine *Eule,* ein Nachtvogel, der Vogel der Weisheit – geistergleich und mit unergründlichem Blick durch das Fenster in eine Gruft oder in ein Gemach kam, wo er neben der Bahre der verlorenen *Lenore* saß. Dann tauschte er die Eule gegen einen Raben aus, dem ›Nimmermehr‹ des letzteren zuliebe. Und gegen seinen Willen wuchs das Gedicht über den ursprünglich geplanten Umfang hinaus.«[53] Dem entsprechen auch Aussagen verschiedener Zeitgenossen Poes, er hätte ihnen schon lange, bevor das Gedicht im Druck erschien, Verse daraus vorgetragen – so z. B. in ›Sandy Welsh's Oyster Cellar‹ in New York. Die endgültige Fassung entstand jedoch mit Sicherheit in jenem kleinen Zimmer im Farmhaus der Brennans, wo ihn die Pallas-Büste zu einem neuen und wesentlichen Motiv inspirierte.

Daß so etwas wie ›Inspiration‹ bei der Entstehung des Gedichtes im Spiele gewesen sei, stritt Poe in seiner ›Philosophie der Komposition‹ energisch ab. »Es ist meine Absicht, darzulegen, daß an der ganzen Komposition nichts auf Zufall oder Eingebung zurückzuführen ist, daß vielmehr das Werk Schritt für Schritt mit der Sicherheit und Folgerichtigkeit einer mathematischen Lösung seiner Vollendung entgegengegangen ist.«[54]

Seine Darstellung dieser einzelnen, logisch-deduktiven Schritte klingt zwar überzeugend, vergleicht man sie aber mit Mrs. Talleys Ausführungen, stellen sich Zweifel ein, ob der Entwicklungsprozeß des ›Raben‹ wirklich mit einer solch exakten Folgerichtigkeit vor sich ging. Poe erinnert in seinem Essay etwas an Dupin, der mit genialem Spürsinn einen Knoten löst, den der Autor ›zu dem ausdrücklichen Zweck, ihn zu lösen, geknüpft hat‹. Natürlich war das Gedicht kein ›Zufallstreffer‹, kein aus einer ›inspirierten Stunde‹ heraus geborenes Meisterwerk. Es ging Poe vor allem darum, mit der gängigen, schwärmerischen Klischeevorstellung des ›von der Muse geküßten Poeten‹ aufzuräumen, der im ›schöpferischen Fieber‹ Geniales vollbringt. Dagegen wollte er das tatsächliche ›Verfahren‹ aufzeichnen, nach dem eine Dichtung ›ihren letzten Grad der Vollendung erlangt‹. »Der Wille dazu war bei Poe sicherlich vorhanden. Umstritten ist, wie weit es ihm glückte, wie weit also seine folgende Aufzeichnung dem tatsächlichen Hergang entspricht. Zu bedenken ist immerhin, daß die Entstehung des *Raben* bei dieser Niederschrift bereits über ein Jahr zurücklag – die Rekonstruktion des Kompositionsprozesses aus der Erinnerung könnte ungewollt Rationalisierungen enthalten. Möglicherweise gilt hier wie für die *Logik des Verses,* daß Poe darstellen will, wie ›solche Prozesse verlaufen sein *könnten*‹. Zweifellos war er überzeugt, daß aufgrund einer stärkeren rationalen Durchdringung des Schaffensprozesses und der gesteigerten Selbstkontrolle des Schaffenden solche Prozesse in Zukunft auch so verlaufen *sollten*. In diesem Sinne wird er von modernen Dichtern ganz mit Recht als Vorläufer oder Erzvater verstanden.«[55]

In Poes Rationalisierung des Schöpferischen liegt jedoch ein gewisser Widerspruch, den er selbst sehr wohl erkannte. In seinen ›Marginalien‹ vom Dezember 1844 heißt es, wie bereits zitiert: ». . . das *Unbestimmte* ist . . . ein Element der echten Poesie. Weshalb nur erschöpfen manche Leute ihre Kräfte in dem müßigen Versuch, ein Stück Phantasie, wie die ›Lady of Shalott‹ es ist, zu zerfasern? Warum dann nicht gleich den *ventum textilem* auflösen?«[56] Wenigstens ›zerfaserte‹ er den ›Raben‹, bevor es Inkompetentere taten. *Seine* Interpretation ist zweifellos die gültigste aller Interpretationen geblieben. Er gibt sie, während er die Handlung des Gedichts, die ›Fabel‹, erzählt:

»Ein Rabe hat mechanisch ein Wort plappern gelernt, entfliegt seinem Gewahrsam und wird um Mitternacht infolge eines heftigen Unwetters dazu getrieben, Einlaß bei einem Fenster zu fordern, aus dem noch Lichtschein fällt. Es ist das Zimmerfenster eines Gelehrten, der halb über einem Buche brütend, halb in Träume um die verstorbene Geliebte versunken dasitzt. Auf das Flattern der Vogelflügel hin wird der Fensterflügel geöffnet, der Vogel fliegt nach einem geeigneten Ruheplatz, der außerhalb der Reichweite des Mannes liegt Dieser ist über das Vorkommnis und das seltsame Gebaren des Besuchers belustigt und fragt ihn im Scherz und ohne eine Antwort zu erwarten nach seinem Namen. Der Rabe antwortet mit dem ihm eingelernten Wort – einem Wort, das in dem trauervollen Herzen des Liebenden sogleich Widerhall findet. Er spricht laut einige Gedanken aus, die sich aus diesem Anlaß in ihm bilden, und wundert sich, den Vogel sein immer wieder passendes Wort wiederholen zu hören. Nun erkennt der Liebende zwar, wie die Dinge liegen, er wird aber . . . durch jene menschliche Sucht nach Selbstpeinigung und zum Teil auch durch einen gewissen Aberglauben gezwungen, solche Fragen an den Vogel zu stellen, auf die ihm die vorauszusehende verneinende Antwort ein Übermaß von Schmerz verursachen muß.«

Soviel zur Handlung als solcher, in der ›bisher nirgends ein Überschreiten der Wirklichkeit stattfand‹. Aber nun kommt Poe auf seine eigentliche Absicht zu sprechen, das Element einer gewissen Suggestivität, einer ›Unterströmung an Bedeutung‹. Der Rabe, so stellt er zum Schluß eindeutig fest, ist das Symbol der »*trauernden und nimmer endenden Erinnerung*«[57].

Das Gedicht ist ein Kompendium Poescher Motive: der Tod einer schönen Frau, die Vereinsamung des Liebenden, der ›imp of the perverse‹, die ›Sucht nach Selbstpeinigung‹ und die qualvolle Ungewißheit, ob es ein Leben nach dem Tod und damit eine Wiedervereinigung der durch den Tod getrennten Liebenden gebe – das Paradies, das ›Aidenn‹, ›Al Aaraaf‹, ewige Ekstasen in einer auf Erden nur erahnten Schönheit – das Nichts, das Neutrum, die Schwärze, die Annihilation – oder schlimmstenfalls das gräßliche Purgatorium des Lebendigbegrabenseins bis zum Jüngsten Gericht, die nie aufhörenden Zuckungen und Verrenkungen unter dem Biß des Eroberers Wurm wie in der apokalyptischen Traumvision des Erzählers aus ›The Premature Burial‹. Das eingelernte ›Nevermore‹ des Raben deutet auf das Schlimmste.

> »Hebt aus Schatten meine Seele
> je sich wieder frei empor? –
> Nimmermehr – oh, nie du Tor!«

Zu lichtvolleren Sphären: der ›domestische Hintergrund‹ der Entstehungsgeschichte des ›Raben‹ ist, zumindest anhand von Briefstellen und Reminiszenzen von Familienangehörigen und Verwandten der Brennans, recht genau zu rekonstruieren. »In den letzten sieben oder acht Monaten habe ich tatsächlich wie ein Eremit gelebt und außer meiner Familie kein Lebewesen gesehen«[58], schrieb Poe am 8. September an F. W. Thomas. Das war eine etwas übertriebene Formulierung. Er fand sich damals täglich mit einer zwölfköpfigen, nicht immer Rücksicht auf sein Bedürfnis nach Ruhe und seine Nerven nehmenden Großfamilie konfrontiert, außerdem mit einer Horde mehr oder minder aufdringlicher Hunde und Katzen. Zum konzentrierten Schreiben oder Lesen kam er in der Regel erst nachts, wenn das Kindergeschrei und Hundegebell verstummt war. In den Sommermonaten hielt er außerdem zwei oder drei Vorträge über ›Amerikanische Dichtkunst‹ in New York, wobei er wie üblich Griswolds Inkompetenz anprangerte und, zur Veranschaulichung *seiner* Gedanken über die Aufgaben der Poesie und der ›Logik des Verses‹, Gedichte von sich selbst und anderen rezitierte, darunter die ›Himmlische Vision‹ seines Freundes T. H. Chivers, »die ich nie müde werde, zu wiederholen«.

Ansonsten lebte er in der Tat recht zurückgezogen, unternahm einsame Spaziergänge in die Umgebung Bloomingdales, ›saß abends stundenlang am Flußufer und träumte vor sich hin‹, wie einem Nachbarn, einem Dr. Theodore F. Wolfe, auffiel – manchmal bis in die Nacht hinein, so daß Mr. Brennan ihn an einem seiner bevorzugten Aussichtspunkte aufstöbern und den ganz in sich selbst Versunkenen nach Hause geleiten mußte. Oder er sperrte sich in sein Zimmer ein, um zu schreiben. Die älteste Tochter der Brennans, die damals vierzehnjährige Martha Susannah (die spätere Mrs. Beirne), erinnerte sich daran, wie sie oft, von Poe in seiner Nähe geduldet, seine Manuskripte ordnete, die er achtlos um sich herum auf dem Boden zu verstreuen pflegte. Er nannte sie seine ›kleine Lady‹. Dann gab es gemeinsame Picknickausflüge an das Ufer des Hudson, ›wo er mit seinem Stock lustige und skurrile Figuren in den Sand zeichnete‹, zur Faszination der Kinder, die ihn umringten.

Poe bezog zu jener Zeit regelmäßige Einkünfte aus seiner Tätigkeit als fester Mitarbeiter und Kolumnist des ›Evening Mirror‹. Wie sich N. P. Willis, der diese Tageszeitung zusammen mit George P. Morris herausgab, später in einem Nachruf auf Poe erinnerte, hatte er die Anstellung der persönlichen Fürsprache Mrs. Clemms zu verdanken, die mit den Artikeln und Gedichten ihres ›Eddie‹ oft in Verlagen und Redaktionen hausieren ging. Er war ab jetzt für die Wochenendbeilage ›Weekly Mirror‹ zuständig und schrieb außerdem kurze Artikel für die Zeitung, vor allem über ›Autoreneinkünfte in Amerika‹ und den Mißstand eines fehlenden internationalen Urheberrechts. Sein Ruf sei damals, erklärte Willis später, nicht der beste gewesen und er habe mit einem eigensinnigen und launischen Bohemien gerechnet, der seinen Pflichten eher nach Gusto nachkommen würde. Poe erwies sich jedoch als ein ›ruhiger, geduldiger, fleißiger und überaus höflicher Gentleman‹, der durch ›sein stets untadeliges Benehmen und seine journalistischen Fähigkeiten unser aller Respekt gewann‹. Er erschien pünktlich jeden Morgen um neun Uhr in der Redaktion und ›arbeitete an seinem Schreibtisch, bis die Abendausgabe in Druck ging‹.

Der Abstieg vom Chefredakteur dreier angesehener Zeitschriften zum kleinen Kolumnisten einer Tageszeitung mußte Poes Stolz freilich auf eine harte Probe stellen. Er war sich jedoch des Publikumserfolges seines Meisterwerks, des ›Raben‹, so gut wie sicher und wartete nur auf einen günstigen Zeitpunkt zur Veröffentlichung. ›Der Rabe‹ sollte den Grundstein zu einer neuen Karriere legen, und Poe ging dabei sehr umsichtig vor. In einem seiner Briefe an F. W. Thomas heißt es: »– – Das Gedicht ist wie eine Bombe eingeschlagen – aber gerade zu diesem Zwecke habe ich es ja geschrieben – ebenso, wie Sie wissen, den ›Goldkäfer‹. Der Rabe hat jedoch den Käfer bei weitem übertroffen.«[59]

Am 29. Januar 1845 erschien ›Der Rabe‹ zum ersten Mal, eingeleitet durch eine kurze Notiz von Willis, im ›Evening Mirror‹: »Wir haben die Erlaubnis erhalten, als Vorabdruck aus der Nr. 2 der *American Review* das folgende bemerkenswerte Gedicht von EDGAR POE zu veröffentlichen. Unserer Ansicht nach ist es das wirkungsvollste Beispiel ›ephemerer Dichtung‹, das je in diesem Lande veröffentlicht wurde. In der gesamten englischen Dichtung hat es nicht seinesgleichen an subtiler Konzeption, kunstvollem Versbau und beständiger Steigerung des imaginativen Aufschwungs und des ›Gepokers‹. Es ist einer jener ›Leckerbissen, die erzielet werden in Büchern‹ und von denen wir *leben*. Wer es liest, dem wird es im Gedächtnis haften.«[60]

Ein zweiter ›Vorabdruck‹ kam in der Wochenendbeilage, dem ›Weekly Mirror‹, heraus. George Hooker Colton, der Herausgeber der im Januar gegründeten ›American Review‹, stellte dem ›Raben‹ in der Februarausgabe eine ausführlichere Einleitung voran, in der er vor allem auf die ›effektvolle‹ Versifikation des Gedichtes einging. Daß es in seiner Zeitschrift unter dem Pseudonym ›Quarles‹ erschien, war wahrscheinlich ein geschickter Reklametrick Poes, da er ja bereits im ›Evening Mirror‹ als Autor genannt wurde. Diese kleine Mystifikation hatte den Effekt, daß sich sein Name nur um so mehr herumsprach. In einer Notiz des ›Broadway Journal‹ vom 8. Februar hieß es dann auch gleich: »Die ›American Review‹ . . . enthält viele erfreuliche Artikel und ein Gedicht von Mr. Poe, das diesem Gentleman nicht zugeschrieben wird. Die Gründe dafür sind uns unerfindlich, ist es doch ein Versgebilde, zu dem sich auch unsere besten Dichter gern bekennen würden.«[61]

Dergestalt geschickt lanciert, wurde ›Der Rabe‹ zu einer literarischen Sensation. Wohl kein amerikanisches Gedicht hatte bisher je so viel öffentliches Aufsehen erregt. Es gab eine Unmenge Nachdrucke und bald auch Parodien. In New York brach das ›Rabenfieber‹ aus. Das Echo der Presse auf das neue ›Meisterwerk amerikanischer Poesie‹ war einhellig positiv; sogar der ›Knickerbocker‹ mußte konzidieren, daß man es hier mit einem unverhofften Geniestreich zu tun habe. Die ›literati‹ rissen sich plötzlich um Poe. Seine Rechnung war aufgegangen, ›Schritt für Schritt mit der Sicherheit und Folgerichtigkeit einer mathematischen Lösung‹. Sogar der sonst so gerissene Willis dürfte erstaunt darüber gewesen sein, mit welcher Logik, mit welcher unfehlbaren Strategie Poe seine neue Karriere begann. In der Februarausgabe von ›Graham's Magazine‹ brachte er, genau zum rechten Zeitpunkt, Lowells Kurzbiographie unter, in der er als der ›scharfsinnigste, philosophisch gebildetste und furchtloseste Kritiker, den Amerika hat‹ beschrieben wurde.

Poes Ziel, eine öffentliche ›Reputation‹ als Voraussetzung für die Gründung eines eigenen Magazins, war erreicht. Der ›Rabe‹ gewann die Aufmerksamkeit der Öffentlichkeit im Sturm; und während noch alles auf ihn blickte, zündete Poe ein Brillantfeuerwerk aus Artikeln, Rezensionen, Lowells schmeichelhafter Kurzbiographie und teilweise von ihm selbst lancierten (oder gar verfaßten) Lobeshymnen auf sein Talent als Kritiker, Schriftsteller und Dichter. Und ›greifbare‹ Resultate ließen nicht lange auf sich warten.

Im Februar wurde er neben C. F. Briggs und John Bisco dritter, zu einem Drittel am Umsatz beteiligter Chefredakteur des ›Broadway Journals‹.

Die erste Nummer dieser neuen literarischen Wochenzeitschrift erschien am 4. Januar 1845. Von Aufmachung und Inhalt her könnte man sie als ›Graham's Magazine‹ en miniature bezeichnen. Die Startauflage betrug immerhin 1000 Exemplare – für ein ›Weekly‹ ein vielversprechender Anfang.

Das ›Broadway Journal‹ verstand sich als Informationsquelle für den ›kulturell interessierten New Yorker Bürger‹. Es gab darin Literatur- und Theaterrezensionen, ein wenig Politik, ein wenig Poesie und eine Extraseite ›für den Musikliebhaber‹, für deren Inhalt Henry C. Watson verantwortlich zeichnete, der frühere Musikkritiker der ›New York World‹.

Charles Frederick Briggs (1804–1877) war ein ›ehrgeiziger, junger littérateur‹, ein guter Freund Lowells, der seinen literarischen Durchbruch mit dem seinerzeit recht erfolgreichen, aber völlig unbedeutenden und längst vergessenen Roman ›Die Abenteuer des Harry Franco‹ errungen hatte. Dieser 1839 veröffentlichte Roman basierte auf seinen Erfahrungen als Schiffsjunge und Seemann während mehrerer Reisen auf der ›ostindischen Schiffahrtslinie‹ und auf dem Eindruck der großen Finanzpanik gegen Ende der dreißiger Jahre. Den Namen ›Harry Franco‹ benützte Briggs seitdem als Pseudonym. Seinem Porträt nach zu urteilen, wirkte er äußerlich wie das Klischeebild eines Südstaatengenerals des Bürgerkrieges: ein martialisch wirkender Mann mit abgezirkeltem Vollbart und stechendem Blick, respekteinflößend und leicht aufbrausend. ›His manner's as hard as his feelings are tender‹, beschreibt ihn Lowell in seiner ›Fable for Critics‹.

Poe lernte ihn Anfang des Jahres durch Lowells Empfehlung kennen. »Der Zweck meines Schreibens ist der, daß ich Ihnen meinen Freund Charles F. Briggs vorstellen möchte, der im Begriffe steht, ein literarisches Wochenblatt in New York herauszubringen und Sie dabei um Ihren Beistand bittet. Er besuchte mich vor einem oder zwei Monaten, und ich nahm mir die Freiheit, ihm vorzulesen, was ich über Sie geschrieben hatte. Heute erhielt ich einen Brief von ihm, in dem er sich explizit über das Projekt äußert und sich nach Ihrer Adresse erkundigt... Er *zahlt* für Beiträge, und Ihrem letzten Brief entnahm ich, daß Ihnen eine feste Anstellung nicht ungelegen käme... Sie werden Briggs mögen, und ich bin sicher, daß seine Zeitschrift ein Erfolg werden wird«[62], hieß es in einem Brief Lowells an Poe vom 12. Dezember 1844. Die Sache schien also bereits so gut wie abgemacht – ein weiteres Eisen, das Poe bereits im Feuer hatte und das glänzend mit seinen Plänen korrelierte. Er brauchte bloß den reiflich erwogenen Erfolg seines ›Raben‹ abzuwarten, um mit Mr. Briggs erste Verhandlungen aufzunehmen. Die Zeiten der Depression und der melodramatischen Bittgänge Mrs. Clemms schienen nun ein für allemal der Vergangenheit anzugehören. Er übersah bei seinem raffinierten und geglückten Coup nur eine winzige Kleinigkeit: den ›imp of the perverse‹.

19. Kapitel

Die literarischen Salons

Am 28. Februar 1845 hielt Poe in der ›New York Society Library‹, einem eindrucksvollen neoklassizistischen Gebäude in der Leonard Street, dicht am Broadway, einen Vortrag über ›Die Dichter und die Prinzipien der Poesie‹. Er hatte zwar schon früher in New York öffentlich über dieses Thema gesprochen, aber nur in bescheidenen Gemeindesälen vor sehr kleinem Publikum. Nun, nach dem Sensationserfolg des ›Raben‹, sah die Situation natürlich ganz anders aus. Er folgte einer Einladung der ›New York Historical Society‹, und der ›Evening Mirror‹ kündigte (in Willis' wie immer etwas prätentiösem Stil) ein ›edles Schnitzwerk von Mr. Poes kritischer Klinge‹ an. Die Resonanz war zwar nicht gerade überwältigend – von den sechshundert Sitzplätzen im Saal war nur etwa die Hälfte besetzt –, doch dafür handelte es sich um »ein Auditorium von Kritikern und Dichtern – zwei- bis dreihundert Gerichtete und Richtende – und man lauschte ihm mit atemloser Aufmerksamkeit«[1].

Die meisten – Journalisten, ›literati‹, Damen und Herren der besten Gesellschaft – waren gekommen, um den neuen Stern am amerikanischen Dichterhimmel zu bestaunen und ihn den ›Raben‹ rezitieren zu hören, weniger aus Interesse an seinen kritischen Ansichten.

Poe befand sich auf dem Gipfel seines Ruhmes, und er genoß es, im Rampenlicht zu stehen. Er war mittlerweile Teilhaber einer Zeitschrift, die bald, davon war er überzeugt, ›Graham's Magazine‹ und ›Godey's Lady's Book‹ als armselige Provinzblätter erscheinen lassen würde. Bekanntlich hatte er eine Neigung zur Hybris, die durch künstlerischen Erfolg gefährliche Dimensionen annehmen konnte. »Der Künstler«, schreibt Schiller in seiner ›ästhetischen Erziehung des Menschen‹, »kehre, unter fernem griechischen Himmel zur Mündigkeit gereift... eine fremde Gestalt, in sein Jahrhundert zurück, aber nicht, um es mit seiner Erscheinung zu erfreuen, sondern furchtbar wie Agamemnons Sohn, um es zu reinigen«. Als Literaturkritiker sah sich Poe in einer ähnlichen Rolle. Er scheute sich nicht, Dichter, die in Amerika geradezu wie Nationalheiligtümer verehrt wurden, als Dilettanten und Plagiatoren hinzustellen. Richard Dana zum Beispiel, einen Romantiker der ›Seeschule‹, tat er während seines Vortrages als ›unbedeutend‹ ab; Emerson erwähnte er nicht einmal; Charles Spraque, den Verfasser der ›Oden‹, beschrieb er als ›Pope und Wasser‹. Kein gutes Haar ließ er an den damals sehr populären ›Davidson Schwestern‹, die beide jung an Schwindsucht gestorben waren und deren sentimentale Gedichte hoch gelobt und mit denen Chattertons verglichen wurden. W. C. Bryant fand schon eher Gnade vor seinen Augen, nur tadelte er dessen Hang zum ›Didactizismus‹, d. h. zum Moralisieren und ›Belehrenwollen‹. (›Mr. Bryant ist keineswegs *nur* ein Hansnarr‹, hatte er in seiner Rezension von L. A. Wilmers Verssatire ›Die Sudler vom Helicon‹ geschrieben.²) Longfellow sei zwar unzweifelhaft ein Genie, neige jedoch zur Imitation.

Nachdem er mit solchen Lästerungen bereits einen Teil seiner Zuhörerschaft ernsthaft verstimmt hatte, ging Poe dazu über, sich über Dichter auszulassen, die seine ungeteilte Zustimmung fanden. Er rezitierte Fitz-Greene Hallecks Ode auf den Helden der griechischen Revolution, ›Marco Bozzaris‹, die er ein wenig übertrieben lobte (Halleck gehörte zu seinem Bekanntenkreis und befand sich an diesem Abend wahrscheinlich unter den Gästen); überraschend positiv beurteilte er ferner die Dichterin Frances Sargent Osgood, der er eine ›rosige Zukunft‹ prophezeite. Der Schlüsselbegriff ihrer Kunst sei ›Anmut‹: »*Anmut* läßt sich vielleicht am besten definieren als Verlegenheitsbegriff, angewandt auf jene Kategorie von Eindrücken der Schönheit, die sich weder analysieren noch mit dem Verstand begreifen lassen. Mit diesem unwiderstehlichen Charme, mit Anmut also, übertrifft Mrs. Osgood alle Dichterinnen ihres Landes, ja jedes Landes unter der Sonne. Und wie sie selbst anmutig ist, so weiß sie Anmut auch in jedweder Verkleidung aufzuspüren. In unzähligen Beispielen ihrer Prosa und ihrer Lyrik wird offenbar, daß sie Anmut empfindet, sie wahrnimmt und stärkste Freude an ihr hat«³, schwärmte er ein Jahr später in seiner Artikelserie ›Die Litteraten von New York‹. Das klingt eher wie eine Liebeserklärung als wie eine unvoreingenommene Kritik, und wirklich sollte sich einige Wochen nach Poes Vortrag eine etwas mysteriöse Liebesbeziehung zwischen ihm und der verheirateten Mrs. Osgood anbahnen. Ihr erster Gedichtband, ›A Wreath of Wild Flowers from New England‹, war 1838 in London erschienen. Poes Enthusiasmus für ihre viktorianisch-sentimentalen Verse wirkt heute unverständlich. Sein Urteil in Fragen zeitgenössischer amerikanischer Lyrik war ansonsten relativ treffsicher. Es kann auch nicht allein an ihrem privaten Flirt gelegen haben, denn Poe pries ihre Gedichte bereits, bevor sie persönlich miteinander bekannt waren. Verglichen mit den poetischen Ergüssen ihrer Dichterkolleginnen wie Mrs. Sigourney, Mrs. Edgarton oder Mrs. Hale, schnitten Mrs. Osgoods Verse gar nicht einmal so schlecht ab; und so dürfte es letztlich der *Vergleich* gewesen sein, der Poe zu seinen Lobeshymnen ermunterte. »Kraft«, schreibt Van Wyck Brooks in ›Die Blüte Neuenglands‹, »war diejenige Eigenschaft, an der es in diesen Jahren... den Dichtern und besonders den zahlreichen Dichterinnen gänzlich zu mangeln schien. Denn die Vorherrschaft gehörte damals den weiblichen Poeten, dieser zugleich zarten und behenden Rasse, vor allem nachdem der Verleger ›Peter Parley‹ Goodrich die Mode der Geschenkbände, der Damentaschenbücher, Andenken, Alben, Schmuckkästchen usw. begründet hatte, eine neue Art periodischer Veröffentlichungen, die, wie ein zeitgenössischer Kritiker bemerkte, fruchtbarer waren als irgendeine Tiergattung. Conneticut war mit diesen Produkten und ihren Verfasserinnen wohl vertraut, fast im selben Maße wie New York und noch mehr als Boston, das allerdings die Heimat von Katherine Wares ›Laube des guten Geschmackes‹ war.«[4]

In Gustav Karpeles' ›Allgemeiner Geschichte der Literatur‹ aus dem Jahre 1891 heißt es denn auch, daß aus der Gruppe von amerikanischen Dichterinnen jener Zeit »bloß *Frances Sargent Osgood* genannt zu werden verdient«. Poe lag mit seiner Einschätzung also nicht grundsätzlich falsch; im Gegensatz zu Mrs. Sigourneys ›poetischen Häkeleien‹ fand sich in Mrs. Osgoods Gedichten in der Tat eine gewisse Leichtigkeit, eine gewisse ›Anmut‹; verwundern muß nur, daß er sich in seiner Eigenschaft als strenger, ›vorurteilsloser‹ Literaturkritiker zu solchen Begeisterungsausbrüchen hinreißen ließ.

Den lange erwarteten und krönenden Abschluß seiner ›lecture‹ bildete freilich die Rezitation des ›Raben‹, die Stürme von Applaus entfesselte und selbst diejenigen versöhnlich stimmte, die er durch seine abfälligen Bemerkungen über Dana, Spraque, die Davidson Schwestern und andere Publikumslieblinge verstört oder verärgert hatte. »Seine Rezitation des ›Raben‹«, erinnert sich ein Zeitgenosse, »rief im Geiste einen ganz anderen Eindruck hervor als den, den man beim Lesen empfand. Es war eine unheimliche, völlig selbstvergessene Beschwörung, als spräche er zu etwas wirklich Anwesendem.«[5] In der Folgezeit wurde Poe in den literarischen Salons, in denen er bald häufig verkehren sollte, regelmäßig darum gebeten, sein berühmtes Gedicht vorzutragen. »Dann drehte er das Licht herunter, bis der Raum fast ganz im Dunkel lag, postierte sich in der Mitte des Zimmers und rezitierte die wunderbaren Verse mit der melodischsten aller Stimmen; und während er sich mehr und mehr von seiner neuen Schöpfung hinreißen ließ, vergaß er Zeit, die Menschen um ihn herum, seine eigene Identität, und wildes Hoffen und die unterdrückte Sehnsucht seines Herzens brachen aus ihm in den leidenschaftlichen Worten des Gedichts hervor. Die Zuhörer glaubten, die Geräusche fallenden Regens und von im Winde ächzenden Zweigen zu vernehmen; der Rabe schlug mit seinen schwarzen Flügeln über der Pallas-Büste, und das liebliche Angesicht Lenorens schien vor ihnen zu erstehen. Die Kraft seines Vortrages war so unglaublich intensiv, daß man kaum Atem zu holen wagte, bis der Bann gebrochen war.«[6]

Der eigentliche Zauber von Poes Dichtungen erschließt sich in der Tat eher beim Zuhören als beim Lesen. Sie leben aus ihrer Musikalität, ihrer Melodie heraus – und Poe beurteilte auch die Werke anderer Dichter zunächst nach ihrem Klang.

Die vielen Mißverständnisse, die über seine Theorie der Dichtkunst aufgekommen sind, das, was man gemeinhin als schwärmerische Phantastereien abtut – dieses ›Streben nach überirdischer Schönheit‹, etc. –, es ist im Grunde nichts als der Versuch, das in Worte zu fassen, was man beim Anhören von *Musik* empfindet. Poe schrieb seine Verse auch oder gerade zu dem Zweck, daß sie rezitiert würden. Es war kein Zufall, daß er kurz vor Veröffentlichung des ›Raben‹ in Begleitung eines Mr. Murdock, eines bekannten Schauspielers und Vortragskünstlers, in der Redaktion des ›Broadway Journals‹ erschien und ihn der Belegschaft das Gedicht vorlesen ließ, um den Eindruck zu studieren, den es akustisch hervorrief.

Auf einem anderen Blatt stand Poes – in der Folgezeit immer pedantischer und bedenklicher werdende – Plagiatsmanie. Nach seiner Entzifferung von Geheimschriften und Aufklärung ›rätselhafter Verbrechen‹ wie durch Dupin sollte zuletzt der Nachweis von literarischen Diebstählen (bei dem er wirkungsvoll seine eigene Belesenheit und seinen Spürsinn demonstrieren konnte) die Öffentlichkeit auf ihn aufmerksam machen. Aber das Geschütz ging nach hinten los. Seine Angriffe gegen den damals hochangesehenen Dichter Henry Wadsworth Longfellow (den ›langatmigen Verfasser von ›Evangeline‹, wie Baudelaire ihn nannte) brachten seinem Ruf mehr Schaden als Nutzen.

Etwas Goethesches lag um diesen friedfertigen Giganten Longfellow, Wohlstand, ruhiges Glück, eine Professur für neuere Sprachen an der Harvard Universität in Cambridge (Massachusetts), ein zurückgezogenes, mit den großen Geistern seiner Epoche im Austausch stehendes Epikureertum – und nicht zuletzt ›Genie‹, das selbst Poe ihm zuerkannte.

Es ist müßig, auf die einzelnen größeren und kleineren Scharmützel des ›Longfellow-Krieges‹ ausführlich einzugehen, der eigentlich schon 1839 mit Poes vernichtender Rezension des ›Hyperion‹ begann und im Januar 1845 durch seinen Verriß der Gedichtanthologie ›The Waif‹ in seine entscheidende Endphase eintrat. Ein interessantes Zwischenstadium war das Winterhalbjahr 1843/1844, als sich Griswold in der für ihn typischen hinterhältigen Art in die ›Kampfhandlungen‹ einmischte. Er gehörte zu den oben erwähnten Sykophanten des ›Meisters‹, und in einem seiner Briefe an Longfellow heißt es: »Poe hat kürzlich eine Kritik über Ihren ›Spanischen Studenten‹ geschrieben, in seinem üblichen Stil, aber sie ist doch wohl noch etwas anzüglicher und unverschämter ausgefallen, als wir es von ihm gewöhnt sind. Vor meinem Ausscheiden bei ›Graham's‹ versuchte er sie Graham förmlich aufzudrängen – so sehr ist der arme Kritikaster darauf aus, sie gedruckt zu sehen; aber natürlich erhielt er von Graham eine Abfuhr. Ich erwähne dies alles, weil es Poe

Henry Wadsworth Longfellow. Daguerreotypie, ca. 1858

durchaus ähnlich sehen würde, es nun – da er nun einmal keinen Verleger findet, der seine Schmähung veröffentlichen will –, andersherum zu versuchen; ich meine, Ihnen mit einer Lobeshymne zu schmeicheln, um Ihre Freundschaft zu gewinnen.«

Graham hatte Poe zwar keineswegs eine ›Abfuhr‹ erteilt, sondern ihm $ 20 für den Artikel gezahlt. Aber die Rezension wurde in der Tat nie veröffentlicht, weder in seiner Zeitschrift, noch in einer anderen. Denn Graham bot sie – und das ist die Pointe der Geschichte – Longfellow persönlich zum Kauf an! In einem Brief vom 9. Februar 1844, in dem er dem Dichter dieses reichlich dubiose Angebot machte, sprach er über seinen einstigen Redakteur, dem er den Erfolg seines Magazines verdankte, ebenso schlecht wie Griswold. Das Beispiel zeigt deutlich, wieviel Verehrung dem ›großen amerikanischen Barden‹ von allen Seiten entgegengebracht wurde, und wie übel man Poe seine Attacken gegen Longfellow nahm.

›The Waif‹ erschien Ende des Jahres 1844 als etwas protzig aufgemachte Geschenkausgabe für den ›Weihnachtsgabentisch‹. Sie enthielt die Lieblingsgedichte des ›amerikanischen Goethe‹, Gedichte von Shelley, Browning, Herrick – und natürlich von ihm selbst. Poe rezensierte den Band am 13. und 14. Januar im ›Evening Mirror‹. Seine Kritik schien anfangs sogar recht positiv auszufallen. Longfellows ›Proem‹ (›The Day is Done‹) sei unzweifelhaft die »trefflichste Komposition in diesem Buche«. (Immerhin war auch Shelley darin vertreten.) Was jedoch zuerst wie ein Lob aussah, erschien durch Poes Schlußbemerkungen als Tadel: »Wir beschließen unsere Notizen über den ›Waif‹ mit der Beobachtung, daß dieses Werk, obwohl voller Schönheiten, doch einen *moralischen Makel* hat – oder handelt es sich um eine Ausgeburt unserer Phantasie? Wir wären froh, wenn es so wäre. Aber es ist zu auffällig, wie sorgfältig hier alle die amerikanischen Dichter ignoriert werden, die Mr. Longfellow den selbstverliehenen Vorrang streitig machen könnten. Mr. Longfellow bringt es fertig, diese Männer fortwährend zu *imitieren* (ist das das rechte Wort?), ohne sie auch nur im Vorübergehen empfehlend zu erwähnen.«

Bei diesen ›amerikanischen Dichtern‹ dachte Poe sicher in erster Linie an sich selbst, war er doch der festen Überzeugung, Longfellow habe sein Gedicht ›The Beleaguered City‹ von ›The Haunted Palace‹ abgeschrieben – ein Verdacht, den er sogar Griswold unvorsichtigerweise in einem Brief mitteilte. Hätte er die deutsche Sprache besser beherrscht, wäre ihm aufgefallen, daß sich der hochgeschätzte Barde oft ungeniert aus den Werken eines Heine, Uhland und Müller bediente (die er außerdem in ›Übertragungen‹ veröffentlichte). Berechtigt war sein Vorwurf also allemal.

Aber wie dem auch sei, das Thema ›Waif‹ wäre wohl schnell vergessen gewesen; es gab auch noch andere Rezensenten in Amerika (vor allem in Boston), die es wagten, Longfellow zu kritisieren, wenn auch nicht so scharf wie

Poe, der dem Dichter außerdem schon früher, in anderen Kritiken, einen ›Hang zum Imitativen‹ vorgeworfen hatte. Diesmal stach er jedoch in ein Wespennest. Einige Parteigänger Longfellows meldeten sich öffentlich zu Wort, ein gewisser H. (George S. Hillard), ein anonymer Korrespondent des ›Mirror‹, und ›Outis‹ (vielleicht C. C. Felton, ein Professor für Griechisch an der Harvard Universität und enger Freund Longfellows). Poe reagierte bekanntlich äußerst empfindlich, wenn er in seiner Kompetenz als Kritiker kritisiert wurde. Er neigte, einmal angegriffen, dazu, ausfällig und anzüglich zu werden. Sein Vortrag in der ›New York Society Library‹, in dem er seine Vorwürfe gegen Longfellow wiederholte, schürte die Kontroverse nur um so mehr. Es schien gerade so, als sei David gegen Goliath angetreten, wobei die Sympathien der amerikanischen Öffentlichkeit mehr auf der Seite Goliaths lagen. N. P. Willis, der Herausgeber des ›Mirror‹, fand sich plötzlich zwischen zwei Fronten gedrängt. Einerseits witterte er ein ›Bombengeschäft‹, denn die Nachfrage nach seiner Zeitung wuchs geradezu beängstigend – die Setzer in der Redaktion hatten Tag und Nacht zu tun, um sie zu befriedigen –, aber andererseits war es in der engverschachtelten und einflußreichen Cliquenwirtschaft New Yorks schierer Selbstmord, gegen den Strom zu schwimmen und sich mit ›Jupiter Tonans‹ bzw. ›Phoebus Apollo‹ persönlich anzulegen, dessen Anhänger Legion waren. Die gesamte Presseszene wurde von den ›Knickerbockern‹ beherrscht – allesamt ›Heroenverehrer‹ Longfellows. Willis hatte nicht die mindeste Lust, sich unbeliebt zu machen; er brauchte das Salonmilieu, die fächerschwingenden Damen, die mit witzigen Aperçus und französischen Redewendungen angereicherten Konversationen wie die Luft zum Atmen, kurz jene gewohnte Atmosphäre, in der er als Schöngeist glänzen konnte. Und bei den ›literati‹ stand Longfellow nach wie vor hoch im Kurs. Er nahm also diplomatisch die Rolle eines neutralen Vermittlers ein, stellte ›Outis‹ und anderen den ›Mirror‹ kostenlos als Forum für Entgegnungen auf Poes ›Insinuationen‹ zur Verfügung, schrieb selbst einen kurzen Artikel, in dem er sich quasi bei Longfellow entschuldigte und hielt sich ansonsten im Hintergrund. Sollte dieser Hitzkopf nur seine neuerworbene Reputation aufs Spiel setzen – er wusch seine Hände in Unschuld. Es war dann fast eine Erleichterung für ihn, als Poe zum ›Broadway Journal‹ überwechselte, in dessen Spalten er seinen literarischen Feldzug fortsetzte. Poe zitierte zunächst seine Angreifer, bevor er sie unbarmherzig, Wort für Wort, Satz für Satz, (und meist übertrieben polemisch) zerpflückte. ›Outis‹ zum Beispiel hatte den eher ›auf humorige Art freundlich zurechtweisenden‹ Versuch unternommen, die Unterstellung, Longfellow ›imitiere fortwährend‹ andere Dichter, dadurch ad absurdum zu führen, daß er ein anonymes Gedicht heranzog, ›The Bird of the Dream‹ (das vor fünf Jahren erschienen sein sollte), und darin fünfzehn Übereinstimmungen zu Poes ›Der Rabe‹

544

nachwies. Mit solchen Scherzen geriet er bei Poe jedoch an den Falschen. »Was ich an diesem Brief bewundere, ist seine vornehme Liebenswürdigkeit und die ritterliche Gesinnung, der er seine Abfassung verdankt. Was ich *nicht* bewundere, ist der gesamte Rest. In Sonderheit das verzweifelte Bemühen, einen ›Fall‹ aus der Geschichte zu machen, ringt mir keine Bewunderung ab. Kein Gentleman sollte sich, aus welchen Gründen immer, zur Armseligkeit der *Ex-parte*-Argumentation erniedrigen; und ich werde Herrn Outis nicht gleich zu Beginn dadurch beleidigen, daß ich auch nur einen Augenblick lang annehme, er (Outis) sei geistesschwach genug zu vermuten, ich (Poe) wäre albern genug, diesen ganzen abscheulichen Mumpitz für irgend Besseres zu halten denn ein sehr beachtliches Muster der Sophisterei.«[7]

Besonders verwahrte er sich gegen den Vorwurf ›tadelsüchtiger Kleinlichkeit‹, der, da man gleichzeitig von ihm als einem Dichter spreche, doch wohl ein ›ziemlich plattes Paradoxon‹ sei. Er bemühte sich sodann, in fünf Ausgaben des ›Broadway Journal‹ (vom 8. März bis zum 5. April) seinen eigenen Standpunkt über das Plagiat im allgemeinen und Longfellows Plagiate im besonderen anhand von Beispielen zu erhärten. Seine Beweisführung ist bei dem Vergleich zwischen Longfellows ›Midnight Mass for the Dying Year‹ und Tennysons ›The Death of the Old Year‹ sowie zwischen Longfellows ›The Good George Campbell‹ und Motherwells ›The Bonnie George Campbell‹ noch durchaus stimmig. Aber dann begann er sich, wie er wohl selbst merkte, mehr und mehr zu verzetteln und in Widersprüche zu verwickeln. Völlig unglaubwürdig machte er sich durch seine laborierten Anstrengungen, Longfellow ein Plagiat seines eigenen Dramenfragments »Politian« nachzuweisen. Er beschloß seine Ausführungen schließlich durch einen – wie es ihm schien – ›versöhnlichen Kompromiß‹. Ein Dichter sei eben ganz besonders empfänglich für das Schöne, »eine Empfänglichkeit, die mit einem gleichso starken Verlangen nach seiner Assimilation oder Absorption ins eigene Ich einhergeht. Was der Dichter tiefinnerlich bewundert, wird so tatsächlich, wenn auch nur partiell, zu einem Bestandteil seines eigenen Geistes... und tatsächlich zeigt die gesamte Literaturgeschichte, daß die größten und greifbarsten Plagiate in den Werken gerade der größten Dichter zu suchen sind.«[8]

Nach all der Polemik, den Wortgefechten und Beschimpfungen der letzten Wochen klang dies nach Aufgabe, nach einem Hissen der weißen Fahne. Es wäre für Poes so sorgsam kalkulierten Neuanfang wesentlich günstiger gewesen, hätte er sich früher zu dieser Ansicht durchgerungen, anstatt gegen Windmühlen zu kämpfen. Longfellows Reputation schadete die Kontroverse nicht im geringsten, aber dafür hatte sich Poe die Finger verbrannt. Schlimmer noch: das ›Broadway Journal‹, dessen Absatz durch den journalistischen Einstand seines neuen Redakteurs zuerst wie eine Feuerwerksrakete in die

Höhe gestiegen war, verlor nach diesem pyrotechnischen Experiment rasch an Ansehen; es ›glomm nur noch phosphorisch vor sich hin‹: ›Up like a rocket, and down like its stick‹. Der ›Olympier‹ Longfellow äußerte sich später, nach Poes Tod, ›verzeihend-abgeklärt‹ über seinen einstigen Widersacher: »Welch betrübliches Ende hatte doch Poe, ein Mann, der so reich mit Genie begabt war! Ich habe ihn niemals persönlich gekannt, aber ich hatte immer höchste Achtung vor seiner erzählerischen und dichterischen Stärke. Seine Prosa ist bemerkenswert kraftvoll, klar und dennoch überfließend, und seinen Versen entströmt ein eigenartiger melodischer Reiz, ein Hauch von echter, völlig bestrickender Poesie. Und was die Herbheit seiner Kritik anbelangt, so habe ich sie stets nur der Reizbarkeit einer mehr als sensiblen Veranlagung zugeschrieben, die alles Falsche, wo immer es sich zeigt, erbittert.«

Die Beziehung zwischen Charles F. Briggs alias ›Harry Franco‹, dem Herausgeber des ›Broadway Journal‹, und dem neuen Redakteur Poe war von Anfang an problematisch. Mit seinem Partner John Bisco, einem ›gerissenen Yankee aus Worcester‹, der die Wochenzeitschrift publizierte, verstand er sich scheinbar glänzend, aber dieser Dritte im Bunde, dieser Aufschneider aus Philadelphia, der keinen Pfennig besaß, aber so tat, als ob ihm das Magazin allein gehöre, irritierte ihn. Sein Freund Lowell hatte ihn wärmstens empfohlen, als ›eine Gans, die goldene Eier legt‹, ein Multitalent, dem ›Graham's‹ seinen Aufstieg verdankte.

Briggs anfängliche Sympathie gegenüber seinem neuen Mitarbeiter schlug jedoch nach einigen Wochen zuerst in Besorgnis, »Poe hat leider ein überaus kitzliges Steckenpferd bestiegen – Plagiate – das er scheinbar unbedingt zu Tode reiten will«, und schließlich in offenes Mißfallen um: »Ich werde Poes Name von der Titelseite streichen; er ist letztlich wieder in seine alten Gewohnheiten zurückgefallen, und ich fürchte, er wird sich und uns den größten Schaden zufügen. Seine Kritiken, die ich vom ersten Eindruck her für unparteiisch und hochgebildet hielt, sind nichts als Wortklaubereien und so egozentrisch, daß ich nichts mehr für ihn übrig habe… ich bin noch nie einer Person mit einem solchen Mangel an Anstand und Moral begegnet…«[9]

Im Juni tat sich Briggs mit einem kapitalkräftigen Verleger zusammen, einem Mr. J. Smith Homans. Dieser sollte das ›Broadway Journal‹ zu einem angemessenen Preis von Bisco übernehmen. Unzufrieden mit der Entwicklung seines Blattes, insbesondere über Poes Kritikstil und den verlorenen ›Longfellow-Krieg‹, hatte er beschlossen, ganz von vorne anzufangen, die Zeitschrift umzustrukturieren und, wahrscheinlich unter einem anderen Namen (Das BJ schien etwas in Verruf geraten), neu herauszubringen. Nicht nur Poe sollte aus dem Geschäft geworfen werden; Briggs wollte sich auch, gegen eine Abfindung, von seinem früheren Partner trennen. In dieser heiklen Situation spielte Poe geschickt seine Karten aus. Es gelang ihm, Bisco auf seine Seite zu ziehen und ihn zu überreden, eine völlig unrealistische, horrende Summe für das ›Broadway Journal‹ zu verlangen. Mr. Homans schreckte vor einer so hohen Investition zurück, und Briggs stand plötzlich allein da. Nicht Poes Name war es, der von der Titelseite gestrichen wurde, sondern seiner. Ab dem 12. Juli zeichnete Poe als »alleiniger Herausgeber des ›Broadway Journals‹; – für das Musikfeuilleton ist, wie bisher, Mr. H. C. Watson zuständig«. »Mr. Briggs«, heißt es in einem seiner literarischen ›Scetches‹ in Godey's Lady's Book, »hat in seinem Leben noch keine drei Sätze hintereinander geschrieben, die grammatikalisch einwandfrei gewesen wären. Er ist bemerkenswert ungebildet.«[10]

Poe hatte sich einen unversöhnlichen Feind geschaffen, aber er schien am Ziel seiner Wünsche angelangt. Daß er die redaktionelle Leitung der Zeitschrift übernahm, hieß jedoch nicht, daß sich an seiner nach wie vor schwierigen Finanzlage etwas geändert hätte. Er war Teilhaber Biscos und am Umsatz beteiligt, aber dieser Umsatz reichte gerade aus, die Unkosten zu bestreiten: das ›Broadway Journal‹ blieb weiterhin erfolglos. »Der Teufel selbst war nie so arm«, schrieb er an F. W. Thomas; »in den letzten drei oder vier Monaten habe ich vierzehn bis fünfzehn Stunden täglich gearbeitet – und die ganze Zeit hart gearbeitet –, und wenn immer ich die Feder in die Hand nahm, zu schreiben, fand ich, daß ich irgend etwas vernachlässigte, was getan werden *mußte*. Ich wußte zuvor nie, was es heißt, ein Sklave zu sein. Und dennoch, Thomas, habe ich nichts dabei verdient. Ich bin genauso arm, wie ich immer in meinem Leben gewesen bin – außer an Hoffnung, die in keiner Weise diskontierbar ist.«[11]

Der berühmte amerikanische Photograph Matthew B. Brady, der sein Studio am Broadway hatte, erinnerte sich, wie Poe ihn einmal in Begleitung eines Bekannten, Willis Ross Wallace, aufsuchte. »Er ließ sich nur sehr widerstrebend dazu bewegen, als befürchte er, es könne ihn etwas kosten.« Die Aufnahme, die Brady von ihm anfertigte, zeigt sein Gesicht noch nicht gezeichnet von Entbehrung, Alkoholexzessen und innerer Qual; die Daguerreotypien aus den folgenden Jahren dagegen bilden, aneinandergereiht, eine erschütternde Zerfallsstudie. Auf diesem Bild jedoch wirkt er noch sehr gutaussehend, dynamisch und interessant, der Prototyp des amerikanischen Dichters, und man kann sich gut vorstellen, daß er in den Salons von ›literary ladies‹ umschwärmt wurde. Den Schnurrbart, mit dem man ihn gewöhnlich von Bildern her kennt, trug er erst seit kurzer Zeit; auf Samuel Stillman Osgoods Porträt (das im Mai entstanden sein dürfte) ist er noch glattrasiert.

Ein Stichwort, das zu der ›Osgood-Affäre‹ überleitet. Sie begann, wie erwähnt, an jenem Abend, als Poe vor der New Yorker Historischen Gesellschaft und erlesenem Publikum einen Vortrag über die ›Dichter und die Prinzipien der Poesie‹ hielt und dabei Mrs. Osgoods Verse mit Lob überschüttete.

Edgar Allan Poe. Gemälde von Samuel Osgood, ca. 1845

»Meine erste Begegnung mit dem Dichter«, erinnert sie sich, »hatte ich im Astorhotel. Einige Tage vorher hatte mir Mr. Willis an der Table d'hôte das seltsame und aufregende Gedicht mit dem Titel ›Der Rabe‹ gegeben und gesagt, daß der Autor mein Urteil hören möchte. Der Eindruck auf mich war so einzigartig, so von der Art einer ›seltsamen unirdischen Musik‹, daß ich fast erschrocken war, als ich erfuhr, daß der Autor mich auch persönlich kennenlernen wollte. Es wäre sehr undankbar gewesen, dies abzulehnen, denn ich hatte erst kürzlich von dem enthusiastischen Lob gehört, das er meinen Werken bei einer Vorlesung über amerikanische Literatur gezollt hatte. Ich werde nie den Morgen vergessen, als ich von Mr. Willis in das Empfangszimmer gerufen wurde, wo er wartete. Mit seinem stolzen und aufrecht-schönen Kopf, seinen schwarzen Augen, in denen es von Gefühlen und Gedanken elektrisch zuckte, mit dem unnachahmlichen Charme und Stolz im Ausdruck und der Art sich zu geben, begrüßte er mich ruhig und fast kühl, mit einem so ausgeprägten Ernst dazu, daß ich nicht umhin konnte, tief beeindruckt zu sein. Von diesem Moment an bis zu seinem Tode blieben wir Freunde, obwohl wir uns nur während des ersten Jahres unserer Bekanntschaft persönlich trafen. Bis zu seinen letzten Worten, ehe die Vernunft für immer ihren Thron in diesem überlasteten Hirn verließ, habe ich ein lebhaftes Andenken an seine unablässige Treue und Freundschaft. In diesem Jahr pflegte ich auch einen Briefwechsel mit Mr. Poe, und zwar auf die eindringliche Bitte seiner Frau, die annahm, daß mein Einfluß auf ihn eine wohltätige Wirkung haben würde. Das war auch der Fall; ich besaß sein feierliches Versprechen, sich aller Stimulanzien zu enthalten, und er hielt es auch: während unserer Bekanntschaft erschien er nicht ein einziges Mal auch nur im leisesten angesäuselt. Die vertrauensvolle Liebe zwischen seiner Frau und ihm machte auf mich immer einen starken Eindruck, trotz gelegentlicher anderer Schwärmereien, bei denen er durch sein leidenschaftliches, romantisches Temperament entschuldigt ist. Ich glaube, sie war die einzige Frau, die er jemals wirklich geliebt hat.«[12]

So könnte es gewesen sein: eine harmlose, platonische Freundschaft, ein Austausch zwischen gleichgesinnten Dichtern. Aber schon damals wurden Zweifel darüber laut, und Poes Beziehung zu Mrs. Osgood endete in einem unangenehmen Skandal, der wochenlang bei den New Yorker ›literati‹ das Tagesgespräch bildete. Man muß nicht unbedingt so weit gehen wie John E. Walsh, der in seiner Romanbiographie ›Plumes in the Dust‹ nachzuweisen sucht, daß Poe der Vater ihres dritten Kindes gewesen sei, aber vieles scheint darauf hinzudeuten, daß die Affäre ganz so ›platonisch‹ nun doch wieder nicht war. Mr. S. S. Osgood (der Poes Porträt malte) soll zu Seitensprüngen geneigt haben, und das Ehepaar lebte zeitweise getrennt. Sicher ist auch, daß Poe Mrs. Osgood in den folgenden Monaten geradezu nachstellte und kaum von ihrer Seite wich, ja daß er ihr sogar an verschiedene Orte nachreiste – Boston, Albany, Providence. Schließlich war es ›Fanny‹ Osgood selbst, – damals eine vierunddreißigjährige, dunkelhaarige, sanfte Schönheit – die Poe zu dem Flirt ermunterte, indem sie am 5. April im ›Broadway Journal‹ unter dem Pseudonym ›Violet Vane‹ ein Gedicht mit dem Titel ›So Let it be, To ---‹ veröffentlichte. Darin hieß es durchsichtig genug –

>Perhaps you think it right and just,
   Since you are bound by nearer ties,
To greet me with that careless tone,
   With those serene and silent eyes.

   . . .

The fair fond girl, who at your side,
   Within your soul's dear light, doth live,
Could hardly have the heart to chide
   The ray that Friendship well might give.«[13]

Poe antwortete am 26. April mit Versen, die er zwar schon Jahre vorher geschrieben hatte, die jedoch passend waren; aus ›To Mary‹ wurde ›To F --‹.

»I know a noble heart that beats
   For one it loves how ›wildly well‹!
I only know for *whom* it beats;
   But I must never tell!«[14]

Im September erschien ein weiteres Gedicht, das zuvor ebenfalls diversen anderen Damen gewidmet war, unter dem Titel ›To F----s S. O-----d‹. Die Anfangszeile ›Eliza, let thy generous heart‹ lautete nun ›Thou wouldst be loved? – then let thy heart‹ etc. Solche ›literary flirtations‹ waren zwar damals in Mode, lieferten aber natürlich Gesprächsstoff, besonders wenn eines der Turteltäubchen das andere beim Namen nannte.

Poes Freund T. H. Chivers berichtet in seinem ›New Life of Edgar Allan Poe‹, einer etwas schwülstigen, mit persönlichen Reminiszenzen angereicherten ›biographischen Studie‹, Poe habe ihm einmal in betrunkenem Zustand anvertraut, unsterblich in eine Dame verliebt zu ein, die sich gerade in Providence aufhalte. Ihr Mann sei ›Maler – nie zu Hause – und außerdem ein Idiot‹. Chivers schreibt ferner, Poe hätte, schwankend und lallend, Lewis Gaylord Clarke wegen eines gegen ihn gerichteten Artikels im ›Knickerbocker‹ auf offener Straße tätlich bedroht; und auch J. R. Lowell war über sein erstes Zusammentreffen mit Poe im Mai 1845 befremdet und enttäuscht: »Er war nicht etwa angeheitert – wirkte jedoch so, als hätte er seinen Kopf unter eine Wasserleitung gehalten, um sich abzukühlen ... Er verhielt sich mir gegenüber eher förmlich, sogar anmaßend, aber ich habe den Eindruck, daß er eine durchzechte Nacht hinter sich hatte«.

Der Wechsel vom Land- zum Stadtleben, die Arbeit, die auf ihn einstürzte, die Anfeindungen, die er wegen seines Feldzuges gegen Longfellow erlitt, der plötzliche Ruhm – all das schien Poe zu überfordern. Er hatte längere Zeit völlig enthaltsam gelebt – wenn man der Aussage Mrs. Brennans, seiner ›landlady‹ in dem Vorort Bloomingdale Glauben schenken darf –, aber inzwischen war einiges anders geworden. Seine vielfältigen Verpflichtungen zwangen ihn, sich wieder in New York niederzulassen – die Familie wohnte jetzt im zweiten Stock eines Mietshauses, East Broadway 195, das bereits im 19. Jahrhundert abgerissen wurde. Über seinen Aufenthalt dort ist nicht mehr bekannt, als daß er zuletzt Ärger mit seiner Vermieterin bekam, die ihm auch seine Briefe nicht nachschickte, als er, Virginia und Mrs. Clemm im Winter 1845 Quartier in der Amity Street Nr. 85 bezogen, einer anderen billigen Pension. Daß die Entrüstung und das Gerede über seine Blasphemien gegen ›Phoebus Apollo‹ Longfellow lange Zeit anhielten, zeigt eine Stelle aus einem Brief an J. Hunt, der in der Poe-›Outis‹-Kontroverse für letzteren Partei ergriffen hatte: »Ich frage Sie als Mann von Ehre: Halten Sie es für möglich, daß jemand zehn Jahre lang als Kritiker eine streng unparteiische Haltung einnimmt, wie ich es im *Southern Literary Messenger* und *Graham's Magazine* getan habe, ohne eine Anzahl von Autoren und ihren Anhang unheilbar zu kränken? Würden Sie aber, nur weil diese Leute gekränkt sind und ihrem Unmut bei jeder Gelegenheit Luft machen, meine kritische Haltung für weniger ehrenwert halten? Ist es Ihrer Meinung nach richtig, daß man meine Verdienste am Gekläff meiner Feinde mißt, statt sich auf Grund meiner tatsächlichen Leistungen ein eigenes Urteil zu bilden?«[15]

Aber Poe mochte sich drehen und wenden wie er wollte, er mochte sogar im Recht sein: das ›Broadway Journal‹ blieb nach wie vor geächtet und hatte nur geringen Absatz. Entsprechend fanden sich auch keine ›zugkräftigen‹ Autoren dazu bereit, Beiträge zu liefern. Das ursprünglich angesetzte Preisniveau von $ 1 pro Spalte ließ sich ohnehin nicht mehr halten. Seit Briggs ausgeschieden war, stellte auch Lowell seine Korrespondenz ein. Es wäre geradezu töricht gewesen, Bekannte aus der Literaturszene, Halleck oder Willis zum Beispiel, um Artikel anzugehen – sie hätten höflich abgelehnt. Layout, Format und Satzspiegel, das ganze Erscheinungsbild des Magazins entsprachen nicht im entferntesten den Vorstellungen, die Poe mit seinen früheren Plänen des ›Penn Magazine‹ bzw. des ›Stylus‹ verknüpfte. Es war und blieb ein kümmerliches Blättchen. So verwandte er auch keine sonderliche Mühe auf den Inhalt, der größtenteils aus eigenen überarbeiteten Gedichten und Erzählungen aus früheren Jahren, unbedeutenden Kritiken über unbedeutende Autoren und Watsons' Musikfeuilletons bestand. Viel Originelles hatte das ›Broadway Journal‹ wirklich nicht zu bieten. Ein neues Betätigungsfeld Poes waren Theaterrezensionen. Man sah ihn jetzt häufiger auf den Kritikerplätzen, vornehmlich des Park Theatre, an dem gerade *das* Erfolgsstück des Jahres 1845 gegeben wurde, Anna Cora Mowatts ›Fashion‹, eine Fünf-Akte-Farce, in der die Autorin gleichzeitig als Schauspielerin auftrat. Es hieß, daß ihre Schwindsucht durch Mesmerismus geheilt worden sei – was ihre Anziehungskraft nur verstärkte. Von ›Fashion‹ hielt Poe nur wenig: »auch schuldet das Stück ein Gutteil seiner Wirkung all den Teppichen, Ottomanen, Kronleuchtern und Zimmerpalmen, die auch schon einer so gräßlichen Todt-Geburt, wie die ›London Assurance‹ des Boucicault es ist, eine dermaßen entschiedne Popularität gesichert haben«[16], dafür aber um so mehr von Mrs. Mowatts schauspielerischem Talent: »Oft und oft hab’ ich die Künstlerin nicht aus den Augen gelassen, konnte aber nicht einmal für Secunden irgend welche Anzeichen von Gezwungenheit oder Ungeschick wahrnehmen, wohingegen zahlreiche ihrer augenscheinlich so impulsiven Gesten aufs Eindrücklichste das Lob der genialen Frau und des poetischen Wesens verkündet haben, welches durchtränkt ist vom Feingefühl für alle Schönheit der Bewegung.«[17] Solche Betrachtungen haben heute allenfalls noch einen geschmäcklerisch-nostalgischen Reiz, verbunden mit der Vorstellung Poes in einer Loge oder im Parkett eines der überladen ausgestatteten Theater jener Tage und der ›literary ladies‹, die den attraktiven Dichter des ›Raben‹ durch ihre Gläser und Lorgnons fixierten. Lesenswert sind jedoch seine Essays ›Verdient das Drama von Heute unseren Beistand?‹ und ›Das amerikanische Drama‹, in denen er gegen die steife, ›ranzige‹ Konventionalität zu Felde zog, die damals die Bühnen beherrschte, und für neue, frischere Formen, vor allem für eine größere Natürlichkeit plädierte. Das Imitatorische und das Festhalten an überkommenen Prinzipien habe zu einer Erstarrung des Dramas geführt, die sich oft in unfreiwilliger Komik äußere.

Daß er auch als Theaterkritiker in New York aneckte, zeigt die folgende, eher amüsante Episode. Im April wurde in ›Palmo’s Opera House‹ Sophokles’ *Antigone* mit der Bühnenmusik von Mendelssohn-Bartholdy gegeben, eine Aufführung, die Poe fürchterlich verriß. Der Direktor des Theaters, William D. Dinneford, habe sie durch eine viel zu kurz angesetzte Probezeit zur Parodie geraten lassen. Dinneford schrieb ihm daraufhin einen erzürnten Brief, in dem er ihm mitteilte, er habe seinen Namen aus der Pressekartenliste gestrichen. »Als Lieferant öffentlicher Vergnügung und Unterhaltung bin ich jederzeit bereit, eine *gerechte,* wenn vielleicht auch strenge Kritik hinzunehmen, fühle mich jedoch keineswegs verpflichtet, irgend jemandem Vergünstigungen einzuräumen, der *mir* durch offensichtlich böswillige *Verleumdungen* schaden will.«[18] Poe zitierte dieses Schreiben in einem Artikel, den er ›Der Zorn des Achilles‹ betitelte. Nachdem er eine Weile über Dinnefords schluderige Handschrift, ›exzentrisches Unterstreichen‹ und fehlerhafte Interpunktion hergezogen war (sowie über dessen Versäumnis, die Postgebühr zu entrichten), fuhr er fort: »Wir vergeuden keine Worte an diesen Quinneford[19] – es ist die Öffentlichkeit, an die wir uns wenden – und insbesondere an unsere Kollegen von der Presse. Wir möchten ihre Aufmerksamkeit auf den besonderen Charakter der *Bedingungen* lenken, auf welche dergleichen Impressarios in Bezug auf die Pressekartenliste die Frechheit haben, hinzuweisen. Diese Übereinkunft ist demnach nicht etwa ein Privileg. Das heißt, man erwartet, daß der Kritiker beim Betreten des Theaters sein Gewissen auf der Straße zurückläßt. Er soll nicht urteilen, nicht kritisieren, sondern lobpreisen. Er soll sein Geschäft und sein Vergnügen vergessen und zum Nutzen der Direktion ganz einfach beschreiben, was immer auf der Bühne passieren mag.«[20]

Wenn auch die Stücke, die Poe damals rezensierte, nicht der Rede wert waren und sind, so ist doch bezeichnend, daß er als Theaterkritiker einen neuen, strengeren und unabhängigeren Standard zu setzen wagte. Er lobte eine Produktion nicht etwa nur deshalb, weil er Freikarten dafür erhielt (wie es bei seinen ›Kollegen von der Presse‹ allzuoft der Fall war), sondern sah sich manche Vorstellungen zwei oder dreimal, ja bis zu zehnmal an, um sich ein gerechtes Urteil zu bilden, und studierte eingehend die Texte und Librettos der Dramen und Opern, die er besprach. Mit dieser unzeitgemäßen Attitüde galt er als eine Art Zerberus der New Yorker Theaterwelt, ein ›Wachhund mit drei Köpfen und einem Halsband aus Vipern‹. Er war ein gefürchteter und bei Leuten ›vom Fach‹ zweifellos nicht sehr beliebter Rezensent, am allerwenigsten bei den Direktoren und Regisseuren, die Opern wie Operetten, Tragödien wie Farcen und Shakespeare wie Nestroy inszenierten. Poe gefiel sich wohl auch in dieser Machtposition. Auf Premierenfeiern, so heißt es, wurde er von Bühnenschriftstellern, Schauspielerinnen, Sängern und Tänzern hoffiert, ›die um seine Aufmerksamkeit buhlten und an seinen Worten zu hängen schienen‹.

1845 entstanden fünf neue Kurzgeschichten unterschiedlicher Thematik und Qualität. Die sicher unbedeutendste war ›Die tausendundzweite Erzählung der Schehrezad‹, die am Ende der fabulierfreudigen und listigen Gattin des Kalifen doch noch den Kopf kostet – ganz einfach, weil sie darin schlicht die Wahrheit erzählt, und ›die Wahrheit ist wunderlicher denn alle Erfindung‹. Poe bietet darin ein ›Panoptikum‹ neuer wissenschaftlicher Erkenntnisse, geographische, botanische, physiologische und physikalische ›Wunder‹. »Ein anderer besaß einen so langen Arm, daß er sich in Damaskus niedersetzen und zur selben Zeit in Bagdad einen Brief zu Papier bringen konnte – oder wo immer sonst, in welcher Ferne auch, es ihm gefiel«, berichtet Schehrezad unter anderem ihrem Gemahl, und Poe erklärt in einer Fußnote: »Der Druck- Telegraph«. Die Geschichte war auf die ›allgemeingebildete‹ Leserschaft von ›Godey's Lady's Book‹ zugeschrieben und hätte, abgesehen von einigen typisch Poeschen, makabren Scherzen auch von einem anderen, stilistisch versierten zeitgenössischen Autor stammen können. Sie hat wohl von allen seinen Erzählungen am meisten Patina angesetzt und wirkt heute schrecklich laboriert; immerhin zeigt sie sein ›waches‹ Interesse an sämtlichen Bereichen der Naturwissenschaft und Technik.

Ungleich witziger und origineller ist die gesellschaftskritische Satire ›Disput mit einer Mumie‹, in gewisser Hinsicht eine Parodie auf ›Das vorzeitige Begräbnis‹, denn auch der nach 5050 Jahren wieder ausgegrabene und ›ausgewindelte‹ ägyptische ›Conte Allamistakeo‹ (›Nix-haut-hin‹) litt seinerzeit unter ›Starrsucht‹ und wurde von seinen Freunden irrtümlich lebendig eingesargt. Seine Ausführungen spiegeln die Ansichten des Verfassers, nur handelt es sich diesmal nicht um die Schrecken des Grabes, sondern um den weitverbreiteten Irrglauben, die Menschheit habe sich ›fortentwickelt‹. Diese Auffassung vertritt Doktor Pononner, der auch die Untersuchung der Mumie leitet – welche sich, zu seiner Überraschung, noch immer am Leben befindet (Villiers de L'Isle Adam, ein Bewunderer Poes, übernahm den Typus später in der Figur seines ›Tribulat Bonhomet‹). Pononner entspricht etwa, karikiert, dem fortschrittsgläubigen, bürokratischen Polizeipräfekten aus den ›tales of ratiocination‹; er ist der Wissenschaftler mit dem Brett vor dem Kopf; Allamistakeo dagegen ähnelt dem – überragend gebildeten und zu Mystifikationen neigenden – Dupin/Poe-Charakter. Nach 5050 Jahren Lebendig-Begrabenseins muß er, exhumiert, feststellen, daß sich inzwischen wenig verändert, im Gegenteil, daß eher ein Rückschritt stattgefunden hat. »Der Mensch ist heute nur aktiver geworden – aber nicht glücklicher – nicht weiser, als er's vor 6000 Jahren war«, hatte Poe 1844 an Lowell geschrieben. Und so widerlegt ›Nix-haut-hin‹ auch, Punkt für Punkt, die unermüdlichen Anstrengungen des Forschungsteams unter der Leitung des Doktor Pononner, ihn davon zu überzeugen, daß alles seither besser, sozialer und fortschrittlicher geworden sei.

In ›Die Tatsachen im Falle Valdemar‹ griff Poe dasselbe Motiv wieder auf, das er bereits in ›Mesmerische Offenbarung‹ behandelt hatte – die ›In-Trance-Versetzung‹ eines Menschen in Articulo mortis –, nur diesmal ohne metaphysischen Hintergrund, zumindest ohne philosophische Gedanken über Gott und das Universum. Man könnte annehmen, diese Erzählung sei lediglich ein schauerlicher und spekulativer Ableger der früheren Fassung, in der Poe sein Credo formulierte – doch dem ist bei genauerer Untersuchung mitnichten so. Es gibt eine gewisse ›Unterströmung an Bedeutung‹, einen Metaphernreichtum, der auf das gleiche Endziel hindeutet.

Der Erzähler und Mesmerist heißt wiederum ›P.‹, und der Name des todkranken, an Lungenschwindsucht leidenden Mediums beginnt ebenso mit ›V‹ – was den Schluß nahelegt, Poe habe, vielleicht unbewußt, intuitiv an die an Schwindsucht dahinsiechende Virginia gedacht. Daniel Hoffman stellt andererseits die gar nicht so abwegige Hypothese auf, ›Valdemar‹ könne sich auf ›val de mer‹ beziehen, das ›Meerestal‹, eben jenes Mare tenebrarum, das in den Styx mündet und das zuletzt umschifft werden muß, wie in ›Das Manuskript in der Flasche‹. Ein auffälliges Merkmal an diesem Mr. Valdemar ist sein schwarzes Haar und sein weißer Backenbart – und auf diesen äußersten Kontrast verweist auch das Ende von ›Arthur Gordon Pym‹. Grotesken und Arabesken, das Schachspiel des Lebens, Annihilation oder Unsterblichkeit, ›lebendig begraben‹ oder eingehen ins ewige Licht des Paradieses – Poes Werke kreisen ›malstromartig‹ um Ambivalenzen. Dem Erzähler ›P.‹ geht es zunächst nur um das Experiment selbst, vor allem um die Frage, ›in welchem Maße – beziehungsweise für wie lange Zeit – sich vielleicht die Hand des Todes durch die Prozedur mochte zurückhalten lassen. »Es gab noch *diverse andere Punkte,* die aufzuklären waren, doch diese erregten meine Neugier am meisten – in Sonderheit der letzte, von dem ja wahrlich Ungeheures abhing«.

Der mesmerische Schlaf Valdemars währt über sieben Monate; »ich schlafe noch – ich sterbe«, sagt er zu Beginn seiner Trance, aber schon nach wenigen Stunden »ich habe geschlafen – und jetzt – *bin ich tot*«. P. beläßt ihn weiterhin, wie gesagt monatelang, in diesem Zustand. Der Körper scheint medizinisch tot zu sein, kein Atem, kein Pulsschlag mehr ist an ihm festzustellen; und dennoch geht keine Veränderung mit ihm vor, keine Verfallsprozesse treten ein. »Das einzige wirkliche Anzeichen für eine Wirkung des mesmerischen Einflusses bestand jetzt tatsächlich in der Vibrierbewegung der Zunge, die immer dann einsetzte, wenn ich Mr. Valdemar eine Frage vorlegte. Er schien sich jedesmal anzustrengen, mir zu antworten, doch besaß er nicht mehr hinreichende *Willenskraft*.«

Ein Sterbender läßt sich irgendwann fallen, aber ein solches Aufgeben wird scheinbar durch die Hypnose verhindert. Der ganze Vorgang ähnelt einer Totenbeschwörung, einer nekromantischen, magischen Handlung, wie sie Horaz in seinen Epoden beschreibt. Schließlich, nach Ablauf der erwähnten Frist, befragt ihn der Erzähler abermals – und Valdemar antwortet mit ›grauenvoller Stimme‹, die aus ihm ›hervorbricht‹: »Um *Gottes* willen! – rasch! – rasch! – versenken Sie mich wieder in Schlaf – oder, rasch! – wecken Sie mich auf! – rasch! – *Ich sage Ihnen, ich bin tot!*« –, und während dieses hervorgellenden ›tot! tot!‹, das sich schauerlich wiederholt, vollzieht P. die mesmerischen Striche, die die Trance des vermeintlichen Schläfers beenden sollen. Aber da »geschah's auf einmal, innerhalb einer einzigen Minute, oder gar noch schneller, daß mir sein ganzer Leib unter den Händen schrumpfte – verfiel – *verweste*. Dort auf dem Bette, vor der ganzen Gesellschaft, da lag eine nahezu flüssige Masse von widerlicher – von abscheulicher Fäulnis.«[21]

Sicher, die Dramaturgie der Erzählung bewegt sich bewußt auf diesen Schockeffekt zu. Aber über dem Grauen der Szene vergißt man leicht, was die plötzliche Auflösung Valdemars im Sinne Poes bedeutet. Zum Vergleich das Ende der ›Mesmerischen Offenbarung‹:

»Als der Hypnotisierte diese letztern Worte mit schwacher Stimme vorbrachte, gewahrte ich auf seinen Zügen einen eigenartigen Ausdruck, welcher mich einigermaßen beunruhigte und mir Anlaß gab, ihn alsbald aufzuwecken. Doch kaum hatte ich dies getan, da sank er mit einem hellheitern Lächeln, welches sein ganzes Antlitz überstrahlte, in die Kissen zurück und verschied. Ich bemerkte, daß in weniger denn einer Minute hernach sein Leichnam starr wie Stein geworden war. Seine Stirn hatte die Kälte des Eises. So hätte sie sich normalerweise erst anfühlen dürfen, nachdem bereits längere Zeit Asraels drückende Hand darauf gelegen. Sollte ich's glauben, daß des Mesmerisierten Stimme während des ganzen letztern Teil seines Vortrags schon aus dem Reich der Schatten zu mir hergedrungen sei? Wer will das sagen ...«[22]

Hier, im ›Falle Valdemar‹, kann kein Zweifel mehr bestehen: die Seele *hat* sich vom Körper getrennt und aus dem ›Reich der Schatten‹ gesprochen – also *gibt* es ein Fortleben nach dem Tode, nach dem Abstreifen der irdischen Hülle. »Doch wo war unterweil die Seele – wo?«, lautet die bange Frage des Erzählers aus ›Das vorzeitige Begräbnis‹.

Poe selbst schien die Geschichte nicht besonders ernst zu nehmen, aber seine eigenen Aussagen über seine Erzählungen sind bekanntlich nur mit Vorbehalt aufzufassen. Jedenfalls freute er sich diebisch darüber, daß die ›Tatsachen im Falle Valdemar‹ eine lebhafte Diskussion auslösten, vor allem in England, wo sie im darauffolgenden Jahr (natürlich als Raubdruck) erschienen. In einem Brief der Dichterin Elizabeth Barrett Browning an ihn heißt es: »Weiter gibt es eine Erzählung von Ihnen ... über Mesmerismus, die hier die Runde durch die Zeitungen macht und uns alle ›aufs herrlichste verstört‹ und schreckliche Zweifel weckt, ob es wohl ›stimmen kann‹, wie die Kinder bei Gespenstergeschichten sagen. Nicht zu bezweifeln ist in der fraglichen Erzählung die Kraft des Autors und seine Fähigkeit, grauenhafte Unwahrscheinlichkeiten nah und vertraut erscheinen zu lassen.«[23]

Dem Londoner Druck in Broschürenform von 1846 war eine Vorbemerkung vorangestellt: »... Die Geschichte, obschon nur einfache Wiedergabe von Fakten, ist so außerordentlicher Natur, daß sie fast unglaublich erscheint. Wir weisen nur darauf hin, daß man ihr in Amerika, wo der Vorfall sich ereignete, Glauben schenkt.«[24] Poe triumphierte in einem ›vertraulichen Schreiben‹ an einen Bekannten: »Die ›Times‹ – die sachliche ›Times!‹ – enthält einen Abdruck des ›Valdemar Case‹«, und in Amerika veröffentlichte am 10. Januar 1846 sogar der ›Popular Record of Modern Science‹ die Erzählung als Tatsachenbericht. Es war eine Mystifikation ganz nach Poes Herzen, die er sich bemühte aufrechtzuerhalten, als er die ›Tatsachen‹ im Dezember '45 in das ›Broadway Journal‹ aufnahm: »Ein Artikel von uns mit diesem Titel, der in der letzten Nummer von Mr. Coltons ›American Review‹ veröffentlicht wurde, hat eine Diskussion ausgelöst – besonders darüber, ob der dort vorgetragene Bericht wahr oder gefälscht ist. Natürlich steht es *uns* nicht zu, auch nur ein Wort zu dem strittigen Punkt zu sagen. Wir lassen die Sache für sich sprechen. Wir erlauben uns jedoch die Bemerkung, daß es eine Klasse Mensch gibt, die aus Profession ihren Stolz in den Zweifel setzt.«[25]

In seiner Rückantwort auf eine diesbezügliche Anfrage von einem Mr. A. Ramsay, einem Drogisten aus Stonehaven in Schottland, legte er schließlich die Karten auf den Tisch: »Jux ist genau das Wort, das auf den Fall von M. Valdemar paßt... Einige wenige Menschen haben ihn ernstgenommen – aber *ich* nicht – und Sie sollten es auch nicht tun.«[26]

Mochte Poe die Geschichte freilich auch nicht als ›Tatsachenbericht‹ ernst nehmen und sich königlich amüsieren über die Leichtgläubigkeit seiner Zeitgenossen – ihr Thema war für ihn tödlich ernst. Seine ›Passion des Entdeckens‹ in dieser Frage aller Fragen grenzte nahezu an Besessenheit und durchdringt sein gesamtes Schaffen.

In ›Die Macht der Worte‹, dem letzten seiner drei ›Engelsdialoge‹ in platonischer Manier, behandelte er sie wieder auf eine ernsthaft philosophisch-metaphysische Weise und wählte dafür die Form des Prosagedichts. Nach ihrem Tode fliegen die Seelen der Freunde Oinos und Agathos gleich Tönen durch das Universum, wie der ›Erzengel Israfel, dessen Herzfasern eine Laute sind‹. Oinos hat die Unsterblichkeit ›grad eben erst neue Schwingen verliehen‹, und er läßt sich von Agathos einführen in die Geheimnisse des Alls. Das unstillbare Verlangen der Seele nach Wissen hört niemals und nirgends auf – es wird vielmehr nach dem Abstreifen des Körpers als höchste Seligkeit empfunden:

»...nicht in der Erkenntnis liegt das Glück, sondern im Erwerb der Erkenntnis! Im ewigen Erkennen finden wir ewigen Segen; doch aber alles zu wissen, wäre ein teuflischer Fluch.

Oinos: Weiß aber nicht der Allerhöchste alles?

Agathos: *Das* muß (da er ja auch der Allerglücklichste ist) das *Eine* sein, um das selbst ER nicht weiß.«

Nichts stirbt, lernt Oinos auf seinem Flug durch Sternenseen und Milchstraßen, jeder Gedanke, jede Handlung setzt sich ewig fort – eine einfache Handbewegung versetzt den Kosmos in Schwingungen. Und so ist auch jedes Wort, einmal ausgesprochen, unvergänglich – es kann sogar Sterne erschaffen:

»Oinos: Doch warum, Agathos, weinst du? – und warum – oh, warum sinken dir die Schwingen, da wir über diesen schönen Stern hinschweben – der da der grünste ist und doch der schrecklichste von allen, denen wir auf unserem Fluge begegneten? Seine leuchtenden Blumen wirken auf mich wie ein zaubrischer Traum – doch seine wilden Vulkane wie die Leidenschaften eines aufgewühlten Herzens.

Agathos: *Sie sind's! – sie sind es!* Dieser wilde Stern – es ist nun drei Jahrhunderte her, seit ich ihn – mit gefalteten Händen und strömenden Augen zu den Füßen meiner Geliebten – durch ein paar wenige leidenschaftliche Sätze ins Leben rief. Seine leuchtenden Blumen *sind* die teuersten aller unerfüllten Träume, und seine rasenden Vulkane *sind* die Leidenschaften eines aufgewühlten und heillosen Herzens!«[27]

Vermag gleich die schöpferische Imagination den Menschen gottähnlich zu machen, das ›irdische Jammertal‹ ist doch eine enge Kerkerzelle, in der man auf den Henker wartet – wie der Erzähler aus ›Der Alb der Perversheit‹. Er gehört wieder zu den ›Helden der Sensibilität‹, den ›Genies ohne moralische Grundsätze‹, die dem Geist des Bösen, dem ›imp of the perverse‹ erliegen, jenem *Primum mobile* der Seele, dessen Wirken uns »zu einem Handeln veranlaßt, das einzig aus dem Grunde kommt, daß wir *nicht* so handeln sollten«.

Die Geschichte ist sein Bekenntnis, das er, dem Galgen entgegensehend, im Gefängnis niederschreibt. »Unmöglich kann je eine Tat mit größerer Vor- und Umsicht ins Werk gesetzt worden sein.« Sein Opfer (wahrscheinlich sein Vater, denn er ›erbte sein Vermögen‹) wurde mit Hilfe einer vergifteten Kerze umgebracht, starb also den *Erstickungstod*. »Ich kannte meines Opfers Gewohnheit, im Bette zu lesen. Ich wußte auch, sein Zimmer war eng und schlecht belüftet... Ich brauche nicht die Schliche zu beschreiben, mit denen es mir gelang, auf dem Kerzenständer seines Schlafgemachs ein Wachslicht meiner eignen Fabrikation mit demjenigen auszutauschen, welches ich dort vorfand...« Die Tat bleibt, wie in ›Der schwarze Kater‹ oder ›Das verräterische Herz‹, zunächst unentdeckt und ungesühnt. Allein der dumpfe Drang zur Selbstvernichtung, der Dämon des Übermuts, die innerliche, stets gespannte Triebfeder des Perversen, die durch einen banalen Anlaß aus ihrer Verriegelung schnellt, stürzt den Mörder ins Verderben.

Poe widmet der Untersuchung dieses ›imp of the perverse‹, der ihn selbst oft genug heimsuchte, über zwei Drittel der Geschichte, bevor er ihn an einem speziellen Fall (dem des Erzählers) exemplifiziert, der zum Schluß ausruft: »Heut' trage ich diese Ketten – und bin *hier!* Schon morgen werde ich fessellos sein! – *doch wo?*«[28]

Die Sühne des Verbrechens – der Strang – wiederholt symbolisch den Erstickungstod des Opfers. Schon als sich der Erzähler auf offener Straße selbst entlarvt, ringt er nach Atem. »Momentlang litt ich alle Qualen des Erstickens.«

Mit diesen fünf Grotesken und Arabesken hatte Poe den Zenit seiner schöpferischen Produktivität, zumindest im Prosabereich, überschritten. In den Jahren bis zu seinem Tod entstanden zwar noch insgesamt (neben ›Heureka‹) acht Erzählungen, aber es waren nur zwei, höchstens drei wirklich bedeutende darunter; der Rest setzte sich aus Farcen, Gelegenheitsarbeiten und Überarbeitungen früherer Entwürfe (›Landor's Cottage‹) zusammen. Er schritt nun einem physischen und psychischen Martyrium bisher ungekannten Ausmaßes entgegen.

Sehr geschadet hatte er sich bereits mit dem ›Longfellow-Krieg‹, der seine Gegner, vor allem aus der ›Knickerbocker-Clique‹, erneut gegen ihn in Stellung brachte. Auch das breite Publikum sah in ihm einen mißgünstigen, voreingenommenen und gehässigen Kritiker; man las seine Artikel meist aus Sensationsgier, in der Erwartung einer ›öffentlichen Exekution‹ – und war dann eher enttäuscht darüber, hin und wieder auf eine günstige Besprechung aus seiner berüchtigten ›Blausäurefeder‹ zu stoßen. Der Karikaturist Darley zeichnete ihn als einen tomahawkschwingenden, blutrünstigen, auf einem Bein tanzenden Indianer. Poes kritische Maßstäbe dagegen, sein Stil und seine gelehrten Abschweifungen über Versifikation, ›Didacticismus‹ etc. lagen weit über dem Horizont der Allgemeinheit. »Selbst unsere Rezensionen (lucus a non lucendo) sind ja dem Geschmack des Tages zu schwer, und nicht nur denen, die ohnehin keinen Geschmack haben, sondern auch den Wenigen.«[29]

Andererseits genoß er es natürlich auch, gefürchtet zu werden, und glaubte es seinem Ruf schuldig zu sein, in Abständen ein ›Exempel zu statuieren‹ und eine literarische Eintagsfliege erbarmungslos zu zerstampfen. In der New Yorker Presseszene galt er als einer der meistgehaßten Männer überhaupt – nur ließen ihm der Erfolg des ›Raben‹ und die Tatsache, daß er eine Zeitschrift herausgab, die er als Waffe benützen konnte, noch eine gewisse Galgenfrist. Weitere Popularität verschafften ihm außerdem zwei Buchveröffentlichungen, die der angesehene Verlag Wiley and Putnam im Juli und November 1845 herausbrachte: ›Tales‹ und ›The Raven and Other Poems‹. Beide verkauften sich überraschend gut, ihr Autor verdiente allerdings, den damaligen Urheberrechtsbestimmungen (oder vielmehr deren Nichtvorhandensein) entsprechend, so gut wie nichts daran. Er durfte sich glücklich schätzen, wenn seine Werke gedruckt erschienen und er einige Belegexemplare – vielleicht eine kleine Abfindung – erhielt. In seinem Vorwort zu dem Gedichtband schrieb er, kritikverachtend wie üblich:

»Mir war Dichtung nie Zweck, sondern stets Passion, und Passionen sollte man verehren. Sie dürfen, sie können nicht nach Belieben erregt werden mit einem Blick auf die armseligen Entschädigungen oder die noch armseligeren Empfehlungen der Menschheit.«[30]

Das nicht sehr günstige Presseecho gab ihm einen Vorgeschmack darauf, was ihn bald schon erwartete. Bezeichnenderweise gingen die meisten Rezensenten gar nicht so sehr auf die Erzählungen und Gedichte selbst ein, sondern vielmehr auf seine Tätigkeit als ›Zoilus‹ des ›Broadway Journal‹. So hieß es zum Beispiel in der ›American Review‹ über seine ›Tales‹: »Wir fürchten, daß Mr. Poes Ruf als Kritiker nicht gerade zum Erfolg seiner neuen Publikation beitragen wird«[31], und Lewis Gaylord Clark feuerte im ›Knickerbocker‹ (Januar 1846) gleich eine ganze Breitseite auf den Dichter des ›Raben‹ ab. »Wenn wir die Neigung verspürten, Mr. Poe die äußerst plumpen und falschen Behauptungen heimzuzahlen, die er in seiner Zeitschrift, anläßlich einer nur in seiner Phantasie existierenden Kränkung, über unser Magazin aufstellte, dann könnten wir uns keine bessere Gelegenheit wünschen als die, seinen Gedichtband zu rezensieren. Kein anderer Autor ist so sehr auf die Nachsicht der Kritiker angewiesen wie Mr. Poe, und niemand, der in diesem Lande mit der Presse zu tun hat, verdient so wenig Gnade oder Rücksicht wie Mr. Poe. Seine sogenannten Kritiken sind durchweg ein Gespinst aus groben persönlichen Schmähungen oder persönlichen Lobhudeleien. Einige der jämmerlichsten Autoren dieses Landes hat er in den Himmel gelobt und viele der besten aufs gröblichste beschimpft.«[32]

Der Rezensent des ›Aristidean‹ glaubte im ›Raben‹ Einflüsse von Miss Barretts ›Lady Geraldine's Courtship‹ zu erkennen und nannte ›Israfel‹ »fiddle-dedee«. Es gab zwar einige lobende Besprechungen, wie die von Margaret Fuller in ›The New York Tribune‹, aber auch sie äußerte sich eher neutral und keineswegs enthusiastisch.

Dafür hatte Poe die Genugtuung, daß ›The Raven and Other Poems‹ (das Buch war Miss Barrett Barrett, ›der edelsten ihres Geschlechts‹, gewidmet) in England Beachtung fand und in London von der Presse, wenn auch nur am Rande, erwähnt wurde. Immerhin schrieb ihm Miss Barrett, die anscheinend keine Ähnlichkeiten zu ihrem obengenannten Gedicht im ›Raben‹ zu entdecken vermochte, im April 1846: »Ihr ›Rabe‹ hat hier in England eine Sensation bewirkt, einen ›adäquaten Horror‹. Einige meiner Freunde überwältigte die Angst, andere die Musik. Ich höre von Menschen, die das ›Nevermore‹ verfolgt, und einer meiner Bekannten, der unglücklicherweise eine Pallas-Büste besitzt, kann ihren Anblick im Zwielicht nicht mehr ertragen.«[33]

Aus den beiden Buchveröffentlichungen ergab sich für Poe ein wesentlicher Nebeneffekt: er gehörte jetzt de facto zu den ›literati‹ von New York. Jemand, dessen Werke von Wiley and Putnam verlegt worden waren, besaß dadurch gleichzeitig eine Freikarte zu den ›jours fixes‹ der literarischen Salons. Und die ersten Einladungen zu Abendgesellschaften ließen auch nicht lange auf sich warten.

Nicht weit entfernt von Poes Pension in der Amity Street lebte die charmante und geistreiche Miss Anne Charlotte Lynch zusammen mit ihrer Mutter in einem hochherrschaftlichen Haus, 116 Waverley Place. Miss Lynch,

später Madame Vincenco Botta (italienischer Adel war bei den ›literary ladies‹ gerade en vogue), nahm in der schöngeistigen Gesellschaft New Yorks
und bei den ›literati‹ etwa dieselbe Stellung ein wie in der deutschen Romantik Rahel Varnhagen in Berlin. Die hervorragendsten Geister zählten zu ihren
Freunden, sie wurde von Künstlern und Schriftstellern umschwärmt, und es
galt als eine Ehre und eine Auszeichnung, auf einer ihrer Soireen erscheinen
zu dürfen – denn dort verkehrte die ›Crème‹:

Mr. Hart, der Bildhauer, der gerade eine Marmorbüste des Staatsmannes
Henry Clay anfertigte; Thomas Ward, genannt ›Flaccus‹, den Poe in einer seiner Rezensionen als ›neunundneunzigstratigen Dichterling« bezeichnet hatte;
die gefeierte Schauspielerin und Bühnenautorin Anna Cora Mowatt
(›Fashion‹); Sarah Margaret Fuller, die ›Königin von Cambridge‹, eine
(wenngleich bigottere) ›George Sand Amerikas‹, Goetheverehrerin und
zweite Herausgeberin der ›New York Tribune‹; der Salonlöwe N. P. Willis
und sein Partner beim ›Evening Mirror‹, G. P. Morris (›Woodman, Spare
That Tree‹); Richard Adams Locke, der Verfasser des ›Mondjuxes‹; die Dichter W. C. Bryant und Fitz-Greene Halleck; der ›Reverend‹ Rufus W. Griswold; der Literat und Journalist Thomas Dunn English, den Poe aus Philadelphia kannte; Dr. W. M. Gillespie, ›ein bedeutender Mathematiker, der leicht
stotterte‹, und ein gutes Dutzend Lokalberühmtheiten mehr. Die ›literary ladies‹ befanden sich weit in der Überzahl. Miss Lynchs Haus war vor allem ein
Treffpunkt von Dichterinnen wie Mrs. Ann S. Stephens, Mrs. Kirkland,
Mrs. Embury, Mrs. Hewitt, Mrs. Elizabeth Oakes Smith, Mrs. E. F. Ellet
und – last not least – Mrs. F. S. Osgood.

Poe beschrieb die damals dreißigjährige Miss Lynch, die sich mit solch illu-
strem Zirkel umgab, als eine Lady »von mehr als mittlerer Größe, schlank,
mit braunem Haar und sanften Augen, die vor Intelligenz sprühen. Ihre Haltung ist würdevoll, anmutig und voller Gelassenheit.«[34]

Miss Catherine M. Sedgwick, eine der talentierteren Literatinnen jener
Zeit, die Autorin von ›Hope Leslie‹ und mehreren Novellen, in denen sie
›häusliche Pflichten und tugendhafte Anmut‹ pries, war ebenfalls öfters bei
Miss Lynch zu Gast und erinnerte sich später lebhaft an die Eindrücke, die sie
in deren Salon empfing: »Ich wurde von einer kleinen Hausdienerin – sie
mochte vielleicht zehn oder zwölf Jahre alt sein – in eine nur matt erleuchtete
Vorhalle eingelassen und in einen kleinen Raum geführt, wo ich Hut und
Mantel ablegte. ... Ich gelangte dann in zwei großzügige, miteinander ver-
bundene und schön geschnittene Empfangszimmer, in denen sich eine große
Anzahl von Gästen in angeregtester Konversation befand. Es gab Musik,
Tanz, Rezitationen und Diskussionen. Man traf dort Maler, Dichter, Bildhauer und Musiker ... und eine junge Frau, die in ihrer Wohnung wöchent-
lich Umgang mit der Geisterwelt pflegte.«[35]

Poe war in diesem Ambiente für zwei oder drei Monate der ›Löwe des Tages‹. Die Geisterwelt bildete nach wie vor ein beliebtes Gesprächsthema, und er schien mit der Materie bestens vertraut zu sein. Etwas Geheimnisvolles, Anziehendes, Faszinierendes lag um den stets schwarzgekleideten Dichter mit der melancholischen Miene, diesen brillanten Raconteur, dessen scharfsinnigen und witzigen Repliken auf Dauer niemand gewachsen war, der sich auf eine Kontroverse mit ihm einließ, diesen gefürchteten Kritiker, diesen gerade durch seine Distanziertheit Unwiderstehlichen, der, wenn er seinen ›Raben‹ rezitierte, Grabesstille unter seinen Zuhörern erzeugen konnte.

Besonders die Damenwelt war von ihm und dem romantischen Flair, das ihn umgab, eingenommen. Die meisten ›literary ladies‹ fühlten sich von seinem imposanten Gehabe eher eingeschüchtert und umkreisten ihn nur von ferne. Nicht wenige legten es jedoch auf einen offenen Flirt mit ihm an, unbeirrt von der Tatsache, daß er sich oft auch in Begleitung seiner Frau auf Miss Lynchs Gesellschaften zeigte. »Augen, blitzend wie die eines Fauns« habe Virginia gehabt, heißt es, »und ein lebhaftes Mienenspiel«. Aber sie wirkte doch recht kindlich und verloren in der Umgebung fächerschwingender, nach kostbaren Parfüms duftender und redegewandter Damen, ein Kind, ein ›Mäuschen‹, und ihr offenherziges Geplappere schien Mr. Poe manchmal peinlich zu enervieren. Sie sollte außerdem todkrank sein, wie man schon ihrer Blässe und ihren etwas eingefallenen Zügen ansah. Und war es nicht ein offenes Geheimnis, daß ihr Gatte Mrs. Osgood Avancen machte und sie seine Aufmerksamkeiten erwiderte? Was gab es beispielsweise Eindeutigeres als Mrs. Osgoods Verse in der Dezemberausgabe des ›Broadway Journal‹?

> »Though friends had warn'd me all the while,
>   And blamed my willing blindness,
>   I did not once mistrust your smile,
>   Or doubt your tones of kindness.«[36]

Auf wessen ›faszinierendes Lächeln‹ mochte sie sich wohl beziehen?

Poe besaß zweifellos eine erotische Ausstrahlung, und das Erotische war in der viktorianischen Ära, trotz oder gerade wegen der Dunstglocke aus Prüderie und Moralismus, etwas ungemein Prickelndes, Aufreizendes, Verlokkendes, durch Verbote und Konventionen fieberhaft Angestautes, das nach einem Ventil suchte. All die hysterischen Schwärmereien, die Schwüre im Mondlicht, die Klatsch- und Intrigensucht, die außerehelichen ›Affären‹, die einander heimlich zugesteckten Botschaften, die amourösen Kryptogramme, die in Zeitschriften angesponnenen ›liaisons dangereuses‹ der Epoche deuten auf einen gemeinsamen Ursprung hin, nämlich den einer ›lustvollen Frustration‹. Ein gefährliches, schwüles Reizklima. Welche Lust, welche sexuelle Spannung im selbstauferlegten (oder von der Gesellschaft geforderten)

Verzicht lag, hatte schon Dante in ›La Vita Nuova‹ beschrieben, Dante, dessen Büste, von Plüschvorhängen mit Troddeln umrahmt, neben der Büßerin Maria Magdalena und der ›Unbekannten aus der Seine‹ die großbürgerlichen Salons zierte.

In Dr. Thomas Dunn Englishs ›Poe Papers‹ findet sich ein interessantes ›Genrebild‹, eine Impression von einem der Abende bei Miss Lynch: »... an einer Ecke des geschmackvoll klar und nicht überladen eingerichteten Raumes stehen Miss Lynch mit ihrem runden Gesichtchen, das stets ein Lächeln ziert, und Mrs. Ellet, damenhaft und dezent, die ihre Unterhaltung unterbrochen haben, als Poe mit seinem Vortrag begann. Auf dem Sofa, schräg gegenüber, sitze ich mit Miss Fuller zu meiner Rechten und Mrs. E. O. Smith zu meiner Linken. Zu meinen Füßen hat sich die kleine Mrs. Osgood, die sich wie immer betont kindlich gibt, auf einem niedrigen Schemel niedergelassen und wendet ihr Gesicht zu Poe empor wie vor einer Minute noch zu Miss Fuller und mir. Im Mittelpunkt steht Poe, der sich in sachlichem Tonfall über seine Ansichten verbreitet und zuweilen sehr effektvoll Gedichtpassagen rezitiert.«[37]

English erwähnt hier, einschließlich seiner selbst, alle die Personen, die mehr oder weniger maßgeblich an Poes Ruin beteiligt waren. Da war zunächst Miss Fuller, die Goetheverehrerin, die sich sehr viel auf ihre Gelehrsamkeit zugute hielt. Einer Anekdote zufolge hatte sie keinen Grund, Poe sonderlich zu mögen: als sie einmal versuchte, einen jungen Schriftsteller lächerlich zu machen, der gerne prätentiös aus dem Griechischen zitierte, in Wahrheit aber die Sprache kaum beherrschte, leistete Poe dem Bedrängten unerwartet Schützenhilfe und trieb Miss Fuller ›durch ein paar geschickte, bissige Fragen‹ so in die Enge, daß man schadenfroh munkelte: »Der Rabe hat sich auf Pallas Athenes Helm gesetzt und den ganzen Federschmuck herausgezupft.«[38] Die ›damenhafte und dezente‹ Mrs. Elizabeth Frieze Ellet war eine ebenso hübsche wie charakterlich skrupellose ›literary lady‹, talentiert und hochintelligent, aber boshaft und intrigant wie ihr Freund Griswold. English nannte sie in einer seiner Satiren ›Miss Gloomy‹. Sie zählte eine Zeitlang zu Poes Verehrerinnen, schrieb Gedichte und Melodramen, ihre Hauptbegabung lag jedoch im Übertragen französischer, deutscher, spanischer und italienischer Dichtungen ins Englische, wie die von de Béranger, Foscolo, Quevedo und Lamartine. Mrs. Ellets Spezialität waren leider auch anonyme Briefe, im Stil etwa von »Verehrte Mrs. Poe, ich halte es für meine moralische Pflicht, Sie über die Seitensprünge Ihres Gatten zu unterrichten« etc. »Meine arme Virginia«, klagte Poe später in einem seiner Briefe an Sarah Helen Whitman, »ward beständig gepeinigt (wenn auch nicht getäuscht) von ihren anonymen Briefen und hat noch auf dem Totenbette erklärt, daß Mrs. E. ihre Mörderin gewesen sei. Habe ich nicht ein Recht, diese Teufelin zu hassen und

Sie vor ihr zu bewahren? Sie werden nicht verstehen, was ich meine, wenn ich sage: das *einzige, was* ich Mrs. O. nie und nimmer vergeben konnte, bestand darin, daß sie Mrs. E. bei sich aufgenommen.«[39]

›Bei sich aufgenommen‹ (›her reception of Mrs. E.‹) bedeutet hier wohl eher, daß sie sich von ihr gegen ihn habe beeinflussen lassen. Denn Mrs. Ellet war die eigentliche Drahtzieherin des Skandals, der Poe bald darauf, Anfang des Jahres 1846, aus dem ›Paradies‹ der literarischen Salons vertreiben sollte.

Was seine ›Affäre‹ mit Mrs. Osgood betrifft, bleiben weiterhin viele Fragen offen. Sie sei, äußerte sie einmal in einem Brief an Griswold (!), vor seinen ›Aufmerksamkeiten‹ nach Albany, Boston und Providence ›geflohen‹, »und er folgte mir an jeden dieser Orte und schrieb mir Briefe, in denen er mich anflehte, ihn zu lieben – viele Briefe, die ich nicht erwiderte, bis seine *Frau* mich ebenfalls darum bat, ihn vor Schande und sie vor dem Tode zu bewahren, indem ich ein freundschaftliches und herzliches Interesse an ihm an den Tag lege...«[40], und an anderer Stelle, »In diesem Jahr pflegte ich auch einen Briefwechsel mit Mr. Poe, und zwar auf die eindringliche Bitte seiner Frau, die annahm, daß mein Einfluß auf ihn eine wohltätige Wirkung haben würde.«

Jedenfalls eine merkwürdige Dreiecksgeschichte. Wußte Virginia wirklich um die (zweifellos nicht nur platonische) Leidenschaft ihres Gatten für diese Dame, die sie öfters in der Amity Street besuchte? Was ist von T. H. Chivers' Bericht zu halten, demzufolge Mrs. Osgood Poe selbst zu einem heimlichen Rendezvous nach Providence bestellte? ›Floh‹ sie vor ihm oder verabredete sie sich außerhalb New Yorks mit ihm? Und dann dieser ›literarische Flirt‹ in den Spalten des ›Broadway Journals‹ – kein erdrückender Beweis allerdings, denn sie schrieb ähnliche Verse an verschiedene Verehrer, zum Beispiel an Griswold.[41]

Thomas Dunn English berichtet, Mrs. Clemm hätte ihn einmal aufgesucht, um seine Meinung über Poes Interesse an Mrs. Osgood zu erfahren, »da Virginia sehr beunruhigt darüber sei«. Er habe ihr gesagt, er halte die Beziehung für »rein platonisch«, »aber sie schien nicht so recht überzeugt davon«[42]. Mrs. Osgoods eigene Aussagen in diesem Zusammenhang wirken reichlich widersprüchlich; sie spricht einmal von der ›vertrauensvollen Liebe zwischen ihm (Poe) und seiner Frau‹, gibt jedoch andererseits zu, daß Poe sie in ›vielen Briefen‹ angefleht habe, ihn zu lieben und daß er ›zu gelegentlichen anderen Schwärmereien‹ neigte, ›bei denen er durch sein leidenschaftliches, romantisches Temperament entschuldigt ist‹. Und sie verschweigt, wie empfänglich sie selbst für solche ›romantischen Schwärmereien‹ war, die sie ja durch ihr Gedicht ›So Let it be, To...‹ am 5. April 1845 im ›Broadway Journal‹ erst angeschürt hatte.

Mr. Samuel Stillman Osgoods Nichte, Mrs. M. E. Porter, teilte Poes Bio-

Frances S. Osgood. Gemälde von Samuel S. Osgood, ca. 1835

graphin Mary E. Phillips in einem Brief vom März 1915 mit, sie glaube nicht an etwas ›Anrüchiges‹ an dem Verhältnis zwischen ihrer Tante und Edgar A. Poe. Diese ›gemeinen Lügengeschichten‹ seien zweifellos von irgendeiner ›eifersüchtigen Person‹ in die Welt gesetzt worden. Ihr Onkel, schreibt sie, würde wohl kaum sein Porträt gemalt haben, hätte auch nur der leiseste Verdacht einer heimlichen Liaison Poes mit seiner Frau bestanden.[43] Mrs. Porter übersah nur, daß zwischen diesem Porträt und dem ›Osgood-Poe-Skandal‹ fast ein ganzes Jahr lag – ein Zeitraum, in dem viel passieren konnte. Sie geht auch mit keiner Silbe auf die bekanntlich zerrütteten Eheverhältnisse der Osgoods ein, sondern nennt Mrs. Osgood die ›über alles geliebte Gattin‹ ihres Onkels. Man könnte seitenlang über dieses Thema spekulieren und noch verschiedene andere Quellen anführen, ohne in der Frage auch nur einen Schritt weiter zu kommen. Tatsache ist, daß es in der Gerüchteküche der New Yorker Literaturcliquen allmählich zu brodeln und zu gären begann. Mrs. Osgood wurde zur ›verfolgten Unschuld‹ hochstilisiert, die es vor den kompromittierenden Nachstellungen Poes zu schützen gelte. ›Gute Freunde‹ wußten sie davon zu überzeugen, daß sie es ihrem Ruf schuldig sei, sich deutlich von ihrem Verehrer zu distanzieren. Zu ihren ›guten Freunden‹ gehörte, wie erwähnt, auch der ›Reverend‹ Griswold, der sich ebenfalls gerade (und gewiß nicht ›rein platonisch‹) um ihre Gunst bewarb. Griswold war wiederum mit Mrs. Ellet, Mrs. Fuller, Miss Lynch und T. D. English bekannt – was den Verdacht wecken könnte, der ganze Skandal sei eine von ihm sorgfältig eingefädelte Intrige gewesen. Der so überlegene, charmante, geheimnisvolle Mr. Poe, unerfahren mit den Spitzzüngigkeiten und boshaften ›Gesellschaftsspielen‹ um ihn herum, blühte sichtlich auf in der übertriebenen Anteilnahme und Aufmerksamkeit, die ihm – besonders von den ›literary ladies‹ – in den literarischen Zirkeln zuteil wurde, ohne zu ahnen, was sich gegen ihn zusammenbraute. Man sah ihn gelegentlich auf den zigarrenqualmumnebelten ›Herrenabenden‹ und Plauderparties von John R. Bartlett, Dr. Dewey, Mr. Lawson und Evert A. Duyckinck (letzterer hatte, nicht gerade zu Poes Zufriedenheit, die Auswahl seiner ›Tales‹ für Wiley and Putnam getroffen), aber er bevorzugte die Salons von Miss Lynch und Mrs. Smith, wo die gebildete Damenwelt verkehrte, deren umschwärmter Mittelpunkt er war. In dieser von schweren Parfüms durchtränkten, redseligen Atmosphäre fühlte er sich heimisch. Er schien zum Salonlöwen geboren – die Konversation war eine Art sportlicher Disziplin, und der Salon das Stadion der Konversation. An Witz und Schlagfertigkeit nahm er es mühelos mit jedem auf. Er konnte im Gespräch genauso überlegen-giftig sein wie auf dem Papier. Sollten sie nur kommen, die Gimpel, mit ihren Phrasen und Einwänden! Er wies sie, einen nach dem anderen, in ihre Schranken. Viele von ihm kläglich verrissene Dichter- und Schreiberlinge, der große ›Flaccus‹ zum Beispiel, gingen ihm geflissentlich aus dem Weg. Selbst die so durchgeistigte Mrs. Fuller mußte unter seinen scharfen Repliken ›Federn lassen‹.

Aber er traf auch mit Gegnern anderen Kalibers zusammen, gefährlichen, einflußreichen und mißgünstigen Gegnern: da waren Lewis Gaylord Clark, der Herausgeber des ›Knickerbocker‹, ein etwas gedrungener, elegant gekleideter Herr mit sich über der Stirne lichtendem, an den Schläfen sorgsam onduliertem Haar, einem britischen Schnauz- und einem abgezirkelten Kinnbart, der sich vornehm aus allen Kontroversen heraushielt, jener berühmte Mr. Clark, den er einmal (nach Chivers' Bericht) in betrunkenem Zustand auf offener Straße angepöbelt hatte; der Pressefürst Colonel W. L. Stone, nachtragend und rachsüchtig, der seine Feinde in den von ihm kontrollierten Zeitungen und Zeitschriften am Spieß röstete und der noch immer auf eine Gelegenheit wartete, Poe die Rezension seiner ›Ups and Downs‹ heimzuzahlen; oder ›Harry Franco‹ Briggs, der ausgebootete ehemalige Herausgeber des ›Broadway Journal‹, der Poe aus guten Gründen haßte. Und da war Griswold, eines der ›Sang-froid-Kabinettstücke der menschlichen Komödie‹, den ein Vers des Walther von der Vogelweide treffend charakterisiert: »Mir graust, wenn sich die Lächler lächelnd zu mir kehren, der'n Zunge honigt, wenn das Herz vor Galle schwillt.«

Poes Freund N. P. Willis trat, seinem alten Wahlspruch ›Glück ist Bewegung‹ folgend, im Sommer 1845 eine seiner ›Bildungsreisen‹ nach England an, ausgestattet mit einem Bündel Empfehlungsbriefe, die es ihm ermöglichten, mit dem Duke of Gordon auf Entenjagd zu gehen, mit dem Earl of Dalhousie zu dinieren oder sich sonst mit britischem Adel auf angenehme Weise die Zeit zu vertreiben. Poe übernahm für eine Weile seinen Status als Stern der literarischen Salons. Willis' Zeitung, der ›Evening Mirror‹, verblieb indessen in Händen eines Teilhabers, des Clark und der ›Knickerbocker-Clique‹ nahestehenden Mr. Hiram Fuller, und wurde in der Folgezeit zum Forum für Hetztiraden gegen den immer unbeliebteren ›Kritiker Bulldogge‹. In einer anonym veröffentlichten ›satirischen Novelle‹ über den Literaturbetrieb New Yorks (der Verfasser war T. D. English), die 1846 in Fortsetzungen im ›Mirror‹ erschien, spielte Poe unter dem Spottnamen ›Marmaduke Hammerhead‹ eine wichtige Rolle. Ein Auszug aus der ersten Folge zeigt deutlich, in welch schlechtem Ruf er bei einigen der ›literati‹ stand:

»Sehen Sie den Mann, der sich vor der kleinen, lächelnden Frau in Schwarz postiert hat und, seiner Mimik und Gestik nach zu urteilen, gerade eine Ansicht erläutert, die er für eine nur ihm bekannte Offenbarung hält, an der zu zweifeln schierer Wahnwitz wäre?

›Der mit der breiten, melancholischen, fliehenden und leicht deformierten Stirn und dem selbstgefälligen Gesichtsausdruck?‹

›Derselbe.‹

›Das ist Marmaduke Hammerkopf – ein wohlbekannter Groschenheftautor, der gerne ein Kritiker sein möchte, sich jedoch nie anmaßen würde, ein Gentleman zu sein. Er ist der Verfasser eines Gedichtes, betitelt ›Die Krähe‹ –, das gerade in den hiesigen literarischen Kreisen einigen Wirbel verursacht.‹

›Erzählen sie mir mehr über ihn.‹ . . .

›Von sieben Tagen ist er nicht mehr als fünf betrunken; er sagt manchmal aus Versehen die Wahrheit; seine Zivilcourage reicht hin, sein Weib zu prügeln, wenn er glaubt, sie verdient's, oft auch nur, um in Übung zu bleiben – und soviel ich weiß, hat man ihn bisher nie *kleinerer* Diebstähle angeklagt. Gelegentlich bekam er die Reitgerte zu spüren, und er wurde so häufig an der Nase gezogen, daß sich dieses nützliche und hervorstechende Anhängsel seines Gesichts mittlerweile gehörig verlängert hat. Aber eine Anekdote, die gerade über ihn in Umlauf ist, wird Ihnen ein sprechenderes Bild von ihm vermitteln, als es meine dürftige Porträtskizze vermag.‹

›Ich bitte sehr darum.‹

›Nun, es scheint, daß, als Miss Gloomy hier als Verfasserin von Rührstükken großen Anklang fand – es ist nun schon einige Zeit her –, Hammerhead sich von ihrem Geist und dem drumherum stark angezogen fühlte. Er sprach also eines Tages im Hause dieser Dame vor, warf sich vor ihr auf die Knie und offerierte ihr feierlich sein liebeerglühtes Herz. Miss Gloomys Wahrnehmungsvermögen schien an jenem Tage etwas getrübt. Sie teilte nicht im mindesten die Bewunderung, die er für sich selbst empfand und war geschmacklos genug, das so überaus großzügige Angebot auszuschlagen und ihren Verehrer mir-nichts-dir-nichts zurückzuweisen. Nachdem er seinen Antrag zum soundsovielten Male wiederholt hatte und endlich einsehen mußte, daß er mit seinen pathetischen Schwüren und Bitten keinen Schritt weiterkam, erhob er sich aus seiner knienden Stellung und rief mit herzzerreißender Stimme aus: ›Schön, Miss Gloomy, wenn Sie mich denn partout nicht heiraten wollen, so leihen Sie mir wenigstens zehn Dollar.«[44]

Ein Schlag unter die Gürtellinie. Englishs verleumderische ›Satire‹ enthält bereits all die Angriffe gegen Poes Charakter, denen er sich bald ausgesetzt fand: von seiner Trunksucht ist die Rede, von seiner Geldschnorrerei und davon, daß er seine Frau mißhandele und anderen Frauen nachstelle; ja sogar von Diebstahl. Solche boshaften Unterstellungen blieben kein Einzelfall. An den ›Iden des März‹ 1846 hackte und stach plötzlich, wie auf ein Zeichen, die gesamte Presse auf ›Caesar‹ Poe ein. Wie aber kam es in so kurzer Zeit zu seinem Abstieg vom gefeierten Salonlöwen zum ›moralisch verkommenen Subjekt‹? Die einzelnen Etappen dieses Sturzes folgten rasch aufeinander und lassen sich genau zurückverfolgen. Zunächst war Poes Position innerhalb der Literatur- und Presseszene New Yorks keineswegs so sicher und gefestigt, wie er sich einbildete. Mochten ihn die ›literary ladies‹ in den Salons noch so anhimmeln, mochte ihm auch sein Gedicht ›Der Rabe‹ endgültig einen Platz auf dem amerikanischen Parnaß gesichert haben – spätestens seit dem ›Long-fellow-Krieg‹ lagen seine Feinde, Dutzende von Griswolds, beständig auf der Lauer und warteten mit angestauter Wut auf einen Fehler, ein Stolpern, ir-gendeinen wenn auch noch so geringfügigen öffentlichen Fauxpas, um ver-eint gegen ihn loszuschlagen. Einzelne Warnschüsse in den Spalten des ›Knick-erbocker‹, der ›American Review‹, des ›Aristidean‹ und anderen Publikatio-nen waren unüberhörbar. Das Heer seiner Gegner hatte durch Hiram Fuller Zuwachs erhalten, der Willis als Herausgeber des ›Mirror‹ ablöste. Das ›Broadway Journal‹ war hoch verschuldet und hielt sich gerade eben so durch kleinere Geldsummen über Wasser, die sich Poe von Bekannten und Freun-den borgen mußte – Beträge, die er nie zurückzahlen konnte. Er bewegte sich auf hauchdünnem Eis.

Es brach am Abend des 16. Oktober 1845. Ein oder zwei Wochen zuvor erhielt er eine Einladung der ›Bostoner literarischen Gesellschaft‹, in der er gebeten wurde, gegen ein angemessenes Honorar einen Vortrag im ›Odeon‹ zu halten (dem ehemaligen ›Old Federal Street Theatre‹ in Boston, wo einst seine Eltern aufgetreten waren) und zu diesem Anlaß ein neues Gedicht zu verfassen. Ein Angebot, das Poe mit Stolz und Freude erfüllen mußte, denn das ›Boston Lyceum‹ war eine literarische Vereinigung von hohem nationa-len Ansehen, vergleichbar etwa dem heutigen ›Pen Club‹. Es handelte sich also nicht um irgendeine ›lecture‹, einen seiner üblichen öffentlichen Auftritte vor kleinem Publikum, sondern um eine einmalige Gelegenheit, die sich sehr vorteilhaft auf seine Karriere auswirken konnte. Die Einladung bewies, daß seine Reputation als Dichter inzwischen gewachsen war. Nur Personen von Rang und Namen, ›Representative Men‹ (so hieß eine Vortragsreihe, die der berühmte Ralph Waldo Emerson vor der Bostoner literarischen Gesellschaft gehalten hatte) wurde die Ehre zuteil, dort über literarische, wissenschaftliche oder politische Themen zu sprechen. Als erster Redner des Abends sollte der Minister Caleb Cushing von den Eindrücken seiner Chinarcise berichten, von der er kürzlich zurückgekehrt war – jener reiche und etwas exzentrische Politiker, ein zu den ›Democrats‹ konvertierter Whig, der sein Haus in der Summer Street mit einer Mauer aus chinesischem Porzellan umgeben ließ, in dessen Garten Pfauen umherstolzierten und chinesische Dienerschaft Origi-nalgewänder trug. Im Anschluß daran erwartete man ein neues Meisterwerk des Dichters des ›Raben‹. Ein glanzvolles, gesellschaftliches Ereignis schien bevorzustehen. Man konnte damit rechnen, daß das ›Odeon‹ bis auf den letz-ten Platz ausverkauft sein würde.

Poe wußte nicht, daß vor ihm bereits Longfellow und Lowell vom ›Boston Lyceum‹ angeschrieben worden waren, die jedoch beide – aus zeitlichen Gründen oder weil ihnen das Honorar zu niedrig vorkam – die Einladung ausgeschlagen hatten. Er wurde also eher als eine Art ›Notlösung‹ betrachtet – immerhin eine Notlösung fast auf gleicher Ebene wie der gefeiertste amerikanische Poet seiner Zeit. Da er sich schon seit über einem Jahr um diese Chance bemühte, gab er natürlich postwendend seine Zusage.

Der Zeitpunkt schien gerade überaus günstig. Im November sollte ›The Raven and Other Poems‹ bei Wiley and Putnam erscheinen, und was gab es für eine bessere Reklame als einen großangekündigten Vortrag im ›Odeon‹ vor ausverkauftem Haus? Nur ein Problem bereitete ihm Kopfzerbrechen: die Bedingung, ein neues Gedicht zu schreiben. Wie stellten sich diese Herren das eigentlich vor? Ihm blieben ja dafür nicht einmal vierzehn Tage!

Der Termin rückte immer näher, und Poe bemühte sich, unter diesem Druck etwas Poetisches zu Papier zu bringen, etwas, mit dem er an den Erfolg des ›Raben‹ anknüpfen konnte – ohne jeden Erfolg. In seiner Bedrängnis wandte er sich schließlich an seine Freundin Mrs. Osgood: »Sie schreiben mit solcher Leichtigkeit . . . es kann Ihnen nicht schwerfallen, mir rechtzeitig mit einem Gedicht aus der Klemme zu helfen, das meiner Reputation angemessen ist. Um Gottes willen, ich flehe Sie an, retten Sie mich aus dieser Notlage.«[45] ›Fanny‹ versprach, ihr Bestes zu tun, aber ihr ›Bestes‹ war leider nur ein sentimentales Feengedicht mit dem Titel ›Lulin; or the Diamond Fay‹ – noch dazu ein Plagiat von Drakes ›The Culprit Fay‹, das Poe vor Jahren in seiner ›Drake/Halleck-Rezension‹ verrissen hatte. Er sah sich gezwungen, auf eines seiner eigenen, früheren Werke zurückzugreifen, das er als Neuschöpfung deklarieren würde – möglichst ein weniger bekanntes Gedicht, das lange nicht im Druck erschienen war. Seine Wahl fiel auf ›Al Aaraaf‹, dessen mystischer Inhalt zugleich dem Geschmack der Bostoner ›Transzendentalisten‹ zu entsprechen schien. Am 16. Oktober traf er in Boston ein und stieg im gediegenen ›Pavilion Hotel‹ an der Ecke Winter- und Tremontstreet ab.

Der Abend selbst wurde für Poe zu einem absoluten Fiasko.

Das ›Odeon‹ war erwartungsgemäß voll besetzt – ›ein exzellentes Publikum‹, erinnerte sich ein Mitglied des ›Boston Lyceum‹.

Der mit ›stürmischem Applaus‹ begrüßte Mr. Caleb Cushing, ein kleiner, stämmiger Mann mit markanten Gesichtszügen und schütterem Haar, bestieg um Punkt neunzehn Uhr das Rednerpult, erzählte von seiner Chinareise und ließ dabei kein geographisches oder kulturgeschichtliches Detail außer acht. Er schien kein Ende zu finden und hatte seine Redezeit weit überschritten, als Poe endlich an die Reihe kam. Man hieß ihn mit einem zwar nicht ›stürmischen‹, aber doch ›herzlichen Applaus‹ willkommen. Die Konzentration des Auditoriums war inzwischen merklich abgesunken. Nach drei Stunden Referat erwartete es nun, gewissermaßen ›zur Auffrischung‹, noch ein wenig Lyrik, etwas Erhebendes, bevor es sich wieder die Beine vertreten und Nachtluft schnappen konnte.

Stattdessen hielt Poe erst einmal einen längeren Einführungsvortrag über ›Die Ketzerei des Didacticismus in der Poesie‹. Im Anschluß an Cushings langatmigen Reisebericht empfand dies der Großteil der Zuhörer als Tortur. Lediglich einige am Thema Interessierte, namentlich die versammelte Bostoner Presse, horchte auf. Hatte er tatsächlich die Stirn, hier, in diesem Rahmen, seine Ausfälligkeiten gegen Longfellow zu wiederholen? Hier, wo der ›amerikanische Goethe‹ vielleicht noch mehr ›heroenverehrt‹ wurde als in New York? Im März 1845, während der Entscheidungsschlacht des ›Longfellow-Krieges‹, kommentierten die Bostoner Zeitungen ›Atlas‹ und ›Evening Transcript‹: »... wenn er vor einem Publikum in Boston jemals solchen Quark behaupten sollte, darf er sicher sein, schon nach den ersten Sätzen ausge›pooht‹ zu werden.«[46] Poe hütete sich wohl, Longfellow zu erwähnen, aber er sprach immerhin, ärgerlich genug, vom ›Geschwätz der Transzendentalisten‹ – dem ›Trancendental Club‹ also, der, von Emerson gegründet, zu den damals angesehensten literarischen Vereinigungen Neuenglands zählte. Diejenigen, die ihm noch aufmerksam zuhörten und verstanden, was er sagte, waren von seinen Ausführungen wenig erbaut. Er wandte sich gegen die ›verschwommene Philosophie‹, die sich in der Dichtkunst breitmache, gegen Vaterlandsverherrlichung und Moralismus, ›Reim- und Rhythmen-Geklingel‹ und ›Haarspaltereien einer kurzsichtigen Logik‹, welche ›die Seelen hemmen auf ihrem Flug nach einem idealen Elysium‹.[47] Ob es mehr an der Ermüdung des Publikums lag, an den Vorbehalten gegen den unverschämten Kritiker ›Bulldogge‹, der die literarische ›Blüte Neuenglands‹ in Frage stellte, oder einfach nur an der Verärgerung vor allem der Presseleute über diesen anmaßenden Südstaatler, der sie über Sinn und Zielsetzungen der Poesie belehren wollte, jedenfalls standen die Chancen für eine günstige Aufnahme seiner ›neuen Dichtung‹ Al Aaraaf (er nannte sie ›The Messenger Star‹) denkbar schlecht. Als er sie dann schließlich vortrug und kaum einer aus ihrem Inhalt klug wurde, machte sich allgemeiner Unmut breit. Vielleicht ließ auch sein sonst so gepriesenes Rezitationstalent ausgerechnet an diesem Abend zu wünschen übrig.

Es gibt kaum etwas Frustrierenderes, als mit einem öffentlichen Vortrag auf gähnende Indolenz zu stoßen; wer sein Publikum nicht nach einer Minute in Bann hält, hat verloren. Poe muß es schon nach den ersten Versen gespürt haben –

> ›O! NOTHING earthly save the ray
> (Thrown back from flowers) of Beauty's eye,
> As in those gardens where the day
> Springs from the gems of Circassy –‹,

daß er gegen eine Wand sprach. »Ein Vertreter der Sozietät stellte den Versammelten einen Herrn vor, von dem gesagt wurde, er habe ein rab-iates Verlangen, als der Autor einer gewissen Dichtung über einen berühmten krächzenden Vogel erkannt zu werden, der Ornithologen wohlbekannt ist. Sofort erhob sich der Poet. Aber falls er überhaupt Dichtung von sich gab, so war sie von höchst prosaischem Zuschnitt. Das Publikum lauschte verwundert einem didaktischen Exordium und verließ schließlich in purer Notwehr geräuschvoll die Halle, lange bevor man das besondere Metrum erkannt hatte oder wußte, ob es sich um Rhythmus handelte oder Blankvers. Wir unsererseits glauben, es handele sich um eine Prosa-Einleitung zu einem Gedicht über den ›Stern entdeckt von Tycho Brahe‹, in figürlicher Sprache den ›Boten der Gottheit‹, und aus diesem Einfall hatte Edgar A. Poe ein sentimentales und imaginatives Poem konstruiert. Das Publikum verdünnte sich nun so rapide und mit solchem Wirbel, daß die Schönheiten der Komposition uns entgingen... Ein anderes kleines Gedicht folgte. Es war ›Der Rabe‹ – eine Komposition, die der Autor wohl eher zu schätzen weiß als sein Auditorium und die schon durch die Gazetten gegangen war...«[48], schrieb am nächsten Tag die Kritikerin Cornelia Wells Walter im konservativen ›Boston Daily Evening Transcript‹, einer Zeitung, die, wie erwähnt, Poe schon während des ›Longfellow-Krieges‹ angegriffen hatte. Mrs. Walters Feindseligkeit gegen den Dichter entsprach etwa der L. G. Clarks vom ›Knickerbocker‹.

Es gibt nur zwei Möglichkeiten der Erklärung für seinen Mißerfolg an diesem Abend: entweder war sein Vortrag miserabel oder das Publikum, insbesondere die Presse, von Anfang an voreingenommen. An ›Al Aaraaf‹ allein kann es nicht gelegen haben, denn er rezitierte auch den ›Raben‹, mit dem es ihm bisher immer gelungen war, seine Zuhörer zu verzaubern.

Die erste Erklärung wird durch den Bericht eines Zeitgenossen widerlegt, eines Colonel Thomas W. Higginson, der sich damals im Publikum befand und sich später erinnerte: »Die Verse machten keinen sonderlichen Eindruck, bis Poe mit dem Lied des Mädchens (aus ›Al Aaraaf‹) begann... seine Stimme war immer weicher und melodiöser geworden und schien bei der Stelle –

> ›Ligeia! Ligeia!
> My beautiful one!
> Whose harshest idea
> Will to melody run‹

gleichsam aus den feinsten, goldenen Lichtstrahlen zu bestehen; eine atemlose Stille breitete sich unter den Zuhörern aus; im Saal schien alles Leben erloschen, außer seinem; und jede Silbe wurde mit einer solchen Zartheit der Empfindung gesprochen, mit einer solchen Süße des Ausdrucks, wie ich seitdem nie etwas Ähnliches vernommen habe...«[49]

Im ›Boston Courier‹, der einzigen Zeitung der Stadt, die Poe nicht in Bausch und Bogen verriß, hieß es: »Das Gedicht... betitelt ›The Messenger Star‹ war eine beredte und klassisch verfertigte Hervorbringung, auf den richtigen Prinzipien beruhend, es besitzt den Geist *wahrer* Dichtung, verbunden mit einer grandiosen Vorstellungskraft, exquisiten Bildern, aller Anmut des Metrums und *elegantem Vortrag*.«[50]

Ein Korrespondent des ›Charleston Patriot‹, der sich für Poe einsetzte, nachdem das ›Lyceum-Fiasko‹ in der Bostoner wie der New Yorker (!) Presse zum Skandal hochgespielt worden war, gab in einem Artikel folgenden Kommentar über die ganze Affäre ab: Mr. Poe ist »zu originell, zu ideenreich, zu spekulativ, zu – was auch immer im Vers, um von einem anderen als dem ›kleinen aber erlesenen Publikum‹ verstanden zu werden. Als er dieser Einladung nach Boston folgte, beging Mr. Poe noch einen Fehler. Er hatte sich unbarmherzig auf Kosten einiger dortiger Lieblingsschriftsteller als Kritiker betätigt. Die Schwäne Neu-Englands wurden unter seiner Feder zu bloßen Gänsen, und sogar zu nicht einmal besonders weißen. Er hatte die Mängel und Plagiate Longfellows bloßgestellt, welcher an den Ufern des Penobscot als der anmutigste Vogel gilt, der jemals den Schnabel in den piërischen Quell getaucht hat. Poe war mit den Lieblingen Bostons schonungslos umgesprungen, und diese verzehrten sich nach Rache. In einer schlechten Stunde also willigte er ein, sich in Versen ihrer ungewissen Gnade auszuliefern. Es ist wahrhaft vergnüglich mit anzusehen, wie all die kleinen Winzlinge der Presse in den alten Jagdgründen der Puritaner den kritischen Tomahawk über dem Haupt ihres Kritikers schwingen. In der Gier nach Vergeltung gratuliert tatsächlich eines der uns vorliegenden Blätter sich und seinen Lesern zum (angeblichen) Mißerfolg des Dichters. Der ehrenwerte Redakteur war selber gar nicht dort gewesen, aber er haut deshalb nicht weniger rüstig auf sein Opfer ein, weil seine Einwände nur aus zweiter Hand stammen können. – Mr. Poe beging einen weiteren Irrtum, als er einwilligte, Dichtung vor einem Publikum zu rezitieren, das drei todlangweilige Stunden gezwungen war, Herrn Caleb Cushings Prosa über sich ergehen zu lassen. Der Versuch, danach Dichtung, noch dazu phantasiereiche Dichtung, vorzutragen, war reiner Wahnsinn. Auch das geduldigste Publikum auf Erden hätte die vorangegangene Heimsuchung völlig erschöpft. Aber es wird bestritten, daß Mr. Poe überhaupt versagt hat.«[51]

William Gilmore Simms, der Verfasser des Artikels, (Poe hatte vor Jahren seinen Roman ›Der Partisan‹ im ›Southern Literary Messenger‹ ungerecht scharf und ausfällig verrissen – Simms schien also nicht nachtragend zu sein) traf den Nagel auf den Kopf. Alles spricht dafür, daß Poe das Opfer einer kleinlichen und rachsüchtigen Pressekampagne wurde. Und die Tatsache, daß einige der New Yorker Zeitungen und Zeitschriften – natürlich, allen voran, der ›Knickerbocker‹ und der ›Evening Mirror‹ – die boshaften Besprechungen nachdruckten, ist ein deutlicher Hinweis darauf, daß ›etwas gegen ihn im Gange‹ war.

Poe, verständlicherweise zutiefst gekränkt und enttäuscht über seinen ›lancierten‹ Mißerfolg, reagierte so falsch wie nur irgend möglich; er sprang geradezu mit selbstzerstörerischer Wut in alle Fußangeln, die man für ihn ausgelegt hatte. Das erste, was er nach seinem mißglückten Auftritt tat, war, sich zu betrinken. Es muß etwa gegen elf Uhr nachts gewesen sein, als er in Begleitung des Bostoner Kritikers E. P. Whipple, des Verlegers James T. Fields, des Redners Henry Norman Hudson (der Vorträge über Shakespeare hielt und mit Mrs. Walter vom ›Transcript‹ befreundet war) und des Ministers Caleb Cushing das ›Odeon‹ verließ, um noch einen ›kleinen Umtrunk‹ vorzunehmen. Nach einigen Gläsern in irgendeiner Gaststätte oder einem Hotel war er unvorsichtig genug, das absurde ›Bekenntnis‹ abzulegen, er habe die ›Froschteichler‹ – sein Publikum und das ›Boston Lyceum‹ – bewußt provozieren wollen, indem er ein Gedicht vortrug, das ›vor seinem zwölften Lebensjahr geschrieben worden sei‹. Zwei Tage später, am 18. Oktober, erschien im ›Transcript‹ folgende Notiz: »Ein Phänomen. Wie wir aus zuverlässiger Quelle wissen, entstand das Gedicht, das von Edgar A. Poe am Dienstagabend vor dem Bostoner Lyzeum vorgetragen wurde, *bevor der Autor sein zwölftes Lebensjahr vollendet hatte.* Daß er dies in der selben Nacht ganz unverblümt zugab (wie uns der Korrespondent einer Morgenzeitung versichert) braucht nicht zu verwundern – der Dichter mußte zu Recht daran zweifeln, ob eine in so kindlichem Alter verfaßte Komposition vor einem Bostoner Auditorium bestehen könne. Einer literarischen Vereinigung von Erwachsenen wurde also ein Gedicht geboten, das angeblich von *einem Knaben* stammt! Man stelle sich das vor! Poh! Poh!«[52]

Poe merkte zu spät, daß er sich durch seine unüberlegten Äußerungen nur geschadet hatte. Jetzt gab es kein Zurück mehr, und Angriff schien in diesem Fall die beste Verteidigung. Es blieb ihm nichts anderes übrig, als aus der Not des Mißerfolgs die Tugend der Überlegenheit zu machen. In einer redaktionellen ›Randbemerkung‹ vom 25. Oktober im ›Broadway Journal‹ schrieb er: »Wir haben die Bostoner an der Nase herumgeführt, und einige ihrer einfältigeren Redakteure und Redakteusen kochen vor Wut. Wir werden uns ihrer zur rechten Zeit annehmen.«[53]

Damit war ein Stein ins Rollen gekommen, der Poe buchstäblich erschlagen sollte. Sein Partner beim ›Broadway Journal‹, der ›gewitzte Yankee‹ John Bisco, hielt es für an der Zeit, aus dem Geschäft auszusteigen. Der ›Longfellow-Krieg‹ hatte die Zeitung beinahe ruiniert; aber nicht zufrieden damit, die New Yorker Cliquen gegen sich aufzubringen, legte sich Poe nun auch noch mit der Bostoner – und damit der gesamten Presse Neuenglands an. Zuerst der ›Knickerbocker‹ und seine Satelliten – dann der ›Evening Mirror‹ – und jetzt auch noch das ›Transcript‹ und die ›North American Review‹ –, das war einfach zuviel. Dieser Größenwahnsinnige kreuzte mit einem kleinen Schleppkahn auf gefährlichen Gewässern und feuerte auf alles, was ihm in die Quere kam – sogar auf Kriegsschiffe. Und das, obwohl der Maschinenraum schon längst unter Wasser stand. 10:1, daß das nächste Kreuzfeuer das ohnehin angeschlagene Boot endgültig versenken würde. Bisco verspürte kein Verlangen danach, heldenhaft mit unterzugehen. Am 24. Oktober, also einen Tag vor Poes ›redaktioneller Randbemerkung‹, verkaufte er seinem streitsüchtigen Kompagnon das ›Broadway Journal‹ für $ 50 – ein Betrag, der etwa der Anzahl der Abonnenten entsprochen haben dürfte. Poe hatte die Summe natürlich nicht ›in Cash‹ parat. Aber es gelang ihm, einen Bekannten, Horace Greeley, den Herausgeber der ›New York Tribune‹, dazu zu überreden, für ihn zu bürgen und einen Schuldschein in gleicher Höhe auszustellen, den Bisco akzeptierte. Er verpflichtete sich weiterhin in einem gemeinsam aufgesetzten Vertrag, für sämtliche bisher angefallenen Schuldverpflichtungen der Zeitschrift aufzukommen. Für Zahlen hatte er nun einmal keinen Blick. Überhaupt war Poe in geschäftlichen Dingen ein absolutes Greenhorn. Es ging ihm einzig und allein darum, das ›Broadway Journal‹ zu halten, das jetzt, mit ihm als Eigentümer und Herausgeber, zweifellos einen kometenhaften Aufstieg erleben würde. Poe ahnte nicht, daß seine übereilte Unterschrift unter diesen verhängnisvollen Vertrag ihm notwendig das Genick brechen mußte.

Vorläufig schien alles (vor allem zu Biscos Zufriedenheit) geregelt zu sein, so daß er sich wieder seinen Gegnern, den ›Bostonesen‹ widmen konnte. Am 1. und 22. November rechnete er, wie angekündigt, mit ihnen ab und entzündete im BJ ein Feuerwerk, daß Mrs. Walter und Konsorten die Augen übergingen. ›Miss‹ Walter bezeichnete er als ›berückendste aller berückenden kleinen Gottheiten‹, als ›kleine alte Dame mit Morgenhaube und Brille‹, Herausgeberin des ›Washingtoner Abstinenzler‹, der er riet, ›sich so schnell wie möglich zu betrinken – denn nüchtern ist sie eine Schande ihres Geschlechts –, und zwar wegen ihrer erschreckenden Dummheit‹. »Sie verteidigt unser Gedicht, weil es ›jugendlich‹ ist, und wir halten umso mehr von ihrer Verteidigung, als sie selbst lange genug jugendlich war, um Jugendlichkeit zu beurteilen. Nun, alles in allem müssen wir ihr vergeben – und tun es auch. Sprechen wir nicht mehr davon, mein Schatz! Sie sind ein entzückendes Wesen, und haben das Herz am rechten Fleck – wollte Gott, man könnte das auch immer von ihrer Perücke sagen.«[54]

In diesem Tonfall hatte sich der ›virginische Gentleman‹ bisher noch nie über eine Frau geäußert – er kratzte und biß wie gegen eine Welt von Feinden. »Wir mögen Boston. Wir sind dort geboren – und vielleicht ist es angebracht, nicht zu erwähnen, daß wir uns dessen herzlich schämen... Die Bostoner sind wohlerzogen – wie es *sehr* langweilige Leute meist sind. Allerdings durfte man, da uns ihre schäbige Undankbarkeit entgegenstarrt, kaum annehmen, wir würden uns der Mühe unterziehen, für die Bostoner so etwas wie ein *originales* Gedicht zu verfassen... das Gedicht (›Al Aaraaf‹) ist das, was man gelegentlich eine ›Jugenddichtung‹ nennt – aber tatsächlich ist es nun alles andere als ›jugendlich‹, denn wir schrieben, druckten und veröffentlichten es in Buchform, ehe wir unser zehntes Lebensjahr recht vollendet hatten... Wir hatten Takt genug, uns nicht von den Bostonern ›hereinlegen und fertigmachen‹ zu lassen... Wir wußten sehr wohl, daß in einer gewissen *Clique* der Froschteichler der feste Vorsatz bestand, uns unter allen Umständen zu schmähen...«[55]

Selbst Poes Freunde mußten sich nun fragen, ob er endgültig den Verstand verloren habe. Mit dieser anzüglichen Tirade hatte er sich so weit ins Abseits gedrängt, wie nur irgend möglich. Seinen Gegnern schien es zunächst die Sprache verschlagen zu haben. Poe hakte am 22. November nach: »Der Froschteich scheint ausgetrocknet zu sein, und die Frösche sind ohne Zweifel alle tot – hören wir doch aus jener Gegend gar kein Gequake mehr.«[56]

Bisco präsentierte den Schuldschein zum festgesetzten Termin Greeley, der ihn zähneknirschend auszahlte. Als ihn nach Poes Tod ein Sammler um eine ›Originalhandschrift‹ des Dichters bat, bemerkte er trocken: »In meinem Besitz befindet sich – leider – immer noch ein gewisses Autogramm, das ich Ihnen zum halben Preis anbieten kann, den ich dafür bezahlt habe – obwohl seitdem einige Zeit verstrichen ist und trotz des derzeitigen Kursverfalls.«[57] Greeley war nicht der einzige, an den sich Poe um Geld wandte, um das ›Broadway Journal‹ am Leben zu erhalten. Er schrieb verzweifelt an J. P. Kennedy, George Poe, T. H. Chivers, Fitz-Greene Halleck, R. W. Griswold (der ihm, nach eigener Aussage, $ 25 lieh) und Evert A. Duyckinck. In seinem Brief an letzteren hieß es: »...zum ersten Male seit zwei Monaten habe ich wieder ganz zu mir selbst gefunden – ich bin zwar fürchterlich krank und deprimiert, doch immer noch ich selber. Mir ist, als wäre ich aus einem schauerlichen Traum erwacht, in welchem alles Verwirrung war und Leiden – ...Ich glaube wirklich, daß ich wahnsinnig gewesen bin – doch hatte ich wahrhaftig mehr als Grund genug, es zu sein.«[58]

Poe wußte, daß seine Feinde systematisch seinen Ruin betrieben, aber aus einer Art ›imp of the perverse‹ heraus tat er alles, um es ihnen leicht zu machen. In den New Yorker Literaturcliquen war er bald als Schnorrer verschrien, dessen Wechsel genauso viel wert seien wie seine Unterschrift – nämlich gar nichts. Seine Schulden wuchsen – für seine Verhältnisse – ins Astronomische. Allein die dokumentarisch belegten Kredite, die er bei Freunden und Bekannten aufnahm, summieren sich auf weit über $ 200.

Hinzu kam, daß sich Virginias Gesundheitszustand wieder drastisch verschlechtert hatte. Poe selbst befand sich unter all dem Druck in einer nervlichen Krise und scheint seine Sorgen wiederholt im Alkohol ertränkt zu haben.

Am 3. Dezember schloß er einen Vertrag mit einem gewissen Thomas H. Lane ab, an den die Hälfte der Anteile am ›Broadway Journal‹ überging. Lane verpflichtete sich dafür, für einen Teil der Schulden aufzukommen, ›sofern sie nicht $ 40 überschritten‹[59]. Aber der Konkurs der Zeitschrift war dadurch auch nicht mehr aufzuhalten. Er wurde noch beschleunigt durch eine weitere wilde Attacke Poes gegen die ›Brook Farm Phalanx‹, eine frühsozialistische, literarisch engagierte und ›alternativ‹ lebende Landkommune in Massachusetts. Diese Vereinigung – man könnte eher sagen ›Bewegung‹, denn sie hatte über hundertundvierzig Gesellschafter – war von dem Unitarier George Ripley gegründet worden; es handelte sich um einen ›Zusammenschluß‹ von Zivilisationsmüden, christlichen Sozialisten, abtrünnigen Sektenmitgliedern und Literaten, zu denen immerhin für eine Zeitlang auch Nathaniel Hawthorne gehörte. Ralph Waldo Emerson und Margaret Fuller hielten dort Vorträge, und für viele Bostoner galt die ›Brook Farm‹ als ein neues Jerusalem, wo man zu einer einfachen, ›richtigen‹ Lebensweise zurückgefunden hatte, ›hochgeistige Gespräche‹ führte und ein kultiviertes Epikureertum pflegte. Diese recht einflußreiche Bewegung gab eine eigene Zeitung heraus, den ›Harbinger‹, der Anfang Dezember einen Verriß des gerade erschienenen neuen Gedichtbandes Poes, ›Der Rabe und andere Gedichte‹, veröffentlichte. Darin hieß es, in Auszügen: »Mr. Poe ... ist seit kurzem notorisch geworden durch einen gewissen schmutzigen Feldzug, den er ... gegen die Dichter und Zeitungskritiker Neu-Englands geführt hat, und den einer Geistesverwirrung zuzuschreiben, höchst barmherzig wäre ... Hierin erweist er sich zumindest als Poet: im Vergrößerungsspiegel seiner eigenen Bedeutung ... Mr. Poe hat eine kritische Studie über das Thema der Versifikation verfaßt und beherrscht die Technik einigermaßen auf Kosten des Natürlichen. Tatsächlich hat man nach seiner Lektüre vorwiegend den Eindruck eines *berechneten* Effekts . . Edgar Poe schreibt nicht aus Menschlichkeit; er verfügt mehr über die Kunst als über die Seele der Dichtung. Er gibt vor, die Welt zu verachten, und schreibt doch für sie!«[60]

Poe geiferte zurück: »›The Harbinger‹, herausgegeben von der ›Brook-Farm Phalanx‹, ist zweifellos das reputierlichste Organ der Verrücktisten. Und so seltsam diese Versicherung erscheinen mag: wir respektieren es aufrichtig. Es wird geleitet von einem Verein belesener Leute, die nichts Böses wollen – und die, vielleicht, noch weniger tun können ... ›Den einer Geistesverwirrung zuzuschreiben, höchst barmherzig wäre.‹ Geistesverwirrung ist ein Wort, das die ›Brook-Farm Phalanx‹ lieber niemals und unter keinen Umständen erwähnen sollte... Im übrigen ist sie uns einfach schnurzegal – die Meinung der ›Stunk-Farm Phalanx‹. Wir sind sicher, daß die ›Stunk-Farm Phalanx‹ fürderhin überhaupt keine Meinung mehr über uns haben wird.«[61]

Es brauchte gar keine Feinde mehr; Poe führte seine ohnehin reichlich angeschlagene Zeitschrift auch so sicher in den Ruin. Nach solchen Ausfälligkeiten kündigte zweifellos ein Teil der seriösen Leser des ›Broadway Journals‹ ihre Abonnements. Es hielt sich noch etwa zwei Wochen durch Inserenten über Wasser. Die früheren, wenigen Korrespondenten, die ab und zu Artikel für das Blatt schrieben (und dafür nie einen Pfennig Honorar erhielten), hatten längst das sinkende Schiff verlassen. Um zu kaschieren, daß über neunzig Prozent der Beiträge aus seiner eigenen Feder stammten, benützte Poe schon seit einiger Zeit das Pseudonym ›Lyttleton Barry‹.

Die letzte Ausgabe erschien am 3. Januar 1846, mit einem ›Abschiedsgruß‹ des Herausgebers: »Da unerwartete Beschäftigungen meine gesamte Aufmerksamkeit erfordern und die Zielsetzungen, die zu erreichen das ›Broadway Journal‹ gegründet wurde, erreicht sind – soweit es mich persönlich angeht –, sage ich nun, als leitender Redakteur, Freunden und Feinden gleichermaßen ein herzliches Lebewohl.«

Von ›unerwarteten Beschäftigungen‹ konnte natürlich nicht die Rede sein. Das ›Broadway Journal‹ war schlicht in Konkurs gegangen, und der hochverschuldete Poe fand sich abermals auf dem Niveau eines einfachen Journalisten und Artikelschreibers, der vornehmlich bei Godey oder Graham hausieren mußte, denn die New Yorker Presse hätte ihn verhungern lassen.

Dem Löwen waren endlich die Zähne ausgefallen – ein freudiges Ereignis, das Lewis Gaylord Clark, Charles F. Briggs, Griswold und einige andere sicher bei einer Flasche Champagner feierten. Ihr Triumph über Poe glich dem Dupins über seinen amoralischen Gegenspieler, den Minister D---, aufs Haar: »... So wird er unvermeidlich selbst an seiner... Vernichtung arbeiten. Sein Sturz wird ebenso jäh wie unglücklich sein. Man hat gut reden über den facilis descensus Averni, aber bei allen Arten von Klettereien ist es, wie die Catalani vom Singen sagte, viel leichter, hinauf- als hinunterzugelangen. Im gegenwärtigen Falle fühle ich keine Sympathie – wenigstens kein Mitleid für den, der fällt. Er ist das monstrum horrendum, ein genialer Mann ohne Grundsätze.«[62]

20. KAPITEL

Die Litteraten von New York

P oe haßte es, wenn ihm jemand, der nicht zu seinem engsten Freundeskreis zählte, einen Privatbesuch abstattete – besonders, wenn dieser Besuch überraschend kam. Das war schon während seiner Kindheit in Richmond so gewesen: nie lud er einen seiner Mitschüler zu sich nach Hause ein, wie es bei den anderen üblich war; er achtete stets auf Distanz. Er nahm oft an Geselligkeiten teil, aber er empfing ungern Gäste. Etwas über seine Familie, seine häusliche Sphäre, sein Alltagsleben zu erfahren, hieß, ihm in die Karten zu blicken. Es gab einen sauberen Trennungsstrich zwischen Poe als Ehemann und Schwiegersohn und Poe als Salonlöwe, Dichter und Kritiker, obwohl diese beiden Ebenen manchmal changierten, zum Beispiel, wenn Mrs. Clemm bei Zeitungsredakteuren hausieren ging, um einen Artikel oder ein neues Gedicht ihres ›Eddie‹ loszuschlagen. Aber das änderte nichts an der Tatsache, daß Besuche ihn in der Regel nervös machten.

Einerseits liebte er die Mystifikation, das Rollenspiel, die gewohnten Auftritte als virginischer Gentleman ungewisser, vielleicht adeliger Herkunft, der womöglich in irgendeinem verfallenen Château außerhalb der Stadt residierte, über dessen eindrucksvollen Portalen ein steinernes Wappen prangte mit einem Motto à la ›Nemo me impune lacessit‹. Oder er stellte mit Sterbenden geheimnisvolle mesmerische Experimente an. Und dann die abenteuerlichen Weltreisen, die er unternommen hatte! Seine Teilnahme am griechischen Freiheitskampf, die Duelle in Frankreich, die gefährlichen diplomatischen Verwicklungen in Rußland! »...die absonderlichsten Geschichten über seine ›mesmerischen Erfahrungen‹ machen die Runde – und werden für bare Münze genommen. Er lächelt immer, wenn man das Thema in seinem Beisein zur Sprache bringt.« In Lowells ›Kurzbiographie‹ im ›Southern Literary Messenger‹ – Poe war viel zu interessant, als daß diese Ausgabe von einigen ›literary ladies‹ nicht ausgegraben und herumgereicht worden wäre – stand zu lesen: »...Es folgte ein knabenhafter Versuch, sich dem griechischen Aufstand anzuschließen, der in St. Petersburg endete, wo er, da er keinen Paß besaß, in Schwierigkeiten geriet, aus welchen ihn der amerikanische Konsul befreite...«[1] Er lächelte darüber, ein ›faszinierendes Lächeln‹, dem zu entnehmen war, daß er noch ganz andere, haarsträubendere und märchenhaftere Dinge erlebt hatte. Die Herzen der Damen schmolzen dahin, wenn er sie mit seinen ernsten, melancholischen Augen ansah und sie seine ›Sternenschwestern‹ nannte.

Andererseits gab es naheliegendere Gründe, private Kontakte jenseits der Salons zu meiden. Ein Besuch in der Amity Street Nr. 85 mußte unbedingt desillusionierend wirken. Poe lebte in einem ärmlichen, dreistöckigen Mietshaus, zu dessen ›Portal‹ eine ausgetretene Steintreppe mit einem Messinggeländer führte. Wer noch glaubte, daß diese Fassade ein bewußtes Understatement sei, wurde durch einen Blick in die Wohnräume der Poes schnell eines Besseren belehrt. Sie waren zwar sauber und gepflegt – Mrs. Clemms wachsamen Augen entging kein Stäubchen –, aber von einer geradezu puritanischen Schlichtheit. Ein Gerichtsvollzieher (dessen Erscheinen Poe kaum überrascht haben würde) hätte sich schwer getan, hier etwas Pfändenswertes zu finden. Da standen sie nun, die neugierigen Damen in ihren ausladenden Pariser Modellkleidern, und ließen ihre Blicke schweifen über ein Ambiente ungeahnter Bescheidenheit, ja Bedürftigkeit. Poes Lächeln war längst nicht mehr so faszinierend, wenn er ihnen einfache, ungepolsterte Stühle anbot und Mrs. Clemm in die Küche entsandte, um Tee zu bereiten. Der Mann schien in der Tat arm zu sein, arm wie eine Kirchenmaus. Ein Bohemien, nun ja... Und dieses Abschätzige, etwas Enttäuschte und zugleich Gönnerhafte war es vor allem, was Poe solche Besuche zur Qual machte.

Seine monatelangen Bemühungen, das ›Broadway Journal‹ am Leben zu erhalten, hatten ihn ruiniert. Wie verzweifelt schlecht es um seine Finanzlage stand, zeigt ein Brief, den er am 8. Januar (fünf Tage nach Erscheinen der letzten Ausgabe) an Evert A. Duyckinck schrieb, einen angesehenen Buch- und Zeitschriftenherausgeber, der mit dem Verlag Wiley and Putnam zusammenarbeitete. Poe drängte ihm seine Erzählungen geradezu auf:

»Mein lieber Mr. Duyckinck,
aus ›bestimmten Gründen‹ liegt mir sehr viel daran, daß ein weiterer Band meiner Erzählungen noch vor dem 1. März herauskommt. Halten Sie es für möglich, das für mich zu erreichen? Würde mir Mr. Wiley nicht vielleicht – sagen wir $ 50 für die Rechte an der Sammlung zahlen, die ich Ihnen hiermit zusende? Es ist eine weit bessere Auswahl als die erste und enthält zum Beispiel ›Ligeia‹, zweifellos die beste Geschichte, die ich geschrieben habe – neben ›Schehrezad‹, ›The Spectacles‹, ›Tarr and Fether‹ etc.
Um eine baldige Antwort, adressiert an die Amity St. Nr. 85, bittet Ihr
sehr ergebener
Edgar A. Poe«[2]

In einem anderen Brief an die Schriftstellerin und Dichterin Sarah Josepha Hale, die bei Miss Lynch verkehrte und die ihm ein Theaterstück, ›Ormond Grosvenor‹, mit der Bitte um eine Beurteilung zugesandt hatte, schnitt er dagegen so auf, als sei er vollkommen Herr der Lage. Das ›Broadway Journal‹ habe seine Bestimmung erfüllt; es sei ohnehin nur eine Übergangslösung gewesen. Er plane nun ein wirklich bedeutendes Literaturmagazin, das im nächsten Jahr erscheinen solle; »Professor Chas. Anthon hat sich bereit erklärt, Rezensionen über wissenschaftliche Neuerscheinungen zu schreiben. Ich werde außerdem, soviel steht bereits fest, zwei Korrespondenten in Paris und in Berlin haben – beides Männer von Rang.«[3]

Man sah ihn nun häufiger in den literarischen Salons als je zuvor. Es schien gerade so, als wolle er demonstrieren, daß er völlig unbeschadet aus dem Scheitern seiner Zeitschrift hervorgegangen war, ein Phönix aus der Asche. Nichts schien sich geändert zu haben. Er glänzte nach wie vor in Gesellschaft als unnahbarer, anziehender, geheimnisvoller Gentleman, als geistreicher Plauderer und Charmeur, der wirkungsvoll das Gaslicht herunterdrehte, bevor er sich in der Mitte des Raumes in Positur stellte und eines seiner Gedichte rezitierte oder kritische Ansichten über literarische Themen zum besten gab.

»Miss Lynch bittet mich, Ihnen mitzuteilen, daß sie sich *sehr* freuen würde, Sie heute abend als Gast bei sich begrüßen zu dürfen«, schrieb er am 10. Januar an Fitz-Greene Halleck. »Miss Sedgwick, Cassius M. Clay und einige andere bekannte Persönlichkeiten werden ebenfalls anwesend sein«[4] – und natürlich auch Mr. Poe.

Die ›Knickerbocker‹ dürfte dies etwas verwundert haben. Der Mann war anscheinend nicht kleinzukriegen. Anstatt sich verzweiflungsvoll zurückzuziehen und darüber nachzugrübeln, wie er seine immense Schuldenlast abtragen konnte, zeigte er sich Abend für Abend auf den Soireen der ›literati‹, flog wie ein Schmetterling von Blüte zu Blüte, unterhielt sich angeregt mit jedermann, trank Champagner und sprach selbstsicher und zuversichtlich über sein großes Projekt, den ›Stylus‹, und seine ›Korrespondenten‹ aus aller Welt. Es galt abzuwarten, wie er auf die demnächst fälligen Wechsel reagieren würde.

Daß Poe durch den Konkurs des ›Broadway Journal‹ in der Tat mehr als nur ›angeschlagen‹ war, ließ sich auch durch sein betont lockeres Auftreten in den Zirkeln der ›literati‹ schwerlich kaschieren – am allerwenigsten vor seinen Gläubigern. Griswold, English, Halleck, Duyckinck, Greeley und zweifellos noch ein gutes Dutzend andere, von denen er sich Geld geliehen hatte, sie alle wußten über seine Situation Bescheid. Was um alles in der Welt machte ihn so selbstbewußt? War er nur ein Schmierenkomödiant, der vor seinem Abgang noch einmal den Grandseigneur spielen wollte? Wenn es sich so verhielt, schien es bloß eine Frage der Zeit, bis der Vorhang endgültig für ihn fiel. Wenn er aber nun doch noch einen letzten Trumpf in der Hand hielt? Solche Fragen beschäftigten und irritierten seine Gegner, die auf seinen vermeintlichen Sturz schon miteinander angestoßen hatten.

Ein Trumpf war es nicht gerade – eher ein Plan, auf den er setzte. »Stellte man uns vor die Frage: ›Welches ist das köstlichste Vergnügen unter der

Sonne?‹ – wir antworteten ohne zu zögern: viel Aufhebens machen, oder, in den klassischen Worten eines Freundes aus dem Westen, ›einen Zirkus veranstalten‹.«[5]

Und Poe veranstaltete einen Zirkus, einen ›Circus maximus‹ – bei dem nur leider er selbst den Raubtieren zum Fraß vorgeworfen wurde.

»Er ist der Beobachtetste von allen Beobachtern«, schrieb eine Zeitgenossin über ihn, aber eigentlich hätte es heißen müssen: »Er ist der Beobachtendste von allen Beobachteten.« Denn Poe ließ sich nicht etwa nur aus Vergnügen so oft in den Salons von Miss Lynch, Mrs. Smith, Mr. Lawson und den anderen Treffpunkten der ›literati‹ blicken. Er sammelte Material.

Die ›literati‹ sollten aus allen Wolken fallen, als sie erfuhren, daß Poe beabsichtigte, sie der Reihe nach in einer Artikelserie zu porträtieren. Ein unglaublicher Affront! Welche Niedertracht! Da plauderte man wie mit seinesgleichen ganz unbefangen mit diesem Wolf im Schafspelz, diesem Spion für ›Godey's Ladie's Book‹ – und er notierte sich hinterher jedes Wort. War man denn nirgendwo mehr unter sich? Aber man hätte es ahnen, man hätte es wissen müssen. Was war schon von jemandem zu erwarten, der Longfellow verleumdete, um sich wichtig zu tun, der überhaupt im Ruf eines gehässigen Säurespritzers stand und der sich vom Bostoner Lyzeum für einen Vortrag bezahlen ließ, um sein Publikum auf die unverschämteste Art und Weise zu brüskieren? Ganz zu schweigen von einigen anderen, höchst ehrenrührigen Gerüchten, die man sich über ihn erzählte. Der Mann war einfach kein Umgang! So etwa waren die Reaktionen, als sich die Nachricht von Poes Plänen herumsprach. In den literarischen Zirkeln breitete sich eine allgemeine Verunsicherung aus. Schon Wochen vor der Veröffentlichung der ersten Folge von Poes ›losen Skizzen‹ schien ein Damoklesschwert über der gesamten Kulturschickeria New Yorks zu hängen, und nicht wenige ›bekannte Persönlichkeiten‹ verbrachten schlaflose Nächte. Wer würde als erster daran glauben müssen, gerädert und geviertelt, aufgespießt von seiner berüchtigten Blausäurefeder?

Dabei gab es gar keine Ursache, sich so zu beunruhigen. Poe ging mit den meisten ›literati‹ schonender um, als sie es verdienten, und manche, darunter Mrs. Osgood, lobte er sogar über ihre Verdienste hinaus. Nur die Angst vor etwaigen ›Indiskretionen‹ und ›Enthüllungen‹ sowie sein schlechter Ruf als Kritiker schürten den Haß gegen ihn. Er hatte in ein Wespennest gestochen. Die Idee war in der Tat sensationell: keine Buch-, sondern ›Persönlichkeitsrezensionen‹ namhafter New Yorker Schriftsteller, literarischer Klatsch aus erster Hand, Frontberichte aus den gewöhnlichen Sterblichen verschlossenen Salons, jenen ›Brennpunkten amerikanischen Schrifttums‹, ein Blick hinter die Kulissen des Kulturbetriebs. *Das* würde die Öffentlichkeit allerdings aufhorchen lassen. Poes unschätzbarer Vorteil gegenüber seinen Kritikerkollegen bestand darin, daß er gut ein Viertel der bedeutendsten Autoren des Landes eben nicht nur anhand ihrer Werke, sondern durch persönlichen Kontakt, persönliche Gespräche beurteilen konnte. Damit stieß er in eine Marktlücke. Das breite Lesepublikum interessierte sich natürlich brennend für Klatschgeschichten, ›Privates‹ über Bestsellerautoren und Modedichter. Der angesehene Novellist Dr. John F. Francis war also im Grunde ein Mensch wie du und ich, ein Mann, der in Gesellschaft auftauchte, allen Herren jovial auf die Schulter klopfte, den jüngeren ›literary ladies‹ väterlich durchs Haar strich und sie seine ›Miniaturausgaben des Lebens der Heiligen‹ nannte. Mr. Willis dagegen zeigte sich »reserviert« und sprach »mit leiser Stimme eher *gepflegt* denn fließend«[6]. Über Anna Cora Mowatt, die gefeierte Schauspielerin und Bühnenautorin, hieß es: »Der große Mund mit seinen weißen, ebenmäßigen Zähnen und dem flexiblen Lippenpaar ist der unmittelbarsten und wirksamsten Expressionen fähig, wie man sich ja überhaupt ein strahlenderes Lächeln kaum vorzustellen vermag«[7]. Von Mrs. Sarah Margaret Fuller erfuhr man, daß sie genauso redete, wie sie schrieb – nämlich etwas geschwollen.

Dergleichen Charakterstudien und Beschreibungen setzte Poe jedesmal an den Schluß seiner ›Porträts‹, um den Gesamteindruck abzurunden, nachdem er sich zunächst, im Plauderton, mehr oder weniger ausführlich mit dem Werk der jeweiligen Autoren befaßt hatte. Seine Bemerkungen sind zwar teilweise sehr amüsant und vermitteln ein lebendiges Bild der damaligen Modeschriftsteller und -schriftstellerinnen; das Interesse an ihnen hat jedoch im gleichen Maße abgenommen, wie der Ruhm der ›literati‹ im Lauf der Zeit verblaßte. Man erinnert sich vielleicht, wenn überhaupt, gerade noch an N. P. Willis, Fitz-Greene Halleck, Sarah M. Fuller, Frances S. Osgood und Charles Fenno Hoffman – was den Rest betrifft, so ist es zu bedauern, daß Poe seine Zeit an diese Eintagsfliegen verschwendete. Die einzigen ›Opfer‹, an denen er wirklich kein gutes Haar ließ, waren – wie zu erwarten – Lewis Gaylord Clark, Charles F. ›Harry Franco‹ Briggs und Thomas Dunn English.

Die Mischung aus Literaturkritik, Feuilleton und Gesellschaftsklatsch entsprach genau dem Geschmack der Leser von ›Godey's‹, einem Magazin, das vor allem wegen seiner teilweise ›geschmackvoll colorierten‹ Modestiche beliebt war. Der Erfolg der Artikelserie schien vorprogrammiert; bei der New Yorker Salonklientel aus Schreiber- und Dichterlingen löste sie einen Skandal aus, einen ›Sturm im Wasserglas‹, der Poe zerschmetterte.

Vorläufig ahnte noch niemand etwas von seinen Absichten; nur einige wunderten sich, wie gesagt, darüber, daß er sich nach dem Ruin seiner Zeitschrift so oft in Gesellschaft zeigte. Ein Spottvers Mrs. Walters im Bostoner ›Transcript‹ nahm Bezug auf seinen letzten Appell in der Dezemberausgabe des ›Broadway Journal‹, in dem er seine ›Freunde‹ nah und fern um Unterstützung gebeten hatte:

»To trust in friends is but so so,
Especially when cash is low;
The Broadway Journal's proved ›no go‹ –
Friends would not pay the pen of Poe.«[8]

Aber sein geschäftlicher Mißerfolg änderte nichts daran, daß er nach wie vor von ›literary ladies‹, der ›starry sisterhood‹, umschwärmt wurde, von denen ihm manche durch ihre Neugierde und Aufdringlichkeit sehr zusetzten. Sie suchten ihn, zu seinem Mißvergnügen, in seiner Wohnung in der Amity Street auf, um ein wenig die ›ärmliche Boheme-Atmosphäre‹ zu genießen, die ihn umgab; sie baten ihn um die Beurteilung abgeschmackter, sentimentaler Theaterstücke und 50-Seiten-Epen; sie langweilten ihn mit ihrem halbgebildeten Gerede. Da war zum Beispiel Mrs. ›Estelle‹ Lewis, genannt ›Stella‹, die sich einbildete, es müsse ihm schmeicheln, daß sie in ihrem Salon eine Pallasbüste dekoriert hatte, auf deren Haupt ein ausgestopfter Rabe thronte. »Ich erinnere mich gut an Mrs. Lewis«, schrieb Mrs. Shew Houghton in einem Brief an Ingram, »die Sie eine begabte Schriftstellerin nennen. Mr. Poe stand in ihrer Schuld, das heißt, sie streckte Mrs. Clemm kleinere Geldbeträge vor, wenn sie in Not waren, und der arme Poe *mußte* dafür ihre Werke lobend besprechen. Er sagte mir einmal, *wie erniedrigend* dies für ihn sei, und ich, naiv wie ich bin, haßte diese fette, aufgedonnerte Frau, die oft in Mrs. Clemms kleiner Küche saß und auf ihr ›Genie‹ wartete – das bei ihrem Nahen die Flucht ergriffen hatte... Ich erinnere mich, wie mich Mrs. Clemm eines Tages... auf die Suche nach ihm schickte. Ich fand ihn auf seinem Lieblingsfelsen sitzend vor; er murmelte vor sich hin, er wolle sterben, und sei es nur, um endlich von *literarischen Nervensägen* erlöst zu sein.«[9] Poe selbst schrieb später an Annie L. Richmond: »... – vom heutigen Tage an fliehe ich die pestilenzialische Gesellschaft der *literarischen Damen.* Sie sind eine herzlose, unnatürliche, giftige, unehrenhafte Bande, mit keinem anderen leitenden Prinzip als ungezügelter Selbstüberschätzung. Mrs. Osgood ist die *einzige* Ausnahme, die ich kenne.«[10]

Aber sie ließen ihn nicht in Ruhe, die ›Nervensägen‹, und die allerschlimmste und boshafteste unter ihnen war zweifellos Mrs. Elizabeth Freeze (Lummis) Ellet – »eine Frau«, sagt Poe, »deren abscheuliche Liebesbezeugungen ich mit Verachtung zurückwies«[11]. Das dürfte etwas übertrieben sein. Die damals achtundzwanzigjährige Mrs. Ellet war eine ebenso hübsche wie intelligente Dame mit offenem, dunkelblonden Haar und großen, ausdrucksvollen Augen, und ihre Avancen schmeichelten sicher seiner männlichen Eitelkeit. Man darf Mrs. Ellet keinesfalls unterschätzen, wie es viele Biographen Poes taten, die sie gerne als mißgünstige Dilettantin darstellten und mit Griswold verglichen. Poe war unbedacht genug, im Broadway Journal vom 13. Dezember 1845 nicht nur ein Gedicht von ihr (›Coquette's Song‹), sondern auch Verse von Mrs. Osgood abzudrucken – ›A Shipwreck‹ –, die wie jene von Mrs. Ellet nicht minder durchsichtig, seiner Person galten.

Hier lag wohl der Keim zu einer romantischen Eifersuchtsaffäre, deren Auswirkungen er bald zu spüren bekam. Beide Damen besuchten ihn oft in der Amity Street, und wenn sie zufällig einmal aufeinandertrafen, kühlte sich die Atmosphäre bis auf den Gefrierpunkt ab. Beide sandten ihm anscheinend ›glühende Liebesbriefe‹, die später vernichtet wurden und die Poe Virginia nicht verheimlichte. Sie war so selbstlos, lächelnd darüber hinwegzusehen. Die Leidenschaft ihres Gatten für ›Fanny‹ Osgood, der gegenüber er sich wie ein verliebter Schuljunge benahm, beunruhigte sie zwar ein wenig, aber sie schien doch einen wohltuenden, beruhigenden Einfluß auf ihn auszuüben. Virginia spürte, daß er sich in einer inneren Krise befand, bei der *sie* ihm nicht helfen konnte. Sie besaß so viel weiblichen Instinkt, sich mit ›Fanny‹ anzufreunden, sie zu ihrer Verbündeten zu machen.

Jahre danach erinnerte sich Mrs. Osgood an eine Einladung Virginias: »Er war gerade dabei, die Artikelserie ›Die Litteraten von New York‹ abzuschließen. ›Sehen Sie‹, sagte er und zeigte mir zahlreiche kleine Rollen aus schmalem Papier, wie er sie stets für seine Druckvorlagen benutzte, ›die jeweilige Länge wird euch Litteraten zeigen, welche Wertschätzung jeder von euch bei mir genießt. In jedem dieser Papiere ist einer von euch aufgerollt und gründlich diskutiert. Komm, Virginia, hilf mir!‹ Und sie entrollten eine nach der anderen. Schließlich kamen sie an eine, die kein Ende zu haben schien. Lachend lief Virginia mit dem einen Ende in die eine Ecke des Zimmers und ihr Mann mit dem anderen Ende in die andere. ›Und wem wird solch stattliche Länge zuteil?‹ fragte ich. ›Hör dir das an!‹ rief er, ›als ob ihr kleines eitles Herz ihr nicht sagte, daß sie es ist!‹«[12]

Über diesem scheinbaren Idyll brauten sich Gewitterwolken zusammen. Mrs. Ellets schwärmerische Zuneigung verwandelte sich, nachdem sie erkannt hatte, daß Poe ihre Rivalin ›Fanny‹ bevorzugte, in Haß. Sie verlegte sich auf Intrigen, setzte Gerüchte in die Welt und schreckte auch vor anonymen Denunziationen nicht zurück. Ihre gefährlichen Machenschaften begannen an einem Tag Ende Januar oder Anfang Februar 1846, als sie unangemeldet in Poes Mietshaus in der Amity Street erschien. Poe selbst war gerade nicht anwesend. Mrs. Ellet behauptete später, Virginia hätte ihr einen ›kompromittierenden Brief‹ Mrs. Osgoods gezeigt, der ›furchtbare Passagen enthielt‹. Wahrscheinlicher ist, daß sie Gelegenheit fand, in Poes Privatkorrespondenz herumzuschnüffeln. Solche Indiskretionen schienen ihre Spezialität zu sein. Griswold schrieb einmal über sie: »... sie pflegte sich in meinem Arbeitszimmer in der Universität herumzutreiben; da ich sie verdächtigte, in meiner Abwesenheit private Schubladen geöffnet und vertrauliche Schriftstücke gelesen zu haben, übergab ich meinen Schlüssel dem Bibliothekar, so daß sie den Raum nur noch in meinem Beisein betreten konnte.«[13] Griswolds Aussage ist in diesem Zusammenhang zum ersten Male hilfreich. Dieser verhängnisvolle Brief – ob er (um als Druckmittel zu dienen) entwendet wurde oder nicht – brachte Poe in eine ähnliche Lage wie den Minister D – – in seiner Erzählung ›The Purloined Letter‹. Mrs. Osgood befand sich in einer weitaus prekäreren Situation, denn Mrs. Ellet ließ keine Gelegenheit aus, zu verbreiten, daß ihren Beziehungen zu Poe ›etwas Anrüchiges anhafte‹. Von beiderseitigem Ehebruch wurde gemunkelt, von einem ›heimlichen Liebesnest‹, von einem Verhältnis, das nicht ganz so platonisch sei, wie es sich nach außen hin den Anschein gebe. Und dann kam noch ein weiterer, wichtiger Aspekt hinzu, der in den Standardbiographien verschwiegen wird, der aber den Skandal erst vollkommen machte: Mrs. Osgood war im vierten Monat schwanger.[14]

Einige ›literary ladies‹ aus Miss Lynchs Zirkel, darunter Miss Lynch persönlich, beschlossen, daß etwas unternommen werden müsse, um ›Fanny's‹ Ehre zu retten. Sie bildeten ein Komitee, das unter Leitung von Mrs. Lynch und mit Billigung von Frances Osgood deren Briefe an Poe ultimativ herausforderte. Die treibende Kraft aber, der ›Großinquisitor‹ der Bewegung, schreibt Mrs. Whitman, war Mrs. Ellet. Poe geriet außer sich vor Wut, tat die Briefe in einen Umschlag, händigte sie dem ›Komitee‹ aus, beschimpfte Miss L. und Mrs. F. als ›Wichtigtuerinnen‹ (›busy-bodies‹) und entließ sie – unvorsichtigerweise – mit der Bemerkung: »Mrs. Ellet sollte lieber selbst kommen und nach ihren eigenen Briefen sehen!«[15]

Mit dieser verhängnisvollen Bemerkung hatte sich Poe buchstäblich um Kopf und Kragen geredet. Sie beendete zunächst einmal seine ›Salonkarriere‹. »...In den letzten zwei oder drei Jahren von Mr. Poes Leben«, schrieb Miss Lynch später an einen Bekannten, »bekam ich ihn nur sehr selten zu Gesicht. Das lag an einer grundsätzlichen Meinungsverschiedenheit zwischen uns in bezug auf sein Verhalten gegenüber einer anderen Dame.«[16]

Aber das war noch eine vergleichsweise harmlose Folgeerscheinung. Als Mrs. Ellets Bruder, ›Colonel‹ William M. Lummis von Poes Ausspruch erfuhr, übersandte er ihm eine Forderung. Entweder Poe beweise diese unverschämte Behauptung, indem er die besagten Briefe vorlege, oder Lummis sehe sich leider genötigt, ihm eine Kugel durch den Kopf zu jagen. Und Mr. Lummis galt als treffsicherer Schütze.

Poe hatte jedoch (nach seiner Aussage) die Briefe bereits vor Mrs. Ellets Tür gelegt. Wenn er die Wahrheit sagte, so gab es dafür jedenfalls keine Beweise mehr. Eine Situation, die ihn in der Tat ›schier rasend‹ machen mußte. In seiner Bedrängnis wandte er sich an Thomas Dunn English, den er um eine Pistole bat, ›damit er sich gegen einen Angriff verteidigen könne‹. English behandelte ihn sehr abschätzig und meinte, es sei wohl besser, wenn Poe einfach seine ›unbegründeten Anschuldigungen‹ widerrief. Poe war außer sich über diese Entgegnung, und es kam zu einem Streit, aus dem sich eine Schlägerei entwickelte. Wer dabei wen ohrfeigte oder niederschlug, läßt sich nicht mehr feststellen; die beiden Kontrahenten behaupteten später, jeder habe dem anderen ›einen Denkzettel verpaßt‹.

Alles schien wie ein Alptraum, und es braucht nicht zu verwundern, daß der übersensible Poe durch die sich überstürzenden Ereignisse völlig aus der Bahn geworfen wurde. Er hatte eine unüberlegte Äußerung getan – das ließ sich nun nicht mehr ändern –, aber selbst wenn die Briefe noch in seinem Besitz befunden hätten, wäre es ihm unmöglich gewesen, zu seiner Verteidigung die ›Ehre einer Dame‹ aufs Spiel zu setzen und ihr Vertrauen zu mißbrauchen. Daran hinderte ihn der ›virginische Ehrenkodex‹, der ihm in Fleisch und Blut übergegangen war. Zuletzt, um den unerträglichen Zustand zu beenden, »schickte er dem Bruder der Dame, die er so gemein verunglimpft hatte, einen Brief, in dem er jegliche Erinnerung an die fraglichen Anschuldigungen abstritt. Falls er sie dennoch erhoben habe, sei es in einem Anfall geistiger Umnachtung, von der er periodisch befallen werde, geschehen. Der Arzt, der das Schreiben überbrachte, meinte, Mr. Poe leide unter starken Angstgefühlen, die ernsthafte Folgen für die geistige Gesundheit seines Patienten zeitigen könnten, falls sich der Beleidigte nicht für zufriedengestellt erkläre. – Da der Brief einen eindeutigen Widerruf der unwahren Behauptungen enthielt, nahm der Adressat von weiteren Schritten Abstand«[17] – so lautet T. D. Englishs Version. Sie entspricht im wesentlichen den Tatsachen.

Poe zog es vor, sich, so gut es eben ging, aus der Affäre herauszuwinden, was freilich einem Schuldbekenntnis gleichkam. Wenn seine Behauptung stimmt, er hätte die Briefe zurückgegeben, so handelte es sich um eine Intrige, gegen die er ohnehin machtlos war. Die Welt schien für ihn nur noch aus Feinden zu bestehen. Aus den literarischen Salons wurde er verbannt. Die peinliche Geschichte sprach sich überall herum – das heißt, vorläufig nur in Literatenkreisen –, aber es sollte nicht lange dauern, bis auch die breite Öffentlichkeit davon erfuhr. Seine Artikelserie ›Die Litteraten von New York‹ löste eine Verleumdungskampagne gegen ihn aus, die selbst jene übertraf, mit der man seinen Vater vor vielen Jahren zur Verzweiflung getrieben hatte.

Ganz allgemein hielt sich Poes schöpferische Produktivität im Jahre 1846 sehr in Grenzen. Bis zum Sommer entstanden nur zwei wichtige Arbeiten, die ›Philosophie der Komposition‹ (›Graham's Lady's and Gentleman's Magazine‹, April 1846), ein Essay, in dem er den Entstehungsprozeß des ›Raben‹ analysierte und auf das bereits eingegangen wurde, und die Kurzgeschichte ›The Sphinx‹, die im Januar in ›Arthur's Ladies' Magazine‹ (einer Art ›Ableger‹ von ›Godey's‹ in Philadelphia) erschien. Poe hatte sie mit ziemlicher Sicherheit während seines Aufenthaltes bei den Brennans geschrieben. Der Erzähler hat sich vor dem Wüten der Cholera, die gerade in New York ausgebrochen ist, auf die *Cottage orné* eines Verwandten an den Ufern des Hudson zurückgezogen. Er leidet unter Depressionen – ›anormalem Trübsinn‹ – und vergräbt sich in Büchern. »Ein Lieblingsgegenstand war mir der volkstümliche Glaube an Omina, an üble Vorbedeutungen – ein Glaube, welchem ich zu dieser einen Zeit meines Lebens fast ernstlich das Wort zu reden geneigt war.« Eines Tages erblickt er, an einem Fenster sitzend, zu seinem Erschrecken ein gräßliches Ungeheuer, von ›zottigem Haar‹ und ›metallischen Schuppen‹ bedeckt, mit einem keilförmigen Rumpf und riesigen Flügeln. »Doch das Allerwunderlichste an diesem gräßlichen Dinge war die Darstellung eines *Totenkopfes,* welche nahezu die gesamte Oberfläche der Brust bedeckte und in schimmerndem Weiß auf dem dunklen Grunde des Körpers so akkurat gezeichnet war, als habe ein Künstler sie dort mit aller Sorgfalt ausgeführt.«[18] Wie sich am Ende herausstellte, handelte es sich nur um einen Nachtfalter, eine ›Totenkopf-Sphinx‹, ›Familie *Crepulascaria,* Ordnung *Lepidoptera,* Klasse *Insecta* oder Insekten‹. Arthur Hobson Quinn interpretiert die Geschichte, nicht sonderlich überzeugend, so, daß Poe damit satirisch auf die Überschätzung der Demokratie habe hinweisen wollen, die uns so nahe vor Augen liegt, daß wir das Gefühl für Dimensionen verloren haben. Über dem (recht unwahrscheinlichen) Erlebnis des Erzählers, der ›aus einer Mücke einen Elefanten macht‹, übersieht man leicht, daß der eigentliche Tenor auf dem Gedanken der *Vorbedeutung* liegt, eines bösen Omens. Der Totenkopf-Falter gilt als Vorbote des Todes, jedenfalls verkündet er Unglück – und der Erzähler sieht ihn übergroß.

Außer seiner Artikelserie, an der er gerade schrieb und die ein großer Erfolg werden sollte, rezensierte Poe bis April in verschiedenen Zeitschriften vier Neuerscheinungen, darunter William Cullen Bryants ›Complete Poetical Works‹, über die er sich sehr lobend äußerte, und – im März in ›Godey's Lady's Book‹ – Frances Sargent Osgoods Gedichtband ›Wreath of Wild Flowers from New England‹. Dies war (neben seinem ›Valentinsgedicht‹ und der schwärmerischen Skizze in ›Die Litteraten von New York‹) der letzte Liebesdienst, den er ihr erweisen konnte. Ihr Kontakt war durch den unangenehmen Skandal natürlich abgerissen – ein Umstand, der ihn vielleicht mehr schmerzte als der Verlust seines Ansehens. Immerhin schlug ihm in den Kreisen, in denen er sonst verkehrte, eine solche Stimmung der Mißgunst und der Verachtung entgegen, daß er beschloß, sich mit seiner Familie fürs erste aus New York aufs Land zurückzuziehen, wenigstens bis die Gerüchte verstummt waren. Die Ereignisse der vergangenen Wochen hatten ihm sehr zugesetzt, und Virginias Zustand, die unter dem ›Geschwätz vieler Zungen‹, dem ›tattling of many tongues‹, nicht weniger litt als er selbst, verschlimmerte sich von Tag zu Tag. Sie sprach jetzt oft davon, daß sie bald sterben müsse und daß ihr das Stadtleben nicht mehr behagte: »Give me a cottage for my home / And a rich old cypress vine.« Poe kündigte also die Wohnung in der Amity Street, um sich nach einem neuen Heim für sie umzusehen. In der Zwischenzeit nahmen sie im Farmhaus der Brennans Quartier, in Blooming-dale, wo der Frühling mit tausend Maiglöckchen und Krokussen in voller Blüte stand. Von dort zogen sie einige Wochen später zu einem Bekannten der Brennans um, einem Mr. John C. Miller, dessen Farm – die als geradezu ›paradiesischer Ort‹ beschrieben wird, in der Nähe des East River, von schattigen Bäumen umstanden und von vielfarbigen Blumenmeeren umgeben – sich etwa an jener Stelle befand, wo heute die 47th Street beginnt; eine Gegend (sie hieß damals ›Turtle Bay‹), die nun beim besten Willen nichts Paradiesisches mehr an sich hat. Sarah, eine Tochter der Millers, zu dieser Zeit noch ein kleines Mädchen, erinnerte sich über ein halbes Jahrhundert später, daß Virginia sehr krank gewesen sei und kaum das Haus verlassen habe: Poe »... bat meinen Vater fast jeden Tag, ihm unser Boot zu leihen ... und dann ruderte er zu den kleinen Inseln südlich von Blackwells Island hinüber, wo er nachmittags zu schwimmen pflegte.

Mrs. Clemm und meine Mutter waren bald sehr vertraut miteinander, und Mutter hörte all ihren traurigen Berichten von Armut und Bedürftigkeit stets mit Aufmerksamkeit und Interesse zu. Ich sah oft, wie sie Tränen vergoß, während sie sich unterhielten. Wie ich sie im Gedächtnis behalten habe, schien sie immer so ordentlich und gepflegt, und man sah sie nie ohne ihre blütenweiße Halskrause.«[19]

Diese Frühlingswochen auf dem Lande, Poes Bootstouren, der Umgang und die Gespräche mit freundlichen, einfachen Menschen – sie waren für beide wie ein letztes Atemholen, wie die Ruhe vor dem Sturm.

Der brach los, als im Mai in ›Godey's Lady's Book‹ die erste Folge der Artikelserie ›Die Litteraten von New York‹ erschien. Wirklich ›verunglimpft‹ wurde darin nur Poes ehemaliger Kompagnon beim ›Broadway Journal‹, ›Harry Franco‹ Briggs, der ›keine drei Sätze fehlerfreies Englisch zu Papier bringen konnte‹. Die übrigen sechs ›literati‹ – unter anderen N. P. Willis, der ›Vielseitigkeit‹, ›Gewandtheit‹ und ein ›gerüttelt Maß an Phantasie‹ bescheinigt bekam, Professor George Bush (der Autor von ›Anastasis oder Die Doktrin der Auferstehung‹), den Poe einst wegen seiner Erzählung ›Mesmerische Offenbarung‹ um Rat gebeten hatte, George H. Colton, der Herausgeber der ›American (Whig) Review‹, und John F. Francis –, sie alle kamen relativ ungeschoren davon. Trotzdem schien es gerade so, als habe Poe ein brennendes Streichholz in ein Pulverfaß geworfen. Schon im Juni stand die gesamte New Yorker (und auch die Bostoner) Presse Gewehr bei Fuß. Eine allgemeine Mobilmachung hatte stattgefunden. ›Napoleon‹ Godey sah sich genötigt, der zweiten Folge eine ›redaktionelle Notiz‹ voranzustellen: »Die Autoren und Mr. Poe. – Aus New York haben wir zahlreiche Briefe erhalten, anonyme und solche von persönlichen Freunden, die uns bitten, sorgfältig zu prüfen, was wir Mr. Poe über die New Yorker Autoren sagen lassen... Dazu sagen wir ein für allemal, daß wir lediglich Mr. Poes Ansichten veröffentlichen, *nicht unsere eigenen.* Weder lassen wir uns durch die Drohung, wir könnten unsere Freunde verlieren, einschüchtern, noch durch honigsüße Worte von unserem Vorhaben abbringen. Vorwärts führt unser Weg.«[20]

Poe hatte sicher mit einer teilweise negativen Reaktion der Presse gerechnet, aber bei dem Beschuß, dem er sich nun ausgesetzt fand, blieb ihm nicht einmal mehr genug Zeit, die weiße Fahne zu hissen. Die erste Salve feuerte – wie zu erwarten gewesen war – Lewis Gaylord Clark im ›Knickerbocker‹ auf ihn ab. Der Kritiker Poe sei ein »literarischer Snob, der sich ständig nach vorn spielt: heute in der Gosse, morgen in einem Modistinnenmagazin – aber überall und immer herrlich snobbisch und dreckig.«[21]

Die nächste Breitseite kam von Hiram Fuller im ›Evening Mirror‹: »Wir hoffen nur, daß Mr. Poe für seine ›ehrlichen Absichten‹ gut bezahlt wird, denn wer mit solchen Methoden zu Geld kommen will, muß es schon bitter brauchen... Mr. Poe ist der Allerletzte in diesem Lande, der ›ehrliche Ansichten‹ über die Litteraten verbreiten sollte. Seine geistigen und körperlichen Schwächen, seine Eifersüchteleien, selbst seine Bedürftigkeit, die ihm weder Zeit noch Gelassenheit für solche Arbeit erlaubt, seine begrenzte Kenntnis lokaler Gegebenheiten, seine unglückseligen Angewohnheiten, seine Streitereien und Neidereien, alles disqualifiziert ihn für die Aufgabe – die bisher veröffentlichten Teile haben das ja auch schon zum Überdruß bewiesen.«[22]

Das schlimmste Geschütz fuhr Thomas Dunn English auf, den Poe in der Juli-Ausgabe von ›Godey's‹ als ›Analphabeten‹ bezeichnet hatte. Poes Charakterisierung forderte allerdings zu einer entsprechenden Replik geradezu heraus: »*Unverzeihlich* an Mr. E.'s Sünden ist einzig und allein sein Hang zur Imitation – um es gelinde auszudrücken... Mr. English steht auf meiner Liste der New Yorker *Litteraten* nicht etwa um seiner Verse willen (für deren sonderliche Wertschätzung, so glaube ich, nicht einmal *er* genug Kritiklosigkeit mitbringt), sondern in Folge des Umstands, daß er während mehrer Monate ›mit Hülfe zahlreicher Mitarbeiter‹ eine Monatszeitschrift namens ›The Aristidean‹ herausgegeben hat... Ich höre, daß Mr. E. nicht ganz talentlos ist. Dennoch sollte das Loos des ›Aristidean‹ ihm vor Augen führen, wie heilsam es wäre, sich gewisser Studien zu befleißigen. Kein Schauspiel ist ja beklagenswerter denn dasjenige, welches sich uns bietet, wenn ein Mann ohne die communste Schulbildung sich an den Versuch wagt, die Menschheit in den Dingen der Schönen Litteratur zu unterweisen. Das Absurde von derlei Fällen liegt ja nicht blos in der Ignoranz, die solch ein Möchtegern-Lehrer an den

Thomas Dunn English, 1845

Tag legt, sondern namentlich auch in den Ausflüchten, die er gebraucht, um solche Ignoranz zu verbergen...

Ich mache diese Bemerkungen durchaus nicht in unfreundlicher Absicht. Mr. E. ist ja noch jung – ganz gewiß nicht über die Fünf und dreißig hinaus – und bei seinem Talente durchaus imstande, sich dort zu verbessern, wo seine Schwächen am Augenfälligsten zutage treten. Kein Mensch, dem ein fühlend Herz im Busen schlägt, wird's dem Herausgeber auch nur im Geringsten verübeln, wenn er insgeheim Nachhülfestunden nimmt.

Ich habe nicht das Vergnügen, Mr. English persönlich zu kennen. Er stammt, so glaube ich, aus Philadelphia...«[23]

Poes schwerster Fehler bei dieser boshaften ›Skizze‹ war, daß er behauptete, English nicht ›persönlich zu kennen‹. Er kannte ihn bereits seit 1839, und bei ihrer letzten Begegnung (bei der es, wie erwähnt, um Mrs. Ellets Briefe und eine Pistole ging, die sich von English leihen wollte, um sich gegen den rabiaten Mr. Lummis zu verteidigen) war es zwischen ihnen zu einer Prügelei gekommen. Daß er verkannte, daß seine abfälligen Äußerungen notwendig eine Erwiderung heraufbeschwören mußten, zeugt für seinen ›imp of the perverse‹ – und Englishs Antwort fiel in der Tat vernichtend aus. Sie erschien am 23. Juni im ›Evening Mirror‹.

»Da ich seit langer Zeit auf keinen der in der Presse gegen mich gerichteten Angriffe geantwortet habe, kann ich mir ohne weiteres eine Ausnahme gestatten und dennoch ganz allgemein an meiner Regel festhalten. Ein gewisser Mr. Edgar A. Poe hat sich eine Zeitlang damit befaßt, im *Lady's Book* Skizzen der ›Litteraten von New York City‹ zu veröffentlichen, wie er sie originellerweise selbst nennt. Diese Skizzen bezeichnet er, wohl um sie von seinen anderen Schriften zu unterscheiden, als ›ehrliche Meinungen‹. Mir hat er die Ehre erwiesen, mich dem vielköpfigen und erstaunlich illustren Kreise, den zu beschreiben er sich anheischig macht, hinzuzurechnen. Andere haben das Papier, auf dem seine Skizzen abgedruckt wurden, ihrem legitimen Verwendungszweck zugeführt – Gleiches zu Gleichem –, aber da er so sehr auf ein paar Worte von mir erpicht zu sein scheint, will ich sie ihm gönnen.

Mr. Poe stellt in seinem Artikel fest: ›Ich kenne Mr. English nicht persönlich.‹ Daß er mich nicht kennen will, ist nicht verwunderlich. Die strenge Zurechtweisung, die ich ihm eigenhändig wegen seines brutalen und unziemlichen Verhaltens erteilt habe, läßt es ihm geraten erscheinen, mich möglichst zu vergessen. Unglückseligerweise kenne ich *ihn*; und mit Gottes Segen und der Hilfe eines Gänsekiels will ich dafür sorgen, daß auch die Öffentlichkeit ihn kennenlernt.

Mir ist dieser Mr. Poe durch eine Reihe von Handlungen bekannt – eine ist mich recht teuer zu stehen gekommen. In meinem Besitz befindet sich die

Empfangsbestätigung eines Geldbetrages, den er von mir aufgrund falscher Angaben erhalten hat. Da ich das Geld derzeit selber benötige, mag er meinetwegen so tun, als kenne er mich nicht, sofern er zuvor seine Schuld begleicht. Zinsen fordere ich von ihm keine, sondern rechne ihm stattdessen die schallenden Ohrfeigen an, die ich ihm bei unserem letzten Zusammentreffen verabreicht habe...

Wenn ich mich recht entsinne, hatte Poe kurz zuvor die Einladung angenommen, vor einer Gesellschaft der New Yorker Sozietät ein Gedicht vorzutragen. Ungefähr eine Woche vorher suchte er mich auf und wirkte sehr sorgenvoll. Er sagte, er könne das Gedicht nicht schreiben, und fragte mich, ob ich ihm vielleicht mit einem Einfall weiterhelfen könne. Ich legte ihm nahe, der Gesellschaft eine kurze Mitteilung zu schicken und in aller Offenheit seine Unfähigkeit einzugestehen, über ein vorgegebenes Thema ein Gedicht zu verfassen. Dies tat er jedoch nicht, vielmehr trank er sich einen Vollrausch an, wie er es immer tut, wenn er in Nöten ist. Danach blieb er die ganze Woche im Zustand der Trunkenheit. An dem Abend, an dem er hätte auftreten sollen, wurde dann allen Ernstes verkündet, Mr. Poe könne sein Gedicht nicht vortragen – wegen einer schlimmen Unpäßlichkeit!...

Falls erforderlich, kann ich im Zusammenhang mit den soeben geschilderten Ereignissen ein paar weitere Tatsachen beisteuern, die Mr. Poe in einem noch trüberen Lichte erscheinen lassen. Und ich kann auch bis ins Einzelne die Umtriebe meines ›Widersachers‹ in Philadelphia und New York darlegen. Hier ist dafür freilich kein Platz, aber falls es Mr. Poe so wünscht, kann ich ihm jederzeit dienlich sein.

Ich stehe mit meinem Wissen über Mr. Poe nicht allein da. Die finsteren Löcher in Philadelphia, aus denen ich ihn einst freundlicherweise herausgeholt habe, konnten sich häufig seiner Anwesenheit erfreuen; die ›Tombs‹ (d. h. übelste Spelunken, Anm. d. Übers.) haben wahrscheinlich eine schwache Erinnerung an ihn; und wenn es in dieser Stadt nicht gewisse hochangesehene Autoren und Verleger gibt, die ihn genausogut kennen wie ich, dann habe ich mich sehr getäuscht – und sie auch.

Seine Auslassungen über meinen Stil und meine Schreibweise sind nur amüsant, wenn man sie seinen einstigen Lobpreisungen, ja fast Lobhudeleien meiner Werke gegenüberstellt. Ob er damals oder jetzt gelogen hat, tut kaum etwas zur Sache. Sein Lamentieren über meine mangelhafte Beherrschung des Englischen ist schlicht herzergreifend. Bereitwillig bekenne ich mich zu meinen Hinfälligkeiten, aber es ist doch ein Jammer, daß er nicht gleichermaßen aufrichtig ist. Er gibt vor, aller Sprachen mächtig zu sein und sich in allen Künsten und Wissenschaften unter der Sonne auszukennen, während er doch, von der von ihm gewöhnlich verwendeten Mischung aus Choctaw und Winebago und der Kunst und Wissenschaft des Schwindelns abgesehen, durchweg ein Ignorant ist. Falls er wirklich die englische Sprache beherrscht, dann soll er seinen Lesern zuliebe möglichst bald sein Geschreibe über die New Yorker Litteraten in sie übersetzen.

Mr. Poe hat die Absicht kundgetan, mich zur Strecke zu bringen. Ich fühle mich dadurch sehr geehrt und habe nur den einen Wunsch, daß er möglichst bald damit beginnen möge. Daß er die Redekraft von fünfzig Fischverkäuferinnen aus Billingsgate hat, gebe ich unumwunden zu; und daß er aus der Dachstube seines ›Vatikans‹ ... den Bannfluch gegen mich geschleudert hat, ist evident. Aber er überschätzt seine Macht. In Wirklichkeit hat er nicht einen Bruchteil jener Größe, die er offenbar als beschwerliche Bürde empfindet. Er verwechselt ungehobeltes Geschimpfe mit glatter Invektive und vulgäre Anspielungen mit kluger Satire. Er ist nicht nur von Grund auf ohne Prinzipien, niedrig und gemein, sondern auch töricht, eitel und ignorant; nicht nur ein Meuchler guter Sitten, sondern auch ein literarischer Pfuscher. Seine zahlreichen Zitate aus Sprachen, von denen er nicht die geringste Ahnung hat, und seine daraus erwachsenden Stümpereien geben ihn der Lächerlichkeit preis, während seine kaltschnäuzigen Plagiate von Werken bekannter oder vergessener Schriftsteller die Öffentlichkeit in Erstaunen versetzen. Er ist selbst der beste Beweis für seine Behauptung, daß ›kein Anblick erbärmlicher sein kann als der eines Menschen ohne die geringste Schulbildung, der sich eifrig daran versucht, die Menschheit über Fragen der schönen Literatur zu belehren‹. Wenn man ihm überhaupt etwas zugutehalten kann, dann das bereitwillige Eingeständnis dieses Sachverhaltes, den seine eigenen Schriften so schlagend belegen.

Thomas Dunn English«[24]

Die Länge dieses Zitates rechtfertigt sich aus der Tatsache, daß Englishs Attacke ein Kompendium sämtlicher gegen Poe erhobener Vorwürfe bildet: Unredlichkeit in Finanzdingen, Trunksucht, amoralisches Verhalten, insbesondere Damen gegenüber, Feigheit, Bestechlichkeit und schließlich literarische Kurpfuscherei. Man kann sagen, daß der Artikel Poe buchstäblich umbrachte. Sein guter Ruf war ein für allemal dahin.

Poe schrieb eine Erwiderung – auf die Erwiderung –, aber Godey lehnte es ab, sie in seinem Magazin (das mindestens zehnmal so viel Leser hatte wie der ›Mirror‹)[25] zu veröffentlichen. Es stand zu befürchten, daß solche journalistischen ›Schlammschlachten‹ dem guten Ruf des ›Lady's Book‹ schaden würden. Immerhin sorgte er dafür, daß sie in einem anderen, freilich völlig unbedeutenden und kaum verbreiteten Wochenblatt Philadelphias erschien, in der ›Spirit of the Times‹, und zwar am 10. Juli. Das kostete ihn $ 10, die er Poe anlastete. Die ›Times‹ war eine ›Jäger- und Angler-Zeitschrift‹, die sich nur am Rande mit kulturellen Themen befaßte. Poe reagierte entsprechend indigniert: »Ich bedauere es sehr, daß sie meine Erwiderung ausgerechnet in der ›Times‹ herausbrachten. Es wäre für mich keine Schwierigkeit gewesen, sie hier abdrucken zu lassen, in einem *respektablen* Blatt, und noch dazu gratis. Wie dem auch sei – da ich alle Trümpfe in der Hand halte, will ich mich nicht mit Kleinigkeiten aufhalten. Es schmerzt mich allerdings, – sie wissen ja, wie arm ich bin –, daß Sie es für angemessen hielten, die $ 10 *von mir* zu fordern. Ich muß gestehen, daß ich Sie überschätzt habe, – gleichviel – so ist nun einmal der Lauf der Welt.«[26]

Er ging in seiner Verteidigung (teils aus gutem Grund) nicht auf sämtliche Anschuldigungen Englishs ein – was dieser ihm in einem weiteren Beitrag im ›Mirror‹ als Schuldbekenntnis auslegte.

Daß er English Geld schulde, wies er energisch zurück; er habe einmal $ 30 für einen Artikel über ›Amerikanische Dichtkunst‹ von ihm erhalten, für den ›Aristidean‹ (womit er zugeben mußte, daß er Englisch, entgegen seiner Behauptung, ›persönlich‹ kannte), von einer geliehenen Summe könne jedoch keine Rede sein. Nun hätte English den Schuldschein präsentieren müssen, der sich, nach seiner Aussage, noch immer in seinem Besitz befand. Da er dies nicht tat, kann man davon ausgehen, daß er schon bei seiner ersten Anklage die Unwahrheit gesagt hatte. Auf die wirklichen Hintergründe des ›Boston-Lyceum-Skandals‹ und der Affäre um Mrs. Ellets Briefe wurde bereits ausführlich eingegangen; über den letzten Punkt äußerte sich Poe zurückhaltend genug: »...was die ›wohlbekannte und geschätzte Schriftstellerin‹ betrifft, so stehen wir vor einem Rätsel. Vielleicht mit Ausnahme von Mrs. Stephens, Mrs. Welby und Miss Gould... gibt es *keine* ›wohlbekannte und geschätzte‹ Schriftstellerin in ganz Amerika, mit der wir nicht zumindest auf freundschaftlichstem Fuße stünden, wenn nicht in einer Beziehung persönlicher und herzlicher Freundschaft.«[27] Sich über seine literarischen Meriten ein Urteil zu bilden, überließ Poe der ›Öffentlichkeit‹; es wäre geschmacklos gewesen, sich hier gegen Englishs Insinuationen verteidigen zu wollen. Gerade *ihn* des Plagiats zu bezichtigen war ohnehin absurd, und wenn er fremdsprachige Autoren zitierte, so meistens korrekt (mit Ausnahme einiger deutscher Autoren wie ›Göthe‹). Seine wichtigste Trumpfkarte aber war, daß er einen gewissen von English erwähnten ›Kaufmann aus der Broad-Street‹, Mr. Edward J. Thomas, als Zeuge benannte. Thomas sagte (schwarz auf weiß) aus, daß er Poe niemals ›des Betruges bezichtigt habe‹ und daß folglich auch die sogenannte ›widerrufene Verleumdungsklage‹ eine reine Erfindung sei. Der bewußte Brief von Thomas (vom 5. Juli) reichte andererseits als Beweismittel, English wegen übler Nachrede zu verklagen. Poe strengte in der Tat einen Prozeß an, allerdings nicht gegen English, sondern gegen Hiram Fuller, den Herausgeber, und Augustus W. Clason, den Eigentümer des ›Mirror‹ (in dem der Artikel erschienen war). Damit konnte er drei Fliegen mit einer Klappe schlagen, denn English mußte natürlich als Zeuge auftreten. Außerdem versprach er sich von einer Klage gegen eine Zeitung einerseits eine größere Öffentlichkeitswirkung, andererseits einen höheren Schadensersatzanspruch, falls er als Sieger aus dem Verfahren hervorgehen würde – wovon er überzeugt war. Als English davon erfuhr, setzte er sich prompt nach Washington ab, um nicht in einen Strafprozeß hineingezogen zu werden, der ihn selbst ins Zwielicht brachte; aber der ›Superior Court of New York‹ machte ihn dort ausfindig und zwang ihn durch eine amtliche Vorladung, zu den jeweiligen Gerichtsterminen zu erscheinen bzw., falls dringende Hinderungsgründe vorlägen, sich schriftlich zu den Vorwürfen zu äußern. Mit einer solchen Wendung hatte er nicht gerechnet, als er Poe in seiner letzten Attacke, ›In Reply to Mr. Poe's Rejoinder‹, dazu aufforderte, ihn getrost wegen Verleumdung zu belangen. Jetzt stellte sich heraus, daß er doch die schlechteren Karten in der Hand hielt.

Poe hatte sich eines guten (und teuren) Rechtsanwaltes versichert, des bekannten Mr. Enoch L. Fancher. Am 23. Juli wurde die Anklageschrift verlesen: »... die Beklagten ... haben, in der boshaften und heimtückischen Absicht ... das Ansehen und die Kreditwürdigkeit meines Mandanten zu untergraben ... seinen guten Namen in den Schmutz zu ziehen ... und ihn in einen öffentlichen Skandal zu verwickeln ... seine Ehre zu verletzen ... ihn arm zu machen und gänzlich zu ruinieren ..., einen gewissen unwahren, skandalösen, böswilligen, diffamierenden und verleumderischen Artikel, verfaßt von einem Mr. Thomas Dunn English, in ihrer Zeitschrift veröffentlicht ...«[28] Am 4. August fand eine Anhörung in der New York City Hall statt. Die Angeklagten ließen sich durch einen nicht weniger angesehenen Anwalt vertreten, William H. Paine, der natürlich auf ›nicht schuldig‹ plädierte. Daraufhin wurde der Prozeß auf ›den ersten Montag im September‹ vertagt, dann aber wiederum, aus unbekannten Gründen, auf den Februar 1847 verschoben. Alles blieb also in der Schwebe, und Poes guter Ruf war längst nicht wiederhergestellt. Der ›Mirror‹ fuhr fort, öffentlich die Stimmung gegen ihn anzuheizen, soweit es im Bereich des Legalen möglich war. Und dieser Bereich war damals sehr weit gesteckt. »... Einige der Studenten von Dr. Arthurs Grammatikschule pilgerten nach Bloomingdale, um sich die Irrenanstalt anzusehen, in die, wie es hieß, Mr. Poe eingeliefert worden sei, als Folge der enormen geistigen Anstrengungen, die seinen Verstand zerrüttet hatten ...«, hieß es in einem Artikel.[29]

Und dann der ›satirische Fortsetzungsroman‹ über ›Marmaduke Hammerhead‹, bei dem jeder Leser wußte, wer gemeint war, und der mit Hammerheads Überweisung ins Tollhaus (›Bedlam‹) endete. Fuller kam in ›redaktionellen Notizen in eigener Sache‹ häufig auf den ›verschleppten Prozeß‹ zu sprechen und nützte jede Gelegenheit, Poe als ›verächtliches Subjekt‹ darzustellen. Auch Lewis Gaylord Clarke vom ›Knickerbocker‹ und Mrs. Walter vom ›Transcript‹ sparten nicht mit bissigen Kommentaren. Mochte das ›schwebende Verfahren‹ ausgehen, wie es wollte, die Presse war stärker. Gegen sämtliche Verleumdungen zu klagen, wäre eine Sisyphos-Arbeit gewesen. Poe befand sich mittlerweile in einem Zustand, der seinen Feinden die Metzelei einfach machte. Am 12. Juni schrieb Poe an seine Frau (der einzige Brief an Virginia, der erhalten geblieben ist):

> »Mein liebes Herz, meine teure Virginia! unsere Mutter wird Dir erklären, warum ich heute abend ausbleibe. Ich habe die feste Gewißheit, daß bei der Unterredung, die mir in Aussicht gestellt ist, etwas *wirklich Gutes* herausschauen wird – für mich, für Dich, mein Lieb, und für sie. Laß nur den Mut nicht sinken, bleibe voll Hoffnung und hab noch ein wenig länger Vertrauen. Bei meiner letzten großen Enttäuschung hätte ich gewiß den Mut verloren, *wärest Du nicht gewesen* – mein geliebtes kleines Weib, Du bist mein *größter* und *einziger* Antrieb jetzt, mit diesem widrigen, unbefriedigenden und undankbaren Leben den Kampf aufzunehmen. Ich werde morgen nach Mittag bei Dir sein, und sei versichert, bis ich Dich wiedersehe, werde ich ohne Unterlaß *in Liebe Deiner letzten Worte gedenken* und Deines inbrünstigen Gebetes! Schlaf wohl, und schenke Gott Dir einen friedvollen Sommer mit Deinem Dich zärtlich liebenden
>
> Edgar«[30]

Am 20. Juli, also drei Tage vor Beginn des Prozesses, hieß es im ›Mirror‹: »Der Anblick eines Gelähmten oder von Geburt an Mißgestalteten ist traurig genug; die Blinden, Tauben, Stummen, Lahmen und Schwachen rühren unsere Herzen an, wenigstens solche Herzen, die nicht verhärtet wurden im Feuerofen der Sünde; ein traurigeres, ja vielleicht das traurigste Schauspiel überhaupt aber gibt wohl ein elender Mensch, dessen moralischer Verfall Geist und äußere Erscheinung gleichermaßen in einen Jammer-Zustand herabgewürdigt hat, vor dem sich Abscheu für seine Vergehen und Zorn über seine Beleidigungen urplötzlich in Mitleid für jenen Armseligen verwandeln. Ist ein Mann erst einmal so tief gesunken, daß man ihn als Gegner nicht mehr ernst nehmen kann, so läßt sich schwerlich etwas Mitleiderregenderes auf dieser Erde denken. Eine solch arme Kreatur sprach gestern in unserer Redaktion vor, in einem Zustande jämmerlicher Geistesschwäche, von üblem Lebenswandel gezeichnet, deren wahrlich schwachsinniges Geschwätze in uns jeden Funken der Feindseligkeit auslöschte. Wir konnten nicht einmal Verachtung empfinden für jemanden, der offensichtlich selbstmörderisch gegen seinen Körper wütete, wie er es bereits gegen seinen Charakter und sein öffentliches Ansehen getan hatte. Der Unglückliche! Er wurde begleitet von einer betagten Verwandten, die ihm durch die glühenden Straßen folgte, um seiner Trinkfreudigkeit zu steuern; aber irgendwie schien er ihren wachsamen Blicken entkommen zu sein, denn er befand sich bereits in einem bedenklich angetrunkenen Zustand. Nachdem wir seinen Zotigkeiten eine Weile mit schmerzlichen Gefühlen gelauscht hatten, verließ er die Redaktion, von seinem Schutzengel begleitet... Dies also ist der arme Mann, der von einem geldgierigen Verleger dazu angeheuert wurde, sich über die talentierten, edelmütigen und anständigen Autoren auszulassen, deren Werke von ihren Zeitgenossen als bewahrenswerter Schatz unseres Vaterlandes verehrt werden. Ist es nicht unvernünftig, von einer solchen Person eine gerechte Einschätzung der Werke eines aufrechten Geistes zu erwarten?...«[31]

Poes Name wurde nicht genannt – eine weitere Verleumdungsklage stand demnach nicht zu befürchten. Die Leserschaft des ›Mirror‹ wußte nur zu gut, um welche ›arme Kreatur‹ es sich handelte. Fullers Bericht entspricht wahrscheinlich weitgehend den Tatsachen – Poe hatte ihn wohl in angetrunkenem Zustand in der Redaktion des ›Mirror‹ aufgesucht und ihn in ohnmächtiger Wut wegen seines ›Schmierenjournalismus‹ beschimpft. Aber ein solcher Auftritt war nur Wasser auf seine Mühlen, gegen die Don Quichote, der ›Ritter von der traurigen Gestalt‹, mit stumpfer Lanze vorpreschte.

Zu dieser Zeit entstand die Erzählung ›Das Faß Amontillado‹, die im November 1846 in ›Godey's Lady's Book‹ erschien. Es ist die Geschichte einer Rache – einer genau überlegten, sorgfältig geplanten und geschickt ins Werk gesetzten Rache, die Montresor an seinem Feind nimmt.

»Wohl tausendfältige Unbill hatt' ich von Fortunato ertragen, so gut ich's nur vermochte, doch als er gar so dreist ward, schweren Schimpf auf mich zu häufen, gelobt' ich Rache. Ihr, die ihr meiner Seele Inneres so wohl kennt, werdet freilich nicht vermuten, ich hätte etwa einer Drohung Ausdruck gegeben. Nein, *irgendwann einmal,* ganz unerwartet, sollte die Vergeltung kommen; das war ein Punkt, der felsenfest entschieden; – und ebenso entschieden war dabei, daß es für mich keinerlei Risiko geben durfte. Ich wollte nicht nur strafen, sondern straflos strafen. Denn das ist nicht die rechte Ahndung eines Unrechts, wenn dann den Rächer selbst die Wiedervergeltung erreicht. Und gleicherweise halb nur bleibt die Sühne, wenn der Beleidiger, der jenes Unrecht tat, nicht fühlt, nicht weiß, von wem ihn Rache trifft...

...›Die Montresors‹, sagte ich, ›waren eine große und zahlreiche Familie.‹

›Ach, ich vergaß – wie war doch gleich ihr Wappen?‹

›Ein riesiger menschlicher Fuß – Gold in azurnem Feld; er zertritt eine sich aufbäumende Schlange, deren Zähne in die Ferse stechen.‹

›Und der Wahlspruch?‹

›*Nemo me impune lacessit.*‹ (Niemand reizt mich ungestraft.)

›Nicht übel!‹, sagte er.«[32]

»Fordham Cottage«, Poes Landhaus in Fordham

Fortunato, den Glücklichen, Weltlichen, den ›Weinkenner‹, dessen ›Dummkopf eine spitze Schellenkappe krönt‹, ereilt das schlimmste Schicksal, das – nach Poe – einen Sterblichen treffen kann: er wird lebendig begraben, eingemauert, an eine Kette gefesselt, die ihn aufrecht hält – ähnlich jener Frau in ›Das vorzeitige Begräbnis‹, deren Gewand sich an einem vorspringenden Haken verfing: »so blieb sie hangen, und so, aufrecht hangend, verfaulte sie.«

»In pace requiescat!«

Seit Mai oder Anfang Juni lebte Poe mit seiner Familie ›etwa 13 Meilen außerhalb der Stadt, bei einem Dorf namens Fordham, an der nach Norden führenden Eisenbahnlinie‹.

»Wir sind da in einem schmucken kleinen Landhaus, haben eigenen Haushalt und würden uns sehr behaglich fühlen, wäre ich nicht schon lange Zeit jetzt furchtbar krank. Es geht mir freilich allmählich besser, jedoch nur langsam, und ich werde gewiß wieder *ganz genesen*. In der Zwischenzeit haben die kleinen Raubvögel, die stets eine Krankheit zur Gelegenheit nehmen, um auf einem Geflügel größerer Dimensionen herumzuhacken, sich haufenweise und mit aller ihrer Macht bemüht, meinen Ruin zu bewirken. Meine furchtbare Armut hat ihnen dazu außerdem jeden Vorteil gebracht. In der Tat, mein lieber Freund, man hat mich bis an die Pforten des Todes getrieben und in eine Verzweiflung, die furchtbarer noch ist denn der Tod, und ich hatte nicht einmal *einen* Freund, außer meiner Familie, mit dem ich mich hätte beraten können ... wenn Sie nur sähen, wie krank ich bin und wie unmöglich es für mich ist, einen Fuß aus dem Haus zu setzen oder mir selber nur irgendwie zu helfen ... Seit über 5 Monaten bin ich nicht fähig gewesen, auch nur *eine* Zeile für die Magazine zu schreiben – vielleicht können Sie sich daraus eine Vorstellung bilden von der furchtbaren Notlage, in welche ich geraten bin. Die kürzlich in ›Godey's Book‹ veröffentlichten Arbeiten waren schon lange vorher geschrieben und bezahlt worden ...

Lassen Sie sich bitte von nichts in diesem Briefe zu dem Glauben verleiten, daß ich etwa am weltlichen Wohlstand *verzweifelte*. Im Gegenteil – obschon ich mich krank fühle und vor Armut buchstäblich in den Staub gedrückt bin, lebt doch eine süße *Hoffnung* im Grunde meiner Seele ... Wenn Sie schreiben, adressieren Sie einfach ›New York City‹. In Fordham gibt es kein Postamt.«[33]

Diese Gegend, damals als ›West Farms‹ bekannt, ist heute längst ein Stadtteil New Yorks. Das ›schmucke‹, hölzerne, einstöckige Landhaus (es gab noch einen niedrigen Speicher mit zwei Räumen), das sie bewohnten, gehörte einem Mr. John Valentine, der es ihnen für hundert Dollar im Jahr vermietet hatte. Es war ein ›idyllisches Exil‹, sicher der hübscheste Ort, an dem Poe je lebte. Er lag etwa dort, wo inzwischen die East 192nd Street vorbeiführt; das Grundstück, auf dem ein Kirschbaum stand und das mit Fliederbüschen bewachsen war, umfaßte etwa einen Morgen. Im Süden und Osten dehnten sich die weiten, gepflegten Rasenflächen des St. Johns College aus. »Oh! wie überaus glücklich waren wir in unserem Heim auf dem Lande!«, schrieb Mrs. Clemm Jahre später in einem Brief; »Wir drei lebten nur füreinander. Eddie war meistens zuhause. Ich kümmerte mich um seine literarischen Geschäfte, denn er, der arme Bursche, war in Geldangelegenheiten wie ein Kind ... Er verbrachte den größten Teil des Vormittages in seinem Arbeitszimmer, und wenn er sein tägliches Pensum erreicht hatte, arbeitete er in unserem herrlichen Blumengarten oder trug uns Gedichte vor ... Wir bekamen nur selten Besuch, außer von einigen der literati, doch diese Besuche waren jedesmal sehr angenehm ...«[34] In der Erinnerung erscheint manches verklärt. ›Überaus glücklich‹ kann diese Zeit kaum gewesen sein. Poe ließ sich aus gutem Grund nicht mehr so oft in der Stadt blicken. Mrs. Ellet hörte nicht auf, verleumderische Gerüchte über ihn und Mrs. Osgood zu verbreiten; als schließlich auch Mr. Osgood davon erfuhr, stellte er ihr ein Ultimatum: entweder sie nehme ihre Behauptungen in einem Entschuldigungsbrief an seine Frau zurück, oder er werde sie wegen übler Nachrede verklagen. Daß die Affäre noch immer solchen Staub aufwirbelte, zeigt deutlich, daß Poe in der Kulturszene New Yorks – insbesondere in Miss Lynchs Salon – als Wüstling und Ehebrecher verschrien war. In die Enge getrieben, versuchte Mrs. Ellet nun, die ganze Schuld auf ihn allein abzuwälzen: der bewußte Brief, schrieb sie, den sie in der Amity Street gelesen habe, müsse wohl eine Fälschung gewesen sein (so etwas sei Poe durchaus zuzutrauen); zu dieser Einsicht gelangt, bedauere sie es zutiefst, Mrs. Osgoods Ruf vielleicht durch gewisse Äußerungen geschadet zu haben – »möge ihr der Himmel dafür vergeben!«

Virginias Gesundheitszustand verschlimmerte sich unterdessen besorgniserregend. »Der Herbst kam, und Mrs. Poe wurde rasch von der Schwindsucht dahingerafft. Ich besuchte sie in ihrer Schlafkammer. Alles war dort so ordentlich, so reinlich und sauber, aber auch so kärglich und bitterarm, daß ich die Leidende mit einem Schmerz betrachtete, wie ihn vielleicht nur Menschen füreinander empfinden können, die arm sind. Auf dem Bett, das nur aus Stroh bestand, lag keine Decke, aber das Bettzeug war schneeweiß. Es war kalt, und die Kranke hatte schrecklichen Schüttelfrost, wie er das hitzige Fieber der Schwindsucht zu begleiten pflegt. In den Militärmantel ihres Gatten gehüllt, ruhte sie auf dem Strohlager, und auf ihrer Brust hockte eine große Katze mit einem Schildpattmuster. Diese wundervolle Katze schien genau zu wissen, von welch großem Nutzen sie war: Sie und der Mantel waren die einzigen Dinge, die der Leidenden Wärme spendeten, sofern ihr Mann nicht ihre Hände hielt und die Mutter ihr nicht die Füße wärmte.«[35]

Nicht nur Mrs. Gove Nichols, von der diese Erinnerungen stammen, sondern auch Mrs. Marie Louise Barney Shew, die Tochter eines Arztes und selbst eine ausgebildete Krankenpflegerin, kümmerten sich um Virginia. Sie war auch mit einem Arzt verheiratet gewesen, Dr. J. T. Shew, mit dem sie jedoch in Scheidung lebte. Ihre Unterstützung wurde von der Familie zweifellos als Segen empfunden – aber die Woge allgemeiner ›christlicher Nächstenliebe‹, die sich bald über sie ergoß (die Nachricht von ihrer ›Verelendung und Bedürftigkeit‹ sprach sich in New York schnell herum), dürfte auf Poes Ruf beinahe noch schädlicher gewirkt haben als die von der Presse geschürten Anfeindungen gegen ihn. Mitleid kann manchmal tödlich sein. Man brauchte ihn nun nicht mehr zu fürchten. Er war ein Fürsorgefall geworden. Im ›New York Express‹ erschien im Dezember folgende Notiz: »Wir bedauern, zu erfahren, daß Edgar A. Poe und seine Frau beide gefährlich an der Schwindsucht erkrankt sind und daß das Unglück gerade schwer auf ihnen lastet; und müssen leider auch die Tatsache erwähnen, daß es ihnen an den einfachsten Lebensnotwendigkeiten mangelt. Dies ist in der Tat ein schweres Los, und wir geben der Hoffnung Ausdruck, daß alle Freunde und Bewunderer Mr. Poes ihm nun in seiner bittersten Stunde der Not zu Hilfe eilen.«[36]

Das Schlimmste war jedoch, daß sich in der Öffentlichkeit tatsächlich das

Gerücht verbreitete, Poe habe an seinem Geist Schaden gelitten und sei nicht mehr ganz zurechnungsfähig. Gewisse Äußerungen in den Zeitungsartikeln der letzten Monate gaben diesem Gerücht Nahrung: »... denn wegen seines derzeitigen Gesundheitszustandes ist er nicht für alle seine Eigentümlichkeiten voll verantwortlich«, schrieb Mrs. Walter im Bostoner ›Transcript‹; ›einige der Studenten von Dr. Arthurs Grammatikschule pilgerten nach Bloomingdale, um sich die Irrenanstalt anzusehen, in die, wie es hieß, Mr. Poe eingeliefert worden sei‹, witzelte Hiram Fuller im ›Evening Mirror‹ (und die Masse glaubte es); in T. D. Englishs boshafter Satire über ›Marmaduke Hammerhead‹ wurde der Antiheld zuletzt in eine Zwangsjacke gesteckt. ›Die Methode Dr. Thaer & Prof. Fedders‹ funktionierte also. Poes langjähriger Freund J. E. Snodgrass, der Herausgeber des ›Baltimore Saturday Visiter‹, veröffentlichte eine kurze Notiz: »Edgar A. Poe leidet, wie wir von einem New Yorker Korrespondenten erfahren, an einer Geistesverwirrung, und zwar in solchem Maße, daß beschlossen wurde, ihn in einer Heilanstalt in Utica unterzubringen.«[37] In der ›Philadelphia Saturday Evening Post‹ erfuhr man schließlich, daß ›Poe schwer mit Gehirnfieber darniederliege‹ und daß er und seine Frau weder Geld noch Freunde hätten. Am Niederschmetterndsten war für Poe wohl ein Artikel von N. P. Willis (der von seiner Europatour zurückgekehrt war), in dem er sich allen Ernstes für ein ›Hospital für verwirrte Geistesarbeiter‹ einsetzte und als Präzedenzfall den armen Mr. Poe erwähnte – in bester Absicht. Dieser Artikel (er hätte von Poes größtem Feind stammen können) erschien am 26. Dezember im ›Home Journal‹; Poe wußte davon wahrscheinlich noch nichts, als er sich in einem Brief vom 30. an Willis um eine Klarstellung seiner Verhältnisse bemühte.

In dieser Zeit äußerster physischer und psychischer Qual mag es vielleicht ein kleiner Trost für ihn gewesen sein, als er erfuhr, daß seit September des Jahres einige seiner Erzählungen in französischen Zeitschriften erschienen waren, z. B. in der ›Revue Brittanique‹ und der ›Quotidienne‹. Am 12. Oktober gab E. D. Forques in der Pariser Zeitung ›Le Commerce‹ ›Die Morde in der Rue Morgue‹ unter dem Titel ›Une Sanglante Enigme‹ als sein eigenes Werk aus und wurde daraufhin von einem Konkurrenzblatt, ›La Presse‹, des Plagiats bezichtigt. Dies machte die Öffentlichkeit in Frankreich auf Poes Namen aufmerksam – und wenig später auch einen noch unbekannten, fünfundzwanzigjährigen Dichter namens Charles Baudelaire.

»Gütigste – teuerste Freundin –«, schrieb Poe am 29. Januar 1847 an Mrs. Shew, »meine arme Virginia lebt, aber ihre Kräfte lassen rapide nach, und sie leidet jetzt große Schmerzen. Möge Gott ihr Leben erhalten, bis sie Sie noch einmal gesehen und Ihnen gedankt hat. Ihr Herz wie das meine ist ganz erfüllt von unendlicher, unsäglicher Dankbarkeit für Sie ... Kommen Sie, ich bitte Sie, kommen Sie morgen! Ja, ich *werde* gefaßt sein ...«[38]

Virginia Poe. Kurz nach ihrem Tod angefertigtes
Aquarell eines unbekannten Künstlers, 1847

Virginia starb am 30. Januar 1847, in der kleinen Schlafkammer im Untergeschoß des Hauses.

Am nächsten Tag wurde die Tote noch einmal in ihrem Bett aufgerichtet, und eine Dame, vielleicht Mrs. Shew, die malerisches Talent besessen haben soll, fertigte ein Aquarellporträt von ihr an – merkwürdig, wie die Motive aus Poes Erzählungen sich ständig in der Wirklichkeit wiederholten: »... Und der Pinselstrich wurde getan, und das Licht aufgesetzt ... doch als er so schaute, da bebte er plötzlich am ganzen Leib, und Leichenblässe überzog seine Wangen, und er schrie, von jähem Entsetzen gepackt: ›Das ist ja wahrhaftiges Leben!‹ Und als er sich zu seiner Geliebten wandte, da war sie tot.«

Das Bild zeigte sie ursprünglich mit geschlossenen Augen und wurde dann, vor seiner Veröffentlichung, retuschiert – die Wirkung schien doch etwas zu morbide zu sein. Aber noch immer ist der Eindruck, den es hinterläßt, der einer Gestorbenen.

Mrs. Shew besorgte, auf Mrs. Clemms flehentlichen Wunsch hin, ein Totengewand aus Leinen für Virginia – sie sollte nicht in einem einfachen Baumwollhemd in den Sarg gelegt werden. Dieser Sarg stand am Tag der Beerdigung auf Poes Schreibtisch. Die Beisetzung fand auf dem Friedhof der ›Fordham Dutch Reformed Church‹ statt. Mr. Valentine, ihr Vermieter, stellte seine Familiengruft zur Verfügung.

Jahre später gab es noch ein seltsames Nachspiel. Der Kirchhof wurde 1875 zerstört oder verlegt, der Inhalt der Gräber und Grüfte zerstreut oder andernorts beigesetzt. Der Biograph William F. Gill (Ingrams amerikanischer Konkurrent) rettete Virginias Gebeine und behielt sie eine Zeitlang in einer ›kleinen Kiste‹ in seinem Besitz. Es dauerte nicht lange, bis man sie – in Amerika scheint nur wenig heilig zu sein – öffentlich als ›Annabel Lees Knochen‹ zur Schau stellte. Zuletzt gelangten sie nach Baltimore und wurden – zum letztenmal – neben denen Poes beerdigt, ›zu seiner Linken‹.

> »Kein Mondenlicht blinkt, das nicht Träume mir bringt
> Meiner schönen Annabel Lee;
> Jedes Sternlein, das steigt, hell die Augen mir zeigt
> Meiner schönen Annabel Lee;
> Und so jede Nacht lieg zur Seite ich sacht
> Meinem Lieb, meinem Leben in bräutlicher Pracht;
> Im Grabe dort an der See,
> In der Gruft an der tosenden See.«[39]

Selbst von labiler Gesundheit und durch die Anspannungen der letzten Wochen und Monate, ›die tausendfältigen Ungerechtigkeiten und Kränkungen‹ zerrüttet, brach Poe jetzt, nach dem Tod seiner Frau, endgültig zusammen. Etwa zehn Tage lang befand er sich in einer Art Koma; es schien sogar Gefahr für sein Leben zu bestehen. Mrs. Shew betreute ihn während dieser Zeit, wie sie zuvor Viginia betreut hatte. »Ich wuchs«, schrieb sie einmal an Ingram, »als die einzige Tochter eines Landarztes auf, finde Geschmack an Malerei und habe ein Herz, groß genug, die ganze Welt zu lieben – ich rettete Mr. Poe damals das Leben, da ich eine medizinische Fachausbildung genossen habe. Ich stellte meine Diagnose und ging damit zu dem berühmten Dr. Mott. Ich sagte ihm, daß Mr. Poes Puls im *Bestfalle,* wenn er sich wohl befand, nur zehn regelmäßige Schläge fühlen ließe, worauf der Rhythmus unterbrochen wurde – ›intermittierte‹ (wie Ärzte sagen). Ich kam zu dem Schluß, daß eine Hälfte seines Gehirns verletzt sein mußte, und da er keinerlei Stimulanzien vertragen konnte, ohne Anzeichen des Wahnsinns zu zeigen, fühlte ich nur wenig Hoffnung, daß er sich je von diesem Gehirnfieber wieder erholen werde, das er sich durch extreme körperliche und geistige Leiden zugezogen hatte (sowie Armut, Hunger und Kälte, die dieser heldenhafte Ehemann standhaft ertrug, um seiner sterbenden Frau Arzeneien und Bequemlichkeiten zu verschaffen). Aber nun war er in einem Zustand der Erschöpfung, daß er selbst dem Tode nahe schien – auch leichte, harmlose Sedativa konnten ihm nur mit größter Vorsicht eingegeben werden... Von dem Augenblick an, da ihn das Fieber befiel, bis zu jenem Moment, da ich seinen Puls auf achtzig Schläge pro Minute herabsetzen konnte, sprach er unaufhörlich von der Vergangenheit und bat mich oft, alles, was er erzählte, für ihn aufzuschreiben, denn er habe so vielen gierigen Verlegern Beiträge versprochen, und wenn er sein Wort nicht halten und sterben würde, könnten sie sagen, daß er sein Wort gebrochen hätte – mehr noch, sie würden sich an ihm rächen und alle möglichen üblen Dinge über ihn behaupten.«[40]

1847 war wieder eines der ›dunklen Jahre‹ in Poes Biographie. Außer zwei Gedichten – von denen eines, ›Ulalume‹, wahrscheinlich schon im Vorjahr entstanden war –, einer Erzählung, einer Rezension, dreizehn Briefen (deren Inhalt meist keine nennenswerten Aufschlüsse über seine Lebensweise und seine Handlungen zuläßt) und ein paar mehr oder weniger glaubwürdigen ›Erinnerungen‹ von Zeitgenossen gibt es keinerlei Quellen, die diesen Zeitraum zufriedenstellend abdecken könnten. Man muß von einer Information zur nächsten springen wie von einer Eisscholle zur anderen, und viele davon sind dünn und brüchig.

Die Urteilsverkündung im Prozeß Poe gegen Fuller/Clason fand am 17. Februar statt. Poe ließ sich, da er körperlich noch zu geschwächt war, um persönlich erscheinen zu können, durch seinen Anwalt E. L. Fancher vertreten. Sein eigentlicher Gegner, Thomas Dunn English, entzog sich trotz mehrerer Vorladungen der Befragung. Die Angeklagten konnten nicht einen Zeugen aufbieten, der unter Eid gegen Poes Charakter oder Verhalten aussagen wollte. Fancher dagegen hatte sich dreier Zeugen versichert, des in Englishs verleumderischem Artikel erwähnten ›Kaufmanns aus der Broad Street‹, Edward J. Thomas, ›Judge‹ Noahs, des Herausgebers des ›Evening Star‹ und eines Bekannten Poes, Freeman Hunt vom ›Merchant's Magazine‹.

Letzterer gab zu Protokoll, ›er habe nie etwas Nachteiliges über Poe vernommen, außer, daß er gelegentlich etwas zu tief ins Glas blicke‹[41]. Fuller und Clason wurden zu einer Geldstrafe verurteilt – ca. $ 100 Gerichtskosten und ein Schadensersatz an den Kläger in Höhe von $ 225,06 (das Anwaltshonorar für Mr. Fancher verschlang sicher mehr als die Hälfte dieser Summe).

Der Triumph kam Poe freilich weit teurer als seinen Gegner zu stehen, die ihn nun erst recht unter Beschuß nahmen. Neben den üblichen Spitzen Fullers im ›Mirror‹ und der Ankündigung, die Fortsetzungsreihe über die Abenteuer des ›Marmaduke Hammerhead‹ werde wegen ›großer öffentlicher Nachfrage‹ demnächst in Buchform erscheinen, schrieb der bekannte Journalist Horace Greeley in der ›New York Tribune‹ einen Artikel mit dem Titel ›Genie und Verleumdungsklagerecht‹. Nach einigen ›satirischen‹ Anmerkungen über Poes ›moralische Unbescholtenheit‹ und seine ›Verläßlichkeit in Geldangelegenheiten‹ rekapitulierte Greeley noch einmal die Entstehungsgeschichte des in New York mittlerweile berüchtigten Prozesses aus seiner Sicht. Gewiß, English sei wohl in seiner Attacke gegen Poe etwas zu weit gegangen – aber wurde *er* nicht zuerst angegriffen? Warum wehre sich Poe nicht, wenn er sich schon beleidigt fühle, mit seiner angestammten Waffe, der Feder oder, wenn es sein müsse, mit einer Reitgerte? Und was sollte man davon halten, daß er nicht etwa English, sondern den ›harmlosen‹ (Greeley sagte wörtlich ›harmlosen‹) Zeitungsverleger auf die Anklagebank zerre?

Greeleys Ansichten galten etwas in Amerika; er war vom Zeitungsjungen zum Pressepapst aufgestiegen. Poe, erschüttert über diesen Artikel, setzte sogleich einen langen Brief an ihn auf, in dem er sich ausführlich für seinen Standpunkt rechtfertigte: »Sie sind ein Gentleman, Mr. Greeley – ein ehrenhafter, vorurteilsfreier und großmütiger Mann –, ich würde es Ihnen sonst nicht so offen ins Gesicht sagen; und als solcher können Sie sich zweifellos vorstellen, welche Empfindungen es in mir auslösen muß, wenn gewisse nachteilige Äußerungen über meine Person überall im Lande als die *Meinungen von Horace Greeley* Verbreitung finden. Jedermann glaubt, daß Sie diese Dinge geschrieben hätten. Diese paar Sätze (denen ich in fast jeder anderen Zeitschrift Amerikas mit Verachtung entgegengetreten wäre) treffen mich bis ins Mark – denn ich schätze Ihren Charakter, Ihr Gerechtigkeitsgefühl und Ihre Wahrheitsliebe –, sie verwunden und bedrücken mich maßlos ...«[42]
Die Insinuation, er sei in ›Geldangelegenheiten unzuverlässig‹, könne unmöglich von ihm (Greeley) stammen, gebe es doch Beweise genug, daß er seinen Verpflichtungen stets redlich nachgekommen sei. Nur furchtbare Not und Armut hätten ihn bisher daran verhindert, Greeley den geschuldeten Betrag zurückzuerstatten (woran in der Tat kein Zweifel besteht). Die Behauptung, daß er, bevor er Anklage erhob, nicht ›zur Feder gegriffen habe‹, widerlegte er, indem er G. eine Kopie seiner ›Antwort an Mr. English und andere‹ (aus der ›Spirit of the Times‹) mit gleicher Post zusandte. Am Schluß seines Briefes schrieb er: »... Sie werden einsehen, daß eine solche in Ihrem Namen veröffentlichte Ungerechtigkeit Sie ebenso entehrt wie mich. Wenn Sie also – wie ich fest glaube – jene ›redaktionellen Ansichten‹ nicht teilen, die als die Ihren ausgegeben werden, bitte ich Sie, das für mich zu tun, was ich in einem

ähnlichen Fall auch für Sie tun würde – dementieren Sie sie.«[43] Greeley dachte nicht daran, zu dementieren, und Poe blieb in der Kulturszene New Yorks geächtet.

Eines Tages suchte Mrs. Clemm den wie immer freundlichen und zuvorkommenden N. P. Willis auf – ›Jahre hindurch bot diese unermüdliche Dienerin des Genies das rührendste Schauspiel, das wir in unserer Stadt je gesehen hatten, wie sie, ärmlich und ungenügend bekleidet, mit einem Gedicht, das sie zu verkaufen hatte, oder mit einem.. Zeitschriftenartikel.. von Zeitung zu Zeitung zog...‹ Sie bot ihm ein neues Gedicht ihres ›Eddie an‹. Es war eine Lobeshymne auf Mrs. Shew, die ihm, wie sie selbst schrieb und wie es wohl auch Poe mit tiefster Dankbarkeit empfand, das Leben gerettet hatte. Willis brachte dieses ›Blason‹ im ›Home Journal‹ unter, wo es am 13. März abgedruckt wurde.

An M. L. S –

»Von allen, denen Morgen bringt dein Kommen –
von allen, denen Nacht dein Gehen schafft –
das gänzliche Verlöschen hoch im Himmel
der heilgen Sonne – allen, die dich segnen
für Hoffnung – Leben – ah, vor allem für
die Auferstehung tiefbegrabnen Glaubens
an Wahrheit, Tugend, Menschlichkeit – von allen,
die auf Verzweiflungs ungeweihtem Bett
zu Tode krankend lagen *und* erstanden...
... Von allen, die dir Höchstes schulden – die
dir danken mit Anbetung – – oh, gedenke
des Treuesten – des glühendst dir Ergebnen –
und wiss', daß er dir diese schwachen Zeilen
schrieb – und beim Schreiben bebte, dacht' er, daß
sein Geist sich unterhielt mit einem Engel!«[44]

Kein bedeutendes Gedicht, aber ein Zeichen der tiefen Verehrung und Zuneigung, die Poe für seine und Virginias ›Samariterin‹ empfand – oder war es vielleicht doch ein wenig mehr als das? Mrs. Shew sollte ein Jahr später etwas befremdet auf seine Anhänglichkeit und seine allzu ›leidenschaftlichen‹ Freundschaftsbezeugungen reagieren.

Im selben Monat erschien im ›Columbian Magazine‹ die Erzählung ›*The Domain of Arnheim*‹ (über die er einmal in einem Brief schrieb, ›es drücke sich viel von seiner Seele darin aus‹), eine überarbeitete und erweiterte Fassung der Landschaftsskizze ›The Landscape Garden‹ (1842). Es ist die bereits mehrfach erwähnte und zitierte Geschichte von Mr. Ellison, dem einzigen wirklich glücklichen Helden in Poes Gesamtwerk, der durch ein sagenhaftes Vermögen (eine Erbschaft) in den Stand gesetzt wird, seinen poetischen Neigungen auf vollkommenste Art nachzugehen – er greift in ›Gottes Schöpfungsplan‹ ein und verändert eine ganze Landschaft nach seinem Geschmack. Für Ellison gibt es ›vier fundamentale Grundlagen eines seligen Lebens‹: Gesundheit (die zu erhalten ihm ›viel körperliche Bewegung in freier Luft‹ ausreicht); ›die Liebe des Weibes‹; Verachtung jeglichen Ehrgeizes und schließlich, »daß ein Gegenstand unablässigen Trachtens vorhanden sei; und er behauptete, daß, wenn auch alles andre noch gleichmäßig verteilt wäre, das Ausmaß des erreichbaren Erdenglücks genau proportional sei der Vergeistigtheit eben dieses Trachtens.«[45] So sagt auch der Engel Agathos in ›Die Macht der Worte‹: »Nicht in der Erkenntnis liegt das Glück, sondern im Erwerb der Erkenntnis.«

Ellison kreiert eine ›ideale Landschaft‹, deren Beschreibung in der Erzählung den größten Raum einnimmt und ein Prosa-Pendant zu Coleridges ›Kubla Khan‹ sein könnte. Aber es gibt noch eine andere, bemerkenswertere Parallele: das Gemälde ›The Voyage of Life: Youth‹ von Thomas Cole, dem Begründer der ›Hudson-Schule‹. Auf diesem Bild ist ein Jüngling dargestellt, der in einem goldenen, phantastisch verzierten Boot auf einen See hinausfährt, welcher rings von einer Landschaft umsäumt wird, wie sie Poe schildert:

»– ein traumgleiches Sichvermischen hochschlank nahöstlicher Baumgestalten nimmt das Auge wahr – buschiges Blühgesträuch – Heerden von gold- & carminenen Vögeln – liliengesäumte Teiche – Wiesen aus Violen, Tulpen, Mohnen, Hyacinthen & Tuberosen – lange verheddderte Linien silbriger Wasserrillen – und, verworrengestaltig zwischen all dem aufschießend, eine halbgotische halb-sarazenische Architekturmasse, die sich wie durch Wunderkraft schwebend in den Lüften erhält, glitzernd im rotesten Sonnenlicht mit Hundertschaften von Erkern, Minaretten & Zinnen, und einer Geisterhandarbeit ähnelnd, der vereinigten Sylphen, der Feen, der Genien & der Gnomen.«[46]

Und genau ein solches ›Xanadu‹, ein ätherisches Luftschloß, eine ›halbgotische halbsarazenische Architekturmasse, die sich wie durch Wunderkraft schwebend in den Lüften erhält‹, findet sich auf Coles Gemälde abgebildet. Es ist nicht festzustellen, wann und wo Poe es gesehen hat; aber daran, *daß* er es gesehen hat, kann kaum ein Zweifel bestehen. ›The Domain of Arnheim‹ ist weitgehend eine *Bildbeschreibung*. ›The Voyage of Life‹ hängt heute in der National Gallery of Art in Washington.

Die Gelegenheit, ein wenig, wenn auch in bescheidenerem Rahmen den ›Ellison zu spielen‹ und zumindest seine ›Philosophie der Einrichtung‹ in die Praxis umzusetzen, hatte Poe im Mai, als Mrs. Shew ihn bat, das Musikzim-

mer und die Bibliothek im neuen Hause ihres Onkels nach seinem Geschmack zu gestalten und auszustatten.

Im August unternahm er eine Reise nach Philadelphia, um seine früheren
Magazinkontakte, insbesondere die zu ›Graham's‹ wieder aufzufrischen.
Aber ob es allein an Poes angegriffener Gesundheit lag oder ob er, was wahrscheinlicher ist, seinen Aufenthalt dort mit einer ausgedehnten Zechtour
durch seine ehemaligen Stammlokale verband – ›Falstaff's‹, ›The Cornupia‹
und wie sie sonst noch heißen mochten – jedenfalls befand er sich bald wieder
in einem höchst bedenklichen Zustand. In einem Brief an Robert T. Conrad
(ein Redakteur der ›North American Review‹ und Mitherausgeber von ›Graham's Magazine‹), der ihn anscheinend in diesen Tagen einmal in sehr mitge-
nommener Verfassung erlebte und ihm half, zu seinem Hotel zurückzufin-
den, versuchte er am 10. August, wieder in Fordham, seinen merkwürdigen
Auftritt zu erklären: »...ohne Ihre rechtzeitige und verständnisvolle Hilfe
wäre ich nun wohl nicht mehr am Leben... kaum angekommen, wurde ich
sehr krank – so krank, daß es kaum eine andere Hoffnung für mich gab, als auf
der Stelle meine Rückreise anzutreten –, ich bemühte mich, verschiedene
Male, Mr. Graham zu treffen und sah ihn dann schließlich ein paar Minuten,
als er eben im Begriffe war, nach Cape May zurückzukehren. Er war überaus
freundlich und zuvorkommend – zuvorkommender, als ich ihn je erlebt habe
– und bat mich, von nun an regelmäßig Artikel für das ›Mag‹ zu schreiben. Da
Sie jedoch gerade nicht anwesend waren und es ungewiß schien, wann ich
Ihnen wieder begegnen würde, ließ ich mir von Mr. G. einen Vorschuß über
$ 10 geben, damit ich sofort nach Hause fahren konnte – auch hielt ich es für
besser, Ihnen Zeit zu lassen, die Artikel durchzusehen.«[47]

Mr. Conrad erwiderte jedoch weder diesen Brief noch zwei weitere Anfragen, und in ›Graham's Magazine‹ erschien 1847 kein einziger Beitrag aus Poes
Feder. Es ist nicht schwer, zwischen den Zeilen zu lesen, was sich wirklich
abgespielt hatte: Graham schien ihm aus dem Wege zu gehen oder sich in der
Redaktion verleugnen zu lassen, da er ahnte, daß sich Poe wieder einmal in
Geldverlegenheit befand und ihn um einen Vorschuß bitten würde. Für dessen Beiträge war zur Zeit kein Markt vorhanden – Godey mußte im Oktober
des vorigen Jahres die Artikelserie über die ›Litteraten von New York‹ unter
dem Druck der durch die Presse beeinflußten ›öffentlichen Meinung‹ abset-
zen. Die Situation war ähnlich wie Poes gescheiterter Besuch beim Präsidenten in Washington im Jahre 1843 – wenn auch nicht ganz so peinlich. Die Verzögerung brachte Poe unweigerlich in Versuchung, bei einigen früheren Bekannten vorbeizusehen – Sartain vielleicht oder Lippard, sicherlich aber bei
Hirst, der inzwischen ebenfalls im Ruf eines notorischen Trinkers stand. Was
dann geschah, kann man sich leicht vorstellen.

»Der Kurs der Trunkenheit, den Hammerhead ansteuerte, wirkte prägend auf seine körperliche und geistige Konstitution. Man stellte an ihm immer mehr Anzeichen des Verfalls und der Würdelosigkeit fest. Das aufgeschwemmte Gesicht, die blutunterlaufenen, umflorten Augen, sein ausgezehrter Leib und das Zittern, das ihn gelegentlich überfiel, legten ein beredtes Zeugnis darüber ab, daß er im Begriff stand, sich sein eigenes Grab zu schaufeln – das Grab eines Säufers... Obwohl ihn seine nächsten Anverwandten kaum aus den Augen ließen, gelang es ihm doch immer wieder, sich ihrer Aufsicht zu entziehen; dann suchte er irgendeinen Bekannten auf, von dem er sich etwas Kleingeld lieh, und bald sah man ihn in einem abscheulichen Rausch durch die Straßen wanken...«[48]

Von einer solchen durchzechten Nacht gezeichnet, begegnete er dann endlich Mr. Graham, der ihn mit allerlei Versprechungen und zehn Dollar abspeiste, bemüht, ihn so schnell wie möglich wieder loszuwerden. Poe hätte sich gar nicht einmal betrinken müssen: nach all den Qualen und Entbehrungen dürfte er einen ziemlich mitleiderweckenden Eindruck gemacht haben, und Graham führte dies zweifellos auf eine seiner ›sprees‹ zurück. Der ›Vorschuß‹, den Poe so dringend benötigte, um nach New York zurückzukehren, deutet allerdings darauf hin, daß er mit seinen Finanzen recht leichtsinnig hausgehalten hatte. Die Reise nach Philadelphia war ein Fehlschlag.

Sehr viel mehr ist über das dunkle Jahr 1847 nicht bekannt. Poe verließ nur selten das kleine Anwesen in Fordham, es sei denn, um lange, einsame Spaziergänge entlang den Ufern des Hudson zu unternehmen; man konnte ihn beobachten, wie er stundenlang auf einer Bank unter einem der Kirschbäume im Garten sitzend vor sich hin träumte, selbstvergessen in die Zweige hinaufblickte oder sich in ihre Schatten vertiefte, die auf dem Rasen vor ihm spielten, und manchmal ›zu den Vögeln sprach oder pfiff‹ – einem Star, einem Papagei und zwei oder drei Kanarienvögeln, deren Käfige an den unteren Ästen hingen – in dem Versuch, ihnen ein Wort oder eine Melodie beizubringen. Die längste Zeit des Tages, heißt es, verbrachte er im Freien, da ihn das Haus seit Virginias Tod zu bedrücken schien.

»Er mochte niemals allein sein«, schrieb Mrs. Clemm, »und ich pflegte ihm Gesellschaft zu leisten, oft bis vier Uhr in der Frühe – er, in seine Arbeit vertieft an seinem Schreibtisch, und ich, im Halbschlaf, in meinem Lehnstuhl. Als er ›Eureka‹ schrieb, spazierten wir fast jeden Tag Arm in Arm im Garten umher, bis ich zu müde wurde, um weiterzugehen. Alle paar Minuten hielt er an, erklärte mir seine Gedanken und fragte mich, ob ich ihm folgen könne. Ich blieb immer mit ihm auf, wenn er sie zu Papier brachte, und bereitete ihm alle ein oder zwei Stunden eine Tasse heißen, starken Kaffees. Zu Hause war er einfach und liebesbedürftig wie ein Kind, und während all der Jahre, in denen ich mit ihm unter einem Dach lebte, kann ich mich nicht an eine einzige Nacht erinnern, da er nicht, bevor er zu Bett ging, zu mir kam und seiner

›Mutter‹ (wie er mich nannte) einen Abschiedskuß gab.«[49] Mrs. Clemm hielt allein den Haushalt in Ordnung, kümmerte sich um sämtliche ›alltäglichen Dinge‹, tätigte alle Besorgungen und war sich nicht zu schade, die Nachbarn um Lebensmittel zu bitten, manchmal auch um ein paar Pfennige, damit ›Eddie‹ seine Briefe aufgeben konnte. Das Postamt in West Farms lag etwa eine Meile entfernt.

Einem Bericht einer anonymen ›literary lady‹ im ›Home Journal‹ vom 21. Juli 1860 zufolge[50] wurde Poe in Fordham von ›literarischen Nervensägen‹ und ›Schöngeistern‹ manchmal geradezu belagert; sein Landhaus schien ein beliebtes Ausflugsziel zu sein. Was immerhin zeigt, daß seine gesellschaftlichen Kontakte keineswegs abgerissen waren, wie oft behauptet wird, und daß er auch nicht einen ›Kurs der Trunkenheit ansteuerte‹, nicht der Säufer mit ›blutunterlaufenen, umflorten Augen, ausgezehrtem Körper und zitternden Händen‹ war, wie ihn English in seiner ›Hammerhead-Serie‹ zeichnete. Im Gegenteil, er machte noch immer den Eindruck eines ›gutaussehenden und elegant wirkenden Gentlemans‹, der mit seinen Stegreifvorträgen über die ›Wissenschaft der Komposition‹ seine Zuhörer zu fesseln verstand und der vor allem die Damen entzückte, die ihm in ›bewunderndem Schweigen‹ lauschten. Die Verleumdungskampagne der ›Knickerbocker‹– und der Bostoner Presse hatte zwar seinem Ansehen geschadet, aber ihn nicht gänzlich ins Abseits getrieben.

Die Leidenschaft für ›Fanny‹ glühte noch immer in ihm unter der Asche des Skandals um ihre Briefe, und im Herbst 1847 suchte er sie bei ihrem Schwager, dem Reverend H. F. Harrington, in Albany auf. Dies scheint ihr letztes Zusammentreffen gewesen zu sein. Mr. Harrington schrieb später darüber: »Als ich mich entfernt hatte, bat sie Poe um eine Privatunterredung in meinem Wohnzimmer, wo er sie mit den leidenschaftlichsten Worten beschwor, mit ihm ein neues Leben anzufangen. Sie beschrieb mir danach sein Verhalten ebensogut, wie sie sich an seine Worte zu erinnern wußte – wie er vor ihr auf die Knie fiel, die Hände rang und sie um ihre Zustimmung anflehte; wie sie ihm mit einer Mischung aus Spott und Mißbilligung begegnete, an seine Vernunft appellierte und ihn dazu ermahnte, sein Leben zu ändern; und wie er sich schließlich, enttäuscht und gedemütigt, vielleicht sogar wirklich beschämt, zurückzog.«[51] Das Gespräch verlief sicher etwas anders, als der auf die ›Familienehre‹ bedachte Mr. Harrington andeutete, aber das Ergebnis war das Gleiche: sie durften sich nie mehr wiedersehen. Mrs. Osgood starb am 12. Mai 1850 an Tuberkulose, ein halbes Jahr nach Poes mysteriösem Tod in Baltimore. In einem ihrer letzten Gedichte hieß es:

»The hand that swept the sounding lyre
With more than mortal skin,
The lightning eye, the heart of fire,
The fervent lip are still;
No more in rapture or in wo
With melody to thrill,
Ah, nevermore!«[52]

In vielen Biographien ist davon die Rede, Poe habe während dieser Zeit häufig Drogen genommen – vornehmlich Opium in Form sogenannter ›Laudanumtropfen‹ und Morphium, das er sich vielleicht über Mrs. Shew oder den Dorfarzt Dr. Francis verschaffte. Seine Schwester Rosalie – die allerdings geistig zurückgeblieben war, zu dieser Zeit in keiner Verbindung mit ihm stand und später reichlich verworrene Briefe an Ingram schrieb – behauptete einmal, er sei morphiumsüchtig gewesen, aber ihre Aussage erscheint wenig vertrauenswürdig. Möglicherweise benützte er in den Wochen nach Virginias Tod Laudanumtropfen als Sedativ. Der einzige Anhaltspunkt, der zu der Annahme verleiten könnte, er hätte öfter von Narkotika Gebrauch gemacht, findet sich allenfalls in der etwas übersteigerten Kosmogonie von ›Eureka‹ – jener Abhandlung über das ›physische, metaphysische und mathematische, das materielle und spirituelle Universum, sein Wesen, seinen Ursprung, seine Schöpfung, seinen gegenwärtigen Zustand und sein künftiges Geschick‹, mit der er sich das ganze Jahr über beschäftigte. ›Soll ich erklären, wie mein Gewährsmann unter der Gewalt des Giftes bald zum Mittelpunkt des Alls wird?‹, schreibt Baudelaire in ›Die künstlichen Paradiese‹; ›... niemand wird sich darüber wundern, daß aus dem Hirn des Träumers ein erhabener Schlußgedanke entspringt: ›*Ich bin zum Gott geworden!*‹ Heureka, ich hab's gefunden! Dies sollte Poes größtes, bedeutendstes, bahnbrechendstes Werk werden – so glaubte er jedenfalls – und ihm eine neue, glanzvolle Zukunft eröffnen. Er bereitete ein großangelegtes Comeback vor, das den Erfolg, den er mit seinem Gedicht ›Der Rabe‹ gehabt hatte, noch weit übertreffen sollte.

21. KAPITEL

Eureka

Um erneut in der literarischen Welt Fuß zu fassen, ging Poe von demselben Erfolgsrezept aus, das er schon einmal mit seinem Gedicht ›Der Rabe‹ praktiziert hatte. Er gehörte keiner der mächtigen Literaturcliquen an und mußte daher allein einen Reklamefeldzug in eigener Sache führen, um die Öffentlichkeit auf sich aufmerksam zu machen. Wie also lanciert man wirkungsvoll ein Gedicht, oder anders ausgedrückt, wie suggeriert man dem Lesepublikum – den Allesfressern –, daß es sich um ein bedeutendes neues Werk amerikanischer Lyrik handeln muß? Ein Beispiel. In der Dezemberausgabe der ›American Review‹ erschien – anonym – ›To – – –. Ulalume. A Ballad‹. Der Herausgeber dieser Zeitschrift war George H. Colton, jener freundliche Herr, der, wie Mrs. Gove Nichols berichtet, vor einem Jahr in Fordham an einem Wettspringen teilgenommen hatte, bei dem unglücklicherweise Poes Schuhe zerrissen. Darauf kaufte ihm Colton, auf die Fürsprache Mrs. Gove Nichols' hin, für ein paar Dollar ein Gedicht ab, damit er sich ein neues Paar leisten könne, obwohl er »...aus dem Inhalt nicht recht klug zu werden wußte... es hätte durchaus in einer längst verschollenen Sprache verfaßt sein können, das war alles, was wir seinen wohltönenden Zeilen entnehmen konnten«.

›Ulalume‹ ist in der Tat ein mystisch-allegorisches und etwas bombastisches Werk, lautmalerisch und fremd anmutend, über das sich Literaturwissenschaftler bis heute den Kopf zerbrechen. In dieser Hinsicht ähnelt es ›Al Aaraaf‹, mit dem Poe – vor dem ›Boston Lyceum‹ – schon einmal Schiffbruch erlitten hatte. Jedenfalls war es völlig ungeeignet, jemals so populär zu werden wie ›Der Rabe‹:

> »The skies they were ashen and sober;
>   The leaves they were crispéd and sere –
>   The leaves they were withering and sere:
> It was night in the lonesome October
>   Of my most immemorial year:
> It was hard by the dim lake of Auber,
>   In the misty mid region of Weir –
> It was down by the dank tarn of Auber,
>   In the ghoul-haunted woodland of Weir.«

Poe schildert eine Traum-, eine Seelenlandschaft: der Dichter irrt in einer Oktobernacht seines ›unerinnerlichsten‹ Jahres durch einen nebelverhangenen, unheimlichen Wald, das ›Waldland von Weir‹, wo Ghule hausen, leichenfressende Dämonen; es gibt dort einen trüben, dunklen See, ›düstere Wasser‹, wie er sie schon einmal in einem Jugendgedicht, ›Der See. An – – –‹ beschrieb, ein See aus Tränen vielleicht: der See von Auber. Auber? Ist es bloßer Zufall, daß 1847 auch in Amerika eine ›symphonische Dichtung‹ des französischen Komponisten Daniel François Ésprit Auber zum Konzertrepertoire gehörte, ›Le Lac des Fées‹, der ›Feensee‹?[1] Vielleicht eine falsche Fährte – der Name Aubers reimt sich, richtig ausgesprochen, nicht besonders gut auf ›October‹. Aber geht man wie Dupin dieser Spur nach, selbst wenn sie in die Irre führt, fragt man sich unwillkürlich, wer mit ›Weir‹ gemeint sein könnte. Es gab einen Künstler dieses Namens: Robert Walter Weir, einen romantischen Landschaftsmaler der ›Hudson River School‹ (die von Thomas Cole gegründet wurde, dessen Gemälde ›The Voyage of Life: Youth‹ Poe immerhin zum Schluß seiner Erzählung ›Der Park von Arnheim‹ inspirierte). Eine Spur, die nicht viel weiter führt, außer man bezieht sie darauf, daß es sich um eine *artifizielle* Landschaft handelt, ein ›Bild aus Tönen‹.

Poe nannte ›Ulalume‹ bewußt eine ›Ballade‹, also eine in einem *Lied* erzählte Geschichte. »...der seine eignen Balladen *singende* Thomas Moore giebt damit ihrem Character blos Das, was der Dichtung recht eigentlich zukommt.«[2] Er ging also, viel mehr noch als im ›Raben‹, von der Wirkung des Klanges aus; daher die einlullenden, leicht alternierenden Wiederholungen des 2. und 3. Verses und der vier Schlußverse der ersten Strophe. Der Inhalt soll sich *intuitiv* über das Gehör vermitteln, nicht durch den Intellekt; ihn aus dem Klang herauszudestillieren widerspricht Poes Intentionen, der einmal in einem Brief darüber schrieb: »Gern erklärte ich Ihnen, was ich wirklich damit meinte – oder was ich glaubte, mit dem Gedicht zu meinen, fiele mir nicht Dr. Johnsons bittere und berechtigte Bemerkung ein, wie töricht es ist, das zu erklären, was, wenn es eine Erklärung verdient, sich selbst erklären sollte.«[3]

Den ›Raben‹, der wesentlich leichter zu verstehen war als das Labyrinth aus Metaphern in ›Ulalume‹, hatte er freilich erst vor kurzem in seiner ›Philosophie der Komposition‹ erschöpfend ausführlich ›erklärt‹. Dieses neue und etwa gleich lange Gedicht mystifizierte dagegen seine Leser, manche verärgerte es sogar. In Mrs. Gove Nichols ›Erinnerungen‹ heißt es: »Ich weiß noch, daß ich sagte, das Gedicht sei vielleicht nur ein Ulk, den Poe für Poesie ausgab, um herauszufinden, was ihm die Leute aufgrund seines Namens abnahmen«. Die erste Strophe klang schon ungewöhnlich genug, was aber um Himmels willen sollte man von der zweiten halten:

>Here once, through an alley Titanic,
    Of cypress, I roamed with my Soul –
    Of cypress, with Psyche, my Soul.
These were days when my heart was volcanic
    As the scoriac rivers that roll –
    As the lavas that restlessly roll
Their sulphurous currents down Yaanek
    In the ultimate climes of the Pole –
That groan as they roll down Mount Yaanek
    In the realms of the Boreal Pole.«

Ein Vulkan im ewigen Eis – und noch dazu mit einem so sonderbaren Namen, >Yaanek<, eine willkürliche Wortschöpfung, die sich auf >volcanic< rei­men sollte! Welcher Nonsense! Ein geradezu dadaistischer Einfall, zu früh für seine Zeit. Dieses Wort evoziert doch etwas Archaisches, Leidenschaftliches, Unberechenbares – es scheint aus unerfindlichen Gründen so, als müsse es diesen >Berg Yaanek< wirklich geben. Der See Auber, das Waldland Weir, der Vulkan Yaanek – all diese Namen rufen Bilder hervor, wenn man sich auf die Beschwörungsformel einläßt, sich willig in Hypnose begibt. Das Unterbewußte assoziiert Worte, Formeln, Reime, die dem wachen Verstand elaboriert, dem Träumer jedoch absolut sinnfällig erscheinen. Der Vulkan im Eis, die Glut im Frost sind überzeugende, keine gekünstelten Metaphern. Am Schluß des >Engelsdialoges< >Die Macht der Worte< ruft Agathos aus: »...Dieser wilde Stern – es ist nun drei Jahrhunderte her, seit ich ihn – mit gefalteten Händen und strömenden Augen zu den Füßen meiner Geliebten – durch ein paar wenige leidenschaftliche Sätze ins Leben rief. Seine leuchtenden Blumen *sind* die teuersten aller unerfüllten Träume, und seine rasenden Vulkane *sind* die Leidenschaften eines aufgewühlten und heillosen Herzens!«[4]

Der Schauplatz ist also festgelegt – eine düstere, heroische Landschaft à la Thomas Cole oder Robert W. Weir oder eher noch eine >Nocturne< im Stil eines romantischen Komponisten wie Daniel François Ésprit Auber, >out of space, out of time< –, eine Landschaft hinter geschlossenen Augen. Hier er­geht sich das Ich, zwiegespalten in Herz und Seele, irdische und himmlische Liebe, Leidenschaft und Ideal, in einer >titanischen Zypressenallee<. Das alte Thema: der Körper mit seinen irdischen, >vulkanischen< Leidenschaften liegt im Widerstreit mit der Seele, der >moralischen Instanz<, die das höchste Ideal anstrebt – wie in >William Wilson<. Nur herrscht diesmal keine Feindschaft zwischen ihnen; die Seele ist eine sanfte Begleiterin, ein >Schutzengel<, der den Verirrten auf den rechten Weg zurückzuführen sucht. Denn dies folgt einem Stern am Himmel, dessen >Schein sie mißtraut< – >Astarte's bediamonded crescent / Distinct with its duplicate horn<. Astarte (der phönizische Name der babylonischen Ishtar, der Göttin der Liebe, des Krieges, der sexuellen Lust und der Fruchtbarkeit) entspricht der Venus. Kein Wunder, daß die Seele von Grauen erfüllt wird und ›die Schwingen im Staube schleifen läßt‹ (›plumes... in the dust‹), als das Ich der ›flimmernden Pracht‹ Astartes, der weltlichen Lust nacheilt –

> »And I said: ›She is warmer than Dian;
> She rolls through an ether of sighs –
> She revels in a region of sighs.«

Gewiß ist Astarte-Venus ›wärmer‹ als die keusche Mondgöttin Diana, aber sie zieht, obwohl ein Himmelszeichen, die, die ihr folgen, zur Erde hinab, sie entfernt ihre Anhänger vom höchsten Ideal, das Baudelaire, ein Wesensverwandter Poes, in seinem Sonett auf die Schönheit beschreibt:

> »Ihr Menschen, ich bin schön! ein Traum in Stein gehauen;
> An meiner Brust zerschellt ein Jeder nach und nach,
> Doch in dem Dichter ruft sie eine Liebe wach,
> die stumm ist wie der Stoff und ewig wie das Grauen.
> Ich throne im Azur als Sphinx, die keiner faßt;
> Mein Herz ist Schnee, mein Leib von schwanenweißer Reinheit;
> Ich meide Unbestand, den Feind von Form und Einheit,
> Ich habe nie geliebt, ich habe nie gehaßt.«[5]

Das Ich, magnetisch angezogen von einem ›neuen Hoffen in der Nacht‹, vom ›sibyllischen Glanz‹ der Venus, das Ich, dem es bereits gelungen ist, die Bedenken der Seele zu zerstreuen, sie ›aus ihrem Kummer zu locken‹ – es stößt unvermittelt auf das Tor einer Gruft, eines ›legendenumwobenen Grabs‹.

> »And I said: ›What is written, dear sister,
> On the door of this legended tomb?‹
> She replied: ›Ulalume – Ulalume! –
> 'T is the vault of thy lost Ulalume!‹«

Jetzt erst kehrt die verdrängte Erinnerung zurück –

> »Unter den vielen unverstandenen Anomalien der Wissenschaft von der Seele, gibt es keinen Punkt so frappierend & aufregend, wie den Umstand – von der Schulweisheit noch nicht einmal bemerkt, wie ich glaube – daß wir beim Bemühen, uns etwas lang Vergessenes ins Gedächtnis zurückzurufen, uns oftmals *ganz dicht am Rande* des Erinnerns finden, ohne doch, am Ende dann, der Erinnerung selbst habhaft werden zu können«[6] –

> »Then my heart it grew ashen and sober,
> As the leaves that were crispéd and sere –

As the leaves that were withering and sere;
And I cried: ›It was surely October
On *this* very night of last year
That I journeyed – I journeyed down here! –
That I brought a dread burden down here –
On this night of all nights in the year,
Ah, what demon hath tempted me here?«

Derselbe Dämon, der schon einmal die Gestalt eines Raben annahm, als Symbol der ›*trauernden und nimmer endenden Erinnerung*‹.

Thema mit Variationen: die tote Geliebte und der vereinsamte Liebende, der Vergessen sucht. Aber er ist, mag er sich noch so sehr betäuben, sich in den Rausch, in den Wahnsinn oder in Venus' Umarmungen stürzen, an einen Sarg gefesselt wie der Künstler Cornelius Wyatt in ›The Oblong Box‹; es zieht ihn, unbewußt, wie einen Verbrecher an den Ort seines Verbrechens zurück auf die ›Toteninsel‹, die von Zypressen umstandene Gruft der Verblichenen. Sein ›Selbst‹ als Dichter kann er, will er nicht verleugnen, und ›der Tod einer schönen Frau ist der Gipfelpunkt aller Poesie‹. ›Zum alten Fleck / Kehrt stets der Kreislauf neu zurück.‹ Die Erinnerungen an sie lassen sich nicht verdrängen, an die allgegenwärtigen, schönen, toten Frauen: Elizabeth Poe, Ligeia, Frances Allan, Morella, Eleonora, Mrs. Stanard, Helen, Lenore, Madeline Usher, Irene, Virginia, Ulalume.

Der Schmerz, das Wehklagen (lat. ›ululare‹) über die Toten (türk. ›Ule‹)[7], die Melancholie, sie geraten, wenn auch tief empfunden, leicht zur Attitüde. Auf ein Bild ›eines jungen Mädchens‹ in seinem Landhaus in Fordham angesprochen, »sagt Poe: ›Nein, dies ist nicht die verlorene Lenore‹ und lächelt dabei, als verbinde er mit diesem Ideal mehr eine angenehme als eine traurige Erinnerung. ›Einige meiner Freunde‹, fügt er hinzu, ›schauen über die Tür, als suchten sie dort den ›Raben‹.«[8]

Das Gleichnis in ›Ulalume‹ was dasselbe geblieben, ein wenig mystifiziert, in wunderliche Klänge gehüllt, aber so leicht zu durchschauen! – und trotzdem wurden die Leute nicht klug daraus. Es gab darin keine so hübschen Versatzstücke, die man sich – nachdem sich herumgesprochen hatte, es handele sich um ›echte Poesie‹ – in modischem Spiel mit dem Entsetzen anschaffen und dekorativ ins Wohnzimmer stellen konnte, wie Mrs. ›Stella‹ Lewis' Pallasbüste und ihren ausgestopften Raben. Eine gewisse Ratlosigkeit ist auch in der Rezeption des 20. Jahrhunderts spürbar. Poe hätte dies zweifellos amüsiert. Seine Biographen lesen in ›Ulalume‹ gerne eine ›Ode auf den Tod Virginias‹ – obwohl das Gedicht Poes übliches Grundmotiv behandelt und mit Sicherheit (zumindest als Skizze) schon lange vor dem Tod seiner Frau entstanden war. T. S. Eliot schreibt in seinem Essay ›From Poe to Valéry‹: »... Aber in der Wahl des Wortes, das den richtigen *Klang* hat, ist Poe oft unvorsichtig, ob es auch den richtigen *Sinn* trifft.« Und doch bezeichnete Eliot ›Ulalume‹ (auf das sich dieser Vorwurf vor allem beziehen müßte) als eines von Poes ›ebenso gelungensten wie typischsten Gedichten‹.[9] Walter de La Mare schlug es, in einer Diskussionsrunde mit den Dichtern George Moore und John Freeman, für Moores ›An Anthology of Pure Poetry‹ vor, in der Poe ein Ehrenplatz neben Shakespeare, Milton, Keats, Coleridge und Shelley gebühre. »Ich stimme nicht von ganzem Herzen zu«, sagte Freeman, »aber ich bin trotzdem dafür, daß es mitaufgenommen wird.«[10] Und so geschah es. Differenzierter äußerte sich der englische Poet Wystan Hugh Auden: »Poes beste Gedichte sind nicht seine typischsten oder originellsten. ›To Helen‹, das von Landor, und ›The City in the Sea‹, das von Hood geschrieben sein könnte, wirken auf mich gelungener als beispielsweise ein Gedicht wie ›Ulalume‹, das nur aus Poes Feder stammen kann.«[11] Aldous Huxley schließlich nannte ›Ulalume‹ mit seinem ›einherstampfenden daktylischen Metrum‹ prätentiös und geschmacklos und widmete dem Gedicht ein ganzes Essay – einen der schlimmsten posthumen Angriffe auf Poes ›maßlos überschätzte Dichtkunst‹: ›Vulgarity in Literature‹.[12]

Parodiert wurden Poes Gedichte schon vor seinem Tod; in verschiedenen Zeitungen und Zeitschriften, vornehmlich der ›Knickerbocker-Presse‹, stieß man gelegentlich auf Spottverse mit Titeln wie ›Raving‹ (›The Raven‹), ›Israfiddlestrings‹ (›Israfel‹), ›To Any‹ (›To Annie‹), ›Hannibal Leigh‹ (›Annabel Lee‹) und ›Hullaloo‹ (›Ulalume‹).

Um jedoch auf Poes Bemühungen zurückzukommen, sein neues Gedicht als Steigbügel für sein Comeback in die Literaturszene zu benützen: es erschien, wie erwähnt, zunächst anonym in Coltons ›American Review‹. Am 8. Dezember 1847 schrieb Poe an N. P. Willis, der inzwischen zusammen mit George P. Morris das ›Home Journal‹ herausgab:

»Mein lieber Mr. Willis,
... anbei eine Ausgabe der ›American Review‹ – die neueste Nummer – mit einer Ballade von mir, die ich anonym veröffentlichte. Sie heißt ›Ulalume‹ – die entsprechende Seite ist zusammengefaltet. Ich möchte vorläufig noch nicht als der Autor genannt werden, aber Sie würden mir einen großen Gefallen erweisen, wenn Sie das Gedicht im H. J. nachdrucken könnten, zusammen mit einer kurzen Notiz, in der Sie die *Frage* aufwerfen, wer es geschrieben hat – vorausgesetzt natürlich, Sie halten das Gedicht des Raumes für wert, den es in Ihrer Zeitschrift beanspruchen würde –, worüber ich mir keineswegs sicher bin.«[13]

Willis tat ihm den Gefallen und druckte ›Ulalume‹ in der Januarausgabe des ›Home Journal‹ ab, mit der einleitenden Bemerkung: »Wir wissen nicht, wie viele unserer Leser die folgende ungemein prickelnde und gekonnte Etüde in ungewöhnlicher und feiner Sprache so genießen werden wie wir. Es ist ein Gedicht, das wir in der American Review fanden, voller Schönheit und Seltsamkeit in Empfindung und Verskunst, eine Kuriosität jedoch (und eine köstliche, meinen wir) ob der sprachlichen Würze. Wer ist der Autor?«[14]

Ein vielversprechender Neuanfang. Die Glut öffentlichen Interesses war also wieder entfacht, und Poe verlor keine Zeit, fleißig nachzuschüren – und zwar mit einer weiteren ›Kurzbiographie‹, die ebenfalls im Januar in ›Graham's Magazine‹ erschien. Der Verfasser war diesmal Philip P. Cooke, ein Freund und Bewunderer, jener Dandy und ›littérateur‹ aus Virginia, der Poe vielleicht zu seiner Figur des ›Ellison‹ in ›The Domain of Arnheim‹ angeregt hatte. Cookes schmeichelhafter Artikel ›Edgar A. Poe, eine Einschätzung seiner literarischen Verdienste‹ befand sich bereits seit über einem Jahr in Poes Händen, der nur auf eine günstige Gelegenheit wartete, ihn für seine Karriere vorteilhaft einzusetzen.

›Zufällig‹ erschien etwa zur gleichen Zeit seiner Veröffentlichung eine ›redaktionelle Notiz‹ im ›Philadelphia Saturday Courier‹ (die wahrscheinlich von Henry B. Hirst stammte), in der Poe als Verfasser von ›Ulalume‹ identifiziert wurde: »Kein anderer amerikanischer Autor hat die gleiche Kraft der Sprache und der Verskunst. Der ganzen Stimmung nach kann es von keinem anderen sein – es hat zuviel vom *Leichenhaus* an sich . . . ›Ulalume‹ entstammt dem gleichen Drang nach Golgatha wie ›Der Zerstörer Wurm‹.«[15]

Die Vermutung liegt nahe, Poe habe Hirst um eine solche Notiz gebeten, der ihm zwar gefällig war, es sich jedoch nicht verkneifen konnte, ein paar kleine Spitzen (›Leichenhaus‹ – ›Drang nach Golgatha‹) in seine Bemerkungen einzuflechten. Sie charakterisieren auch das Gefühl, das man Poes Schriften im allgemeinen entgegenbrachte: Respekt vor der Form, aber nur wenig Geschmack am Inhalt. Populär in dem Sinne, wie es sich jener vielleicht erhoffte, wurden seine Gedichte – mit Ausnahme des ›Raben‹ – in Amerika nie; dazu waren sie dem großen Publikum zu unverständlich, zu mystisch, zu morbide. Er hatte die Aufmerksamkeit der Öffentlichkeit auf seine neue Dichtung gelenkt, aber sie ließ rasch wieder nach. Die Leute wußten sich ›keinen Reim‹ auf ›Ulalume‹ zu machen, und wenn er die Ballade rezitierte, fragte man ihn hinterher oft, worum es darin denn eigentlich ginge. »Ich habe ›Ulalume‹ mit dem größten Vergnügen noch einmal für Sie transkribiert, meine liebe Miss Ingram«, schrieb er 1849 an eine Verehrerin, »– wie ich Ihnen überhaupt gerne in jeder Hinsicht gefällig bin – aber ich befürchte doch, daß Ihnen die Verse in Manuskriptform schwerlich verständlicher erscheinen werden als gestern abend bei meinem Vortrag.«[16]

Poes Hauptziel war nach wie vor die Gründung eines eigenen Literaturmagazins, des ›Stylus‹. Er ließ auch wieder Ankündigungen drucken, die er an

Freunde und Bekannte verschickte und deren Wortlaut weitgehend dem ›Prospektus‹ von 1842 entsprach, bis auf den Zusatz, die Zeitschrift werde eine Artikelserie über das ›literarische Amerika‹ enthalten, im Stil etwa der Skizzen über die ›Literaten von New York‹, nur diesmal auf das ganze Land bezogen; der ›bedeutendste und angesehenste amerikanische Gelehrte‹, Professor Charles Anthon, sei als ständiger Mitarbeiter für das ›philologische und wissenschaftliche Ressort‹ gewonnen; die erste Nummer würde voraussichtlich Anfang kommenden Jahres herauskommen. In einem Brief an seinen Bekannten George W. Eveleth gab er sich überzeugend zuversichtlich:

»... Ich bin ›so still‹ gewesen, weil mich die Vorbereitung der Zeitschrift-Kampagne beschäftigte, – habe auch an meinem Buch (›Eureka‹) gearbeitet – und nebendrein noch ein paar Bagatellen geschrieben, die teils schon veröffentlicht sind ...[17] Mit meiner Gesundheit steht es besser, ja glänzend. Ich habe mich noch nie so wohl befunden ... lassen Sie mich noch auf den ›Stylus‹ kommen. Ich bin entschlossen, die Sache in eigenen Verlag zu nehmen. Kontrolle von oben wäre der Ruin. Mein Ehrgeiz ist beträchtlich. Habe ich Erfolg, so schaffe ich mir leicht wohl (innerhalb zweier Jahre) ein Vermögen und unendlich mehr. Mein Plan geht dahin, Süd und Westen zu bereisen und mich um das Interesse meiner Freunde zu bemühen, so daß ich vielleicht *mit einer Liste von wenigstens 500 Subskribenten beginnen kann*. Mit dieser Liste nehme ich die Sache sofort in eigene Hände. Ein paar wenige von meinen Freunden setzen immerhin genügend Vertrauen in mich, die Subskription im voraus zu erlegen – doch Erfolg haben *werde* ich, auf alle Fälle. Können Sie, wollen Sie mir helfen?«[18]

Auf der Basis von ›Vorauszahlungen‹ auf Abonnements hatte Poe schon einmal operiert und damit seinem Ruf geschadet und eine Menge Freunde verloren. Aber diesmal war er sich seiner Sache absolut sicher. Nach den einleitenden kleinen Feuerwerken, der Veröffentlichung von ›Ulalume‹, den geschickt lancierten ›puffs‹ in verschiedenen Zeitungen und Zeitschriften, Cookes neuer ›Kurzbiographie‹ und der Neuankündigung des ›Stylus‹ sollte nun endlich die Premiere eines ›Vulkanausbruchs seines Herzens‹ stattfinden, das ›magnum opus‹, das Jahrhundertwerk, vorgestellt werden, das Amerika – nein, das die ganze Welt aufhorchen lassen würde: ›*Eureka*‹.

»Den wenigen, die mich lieben und die ich liebe – denen, die fühlen, mehr als denen, die denken – den Träumern und denen, die an Träume als an die einzigen Wirklichkeiten glauben – ihnen widme ich dieses Buch Wahrheiten, nicht als Gefäß der Wahrheit, nur um der Schönheit willen, die aus seiner Wahrheit strömt – die es zur Wahrheit erhebt. Diesen überreiche ich meine Arbeit allein als Kunstwerk – sagen wir als Märchen; oder, wenn der Anspruch nicht zu stolz wäre, als Gedicht.

Was ich hier vortrage, ist wahr – und so kann es nicht sterben; oder wenn es irgendwie jetzt zertreten würde, so daß es stürbe, so wird es ›wieder erstehen zum ewigen Leben‹.
Indessen wünsche ich trotzdem: lediglich als Gedicht möge dies Werk beurteilt werden, wenn ich tot bin.«[19]

Aus diesem Prolog geht bereits hervor, welche Bedeutung Poe ›Eureka‹ beimaß: die eines unvergänglichen, philosophisch-metaphysischen Kunstwerks, das das Denken der Menschen verändern sollte. Er wandte sich an die Elite des Geistes, die Träumer, jene ›wenigen‹, die mit ›echter Imagination‹ gesegnet sind. Ziemlich am Anfang seiner Abhandlung zitierte er einen Ausspruch des Mystikers, Philosophen und Astronomen Johannes Kepler, ein Zitat, mit dem er sich voll und ganz identifizierte: »Was scheert's mich, ob mein Werk heut gelesen werde, oder von einer Nachwelt? Ich kann mir leisten, eine Zenturie lang auf Leser zu harren; wo doch GOtt-selbst Sechstausend Jahre auf 1 Beschauer gewartet hat. Ich?: ich triumphiere! Ich habe den Ägyptiern das Goldene Geheimnis entwendet. Genießen will ich meiner heiligen Raserei!«[20]

Von allen Werken Poes ist ›Eureka‹ mit Sicherheit das am meisten mißverstandene und das am wenigsten gelesene geblieben. Den Laien schreckt meist schon der Untertitel ab: ›Ein Essay über das materielle und spirituelle Universum‹ – spätestens ab der Erörterung der ›Laplaceschen Nebulartheorie‹ beginnt er, sich überfordert zu fühlen. Man muß mitdenken, intensiv mitdenken, und der Gegenstand ist in der Tat sehr kompliziert. Von Naturwissenschaftlern wurde ›Eureka‹ nie ernst genommen, wegen seines ›unwissenschaftlichen Charakters‹, den intuitiven Sprüngen von der (Astro-)Physik zur Metaphysik (Daniel Hoffman prägte in diesem Zusammenhang das Wort ›Meta-Astrophysik‹). Es scheint sich bei den beiden Disziplinen um Antipoden zu handeln.

Immerhin sind die von Poe aufgestellten, grundsätzlichen Theoreme, soweit sie Natur und Beschaffenheit des Kosmos betreffen, bisher weder bewiesen noch widerlegt worden, obwohl der Wissensstand von 1847 natürlich inzwischen längst überholt ist. Allerdings bestand auch niemals ernsthaftes Interesse an einer tieferen Auseinandersetzung mit seinen Ideen. Anstatt eine Einheit zu bilden, desavouierten sich Astronomie und Mystik – oder vielmehr objektive Erkenntnis und die daraus gefolgerten subjektiven Schlüsse – gegenseitig. Ein Sonderfall wäre eingetreten, hätten Poes ›Deduktionen‹ annähernd dem christlichen Weltbild entsprochen. Aber dies war nicht der Fall: vielmehr schien sich dahinter ein gefährlicher Pantheismus zu verbergen. Paul Valéry machte indessen in seinem Essay ›Au sujet d'Eurêka‹ gerade das Zugeständnis an die Existenz eines ›Allmächtigen‹ zu schaffen: »All die

Konsequenzen, die sich aus *Eureka* ergeben, sind nicht mit einer solchen Klar- und Exaktheit ausgeführt, wie man es sich wünschen möchte. Es gibt Schatten und Hohlräume, Einschübe, die der Autor kaum erklärt. *Es gibt ei- nen Gott.*«[21]

Auf diesen Punkt wird noch zurückzukommen sein. Gleichviel, man kann sagen, daß die Welt ›Eureka‹ nach wie vor mit einer Indifferenz gegenüber- steht, die Poes Werk nicht verdient hat. Es gibt freilich einige zaghafte Inter- pretationsversuche – wobei die meisten Interpreten dem Irrtum erlagen, es handele sich um eine rein wissenschaftliche Abhandlung. Aber »ich habe mir zu reden vorgesetzt, *von dem Physischen, Metaphysischen, und Mathematischen – von dem Materiellen und Spirituellen Universum: – von seinem Wesen, seinem Ur- sprung, seiner Schöpfung, seinem gegenwärtigen Zustand, und seinem künftigen Ge- schick.*«[22]

›Heureka – ich hab's gefunden!‹ soll der griechische Mathematiker Archi- medes von Syrakus bei der Entdeckung des ›hydrostatischen Grundgesetzes‹ (Der Druck im Innern einer Flüssigkeit wirkt nach allen Richtungen hin gleichmäßig) ausgerufen haben – seither ein geflügeltes Wort des Triumphes für jede neue Entdeckung oder Erkenntnis.

Im ›Prolog‹ schreibt Poe, er wünsche, daß ›Eureka‹ lediglich als ›Kunst- werk‹, als ›Gedicht‹ beurteilt werde; es sei ›wahr um der Schönheit willen, die aus seiner Wahrheit strömt‹. Poesie definierte er einmal als ›Schönheit in rhythmischer Schöpfung... keinerlei Abhängigkeiten, *es wär' denn durch Identität,* bestehen zur Pflicht und zur *Wahrheit*‹. Eine solche Identität von Schönheit und Wahrheit sieht er also in seiner Kosmologie gegeben.

»Die Seele der Poesie aber heißt Imagination«, verkündete Poe ferner in seiner ›Drake/Halleck-Rezension‹, und er widmete sein ›Essay über das ma- terielle und spirituelle Universum‹ den Träumern, nicht den Wissenschaft- lern. Schon aus dieser klaren Prämisse geht hervor, wie unsinnig es ist, ›Eu- reka‹ als ›wissenschaftliches Traktat‹ zu lesen. Der Verfasser will es als ›Prosa- gedicht‹ verstanden wissen, das die Summe seiner Erfahrungen und Gedan- ken, sein persönliches Credo enthält. Die astronomischen (aus unserer Sicht freilich anfechtbaren) Theorien, die er, ausgehend von den Studien von Alex- ander von Humboldt (dem das Werk in ›tiefstem Respekt‹ zugeeignet ist)[23], Newton, Kepler, Laplace, Comte, Herschel und Lagrange, aufstellt, sind nicht etwa das Ziel, die Essenz der Abhandlung, wie fälschlich angenommen wird, sondern dienen nur der Veranschaulichung dieses Bekenntnisses. Poe widmet sich, indem er den ›Makrokosmos‹ des Universums zu durchdringen vorgibt, in erster Linie dem Mikrokosmos seiner eigenen Seele. ›Eureka‹ ist somit zugleich auch der Hauptschlüssel zu seinem Œuvre.[24]

Das eigentliche Essay beginnt – kurioserweise und zur Verwirrung seiner Interpreten – mit einer Satire in Form eines fiktiven Briefes ›aus dem Jahre

2848‹, welcher, so Poe, in einer versiegelten Flasche gefunden wurde, die ›auf dem Mare tenebrarum umherschwamm – einem Ozean, den der nubische Geograph Ptolemäus Hephästion[25] gut beschrieben hat, der aber in unserer Zeit nur noch wenig befahren wird, es sei den von den Transzendentalisten und ähnlichen Grillenfischern‹. Diese ›Flaschenpost‹ (Poe sollte sie später, in leicht veränderter Fassung, als eigenständige Erzählung unter dem Titel ›Mellonta Tauta‹ veröffentlichen) ist eine ›Burleske auf die aristotelischen oder baconischen Methoden der Wahrheitsfindung‹ bzw. der deduktiven (›a priori‹) oder der induktiven (›a posteriori‹) philosophischen Betrachtungsweisen.

Poe nahm später in der Zeitschrift ›Literary World‹ zu dem Vorwurf Stellung, er glorifiziere, indem er sich lediglich der Intuition bediene, »die edle Kunst des Ratens«: »Was ich wirklich sage, ist dies: – Daß es weder im aristotelischen noch im baconischen Denkprozeß absolute *Gewißheit* gibt, daß aus diesem Grund keine der beiden Philosophien so profund ist, wie sie selbst glaubt – und daß keine von beiden ein Recht hat, den anscheinend imaginativen Prozeß zu verhöhnen, den man Intuition nennt (und durch den der große Kepler zu seinen Gesetzen gelangte). Denn schließlich ist Intuition ›eine Überzeugung, hervorgegangen aus Inductionen oder Deductionen, deren Ineinandergreifen so schattenhaft erfolge, daß es unserem Bewußtsein entgehe, unserer Aufmerksamkeit sich entzöge, oder auch unsere Fähigkeit der Darstellung übersteige.«[26]

Selbstverständlich bedient sich Poe/Dupin der ›intuitiven Methode‹ – insofern man bei einem so ›schattenhaften Ineinandergreifen‹ von Gedankengängen von einer Methodik sprechen kann – und stellt sie außerdem als die angemessenste Form der Wahrheitsfindung dar, in diesem Falle einer höheren, übergeordneten Wahrheit.

Der *poetische Instinkt* ist es, der sich auf dem Wege der Intuition auf die Erkenntnis zubewegt – ›irgendeiner erregendsten Erkenntnis – einem niemals bekanntzumachenden Geheimnis, dessen Erreichung gleichbedeutend ist mit Zerstörung‹ (Manuskriptfund in einer Flasche), das ›Ziel einer Weisheit, allzu himmlisch köstlich, um nicht verboten zu sein!‹ (Ligeia).

Das Universum entstand, so Poe, durch einen ›Primärakt des Göttlichen Willens‹, einer ›gewaltsamen‹ Ausstreuung einer ursprünglichen Einheit in einen Zustand des Vielfältigen. »Eine Aktion von solcher Art aber schließt eine Re-aktion. Eine unter solchen Bedingungen erfolgende Diffusion eines Einheitlichen involviert die Tendenz, zur Einheitlichkeit zurückzukehren – eine Tendenz, solange unbefriedigt, bis ihr Genüge geschehen ist.«

Es wurde vorhin festgestellt, daß ›Eureka‹ ein Hauptschlüssel zu Poes Œuvre sei. Das Essay läßt sich wie folgt zusammenfassen.

I. Die Erkenntnisfähigkeit des Menschen ist analog zum ›poetischen Instinkt‹, unter dem Poe nicht etwa dichterische Begabung versteht, sondern ein jedem denkenden und fühlenden Wesen innewohnender, mehr oder weniger entwickelter und ausgeprägter Sinn für Symmetrie. Insofern ähnelt ein vollendetes Kunstwerk, wenn auch niemals perfekt (›weil es sich bei dem konstruierenden Intellekt um einen endlichen handelt‹), den schöpferischen Gestaltungsprinzipien Gottes. »Der Genuß, den wir bei Zurschaustellung etwelcher menschlicher Ingeniosität empfinden, erfolgt proportional der *Annäherung* an eben diese beschriebene Art der Begegenseitigung« – also der Einheitlichkeit des Effekts und der Ausgewogenheit der Details zueinander. (Man vergleiche die Theorien in Poes Besprechung von Hawthornes ›Twice-Told Tales‹, in der ›Drake/Halleck-Rezension‹, der ›Philosophie der Komposition‹, dem ›Poetischen Prinzip‹; seine Definition der ›Fabel‹, sein Insistieren auf metrischen Gesetzen, nicht zuletzt seinen Kampf gegen das Plagiat.) Um zur Erkenntnis zu gelangen, bedarf es jedoch zweier weiterer Voraussetzungen: einer intuitiven und einer analytischen Begabung. So löst Dupin Verbrechen, Legrand Geheimschriften, Poe die Rätsel des Universums.

2. Der Kosmos entstand aus einem *Willensakt* Gottes heraus. All die »unvorstellbar zahlreichen Dinge, die Du als Seine Geschöpfe bezeichnest… sind in Wirklichkeit nichts als unendliche Individualisierungen Seiner selbst«. Schon das Motto zu der Erzählung ›Ligeia‹ (es stammt von Joseph Glanvill) lautet: ›Und der Wille liegt darin, der nicht stirbt. Wer kennt die Geheimnisse des Willens und seine Kraft? Denn Gott ist nur ein großer Wille, der alle Dinge mit der ihm eigenen Kraft durchdringt. Die Menschen aber überliefern sich dem Himmel und dem Tode nur aus übergroßer Willensschwäche.‹ Der Fischer entkommt dem Strudel des Malstroms durch Scharfsinn, Intuition *und* durch Willenskraft. Es ist der übermächtige Wille Ligeias, der sie sich in Rowena reinkarnieren läßt.‹

3. Das Prinzip des Universums beruht auf einer ursprünglichen Aktion: der Zerstreuung aus einer Einheit (durch den ›Primärakt des Göttlichen Willens‹) und der daraus folgenden Reaktion: die Anziehung eben jener Einheit auf die zerstreuten Partikel, welche die Tendenz haben, zu ihr zurückzukehren. »Was Du das Universum heißest, ist nur sein derzeitiger expandierter Zustand.« Diese Rückkehr aber ist jenes ›niemals bekanntzumachende Geheimnis, dessen Erreichung gleichbedeutend ist mit Zerstörung‹. Hier entschlüsselt sich auch der erste, allgemeine Lehrsatz am Anfang von ›Eureka‹: »In der ursprünglichen Einheit des ersten Dinges liegt die Ursache aller Dinge mit der Anlage zu ihrer unvermeidlichen Vernichtung.« (Eine solche kosmische Katastrophe wird in den ›Engelsdialogen‹, in der ›Unterredung zwischen Eiros und Charmion‹ und im ›Gespräch zwischen Monos und Una‹ beschrieben –, aber auch die Erzählung ›Der Untergang des Hauses Usher‹ und das Gedicht ›Die Stadt im Meer‹ haben eine apokalyptische Di-

mension. Ebenso sind der ›Feuersturm‹, in dem Metzengerstein auf seinem gespenstischen Roß verschwindet, und die Strudel und Katarakte, die den Helden aus ›Das Manuskript in der Flasche‹ und Arthur Gordon Pym verschlingen, Metaphern für die Reintegration in ein ursprüngliches, archaisches Geheimnis.)

Die heutige Astrophysik neigt zu der Auffassung, daß sich das Universum ständig weiter ausdehne, anstatt sich wieder zusammenzuziehen. Poe dagegen ist intuitiv davon überzeugt, daß die gesamte Schöpfung den Drang zur Selbstzerstörung in sich trage, die gleichbedeutend ist mit der Sehnsucht nach der Rückkehr zur Ur-Einheit: das weiße Licht, dem alle Atome mottengleich entgegenstreben. Abstoßung bedingt Anziehung, Eros Thanatos, Leid Lust. ›Das Widereinanderstehende zusammenstimmend und aus dem Unstimmigen die schönste Harmonie‹, schreibt Heraklit.

Der Selbstvernichtungstrieb (Poe nennt ihn den ›imp of the perverse‹) bildet eine der Grundlagen von Freuds Psychoanalyse. Die Todessehnsucht ist keine romantische Erfindung. Sie scheint in der Tat das »*Primum mobile* unserer Wahrnehmung«. Eine bildhafte Entsprechung findet sich in Poes Mördern: sie ›katapultieren‹ sich mehr aus einem Impuls des Willens als aus irgendeinem deutlich-verständlichen Motiv heraus durch eine schreckliche Tat in die Freiheit, in ein lustvolles Abseits; sie überschreiten die (gesellschaftlichen) Grenzen; aber sie fühlen sich zugleich unwiderstehlich angezogen vom Schauplatz ihres Verbrechens: Der ›Geist des Bösen‹ zwingt sie, dorthin zurückzukehren, sich zu verraten und dem Tode auszuliefern. Poes kosmische Gesetze sind auch – oder vielmehr eigentlich – physische Gesetze, denen jedes Lebewesen unterworfen ist.

Ein weiterer Aspekt: die ›Doppelbewegung‹ einer Ausstoßung des Vielfältigen aus einer Einheit und die gleichzeitige Tendenz des Vielfältigen, wieder in diesem Einen aufzugehen, erinnert an den Prozeß des *Atmens*. Das Atmen – bzw. dessen *Verhinderung* – spielt in Poes Schriften eine wesentliche Rolle. Der schrecklichste aller Tode ist der des Erstickens, eben die gewaltsame Unterbrechung des Herzschlags und der Atmung. Poe variiert das Thema von der schwarzen Humoreske (›Loss of Breath‹) bis hin zur echten Zwangsvorstellung (›The Premature Burial‹).

Und dann das Ticken der Uhren, das Schlagen der Herzen, das Pendel, das auf- und niederschwingt, durch einen geheimen Mechanismus dem Körper des Gefesselten immer näher kommt und schließlich ausholt zum tödlichen Sensenstreich. Aber die Zeit, der gefährlichste Feind des irdischen Lebens, findet sich im Universum aufgehoben; sie wird identisch mit Raum.

> »...I have reached these lands but newly
> From an ultimate dim Thule –

From a wild weird clime that lieth, sublime,
Out of SPACE – out of TIME.«

Poes Diskurs über das Weltall – verrät er nun eine fatalistische oder gar pessimistische Grundhaltung? Im Gegenteil. Schon 1842 schrieb Poe in seiner Rezension von Longfellows ›Gedichten und Balladen‹:

»Nach wie vor bleibt uns ja ein unerfülltes Sehnen . . . Nach wie vor quält uns ein unstillbarer Durst . . . Und 's ist jener Durst, der zur unsterblichen Wesenheit der menschlichen Natur gehört – so Hinweis auf ihr Unvergängliches wie Folge daraus: ist das, was der Stern für den Nachtfalter ist – nicht nur das bloße Wohlgefallen an der Schönheit vor unsern Augen, sondern das verzweifelte Streben nach jener Anderen *über* den Sternen. Es ist ein Voraus-Ahnen des Kommenden, ja ein leidenschaftliches Verlangen, das nimmer gestillt werden kann durch irdische Bilder, Klänge oder Empfindungen, und die dergestalt dürstende Seele müht sich verzweifelt, ihr Fieber zu kühlen in der vergeblichen Anstrengung, *schöpferisch* zu sein. Befeuert von dem ekstatischen Vorwissen um die Schönheit jenseits des Grabes ist sie bestrebt, durch eine Vielfalt neuer Combinationen aus den Dingen und Gedanken der vergänglichen Welt zumindest einen Ab-Glanz jener Schönheit zu anticipiren, deren Elemente einzig der Ewigkeit zugehören mögen. Und einzig das Ergebniß solcher Anstrengung, soweit dieselbe von entsprechend gestimmten Seelen unternommen wird – einzig solches Ergebniß ist's, welches von der Menschheit in allgemeiner Uebereinkunft *Poesie* genannt wurde.«[27]

Aus dieser Passage wird klar, warum Poe ›Eureka‹ als Gedicht verstanden wissen wollte. Seine Kosmologie endet in der Tat in einer ›ekstatischen‹ Vorausschau auf das Kommende. Nachdem er von dem ›Physischen, Metaphysischen und Mathematischen, – dem materiellen und spirituellen Universum von seinem Wesen, seinem Ursprung, seiner Schöpfung und seinem gegenwärtigen Zustand‹ gesprochen hat, fehlt nur noch ein letzter Punkt: ›sein künftiges Geschick‹.

»Aber soll es hier aufhören? Nicht doch. Wir können getrost annehmen, daß auf die Zusammenballung und Auflösung des Weltalls eine neue und vielleicht völlig andere Reihe von Zuständen folgt – eine andere Schöpfung und Ausstrahlung, die in sich selbst zurückkehrt, eine andere Aktion und Reaktion des göttlichen Willens. Lassen wir unsere Phantasie von dem allwaltenden Gesetz der Gesetze, dem Gesetz der Periodizität leiten, sind wir dann nicht mehr als berechtigt, den Glauben zu haben, sagen wir lieber: die Hoffnung zu hegen, daß die Vorgänge, denen wir hier nachzusinnen wagten, sich immer aufs neue wiederholen, bis in alle Ewigkeit, daß ein neues Weltall ins Dasein tritt und dann in nichts zerfällt – bei jedem Schlag des Gottesherzens?

Aber dieses Gottesherz – was ist es? *Es ist unser eigenes.*

... All diese Geschöpfe, *alle,* die ihr belebt nennt, und ebenso die, denen ihr das Leben absprecht, aus keinem besseren Grund, als weil ihr keine Wirksamkeit ihres Lebens gewahret – *all* diese Geschöpfe haben in größerem oder geringerem Maß die Fähigkeit, Lust und Schmerz zu empfinden; *die Summe ihrer Empfindungen aber ist genau dieselbe Menge Glück, die von Rechts wegen dem göttlichen Wesen zukommt, wenn es sich in sich selbst zurückgezogen hat.* Diese Geschöpfe sind alle mehr oder weniger bewußt, bewußt erstlich ihres eigenen Selbst; bewußt, zweitens und nur durch schwaches, flüchtiges Ahnen, der Identität mit dem göttlichen Wesen, von dem wir sprechen – der Identität mit Gott. Man stelle sich vor, daß von diesen beiden Arten des Bewußtseins während der langen Reihe von Jahrhunderten, die vergehen müssen, bevor diese Myriaden individueller Geistwesen in eins verschmelzen – wenn die strahlenden Sterne in eins verschmelzen –, die erstere schwächer, die letztere stärker wird. Man denke sich, daß der Sinn für die individuelle Identität allmählich untertaucht in das allgemeine Bewußtsein, daß der Mensch zum Beispiel unmerklich aufhört, sich als Mensch zu fühlen, und schließlich jene triumphale und großartige Epoche erreicht, in der er sein Dasein als das Jehovas erkennt. Mittlerweile bewahrt es in eurer Seele, daß alles Leben ist – Leben – Leben im Leben – das kleinere im größeren – und alles im göttlichen Geist.«[28]

In Poes Denken war anscheinend ein Wandel vorgegangen. »Ich glaube nicht an die menschliche Vervollkommnungsfähigkeit«, hatte er 1844 an Lowell geschrieben, und in seiner ein Jahr später entstandenen Groteske ›Disput mit einer Mumie‹ stellt der ägyptische ›Conte Allamistakeo‹ resigniert fest, daß in den letzten 5050 Jahren eher ein Rückschritt in der Entwicklung des Menschen stattgefunden hat. Es ist nachgerade rührend, wenn Poe die ›Menschheit‹ in seine apotheotische Erlösungsvision miteinbezieht, besteht sie für ihn doch zu gut neunzig Prozent aus ›Mob‹. Sind es nicht eher nur einige wenige, Auserwählte, die auferstehen, aus der Gewißheit ihrer Gottähnlichkeit einst gottgleich werden? Er widmete ›Eureka‹ ›den wenigen, die mich lieben und die ich liebe – denen, die fühlen, mehr als denen, die denken – den Träumern und denen, die an Träume als an die einzigen Wirklichkeiten glauben‹. Was die übrigen betraf, so konnten sie getrost zur Hölle fahren. »Meine Abhandlung«, schrieb er an George W. Eveleth, »wird (zur rechten Zeit) die Welt der physikalischen und metaphysischen Wissenschaft revolutionieren. Ich sage dies ganz ruhig – aber ich sage es.«[29]

Vorläufig hatte er große Schwierigkeiten, einen geeigneten Saal zu finden (und zu mieten), um der Öffentlichkeit ›Eureka‹ zum erstenmal in Form eines Vortrages – ›Über die Kosmogonie des Universums‹ – vorzustellen. Natürlich durfte es nicht irgendein kleiner Gemeinderaum sein. Poe wollte ja Aufsehen erregen. Der große Hörsaal der ›New York Society Library‹ – er hatte dort auf Einladung der New Yorker Historischen Gesellschaft vor vier Jahren schon einmal über ›Die Dichter und die Prinzipien der Poesie‹ gesprochen – war mit sechshundert Sitzplätzen gerade gut genug für seine Zwecke. Es gab da nur ein kleines Problem: er mußte diesmal für die Benützung der Räumlichkeiten bezahlen, und die Saalmiete betrug $ 15.

Am 17. Januar wandte er sich brieflich an Mr. H. D. Chapin, anscheinend einen der Vorsitzenden der ›New York Historical Society‹, mit der Bitte, ob nicht entweder in seinem Fall eine Ausnahme gemacht werden und er den Betrag *nach* seiner Lesung entrichten oder ob Chapin ihm nicht liebenswürdigerweise die Summe vorschießen könne.[30] Er rechne, ›ohne zu optimistisch zu sein‹, mit drei- bis vierhundert Zuhörern.

Der Vortrag fand am 3. Februar statt. Es war ein naßkalter und regnerischer Abend, und der ›Lecture Room‹ wurde nicht besonders gut beheizt. Zuletzt fanden sich etwa sechzig Personen ein, die Poes Ausführungen mehr oder weniger verständnislos lauschten. Sein Auftritt und seine Sprechweise mußten jedoch sehr eindrucksvoll gewesen sein. Ein gewisser Maunsell B. Field berichtet: »Sein Vortrag war eine Rhapsodie von höchster Brillanz. Er schien inspiriert, und seine Inspiration teilte sich dem kleinen Auditorium fast schmerzhaft mit. Sein Rock war über der schmalen Brust fest zugeknöpft; seine Augen schienen zu leuchten wie die seines eigenen Raben, und zwei und eine halbe Stunde lang hielt er uns in Trance. Der kürzlich verstorbene Mr. Putnam, der Verleger, erzählte mir, der eigensinnige, glücklose Dichter habe am nächsten Tag mit dem Manuskript des ›Universe‹ bei ihm vorgesprochen ... Nun bewunderte Mr. Putnam zwar gern alles Geniale, er war aber auch ein kühl kalkulierender Geschäftsmann. Als solcher konnte er die Dinge nicht im gleichen Licht sehen wie der Dichter, und so kam bei der Unterredung nichts weiter heraus, als daß er Poe einen Schilling für die Rückfahrt nach Fordham lieh.«[31]

George Palmer Putnam selbst erinnerte sich: »Nachdem er mich, vor mir an meinem Schreibtisch sitzend, eine volle Minute lang mit seinen ›funkelnden Augen‹ angesehen hatte, sagte er schließlich: ›Ich bin Mr. Poe.‹ Ich war natürlich ›ganz Ohr‹ und ehrlich gespannt. Es handelte sich um den Verfasser des ›Raben‹ ... ›Ich weiß nicht recht‹, sagte der Dichter nach einer Pause, ›wie ich mit dem, was ich vorzubringen habe, beginnen soll. Die Angelegenheit ist äußerst wichtig‹. Nach einer weiteren Pause fuhr er fort, daß das Buchprojekt, das er vorschlagen wolle, von unschätzbarer Bedeutung sei. Newtons Entdeckung der Gravitationsgesetze sei völlig nebensächlich, verglichen mit den Offenbarungen, die er, Poe, in diesem Buch enthüllen werde ... Eine Auflage von fünfzigtausend Exemplaren wäre nur ein kleiner Anfang.«[32]

Mr. Putnam versprach, sich die Sache durch den Kopf gehen zu lassen und entließ das Genie, wie erwähnt, mit einem ›Vorschuß‹ von einem Schilling für die Bahnfahrt nach Hause. Dieser Schilling (etwa ein Fünftel Dollar) war wohl der ganze Ertrag, den Poes großangelegter Neuanfang ihm zunächst einbrachte. Ein niederschmetterndes Ergebnis.

Wenigstens war das Echo der Presse auf seinen Vortrag überwiegend positiv. Der ›Courier and Enquirer‹ nannte ›Eureka‹ »ein edleres Werk als alle anderen, die Mr. Poe bisher der Welt darbrachte«[33], und N. P. Willis schrieb wohlwollend im ›Home Journal‹: »Wie wir hören, will Poe mit diesen Vorlesungen das nötige Kapital zur Gründung einer Zeitschrift aufbringen, die den Titel *The Stylus* haben soll. Wer Literatur ohne Fesseln und Kritik ohne Samthandschuhe bejaht, sollte ein Abonnement übernehmen. Wenn es auf der Welt einen geborenen Anatomen des Gedankens gibt, dann ist es Mr. Poe. Das Geschick, mit dem er eine große Begabung zerlegt und ihre Grenzen demonstriert, hat auf beiden Seiten des Atlantik nicht seinesgleichen. Weder in seinen Kritiken noch in seinen höchst bemerkenswerten imaginativen Stükken findet sich ein Satz, der nicht anschaulich und gedankenvoll wäre.«[34]

Doch die noch immer von den ›Knickerbockern‹ beherrschte Literaturszene New Yorks war im Grunde froh, ihn endgültig los zu sein. Und es gab einige einflußreiche Personen, die Sorge trugen, daß ihm keine Chance geboten wurde, wenn es sich nur irgend vermeiden ließ. Dies macht folgende, für die kurze Zeit, die Poe noch zu leben blieb, sehr bedeutsame Episode deutlich:

Wieder einmal nahte der 14. Februar, der ›Valentinstag‹, heran, damals in Amerika, vor allem in literarischen Kreisen, ein willkommener Anlaß für Festlichkeiten und Gesellschaften, bei denen man ›Valentinsgedichte‹ austauschte, Poesiealbumverse für Erwachsene. Ein solches Gedicht hatte Virginia Poe bekanntlich vor zwei Jahren ihrem Mann geschrieben – und ein anderes ihr Mann Mrs. Osgood gewidmet. Es war eine typisch viktorianische Mode.

Selbstverständlich gab auch in diesem Jahr Miss Lynch eine ihrer obligatorischen ›Valentinsparties‹, zu der sie die wichtigsten ›literati von New York‹ einlud (auf der Gästeliste standen Horace Greeley, N. P. Willis, George P. Morris, Margaret Fuller, Mrs. Osgood, Miss Sedgwick und v. a. m.) – mit Ausnahme des seit der ›Osgood-Fllet-Affäre‹ unpopularen und unerwünschten Mr. Poe.

Zwischen dem nördlicheren Boston und New York liegt das Städtchen Providence. Dort lebte, in einem rotgestrichenen, zweistöckigen Holzhaus an der Ecke Benefit/Church Street, die damals fünfundvierzigjährige Dichterin Sarah Helen Power Whitman zusammen mit ihrer Mutter, Mrs. Anna Power, und ihrer jüngeren, ›exzentrischen‹ Schwester Susan Anna. Die seit 1833 verwitwete Mrs. Whitman war selbst alles andere als ›bürgerlich‹. Sie kleidete sich stets in lange, helle, leichte Seidengewänder, die sie mit mehreren Seidenschals drapierte, was ihr, im Verein mit ihrer anämischen Blässe und ihrer ›schwebenden Gangart‹ etwas Überirdisches verlieh, war impulsiv, launisch und, wie es heißt, äthersüchtig. Man nannte sie die ›Seherin von Providence‹, und sie galt als ›Muse‹ einer Gruppe von Transzendentalisten, die regelmäßig zusammentrafen, über das Fortleben nach dem Tode, die Unsterblichkeit der Seele, Swedenborg, Okkultismus und Mesmerismus diskutierten und auch gelegentlich Séancen veranstalteten.

Der Transzendentalismus gehörte neben der ›Antisklaverei-Bewegung‹ zu den großen, neuen geistigen Bestrebungen der Epoche. Sein Wirkungskreis beschränkte sich auf Neuengland, vor allem die Städte Concord, Boston und Providence. Zuerst war es nur eine kleine Gruppe von Männern und Frauen, die in den Häusern des Dichters Ralph Waldo Emerson und George Ripley (einem der Mitbegründer der ›Brook Farm‹) zusammenkamen und über die neuen Ideen sprachen. Erst mit der Zeit zeichnete sich ein besonderer Hang zum Spiritualismus und Spiritismus ab; es bildeten sich die verschiedensten Zirkel, deren Neuzukömmlinge zu ›Bürgern in der Welt der Seelen‹ wurden.

Mrs. Whitman glaubte fest an Geistererscheinungen, Vorbedeutungen, Astrologie und ähnlich nicht Verifizierbares; in ihren ›geschmackvoll eingerichteten‹ Zimmern mußte stets gedämpftes Licht herrschen; sie scheute die grelle Sonne und schirmte sich vor ihr mit einem Fächer, dessen ›Sprache‹ sie ebensogut beherrschte wie die Damen des 18. Jahrhunderts; sie warf bei Meinungsverschiedenheiten während einer Konversation ihre zahlreichen Schals und Schleier wütend in jede Ecke des Raumes; sie war geistreich, romantisch veranlagt, poetisch talentiert und immer noch sehr attraktiv.

Kurz, sie entsprach in vielerlei Hinsicht Poes Frauenideal: eine ›Heldin der Sensibilität‹, schön, geheimnisvoll, ätherisch, die die Nacht dem Tage vorzog und es liebte, sich in den Sternenhimmel zu vertiefen; die wie er ständig von Todesahnungen heimgesucht wurde und sich viel auf ihre angemaßte ›keltisch-normannische Abstammung‹ zugute hielt: eine Dame von Geist und Imagination, die Zugang hatte zu den Zwischenbereichen jenseits der Vorstellungswelt der gewöhnlichen Sterblichen und deren Denken und Fühlen von ›gotischen Romanzen‹ geprägt schien. »The Old English Baron«, schrieb sie später einmal an Ingram (dieser Roman Clara Reeves war neben Walpoles ›The Castle of Otranto‹ und Mrs. Radcliffs ›The Mysteries of Udolpho‹ eines der meistgelesenen Standardwerke der ›gothic literature‹), »führte mich ein in die Sphäre der Romantik und des Märchens. Ich war zu dieser Zeit erst acht Jahre alt, aber es ist etwas davon in mir zurückgeblieben«[35]. Mrs. Whitmans besondere Leidenschaft waren Verkleidungen. Sie trat gerne in allen möglichen Phantasiekostümen auf, unter anderem in dem eines ›albanischen Heerführers‹ à la Byron oder der ›Pallas Athene‹ mit griechischem Helmschmuck und ›elegischem Gesichtsausdruck‹. Seit 1829 veröffentlichte sie Gedichte in

Sarah Helen Witman. Gemälde von John N. Arnold, 1869

verschiedenen Zeitschriften, die oft sentimental, manchmal von ›einer gewissen Anmut‹ und in der Regel ›mystisch‹ waren. Poe war, so behauptete er jedenfalls, bereits seit einigen Jahren lebhaft an ihrer Person und ihren Dichtungen interessiert.

»Ich habe Ihnen schon erzählt, daß ein paar zufällige Worte, von Miss Lynch (und nicht sehr freundlich) über Sie gesprochen, das erste waren, darin ich je Ihren Namen erwähnt hörte. Sie beschrieb Sie in einigem Maße persönlich. Sie spielte auf das an, was sie Ihre ›Exzentrizitäten‹ nannte, und deutete auch auf Ihre Sorgen. Ihre Beschreibung der ersteren fesselte seltsam meine Aufmerksamkeit – ihr halbes Naserümpfen über die letztern ließ mich förmlich wie angewurzelt stehen bleiben. Sie hatte auf Gedanken, Empfindungen, Charakterzüge, *Stimmungen* Bezug genommen, welche ich als meine eigenen kannte, von denen ich jedoch, bis zu jenem Momente, geglaubt hatte, sie seien mein Eigen allein – seien keinem andern menschlichen Wesen beschieden. Eine tiefe Sympathie ergriff unmittelbar Besitz von meiner Seele... Von jener Stunde an liebte ich Sie. Ja, ich fühle es *jetzt,* daß es damals war – an jenem Abend süßer Träume – daß die allererste Dämmerung menschlicher Liebe über die eisige Nacht meines Geistes hereinbrach. Seit jener Zeit habe ich Ihren Namen niemals gesehen noch gehört ohne ein Erschauern halb des Entzückens, halb der Angst. Der Eindruck jedoch, der aus Miss Lynchs Reden in mir verblieb (ob durch meine eigene Schuld oder durch ihre Absicht, weiß ich nicht), war der, daß Sie *jetzt* verheiratet seien, und zwar sehr glücklich; – und erst in den letzten paar Monaten ward diese Täuschung von mir genommen. Aus diesem Grunde mied ich Ihre Gegenwart und selbst die Stadt, in welcher Sie lebten. – Sie mögen sich vielleicht erinnern, daß ich einmal, als ich mit Mrs. Osgood durch Providence kam, mich geradezu weigerte, sie zu Ihrem Hause zu begleiten, und sogar in Streit mit ihr geriet ob der Hartnäckigkeit und anscheinenden Grundlosigkeit meiner Weigerung. Ich *wagte* einfach nicht zu gehen, noch zu sagen, warum ich nicht konnte. Ich *wagte* nicht von Ihnen zu sprechen – viel weniger noch Sie zu sehen. Jahrelang kam Ihr Name niemals über meine Lippen, indessen meine Seele in wahnwitzigem Durst alles aufsog, was in meiner Gegenwart über Sie geäußert wurde. Das kleinste Flüstern nur, das Sie betraf, erweckte in mir einen erschauernden sechsten Sinn, vage zusammengesetzt aus Furcht, ekstatischem Glück und einer wilden, unaussprechlichen Empfindung, welche nichts so nahe glich als dem Bewußtsein einer Schuld.«[36]

Poe schien selbst an seine Worte zu glauben, obwohl sie nicht ganz der Wahrheit entsprachen, aber zwischen Glauben und Wahrheit bestand für ihn kein großer Unterschied. Er behauptete auch, er sei an jenem bewußten Tag im Juli 1845, ›als er mit Mrs. Osgood durch Providence kam‹, abends noch einmal allein, von einer unbestimmten Sehnsucht getrieben, zu Mrs. Whitmans Haus zurückgekehrt. Dort habe er sie dann zum erstenmal gesehen, wie sie, sich seiner Gegenwart nicht bewußt, auf der Treppe vor ihrer Haustüre stand, um die Sterne zu betrachten.

> »Ich sah dich einmal – einmal nur – vor Jahren:
> Ich sage nicht *wie* vielen – doch nicht vielen.
> Es war in Julinacht, und aus dem vollen
> Kreisrunden Mond, der gleich wie deine Seele
> Den steilsten Weg hinauf zum Himmel suchte,
> Fiel sanft ein silberseidner Schleier Licht –
> ...Ich sah dich ganz in Weiß, am Veilchenbeet;
> Auf offne Rosen, die nach oben schauten,
> Fiel hell der Mond – und auch auf dein Gesicht,
> Das aufwärts schaute – schaute, ach, in Leid.
> War das nicht Schicksal, das in dieser Nacht –
> War das nicht Schicksal (das auch Leiden heißt),
> Das mir vorm Gartentore Halt gebot,
> Den Schlummerduft der Rosen einzuatmen?«[37]

Poe dachte vorläufig weniger an Mrs. Whitman als an Mrs. Shew, Virginias und seine aufopfernde Betreuerin, in die er sich verliebt zu haben glaubte.

Aber zurück zu jenem Valentinstag im Februar 1848. Mrs. Whitman war eine fleißige Briefeschreiberin und stand, wie oben angedeutet, in Korrespondenz mit Miss Lynch. Von dieser erhielt sie eine Einladung, mit der Bitte versehen, ob die ›Seherin von Providence‹ nicht auch ein oder zwei Toasts in Versform auf ihre illustren Gäste ausbringen wolle; beigelegt war ein Auszug aus der Gästeliste als ›Inspirationsquelle‹. Mrs. Whitman war ihr gern gefällig. Zusammen mit ihrer Schwester reimte sie eine ganze Anzahl von ›Valentines‹ zusammen, darunter eines auf ›Eine Stadttaube‹, N. P. Willis. Besonders angetan hatte es ihr allerdings Poes ›Rabe‹. Sie konnte nicht wissen, daß der Autor in den literarischen Zirkeln New Yorks seit über einem Jahr in Ungnade stand. Daß sie ausgerechnet dem geachteten Mr. Poe das längste und beste Valentinsgedicht widmete, brachte Miss Lynch in eine peinliche Situation:

> »Then, Oh! Grim and ghastly Raven!
> Wilt thou to my heart and ear
> Be a Raven true as ever
> Flapped his wings and croaked ›Despair‹?
> Not a bird that roams the forest
> Shall our lofty eyrie share.«[38]

Bis auf die letzten beiden Zeilen ist dies wahrlich ›ein Tritt in die Harfe der Seele‹, ›ein Haufen Ziegelsteine‹, fast jedes Wort ein Affront des Geschmacks. Poe wurde das Gedicht durch Miss Lynch und Mrs. Osgood übermittelt; er fühlte sich sehr geschmeichelt. Miss Lynch schrieb einen oder zwei Tage später an Mrs. Whitman: »Ich glaube wirklich nicht, daß es im Augenblick vorteilhaft für Sie wäre, wenn Sie das Valentinsgedicht an Poe veröffentlichen würden. Nicht, weil es irgendwelche Mängel hätte – es ist an sich sehr, sehr schön – aber es herrscht hier ein tiefverwurzeltes Vorurteil gegen ihn, das er sicher überwinden wird ... Ich bitte Sie inständig, daß dies unter uns bleibt, da ich Poe gegenüber durchaus keine Feindschaft hege und sein Genie bewundere wie nur irgend jemand.«[39]

Dieser ›freundliche Ratschlag‹ läßt erkennen, wie übel es im Grunde um Poes Ruf in den literarischen Kreisen New Yorks bestellt war und wie ungünstig seine Chancen standen, ›wieder auf die Beine zu kommen‹: Einmal draußen, immer draußen. ›To Edgar Allan Poe‹ wurde trotzdem am 18. März anonym in Willis' ›Home Journal‹ abgedruckt, und Poe übersandte Mrs. Whitman ›als kleines Zeichen seiner Dankbarkeit‹ eine Seite aus einem seiner Gedichtbände, ›To Helen‹ –

> »Helen, thy beauty is to me
> Like those Nicean barks of yore,
> That gently, o'er a perfumed sea,
> The weary, way-worn wanderer bore
> To his own native shore.«

Die nächste Kassandra-Stimme, die sich erhob, war die von Mrs. Frances Sargent Osgood. Sie schrieb an Mrs. Whitman: »Dem *Home Journal* entnehme ich, daß Ihre schöne Beschwörungsformel den ›Raben‹ in seinem Nest erreicht hat, und es würde mich keineswegs wundern, wenn er inzwischen bereits auf Ihren kleinen *Taubenschlag* in Providence *herabgestoßen* ist. Möge die Vorsehung (ein Wortspiel: Vorsehung heißt im Englischen ›providence‹) Sie beschützen, wenn meine Vermutung stimmt! denn sein Krächzen ist das redegewandteste und einschmeichlerischste, das man sich vorstellen kann. Er ist wahrlich ›ein Teufelskerl, mit viel Herz und Hirn‹. Schreiben Sie mir und erzählen Sie mir etwas über Ihre literarischen Pläne und wie es um Ihre Gesundheit steht. Was mich betrifft, ich leide unter einem schrecklich quälenden Husten, der mich allmählich umbringt – und ich versichere Ihnen, es ist nicht mehr allzuviel von mir übrig.«[40]

Es war eine zwar humorvoll gefaßte Warnung, aber doch immerhin eine Warnung. Das Verhältnis zwischen Poe und seiner ›Helen of a Thousand Dreams‹ wurde durch solche wohlgemeinten Äußerungen von Freunden und Bekannten schon überschattet, bevor sie sich – im September – zum erstenmal begegneten. Mrs. Osgoods ›quälender Husten‹ sollte sie übrigens in der Tat umbringen. Sie starb zwei Jahre später an Tuberkulose.

Poe lebte weiterhin zurückgezogen und enttäuscht über die Widrigkeiten bei seinem Neuanfang in Fordham. Seine einzigen Bezugspersonen waren Mrs. Clemm und Mrs. Shew. Er plante eine Reise nach Richmond, um Subskribenten für den ›Stylus‹ zu gewinnen, aber es mangelte ihm wie immer an Geld.

Es gab nur einen einzigen und äußerst bescheidenen Erfolg, den ihm dieses Jahr bescherte: es gelang ihm, Mr. Putnam endlich doch dazu zu überreden, ›Eureka‹ als Buch herauszubringen – freilich unter ganz anderen Bedingungen, als er sich vorgestellt hatte. Bei ihrem ersten Gespräch war er davon ausgegangen, daß ›eine Auflage von fünfzigtausend Exemplaren nur ein kleiner Anfang wäre‹. Mr. Putnam kalkulierte etwas realistischer (und immer noch nicht realistisch genug, wie sich bald herausstellte). Poe muß ihn hartnäckig belagert haben, bis er sich endlich bereit erklärte, 750 Exemplare zu drucken. Der Vertrag, den sie gemeinsam im Mai aufsetzten, spricht für sich: »Erhalten von George P. Putnam Vierzehn Dollar Anleihe, zurückzuzahlen aus dem Erlös des Copyright meines Werkes betitelt *Eureka, ein Gedicht in Prosa;* und verpflichte ich mich hiermit für den Fall, daß der Verkauf besagten Werkes laut Rechnungslegung... besagten Putnams im Januar 1849 die Auslagen nicht gedeckt haben sollte, besagte Summe von Vierzehn Dollar zurückzuzahlen, und verpflichte ich mich auch, in keiner Weise besagten Putnam um irgendwelche weiteren Anleihen oder Vorschüsse zu bitten oder anzugehen und auf die oben erwähnte Rechnungslegung bis zum Januar 1849 zu warten, bevor ich irgendwelche Forderungen stelle.«[41]

Vierzehn Dollar für die Entschlüsselung der Geheimnisse des Kosmos – ein rechtschaffener Betrag. Für eine einzelne Kurzgeschichte – ›Ligeia‹ – hatte Poe immerhin $ 10 erhalten. Und Putnams Vorschuß verstand sich, wohlgemerkt, als ›Anleihe‹, verbunden mit der vertraglichen Klausel, ihn solange nicht zu behelligen, bis sich ›Eureka‹ amortisiert habe. »Literatur notiert unter pari. Damit ist kein Geschäft zu machen. Ohne ein internationales Copyright können sich die amerikanischen Autoren genauso gut gleich aufhängen«, hatte Poe 1842 an seinen Freund Thomas geschrieben. ›Eureka‹ ›amortisierte‹ sich nie. Ein Jahr nach Erscheinen war noch ein Drittel der Auflage am Lager – vier Jahre später wurde das Werk in einem Antiquariatskatalog für 50 Cents angeboten. Eine kleine Einnahmequelle fand Poe in der ›fetten und aufgedonnerten‹ Mrs. Sarah Anna (›Estelle‹) Lewis, von der er sich bestechen ließ, ihren jüngst veröffentlichten Gedichtband ›The Child of the Sea and Other Poems‹ lobend zu rezensieren und für die er sogar seine Artikelserie ›Die Litteraten von New York‹ um ein weiteres Kapitel bereicherte, diesmal allerdings nicht in ›Godey's Lady's Book‹, sondern in der ›Democratic

Review‹. Wenn man bedenkt, daß das Herannahen dieser ›literarischen Nervensäge‹ ihn – nach Mrs. Shews sicher ehrlicher Aussage – oftmals in die Flucht geschlagen hatte, kann man sich vorstellen, wie sehr er ›Stellas‹ ›Unterstützungen‹, die Dollarnoten, die sie der dankbar zugreifenden Mrs. Clemm zusteckte, als Judaslohn empfand. Aber es ging um nicht weniger als ums Überleben. Mrs. Lewis stand unglücklicherweise mit dem ›Reverend‹ R. W. Griswold in Verbindung, dem sie später bei der Zusammenstellung von Poes Werkausgabe behilflich war.[42] Poe nahm eine Rache an ihr, die er nur allein genießen konnte: Er widmete ihr ein Gedicht, ›Sonnet‹ (›An Enigma‹), das in derselben Chiffre wie in dem an Mrs. Osgood gerichteten ›Valentinsbrief‹ die Buchstaben ihres Namens enthielt (der erste Buchstabe der ersten Zeile war ein ›s‹, der zweite der zweiten ein ›a‹, der dritte der dritten ein ›r‹ usw.). Das sah auf den ersten Blick sehr schmeichelhaft aus, und Mrs. Lewis verstand sicher nicht das ›Rätsel im Rätsel‹. Die Boshaftigkeit zeigt sich erst, wenn man einige Zeilen aus dem Zusammenhang gerissen liest:

> »Trash of all trash! – how *can* a lady don it?
> Yet heavier far than your Petrarchan stuff –
> Owl-downy nonsense that the faintest puff
> Twirls into trunk-paper the while you con it.«
> (»... wo schaute man wohl jemals größern Plunder?
> Verzwackter als Petrarca ihr ersinnt
> den dünnsten Unsinn, den ein jeder Wind
> verwehen läßt wie eitel Flaum und Zunder!«)[43]

Poes letzte Monate sind geprägt und überschattet von der verzweifelten Suche nach Liebe. Das erste ›obskure Objekt seiner Begierde‹ war – wohl eher aus Mangel an Alternativen – Mrs. Louise Barney Shew, die Virginia betreut und ihm selbst nach deren Tod über seinen geistigen und körperlichen Zusammenbruch hinweggeholfen hatte. Er klammerte sich an sie wie ein Ertrinkender an einen Strohhalm, nannte sie ›meine liebe Louise‹, begleitete sie oft Sonntags zum Gottesdienst, ›hielt ihr Gebetbuch‹ und sang ›mit einer klaren Tenorstimme‹ zusammen mit ihr und der Gemeinde Kirchenlieder, von denen er zu ihrer Überraschung viele auswendig kannte. Ihre Erinnerungen werfen ein deutliches Licht auf Poes Gesamtzustand: »Ich schickte nach Mrs. C., ihr zu sagen, ›daß ihr Junge über Nacht in der Stadt bliebe und daß es ihm gut gehe‹. Mein Bruder brachte Mr. Poe in sein eigenes Zimmer, und dort schlief er zwölf Stunden durch. Er konnte sich danach kaum an unsere gemeinsame Arbeit des Abends erinnern. Dies zeigte, daß sein Geist unter den Entbehrungen und Enttäuschungen gelitten hatte (denn er hatte nichts getrunken und war nur kurze Zeit von zu Hause fort) – offenbar besaß er nicht viel Lebenskraft und war halb von Sinnen. Während er schlief, fühlten wir seinen Puls... Die gleichen Symptome – ich bat den alten Dr. Francis zu uns, der in der Nachbarschaft wohnte, und er sagte: ›er ist herzkrank und wird früh sterben, es kommt ganz auf die Stürme oder den Sonnenschein an, denen er ausgesetzt ist‹ – das waren seine Worte. Der alte Herr war ein wenig wunderlich, aber ein sehr geschickter und angesehener Arzt. Wir weckten Mr. Poe nicht auf, bis er ausgeschlafen hatte, er nahm dann ein Frühstück zu sich, und ich begleitete ihn in die Stadt und fuhr ihn in meinem Einspänner nach Fordham. Er schien sich dessen nicht bewußt zu sein, daß er krank gewesen war – und wunderte sich über die Freundlichkeit ›Madame Louises‹, ihn nach Hause zu bringen. Seine Augen waren schwer und sein Gang schwankend, obwohl er keinen Schluck Alkohol getrunken hatte... er war ein schwerkranker Mann, nur eine Gehirnhälfte war bei ihm funktionstüchtig, er hätte entsprechend beobachtet und gepflegt werden müssen, denn die Vernunft ist das erste, das man verliert, wenn Krankheit das Gehirn angreift – die Selbstachtung und das Selbstvertrauen spielen verrückt –, Verständigkeit und Vorsicht schwinden... oft sagten meine Freundinnen zu mir: ›Ist er nicht wahnsinnig? Hast du keine Angst vor ihm?‹ Ich antwortete immer: ›er ist so sanftmütig wie ein Kind...‹«[44]

Mrs. Shews Darstellung ist sicher ein wenig übertrieben. Sie war eine einfache, naive Frau, die vielleicht manchmal Poes Reden und sein exzentrisches Wesen mißverstand. In der ersten Zeit nach Virginias Tod dürfte seine Verfassung ihrer Beschreibung nahegekommen sein. Ob Mrs. Shews oder Dr. Francis' Diagnose stimmt, läßt sich natürlich nicht mehr feststellen. Interessant ist der Hinweis darauf, daß Poes physische und psychische Instabilität sich oft den *Anschein* von Trunkenheit gab. Kam dann tatsächlich Alkoholgenuß hinzu, waren die Folgen verheerend. Daß allerdings sein Verstand gelitten habe, wird schon dadurch widerlegt, daß er bis zuletzt Rezensionen, Erzählungen und Essays von großer geistiger Schärfe schrieb. So entstanden 1848 die beiden Essays ›Das poetische Prinzip‹ (in dem Poe noch einmal seine Ars poetica zusammenfaßte) und ›Die Logik des Verses‹, ein zwar stellenweise sehr subjektiver, aber klar ausgeführter Aufsatz über die Prinzipien der Versifikation. Das Gedicht ›The Bells‹, das Sergej Rachmaninoff zu seiner Chorfantasie ›Die Glocken, op. 35‹ anregen sollte, wurde noch viele Male überarbeitet und erschien erst nach Poes Tod, im November 1849.

Poes Exzentrik und die Angst vor Klatsch bewogen Mrs. Shew, ihre Beziehung zu Poe aufzugeben. Poe war darüber zutiefst erschüttert. Verzweifelt schrieb er ihr: »Kann es wahr sein, Louise, daß Sie den Gedanken gefaßt, Ihren unglücklichen, unseligen Freund und Patienten zu verlassen? Sie haben das nicht gesagt, ich weiß, doch Monate lang schon habe ich gewußt, daß Sie sich von mir lösten, nicht willentlich, doch gleichwohl gewiß – mein Schicksal – Und das Unglück schreitet schnell...«[45]

Zwischen diesem ›Abschiedsbrief‹ und seiner ersten Begegnung mit Mrs. Whitman im September klafft eine deutliche Lücke. Über den Sommer 1848 gibt es nur sehr spärliche biographische Daten; auf eine Einladung der sentimentalistischen und unbedeutenden Dichterin ›Jane‹ Ermina Starkweather Locke, einer entfernten Verwandten von Mrs. Osgood, reiste er für einige Tage nach Lowell, Massachussetts, um dort einen Vortrag über ›Die Dichter und die Dichtkunst Amerikas‹ zu halten, der am 10. Juni stattfand. Er wohnte bei Mrs. Lockes Familie und lernte bei dieser Gelegenheit ihre Nachbarin kennen, Mrs. Nancy Locke Heywood Richmond, in die er sich sofort unsterblich verliebte und die zu seiner ›Annie‹ wurde. Daß sie verheiratet war, hinderte ihn nicht daran, ihr bald darauf glühende Liebesbriefe zu schreiben. Mrs. Locke soll darüber nicht gerade erfreut gewesen sein, denn Poe hatte zuvor ihr den Hof gemacht, wie ein sehr persönlicher Brief an sie zeigt.

Im August hielt er sich zwei oder drei Wochen in Richmond auf; das Fahrgeld lieh er sich anscheinend von Charles Astor Bristed, einem jungen Essayisten und Enkel von John Jacob Astor, von dem er früher einmal einen Artikel günstig rezensiert hatte. Da er sich in einer höchst desperaten Lage befinde, schrieb er an Bristed, und ›gebrochen an Leib und Seele‹ sei, wolle er als letzte Hoffnung versuchen, einen entfernten Verwandten in der Nähe Richmonds zu bitten, sich seiner anzunehmen, d. h. ihm eine größere Geldsumme vorzustrecken. Am 17. Oktober teilte John Reuben Thompson, zu dieser Zeit Herausgeber des ›Southern Literary Messenger‹, Poes Freund Philip P. Cooke auf dessen Anfrage hin brieflich mit: »Poe befindet sich nicht in Richmond. Er hielt sich ungefähr drei Wochen hier auf, war schrecklich betrunken und trug jede Nacht in Bars sein ›Eureka‹ vor. Seine Freunde versuchten, ihn nüchtern zu bekommen und ihm eine Arbeit zu verschaffen, aber ohne Erfolg. Zuletzt blieb ihnen nichts anderes übrig, als ihn per Schiff nach New York zurückzuschicken. Ich hatte, während er hier war, großes Interesse an einem Artikel von ihm, aber seine luziden Intervalle waren so kurz und unregelmäßig, daß sich einfach nichts machen ließ. ›Die Logik des Verses‹ nahm ich – mehr aus einem Akt der Nächstenliebe heraus, denn obwohl er darin große Sachkenntnis beweist, ist das Thema doch zu bizarr und zu gelehrt für den normalen Leser. Poe ist schon ein merkwürdiger Bursche.«[46]

Später detaillierte Thompson diesen Bericht. Poe habe sich zunächst in den übelsten Kaschemmen der Hafengegend herumgetrieben, bevor er Mr. Makkenzie, den Pflegevater seiner Schwester Rosalie, in Duncan Lodge aufsuchte. Sein gesamter Aufenthalt in Richmond sei eine Aneinanderreihung peinlicher Auftritte gewesen. Auch sei es niemandem gelungen, ihn vom Trinken abzuhalten. Einmal habe Poe von sich gesagt, er sei das Opfer einer vorherbestimmten Verdammnis, eine ›âme perdue‹, eine hoffnungslos und unrettbar verlorene Seele.[47]

Poes selbstzerstörerische Stimmung änderte sich schlagartig, als ihn noch in Richmond überraschend ein Brief Mrs. Whitmans erreichte, der Verse von ihr enthielt; sie endeten mit

> »And gazing on night's starry cope
> I dwell with ›Beauty which is Hope‹.«

Diese Zeilen müssen ihm wie ein Wink des Himmels erschienen sein. Schon seit einiger Zeit hatte er Erkundigungen nach ihr angestellt: »Kennen Sie Mrs. Whitman? Ich fühle ein tiefes Interesse für ihre Poesie und ihren Charakter. Ich habe sie nie gesehen – bis auf einmal ... Ihre Dichtungen sind fraglos echte *Poesie,* erfüllt von Genie. Können Sie mir etwas über sie mitteilen – irgend etwas – alles, was Sie wissen – und *mein Geheimnis bewahren* – will sagen, lassen Sie niemand wissen, daß ich Sie darum gebeten habe?«[48] Und er hatte bereits ein Gedicht an sie geschrieben, ein neues ›To Helen‹, das Mrs. Whitman gelesen haben mußte, denn sie nahm in ihren Versen Bezug darauf: ›Beauty which is Hope‹. Kein Zweifel – sie liebte ihn, wie er sie schon seit langem liebte! Ein neuer Hoffnungsschimmer. Vielleicht trug er sein Herz in seiner Begeisterung allzu sehr auf der Zunge. Jedenfalls kam seine Leidenschaft für die ›Seherin von Providence‹ einem gewissen John M. Daniel, dem Herausgeber des ›Richmond Examiner‹, zu Ohren, der abschätzig darüber urteilte: Poe sei wohl nur des Geldes wegen an der reichen Witwe interessiert. Als wiederum Poe von dieser Äußerung erfuhr, geriet er außer sich vor Wut und begab sich stante pede in die Redaktion des ›Examiner‹, um Daniel zum Duell zu fordern. Dieser reagierte gelassen und sagte, er werde ihm selbstverständlich jederzeit zur Verfügung stehen, wenn er darauf bestehe. Es sah in der Tat einen Tag lang so aus, als würden sich die beiden schießen. Um unnötiges Blutvergießen zu vermeiden, griffen Poes Freunde im Einvernehmen mit Mr. Daniel zu einer List. Letzterer bestellte Poe abermals in sein Büro, und als er dort erschien, in der Erwartung, den Sekundanten seines Gegners vorgestellt zu werden und einen Termin für das Treffen genannt zu bekommen, fand er den Redakteur des ›Examiner‹ zu seiner Überraschung allein vor. Auf seinem Schreibtisch lagen zwei riesige Duellpistolen. Daniel sagte, er wünsche Ärger mit den Behörden aus dem Wege zu gehen und schlage daher vor, die Angelegenheit hier und jetzt auszutragen. Es heißt, Poe habe so verdutzt ausgesehen, daß Daniel lachen mußte und Poe selbst schließlich in das Lachen miteinfiel. Die Situation war einfach zu grotesk. Gemeinsam sollen sie dann die ganze Affäre mit einigen Freunden in irgendeiner Bar begossen haben.[49]

Poe kehrte zunächst Anfang September nach Fordham zurück, um sich von seinen ›sprees‹ zu erholen und sich um ein Empfehlungsschreiben an Mrs. Whitman zu bemühen, die er in Providence aufzusuchen beabsichtigte.

Eine solche Empfehlung erhielt er von Miss M. J. McIntosh, einer Bekannten Mrs. Whitmans. Am 21. September stieß ›der Rabe‹ dann auf den ›Taubenschlag‹ herab, wie Mrs. Osgood prophezeit hatte. »Und nun lassen Sie mich, in den einfachsten Worten, die mir zu Gebote stehen, Ihnen den Eindruck malen, welchen mir Ihre persönliche Gegenwart machte. – Als Sie das Zimmer betraten, bleich, ängstlich, zögernd, und offenbar im Herzen bedrückt, als Ihre Augen für einen kurzen Moment flehentlich die meinen suchten, da fühlte ich, zum ersten Male in meinem Leben, und gestand mir zitternd ein, daß es geistige Einflüsse gibt, die der Verstand nicht mehr zu erfassen vermag. Ich sah, Sie waren *Helen, meine Helen* – die Helen von tausend Träumen – sie, deren imaginäre Lippen so oft auf den meinen geruht hatten in der göttlichen Verzückung der Leidenschaft – sie, der es vom großen Geber aller guten Gaben vorherbestimmt war, mein Eigen zu sein – allein mein Eigen – wenn nicht jetzt, ach! dann zum wenigsten nach dieser Zeit und *auf immer,* in den Himmeln.«[50]

Poe glaubte, ›Ligeia‹ gefunden zu haben; die Wirklichkeit kam dem Ideal sehr nahe. »Von allen Frauen, die ich je gekannt habe, war sie, die äußerlich stets so ruhige, sanftmütige Ligeia, die schmerzzerrissene Beute der heftigsten, nervenaufpeitschendsten Leidenschaftlichkeit.«

Er scheute keine Anstrengungen, ihre Gunst zu erringen. Um sich zu vergewissern, daß er sich das Geld für die Reise nach Providence nicht vergeblich borgen mußte, hatte er ihr zunächst aus New York einen Brief in verstellter Handschrift geschrieben, den er mit ›Edward S. T. Grey‹ unterzeichnete. Darin gab er vor, er sei ein ›Autographensammler‹, und bat sie, ihm ein paar Zeilen oder auch nur ein simples Autogramm zu widmen, gerichtet an eine Postadresse. Mrs. Whitman war ›Mr. Grey‹ gern gefällig, und Poe wußte, daß er sie sicher bei sich zu Hause antreffen würde. Ob sie den Trick von Anfang an durchschaute oder ob Poe ihn ihr später gestand, ist zweifelhaft; jedenfalls notierte sie auf den Umschlag besagten Schreibens: »Gesandt von E. A. P. unter einem angenommenen Namen, um sich zu versichern, daß ich mich in Providence aufhielt.«[51] Als nächstes kümmerte er sich um das nötige ›Startkapital‹: die Kosten für die Schiffspassage, etwas Taschengeld, um die Angebetete einmal ›fein ausführen‹ und seinen Aufenthalt bestreiten zu können, und um etwas Geld für einen neuen Rock, denn der alte, schwarze sah schon etwas schäbig und abgetragen aus. Von wem er sich die Summe lieh, ist nicht bekannt. Auf einer Daguerreotypie, die in Providence von ihm angefertigt wurde, sieht man ihn in einem hellen, lässigen Überrock mit sehr breiten Revers, eigenwillig geschlungener Krawatte und wie üblich über der Hemdbrust offenen Weste, betont bohemesk nur am oberen und unteren Knopf geschlossen.

So etwa kann man sich Poes Antrittsbesuch bei Mrs. Whitman vorstellen:

teilweise neu eingekleidet, seinen Militärmantel um die Schultern, das Haar sorgsam ›angefeuchtet‹ bzw. pomadisiert, daß es schwarz glänzte wie das Gefieder des ›Raben‹; den Oberlippenbart offiziershaft abgezirkelt und einen für seine Verhältnisse viel zu kostspieligen Blumenstrauß in der Hand. In Mrs. McIntoshs Empfehlungsschreiben hieß es: »Meine liebe Mrs. Whitman, dieser Brief wird Ihnen von Mr. Edgar A. Poe überreicht werden. Er ist Ihnen mittlerweile schon so gut bekannt, daß es unangebracht von mir wäre, mehr zu sagen, als nur seinen Namen zu nennen. Ich bin Mr. Poe sehr zu Dank verpflichtet, daß er mir Gelegenheit gibt, in einer so angenehmen Angelegenheit zu vermitteln, als welche sich, davon bin ich überzeugt, Ihre erste Begegnung darstellen wird...«[52]

›Helen‹ war von Mr. Poe tief beeindruckt und er von ihr. Nach den üblichen Begrüßungsfloskeln und ähnlichen Geschraubtheiten, wie sie in Mrs. McIntoshs Empfehlung standen, scheint er ziemlich schnell zur Sache gekommen zu sein und sie leidenschaftlich umworben zu haben. Sie gab sich verstört, schüchtern, gedankenvoll und fand auch Gelegenheit für geistreiche Äußerungen und soviel Esprit, wie sie sich erlauben zu können glaubte. Seinem Brief nach zu urteilen, huschte sie im Zimmer umher wie ein aufgescheuchter Kanarienvogel. Als Witwe von fünfundvierzig Jahren trug sie, trotz ihres noch immer jugendlichen Aussehens, Bedenken, dereinst als ›alte Jungfer‹ zu enden. Poe konnte, wenn er es darauf anlegte und seinen Charme spielen ließ, die Herzen von ›literary ladies‹ innerhalb kürzester Zeit zum Schmelzen bringen. Außerdem stand er unter Zeitdruck, also unter einem gewissen ›Erfolgszwang‹, denn seine Finanzen reichten höchstens für zwei oder drei Tage aus. Er setzte all seine Mittel ein, seine ›blaugrauen‹, melancholischen, durchdringenden Augen, seine von Kindheit an und später durch Vorträge und Rezitationen geschulte und betörende Stimme, seine gebildete Konversation, überhaupt sein ganzes Charisma. Sie unternahmen gemeinsame Spaziergänge, einmal auch über den städtischen Friedhof, und hier, in dieser so passenden, weiden- und zypressenumstandenen ›Ulalume-Atmosphäre‹, umgeben von Zierurnen und elegischen Statuen, gestand er ihr: »Helen, ich liebe jetzt – jetzt – zum ersten und zum einzigsten Male«[53]. Ein Heiratsantrag zwischen Gräbern. Die Situation glich einer Passage aus einer seiner Erzählungen. Der faszinierende, wortgewandte virginische Gentleman und die verschleierte, ätherische ›Seherin von Providence‹ an einem Septembertag auf einem stillen Kirchhof: ein seltsam weltfernes Paar. Sie bat sich erwartungsgemäß Bedenkzeit aus und versprach, ihm zu schreiben. Es war alles wie ein schöner Traum. Aber er ging nicht in Erfüllung. Als Poe nach New York zurückgefahren war, überlegte sie hin und her. Eine Romanze, in ihrem Alter! Es gab viele Gründe, die gegen eine solche Liaison sprachen. In ihrem versprochenen und sehnlichst erwarteten Brief schrieb sie am

30. September: »Sie werden mich vielleicht davon zu überzeugen versuchen, daß meine Person annehmbar sei für Sie – daß meine Züge Sie fesseln –, doch in dieser Hinsicht bin ich so wandelbar, daß ich Sie unvermeidlich enttäuschen würde, sollten Sie hoffen, in mir noch morgen die nämliche Anschauung wiederzufinden, welche Sie heute gewannen. Und weiters, obschon meine Verehrung für Ihren Geist und meine Bewunderung für Ihr Genie mir in ihrer Gegenwart das Gefühl geben, ein *Kind* zu sein, so sind Sie sich vielleicht doch nicht darüber im klaren, daß ich viele Jahre älter bin denn Sie selber. Ich *fürchte,* Sie wissen es nicht, fürchte, Sie würden, *hätten* Sie's gewußt, nicht das für mich empfunden haben, was Sie empfinden... Ich sehe, daß ich Ihnen jetzt nicht alles sagen kann, was ich versprach. Ich kann Ihnen nur sagen, daß, hätte ich Jugend, Gesundheit und Schönheit, ich leben würde für Sie und sterben mit Ihnen. *Jetzt* aber, sollte ich's mir erlauben, Sie zu lieben, könnte ich mich nur einer hellen, kurzen Stunde des Entzückens freuen und dann sterben – vielleicht...«[54]

Poe sah sich schon fast am Ziel seiner Wünsche; er setzte all seine Überredungskraft ein, ihre Bedenken und Vorbehalte zu zerstreuen: ›Hat die Seele denn ein Alter, Helen? Kann die Unsterblichkeit mit Zeiten rechnen?‹, und was ihre Andeutung betraf, sie hätte vielleicht nicht mehr lange zu leben, so schien ihn gerade dieser Gedanke zu inspirieren.

Obwohl Mrs. Whitman Poe um fast dreißig Jahre überlebte, glaubte sie wegen eines Herzleidens fest an ihren frühen Tod und verstörte hin und wieder ihre Freunde und Bekannten, indem sie in düster-melancholischen Briefen ›zum letzten Male von ihnen Abschied nahm‹. Dieser etwas morbide Zug an ihr dürfte auf Poe, der sich oft in ähnlichen Stimmungen befand, einen besonderen Reiz ausgeübt haben.

In vielen Biographien wird von der ›Leidenschaftslosigkeit‹ ihrer Beziehung gesprochen, einer ›hochstilisierten‹ Affäre zwischen zwei zu künstlichen Gefühlsausbrüchen neigenden Menschen, einem Dichter und einer Dichterin, die sich effektvoll in Szene setzten. Aber dies ist höchst unwahrscheinlich. Mrs. Whitman äußerte einmal in einem Brief an Ingram, Poe habe sich in jeder Hinsicht wie ein ›normaler Mann‹ verhalten, womit sie zu verstehen gab, daß sich seine Leidenschaft bestimmt nicht nur auf dem Papier ausdrückte; und Poe schreibt immer wieder von ›langen und glühenden‹ Küssen und wie er sie liebkosen und an sein Herz drücken wolle. Das Klischee von einem Frauen gegenüber in seinen Regungen gestörten, stets keuschen, nur ›mit der Seele liebenden‹ Neurotiker läßt sich nach einem genauen Quellenstudium unmöglich aufrechterhalten.

Inzwischen hatte sich Poes Interesse für die ›reiche Witwe‹ bis nach New York herumgesprochen, und alsbald erhielt Mrs. Whitman eine Flut von Briefen aus allen Teilen der Vereinigten Staaten, die sie vor einer Verbindung

Poe, 1848. In Providence aufgenommene Daguerreotypie

mit diesem ›amoralischen Subjekt‹ warnten. Die alten Geschichten wurden wieder aufgewärmt, insbesondere die peinliche Osgood-Ellet-Affäre; seine Trunksucht, seine Armut, seine Prinzipienlosigkeit, seine Verschuldung, seine skandalösen Auftritte etc. Sie reagierte verunsichert und schrieb Poe um den 10. Oktober in wesentlich distanzierterem Tonfall, daß eine Heirat zwischen ihnen nicht in Frage komme. Dabei erwähnte sie auch die verschiedenen Anschuldigungen gegen ihn, die ihr zu Ohren gekommen seien: »Wie oft habe ich Männer wie Frauen von Ihnen sagen hören: ›Er hat große, geistige Kräfte – aber keine Prinzipien, keine Moral.‹« Poe war bis ins Mark getroffen. Seine Verteidigung vom 18. Oktober zeigt, wie sehr ihn diese Vorwürfe erschüttert hatten:

»Ist's denn zu fassen, daß solche Behauptungen wie diese an mich wiederholt werden konnten – an mich – von einer, die ich liebte – ach, die ich liebe – von einer, zu deren Füßen ich kniete – und noch immer knie – in tieferer Verehrung, die je ein Mensch Gott entgegenbrachte? – Und Sie fahren fort und fragen mich, warum solche Meinungen über mich verbreitet sind. Sie werden die Frage bedauern, Helen, wenn ich Ihnen sage, daß ich es – bis zu dem Augenblick, da mein Blick zum ersten Male auf diese furchtbaren Worte fiel – nicht für möglich gehalten hätte, daß solche Ansichten überhaupt existierten: – aber daß dem doch so ist, bricht mir das Herz und trennt uns auf immer … Es gibt keinen Schwur, der mir so geheiligt scheint als den bei der unvergänglich-göttlichen Liebe, die ich für Sie empfinde. Bei dieser Liebe denn und bei dem Allmächtigen Gott im Himmel schwöre ich Ihnen, daß meine Seele der Ehrlosigkeit nicht fähig ist, daß ich mich, mit Ausnahme gelegentlicher Torheiten und Exzesse, die ich bitterlich beklage, aber zu denen ich durch unerträglichen Schmerz getrieben wurde, und die stündlich von anderen begangen werden, die damit keinerlei Aufmerksamkeit auf sich lenken, an keine einzige Handlung in meinem Leben erinnern kann, derer ich mich – oder Sie – sich zu schämen hätten. Sollte ich mich in dieser Beziehung überhaupt je verirrt haben, so auf Grund dessen, was die Welt ein Quichotisches Ehrgefühl nennen würde – einer übertriebenen Ritterlichkeit. Daß ich mich solchem Gefühl gänzlich hingab, ist die wahre ›Wollust‹ meines Lebens gewesen. Es war aus dieser Art Extravaganz heraus, daß ich in meiner frühen Jugend lieber ein ansehnliches Vermögen fortwarf, als eine unbedeutende Ungerechtigkeit zu ertragen. Daran allein lag es, daß ich in einer späteren Periode meinem eigenen Herzen Gewalt antat und heiratete, um jemand anderen glücklich zu machen, obwohl ich doch wußte, daß für mich kein Glück daraus erwachsen konnte. Ach, wie tief ist meine Liebe für Sie, daß ich mich zu so intimen Bekenntnissen hinreißen lasse, für die Sie mich unweigerlich verachten müssen!«[55]

Dieser Brief spricht für sich: Poe, der gekränkte Millionenerbe und selbstlose Heiratskandidat! Aber er beweist auch, daß er zu allem entschlossen war, seine ›Helen of a thousand Dreams‹ für sich zu gewinnen. Er liebte sie in der Tat bis zum Wahnsinn, sie schien ihm die ›rettende Klippe in sturmumtoster See‹ – und sämtliche Versuche seiner Biographen, Liebesbriefe abschätzig zu beurteilen, die nie zur Veröffentlichung bestimmt waren, ihnen beiden ein tieferes Gefühl füreinander abzusprechen, wirken wenig überzeugend. Gewiß, es war eine Epoche sentimentaler Herzensergüsse, und Poes weitschweifige Schwüre nehmen sich oft etwas elaboriert aus, aber es drückt sich in ihnen ein Sehnen nach Liebe aus, das ihn, blieb es ungestillt, zur Verzweiflung treiben mußte.

Poe versicherte ihr ferner, er sei froh darüber, daß sie selbst kein eigenes Vermögen besitze und gänzlich von ihrer Mutter abhängig sei – dies enthebe ihn einer großen, inneren Belastung. Das war sicher aufrichtig gemeint. Vor allem lag ja das Gerücht in der Luft, er habe es nur auf ihr Geld abgesehen. Er wußte, daß er Feinde hatte, aber daß sich nun plötzlich die ganze Welt zu verschwören schien, um ›Helen‹ gegen ihn zu beeinflussen, bedeutete für ihn einen Schock, von dem er sich nie wieder ganz erholte. Hier liegt auch der eigentliche Wendepunkt seines Schicksals; eine Erschütterung, die ihn letztlich zerrieb: »Er wird früh sterben, es kommt ganz auf die Stürme oder den Sonnenschein an, denen er ausgesetzt ist«, hatte Dr. Francis vor kurzem über ihn gesagt. Aber das Wetter war stürmisch.

Kurz nach Erhalt von Mrs. Whitmans Brief reiste er abermals überstürzt und völlig aufgewühlt nach Providence, wagte aber, dort angekommen, nicht, sie aufzusuchen, aus Angst vor einem endgültigen Abschied. Stattdessen irrte er ziellos in der Stadt umher und saß – so behauptete er jedenfalls – stundenlang auf der Bank auf jenem Friedhof, wo er ihr zum erstenmal seine Liebe gestanden und ›bebend seinen Arm um sie gelegt‹ hatte, und unverrichteter Dinge kehrte er nach Fordham zurück. Er vermutete, wahrscheinlich zu Recht, daß vor allem Mrs. Ellet hinter den üblen Gerüchten steckte, die über ihn verbreitet wurden. Er ging auch auf die Verleumdungsklage gegen Hiram Fuller und den ›Evening Mirror‹ ein und erklärte, weshalb man ihm besonders in den Literaturkreisen Neuenglands nicht gerade wohlgesonnen sei: ». . . Und Sie, die Sie dies alles wissen – *Sie* fragen mich, *warum* ich Feinde habe. Ach, Helen, für jeden einzelnen Feind könnte ich Ihnen hundert Freunde aufzählen – aber ist Ihnen niemals in den Sinn gekommen, daß Sie nicht unter meinen Freunden leben? Miss Lynch, Miss Fuller, Miss Blackwell, Mrs. Ellet – weder sie noch diejenigen, welche unter ihrem Einfluß stehen, sind Freunde von mir. Hätten Sie all meine Kritiken gelesen, würden sie verstehen, warum die Channings – der Emerson- und Hudsonklüngel –, kurz, die gesamte ›Longfellowclique‹ – die Clique der ›N. American Review‹ –, würden Sie, sage ich, verstehen, warum all jene, die *Sie* so gut kennen, *mich* *ver*kennen und meine Feinde sind.«[56]

Ende Oktober sollte er einen weiteren Vortrag in Lowell halten. Vorher machte er abermals in Providence Zwischenstation, suchte Mrs. Whitman auf und wiederholte seinen Heiratsantrag. »Er versuchte mich davon zu überzeugen«, schreibt sie rückblickend an verschiedenen Stellen, »daß ich sein Leben von der stumpfen Verzweiflung befreien könnte, die auf ihm laste, und ihn zu genialen Werken inspirieren würde, wie er sie noch nie zuvor geschrieben habe. Aber trotz der Beredsamkeit, mit welcher er seine Wünsche und Hoffnungen vorbrachte, wußte ich doch nur zu gut, daß ich nicht wohl hoffen durfte, einen solchen Einfluß auf ihn auszuüben, denn ich war gänzlich von meiner Mutter abhängig und ihr Leben untrennbar mit dem meinen verbunden.

... ich versprach ihm, daß ich ihm bald eine definitive Antwort zukommen lassen würde, und zwar nach Lowell, wo er auf Einladung von Freunden – vielmehr einiger Personen, die ihn dort im vergangenen Juni oder Juli gehört hatten – einen Vortrag halten sollte. Es herrschte damals gerade große Aufregung über die bevorstehenden Präsidentschaftswahlen; der Zeitpunkt für eine öffentliche Vorlesung war ungünstig ...«[57]

Ebenso ungünstig, ja geradezu fatal wirkte sich der Umstand aus, daß Poe in Lowell bei den Richmonds wohnte, im Haus ›Annies‹, seines ›Schwarms‹ vom letzten Sommer. Das Warten auf Mrs. Whitmans endgültige Entscheidung zehrte an seinen Nerven, und sie zögerte lange – zu lange –, bevor sie ihm ihren Entschluß mitteilte. Hin- und hergerissen zwischen Vernunft und Gefühl und zweifellos von ›freundlichen Warnungen‹ ihrer Freunde und Bekannten beeinflußt, die ihr nach wie vor schrieben oder gar persönlich bei ihr vorsprachen – nicht zuletzt von den Vorbehalten ihrer herrischen Mutter, die von Anfang an gegen eine Verbindung mit diesem ›Habenichts von schlechtem Ruf‹ war –, schickte sie ihm schließlich einen vagen, recht kühlen Brief, der mehr nach einer Absage als nach Zustimmung klang. Das Gassenlied, das in Philadelphia über Poe in Umlauf war, schien sich zu bewahrheiten:

> »Mr. Poe was a man of great riches and fame,
> And I loved him, I'm sure, though I loved not his name.
> He asked me to wed – in a rage I said, No.
> I'll never marry you and be called Mrs. Poe.«

22. KAPITEL

Der Komet

Mr. Charles B. Richmond war ein wohlhabender Papierfabrikant und lebte mit seiner Familie in einer Art Gutshaus, einem hübschen, von weitläufigen Gärten umgebenen, zweistöckigen Steingebäude in der Ames Street, am Rand der Stadt. Seine Frau war damals achtundzwanzig Jahre alt, eine ›warmherzige junge Matrone‹, deren Leben von ihren Familienpflichten, zahlreichen Freunden, ihrer Mitgliedschaft in der unitarischen Kirche und Wohltätigkeitsveranstaltungen bestimmt wurde. In dieser Hinsicht glich sie Mrs. Shew. Vor allem war sie erfrischend unliterarisch. In ›Landor's Cottage‹ beschreibt Poe fast autobiographisch seine erste Begegnung mit ihr:»Da nirgends eine Klingel zu entdecken war, pochte ich mit meinem Stock gegen die Tür, die halb offen stand. Sogleich trat eine Gestalt auf die Schwelle – die einer jungen, etwa 28-jährigen Frau – schlank; oder vielmehr schmächtig, und etwas über Mittelgröße. Als sie sich näherte, mit einer gewissen züchtigen Entschiedenheit im Schritt, die schier unbeschreiblich ist, sagte ich zu mir selber: ›Wahrlich, hier bin ich endlich der vollendeten natürlichen – zum Unterschied zur künstlich erworbenen – *Anmut* begegnet.‹ Der zweite Eindruck, den sie auf mich machte, jedoch der weit lebhaftere von beiden, war der von etwas *Schwärmerischem.* Ein derart konzentrierter Ausdruck von *Romantik,* wie ich es vielleicht nennen sollte, oder auch von Unirdischheit, wie er aus ihren tiefliegenden Augen schimmerte, hatte sich mir noch nie zuvor ins innerste Herz gesenkt. Wie es zugeht, weiß ich nicht; aber gerade dieser eigenartige Ausdruck eines Auges & wie er sich gelegentlich zu den Lippen weiter fortpflanzt, ist für mich der mächtigste, wenn nicht gar der *einzige* Zauber, durch den eine Frau mein Interesse fesseln kann. ›Romantik‹, – vorausgesetzt, meine Leser verstehen voll & ganz, was ich unter diesem Wort alles in sich begriffen wissen möchte – ›Romantik‹ & ›Weiblichkeit‹ scheinen mir vertauschbare Ausdrücke: ist doch in allerletzter Instanz, das, was der Mann an der Frau wahrhaft liebt, eben ganz schlicht ihre *Fraulichkeit.* Die Augen Annie's – (ich hörte, wie sie Jemand, von drinnen her, ›Annie, Liebste!‹ rief) – waren ›spirituell grau‹, ihr Haar von einem leichten Kastanienton: das ist Alles, was ich von ihr wahrzunehmen Zeit hatte.«[1]

›Annie's‹ Mann hatte scheinbar gegen Poes Freundschaftsbezeugungen nichts einzuwenden. »Seine Zuneigung zu mir«, schrieb Mrs. Richmond später an Ingram, »ist die teuerste Erinnerung in meinem Herzen. Es bedeutet mir nichts, wer seine Freunde waren oder seine Freundinnen, wie viele es davon gab und wie lieb er sie hatte. Mir genügt die Sicherheit, daß ich unter diesen Freunden *einen Platz einnahm.* Natürlich würde – könnte – die Welt niemals die Art unserer Freundschaft verstehen, und ich habe es stets vermieden, von ihm als einem *Freund* zu sprechen; ich nannte ihn immer einen Bekannten . . . ich brauche Ihnen nicht zu sagen, was man aus dieser Korrespondenz (d. h. Poes Briefen an sie) alles herauslesen könnte – tatsächlich würden neun von zehn Personen . . . alles mögliche hineininterpretieren . . . Es schien mir nur so, daß ein Biograph seiner Lebensgeschichte seiner Ehrbarkeit und Anständigkeit nicht gerecht werden würde, wüßte er nichts um den Inhalt dieser Briefe . . .«[2]

Ingram mißbrauchte ihr Vertrauen und veröffentlichte trotz ihrer ausdrücklichen Bitte, es zu unterlassen, 1878 Poes Liebesbriefe an sie, die sie ihm in Abschriften zugesandt hatte, um gewisse Verleumdungen zu entkräften. Mrs. Richmond, schockiert über diese Indiskretion, brach daraufhin ihre fast zweijährige Korrespondenz mit Poes erstem wichtigen Biographen abrupt ab. Immerhin blieben so einige Briefe der Nachwelt erhalten, die sonst bestimmt wie viele andere vernichtet worden wären.

Poe und ›Annie‹ hatten nie ein ›Verhältnis‹ miteinander. Während sie eher eine bewundernde, ›schwesterliche‹ Zuneigung zu ihm empfand, träumte er allerdings von einer festeren Bindung, von ihrer Scheidung, damit sie ›ihm allein gehöre‹, sogar vom Tod ihres Mannes. »Sprich mir nicht von Annie«, schrieb er am 28. August 1849 an Mrs. Clemm. »Ich kann es jetzt nicht hören – es sei denn, Mr. Richmond wäre tot.«[3] Aber sie dachte nicht an eine Trennung von ihrem Gatten und ihrer kleinen Tochter Carrie – Edgar war ein sehr lieber Freund, nicht mehr und nicht weniger. Daß er sich Hoffnungen machte, war sein Fehler und seine Tragik.

Vorläufig, ›im entlegnen Oktober‹, kreisten all seine Gedanken noch um ›Helen‹ und ihre Einverständniserklärung in eine Heirat, die er täglich erwartete. Das langersehnte Schreiben aus Providence traf endlich ein, und Poes Miene war anzusehen, daß es nichts Gutes für ihn enthielt. Nachdem er Mrs. Whitman brieflich um ein Treffen am 4. November gebeten hatte, bat er ›Annie‹ mit Grabesstimme um eine letzte Gefälligkeit: sie solle ihm versprechen, ihn an seinem Sterbelager zu besuchen. Dann brach er auf und ließ seine freundlichen Gastgeber verstört und besorgt zurück.

»Sie sahen, Sie *fühlten* den wühlenden Seelenschmerz, mit dem ich Ihnen Lebewohl sagte – Sie entsinnen sich meiner düstern Ausdrücke – einer furchtbaren, grauenvollen Unheilsahnung – Wahrhaftig – *wahrhaftig,* es war mir, als trete der Tod in eben diesem Augenblick an mich heran und als hülle mich schon der Schatten ein, welcher ihm voranging. – Als ich Sie an mein Herz preßte, da sagte ich mir – ›es ist zum letzten Mal, bis wir uns wieder treffen im Himmel.‹ Ich erinnere mich an nichts mehr deutlich von jenem Augenblick an, bis ich mich in Providence befand – ich ging zu Bett und durchweinte eine lange, lange, gräßliche Verzweiflungsnacht. – Als der Tag anbrach, stand ich auf und gab mir Mühe, meinen Geist durch einen raschen Gang in der kalten, scharfen Luft zu beruhigen – doch es *wollte* alles nichts ausrichten – der Dämon folterte mich weiter. Schließlich besorgte ich mir zwei Unzen Laudanum, und ohne in mein Hotel zurückzukehren, nahm ich den Zug zurück nach Boston. Als ich ankam, schrieb ich Ihnen einen Brief, in welchem ich Ihnen mein ganzes Herz eröffnete – *Ihnen* – meiner Annie, die ich so wahnsinnig, so rasend liebe – ich sagte Ihnen, wie ich schier über meine Kräfte mit mir gerungen – wie meine Seele sich aufgelehnt gegen die Worte, die zu sagen waren – und daß ich nicht einmal um Ihretwillen es über mich bringen könnte, sie auszusprechen. Ich mahnte Sie dann an jenes heilige Versprechen, welches das letzte war, was ich Ihnen beim Abschied zu entringen vermochte – das Versprechen, Sie würden unter allen Umständen zu mir an mein Totenbett kommen – und ich flehte Sie nun an, zu kommen – und erwähnte die Stelle, wo man mich finden würde in Boston. – Nachdem ich diesen Brief geschrieben, schluckte ich etwa die Hälfte des Laudanum und eilte zum Postamte – in der Absicht, den Rest nicht eher zu nehmen, als bis ich Sie gesehen – denn ich zweifelte keinen Augenblick, daß *meine geliebte* Annie ihr heiliges Versprechen halten würde. – Doch ich hatte die Stärke des Laudanum nicht berechnet, denn noch ehe ich das Postamt erreichte, schwand mir jegliche Vernunft, und der Brief ward niemals eingesteckt. Lassen Sie mich, meine liebe *Schwester,* die furchtbaren Schrecken übergehen, welche folgten. Ein Freund war zur Hand, der Hilfe bot und (wenn das Rettung genannt werden kann) mich rettete – doch erst in den letzten drei Tagen bin ich im Stande gewesen, mich zu erinnern, was in jener trostlosen Zwischenzeit geschah. Es scheint, daß ich, nachdem das Laudanum vom Magen verschmäht wurde, ruhig ward und für einen zufälligen Beobachter ganz bei Sinnen wirkte – so daß mir gestattet ward, nach Providence zurückzugehen.«[4]

Am 7. November sandte Poe von seinem Hotel in Providence aus Mrs. Whitman eine kurze Mitteilung, in der er sich dafür entschuldigte, daß er ihre Verabredung vom 4. nicht habe einhalten können; er sei sehr krank – so krank, daß er nach Hause zurückkehren müsse, solange ihm noch Zeit dazu bliebe; »... aber wenn Sie sagen ›bleib‹, so will ich mich zusammennehmen und bleiben. Sollten Sie verhindert sein, mich zu sehen, schreiben Sie mir nur, *daß* Sie mich lieben und *unter allen Umständen* die meine werden. Bedenken Sie, daß Sie diese Worte, nach denen mein Herz so sehr verlangt, noch niemals ausgesprochen haben – und doch machte ich Ihnen keinen Vorwurf daraus . . .

Wenn Sie mich treffen können, und sei's auch nur für ein paar kurze Augenblicke, tun Sie's – wenn nicht, schreiben Sie – oder senden Sie mir irgendeine Nachricht, die mir Trost spendet.«[5]

Schon die unebenen Schriftzüge weisen darauf hin, daß er sich in einem besorgniserregenden Zustand befand. Die Nacht über hatte sich in seinem Hotel – zweifellos das ›Earl's‹, wo er schon früher abgestiegen war – ein gewisser Mr. MacFarlane, ein Bekannter der Whitmans, um ihn gekümmert. Am folgenden Morgen wußte er Poe zu überreden, im Studio von Masury & Hartsthorn eine Daguerreotypie von sich anfertigen zu lassen, vielleicht, um ihn aufzuheitern und auf andere Gedanken zu bringen. Dort wurde er etwas ›hergerichtet‹, sein Haar geölt und gelegt und seine Krawatte ›anständig‹ gebunden. Er trägt auf der Aufnahme einen dunklen Rock; seine Hand liegt, durch die wie stets in der Mitte aufgeknöpfte, schwarze Weste geschoben, auf seinem Herz. Es ist ein erschreckendes Bild. Mrs. Whitman nannte es später das ›Ultima Thule Porträt‹ – er vermittle darauf den Eindruck, als sei er ›eben noch dem äußersten Weltenende des Grauens entrissen worden‹. Sein Gesicht wirkt entstellt und disproportioniert, die Miene gequält, unendlich traurig und verloren, fast kindlich.

Als ›Helen‹ am selben Vormittag sein Schreiben erhielt, sandte sie ihm eine Notiz, sie werde ihn ›in einer halben Stunde‹ im Athenäum erwarten, einem öffentlichen, klassizistischen Gebäude mit mehreren Hörsälen, in dem sich auch die Stadtbibliothek befand. Hier kam es, wahrscheinlich um die Mittagszeit, zu einer erneuten Aussprache zwischen ihnen. Bei dieser Gelegenheit zeigte sie ihm einige der Briefe, in denen sie vor ihm gewarnt wurde. Poe scheint allzu heftig darauf reagiert zu haben, und sie trennten sich im Zorn. Dennoch blieb er weiterhin in Providence, wanderte ziellos durch die Straßen und fing bald darauf an, sich zu betrinken.

Am nächsten Tag sprach er in einer noch schlimmeren Verfassung als bei ihrer letzten Begegnung unangemeldet in ihrem Hause vor. Mrs. Whitman hatte zum erstenmal Angst vor ihm. Von ihrem Zimmer aus hörte sie schon, wie er im Flur laut nach ihr rief. Sie zögerte, ihn überhaupt zu empfangen. Ihre Poe gegenüber sonst so abweisende Mutter, Mrs. Power, schien jedoch so etwas wie Mitleid für den Rasenden zu empfinden, der offenbar nicht recht bei Sinnen und einem Zusammenbruch nahe war, und bat sie, ihn so lange zu beschwichtigen, bis sie ihren Hausarzt, Dr. A. H. Okie, herbeigerufen habe. »Er besuchte mich«, erinnerte sich Mrs. Whitman, »in einem Zustand wilder und wahnsinniger Erregung. Ich sollte ihn vor irgendeinem gräßlich drohenden Unheil erretten. Seine Stimme war erschreckend und schallte laut durch das Haus. Niemals hörte ich etwas so Schreckliches – es war schrecklich bis zur Erhabenheit.«[6]

Poe klammerte sich so heftig an sie, daß ihr Musselinkleid zerriß. Er flehte

Edgar Allan Poe, 1848. Daguerreotypie

und drohte. Zuletzt verfiel er anscheinend in eine Art Koma, einen jener halb bewußtlosen Zustände, wie sie schon Mrs. Shew an ihm beobachtet hatte. Dr. Okie diagnostizierte einen ›übergroßen Blutandrang im Gehirn‹ (›cerebral congestion‹), und es ist bemerkenswert, daß auch er eine Schädigung einer der beiden Gehirnhälften vermutete. Der Patient bedürfe jetzt vor allem der Ruhe und liebevoller Pflege.

Eine heikle Situation! In der Nachbarschaft wurde ohnehin schon über die Affäre geklatscht. Man beschloß daher, ihn zunächst bei einem guten Bekannten unterzubringen, einem Mr. William J. Pabodie, der in der Nähe wohnte und sich freundlich bereit erklärte, einige Tage für den armen Dichter zu sorgen. Mrs. Whitman, bestürzt über diese Szene und wohl auch über Poes Beteuerungen, er habe vor kurzem einen Selbstmordversuch verübt, gelangte nach langem Ringen zu der Überzeugung, daß sie in der Tat Poes einzige Rettung sei. Wenn ihn seine Liebe zu solcher Verzweiflung trieb, mußten seine Gefühle aufrichtig sein. Natürlich ahnte sie nichts von seiner neu erwachten Leidenschaft für ›Annie‹ Richmond. Vielleicht fürchtete sie sich auch ein wenig vor seiner Reaktion, wenn sie ihn abermals zurückwies. Jedenfalls erklärte sie sich, nachdem er genesen war, am 13. November bereit, seine Frau zu werden, freilich unter den Bedingungen, daß er fortan strikt abstinent lebe und keinerlei vermögensrechtliche Ansprüche stelle. Ihr gesamtes Hab und Gut sollte von ihrer Mutter verwaltet werden. Der ersten Forderung stimmte er freudig zu, der zweiten eher halbherzig, da er darin einen Beweis ihres Mißtrauens gegen ihn sah. Der Hochzeitstermin wurde auf den 25. Dezember festgesetzt. Am nächsten Tag fuhr er nach New York zurück, um seine Angelegenheiten zu regeln und Mrs. Clemm von der frohen Botschaft zu unterrichten. Vom Dampfschiff aus schrieb er seiner Verlobten:

»Meine inniggeliebte, teuerste Helen, *so* gütig, so wahr, so edelmütig – so unbewegt von allem, was eine jede bewegt hätte, die weniger gewesen wäre denn ein Engel: – Geliebte meines Herzens, meiner Phantasie, meines Geistes – Leben meines Lebens – Seele meiner Seele – teure, teuerste Helen, wie könnte ich Ihnen nur jemals richtig danken!

Ich bin ruhig und gelassen, und wäre nicht ein sonderbarer Schatten kommenden Übels, welcher mich verfolgt, ich sollte wohl glücklich sein. Daß ich's nicht im höchsten Grade bin, selbst wenn ich Ihre teure Liebe im Herzen fühle, erschreckt mich. Was kann dies bedeuten? Vielleicht jedoch ist es einzig die notwendige Reaktion auf solch schreckliche Erregung.«[7]

Seltsam – nun, da er am Ziel seiner Wünsche angelangt schien, fühlte er sich zutiefst unglücklich. »Es muß«, so lautete der wichtigste Grundsatz seines Helden Ellison in ›Der Park von Arnheim‹, »ein Gegenstand unablässigen Trachtens vorhanden sein«. Der Anstieg ist die Erfüllung, nicht der Gipfel –

das Spiel, nicht der Gewinn – ›nicht in der Erkenntnis liegt das Glück, sondern im Erwerb der Erkenntnis‹. Poe *hatte* gewonnen und wäre dabei zuletzt fast zugrunde gegangen: Mrs. Whitman, die ›Seherin von Providence‹, Ligeia, die ›Helen von tausend Träumen‹ war die seine geworden. Lag es am ›Alb der Perversheit‹, daß er sich seines Sieges nicht recht zu freuen wußte? Vielleicht war der Preis zu hoch gewesen; »ich bekenne auch«, schrieb er ihr am 24. November, »daß die unerträglichen Insulten Ihrer Mutter und Schwester noch immer an meinem Herzen fressen«. Daß sie ihr Vermögen auf das ihrer Mutter umschreiben lassen wollte, war, abgesehen von wirtschaftlichen Gesichtspunkten, in der Tat eine Beleidigung. Sie hatten alle kein Vertrauen zu ihm. Im übrigen war er es leid, sich ständig wegen seiner Trunksucht oder seiner Amoral verteidigen zu müssen. In einer seiner ›Marginalien‹, die er einige Wochen später verfaßte, hieß es: »Man beteuere einem Schufte täglich zu mehren Malen, er sei die Rechtschaffenheit in Person, und er wird sich in allem Ernst zumindest den Anschein einer perfecten ›Respectabilität‹ geben. Andererseits beschuldige man einen ehrenhaften Menschen allzu beharrlich der Schurkerei, und er wird voll perversen Ehrgeizes danach streben, den Beweis zu liefern, daß solcher Anwurf nicht aller Berechtigung entbehre.«[8]

Wie anders war da ›Annie‹, die ihm blind vertraute, die so beruhigend auf ihn wirkte und seine Hand hielt, wenn ihn Verzweiflung übermannte, und die so gar nichts von der Künstelei und der Gehässigkeit der Literaten an sich hatte, in deren Bannkreis sich auch Mrs. Whitman befand! Ihre ›spirituell grauen‹ Augen und ihr kastaniengetöntes Haar gingen ihm nicht aus dem Sinn. Daß er sich ausgerechnet in zwei Frauen auf einmal verlieben mußte! Zwei Tage nach seiner Rückkehr nach Fordham schrieb er Mrs. Richmond einen leidenschaftlichen Brief, in dem er sie als ›meine Annie‹, ›mein Liebling‹, ›meine inniggeliebte süße Schwester‹ und ›das Weib meiner Seele‹ bezeichnete. Er muß auch Mrs. Clemm viel von ihr erzählt haben. Diese war, ebenso wie Mrs. Power, gegen eine Verbindung ihres ›Eddie‹ mit Mrs. Whitman. Sie schrieb in diesem Sinne sogar einen Brief an ›Annie‹.

Auf der anderen Seite hieß es in einem Brief Mrs. Whitmans an eine Freundin, Mrs. Hewitt: »Ich würde mich Ihnen gegenüber, meine liebe Mrs. Hewitt, nicht so freimütig geäußert haben, wenn meine Anteilnahme an Mr. Poe mehr dem Gefühl entspräche, das man gemeinhin *Liebe* nennt. Es ist etwas zugleich Innigeres & Entfernteres – eine seltsam unerklärliche Verzauberung, die ich weder analysieren noch verstehen kann.«[9]

Wie die ›literati‹ über die Verlobung dachten, zeigt ein Schreiben Horace Greeleys an den ›Reverend‹ Griswold: »Kennen Sie Sarah Helen Whitman? Sie haben sicher schon munkeln hören, daß sie Poe heiraten soll. Na, sie schien mir immer ein vernünftiges Mädchen zu sein – und Sie wissen, was Poe ist. Nun weiß ich zwar, daß eine Witwe unbestimmten Alters fast jeden weißen Mann ehelichen würde, aber dies scheint mir doch eine schreckliche Verbindung. Kennen Sie keinen Freund Mrs. Whitmans, der oder die ihr über Poe die Augen öffnen könnte? Ich habe mich in so etwas noch nie eingemischt, bis auf einmal, und das Resultat waren zwei Feinde und eine um so raschere Eheschließung; aber ich glaube, daß sie (Mrs. W.) hereingelegt wird. Mrs. Osgood müßte sie kennen ...«[10]

Während ›wohlmeinende Freunde‹ auf Mittel und Wege sannen, die Heirat zu hintertreiben, schrieb Poe im Zwiespalt seiner Gefühle glühende Liebesbriefe an ›Annie‹ und ›Helen‹. Er wandte sich außerdem an Edward Valentine, den Bruder der ersten Mrs. Allan, den er inständig bat, ihm 200 zu leihen, damit er eine eigene Zeitschrift auf die Beine stellen könnte – vielleicht in Wahrheit, um ein ›standesgemäßes Aufgebot‹ zu bestreiten. Die Situation war so verzwickt wie ein schwieriges Puzzlespiel.

Am 20. Dezember sollte er im Earl House in Providence vor großem Auditorium einen Vortrag über das ›Poetische Prinzip‹ halten. Kurz vor seiner Abreise traf er mit einer Bekannten, Mrs. Hewitt, zusammen, die sich später an folgendes Gespräch zwischen ihnen erinnerte: »›Mr. Poe, fahren Sie nach Providence, um zu heiraten?‹ ›Nein, Madam‹, erwiderte der Dichter, ›ich fahre nicht nach Providence, um zu heiraten, sondern um einen Vortrag über Poesie zu halten.‹ Dann, nach einer Pause und mit einem Ausdruck großer Reserviertheit, fügte er hinzu: ›Diese Heirat wird vielleicht niemals stattfinden.‹«[11]

Sein öffentlicher Auftritt im Earl House war ein riesiger Erfolg, der größte Erfolg, den er je mit einem Vortrag gehabt hatte. Fast zweitausend Personen fanden sich ein, ihn zu hören. Es gab stehende Ovationen, und Poe schwebte auf Wolken. Am 22. unterzeichnete er einen Rechtsvertrag, in dem Mrs. Whitmans gesamtes Vermögen – etwa 8300 in Banknoten und Pfandbriefen – ihrer Mutter, Mrs. Power überschrieben wurde. Einen Tag später sandte er Mrs. Clemm eine kurze Nachricht: »Unsere Trauung findet am Montag statt, und wir werden am Dienstag mit dem ersten Zug in Fordham eintreffen.« Aber er kehrte bleich und verstört allein nach New York zurück. Mrs. Whitman schildert detailliert, woran die Hochzeit scheiterte: »Unser Verlöbnis war von vornherein an gewisse Bedingungen geknüpft. Meine Mutter stellte sich unserer Verbindung unnachgiebig entgegen, und da ich in finanzieller Hinsicht ganz von ihr abhängig war, konnte ich, selbst wenn ich es gewollt hätte, nicht ohne ihr Einverständnis handeln. Bei seinen Besuchen in Providence kam es auf Grund dieser Antipathie zu vielen schmerzlichen Szenen. Das Gerücht, daß sie einmal die Polizei gerufen hätte, entbehrt jedoch jeglicher Grundlage. Noch ließ sich Mr. Poe – wie ihm vorgeworfen wurde – irgendwelche exzessiven Auftritte oder gar Gewalttätigkeiten zuschulden kommen, nachdem er das widerwillige Einverständnis meiner Mutter für unsere Trauung erlangt hatte, die kurz darauf stattfinden sollte. Diese Einwilligung gab meine Mutter erst am Abend des 22. Dezember. Am 23. schrieb Mr. Poe eine Nachricht an den Reverend Dr. Crocker, in der er ihn ersuchte, unsere Absicht zu heiraten einen Tag später (dem 24. Dez.) bekanntzugeben...

Morgens unternahmen wir einen gemeinsamen Ausritt und verbrachten die meiste Zeit des Tages mit den für meinen so plötzlichen Ortswechsel nötigen Vorbereitungen. Am Nachmittag – wir hielten uns gerade in einer der städtischen Leihbibliotheken auf – wurde mir eine Mitteilung ausgehändigt, in der man mich vor dieser unüberlegten Eheschließung warnte und über einige Dinge aus Mr. Poes jüngster Vergangenheit informierte, von denen ich bisher nichts gewußt hatte. Darin stand auch, er habe bereits die (mir und meinen Freunden am vorigen Abend gegebenen) Versprechen gebrochen. Ich war mir bewußt, daß all das – selbst wenn ich darüber hätte hinwegsehen wollen – in wenigen Stunden meinen Freunden zu Ohren kommen mußte und sich die Szenen wiederholen würden, denen ich mich schon zu wiederholten Malen ausgesetzt fand. Ich fühlte mich völlig außerstande, einen dauerhaften und wirksamen Einfluß auf seine Lebensführung zu nehmen. Auf dem Nachhauseweg teilte ich ihm mit, was ich erfahren hatte, und wiederrief in seiner Gegenwart den Auftrag, Dr. Crocker die Nachricht über unser Aufgebot zu überbringen. Er versuchte, mich davon zu überzeugen, daß ich falsch unterrichtet worden sei, insbesondere, was die Behauptung betreffe, er hätte an diesem Morgen in der Bar des Hotels, wo er logierte, Wein bestellt. Tatsächlich war ihm die Wirkung solcher Wortbrüchigkeit in keiner Weise anzumerken, aber die Quelle, aus der ich diese und andere Aussagen, ihn betreffend, erhalten hatte, war über jeden Zweifel erhaben. Ich lauschte seinen Erklärungen und Vorstellungen ohne ein Wort des Vorwurfs, mit jener Unbewegtheit der Verzweiflung, welche uns gnädig überkommt, wenn das Herz den äußersten Grad der Qual erlitten hat. Auch tröstete mich in diesen bitteren Momenten ein gewisses Gefühl der Erleichterung, von der unerträglichen Last der Verantwortung befreit zu sein, die er mir aufzubürden suchte, mich glauben lassend, sein Schicksal hänge im Guten oder Bösen einzig von *mir* ab. Ich wußte nun, daß mein Einfluß nichts ausrichten konnte.

Als meine Mutter über den Stand der Dinge unterrichtet worden war, führte sie ein kurzes Zwiegespräch mit Mr. Poe, worauf er den Entschluß faßte, umgehend nach New York zurückzukehren. In ihrer Gegenwart und der seines Freundes, Mr. Pabodie, sagte ich ihm Lebewohl. Ich empfand tiefstes Mitgefühl für ihn, und eine große Traurigkeit befiel mich, auf diese Weise von jemandem scheiden zu müssen, der mir durch sein gütiges und liebevolles Wesen so ans Herz gewachsen war, daß mir die Worte fehlen, es auszudrücken, und dessen ungewöhnlicher und eigentümlicher Intellekt meinem Leben einen neuen Glanz verliehen hatte. Er bemühte sich noch, mir die Versicherung abzuringen, daß unsere Trennung keine endgültige sei, wurde aber von meiner Mutter unterbrochen, die auf einer sofortigen Beendigung unserer Unterhaltung bestand und mir somit eine Antwort ersparte. Da erhob sich Mr. Poe rasch und verließ das Haus, nachdem er noch seinen bitteren Gefühlen darüber Ausdruck verliehen hatte, was er die ›unerträglichen Beleidigungen‹ meiner Familie nannte. Ich habe ihn niemals wiedergesehen.«[12]

Was Mrs. Whitmans Erwähnung der ›Polizei‹ betrifft, so bezieht sie sich auf die Verleumdungen Griswolds, der nach Poes Tod behauptete, dieser hätte sich einmal so schlimm im Hause ihrer Mutter aufgeführt, daß man die Gendarmerie benachrichtigen mußte. Gegen diese und ähnliche Gerüchte wandte sich die verlorene ›Helen‹ 1860 in einem längeren, später als Buch veröffentlichten Zeitschriftenartikel, ›E. A. Poe and his Critics‹. Es ist müßig, die Umstände der gelösten Verlobung eingehender zu interpretieren oder gar ›szenisch umzusetzen‹, wie es Hervey Allen in ›Israfel‹ unternahm. Die ›Welt‹ war gegen diese Verbindung gewesen, und man hatte Mrs. Whitman in der Tat die Augen geöffnet. Trotz der viktorianisch-bigotten Atmosphäre um sie herum mutet die Abhängigkeit der immerhin fünfundvierzigjährigen Dichterin von ihrer herrschsüchtigen Mutter geradezu pathologisch an, und daß sie sich durch Intrigen gegen Poe beeinflussen ließ, zeugt nicht von bedingungsloser Liebe. Die vielfältigen Verleumdungen und Rufmorde, mochten sie auch teilweise auf Wahrheit beruhen, drangen mittlerweile bis in Poes Privatsphäre vor. Seine Bemühungen, sich wieder emporzuraffen, stießen auf Widerstand. Man gab ihm keine Chance. Er sollte, er mußte am Boden bleiben. Nur so konnte man dem Stich seiner Feder entgehen. Daß sein Vortrag in Providence großen Anklang gefunden hatte, änderte nichts daran, daß er in New York als Paria galt. Und er zerbrach immer mehr an der allgemeinen gesellschaftlichen Ächtung, die ihn zu einem Bettlerleben verurteilte und selbst seine Liebesbeziehungen zum Scheitern brachte. Er klammerte sich nun an die – freilich hoffnungslose – Liebe zu Annie. »Denn wahrlich, wahrlich, Annie, es gibt *nichts* auf dieser Welt, wofür es sich zu leben verlohnte, außer der Liebe – Liebe, *nicht* von der Art, wie ich sie einst für Mrs. ... zu empfinden glaubte – sondern wie sie mir tief in der Seele für *Sie* brennt – so rein – so uneigennützig – eine Liebe, welche um Ihretwillen *jedes* Opfer bringen würde. Ich brauche Ihnen nicht zu sagen, Annie, welch große Bürde von meinem Herzen genommen ist durch meinen Bruch mit Mrs. W.; denn ich bin jetzt voll entschlossen, die Verlobung zu lösen... Hätte ich erreichen können, was ich wünschte, *kein* Opfer wäre mir zu groß erschienen, so brennend empfand ich – mit so *verzehrender Leidenschaft* packte mich ein Verlangen, Ihnen zu zeigen, daß ich Sie liebte...«[13]

Das waren natürlich alles Halbwahrheiten und Lügen, aber Poe reagierte nicht nur aus der gekränkten Eitelkeit eines verschmähten Liebhabers heraus. Das Fiasko in Providence hatte ihn in seinem Glauben bestärkt, daß es eigentlich Annie war, die er wirklich liebte. Bereits seit Wochen befand er sich in einem innerem Konflikt, und nun schien das Problem durch äußere Umstände gelöst zu sein. Vielleicht war es auch eine Schutzbehauptung vor sich selbst, um nicht den Verstand zu verlieren. Ihm genügte scheinbar schon die Wärme, die er aus dem Bewußtsein ihrer Zuneigung zog. Er mußte wissen, daß er einer Chimäre nachjagte – sie hätte sich seinetwegen, schon um ihrer Tochter willen, nie von Mr. Richmond scheiden lassen. Das unerreichbare Ideal allein reichte für ihn aus, sich daran festzuhalten – ein erträumter Halt über dem Abgrund.

Inzwischen fühlte sich wohl ihr Mann leicht enerviert durch die häufigen schwärmerischen Briefe, die sie von ihm erhielt – gewisse üble Gerüchte über Poes Lebenswandel waren auch bis nach Lowell vorgedrungen.

Fortan, schwor Poe, fliehe er die ›pestilenzialische Gesellschaft der *literarischen Damen*‹, zu denen er nun auch Mrs. Whitman rechnete. »Sie sind eine herzlose, unnatürliche, giftige, unehrenhafte Bande, mit keinem anderen leitenden Prinzip als ungezügelter Selbstüberschätzung.«

Es schien keinen Ort in ganz Amerika zu geben, an dem nicht irgendwelche Intrigen gegen ihn gesponnen wurden. Jetzt waren die Verleumdungen sogar bis zu Mrs. Richmond gelangt, die er idealisierte und die ihm eine letzte Sicherheit in dieser ›grausamen, ungerechten, berechnenden Welt‹ bot.

Er floh in eine letzte Periode der Produktivität und vergrub sich das ganze Frühjahr über in Fordham, wo er wie ein Besessener schrieb. In dieser Zeit entstanden vier neue Gedichte, fünf Erzählungen, vier Rezensionen und eine Reihe von ›Marginalien‹, kurzen Aphorismen, die er in verschiedenen Zeitschriften veröffentlichte. Sie erschienen vor allem in ›Godey's Lady's Book‹, dem ›Southern Literary Messenger‹ und der ›Flag of Our Union‹, einem Wochenblatt, »literarisch gesehen wohl kein sehr respektables Journal, das aber immerhin die gleichen Honorare zahlt wie die meisten Zeitschriften. Der Besitzer bot mir 5 pro Graham-Seite, und da ich aus meinen Geldschwierigkeiten heraus wollte, habe ich das Angebot akzeptiert.«[14] »Verlassen sie sich darauf, Thomas«, heißt es in einem Brief an seinen Freund F. W. Thomas vom 14. Februar, »am Ende ist doch die Literatur der edelste Beruf, fast der einzige, der für einen Mann taugt. Ich jedenfalls werde mein ganzes Leben ein Literat sein, und nicht für alles Gold Kaliforniens würde ich die Hoffnungen hergeben, die mich immer noch vorwärtstreiben.«[15]

Der jüngst ausgebrochene kalifornische Goldrausch inspirierte ihn allerdings zu der Kurzgeschichte ›Von Kempelen und seine Entdeckung‹ und wahrscheinlich auch zu dem Gedicht ›Eldorado‹. Mit der Erzählung, die wieder einmal als Tatsachenbericht verkleidet war, hoffte er an frühere Erfolge wie den ›Ballon-Jux‹ anzuknüpfen. Der ›Reporter‹, denn um einen solchen scheint es sich zu handeln, ist flüchtig mit Herrn von Kempelen bekannt, was bei einem ›so über alle Maßen berühmten‹ Manne ›wahrlich nichts Geringes‹ ist; er erspart sich eine nähere Beschreibung, erwähnt jedoch, daß jener ›auf keinen Fall ein Misanthrop‹ (›zumindest nicht dem Äußern nach, was immer er in Wahrheit sein mag‹) und ferner mit jenem Maelzel verwandt sei, welcher den Schachspielautomaten konstruierte. Diesem Herrn ist es gelungen, reines Gold – ›absolut rein, jungfräulich, ohne jede Spur einer Beimengung‹ – ›aus Blei in Verbindung mit gewissen anderen, der Qualität und Proportion nach unbekannten Substanzen herzustellen‹. Da er durch seinen plötzlichen Reichtum den Verdacht der Polizei auf sich lenkt, wird eine Haussuchung bei ihm durchgeführt, wobei sich sein Geheimnis enthüllt.

Was Poe mit diesem ›Tatsachenbericht‹ bezweckte, ist klar: »viel Aufheben zu machen oder, in den klassischen Worten eines Freundes aus dem Westen, ›einen Zirkus veranstalten‹.« Die Schlußsätze zielten darauf, auf der Höhe des Goldrausches, der damals Tausende nach Kalifornien zog, eine Sensation, vielleicht sogar einen neuen ›schwarzen Freitag‹ bei den Banken und eine Senkung des Goldpreises an der Börse auszulösen.

»Ich glaube bestimmt«, schrieb Poe am 8. März an Evert A. Duyckinck, »daß von zehn Menschen neun, und selbst die bestinformierten, den Scherz ernst nehmen werden (vorausgesetzt, die Absicht wird nicht schon vor der Veröffentlichung ruchbar) und daß die Erzählung den Goldrausch schlagartig, wenn natürlich auch nur zeitweilig, dämpfen und also Aufsehen erregen und zugleich einem guten Zweck dienen wird.«[16]

Aber er überschätzte sich diesmal, jedenfalls ist nichts davon bekannt, daß seine Geschichte die ›geplante Sensation‹ auslöste. Wahrscheinlich lag es daran, daß ›The Flag of Our Union‹ bei weitem nicht so verbreitet war wie seinerzeit die ›New York Sun‹, in der sein ›Ballon-Jux‹ erschien, der einen Tag lang einen ungeheuren Wirbel verursachte.

Die vier anderen, letzten Gedichte Poes waren ›To My Mother‹, ein Sonett an Mrs. Clemm, das von tiefem, aufrichtigem Gefühl bestimmt ist,

> »...Drum gab ich diesen liebsten Namen dir –
> Die – mehr denn Mutter mir in meinen Schmerzen –
> Der Tod, als er Virginias Geist von hier,
> Befreit, zum Horte setzte meinem Herzen...«

›Eldorado‹, ›Annabel Lee‹, neben dem frühen ›To Helen‹ sicher sein poetischstes und klangvollstes Werk – es wurde bereits daraus zitiert –, und schließlich ›To Annie‹, Verse an eine ›ferne Geliebte‹, das schönste Liebesgedicht, das er je einer Frau widmete. Es liegt eine tiefe Todessehnsucht darin, aber sie wirkt

Poe's Annabel Lee. Originalhandschrift des Dichters

nicht aufgesetzt oder morbide; das Leben ist von ihm gewichen, ›des Herzens entsetzlicher, schrecklicher Schlag‹ und seine Seele ruhen heiter und friedlich, in ›Träume von Treue und Schönheit gebannt‹, in Träume von Annie.

Am 8. Februar schrieb er an Mrs. Richmond: »... Die fünf Seiten Prosa, die ich gestern beendet habe, tragen den Titel – na, was denken Sie? –, ich bin sicher, Sie kommen nie darauf – ›Hop-Frog!‹ Stellen Sie sich nur Ihren Eddie vor, wie er an einer Geschichte mit *so* einem Namen wie ›Hop-Frog‹ schreibt! Ich denke, Sie können vom Titel schwerlich auf den Inhalt (der ein schrecklicher ist) schließen.«[17] In ›Hop-Frog‹, Poes letzter wichtiger Erzählung, geht es wieder um eine *Rache,* die Rache des zwergenwüchsigen und verkrüppelten Hofnarren gleichen Namens an seinen Peinigern, dem König und seinen sieben Ministern. Er wird von ihnen gedemütigt, verspottet und zum Weintrinken gezwungen, obwohl er nichts vertragen kann; man erwartet von ihm, daß er ›für die Brosamen, die von der königlichen Tafel fallen‹, ›allzeit, in jedem Augenblick, mit spitzigen Witzeleien zur Hand ist‹ – die Ähnlichkeiten zur Situation des armen Literaten, der nur von seiner Feder lebt, durch den andere wie Graham reich werden und der selbst doch immer arm bleibt und der in Gesellschaft immer wieder zum Alkoholgenuß genötigt wird, sind sicher nicht ›rein zufällig‹. Der einzige Trost, den ›Hop-Frog‹ in diesem unwürdigen Dasein hat, ist seine Leidensgefährtin Tripetta, ›ein junges Mädchen, das kaum weniger zwergenhaft war denn er selbst (obschon von erlesen ebenmäßiger Gestalt und eine glänzende Tänzerin)‹. Als eines Tages der König wieder einmal seinen armen Narren zum Trinken, zum ›Lustigsein‹ zwingt, damit er auf einen originellen Gedanken komme, welche Verkleidung er und seine sieben Minister bei einem Maskenfest tragen könnten, das er plant, und Hop-Frog vom Wein schon halb von Sinnen ist, bittet Tripetta um Schonung für ihren Freund. Als Antwort schüttet ihr der König den Inhalt seines Kelches ins Gesicht. Erst jetzt schwört der Narr Rache und weiß den König und die Minister dazu zu überreden, bei dem Ball als ›Orang-Utans‹ in Erscheinung zu treten, um die Damen in Schrecken zu versetzen. Der Vorschlag findet begeisterte Zustimmung, und sie werden mit Hilfe von Teer und Flachs in furchteinflößende Ungetüme verwandelt. Um das Ganze noch echter zu machen, sind sie mit einer langen Eisenkette aneinander gefesselt. Während des Festes gelingt es Hop-Frog, seine Peiniger an eben dieser Kette in die Höhe zu ziehen, so daß sie ›in der Mitte zwischen dem Oberlicht und dem Boden in der Luft baumeln‹. Dann hält er eine Fackel an ihre leicht brennbaren Kostüme, und der König und die sieben Minister verbrennen bei lebendigem Leibe. »Die acht Leichname schwangen in ihren Ketten, eine stinkende, verkohlte, häßlich ekle und nicht mehr unterscheidbare Masse«. »Dies ist mein letzter Spaß«, ruft der Krüppel aus, klettert zur Decke empor und verschwindet durch das Oberlicht. »Man vermutet, daß Tripetta sich auf dem Dache des Saales aufgehalten habe und die Verbündete ihres Freunds bei seiner feuerlichen Rache war und daß sie gemeinsam in ihre Heimat entkamen: denn keins von beiden sah man jemals wieder.«

Das Motiv für diese Erzählung geht auf einen Bericht des Geschichtsschreibers Jean Froissart aus dem 15. Jahrhundert zurück. Der Herzog Ludwig von Orléans schlug seinem Bruder, König Karl VI., vor, ›eine Maskerade und nächtliche Tänze im Saale des Hôtel de Saint-Pol zu veranstalten‹. ›So hatte er ... zehn oder zwölf Waffenröcke von doppeltem Gewebe anfertigen lassen, alle angefüllt mit Schwefel und Pech und Fett und außen mit Linnen überzogen. Und Ludwig ließ dem König weismachen, er habe noch nie eine bessere Belustigung gesehen, womit er auch den Damen gefallen und ihnen Vergnügen bereiten würde. Als Karl VI. zusammen mit mehreren Grafen und Höflingen in dieser Kostümierung auf dem Ball erscheint, gelingt es dem Herzog, eine Fackel an sie zu halten, und sie gehen in Flammen auf. Der König kann dank eines ›silbernen Strumpfbandes‹, an dem man ihn erkennt, gerettet werden, vier oder fünf Personen fallen dem Anschlag zum Opfer.‹ Der Vorfall wurde als ›bal des ardents‹ berühmt; er findet sich außerdem in der anonymen Chronik ›Livre des trahisons de France envers la maison de Bourgogne‹ beschrieben. Auszüge aus Froissarts ›Chronique de France‹ waren am 1. Februar 1845 im ›Broadway Journal‹ erschienen, also zu der Zeit, als Poe seine Stellung als Mitherausgeber dieser Zeitschrift antrat. Vielleicht inspirierten ihn auch Philip P. Cookes ›Froissart Ballads‹. Zu der Figur des Narren könnte ihn eine Erzählung im ›New Monthly Magazine‹ (1830) angeregt haben, ›Frogère and the Emperor Paul‹; auch der Name deutet darauf hin. Trotz dieser Inspirationsquellen war ihm noch einmal ein höchst originelles und stilistisch glänzendes Werk gelungen, sein letzter ›großer Wurf‹.

Im April schien sich ein glänzender Aspekt für seine Zukunft anzudeuten. Es war ihm geglückt, einen gewissen Mr. E. H. N. Patterson aus Oquahawka, Illinois, für sein Zeitschriftenprojekt, den ›Stylus‹, zu interessieren. Patterson erklärte sich nach einem kurzen Briefwechsel bereit, die Finanzierung zu übernehmen, nur bat er sich aus, daß das Journal – es sollte, hatte ihm Poe optimistisch wie immer erklärt, bald eine Verbreitung von 20 000 Exemplaren haben – in Oquahawka publiziert werde. Poe bestand jedoch auf New York oder St. Louis als Erscheinungsort. Er wolle zunächst in den Süden reisen (wo er sehr günstige Kontakte habe und mit der Unterstützung zahlreicher Freunde und Bekannten rechnen könne), um Subskribenten zu gewinnen. Mr. Patterson gab ihm zu diesem Zweck einen Vorschuß über 50. Poes erstes Reiseziel war Richmond. Am Vorabend seiner Abfahrt, am 29. Juni, waren er und Mrs. Clemm Gäste im Haus von Mr. und Mrs. Lewis in Brooklyn, wo sie die Nacht verbrachten. Mrs. Clemm erinnerte sich später an die Abschiedsworte, die Poe am darauffolgenden Morgen am Landungssteg zu ihr sagte: »Gott segne dich, mein liebes Mütterchen. Hab keine Angst um Eddie! Ich werde brav sein, solange ich von dir fort bin, und wenn ich zurückkomme, werden wir ein angenehmes Leben haben.« Aber sie sollte ihn niemals wiedersehen. Es wurde seine letzte Reise.

Von Pattersons Vorschuß hatte er sich neu eingekleidet; in seinem Koffer befanden sich die Manuskripte von ›Das poetische Prinzip‹ und ›Dichter und

Dichtkunst Amerikas‹, denn er plante, unterwegs einige Vorträge zu halten, wenn sich Gelegenheit dazu bot. An Bargeld besaß er noch etwa $40. Die Schiffsroute ging über Philadelphia; warum er dort Zwischenstation machte, ist nicht bekannt. Vielleicht wollte er seine früheren Zeitschriftenkontakte zu ›Godeys‹ und ›Grahams‹ wieder aufwärmen, eine weitere Ankündigung des ›Stylus'‹ inserieren und sich bei Freunden und Bekannten um Subskriptionen bemühen. Aber dazu kam es nicht.

Es war ein unerträglich heißer Sommer, und in Philadelphia wütete zu dieser Zeit die Cholera. Als Poe das Dampfboot verließ, war ihm nach einem Drink zumute. Im Hafen herrschte reger Betrieb, denn der Goldrausch zog Scharen von Abenteurern an, und Philadelphia war ein wichtiger Schiffsknotenpunkt. Eine Menge neuer Saloons hatten eröffnet; in jenen Tagen konnte man als Wirt schneller reich werden als die meisten Goldsucher. Mr. Poe, ›der Mann in der Menge‹, machte schließlich erschöpft vor einem der ›Tempel des Dämons Alkohol‹ halt. Einen kleinen Brandy glaubte er bei dieser Hitze und Anstrengung verdient zu haben. Sein Versprechen, ›brav zu sein‹, war jedoch schnell vergessen. Der erste Drink machte ihn erst richtig durstig. Ein zweiter folgte, ein dritter, er gelangte immer mehr in die Strömung, die ihn dem Malstrom entgegentrieb.

Der Kupferstecher John Sartain, neben W. B. Hirst und George Lippard einer von Poes früheren Bekannten und Zechkumpanen in Philadelphia, schilderte später in einem Zeitschriftenartikel, wie Poe an einem Junitag in bedenklicher Verfassung in seinem Atelier in der Sansom Street auftauchte. »... Ich war gerade, in Hemdsärmeln, bei der Arbeit..., als Poe aufgeregt zu mir hereinstürzte und ausrief: ›Ich komme, um bei Ihnen Zuflucht zu finden. Ich muß mich verstecken.‹ Ich gewahrte mit einem Blick, daß er nicht recht bei sich war, und versicherte ihm, er sei bei mir völlig sicher. Dann bat ich ihn, sich zu erklären.

›Ich saß gerade im Zug nach New York‹, sagte er zu mir, ›als ich plötzlich ein Flüstern hinter mir vernahm. Ich besitze ein überaus scharfes Gehör, und so belauschte ich jedes Wort, das zwischen den Verschwörern gewechselt wurde. Stellen Sie sich so etwas vor – im neunzehnten Jahrhundert! Sie planten, mich zu ermorden. Ich verließ auf der Stelle den Zug und eilte hierher zurück. Ich muß irgendwie mein Aussehen verändern. Ich muß auf der Stelle meinen Schnurrbart abrasieren. Würden sie mir ein Rasiermesser leihen?‹

Ich wagte nicht, ihm eins anzuvertrauen und behauptete, ich besäße keines, erbot mich jedoch, ihm seinen Bart mit einer Schere abzunehmen. Ich führte ihn in den rückwärtigen Teil meines Arbeitszimmers und schnipselte so lange an seiner Oberlippenzier herum, bis er von ihr befreit war. Das schien ihn zufriedenzustellen, und es gelang mir, ihn zu beruhigen. Am gleichen Abend schickte er sich jedoch an, das Haus zu verlassen. ›Wohin gehen Sie?‹, fragte ich. ›Zum Schuylkill-River‹, erwiderte er. ›Dann werde ich Sie begleiten‹, erklärte ich. Er machte keine Einwände, und gemeinsam gingen wir zur Chestnut Street und nahmen einen Bus.

Damals führte eine steile Stufentreppe vom Ufer des Schuylkill empor; wir stiegen hinauf und setzten uns oben auf eine Bank, von der aus man den Strom überblickte. Es war eine tiefschwarze Nacht, kein Stern stand am Himmel, und ich fühlte mich doch etwas unbehaglich, so allein mit Poe, in seiner Verfassung. Als wir in den Bus einstiegen, hatte er zu mir gesagt: ›Sorgen Sie nach meinem Tod dafür, daß meine Mutter (Mrs. Clemm) das Porträt erhält, das Osgood von mir gemalt hat.‹

Nun fing er an, den haarsträubendsten Unsinn zu erzählen, in dem unheimlichen, dramatischen Stil seiner Geschichten. Er sagte, man hätte ihn ins Moyamensing-Gefängnis geworfen, auf Grund eines ungedeckten Wechsels, und daß ihm, während er sich dort befand, auf den Wällen der Festung eine weiße Frauengestalt erschienen sei, die mit flüsternder Stimme zu ihm gesprochen habe ...«[18]

Diese Episode scheint – was Poes Verhaftung und Einlieferung ins Moyamensing-Gefängnis betrifft – auf Tatsachen zu beruhen, nur war er wohl nicht wegen eines ungedeckten Schecks, sondern in besinnungslos betrunkenem Zustand aufgegriffen worden. Als er am nächsten Morgen zusammen mit Prostituierten, Kriminellen und Asozialen vor Major Gilpin, den Polizeichef und Leiter der Anstalt, geführt wurde, soll man ihn erkannt und wieder auf freien Fuß gesetzt haben. Es handelte sich übrigens um dasselbe Gefängnis, das Dickens in seinen ›American Notes‹ als »schockierend rückständig und inhuman« bezeichnete. Poes alptraumhafte ›Erinnerungen‹ deuten darauf hin, daß er die Nacht in der Zelle im Delirium tremens verbrachte.

Am 9. Juli schrieb Mrs. Clemm an ›Annie‹ Richmond, sie sei zutiefst darüber beunruhigt, seit zehn Tagen nichts von Eddie gehört zu haben. »... Ich befürchte das Schlimmste ... Sie fragen sich, warum er so wenig Vertrauen zu den Menschen hat? Hatten wir nicht unter den gemeinsten Intrigen zu leiden? Eddie war genötigt, in Philadelphia Zwischenstation zu machen, und ich habe so große Angst, daß er dort in irgendwelche Schwierigkeiten geraten ist, er hat mir *so* fest versprochen, mir von dort zu schreiben. Ich hätte schon am letzten Montag von ihm hören müssen, und jetzt ist wieder Montag, und keine Nachricht ... Oh, wenn ihm etwas zugestoßen ist, was kann mich dann noch trösten?«[19]

Einen oder zwei Tage später erhielt sie einen Brief vom 7. von ihm, der ihre Befürchtungen bestätigte: »Meine liebe, liebe Mutter, – ich war so krank – hatte die Cholera oder ebenso schlimme Krämpfe und bin nun kaum imstande, die Feder zu halten ... Sobald Du dies erhältst, *komm* zu mir. Die Freude, dich zu sehen, wird unsere Sorgen ein wenig erleichtern. Wir können nur noch zusammen sterben. Es hilft nichts, *jetzt noch* mit mir darüber zu argumentieren; der Tod ist mir gewiß. Seit ich ›Eureka‹ geschaffen habe, fühle ich keinen Wunsch mehr, weiterzuleben. Ich könnte nichts mehr zustandebringen. Deinetwegen wäre es schön, am Leben zu bleiben, aber wir müssen sterben, gemeinsam sterben. Du bist alles – alles für mich gewesen, liebe, ewig geliebte Mutter, meine liebste, treueste Freundin. Ich war niemals *wirklich* wahnsinnig, außer bei Ereignissen, die mein Herz berührten... Einmal wurde ich, seit ich hier ankam, wegen Trunkenheit ins Gefängnis gesteckt; aber *da* war ich nicht betrunken. Es war Virginias wegen...«[20]

Wieder taucht die Frage auf: lag es allein (die ›offizielle Version‹) an Poes übermäßigem Alkoholkonsum, litt er an irgendeiner schweren Krankheit oder kam vielleicht beides zusammen, daß er – vor allem nach dem Tod seiner Frau – manchmal in solche kritischen Zustände geriet? Es gibt fast ebenso viele medizinische Diagnosen wie Psychogramme – und alle sind unbefriedigend. Auch in dieser Hinsicht gelang es ihm, der Nachwelt Rätsel aufzugeben.

Man geht zunächst von seinen Erbanlagen aus. Der Vater, David Poe, scheint ein Trinker und Psychopath gewesen zu sein und starb früh, wahrscheinlich wie die Mutter, Elizabeth Poe, an Tuberkulose. Auch der Bruder, William Henry Leonard, endete durch Trunk- und Schwindsucht. Die Schwester, Rosalie, war seit ihrem zwölften Lebensjahr geistig zurückgeblieben, wenn auch nicht (so wird verschiedentlich behauptet) ›hochgradig schwachsinnig‹, wie ihre Briefe an Ingram beweisen. Aus Poes Schädelform – d. h. der ›fliehenden Stirn‹ und der starken Ausprägung der Schläfenregionen, die freilich als ›Deformation‹ zu bezeichnen sehr übertrieben wäre – schließt man auf eine Stenozephalie (also ein verfrühtes Zusammenwachsen einer oder mehrerer Schädelnähte im frühkindlichen Alter), welche in der Regel einen überhöhten Gehirndruck zur Folge hat. Dieser äußert sich in Gleichgewichtsstörungen, Überempfindlichkeit gegen jegliche Stimulanzien, insbesondere Alkohol, einer Neigung zur Epilepsie etc. In der Tat wurde in seinem Fall Epilepsie (im leichteren Stadium des sogenannten ›petit mal‹) vermutet. Dr. Francis, ein Bekannter Mrs. Shews, glaubte an eine angeborene Herzschwäche (die zu verminderter Hirndurchblutung führen kann) – worauf auch Poes ›unregelmäßiger Pulsschlag‹ hindeutet. Mrs. Shew hingegen war davon überzeugt, daß eine seiner beiden Gehirnhälften geschädigt oder funktionsuntüchtig sei; ihre Hypothese wird durch die Diagnose des Hausarztes von Mrs. Whitman, Dr. Okie, unterstützt. Schwankender Gang, trüber Blick, eine gewisse Disproportion der Gesichtszüge, häufiger Erinnerungsverlust, übergroßer Blutandrang im Gehirn bei starken Aufregungen, Ohnmachtsanfälle, eine manisch-depressive Disposition, die sich bis zur Schizophrenie und zum Verfolgungswahn steigert: all diese Symptome lassen auf eine Hirnerkrankung schließen. Neuerdings kam, wie schon erwähnt, der ›Verdacht auf Diabetes‹ hinzu: Poe als Opfer des ›Korsakow-Syndroms‹, einer bei Zuckerkranken durch Alkoholgenuß hervorgerufenen Amnesie, die meist durch allerlei Lügengeschichten kaschiert wird. Die Diagnose muß offen bleiben.

Dr. Francis hatte recht, als er sagte: ›Er wird früh sterben – es hängt ganz von den Stürmen oder dem Sonnenschein ab, denen er ausgesetzt wird.‹ Philadelphia war in diesem Sommer 1849 ein Krankheitsherd, ein Glutofen der Sonne, eine mörderische Stadt.

Poe selbst illustriert seine Situation in einem Brief an Mrs. Clemm vom 7. Juli sowie in zwei weiteren, einem vom 14. (dem Tag seiner Abreise), in dem er über den ›fürchterlichen Zustand‹ seiner Kleidung klagt, und einem vom 19., in dem es heißt: »...L(ippard) und C(hauncey) B(urr) (und in gewisser Hinsicht auch Mr. S(artain) verdanke ich mehr als mein Leben. Sie (L und B) blieben am letzten Freitag (dem 13. Juli) den ganzen Tag bei mir, sprachen mir gut zu und halfen mir, wieder zu Verstand zu kommen. L. schaute bei G(odey) vorbei, der sich sehr freundlich über mich äußerte und mir fünf Dollar schickte; und P(atterson) sandte noch einmal fünf. B(urr) zahlte mir eine Fahrkarte bis Baltimore; von dort bis Richmond kostete die Schiffspassage sieben Dollar.«[21]

Insgesamt dürften bei der für den ›Dichter‹ veranstalteten Sammlung etwa zwanzig Dollar zusammengekommen sein. Charles Chauncey Burr war der Herausgeber des ›Nineteenth-Century‹-Journals, Lippard Redakteur einer Wochenzeitschrift.

Von Baltimore aus reiste Poe mit dem Dampfschiff nach Richmond weiter. Schon vor seiner Ankunft schrieb er vom Schiff aus an Mrs. Clemm: »Das Wetter ist unerträglich heiß, aber abgesehen von all dem habe ich solches Heimweh, daß ich nicht mehr ein noch aus weiß... Ich glaube, ich würde jedes Opfer bringen, um dich noch ein einziges Mal bei der Hand zu halten und mich von dir aufmuntern zu lassen, denn ich bin schrecklich deprimiert... Wenn ich bei dir bin, vermag ich alles zu ertragen, aber ohne dich fühle ich mich so elend und unglücklich für dieses Leben.«

Noch in der gleichen Nacht – er war in Richmond angelangt, wahrscheinlich zunächst in irgendeiner billigen Pension am Hafen abgestiegen – setzte er einen zweiten Brief an sie auf: »...es ist nun mehr als drei Wochen her, seit ich dich das letzte Mal sah, und während der ganzen Zeit habe ich kaum einen unbeschwerten Atemzug getan. Die Qualen, die ich erlitten habe, sind unbeschreiblich. Vielleicht hast du Fordham aus Verzweiflung verlassen, vielleicht bist du krank oder tot. Wenn du nur am Leben bist und ich dich wiedersehe, ist alles andere nebensächlich... Behalte Burr stets in gutem Angedenken... Als alle mich im Stich ließen, erwies er sich als wahrer Freund, half mir mit Geld aus und brachte mich zum Zug nach Richmond ... Ich habe noch zwei Dollar übrig – einen füge ich diesem Brief bei. Oh Gott, Mutter, werden wir uns je wiedersehen? Wenn irgend möglich, KOMM! Meine Kleidung ist in einem so fürchterlichen Zustand, und ich bin so krank ...«[22]

Aber der ›alte Süden‹, der ›virginische Boden‹, schien eine heilsame Wirkung auf ihn auszuüben. Am nächsten Tag besuchte er die Mackenzies, die Pflegeeltern seiner Schwester Rosalie, in Duncan Lodge, und sie empfingen ihn überaus freundlich, obwohl sie sicher anfangs etwas schockiert über seine abgerissene, ärmliche Erscheinung waren. Er wohnte kurze Zeit bei ihnen, und dank ihrer fürsorglichen Pflege kam er schnell wieder auf die Beine. Seine Kleidungsstücke wurden in Ordnung gebracht, er erhielt gut zu essen, und die Regeneration vom verkommenen Subjekt zum repräsentablen Gentleman nahm nur ein paar Tage in Anspruch. Sein nächster Brief an Mrs. Clemm vom 19. Juli, knapp eine Woche später, klingt schon sehr viel zuversichtlicher: »... Du wirst sogleich an der Handschrift dieses Briefes erkennen, daß es mir besser geht – viel besser, geistig und gesundheitlich. Oh, wenn du nur wüßtest, wie mich dein lieber Brief aufgerichtet hat! Er wirkte wie Zauberei. Am meisten litt ich ja unter dem schrecklichen Gedanken, von dem ich mich nicht befreien konnte – dem Gedanken, du seist tot. Mehr als zehn Tage war ich völlig zerrüttet, obwohl ich keinen Tropfen getrunken hatte; während dieses Zeitraums bildete ich mir die gräßlichsten Verhängnisse ein.

Alles war Halluzination, seit ich in einen Zustand geriet, wie ich ihn nie zuvor erfahren habe – einen Anfall von ›mania-à-potu‹ (Säuferwahnsinn). Möge es der Himmel geben, daß mir dies für den Rest meiner Tage zur Warnung dient. Wenn dem so ist, so werde ich nicht einmal mit Bedauern auf die grauenhaften, unaussprechlichen Qualen zurückblicken, die ich erlitten habe.«[23]

Auf dem Postamt fand Poe zwei Briefe seines Finanziers, Edward H. N. Patterson vor, der sich ungeduldig nach ihm erkundigte und einen weiteren Vorschuß von 50 beigelegt hatte. Er schrieb zurück, er sei in Philadelphia an der Cholera erkrankt und eben noch so mit dem Leben davongekommen; sobald er sich erholt habe, werde er ausführlicher berichten.

Von einem Teil dieser Summe kleidete er sich erst einmal ›standesgemäß‹ ein: er kaufte einen weißen Leinenanzug, eine schwarze Samtweste und einen breiten Panamahut. So ausstaffiert, mietete er sich in der ›Old Swan Tavern‹ ein, einem Hotel in der Broad Street in der Nähe von Duncan Lodge, und bemühte sich bald schon um Subskribenten für sein Zeitschriftenprojekt, den ›Stylus‹. Er frischte alte Bekanntschaften auf oder knüpfte neue an, und überall wurde er mit der sprichwörtlichen ›virginischen Gastfreundschaft‹ empfangen. Seine ›exzentrisch gekleidete‹ Schwester Rosalie scheint sich, zu seinem Verdruß, wie eine Klette an ihn gehängt zu haben.

Poe blühte in der Atmosphäre Richmonds, dieser Stadt, in der er seine Jugend verbracht hatte und mit der sich für ihn so viele angenehme und wehmütige Erinnerungen verbanden, sichtlich auf. Man hofierte ihn als ›großen Sohn Virginias‹, als Dichter des ›Raben‹ (den er immer wieder vortragen mußte) und bedeutenden Kritiker, der es den ›Yankees da oben im Norden‹ gezeigt habe; man riß sich buchstäblich um Autogramme von ihm.

Susan Archer Talley, eine junge Dichterin aus wohlhabender Familie, deren Verse Poe einmal gelobt hatte (und die nach seinem Tod eine biographische Studie über ihn verfaßte), beschreibt den Eindruck, den er bei seinem ersten Besuch in ›Talavera‹, dem Haus ihrer Eltern, auf sie machte: »Als ich das Empfangszimmer betrat, saß Poe in der Nähe eines offenen Fensters, in ein ruhiges Gespräch vertieft. Seine Haltung war locker und anmutig, ein Arm ruhte auf der Lehne seines Stuhles. Er hatte sein dunkles, gelocktes Haar aus der Stirn gekämmt, ein Stil, in dem er es gewöhnlich trug. Auf den ersten Blick wirkte er auf mich als ein kultivierter, chevaleresker Gentleman von vornehmer Herkunft. Ich benütze dieses Wort ›chevaleresk‹, weil es etwas von seiner ganzen *Persönlichkeit* exakt beschreibt, unterschieden von Eleganz oder guten Manieren; etwas, das sofort an ihm auffiel und doch zu subtil war, um genauer erklärt werden zu können. Er erhob sich, als ich eintrat und wartete – es waren noch andere Besucher anwesend – mit einer Hand auf der Lehne seines Stuhles auf ein Grußwort von mir. So würdevoll war seine Art, so reserviert sein Gesichtsausdruck, daß ich eine unfreiwillige Scheu vor ihm empfand, bis ich mich ihm zuwandte und sah, wie seine Augen plötzlich aufleuchteten, als ich ihm die Hand reichte. Eine Barriere schien zwischen uns zu fallen, und ich fühlte, daß wir nicht länger Fremde waren. Ich schildere meine erste Begegnung mit Poe so detailliert, weil sich in dieser Beschreibung, falls möglich, etwas von seiner typischen Art ausdrückt und auch von dem unbeschreiblichen Charme, ich möchte fast sagen dem Magnetismus, den seine Augen mehr als alle anderen besaßen, die ich je gesehen habe.«[24]

Der Übergang vom heruntergekommenen, schäbig gekleideten Mann zum ›kultivierten, chevaleresken Gentleman von vornehmer Herkunft‹ hatte sich innerhalb weniger Wochen vollzogen, und die Situation, die er in Richmond vorfand, schien für ihn günstiger als je zuvor. Alles ließ sich so vielversprechend an, daß er den aufrichtigen Entschluß faßte, dem Alkohol ein für allemal abzuschwören. Um zu demonstrieren, wie ernst er es damit meinte, trat er sogar (am 27. August) der Vereinigung der ›Sons of Temperance – Shockoe Hill Division, No. 54‹ bei, ein Schritt, der in der Wochenzeitschrift ›Banner of Temperance‹ lobende Erwähnung fand. Poe habe, so stellte der ›erste vorsitzende Offizier‹ der Richmonder Temperenzlerbewegung, William J. Glenn, später fest, seinen feierlichen Eid kein einziges Mal gebrochen, solange er sich in der Stadt aufhielt.

Sein öffentliches Bekenntnis zur Enthaltsamkeit war natürlich auch ein diplomatischer Schachzug. Gerade in der letzten Zeit hatte er den Gerüchten über seine ›alkoholischen Exzesse‹ durch zwei weitere Entgleisungen Nahrung verschafft, und viele zögerten, bevor sie ein Abonnement für ein neues Literaturjournal abschlossen, dessen Herausgeber in spe als unzuverlässiger Trunkenbold verschrien war. John. R. Thompson berichtet – wobei er sicher stark übertreibt –, Poe habe einmal ein Glas Brandy mit einem Schluck hinuntergegossen, nachdem er bereits 13 Juleps getrunken hatte. Aber nun schien dieses Problem gelöst. Er wurde sogar von den Mayos eingeladen, einem der wohlhabendsten und einflußreichsten Familienclans Virginias, Freunden der Allans (Mrs. Louisa Gabriella Allan hielt sich gerade mit ihren Kindern und Miss Nancy Valentine, Poes ›Aunt Nancy‹, zur Sommerfrische auf ihrem Landsitz in Byrd Lodge auf), ein Anzeichen dafür, daß er nach langjähriger Verbannung wieder Zutritt zu den ›besseren Kreisen‹ gefunden hatte.

J. R. Thompson bat ihn wiederholt um Beiträge für den ›Southern Literary Messenger‹, und vielleicht begann Poe für ihn seine nie vollendete Erzählung ›The Lighthouse‹, die Geschichte eines Mannes, der sich aus Ekel vor der Gesellschaft oder wegen irgendeines Verbrechens in die Abgeschiedenheit eines Leuchtturms zurückzieht. Das Manuskript in Tagebuchform reißt nach wenigen Seiten abrupt ab. Es könnte freilich, der Handschrift nach zu urteilen, auch schon wesentlich früher entstanden sein, eine ›Schubladenskizze‹. Es wurde nie in den Werkkatalog Poes aufgenommen. Immerhin datiert es T. O. Mabbott auf das Jahr 1849; die Beendigung sei durch Poes plötzlichen Tod verhindert worden. Einige Auszüge daraus sind interessant:

»... Ich werde diese Aufzeichnungen so regelmäßig fortführen, wie ich's nur vermag – wobei nicht sicher ist, was einem Mann alles zustoßen kann, der so allein ist wie ich –, eine Krankheit könnte mir zustoßen oder Schlimmeres noch ... Mein Gemüt beginnt sich bereits aufzuhellen beim bloßen Gedanken des *Daseins* – einmal in meinem Leben endlich – bin ich völlig *allein;* denn Neptun, so gewaltig er immer ist, kann man schwerlich als ›Gesellschaft‹ bezeichnen. Bei Gott, hätte ich der ›Gesellschaft‹ jemals so viel Vertrauen entgegengebracht wie diesem armen Hund: – ich und die ›Gesellschaft‹ wären wohl nie auseinandergetrieben ... Außerdem wünsche ich, *allein* zu sein ... Seltsam, daß ich bis zu diesem Augenblick niemals inne ward, wie trostlos jenes Wort klingt – ›allein‹! Ich könnte mir fast einbilden, es sei etwas Eigenartiges im Echo der zylindrischen Mauern um mich herum – aber oh nein! –, was für ein Unsinn. Ich glaube, ich fange an, wegen meiner Isolation nervös zu werden ...«[25]

Im August erschien im ›Messenger‹ eine schmeichelhafte Rezension Poes über Mrs. Osgoods Gedichte; es war der letzte Artikel, der zu seinen Lebzeiten abgedruckt wurde.

John M. Daniel, mit dem er im Vorjahr beinahe ein Duell ausgefochten hätte, schlug ihm vor, den Feuilletonteil des ›Richmond Examiner‹ zu übernehmen, einer Zeitschrift, der man eine große Zukunft prophezeite. Sie vertrat damals, als eine immer spürbarere und tiefere Kluft zwischen Nord- und Südstaaten aufzubrechen begann, vor allem die politischen Interessen des Südens und war ein Sprachrohr für ›Feuerköpfe‹ wie John C. Calhoun. Aber Poe lehnte großspurig ab. Nächstes Jahr würde, das stand nun fest, der ›Stylus‹ herauskommen: das auflagenstärkste und bedeutendste Literaturjournal der Vereinigten Staaten – überregional – ein 5 Magazin – mit ihm als leitendem Redakteur. Es sollte in St. Louis erscheinen, wo er mit E. H. N. Patterson für den 15. Oktober ein Treffen vereinbart hatte.

Inzwischen gefiel er sich in einer seiner Lieblingsrollen – der des Salonlöwen. »Ich habe eine Menge Einladungen zu Gesellschaften erhalten«, schrieb er Ende August an Mrs. Clemm, »denen ich jedoch selten nachkommen konnte, da ich keinen Frack besitze.« Er fand hinreichend Gelegenheit, in den Empfangszimmern Richmonder Kulturfreunde wirkungsvoll das Licht herunterzudrehen, sich in die Mitte des Raumes zu stellen und den ›Raben‹ oder ›Ulalume‹ zu rezitieren. Einmal soll er bei einer solchen Gelegenheit störend von einem durch ein offenes Fenster hereingeflogenen Junikäfer umschwirrt worden sein, und eine ältere Lady habe versucht den Poeten mit ihrem Fächer vor dem aufdringlichen Insekt zu schützen. Das wirkte sich höchst unvorteilhaft auf die ›solemne Stimmung‹ aus, die Poe zu erzeugen suchte – die kleinen Drangsale eines Dichterlebens.

Am 17. August hielt er in der Konzerthalle des alten ›Exchange Hotels‹ einen Vortrag über das ›Poetische Prinzip‹, Eintritt 25 Cents. Er sprach vor einem großen und erlesenen Auditorium; alle Karten waren ausverkauft; aber die drückende Hitze, die im Saal geherrscht haben muß, schien sich auf seine Stimme zu legen, die, so kritisierte John M. Daniel im ›Examiner‹, an diesem Abend ›weder klar noch wohltönend war‹. »Er liest alle Verse wie Blankverse und verleiht ihnen einen Singsang, der monotoner klingt als jedes Metrum ... Sein Vortrag des ›Raben‹ war nicht sonderlich effektvoll. Dies würde uns keineswegs in Erstaunen versetzen, hätte ein anderer das Gedicht rezitiert als gerade der Autor. Der Hauptreiz dieser außergewöhnlichen Komposition liegt in der seltsam-subtilen Musik der Versifikation. Wie bei Mr. Longfellows Rhythmik vermeinen wir sie beim Lesen mit einem ›inneren Ohr‹ zu hören; keine menschlichen Stimmorgane sind jedoch ausreichend fein genug, sie entsprechend zu artikulieren. Aus diesem Grunde ist's kein Wunder, daß Rezitationen dieser Dichtung gewöhnlich Fehlschläge sind. Aber wir erhofften uns doch einen eigentümlichen Zauber, würden sie von demjenigen vorgetragen, der die Verse schuf; und in solcher Erwartung wurden wir enttäuscht.«[26]

Obwohl Daniel andererseits Poes Genie höchste Bewunderung zollte, dürfte sich jener doch sehr über die einzige kritische Stimme in all der Lobhudelei der Presse geärgert haben. So hieß es am 21. im ›Richmond Whig‹: »In unserem ganzen Leben waren wir noch nie so angetan« und »... geben wir der Hoffnung Ausdruck, daß sich Mr. Poe abermals mit einem Rezitationsabend vor uns produzieren möge«. »Jeder hier meint«, schrieb er triumphierend an Mrs. Clemm, »daß, wenn ich einen weiteren Vortrag halte und 50 Cents pro Eintrittskarte verlange, leicht 100 für mich dabei herausspringen werden. *Nie* zuvor bin ich mit so viel Begeisterung empfangen worden. Die Zeitungen preisen mich in einem fort, vor und seit meiner Lesung ... Ein paar Abende nach mir sprach ein Mr. Taverner über Shakespeare, aber es kamen insgesamt nur acht Personen, ich selbst und der Türschließer eingeschlossen.«

Ein Mr. Loud, der Ehemann einer unbedeutenden Dichterin aus Philadelphia, Mrs. St. Leon Loud, bot ihm hundert Dollar an, wenn er die Gedichte seiner Frau redigiere, eine Auswahl aus ihnen treffe und sie mit einer Einleitung aus seiner Feder als Buch herausgebe; Loud würde auch die Druckkosten übernehmen. Poe sagte sofort zu – »für die ganze Arbeit werde ich nicht einmal drei Tage benötigen«. Plötzlich schien ihm alles ganz mühelos zuzufallen. Die Sommerabende waren lau, die hübschen virginischen Ladies mit ihren Sonnenschirmen, Fächern und Florentinerhüten eine bunte Augenweide, die Herren jovial, schulterklopfend und zigarrenofferierend – und er war der umschwärmte Mittelpunkt von allen. Er wurde von Jugendfreunden empfangen, die er jahrzehntelang nicht gesehen hatte, von dem Maler Robert Sully, ›Bobby‹ Stanard, Dr. Henry Cabell und seiner Frau, Julia Mayo Cabell (der Cousine der zweiten Mrs. Allan), Elizabeth Poiteaux, seiner einstigen Spielgefährtin, die ihm vor vierunddreißig Jahren einen kindlichen Liebesbrief nach England nachgeschickt hatte, und vielen anderen mehr. In ihren Häusern fand er, wonach sich sein Herz sehnte, – »Gemälde, Blumen, bezaubernde Musik, anregende Konversation und eine Liebenswürdigkeit, erfrischender als alles andere« –, so schwärmte er Miss Talley vor. Nein, er hätte nie den Süden verlassen und im Norden sein Glück suchen dürfen. Es lag hier, ›vom Winde verweht‹. Zum Teufel mit den Yankees – seine Heimat war Virginia. Ein schöner Traum: die ›Rückkehr des verlorenen Sohnes‹, das ›Happy-End‹ einer unglücklichen Lebensgeschichte.

»Das einzige Mal«, erinnert sich Miss Talley, »daß ich Poe wirklich traurig oder niedergeschlagen sah, war bei einem Spaziergang zur ›Hermitage‹, dem alten, verlassenen Stammsitz der Mayo-Familie, wo er in seiner Jugend häufig zu Gast gewesen war. Als wir dort ankamen, zerstreuten sich die anderen, die uns begleitet hatten, und Poe und ich schlenderten gemächlich allein über das Grundstück. Ich bemerkte, daß er ungewöhnlich schweigsam und in Gedanken versunken war, und da ich dies dem Einfluß von Erinnerungen zuschrieb, die er mit dem Ort verknüpfte, vermied ich es, ihn anzusprechen. Er ging langsam zwischen zwei uralten Bäumen an der moosüberwucherten Bank vorüber, die einst der ›Liebessitz‹ genannt wurde, und sagte, als wir uns dem Garten zuwandten: ›Früher wuchsen hier weiße Veilchen.‹ Wir suchten die wildverwachsenen Sträucher und Büsche ab und stießen auf ein paar frische Blüten; er pflückte einige und legte sie sorgfältig zwischen die Seiten eines Notizbuches. Dann besuchten wir das verlassene Gebäude, und er wanderte mit ernstem, abwesendem Blick von Raum zu Raum; als er den großen Salon betrat – ehemals, in den ›alten Zeiten‹, Schauplatz manch einer festlichen, brillanten Abendgesellschaft –, zog er, wie einem unwillkürlichen Impuls gehorchend, seinen Hut ab. Er setzte sich auf eine der breiten Fensterbänke, die nun wilder Efeu umrankte, und seine Erinnerungen müssen ihn weit fortgetragen haben, zu längst vergangenen Szenen und Eindrücken, denn er zitierte Moores berühmte Verse –

> ›Mir ist wie einem, der allein
> In einen lang verwaisten Ballsaal tritt –‹,

worauf er innehielt und ich zum erstenmal einen Ausdruck tiefster Traurigkeit auf seinem Gesicht wahrnahm.«[27]

In der Grace Street, nur ein paar hundert Meter von ›Talavera‹, dem Wohnsitz der Talleys entfernt, lebte die wohlhabende, damals achtunddreißigjährige Witwe Mrs. Sarah Elmira Royster Shelton mit ihrem einzigen Sohn in einer hochherrschaftlichen, von einem großen Garten und schattigen Laubbäumen umgebenen Villa. Die Fronttür wurde von einer hölzernen Zierbalustrade eingefaßt, einem auch heute bei amerikanischen Häusern nicht seltenen Vorbau. Mrs. Sheltons Sohn war beinahe so alt wie Poe, als er vor knapp einem Vierteljahrhundert einem hübschen Mädchen mit kastanienbraunem Haar namens ›Myra‹ den Hof gemacht hatte. Sie waren einander versprochen gewesen – zumindest durch heimliche Küsse und Schwüre à la ›Byron und Miss Chaworth‹ und durch ein kostbares Geschenk Poes, eine Perlmuttschatulle, die auf dem Deckel ihrer beider Namen eingraviert trug. Aber ihre Eltern hatten seine sehnsüchtigen Liebesbriefe, die er ihr von der Universität von Virginia schickte, unterschlagen und ihre Tochter mit einer besseren Partie verheiratet, Mr. Alexander Barrett Shelton, einem Kaufmann. Poe verließ, von seinem Pflegevater verstoßen, Richmond, und Mrs. Shelton führte ein wohlsituiertes, eher langweiliges Eheleben. Nach dem Tod ihres Mannes, der ihr ein ansehnliches Vermögen vermachte, bewegte sich ihr Leben fortan in

Sarah Elmira Royster-Shelton. Daguerreotypie, ca. 1855

den Bahnen der Verwaltung dieses Vermögens, der Erziehung ihres Sohnes (ihre beiden Töchter waren schon im Säuglingsalter gestorben) und ihrer presbyterianischen Christenpflicht. Es wäre ein Verstoß gegen ihre Prinzipien gewesen, hätte sie auch nur eine sonntägliche Predigt in ihrer Gemeindekirche versäumt. Sie war eine sehr fromme Frau.

An einem Augusttag des Jahres 1849 sprach ein Herr in weißem Anzug, schwarzer Samtweste und mit einem Panamahut bei ihr vor. Es war ausgerechnet ein Sonntagmorgen. Mrs. Shelton schildert in einem Brief an E. V. Valentine die Umstände ihrer ersten Begegnung mit ihrer Jugendliebe nach über zwanzig Jahren: »Ich schickte mich eben an, zur Kirche zu gehen, als mir ein Dienstbote mitteilte, ein Herr warte unten im Empfangszimmer und wünsche mich zu sprechen. Ich ging hinunter und war einigermaßen verblüfft, ihn wiederzusehen. Ich erkannte ihn sofort. Er kam sehr forsch auf mich zu und sagte ›Oh! Elmira, bist du es wirklich?‹ An jenem Morgen erklärte ich ihm, daß ich im Begriffe stünde, den Gottesdienst zu besuchen und daß er mich, da ich keine Ausnahme von dieser Regel dulde, freundlichst ein andermal aufsuchen solle. Das tat er denn auch kurz darauf und machte mir einen Heiratsantrag. Ich lachte zuerst darüber, aber es schien ihm ernst damit zu sein. Er sagte, er meine es ganz aufrichtig und habe diesen Schritt schon sein längerem erwogen. Da merkte ich, daß es ihm in der Tat ernst war und wurde selbst ebenso ernst. Ich sagte ihm, daß er mir, wenn er nicht gleich eine Absage erhalten wolle, Zeit geben müsse, darüber nachzudenken. Darauf erwiderte er, eine zögernde Liebe sei für ihn gar keine Liebe. Dennoch saß er lange Zeit mit mir zusammen, und wir führten ein angeregtes Gespräch. Er gab sich sehr zuversichtlich. Er besuchte mich danach noch öfters, aber ich habe ihm niemals mein Jawort gegeben. Als er fortging, bat er mich noch einmal, seine Frau zu werden und versprach, sich in allem nach meinen Wünschen zu richten. Er sagte, er hätte in New York einige Geschäfte abzuwickeln und er werde nach Richmond zurückkehren, sobald seine Angelegenheiten geregelt seien. Aber er fügte auch hinzu, er habe eine Vorausahnung, mich nie mehr wiederzusehen.«[28]

Auf die Frage, ob sie zur Zeit von Poes Tod mit ihm verlobt gewesen sei, gab sie eine ausweichende Antwort: »Als er Richmond verließ, war ich nicht mit Poe verlobt, obwohl eine diesbezügliche Übereinkunft zwischen uns bestand. Aber ich glaube nicht, daß ich ihn jemals geheiratet hätte.«[29]

Poe schrieb jedoch schon Ende August an Mrs. Clemm: »Seit sich herumgesprochen hat, daß ich zu heiraten beabsichtige, haben mich die Mackenzies förmlich mit Aufmerksamkeiten überschüttet ... und nun, meine liebste, beste Muddy, sobald ich Genaueres weiß, werde ich dir wieder schreiben und dir sagen, was zu tun ist ... Was meinst du, wären wir glücklicher in Richmond oder in Lowell? – denn ich nehme nicht an, daß wir in Fordham je glücklich werden könnten – und, Muddy, ich *muß* irgendwo sein, wo ich Annie sehen kann ... Sprich mir nicht von Annie. Ich kann es jetzt nicht hören, es sei denn, Mr. Richmond wäre tot. Ich habe einen Trauring gekauft und werde wohl ohne Schwierigkeiten einen Frack bekommen.«[30]

Ferner geht aus einem Brief Mrs. Sheltons an Mrs. Clemm vom 22. September ziemlich eindeutig hervor, daß sie sehr wohl an eine Heirat mit Poe dachte. Es verhielt sich wohl so, daß sie nach seinem Tod fürchtete, sie könne in die öffentliche Kontroverse über seinen Lebenswandel, die Griswold mit dem ›Ludwig Artikel‹ entzündet hatte, mit hineingezogen werden. Poes häufige Erwähnung ›Annies‹ zeigt, daß Mrs. Richmond noch immer seine eigentliche große Liebe war. Der Schluß liegt nahe, daß er sich mehr für Mrs. Sheltons Vermögen als für ihre Person interessierte. Sie muß so etwas geahnt haben, denn sie traf eine vermögensrechtliche Verfügung, nach der ihr Besitz auch im Falle einer Wiederverheiratung allein in ihren Händen bleiben sollte. Ihr Sohn stellte sich einer Verbindung mit Poe energisch entgegen. Die Situation glich der Verlobung mit Mrs. Whitman. Aber es läßt sich im nachhinein kaum beurteilen, ob nun wahre Gefühle im Spiel waren oder nicht. Während Poe in Richmond zwei der angenehmsten Monate seines Lebens verbrachte, muß Mrs. Clemm in Fordham buchstäblich vom Hungertod bedroht gewesen sein. Den letzten Geldbetrag (einen Dollar) hatte sie am 14. Juli von ihm erhalten. In ihrer Not wandte sie sich an Griswold, von dem sie sich anscheinend eine kleinere Summe lieh und dem sie in einem Brief versprach, Poe werde seine Bücher günstig rezensieren, wenn er, Griswold, dessen Manuskripte drucke. Hier stellt sich eine entscheidende Frage: war es wirklich Poe, der Griswold mit der Verwaltung seines literarischen Nachlasses betraute? Der einzige Hinweis darauf findet sich in einer Aussage Miss Talleys: »Im Laufe des Abends zeigte er (Poe) mir einen Brief, den er gerade von ›seinem Freund, Dr. Griswold‹ bekommen hatte. Es war die Antwort auf einen Brief, in dem Poe kurz zuvor Dr. Griswold gebeten hatte, im Falle seines plötzlichen Todes seinen literarischen Nachlaß zu verwalten. Dr. Griswold nahm den Vorschlag an, zeigte sich geschmeichelt und schrieb in einem Ton freundschaftlicher Wärme und Verbundenheit.«[31]

Ein solcher Brief an Griswold – den dieser sicher veröffentlicht hätte – konnte jedoch bisher nicht gefunden werden. Der Reverend selbst schrieb im Dezember 1849 an Mrs. Whitman: »*Ich war nicht sein Freund, noch er der meine,* wie ich mich erinnere, Ihnen gegenüber schon einmal erwähnt zu haben. Ich unternahm es, seine Schriften herauszugeben, um Mrs. Clemm einen Gefallen zu tun...«[32] In einem Schreiben Mrs. Shews an Ingram heißt es: »Mr. Poe sagte mir mit aller Deutlichkeit, daß Griswold sein Feind sei und daß er (Poe) ihn an seinem schwächsten Punkt getroffen habe: seinem Egoismus. An ein Versprechen gebunden, das er seiner ›Mutter‹ Mrs. C. gegeben habe, sei er genötigt, den Mann höflich zu behandeln, und doch habe er stets das Gefühl, sich in Gegenwart einer Viper zu befinden, die bei der erstbesten Gelegenheit zustoßen würde... Mrs. C. fürchtete den Mann und bat ihn im selben Atemzug um Gefälligkeiten... Ich glaube nicht, daß Poe Griswold jemals um Geld gebeten hat. Ich denke, Mrs. Clemm tat es. Ich konnte mich nie mit der herzlosen Art und Weise abfinden, mit der sie Griswold als Mr. Poes Biographen auswählte, und ich sagte ihr, daß sie damit ein Unrecht getan hätte, freilich nicht mit Absicht...«[33]

Am 14. September wiederholte Poe seinen Vortrag über das ›Poetische Prinzip‹ in der Akademie von Norfolk. Er wurde dort ebenso begeistert aufgenommen und allseitig hofiert wie in Richmond und verbrachte einige angenehme Tage als umschwärmter Mittelpunkt festlicher Gesellschaften. Der ›North American Beacon‹ nannte sein öffentliches Auftreten ›ein großes kulturelles Ereignis‹ und verwies auf Poes ›hohes Ansehen in Frankreich‹ – im Juli 1848 war Baudelaires erste Poe-Übersetzung, ›Révélation Magnétique‹ (›Mesmerische Offenbarung‹), in ›La Liberté de Penser‹ erschienen.[34]

Am 18. schrieb er an Mrs. Clemm den letzten Brief, den sie von ihm erhielt:

»Meine herzliebe Muddy,
als ich gestern Abend von Norfolk hier ankam, empfing ich Deine beiden Briefe, dazu den von Mrs. Lewis. Ich kann Dir nicht sagen, welche Freude ich darüber empfand – zu erfahren doch wenigstens, daß Du wohlauf bist und voller Hoffnung... Elmira ist gerade vom Lande heimgekommen. Ich verbrachte den gestrigen Abend mit ihr. Ich glaube, sie liebt mich hingebungsvoller, als ich's jemals erfahren, und ich kann nicht anders, ich muß sie wiederlieben. Noch ist nichts endgültig geregelt, und es nützt ja auch nichts, die Dinge zu überstürzen. Ich las am Montag in Norfolk und hatte genug Reinverdienst, um meine Rechnungen hier im Madison-Haus zu begleichen; $ 2 blieben mir sogar noch übrig. Ich hatte ein höchst gebildetes Publikum, doch Norfolk ist eine Kleinstadt, und es gab am selben Abend zwei Veranstaltungen. Nächsten Montag lese ich nun wieder hier und erwarte ein großes Publikum. Am Dienstag reise ich nach Philadelphia ab, um mich um Mrs. Louds Gedichte zu kümmern – und *möglicherweise* kann ich am Donnerstag dann nach New York aufbrechen. Wenn das angeht, werde ich mich unmittelbar zu Mrs. Lewis hinüberbegeben und nach Dir schicken. Es wird besser für mich sein, nicht nach Fordham zu kommen – meinst Du nicht auch? Gib mir umgehend Antwort und direkt nach Philadelphia. Für den Fall, daß ich den Brief nicht erhalten sollte, unterschreibe keinen Namen und adressiere ihn an E. S. T. Grey Esq. *Wenn möglich,* werde ich noch heiraten, bevor ich abreise – doch genau läßt sich das nicht sagen. Grüße Mrs. L. herzlichst von mir. Meine arme, arme Muddy, ich bin immer noch außerstande, Dir auch nur einen Dollar zu schicken – doch laß den Mut nicht sinken – ich hoffe, daß unsere Schwierigkeiten nun fast vorüber sind... Ich zeigte Elmira deinen Brief, und sie sagt ›es sei ein so reizender, feiner Brief, daß sie Dich um seinetwillen bereits liebe‹.

Immer dein

Eddy

...Die Zeitungen hier loben mich förmlich tot – und ich bin überall mit Begeisterung aufgenommen worden. Hebe bitte alle Abschnitte auf, die ich Dir geschickt habe...«[35]

Mit diesem Schreiben beginnt der letzte und dunkelste Abschnitt in Poes Biographie: das Geheimnis um seinen plötzlichen Tod in Baltimore. Es zu enträtseln, würde wohl selbst die Logik und Intuition eines Dupin überfordern. Man kann nur kriminalistisch die Fakten aneinanderreihen; aber dann klafft eine Lücke von zwei, drei entscheidenden Tagen, über die so gut wie nichts bekannt ist. Und an einem dieser Tage ereignete sich die Tragödie, die Poes Leben plötzlich auslöschte.

Sein zweiter öffentlicher Vortrag in Richmond fand am 24. September statt, wieder im Konzertsaal des ›Exchange Hotels‹, und wieder war das Thema ›Das Poetische Prinzip‹. Die Erinnerungen eines Bishop Fitzgerald, eines Korrespondenten von James A. Harrison (einem frühen Biographen Poes), liefern ein erstes, hochinteressantes Indiz. Fitzgerald war an diesem Abend unter den Zuhörern; Poes Art, Gedichte zu lesen, schreibt er, habe sich wohltuend von dem deklamatorischen Schwulst und pompösen Gehabe seiner Zeit unterschieden. Sein Vortrag sei ›ruhig, ohne Gestik, klar und subtil akzentuiert‹ gewesen, ›mit jenem undefinierbaren Element des Ausdrucks, das den Hörer mit sich steigerndem Wohlgefallen und Vergnügen für den Sprecher einnimmt‹.

Man habe, so behauptet er, damals in den Richmonder Kulturkreisen beschlossen, Poe auf eine taktvolle und feinfühlige Weise eine größere finanzielle Unterstützung zukommen zu lassen. Daher soll der Eintritt nicht, wie üblich, 50 Cents, sondern nach allgemeiner, stillschweigender Übereinkunft ganze fünf Dollar betragen haben. Insgesamt seien dreihundert Personen erschienen. »Der Nettoerlös des Vortrages belief sich auf etwa fünfzehnhundert Dollar (!). Es lag ein Hauch des ›alten Virginias‹ darin, wie man diese Angelegenheit regelte.«[36]

Wenn Mr. Fitzgeralds Äußerungen wahr sind, selbst wenn Poe nur die Hälfte oder ein Drittel der Summe einnahm, so besaß er damit mehr Geld als je zuvor in seinem Leben, einen Betrag, den er in Scheinen mit sich herumtrug – denn er zahlte ihn weder auf irgendeine Bank ein, noch überwies er Mrs. Clemm etwas. Miss Talley schildert den Abend seines Abschieds: »Wir standen in dem Portico vor unserer Haustüre, und nachdem er ein paar Schritte gegangen war, hielt er noch einmal an, wandte sich um und zog seinen Hut in einem letzten Adieu. In diesem Moment erschien ein leuchtender Komet am Himmel, direkt über ihm, und verschwand im Osten. Wir sprachen lachend über den Vorfall, aber später wurde er zu einer traurigen Erinnerung für mich.«[37]

»Er kam am Abend des 26. September«, schreibt Mrs. Shelton, »zu meinem Haus, um sich von mir zu verabschieden. Er war sehr traurig und klagte, daß ihm unwohl sei und er sich krank fühle. Ich fühlte seinen Puls und stellte fest, daß er starkes Fieber hatte. Ich hielt es für unwahrscheinlich, daß er in der Lage wäre, wie geplant, am nächsten Morgen (Donnerstag) abzureisen. Die ganze Nacht über machte ich mir Sorgen um ihn, und früh am anderen Morgen ging ich aus, um mich nach ihm zu erkundigen. Da erfuhr ich, sehr zu meinem Bedauern, daß er bereits das Dampfschiff nach Baltimore genommen hatte.«[38]

Zuvor, soviel steht fest, sprach er noch bei einigen anderen Freunden und Bekannten vor, zum Beispiel bei Dr. Gibbon Carter, wo er seinen eigenen Gehstock zurückließ und dafür Carters Malacca-Stock mitnahm, wohl in der Absicht, ihn vor seiner Abfahrt zurückzubringen. Später aß er in ›Sadler's Restaurant‹ in der Main Street zu Abend. Er traf dort ein paar weitere Bekannte, darunter einen Mr. J. M. Blakey, auf die er ›gutgelaunt, zuversichtlich und nüchtern‹ wirkte. Mrs. Sheltons Bericht läßt jedoch darauf schließen, daß er sich abermals in einem sehr kritischen physischen und psychischen Zustand befand. Wenn sie sich nicht im Datum irrte, müßte Poe am frühen Morgen des 27. September, einem Donnerstag, das Dampfboot nach Baltimore genommen haben. Die Passage dauerte, mit zahlreichen Zwischenstationen, zu jener Zeit etwa zwei Tage.[39] Und der Mittelpunkt eines Raddampfers war die Bar. Möglicherweise gönnte sich Poe trotz seines Enthaltsamkeitsgelübdes einen Drink – oder zwei – oder mehrere –, um seine Nerven zu beruhigen. Er führte nur einen leichten Reisekoffer bei sich; sein übriges Gepäck hatte er in der ›Swan Tavern‹, seiner Richmonder Pension, deponiert, da er davon ausging, in ein oder zwei Wochen wieder zurückzukehren. Mrs. Shelton erinnerte sich, daß er einen schwarzen Überrock trug, wie üblich ›bis zum Halse zugeknöpft‹. Sein Reiseziel war Philadelphia, wo er Mrs. St. Louds Gedichte redigieren und zusammenstellen wollte. Es gibt jedoch einen Hinweis darauf, daß er über Baltimore nach Philadelphia fuhr. Das muß um den 29.–30. September herum gewesen sein. Mr. Thomas H. Lane, sein früherer Geschäftspartner beim ›Broadway Journal‹, durch dessen Unterstützung die Zeitschrift einige Wochen länger am Leben blieb, berichtet, Poe sei auf seiner letzten Reise zuerst in die Quäkerstadt Philadelphia gekommen und habe dort alte Freunde aufgesucht. Ein gewisser James P. Moss, der Ehemann von Lanes Tante, ein Musiker und ebenfalls einer von Poes Bekannten, habe ihn abends in sein Hotel bringen müssen, da seine Verfassung besorgniserregend gewesen sei. Am nächsten Morgen bestand er trotz freundschaftlicher Proteste darauf, nach New York weiterzureisen. Es ist denkbar, daß er einen falschen Zug nahm, der ihn nach Baltimore zurückbrachte – wie Quinn vermutet –, aber nicht sehr wahrscheinlich.

Dr. J. J. Moran, ein Arzt des Washington Hospitals, in das Poe wenige Tage später eingeliefert wurde, liefert eine andere Version: »Es stimmt, daß Poe Richmond am 4. Oktober (!) 1849 verließ, nicht per Eisenbahn, sondern per Schiff. Es gab keine Zugverbindung von Richmond nach Baltimore. Ich erfuhr ... von Mrs. Shelton, seiner Verlobten, daß sich der Dichter am vierten Oktober um vier Uhr nachmittags von ihr in ihrem Hause verabschiedete, um das Dampfschiff ›Columbus‹ nach Baltimore zu nehmen. Er wollte Philadelphia und New York besuchen, dort irgendwelche Geschäfte abwickeln, die er mit bestimmten Verlegern hatte, und in ein paar Tagen nach Richmond zurückkehren ... Das Boot kam am 5. Oktober, ungefähr um vier Uhr morgens, in Baltimore an. Seine Anlegestelle war das Dock an der Ecke der Light und Pratt Street. Poe begab sich zu dem Hotel in der Pratt Street, auf der Nordseite, gegenüber dem Warenlager, das damals ›Bradshaw's‹ hieß, heute das ›Maltby House‹. Ein Schwarzer vom Schiff begleitete ihn und trug seinen Koffer. Gegen Nachmittag fuhr er dann nach Philadelphia weiter und kam bis zum Susquehanna-River, über den die Passagiere mit einer Fähre übergesetzt werden mußten, da zu jener Zeit noch keine Brücke existierte. Es herrschte ein Sturm, und das Wasser war so reißend, daß Poe auf eine Fortsetzung seiner Reise verzichtete. Er blieb im Zug und kehrte nach Baltimore zurück. Dort kam er etwa um acht Uhr abends an. Ein Gepäckträger brachte seinen Koffer in das Hotel, das er am Morgen verlassen hatte. Poe stieg aus und ging die Pratt Street auf der Südseite hinunter, zu dem Dock, wo sein Boot lag. Er wurde von zwei verdächtigen Personen verfolgt, wie die Aussage des Schaffners zeigen wird, und als er an der südwestlichen Ecke der Pratt und Light Street anlangte, von diesen beiden Halunken ergriffen und in eine der üblen Spelunken oder Spielhöllen gezerrt, die rings um den Kai liegen. Man setzte ihn unter Drogen, raubte ihn aus und stahl ihm auch seine gesamte Kleidung, die er getragen hatte, als er Richmond verließ und auch vor kurzem, als er aus dem Zug gestiegen war. Dafür zog man ihm einen schmutzigen, verschossenen alten Bombasinrock an, Hosen aus ähnlichem Material, ein Paar abgetragene Schuhe mit heruntergelaufenen Absätzen und setzte ihm einen alten Strohhut auf. Später in dieser kalten Oktobernacht wurde er in halb bewußtlosem Zustand aus der Kaschemme auf die Straße geworfen, und als er sich in der Dunkelheit vorwärtstastete, stolperte er an der Westseite des Piers über die Gleitkufen, auf denen man die Fässer von Schiffsladungen entlangschob, kaum dreißig Meter von der Spelunke entfernt. Es war ihm wahrhaftig so ergangen wie einem aus alter Zeit. Er war unter Diebe gefallen, die ihm alles abgenommen hatten und ihn halbtot zurückließen. Er streckte sich auf den Planken aus und lag dort bis nach Tagesanbruch. Ein vorbeikommender Herr bemerkte den Mann und erkannte, als er sein Gesicht erblickte, den Dichter. Er rief eine Droschke herbei, gab dem Fahrer eine unbedruckte Karte mit meiner Adresse und Poes Namen an der oberen rechten Ecke, und der Dichter wurde ins Hospital gebracht, wo er gegen neun Uhr morgens ankam.«[40]

Das müßte, nach seinem Bericht zu schließen, am 6. Oktober gewesen sein, einen Tag vor Poes Tod. Morans ›A Defence of E. A. Poe‹, ein längerer Aufsatz, dem das Zitat entnommen ist, erschien erst 1885; der Verfasser konnte sich an genaue Daten wohl nicht mehr erinnern. In einem Brief von ihm an Mrs. Clemm vom 15. November 1849 heißt es noch: »... Als er in das Hospital gebracht wurde, war er sich seines Zustandes nicht bewußt und wer ihn dorthin gebracht hatte oder mit wem er zuletzt zusammengewesen war. Er verblieb in diesem Zustand von fünf Uhr nachmittags – dem Zeitpunkt seiner Einlieferung – bis um drei Uhr am nächsten Morgen. Dies war am 3. Oktober.«[41]

Einige Details, wie daß Poes Hotel in der Pratt Street gewesen sei und jener seine Reise nach Philadelphia am Susquehanna-River unterbrochen habe, will er von dem Sterbenden selbst erfahren haben. Die Aussage des erwähnten Zugschaffners, einem Capt. George W. Rollins, wird von ihm wie folgt wiedergegeben: »... Ich traf ihn auf der Straße, und er sagte: ›Ich las in den Zeitungen über den Tod eines Herren, der kürzlich in meinem Zug mitfuhr.‹ Ich fragte: ›Wissen Sie, um wen es sich handelte?‹ Er sagte: ›Zu der Zeit noch nicht‹, aber er habe inzwischen gehört, daß es Edgar Poe gewesen sei. Er beschrieb ihn als das beste Beispiel eines Gentlemans, das er seit langem gesehen hatte: ›Ich war durch seine äußere Erscheinung sogleich für ihn eingenommen.‹ Ich sagte: ›Captain, wie war er gekleidet?‹ Er antwortete: ›Ganz in Schwarz; sein Rock war bis zum Hals zugeknöpft. Es gab da noch zwei gut gekleidete Männer, die aus einem Zug von der anderen Seite des Flusses zugestiegen waren. Sie kamen aus Philadelphia oder New York. Sie ließen sich auf einem Sitzplatz direkt hinter Poe nieder. Ich brauchte sie bloß anzusehen, um zu wissen, daß es ›Haie‹ waren, das heißt Männer, vor denen man sich in acht nehmen muß, und als ich in Baltimore aus dem Zug stieg, sah ich, wie sie sich auf seinem Weg zum Dock hinunter an Poes Fersen hefteten.‹ Ich fragte den Schaffner, ob Poe unter dem Einfluß alkoholischer Getränke gestanden habe. ›Nie im Leben‹, sagte er, ›da hätte ich ebensogut meinen eigenen Vater verdächtigen können.‹ «[42]

Man erinnere sich in diesem Zusammenhang an den hohen Geldbetrag, den Poe bei sich führte. Einem Brief an John Ingram fügte Miss Amelia F. Poe, eine entfernte Verwandte der Poes, folgenden, bisher nicht identifizierten, aber sehr interessanten Zeitungsausschnitt bei: »Dr. Charles W. Kent, Professor für Englisch an der Universität von Virginia, erklärte am 14. Juli 1911 in Morgantown, W.-Va., daß ›E. A. Poe nicht durch exzessives Trinken umkam, sondern Opfer eines Diebes wurde, der den Dichter mit Rauschgift betäubte, um in den Besitz einer Geldbörse mit $ 1500 zu gelangen, welche er zur Zeit seines Todes in Baltimore bei sich trug.‹«[43]

Unter den Ingram-Dokumenten befindet sich ferner ein weiterer, ebenso nicht identifizierbarer Zeitungsausschnitt, in dem es heißt: »Freunde aus West Point verleiteten ihn in Baltimore dazu, mit ihnen ein Glas Champagner zu trinken. Er verließ betrunken die Gesellschaft und wurde von Schurken überfallen, die ihn niederschlugen, nachdem sie ihn ausgeraubt hatten. Er blieb bewußtlos die ganze Nacht auf der Straße liegen. Man brachte ihn am nächsten Morgen ins Maryland Hospital (?), wo er einige Tage später an Gehirnentzündung starb.«[44]

Poes ehemaliger Freund Thomas Holley Chivers schrieb 1852 eine bombastische und stellenweise unerträglich schwülstige ›Elegie auf den Dichter‹ mit dem Titel ›New Life of Edgar Allan Poe‹. Seine kurze Beschreibung der Umstände von Poes Tod entspricht der damals verbreitetsten Auffassung darüber und ist zugegebenermaßen nicht unplausibel: »Bei seiner Ankunft in Baltimore überließ er seinen Koffer einem Gepäckträger und ging in eine Kneipe, wo er ein paar Freunden von schlechtem Ruf begegnete; er betrank sich, lag die ganze Nacht auf der Straße, wurde am Morgen ins Hospital gebracht, wo er bald den Verstand verlor und am Sonntagabend, den 7. Oktober 1849, verschied...«[45]

Die von sämtlichen Biographen als ›am wahrscheinlichsten‹ übernommene Hypothese, Poe sei im Trubel des Wahlkampfes, der damals gerade in Baltimore stattfand, Wahlschleppern, sogenannten ›coopers‹, in die Hände gefallen, stammt ursprünglich von einem Korrespondenten Ingrams, William Hand Browne. Browne schreibt: »...Zu jener Zeit und auch Jahre davor und später herrschte während der Wahlen in dieser und anderen Städten die schlimme Unsitte, ›Wähler zu schnappen‹. Das heißt, Banden von Männern griffen Leute auf, die sie auf den Straßen fanden (meist Arme, Alleinstehende oder Fremde), machten ihnen Versprechungen oder wandten sogar Gewalt an und verschleppten sie zu Kellern in verschiedenen Slums der Stadt, wo sie bewacht, bedroht und mißhandelt wurden, falls sie versuchten zu fliehen. Man raubte sie auch oft aus und nötigte sie stets dazu, Whiskey zu trinken, der häufig mit narkotisierenden Mitteln versetzt war, bis sie völlig benommen und hilflos waren. In der Wahlnacht wurden diese Elenden dann in Fuhrwerken oder Omnibussen – unter Aufsicht – zu den Wahlurnen gefahren, wo sie ihre Stimmen auf den Zetteln abgeben mußten, die man ihnen reichte. Es kam nicht selten vor, daß jemand unter dieser rohen Behandlung sein Leben einbüßte. Man glaubt hier allgemein, daß Poe einer von diesen Banden in die Hände fiel (sein Tod ereignete sich gerade zur Wahlzeit; eine Landratswahl [›election for sheriff‹] fand am 4. Oktober statt), ›geschnappt‹ und mit Alkohol betäubt wurde; daß man ihn ausraubte und zwang, seine Stimme abzuge-

Baltimore, 1849

ben, und daß man ihn schließlich mehr tot als lebendig irgendwo liegen-ließ.«[46]

Die Praxis des ›cooping‹ war damals in der Tat so verbreitet, daß sich in den fünfziger Jahren eine Bürgerwehr formierte, um gegen den Mißstand vorzu-gehen. Wähler wurden seinerzeit nicht registriert, und jeder Mann, der in der Lage war, die Hand zum Schwur vor einem ›Wahlrichter‹ zu erheben (der es damit nicht so genau nahm), durfte sein Kreuzchen unter die Listen setzen – oder auch mehrere Kreuzchen an verschiedenen Wahlurnen. Es war daher ein einträgliches, von den Parteien gut bezahltes Geschäft, ›Menschenmaterial‹ für diesen Zweck zu organisieren. In einem Artikel des ›New York Herald‹ vom 27. März 1881 schreibt ein Mr. Spencer. »Die ›Wahlschlepperei‹ kulmi-nierte wohl im Jahre 1849, und wenn die Erinnerung des Verfassers ihm kei-nen Streich spielt, hatte der ›Käfig‹ der Demokraten in der Lexington Street (in Baltimore) ... 75 Gefangene, während der der Whigs in der High Street 130 bis 140 aufnahm – das Äquivalent von 600 Stimmen.«[47]

Was die Wahlen im Oktober 1849 betrifft, so irre sich W. H. Browne in einigen (allerdings unwesentlichen) Punkten. Es handelte sich nicht um eine einfache Landratswahl, sondern um Kongreßabgeordnetenwahlen, die in ganz Maryland stattfanden, und zwar bis einschließlich 3. Oktober. Der Ge-winner war der demokratische Kandidat, Robert M. McLane.[48]

Dr. Moran behauptet in seiner oben auszugsweise zitierten ›Verteidigung Poes‹, man habe Poe in der Hafengegend in besinnungslosem Zustand aufgefunden. Diese Aussage ist unrichtig, wie ein erst 1880 aufgefundenes, überaus wichtiges Dokument beweist. Es handelt sich um eine mit Bleistift auf einen Zettel geschriebene Nachricht an Dr. J. Evans Snodgrass (den früheren Herausgeber des ›American Museum‹ und des ›Baltimore Saturday Visiter‹, mit dem Poe einige Zeit korrespondiert hatte) vom 3. Oktober 1849:

»Werter Herr, – da ist ein Gentleman in einem sehr schlechten Zustand in Ryans Wahllokal im vierten Wahlbezirk, der sich Edgar A. Poe nennt und sich in großer Not zu befinden scheint. Er sagt, daß er mit Ihnen bekannt sei, und ich versichere Ihnen, daß er unverzüglicher Hilfe bedarf.

In Eile,

Jos. W. Walker«[49]

Mr. Walker war ein Drucker in Baltimore, der zur Belegschaft der ›Baltimore Sun‹ gehörte. Cornelius Ryans Wahllokal lag in der Lombard Street, zwischen zwei Hauptstraßen, der High und Exeter Street, zu Fuß gut eine halbe Stunde von der Anlegestelle des Dampfschiffs aus Richmond entfernt. Gewählt wurde direkt nebenan, in einer Gaststätte, die als ›Gunner's Hall‹ bekannt war. Der berüchtigte ›Käfig‹ (›coop‹) der Whigs befand sich im Keller eines Gebäudes in der High Street, und Dr. Snodgrass lebte in der High Street Nr. 103. Bevor seine Stellungnahme zitiert wird, ist es aufschlußreich, zunächst einige Tatsachen zu erwähnen, die Zweifel an seiner Glaubwürdigkeit oder zumindest seiner Objektivität aufkommen lassen. Snodgrass veröffentlichte 1867 in der Zeitschrift ›Beadle's Monthly‹ einen weitschweifigen und stellenweise offensichtlich inkorrekten Artikel mit dem Titel ›Die Tatsachen von Poes Tod und Begräbnis‹. Schon Walkers Nachricht an ihn wird darin verfälscht und ›aus dem Gedächtnis‹ wiedergegeben, obwohl sich das Dokument unter seinen Papieren befand. Statt »ein Gentleman in einem sehr schlechten Zustand ...«, der sich in großer Not zu befinden scheint« und »unverzüglicher Hilfe bedarf« heißt es dort: »ein tierisch betrunkener Mann in augenscheinlich elender Verfassung«. Ironischerweise hatte Poe am 1. April 1841 an Snodgrass geschrieben: »Sie sind Arzt, und keinem Arzt dürfte es schwerfallen, den *Trinker* auf einen Blick zu erkennen. Sie sind außerdem Literat und in ethischen Grundsätzen erfahren ... Um noch deutlicher zu werden: Ich gebe Ihnen vor Gott mein Ehrenwort als Gentleman, daß ich strengstens abstinent lebe.«[50] Ferner stellt es Snodgrass in seinem Artikel so dar, als habe er Poe persönlich in der Droschke zum Washington Hospital begleitet und ihn dort der Obhut des diensthabenden Arztes übergeben. In Wahrheit verhielt es sich so, daß Poe allein dort ankam und Dr. Moran dem Kutscher den Fahrpreis erstatten mußte. »Ich fragte den Fahrer: ›Worauf warten Sie

noch?‹ Er sagte: ›Auf mein Geld.‹ ›Wer hat Sie hierhergeschickt?‹ fragte ich.
›Sie haben die Fahrkarte‹, antwortete er und meinte die Karte, die er mitgebracht hatte. (Auf dieser Karte stand, wie erwähnt, nur die Adresse des Kran-
kenhauses und Poes Name.) ... Ich sagte: ›Der Mann ist total betrunken,
nehme ich an?‹ Er erwiderte: ›Nein, Sir, er war ein kranker Mann, ein sehr
kranker Mann, Sir.‹ ›Wie kommen Sie zu der Annahme, daß er nicht betrunken war?‹, fragte ich. ›Er roch nicht nach Whiskey‹, sagte der Fahrer, ›er ist zu
weiß im Gesicht. Ich nahm ihn wie ein Baby in die Arme, Sir, und legte ihn in
die Droschke.‹«[51]

Es gilt außerdem zu bedenken, daß Dr. Snodgrass ein überzeugter Tempe-
renzler war, der mit seinen ausschmückenden Berichten über Poes unrühmli-
chen Tod seinen Landsleuten ein warnendes Beispiel für die Gefahren des Alkohols geben wollte. Wie Griswold hatte er sich den obskuren Titel ›Reverend‹ zugelegt, und bezeichnenderweise erschien eine seiner widersprüchlichen Darstellungen, seine letzte Begegnung mit dem Dichter betreffend (er
schrieb insgesamt drei oder vier), in dem Vereinsorgan ›Woman's Temperance Paper‹ in New York. Die Temperenzlerbewegung in den Vereinigten
Staaten hatte, ebenso wie die der Abolitionisten, in den dreißiger und vierziger Jahren unerhörten Zuwachs bekommen und ähnelte in vieler Hinsicht einer fanatischen Sekte. Die nun folgende Schilderung ist also mit einigem
Vorbehalt zu lesen, wenn auch die Beschreibung Poes sicher den Tatsachen
entspricht: »Nachdem man sich auf das Washington Hospital geeinigt hatte,
wurde ein Bote losgeschickt, der eine Droschke besorgen sollte. Solange ich
auf deren Ankunft wartete, fand ich Gelegenheit, den Zustand und das Erscheinungsbild des seltsam verwandelten Wesens in jener Bar einer eingehen-
deren Betrachtung zu unterziehen, als es die Umstände bisher zuließen. Der
Name des Mannes war gleichsam ein Synonym für Genie – der erste Blick auf
dessen *Tout ensemble* jedoch dazu angetan, Poes eigene, in seinen Schriften so
häufig angedeutete Doktrin der *Metempsychose* ins Gedächtnis zu rufen. Sein
Gesicht wirkte übernächtigt, um nicht zu sagen aufgedunsen und ungewa-
schen, sein Haar war ungekämmt, und er machte insgesamt einen abstoßenden Eindruck. Seine ausladende Stirn, wundervoll ausgedehnt zwischen den
Punkten, wo die Phrenologen das Idealische lokalisieren, die breiteste, die ich
je maß; jene großen, weichen und doch seelenvollen, jetzt glanz- und aus-
druckslosen Augen, die einst, als er noch er selbst war, so sehr für ihn einnahmen – sie wurden überschattet von einem schäbigen, zerfetzten Hut aus
Palmblättern, der kein Band und fast keine Krempe mehr hatte. Seine Kleidung bestand aus einem Schoßrock aus dünnem, minderwertigem, schwarzem Alpakastoff, an einigen der Nähte mehr oder weniger aufgetrennt und
eingerissen, verschossen und schmutzig, & einer Hose mit stahlfarbenem,
undefinierbarem Kassinettmuster, sehr abgenützt und schlecht passend,

wenn man überhaupt sagen kann, daß sie ihm paßte. Er trug weder Weste noch Halstuch; seine Hemdbrust war zerknittert und starrte vor Dreck. An seinen Füßen hatte er Schuhe aus grobem Material, die, so schien es, noch nie geputzt worden waren.«[52]

Es ist bemerkenswert, daß Dr. Snodgrass und Dr. Moran, die beiden wichtigsten Augenzeugen jener letzten Tage, in bezug auf Poes Kleidung in etwa übereinstimmten. Offensichtlich hatte man ihm nicht nur sein Geld, sondern auch seine Kleider gestohlen und ihn dafür in irgendwelche Lumpen gesteckt – wobei rätselhaft bleibt, warum man sich dazu überhaupt noch die Mühe machte. Möglicherweise hatte man herausgefunden, daß das Opfer ein bekannter Mann war, glaubte, daß er im Sterben liege oder bereits tot sei und wollte verhindern, daß er identifiziert wurde. Poe war zweifellos in schlechte Gesellschaft geraten, ob es sich nun um falsche Freunde, ›Wahlschlepper‹ oder gewöhnliche Diebe handelte. Die ›cooping‹-Theorie ist niemals eindeutig verifiziert worden. W. H. Browne behauptete in einem Brief an Ingram, er kenne einen Augenzeugen, einen gewissen Mr. James W. Alnutt, der bestätigen könne, daß man Poe unter Drogen setzte und zwang, seine Stimme für die Whig-Partei abzugeben. Aber dieser besagte Herr meldete sich selbst nie zu Wort. 1889 veröffentlichte die Zeitschrift ›Richmond Critic‹ einen anonymen Artikel von einem ›Bohemien aus San Francisco, früher ein Einwohner Baltimores‹, der dabeigewesen sein wollte, als Poe ›betäubt und verschleppt wurde und vor seinem Tod 31mal wählen mußte‹.[53] Später stellte sich heraus, daß der Verfasser Henry Didier war, ein ehemaliger Baltimorer Rechtsanwalt, der Poe einmal flüchtig gekannt hatte – die Quelle ist also nicht ganz so unseriös, wie es zunächst den Anschein hat. Trotzdem fällt auf, daß die ›cooping‹-Theorie erst in den siebziger Jahren des vorigen Jahrhunderts aufkam, zu einer Zeit, da man, allen voran Ingram, um eine ›Ehrenrettung‹ des so lange geschmähten und verleumdeten Dichters bemüht war. Er sollte sich nicht durch eigenes Verschulden, durch seine Trunksucht in die prekäre Lage gebracht haben, in der man ihn fand, sondern ›Opfer der Verhältnisse‹ geworden sein. Beim Vergleich aller verfügbaren Fakten ist jedoch der Schluß naheliegender, daß beides zusammenwirkte.

Snodgrass fährt in seinem Bericht fort: »Als die Droschke angekommen war, versuchten wir den Gegenstand unserer Fürsorge auf die Beine zu bekommen, damit wir ihn leichter hinausschaffen konnten. Aber er war nicht mehr imstande, sich von der Stelle zu bewegen. Wir trugen ihn daher wie einen Leichnam zu der Kutsche und hoben ihn auch so empor. Während wir dies taten, war das, was von einer der bemerkenswertesten Verkörperungen von Genie... übriggeblieben war..., gerade noch fähig, einige kaum verständliche Flüche und Verwünschungen gegen uns hervorzustoßen, die wir bemüht waren, ihn aus Elend und Schande zu retten. Die Droschke fuhr auf direktem Wege zu dem Hospital, wo ihr bewußtloser Fahrgast dem intelligenten und freundlichen diensthabenden Arzt (Dr. J. J. Moran) überantwortet wurde.«[54]

Leider war auch Dr. Moran ein etwas widersprüchlicher Zeuge, der sich immer deutlicher an den Vorfall zu erinnern schien, je mehr Zeit darüber vergangen war. Er hielt sogar öffentliche Vorträge über ›Poes letzte Tage‹ und insistierte immer wieder darauf, jener sei nicht im Delirium tremens gestorben, obwohl er dies ursprünglich angenommen und darüber ein Attest ausgestellt hatte. Auch brachte er, wie erwähnt, die Daten von Poes Einlieferung ins Washington Hospital und des Zeitraumes seines Aufenthaltes dort durcheinander. Allerdings kann man ihm nicht vorwerfen, den Tod des Dichters zu Propagandazwecken für die Temperenzlerbewegung zu nützen, wie Snodgrass. Dennoch ist ein sorgsames Abwägen seiner Aussagen nötig, um sich ein klares Bild zu verschaffen. Am authentischsten scheint noch der kurze Bericht zu sein, den er Mrs. Clemm in einem Brief vom 15. November 1849 gab. »Ich nehme an«, heißt es darin, »daß Sie über das Leiden, an dem Mr. Poe starb, bereits Bescheid wissen, und beschränke mich daher auf eine knappe Schilderung der ihn betreffenden Umstände von seiner Einlieferung bis zu seinem Ableben.« Diese schonende Auslassung spricht für sich. Poe, schreibt er weiter, sei am 3. Oktober zu ihm gebracht worden, ohne jedoch Angaben darüber machen zu können, wie er in einen so schlimmen Zustand geraten und mit wem er zuletzt zusammengewesen sei. Das entspricht auch Morans später präzisierter Behauptung, daß Poe nicht etwa von Freunden zum Hospital begleitet wurde, wie Snodgrass glauben machen wollte. Der Patient habe erst um drei Uhr am nächsten Morgen partiell das Bewußtsein wiedererlangt. »...zunächst trat ein heftiges, aber nicht aktives oder gewalttätiges Delirium ein, das von Schüttelfrost begleitet wurde. Er redete unentwegt und hielt Zwiesprache mit eingebildeten und gespenstischen Wesen, die er an den Wänden erblickte. Sein Gesicht war blaß und sein ganzer Körper in Schweiß gebadet. Bis zum zweiten Tage nach seiner Aufnahme war es uns nicht möglich, ihn zur Ruhe zu bringen.

Ich hatte die diensthabenden Schwestern entsprechend instruiert, und so wurde ich an sein Bett gerufen, sobald er sich wieder etwas bei klarem Verstand befand, und stellte ihm Fragen über seine Familie, seinen Wohnort, seine Angehörigen etc. Aber seine Antworten waren unzusammenhängend und unbefriedigend. Immerhin teilte er mir mit, daß er eine Frau in Richmond habe (was nicht den Tatsachen entspricht, wie ich inzwischen erfuhr), daß er nicht wisse, zu welchem Zeitpunkt er diese Stadt verlassen habe oder was aus seinem Koffer mit seinen Kleidungsstücken geworden sei.«[55]

In seinem Aufsatz ›A Defence of Poe‹ stellt Moran diese erste Unterredung wesentlich detaillierter dar:

»Ich fragte ihn, wie er sich fühle. Er sagte: ›Miserabel‹.

›Leiden Sie große Schmerzen?‹ ›Nein.‹

›Ist Ihnen im Magen übel?‹ ›Ja, etwas.‹

›Haben Sie Kopfschmerzen, tut es dort weh?‹, fragte ich und legte meine Hand auf seine Stirn.

›Ja.‹

›Mr. Poe, wie lange sind Sie schon krank?‹

›Weiß nicht.‹

›Wo sind Sie abgestiegen?‹

›In einem Hotel in der Pratt Street, gegenüber dem Warenlager.‹

›Besitzen Sie einen Koffer, eine Reisetasche oder irgend etwas, das Sie gebracht haben möchten?‹ Ich nahm an, daß er noch andere Kleidung als die hätte, mit der er ins Hospital eingeliefert worden war. Er sagte: ›Ich habe einen Koffer mit meinen Papieren und ein paar Manuskripten.‹ Man beachte, *daß sich keine Kleidung in dem Koffer befand* . . .sein Aufenthalt hier war rein geschäftlich und sollte nur kurz dauern. ›. . . Mr. Poe, Sie sind äußerst geschwächt, Ihr Pulsschlag ist sehr niedrig; ich werde Ihnen ein Glas Toddy (Whiskey mit Wasser) geben.‹

Er öffnete weit seine Augen und sah mich so durchdringend und mit einem solchen Ausdruck der Qual an, daß ich meinen Blick auf die Wand über seinem Bett wenden mußte. Dann sagte er: ›Sir, und wäre ich gleich davon überzeugt, seine Kraft führte mich in die elysischen Gefilde der unentdeckten Welt des Geistes, ich würde keinen Tropfen anrühren.‹ ›Gut, dann werde ich Ihnen ein Opiat verabreichen, damit Sie schlafen und ausruhen können‹, sagte ich. Da antwortete er: ›Die Zwillingsschwester; ein böser Geist der verlorenen und verrückten Sterblichen dieser dem Untergang geweihten Erde.‹

Mir verschlug es die Sprache. Da war ein Patient, von dem man annahm, daß er betrunken, sehr betrunken gewesen sei, und der es doch strikt ablehnte, Alkohol zu sich zu nehmen . . . Ich erkannte, daß mein erster Eindruck falsch war . . .

Er stellte einige Fragen danach, wo er sich befinde und wie er hierhergekommen sei. ›Ich erinnere mich an nichts mehr‹, sagte er, ›außer an eine vage und schreckliche Furcht, daß ich umgebracht, daß man mich ins Dock werfen würde . . .‹

›Schreiben Sie an beide (d. h. Mrs. Clemm und Mrs. Shelton); informieren Sie sie zu gleicher Zeit über meine Krankheit und meinen Tod und sagen Sie, daß ich mir keiner Handlung bewußt bin, die mich in diese fürchterliche Lage gebracht haben könnte. Wie es geschah, daß ich hierhergelangte, weiß Gott allein. Ich habe keinerlei Zeitgefühl; alles kommt mir wie ein Traum vor, ein Alptraum.‹«[56]

Morans Erinnerungsprotokoll wirkt stellenweise sehr romantisierend. Er versteigt sich sogar dazu, Poe auf die Frage, ob er irgendeinen Freund zu benachrichtigen wünsche, ›Nevermore‹ antworten zu lassen wie den berühmten ›Raben‹. Außerdem gibt es gewisse Widersprüche zu seinem knapp dreißig Jahre früher geschriebenen Brief an Mrs. Clemm, in dem es hieß: »Da er einen sehr verzweifelten Eindruck auf mich machte, versuchte ich ihn aufzumuntern und ihn mit neuem Lebensmut zu erfüllen und sagte ihm, ich hoffe, daß er in einigen Tagen in den Genuß der Gesellschaft seiner Freunde kommen werde und ich mich freuen würde, ihm nur jede erdenkliche Erleichterung und Bequemlichkeit zu verschaffen. Da fuhr er hoch und rief aus, das Beste, was sein bester Freund für ihn tun könne, wäre, ihm eine Kugel durch den Kopf zu jagen – daß er vor Scham im Erdboden versinken müsse, wenn ihn ein Freund in seinem ehrlosen Zustand sähe, etc. Nachdem Mr. Poe dies geäußert hatte, schien er einzuschlafen, und ich verließ ihn für kurze Zeit. Als ich zurückkehrte, fand ich ihn in einem wilden Delirium vor; er wehrte sich gegen zwei Schwestern, die sich bemühten, ihn im Bett zu halten. Dieser Zustand dauerte bis Samstag abend (er war am Mittwoch eingeliefert worden), als er anfing, nach einem gewissen ›Reynolds‹ zu rufen, was er die ganze Nacht hindurch bis um drei Uhr am Sonntagmorgen tat.«

Bei diesem mysteriösen ›Reynolds‹ könnte es sich um den Südseeforscher J. N. Reynolds handeln, dessen Forschungsberichte Poe als Redakteur des ›Southern Literary Messenger‹ rezensiert und den er damals wohl auch persönlich kennengelernt hatte. »Es ist klar«, heißt es am Ende der Erzählung ›Das Manuskript in der Flasche‹, »daß wir einer unerhörten Erkenntnis entgegentreiben, einem niemals mitteilbaren Geheimnis, dessen Offenbarung Vernichtung ist. Vielleicht führt uns der Strom zum Südpol selbst. Diese so wunderbar klingende Vermutung hat unleugbar alle Wahrscheinlichkeit für sich.«[57]

»Zu dieser Zeit«, beendet Moran seinen Bericht, »kam ein deutlicher Wandel über ihn. Erschöpft vor Anstrengung wurde er ruhig und schien ein wenig auszuruhen; dann sagte er, indem er sanft den Kopf bewegte: ›Gott helfe meiner armen Seele!‹ und verschied.«[58]

Von diesen wohlgemerkt *vertraulichen* Mitteilungen an Poes nächste Verwandte ist in Morans späterem Aufsatz nicht mehr die Rede; auch seine letzten Worte werden darin nicht erwähnt. Es scheint so, als sei der Arzt ebenso um eine ›Ehrenrettung des verkannten Genies‹ bemüht gewesen und habe daher die Tatsachen etwas verklärt. Aber Poe starb einsam und allein, verzweifelt und nach tagelanger, quälender Agonie. Keine Glorie, keine geflügelten Worte an die Nachwelt. Ein karges, weißgetünchtes Krankenzimmer im zweiten Stockwerk, mit vergitterten Fenstern, die den Sterbenden, so Moran in ›A Defence of Poe‹, zu ängstigen schienen. Ein paar Verwandte aus Baltimore sprachen, von Moran schriftlich benachrichtigt, im Washington Hospital vor: Neilson Poe und die ›Misses Herring‹; Poe war jedoch anscheinend nicht in der Lage, sie zu empfangen. Weder sie noch jemand anders kam für die Kosten für Unterbringung, Pflege und medizinische Versorgung auf; Moran mußte alles aus eigener Tasche bezahlen: »Das Hospital war keine Wohlfahrtseinrichtung; mein Lebensunterhalt hing allein von den Einkünften des Hauses ab, und es meldete sich nicht einer, der für Poe aufgekommen wäre... Die Patienten oder ihre Freunde beglichen die übliche Summe im voraus. Um Poe kümmerte sich an jenem Tag (d. h. dem Tag seiner Einlieferung, Anm. d. Verf.) niemand. Er hatte keine Freunde und keinen Pfennig Geld in der Tasche. Und bis heute habe ich keinen Pfennig für meine Auslagen zurückerhalten.«[59]

Es war auch Moran, der bei einem örtlichen Bestattungsunternehmer, einem Mr. Frederick T. Nemuth, einen schlichten Holzsarg ›ohne Verzierung, Metallgriffe und Namensschild‹ bestellte, ›mit einer Lackierung, die Walnußholz vortäuschen sollte‹. Mehrere Medizinstudenten des Washington Hospitals steuerten Kleidungsstücke bei, mit denen Poe seine letzte Reise antrat: einen schwarzen Rock, eine schwarze Hose, einen steifen Kragen und eine weiße Krawatte. Morans Frau und ›einige freundliche Damen aus der Nachbarschaft‹ nähten eine ›hübsche Musselindecke‹, auf die der tote Dichter in seinem Sarg gebettet wurde; nachts deckte man den Leichnam damit zu. Am 8. Oktober 1849, einen Tag nach Poes Tod, fand sich in der ›Baltimore Sun‹ folgende Notiz:

»Wir bedauern es, zu erfahren, daß Edgar A. Poe, Esq., der berühmte amerikanische Dichter, Gelehrte und Kritiker, gestern morgen in dieser Stadt nach einer Krankheit von vier oder fünf Tagen verstorben ist. Diese so plötzliche und unerwartete Nachricht wird all jene ergreifen, die das Genie bewundern und Verständnis für die Schwächen haben, welche es nur allzuoft begleiten...«[60]

In derselben Ausgabe gab der städtische Leichenbeschauer, J. F. C. Hadel, ›Gehirnentzündung‹ als Todesursache an.

Die Nachricht lockte eine Menge Schaulustige herbei; Moran spricht, sicher übertreibend, von »Hunderten von Freunden und Bekannten... Mindestens fünfzig Damen versicherten sich einer Locke seines Haars... Das Erscheinungsbild des toten Poeten hatte sich nicht wesentlich verändert; sein Gesicht war ruhig und gelassen; ein Lächeln schien um seinen Mund zu spielen, und alle, die ihn sahen, bemerkten, wie natürlich er aussehe; in der Tat so sehr, daß man meinte, er schlafe nur«. Der übliche viktorianische Euphemismus, gegen den Poe sich in seinen ›Marginalien‹ selbst einmal verwahrt hatte: »Wer hätte jemals *in Wahrheit* auf den lächelnden Zügen der Todten Andres gesehn denn Entsetzen? Unser *Wünschen* ist so ernstlich drauf aus, jene ›Süße‹ darin zu erblicken. – Dies allein ist die Quelle des Irrtums, falls es in solcher Frage je einen Irrtum gegeben hat.«[61]

Die Beerdigung fand noch am gleichen Tage statt; mit der Beisetzung wurde also wie bei den Helden oder Heldinnen in einigen Erzählungen Poes recht überstürzt vorgegangen. Es herrschte ein naßkaltes Wetter und nur wenige Trauergäste hatten sich eingefunden, darunter Poes Cousin Neilson; Henry Herring und seine Tochter Elizabeth; ein Kommilitone von der Virginia University, Z. Collins Lee; ein Mr. Thomas Adams, Präsident der New Yorker Lebensversicherungsgesellschaft sowie ein paar Ärzte und Studenten des Washington Hospitals.

Der Reverend Mr. Clemm (kein Verwandter Mrs. Clemms, die erst einige Tage danach vom Tod ihres ›Eddie‹ erfuhr), ein Methodistenpfarrer, der den Toten einsegnen sollte, war von Dr. Moran darüber unterrichtet worden, daß der Patient an ›Delirium tremens‹ gestorben sei – eine Diagnose, die Moran wie erwähnt später revidierte. Vielleicht lag es daran, daß das kirchliche Ritual am Grab sehr hastig, routinemäßig und ohne die üblichen ›tröstenden Worte‹ vollzogen wurde. Ein Augenzeuge, Colonel J. Alden Weston, der dem Trauerzug aus Neugierde bis zu dem presbyterianischen Westminster-Friedhof an der Ecke der Fayette und Green Street gefolgt war, erinnert sich: »Die Begräbniszeremonie, die nicht mehr als drei Minuten in Anspruch nahm, war so kaltblütig und eines Christenmenschen unwürdig, daß ich Mühe hatte, meinen Ärger zu unterdrücken.«[62]

Poes Grab blieb sechsundzwanzig Jahre lang namenlos, nur mit einer Sandsteinmarkierung mit der Aufschrift ›Nr. 80‹ gekennzeichnet. Der Grabstein, den Neilson Poe in Auftrag gegeben hatte, wurde – merkwürdig genug – durch einen entgleisenden Zug zerschmettert, dessen Schienen am Grundstück des Steinmetzen Mr. Sisson entlangliefen. Während in Europa und Rußland Dichter und Schriftsteller wie Baudelaire, Mallarmé und Dostojewskij das ›amerikanische Genie‹ zu preisen begannen, geriet Poe in Amerika mehr und mehr in Vergessenheit. Griswolds unter dem Pseudonym ›Ludwig‹ erschienener, böswilliger Nachruf entzündete zwar kurzfristig eine in der Presse ausgetragene Kontroverse, in der unter anderem G. R. Graham und N. P. Willis für den geschmähten Verstorbenen eintraten, aber im Bewußtsein der Öffentlichkeit setzte sich der Eindruck durch, daß Poe ›unmoralisch‹ und ein Trunkenbold gewesen sei. Das reichte aus, auch seine Werke zu verdammen. Seine Leiche ruhte übrigens am falschen Platz. In der Eile hatte man ihn irrtümlich nicht in der Parzelle Nr. 27 des Westminster-Friedhofs beerdigt, in der auch sein Großvater David lag, sondern in Nr. 38. 1875 wurde der Fehler berichtigt. Ein Zeitungsreporter aus St. Louis war bei seiner Exhumierung zugegen: »Poes Gehirn war so vertrocknet und hart geworden, daß es, als der Totengräber den Schädel aufhob, darin klapperte wie ein Dreckklumpen.«[63] »Ach, armer Yorick!« ruft Hamlet, den Totenkopf eines Hofnarren in der Hand, aus, »ich kannte ihn, Horatio: ein Bursch von unendlichem Humor, voll von den herrlichsten Einfällen.«

Man setzte Poes Gebeine einige Meter neben der Grabstätte seines Großvaters bei, unter einem Marmorstein, über dem in einer halbkreisförmigen Kuppel das Relief eines Raben prangte. Zur gleichen Zeit wurde, ebenfalls auf dem Westminster-Friedhof, ein nicht sehr geschmackvolles ›Poe-Monument‹ enthüllt, das der Baltimorer Schullehrerverband gestiftet hatte.

Wenig später beerdigte man auch, ›zu Poes Linken‹, die sterblichen Überreste seiner Frau Virginia, die vorher eine Zeitlang als ›Annabel Lee's Knochen‹ auf Jahrmärkten ausgestellt worden waren. Und dort ruhen sie beide noch heute.

ANHANG

ZEITTAFEL

1809 Geburt Edgar Poes am 19. Januar in Boston.

1811 Tod der Mutter. Aufnahme Edgars als Pflegekind in die Familie des Großkaufmanns John Allan.

1815 Beginn des England-Aufenthalts mit der Familie Allan.

1818 Internat in Stoke Newington bei London.

1820 Rückkehr nach Richmond.

1826 Beginn des Studiums an der Staatsuniversität von Virginia in Charlottesville.

1827 Bruch mit John Allan. Eintritt in die Armee in Boston. ›Tamerlane und andere Gedichte‹ (anonym).

1828 Unteroffizier in Fort Moultrie bei Charleston.

1829 Tod der Pflegemutter Francis Allan. Freiwillige Entlassung aus der Armee. ›Al Aaraaf, Tamerlane und kleinere Gedichte‹.

1830 Eintritt in die Militärakademie von West Point.

1831 Entlassung aus der Armee. Poe zieht zu seiner Tante Mrs. Clemm nach Baltimore.

1832 Erste Erzählungen (›Metzengerstein‹).

1833 Gewinn des Preisausschreibens des ›Baltimore Saturday Visitor‹ für ›Das Manuskript in der Flasche‹.

1834 Tod John Allans.

1835 Redakteur beim ›Southern Literary Messenger‹ in Richmond. Zuzug von Mrs. Clemm und deren Tochter Virginia.

1836 Heirat mit seiner Cousine Virginia. ›Maelzels Schachspieler‹.

1837 New York.

1838 ›Die seltsamen Erlebnisse des Arthur Gordon Pym aus Nantucket‹.

1839 Redakteur bei Burtons ›Gentlemans's Magazine‹. ›Ligeia‹, ›Der Untergang des Hauses Usher‹.

1840 ›Grotesken und Arabesken‹. Vergeblicher Versuch, ein literarisches Magazin zu gründen. ›Der Mann der Menge‹.

1841 Chefredakteur von ›Graham's Magazine‹. ›Die Morde in der Rue Morgue‹, ›Der Malstrom‹.

1842 Erster Blutsturz Virginias. Verlust der festen Anstellung. ›Die Maske des Roten Todes‹, ›Eleonora‹.

1843 Scheitern des ›The Stylus‹. ›Der Goldkäfer‹, ›Das verräterische Herz‹, ›Die schwarze Katze‹ und ›Die Grube und das Pendel‹.

1844 Umzug nach New York. ›Der Rabe‹.

1845 Mitarbeiter verschiedener Zeitungen. ›Der Fall Valdemar‹, ›Disput mit einer Mumie‹, ›Der Rabe und andere Gedichte‹.

1846 Artikelserie ›Die Litterati von New York‹. ›Das Faß Amontillado‹, ›Philosophie der Komposition‹.

1847 Tod Virginia Poes.

1848 Beziehungen zu Mrs. Whitman und Mrs. Richmond. ›Heureka‹.

1849 Verlobung mit Mrs. Shelton. ›Das poetische Prinzip‹ (erschienen 1850), ›Hopp-Frosch‹.

Tod Poes in Baltimore am 7. Oktober.

ANMERKUNGEN

Diese Biographie baut auf dem Fundus der großen amerikanischen Standardbiographien über Edgar Allan Poe wie H. Allen, A. Quinn, M. Phillips auf und führt deren gesicherte Erkenntnisse unter Einbeziehung neueren, für das deutsche Publikum bisher unzugänglichen biographischen Quellenmaterials fort. Die in diesem Band aufgenommenen Zitate aus Übersetzungen von Poes Werken wurden aus der im Walter Verlag (Olten 1966) erschienenen Gesamtausgabe bzw. der textidentischen Lizenzausgabe (Herrsching 1979) und der Winkler-Ausgabe von Poes Erzählungen (München 1985) und Gedichten (München 1966, vergriffen) entnommen. Poes Prosa findet sich vollständig nur in der Walterschen Gesamtausgabe. Die Übersetzer, Arno Schmidt und Hans Wollschläger, haben – vor allem was die ›Grotesken‹ betrifft – wertvolle Arbeit geleistet; einige Texte sind zweifellos kongenial übertragen, andere wurden jedoch teilweise so eigenwillig behandelt, daß sich aus ihnen schwerlich ein objektiver Eindruck von Poes Erzählkunst gewinnen läßt. Der Verfasser hat sich daher geringfügige und behutsame stilistische Glättungen erlaubt, um damit eine Angleichung einiger gewollt ›altertümelnder‹ und ›extravaganter‹ Sprachfloskeln an den üblichen Sprachgebrauch zu erzielen. Schwerwiegender war das Problem bei Poes Gedichten. Bis heute gibt es keine deutsche Übersetzung, die der englischen Sprachmelodik gerecht würde. Es wird dem Leser daher empfohlen, bei der Beschäftigung mit der Lyrik von Edgar Allan Poe unbedingt auf die Originaltexte zurückzugreifen.

ANMERKUNGEN ZUM I. KAPITEL

1   ›William Wilson‹. GW, Bd. 4, S. 672.
2   ›Berenice‹. GW, Bd. 2, S. 556.
3   ›Eleonora‹. GW, Bd. 2, S. 674.
4   ›Das verräterische Herz‹, GW, Bd. 4, S. 746.
5   Lord Byron, ›Lara‹. Zit. nach M. Praz, Bd. 1, S. 75.
6   S. T. Colridge, ›Kubla Khan‹. L, S. 55.
7   GW, Bd. 10, S. 720.
8   ID, 1. 5. 1875, S. 92.
9   Maria Clemm an Sarah H. Whitman. In: Century Magazine, Januar 1909.
10 ID, 29. 7. 1875, S. 164.
11 Hutcheson Poe an Ingram. Zit. aus ›The Annual Register‹ vom 14. 7. 1817, S. 60. Undat. Abschrift von H. Poe. ID, S. 3.
12 Zit. in A. H. Quinn, S. 15.
13 Henry Didier. Zit. in J. Ingram, S. 2.
14 The Charleston Courier, April 1803.
15 John P. Kennedy, ›At Home and A-broad‹. In: H. T. Kane, S. 108.
16 The Charleston Courier, 10. 12. 1803. Zit. in A. H. Quinn, S. 19 f.
17 A. H. Quinn, S. 2.
18 Ibid., S. 3.
19 Massachusetts Mercury, 16. 2. 1796. Zit. in M. E. Phillips, S. 44.
20 Eastern Herald and Gazette of Maine, 28. 11. 1796. Zit. in A. H. Quinn, S. 6.
21 Ibid., 22. 12. 1796. Zit. in ibid., S. 67.
22 Charles Fraser, ›Even the Ministers Liked the Races. 1854‹. In: H. T. Kane, S. 122 f.
23 Norfolk Herald, 26. 7. 1811. Zit. in

A. H. Quinn, S. 42.

[24] S. G. Woodberry. GW, Bd. 1, S. 9.

[25] E. A. Poe, ›Boston und die Bostoner‹. In: The Broadway Journal, 22. 11. 1845. GW, Bd. 9, S. 512.

[26] Joseph T. Buckingham, Personal Memoirs and Recollections of Editorial Life. Boston 1852. Zit. in M. E. Phillips, S. 74.

[27] Maria Clemm an Sarah H. Whitman. In: ›Poe and Mrs. Whitman‹, von J. A. Harrison and C. F. Dailey. Century Magazine (Januar 1909).

[28] M. E. Phillips, S. 70.

[29] George Poe jr. an William Clemm (Maria Clemms Ehemann), 6. 3. 1809.

[30] Zit. in A. H. Quinn, S. 32 f.

[31] Matthew Gregory Lewis (1775–1818), einer der bekanntesten englischen Gruselromanautoren, Verf. des Romans ›Der Mönch‹.

[32] Rambler's Magazine, I, 27, September 1809. Zit. in A. H. Quinn, S. 36.

[33] Rambler's Magazine, I, 92–93, Oktober 1809. Ibid., S. 37.

[34] Rambler's Magazine, I, 88, November 1809. Ibid., S. 38.

[35] M. E. Phillips, S. 79.

[36] Das Datum soll in der ›Mackenzie Familienbibel‹ verzeichnet sein, die aber verschollen ist.

[37] Zit. in A. H. Quinn, S. 32 f.

ANMERKUNGEN ZUM 2. KAPITEL

[1] Vgl. W. Lenning, S. 10.

[2] ›Life of Edgar A. Poe‹, von William F. Gill, London 1878, App. 319. Zit. nach VE, Bd. 1, S. 10 f.

[3] Mary Newton Stanard, ›The Dreamer‹. New York 1909. Zit. in D. Sinclair, S. 28.

[4] Die Stelle aus ›Metzengerstein‹ findet sich noch in der Urfassung der ›Tales of the Folio Club‹ von 1832. Zit. bei T. O. Mabbott, Bd. 2, S. 20.

[5] A. H. Quinn, S. 58.

[6] H. Allen, S. 27.

[7] S. ein bei H. Allen erwähntes Briefzit. von Allan Fowlds, 4. 1. 1812, S. 28.

[8] S. H. Allen, S. 683 f., App.

[9] Von H. Allen, S. 35, werden eine Tochter von einer ›Mrs. Wills‹ sowie ein Sohn von einer ›Mrs. Collier‹ erwähnt; von letzterem ist auch in Allans Testament die Rede. S. auch A. H. Quinn, S. 61.

[10] ›The Valley of Unrest‹. GE, S. 32.

[11] Das Haus Ecke Fourteenth Street/Tobacco Alley wurde jedoch erst 1817 erbaut. Vgl. M. W. Scott, ›Old Richmond Houses‹. In: ›Richmond News Leader‹, 23. 1. 1941, S. 20.

[12] Eliza Poe an Frances Allan, 8. 2. 1813. Zit. in A. H. Quinn, S. 61 f.

[13] Im alten Süden glaubten viele Eltern, daß sie ihre Kinder davor bewahren könnten, einst Trunkenbolde zu werden, indem sie sie von früh auf an den Geschmack kleiner Mengen Alkohols gewöhnten, und sie gestatteten ihnen oft, den mit Zucker versetzten Rest aus den Gläsern der Erwachsenen zu trinken. S. W. J. Rorabaugh, ›The Alcoholic Republic‹ – An American Tradition. New York/Oxford 1979.

[14] GW, Bd. 10, S. 770.

[15] GW, Bd. 9, S. 22.

[16] William Ewing an John Allan, 27. 11. 1817 und John Allan an William Ewing, 21. 3. 1818. Zit. in A. H. Quinn, S. 60.

[17] Edgar A. Poe, ›Daniel Defoe: Robinson Crusoe‹. Rez. in ›The Southern Literary Messenger‹ (Januar 1836).

GW, Bd. 6, S. 31.

[18] Charles Ellis an John Allan, 20. 5. 1813. Zit. in ›Some Unpublished Documents Relating to Poe's Early Years‹, von K. Campbell, in: The Sewanee Review XX (1912), S. 201–212.

[19] S. ›Poe and Music‹. In: C. S. Lenhart, S. 125 f.

[20] Der interessierte Leser sei hier vor allem auf das erste Kap. von A. M. Bondurants ›Poe's Richmond‹ verwiesen, ›Richmond as Seen by Poe's Contemporaries‹.

[21] William Wirt, ›Letters of the British Spy‹, in: A. M. Bondurant, S. 5 f.

[22] W. E. Channing. In: A. M. Bondurant, S. 4.

[23] Daniel R. Hundley, ›Social Relations in Our Southern States‹, New York 1860. In: H. T. Kane, S. 166.

[24] Vgl. dazu H. Allen, S. 49 f.

ANMERKUNGEN ZUM 3. KAPITEL

[1] Zit. in A. H. Quinn, S. 58 f.

[2] Zit. in M. E. Phillips, S. 121.

[3] A. H. Quinn, S. 64.

[4] GW, Bd. 9, S. 41.

[5] M. E. Phillips, S. 129.

[6] Mary Allan. Zit. in H. Allen, S. 57.

[7] Zit. in A. M. Bondurant, S. 195.

[8] Zit. in H. Allen, S. 55.

[9] Zit. in A. H. Quinn, S. 67.

[10] Ibid., S. 68.

[11] Zit. in M. E. Phillips, S. 137.

[12] GW, Bd. 4, S. 673.

[13] S. H. Allen, S. 60.

[14] A. H. Hogg. Zit. in M. E. Phillips, S. 137.

[15] E, S. 106.

[16] Zit. in M. E. Phillips, S. 139.

[17] Ibid., S. 141.

[18] Zit. in D. Sinclair, S. 38.

[19] A. H. Quinn, S. 68.

[20] Zit. bei K. Campbell (I), S. 201 ff. und M. E. Phillips, S. 147.

[21] GW, Bd. 9, S. 67.

[22] E. A. Poe. In: Burton's Gentleman's Magazine, (April 1840).

[23] E, S. 102 f.

[24] J. H. Ingram, Bd. 1, S. 11.

[25] E, S. 99 f.

[26] K. Campbell (I), S. 203 ff.

[27] Ibid.

[28] Ibid.

[29] J. H. Ingram, Bd. 1, S. 10.

[30] F. Winwar, S. 45.

[31] Zit. in H. Allen, S. 72.

[32] A. H. Quinn, S. 79.

[33] Ibid.

[34] Ein Mr. Guilles aus Glasgow. Es handelte sich um einen Betrag von 2700 Pfund. Vgl. H. Allen, S. 73.

[35] In: M. E. Phillips, S. 170.

ANMERKUNGEN ZUM 4. KAPITEL

[1] Zit. in Curtis/Shryock/Cochran/Harrington, Geschichte Amerikas. Frankfurt a. M. 1968, Bd. 1, S. 315 f.

[2] Zit. in M. E. Phillips, S. 171.

[3] Zit. in H. Allen, S. 76.

[4] Ibid., S. 77.

[5] Ibid.

[6] Jack Mackenzie, ›Erinnerungen an Poe‹. In: Susan Archer Weiss, The Home Life of Poe. New York 1907. Zit. in H. Allen, S. 80.

[7] Ibid., S. 86.

[8] Edward M. Alfriend. Zit. in M. E. Phillips, S. 172.
[9] Poe, Robinson Crusoe. S. Kap. 2, S. 62.
[10] Zit. in J. A. Harrison, Bd. 1, S. 23 f.
[11] ›Recollections of Poe by Various Persons Who Had Known Him‹. Kopie einer handschriftlichen Aufstellung aus dem Besitz von William Hand Browne. ID, S. 159.
[12] Ibid.
[13] GW, Bd. 4, S. 755 f. u. 258.
[14] Vgl. A. M. Bondurant, S. 211.
[15] Colonel John T. L. Preston, ›Reminiszenzen‹. Zit. in J. H. Ingram, S. 16–20.
[16] Die nachf. Erinnerungen Mr. Clarkes werden in Auszügen in versch. Biographien zit. Das erste Zit. findet sich bei A. H. Quinn, S. 83.
[17] M. E. Phillips, S. 188.
[18] Miss Jane Mackenzie. ID, S. 159.
[19] Anm. Shanks. Zit. in H. Allen, S. 77, Abb. links.
[20] GW, Bd. 10, S. 854.
[21] Zit. in M. E. Phillips, S. 199 f.
[22] Creed Thomas. Zit. nach VE, Bd. 1, S. 29.

[23] M. E. Phillips, S. 196.
[24] Andrew Johnston. Zit. in M. E. Phillips, S. 208.
[25] Richard Cary Ambler. Zit. in M. E. Phillips, S. 201.
[26] GW, Bd. 1, S. 256 ff.
[27] Vgl. A. M. Bondurant, S. 46 f.
[28] Ibid., S. 47.
[29] GE, S. 15.
[30] Robert Sully. Zit. in H. Allen, S. 81.
[31] Mary Newton Stanard, The Dreamer, New York 1909. Zit. in M. E. Phillips, S. 203.
[32] Edgar A. Poe an Marie L. Shew, Juni 1848. OL, S. 374, Nr. 273.
[33] Maria Clemm an Sarah H. Whitman, 14. 4. 1859. Zit. in J. C. Miller, S. 42.
[34] GE, S. 25.
[35] Zit. in J. C. Miller (I), S. 42.
[36] S. H. Allen, S. 90, Anm. 154.
[37] Jack Mackenzie. S. H. Allen, S. 80, Anm. 9. S. auch A. M. Bondurant, S. 219 f.
[38] S. H. Whitman, S. 49
[39] Edgar A. Poe an John Allan, 29. 5. 1829. OL, S. 20, Nr. 13.
[40] Zit. in A. H. Quinn, S. 89.

ANMERKUNGEN ZUM 5. KAPITEL

[1] GW, Bd. 8, S. 684 f.
[2] S. M. E. Phillips, S. 29 ff.
[3] Ankündigung im ›Richmond Enquirer‹, 26. 10. 1824. Zit. in A. M. Bondurant, S. 58.
[4] S. A. H. Quinn, S. 87.
[5] OL, S. 3, Nr. 1.
[6] R. C. Ambler. Zit. in ID, S. 24.
[7] S. H. Allen, S. 687, 8. App.
[8] Brief an Sarah H. Whitman, 18. 10. 1848. OL, S. 397, Nr. 280.
[9] ›The Philosophy of Furniture‹, Mai 1840. GW, Bd. 9, S. 299 u. 305.
[10] Ibid., S. 303 f.

[11] Ibid., S. 301.
[12] S. Van Wyck Brooks (I), S. 265.
[13] Eig. Übers.
[14] E, S. 55.
[15] Ibid., S. 54 f.
[16] H. Allen, S. 110, Anm. 186.
[17] Zit. in M. E. Phillips, S. 225.
[18] T. O. Mabbott, Bd. 2, S. 1120.
[19] S. E. Royster. Zit. in A. H. Quinn, S. 91, sowie J. H. Ingram, S. 32.
[20] Zit. in J. C. Miller, S. 205.
[21] S. H. Allen, S. 701, App., – »Poe's Brother«.
[22] Ibid., S. 702.

23 S. M. E. Phillips, S. 227.

24 Thomas Jefferson. Zit. in A. H. Quinn, S. 97.

25 Thomas Jefferson an John Q. Adams, 28.10. 1813. Zit. in H. T. Kane, S. 65 f.

26 ›Mellonta Tauta‹. GW, Bd. 4, S. 638 f.

27 D. Hoffman, S. 192.

28 S. F. Stovall, ›Papers on Poe‹, ›Poe and the University of Virginia‹, in: ders., Edgar Poe the Poet..., S. 2.

29 Vgl. D. Sinclair, S. 65 f. u. W. Mankowitz, S. 35.

30 GW, Bd. 8, S. 634 f.

31 S. K. Campbell (I), S. 208.

32 S. F. Stovall, ›Papers on Poe‹, ›Poe and the University of Virginia‹, in: ders.: Edgar Poe the Poet..., S. 2, Anm. 28.

33 Poe an John Allan, 25. 5. 1826. OL, S. 4 f., Nr. 3.

34 Ibid., S. 4.

35 Poe an John Allan, 4. 2. 1829. OL, S. 14, Nr. 9. – 16. 10. 1831. OL, S. 14, GW, S. 638 f.

36 Zit. in H. Allen, S. 124 f.

37 S. Thomas G. Tucker, Edgar Allan Poe while a Student at the University of Virginia. New York 1880. S. H. Allen, S. 127.

38 Emma K. Norman, ›Poe's Knowledge of Latin‹, in: American Literature 6 (1934), S. 73.

39 Nach einem Faks.-Abdr. in: E. Laaths, S. 585.

40 VE, Bd. 16, S. 48 ff.

41 William Wertenbakers Reminiszenzen, 12. 5. 1860. Zit. in J. H. Ingram, S. 37.

42 Douglas Sherley, The Valley of Unrest. New York 1884. Zit. nach S. Moskowitz, S. 37.

43 GW, Bd. 10, S. 757 f.

44 ID, S. 38.

45 GW, Bd. 4, S. 774.

46 GW, Bd. 9, S. 9.

47 Dr. Miles George an Edward V. Valentine, 5. 5. 1880. Zit. in H. Allen, S. 142.

48 Miles George an Edward V. Valentine, 18. 5. 1880. Zit. in A. H. Quinn, S. 108.

49 Douglas Sherley, The Valley of Unrest. New York 1884. Zit. nach S. Moskowitz, S. 35.

50 Thomas G. Tucker, Edgar Allen Poe while a Student at the University of Virginia. New York 1880. VE, Bd. 1, S. 40.

51 Ibid., S. 42 f.

52 E, S. 111 u. 113 f.

53 Poe an J. Allan, 3. 1. 1830 (1831). GW, Bd. 8, S. 635 f.

54 25. 5. 1826. OL, S. 4 f., Nr. 3.

55 21. 9. 1826. OL, S. 6, Nr. 4.

ANMERKUNGEN ZUM 6. KAPITEL

1 GW, Bd. 8, S. 634.

2 William M. Burwell. Zit. in H. Allen, S. 146.

3 GW, Bd. 10, S. 764.

4 Spotswood. Zit. in K. Campbell (I), S. 210 f.

5 ›Song‹ (›To –‹). GE, S. 14.

6 Nach mdl. Auskunft des Poe Museum.

7 Thomas Ellis. Zit. in F. Stovall, ›Poet in Search of a Career‹, in: ders., Edgar Poe the Poet..., S. 18. Der entspr. Zeitungsausschnitt findet sich unter den Ingram-Dokumenten, Alderman Library, University of Va.

8 GW, Bd. 1, S. 370 f.

9 ›The Business Man‹. GW, Bd. 1, S. 259.

[10] Edgar A. Poe an Allan, 19. 3. 1827. OL, S. 7 f., Nr. 5.

[11] Zit. in A. M. Bondurant, S. 228.

[12] GW, Bd. 1, S. 256.

[13] Edgar A. Poe an Allan, 4. 2. 1829. OL, S. 14, Nr. 9.

[14] Eig. Übers.

[15] ›An-‹ (›To-‹). Eig. Übers.

[16] ›Dreams‹. GW, Bd. 9, S. 27.

[17] ›A Dream‹. GW, Bd. 9, S. 37.

[18] ›The Happiest Day, the Happiest Hour‹. Eig. Übers.

[19] Philosophy of Composition. GE, S. 72.

[20] ›Imitation‹ (›A Dream within a Dream‹). GE, S. 17 f.

[21] ›The Business Man‹. GW, Bd. 1, S. 260 f.

[22] Edgar A. Poe an Allan, 19. 3. 1827. OL, S. 7 f., Nr. 5.

[23] Edgar A. Poe an Allan, 20. 3. 1827. OL, S. 8 f., Nr. 6.

[24] Zit. in A. H. Quinn, S. 115.

[25] Zit. in H. Allen, S. 162.

[26] Ibid.

[27] VE, Bd. 1, S. 65.

[28] S. Van Wyck Brooks (II), S. 19.

[29] A. H. Quinn, S. 118 f.

[30] S. Robert D. Jacobs, ›Poe in Richmond: The Double Image‹, in: R. K. Meeker, S. 28; vgl. auch 28 ff.

[31] GW, Bd. 9, S. 237.

[32] VE, Bd. 1, S. 67.

[33] S. M. E. Phillips, S. 308.

[34] Ibid.

[35] Maria Clemm, 26. 8. 1860. In: J. C. Miller, S. 50.

[36] Rufus W. Griswold, ›The Ludwig Article‹, 9. 10. 1849. In: E. W. Carlson, S. 29.

[37] Charles Baudelaire, ›Edgar Allan Poe, sein Leben und seine Werke‹, in: ders., Intime Tagebücher und Essays. S. 185.

[38] Vgl. M. L. Shew-Houghton an John Ingram, 9. 4. 1875. Zit. in J. C. Miller, S. 127 ff.

[39] S. James W. Davidson an George W. Eveleth, 8. 2. 1869. In: J. C. Miller, S. 211.

[40] W. C. Bryant, ›Thanatopsis‹. Übers. in Gustav Karpeles, Allgemeine Geschichte der Literatur, 2 Bde., Berlin 1891, Bd. 2, S. 285.

[41] Ibid.

[42] E, S. 292.

[43] GW, Bd. 10, S. 808, Anm.

[44] Edgar A. Poe an Isaac Lea, (vor dem 27. 3. 1829). OL, S. 18 f., Nr. 12.

[45] J. Keats, S. 98.

[46] Das Schreiben selbst ist nicht erhalten; sein Inhalt läßt sich jedoch durch Poes Brief an Allan vom 1. 12. 1828 (OL, S. 9 ff., Nr. 7) rekonstruieren.

[47] OL, S. 9, Nr. 7.

ANMERKUNGEN ZUM 7. KAPITEL

[1] Edgar A. Poe an Allan, 1. 12. 1828. OL, S. 9 ff., Nr. 7.

[2] Edgar A. Poe an Allan, 22. 12. 1828. OL, S. 11 ff., Nr. 8.

[3] GW, Bd. 4, S. 831 f.

[4] Edgar A. Poe an Allan, 4. 2. 1829. OL, S. 14, Nr. 9.

[5] Ibid.

[6] S. Poes Brief an Allan, 3. 1. 1830 (1831). OL, S. 41, Nr. 28.

[7] Vgl. M. E. Phillips, S. 325.

[8] Ibid., S. 323.

[9] Ibid., S. 325.

[10] Vgl. H. Allen, S. 189.

[11] GE, S. 74.

[12] James Howard, 20. 4. 1829. Zit. in H.

Allen, S. 194 f.

[13] Ibid., S. 195.

[14] Zit. in M. E. Phillips, S. 329.

[15] Hervey Allen notiert hierzu: »...ein interessanter Kommentar, der auf die Meinung des Colonels bezüglich seiner Rekruten schließen läßt und auf Poes verzweifelte Lage in Boston im Jahre 1827. Offensichtlich meldete man sich freiwillig, wenn einem außer Selbstmord nichts mehr übrig blieb.« S. H. Allen, S. 192, Anm. 325.

[16] James House. Zit. bei H. Allen, S. 192 f.

[17] James P. Preston an Major John Eaton, 13. 5. 1829. Zit. in H. Allen, S. 196 f.

[18] John Allan an Major John Eaton, 6. 5. 1829. Ibid., S. 195 f.

[19] Edgar A. Poe an Beverly Tucker, 1. 12. 1835. OL, S. 79, Nr. 52.

[20] GW, Bd. 5, S. 879 f.

[21] GE, S. 20 f.

[22] Wirt an Edgar A. Poe, 11. 5. 1829. Zit. in H. Allen, S. 198.

[23] Edgar A. Poe an Allan, 20. 5. 1829. OL, S. 16 f., Nr. 11.

[24] Edgar A. Poe an Isaac Lea, (vor dem 27. 5. 1829). OL, S. 18 f., Nr. 12.

[25] GW, Bd. 9, S. 355 f.

[26] Ibid., S. 359.

[27] Edgar A. Poe an Allan, 29. 5. 1829. OL, S. 20, Nr. 13.

[28] Ibid., S. 21, Anm.

[29] Edgar A. Poe an Allan, 25. 6. 1829. OL, S. 22, Nr 14

[30] Edgar A. Poe an Allan, 15. 7. 1829. OL, S. 24, Nr. 15.

[31] Edgar A. Poe an Allan, 26. 7. 1829. OL, S. 24, Nr. 16.

[32] Ibid., S. 26.

[33] Ibid.

[34] Edgar A. Poe an Carey, Lea & Carey, 28. 7. 1829. OL, S. 27, Nr. 17.

[35] Edgar A. Poe an Allan, 4. 8. 1829. OL, S. 28 f., Nr. 18.

[36] Edgar A. Poe an Allan, 10. 8. 1829. OL, S. 29, Nr. 19.

[37] Ibid., S. 30.

[38] GW, Bd. 4, S. 746 f.

[39] GW, Bd. 9, S. 71.

[40] Vgl. M. E. Phillips, S. 337.

[41] Vgl. H. Allen, S. 205.

[42] GW, Bd. 1, S. 92.

[43] GE, S. 23.

[44] Zit. in A. H. Quinn, S. 152.

[45] GW, Bd. 10, S. 785 f.

[46] Ibid., S. 785.

[47] Edgar A. Poe an Allan, 30. 10. 1829. OL, S. 30 f., Nr. 20.

[48] Ibid., S. 31.

[49] Edgar A. Poe an Allan, 10. 8. 1829. OL, S. 30, Nr. 19.

[50] Edgar A. Poe an Allan, 12. 11. 1829. OL, S. 33, Nr. 22.

[51] Edgar A. Poe an Allan, 18. 11. 1829. OL, S. 34, Nr. 23.

[52] Vgl. A. H. Quinn, S. 151.

[53] S. Ernest Marchand, ›Poe as a Social Critic‹, in: American Literature 6 (1934/35), S. 37.

[54] Ibid., S. 38.

[55] Ibid.

[56] D. Hoffman, S. 38.

[57] GW, Bd. 10, S. 681 f.

[58] Ibid., S. 560.

[59] Zit. in C. M. Bowra, S. 4.

[60] Ibid., S. 180.

[61] Ibid., S. 178 f.

[62] Die Angabe klingt etwas prätentiös – ›Southey aus dem Persischen‹. Das Zitat stammt aus Southeys ›Imitation from the Persian‹, einem Gedicht, das in dem Londoner Jahrbuch ›Bijou‹ von 1828, S. 97 f., erschien.

[63] Das Milton-Zitat stammt aus dem Gedicht ›An Epitaph on the Marchioness of Winchester‹. S. Londoner Jahrbuch ›Bijou‹, ibid.

[64] GW, Bd. 9, S. 35.

[65] Vgl. F. Stovall, ›Papers on Poe‹, in: ders., Edgar Poe the Poet . . ., S. 35 f.

[66] Ibid.

[67] Zit. in A. H. Quinn, S. 165.

[68] Ibid.

[69] Edgar A. Poe an Neal, 29. 12. 1829. OL, S. 35, Nr. 24.

[70] Neilson Poe. Zit. in A. H. Quinn, S. 165.

ANMERKUNGEN ZUM 8. KAPITEL

[1] S. M. E. Phillips, S. 358.

[2] Ibid., S. 358 f.

[3] S. H. Allen, S. 214, Anm. 356.

[4] Seine zweite Frau, Louisa Gabriella Patterson.

[5] S. A. H. Quinn, S. 168 f.

[6] So beschreibt sie Allan in einem Brief vom 27. 3. 1827 an eine seiner Schwestern in Schottland. S. H. Allen, S. 162.

[7] Allerdings werden diese ›verschiedenen Quellen‹ von Poes Biographen, die alle in diesem Punkt übereinstimmen, nie genannt.

[8] Edgar A. Poe an Sergant Samuel Graves, 3. 5. 1830. OL, S. 36, Nr. 25.

[9] GW, Bd. 8, S. 637.

[10] S. H. Allen, S. 194. Allen zitiert unvollständig; der Anfang des Zitates stammt aus Woodberrys Poe-Biographie.

[11] GE, S. 74.

[12] GW, Bd. 9, S. 99.

[13] Shakespeare, ›Hamlet‹. In: F. Gundolf, Bd. 5, S. 14.

[14] Das Datum ist nicht bekannt; jedenfalls war es vor dem 21. Mai. S. A. H. Quinn, S. 168.

[15] S. M. E. Phillips, S. 361.

[16] GW, Bd. 8, S. 637.

[17] William Hand Browne an Ingram, Juni 1875. Zit. in J. C. Miller, S. 72.

[18] S. Marie Louise Shew Houghton an Ingram, 3. 4. 1875. ID, S. 88.

[19] Ibid.

[20] S. H. Allen, S. 204: »Virginia seems at that time to have been a merry little schoolgirl, rather plump, with brown hair, violet eyes, and a disposition that was her chief charm.«

[21] Edgar A. Poe an John Allan, 28. 6. 1830. OL, S. 37, Nr. 26.

[22] Vgl. H. Allen, S. 220 f.

[23] S. A. H. Quinn, S. 169.

[24] Edgar A. Poe an John Allan, 28. 6. 1830. OL, S. 37, Nr. 26.

[25] S. VE, Bd. 1, S. 78.

[26] S. H. Allen, S. 229.

[27] M. E. Phillips, S. 376 f.

[28] GW, Bd. 8, S. 636 f.

[29] S. M. E. Phillips, S. 368.

[30] Ibid., S. 380.

[31] Edgar A. Poe an John Allan, 4. 2. 1829. OL, S. 14, Nr. 9.

[32] Da durch ein Feuer im Jahre 1838 eine Menge wichtiger Akten aus West Point verbrannte, gibt es keine Beweise dafür, ob es vor Poes Ausschlußverfahren andere Disziplinarverfahren gegen ihn gab. Immerhin schreibt einer seiner Klassenkameraden, der bereits mehrmals zit. A. B. Magruder: »His wayward and capricious temper made him at times utterly oblivious ... of roll-calls, drills and quard duties« which »subjected him to arrest and punishment...« S. M. E. Phillips, S. 368.

[33] Ibid., S. 364.

[34] S. H. Allen, S. 227.

[35] Edgar A. Poe an John Allan, 6. 11. 1830. OL, S. 39, Nr. 27.

[36] GW, Bd. 8, S. 633 f. u. 636 ff.

[37] M. E. Phillips, S. 369, berichtet über eine solche Unterredung (ohne Belege).

[38] S. A. H. Quinn, S. 173.

[39] S. H. Allen, S. 237.

[40] S. ›Recollections of Poe by various persons who had known him‹. 4. 11. 1880 – MS. Copied by Father John B.

Tabb, St. Charles College, Maryland, for William Hand Browne and enclosed in Browne's Letter to Ingram. ID, S. 159.

[41] S. J. H. Ingram, S. 73 f.

[42] Ein Brief A. B. Magruders an Poes Biographen Woodberry. Zit. in M. E. Phillips, S. 392.

ANMERKUNGEN ZUM 9. KAPITEL

[1] Edgar A. Poe an John Allan, 21. 2. 1831. OL, S. 43 f., Nr. 29.

[2] Allans Notiz. OL, Bd. 2, S. 472, Anm.

[3] Vgl. Van Wyck Brooks (I), S. 321.

[4] Edgar A. Poe an Colonel Sylvanus Thayer, 10. 3. 1831. OL, S. 44 f., Nr. 30.

[5] Es ist nicht mit Sicherheit erwiesen, daß es sich bei dem auf dem Porträt Dargestellten um Poe handelt. Vgl. M. E. Phillips, S. 411 f.

[6] S. F. Stovall, ›Papers on Poe‹, ›Poet in Search of a Career‹, in: ders., Edgar Poe the Poet . . ., S. 55, Anm. 76.

[7] GE, S. 28.

[8] Vgl. F. Stovall, a.a.O., S. 57.

[9] GW, Bd. 10, S. 787.

[10] James R. Lowell, ›A Fable for Critics‹, in: W. M. Rossetti, S. 363 f.

[11] D. Hoffman, S. 59.

[12] GW, Bd. 9, S. 89.

[13] E, S. 64 f.

[14] GW, Bd. 9, S. 89.

[15] GW, Bd. 10, S. 841.

[16] E, S. 84.

[17] D. Hoffman, S. 297.

[18] GW, Bd. 9, S. 91.

[19] E, S. 96.

[20] S. D. H. Lawrence, S. 70.

[21] GE, S. 198.

[22] GE, S. 83.

[23] Späterer Titel: ›The Valley of Unrest‹.

[24] GE, S. 32.

[25] GW, Bd. 9, S. 85.

[26] Vgl. A. H. Quinn, S. 180, Anm. 29.

[27] GE, S. 27.

[28] Edgar A. Poe an George W. Eveleth, 15. 12. 1846. OL, S. 332, Nr. 241.

[29] GW, Bd. 10, S. 539 f.

[30] GE, S. 29.

[31] Ibid.

[32] S. F. Stovall, ›Poe Papers‹, ›Poet in Search of a Career‹, in: ders., Edgar Poe the Poet . . ., S. 51.

[33] Ibid.

[34] GE, S. 30.

[35] D. Hoffman, S. 73.

[36] GW, Bd. 10, S. 547; Hervorhebungen d. Verf.

[37] Vgl. GW, Bd. 9, S. 238 f.

[38] Ibid., S. 241.

[39] Ibid., S. 243.

[40] Ibid., S. 247 f.

[41] Ibid., S. 248.

[42] Ibid., S. 249.

[43] D. Hoffman, S. 55.

[44] Vgl. M. E. Phillips, S. 414.

[45] Edgar A. Poe an William Gwynn, 6. 5. 1831. OL, S. 45, Nr. 31.

[46] S. Brief Poes an J. P. Kennedy, 15. 3. 1835. OL, S. 56, Nr. 40.

[47] ID, S. 124.

[48] G. E. Woodberry, S. 90.

[49] GE, S. 43. In gleicher Form an versch. andere wie F. S. Osgood.

[50] VE, Bd. I, S. 97.

[51] Ibid.

[52] M. E. Phillips, S. 435, nimmt an, daß es sich um das am 16. 6. 1832 anonym in der ›Baltimore Times‹ veröff. Gedicht ›Woman's Heart‹ gehandelt habe.

[53] S. T. O. Mabbott, Bd. 2, S. 5 ff.

[54] S. A. H. Quinn, S. 188.

[55] Amelia F. Poe, Baltimore, an J. Ingram, 27. 3. 1912. ID, S. 188.

[56] Vgl. hierzu: H. Allen (und T. O. Mabbott), Poe's Brother.

[57] GW, Bd. 8, S. 638 f.

[58] Poe, ›Hawthorne: Twice Told Tales‹, Essay (1842). GW, Bd. 7, S. 461.

[59] Zit. in A. H. Quinn, S. 190.

[60] A. H. Quinn, S. 190: »That Poe was actually arrested is improbable, and that he was not placed in jail has been established. Mr. Louis H. Dielman and Dr. J. Hall Pleasants, well known historical authorities of Baltimore, searched the jail records and Mr. Dielman has written me as follows:« etc.

[61] GW, Bd. 8, S. 640.

[62] Ibid.

[63] Zit. in D. Sinclair, S. 122.

[64] Edgar A. Poe an John Allan, 15. 12. 1831. OL, S. 48 f., Nr. 34.

[65] OL, Bd. 2, S. 472, Nr. 34, Anm.

[66] Zit. in A. M. Bondurant, S. 208.

[67] Zit. bei H. Allen, S. 276 f.

[68] Lambert A. Wilmer. Zit. bei H. Allen, S. 285: »I never saw him in any dress which was not fashionably neat with some approximation to elegance.«

[69] Vgl. u. a. K. Campbell, ›The Origins of Poe‹. In: ders. (II), S. 147–186.

[70] S. A. H. Quinn, S. 194.

[71] S. H. Allen, S. 267.

[72] Zit. in M. E. Phillips, S. 426.

[73] Marie Louise Shew Houghton an John Ingram, 28. 3. 1875. Zit. in H. Allen, S. 116.

[74] Ibid.

[75] Annie Richmond an John Ingram, 27. 5. 1877. Zit. in H. Allen, S. 170.

[76] Ibid.

ANMERKUNGEN ZUM 10. KAPITEL

[1] W. Scott, S. 2.

[2] GW, Bd. 2, S. 949.

[3] Übers. aus W. Lenning, S. 93 f.

[4] S. die Anm. zu ›Tales of the Folio Club‹ in T. O. Mabbott, Bd. 2, S. 205.

[5] GW, Bd. I, S. 79.

[6] ›Das Manuskript in der Flasche‹. E, S. 5.

[7] ›Ligeia‹. E, S. 62.

[8] ›Im Felsengebirge‹. E, S. 371.

[9] ›Die Verabredung‹. GW, Bd. 2, S. 547.

[10] ›Von Kempelens Erfindung‹. GW, Bd. I, S. 521.

[11] ›Der Park von Arnheim‹. GW, Bd. 4, S. 600 ff.

[12] Edgar A. Poe an William E. Burton, 1. 6. 1840. OL, S. 129 ff., Nr. 93.

[13] Das Alter seines Helden wurde von Poe mehrfach geändert: im ›Courier‹ ist er fünfzehn, im ›Southern Literary Messenger‹ achtzehn, in den ›Tales of the Grotesque and Arabesque‹ abermals fünfzehn und in der letzten Fassung schließlich achtzehn Jahre alt. S. A. H. Quinn, S. 193.

[14] ›Metzengerstein‹. GW, Bd. I, S. 79 f.

[15] Die Passage findet sich noch in der vom ›Courier‹ veröffentlichten ersten Fassung.

[16] GW, Bd. 1, S. 80.

[17] ›Die Verabredung‹. GW, Bd. 2, S. 545.

[18] ›Ligeia‹. GW, Bd. 2, S. 625.

[19] ›Marginalien‹. GW, Bd. 10, S. 733 ff.

[20] ›Metzengerstein‹. GW, Bd. 1, S. 81.

[21] GW, Bd. 1, S. 86.

[22] GW, Bd. 10, S. 757.

[23] S. N. B. Fagin, S. 97.

[24] Das Bändchen befindet sich in der Koester-Sammlung in Baltimore.

[25] H. P. Lovecraft, ›Supernatural Horror in Literature‹, in: A. Derleth, S. 379.

[26] GW, Bd. 1, S. 77.

[27] Das Zit. lautet vollst.: »Pestis eram vivus – moriens tua mors ero Papa« und zielte natürlich auf den Papst.

[28] GW, Bd. 1, S. 78.

[29] E, S. 17.

[30] ›Metzengerstein‹. GW, Bd. 1, S. 89.

[31] S. A. H. Quinn, S. 193.

[32] S. Art. ›Gothic Novel‹ von Leslie A. Fiedler, in: Rein A. Zondergeld (Hg.), Lexikon der phantastischen Bibliothek, Frankfurt 1982.

[33] GW, Bd. 2, S. 955, Anm.

[34] Richard Wilbur hat darauf hingewiesen, daß viele Räume in Poes Erzählungen kreisförmig sind oder wirken, so z. B. der Ballsaal in ›Hop Frog‹; das Brautgemach in ›Ligeia‹ ist fünfeckig, aber die Ecken nehmen Sarkophage ein, so daß der Effekt abermals kreisförmig ist; die Ecken von Ushers Zimmer ›verlieren sich in Schatten‹ und in ›The Philosophy of Composition‹ sind die Ecken von Poes ›idealem Raum‹ leicht gerundet. S. R. Wilbur, ›The House of Poe‹, in: E. W. Carlson, S. 269.

[35] ›The Philosophy of Furniture‹. GW, Bd. 9, S. 307.

[36] A. H. Quinn, S. 194 f.

[37] Poe rezensierte sie lobend in seiner Kritik ›Hawthorne's Twice-Told-Tales‹. S. A.H. Quinn, S. 193.

[38] Zit. ist eine Zsf. aus jeweils gekürzten Passagen in H. Allen, S. 285, M. E. Phillips, S. 449 f. und A. H. Quinn, S. 197.

[39] GW, Bd. 10, S. 725 f.

[40] Edgar A. Poe an John P. Kennedy, 11. 2. 1836. OL, S. 84, Nr. 57.

[41] ›Der Atemverlust‹. GW, Bd. 1, S. 103 f.

[42] D. Hoffman, S. 240.

[43] Ibid., S. 121.

[44] GW, Bd. 2, S. 952, Anm.

[45] GW, Bd. 1, S. 122.

[46] D. Hoffman, S. 27 u. 247.

[47] E. Wagenknecht, S. 254.

[48] S. T. O. Mabbott, Bd. 2, S. 205.

[49] GW, Bd. 1, S. 139 f.

[50] GW, Bd. 8, S. 641 f.

[51] Antike Bezeichnung für Giraffe.

[52] Zit. in M. E. Phillips, S. 456 f.

[53] Zit. in A. H. Quinn, S. 201 f.

[54] Ibid., S. 202. Quinn ist sich nicht sicher, ob ›A Descent into the Maelström‹ dazugehörte, obwohl sie Latrobe in seinen Reminiszenzen ausdrücklich erwähnt.

[55] Zit. in H. Allen, S. 280 f. Übers. von Hartmut Zahn.

[56] S. R. W. Griswold, ›The Ludwig Article‹, in: E. W. Carlson, S. 30.

[57] GW, Bd. 6, S. 303.

[58] E, S. 5 f.

[59] E, S. 214.

[60] E, S. 52.

[61] Zit. in H. Allen, S. 282. Übers. von H. Zahn.

[62] Ibid., S. 283. Übers. von H. Zahn.

[63] Zit. in M. E. Phillips, S. 468.

[64] Ibid., S. 482.

[65] Ibid., S. 473.

[66] ›Das Stelldichein‹. E, S. 37.

[67] Zit. in A. H. Quinn, S. 205 f.

[68] Zit. in M. E. Phillips, S. 474.

[1] Zit. in A. M. Bondurant, S. 209.
[2] Ibid.
[3] Ibid.
[4] Vgl. H. Allen, S. 695, App. III.
[5] Vgl. T. H. Ellis' Reminiszenzen im
›Richmond Stanard‹, 7. 5. 1887. Zit. in
A. H. Quinn, S. 206 und M. E. Phillips, S. 476.
[6] Poe, ›Tamerlane‹. GE, S. 13.
[7] GW, Bd. 2, S. 556.
[8] Poe an J. P. Kennedy, 19. 11. 1834.
OL, S. 54, Nr. 38.
[9] S. M. E. Phillips, S. 477.
[10] Poe an John P. Kennedy, 15. 3. 1835.
OL, S. 56, Nr. 40.
[11] Poe an John P. Kennedy, undat. OL,
S. 56, Nr. 41. Übers. von W. Lenning,
S. 66.
[12] S. A. H. Quinn, S. 208.
[13] Elizabeth Oakes Smith an Ingram,
7. 4. 1875. ID, S. 88.
[14] Vgl. D. K. Jackson, S. 17.
[15] Ibid., S. 22.
[16] ›Berenice‹ erschien im März 1835, also
noch vor Kennedys eigentlichem, im
darauffolgenden Monat abgefaßten
Empfehlungsschreiben.
[17] Zit. in D. K. Jackson, S. 45.
[18] E, S. 20 u. 22 f.
[19] Baudelaire. Zit. in W. Lenning,
S. 170.
[20] E, S. 25.
[21] Ch. Baudelaire, S. 213.
[22] E, S. 27.
[23] E, S. 29.
[24] S. Ernest Borneman, Lexikon der
Liebe, München 1968.

[25] Poe an Th. W. White, 30. 4. 1835. OL,
S. 57 f., Nr. 42.
[26] J. P. Kennedy an Th. W. White, 13. 4.
1835. Zit. in H. Allen, S. 294 f. Poe arbeitete seit 1821 an seinem unvollen-
deten Drama ›Politian‹.
[27] Poe an Th. W. White, 12. 6. 1835. OL,
S. 61 f., Nr. 44.
[28] Poe an Th. W. White, 30. 5. 1835. OL,
S. 60, Nr. 43.
[29] S. D. K. Jackson, S. 48.
[30] GW, Bd. 1, S. 154.
[31] Zit. in D. K. Jackson, S. 51 f.
[32] GW, Bd. 3, S. 35. Der Held der Erzählung sprengt die drei aufdringlichen
Gläubiger kurz vor seinem Abflug in
die Luft.
[33] Poe an Th. W. White, 30. 5. 1835. OL,
S. 59, Nr. 43.
[34] S. Marie L. Shew Hougthons an Ingram, 23. 1. 1875. Zit. in J. C. Miller,
S. 92 ff., Nr. 31.
[35] GW, Bd. 10, S. 764.
[36] E, S. 372 ff.
[37] Poe, ›Ligeia‹. E, S. 62 f.
[38] Zit. in H. Allen, S. 299.
[39] M. E. Phillips, S. 413.
[40] Zit. in D. K. Jackson, S. 32 f.
[41] Vgl. H. Allen, S. 305.
[42] Ibid.
[43] E, S. 215 u. 218 f.
[44] Poe an William Poe, 20. 8. 1835. OL,
S. 68, Nr. 47.
[45] GW, Bd. 8, S. 642 ff.
[46] Poe, ›Marginalien‹. GW, Bd. 10,
S. 719 f.

ANMERKUNGEN ZUM 12. KAPITEL

[1] Elizabeth Oakes Smith an John Ingram, 7. 4. 1875. ID, S. 89. Sogar G. E.

Woodberry, einer der sorgfältigsten
Biographen Poes, vermutet, daß Poes

›Flirt‹ mit Eliza White der Hauptgrund für seine endgültige Entlassung
aus Mr. Whites Diensten war – also
bereits nach seiner Heirat mit Virginia
Clemm. S. G. E. Woodberry, S.185.

2 Thomas W. White an Lucian Minor,
8.9. 1835. Zit. in D.K. Jackson, S.98,
App. B.

3 GW, Bd. 2, S. 570.

4 R. D. Jacobs, S. 49.

5 Ibid., S. 44.

6 GW, Bd.1, S.91 u. Bd.2, S.953, Anm.

7 S. VE, Bd.1, S.125.

8 Poe, ›Schatten. Eine Parabel‹. GW,
Bd. 2, S. 579 und 581.

9 Zit. in A. H. Quinn, S. 230.

10 GW, Bd. 4, S. 832 f.

11 Poe an J. P. Kennedy, 11.9. 1835. OL,
S. 73, Nr. 50.

12 Th. W. White an Lucian Minor, 21.9.
1835. Zit. in D.K. Jackson, S.100,
App. B.

13 S. A. H. Quinn, S. 227 sowie H. Allen,
S. 309.

14 S. Henry D. Didier, The Life and
Poems of Edgar Allan Poe, New York
1877, S. 58. Zit. bei A. H. Quinn,
S. 227 f.

15 »Both Harrison and A. H. Quinn re-
jected the secret marriage with some
vehemence, but Professor Mabbott
tells me he is still inclined to accept it.«
S. E. Wagenknecht, S.182.

16 Ibid., S.182 f.

17 Ibid.

18 Zit. in A. H. Quinn, S. 228 f.

19 Zit. in M. E. Phillips, S. 514 f.

20 S. Poe an R. M. Bird, 8.10. 1835. OL,
S. 75 f., Nr. 51. Poe hatte bereits im
Februar und Juni 1835 zwei Theater-
stücke Birds günstig im ›Southern
Literature Magazine‹ rezensiert, ›Ca-
lavar‹ und ›The Infidel‹.

21 S. D. K. Jackson, S. 65 f.

22 Ibid., S.104, App. B: »...taking care

not to say as editor«.

23 Zit. in M. E. Phillips, S. 520.

24 S. Poe an Beverly Tucker, 1.12. 1835.
OL, S. 77 f. Nr. 52.

25 D. K. Jackson, S. 58.

26 S. A. H. Quinn, S.231. GW, Bd.10,
S. 887 f.

27 N. B. Fagin. S. 79.

28 GW, Bd. 9, S. 484 ff.

29 S. P. Moss (I), S. 40.

30 GW, Bd. 6, S.18 f., 26 u. 28 ff.

31 Zit. in M. E. Phillips, S. 519 f.

32 Poe, ›Die Litteraten von New York
City‹. GW, Bd.10, S. 549.

33 Vgl. S. P. Moss (I), S. 64 f.

34 S. R. D. Jacobs, S. 51 ff.

35 Ibid.

36 Ibid.

37 Poe an J. P. Kennedy, 22.1. 1836. OL,
S. 81, Nr. 54.

38 S. D. K. Jackson, S.107, App. B.

39 Van Wyck Brooks (I), S. 243.

40 Zit. in A. H. Quinn, S. 244.

41 S. R. D. Jacobs, S. 53.

42 GW, Bd. 6, S. 76.

43 Ibid., S. 99 ff.

44 Poe, ›Das poetische Prinzip‹. GW,
Bd.10, S. 683.

45 GW, Bd. 6, S.111.

46 Poe, ›Die Litteraten von New York
City‹: ›N. P. Willis‹. GW, Bd.10,
S. 560.

47 S. A. H. Quinn, S. 247.

48 H. Allen, S. 319.

49 Zit. bei M. E. Phillips, S. 531.

50 J. H. Whitty. Zit. in ibid., S. 531 f.

51 Frederick W. Coburn, ›Poe as Seen by
the Brother of Annie‹, in: New England Quarterly XVI (September
1943), S. 471. Zit. bei N. B. Fagin, S. 9.

52 Zit. in A. H. Quinn, S. 250 f.

53 Poe an Harrison Hall, 2.9. 1836. OL,
S.103, Nr. 74.

54 Poe an J. P. Kennedy, 7.6. 1836. OL,
S. 95 f., Nr. 68. »I presume you have

heard of my marriage«, heißt es zum
Schluß.

[55] GW, Bd. 6, S. 36 u. 69.
[56] Ibid., S. 133 u. 145.
[57] Zit. bei H. Allen, S. 315.

[58] Poe an William Poe, 15. 8. 1840. OL,
S. 141, Nr. 97.
[59] S. D. K. Jackson, S. 109 f., App. C.
[60] Ibid., S. 112.
[61] Zit. in A. H. Quinn, S. 260.

ANMERKUNGEN ZUM 13. KAPITEL

[1] Zit. in D. K. Jackson, S. 114, App. C.
[2] Ibid., S. 111.
[3] Ibid., S. 115.
[4] S. M. E. Phillips, S. 547.
[5] Poe an Joseph Evans Snodgrass, 1. 4.
1841. OL, S. 156, Nr. 109.
[6] S. A. Weiss. Zit. in A. H. Quinn,
S. 255.
[7] Poe an Charles Anthon, 2. 11. 1844.
OL, S. 269, Nr. 186.
[8] S. P. Moss (I), S. 70 f.
[9] GW, Bd. 3, S. 114 f.
[10] Vgl. GW, Bd. 5, S. 1078 ff.
[11] Sh. J. J. Moran an Mrs. Clemm. Zit. in
VE, Bd. 1, S. 335.
[12] GW, Bd. 3, S. 25.
[13] E, S. 706 f.
[14] GW, Bd. 10, S. 682.
[15] Poe, ›Arthur Gordon Pym‹, GW,
Bd. 3, S. 332.
[16] E, S. 718 f.
[17] E, S. 719.
[18] GW, Bd. 1, S. 174.
[19] Ibid., S. 175 f.
[20] Elizabeth Oakes Smith an Ingram,
25. 2. 1875. ID, S. 82.
[21] Zit. in A. H. Quinn, S. 267.
[22] S. M. E. Phillips, S. 550.
[23] Zit. in J. C. Miller, S. 47 f.
[24] Zit. in D. Sinclair, S. 170.
[25] S. H. Allen, S. 343.
[26] S. Poe an Evert A. Duyckinck, 8. 1.

1846. OL, S. 309, Nr. 223.
[27] GW, Bd. 10, S. 723.
[28] Ibid., S. 733.
[29] Poe, ›Thomas Moore: Alciphron‹.
GW, Bd. 6, S. 303,
[30] Poe, ›Drake/Halleck-Rezension‹.
GW, Bd. 6, S. 110.
[31] GW, Bd. 7, S. 459 u. 461.
[32] Ibid., S. 463.
[33] GW, Bd. 2, S. 617.
[34] D. Hoffman, S. 244.
[35] GE, S. 74.
[36] GW, Bd. 10, S. 681 f.
[37] Poe an Snodgrass, 7. 10. 1839. OL,
S. 120, Nr. 83.
[38] GW, Bd. 1, S. 188 f.
[39] Wie erwähnt, war Poe bei den New
Yorker Literaturcliquen als ›Kritiker
Bulldogge‹ berüchtigt.
[40] GW, Bd. 1, S. 221 f.
[41] Poe an John Cox, 6. 12. 1839. OL,
S. 122 f., Nr. 85.
[42] Moncure Daniel Conway an Ingram,
25. 12. 1874. ID, S. 73.
[43] Poe an George W. Eveleth, 16. 2.
1847. OL, S. 343, Nr. 249.
[44] Poe an R. W. Griswold, 29. 5. 1841.
OL, S. 161, Nr. 11.
[45] Poe an George W. Eveleth, 4. 1. 1848.
OL, S. 356, Nr. 259.
[46] E, S. 214 f.
[47] Poe, ›Das Stelldichein‹. E, S. 37.

[1] N. B. Fagin, S. 43.

[2] John Sartain, ›Reminiscences of a Very Old Man‹. Zit. in A. H. Quinn, S. 274 f.

[3] S. H. Allen, S. 363.

[4] S. A. H. Quinn, S. 278.

[5] Ibid., S. 279 ff.

[6] Ibid., S. 283.

[7] Poe, ›Miles: Phrenologie‹. GW, Bd. 6, S. 94.

[8] S. H. Allen, S. 459.

[9] E, S. 78 f.

[10] Ibid., S. 79 f.

[11] Zit. in G. E. Woodberry, S. 205 ff.

[12] GW, Bd. 8, S. 654 f.

[13] E, S. 77.

[14] D. Hoffman, S. 297.

[15] Richard Wilbur, ›The House of Poe‹. In: E. W. Carlson, S. 267.

[16] E, S. 69.

[17] GW, Bd. 10, S. 727.

[18] GE, S. 40.

[19] GE, S. 39.

[20] E, S. 77 f.

[21] E, S. 80.

[22] Poe, ›Ligeia‹. E, S. 56.

[23] Poe, ›Der Untergang des Hauses Usher‹. E, S. 75.

[24] Poe, ›Das poetische Prinzip‹. GW, Bd. 10, S. 682.

[25] D. Hoffman, S. 252.

[26] E, S. 83.

[27] M. Praz, Bd. 1, S. 148.

[28] D. Hoffman, S. 303.

[29] GW, Bd. 10, S. 680 f.

[30] E, S. 97.

[31] GW, Bd. 7, S. 374.

[32] S. R. D. Unger an Chevalier Reynolds, 29. 10. 1899: »On a visit to an ›improper‹ house, Poe met a girl named Lenore.« S. ID, S. 172.

[33] Dieses Datum gab Poe in den ›Tales of the Grotesque and Arabesque‹ an; in anderen Veröff. hieß es ›1811‹ oder ›1813‹. Poe machte sich in manchen Briefen jünger, als er in Wirklichkeit war.

[34] E, S. 104 f.

[35] E, S. 108.

[36] GW, Bd. 4, S. 830.

[37] E, S. 122.

[38] Zit. in A. H. Quinn, S. 287 f.

[39] Zit. in G. E. Woodberry, S. 208 ff.

[40] GW, Bd. 8, S. 651

[41] Ibid., S. 655.

[42] Ibid., Bd. 8, S. 650.

[43] OL, S. 115 ff., Nr. 81.

[44] Zit. in D. Sinclair, S. 179.

[45] Zit. in W. Lenning, S. 94.

[46] Tales of the Grotesque and Arabesque. By Edgar A. Poe. 2 vols., Philadelphia 1840. Vorwort zu Bd. 1.

[47] S. A. H. Quinn, S. 289.

[48] Zit. in M. E. Phillips, S. 593.

[49] D. Hoffman, S. 206 f.

[50] GW, Bd. 5, S. 875.

[1] GW, Bd. 9, S. 361.

[2] Ibid.

[3] OL, S. 125, Nr. 88.

[4] GW, Bd. 1, S. 299 ff.

[5] H. Allen, S. 378.

[6] GW, Bd. 8, S. 656 ff.

[7] OL, S. 173, Anm.

[8] Poe, ›Einige Bemerkungen über Geheimschriften‹. GW, Bd. 9, S. 310.

[9] Poe, ›Schweigen‹ (›Sonnet-Silence‹). E, S. 37 f.

[10] Zit. in M. E. Phillips, S. 620.

[11] OL, S. 114, Nr. 80.

[12] OL, S. 155 ff., Nr. 109.

[13] Zit. in H. Allen, S. 709, App.

[14] Im Durchschnitt kostete ein Jahres-abonnement einer amerikanischen Zeitschrift nicht mehr als $ 3.

[15] Zit. in A. H. Quinn, S. 306 ff.

[16] Poe, ›Einkünfte amerikanischer Auto-ren – Die Zeitschriften‹. GW, Bd. 9, S. 359.

[17] Poe an J. E. Snodgrass, 17. 6. 1840. OL, S. 138, Nr. 95.

[18] Vgl. Poe an William Poe, 15. (14.?) 8. 1840. OL, S. 141 f., Nr. 97.

[19] S. M. E. Phillips, S. 643.

[20] GW, Bd. 4, S. 707.

[21] Ibid., S. 708 ff.

[22] Ibid., S. 720. Auch die früheren Zit. stammen aus dieser Übers.

[23] Ch. Baudelaire, S. 206.

[24] GW, Bd. 4, S. 706.

[25] Zit. in M. E. Phillips, S. 648.

[26] Ibid., S. 650.

[27] OL, S. 157, Nr. 109.

[28] GW, Bd. 1, S. 312 f.

[29] Poe an Daniel Bryan, 6. 7. 1842. OL, S. 205, Nr. 139.

[30] OL, S. 192, Nr. 132.

[31] GW, Bd. 1, S. 46.

[32] S. Art. ›Griswold‹, in: S. J. Kunitz u. H. Haycraft.

[33] S. J. A. T. Lloyd, S. 116.

[34] OL, S. 160 f., Nr. 112.

[35] H. W. Longfellow, ›The Beleaguered City‹ in: W. M. Rossetti, S. 363.

[36] Zit. in VE, Bd. 10, S. 406 f.

[37] S. J. A. Robbins, Edgar Poe and the Philadelphians. A Reminiscence by a Contemporary, in: Poe Studies (De-zember 1972), S. 45 ff.

[38] GW, Bd. 6, S. 321 f.

[39] GW, Bd. 1, S. 42.

[40] GW, Bd. 6, S. 147 f.

[41] G. Seeßlen, S. 67.

[42] E, S. 146.

[43] Ibid.

[44] D. Hoffman, S. 108.

[45] GW, Bd. 8, S. 702 f.

[46] E, S. 139 ff. (Hervorhebung d. Verf.). S. auch die vorhergehenden Zitate.

[47] Zit. in W. Lenning, S. 170.

ANMERKUNGEN ZUM 16. KAPITEL

[1] Poe, ›Disput mit einer Mumie‹. GW, Bd. 1, S. 466.

[2] Zit. in VE, Bd. 12, S. 85.

[3] Poe an F. W. Thomas, 26. 6. 1841. OL, S. 170, Nr. 117.

[4] GW, Bd. 8, S. 661 f.

[5] S. D. Sinclair, S. 152. Ferner John S. Hill, ›The Diabetic Mr. Poe?‹, in: Poe Studies (Dezember 1971).

[6] Poe an J. P. Kennedy, 21. 6. 1841. OL, S. 164, Nr. 114.

[7] Zit. in M. E. Phillips, S. 704.

[8] GW, Bd. 1, S. 46.

[9] Zit. in VE, Bd. 10, S. 401.

[10] Ibid., S. 403.

[11] GW, Bd. 1, S. 46.

[12] E, S. 180.

[13] E, S. 193 f.

[14] Poe an J. E. Snodgrass, 12. 7. 1841. OL, S. 175, Nr. 120.

[15] Poe, ›Dickens: Der alte Curiositäten-laden …‹ GW, Bd. 7, S. 346 f.

[16] Ibid., S. 353 f.

[17] B. u. L. A. Cohen, S. 98.

[18] Ibid., S. 101.

[19] GW, Bd. 2, S. 671 ff.

[20] GW, Bd. 5, S. 877 f.

[21] Ibid., S. 887.

[22] OL, S. 178, Nr. 122.

[23] Stephen L. Mooney, ›Poe's Gothic

Waste Land‹, in: E. W. Carlson, S. 293.

24 E, S. 215 ff.

25 Miss A. B. Harris. Zit. in M. E. Phillips, S. 694.

26 S. ›Literary Houses in America‹, S. 196.

27 Poe, ›Ligeia‹. GW, Bd. 2, S. 631.

28 GW, Bd. 8, S. 665 f.

29 Zit. in M. E. Phillips, S. 699 f.

30 GW, Bd. 8, S. 712 f.

31 S. M. E. Phillips, S. 700.

32 GW, Bd. 8, S. 666.

33 Poe, ›Exordium‹. Zit. in A. H. Quinn, S. 332.

34 Ibid., vgl. GW, Bd. 1, S. 45.

35 S. Gerald E. Gerber, ›E. P. Whipple Attacks Poe: A New Review‹, in: American Literature 53 (1981), S. 110–113.

36 GW, Bd. 8, S. 667 f.

37 GW, Bd. 7, S. 417 f.

38 Ibid., S. 436.

39 Ibid., S. 442.

40 Ibid., S. 444 u. 447.

41 GW, Bd. 1, S. 43.

42 S. Van Wyck Brooks (II), S. 140.

43 VE, Bd. 12, S. 409 f.

44 Ch. Dickens, ›American Notes‹: ›Philadelphia, and its Solitary Prison‹, in: ders., Works of Charles Dickens, S. 281.

45 GW, Bd. 8, S. 823, Anm.

46 S. Poe an James R. Lowell, Juli 1844. OL, S. 258, Nr. 179.

47 GW, Bd. 8, S. 824.

48 E, S. 203 f.

49 Poe, ›Eleonora‹. E, S. 222.

50 Poe, ›Das ovale Porträt‹. E, S. 204 f.

51 D. H. Lawrence, S. 73 f.

52 GW, Bd. 2, S. 689.

53 GW, Bd. 10, S. 720 f.

54 GW, Bd. 2, S. 693.

55 GW, Bd. 6, S. 321 f.

56 Zit. in J. A. Lloyd, S. 124.

57 Poe an F. W. Thomas, 25. 5. 1842. OL, S. 197, Nr. 134 u. GW, Bd. 1, S. 48.

58 F. W. Thomas an Poe, 21. 5. 1842. In: VE, Bd. 12, S. 109.

59 Poe an F. W. Thomas, 25. 5. 1842. OL, S. 197, Nr. 134.

60 Poe an James Herron, Anfang Juni 1842. OL, S. 198, Nr. 135.

61 Poe an J. E. Snodgrass, 4. 6. 1842. OL, S. 201 f., Nr. 137.

62 GW, Bd. 2, S. 1041, Anm.

63 Zit. in H. Allen, S. 428.

64 Zit. in M. E. Phillips, S. 760.

65 VE, Bd. 12, S. 115.

66 GW, Bd. 8, S. 676.

67 GW, Bd. 4, S. 745.

ANMERKUNGEN ZUM 17. KAPITEL

1 Zit. in M. E. Phillips, S. 827.

2 Poe an F. W. Thomas, 19. 11. 1842. OL, S. 218 f., Nr. 148.

3 Poe an J. R. Lowell, 16. 11. 1842. OL, S. 217, Nr. 147.

4 GW, Bd. 4, S. 746.

5 Zit. in M. E. Phillips, S. 778 f.

6 GW, Bd. 4, S. 746.

7 Ibid., S. 751.

8 S. D. Hoffman, S. 226.

9 GW, Bd. 4, S. 751.

10 Ibid., S. 753 f.

11 Poe, ›Eleonora‹. E, S. 214 f.

12 S. Poe an J. R. Lowell, 2. 7. 1844: »My best tales are ›Ligeia‹, ›The Gold-Bug‹, ›The Murders in the Rue Morgue‹, ›The Fall of the House of Usher‹, ›The Tell-Tale Heart‹, ›William Wilson‹, & ›The Descent into the Maelström‹.« OL, S. 258, Nr. 179.

[13] Zit. in M. E. Phillips, S. 834.

[14] GW, Bd. 8, S. 675 f.

[15] Poe an J. E. Snodgrass, 11. 9. 1839. OL, S. 116, Nr. 81.

[16] Poe an F. W. Thomas, 25. 2. 1843. OL, S. 223 f., Nr. 153.

[17] Ibid., S. 224.

[18] GW, Bd. 1, S. 50.

[19] Zit. in H. Allen, S. 442.

[20] Ibid., S. 442 f. sowie A. H. Quinn, S. 377.

[21] Poe an J. E. Snodgrass, 4. 6. 1842. OL, S. 202, Nr. 137.

[22] GW, Bd. 8, S. 670 f.

[23] GW, Bd. 7, S. 499 f.

[24] Griswold an Poe, 14. 1. 1845. VE, Bd. 12, S. 197.

[25] GW, Bd. 8, S. 676.

[26] J. E. Dow an T. C. Clarke, 12. 3. 1843. Zit. in A. H. Quinn, S. 378.

[27] VE, Bd. 12, S. 140.

[28] Ibid., S. 140 f.

[29] GW, Bd. 1, S. 256.

[30] Ibid., S. 52.

[31] OL, S. 231, Nr. 158.

[32] Zit. in A. H. Quinn, S. 386. Brief wird in OL nicht aufgeführt.

[33] GW, Bd. 8, S. 702 f.

[34] GW, Bd. 2, S. 860.

[35] GW, Bd. 4, S. 758 f.

[36] Ibid., S. 759.

[37] Ibid., S. 765 f.

[38] Ibid.

[39] Der Name dieser Lady ist nicht überliefert; vgl. H. Allen, S. 455 u. A. H. Quinn, S. 403.

[40] GW, Bd. 1, S. 299.

[41] Diese Gedichte bezeichnete Poe in einem Brief an Lowell als seine besten.

[42] OL, S. 244 f., Nr. 171, Anm.

[43] GW, Bd. 1, S. 53 sowie Bd. 8, S. 679 f.

[44] G. R. Graham, ›Defence of Poe‹. VE, Bd. 12, S. 409 f. Übers. in GW, Bd. 1, S. 46 f.

ANMERKUNGEN ZUM 18. KAPITEL

[1] Der Brief ist an dieser Stelle unleserlich. Poe meinte jedoch die Hotelkosten pro *Woche,* nicht pro Tag.

[2] ›Kate‹ oder ›Catterina‹ war ihre Hauskatze.

[3] Poe an Maria Clemm, 7. 4. 1844. OL, S. 251 f., Nr. 174. Die Übers. stammt aus GW, Bd. 8, S. 680 ff.

[4] Poe, ›The Balloon-Hoax‹. GW, Bd. 4, S. 556.

[5] S. hierzu die ausf. Anm. GW, Bd. 5, S. 1120.

[6] GW, Bd. 1, S. 42 f.

[7] GW, Bd. 5, S. 1111, Anm.

[8] Zit. in A. H. Quinn, S. 410.

[9] H. Allen, S. 465.

[10] Ch. Dickens, ›American Notes‹, in: ders., Works of C. Dickens, S. 263 f.

[11] GE, S. 38 f.

[12] Poe, ›Die Philosophie der Einrichtung‹. GW, Bd. 9, S. 299.

[13] Zit. in A. H. Quinn, S. 412.

[14] GW, Bd. 8, S. 683 f.

[15] GW, Bd. 10, S. 757.

[16] Poe an Charles Anthon (um den 2. 11. 1844). OL, S. 270, Nr. 186.

[17] GW, Bd. 8, S. 683 ff.

[18] Poe erwähnt diese Erzählungen, ›Die längliche Kiste‹, ›Das vorzeitige Begräbnis‹, ›Der entwendete Brief‹, ›Mesmerische Offenbarung‹, ›Du bist der Mann‹ und ›Die Methode Dr. Thaer & Prof. Fedders‹, bereits in einem Brief an Lowell vom 28. 5. 1844. S. OL, S. 253, Nr. 175. Sie werden in vielen Biographien später dat. Es ist äußerst unwahrsch., daß Poe in knapp zwei Monaten, vom 7. 4. 1844 (dem

Tag seiner Ankunft) bis 28. 5. sechs Kurzgeschichten verf.

19 GW, Bd. 10, S. 759.

20 Vgl. hierzu seine Äußerung in seinem Brief an Lowell vom 2. Juli, in dem er Zweifel über die ›Vervollkommnungsfähigkeit des Menschen‹ anmeldet.

21 Poe, ›Ein Kapitel Betrachtungen‹. GW, Bd. 10, S. 759–767.

22 Poe, ›Morella‹. GW, Bd. 2, S. 572.

23 Henry Hume und Hugh Blair waren schottische (bzw. englische) Kritiker des 18. Jh.s; Samuel Johnson ein Schriftsteller und Pamphletist im Umkreis Swifts. Poes Vergleich war nicht sonderlich glücklich gewählt.

24 Poe, ›Exordium‹ (›Zum Geleit‹). GW, Bd. 9, S. 334 f.

25 GE, S. 83.

26 GW, Bd. 3, S. 25.

27 S. GW, Bd. 5, S. 1138, Anm.

28 Ibid., S. 1139.

29 Zit. in E. W. Carlson, S. 32 f.

30 Art. ›Christliche Religion‹, Fischer Lexikon, hg. von Oskar Simmel u. Rudolf Stählin, Frankfurt a. M. 1957, S. 116.

31 J. R. Lowell. Zit. in E. W. Carlson, S. 13.

32 GW, Bd. 5, S. 1139, Anm.

33 Poe ›Marginalien‹ (1846). GW, Bd. 10, S. 739 f. Poe bezog sich auf ein 1841 erschienenes Werk Thomas Carlyles,

›On Heroes, Hero-Worship, and the Heroic in History‹.

34 D. Hoffman, S. 131.

35 GW, Bd. 2, S. 919 f.

36 D. Hoffman, S. 130.

37 GW, Bd. 4, S. 578.

38 Ibid., S. 595.

39 Ibid., S. 586 f.

40 GW, Bd. 8, S. 712 f.

41 Poe, ›Arthur Gordon Pym‹. E, S. 685.

42 GW, Bd. 4, S. 790 f.

43 Ibid., S. 801.

44 Ibid., S. 810.

45 GW, Bd. 1, S. 490.

46 Ibid., S. 493.

47 Ibid., S. 497.

48 Ibid., S. 512.

49 Zit. in S. P. Moss (I), S. 93.

50 Ibid., S. 94.

51 Vgl. M. E. Phillips, S. 886.

52 S. H. Allen, S. 460.

53 GW, Bd. 10, S. 848, Anm.

54 GE, S. 69.

55 GW, Bd. 10, S. 937 f., Anm.

56 Ibid., S. 723.

57 GE, S. 79 f.

58 GW, Bd. 1, S. 55.

59 Poe an F. W. Thomas, 4. 5. 1845. OL, S. 287, Nr. 197.

60 GW, Bd. 10, S. 849 f., Anm.

61 Ibid.

62 Lowell an Poe, 12. 12. 1844. VE, Bd. 12, S. 194 f.

ANMERKUNGEN ZUM 19. KAPITEL

1 GW, Bd. 1, S. 57.

2 GW, Bd. 7, S. 387.

3 GW, Bd. 8, S. 846 f.

4 S. Van Wyck Brooks (II), S. 144 f.

5 VE, Bd. 1, S. 219.

6 Ibid., S. 222 f.

7 GW, Bd. 9, S. 390 f.

8 Ibid., S. 455 f.

9 VE, Bd. 1, S. 212.

10 A. H. Quinn, S. 502.

11 OL, S. 286, Nr. 197.

12 W. Lenning, S. 130.

13 S. M. E. Phillips, S. 991.

14 S. A. H. Quinn, S. 479.

[15] Zit. in GW, Bd. 1, S. 58.

[16] GW, Bd. 10, S. 571 f.

[17] Ibid., S. 574.

[18] Zit. in N. B. Fagin, S. 104.

[19] Poe ›verschrieb‹ sich gern, wenn er den Namen eines Gegners nannte, den er besonders verachtete.

[20] GW, Bd. 10, S. 923, Anm.

[21] GW, Bd. 4, S. 853.

[22] Ibid., S. 827.

[23] GW, Bd. 5, S. 1145, Anm.

[24] Ibid., S. 1144.

[25] Ibid.

[26] Ibid., S. 1145, Anm.

[27] Ibid., S. 890 ff.

[28] GW, Bd. 4, S. 835 ff.

[29] GW, Bd. 1, S. 42 f.

[30] GW, Bd. 10, S. 789.

[31] Zit. in A. H. Quinn, S. 483.

[32] GW, Bd. 10, S. 790.

[33] Ibid., S. 866.

[34] Zit. in M. E. Phillips, S. 952.

[35] Ibid., S. 953.

[36] Zit. in J. A. T. Lloyd, S. 171.

[37] Zit. in M. E. Phillips, S. 954.

[38] Ibid., S. 955.

[39] GW, Bd. 8, S. 742 f.

[40] E. Wagenknecht, S. 195.

[41] S. M. E. Phillips, S. 1037.

[42] E. Wagenknecht, S. 195.

[43] S. M. E. Philipps, S. 997.

[44] Zit. in J. E. Walsh, S. 74 f.

[45] Zit. in M. E. Phillips, S. 1051. Bei dieser Briefstelle handelt es sich vielleicht um eine Fälschung Griswolds, der sie auch zitiert. Das Original ist nicht erhalten.

[46] Zit. in S. P. Moss (I), S. 192.

[47] GW, Bd. 9, S. 363 ff. Da Poe vor dem ›Boston Lyceum‹ das gleiche Thema abhandelte, dürften seine Ausführungen etwa identisch gewesen sein.

[48] GW, Bd. 10, S. 928 f.

[49] Zit. in M. E. Phillips, S. 1055.

[50] Zit. in GW, Bd. 9, S. 517.

[51] Ibid., S. 515 ff.

[52] GW, Bd. 10, S. 929. Der erste Teil d. Übers. stammt vom Verf. S. S. P. Moss (I), S. 194 f.

[53] Ibid.

[54] GW, Bd. 9, S. 522.

[55] Ibid., S. 519 ff.

[56] GW, Bd. 10, S. 934, Anm.

[57] Zit. in J. A. T. Lloyd, S. 170.

[58] GW, Bd. 8, S. 694.

[59] A. H. Quinn, S. 492.

[60] GW, Bd. 9, S. 525 ff.

[61] Ibid.

[62] E, S. 480.

ANMERKUNGEN ZUM 20. KAPITEL

[1] Zit. in E. W. Carlson, S. 7.

[2] OL, S. 309, Nr. 223.

[3] OL, S. 311, Nr. 225.

[4] OL, S. 310, Nr. 224.

[5] GW, Bd. 9, S. 518 f.

[6] GW, Bd. 10, S. 567.

[7] Ibid., S. 574.

[8] Zit. in S. P. Moss (I), S. 206.

[9] Zit. in J. C. Miller (I), S. 120.

[10] GW, Bd. 8, S. 749.

[11] Poe an Sarah H. Whitman, Oktober 1848. Zit. in A. H. Quinn, S. 499.

[12] GW, Bd. 10, S. 940 f., Anm.

[13] Zit. in J. A. T. Lloyd, S. 186.

[14] Mrs. Osgoods drittes Kind, ›Fanny Fay‹ wurde am 28. 6. 1846 geboren und starb nach einem Jahr. Daß sich Mrs. Osgood u. Poe genau neun Monate zuvor in Providence aufhielten, gab natürlich Anlaß zu Spekulationen. S. J. E. Walsh, S. 139.

[15] Zit. in J. C. Miller (II), S. 26.

[16] Zit. in J. C. Miller (I), S. 202.

[17] Zit. in S. P. Moss (II), S. 37.

[18] GW, Bd. 2, S. 702.

[19] Zit. in H. Allen, S. 554.

[20] Zit. in GW, Bd. 10, S. 942, Anm.

[21] GW, Bd. 1, S. 61.

[22] GW, Bd. 10, S. 941.

[23] Ibid., S. 575 ff.

[24] Zit. in S. P. Moss (II), S. 35 ff.

[25] Ca. 200 000 Auflage.

[26] OL, S. 323, Nr. 237.

[27] S. P. Moss (I), S. 232.

[28] Ibid., S. 233 f.

[29] Der Art. stammte wahrsch. von Hiram Fuller. Zit. in H. Allen, S. 563 f.

[30] GW, Bd. 8, S. 698.

[31] Zit. in J. E. Walsh, S. 64 f.

[32] GW, Bd. 4, S. 854 ff.

[33] Poe an T. H. Chivers, 22. 7. 1846. GW, Bd. 8, S. 699 ff.

[34] Zit. in J. C. Miller (I), S. 47 f.

[35] M. G. Nichols, S. 12.

[36] Zit. in H. Allen, S. 577.

[37] Zit. in S. P. Moss (I), S. 235.

[38] OL, S. 340, Nr. 248.

[39] GE, S. 60.

[40] Zit. in J. C. Miller (I), S. 92. Daß Poe an einer Gehirnschädigung litt, entspricht merkwürdigerweise auch den Gerüchten, die damals über ihn im Umlauf waren.

[41] Zit. in S. P. Moss (I), S. 238.

[42] OL, S. 344 f., Nr. 250.

[43] Ibid., S. 345.

[44] GW, Bd. 9, S. 151. Das Gedicht ist etwas gekürzt.

[45] GW, Bd. 4, S. 598 f.

[46] Ibid., S. 623.

[47] Poe an R. T. Conrad, 10. 8. 1847. OL, S. 351, Nr. 255.

[48] Zit. in J. E. Walsh, S. 77.

[49] Zit. in H. Allen, S. 586.

[50] Das ›Home Journal‹ befand sich 1860 immer noch unter der Leitung von N. P. Willis und George P. Morris.

[51] S. E. Wagenknecht, S. 195.

[52] Zit. in VE, Bd. 1, S. 298.

ANMERKUNGEN ZUM 21. KAPITEL

[1] Vgl. D. Hoffman, S. 70.

[2] GW, Bd. 7, S. 442.

[3] GW, Bd. 10, S. 874, Anm.

[4] GW, Bd. 5, S. 895.

[5] Zit. in M. Praz, Bd. 2, S. 444 f., Anm.

[6] GW, Bd. 2, S. 614.

[7] S. D. Hoffman, S. 72.

[8] S. C. D. Laverty, ›Poe in 1847‹, in: American Literature 20 (1948/49), S. 165.

[9] Zit. in E. W. Carlson, S. 209.

[10] G. Moore, S. 39 f.

[11] Zit. in E. W. Carlson, S. 223 f.

[12] Ibid., S. 160 ff.

[13] OL, S. 353 f., Nr. 258.

[14] GW, Bd. 10, S. 872 f., Anm.

[15] Ibid., S. 873, Anm.

[16] Zit. in A. H. Quinn, S. 534.

[17] ›Mellonta Tauta‹, ›X-ing a Paragrab‹ sowie ›Marginalia‹ u. eine Rez. von Sarah Anna Lewis, ›The Child of the Sea and Other Poems‹.

[18] GW, Bd. 8, S. 709 u. 713.

[19] GE, S. 82.

[20] GW, Bd. 5, S. 913.

[21] Zit. in E. W. Carlson, S. 106.

[22] GW, Bd. 5, S. 896 f.

[23] Poe bezog sich auf Humboldts ›Kosmos: Entwurf einer physischen Weltbeschreibung‹ (1845, im gleichen Jahr ins Englische übersetzt), die sicher wichtigste Inspirationsquelle für ›Eureka‹.

[24] Vgl. D. Hoffman, S. 273 ff.

²⁵ Ein Irrtum Poes: bei dem ›nubischen Geographen‹ handelte es sich nicht um Ptolemäus Hephaistion, sondern El Edrisi (1099–1154). GW, Bd. 2, S. 1032, Anm.

²⁶ GW, Bd. 5, S. 1157, Anm.

²⁷ GW, Bd. 7, S. 437 f.

²⁸ GE, S. 198 u. 201.

²⁹ OL, S. 362, Nr. 263.

³⁰ OL, S. 357 f., Nr. 260.

³¹ GW, Bd. 5, S. 1153 f.

³² Zit. in J. A. T. Lloyd, S. 208 f.

³³ S. A. H. Quinn, S. 539.

³⁴ GW, Bd. 1, S. 65.

³⁵ S. J. C. Miller (II), S. 26.

³⁶ GW, Bd. 8, S. 723 f.

³⁷ Poe, ›To---‹. GE, S. 53 f.

³⁸ Zit. in C. Ticknor, S. 46.

³⁹ Ibid., S. 47.

⁴⁰ Ibid., S. 48.

⁴¹ GW, Bd. 5, S. 1154, Anm.

⁴² GW, Bd. 10, S. 877, Anm.

⁴³ GW, Bd. 9, S. 161.

⁴⁴ ID, S. 98 f. u. 109 f.

⁴⁵ GW, Bd. 8, S. 717 ff.

⁴⁶ Zit. in A. H. Quinn, S. 568.

⁴⁷ Ibid., S. 569.

⁴⁸ Poe an Anna Blackwell, 14. 6. 1848. OL, S. 370, Nr. 270.

⁴⁹ S. H. Allen, S. 614 f.

⁵⁰ GW, Bd. 8, S. 728 f.

⁵¹ OL, S. 379, Nr. 276, Anm.

⁵² C. Ticknor, S. 53 f.

⁵³ Vgl. GW, Bd. 8, S. 722.

⁵⁴ Ibid., S. 729 ff.

⁵⁵ OL, S. 392 f., Nr. 280.

⁵⁶ Ibid., S. 394.

⁵⁷ S. C. Ticknor, S. 57, 88, 90.

ANMERKUNGEN ZUM 22. KAPITEL

¹ GW, Bd. 4, S. 665 f.

² Zit. in J. C. Miller (I), S. 184.

³ Zit. in GW, Bd. 1, S. 72.

⁴ GW, Bd. 8, S. 737 f.

⁵ OL, S. 399 f., Nr. 284.

⁶ Zit. in K. Möser, S. 70 f.

⁷ GW, Bd. 8, S. 735.

⁸ GW, Bd. 10, S. 755.

⁹ Zit. in A. H. Quinn, S. 587.

¹⁰ Zit. in H. Allen, S. 630.

¹¹ S. A. H. Quinn, S. 583.

¹² Ibid., S. 584 f.

¹³ GW, Bd. 8, S. 744 f.

¹⁴ GW, Bd. 1, S. 69.

¹⁵ Ibid.

¹⁶ GW, Bd. 2, S. 1011, Anm.

¹⁷ OL, S. 425, Nr. 303.

¹⁸ Vgl. R. Tuerk, ›John Sartain and E. A. Poe‹. In: ›Poe Studies‹ (Dezember 1971), S. 22 ff.

¹⁹ Zit. in D. Sinclair, S. 245.

²⁰ OL, S. 452, Nr. 323.

²¹ OL, S. 455, Nr. 327. Vgl. auch George Lippard, ›Poe's Last Visit to Philadelphia‹, in: C. D. Laverty, ›Poe in 1847‹. American Literature 20 (1948/49) S. 46 ff.

²² OL, S. 453, Nr. 325 u. S. 453 f., Nr. 326.

²³ OL, S. 455, Nr. 327.

²⁴ Zit. in A. H. Quinn, S. 623.

²⁵ T. O. Mabbott, Bd. 3, S. 1390 ff.

²⁶ Zit. in H. Allen, S. 657 ff.

²⁷ Zit. in A. H. Quinn, S. 627 f.

²⁸ Ibid., S. 628 f.

²⁹ Ibid., S. 629.

³⁰ OL, S. 458, Nr. 330 u. GW, Bd. 1, S. 72.

³¹ Ibid.

³² VE, Bd. 12, S. 405 f.

³³ J. C. Miller (I), S. 95 u. 105.

³⁴ GW, Bd. 1, S. 67.

³⁵ GW, Bd. 8, S. 760 f.

³⁶ VE, Bd. 1, S. 319.

37 A. H. Quinn, S. 636.

38 Ibid.

39 S. H. Allen, S. 670, Anm. 925.

40 J. J. Moran, S. 58f.

41 Moran an Mrs. Clemm, 15.11. 1849. VE, Bd. 1, S. 335.

42 J. J. Moran, S. 60f.

43 Amelia F. Poe an J. Ingram, 18. 7. 1911, (Zeitungsausschnitt beigefügt). ID, S. 187.

44 ›The Story of Poe's Death‹ (nicht identif. Zeitungsausschnitt). ID, S. 331.

45 T. H. Chivers, S. 38.

46 William Hand Browne an J. Ingram, 24. 8. 1874. In: J. C. Miller (I), S. 68f.

47 Zit. in VE, Bd. 1, S. 331.

48 M. E. Phillips, S. 1500.

49 Zit. in einem Brief von William Hand Browne an J. Ingram, 16.10. 1880. In: J. C. Miller (I), S. 85f.

50 Poe an J. E. Snodgrass, 1. 4. 1841. OL, S. 156, Nr. 109.

51 J. J. Moran, S. 62f.

52 Zit. in VE, Bd. 1, S. 232f.

53 ›Poe as a Repeater‹ (undat. Zeitungsausschnitt aus der ›Richmond Critic‹). ID, S. 290.

54 Zit. in VE, Bd. 1, S. 333f.

55 Moran an Mrs. Clemm, 15.11. 1849. Zit. in VE, Bd. 1, S. 335.

56 J. J. Moran, S. 63f., 65f. u. 69.

57 Poe, ›Das Manuskript in der Flasche‹. E, S. 17.

58 Moran an Mrs. Clemm, 15.11. 1849. VE, Bd. 1, S. 335f.

59 J. J. Moran, S. 77f.

60 Zit. in VE, Bd. 1, S. 329f.

61 Poe, ›Marginalien‹. GW, Bd. 10, S. 727.

62 Zit. in D. Sinclair, S. 255.

63 ›Poe's Brain Petrified‹ (Ausschnitt aus einer nicht identif. Zeitung), 8. 11. 1878. Nachgedruckt vom ›St. Louis Republican‹. ID, S. 261f.

BIBLIOGRAPHIE

I. GESAMTAUSGABEN

Edgar Allan Poe, The Complete Works of Edgar Allan Poe (Virgina Edition). Ed. by James Harrison. 17 vols. New York 1902 (Zit.... VE).

Edgar Allan Poe, Collected Works of Edgar Allan Poe. Ed. by Thomas O. Mabbott, 3 vols. Repr. London 1978 (Zit.... T. O. Mabbott).

2. DEUTSCHE ÜBERSETZUNGEN

Edgar Allan Poe, Das Gesamte Werk in 10 Bden. Hg. von Kuno Schumann und Hans D. Müller. Deutsch von Richard Kruse, Friedrich Polacovics, Arno Schmidt, Ursula Wernicke, Hans Wollschläger. Herrsching 1979. (Die zehnbändige Kassettenausgabe ist textidentisch mit der vierbändigen Walterschen Original-Werkausgabe, Olten 1966. Zit. wird nach der zehnbändigen Lizenzausgabe:... GW).

Edgar Allan Poe, Erzählungen. Übers. von A. von Bosse, M. Bretschneider, J. von der Goltz, H. Kauders und W. Widmer. Mit einem Nachwort von John O. McCormick. München: Winkler 1980 (Zit.... E).

Edgar Allan Poe, Gedichte, Essays. Aus dem Amerikanischen übertr. von Theodor Etzel und Hedwig Lachmann. Mit einem Nachwort von Hasso H. Kühnelt. München: Winkler 1966 (Zit.... GE)

3. ALLGEMEINE BIBLIOGRAPHIE

Allen, Hervey, Israfel: The Life and Times of Edgar Allan Poe. New York 1934 (Zit. ... H. Allen).

Allen, Hervey (and T. O. Mabbott), Poe's Brother: The Life and Poetry of W. H. L. Poe. New York 1926.

Baudelaire, Charles, Intime Tagebücher und Essays. München 1978 (Zit. ... Ch. Baudelaire).

Billington, Monroe Lee, The American South – A Brief History. New York 1971.

Bonaparte, Marie, Edgar Poe. Eine psychoanalytische Studie. Mit einem Vorwort von Sigmund Freud (Bd. 1). 3 Bde. Wien 1934.

Bondurant, Agnes M., Poe's Richmond. Repr. Richmond 1978 (Zit.... A. M. Bondurant).

Bowra, Cecil Maurice, The Romantic Imagination. Oxford/London 1973 (Zit. ... C. M. Bowra).

Brooks, Van Wyck (I), The World of Washington Irving. Philadelphia 1944.

Ders. (II), Die Blüte Neuenglands. Longfellow/Emerson und ihre Zeit. München 1948.

Campbell, Killis (I), ›Some Unpublished Documents Relating to Poe's Early Years‹, in: The Sewanee Review XX (1912). p. 201–212.

Ders. (II), The Mind of Poe and Other Studies. Cambridge, Mass. 1933.

Carlson, Eric W. (ed.), The Recognition of Edgar Allan Poe. Selected Criticism since 1829. Ann Arbor 1966. (Zit. . . . E. W. Carlson).

Chivers, T. H., New Life of Edgar Allan Poe. A Faithful Analysis of His Genius as a Poet. Privatpubl. New York 1852 (Zit. . . . T. H. Chivers)

Cohen, Bernard and Lucian A., ›Poe and Griswold Once More‹, in: American Literature 34 (1962). p. 270–272 (Zit. . . . B. u. L. A. Cohen).

Derleth, August (ed.), Dagon and Other Macabre Tales. London 1967 (Zit. . . . A. Derleth).

Dickens, Charles, Works of Charles Dickens. Faks. London 1889 (Zit. . . . Ch. Dickens).

Dunlap, William, History of the American Theatre. New York 1832 (Zit. . . . W. Dunlap).

Eaves, T. C. Duncan, ›Poe's Last Visit to Philadelphia‹, in: American Literature 26 (1954/55). p. 44–51.

Evans, May G., Music and Edgar Allan Poe. A Bibliographical Study. Baltimore 1939.

Fagin, Nathan Bryllion, The Histrionic Mr. Poe. Baltimore 1949 (Zit. . . . N. B. Fagin).

Gerber, Gerald E., ›E. P. Whipple Attacks Poe: A New Review‹, in: American Literature 53 (1981). p. 110–113.

Gundolf, Friedrich (Hg.), Shakespeare. Gesamtausgabe in 6 Bden. Die Übertragung beruht auf der Schlegel-Tieckschen Übersetzung. Berlin 1921.

Harrison, James A., The Life and Letters of Edgar Allan Poe. New York 1902 (Ausgabe der Virginia Edition: . . . VE, Bd. 1).

Hoffman, Daniel, PoePoePoePoePoePoePoe. New York 1978 (Zit. . . . D. Hoffman).

Hooke, William S., ›Poe in Charleston, S. C.‹, in: American Literature 6 (1934/35). p. 78–80.

Horan, James D., Matthew Brady. Historian with a Camera. New York 1955 (Zit. . . . J. D. Horan).

Ingram, John H., Edgar Allan Poe: His Life, Letters and Opinions. New York 1965 (Erstausg. 1880). (Zit. . . . J. H. Ingram).

Ders., John Henry Ingram's Poe Collection at the University of Virginia. A Calendar of Letters and Other Manuscripts, Fotographs, Printed Matter and Biograph. Source Materials Concerning E. A. Poe. Assembled by J. H. Ingram. Ed. by John C. Miller. Charlottesville, Va 1960 (Zit. . . . ID).

Jackson, David K., Poe and the Southern Literary Messenger. Richmond 1934 (Zit. . . . D. K. Jackson).

Jacobs, Robert D., ›Poe in Richmond: The Double Image‹, in: Richard K. Meeker (ed.), The Dilemma of the Southern Writer. Farmville, Va. 1961. p. 27–60. (Zit. . . . R. D. Jacobs).

Kane, Harnett T. (ed.), The Romantic South. New York 1961 (Zit. . . . H. T. Kane).

Keats, John, Gedichte. Heidelberg 1958 (Zit. . . . J. Keats).

Kunitz, Stanley J. and Howard Haycraft (ed.), American Authors 1600–1900. A Bio-
graphical Dictionary of American Literature. New York 1938 (Zit. ... J. S. Kunitz
u. H. Haycraft).

Laaths, Erwin, Knaurs Geschichte der Weltliteratur. München 1953 (Zit. ...
E. Laaths).

Laverty, Carroll D., ›Poe in 1847‹, in: American Literature 20 (1948/49). p.163–168
(Zit. ... C. D. Laverty)

Lawrence, David H., Studies in Classic American Literature. London 1978. (Zit. ...
D. H. Lawrence).

Lenhart, Charmenez S., Musical Influence on American Poetry, Athens, Ga. 1956.

Lenning, Walter, Poe. Hamburg 1959 (Zit. ... W. Lenning).

›Literary Houses in America‹: The Edgar Allan Poe House. Faks. Philadelphia o. J.
(Zit. ... Literary Houses in America).

Lloyd, J. A. T., The Murder of Edgar Allan Poe. London 1928 (Zit. ... J. A. T. Lloyd).

Londoner Jahrbuch ›Bijou‹. London 1828.

Lowell, James R., ›A Fable for Critics‹, in: ders., The Poetical Works of James R. Lowell. London o. J. (1887?). (Zit. ... J. R. Lowell).

Mankowitz, Wolf, The Extraordinary Mr. Poe. London 1978 (Zit. ... W. Mankowitz).

Marchand, Ernest, ›Poe as a Social Critic‹, in: American Literature 6 (1934/35).
p. 28–43.

Meeker, Richard K. (ed.), The Dilemma of the Southern Writer. Farmville, Va. 1961
(Zit. ... R. K. Meeker).

Miller, John Carl (ed.) (I), Building Poe Biography. Baton Rouge, La./London 1977.

Ders. (ed.) (II), Poe's Helen Remembers. The Ingram-Whitman Correspondence.
Charlottesville 1979.

Ders. (ed.), John Henry Ingram's Poe Collection at the University of Virginia. A Calendar of Letters and Other Manuscripts, Fotographs, Printed Matters and Biograph.
Source Materials Concerning E. A. Poe. Assembled by J. H. Ingram. Charlottesville, Va 1960 (Zit. ... ID).

Moore, G. (ed.), An Anthology of Pure Poetry. New York 1924 (Zit. ... G. Moore).

Möser, Kurt, Edgar Allan Poe. Salzburg 1980 (Zit. ... K. Möser).

Moran, J. J., A Defence of E. A. Poe. New York 1966 (Zit. ... J. J. Moran).

Moskowitz, Sam (ed.), A Man Called Poe. Stories in the Vein of Edgar Allan Poe.
London 1972 (Zit. ... S. Moskowitz).

Moss, Sidney P. (I), Poe's Literary Battles. The Critic in the Context of His Literary
Milieu. Durham, N. C. 1963.

Ders. (II), Poe's Major Crisis. His Libel Suit and New York's Literary World. Durham, N. C. 1970.

Nichols, Mary Gove, Reminiscences of Edgar Allan Poe. Privately printed. O. O.
1863 und 1929 (Bayerische Staatsbibliothek). (Zit. ... M. G. Nichols).

Norman, Emma K., ›Poe's Knowledge of Latin‹, in: American Literature 6 (1934/35).
p. 72–77.

Ostrom, John Ward (ed.), The Letters of Edgar Allan Poe. 2 vols. New York 1966 (Zit.
...OL).

Phillips, Mary E., Edgar Allan Poe, – The Man. 2 vols. Chicago/Philadelphia/Toronto 1926 (Zit. . . . M. E. Phillips).

Poe Studies (formerly Poe Newsletter). Pullman 1971.

Praz, Mario, Liebe, Tod und Teufel. Die schwarze Romantik. 2 Bde. München 1970 (Zit. . . . M. Praz).

Quinn, Arthur Hobson, Edgar Allan Poe: A Critical Biography. New York 1941 (Zit. . . . A. H. Quinn).

Ders., ›The Marriage of Poe's Parents‹, in: American Literature 11 (1939/40). p. 209–212.

Rans, Geoffrey, Edgar Allan Poe. Edinburg/London 1965 (Zit. . . . G. Rans).

Rayburn, S., ›A Note on Poe and the Sons of Temperance‹, in: American Literature 30 (1958/59). p. 359–361.

Reece, James P., ›A Reexamination of a Poe Date: Mrs. Ellet's Letters‹, in: American Literature 42 (1970). p. 157–164.

Robbins, J. Albert, ›Edgar Poe and the Philadelphians. A Reminiscence by a Contemporary‹, in: Poe Studies (December 1972). p. 45 ff.

Rorabaugh, W. J., ›The Alcoholic Republic‹ – An American Tradition. New York/Oxford 1979 (Zit. . . . W. J. Rorabaugh).

Rossetti, William Michael (ed.), The Poetical Works of James R. Lowell. With a Critical Preface. London o. J. (1888?). (Zit. . . . W. M. Rossetti).

Schmitz, Siegfried (Hg.), Lyrik der englischen Romantik. Mit einem Nachwort von S. Schmitz. München 1967 (Zit. . . . L).

Scott, Walter, Waverley oder 's ist nun sechzig Jahre. Halle 1882 (Zit. . . . W. Scott).

Seeßlen, Georg, ›Mord im Kino‹ – Geschichte und Mythologie des Detektiv-Films. Reinbek 1981 (Zit. . . . G. Seeßlen).

Sherley, Douglas, ›The Valley of Unrest‹, in: Sam Moskowitz (ed.), A Man Called Poe. London 1972.

Ders., The Valley of Unrest. Reminiszenzen aus Poe's Studienzeit. New York 1884.

Sinclair, David, Edgar Allan Poe. London 1977 (Zit. . . . D. Sinclair).

Stovall, Floyd, Edgar Poe the Poet – Essays New and Old on the Man and His Work. Charlottesville 1969 (Zit. . . . F. Stovall).

Ticknor, Caroline, Poe's Helen. London 1917 (Zit. . . . C. Ticknor).

Tuerk, R., ›John Sartain and E. A. Poe‹, in: Poe Studies (Dezember 1971).

Wagenknecht, Edward, Edgar Allan Poe. The Man behind the Legend. New York 1963 (Zit. . . . E. Wagenknecht).

Walsh, John Evangelist, Plumes in the Dust. The Love Affair of Edgar Allan Poe and Fanny Osgood. Chicago 1944 (Zit. . . . J. E. Walsh).

Whitman, Sarah Helen, Edgar Allan Poe and His Critics. New York 1860 – Faks. N. Y. 1966 (Zit. . . . S. H. Whitman).

Winwar, Frances, The Haunted Palace. New York 1959 (Zit. . . . F. Winwar).

Woodberry, George E., The Life of E. A. Poe. 2 Bde. New York 1965. (Zit. . . . G. E. Woodberry).

PERSONENREGISTER

BILDNACHWEIS

INHALT

Jetzt lesen, was zu lesen lohnt

Edgar Allan Poe
Erzählungen
Übertragen von A. v. Bosse, M. Bretschneider, J. v. d. Goltz, H. Kauders und W. Widmer. Mit einem Nachwort von J. O. McCormick.
16. Aufl. 752 S. Leinen/Leder

Oscar Wilde
Werke in zwei Bänden
Das Bildnis des Dorian Gray, Märchen, Erzählungen, Essays
Herausgegeben von F. Apel. Aus dem Englischen übertragen von S. Schmitz (Dorian Gray), J. Thanner (Märchen und Erzählungen), Chr. Hoeppner und P. Wertheimer (Essays), aus dem Französischen übertragen von W. Klee (Gedichte in Prosa). Mit Kommentar, einer Zeittafel, Literaturhinweisen und einem Nachwort von F. Apel.
736 S. Leinen/Leder

Herman Melville
Werke in drei Bänden
Moby Dick oder der Wal
Übertragen und mit einem Nachwort sowie Erläuterungen von R. Mummendey.
3. Aufl. 716 S. Leinen/Leder
Redburn, Israel Potter und sämtliche Erzählungen
Übertragen und mit einem Nachwort sowie Erläuterungen von R. Mummendey.
1080 S. Leinen/Leder
Typee, Omoo, Weißjacke
Übertragen und mit einem Nachwort sowie Erläuterungen von R. Mummendey.
1056 S. Leinen/Leder

Nathaniel Hawthorne
Der scharlachrote Buchstabe, Die Blithedale-Maskerade
Übertragen von F. Blei. Durchgesehen und ergänzt von R. und H.-J. Lang. Mit einem Nachwort und Anmerkungen von H.-J. Lang.
683 S. Leinen/Leder
Erzählungen, Skizzen, Vorworte, Rezensionen
Übertragen von H. Neves, S. Schmitz und H.-J. Lang. Mit einem Nachwort und Anmerkungen von H.-J. Lang.
734 S. Leinen/Leder

Laurence Sterne
Das Leben und die Meinung des Tristram Shandy
Übertragen von S. Schmitz unter Zugrundelegung der Übertragung von J. J. Bode (1776). Mit 14 Kupferstichen von D. Berger und W. Hogarth sowie einem Nachwort von J. Kleinstuck.
4. Aufl. 684 S. Leinen/Leder
Eine empfindsame Reise durch Frankreich und Italien
Unter Zugrundelegung der Übertragung von J. J. Bode (1768) aus dem Englischen übertragen und mit einem Nachwort von S. Schmitz.
Mit 12 Illustrationen von T. Johannot.
2. Aufl. 168 S. Leinen/Leder

Robert Louis Stevenson
Romane
Übertragen und mit einem Nachwort von R. Mummendey.
2. Aufl. 1048 S. Leinen/Leder

Artemis & Winkler

Artemis & Winkler Verlag   8000 München 40 Postfach 440254/55   CH-8024 Zürich Postfach